Andree Hahmann
Aristoteles gegen Epikur

Untersuchungen zur antiken
Literatur und Geschichte

Herausgegeben von
Marcus Deufert, Heinz-Günther Nesselrath
und Peter Scholz

Band 125

Andree Hahmann
Aristoteles gegen Epikur

Eine Untersuchung über die Prinzipien der hellenistischen Philosophie ausgehend vom Phänomen der Bewegung

DE GRUYTER

Gedruckt mit freundlicher Unterstützung der Alexander von Humboldt-Stiftung.

ISBN 978-3-11-066025-8
e-ISBN (PDF) 978-3-11-049920-9
e-ISBN (EPUB) 978-3-11-049808-0
ISSN 1862-1112

Library of Congress Cataloging-in-Publication Data
A CIP catalog record for this book has been applied for at the Library of Congress.

Bibliografische Information der Deutschen Nationalbibliothek
Die Deutsche Nationalbibliothek verzeichnet diese Publikation in der Deutschen Nationalbibliografie; detaillierte bibliografische Daten sind im Internet über http://dnb.dnb.de abrufbar.

© 2019 Walter de Gruyter GmbH, Berlin/Boston
Dieser Band ist text- und seitenidentisch mit der 2017 erschienenen gebundenen Ausgabe.
Satz: Michael Peschke, Berlin
Druck und Bindung: Hubert & Co. GmbH & Co. KG, Göttingen
♾ Gedruckt auf säurefreiem Papier
Printed in Germany

www.degruyter.com

ἤτοι πρόνοια ἢ ἄτομοι
(„Entweder Vorsehung oder Atome")

Marcus Aurelius, IV.3.2.7

Vorwort

Die vorliegende Arbeit zur antiken Philosophie, die im Wintersemester 2015/16 von der Philosophischen Fakultät der Georg-August-Universität Göttingen als Habilitationsschrift angenommen wurde, ist aus einer intensiven Beschäftigung mit der Philosophie der Neuzeit hervorgegangen. Auch wenn das paradox klingt, macht es in vielerlei Hinsicht Sinn. Denn der Ausgangspunkt der Untersuchung ist die Beobachtung, dass es zahlreiche und teils frappierende Übereinstimmungen zwischen vielen frühneuzeitlichen Autoren, die wir heute zum Kanon der philosophischen Klassiker rechnen, und der hellenistischen Philosophie gibt. Diese Übereinstimmungen und Gemeinsamkeiten stellen mittlerweile selbst ein weites Forschungsgebiet dar. Mit Blick hierauf besteht der besondere Zugang meiner Untersuchung darin, dass diese Gemeinsamkeiten nicht *ausschließlich* auf die Rezeption der antiken Autoren zurückgeführt werden sollen. Die Rezeption ist freilich an zufällige Bedingungen geknüpft und kann somit als kontingenter Grund für die Gemeinsamkeiten gelten. Anders ausgedrückt: Auch wenn die Rezeption der antiken Autoren eine notwendige Bedingung sein sollte für die Gemeinsamkeiten, muss es sich hierbei nicht unbedingt um eine zureichende Bedingung handeln. Stattdessen hat sich mir die Frage gestellt, ob es nicht tiefer liegende systematische Ursachen für die Gemeinsamkeiten zwischen hellenistischen und frühneuzeitlichen Philosophen geben könnte, die diese sogar *prinzipiell* von der aristotelischen Tradition (gegen die sich viele neuzeitliche Philosophen wenden) unterscheiden.

Vor diesem Hintergrund ist mir ein Werk von Martin Heidegger aufgefallen, in dem Heidegger nach dem grundsätzlichen Charakter des neuzeitlichen Denkens fragt und das neuzeitliche Wissenschaftsverständnis in Opposition zur aristotelischen Philosophie stellt.[1] Heidegger vermutet, dass der Grundzug des neuzeitlichen Wissens im eigentlichen Sinne mathematisch sei. In diesem Kontext räumt er der Bestimmung der Bewegung eine ganz besondere Rolle ein und merkt nicht nur an, dass das in der Neuzeit vorherrschende Verständnis fundamental von Aristoteles' Begriff der Bewegung abweicht, sondern auch, dass es in dieser Hinsicht signifikante Gemeinsamkeiten zu den antiken Atomisten gibt. Heidegger beschließt seine Überlegungen mit der Feststellung, dass sich die Neuzeit nur deshalb zu den antiken Atomisten hingezogen fühlte und sie erneut zu lesen gelernt habe, weil es diese fundamentale Gemeinsamkeit zwischen beiden gibt. Heidegger verfolgt den Gedanken an dieser Stelle nicht weiter und wendet ihn meines Wissens auch nicht auf die hellenistischen Philosophen an, die ja in gewisser Weise ebenfalls auf die voraristotelische Philosophie zurückgreifen. Wie

---
1 Heidegger 1962.

genau sich nun die Unterschiede zwischen Aristoteles und den beiden großen nacharistotelischen Schulen des Hellenismus, Epikureern und Stoikern, aus dieser grundlegenden Diskussion der Bewegung heraus verstehen lassen und wie vor diesem Hintergrund die Differenzen zwischen den beiden hellenistischen Schulen sowie zur Skepsis (als der dritten für die neuzeitliche Philosophie einflussreichen philosophischen Bewegung des Hellenismus) zu begreifen sind, ist Gegenstand dieser Arbeit geworden, die damit in gewisser Weise an Heideggers Überlegungen anschließt, auch wenn sie sich von diesen sowohl in der angewandten Methode als auch in den verfolgten Zielen unterscheidet.

Eine solch umfangreiche Untersuchung, die einer größeren geistesgeschichtlichen Entwicklung gewidmet ist, wirft natürlich besondere methodische Schwierigkeiten auf. Da in gewisser Hinsicht die neuzeitliche Perspektive auf die Antike für die Motivation der leitenden Fragestellung von Bedeutung ist, wird die Untersuchung immer wieder vor das Problem gestellt, die neuzeitliche Auslegung der antiken Schriften von den antiken Autoren selbst abzuheben, also *den* Aristoteles gegen seine Kommentatoren abzugrenzen, oder *den* Epikur gegen die neuzeitliche Auslegung. Auch wenn diese methodische Schwierigkeit im Einzelnen zu kontroversen Textauslegungen geführt haben könnte, ändert das nichts an der Hauptthese, die sich vielleicht folgendermaßen zusammenfassen lässt: Die neuzeitliche Beschränkung in der Beschreibung der Bewegung bzw. Veränderung auf das, was Aristoteles unter Ortsbewegung versteht, hat große Teile der aristotelischen Philosophie unverständlich gemacht und eine Nähe zu den nacharistotelischen Philosophen hergestellt, was diese wiederum als natürliche Verwandte im Geiste attraktiv für die neuzeitliche Rezeption hat erscheinen lassen.

Bei der Erstellung dieser Arbeit bin ich von zahlreichen Personen und Institutionen unterstützt worden, für deren Hilfe ich mich an dieser Stelle bedanken möchte. Zunächst gilt mein Dank den Göttinger Kollegen, allen voran Prof. Dr. Bernd Ludwig, der nicht nur wichtige Anreize für die Fragestellung gegeben hat, sondern durch seinen unverstellten Blick immer wieder geholfen hat, eine neue Perspektive zu gewinnen. Nicht zuletzt durch seine freundschaftliche Unterstützung hat er wesentlich zur Realisierung dieses Projekts beigetragen. Ebenso danke ich Prof. Dr. Holmer Steinfath, der durch seine kritische Durchsicht des ursprünglich skizzierten Vorhabens gleich zu Beginn entscheidende Impulse gesetzt hat. Außerdem habe ich aus seinem ausführlichen Gutachten über die eingereichte Habilitationsschrift vieles gelernt. Wesentliche Hilfe zur Entwicklung des Projekts geleistet haben auch Prof. Dr. Michael Erler und Prof. Dr. Arbogast Schmitt. Beide haben die Projektskizze kritisch kommentiert. Herrn Prof. Dr. Erler gilt überdies mein Dank für sein kenntnisreiches Gutachten. Herrn Prof. Dr. Schmitt danke ich an dieser Stelle herzlich für seine stets großzügige Unterstützung und wohlwollende Hilfe. Besonderen Dank schulde ich ihm dafür, dass er den Kontakt nach Oxford hergestellt hat. Bedanken möchte ich mich auch bei Prof. Dr. Christopher Shields, meinem Gastgeber an der University of Oxford. Ihm verdanke ich wesentlich die systematische Zuspitzung der Arbeit sowie den letztlich entscheidenden Fokus auf die Antike. Bei der schriftlichen Umsetzung der Ergebnisse hat Florian Pahlke durch seine fleißigen Korrekturen erheblich zur Verbesserung des Textes beigetragen. Dafür danke ich ihm herzlich. Der Humboldtstiftung bin ich zu großem Dank für die Finanzierung und großzügige Unterstützung meines Forschungsaufenthalts in Oxford sowie der Gewährung eines Druckkostenzuschusses für die Publikation der Arbeit verpflichtet.

Ganz besonderen Dank schulde ich aber Prof. Dr. Heinz-Günther Nesselrath, dessen ausführliches Gutachten mit zahlreichen Korrekturvorschlägen die Arbeit wesentlich verbessert hat. Außerdem danke ich ihm und den anderen Herausgebern, Herrn Prof. Dr. Marcus Deufert, Herrn Prof. Dr. Peter Scholz und Herrn Prof. Dr. Otto Zwierlein für die Aufnahme der Schrift in der Reihe *Untersuchungen zur antiken Literatur und Geschichte*.

Schließlich möchte ich meiner Frau Isa danken, die die teils schwierige Zeit der Abfassung der Arbeit sowie das anstrengende und langwierige Habilitationsverfahren ertragen musste. Ihre Unterstützung hat mir die Kraft gegeben, ein solches Projekt in Angriff zu nehmen und auch zu einem vorläufigen Abschluss zu bringen.

Philadelphia, im April 2017
Andree Hahmann

Inhalt

Vorwort —— VII

Einleitung —— 1
    Abriss der Argumentation —— 11

Kapitel I – Form und Materie in der Wahrnehmung —— 19
    § 1 Materie und Form – oder wie ist Bewegung möglich? —— 20
    § 2 Die Bestimmung der Bewegung —— 35
    § 3 Wahrnehmung als vollkommene Aktivität —— 54
    § 4 Der Gehalt der Wahrnehmung —— 81
    § 5 Aristoteles über φαντασία —— 91

Kapitel II – Die Atome, das Leere und die atomaren Bilder —— 107
    § 6 Der naturphilosophische Rahmen für Epikurs Empirismus —— 110
    § 7 Die Mechanik der Wahrnehmung —— 122
    § 8 Alle Vorstellungen sind wahr —— 134

Kapitel III – Naturabsicht und Selbsterhaltung —— 157
    § 9 Epikur über Wahrnehmung und Lust —— 159
    § 10 Das erste natürliche Gut der Stoiker —— 172
    § 11 Die göttliche Natur und die Natur des Menschen —— 191
    § 12 Die stoische Vorsehung —— 208

Kapitel IV – Das Feuer der Wahrnehmung —— 241
    § 13 Die Welt ist ein feuriger Kosmos: Stoische Vorsehung und Naturphilosophie —— 243
    § 14 Die Spannungsbewegung der Wahrnehmung —— 279
    § 15 Skepsis an der Erscheinung —— 296
    § 16 Die Stoiker über Wahrheit und Wissen —— 322
    § 17 Eine Wissenschaft der Zukunft —— 333

Kapitel V – Vorsehung, Zufall und Theodizee —— 342
    § 18 Über die Unmöglichkeit göttlichen Vorherwissens —— 343
    § 19 Stoische Theodizee I: Moralische Zurechnung —— 359
    § 20 Stoische Theodizee II: Die Erhaltung der Bewegung —— 367
    § 21 Stoische Theodizee III: Guten Menschen widerfährt kein Übel —— 376
    § 22 Eine aristotelische Vorsehung? —— 388

Ergebnis —— 402

Anhang: Ist Kant der bessere Stoiker? —— 408
    A. Spinozas Leugnung der Vorsehung —— 411
    B. Die Vereinigung von Mechanismus und Teleologie —— 415
    C. Kant über das höchste Gut —— 423
    D. Eine Theodizee der Geschichte? —— 430

Verzeichnis der verwendeten Siglen —— 436
    Zur Antike —— 436
    Zur Neuzeit —— 436

Glossar —— 437

Literaturverzeichnis —— 440
    Primärliteratur —— 440
    Sekundärliteratur —— 444

Sachregister —— 459

Personenregister —— 468

Einleitung

Wer seinen Blick auf die Frühe Neuzeit und ihr Verhältnis zur Antike richtet, der stößt schnell auf die Ablehnung, mit der viele Autoren Aristoteles begegnen. So überschüttet etwa Thomas Hobbes gleich zu Beginn seiner heute als Hauptwerk zur Staatsphilosophie angesehenen Schrift *Leviathan* die aristotelische Philosophie der Wahrnehmung mit beißendem Spott:

> [...] die Philosophenschulen an sämtlichen Universitäten der Christenheit vermitteln, auf der Grundlage gewisser Texte des Aristoteles, eine andere Lehre und sagen: Was die Ursache des Sehens betrifft, so sendet das Gesehene an allen Seiten eine sichtbare Spezies aus, einen sichtbaren Eindruck, eine Erscheinung oder einen Aspekt oder ein Gesehenwerden, dessen Empfang im Auge das Sehen ist. Und was die Ursache des Hörens betrifft, sende das Gehörte eine hörbare Spezies aus, das heißt einen hörbaren Aspekt oder ein hörbares Gesehenwerden, das beim Eintritt ins Ohr das Hören bewirkt.[1] (Übersetzung: Jutta Schlösser)

Die Zurückweisung der aristotelischen *Spezies-Lehre* findet sich in einer solchen oder ähnlichen Form bei vielen der neuzeitlichen Philosophen. Denn fast alle der für die weitere philosophische Entwicklung einflussreichen Autoren lehnen Aristoteles' Philosophie der Wahrnehmung als gescheitert ab. Sonderbar ist diese Einhelligkeit auch mit Hinblick auf die ansonsten zwischen ihnen hervortretenden Feindseligkeiten und Differenzen. Schaut man sich ihre Kritik etwas genauer an, so wird deutlich, dass diese sich vor allem auf die aristotelische Form-Materie-Unterscheidung bezieht, da für Aristoteles in der Wahrnehmung eine Aufnahme der wahrnehmbaren *Spezies* oder Formen ohne ihre Materie geschehen soll.

Auffällig ist nun, dass zwar auch für einen anderen antiken Philosophen die Wahrnehmung in der Aufnahme wahrnehmbarer Spezies oder Bilder besteht, dessen Theorie allerdings sehr viel wohlwollender als die aristotelische aufgenommen wird. So entwickelt etwa Pierre Gassendi seine Theorie der Wahrnehmung in direkter Anlehnung an Epikur und in Auseinandersetzung mit Aristote-

---

[1] Hobbes, *Leviathan*, §1; siehe auch *The Elements of Law, Natural and Politic*, II.4, 23: „Because the image in vision consisting in colour and shape is the knowledge we have of the qualities of the object of that sense; it is no hard matter for a man to fall into this opinion, that the same colour and shape are the very qualities themselves [...]. And this opinion hath been so long received, that the contrary must needs appear a great paradox; and yet the introduction of species visible and intelligible (which is necessary for the maintenance of that opinion) passing to and from the object, is worse than any paradox, as being a plain impossibility." In seiner Kritik an Aristoteles stimmt Hobbes mit Descartes überein. Auch Descartes macht die aristotelische Philosophie der Wahrnehmung zum Gegenstand seiner Kritik. Descartes, *Dioptrique*, 85: „Et par ce moyen vostre esprit sera deliuré de toutes ces petites images voltigeantes par l'air, nommées des especes intentionelles, qui travaillent tant l'imagination des Philosophes."

les.² Auch wenn Gassendi zahlreiche Modifikationen an der epikureischen Theorie vornimmt, ist er doch alles in allem betrachtet darum bemüht, die epikureische Konzeption zumindest in ihren Grundzügen zu bewahren. Er attestiert Epikurs Philosophie mithin eine generelle Möglichkeit, mit dem Stand der Wissenschaften seiner Zeit in Einklang gebracht zu werden. Diese Möglichkeit scheint für ihn und seine Zeitgenossen mit dem aristotelischen Ansatz hingegen nicht gegeben zu sein. Die Ursache auch hierfür ist möglicherweise eng mit der aristotelischen Form-Materie-Unterscheidung verbunden. Diese prinzipielle Unterscheidung bildet nämlich das Herzstück der aristotelischen Naturphilosophie und wird von Aristoteles aus der Analyse des Phänomens der Bewegung gewonnen. In diesem Kontext ist es bedeutsam, sich zu vergegenwärtigen, dass vor allem das aristotelische Verständnis von Bewegung sowie die eng daran geknüpfte Kosmologie in der Frühen Neuzeit einer scharfen Kritik ausgesetzt sind und von den meisten Autoren als unhaltbar zurückgewiesen werden.

Damit ist der Rahmen für diese Untersuchung, die den Prinzipien der hellenistischen Philosophie³ gewidmet ist, gesteckt. Sowohl die Fragestellung als auch die Herangehensweise der Studie unterscheiden sich jedoch signifikant von anderen Arbeiten zur antiken Philosophie. Denn ein Großteil der aktuellen Forschung ist durch die allgemeine Tendenz gekennzeichnet, Kontinuitäten zwischen den einzelnen hellenistischen Schulen und den klassischen Autoren bzw. ihren spätantiken Nachfolgern aufzuweisen. Die Interpreten können sich hierbei auf offensichtliche Parallelen, wiederkehrende Fragestellungen und auch ähnliche Antwortmuster berufen, die die erhaltenen Fragmente der hellenistischen Epoche zu den bekannten Schriften Platons und Aristoteles', aber auch zu Plotin und anderen spätantiken Philosophen aufzeigen. Das gilt vor allem für die stoische Philosophie, sodass die Abhängigkeit einzelner Lehrstücke der stoischen Philosophie von Platon und Aristoteles in der Forschung lange bekannt und mittlerweile zum philosophischen Allgemeingut geworden ist. Die akademische Skepsis hingegen beruft sich selbst sogar auf Platon und versteht sich als wahrer Nachfolger sowie Erneuerer der Platonischen Akademie. Bloß Epikur scheint aus diesem Bild zu fallen, da er nicht nur in wesentlichen Stücken seiner Philosophie unmittelbar von seinem atomistischen Vorgänger Demokrit abhängt,

---

2 Gassendi, *Syntagmata philosophicum*, in: *Opera omnia*, Bd. II, 328ff.
3 Als hellenistische Philosophie bezeichnet man gewöhnlich die nacharistotelische Philosophie, die vom Tod des Aristoteles 322 v. Chr. bis zur Zerstörung Athens durch Sulla und der damit einhergehenden Schließung der Philosophenschulen im Jahr 86 v. Chr. reicht. Davon abweichend soll im Folgenden aber auch die römische Philosophie (bis etwa zur Mitte des 3. nachchristlichen Jahrhunderts) in die Untersuchung mit einbezogen werden, da diese vor allem durch die stoische und epikureische Schule dominiert wird.

sondern auch in vielen seiner Thesen eklatant von Platon, Aristoteles und den Stoikern abweicht. Wenn man daher nach Verbindungen zwischen den antiken Denkern gesucht hat, lag es nahe, diese zunächst zwischen der stoischen und aristotelischen bzw. stoischen und platonischen Philosophie zu vermuten. Hinzu kommt die scharfe Zurückweisung, mit der zumindest nach unseren Zeugnissen die Stoiker und Epikureer aufeinander reagiert haben.[4]

Nimmt man aber die oben dargelegte Perspektive der Frühen Neuzeit auf die Antike ein, so ergibt sich ein ganz anderes Bild. Ins Auge fallen nämlich nicht nur die sachliche Zurückweisung der aristotelischen Philosophie (insbesondere aber der aristotelischen Naturphilosophie) und die scharfe Trennlinie, die die Autoren der Frühen Neuzeit zwischen Aristoteles und dessen Nachfolgern gezogen haben, sondern vor allem ihre klaren Präferenzen für die hellenistische Philosophie. In diesem Kontext stehen auch die offenkundigen Gemeinsamkeiten, die sich zwischen den frühneuzeitlichen und hellenistischen Philosophen feststellen lassen. Vor allem diese Gemeinsamkeiten sind in den letzten Jahren zu einem Gegenstand intensiver Forschungen geworden. Nach den größeren geistesgeschichtlichen Abhandlungen des 19. und frühen 20. Jahrhunderts hat sich der Fokus vor allem auf die Suche nach Abhängigkeiten und Übereinstimmungen zwischen einzelnen Autoren der Frühen Neuzeit und ihren hellenistischen Vorgängern verschoben.[5] Insbesondere mit Blick auf solche Autoren, die sich explizit zum Stoizismus bekannt haben, bietet sich dieses Vorgehen an. So hat etwa Günter Abel im Detail aufgezeigt, wie stoische Gedanken speziell in der praktischen Philosophie in der Frühen Neuzeit aufgenommen wurden und unter den Philosophen des 16. Jahrhunderts gewirkt haben.[6] Etwas später als die Beschäftigung mit dem Neostoizismus hat die Erforschung der Bedeutung der skeptischen Philosophie für die Entwicklung der frühneuzeitlichen Philosophie eingesetzt. Exemplarisch sei an dieser Stelle auf die umfangreichen Arbeiten von Richard Popkin

---

4 Eine bedeutsame Ausnahme ist in dieser Hinsicht Seneca, der in seinen Schriften reichlich Gebrauch von epikureischen Lehrsätzen macht. Aus diesem Grund wurde oft vermutet, dass Seneca bereits eine eklektische Position vertritt und nicht als orthodoxer Stoiker gelten könne. Doch diese Bedenken sind durch neuere Arbeiten als haltlos herausgestellt worden, indem zweifelsfrei herausgearbeitet wurde, dass Seneca sich fast ausschließlich im Rahmen der durch die frühen Stoiker – allen voran Chrysipp – entwickelten Lehre bewegt. Siehe hierzu die materialreiche Studie von Wildberger 2006 sowie Hahmann 2009a. Dass es offensichtliche Abhängigkeiten und Gemeinsamkeiten zwischen den hellenistischen Schulen gegeben hat, ist natürlich von der Forschung nicht übersehen worden. Bereits antike Kritiker der stoischen Philosophie haben darauf hingewiesen, dass es Karneades nicht ohne Chrysipp gegeben hätte. Damit ist bereits implizit gesagt, dass die akademische Skepsis auf die stoischen Voraussetzungen und Argumente reagiert. Dasselbe gilt für die pyrrhonische Skepsis. Siehe Lorenz 2011, 190.
5 Immer noch einschlägig sind die Arbeiten von Wilhelm Dilthey. Siehe etwa Dilthey 1957.
6 Abel 1972.

hingewiesen, der ausgehend von der Wiederentdeckung der Schriften des Sextus Empiricus deren rasche Verbreitung und Aufnahme nachgezeichnet sowie die verschiedenartigen Versuche ihrer Adaption diskutiert hat.[7] In den letzten Jahren ist dann auch zunehmend Epikur in den Fokus der Forschung geraten und sein Einfluss auf die Ausbildung zahlreicher Konzeptionen frühneuzeitlicher Philosophen wurde herausgestellt. Im deutschen Sprachraum hat etwa Bernd Ludwig die Bedeutung der Wiederentdeckung des epikureischen Naturrechts aufgewiesen.[8] Im englischen Sprachraum haben Howard Jones und Catherine Wilson die Tradition des Epikureismus für die Gewinnung des modernen Selbstverständnisses aufgezeigt.[9] Ergänzt wurden diese wegweisenden Arbeiten mittlerweile durch zahlreiche Einzelbeiträge, Sammelbände und Monographien, auf die ich an dieser Stelle nur verweisen kann.[10]

Die festgestellte Nähe der frühneuzeitlichen Philosophen zur hellenistischen Antike und die Bedeutung, die diese Antike für die Entwicklung der frühneuzeitlichen Philosophie hat, kann also als ein sehr gut begründetes Ergebnis der philosophiehistorischen Forschung gelten, welches heute kaum noch infrage gestellt wird.[11] Fraglich ist vielmehr, wie weit dieser Einfluss reicht. Denn neben den Gemeinsamkeiten gibt es auch signifikante Unterschiede zwischen neuzeitlichen und hellenistischen Autoren. Also auch unter der Voraussetzung, dass die Herausbildung bestimmter Konzeptionen durch antike Vorbilder inspiriert worden sein sollte, muss man doch festhalten, dass die neuzeitlichen Philosophen im Ergebnis sehr oft weit über ihre antiken Vorbilder hinausgehen: Denn auch wenn Hobbes möglicherweise in Anlehnung an Epikur seine Vertragstheorie entwickelt haben sollte, findet sich bei Epikur keine vergleichbare Theorie der Souveränität. Analoges ließe sich auch für viele andere frühneuzeitliche Autoren feststellen.

---

7 Popkin 2003. Siehe auch Hankinson 1995.
8 Ludwig 1998. Ebenso Paganini 2001.
9 Jones 1989; Wilson 2008.
10 Zum Einfluss der hellenistischen Philosophie insgesamt siehe Miller, Inwood 2003; Boros 2005; speziell zum Stoizismus in der Neuzeit siehe Neymeyr 2008; Spanneut 1973; zum Epikureismus Jones 1989; Wilson 2010. Eine sehr kompakte und aufschlussreiche Darstellung des epikureischen Einflusses auf zahlreiche neuzeitliche Philosophen und Schriftsteller bis ins 20. Jahrhundert bietet Krämer 1980, 311–326. Allgemein zu Spinoza und der Stoa siehe DeBrabander 2007 und Miller 2009. Ebenso James 1993, Kristeller 1984, Graeser 1991.
11 Im deutschen Sprachraum hat vor allem Blumenberg jeglichen Einfluss der Stoa auf die Entwicklung der neuzeitlichen Philosophie bestritten. Seiner Ansicht nach gefährdet diese Behauptung den authentischen Charakter der Neuzeit. Abel 1978, 20 macht Blumenberg die sachlich bedeutsame Einschränkung auf naturphilosophische Aspekte zum Vorwurf, weshalb Blumenberg auch das Wesen und die Bedeutung des Neostoizismus grundlegend falsch eingeschätzt bzw. überhaupt nicht erkannt habe. Eine Widerlegung Blumenbergs liefert auch Schmitt 2008. Zu dieser Debatte siehe den Sammelband von Ebeling 1976.

Ein anderer Aspekt ist aber für unsere Untersuchung noch sehr viel aufschlussreicher. Sieht man sich nämlich die einzelnen frühneuzeitlichen Autoren im Licht der hellenistischen Antike etwas genauer an, so scheinen diese häufig Elemente verschiedener hellenistischer Schulen problemlos miteinander in Verbindung zu bringen. Hierin kann auch ein Grund dafür gesehen werden, warum sich in der Literatur ambivalente Zuordnungen für die einzelnen Autoren finden lassen. Anders gesagt: Je nachdem, welchen Teil der Philosophie oder welche Fragestellung man hervorhebt, können viele neuzeitliche Autoren der einen oder anderen hellenistischen Schule zugerechnet werden. Ich möchte an dieser Stelle nur auf Gassendi als ein prominentes Beispiel verweisen, da Gassendi sich selber eindeutig zu seinen hellenistischen Wurzeln bekennt. Mit der Übersetzung und Kommentierung des 10. Buches von Diogenes Laërtius' *Leben und Meinungen berühmter Philosophen* (bis heute eine der Hauptquellen der Philosophie Epikurs) sowie mit seiner ambitionierten Verteidigung der charakterlichen Integrität Epikurs hat Gassendi erklärtermaßen das Ziel verfolgt, die epikureische Philosophie unter seinen Zeitgenossen zu verbreiten.[12] Für Gassendis eigene philosophische Position ist insbesondere die Epistemologie Epikurs, der sogenannte Kanon, sowie der Atomismus, den Gassendi zur Grundlage seiner Naturphilosophie macht, bedeutsam.[13] Aber Gassendi stimmt Epikur nicht in allen Punkten zu. Er korrigiert ihn vor allem dort, wo er mit der christlichen Lehre nicht vereinbar ist, wie etwa in der Frage der Unsterblichkeit der Seele. An erster Stelle tadelt Gassendi aber die Zurückweisung der göttlichen Vorsehung durch Epikur. Für die Vorsehung tritt Gassendi mit Argumenten ein, die wiederum stoischen Ursprungs zu sein scheinen und den Glauben an eine fürsorgende Ordnung Gottes in der Natur verraten.[14] Vollendet wird Gassendis Eklektizismus durch seine bereits früh einsetzende intensive Auseinandersetzung mit der pyrrhonischen Skepsis.[15] Denn Gassendi gehört wie Descartes zu den Autoren des ausgehenden 16. und beginnenden 17. Jahrhunderts, die an einer positiven Aufnahme der pyrrhonischen Skepsis interessiert sind.[16] So geht er mit Argumenten, die er direkt dem antiken Skeptizismus entlehnt hat, gegen den von der Spätscholastik überformten Aristoteles vor.

---

[12] Gassendi, *Diogenes Laërtius liber decimus, qui est de vita, moribus, placitisque Epicuri cum nova interpretatione et Notis* sowie *Vita Epicuri Philosophi Atheniensis*, beide in: *Opera omnia*, Bd. V.
[13] Ausführlich zu Gassendi LoLordo 2007; Wilson 2008; Osler 2003; Tack 1974.
[14] Gassendi, *Syntagma Philosophicum*, in: *Opera omnia*, Bd. I.
[15] Gassendi, *Exercitationes Paradoxicae adversus Aristoteleos*, in: *Opera omnia*, Bd. III.
[16] Siehe Popkin 2003.

Dieser kurze Blick auf Gassendi macht deutlich, was für die meisten der heute als klassisch geltenden frühneuzeitlichen Autoren gilt. Denn sie alle vereinen oft stoische, epikureische und skeptische Gedanken auf höchst originelle Weise miteinander, was es wiederum schwer oder beinahe unmöglich macht, sie der einen oder anderen antiken Tradition eindeutig zuzurechnen. Bereits ein solcher Versuch erscheint daher fragwürdig.[17] Denn was für Gassendi gilt, das steht in noch höherem Maße für so innovative Denker wie Hobbes oder Spinoza fest.

Vor diesem Hintergrund sollte die Motivation dieser Arbeit deutlich geworden sein. Denn ich möchte ausgehend von der feststellbaren Affinität der Frühen Neuzeit zur hellenistischen Philosophie den Blick zurück auf die Antike selber werfen und der Frage nachgehen, ob sich argumentative Voraussetzungen und systematische Grundlagen herauskristallisieren lassen, die die hellenistischen Schulen von ihren unmittelbaren Vorgängern und spätantiken Nachfolgern fundamental unterscheiden, weshalb diese sich für die neuzeitliche Philosophie auch als Alternative zu Aristoteles empfohlen haben könnten.

Um diesen Punkt, der für das Verständnis der Fragestellung und der Vorgehensweise dieser Arbeit relevant ist, weiter zu erhellen, soll an dieser Stelle eine kurze methodologische Überlegung angestellt werden. Hierzu werde ich eine Unterscheidung von Ursula Renz aufgreifen.[18] Ihrer Ansicht nach lassen sich in der Beschäftigung mit der Philosophiegeschichte (zumindest in ihren idealtypischen Extremformen) zwei prinzipiell divergente Ansätze herauskristallisieren, die Renz als externalistisch bzw. internalistisch klassifiziert. Eine externalistische Position soll vor allem dadurch gekennzeichnet sein, dass sie historische Bedingungen (hierzu zählen auch die für unser Anliegen bedeutsame Rezeptionsgeschichte, aber auch politisch-gesellschaftliche Umstände) zur Erklärung philosophischer Entwicklungen fokussiert, wohingegen internalistische Ansätze insbesondere ein problemorientiertes Vorgehen wählen und sich auf begriffliche Zusammenhänge konzentrieren. Renz merkt an, dass die meisten Philosophiehistoriker eine Mischform vertreten, mithin lediglich unterschiedliche Schwerpunkte setzen. Es ließe sich freilich ergänzen, dass ein rein externalistisches ebenso wie ein rein internalistisches Vorgehen offenkundig (zumindest in den meisten Fällen) zu unplausiblen Auslegungen der historischen Texte führen muss. Trotz dieser Schwierigkeiten erscheint mir die von Renz vorgestellte terminologische Unterscheidung hilfreich zu sein, um meinen Ansatz zu erläutern. Denn dieser

---

[17] Fragwürdig und nicht sonderlich plausibel ist daher meiner Einschätzung nach auch der Versuch Krämers (1980, 313ff.), diesen Umstand auf die Wirkung eines Autors, nämlich Bernardino Telesio, zurückzuführen.
[18] Ursula Renz hat diese Unterscheidung in einem (soweit ich weiß) nicht publizierten Aufsatz mit dem Hinweis auf eine Diskussion mit Kollegen aus Dänemark eingeführt.

Klassifizierung zufolge wäre die hier leitende Fragestellung internalistischer Natur, da sie auch darauf abzielt, die in der Literatur bekannten *externen Bedingungen* der Hellenismusrezeption der Frühen Neuzeit durch *interne Bedingungen und Gründe* zu vervollständigen bzw. zu ergänzen. Damit soll natürlich nicht in Abrede gestellt werden, dass die *externen Bedingungen* eine notwendige Voraussetzung zur Aufnahme der hellenistischen Philosophen in der Frühen Neuzeit sind oder anders formuliert: Es sollte klar sein, dass es zu keiner philosophischen Aufnahme und Weiterentwicklung von Lukrez' Argumenten für die Annahme eines Atomismus kommen konnte, wenn sein Werk verloren gegangen wäre. Eine andere Fragestellung ist jedoch, warum Lukrez zu genau diesem Zeitpunkt eine solche Resonanz erfahren hat oder ob die rasche Verbreitung des Atomismus einzig durch die Rezeption bedingt worden sein könnte. Die vorliegende Arbeit wird dafür argumentieren, dass es auch interne Voraussetzungen gegeben haben muss, die die Affinität der Frühen Neuzeit zur hellenistischen Antike erklären und die die Rezeption dieser Autoren in der Neuzeit befördert haben.

Die Herausstellung dieser internen Bedingungen geschieht meiner Ansicht nach am besten, wenn man sich der antiken Philosophie zuwendet, und zwar aus dem Blickwinkel der Frühen Neuzeit betrachtet. Auf der Suche nach diesen internen Bedingungen erweist sich die oben angeführte Kritik an der aristotelischen Konzeption der Wahrnehmung als hilfreicher Ausgangspunkt, da sich hier am deutlichsten zeigt, was die Philosophen der Frühen Neuzeit an Aristoteles zurückgewiesen haben: seine Form-Materie-Unterscheidung. Indirekt tritt damit aber auch zutage, was sie an den hellenistischen Philosophen geschätzt haben könnten: eine alternative Naturphilosophie. Schaut man sich an, wie Aristoteles selber zu dieser Unterscheidung gekommen ist, dann wird deutlich, dass er diese ausgehend von seiner Analyse des Phänomens der Bewegung entwickelt hat. Bemerkenswert ist nun aber, dass das Phänomen der Bewegung nicht nur im Zentrum der aristotelischen Naturphilosophie steht, sondern auch für Epikur und die Stoiker eine zentrale Rolle in der Bestimmung und Ausarbeitung ihrer naturphilosophischen Prinzipien einnimmt.

Aus diesem Grund soll die vorliegende Arbeit ihren Ausgang nehmen in der *antiken Diskussion* des Phänomens der Bewegung. Die These der Untersuchung lautet, dass sich auf diese Weise eine Erklärung dafür finden lässt, was die hellenistischen Philosophen von Aristoteles unterscheidet und mit den neuzeitlichen Philosophen verbindet. Die Bedeutung der angemessenen Bestimmung des Phänomens der Bewegung für die Neuzeit soll am Ende der Arbeit noch einmal anklingen.

Die Untersuchung kann aber nicht an diesem Punkt stehen bleiben. So ist nicht nur zu zeigen, was die hellenistischen Autoren verbindet und von Aristoteles trennt, sondern darüber hinaus ist auch eine Erklärung der hervorstechenden Unterschiede zwischen den einzelnen hellenistischen Schulen gefragt. Denn nur so lässt sich feststellen, was sich hinsichtlich der Rezeption dieser Schulen als wesentlich dargestellt haben könnte und was als unwesentlich und weshalb die frühneuzeitlichen Philosophen die Unterschiede zu Aristoteles als gewichtiger eingeschätzt haben als die zwischen den hellenistischen Autoren selbst. Aus diesem Grund gilt es in einem *zweiten argumentativen Schritt*, den tiefer liegenden Grund für die augenscheinlichen Differenzen zwischen Stoa und Epikur (als den beiden maßgeblichen hellenistischen Schulen) darzutun. Die Stellung der skeptischen *Philosophie*[19] wird sich hingegen direkt aus der positiven Bestimmung des Verhältnisses zwischen Stoikern und Epikureern ergeben, da die Skepsis ihrem Selbstverständnis nach auf der Zurückweisung ihrer hellenistischen Zeitgenossen beruht.

Auch hier zeichnet sich die vorliegende Untersuchung durch eine Besonderheit aus. So soll vor allem die Bedeutung Epikurs für die hellenistische Philosophie unterstrichen und die Differenz zwischen Aristoteles und Epikur als grundlegend herausgestellt werden. Oder anders ausgedrückt, in Epikur hat Aristoteles seinen stärksten Widersacher. Aus diesem Grund stellt diese Arbeit auch das Verhältnis zwischen Aristoteles und Epikur in den Vordergrund. Eine andere Konsequenz hieraus wird sein, dass die Neuerungen der epikureischen Philosophie ausgehend von den aristotelischen Annahmen einsichtig gemacht werden sollen. Wie wichtig Aristoteles für das Verständnis der epikureischen Philosophie ist, wird vor allem in der Behandlung der epikureischen Epistemologie deutlich werden. Wir werden sehen, dass die Stoiker das, was wir als wesentlich für die epikureische Philosophie ausweisen (und zwar einerseits die Reduktion des aristotelischen Bewegungsbegriffs auf die Ortsveränderung und andererseits die Ansicht, dass nur Körper Bewegungen verursachen können) mit Epikur gemeinsam haben: Auch für die Stoiker gibt es nur Körper, die in Bewegung sind. Dass diese Körper für die Stoiker nicht aus Atomen zusammengesetzt sind, sondern auf einer materiellen Zusammensetzung von zwei körperlichen Prinzipien beruhen, soll mit Blick auf die gravierenderen Unterschiede zu Aristoteles als eine bloß marginale Differenz zu Epikur herausgestellt werden. Diese und weitere Differenzen wird die Untersuchung als eine Konsequenz aus der stoischen Konzeption der Vorsehung erklären.

Ihre Konzeption der Vorsehung haben die Stoiker bekanntlich in Rückgriff auf platonische Vorstellungen herausgebildet. Die Bedeutung der *Vorsehung* für die stoische Philosophie ist in der Literatur oft hervorgehoben worden. Betont wurde die Stellung der Vorsehung vor allem im Kontext der stoischen Ethik,

---

19 Die Skepsis ist keine Schule im Sinn der anderen antiken Schulen. Überhaupt war die Skepsis in der Antike weniger bedeutsam als es aus neuzeitlicher Perspektive erscheint.

als deren normatives Fundament sie angesehen wird.[20] Hierfür sprechen gute Gründe, die in dieser Arbeit noch einmal deutlich hervortreten werden. Darüber hinaus werden wir aber sehen, dass der Einfluss der Konzeption der Vorsehung für das stoische System insgesamt noch sehr viel weiter reicht, als bislang erkannt oder ausgearbeitet worden ist.[21] Diese Arbeit wird zeigen, dass die Vorsehung fundamental zum Verständnis der gesamten stoischen Philosophie ist. Denn tatsächlich erstrecken sich die Auswirkungen dieser Konzeption auch auf die Naturphilosophie und Logik. Die meisten der als essenziell betrachteten Unterschiede zwischen Epikur und Stoa lassen sich auf die stoische Vorsehung zurückführen.[22] Auf dieser Folie gewinnt aber auch die von den antiken Zeitgenossen an der Vorsehung geübte Kritik eine besondere Relevanz. Denn im Hinblick auf die außerordentliche Bedeutung, die der Vorsehung für die stoische Philosophie zukommt, ist klar, welch verheerende Auswirkungen der Nachweis immanenter Inkohärenzen für die stoische Philosophie im Ganzen haben würde.

Nachdem nun die Motivation sowie die besondere Methode und das Ziel dieser Untersuchung dargelegt worden sind, gilt es noch, den zu erwartenden Gewinn der Studie zu umreißen. Auch hier ist die besondere Perspektive entscheidend, die einen doppelten Gewinn verspricht, und zwar einerseits mit Blick auf die antike Philosophie und andererseits für die Erforschung der neuzeitlichen Philosophie. So wird die Klärung der argumentativen Voraussetzungen der hellenistischen Philosophie nicht nur zu einem angemessenen Verständnis dieser bemerkenswerten philosophiegeschichtlichen Epoche beitragen, sondern sie verspricht überdies eine verbesserte Rekonstruktion auch solcher Aspekte, die aufgrund der schlechten Überlieferungssituation problematisch sind. Das betrifft etwa so zentrale Themenkomplexe wie die epikureische Forderung der Wahrheit aller Wahrnehmungen oder die stoische Bestimmung des höchsten Gutes, die im Rahmen dieser Arbeit kohärent rekonstruiert werden. Aber diese Untersuchung leistet nicht nur einen Beitrag zur Erforschung der hellenistischen Philosophie; überdies wird der außerordentliche Einfluss dieser philosophischen Epoche, die erst in den letzten Jahren ausführlich studiert und über lange Zeit eher stiefmüt-

---

20 Siehe vor allem Long 1996. Das bestreitet hingegen Engberg-Pedersen 1989; 1990.
21 Vielsagende, aber nicht hinreichend ausgearbeitete Andeutungen finden sich bei White 2003 sowie in den Arbeiten von Forschner und Long. Dass die religiöse Perspektive fundamental für die stoische Philosophie ist, wurde zwar oft bemerkt, doch bislang nicht zum Anlass genommen, die Bedeutung der Konzeption der Vorsehung für die einzelnen Theorieelemente auszuarbeiten. Siehe etwa Jedan 2009, 9, der sich auf Babut beruft, sowie Dienstbeck 2015, der zwar die systemrelevante Kraft der stoischen Theologie thematisiert, die Bedeutung der stoischen Konzeption der Vorsehung für diese Funktion jedoch übersieht.
22 Die wesentlichen Unterschiede zwischen stoischer und epikureischer Philosophie benennt Dufour 2004, XXVIII–XXIX in seiner Ausgabe der Fragmente Chrysipps.

terlich behandelt bzw. sogar gering geschätzt wurde, für die Entwicklung philosophischer Probleme in Abgrenzung zu ihren Vorgängern und Nachfolgern unterstrichen.

Aber auch in Ansehung der neuzeitlichen Philosophie verspricht die hier unternommene Untersuchung fruchtbare Ergebnisse. So wird durch die Herausstellung der naturphilosophischen Voraussetzungen der frühneuzeitlichen Philosophen, die die Rezeption der Antike bestimmen, ein wichtiger Beitrag auch zum Verständnis der systematischen Grundlagen der neuzeitlichen Positionen geleistet. Die Herausarbeitung der Gemeinsamkeiten der hellenistischen Autoren macht mithin deutlich, was die Aufnahme der hellenistischen Philosophie sowie die kritische Auseinandersetzung mit dieser in der Frühen Neuzeit zum einen erleichtert und zum anderen möglicherweise auch zu den evidenten Übereinstimmungen geführt hat, die wiederum in der Literatur konstatiert werden. Ich möchte an dieser Stelle auf den bemerkenswerten Umstand hinweisen, dass sich manche Übereinstimmungen selbst auf solche Punkte erstrecken (und im Detail sogar Formulierungen betreffen), die in antiken Schriften zu finden sind, die in der Frühen Neuzeit nachweislich nicht bekannt waren: Folglich können die Parallelen in diesen Fällen nicht rezeptionsbedingt begründet werden, sondern verlangen eine systematische Erklärung.[23]

Darüber hinaus wird mit der Darlegung der argumentativen Gemeinsamkeiten eine wichtige Vorarbeit zum Verständnis der Fragestellungen, die die neuzeitlichen Philosophen beschäftigt haben, geleistet, da es auf diese Weise möglich wird, die diskutierten Problematiken aus ihren Vorbedingungen heraus verständlich zu machen. In diesem Licht interpretiert werden aber auch die Originalität und der Wert der Lösungsstrategien, die von den Autoren der Frühen Neuzeit verfolgt werden, um die Probleme, die sich aus diesen besonderen Vorbedingungen heraus ergeben, zu lösen, besonders deutlich hervortreten. Vor allem dieser letzte Punkt bedarf natürlich einer weitergehenden Arbeit, die hier nicht mehr geleistet werden kann. Gleichwohl wird mit der vorgelegten Untersuchung dazu ein erster, wichtiger Schritt getan, indem nicht nur die Voraussetzung für weiterführende Forschungen geschaffen wird, sondern auch das Desiderat einer solchen Arbeit erstmals in dieser Klarheit deutlich wird. In einem Anhang zur vorliegenden Untersuchung soll anhand der Behandlung der kantischen Konzeption der Vorsehung angedeutet werden, wie eine solche Arbeit aussehen könnte. Mit der

---

[23] Wie Long 2003, 13f. am Beispiel Spinozas eindrücklich gezeigt hat. Deshalb vermutet bereits Long (ebd., 15), dass die Stoiker und Spinoza ausgehend von gemeinsamen Lehrsätzen zu gleichen oder sehr ähnlichen Schlussfolgerungen gekommen sind. Im Ergebnis erscheint die stoische und Spinozas Philosophie darum so ähnlich, sodass manche Formulierungen wie direkte Übertragungen stoischer Gedanken aussehen.

Darlegung der kantischen Konzeption der Vorsehung wird beispielhaft demonstriert, wie ein neuzeitlicher Autor mit einem ‚geerbten Problem' umgeht und dieses einer neuartigen Lösung zuführt, welche zwar viele Momente der antiken Vorgänger aufzugreifen scheint, im Ergebnis aber weit über diese hinausgeht. Mit der Darstellung der kantischen Diskussion der Vorsehungsproblematik wird sozusagen als Lackmustest dieser Untersuchung dargetan, wie die gemeinsamen Voraussetzungen Fragestellungen generieren, auf die die neuzeitlichen Autoren reagiert haben und es wird gezeigt, wie sich in ihrer Beantwortung Anteile der einzelnen hellenistischen Schulen feststellen lassen, die zum Teil auch explizit von Kant benannt werden. Zugleich wird aber auch deutlich, wie diese Antwort alles übertrifft, was uns von den hellenistischen Autoren bekannt geworden ist.

Abriss der Argumentation

Zur besseren Orientierung innerhalb der Arbeit soll an dieser Stelle ein recht ausführlicher Abriss der Untersuchung geboten werden, aus dem die Eckpunkte der gesamten Argumentation hervorgehen. Das übergeordnete Argument der Untersuchung besteht in der Rekonstruktion und Herausarbeitung der Prinzipien, die zum einen eine systematische Abgrenzung der hellenistischen Philosophie von der aristotelischen erlauben und zum anderen die wichtigen Unterschiede zwischen der stoischen und epikureischen Philosophie erklären. Darüber hinaus sind die einzelnen Kapitel aber auch abgetrennten Fragestellungen gewidmet, die unabhängig von der übergeordneten Argumentation betrachtet werden können. Das erste Kapitel thematisiert etwa das Problem der Herleitung der aristotelischen Theorie der Wahrnehmung aus der zugrunde liegenden Naturphilosophie. Das zweite Kapitel diskutiert die Frage, wie Epikur seine Grundsätze und mithin seinen empiristischen Ansatz begründet. Das dritte Kapitel behandelt die Gemeinsamkeiten und Unterschiede zwischen Stoikern und Epikureern in der Diskussion des höchsten Gutes. Im vierten Kapitel wird die Bedeutung der Vorsehung für die stoische Naturphilosophie herausgearbeitet. Im fünften Kapitel wird die Kritik an der stoischen Konzeption der Vorsehung im Licht der aristotelischen Philosophie dargelegt und mit Alexander von Aphrodisias' aristotelischem Entwurf eine alternative Konzeption vorgestellt. Im Anhang wird schließlich anhand der kantischen Konzeption der Vorsehung angedeutet, wie eine neuzeitliche Aufarbeitung solcher Probleme aussehen könnte, die sich aus den gemeinsamen Voraussetzungen der frühneuzeitlichen und hellenistischen Ansätze ergeben.

An anderen Stellen habe ich die einzelnen Fragestellungen in Auseinandersetzung mit der Literatur diskutiert. In den Anmerkungen verweise ich auf die Aufsätze, die zum Teil bereits publiziert oder zur Publikation angenommen worden sind. In der vorliegenden Untersuchung jedoch, in der die einzelnen Fäden zusammenlaufen, soll die Auseinandersetzung mit der Literatur im Haupttext so gering wie möglich gehalten werden, um die übergeordnete Argumentation nicht unnötig zu verdunkeln.

Die Untersuchung hebt in *Kapitel I* mit der aristotelischen Definition der Wahrnehmung an, die die neuzeitlichen Autoren gemeinschaftlich ablehnen. Es ist unklar und Gegenstand einer intensiven Debatte, wie genau sich Aristoteles den Vorgang der Wahrnehmung denkt. Die wichtigste Behandlung der Wahrnehmung findet sich in der notorisch schwierigen Schrift *De anima*. Die Grundlagen werden aber bereits in der aristotelischen *Physik* gelegt, die ebenfalls eine kurze Behandlung der Wahrnehmung bietet. Weiter ausgearbeitet wird die Theorie schließlich in *De sensu*. Problematisch ist unter anderem die Bestimmung des Verhältnisses der drei Schriften zueinander, was die Frage nach der Möglichkeit einer einheitlichen Interpretation aufgeworfen hat. Die Verwirrung beginnt bereits beim Verständnis der von Aristoteles in den einzelnen Schriften gegebenen Definitionen von Wahrnehmung. In *De anima* liefert Aristoteles zwei Bestimmungen der Wahrnehmung. Zum einen definiert er Wahrnehmung als eine besondere Form von Eigenschaftsveränderung und zum anderen soll Wahrnehmung die Aufnahme der Form ohne die Materie sein. Mit diesen Definitionen treten zwei Punkte in den Vordergrund: (§ 1) erstens der Begriff der Eigenschaftsveränderung, der von Aristoteles ausgehend von der Analyse der Bewegung gewonnen wird und zweitens die Unterscheidung zwischen Form und Materie, die ebenfalls aus der Analyse der Bewegung entwickelt wird. In der *Physik* macht Aristoteles die Bewegung der natürlichen Dinge zum Gegenstand der Naturuntersuchung. Natürliche Dinge sind nach Aristoteles immer sowohl in Aktualität als auch in Möglichkeit. In Aktualität sind sie, insofern sie formal bestimmt sind; in Möglichkeit, insofern sie eine bestimmte Materie haben. Für Aristoteles ist die Materie an sich nur der Möglichkeit nach, d. h., sie benötigt eine bestimmte Form. Aktual wird die Materie erst durch die Aufnahme der Form. (§ 2) In der ersten viel diskutierten Definition der Bewegung versucht Aristoteles, den Übergangscharakter der Bewegung wiederzugeben, den er im Prozess der Aufnahme einer Form sieht. Der Definition zufolge soll Bewegung eine erste Aktualität oder Wirklichkeit eines der Möglichkeit nach Seienden, insofern es der Möglichkeit nach ist, sein. Wichtig ist vor allem zu sehen, dass Bewegung grundsätzlich unvollkommen ist, da sie ihrer Natur nach unvollendet ist. Ferner finden alle Bewegungen an Körpern und in der Zeit statt. Von den Formen der unvollendeten Bewegung differenziert Aristoteles die vollkommene Aktivität, die sich vor allem dadurch auszeichnet, dass sie *jederzeit* vollendet ist. (§ 3) Eine solche vollkommene Aktivität ist nach Aristoteles auch die Wahrnehmung, die dessen ungeachtet zunächst als eine Form des Erleidens bestimmt wird, da sie aufgrund ihrer Bindung an die Organe der Wahrnehmung auf einen äußeren Anreiz angewiesen bleibt. Den äußeren Anreiz der Wahrnehmung geben die sogenannten Einwirkungseigenschaften, worunter Aristoteles diejenigen Eigenschaften versteht, die den ausgedehnten Körper charakterisieren. Bei den von den Einwirkungseigenschaften ausgehenden Affektionen handelt es sich um eine *echte Form* von Bewegung, die zur notwendigen Voraussetzung der Wahrnehmung gemacht wird. Die Aktualisierung des Wahrnehmungsvermögens muss jedoch von der ersten Einwirkung auf das Organ unterschieden werden, da es sich hierbei um diese vollkommene Aktivität handelt, die im Gegensatz zur Bewegung jederzeit vollendet ist. Wir werden sehen, dass die Einwirkung auf das Organ nicht mit der Aktualisierung des Sinns identifiziert werden darf. Die Aktualisierung setzt lediglich eine Einwirkung des Organs voraus. Die Wahrnehmung erschöpft sich aber nicht in dieser auf einer echten Bewegung beruhenden Affektion. Ihre Aktivität besteht nun in der Aufnahme der wahrnehmbaren Form ohne dessen Materie. (§ 4) Bei den aufgenommenen Formen handelt es sich um die eigentümlichen Wahrnehmungsobjekte, die jeweils nur von einem Sinn irrtumsfrei unterschieden werden können. Irrtum stellt sich erst bei den gemeinsamen Objekten der Wahrnehmung ein. Gemeinsam heißen diese deshalb, da sie von allen (oder mehreren) Sinnen gemeinsam unterschieden werden können. Von den gemeinsamen Objekten differenziert Aristoteles wiederum die akzidentelle Wahrnehmung, die das Wahrnehmbare mit dem an sich nicht Wahrnehmbaren verbindet. Die von Aristoteles vorgenommene sorgfältige Differenzierung der einzelnen Gegenstände der Wahrnehmung kann als eine wesentliche Besonderheit der aristotelischen Philosophie der Wahrnehmung gelten, die sie grundsätzlich von ihren hellenistischen Nachfolgern abhebt. Letztere betonen vor allem den besonderen Status der *Vorstellung* für die Wahrnehmung. (§ 5) Akzidentelle und gemeinsame Wahrnehmung haben zwar viel mit der Vorstellung gemeinsam, doch Aristoteles grenzt beide scharf von der Vorstellung ab. Ein wichtiger Grund für diese Abgrenzung besteht darin, dass die Vorstellung nicht an die Präsenz des Gegenwärtigen gebunden ist. Der griechische Begriff φαντασία kann mit den deutschen Begriffen ‚Vorstellung' oder ‚Erscheinung' übersetzt werden. Im Sinn dieser zweiten Bedeutung von φαντασία stellt Aristoteles heraus, dass man häufig mit Blick auf fehlerhafte oder ungenaue Wahrnehmungen von Erscheinungen spricht.

Vor diesem Hintergrund widmet sich *Kapitel II* der epikureischen Philosophie der Wahrnehmung. Es wird gezeigt, wie sich die Sonderstellung der Vorstellung bei Epikur aus bestimmten naturphilosophischen Grundannahmen erklären lässt, auf denen die epikureische Philosophie insgesamt beruht. Eine wichtige Besonderheit der beiden großen hellenistischen Schulen ist es, dass sie auf die vorsokratischen Denker zurückgehen. Für Epikur ist das der Atomismus Demokrits. Die Stoiker übernehmen den *Feuerkult* von Heraklit. Ihre Naturphilosophie unterscheidet sich daher grundlegend von Aristoteles' Ansatz durch ihre Zurückweisung des Hylemorphismus. (§ 6) Das ist besonders bemerkenswert, wenn man bedenkt, dass Epikur und die Stoiker nahezu von denselben Voraussetzungen wie Aristoteles in seiner Naturphilosophie ausgehen. Denn auch Epikur nimmt das *Phänomen der Bewegung* als Ausgangspunkt für die Entwicklung seiner Theorie an. In Verbindung mit dem auf Parmenides zurückgehenden Grundsatz, dass nichts aus nichts werden kann und nichts zu nichts vergehen kann, leitet er die meisten seiner Lehrsätze aus der Faktizität bewegter Körper ab. Epikur differenziert aber anders als Aristoteles keine unterschiedlichen Arten von Bewegung; es gibt auch keine unvollendete oder perfekte Aktivität. Stattdessen gibt es nur Ortsbewegungen. Zusammen mit der Leugnung der aristotelischen Differenzierung von Form und Materie folgt daraus, dass Epikur auch die Wahrnehmung nicht wie Aristoteles erklären kann. Trotzdem geht auch er davon aus, dass sich die einzelnen Sinne in der Wahrnehmung ihrer Gegenstände nicht irren. (§ 7) Die Verlässlichkeit der Wahrnehmung begründet Epikur in letzter Instanz durch seinen Atomismus. Demnach soll es nicht unmöglich sein, dass sich von den sichtbaren Körpern Atome ablösen, die dieselbe Konstellation einhalten, die sie auf der Oberfläche der dreidimensional ausgedehnten Körper hatten. Im Hinblick auf die geforderte Zuverlässigkeit dieses Prozesses wird sich ein Punkt als besonders wichtig herausstellen: (§ 8) So betont Lukrez, dass sich die einzelnen Sinne in ihren Unterscheidungsleistungen nicht gegenseitig korrigieren können, da sie unterschiedlichen Objekten gewidmet sind. Wir werden an dieser Stelle die Gemeinsamkeiten zur aristotelischen Theorie herausstellen und dafür argumentieren, dass auch für Epikur die Irrtumsfreiheit eine direkte Folge aus der Art der Verbindung von Wahrgenommenem und Wahrnehmendem ist. Es zeigt sich aber, dass die epikureische Theorie als sonderbare materialistische Umdeutung der aristotelischen Position verstanden werden kann. Das hat zur Folge, dass Epikur die eigentümlichen Unterscheidungsleistungen der einzelnen Sinne signifikant erweitert und deshalb den gemeinsamen Unterscheidungsbereich zurückweist. Eine kuriose Besonderheit aus diesem Vorgehen ist, dass das, was die Sinne erkennen, nicht der äußere Gegenstand selbst, sondern nur Phänomene sind. ‚Phänomen' oder ‚Erscheinung' ist aber wie gesagt eine andere Übersetzung von φαντασία. Die Vorstellung zeichnet sich nun als solche durch ihren doppelten Objektbezug aus. Sie offenbart sich selbst und ihren spezifischen Gegenstand, was die in der Antike betonte Gemeinsamkeit mit dem Licht erklärt (wie das Licht zeigt sie sich selbst und ihren Gegenstand auf). Die epikureische Forderung der Wahrheit aller Vorstellungen wird verständlich, sobald man diesen doppelten Objektbezug beachtet. Eingebettet ist die Theorie in eine ausgefeilte wissenschaftliche Methodologie, die zuletzt auf eine Unterordnung der Naturphilosophie unter die Ethik abzielt.

Das lenkt wiederum die Aufmerksamkeit in *Kapitel III* auf die Ethik. Epikur wendet sich mit seinem Ansatz implizit gegen die aristotelische Tradition. Aristoteles ist bekanntlich der Ansicht, dass man sich in moralischen Fragen nicht an kindlichem und unerfahrenem Verhalten zu orientieren habe. Der von Aristoteles kritisch angemerkte Mangel an Erfahrung macht das kindliche Verhalten allerdings in den Augen Epikurs – und die Stoiker folgen ihm darin – zu einem privilegierten Gegenstand der Untersuchung, da sich bei Kindern die noch nicht durch Erfahrung verdorbene Natur der Lebewesen zeigt. Der gemeinsame Argumentationsrahmen der stoischen und epikureischen Philosophie wird besonders deutlich in Ciceros Schrift *Über die Ziele des menschlichen Handelns*. (§ 9) Die Epikureer räumen der Wahrnehmung in der Bestimmung des höchsten Gutes ein besonderes Gewicht ein. Die Wahrnehmung soll dartun, dass es sich bei der Lust um ein Gut handelt. Problematisch ist jedoch, dass Epikur die unmittelbar erkannte Lust von dem schmerzfreien Zustand geistiger Unerschütterlichkeit unterscheidet, der als höchstes Gut angepriesen wird. Ausschlaggebend ist bei diesem Übergang die wohlberatene Überlegung oder Klugheit (φρόνησις), da sie nicht nur das höchste Gut erkennt und einsieht, dass es in der Abwesenheit von Schmerz und der Unerschütterlichkeit der Geistes liegen muss, sondern zudem – als eigene Möglichkeitsbedingung – erfordert, dass hemmungslose und nicht notwendige Begierden zurückzuweisen sind, da sie nicht nur dauerhafte körperliche Schäden verursachen können, sondern auch den Geist vernebeln. Die Erkenntnis des Wesens der Dinge ist aber eine Voraussetzung für die Befreiung von Angst und Aberglaube. Auch wenn die Klugheit damit die Grundlage des gelungenen, lusterfüllten Lebens ist, bleibt die Lust der einzige Antrieb und das letzte Ziel, sodass auch die Tugenden zuletzt nur um der Lust willen gewählt werden. (§ 10) Die Stoiker halten dagegen, dass nicht die Lust der primäre Antrieb der Lebewesen ist, sondern ihr Streben nach Selbsterhaltung. Auch bei ihnen hat die Wahrnehmung in der Begründung des höchsten Gutes eine besondere Stellung. So geht die Selbstwahrnehmung der Selbstaneignung (οἰκείωσις) oder Selbstliebe (conciliatio) voraus, die wiederum eine notwendige Voraussetzung für die Selbsterhaltung ist. Bedenkt man nun, dass auch für die Epikureer die höchste Lust in der gelungenen Selbsterhaltung besteht, erscheinen die Unterschiede zwischen der stoischen und der epikureischen Position als bloß marginal. Allerdings verdienen zwei Punkte, die dieser ersten Einschätzung widersprechen, besondere Beachtung. Denn zunächst handelt es sich bei der von den Stoikern behaupteten Selbsterhaltung nur um das erste, nicht aber um das letzte und höchste Gut. Überdies erweitern die Stoiker die vorausgesetzte Selbstwahrnehmung um einen anderen, wichtigen Aspekt, und zwar die erste natürliche

Zustimmung der Natur. In dieser Zustimmung zeigt sich bereits in der Bestimmung des ersten Naturgemäßen die Vorsehung der Natur und ihre Sorge um ihre Geschöpfe. (§ 11) Noch deutlicher als in der Frage nach dem ersten Naturgemäßen tritt die Bedeutung der Vorsehung bei dem von den Stoikern geforderten Übergang zum höchsten Gut in Erscheinung. In diesem zweiten und höchsten Gut soll sich der göttlich unbedingte Wert der Vernunft zeigen, und zwar eng verknüpft mit der göttlichen Vorsehung und Ordnung der Welt. Denn die Entwicklung des Vernunftvermögens führt zur Erkenntnis der göttlichen Ordnung und Harmonie der Welt; eine Harmonie, die wiederum auf der vorsehenden Güte Gottes beruht. (§ 12) Damit tritt die Theorie der Vorsehung als fundamentale Stütze der stoischen Ethik hervor. Mit der stoischen Auffassung, dass der notwendige kausale Ablauf des Geschehens teleologisch auf das Gut des Menschen und die Erhaltung des Alls hin geordnet ist, wird zugleich eine grundlegende Differenz zur epikureischen Position deutlich. Epikur bestreitet nämlich jede Form der göttlichen Einwirkung auf die Welt und deshalb auch die besondere Vorsehung der Götter für die Menschen. Die Schönheit der Welt selbst sehen die Stoiker hingegen als hinreichenden Beweis für die vorsehende Tätigkeit Gottes an. Eine solche fürsorgende Tätigkeit setzt aber auch das Wissen um die künftigen Ereignisse voraus. Aus diesem Grund setzen die Stoiker die Notwendigkeit mit der Vorsehung gleich, da Gott selbst die Welt notwendig seinem Ratschluss gemäß erschaffen hat. Nur unter dieser Bedingung kann Gott die Welt auf bestmögliche Weise einrichten. Die Stoiker unterscheiden daher an der Vorsehung die göttliche Voraussicht und den fürsorgenden Willen Gottes. Letzterer hat nicht nur die Erhaltung der ganzen Welt zum Gegenstand, sondern auch das Gut des Einzelnen. Damit glauben die Stoiker, das Fundament einer aufrichtigen Götterverehrung gelegt zu haben.

Nachdem wir die Vorsehung aus der stoischen Götterlehre entwickelt und ihre beiden unterschiedlichen Bedeutungsdimensionen dargetan haben, werden in *Kapitel IV* auch die Unterschiede, die sich in der Naturphilosophie und in der Erkenntnistheorie zwischen stoischer und epikureischer Philosophie zeigen, aus der Konzeption der Vorsehung abgeleitet, womit zugleich die Theorie der Vorsehung als wesentliche Differenz zwischen den beiden hellenistischen Schulen erwiesen wäre. (§ 13) Zunächst ist bemerkenswert, dass die Stoiker wie Aristoteles und Epikur in ihrer Naturphilosophie vom Phänomen der Bewegung und dem Grundsatz, dass nichts aus nichts entstehen bzw. nichts zu nichts vergehen kann, ausgehen. Hieraus schließen sie aber auf eine körperliche Materie als dem passiven Prinzip und einer Ursache der Bewegung, dem aktiven oder göttlichen Prinzip. Gott arrangiert die differenzierte Welt wie ein Künstler und macht sie zu einem Kosmos (d. h. einer Ordnung). Das erste Produkt der Einwirkung Gottes sind die Elemente. Unter ihnen räumen die Stoiker dem Feuer oder Wärmestoff einen Sonderstatus ein, da sie hierin den Grund für das Leben erkennen. Dieses göttliche Feuer grenzen sie von dem irdischen Feuer ab. Die Welt selbst ist ein vom himmlischen Feuer belebtes Wesen. Bei diesem göttlichen Organismus kommt nur eine Gestalt infrage, und zwar die in der Antike als perfekt angesehene Kugelgestalt. Erhalten wird die Gestalt durch eine kontinuierliche Spannungsbewegung, die allerdings unterbrochen würde, wenn es in der Welt das Leere geben könnte. Somit ist der epikureische Atomismus ausgeschlossen. Das beweist für die Stoiker auch die Wahrnehmung, die selbst wiederum auf diese Spannungsbewegung angewiesen sein soll. (§ 14) Die wahrnehmende Seele des Menschen ist Teil dieser Gesamtseele. Auch für die Stoiker zeichnet sich die Wahrnehmung durch die Aufnahme von Eindrücken äußerer Gegenstände aus. In dieser Hinsicht ergeben sich dieselben Unterschiede zu Aristoteles wie bei Epikur. Denn auch die Stoiker heben die aristotelischen Differenzierungen zwischen eigentümlichen und gemeinsamen Wahrnehmungsgegenständen auf; auch für die Stoiker gewinnt die Vorstellung, der sie als aktive Komponente die Zustimmung hinzufügen, an Bedeutung. Erst die Zustimmung macht die Aufnahme der Eindrücke zur Wahrnehmung, weshalb manche Quellen die Zustimmung sogar mit der Wahrnehmung identifizieren. Die Zustimmung hängt wiederum vom begrifflichen Gehalt der Wahrnehmung ab. Da für die Stoiker anders als für Epikur nicht alle Vorstellungen wahr sind, ist es zudem wichtig, ein Kriterium zur Bestimmung der erkenntnistauglichen Vorstellung anzugeben. (§ 15) Die Frage nach dem Kriterium dominiert nun die Auseinandersetzung zwischen Stoa und Skepsis. Das von den Stoikern angegebene Kriterium setzt sich zusammen aus erfassender Vorstellung und Zustimmung. Überdies erklären die Stoiker die gottgelenkte Ordnung der Welt zur besonderen Garantie der Natur für die Zuverlässigkeit der erfassenden Vorstellungen. Die Vorsehung ist also in letzter Konsequenz nicht nur für die spezielle Gestalt und Beschaffenheit der Welt verantwortlich. Darüber hinaus garantiert sie auch die natürliche Erkenntnisfähigkeit des Menschen. (§ 16) Die Abhängigkeit der Vorstellung von inneren und äußeren Erkenntnisbedingungen schlägt sich auch in der stoischen Unterscheidung zwischen der Wahrheit und dem Wahren nieder. Selbst Tore können Wahres sagen. Wahrheit ist hingegen dem Weisen reserviert, da nur er eine feste Zustimmung hat. Ferner soll Wahrheit körperlich sein. Es handelt sich um eine besondere Spannkraft des Führungsvermögens. Wahrheit ist wiederum Voraussetzung für Wissenschaft. Als ein Paradebeispiel der Wissenschaft betrachten die Stoiker die Wahrsagekunst der Zukunft, die eng mit der Existenz der Götter und ihrem fürsorgenden Willen für die Menschen verbunden ist, weshalb die Wahrsagekunst auch als Beweis für die Existenz der Vorsehung herangezogen wird.

Damit kommen wir in *Kapitel V* zurück zum stoischen Vorsehungsbegriff, der wie gesagt zwei Aspekte umfasst: zum einen die göttliche Voraussicht und zum anderen die göttliche Sorge um die erschaffenen Kreaturen sowie die Erhaltung der Welt. (§ 17) Die Kritiker der stoischen Theorie richten ihre Kritik an der Vorsehung entsprechend auf beide Teile. Aus aristotelischer Perspektive sind vor allem die von Alexander von Aphrodisias vorgebrachten Einwände bedeutsam. Gegen den ersten Aspekt der Vorsehung hat er im Rückgriff auf Aristoteles' Begriff des zufälligen und kontingenten Geschehens hervorgehoben, dass eine sichere Voraussage der Zukunft grundsätzlich nicht möglich ist. (§ 18) Die weitergehende Kritik Alexanders richtet sich gegen die Vereinbarkeit des Übels in der Welt mit der göttlichen Vorsehung. Zunächst zielt diese Kritik in Ansehung der vorausgesetzten Notwendigkeit der Ereignisse auf die Vereinbarkeit von moralischer Zurechnung und dem von den Stoikern als notwendige Bedingung ihrer Vorsehung angegebenen kausalen Determinismus ab. (§ 19) Weiterhin wird gefragt, wie Gott das Böse zulassen kann, wenn er die Welt mit seiner Weisheit regiert. Wir werden sehen, dass für die Stoiker die Vorsehung nichts anderes als die Erhaltung der vollkommenen Bewegung der Welt ist, weshalb auch die Bewegungserhaltung des Ganzen der erste Gegenstand der göttlichen Fürsorge ist. Was die Menschen hingegen als böse erfahren, ist nichts weiter als die Einschränkung dieser Bewegung. (§ 20) So wird schließlich auch die Umdeutung der Übel zu bloßen Widrigkeiten verständlich. Diese Widrigkeiten sind die Bewegungswiderstände, die die Einzelnen schon deshalb erfahren, weil sie mit anderen Dingen notwendig in Berührung kommen. (§ 21) Alexanders Kritik geht aber noch weiter und legt einen schwerwiegenden Widerspruch offen. So wirft er die Frage auf, welches Gut die Vorsehung unter den stoischen Voraussetzungen bereiten kann, wenn es keine wirklichen Übel außer einem schlechten Charakter und kein Gut außer der Tugend geben kann. Denn das einzige Gut, die Tugend, soll der Mensch sich selbst verschaffen können. Was Gott den Menschen mithin als Gunst erweist, ist nichts weiter als das Geschenk seiner bloßen Existenz. Somit wird das Lob der Vorsehung zum Preisgesang auf die natürliche Notwendigkeit, und die Tugend der Stoiker wird nichts anderes als die bloße Erhaltung der Bewegung sein. Damit tritt schließlich die Nähe zu dem Philosophen offen zutage, den bereits seine Zeitgenossen zum Stoiker verklärt haben:[24] Spinoza!

---

[24] So etwa Pierre Bayle und Johann Franz Buddeus, siehe Brooke 2012, 139.

Kapitel I – Form und Materie in der Wahrnehmung

Die frühneuzeitlichen Autoren können sich in ihrer Zurückweisung der aristotelischen Wahrnehmungstheorie auf zwei Bestimmungen von Wahrnehmung berufen, die Aristoteles in seiner Schrift *De anima* ausführt. Zusammengenommen scheinen diese das Bild zu zeichnen, welches bei Hobbes oder Descartes zu finden ist. So heißt es zum einen bei Aristoteles, dass „die Wahrnehmung in einem Bewegtwerden und Erleiden stattfindet. Da es sich um eine Art von Eigenschaftsveränderung zu handeln scheint".[1] Zum anderen wird die Wahrnehmung definiert als eine Aufnahme der Form ohne die Materie.[2] Zur Illustration verwendet Aristoteles das bereits von Platon verwendete Beispiel eines Siegelrings, der seinen Abdruck im Wachs hinterlässt.[3] Für Aristoteles steht in der Verwendung des Beispiels der Umstand im Vordergrund, dass lediglich die Form und nicht die Materie weitergegeben wird.[4] Beide Bestimmungen werden auch in der aktuellen Debatte kontrovers diskutiert. Es wird im Rahmen dieser Untersuchung jedoch nicht möglich sein, auf die einzelnen Punkte der Auseinandersetzung einzugehen.[5] Das wird mit Blick auf die übergeordnete Fragestellung auch nicht nötig sein. Entscheidend ist vor allem, die grundsätzlichen Unterschiede zu den nachfolgenden hellenistischen Autoren aufzuweisen. Das erfordert wiederum,

---

1 Aristoteles, *De anima*, 416b33–34: ἡ δ' αἴσθησις ἐν τῷ κινεῖσθαί τε καὶ πάσχειν συμβαίνει, καθάπερ εἴρηται· δοκεῖ γὰρ ἀλλοίωσίς τις εἶναι. Alle Übersetzungen sind, wenn nicht anders angegeben, von mir. Die Übersetzung dieser ersten Bestimmung der Wahrnehmung in eine moderne Sprache wirft jedoch, wie wir noch sehen werden, einige Probleme auf.
2 Aristoteles, *De anima*, 424a17–19: Καθόλου δὲ περὶ πάσης αἰσθήσεως δεῖ λαβεῖν ὅτι ἡ μὲν αἴσθησίς ἐστι τὸ δεκτικὸν τῶν αἰσθητῶν εἰδῶν ἄνευ τῆς ὕλης [...]. „Es muss allgemein für jede Wahrnehmung festgehalten werden, dass die Wahrnehmung dasjenige ist, was die wahrnehmbaren Formen ohne die Materie aufzunehmen vermag [...]."
3 Aristoteles, *De anima*, 424a19–24: οἷον ὁ κηρὸς τοῦ δακτυλίου ἄνευ τοῦ σιδήρου καὶ τοῦ χρυσοῦ δέχεται τὸ σημεῖον, λαμβάνει δὲ τὸ χρυσοῦν ἢ τὸ χαλκοῦν σημεῖον, ἀλλ' οὐχ ᾗ χρυσὸς ἢ χαλκός· ὁμοίως δὲ καὶ ἡ αἴσθησις ἑκάστου ὑπὸ τοῦ ἔχοντος χρῶμα ἢ χυμὸν ἢ ψόφον πάσχει, ἀλλ' οὐχ ᾗ ἕκαστον ἐκείνων λέγεται, ἀλλ' ᾗ τοιονδί, καὶ κατὰ τὸν λόγον. „[...] wie zum Beispiel das Wachs den Abdruck des Siegelrings ohne das Eisen und das Gold aufnimmt, und das goldene bzw. eherne Siegelzeichen erfasst, aber nicht insofern es Gold oder Erz ist. Auf gleiche Weise erleidet auch die Wahrnehmung jedes Gegenstandes von dem, das Farbe oder Geschmack oder Klang hat, aber nicht insofern jedes als eines von diesen bezeichnet wird, sondern insofern es von einer bestimmten Beschaffenheit ist und gemäß der Proportion." Andere antike Stellen, wo der Vergleich zur Sprache kommt, sind Platon, *Theaetetus*, 191c–d, 194c und *Philebus*, 39a–b; *SVF*, II.55; 56ff.
4 Auf die grundsätzliche Missverständlichkeit dieses Beispiels mit Hinblick auf die Bestimmung von Aktivität und Passivität in der Wahrnehmung hat bereits Hegel, *Vorlesungen zur Geschichte der Philosophie*, 207f. hingewiesen. Siehe Hahmann 2015c.
5 Siehe hierzu ausführlich Hahmann 2014.

die beiden genannten Bestimmungen der Wahrnehmung auf der Folie der aristotelischen *Physik*, insbesondere der aristotelischen Diskussion der Bewegung, einsichtig zu machen. Dem Phänomen der Bewegung (κίνησις) widmet Aristoteles den Hauptteil seiner *Physik*.[6] Was uns besonders interessiert, ist die von Aristoteles entwickelte Unterscheidung zwischen Form und Materie sowie die Bestimmung und Eingrenzung des Bewegungsbegriffs. Beides hat, wie wir sehen werden, unmittelbare Relevanz für die Diskussion der Wahrnehmung. Im Fokus stehen insbesondere die beiden Begriffspaare: Bewegung (κίνησις) und Aktivität (ἐνέργεια) sowie Potenzialität (δύναμις) und Aktualität (ἐντελέχεια). Aufgrund der besonderen Zielsetzung der vorliegenden Untersuchung, der es vor allem darum geht, die Prinzipien der hellenistischen Philosophie in Abgrenzung zu Aristoteles herauszukristallisieren, wird es nicht nötig sein, auf alle Aspekte der weitläufigen Diskussion in der Literatur einzugehen. Es wird sich vielmehr als äußerst nützlich erweisen, die Interpretation vor allem am Leitfaden der spätantiken Auslegung der aristotelischen Texte zu orientieren. Das hat zwei Vorzüge: Erstens sind die spätantiken Kommentatoren darum bemüht, eine kohärente Lesart des aristotelischen Textes vorzustellen und zweitens wird damit auch ein Hinweis darauf gegeben, wie Aristoteles in der Spätantike und im Mittelalter verstanden worden ist. Beide Punkte sind aber für die übergeordnete Fragestellung von Bedeutung, da vor diesem Hintergrund auch die Differenzen zu seinen hellenistischen Nachfolgern deutlicher hervortreten können.

§ 1 Materie und Form – oder wie ist Bewegung möglich?

In der *Physik* fragt Aristoteles nach den ersten Prinzipien (τὰς ἀρχὰς τὰς πρώτας) und Ursachen natürlicher Körper.[7] Er benennt drei Kriterien, die erste Prinzi-

---

[6] Den Vorlesungscharakter der aristotelischen *Physik* hebt besonders Wieland 1962, 68ff. hervor. Der Schluss, den Wieland jedoch hieraus zieht, wonach die *Physik* nur im jeweils verhandelten Argumentationszusammenhang konsistent sein soll, ist nicht zwingend. Als problematisch wird ferner in der Literatur das Verhältnis der einzelnen Bücher der *Physik* erachtet. Vor allem dem ersten Buch kommt diesbezüglich ein Sonderstatus zu, da es sich antiken Quellen zufolge um ein selbstständiges Werk (Περὶ ἀρχῶν) handelt, siehe hierzu Düring 1966, 189. Ross 1936, 4 hat aber bereits bemerkt, dass Aristoteles' einzige explizite Bezugnahme (*De Caelo* 274a21) nicht dem ersten, sondern 3. Buch der *Physik* gilt.
[7] Philoponus zufolge bestreitet Theophrast in seiner Untersuchung die Voraussetzung, dass die Naturuntersuchung Prinzipien beinhaltet. Was Aristoteles also stillschweigend voraussetzt, muss, so Theophrast, zuallererst begründet werden. Siehe Philoponus, *In Aristotelis physicorum libros commentaria*, 16.4.8–14. Da es sich bei den natürlichen physischen Körpern um zusammengesetzte Dinge handelt, müssen ferner ihre Elemente eingesehen werden. Das wirft nach Philoponus die Frage auf, ob Aristoteles Prinzipien, Ursachen und Elemente synonym verwen-

pien als solche erfüllen müssen.⁸ (i) Als erste Prinzipien dürfen sie nicht aus anderen Prinzipien oder Dingen ableitbar sein. Denn offenkundig würde es sich dann nicht um erste Prinzipien handeln. Das erste Prinzip wäre vielmehr das, aus dem sie sich ableiten ließen. (ii) Ferner dürfen sie sich auch nicht auseinander ergeben. Andernfalls wären sie zugleich erste Prinzipien, und zwar insofern sich das Andere aus ihnen ableiten ließe, und keine ersten Prinzipien, da sie von den anderen Prinzipien abhängig wären oder selbst aus ihnen abgeleitet werden können. Sie müssen als solche somit selbstständig sein. (iii) Schließlich muss gelten, dass das Seiende tatsächlich aus ihnen ableitbar ist.

Aristoteles zufolge muss die Suche nach diesen ersten Prinzipien mit dem beginnen, was dem Erkennenden am ehesten einsichtig und klar zu sein *scheint*. Wie Aristoteles aber zugleich unterstellt, wird dies auch dasjenige sein, was der Natur nach am wenigsten klar *ist*.⁹ Am klarsten scheint dem Menschen das durch die Wahrnehmung Vermittelte zu sein. Denn die Wahrnehmung ist Hauptquelle des Wissens der einzelnen Dinge.¹⁰ Diese zeigt nun aber, dass alle oder zumindest einige der natürlichen Dinge bewegt sind. Bewegung ist somit eine durch

---

det. Er kommt zu dem Schluss, dass alles Prinzipien sind, wohingegen Form und Materie Elemente sind, Zweck und Wirkursache sind Ursachen im engeren Sinn. Später werden von Aristoteles drei Elemente genannt: Materie, Form und Privation. Philoponus, *In Aristotelis physicorum libros commentaria*, 16.6.9–17; 198.20f.

8 Aristoteles, *Physica*, 188a27–30: δεῖ γὰρ τὰς ἀρχὰς μήτε ἐξ ἀλλήλων εἶναι μήτε ἐξ ἄλλων, καὶ ἐκ τούτων πάντα· τοῖς δὲ ἐναντίοις τοῖς πρώτοις ὑπάρχει ταῦτα, διὰ μὲν τὸ πρῶτα εἶναι μὴ ἐξ ἄλλων, διὰ δὲ τὸ ἐναντία μὴ ἐξ ἀλλήλων. „Denn als Prinzipien (d. h. Anfangsgründe) dürfen diese nicht auseinander abgeleitet werden und auch nicht aus anderem, sondern alles muss aus diesen folgen. Dies trifft aber zu für das erste Gegensätzliche, weil es sich nämlich um das Erste handelt, kann es nicht aus anderem folgen und weil es Gegensätzliches ist, auch nicht auseinander." Überdies gilt, dass die ersten Prinzipien als solche ewig sind, sodass es keine Veränderung bei den ersten Prinzipien gibt. Dass mit 188a27 ein unabhängiger Neuansatz innerhalb des Argumentationsgangs der *Physik* gegeben ist, wird von Happ 1971, 280 hervorgehoben.

9 Siehe auch Aristoteles, *Ethica Nicomachea*, 1095a2–4; *De anima*, 413a11–12, *Metaphysica*, 1029b3–12; *Analytica posteriora*, 72a1–3. Philoponus merkt dazu an, dass Aristoteles in seinen Untersuchungen daher oft von einer gemeinhin akzeptierten Annahme ausgeht. Zur ‚phänomenologischen Methode' bei Aristoteles siehe Shields 2013. Siehe auch den ausführlichen Überblick der Literatur zur anschließenden aristotelischen Argumentation bei Horstschäfer 2008, 19–33. Sehr gut ist die klärende Darstellung der unterschiedlichen von Aristoteles verwendeten Allgemeinbegriffe von Thiel 2004, 30ff.

10 Aristoteles, *Metaphysica*, 981b10–13: ἔτι δὲ τῶν αἰσθήσεων οὐδεμίαν ἡγούμεθα εἶναι σοφίαν· καίτοι κυριώταταί γ' εἰσὶν αὗται τῶν καθ' ἕκαστα γνώσεις· ἀλλ' οὐ λέγουσι τὸ διὰ τί περὶ οὐδενός, οἷον διὰ τί θερμὸν τὸ πῦρ, ἀλλὰ μόνον ὅτι θερμόν. „Ferner halten wir keine der Wahrnehmungen für Weisheit. Sicherlich sind sie die wichtigsten Quellen der Erkenntnis der einzelnen Dinge. Aber sie sagen uns nicht das Warum der Dinge, etwa weshalb Feuer heiß ist, sondern nur, *dass* es heiß ist."

die Wahrnehmung bestätigte Erscheinung oder ein *Phänomen*. Als solches ist die Bewegung für Aristoteles der unhintergehbare Ausgangspunkt der Untersuchung.[11]

Vorausgesetzt also, die Wahrnehmung bezeugt die Existenz der Bewegung, so ist es noch immer fraglich und bedarf einer weiteren Klärung, was die Bewegung ihrer Natur nach ist, zu welcher Gattung sie gehört und warum es Bewegung gibt.[12] Denn auch wenn die Wahrnehmung das *Phänomen der Bewegung* als ein Faktum belegt, so bedeutet das noch nicht, dass damit eine Antwort auf die drei weitergehenden Fragen geboten wäre. Ihre Beantwortung soll in der Untersuchung über die Natur geleistet werden.

Bevor wir uns nun dieser Untersuchung im Detail zuwenden, möchte ich noch einige grundsätzliche Bemerkungen zu der von Aristoteles verwendeten Terminologie und Methode vorausschicken.

Zunächst ist zu beachten, dass Aristoteles die beiden Begriffe *Bewegung* (κίνησις) und *Veränderung* (μεταβολή) zu Beginn seiner Analyse undifferenziert verwendet. Erst mit dem Voranschreiten der Untersuchung stehen ihm die Mittel zur Verfügung, beides angemessen voneinander zu unterscheiden. Ich werde in der folgenden Darstellung des aristotelischen Gedankengangs κίνησις als Bewegung und μεταβολή als Veränderung übersetzen. Aufgrund seiner zunächst undifferenzierten Verwendung der beiden Begriffe ist unbedingt zu beachten, dass Aristoteles *an*fänglich auch dort von Bewegung spricht, wo an späterer Stelle von Veränderung die Rede sein wird.

Des Weiteren nimmt Aristoteles in seinen Untersuchungen häufig die Ergebnisse und Meinungen seiner Vorgänger als Anfangspunkt. Auch in der Analyse des Phänomens der Bewegung kann er auf zahlreiche Arbeiten zurückgreifen, die er mehr oder weniger treu wiedergibt und anhand seiner systematischen Voraussetzungen kritisiert. Ich möchte im Nachfolgenden weder auf die vorsokratischen

---

[11] In der Literatur wird *Ethica Nicomachea* VII.1 als locus classicus benannt, an dem Aristoteles darlegt, wie die Untersuchung von einem Phänomen anhebend voranschreitet. Am Beispiel der Diskussion von Willensschwäche wird klar, dass er ein dreistufiges Modell im Sinn hat. Zunächst soll das Phänomen dargelegt werden. Dann werden die Schwierigkeiten benannt und der Reihe nach behoben. Was der Kritik standhält, bleibt schließlich vom Phänomen bestehen. Zu einer ausführlichen Diskussion der ‚phänomenologischen Methode' sowie der hinter dieser Methode stehenden Bestimmung von *phantasia* bei Aristoteles siehe Shields 2013; sowie Owen 1961. Dass das Offensichtliche (d. h. die Erscheinung) keines Beweises bedarf, unterstreicht Aristoteles in seinen *Analytica posteriora*, 72b5ff, 84a29–b29. Horstschäfer 1998, 7 weist darauf hin, dass Aristoteles, indem er das durch die Wahrnehmung Gegebene zum Ausgangspunkt seiner Untersuchung macht und von dort ausgehend, die Prinzipien zu ermitteln sucht, den umgekehrten Weg im Vergleich zu den Eleaten (d. h. Parmenides und seinen Schülern) einschlägt.
[12] Siehe noch einmal *Metaphysica*, 981b11–13.

Positionen selber noch auf die aristotelische Kritik detailliert eingehen.¹³ Was uns allerdings besonders interessiert, sind diejenigen Voraussetzungen, die Aristoteles von seinen Vorgängern übernimmt und seiner Untersuchung ohne weitere Begründung zugrunde legt. An erster Stelle sei auf das von fast allen Naturphilosophen angenommene Prinzip (das vermutlich auf Parmenides zurückgeht¹⁴) hingewiesen, dass *nichts aus nichts werden kann und nichts zu nichts vergehen kann*.¹⁵ Folglich wird alles Werdende aus dem entstehen müssen, was bereits ist, und es kann auch an sich nicht wirklich vergehen.¹⁶

Es ist bemerkenswert, dass Aristoteles diesen Grundsatz übernimmt, ohne weiter hierfür zu argumentieren. Er selbst scheint den Satz daher als unstrittig vorauszusetzen. Mit Blick auf die oben angesprochene methodische Überlegung, dass die Erscheinung als nicht hintergehbarer Ausgangspunkt der Untersuchung gelten kann, weshalb das Phänomen der Bewegung als solches unbestreitbar ist, liegt es nahe, auch in diesem Zusammenhang auf die Erscheinung zu rekurrieren. In der Tat lassen sich anhand der antiken Kommentatoren drei Gründe zur

---

13 Eine detaillierte Behandlung des ersten Buches der *Physik* bietet Horstschäfer 2008. Zur aristotelischen Kritik an den vorsokratischen Positionen siehe auch Cherniss 1964.
14 Simplicius, *In Aristotelis physicorum libros commentaria*, 9.162.11–15; DK, 28B8, 12–13; siehe auch Aristoteles, *Physica*, 191a23–33.
15 Siehe noch Kant, *Kritik der reinen Vernunft*, A186/B229: „Indessen ist die innere Notwendigkeit zu beharren, doch unzertrennlich mit der Notwendigkeit, immer gewesen zu sein, verbunden, und der Ausdruck mag also bleiben. *Gigni de nihilo nihil, in nihilum nil posse reverti*, waren zwei Sätze, welche die Alten unzertrennt verknüpften [...]."
16 Aristoteles, *Physica*, 187a27–b1: Ἔοικε δὲ Ἀναξαγόρας ἄπειρα οὕτως οἰηθῆναι διὰ τὸ ὑπολαμβάνειν τὴν κοινὴν δόξαν τῶν φυσικῶν εἶναι ἀληθῆ, ὡς οὐ γιγνομένου οὐδενὸς ἐκ τοῦ μὴ ὄντος [...]· εἰ γὰρ πᾶν μὲν τὸ γιγνόμενον ἀνάγκη γίγνεσθαι ἢ ἐξ ὄντων ἢ ἐκ μὴ ὄντων, τούτων δὲ τὸ μὲν ἐκ μὴ ὄντων γίγνεσθαι ἀδύνατον [...] τὸ λοιπὸν ἤδη συμβαίνειν ἐξ ἀνάγκης ἐνόμισαν, ἐξ ὄντων μὲν καὶ ἐνυπαρχόντων γίγνεσθαι, διὰ μικρότητα δὲ τῶν ὄγκων ἐξ ἀναισθήτων ἡμῖν. „Anaxagoras scheint aber geglaubt zu haben, dass es unendliche (Substanzen) gibt, weil er voraussetzte, dass die gemeinsame Annahme der Naturphilosophen wahr sei, dass nichts aus dem Nichtseienden entstehe [...] wenn nämlich alles Werdende notwendig entweder aus dem Seienden oder dem Nichtseienden entsteht, von diesen aber das eine unmöglich ist, nämlich dass es aus dem Nichtseienden werde [...] bleibt bloß übrig, dass er annahm, dass mit Notwendigkeit folge, dass es aus dem Seienden und bereits Bestehenden entstehe, es wegen der Kleinheit der Teile aber für uns aus dem Nichtwahrnehmbaren geschieht." Siehe auch *Physica*, 191b13–15: ἡμεῖς δὲ καὶ αὐτοί φαμεν γίγνεσθαι μὲν μηθὲν ἁπλῶς ἐκ μὴ ὄντος, πῶς μέντοι γίγνεσθαι ἐκ μὴ ὄντος, οἷον κατὰ συμβεβηκός [...]. „Wir selbst sagen aber auch, dass nichts schlechthin aus dem Nichtseienden entstehe, dessen ungeachtet entsteht es doch auf gewisse Weise aus dem Nichtseienden, nämlich auf akzidentelle Weise [...]." Aristoteles macht hier nicht nur seine Zustimmung zu dieser naturphilosophischen Voraussetzung deutlich, sondern nennt zugleich die Lösung des Problems, wie Werden und Entstehen dennoch möglich sind, und zwar kann sehr wohl in einem akzidentellen Sinn etwas aus einem Nichtseienden werden (wie aus der Privation (στέρησις), die einem Ding nur akzidentell zukommt). Siehe Horstschäfer 2008, 410–12.

Annahme des Grundsatzes rekonstruieren, die alle drei auf die Konsequenzen, die sich aus der Bestreitung des Grundsatzes für die Erscheinung ergäben, verweisen.[17] Vorausgreifend möchte ich bereits hier anmerken, dass sich eine ganz ähnliche Begründungsstrategie für diesen Grundsatz auch bei Epikur findet, der sich hierbei auf seine besondere epistemologische Methodologie beruft.

Wie behandeln die antiken Kommentatoren den Grundsatz? Genauso wie Aristoteles spricht auch Philoponus davon, dass bei den früheren Naturphilosophen Konsens darüber bestand, „dass nichts aus dem entstehen kann, was in keiner Weise und Hinsicht ist".[18] Auch Simplicius sieht keine Notwendigkeit für einen Beweis. Stattdessen nimmt er Stellung zu den Schlüssen, die aus diesem Grundsatz gezogen worden sind. Die Folgerungen der Naturphilosophen möchte ich übergehen. Ein genauer Blick auf die von Simplicius referierten Texte offenbart jedoch drei Gedanken, die einen Hinweis auf die hinter dem Grundsatz liegende Überlegung geben:

(i) Simplicius zitiert zunächst Empedokles, der zu bedenken gab, dass unter der Voraussetzung, dass die Dinge tatsächlich vollständig zerstört werden könnten, in Anbetracht der vergangenen Zeit bereits alles hätte vernichtet sein müssen, sodass es keine Dinge mehr geben dürfte. „Aber tatsächlich existieren die Dinge",[19] also wird es nicht möglich sein, dass etwas zu nichts vergehen kann.

(ii) Dann führt Simplicius Parmenides an, der auf Grundlage dieses Grundsatzes zu beweisen versucht hat, dass das, was wirklich ist, ungeworden sein muss, da es andernfalls aus nichts hätte entstehen müssen. Wenn es nämlich, so Parmenides, aus nichts entstanden wäre, warum sollte es eher jetzt als zu einem anderen Zeitpunkt entstehen. Wäre also eine Entstehung aus dem Nichtseienden möglich, dann gäbe es keinen Grund für seine Entstehung zu einer bestimmten Zeit. Denn dasselbe hätte ohne Anlass auch früher oder später entstehen können. Damit wäre aber jede zeitliche und kausale Ordnung aufgehoben.[20] Aber auch

---

17 Die Probleme und falschen Schlüsse, welche die Vorgänger des Aristoteles daraus gezogen haben, werden von Simplicius, *In Aristotelis physicorum libros commentaria*, 9.157f. ausführlich diskutiert. Siehe auch Philoponus, *In Aristotelis physicorum libros commentaria*, 16.170f.
18 Philoponus, *In Aristotelis physicorum libros commentaria*, 16.51.25–27: ἀλλὰ τοῦτο κοινόν ἐστιν ὁμολόγημα πάντων τῶν φυσικῶν τὸ μηδὲν ἐκ τοῦ μηδαμῇ μηδαμῶς ὄντος γίνεσθαι [...]. 16.94.20–21; 16.169.20–21.
19 Simplicius, *In Aristotelis physicorum libros commentaria*, 9.158.30–159.3 (=DK ‚31B17): [...] ἀλλ' αὔτ' ἔστιν ταῦτα [...].
20 Simplicius, *In Aristotelis physicorum libros commentaria*, 9.162.15–17: ὅλως γάρ, φησίν, εἰ ἐκ τοῦ μὴ ὄντος, τίς ἡ ἀποκλήρωσις τοῦ τότε γενέσθαι, ὅτε ἐγένετο, ἀλλὰ μὴ πρότερον ἢ ὕστερον; „Denn allgemein, so fragt er, wenn es aus dem Nichtseienden wird, was für eine Zuteilung bestimmte, dass es sich zu dem Zeitpunkt, als es geschah, ereignete und nicht früher oder später?" Siehe auch 9.162.21–22 (= DK, 28B8.6–10): τί δ' ἄν μιν καὶ χρέος ὦρσεν ὕστερον ἢ πρόσθεν τοῦ

das ist offenkundig nicht der Fall, da doch derjenige, der genau hinsieht, wie Aristoteles später betont, beobachten kann, dass alles Werdende aus etwas entsteht, was schon zugrunde liegt. Die Ordnung des Werdens zeigt sich also in der Erfahrung.[21]

(iii) Schließlich betonte Parmenides, ausgehend von seinen Voraussetzungen, dass das Seiende nicht aus dem Nichtseienden werden könne, da das Nichtseiende weder sagbar noch denkbar ist.[22]

Die letztgenannte Begründung weist Aristoteles später zusammen mit den weitergehenden Folgerungen, die seine Vorgänger daraus gezogen haben, ausdrücklich zurück.[23] Vor dem Hintergrund der oben herausgestellten Bedeutung, die für Aristoteles die Erhaltung der Phänomene (bzw. Erscheinungen) einnimmt, ließe sich seine Hervorhebung, man könne beobachten, dass alles aus einem Anderen wird, im Sinn einer möglichen Begründung für den Grundsatz auslegen. Es bleibt aber zuletzt fraglich, welchen Status der Grundsatz für Aristoteles hier einnimmt.[24] Im nächsten Kapitel werden wir auf diese Frage zurückkommen. Denn, wie wir sehen werden, nimmt derselbe Grundsatz auch bei Epikur in der

---

μηδενὸς ἀρξάμενον φῦν; „Welche Not könnte es auch veranlassen als ein Späteres oder Früheres, aus dem Nichts anfangend zu wachsen?"

21 Aristoteles, *Physica*, 190b1–b5: [...] ὅτι δὲ καὶ αἱ οὐσίαι καὶ ὅσα ἁπλῶς ὄντα ἐξ ὑποκειμένου τινὸς γίγνεται, ἐπισκοποῦντι γένοιτο ἂν φανερόν. ἀεὶ γάρ ἐστι ὃ ὑπόκειται, ἐξ οὗ τὸ γιγνόμενον, οἷον τὰ φυτὰ καὶ τὰ ζῷα ἐκ σπέρματος. „[...] so wie bei genauerer Betrachtung wohl deutlich wird, dass die Substanzen und alles andere einfache Seiende aus einem Zugrundeliegenden entsteht. Denn es gibt immer etwas, was zugrunde liegt und aus dem das Entstehende wird, wie beispielsweise Pflanzen und Lebewesen aus einem Samen entstehen."

22 Simplicius, *In Aristotelis physicorum libros commentaria*, 9.162.19–21 (= DK, 28B8.6–10): οὔτ' ἐκ μὴ ἐόντος ἐάσω φάσθαι σ' οὐδὲ νοεῖν· οὐ γὰρ φατὸν οὐδὲ νοητόν ἐστιν ὅπως οὐκ ἔστι. „Ich werde nicht zulassen, dass du ‚aus dem Nichtseienden' sagst oder denkst; denn nicht sagbar und nicht denkbar ist, dass es nicht ist."

23 Aristoteles, *Physica*, 191a24–33.

24 Es ließe sich nun einwenden, dass die *Physik* möglicherweise nicht der Ort ist, um diese Frage zu entscheiden. Bemerkenswert ist aber, dass Aristoteles auch in der *Metaphysik* den Grundsatz anwendet (*Metaphysica*, 1051b28–30). In seinen *Zweiten Analytiken* (*Analytica Posteriora*, 76.b30f.) unterscheidet Aristoteles zwischen Postulaten und Hypothesen. Danach handelt es sich bei jeder grundsätzlich beweisbaren, aber bislang nicht bewiesenen Annahme um ein Postulat. Wird das Postulat zur Grundlage der Untersuchung gemacht, dann ist es eine Hypothese. Dieser Terminologie folgend hätte der Grundsatz den Status einer Hypothese in der Untersuchung der Bewegung. Aus Philoponus lässt sich noch ein anderes mögliches Verständnis des Grundsatzes ableiten. So weist er im Proömium seines *De anima*-Kommentars (*In Aristotelis libros de anima commentaria*, 15.3.15–15.4.3) darauf hin, dass die Menschen Anteil am *Nous* haben, weshalb der *Nous* sich auch in allgemein akzeptierten Meinungen der Menschen manifestiert. Diese Meinungen werden folglich als intuitiv richtig erkannt und bedürfen keines weiteren Beweises. In gewisser Hinsicht sollen sie sogar jedem argumentativ bewiesenen Satz überlegen sein.

Grundlegung seiner Philosophie eine besondere Rolle ein. Die von Epikur aufgestellte Forderung, dass alle Erkenntnisse, ja selbst die Begriffe, mit denen der Verstand operiert, aus der Erfahrung entnommen sein müssen, verschärft dann noch einmal die Frage nach dem Status des Grundsatzes.

Ebenfalls auf breite Zustimmung unter den Vorgängern des Aristoteles stößt die Annahme, dass es sich bei dem Gegensätzlichen (τἀναντία) um ein Prinzip handeln muss. Denn fast alle haben, so Aristoteles, das Gegensätzliche in irgendeiner Form zum Prinzip gemacht.[25] Sogar Parmenides, der im Übrigen die Auffassung vertreten haben soll, dass es nur ein unbewegtes Prinzip gibt, soll an anderer Stelle das Heiße und das Kalte bzw. die Erde und das Feuer als entgegengesetzte Prinzipien aufgestellt haben.[26] Für Demokrit sind das Volle und das Leere Prinzipien.[27] Bei Platon finden sich das Große und das Kleine.[28]

Seine Begründung dafür, dass es sich bei dem Gegensätzlichen um ein Prinzip der natürlichen Dinge handeln muss, stützt Aristoteles auf zwei weitere Überlegungen, die bei seinen Vorgängern allgemeine Zustimmung finden:

(i) Zum einen soll gelten, dass nicht alles von jedem beliebigen Ding affiziert werden kann bzw. nicht alles auf alles einwirken kann. Zur Veranschaulichung wählt Aristoteles das Beispiel der Linie, die als solche keine Wirkung auf das Süße haben kann.

(ii) Zum anderen wird nicht alles Beliebige aus allem Möglichen (zumindest unmittelbar) entstehen können. Denn das Süße kann nicht aus der Musik entstehen, ebenso wenig wie aus geometrischen Figuren. Dasselbe soll auch für den Vorgang des Vergehens gelten. Denn auch hier darf man nicht annehmen,

---

[25] Aristoteles, *Physica*, 188a19: Πάντες δὴ τἀναντία ἀρχὰς ποιοῦσιν [...]. „Sie alle machen das Gegensätzliche zu Prinzipien [...]."

[26] Aristoteles, *Physica*, 188a20–22: [...] καὶ γὰρ Παρμενίδης θερμὸν καὶ ψυχρὸν ἀρχὰς ποιεῖ, ταῦτα δὲ προσαγορεύει πῦρ καὶ γῆν [...]. „[...] denn selbst Parmenides macht das Warme und Kalte zu Prinzipien, die er mit ‚Feuer' und ‚Erde' bezeichnet [...]." Das scheint freilich dem zuvor Ausgeführten zu widersprechen, wonach Parmenides nur ein Prinzip angenommen haben soll. Philoponus, *In Aristotelis physicorum libros commentaria*, 16.21.22–16.22.15 merkt hierzu an, dass Aristoteles zwei Schriften von Parmenides im Blick hat: *Über die Wahrheit* und *Über die Meinung*. In der ersten führt Parmenides ein Prinzip an und in der letzteren, die die wahrnehmbaren Dinge thematisiert, zwei.

[27] Aristoteles, *Physica*, 188a22–23.

[28] Aristoteles, *Physica*, 187a16–20. Diese Liste wird von Aristoteles und seinen antiken Kommentatoren fortgeführt, wobei die Letzteren detailliert auf die Unterschiede zwischen den einzelnen Positionen eingehen. Eine Differenz zwischen Platon und Parmenides einerseits sowie den Naturphilosophen andererseits ist erwähnenswert. Denn sowohl bei Platon als auch bei Parmenides konstituiert das Gegensätzliche die Materie (die zusätzlich der Form bedarf), wohingegen die meisten Naturphilosophen aus der Materie durch Anwendung gegensätzlicher Prinzipien die geformten Dinge haben entstehen lassen.

dass sich das, was zugrunde geht, (unmittelbar) in alles Mögliche verwandeln kann. Vielmehr werden alles Entstehende und alles Vergehende in irgendeiner Art und Weise aus ihren Gegensätzen entstehen bzw. in diese vergehen. Philoponus unterstreicht daher, dass sich das Gegensätzliche auf solche Weise ineinander verwandelt, indem es nacheinander folgend (zeitlich verstanden) auseinander hervorgeht (ἐξ ἀλλήλων δὲ πάλιν λέγεται τῷ μετ' ἄλληλα).²⁹ Ein Blatt, das im Sommer grün ist, wird im Herbst erst gelb, dann rot und schließlich braun werden. Auf grün folgt also in kontinuierlicher Veränderung braun. Ebenso folgt auf die Hitze die Kälte und nichts kann heiß werden, was nicht zuvor kalt war. Die Dinge verändern sich demnach in einem kontinuierlichen Übergang voneinander gegenteiliger Eigenschaften, wobei das zwischen den Gegensätzen liegende Mittlere im Prozess eingeschlossen sein soll. So muss der Übergang nicht unbedingt von schwarz zu weiß sein, sondern er beinhaltet alle Farbstufen zwischen den beiden Extremen.³⁰ Doch ist der Gegensatz zwischen schwarz und weiß für das Entstehen der einzelnen Farben entscheidend. Denn alle anderen Farben sollen in einem gewissen Sinn aus diesen beiden hervorgehen.³¹

Aristoteles fragt nun, ob es eine Ordnung unter den Gegensätzen gibt. Seiner Ansicht nach haben seine Vorgänger ihre gegensätzlichen Prinzipien ohne weitere Begründung aufgestellt.³² Ihm geht es aber wie gesagt darum, die ersten und fundamentalsten Prinzipien herauszustellen. Bei seinen Vorgängern findet er hinsichtlich dieser Frage keine Einstimmigkeit vor. Manche nehmen als primär an, was von den anderen als untergeordnet behandelt wird.³³ Aus diesem Grund

---

29 Philoponus, *In Aristotelis physicorum libros commentaria*, 16.111.30–31. Siehe auch 16.118.28.–119.1. Philoponus verweist in diesem Zusammenhang auf Platon, *Phaidon*, 103a-c. Charlton 1970, 66 zufolge handelt es sich nicht um eine empirische Lehre oder ein Naturgesetz, sondern um eine rein begriffliche Überlegung. Wir werden später sehen, dass diese „logical doctrine" weitreichende ontologische Konsequenzen hat.
30 Aristoteles, *Physica*, 188a37–b1; 188b21–26.
31 Nach Charlton 1970, 45 ist es missverständlich, λευκόν und μέλας mit ‚weiß' und ‚schwarz' zu übersetzen. Besser wären stattdessen ‚hell' und ‚dunkel', da es sich hierbei nicht um bestimmte Farben, sondern ein unbestimmtes Gegensatzpaar handelt. Er beruft sich auf Platon, *Theaitetos*, 154b1–2.
32 Aristoteles, *Physica*, 188b27–29.
33 Als Ursache hierfür unterstellt Aristoteles, *Physica*, 188b30–189a4 das Verfahren, wie sie zu ihren Grundsätzen gekommen sind. Manche haben sie unvermittelt der Wahrnehmung entnommen, andere machen das nicht wahrnehmbare Allgemeine zum Grundsatz. Für Aristoteles gilt indes, dass das Allgemeine Gegenstand der vernünftigen Einsicht ist, wohingegen das Besondere Gegenstand der Wahrnehmung ist. Aristoteles, *Physica*, 189a5.8: τὸ μὲν γὰρ καθόλου κατὰ τὸν λόγον γνώριμον, τὸ δὲ καθ' ἕκαστον κατὰ τὴν αἴσθησιν· ὁ μὲν γὰρ λόγος τοῦ καθόλου, ἡ δ' αἴσθησις τοῦ κατὰ μέρος [...]. „Denn das Allgemeine wird mit der Vernunft erkannt und das Einzelne mit der Wahrnehmung, weil die Vernunft dem Allgemeinen und die Wahrnehmung dem

kann Aristoteles nicht ohne weiteres auf ihre Prinzipien zurückgreifen. Daneben identifiziert Philoponus noch ein zusätzliches Problem. Es zeigt sich nämlich, dass manche Bewegungen und Veränderungen nicht zwischen Gegensätzen im eigentlichen Sinn stattfinden.[34]

Wie ist das gemeint? Es wird vorausgesetzt, dass das Gegensätzliche genau bestimmt ist. Denn sowohl das Weiße als auch das Schwarze sind offenkundig als solche erfassbar. Dasselbe gilt für die anderen von den Vorgängern angeführten Gegensatzpaare. Schaut man sich aber beispielsweise den Übergang von Tugend zu Laster oder von Unwissenheit zu Wissen an, so wird man feststellen, dass eine der beiden Seiten kein bestimmter Zustand ist. Denn weder Laster noch Unwissenheit sind an sich bestimmt. Sie weisen keine bestimmte Form auf: Es handelt sich um *Privationen*.[35] In diesem Sinn ist das Gekrümmte die Privation (στέρησις) des Geraden, da es als solches ganz unterschiedliche, nicht eindeutig bestimmte Formen annehmen kann, wohingegen das Gerade eindeutig bestimmt ist. Man identifiziert das Gekrümmte nur als eine Abweichung vom Geraden. Ebenso verhält es sich mit Zuständen wie Laster oder Unwissenheit. Auch hier gilt, dass sie nur als Abweichung des eindeutig bestimmten Zustands begriffen werden können. Setzt man voraus, dass der bestimmte Zustand der Geformte ist, so wird man für diese Fälle als Gegensatzpaar Form und Privation (κατὰ τὸ εἶδος καὶ τὴν στέρησιν) erhalten.[36]

Hierbei wird es sich nun laut Philoponus um das grundsätzlichste Gegensatzpaar (ἡ πρωτίστη ἐναντίωσις) handeln. Warum? In jeder Gattung, in der Gegensätzliches angenommen wird, kann eine gewisse Rangordnung unter ihnen festgestellt werden. So zeichnen sich die Gegensätze beispielsweise in ihrer Nähe und Distanz zur Wahrnehmung aus. Setzt man wie Aristoteles voraus, dass die Wahrnehmung das Einzelne zum Gegenstand hat, folgt daraus, dass einige Gegensätze als allgemeiner und andere, die näher an der Wahrnehmung stehen, als spezieller gelten können. Auf diese Weise lässt sich eine Ordnung unter den Gegensätzen in den unterschiedlichen Gattungen ableiten; d. h. also, in jeder Gattung wird es ein allgemeinstes Gegensatzpaar geben. In der Gattung der Zahl soll als oberstes und allgemeinstes Gegensatzpaar gerade und ungerade stehen, bei den Farben schwarz und weiß. Das Gegensatzpaar in der Gattung der Substanz (γένος τῆς οὐσίας) ist jedoch Form (εἶδος) und Privation (στέρησις). Dieser Gegensatz gilt für alle Substanzen, die natürlichen wie die ungewordenen. Philoponus weist

---

Teil gilt." Die Begründung hierfür liefert Aristoteles, wie wir sehen werden, in seiner Diskussion der Wahrnehmung.
34 Philoponus, *In Aristotelis physicorum libros commentaria*, 16.122.1f.
35 Philoponus, *In Aristotelis physicorum libros commentaria*, 16.122.5.
36 Philoponus, *In Aristotelis physicorum libros commentaria*, 16.129.13–15.

zudem darauf hin, dass die Gattung der Substanz allen anderen veränderlichen Dingen zugrunde liegt.[37] Als höchste und erste Kategorie beinhaltet sie auch die Gegensatzpaare, die sich in den übrigen Kategorien finden. Wird es somit nur ein grundsätzliches Gegensatzpaar geben, dann wird dieses das Paar in der höchsten Gattung sein. Das wäre aber nach der in dieser Argumentation vorausgesetzten *Kategorienschrift* die Gattung der Substanz.[38]

Vor diesem Hintergrund stellt sich nun die Frage, ob Form und Privation die oben genannten Kriterien für die ersten Prinzipien erfüllen. Wenn sie das tun, so wäre eine Folge, dass beide kein weiteres, grundsätzlicheres Prinzip voraussetzen, d. h. also, sie können nicht aus anderen Dingen abgeleitet werden, sondern alle anderen Dinge ließen sich aus ihnen ableiten. Aristoteles ist aber der Ansicht, dass Form und Privation beide Kriterien nicht hinreichend erfüllen und folglich auch nicht als die ersten oder zumindest einzigen Prinzipien angenommen werden dürfen.[39] Seiner Ansicht nach soll ein Drittes erforderlich sein, da

---

[37] Philoponus, *In Aristotelis physicorum libros commentaria*, 16.129.30–130.25.

[38] Ein weiteres Argument ließe sich aus Aristoteles, *Physica* 189b22–27 ableiten: ἅμα δὲ καὶ ἀδύνατον πλείους εἶναι ἐναντιώσεις τὰς πρώτας. ἡ γὰρ οὐσία ἕν τι γένος ἐστὶ τοῦ ὄντος, ὥστε τῷ πρότερον καὶ ὕστερον διοίσουσιν ἀλλήλων αἱ ἀρχαὶ μόνον, ἀλλ' οὐ τῷ γένει· ἀεὶ γὰρ ἐν ἑνὶ γένει μία ἐναντίωσις ἔστιν, πᾶσαί τε αἱ ἐναντιώσεις ἀνάγεσθαι δοκοῦσιν εἰς μίαν. „Es ist aber auch unmöglich, dass es mehrere ursprügliche Gegensatzpaare gibt. Denn die Substanz ist eine bestimmte Gattung des Seienden, sodass sich die Prinzipien nur wegen ihrer Priorität, aber nicht ihrer Gattung nach voneinander unterscheiden können. Denn es gibt in einer Gattung immer nur ein Gegensatzpaar und es sieht so aus, als ob alle Gegensatzpaare unter eines subsumiert werden können." (i) Es gibt ein Gegensatzpaar in jeder Gattung. (ii) Substanz ist eine Gattung. (iii) Also wird es auch dort ein Gegensatzpaar geben. Die Substanz ist aber die höchste Gattung, also wird man dort auch das höchste Gegensatzpaar finden. Damit steht fest, dass dieser Unterschied der allgemeinste ist. Auch wenn es mehr Gegensätze geben sollte, so werden alle auf die allgemeinste Gattung zurückgeführt, das ist die Gattung der Substanz (siehe zu dieser Rekonstruktion Philoponus, *In Aristotelis physicorum libros commentaria*, 16.150.15ff.). Einen anderen Grund für den Primat von Form und Privation sieht Porphyrius. Seiner Ansicht nach handelt es sich auch bei dem Gegensätzlichen in den anderen Kategorien in einem gewissen Sinn um Form und Privation. Demnach wäre der vermeintlich unterlegene Teil eine Art Privation. Das Schwarze ist etwa die Privation des Weißen bzw. das Weiße ist die bestimmte Form, wohingegen das Schwarze die Abwesenheit dieser Form ist. Bei der Quantität gibt es das Vollständige und das Unvollständige, beim Ort sollen das Oben und das Leichte Form und das Unten und das Schwere Privation sein. Porphyrius' Kommentar zur *Physik* ist leider verloren. Simplicius macht aber einen ausführlichen Gebrauch davon genauso wie vom ebenfalls verlorenen Kommentar des Alexander von Aphrodisias. Siehe Simplicius, *In Aristotelis physicorum libros commentaria*, 9.406.28–407.4. Simplicius hat zwar Bedenken, was diese Einteilung betrifft (so soll seiner Ansicht nach nicht ausgeschlossen sein, dass Form und Privation in einem engeren Sinn und ausschließlich von Aristoteles für die Substanz reserviert worden sind), er spricht der Einteilung aber eine grundsätzliche Plausibilität zu (9.407.10: οὐκ ἀπεικότως ἐρεῖ.).

[39] Aristoteles, *Physica*, 189a29–189b1.

Form und Privation nicht aufeinander einwirken können.[40] Dieses Dritte ist ein zugrunde liegendes Substrat (ὑποκείμενον), welches als Grundlage für die Wirksamkeit der Prinzipien (ἀρχαί) vorauszusetzen ist.

Mit dem Substrat sind alle aristotelischen Voraussetzungen zur Analyse des Phänomens der Bewegung gegeben. Den Rest dieses Abschnitts möchte ich daher dazu nutzen, die Beschaffenheit des Substrats sowie das Verhältnis zwischen Form, Privation und Substrat zu diskutieren.

Das Substrat soll nun selber in keine weitere gegensätzliche Natur auflösbar sein.[41] Andernfalls wäre das weitere Gegensätzliche das Prinzip des Substrats. Aber selbst die ersten Elemente (στοιχεῖα) – Feuer, Erde, Luft und Wasser – konstituieren sich aus einem Gegensätzlichen. Folglich kann es sich bei dem Substrat um keines dieser Grundelemente handeln. Aus demselben Grund darf sich das Substrat auch nicht aus den Elementen zusammensetzen. Das Substrat soll vielmehr überhaupt keine bestimmte Form aufweisen (das würde wiederum das Gegensatzpaar aus der Kategorie der Substanz voraussetzen). Als grundlegendes erstes Prinzip wird das Substrat somit absolut formlos und daher unbestimmt sein. Hierbei handelt sich um das erste Substrat (τὸ πρῶτον ὑποκείμενον) oder die Materie (ὕλη), die jeder bestimmten Formung zugrunde liegt. Als solche ist sie ungeworden und ewig. Woraus sollte sie auch entstanden sein, da sie als vollkommen unbestimmt nichts anderem entgegengesetzt ist und auch zu nichts anderem vergehen kann?[42]

Die Materie ist also das erste Substrat jeder Veränderung, welches selbst unveränderlich und ungeformt allen möglichen Veränderungen zugrunde liegt. Wenn wir uns den ersten von Aristoteles angeführten Grundsatz, den er wie

---

40 Aristoteles, *Physica*, 189a25–26; 189b1.
41 Aristoteles, *Physica*, 189b5–6; 190b34–35.
42 Aristoteles, *Physica*, 192a25–34: φθείρεται δὲ καὶ γίγνεται ἔστι μὲν ὥς, ἔστι δ' ὡς οὔ. ὡς μὲν γὰρ τὸ ἐν ᾧ, καθ' αὐτὸ φθείρεται (τὸ γὰρ φθειρόμενον ἐν τούτῳ ἐστίν, ἡ στέρησις)· ὡς δὲ κατὰ δύναμιν, οὐ καθ' αὑτό, ἀλλ' ἄφθαρτον καὶ ἀγένητον ἀνάγκη αὐτὴν εἶναι. εἴτε γὰρ ἐγίγνετο, ὑποκεῖσθαί τι δεῖ πρῶτον ἐξ οὗ ἐνυπάρχοντος· τοῦτο δ' ἐστὶν αὐτὴ ἡ φύσις, ὥστ' ἔσται πρὶν γενέσθαι (λέγω γὰρ ὕλην τὸ πρῶτον ὑποκείμενον ἑκάστῳ, ἐξ οὗ γίγνεταί τι ἐνυπάρχοντος μὴ κατὰ συμβεβηκός)· εἴτε φθείρεται, εἰς τοῦτο ἀφίξεται ἔσχατον, ὥστε ἐφθαρμένη ἔσται πρὶν φθαρῆναι. „Die Materie vergeht und entsteht jedoch in einer Hinsicht, in anderer aber nicht. Insofern sie dasjenige ist, in dem (die Privation ist) vergeht sie an sich, denn das Vergehende, die Privation, ist in ihr. Als Möglichkeit (d. h. ihrer Natur als Materie gemäß), vergeht sie nicht an sich, sondern ist notwendig unvergänglich und ungeworden. Denn nimmt man an, dass sie entstanden sei, dann muss man ein Erstes zugrunde legen, aus dem sie hervorgegangen ist. Dies ist jedoch ihre eigene Natur, sodass sie sein müsste bevor sie geworden ist (Materie nenne ich nämlich das erste Zugrundeliegende jeden Gegenstandes, aus dem als bereits Vorhandenem etwas auf nicht akzidentelle Weise wird). Nimmt man aber an, dass sie vergeht, so geht sie in diese (Materie) als letztes ein, sodass sie vergangen sein wird, bevor sie vergeht."

gesehen von seinen Vorgängern übernommen hat, erneut vor Augen führen, wird auch ersichtlich, wie sich die aristotelischen Folgerungen von denen seiner Vorgänger unterscheiden. Diese haben daraus nämlich den Schluss gezogen, dass es überhaupt kein Entstehen und Vergehen geben könne. Denn aus nichts kann nichts werden und was schon ist, kann nicht entstehen.[43] Dieser Schluss ist aber nur dann notwendig, wenn man nicht zwischen verschiedenen Hinsichten unterscheidet. So wird der Arzt das Haus nicht bauen, insofern er Arzt ist, sondern, insofern er auch ein Hausbauer ist. Hausbauen ist hinsichtlich des Arztseins eine akzidentelle Eigenschaft. Anders ausgedrückt: Aristoteles stimmt mit seinen Vorgängern darin überein, dass aus dem schlechthin Nichtseienden nichts werden kann. Das bedeutet aber nicht, dass auch nichts aus dem werden kann, was in einem akzidentellen Sinn nicht ist, d. h. im Sinn einer Privation. Was nämlich (noch) nicht Mensch ist, kann sehr wohl einer werden (auch wenn es ein zugrunde liegendes Substrat geben muss, aus dem er wird).[44]

Das lenkt erneut die Aufmerksamkeit auf die Privation. Wir haben zuvor die Bestimmtheit der Form der Privation gegenübergestellt. Geht man davon aus, dass die Materie aufgrund des Mangels an Form unbestimmt ist, liegt es nahe, dass man sie mit der Privation identifiziert. Was unterscheidet beide? Und wie kann man überhaupt zu einer Erkenntnis des Substrats kommen, wenn es vollkommen unbestimmt ist? Bereits Platon hat in seinem *Timaeus* zwei Arten herausgestellt, wie man Wissen von diesem Substrat erlangen kann, und zwar zum einen durch einen Analogie- oder „Bastardschluss".[45] Demnach ist die Materie etwas Relatives, welches bloß im Verhältnis zu etwas Bestimmtem erkennbar wird.[46] Zum anderen gelangt man zur Materie durch Abstraktion. Die Materie wird demnach das sein, was übrig bleibt, wenn alle Bestimmungen weggenommen werden.[47] Sie ist als Substrat zwar ein erstes Prinzip, aber an sich ist die Materie nicht eines.[48]

---

43 Aristoteles, *Physica*, 191a23–33. Der weitergehende Schluss, wonach es keine Vielheit geben kann, ergibt sich daraus, dass Vielheit in gewissem Sinn auch Nichtsein voraussetzt. Platon ist eben nicht Sokrates. Hierin deutet sich auch die Lösung des Problems an: Man muss nämlich verschiedene Hinsichten unterscheiden, in denen etwas sein und auch nicht sein kann (das Sein wird eben auf viele Weisen ausgesagt).
44 Aristoteles, *Physica*, 191a33–191b17.
45 Platon, *Timaeus*, 52b; Aristoteles, *Physica*, 191a7–8.
46 Aristoteles, *Physica*, 194b8–9: ἔτι τῶν πρός τι ἡ ὕλη· ἄλλῳ γὰρ εἴδει ἄλλη ὕλη. „Ferner ist die Materie relativ bestimmt. Denn es ist eine andere Materie für eine je andere Form."
47 Siehe hierzu ebenfalls Platon, *Timaeus*, 50d –51e, 52b; Philoponus, *In Aristotelis physicorum libros commentaria*, 16.162.10f.
48 Aristoteles, *Physica*, 191a8–13: [...] ὡς γὰρ πρὸς ἀνδριάντα χαλκὸς ἢ πρὸς κλίνην ξύλον ἢ πρὸς τῶν ἄλλων τι τῶν ἐχόντων μορφὴν [ἡ ὕλη καὶ] τὸ ἄμορφον ἔχει πρὶν λαβεῖν τὴν μορφήν, οὕτως αὕτη πρὸς οὐσίαν ἔχει καὶ τὸ τόδε τι καὶ τὸ ὄν. μία μὲν οὖν ἀρχὴ αὕτη, οὐχ οὕτω μία οὖσα οὐδὲ οὕτως ὂν ὡς τὸ τόδε τι [...]. „[...] so wie sich die Bronze zur Statue oder das Holz zur Liege oder

Eines kann sie nur durch eine bestimmte Form werden. Das gilt auch dann, wenn der aus Form und Materie zusammengesetzte physische Körper seine Selbstständigkeit aus dem Substrat erhalten sollte. Die Einheit und Bestimmtheit jeder definiten Materie ist einer Form geschuldet. An sich wird das erste Substrat (πρῶτον ὑποκείμενον) überhaupt keinem bestimmten Objekt zugrunde liegen. Denn an den Einzeldingen findet sich keine unqualifizierte Materie. Stattdessen gibt es nur eine bereits geformte Materie.[49]

Das erste Substrat und die bestimmten Materien unterscheiden sich somit darin, dass jede bestimmte Materie eine gewisse Qualifizierung im Hinblick auf die Aufnahme einer Form mitbringt. So kann aus Bronze etwas anderes werden als aus Sand. Eine Statue kann schlecht aus Sand geformt werden oder zumindest nur mit einigen Schwierigkeiten verbunden, die sich aus der materialen Beschaffenheit des Werkstoffs ergeben. Auch wird die Form der Statue immer eine und dieselbe sein bzw. beim Einschmelzen der Statue zugrunde gehen, wohingegen die Materie mannigfaltige Gestalten annehmen kann. So könnte man aus der eingeschmolzenen Bronze der Statue zunächst Schwerter und Kriegsgeräte anfertigen, später verschiedene Werkzeuge und schließlich könnte sie als Tafelbesteck im Haus Verwendung finden.

Die Form bleibt notwendig eine und dieselbe, während die Materie sich immer anders präsentiert. Sie verändert sich gemäß der unterschiedlichen Aufnahme von Formen. Man darf der Form also in gewisser Hinsicht mehr ein *Einssein* oder *Dieses-da-sein* (τόδε τι) zuschreiben als der Materie, da die Letztere ihre Gestalt beständig ändert. In einer anderen Hinsicht wird man jedoch der Materie eher als der Form *Substanzialität* zusprechen, und zwar ausschließlich dann, wenn die Qualität der Beharrlichkeit fokussiert wird. Denn sie ist es, die beharrlich allen Veränderungen zugrunde liegt, die als dieselbe Materie mannigfaltig geformt wird. Das materiale Substrat ist damit allein beharrlich und nimmt zu unterschiedlichen Zeiten verschiedene Formen an, die wiederum nur in Verbindung mit einem materialen Substrat existieren. Die Form kann nur in einem begrifflichen Sinn von der Materie getrennt werden, d. h., die Formen existieren zumindest für Aristoteles nicht losgelöst von der Materie. Gleichwohl subsistiert die erste Materie ohne Form. Sie hat die Form nur zur Organisation nötig, aber nicht zur Subsistenz. Hierin unterscheidet sich die erste Materie nun von der Pri-

---

die Materie und das Gestaltlose von einem jeden Objekt, das eine bestimmte Form hat, zur Form selbst verhält, so verhält sich diese zur Substanz und zum *Diesen-da* und zum Seienden. Ein Prinzip ist diese daher, aber nicht, indem sie eines ist, und auch nicht auf solche Weise seiend wie das *Dieses-da* [...]."

[49] Das streicht Philoponus, *In Aristotelis physicorum libros commentaria*, 16.15.28–16.16.30 nachdrücklich heraus.

vation. Denn die Privation existiert nicht an sich.⁵⁰ Die Materie existiert wie gesagt in gewissem Sinn an sich, wohingegen die Privation nur an etwas anderem sein kann, nämlich an der Materie. Daher ist die Privation nur in einem akzidentellen Sinn (κατὰ συμβεβηκός) ein Seiendes, und zwar insofern sie bloß an der Materie existieren kann. Die Materie andererseits wird in einem akzidentellen Sinn nicht sein, da die Privation an ihr ist.⁵¹ Dasselbe wie die Privation wird die Materie auch deshalb nicht sein, da sie ja eine bestimmte Form annehmen kann und nach der Annahme ihre Möglichkeit, anderes zu werden, nicht abgibt. Die Privation geht jedoch als solche verloren, wenn die Form angenommen wurde.

Was also entsteht, das entsteht aus der Materie, die an sich zwar *per se* ist, doch ein bestimmtes *Dieses-da* nur in Möglichkeit (δυνάμει) ist. In Aktualität (ἐντελεχείᾳ) ist die Materie nicht unabhängig von der Form. Man kann also sagen, dass sie der Potenz nach alles ist, in Aktualität aber nichts. Daraus wird bereits klar, dass die Materie nicht das einzige Prinzip sein kann, da Materie den hier gemachten Voraussetzungen zufolge aus sich heraus nichts erschaffen und auch nichts bestimmen kann.⁵² Ihr fehlt die bestimmte Formung, die sie nicht haben kann, da sonst das Gegensätzliche das Prinzip der Materie wäre.

Schauen wir uns noch einmal das Beispiel der Bronzestatue an: In den einzelnen Künsten wird man nicht von dem, was bloß potenziell ist, sagen, dass es die infrage stehende Kunst verkörpert. Die Bronze ist nicht die Verkörperung der Bildhauerkunst, sondern erst die zur Vollendung gebrachte Statue wird als solche gelten können.⁵³ Die Materie hat mit Blick auf die Erzeugnisse der jeweiligen Kunst nur einen potenziellen Charakter, weil sie erst durch das Hinzutreten der jeweiligen Form das vollendete Kunstwerk bildet. So liegt die Materie zwar allen formal bestimmten Dingen zugrunde, doch ist sie an sich definitionsge-

---

50 Aristoteles, *Physica*, 192a3–5: ἡμεῖς μὲν γὰρ ὕλην καὶ στέρησιν ἕτερόν φαμεν εἶναι, καὶ τούτων τὸ μὲν οὐκ ὂν εἶναι κατὰ συμβεβηκός, τὴν ὕλην, τὴν δὲ στέρησιν καθ' αὑτήν [...]. „Denn wir sagen, dass die Materie und die Privation Verschiedenes sind und von ihnen ist die Materie akzidentell ein Nichtseiendes, die Privation aber an sich [...]."
51 Aristoteles, *Physica*, 191b15–16: [...] ἐκ γὰρ τῆς στερήσεως, ὅ ἐστι καθ' αὑτὸ μὴ ὄν, οὐκ ἐνυπάρχοντος γίγνεταί τι [...]. „[...] denn aus der Privation, die an sich ein Nichtseiendes ist, entsteht nichts als aus einem Zugrundeliegenden [...]."; 192a5–6: [...] τὴν ὕλην, τὴν δὲ στέρησιν καθ' αὑτήν, καὶ τὴν μὲν ἐγγὺς καὶ οὐσίαν πως, τὴν ὕλην, τὴν δὲ οὐδαμῶς [...]. „[...] die Materie, ist in einem akzidentellen Sinn ein Nichtseiendes, die Privation ist jedoch an sich ein Nichtseiendes und das eine, die Materie, steht der Substanz nahe und ist in gewisser Weise Substanz, das andere, die Privation, jedoch keinesfalls [...]." Siehe zu dieser Frage auch die ausgezeichnete Erörterung von Philoponus, *In Aristotelis physicorum libros commentaria*, 16.16.17f.
52 Diesen Punkt wird beispielsweise Giordano Bruno in seiner Auseinandersetzung mit Aristoteles bestreiten.
53 Aristoteles, *Physica*, 193a33–36.

mäß unorganisiert. Man wird also zumindest bei den Artefakten davon ausgehen dürfen, dass die Form der Materie übergeordnet ist.

Aristoteles merkt hierzu an, dass die Kunst die Natur nachahmt.[54] Hieraus ließe sich seiner Ansicht nach zumindest ein starkes Indiz für die Überordnung der Form über die Materie auch im Hinblick auf die Natur ableiten. Man kann ferner konstatieren, dass auch bei den natürlichen Dingen nicht der potenzielle Mensch und das potenzielle Pferd als Verkörperung der bestimmten Natur des Menschen anzusehen sind. Erst das ausgewachsene Pferd, welches seine spezifischen Möglichkeiten als Pferd nahezu zur Vollendung gebracht hat, wird als Verkörperung des Pferdes gelten dürfen. Demnach würde für die Naturdinge ebenso wie für die Artefakte gelten, dass etwas erst dann, wenn es seine bestimmte Form erhalten bzw. ausgebildet hat, zu seiner Vollendung oder Natur gekommen ist. Denn ein jedes Ding – Artefakt wie natürliches Ding – soll durch seine Form bestimmt sein. Daraus folgt zwar, dass Materie ebenso wie Form die Natur eines Dinges ist, doch wird die Form mehr als die Materie die spezifische Natur der Dinge sein. In diesem Sinn soll laut Aristoteles auch der *Prozess des Werdens* eines Dinges im Hinblick auf die bestimmte Form, in die hinein oder zu der hin sich etwas entwickelt, bezeichnet werden. Der bestimmte Name des sich Entwickelnden wird also in Anbetracht des erstrebten Endzustands vergeben. Diesen Endzustand identifiziert Aristoteles mit der vollständig entwickelten Form. Die Natur bewegt sich also nach Aristoteles auf eine bestimmte Form hin.[55]

Das wirft mehrere Fragen auf: Die Materie als Substrat scheint zunächst allein das erste Prinzip zu sein. Denn nur die Materie als Substrat erfüllt die zu Beginn aufgestellten Kriterien. Auf der anderen Seite hat die Materie das Gegensätzliche als formgebendes Prinzip nötig. Damit wäre aber auch die Materie nicht wirklich erstes Prinzip, sondern selbst wiederum auf anderes angewiesen. Oder anders gefragt, wie kann sowohl das Gegensätzliche erstes Prinzip sein als auch die Materie? Warum ist die Form kein Prinzip der Substanz, sondern nur die Materie? An anderer Stelle heißt es bei Aristoteles nämlich, dass die Form viel mehr als die Materie Substanz sei.[56]

Alle diese Fragen und Probleme verweisen auf eine grundsätzliche Spannung im Verhältnis zwischen Form und Materie. Die Auflösung dieser Spannung wird von Aristoteles nicht zum Gegenstand seiner Untersuchung der Prinzipien natürlicher Körper gemacht. Dahinter steht vielmehr die Frage nach der Substanz, die von Aristoteles unterschiedlich in den einzelnen Schriften beantwortet wird. So finden sich scheinbar widersprüchliche Auskünfte zur Substanz in der *Kategori-*

---

54 Aristoteles, *Physica*, 194a21.
55 Aristoteles, *Physica*, 193a35–b18.
56 Aristoteles, *Physica*, 193a28–b18; oder *Metaphysica*, 1029a29.

enschrift, der *Metaphysik* und eben der *Physik*.⁵⁷ Im Hinblick auf unsere übergeordnete Fragestellung braucht uns das aber nicht weiter zu interessieren. Wichtig für unsere Untersuchung ist vielmehr festzuhalten, dass Aristoteles die für die Wahrnehmung fundamentale Unterscheidung zwischen Form und Materie aus der Analyse der Erscheinung der Bewegung entwickelt hat.

§ 2 Die Bestimmung der Bewegung

Kommen wir zurück zur ersten Voraussetzung der Untersuchung: dem Phänomen der Bewegung. Die Bewegung (κίνησις) ist wie gesagt durch die Evidenz der Wahrnehmung belegt und erfordert daher als Phänomen keinen weiteren Beweis. Was allerdings Bewegung ist, ist nicht in gleichem Maße klar. So stellt Philoponus fest, dass das Bewegte den Menschen früher bekannt ist als die Bewegung selbst.⁵⁸ Die meisten der Vorgänger des Aristoteles setzen daher zwar die Bewegung als offenkundiges Faktum voraus, aber keiner widmet ihr eine erschöpfende Untersuchung. Das ist besonders frappierend, wie Simplicius herausstellt,

---

57 Ich möchte hierzu an dieser Stelle nur so viel sagen: Die Form ist das, was die einzelnen Dinge zu Einheiten macht und den Grund ihrer Unterscheidbarkeit ausmacht. Insoweit scheint die Form Substanz zu sein. Das ist grob gesprochen die Position der *Metaphysik*. An anderen Stellen wird aber auch dasjenige Substanz genannt, was aus sich heraus existiert, so etwa in der *Kategorienschrift* (*Categoriae*, 2a11). In den oben ausgeführten Überlegungen zum Prinzipienstatus des Substrats steht dieser Punkt offensichtlich im Vordergrund. So wird für eine zusammengesetzte Substanz mehr die Materie als die Form Grund dafür sein, dass sie aus sich heraus besteht. Die Form andererseits wird Materie oder ein Substrat benötigen, um zu existieren, wohingegen die Materie eine gewisse Selbstständigkeit hat, auch wenn sie die Form benötigt, um durch diese bestimmt zu werden. Daher heißt es auch, dass sie nach der Form strebt (*Physica*, 192a22–23). Aber im Hinblick auf die Existenz ist die Materie der Grund des aus sich heraus Bestehens. Also nur in dieser Hinsicht ist das Substrat mehr Substanz als die Form, in anderer Hinsicht ist die Form primär. Siehe hierzu ausführlich Philoponus, *In Aristotelis physicorum libros commentaria*, 16.137.16f.
58 Philoponus, *In Aristotelis physicorum libros commentaria*, 16.369.11–14: ἔπειτα καὶ γνωριμώτερον τὸ κινητὸν τῆς κινήσεως· οὐ γὰρ ταὐτόν εἰδέναι ὅτι ἔστι κίνησις καὶ τί ἐστι· τὸ μὲν γὰρ ὅτι ἔστιν ἅπασι γνώριμον, τὸ δὲ τί ἐστι καὶ ἡμεῖς νῦν ζητοῦμεν. ἀλλὰ μὴν ὅτι ἔστι κίνησις, ἀπὸ τῶν κινουμένων γνώριμον, ταῦτα δέ ἐστι τὰ κινητά „Daher ist auch das Bewegte den Menschen eher bekannt als die Bewegung. Denn es ist nicht dasselbe, zu wissen, dass es Bewegung gibt und was sie ist. Dass etwas der Fall ist, ist allen eher bekannt, was es aber ist, untersuchen wir jetzt. Dass es nun die Bewegung gibt, ist durch das Bewegte bekannt, das sind aber die bewegten Dinge [...]." Darin ist implizit auch bei Philoponus der Vorwurf sowohl gegen die Vorgänger als auch die hellenistischen Nachfolger des Aristoteles enthalten, dass sie zwar (fast) alle Bewegung als evident vorausgesetzt haben, es aber unterlassen haben, diese hinreichend zu bestimmen.

da alle existierenden Dinge entweder selbst bewegt werden oder aber als Ursache für Bewegung gelten können.⁵⁹

Aristoteles geht in seiner Erörterung von vier Voraussetzungen aus, auf die er seine Bestimmung und Differenzierung der beiden Begriffe ‚Bewegung' (κίνησις) und ‚Veränderung' (μεταβολή) stützt und auf die wir im Laufe der Untersuchung immer wieder zurückkommen werden. Doch bevor wir uns den einzelnen Voraussetzungen widmen, wird es nötig sein, einige begriffliche Bestimmungen vorauszuschicken. Im Zusammenhang mit der Diskussion des Phänomens der Bewegung bringt Aristoteles eine von ihm geprägte Terminologie zur Anwendung. Über den Ursprung der Begriffe sowie über ihre gegenseitige Abgrenzung sind seit der Antike verschiedene Vermutungen aufgestellt und kontrovers diskutiert worden. Ich werde im Folgenden ἐντελέχεια mit Aktualität übersetzen und ἐνέργεια mit Aktivität. Diese Unterscheidung ist zwar grundsätzlich nicht gerechtfertigt,⁶⁰ erleichtert aber an zentralen Stellen das Verständnis des aristotelischen Gedankengangs. Man sollte diese Problematik daher im Auge behalten, insbesondere aber, dass ἐνέργεια (genauso wie ἐντελέχεια) das Resultat der Aktivität beinhalten kann. In der Erläuterung der Wahrnehmung als einer perfekten Aktivität wird dieser Umstand an Bedeutung gewinnen.

Kommen wir nach dieser Vorbemerkung nun zu den einzelnen Voraussetzungen der aristotelischen Diskussion der Bewegung:⁶¹

i) Zunächst hebt Aristoteles hervor, dass von den existierenden Dingen manche nur in Aktualität (ἐντελεχείᾳ) existieren, andere hingegen in Aktualität und Möglichkeit (δυνάμει).⁶² Ausgeschlossen wird die Existenz von bloß potenziellen Dingen. Reine Möglichkeit wäre die Materie an sich selbst betrachtet, die im vorausgehenden Abschnitt als erste Materie charakterisiert worden ist. Diese ist nur dann *wirklich*, d. h., sie existiert nur, wenn sie geformt ist. In reiner Aktualität andererseits existieren die Substanzen der göttlichen und unkörperlichen Dinge. Von ihnen heißt es, dass sie Aktivitäten (diesmal

---

59 Zur ersten Klasse gehören die natürlichen Körper, einfache wie zusammengesetzte. Letztere sind die Seele, die himmlischen Körper und Gott. Simplicius, *In Aristotelis physicorum libros commentaria*, 9.397.13–17.
60 Aristoteles verfährt nicht eindeutig in der Verwendung der beiden Begriffe. Häufig nutzt er beide Begriffe scheinbar synonym. Einen Unterschied sieht hingegen Philoponus, *In Aristotelis physicorum libros commentaria*, 16.342.12–15.
61 Simplicius, *In Aristotelis physicorum libros commentaria*, 9.397.33–398.1 und Philoponus, *In Aristotelis physicorum libros commentaria*, 16.340.22–24 stellen die Voraussetzungen als Axiome der Untersuchung vor.
62 Aristoteles, *Physica*, 200b26–27: ἔστι δὴ [τι] τὸ μὲν ἐντελεχείᾳ μόνον, τὸ δὲ δυνάμει καὶ ἐντελεχείᾳ […]. „Einiges existiert nur in Aktualität, anderes hingegen in Möglichkeit und Aktualität […]."

ἐνέργειαί) ohne jede Potenzialität (oder ohne Möglichkeit: ἄνευ δυνάμεως) sind.[63] Für alles, was sich aus Form und Materie zusammensetzt – d. h. für alle natürlichen Dinge – gilt, dass sie sowohl in Möglichkeit als auch in Aktualität sind. In Aktualität sind sie, insofern sie eine bestimmte Form und Wirklichkeit haben. In Möglichkeit befinden sie sich, insofern sie eine andere Form annehmen können. So ist etwa die Bronze als dieses bestimmte Material in Aktualität. Es handelt sich nämlich um eine auf bestimmte Weise geformte Materie. Insofern die Bronze aber auch eine andere Form annehmen kann, nämlich zu einer Statue geformt werden kann, wird sie auch in Möglichkeit sein.

ii) Als weitere Voraussetzung erinnert Aristoteles daran, dass ganz unterschiedliche Gegensätze in der Kategorie der Relation zu finden sind. Manche lassen sich unter das Gegensatzpaar Überschuss und Mangel subsumieren. Daneben gibt es aber auch das Wirkende und das Leidende oder das Bewegende und das Bewegte.[64]

---

63 Aristoteles, *De interpretatione*, 23a21–24: Φανερὸν δὴ ἐκ τῶν εἰρημένων ὅτι τὸ ἐξ ἀνάγκης ὂν κατ' ἐνέργειάν ἐστιν, ὥστε εἰ πρότερα τὰ ἀΐδια, καὶ ἐνέργεια δυνάμεως προτέρα. καὶ τὰ μὲν ἄνευ δυνάμεως ἐνέργειαί εἰσιν, οἷον αἱ πρῶται οὐσίαι […]. „Aus dem Vorhergehenden wird klar, dass das aus Notwendigkeit Seiende das aktiv Seiende ist und das aktiv Seiende der Möglichkeit vorausgeht, weil auch das Ewige vorhergeht und ferner das ohne Möglichkeit Seiende (reine) Aktivitäten sind, so wie die ersten Substanzen […]." Eine besondere Schwierigkeit bereiten den antiken Kommentatoren die himmlischen Körper. Sie sollen aus Form und Materie zusammengesetzt sein und man beobachtet, wie die Planeten in Bewegung sind. Simplicius streicht daher heraus, dass sie zwar ihrer Substanz nach reine Aktivität sind, d. h., sie können keine andere Form annehmen. Aufgrund ihrer Ortsveränderung sind sie aber zum Teil auch in Möglichkeit, da sie sich potenziell an diesem oder einem anderen Ort befinden. Simplicius, *In Aristotelis physicorum libros commentaria*, 9.398.11–16.

64 Aristoteles, *Physica*, 200b28–32: τοῦ δὲ πρός τι τὸ μὲν καθ' ὑπεροχὴν λέγεται καὶ κατ' ἔλλειψιν, τὸ δὲ κατὰ τὸ ποιητικὸν καὶ παθητικόν, καὶ ὅλως κινητικόν τε καὶ κινητόν· τὸ γὰρ κινητικὸν κινητικὸν τοῦ κινητοῦ καὶ τὸ κινητὸν κινητὸν ὑπὸ τοῦ κινητικοῦ. „Zum Relationalen zählt man auch den Überschuss und den Mangel sowie das Bewirkende und das Leidende, und allgemein das Bewegende und das Bewegte. Denn das Bewegende ist Bewegendes hinsichtlich des Bewegten und das Bewegte ist ein Bewegtes aufgrund des Bewegenden." Warum stehen Überschuss und Mangel neben Wirken und Leiden bzw. Bewegung und Bewegtwerden? In Simplicius, *In Aristotelis physicorum libros commentaria*, 9.401.13–16 findet sich der Hinweis auf Platon, *Timaeus*, 57e–58a. Für Platon stellen Überschuss und Mangel ein grundsätzliches Gegensatzpaar dar. Im *Timaeus* erklärt er Veränderung durch die Relation von Überschuss und Mangel. Simplicius, *In Aristotelis physicorum libros commentaria*, 9.401.31–402.2 erinnert auch daran, dass es noch viele weitere Relationen gibt, wie etwa Gleichheit oder Ähnlichkeit, für Aristoteles aber hier bloß die in Betracht kommen, die grundsätzlich für Veränderung relevant sind. In Abgrenzung zu Platon kommt es Aristoteles darauf an, das Relationspaar Überschuss und Mangel auszuschließen und stattdessen Wirken und Leiden bzw. Bewegendes und Bewegtes als relevant für die Erklärung von Bewegung herauszustellen. Wirken und Leiden werden von Aristoteles in der *Kategori-*

iii) Die dritte und, wie wir sehen werden, außerordentlich wichtige Voraussetzung lautet, dass „es neben den Dingen keine Bewegung gibt".[65] Man kann das auch so formulieren, dass es keine Bewegung geben kann ohne etwas, was bewegt wird. Eine Bewegung an sich wird also ausgeschlossen.[66]

Alle Dinge fallen nach Aristoteles unter eine der bekannten Kategorien. Bewegt oder verändert (μεταβάλλει) werden somit Substanzen, Quantitäten, Qualitäten und der Ort.[67] Daraus kann man bereits ersehen, dass auch Veränderung (bzw. Bewegung) auf ganz unterschiedliche Weise ausgesagt wird. Außerdem steht fest, dass Bewegung keine eigene Kategorie sein kann, da man sie in den vier oben genannten Kategorien findet.[68] „Gäbe es aber etwas, was diesen [vier Kategorien], in denen es Bewegung gibt, gemeinsam wäre, dann wäre Bewegung in einem primären Sinn in dieser gemeinsamen Gattung und wäre selbst eine Gattung der Arten von Bewegungen, die dieser untergeordnet sind. Dann wäre Bewegung nichts von dem, was auf vielfache Weise ausgesagt wird."[69]

iv) Schließlich setzt Aristoteles voraus, dass für alle Dinge, die unter die Kategorien fallen, in denen es Bewegung gibt (d. h. Substanz, Quantität, Qualität und Ort) gilt, dass sie auf zweifache Weise unter dieselben fallen.[70] Was

---

enschrift zum einen unter der Kategorie der Qualität behandelt und zum anderen als eigene Kategorie (IX). Das soll aber nach Aristoteles kein Problem sein, da sich unter den Qualitäten auch einige Relationen finden lassen (*Categoriae*, 11a20f). Siehe auch die folgenden Anmerkungen.

65 Aristoteles, *Physica*, 200b32–33: οὐκ ἔστι δὲ κίνησις παρὰ τὰ πράγματα [...].
66 Aristoteles drückt das so aus, dass es neben der Bewegung in den angeführten Kategorien nichts Gemeinsames gibt: *Physica*, 200b34–35: [...] κοινὸν δ'ἐπὶ τούτων οὐδέν ἔστι λαβεῖν [...]. „[...] aber es gibt nichts Gemeinsames, was diese enthält [...]."
67 Aristoteles, *Physica*, 200b33–34: μεταβάλλει γὰρ ἀεὶ τὸ μεταβάλλον ἢ κατ' οὐσίαν ἢ κατὰ ποσὸν ἢ κατὰ ποιόν ἢ κατὰ τόπον [...]. „Denn das Verändernde verändert sich immer entweder gemäß der Substanz oder der Quantität oder der Qualität oder gemäß dem Ort [...]."
68 Simplicius, *In Aristotelis physicorum libros commentaria*, 9.408.15–21 wirft die Frage auf, warum Veränderung nur in den vier Kategorien und nicht in allen Kategorien zu finden ist. Nimmt man hinzu, dass Aristoteles Veränderung als die Aktualität des Potenziellen, insofern es ein solches ist, definiert und Aktualität und Potenzialität in allen Kategorien gefunden werden sollen, so wird diese Frage noch verschärft. Dass es Veränderung nur in diesen vier Kategorien geben kann, wird von Aristoteles hier bloß präsupponiert und dann im Laufe der Diskussion, vor allem aber im fünften Buch, dargetan (225b2ff.).
69 Simplicius, *In Aristotelis physicorum libros commentaria*, 9.402.26–28: εἰ γὰρ ἦν τι κοινὸν ἐκείνων ἐν οἷς ἡ κίνησις, ἦν ἂν καὶ ἡ κίνησις πρῶτον ἐν ἐκείνῳ τῷ κοινῷ καὶ αὐτή γένος ἂν ἦν τῶν ὑπ'αὐτὴν κινήσεων καὶ οὐκέτι τῶν πολλαχῶς λεγομένων ἡ κίνησις ἦν.
70 Aristoteles, *Physica*, 201a3–7: ἕκαστον δὲ διχῶς ὑπάρχει πᾶσιν, οἷον τὸ τόδε (τὸ μὲν γὰρ μορφὴ αὐτοῦ, τὸ δὲ στέρησις), καὶ κατὰ τὸ ποιόν (τὸ μὲν γὰρ λευκὸν τὸ δὲ μέλαν), καὶ κατὰ τὸ ποσὸν τὸ μὲν τέλειον τὸ δ' ἀτελές. ὁμοίως δὲ καὶ κατὰ τὴν φορὰν τὸ μὲν ἄνω τὸ δὲ κάτω, ἢ τὸ μὲν κοῦφον τὸ δὲ βαρύ. „Aber jedes kommt auf zweifache Weise allem zu: wie bei dem Diesen da, d. h. der

etwa als Substanz angesprochen wird, hat entweder eine bestimmte Form oder nicht. Letzteres ist wie gesehen ein privativer Zustand. Philoponus stellt entsprechend fest, dass die Bewegung auch auf zweifache Weise geschehen kann, und zwar entweder von dem Geformten zum Formlosen bzw. Privativen oder aber vom Formlosen zum Geformten.[71] Dasselbe gilt für die anderen Kategorien.[72]

Damit sind die Voraussetzungen für die erste allgemeine Definition von Bewegung gegeben, die wie folgt lautet: „Bewegung ist die Aktualität (ἐντελέχεια) des in Potenzialität Seienden, insofern es ein solches [d. h. ein in Potenzialität Seiendes] ist".[73] Schauen wir uns den Begriff ‚Aktualität' (ἐντελέχεια) etwas genauer an. Philoponus zufolge soll ‚Aktualität' (ἐντελέχεια) bei Aristoteles Aktivität (ἐνέργεια) und Vollständigkeit (τελειότης) bedeuten. Seiner Ansicht nach handelt es sich um einen zusammengesetzten Begriff, der aus den drei Komponenten *eins* (ἕν) – *vollständig* (τέλειον) – *haben* (ἔχειν) besteht. Danach existiert ein einzelner Gegenstand in Aktualität, sobald er seine eigene Vollendung erreicht hat.[74]

Aristoteles macht in der Definition der Bewegung den Zusatz „als solches" (ᾗ τοιοῦτον), um zu kennzeichnen, dass das in Potenzialität Seiende an sich, d. h. als ein *in Potenzialität* Seiendes, zur Vollendung gekommen ist, die Potenzialität,

---

Substanz (denn eines ist seine Gestalt, das andere aber die Privation) und bei der Qualität (denn eines ist das Weiße, das andere aber das Schwarze) und Quantität, eines ist das Vollendete das andere das Unvollendete. Genauso bei der Ortsbewegung, denn eines ist das Oben, das andere das Unten oder eines das Leichte das andere das Volle."
71 Philoponus, *In Aristotelis physicorum libros commentaria*, 16.349.30–350.3: ἐν ἑκάστῃ γάρ, φησί, κατηγορίᾳ θεωρεῖται τὸ μὲν εἶδός τι τὸ δὲ στέρησις, καὶ γίνεται ἡ ὁδὸς ἤτοι ἀπὸ τοῦ εἴδους ἐπὶ τὴν στέρησιν ἢ ἀπὸ τῆς στερήσεως ἐπὶ τὸ εἶδος. εἴρηται δὲ ὅτι στέρησιν καλεῖ τὸ χεῖρον τῶν ἀντικειμένων, εἶδος δὲ τὸ κρεῖττον. „Denn in jeder Kategorie, so sagt er, betrachtet man einerseits eine bestimmte Form andererseits eine Privation, und der Weg (der Veränderung) geht entweder von der Form hin zur Privation oder von der Privation hin zu Form. Man sagt aber, dass er die Privation das Schlechtere nennt von den beiden Gegensätzlichen, die Form aber das Bessere."
72 Ebenso haben die gefärbten Dinge an dem Gegensatzpaar weiß und schwarz in einem unterschiedlichen Grad teil. Das Mittlere zwischen ihnen befindet sich in einem bestimmten Mischungsverhältnis, so ist etwa das Graue im Hinblick auf das Schwarze eher weiß usw.
73 Aristoteles, *Physica*, 201a10–11: [...] ἡ τοῦ δυνάμει ὄντος ἐντελέχεια, ᾗ τοιοῦτον, κίνησίς ἐστιν [...].
74 Philoponus, *In Aristotelis physicorum libros commentaria*, 16.342.12–15: τὸ μὲν οὖν τῆς ἐντελεχείας ὄνομα σημαίνει παρὰ τῷ Ἀριστοτέλει τὴν ἐνέργειαν καὶ τὴν τελειότητα· σύγκειται γὰρ παρὰ τὸ ‘ἕν' καὶ τὸ ‘τέλειον' καὶ τὸ ‘ἔχειν'· ὅταν οὖν ἕκαστον ἔχῃ τὴν ἑαυτοῦ τελειότητα, ἐντελεχείᾳ λέγεται εἶναι. „Der Begriff *Entelechie* in Aristoteles bedeutet nun Aktivität und Vollendung. Er setzt sich nämlich zusammen aus *eins, vollendet* und *haben*. Sobald nun ein jedes Ding seine Vollendung hat, sagt man, dass es in Aktualität sei."

die hier vollendet sein soll, mithin fortbesteht.⁷⁵ Somit ließen sich zwei unterschiedliche Aktualitäten gegeneinander abgrenzen. Die erste Aktualität bestünde in der Vollendung der Potenzialität, insofern sie Potenzialität ist, und die zweite Aktualität wäre die Vollendung der Potenzialität, die dadurch zu einer Aktualität geführt wird und auf diese Weise die Potenzialität verliert.

Wie könnte das gemeint sein? Nehmen wir das Beispiel der Bronze, die potenziell zur Statue verarbeitet werden kann. Nach der obigen Unterscheidung besteht die erste Aktualität der Bronze darin, eine *Statue-zu-werden*, d. h., auf bestimmte Weise von einem Bildhauer geformt zu werden. Sie ist aber noch keine Statue, sondern befindet sich im Prozess der Annahme der Form. Während sie durch den Bildhauer geformt wird, bleibt ihre Potenzialität, *Statue-zu-werden*, erhalten. Die zweite Aktualität der Bronze ist die vollendete Statue. Nun hat die Bronze die Form der Statue *vollständig* angenommen und damit die Potenz, *Statue-zu-werden* verloren. Es handelt sich jetzt um eine vollendete Bronzestatue und es ist der Bronze nicht länger möglich, das zu werden, was sie bereits ist: diese Statue.⁷⁶

Die erste Art von Aktualität ist Bewegung, da sie in der Vollendung ihre Potenzialität bewahrt. Die Bewegung als Aktualität erhält also das, was sie vollendet. Andererseits dauert die Bewegung so lange an, wie die Potenzialität besteht. Sobald die Potenzialität vergeht, d. h., sobald die vollständige Aufnahme der Form geschehen ist, geht auch die erste Aktualität als solche zugrunde. Mit dem Erreichen der zweiten Aktualität hört die Bewegung somit auf. Damit steht zugleich fest, dass Bewegung nur insoweit in den Dingen ist, als diese potenziell sind, aber nicht, *insofern sie potenziell* sind. D. h., in Bewegung sind die Dinge nicht allein deshalb, weil sie potenziell etwas anderes sein können.

Nur wenig später ergänzt Aristoteles die erste Definition der Bewegung:

> Bewegung ist die Aktualität des der Möglichkeit nach Seienden, wenn es schon in Aktualität seiend tätig ist, und zwar nicht insofern es an sich selbst, sondern insofern es beweglich ist.⁷⁷

---

75 Anagnostopoulos 2010 fasst die Schwierigkeiten, die in der Literatur mit der aristotelischen Definition gesehen werden, zusammen. Im Rahmen unserer Fragestellung kann darauf jedoch nicht weiter eingegangen werden.
76 Philoponus, *In Aristotelis physicorum libros commentaria*, 16.342.20–28.
77 Aristoteles, *Physica*, 201a27–29: ἡ δὲ τοῦ δυνάμει ὄντος <ἐντελέχεια>, ὅταν ἐντελεχείᾳ ὂν ἐνεργῇ οὐχ ᾗ αὐτὸ ἀλλ' ᾗ κινητόν, κίνησίς ἐστιν. Alexander und Porphyrius legen ihrer Interpretation eine andere Textvariante zugrunde: ἡ δὴ τοῦ δυνάμει ὄντος, ὅταν ἐντελεχείᾳ τι ὂν ἐνεργῇ, ἤτοι αὐτὸ ἢ ἄλλο, ᾗ κινητόν, κίνησίς ἐστιν.

Was unterscheidet diese Definition von der vorhergehenden? Simplicius zufolge liefert Aristoteles hiermit eine umfassendere und der Sache nach angemessenere Bestimmung der Bewegung.[78] So macht Aristoteles nun zweierlei deutlich: Zum einen hebt er hervor, dass die natürlichen Dinge nicht nur der Potenzialität nach existieren; sie sind nicht nur in Potenzialität, auch wenn sie die Möglichkeit haben, etwas anderes zu werden. Sie sind als bestimmte Dinge in Aktualität, d. h., sie verfügen über eine (bestimmt) geformte Materie. Also werden potenzielle Dinge, deren Aktualität Bewegung ist, nicht nur in Potenzialität, sondern auch vollständig in Aktualität sein.

Verdeutlichen wir uns das anhand des obigen Beispiels. Die Bronze ist ihrer Potenzialität nach eine Statue. Bewegung wäre wie gesagt die *Aktualisierung dieser Potenzialität*, insofern es sich um eine solche Potenzialität handelt. Nun ist zu beachten, dass hiermit nicht die *Aktualität der Bronze als Bronze* gemeint ist. Denn die Bronze als solche ist ihrer Aktualität nach keine Statue; anders ausgedrückt: *Bronzesein* und *Statuesein* sind nicht dasselbe.[79] Beide unterscheiden sich der Definition oder dem Begriff nach auch dann, wenn es sich um dasselbe Ding handelt, d. h. die Bronzestatue. Denn an diesem Ding *als Substrat* (ὑποκείμενον) lassen sich unterschiedliche Aspekte differenzieren, die erlauben, dass man dem Substrat Potenzialität zuspricht, obwohl es an sich, d. h. als geformte Materie, bereits in Aktualität ist. Aristoteles macht das anhand eines anderen Beispiels deutlich, auf das wir später noch einmal zurückkommen werden: Für die Farbe und das Sichtbare gilt nämlich, dass ihr Substrat dasselbe ist. Die Farbe wird von Aristoteles definiert als das, was eine Bewegung in dem verursachen kann, was an sich selbst durchsichtig ist.[80] Das Sichtbare andererseits ist dasjenige, was der Möglichkeit nach gesehen wird. Letzteres ist aber ein Attribut der Farbe und nicht die Farbe selbst. Die Farbe existiert als Farbe auch dann, wenn sie nicht gesehen wird.[81] Darüber hinaus machen die Beispiele deutlich, dass das bewegte Seiende

---

78 Simplicius, *In Aristotelis physicorum libros commentaria*, 9.422.14–17.
79 Aristoteles, *Physica*, 201a29–34: ἔστι γὰρ ὁ χαλκὸς δυνάμει ἀνδριάς, ἀλλ' ὅμως οὐχ ἡ τοῦ χαλκοῦ ἐντελέχεια, ᾗ χαλκός, κίνησίς ἐστιν· οὐ γὰρ ταὐτὸ τὸ χαλκῷ εἶναι καὶ δυνάμει τινί, ἐπεὶ εἰ ταὐτὸν ἦν ἁπλῶς καὶ κατὰ τὸν λόγον, ἦν ἂν ἡ τοῦ χαλκοῦ, ᾗ χαλκός, ἐντελέχεια κίνησις· οὐκ ἔστιν δὲ ταὐτόν [...]. „Denn die Bronze ist der Möglichkeit nach eine Statue, aber nicht die Aktualität der Bronze als Bronze ist die Bewegung; es sind ja das Bronzesein und der Möglichkeit nach bewegt werden nicht dasselbe, denn wäre es schlechthin und dem Begriff nach dasselbe, dann wäre die Bewegung ja die Aktualität der Bronze als Bronze. Es ist aber nicht dasselbe [...]."
80 Aristoteles, *De anima*, 418a31–b2: πᾶν δὲ χρῶμα κινητικόν ἐστι τοῦ κατ' ἐνέργειαν διαφανοῦς, καὶ τοῦτ' ἐστὶν αὐτοῦ ἡ φύσις [...]. „Eine jede Farbe ist fähig, das aktual Durchsichtige zu bewegen und dies ist ihre Natur."
81 Aristoteles, *Physica*, 201b3–4: ἐπεὶ δ' οὐ ταὐτόν, ὥσπερ οὐδὲ χρῶμα ταὐτὸν καὶ ὁρατόν [...]. „Und weil sie nicht dasselbe sind, gleichwie auch die Farbe und das Sichtbare nicht dasselbe sind [...]." Simplicius, *In Aristotelis physicorum libros commentaria*, 9.425.15–34: Ὅτι δὲ οὐ ταὐτόν

in einer anderen Hinsicht seinen vollendeten Zustand erhält. Die Bronze wird offensichtlich nicht aufhören, Bronze zu sein, wenn aus ihr eine Statue geformt worden ist, ebenso bleibt die Farbe Farbe, auch wenn sie gesehen wird. An der Aktualität der Farbe wie der Bronze – an sich selbst betrachtet – ändert die Aktualisierung dieser bestimmten Potenzialität nichts.

Aus der Bestimmung der Bewegung folgt (i) erstens, dass es sich bei der Bewegung zwar um eine gewisse Aktualität handelt, dass diese aber als Aktualität unvollständig ist.[82] Wir haben diesen Umstand mit der Bezeichnung *erste*

ἔστι τῷ λόγῳ τό τε δυνάμει καὶ τὸ δυνάμενον, κἂν τῷ ὑποκειμένῳ ταὐτὸν ᾖ, δείκνυσι καὶ διὰ παραδείγματος τοῦ χρώματος καὶ τοῦ ὁρατοῦ. τούτων γὰρ ἓν μὲν τὸ ὑποκείμενον, οἱ δὲ λόγοι διάφοροι. ἄλλο γὰρ τὸ ἐνεργείᾳ ὂν ἐν αὐτῷ τὸ χρῶμα, καὶ ἄλλο τὸ δυνάμει τὸ ὁρατόν. καὶ γὰρ ἔστι χρῶμα μὲν τὸ κινητικὸν τοῦ κατ' ἐνέργειαν διαφανοῦς, δι' οὗ ὁρᾶται τὰ χρώματα, ἢ τὸ πέρας τοῦ διαφανοῦς ᾗ διαφανές, ὡς αὐτὸς ὡρίσατο. ἡ γὰρ ὄψις περαιωθεῖσα τὸ διαφανὲς τῷ χρώματι συμβάλλει. ὁρατὸν δέ ἐστι τὸ οἷόν τε ὁραθῆναι. καὶ ἔστι τοῦτο τῷ χρώματι συμβεβηκός. οὐκ ἔστι δὲ τὸ συμβεβηκὸς ταὐτὸν ᾧ συμβέβηκε. διὸ καὶ οἱ ὁριζόμενοι τὸ χρῶμα ἴδιον αἰσθητὸν ὄψεως ἀπὸ τοῦ συμβεβηκότος ὁρίζονται. οὐ γάρ ἐστιν αὕτη χρώματος οὐσία, ἀλλ' ὁρατοῦ ὃ συμβέβηκε τῷ χρώματι. ὅτι δὲ οὐ ταὐτόν ἐστιν ὁρατῷ εἶναι καὶ χρώματι εἶναι, δῆλον καὶ ἐκ τοῦ τὸ μὲν ὁρατόν, εἰ καὶ χρῶμά ἐστιν, ἀλλ' οὐ καθὸ χρῶμα λαμβάνεσθαι, ἀλλὰ κατὰ τὸ δυνάμενον ὁρᾶσθαι, τὸ δὲ χρῶμα οὐ κατὰ τὸ δυνάμει χρῶμα (οὔπω γὰρ ἐκεῖνο χρῶμα), ἀλλὰ κατὰ τὸ ἐνεργείᾳ. οὐ μέντοι οὐδὲ ᾗ ὁρᾶται τὸ ἐνεργείᾳ χρῶμα ἴσχει. ὁμοίως γάρ ἐστι τὸ λευκὸν κατὰ τὴν αὐτοῦ φύσιν ὁρώμενόν τε καὶ μή. ἔτι δὲ τὸ μὲν ὁρατὸν πρός τι (πρὸς γὰρ τὸ ὁρᾶν δυνάμενον), τὸ δὲ χρῶμα οὐ πρός τι, ἀλλὰ καθ' αὑτό. οὐκ ἄρα τὸ χρῶμα καθὸ χρῶμα ὁρατόν ἐστιν, ἀλλ' ἴδιον αὐτοῦ τὸ ὁρατόν, οὐ μέντοι ὁρισμός. „Dass aber der Definition nach das Vermögen und das, was das Vermögen hat, nicht dasselbe sind, auch wenn sie ihrem Substrat nach dasselbe sind, zeigt er auch anhand des Beispiels der Farbe und des Sichtbaren. Denn bei ihnen ist zwar das Substrat eines, gleichwohl unterschieden sie sich in ihren Definitionen. Denn die Farbe, die in ihm ist, ist ihrer Aktualität nach eine Sache, etwas anderes ist das der Möglichkeit nach Sichtbare. Denn auch wenn die Farbe die Quelle der Veränderung des der Aktivität nach Durchsichtigen ist, wodurch die Farben gesehen werden, oder die Grenze des Durchsichtigen, insofern es Durchsichtiges ist, wie er selbst es definiert hat. Denn das Gesicht, indem es das Durchsichtige durchkreuzt, erfasst die Farbe. Aber das Sichtbare ist, was gesehen werden kann; und das ist ein Akzidenz der Farbe. Das Akzidenz ist jedoch nicht dasselbe wie das, von dem es ein Akzidenz ist. Deshalb definieren all jene, die die Farbe als das eigentümliche Objekt des Gesichts bestimmen, dieses mittels des Akzidenz. Denn dies ist nicht das Wesen der Farbe, sondern des Sichtbaren, was der Farbe als Akzidenz angehört. Deshalb ist auch klar, dass das Sichtbarsein nicht dasselbe wie das Farbigsein ist, da das Sichtbare nicht aufgenommen wird, insofern es eine Farbe ist, sondern weil es der Möglichkeit nach gesehen werden kann. Die Farbe ist jedoch nicht deshalb eine Farbe, weil sie der Möglichkeit nach Farbe ist. Denn das ist noch keine Farbe, sondern dies ist sie durch ihre Aktualität. Jedoch erhält die aktuale Farbe ihre Aktualität nicht dadurch, dass sie gesehen wird. Denn das Weiße existiert auf dieselbe Weise aufgrund seiner eigenen Natur, und sowohl wenn es gesehen als auch nicht gesehen wird. Ferner ist das Sichtbare ein Relationales, denn es steht in Relation zu dem, was fähig ist zu sehen. Die Farbe ist hingegen nichts Relationales, sondern existiert an sich. Deshalb ist die Farbe nicht sichtbar, insofern sie Farbe ist, vielmehr ist ihr das Sichtbare eigentümlich, wenn auch nicht als Definition." Simplicius erläutert dasselbe Phänomen im

Aktualität verdeutlicht. Die *zweite Aktualität* ist dagegen die vollständig aufgenommene Form. Damit kommt aber die Bewegung zur Ruhe. (ii) Zweitens folgt daraus der überaus bedeutsame Unterschied zur *vollkommenen Aktivität* (ἁπλῶς ἐνέργεια: *De anima*, 431a7). Denn auch wenn alle Bewegungen in gewissem Sinn Aktivitäten sind (das soll weiter unten noch genauer geklärt werden), so sind nicht alle Aktivitäten Bewegungen, sondern nur solche, die ihrem Charakter nach unvollständig sind.[83] Die Bewegung zeichnet sich ja gerade durch ihre Nichtabgeschlossenheit oder ihren Übergangscharakter aus.[84] Der Übergangscharakter der Bewegung – zwischen Möglichkeit und Aktualität bzw. die Aktualität der Möglichkeit als solche – macht auch die Schwierigkeit aus, sie genau

---

direkten Anschluss auch im Zusammenhang mit dem Ton, der potenziell hörbar ist. Da dieses Beispiel in der Behandlung der Wahrnehmung von besonderer Bedeutung sein wird, soll auch Philoponus' Kommentar hierzu zitiert werden. Philoponus, *In Aristotelis physicorum libros commentaria*, 16.358.3–11: Ἑτέρῳ παραδείγματι κέχρηται. τὸ γὰρ χρῶμα οὐ κατὰ ταὐτὸν χρῶμά τέ ἐστι καὶ ὁρατόν· τῷ μὲν γὰρ ὑποκειμένῳ τὰ αὐτά, ὁ δὲ λόγος ἑκατέρου ἕτερος. τὸ μὲν γὰρ χρῶμά ἐστι τὸ κινητικὸν τοῦ κατ' ἐνέργειαν διαφανοῦς, τὸ δὲ ὁρατὸν συμβέβηκεν αὐτῷ· τὸ γὰρ χρῶμα οὐ τῶν πρός τι (ποιότης γάρ), τὸ δὲ ὁρατὸν τῶν πρός τι (τὸ γὰρ ὁρατὸν ὁρῶντί ἐστιν ὁρατόν), καὶ χρῶμα μέν ἐστι, κἂν μὴ ὁρᾶται, ὁρατὸν δὲ οὔ, ἂν μὴ ὁρᾶται. εἰ τοίνυν δέδεικται ὅτι ἕτεραι αἱ δυνάμεις, καλῶς τὸν ὁρισμὸν ἀποδεδώκαμεν τῆς κινήσεως, ὅτι 'ἡ ἐντελέχεια τοῦ δυνάμει ὄντος ᾗ δυνάμει ἐστίν, οὐχ ᾗ ἐνέργεια'. „Er hat ein anderes Beispiel genutzt. Farbe ist nämlich nicht in derselben Hinsicht sowohl Farbe als auch sichtbar. Denn während sie mit Hinblick auf das Substrat dasselbe sind, ist ihre jeweilige Definition verschieden. Denn Farbe ist die Quelle der Veränderung dessen, was der Aktivität nach durchsichtig ist, während die Sichtbarkeit diesem als ein Akzidenz angehört. Farbe ist nämlich keine Relation, sondern vielmehr eine Qualität, während Sichtbarkeit ein Relationales ist, weil das Sichtbare sichtbar für einen Beobachter ist; wohingegen es Farbe gibt, auch wenn sie nicht gesehen wird, was nicht für die Sichtbarkeit zutrifft, wenn sie nicht gesehen wird. Wenn man nun gezeigt hat, dass die Möglichkeiten von dem Substrat verschieden sind, so haben wir richtig die Definition der Bewegung gegeben, dass es nämlich die Aktualität des der Möglichkeit nach Seienden ist, insofern es in Möglichkeit und nicht in Aktivität ist."

82 Aristoteles, *Physica*, 201b31: [...] κίνησις ἐνέργεια μὲν εἶναί τις δοκεῖ, ἀτελὴς δέ [...]. „[...] die Bewegung scheint eine Art Aktivität zu sein, aber eine unvollendete."

83 Simplicius, *In Aristotelis physicorum libros commentaria*, 9.428.7–10: Ἀριστοτέλης δὲ καὶ οἱ τούτου φίλοι τὴν μὲν κίνησιν ἐνέργειαν λέγουσιν, οὐ πᾶσαν δὲ ἐνέργειαν κίνησιν· οὐ γὰρ δὴ καὶ τὴν τελείαν· ἀτελῶν γὰρ ᾗ ἀτελῆ, διότι τῶν δυνάμει καὶ τῶν μήπω ὄντων ἀλλ' ἐσομένων ἡ κίνησις. „Aristoteles und seine Freunde nennen die Bewegung eine Aktivität, aber nicht jede Aktivität eine Bewegung. Denn sie ist auch vollendet. Die Bewegung ist nämlich von dem Unvollendeten, insofern es unvollendet ist, weil sie von dem der Möglichkeit nach Seienden ist und von dem nocht nicht Seienden, sondern Werdenden ist."

84 Aristoteles, *Physica*, 201b5–7: ὅτι μὲν οὖν ἐστιν αὕτη, καὶ ὅτι συμβαίνει τότε κινεῖσθαι ὅταν ἡ ἐντελέχεια ᾖ αὐτή, καὶ οὔτε πρότερον οὔτε ὕστερον, δῆλον [...]. „Es ist klar, dass dies also die Natur der Bewegung ist und dass es daher solange bewegt wird, wie es in (dieser) Aktualität ist, und weder vorher noch nachher."

zu fassen. Darin erkennen die antiken Kommentatoren den Grund, warum die Vorgänger des Aristoteles ein solches Problem hatten, die Bewegung richtig zu bestimmen. (iii) Deshalb insistiert Aristoteles drittens gegen bestimmte Vorgänger darauf, dass Bewegung nicht mit der Privation gleichgesetzt werden darf.[85] Denn die Privation ist als solche nicht bewegt oder anders formuliert, auch wenn die Bewegung zwischen Privation und Form stattfindet, heißt das noch lange nicht, dass die Privation zwangsläufig zur Bewegung führt. Es ist ferner möglich, dass der privative Zustand andauert, d. h., dass es sich um einen Ruhezustand handelt. (iv) Viertens unterscheidet Aristoteles verschiedenartige Hinsichten, in denen dasselbe Substrat in Aktualität und in Potenzialität sein kann. In einer Hinsicht ist die vollendete Form Aktualität. Darüber hinaus gibt es aber auch eine Aktualität dessen, was nur potenziell ist und diese Potenzialität zugleich erhält.

Philoponus sieht nun aber ein Problem: Nimmt man nämlich an, dass die Ursache der Bewegung, insofern sie Ursache ist, aktual sein muss, manche der bewegten Dinge aber auch Bewegung verursachen, so scheint daraus zu folgen, dass nicht jede Bewegung eine Aktualität des an sich Potenziellen ist, sondern dass es durchaus auch Bewegungen des an sich Aktualen gibt.[86] Zunächst gesteht Aristoteles ein, dass es wirklich bestimmte Ursachen von Bewegung gibt, die selbst bewegt werden.[87] Ruft man sich aber die erste der zuvor angeführten Voraussetzungen in Erinnerung, demzufolge die natürlichen Dinge zugleich in Aktualität und in Potenzialität sind, so wird klar, dass sie auch dann verändert werden können, wenn sie selbst Ursache von Bewegung sind. Warum? Es ist bloß zu beachten, dass sie nicht in ein und derselben Hinsicht eine Bewegung verursachen und bewegt werden. Vielmehr gilt, dass sie Bewegung erleiden, insofern sie potenziell sind, und dass sie eine Bewegung verursachen, insofern sie aktual sind.

Wie ist das zu verstehen? Wir haben gesehen, dass Aristoteles am Substrat der Bewegung unterschiedliche Hinsichten differenziert. Es handelt sich nicht um ein und dieselbe Hinsicht, in der etwas Objekt der Bewegung und Ursache der Bewegung ist. Etwas erfährt eine Bewegung, insofern es in Potenzialität ist,

---

[85] Simplicius, *In Aristotelis physicorum libros commentaria*, 9.428.16–9.434.31, der ausführlich auf diesen Punkt eingeht, identifiziert die Pythagoreer sowie Platon als mögliche Adressaten der aristotelischen Kritik.
[86] Philoponus, *In Aristotelis physicorum libros commentaria*, 16.351.19–24.
[87] Aristoteles, *Physica*, 201a23–25: ἅπαν γὰρ ἔσται ἅμα ποιητικὸν καὶ παθητικόν. ὥστε καὶ τὸ κινοῦν φυσικῶς κινητόν· πᾶν γὰρ τὸ τοιοῦτον κινεῖ κινούμενον καὶ αὐτό. „Ein jedes nämlich, wird zur gleichen Zeit wirksam und leidensfähig sein. Daher gilt auch, dass jedes körperlich Bewegende bewegbar ist. Denn alles von der Art, welches anderes bewegt, wird auch selbst bewegt." Sowie 202a3: κινεῖται δὲ καὶ τὸ κινοῦν [...] πᾶν [...]. „Alles, was bewegt, wird selbst bewegt [...]."

d. h., insofern es potenziell etwas anderes ist. Man kann das auch so ausdrücken, dass man sagt, etwas werde bewegt, insofern es Materie ist. Dasselbe Ding verursacht aber eine Bewegung nicht als Materie, sondern nur als ein in Aktualität Seiendes, d. h., insofern das Ding formal bestimmt ist.[88] Folglich ist das bewegte Objekt, insofern es bewegt wird, nicht in Aktualität, sondern es ist der Möglichkeit nach etwas anderes. Da es als Objekt aber auch in Aktualität ist, d. h., über eine bestimmte Form verfügt, kann es auch eine Bewegung an etwas anderem, welches in Potenzialität ist, verursachen. Somit kann dasselbe Objekt zugleich eine Bewegung erleiden, nämlich insofern es Materie ist, als auch eine Bewegung verursachen, und zwar insofern es eine bestimmte Form hat. Man muss allerdings beachten, was wir im Vorausgehenden herausgestellt haben: Die Potenzialität ist nicht identisch mit dem Substrat (ὑποκείμενον). Denn das Potenzielle ist etwas neben dem Substrat.[89] So ist die aktuale, d. h. an sich bestimmte Farbe, eine Ursache der Bewegung in dem, was der Aktualität nach durchsichtig ist (und daher mittelbar die Ursache für die Affektion des Wahrnehmungsorgans, d. h. des Auges).[90] Sie ist also Ursache, insofern sie formal bestimmte Materie ist. In dieser Hinsicht ist die Farbe an sich bestimmt (d. h. in Aktualität). Nur deshalb kann sie eine Bewegung hervorrufen. Denn die Ursache der Veränderung muss wie gesagt in Aktualität sein. Zugleich ist die Farbe aber auch potenziell sichtbar. Diese Potenzialität wird durch das Gesehenwerden zur Aktualität gebracht. Unter diesem Aspekt betrachtet ist die Farbe jedoch passiv, d. h., sie erleidet

---

[88] Aristoteles zufolge beruht die Aktivität auf der Form und die Passivität auf der Materie. Siehe etwa Aristoteles, *Physica*, 202a9–11: εἶδος δὲ ἀεὶ οἴσεταί τι τὸ κινοῦν, ἤτοι τόδε ἢ τοιόνδε ἢ τοσόνδε, ὃ ἔσται ἀρχὴ καὶ αἴτιον τῆς κινήσεως, ὅταν κινῇ [...]. „Das Bewegende wird aber stets eine bestimmte Form haben, d. h., es wird ein Dieses sein oder Beschaffenheit oder Größe, was jeweils als Prinzip und Ursache der Bewegung fungieren wird, sobald es bewegt."

[89] Aristoteles verdeutlicht das auch am Beispiel einander entgegengesetzter Möglichkeiten, die demselben Substrat zukommen können: Der menschliche Körper kann sowohl gesund als auch krank sein. Aristoteles, *Physica*, 201a34–b5: δῆλον δ' ἐπὶ τῶν ἐναντίων· τὸ μὲν γὰρ δύνασθαι ὑγιαίνειν καὶ δύνασθαι κάμνειν ἕτερον – καὶ γὰρ ἂν τὸ κάμνειν καὶ τὸ ὑγιαίνειν ταὐτὸν ἦν – τὸ δὲ ὑποκείμενον καὶ τὸ ὑγιαῖνον καὶ τὸ νοσοῦν, εἴθ' ὑγρότης εἴθ' αἷμα, ταὐτὸν καὶ ἕν). ἐπεὶ δ' οὐ ταὐτόν, ὥσπερ οὐδὲ χρῶμα ταὐτὸν καὶ ὁρατόν, ἡ τοῦ δυνατοῦ, ᾗ δυνατόν, ἐντελέχεια φανερὸν ὅτι κίνησίς ἐστιν. „Es ist deutlich hinsichtlich des Gegensätzlichen. Denn die Möglichkeit, gesund zu sein, ist verschieden von der Möglichkeit, krank zu sein, sonst wäre auch das Kranksein und das Gesundsein dasselbe; eben so wäre auch das der Gesundheit und der Krankheit Zugrundeliegende, sei es Feuchtigkeit oder Blut, eines und dasselbe. Weil es aber nicht dasselbe ist, wie auch nicht Farbe und Sichtbares dasselbe sind, so wird deutlich, dass die Aktualität der Möglichkeit, insofern es möglich ist, die Bewegung ist." Für Aristoteles ist es nicht der Körper als solcher, der gesund oder krank ist, sondern der Flüssigkeitshaushalt oder das Blut.

[90] Aristoteles, *De anima*, 418a31–b2: πᾶν δὲ χρῶμα κινητικόν ἐστι τοῦ κατ' ἐνέργειαν διαφανοῦς, καὶ τοῦτ' ἐστὶν αὐτοῦ ἡ φύσις [...]. „Eine jede Farbe ist fähig, das aktual Durchsichtige zu bewegen und dies ist ihre Natur."

etwas (diesen wichtigen Umstand gilt es, noch ausführlicher zu betrachten). Aristoteles streicht daher nachdrücklich heraus, dass die Farbe und das Sichtbare nicht identisch sind.[91] Dasselbe sind beide nur hinsichtlich ihres Substrats. Sie unterscheiden sich aber begrifflich voneinander, d. h. ihrer *Definition nach*. Das Sichtbarsein gehört bloß in einem akzidentellen Sinn zur Farbe; als Farbe ist sie nur der Potenz nach sichtbar. Denn *Farbesein* ist keine Relation, sondern eine Qualität. Die Sichtbarkeit ist aber eine Relation, da das Sichtbare gesehen wird von jemandem, der sieht: Es ist also sichtbar nur in Relation zu einem Sehenden. Die Farbe gibt es aber auch dann, wenn es niemanden gibt, der sie sieht.[92]

Das Subjekt der Veränderung muss also in Aktualität sein und wird als materieller Gegenstand in einer anderen Hinsicht zugleich in Potenzialität sein. Nichts kann bewegt werden, was nur potenziell ist, weshalb auch die Materie nicht bewegt wird, insofern sie *nur potenziell* ist. Gleichwohl wird etwas bewegt, *insofern* es in Potenzialität ist. Also muss auch das Objekt der Veränderung sowohl in Potenzialität als auch in Aktualität sein. Das trifft aber nun, wie wir zu Beginn dieses Abschnitts gesehen haben, für alle Dinge im Bereich des Werdens und Vergehens zu, d. h. für alle wahrnehmbaren Dinge. Denn diese sind von der Art, dass sie zugleich in Aktualität und in Potenzialität sind. Alle natürlichen Körper haben nämlich eine natürliche Kapazität oder Fähigkeit, sich in alles Mögliche zu verwandeln. Außerdem können geformte Dinge, d. h. Dinge, die in Aktualität sind, potenziell gegensätzliche Eigenschaften annehmen: Das heiße Eisen kann auch kalt werden. Taucht man es etwa ins kalte Wasser, dann wird es dieses nicht nur zum Erhitzen bringen, sondern es selbst wird zugleich abgekühlt. Das Eisen wirkt also auf das Wasser ein und ist zugleich Gegenstand der Einwirkung der Kälte des Wassers. Das kalte Wasser und das heiße Eisen stehen in einem Wechselwirkungsverhältnis (κινεῖ κινούμενον). Beide sind zugleich aktiv und passiv, wenn auch nicht in derselben Hinsicht.[93]

So wird auch jeder physische Körper, der einen anderen Körper bewegen kann, selbst bewegt werden können; mehr noch, alle physischen Körper stehen nach Aristoteles in einem Wechselwirkungsverhältnis, d. h., sie wirken und

---

[91] Aristoteles, *Physica*, 201b3–4: ἐπεὶ δ' οὐ ταὐτόν, ὥσπερ οὐδὲ χρῶμα ταὐτόν καὶ ὁρατόν [...]. Weil es aber nicht dasselbe ist, wie auch nicht Farbe und Sichtbares dasselbe ist [...].
[92] Philoponus, *In Aristotelis physicorum libros commentaria*, 16.358.3–11.
[93] Aristoteles, *Physica*, 201a19–22: ἐπεὶ δ' ἔνια ταὐτὰ καὶ δυνάμει καὶ ἐντελεχείᾳ ἐστίν, οὐχ ἅμα δὲ ἢ οὐ κατὰ τὸ αὐτό, ἀλλ' οἷον θερμὸν μὲν ἐντελεχείᾳ ψυχρὸν δὲ δυνάμει, πολλὰ ἤδη ποιήσει καὶ πείσεται ὑπ' ἀλλήλων [...]. „Weil aber einige Dinge sowohl in Möglichkeit als auch in Aktualität sind, wenn auch nicht zur gleichen Zeit und in derselben Hinsicht, sondern so wie das Warme der Möglichkeit nach kalt sein kann, so folgt, dass sie vieles bewirken und von einander erleiden werden [...]."

leiden zugleich in unterschiedlicher Hinsicht, oder sie sind aktiv und passiv.⁹⁴ Sie sind nämlich wie gesagt Ursache der Bewegung, insofern sie in Aktualität sind und sie werden bewegt, insofern sie in Potenzialität sind. Die Form ist Grund der Aktualität und daher auch Ursache der Bewegung, wohingegen die Materie in Potenzialität etwas anderes ist. Deshalb kann man auch sagen, dass die Dinge bewegt werden, insofern sie materiell verfasst sind.⁹⁵

Philoponus betont, dass daraus nicht folgt, dass alles, was eine Bewegung verursacht, zugleich bewegt wird.⁹⁶ Denn das trifft nicht zu für die Seele (wie noch zu sehen sein wird). Die Seele bewegt den Körper zwar auf natürliche Weise, wird aber selbst nicht von ihm bewegt. Dasselbe gilt für die in den himmlischen Körpern wirkende Kraft der Bewegung. Gegenstände der Wechselwirkung sind nur natürliche Objekte.⁹⁷ Die Seele rechnet Aristoteles nicht den natürlichen Objekten zu, weshalb sie auch kein Gegenstand der Naturbetrachtung im engeren Sinn sein kann. Ich sage im engeren Sinn, da die durch die Naturbetrachtung und durch die Analyse der Bewegung gewonnenen Differenzierungen und Begriffe auch auf die Seele angewendet werden, und zwar insofern sie in einem Körper ist und durch diesen wirksam wird.

Jede Bewegung hat ihren Ursprung in der Ursache der Bewegung, d. h. in der Form des Bewegenden. Ihren Bestand soll die Bewegung jedoch im Bewegten haben.⁹⁸ Denn die Bewegung findet am Substrat der Bewegung statt. Wie ist das im Einzelnen zu verstehen? Wir erinnern uns an die erste und zweite Voraussetzung, die Aristoteles seiner Untersuchung vorausgeschickt hat: Bewegung ist nichts an sich selbst. Nur Dinge können Bewegungen bzw. Veränderungen erleiden und verursachen. Überdies fällt Bewegung unter die Kategorie der Relation. Da Bewegung also nichts an sich sein wird, kann sie nur bei einem der beiden

---

94 Aristoteles, *Physica*, 201a23–25: [...] ὥστε καὶ τὸ κινοῦν φυσικῶς κινητόν· πᾶν γὰρ τὸ τοιοῦτον κινεῖ κινούμενον καὶ αὐτό. „[...] sodass auch das Bewegende natürlicherweise bewegt wird, denn alles so Beschaffene bewegt und wird selbst bewegt." Bemerkenswert ist, dass, wie wir im Folgenden noch sehen werden, die Wechselwirkung (συμπάθεια) für die stoische Konzeption des Kosmos und mithin für die gesamte stoische Naturphilosophie eine entscheidende Rolle einnimmt. Der wesentliche Unterschied zur aristotelischen Bestimmung ist in der mit der Wechselwirkung eng verknüpften Zweckhaftigkeit zu sehen, die der stoischen συμπάθεια eine organische Färbung verleiht.
95 Aristoteles, *Physica*, 201a23–25.
96 Philoponus, *In Aristotelis physicorum libros commentaria*, 16.355.2–18.
97 Der entscheidende Unterschied zur stoischen Konzeption der συμπάθεια besteht unter dieser Perspektive freilich darin, dass für Aristoteles nicht alle Objekte natürlich sind, d. h. Zusammensetzungen aus Form und Materie, die als solche bewegt werden können.
98 Aristoteles, *Physica*, 202a14: [...] ὅτι ἐστὶν ἡ κίνησις ἐν τῷ κινητῷ [...]. „[...] weil die Bewegung in dem Bewegten ist [...]."

Relata angetroffen werden.[99] Aber auf welcher Seite der Relation steht die Bewegung? Offensichtlich muss die Bewegung an dem Objekt stattfinden, welches veränderbar ist,[100] d. h. aber nach den obigen Ausführungen, insofern etwas Materie ist. Denn wenn Bewegung die Aktualität des Bewegten ist und die Aktualität eines jeden Dinges sich in dem befinden soll, dessen Aktualität es ist, dann wird folglich auch die Bewegung in dem sein, was beweglich ist. Denn es ist das Bewegliche, welches bewegt wird. Bewegt wird somit das Substrat der Bewegung. Mit Blick auf die Ursache der Bewegung ist zugleich festzuhalten, dass damit die Ursache ihre Aktualität *als Ursache* im Substrat der Bewegung hat. Es gibt also eine einzelne Aktualität für beide, d. h. für das Bewegliche, insofern es bewegt wird, und für die Ursache der Bewegung, insofern sie die Bewegung hervorruft.[101] Diese einfache Aktualität liegt im Substrat der Bewegung. Sie unterscheidet sich aber der Definition oder dem Begriff nach.[102]

Aristoteles verdeutlicht diesen Gedanken am Beispiel des Weges von Athen nach Theben und umgekehrt. Bei der Strecke handelt es sich um dasselbe Substrat, d. h., dieselbe Distanz muss von Athen nach Theben wie auch von Theben nach Athen zurückgelegt werden. Trotzdem unterscheidet sich die Strecke dem Begriff nach, d. h. der Bewegungsrichtung nach.[103] Es ist zwar der Distanz nach derselbe Weg, ob man von Athen oder von Theben aufbricht, nur wird man abhängig vom Anfangspunkt einen Berg hinaufgehen, das andere Mal hinabgehen müssen. Ganz ähnlich verhält es sich mit der Bewegung. Es ist dieselbe Bewegung, die eines der beiden Relata zur Ursache und das andere zur Wirkung macht. Die Bewegung ist somit einfach. Sie ist aber nicht einfach im Hinblick

---

99 Aristoteles, *Physica*, 200b30–33: [...] καὶ ὅλως κινητικόν τε καὶ κινητόν· τὸ γὰρ κινητικὸν κινητικὸν τοῦ κινητοῦ καὶ τὸ κινητὸν κινητὸν ὑπὸ τοῦ κινητικοῦ. οὐκ ἔστι δὲ κίνησις παρὰ τὰ πράγματα [...]. „[...] und das gilt allgemein für das Bewegende und das Bewegte: Denn das, was zu bewegen vermag, kann das Bewegtwerdende bewegen und das Bewegte wird von dem, was zu bewegen vermag, bewegt. Es gibt aber keine Bewegung neben den Dingen."
100 Aristoteles, *Physica*, 202a13–14.
101 Aristoteles, *Physica*, 202a16–18: κινητικὸν μὲν γάρ ἐστιν τῷ δύνασθαι, κινοῦν δὲ τῷ ἐνεργεῖν, ἀλλ' ἔστιν ἐνεργητικὸν τοῦ κινητοῦ, ὥστε ὁμοίως μία ἡ ἀμφοῖν ἐνέργεια [...]. „Denn ein zu bewegen Vermögendes ist es aufgrund der Möglichkeit, bewegend aber durch die Aktivität. Es ist jedoch das aktiv Bewegende des Bewegten, sodass die Aktivität der beiden Möglichkeiten in der einen Bewegung besteht."
102 Aristoteles, *Physica*, 202a20: ταῦτα γὰρ ἓν μέν ἐστιν, ὁ μέντοι λόγος οὐχ εἷς [...]. „Denn diese sind zwar eines, wenn auch nicht ihrer Definition nach eins [...]."
103 Aristoteles, *Physica*, 202b12–14: μὴ μέντοι ὥστε τὸν λόγον εἶναι ἕνα τὸν <τὸ> τί ἦν εἶναι λέγοντα, οἷον ὡς λώπιον καὶ ἱμάτιον, ἀλλ' ὡς ἡ ὁδὸς ἡ Θήβηθεν Ἀθήναζε καὶ ἡ Ἀθήνηθεν εἰς Θήβας [...]. „[...] freilich nicht in dem Sinn, dass sie ihrem Begriff und der Substanz nach eins wären, wie etwa nur zwei verschiedene Wörter wie Cape und Umhang, sondern in dem Sinn, wie der Weg von Theben nach Athen mit dem Weg von Athen nach Theben gleich ist [...]."

auf die Relation. Denn fokussiert man die Ursache der Bewegung, so handelt es sich um eine Wirkung. Liegt der Fokus auf dem Objekt der Veränderung, dann ist es ein Erleiden.[104] Aktivität und Passivität sind unter dieser Perspektive zwei Betrachtungsweisen desselben Vorgangs.[105]

Als Nächstes müssen die unterschiedlichen Formen der Bewegung gegeneinander abgegrenzt und die erste Bestimmung der Bewegung entsprechend differenziert werden. Es ist nämlich fraglich, ob Veränderung dasselbe wie Bewegung ist, denn bislang sind beide Begriffe wie gesagt undifferenziert verwendet worden; wenn nicht, wie lässt sich der Unterschied zwischen Bewegung und Veränderung am leichtesten darstellen?

Aristoteles nimmt die Differenzierung ausgehend vom griechischen Begriff für Veränderung (hier: μεταβολή!) in Angriff. Der Begriff suggeriert nach Aristoteles, dass es sich um einen Übergang von einem Ding zu einem anderen handeln muss, da der Begriff impliziert, dass eines nach einem anderen ist.[106] Nimmt man

---

[104] Philoponus, *In Aristotelis physicorum libros commentaria* 16.370.5–10: μία μὲν οὖν ἡ ἀμφοῖν ἐνέργεια, μία δὲ τῷ ὑποκειμένῳ οὐ τῷ λόγῳ, ἀλλ' ὥσπερ τὸ ἄναντες καὶ τὸ κάταντες ἐν μέν ἐστι καὶ τὸ αὐτὸ διάστημα, ἀλλ' ἔνθεν μὲν ἀρχομένοις ἄναντες ἔνθεν δὲ κάταντες, οὕτω καὶ ἐπὶ κινήσεως μία μὲν τῷ ὑποκειμένῳ ἀλλὰ τῇ σχέσει οὐ μία, ἀλλ' ἀπὸ μὲν τοῦ κινοῦντος ἀρχομένη ποίησις καλεῖται, ἀπὸ δὲ τοῦ πάσχοντος πάθησις. „Es gibt folglich eine einzige Aktivität für beide, aber sie ist eine hinsichtlich des Zugrundeliegenden, nicht der Definition nach. Aber ebenso wie das nach oben und nach unten eine und dieselbe Strecke sind, aber für den von unten Beginnenden aufwärts geht und nach unten für den anderen. So auch im Fall der Bewegung: Sie ist zwar eine hinsichtlich des Zugrundeliegenden, aber nicht hinsichtlich der Relation. Denn ausgehend vom Bewegenden nennt man es wirken und ausgehend vom Erleidenden ein Erleiden."

[105] Aristoteles macht anhand desselben Models auch andere Relationen deutlich. So findet sich etwa die Aktualität des Vaters im Sohn oder die des Lehrers im Schüler. Denn Lehren ist nichts anderes als das Lernen des Schülers von einem Lehrer. Beides ist also dasselbe im Hinblick auf das Substrat, aber nicht der Definition nach. Hierauf werden wir in der Diskussion der Wahrnehmung zurückkommen. Aristoteles, *Physica*, 202b16–22: οὐ μὴν ἀλλ' οὐδ' εἰ ἡ δίδαξις τῇ μαθήσει τὸ αὐτό, καὶ τὸ μανθάνειν τῷ διδάσκειν, ὥσπερ οὐδ' εἰ ἡ διάστασις μία τῶν διεστηκότων, καὶ τὸ διίστασθαι ἐνθένθε ἐκεῖσε κἀκεῖθεν δεῦρο ἓν καὶ τὸ αὐτό. ὅλως δ' εἰπεῖν οὐδ' ἡ δίδαξις τῇ μαθήσει οὐδ' ἡ ποίησις τῇ παθήσει τὸ αὐτὸ κυρίως, ἀλλ' ᾧ ὑπάρχει ταῦτα, ἡ κίνησις· τὸ γὰρ τοῦδε ἐν τῷδε καὶ τὸ τοῦδε ὑπὸ τοῦδε ἐνέργειαν εἶναι ἕτερον τῷ λόγῳ. „Selbst dann, wenn die Lehre mit dem Lernen identisch ist, gilt das noch nicht für lehren und lernen, ebenso wie auch die Entfernung zwischen zwei Punkten eine und dieselbe ist, daraus keineswegs folgt, dass es auch dasselbe ist, ob sich etwas von A nach B oder von B nach A bewegt. Überhaupt besteht im herrschenden Sinn keine Identität zwischen Lehre und Lernen und auch keine zwischen Wirken und Erleiden; dasselbe ist nur ihr Zugrundeliegendes, (und zwar) die Bewegung. Denn begrifflich bleibt der Unterschied erhalten zwischen der Aktivität des einen am anderen und der Aktivität des einen durch den anderen."

[106] Aristoteles, *Physica*, 224b35–225a2. Das deutsche Wort ‚Veränderung' gibt diese Überlegung nur unzureichend wieder, weshalb μεταβολή oft auch mit Wandel übersetzt wird, was den aristotelischen Überlegungen eher zu entsprechen scheint.

dies als erste Bestimmung von Veränderung an, so kristallisieren sich vier mögliche Arten von Veränderung heraus:[107]

1. Die Veränderung von einem Subjekt zu einem anderen Subjekt. Unter Subjekt wäre ein bereits existierendes Ding zu verstehen.
2. Die Veränderung von einem Nicht-Subjekt zu einem Subjekt.
3. Die Veränderung, die in einem Übergang von einem Subjekt zu einem Nicht-Subjekt besteht.
4. Die Veränderung von einem Nicht-Subjekt zu einem Nicht-Subjekt.

Geht man aber mit Aristoteles davon aus, dass es Veränderung nur an Dingen geben kann, dann muss die letzte Art von Veränderung ausgeschlossen werden (und die zweite und dritte Art sind, wie wir gleich sehen werden, zumindest problematisch).

Die erste Art von Veränderung findet dann statt, wenn die Akzidenzien an einem Subjekt oder Substrat wechseln. In diesem Fall beharrt das Subjekt, es überdauert also beharrlich den Vorgang der Veränderung. Ein Beispiel wäre die Farbveränderung eines Gegenstands, wenn dieser etwa die Eigenschaft (oder das Akzidenz) weiß verliert und die Eigenschaft schwarz annimmt. Das Subjekt bleibt, während sich die akzidentellen Bestimmungen in der Kategorie der Farbe verändern. Die zweite Veränderung, die von einem Nicht-Subjekt ausgeht und zu einem Subjekt wird, kann als ein Vorgang des Werdens verstanden werden. So entsteht eine Substanz aus einem privativen Zustand, d. h. aus dem, was der Möglichkeit nach diese Substanz werden kann. Die dritte Form von Veränderung ist entsprechend das Vergehen oder die Vernichtung der Substanz.

Bei den letzten beiden Formen von Veränderung kann es sich nach Aristoteles nicht um Bewegungen im engen Wortsinn handeln. Warum nicht? Für Bewegung gilt wie gesagt, dass es ein Objekt der Bewegung geben muss, welches bewegt wird. Die erste Materie existiert aber nicht im eigentlichen Sinn, da sie aufgrund ihrer Formlosigkeit kein *Dieses-da* (τόδε τι), also nichts Bestimmtes ist. Folglich wird auch die erste Materie nicht bewegt werden können. Was sollte aber bei einem wirklich *ersten Werden* eine Form aufnehmen können, wenn nicht die erste Materie? Außerdem setzt Aristoteles voraus, dass alle Bewegungen an einem Ort stattfinden. Die erste Materie ist aber an keinem bestimmten Ort, da sie nicht geformt ist. Folglich kann sie sich auch nicht bewegen. Aber auch jedes andere Werden einer Substanz soll ein echtes Entstehen sein, und zwar unabhängig davon, ob es nur von dem ausgeht, was in einem akzidentellen Sinn nicht ist (wie das Privative an einem Substrat). Somit wird auch bei dem, was zwar nicht

---

[107] Aristoteles, *Physica*, 225a3–7.

aus einer ersten Materie entsteht, sondern aus einem bereits geformten Substrat hervorgeht, nichtsdestoweniger gelten, dass es an sich nicht bewegt werden kann, da es aus etwas entsteht, was an sich nicht ist (die Privation).[108]

Ob diese Überlegungen überzeugen, will ich unentschieden lassen. Für Aristoteles folgt jedenfalls, dass Entstehen und Vergehen keine Bewegungen im engeren Sinn sein können.[109] Diese Feststellung schlägt sich nun in der primären Definition von Bewegung nieder, die somit nicht mehr alle Arten von Veränderung umfasst. Danach „ist notwendig, dass nur die Veränderung eine Bewegung ist, die [im Übergang] von einem Substrat zu einem Substrat stattfindet".[110] Diese Bestimmung ist äquivalent zur Aussage, dass sich die Bewegung von einem gegenteiligen Zustand oder einem Zwischenzustand zu einem anderen vollzieht und ein beharrliches Subjekt der Veränderung voraussetzt. Die jeweiligen Zustände sind mithin aktuale Formen an einem zugrunde liegenden Substrat.[111]

Daraus ergeben sich nun die unterschiedlichen Formen der *echten* Bewegung. Denn Bewegungen im engeren Sinn sind nach Aristoteles die Veränderungen, die unter die Kategorien des Ortes, der Quantität und der Qualität fallen.[112] Allen drei Formen der Bewegung entsprechend wird es etwas geben, was die Bewegung verursacht.[113]

Wir werden im Folgenden unser Augenmerk fast ausschließlich auf die Bewegung richten, die unter der Kategorie der Qualität steht.

Eine wichtige Voraussetzung dafür, dass es zu einer Bewegung kommt, ist, dass sich Beweger und Bewegtes unmittelbar berühren.[114] Die Körper müssen

---

108 Aristoteles, *Physica*, 225a20–29.
109 Aristoteles, *Physica*, 225a32.
110 Aristoteles, *Physica*, 225b1–3: ἀνάγκη τὴν ἐξ ὑποκειμένου εἰς ὑποκείμενον μεταβολὴν κίνησιν εἶναι μόνην.
111 Aristoteles, *Physica*, 225b3–5; b23–24.
112 Bereits Aristoteles räumt der Ortsbewegung einen Sonderstatus ein und macht sie zur primären Bewegungsform. Die anderen Formen der Bewegung haben ihr gegenüber nur einen sekundären Status, was sich darin zeigen soll, dass, wenn die Ortsveränderung aufgehoben wird, auch die anderen Bewegungsformen verloren gehen. Dafür argumentiert Aristoteles ausführlich im 8. Buch der *Physik*.
113 Aristoteles, *Physica*, 243a7–9: [...] ἀνάγκη καὶ τὰ κινοῦντα τρία εἶναι, τό τε φέρον καὶ τὸ ἀλλοιοῦν καὶ τὸ αὖξον ἢ φθῖνον. „[...] ist es also nötig, dass es drei Formen des Bewegenden gibt, was örtlich bewegt, was sich qualitativ verändert und das Wachsende und Schwindende."
114 Das zeigt nach Aristoteles die Wahrnehmung (242b61: καθάπερ ὁρῶμεν ἐπὶ πάντων). Diesen Hinweis versteht Simplicius (*In Aristotelis physicorum libros commentaria*, 10.1048.4–5) so, dass Aristoteles diese Erkenntnis aus der Erfahrung durch Induktion gewonnen hat. Aristoteles, *Physica*, 242b59–63: ἀλλ' εἰ τὸ κινοῦν πρώτως κατὰ τόπον καὶ σωματικὴν κίνησιν ἀνάγκη ἢ ἅπτεσθαι ἢ συνεχὲς εἶναι τῷ κινουμένῳ, καθάπερ ὁρῶμεν ἐπὶ πάντων, ἀνάγκη τὰ κινούμενα καὶ τὰ κινοῦντα συνεχῆ εἶναι ἢ ἅπτεσθαι ἀλλήλων, ὥστ' εἶναί τι ἐξ ἁπάντων ἕν. „Wenn es aber nötig

zusammen (ἅμα) sein, d. h., es darf nichts zwischen ihnen geben. Es muss sich also bei den berührenden Körpern um eine Art Kontinuum handeln.[115] Das gilt auch für die Eigenschaftsveränderung. Auch hier muss das, was die Bewegung oder Eigenschaftsveränderung verursacht und das, an dem diese geschieht, in einem kontinuierlichen Zusammenhang stehen. Die Eigenschaften finden sich nämlich an Körpern, die sich berühren müssen, um aufeinander einwirken zu können.

Was für Eigenschaften hat Aristoteles im Blick? Er hebt hervor, dass es sich um besondere Eigenschaften handelt, die nur Körper haben, und zwar sogenannte *affektive Qualitäten* oder *Einwirkungseigenschaften* (παθητικὰς καλουμένας ποιότητας).[116] In der *Kategorienschrift* werden diese als dritte Klasse von Qualitäten eingeführt. Als Beispiele nennt Aristoteles dort das Süße und Bittere, das Warme und Kalte, das Weiße und Schwarze usw.[117] Das alles sind wahrnehmbare Qualitäten, die die Körper bestimmen und aufgrund derer sich die Körper unterscheiden.[118] *Affektiv* nennt Aristoteles sie dort mit dem Hinweis, dass sie eine Wahrnehmung verursachen können. „Denn das Süße verursacht eine Affektion des Geschmackssinns und das Warme affiziert den Tastsinn [...]."[119]

---

ist, dass das zuerst örtlich und körperlich Bewegende mit dem, was bewegt werden soll, entweder berührt wird oder kontinuierlich verbunden ist, wie wir bei allen Dingen sehen, dann müssen das Bewegende und das Bewegte miteinander ein Kontinuum bilden oder in Berührung sein, sodass eine Einheit aus ihnen allen existiert." Als Beweger kann aber zum einen der Zweck oder das, um dessentwillen die Bewegung stattfindet, gelten und zum anderen die Wirkursache der Bewegung. Aristoteles, *Physica*, 243a32–33: τὸ δὲ πρῶτον κινοῦν, μὴ ὡς τὸ οὗ ἕνεκεν, ἀλλ' ὅθεν ἡ ἀρχὴ τῆς κινήσεως [...]. „[...] das zuerst Bewegende aber, nicht wie eine Zweckursache, sondern wie eine Wirkursache [...]." Aristoteles geht es hier in erster Linie um die Wirkursache, wie Simplicius, *In Aristotelis physicorum libros commentaria*, 10.1048.8–10 hervorhebt. Er bemerkt sogleich, dass die körperliche Anwesenheit und Berührung nicht hinsichtlich der Zweckursache als notwendige Voraussetzung für die Instantiierung der Bewegung gelten könne. Daher ist nach Simplicius zu beachten, dass Aristoteles lediglich das körperlich Bewegte meint, was also Widerstand leistet. Davon ist sowohl der erste Beweger als auch das Geliebte oder Ersehnte zu unterscheiden, was als Finalursache ebenfalls eine Ortsbewegung verursacht. Siehe Simplicius, *In Aristotelis physicorum libros commentaria*, 10.1046.11–13.
115 Aristoteles, *Physica*, 243a33–35: (λέγω δὲ τὸ ἅμα, ὅτι οὐδέν ἐστιν αὐτῶν μεταξύ)· τοῦτο γὰρ κοινὸν ἐπὶ παντὸς κινουμένου καὶ κινοῦντός ἐστιν. „Ich sage aber zugleich, weil es nichts zwischen ihnen gibt. Denn dieses ist allen Bewegten und Bewegenden gemeinsam."
116 Aristoteles, *Physica*, 244b5–7: [...] <ὑπόκειται γὰρ ἡμῖν τὸ τὰ ἀλλοιούμενα κατὰ τὰς παθητικὰς καλουμένας ποιότητας πάσχοντα ἀλλοιοῦσθαι> [...]. „Denn für uns steht fest, dass die veränderten Dinge qualitativ verändert wurden durch eine Einwirkung der sogenannten Einwirkungseigenschaften."
117 Aristoteles, *Categoriae*, 9a28–31.
118 Aristoteles, *Physica*, 244b7–10. Simplicius, *In Aristotelis physicorum libros commentaria*, 10.1058.12–13 notiert, dass auch die Quantität in gewissem Sinn abhängig von den Qualitäten ist.
119 Aristoteles, *Categoriae*, 9b7–8: ἥ τε γὰρ γλυκύτης πάθος τι κατὰ τὴν γεῦσιν ἐμποιεῖ καὶ ἡ θερμότης κατὰ τὴν ἁφήν [...]. „Denn auch die Süße verursacht eine Art Erleiden am Geschmack

Ferner unterscheidet Aristoteles die Körper, die von den Eigenschaften affiziert werden, in belebte und unbelebte. An den belebten Körpern gibt es wiederum wahrnehmungsfähige und nichtwahrnehmungsfähige Teile.[120] Zu den nichtwahrnehmungsfähigen Teilen rechnet er beispielsweise Haare, Fingernägel und Knochen. Bemerkenswert ist, dass sowohl belebte als auch unbelebte Körper eine Eigenschaftsveränderung erfahren.

Aristoteles stellt in diesem Zusammenhang fest, dass die Wahrnehmungssinne zwar mit den Teilen des belebten Körpers, die über Wahrnehmung verfügen, verändert werden (πασχούσης τι τῆς αἰσθήσεως[121]), doch geschieht die Affektion auf unterschiedliche Weise.[122] Dieser Unterschied wird in der von Aristoteles in der *Physik* gegebenen Definition der aktualen Wahrnehmung festgehalten:

> Denn die aktuale Wahrnehmung ist eine Bewegung durch den Körper, wobei der Wahrnehmungssinn [alternativ: die Wahrnehmung] etwas erleidet.[123]

Simplicius streicht in seinem Kommentar zu dieser Stelle heraus, dass das Erleiden der Wahrnehmung nicht dasselbe ist wie das Erleiden des nicht wahrnehmungsfähigen Körpers, der von derselben *Einwirkungseigenschaft* affiziert wird.[124]

Halten wir also fest:
1. In der Wahrnehmung gibt es eine Eigenschaftsveränderung, die eine direkte körperliche Einwirkung beinhaltet.
2. Es muss einen kontinuierlichen materiellen Zusammenhang zwischen dem Einwirkungsobjekt und dem Wahrnehmungssinn (hier als Organ) geben. Dieser kontinuierliche Zusammenhang wird beispielsweise durch die Luft gewährleistet. In der Wahrnehmung darf somit nichts zwischen dem Organ und dem bewegenden Auslöser der Eigenschaftsveränderung stehen.
3. Die Eigenschaftsveränderung ist für die Wahrnehmung selber nicht hinreichend, da sie an Körpern stattfindet, die keine Wahrnehmung haben, sowie an solchen, die Wahrnehmung haben. Bei Ersteren verursachen sie keine Wahrnehmung und bei Letzteren nicht unbedingt.[125]

---

und die Wärme am Tastsinn [...]."
120 Aristoteles, *Physica*, 244b8–10.
121 Leider verfährt Aristoteles auch hier nicht einheitlich in der Verwendung der Terminologie, sodass αἴσθησις manchmal eben auch für den Wahrnehmungssinn steht.
122 Aristoteles, *Physica*, 244b12–245a2.
123 Aristoteles, *Physica*, 244b11–12: ἡ γὰρ αἴσθησις ἡ κατ' ἐνέργειαν κίνησίς ἐστι διὰ τοῦ σώματος, πασχούσης τι τῆς αἰσθήσεως.
124 Simplicius, *In Aristotelis physicorum libros commentaria*, 10.1058.27–29.
125 Das hebt auch Simplicius, *In Aristotelis physicorum libros commentaria*, 10.1059.1–6 hervor.

4. Bei der Wahrnehmung handelt es sich um eine bestimmte Art von Eigenschaftsveränderung (ἀλλοίωσίς τις), die sich von derjenigen, die an Körpern auftritt, unterscheidet.

Auf alle vier Punkte werden wir im folgenden Abschnitt intensiver eingehen, insbesondere aber auf den letzten Punkt. Denn für unser Anliegen ist es besonders wichtig, die spezielle Form von Eigenschaftsveränderung, mit der die Wahrnehmung als Aufnahme der Form ohne die Materie identifiziert wird, verständlich zu machen. Zum einen gründet sich hierauf die Zurückweisung der aristotelischen Konzeption der Wahrnehmung durch die Autoren der Frühen Neuzeit und zum anderen zeigt sich hierin auch der Hauptunterschied zu den nachfolgenden Konzeptionen der hellenistischen Philosophen. Wir werden sehen, dass die Stoiker die ersten drei der oben angeführten Punkte annehmen werden. Epikur hingegen wird aufgrund seiner atomistischen Voraussetzungen die zweite Bedingung zurückweisen. Aber sowohl Epikur als auch die Stoiker bestreiten, dass es eine andere Form von Veränderung als Bewegung geben kann, weshalb sie auch die Möglichkeit dieser außerordentlichen Form von Eigenschaftsveränderung leugnen müssen.

§ 3 Wahrnehmung als vollkommene Aktivität

Nachdem die Unterscheidung zwischen Form und Materie sowie die von Aristoteles etablierten Arten der Veränderung als das Ergebnis seiner Diskussion des Phänomens der Bewegung herausgestellt worden sind, gilt es nun, auf die zu Beginn angeführten Bestimmungen von Wahrnehmung, auf die sich die frühneuzeitlichen Autoren in ihrer Zurückweisung der aristotelischen Theorie berufen, zurückzukommen.

Wir haben gesehen, dass sich die Bestimmungen aus zwei Definitionen ableiten, die Aristoteles in seiner Schrift *De anima* gibt. Die erste Definition, auf die wir zunächst unser Augenmerk richten wollen, lautet:

[Wie gesagt] findet die Wahrnehmung im Bewegtwerden und Erleiden statt [...].[126]

---

[126] Aristoteles, *De anima*, 416b33: Ἡ δὲ αἴσθησις ἐν τῷ κινεῖσθαί τι καὶ πάσχειν συμβαίνει [...]. Die Übersetzung des griechischen Textes ist problematischer als es zunächst den Anschein hat. So geht man davon aus, dass Aristoteles die Wahrnehmung an dieser Stelle als passiven Vorgang bestimmt. Die entsprechende englische Übersetzung (siehe etwa Burnyeat, Ross oder Hamlyn) lautet: „Perception consists in being changed and affected [...]." Eine alternative Übersetzung bietet Polansky: „Perception comes along with being moved and acted upon [...]." Dass die Wahrnehmung in einem Bewegtwerden und Erleiden besteht, behauptet auch Thomas von Aquin in

§ 3 Wahrnehmung als vollkommene Aktivität — 55

Diese Definition wirft mehrere Fragen auf, die in der Literatur kontrovers diskutiert werden. Was heißt hier beispielsweise stattfinden? Und mit was für einer Bewegung findet die Wahrnehmung statt? Naheliegend ist, nach dem im vorausgehenden Abschnitt Ausgeführten anzunehmen, dass es sich bei der besagten Bewegung um eine Bewegung handelt, die von den *Einwirkungseigenschaften* (παθητικαὶ ποιότητες) über das Medium bis zum Organ der Wahrnehmung reicht. Hierfür spräche ferner, dass es sich bei diesen Einwirkungseigenschaften um die später sogenannten eigentümlichen Wahrnehmungsobjekte (ἴδια αἰσθητά) handelt.[127] Im direkten Anschluss an unsere Stelle heißt es aber, „dass es *so erscheint*, als sei die Wahrnehmung eine Art von Eigenschaftsveränderung"[128] (Hervorhe-

---

seinem Kommentar, L. II, l. x, 360: „Duo autem resumit dicta de sensu: quorum unum est, quod sentire consistit in moveri et pati." Diese Umschreibung von Thomas ist bemerkenswert, da es in der von ihm zugrunde gelegten lateinischen Übersetzung von Moerbeke heißt: „Sensus autem in moveri aliquid et pati accidit sicut dictum est." Für die Identifikation der Wahrnehmung mit einem passiven Erleiden sprechen vor allem systematische Erwägungen. So ist man der Ansicht, dass es sich bei der Wahrnehmung um einen passiven Vorgang handeln muss, da nur so die Zuverlässigkeit der Wahrnehmung als gesichert angenommen werden darf. Jede Form von Aktivität auf der Seite des Wahrnehmenden würde nach dieser Einschätzung die Zuverlässigkeit der Wahrnehmung infrage stellen und somit auch die Wahrnehmung als sicheres Fundament des Wissens (so etwa Burnyeat 2002, 58). Aber auch die mittelalterlichen Kommentatoren gehen mehrheitlich davon aus, dass die Wahrnehmung als passiver Vorgang verstanden werden muss. Siehe Thomas von Aquin, *In Librum De Anima Commentarium*, L. II, l. x, 356; ebenso Albertus Magnus und Aegidius Romanus. Ihre Einschätzung weicht damit, wie wir sehen werden, signifikant von derjenigen der spätantiken Kommentatoren ab.

127 Dieselbe Vermutung äußert auch Simplicius, der hinzufügt, dass nicht der Wahrnehmungssinn selbst affiziert werden könne, da es sich doch um eine Unterscheidungsleistung handelt. Simplicius, *In Aristotelis libros de anima commentaria*, 11.117.7–10: Οὐκ αὐτὴν τὴν αἰσθητικὴν ζωήν (ἐνεργείᾳ γάρ ἐστι κριτική) ἀλλ' ἐν τῷ κινεῖσθαι τὸ αἰσθητήριον, διὸ καὶ οὕτως ἔφη <ἐν τῷ κινεῖσθαί τι> τὸ ὄργανον δηλαδή. καὶ ἐπεὶ ποιὰ πάντα τὰ ἴδια αἰσθητά, ὑφ' ὧν προηγουμένως κινεῖται τὸ αἰσθητήριον, εἰκότως καὶ πάσχειν καὶ ἀλλοιοῦσθαι λέγεται· „Nicht das wahrnehmungsfähige Lebewesen selbst (denn das Unterscheidungsvermögen ist in Aktivität), sondern das Wahrnehmungsorgan ist in dem Zustand des Bewegtwerdens. Deshalb sagt er auch dies: ‚in einer Art von Bewegtwerden' was offenkundig das Organ (meint). Und weil alle eigentümlichen Wahrnehmungsobjekte, von denen primär das Organ bewegt wird, qualitativ sind, ist es vernünftig zu sagen, dass man erleidet und verändert wird." Dass der Kommentar zu *De anima* von Simplicius ist, wird in der Literatur bestritten (siehe etwa Bossier, Steel 1972). Ebenfalls bezweifelt wird die Authentizität von Philoponus' Kommentar zum dritten Buch von *De anima*. Da diese Diskussion keine Bedeutung für das hier diskutierte Thema hat, werde ich im Folgenden (ungeachtet der Zweifel) Simplicus und Philoponus als Autoren der jeweiligen Kommentare behandeln.

128 Aristoteles, *De anima*, 416b34–35: δοκεῖ γὰρ ἀλλοίωσίς τις εἶναι. Es ist natürlich widersinnig, wie Eberle 1997, 62 Aristoteles die Ansicht zu unterstellen, dass er eigentlich meine, die Wahrnehmung sei eine Eigenschaftsveränderung, wenn er sagt, dass es nur so erscheine.

bung: A. H.). Bemerkenswert ist an der Formulierung zum einen, dass die Wahrnehmung nur als eine Art von Eigenschaftsveränderung *erscheint* (δοκεῖ γάρ). Wäre sie eine Eigenschaftsveränderung, so träfen auf die Wahrnehmung alle Bestimmungen zu, die für Bewegungen im engeren Sinn gelten. Als eine gewöhnliche Eigenschaftsveränderung käme es etwa zu einem wahrnehmbaren Wechsel von Qualitäten, hervorgerufen durch eine Bewegung, die von Einwirkungseigenschaften ausgeht.[129] Der Übergang der Eigenschaften vollzieht sich als echte Form der Bewegung in einer bestimmten Zeit.[130] Diesen wichtigen Punkt muss man unbedingt in Erinnerung behalten.

Zum anderen ist bemerkenswert, dass Aristoteles an dieser Stelle von einer *Art von* Eigenschaftsveränderung (ἀλλοίωσίς τις) spricht. Vorausgreifend soll schon hier angemerkt sein, dass es sich nicht um eine Eigenschaftsveränderung im gewöhnlichen (d. h. in dem in der *Physik* thematisierten) Sinn handeln kann. Es erscheint nur so, als ob die einzelnen Wahrnehmungssinne[131] durch Einwirkungseigenschaften bewegt und verändert werden. Tatsächlich kommt es aber zu einer besonderen Art von Eigenschaftsveränderung.[132] Hierzu passt auch, dass Aristoteles wenig später angibt, dass er so spreche, als sei *Erleiden* (πάσχειν), *Bewegtwerden* (κινεῖσθαι) und *in Aktivität sein* (ἐνεργεῖν) dasselbe.[133] Aristoteles erinnert an die Differenzierungen, die er in der *Physik* getroffen hat. Dort werden Bewegung und Veränderung, wie wir gesehen haben, zunächst und allgemein bestimmt als die Aktualität des Potenziellen, insofern es ein solches (ᾗ τοιοῦτον:

---

[129] Diese Auffassung gibt ungefähr die ursprüngliche Position von Sorabji 1995 wieder. Siehe zu diesem Punkt auch die Analyse von Alexander von Aphrodisias, *Aporiai*, 83.31–84.4. Eine sehr gute Darstellung der aktuellen Debatte bietet Caston 2005. Zu dieser Debatte siehe ausführlich Hahmann 2014.

[130] Denn alle Bewegungen sind in der Zeit als dem Maß der Bewegung. Aristoteles, *Physica*, 224a34–b3; 219b1–12.

[131] Das Wort αἴσθησις ist wie gesagt mehrdeutig und wird von Aristoteles sowohl zur Bezeichnung der einzelnen Wahrnehmungssinne, der Aktivität der Wahrnehmung und des Produkts der Aktivität verwendet. An einzelnen Stellen ist sogar das Vermögen bzw. das Organ der Wahrnehmung gemeint.

[132] Diesen Punkt streichen sowohl Simplicius, *In Aristotelis libros de anima commentaria*, 11.117.13–15 als auch Philoponus, *In Aristotelis libros de anima commentaria*, 15.289.27–290.5 heraus.

[133] Aristoteles, *De anima*, 417a14–18: πρῶτον μὲν οὖν ὡς τοῦ αὐτοῦ ὄντος τοῦ πάσχειν καὶ τοῦ κινεῖσθαι καὶ τοῦ ἐνεργεῖν λέγωμεν· καὶ γάρ ἐστιν ἡ κίνησις ἐνέργειά τις, ἀτελὴς μέντοι, καθάπερ ἐν ἑτέροις εἴρηται. πάντα δὲ πάσχει καὶ κινεῖται ὑπὸ τοῦ ποιητικοῦ καὶ ἐνεργείᾳ ὄντος. „Zuerst wollen wir nun so sprechen, als ob das Erleiden, das Bewegtwerden und die Aktivität dasselbe seien, denn auch die Bewegung ist eine Art von vollkommener Aktivität, wenn auch unvollendet, wie bereits woanders ausgeführt worden ist. Alles erleidet aber und wird bewegt von dem bewirkenden und in Aktivität Seiendem."

also Potenzielles) ist¹³⁴ (da sie nämlich unvollendet sind: ἀτελὴς μέντοι, wie Aristoteles in *De anima* 417a16–17 ausführt). Als Aktualität ist Bewegung eine Form von Aktivität (ἐνέργειά τις). Doch hat man es mit einer unvollständigen Aktivität zu tun, da sie nicht an ihr Ende kommt bzw. in der ersten Aktualität (ἐντελέχεια) bleibt. Sobald die zweite Aktualität erreicht ist, d. h., sobald der bestimmte geformte Zustand erreicht und die Potenzialität der Materie in dieser Hinsicht abgelegt worden ist, hört die Bewegung auf: Es tritt ein Ruhezustand ein. Also auch dann, wenn die Bewegung eine Form von Aktivität ist, so bleibt sie doch eine unvollständige Aktivität. Denn jede Bewegung ist zwar eine Aktivität, aber nicht jede Aktivität ist Bewegung. Denkbar sind Aktivitäten, die nicht unvollendet, sondern jederzeit vollendet und mithin absolute oder vollkommene Aktivitäten (ἁπλῶς ἐνέργειαι) sind, und das wird, wie wir sehen werden, die Aktivität der Wahrnehmung sein.¹³⁵

---

134 Aristoteles, *Physica*, 201a10–11: [...] ἡ τοῦ δυνάμει ὄντος ἐντελέχεια, ᾗ τοιοῦτον, κίνησίς ἐστιν [...]. „Bewegung ist die Aktualität des in Potenzialität Seienden, insofern es ein solches [d. h. ein in Potenzialität Seiendes] ist [...]."
135 Aristoteles, *De anima*, 431a4–7; *De sensu*, 446b2–4. Das hebt Aristoteles dann für die einzelnen Sinne hervor: *De anima*, 426a6–7: ἡ μὲν οὖν τοῦ ψοφητικοῦ ἐνέργειά ἐστι ψόφος ἢ ψόφησις, ἡ δὲ τοῦ ἀκουστικοῦ ἀκοὴ ἢ ἄκουσις [...]. „Weil nun die Aktivität dessen, was fähig ist zu klingen, der Klang oder das Klingen ist, die des Hörenden aber das Gehör oder das Hören [...]." Dass die Wahrnehmung letztlich nichts anderes als diese *vollkommene Aktivität* selbst ist, streicht auch Philoponus, *In Aristotelis libros de anima commentaria*, 15.296.32–297.14 insbesondere aber 297.1–10 heraus: [...] ἐνέργεια δέ ἐστιν ἡ τελεία προβολὴ τῆς ἕξεως μηδὲν τῆς ἕξεως ἀλλοιοτέρας γινομένης. καὶ ἔστι τῷ ὄντι τελεία ἐνέργεια ἡ ἀθρόα προβολὴ τῆς ἕξεως ἡ μὴ συμπροϊοῦσα τῇ κινήσει τοῦ χρόνου, ἀλλὰ κατὰ πᾶν μέρος αὐτοῦ ὁμοίως ἔχουσα, οἵα ἐστὶν ἡ τοῦ φωτὸς προβολή· ἅμα γὰρ τῷ φανῆναι τὸ φωτιστικὸν ἀθρόον πᾶν τὸ ἐπιτήδειον καταλάμπεται, οὐ συμπροϊούσης τῆς τοῦ φωτὸς ἐνεργείας τῇ τοῦ χρόνου κινήσει, ἀλλ' ἐν παντὶ μέρει αὐτοῦ ὁμοίως ἐχούσης. τοιαύτη ἐστὶ καὶ ἡ τῆς αἰσθήσεως ἐνέργεια· ἅμα γὰρ τῷ ἀναβλέψαι ἀχρόνως τῶν αἰσθητῶν ἀντιλαμβανόμεθα· ὅθεν οὐδέ φησι κινεῖσθαι τὰς αἰσθήσεις, ἀλλ' ἐνεργεῖν. τοῦτο μὲν οὖν ἐνέργεια κυρίως. „[...] die Aktivität ist die vollkommene Entwicklung einer Disposition, während die Disposition in keiner Weise mehr eine Veränderung erfährt. Auch ist die Aktivität, die wirklich vollendet ist, eine Hervorbringung der Disposition auf einmal, die nicht fortschreitet mit dem Lauf der Zeit, sondern sich gleich in jedem Teil ist, ebenso wie das Fortschreiten des Lichts; denn gleichzeitig mit dem Erscheinen dessen, was erleuchtet, wird alles Geeignete auf einmal erleuchtet, während die Aktivität des Lichts nicht mit der Bewegung der Zeit voranschreitet, sondern sich in jedem Teil gleich bleibt. Von dieser Art ist auch die Aktivität der Wahrnehmung. Zugleich mit dem Schauen erfassen wir das Sinnesobjekt, auf eine nicht-zeitliche Weise. Deshalb sagt er, dass die Sinne nicht bewegt werden, sondern tätig sind. Dies nun ist eine wirkliche Aktivität." Man beachte, dass Philoponus in diesem Kontext die Bedeutung der Zeit zur Bestimmung der vollkommenen Aktivität hervorhebt, die nämlich anders als etwa bei der Bewegung oder bei einer gewöhnlichen Eigenschaftsveränderung *jederzeit* vollendet ist.

Aristoteles hebt hervor, dass man im Kontext der Wahrnehmung sehr genau zwischen Möglichkeit und Aktualität differenzieren muss.[136] Die Differenzierung wird den Unterschied zwischen der Form von Aktivität, die die Wahrnehmung auszeichnet und dem in der *Physik* herausgearbeiteten Begriff von Bewegung bzw. Veränderung weiter aufklären. Grundsätzlich gilt, dass unterschiedliche Formen der Möglichkeit verschiedenartig aktualisiert werden. Nicht alle Formen der Aktualisierung sind aber, wie wir sehen werden, Bewegungen im Sinn der oben beschriebenen unvollendeten Aktivität.

Was Aristoteles im Fall der Wahrnehmung unter einem Vermögen verstanden wissen will, verdeutlicht er anhand eines Beispiels:[137] Man kann auf zwei Weisen sagen, dass ein Mensch das Vermögen zum Wissen hat. Zum einen wird man einräumen, dass ein Mensch dem Vermögen nach wissend ist, insofern Menschen ein grundsätzliches Vermögen haben, Wissen zu erwerben. Zum anderen wird man sagen, dass jemand dem Vermögen nach wissend ist, der über ein bestimmtes Wissen verfügt. Stellen wir uns etwa vor, eine Person hat Französisch gelernt; eine andere hat es sich zwar vorgenommen, ist aber noch nicht dazu gekommen. Nach Aristoteles wird man von beiden sagen dürfen, dass sie der Möglichkeit nach Französisch sprechen. Ihre Vermögen unterscheiden sich aber offensichtlich. Während Person A jederzeit ihre Kenntnisse anwenden kann und sich in Paris ohne Probleme einen Kaffee bestellen, nach dem Weg fragen und in der Bar nette Kontakte knüpfen kann, muss Person B erst noch die beschwerlichen Stunden im Sprachkurs auf sich nehmen, bevor ihr die Freuden von A gegönnt sind.

Wir sehen, dass die Möglichkeiten von A und B in ihrer Realisierung signifikant voneinander abweichen. Beide können ihre Vermögen zwar aktualisieren, aber offenkundig in unterschiedlicher Weise. Es handelt sich um zwei divergie-

---

[136] Aristoteles, *De anima*, 417a21–22: διαιρετέον δὲ καὶ περὶ δυνάμεως καὶ ἐντελεχείας· νῦν γὰρ ἁπλῶς ἐλέγομεν περὶ αὐτῶν. „Man muss aber unterscheiden hinsichtlich des Vermögens und der Vollendung. Denn jetzt haben wir ohne weitere Qualifikation hierüber gesprochen."

[137] Aristoteles, *De anima*, 417a22–29: ἔστι μὲν γὰρ οὕτως ἐπιστῆμόν τι ὡς ἂν εἴποιμεν ἄνθρωπον ἐπιστήμονα ὅτι ὁ ἄνθρωπος τῶν ἐπιστημόνων καὶ ἐχόντων ἐπιστήμην· ἔστι δ' ὡς ἤδη λέγομεν ἐπιστήμονα τὸν ἔχοντα τὴν γραμματικήν· ἑκάτερος δὲ τούτων οὐ τὸν αὐτὸν τρόπον δυνατός ἐστιν, ἀλλ' ὁ μὲν ὅτι τὸ γένος τοιοῦτον καὶ ἡ ὕλη, ὁ δ' ὅτι βουληθεὶς δυνατὸς θεωρεῖν, ἂν μή τι κωλύσῃ τῶν ἔξωθεν· ὁ δ' ἤδη θεωρῶν, ἐντελεχείᾳ ὢν καὶ κυρίως ἐπιστάμενος τόδε τὸ Α. „Denn es gibt einerseits ein Wissendes wie wir einen Menschen wissend nennen, weil der Mensch zu den Wissenden gehört und zu denen, die Wissen haben. Andererseits gibt es ein Wissendes so, wie wir einen solchen wissend nennen, der bereits eine Kenntnis der Schriftkunst hat. Beide sind aber nicht auf dieselbe Weise wissend, sondern der eine, weil die Gattung von solcher Beschaffenheit ist und die Materie, der andere aber weil er dann, wenn er es so will, betrachten kann, vorausgesetzt nichts Äußeres hindert ihn daran. Wer aber bereits betrachtet, der weiß der Vollendung nach und auf eigentliche Weise dieses bestimmte A."

rende Aktualisierungen bzw. zwei verschiedene Übergänge von der Möglichkeit zur Aktualität.[138] Person B ist der Möglichkeit nach wissend, insofern sie zur Gattung Mensch gehört oder, wie Aristoteles sagt, aufgrund ihrer Materie.[139] Für Aristoteles ist die Möglichkeit wie gesehen ein grundsätzliches Charakteristikum von Materie. Die Möglichkeit der Materie, *dieses* Bestimmte zu werden, geht aber verloren, sobald sie genau *diese Form* angenommen hat. Die Aktualisierung dieser bestimmten Möglichkeit erfordert zumindest in unserem Beispiel des Fremdsprachenerwerbs harte Arbeit und vollzieht sich nur langsam über einen gewissen Zeitraum hinweg, in dem *immer wieder* bestimmte Wissensinhalte aktualisiert werden müssen (πολλάκις ἐξ ἐναντίας μεταβαλών), bis sich schließlich eine feste Disposition oder ein Habitus (ἕξις) einstellt.[140]

Aristoteles spricht zwar nicht von erster und zweiter Möglichkeit bzw. Aktualität (diese Terminologie geht auf die scholastischen Kommentatoren zurück), gleichwohl erscheint es sinnvoll, diese Begrifflichkeiten hier zu verwenden, da so die unterschiedlichen Formen der Aktualisierung deutlicher hervortreten. Demnach wäre der Habitus (ἕξις), der sich als Folge des „wiederholten Umschlags aus einem gegensätzlichen Zustand" (πολλάκις ἐξ ἐναντίας μεταβαλών) einstellt, die erste Aktualität eines grundsätzlichen Vermögens. Zugleich ist die erste Aktualität aber auch eine Art zweite Möglichkeit, d. h., die geformte Disposition oder erlernte Sprache kann selbst aktualisiert werden. Man spricht in diesem Fall besser von Fähigkeit als von Möglichkeit. Die Aktualisierung der besonderen Fähigkeit wiederum kann nach Aristoteles als Vollendung und Erhaltung der ersten Aktualität betrachtet werden (τὸ δὲ σωτηρία μᾶλλον ὑπὸ τοῦ ἐντελεχείᾳ

---

138 Burnyeat 2002 zufolge soll es sogar drei unterschiedliche Formen von Veränderung geben. Das weist Heinaman 2007 jedoch erfolgreich zurück.
139 Einige Interpreten finden den Bezug zur Materie an dieser Stelle sonderbar. So deutet Polansky 2007, 231 dies als einen Hinweis auf die besondere Stellung des Menschen zwischen den sterblichen Tieren und den Göttern. Philoponus, *In Aristotelis libros de anima commentaria*, 15.299.27–32 weist stattdessen auf die viel naheliegendere Option hin, dass Aristoteles die Gattung häufig als Substrat bezeichnet und dieses ist wiederum eine Art Materie.
140 Aristoteles, *De anima*, 417a32–33: [...] ἀλλ' ὁ μὲν διὰ μαθήσεως ἀλλοιωθεὶς καὶ πολλάκις ἐξ ἐναντίας μεταβαλὼν ἕξεως [...]. „[...] aber der eine wird durch das Lernen qualitativ verändert und er hat sich oft aus einer entgegengesetzten Haltung verändert [...]." Beim Wissen handelt es sich um einen Habitus (ἕξις), der nur langsam erworben werden kann. Siehe zur zeitlichen Komponente der Erwerbung Aristoteles, *Categoriae*, 8b9a. Diesen Punkt hebt auch Philoponus, *In Aristotelis libros de anima commentaria*, 15.300.8–15 hervor. Philoponus merkt ferner an, dass man das Lernen nur dann Eigenschaftsveränderung nennen könne, wenn man zuvor eine falsche Meinung hatte. Der Übergang von der Unwissenheit zum geformten Zustand (ἕξις) ist dagegen eine Art von Entstehen, da der Übergang nicht vom Konträren ausgeht, sondern vom Privativen zum Geformten.

ὄντος τοῦ δυνάμει ὄντος).[141] Es handelt sich um eine Art *Erfüllung* oder *ans Ende kommen* von dem, was bereits vorhanden ist. Denn Person A beherrscht die erlernte Sprache ja bereits, d. h., sie verfügt über eine bestimmte Disposition, die sie sich zuvor angeeignet hat. Daher kann sie ihre Fähigkeit jederzeit und *instantan* (ἅμα) anwenden. Die Aktualisierung dieses Wissens macht sie also zu einem der Vollendung nach Wissenden. Die erste Form der Möglichkeit kann hingegen nur dadurch aktualisiert werden, dass eine Qualität abgelegt und eine andere angenommen wird, etwa dann, wenn man bereits ein falsches Verständnis der französischen Grammatik hat und dieses dann korrigiert wird oder aber, indem sich der Wandel als ein Werden von einem privativen zu einem geformten Zustand vollzieht. Letzteres gilt für den, der überhaupt kein Wissen des Französischen hat und sozusagen von einem Unwissenden zum Wissenden wird. Die zweite Aktualisierung, d. h. der Übergang von der ersten Aktualität zur zweiten Aktualität, ist hingegen überhaupt keine Art von Veränderung im herkömmlichen Sinn,[142] da nichts hinzugewonnen bzw. nichts verloren wird, sondern das bereits Vorhandene aktualisiert oder eben erhalten wird, wie Aristoteles sagt. Dass man von der zweiten Aktualisierung als einer Form von Eigenschaftsveränderung spricht, ist nach Aristoteles nur der Tatsache geschuldet, dass es an einer adäquaten Terminologie fehlt, um diesen Übergang treffend zu bezeichnen.[143]

Fassen wir die Besonderheiten der zweiten Aktualisierung noch einmal zusammen und führen uns auf diese Weise den Unterschied zur unvollendeten Aktivität der Bewegung vor Augen, die Aristoteles in der *Physik* thematisiert hat. Zunächst fällt auf, dass Aristoteles den Übergang zur zweiten Aktualisierung als eine Art Vollendung der eigenen Natur (ἐπὶ τὰς ἕξεις καὶ τὴν φύσιν) kennzeichnet.[144] Worauf es dabei ankommt, ist, dass die Aktivität als solche vollkommen

---

141 Aristoteles, *De anima*, 417b3–4. Polansky 2007, 235 erinnert daran, wie wichtig die Erhaltung im Hinblick auf die Behandlung der Nährseele im vorausgehenden Teil von *De anima* (416b14–19) ist.
142 Dass auch der erste Übergang nicht als gewöhnliche Eigenschaftsveränderung charakterisiert werden kann, hebt Herzberg 2007 etwa gegen Burnyeat 2002 hervor.
143 Diesen Punkt streichen die antiken Kommentatoren in ihrer Diskussion der Wahrnehmung ganz besonders heraus. So etwa Alexander von Aphrodisias, *Aporiai*, 85.34–86.1.
144 Aristoteles, *De anima*, 417b14–16: [...] ἢ δύο τρόπους εἶναι ἀλλοιώσεως, τήν τε ἐπὶ τὰς στερητικὰς διαθέσεις μεταβολὴν καὶ τὴν ἐπὶ τὰς ἕξεις καὶ τὴν φύσιν. „[...] oder es gibt zwei Arten der Eigenschaftsveränderung, die eine hin zu einer privativen Einrichtung und die andere hin zu einem positiven Zustand und zur Natur [einer Sache]." Man hat vermutet, dass dieses Merkmal („this rising into its nature") als das auszeichnende Charakteristikum betrachtet werden könne, was den Übergang von der ersten zur zweiten Aktualität zu einer „extraordinary alteration" mache, die Burnyeat in der Wahrnehmung vermutet. Dagegen hat Heinaman aber überzeugend herausgestellt, dass dies den Übergang, der sich in der Wahrnehmung abspielt, nicht als besonders gegenüber Veränderungen, die unter den in der *Physik* behandelten Begriff von Verände-

(ἁπλῶς) und d. h. auch *jederzeit* vollendet ist.[145] Darin klingt bereits an, dass sich die Aktualisierung *instantan* vollzieht, d. h., dass sich der Übergang nicht über einen gewissen Zeitraum erstreckt.[146] Dass es sich um einen zeitlosen Übergang handelt, wird von Aristoteles durch den griechischen Terminus ‚ἅμα' signalisiert, der dazu genutzt wird, die Aktualisierung des Wahrnehmungsvermögens zu charakterisieren. Alexander von Aphrodisias hebt hervor, dass es sich hierbei um ein ausgezeichnetes Kriterium der Wahrnehmung handelt.[147] Der Unterschied zu der in der *Physik* dargelegten Form von Eigenschaftsveränderung tritt hieran deutlich zutage, und es wird klar, warum Aristoteles betont, dass eine von der Seele erfahrene Eigenschaftsveränderung nicht mit der in der *Physik* behandelten Ver-

---

rung fallen, auszeichnet. Denn auch in der Natur gibt es Veränderungen, die von Aristoteles als Bewahrung oder Verwirklichung der Natur bezeichnet werden. Heinaman 2007, 153–154 verweist hier etwa auf ein aristotelisches Beispiel aus *De Caelo*, welches den Übergang von Luft zu Wasser thematisiert.
145 Aristoteles, *De anima*, 431a4–7: φαίνεται δὲ τὸ μὲν αἰσθητὸν ἐκ δυνάμει ὄντος τοῦ αἰσθητικοῦ ἐνεργείᾳ ποιοῦν· οὐ γὰρ πάσχει οὐδ' ἀλλοιοῦται. διὸ ἄλλο εἶδος τοῦτο κινήσεως· ἡ γὰρ κίνησις τοῦ ἀτελοῦς ἐνέργεια, ἡ δ' ἁπλῶς ἐνέργεια ἑτέρα, ἡ τοῦ τετελεσμένου. „Es scheint nun, dass das Wahrnehmungsobjekt das Wahrnehmungsvermögen affiziert, sodass es aus dem Zustand der Möglichkeit in den der Aktivität übergeht. Es erleidet aber nichts und wird auch nicht qualitativ verändert. Deshalb ist diese Gattung anders als Bewegung. Denn die Bewegung ist eine Aktivität von etwas Unvollendetem, die unqualifizierte (vollendete) Aktivität, die von etwas Vollkommenem, ist etwas anderes." *De sensu*, 446b2–4: καὶ εἰ <καὶ> ἅπαν ἅμα ἀκούει καὶ ἀκήκοε, καὶ ὅλως αἰσθάνεται καὶ ᾔσθηται, καὶ μή ἐστι γένεσις αὐτῶν, ἀλλ' εἰσὶν ἄνευ τοῦ γίγνεσθαι […]. „Auch wenn man annimmt, dass sowohl hören und gehört haben als auch ganz allgemein wahrnehmen und wahrgenommen haben gleichzeitig sind und keinen Prozess des Werdens durchlaufen, sondern ohne einen solchen Prozess sind […]."
146 Aristoteles, *De sensu*, 447b17–19: ἀλλὰ κατὰ μίαν δύναμιν καὶ ἄτομον χρόνον μίαν ἀνάγκη εἶναι τὴν ἐνέργειαν […]. „Aber im Fall eines Vermögens und einer ungeteilten Zeit, muss auch die Aktivität eine sein […]." Siehe auch *De sensu*, 446b21–26 und 449a1–3: οὔτε γὰρ ἡ ἐνέργεια ἄνευ τῆς κατ' αὐτὴν ἔσται δυνάμεως, οὔτ' ἄνευ ταύτης αἴσθησις ἔσται. „Denn weder wird die Aktivität ohne ein entsprechendes Vermögen sein, noch wird es ohne diese Aktivität eine Wahrnehmung geben." Aristoteles hebt hier hervor, dass es ohne die Aktivität nicht zur Wahrnehmung kommt. Auf diesen Punkt werden wir gleich zurückkommen.
147 Siehe Alexander von Aphrodisias, *In librum de sensu commentarium*, 125.12–126.24. Besonders an dieser Stelle aus *De Sensu* ist außerdem, dass es in der Wahrnehmung nicht nur eine unmittelbare Aktualisierung gibt, sondern dass diese Aktualisierung zumindest im Fall der Hörwahrnehmung zeitlich verzögert eintritt. Das liegt daran, dass die Wahrnehmung noch eine weitere Form von Bewegung voraussetzt, und zwar eine Bewegung hervorgerufen durch Einwirkungseigenschaften, d. h. eine solche Bewegung, die eine affektive Qualität an einem Medium erzeugt und die dann bis zum Organ der Wahrnehmung weitergeleitet wird. Die von Alexander beobachtete zeitliche Verzögerung ist die Zeit, die diese Bewegung braucht, um das Organ zu erreichen.

änderung identifiziert werden dürfe.[148] Denn Aristoteles weist wie gesagt in der *Physik* ausdrücklich darauf hin, dass sich alle natürlichen Bewegungen in der Zeit ereignen.[149]

Kommen wir nun zurück zu der oben bereits angesprochenen Unterscheidung zwischen Erleiden (πάσχειν), Bewegtwerden (κινεῖσθαι) und in Aktivität (ἐνεργεῖν) sein.[150] Jedes Erleiden ist eine Bewegung, denn eine bestimmte Potenz wird von etwas, was bereits in Aktualität ist, bewegt und schließlich selbst zur Aktualität geführt. Nicht jede Bewegung ist aber ein Erleiden. Es gibt auch selbst verursachte Formen von Bewegung. Ebenso verhält es sich zwischen Bewegung und Aktivität. Auch hier gilt, dass zwar jede Bewegung eine Aktivität ist (wenn auch nur eine unvollendete), aber nicht jede Aktivität eine Bewegung. Mit Hinblick auf den Übergang von der zweiten Möglichkeit (oder besser Fähigkeit) zur zweiten Aktualität wird klar, dass es sich bei der Aktivität der Wahrnehmung nicht um eine Bewegung im engen Sinn handeln kann, da sie jederzeit vollendet ist. Letzteres ist damit eine Aktivität im eigentlichen Sinn, wie Philoponus in seinem *De anima*-Kommentar herausstreicht;[151] die Wahrnehmung ist letzt-

---

[148] Aristoteles, *De anima*, 417b6–16: [...] ὅπερ ἢ οὐκ ἔστιν ἀλλοιοῦσθαι (εἰς αὐτὸ γὰρ ἡ ἐπίδοσις καὶ εἰς ἐντελέχειαν) ἢ ἕτερον γένος ἀλλοιώσεως. διὸ οὐ καλῶς ἔχει λέγειν τὸ φρονοῦν, ὅταν φρονῇ, ἀλλοιοῦσθαι [...] ἤτοι οὐδὲ πάσχειν φατέον, ὥσπερ εἴρηται, ἢ δύο τρόπους εἶναι ἀλλοιώσεως, τήν τε ἐπὶ τὰς στερητικὰς διαθέσεις μεταβολὴν καὶ τὴν ἐπὶ τὰς ἕξεις καὶ τὴν φύσιν. „[...] was entweder keine Eigenschaftsveränderung ist (denn der Fortschritt geht hin zu ihm selbst und zur Aktualität) oder es ist eine andere Gattung von Eigenschaftsveränderung. Deswegen ist es nicht richtig zu sagen, dass das Denkende, wenn es denkt, verändert wird [...] so soll man entweder gar nicht sagen, dass es erleidet, wie gesagt, oder es gibt zwei Arten der Eigenschaftsveränderung: eine Veränderung hin zu privativen Zuständen und eine hin zu den Dispositionen und der Natur." Mit Blick auf das von Heinaman gewählte Beispiel, welches den Übergang von Luft zu Wasser als einen Übergang in die eigene Natur beschreibt, wird klar, dass Aristoteles solche Formen der Veränderung in der Behandlung der Wahrnehmung ausschließt, da auch diese, wie alle physikalischen Veränderungen, eine Zeitspanne in Anspruch nehmen.
[149] Aristoteles, *Physica*, 224a34–b3; 219b1–12. Das trifft freilich nicht auf die Veränderung in der Gattung der Substanz zu, die Aristoteles, *Physica*, 225a25–27 als Entstehen charakterisiert.
[150] Aristoteles, *De anima*, 417a14–18: πρῶτον μὲν οὖν ὡς τοῦ αὐτοῦ ὄντος τοῦ πάσχειν καὶ τοῦ κινεῖσθαι καὶ τοῦ ἐνεργεῖν λέγωμεν· καὶ γάρ ἐστιν ἡ κίνησις ἐνέργειά τις, ἀτελὴς μέντοι, καθάπερ ἐν ἑτέροις εἴρηται. πάντα δὲ πάσχει καὶ κινεῖται ὑπὸ τοῦ ποιητικοῦ καὶ ἐνεργείᾳ ὄντος. „Zuerst wollen wir nun so sprechen, als ob das Erleiden, das Bewegtwerden und die Aktivität dasselbe seien, denn auch die Bewegung ist eine Art von vollkommener Aktivität, wenn auch unvollendet, wie bereits woanders ausgeführt worden ist. Alles erleidet aber und wird bewegt von dem Bewirkenden und in Aktivität Seiendem."
[151] Philoponus, *In Aristotelis libros de anima commentaria*, 15.296.32–297.14, insbesondere aber 297.2–8: καὶ ἔστι τῷ ὄντι τελεία ἐνέργεια ἡ ἀθρόα προβολὴ τῆς ἕξεως ἡ μὴ συμπροϊοῦσα τῇ κινήσει τοῦ χρόνου, ἀλλὰ κατὰ πᾶν μέρος αὐτοῦ ὁμοίως ἔχουσα, οἵα ἐστιν ἡ τοῦ φωτὸς προβολή· ἅμα γὰρ τῷ φανῆναι τὸ φωτιστικὸν ἀθρόον πᾶν τὸ ἐπιτήδειον καταλάμπεται, οὐ συμπροϊούσης τῆς τοῦ φωτὸς ἐνεργείας τῇ τοῦ χρόνου κινήσει, ἀλλ' ἐν παντὶ μέρει αὐτοῦ ὁμοίως ἐχούσης.

lich nichts anderes als diese *vollkommene Aktivität* (ἁπλῶς ἐνέργεια) selbst.[152] In diesem Sinn sind auch die zahlreichen Stellen zu verstehen, an denen Aristoteles deutlich erklärt, dass beispielsweise Sehen kein unvollständiges Bewegtwerden ist, sondern eine zu jedem Zeitpunkt vollendete Aktivität.[153]

Wenn nun die aktuale Wahrnehmung mit der Anwendung eines erlernten Wissens vergleichbar ist, was unterscheidet beide dann? Gibt es in der Wahrnehmung auch einen Übergang von der ersten zur zweiten Möglichkeit? Letzteres wird von Aristoteles mit dem kurzen Hinweis beantwortet, dass das Lebewesen vom Augenblick der Zeugung an über die erste Möglichkeit verfügt, deren Aktualisierung bzw. zweite Möglichkeit mit der Geburt erfolgt. Anders als beim Wissen ist hierzu keine Anstrengung zur Herausbildung erforderlich, denn dies geschieht auf natürliche Weise.[154] In der Aktualisierung der zweiten Möglichkeit unterscheidet sich das Wissen von der Wahrnehmung hinsichtlich des Gegenstands: Der Gegenstand des Wissens ist das Allgemeine, wohingegen die Wahrnehmung dem Einzelnen gewidmet ist, d. h. dem mit Materie verbundenen Körper.[155] Außerdem ist die Wahrnehmung auf die Gegenwart des Körpers ange-

---

τοιαύτη ἐστὶ καὶ ἡ τῆς αἰσθήσεως ἐνέργεια […]". „Auch ist die Aktivität, die wirklich vollendet ist, eine Hervorbringung der Disposition auf einmal, die nicht fortschreitet mit dem Lauf der Zeit, sondern sich gleich in jedem Teil ist, ebenso wie das Fortschreiten des Lichts; denn gleichzeitig mit dem Erscheinen dessen, was erleuchtet, wird alles Geeignete auf einmal erleuchtet, während die Aktivität des Lichts nicht mit der Bewegung der Zeit voranschreitet, sondern sich in jedem Teil gleich bleibt. Von dieser Art ist auch die Aktivität der Wahrnehmung." Siehe auch 15.303.32–35; ebenso Alexander von Aphrodisias, *In librum de sensu commentarium*, 125.19–125.26.

152 Wie Aristoteles dann für die einzelnen Sinne hervorhebt, *De anima*, 426a6–7: ἡ μὲν οὖν τοῦ ψοφητικοῦ ἐνέργειά ἐστι ψόφος ἢ ψόφησις, ἡ δὲ τοῦ ἀκουστικοῦ ἀκοὴ ἢ ἄκουσις […]. „Weil nun die Aktivität dessen, was fähig ist zu klingen, der Klang oder das Klingen ist, die des Hörenden aber das Gehör oder das Hören […]." Siehe auch *De anima*, 431a4–7; *De sensu*, 446b2–4.

153 Aristoteles, *Metaphysica*, 1048b 23–34 sowie 1050a23–5; *Ethica Nicomachea*, 1174a13–b14; *Ethica Eudemia*, 1219a16, *Sophistici elenchi*, 178a9–28; *De sensu* 446b2–6. Diese Stellen widersprechen natürlich der Deutung, dass die Wahrnehmung ein passiver Vorgang ist. Daraus zieht Burnyeat 2002, 66–72 nun den bizarren Schluss, dass Aristoteles in II.5 gar nicht das Sehen selbst behandelt, sondern den Übergang zum Sehen. Sonderbar ist dieser Schluss nicht zuletzt deshalb, da Burnyeat selbst kurz zuvor zu bedenken gegeben hat, dass es überhaupt keinen Übergang geben kann, sondern dass die Aktivität mit ihrem Anheben vollständig ist. Aristoteles streicht ja gerade in der Diskussion des besonderen Wahrnehmungsvermögens heraus, dass die Aktualisierung eben keine Zeit beansprucht, sondern instantan ist. Siehe hierzu die ausführliche Erwiderung auf Burnyeat in Hahmann 2014.

154 Everson 1997, 93–94 zufolge soll der erste Übergang auch im Prozess der Wahrnehmung involviert sein und sogar das Wesen derselben ausmachen. Die zweite Aktualisierung soll hingegen nur supervenieren. Das wird von Magee 2000, 316ff. überzeugend zurückgewiesen.

155 Aristoteles, *De anima*, 417b19–23: διαφέρει δέ, ὅτι τοῦ μὲν τὰ ποιητικὰ τῆς ἐνεργείας ἔξωθεν, τὸ ὁρατὸν καὶ τὸ ἀκουστόν, ὁμοίως δὲ καὶ τὰ λοιπὰ τῶν αἰσθητῶν. αἴτιον δ' ὅτι τῶν καθ' ἕκαστον ἡ κατ' ἐνέργειαν αἴσθησις, ἡ δ' ἐπιστήμη τῶν καθόλου […]. „Es besteht aber ein Unterschied, weil

wiesen, so wie das Entflammbare auf die Gegenwart des Feuers. Erst nach der Einwirkung des Körpers kann die Wahrnehmung ihre Tätigkeit entfalten.[156] So ist die Wahrnehmung abhängig von körperlichen Organen. Letztere können von den wahrnehmbaren Körpern und deren Einwirkungseigenschaften affiziert werden. Auf diesen Punkt wird im Folgenden näher einzugehen sein. Der Intellekt andererseits wird sich jederzeit und ungehindert entfalten können, da er ohne körperliche Behinderungen aktiv werden kann.[157]

Ich möchte jedoch noch einen weiteren wichtigen Punkt hervorheben: Das Denken bzw. Einsehen (νοεῖν καὶ τὸ φρονεῖν) und die Wahrnehmung unterscheiden sich nicht in der Form ihrer Aktivität. Beide charakterisiert Aristoteles als *Unterscheidungsleistungen* der Seele (κρίνει τι ἡ ψυχή). Diese spezifische Aktivität hat die Wahrnehmung mit dem Denken gemeinsam. „Es scheint nämlich das Denken und das Einsehen wie das Wahrnehmen zu sein, denn bei diesen beiden unterscheidet die Seele und erkennt etwas vom Seienden."[158] Entsprechend heißt es, dass die einzelnen Sinne ihre eigentümlichen Gegenstände unterscheiden.[159] So unterscheidet etwa das Gesicht das Helle und Dunkle,[160] der Geschmack das Süße und Bittere „und dies verhält sich ebenso bei den anderen" Wahrnehmungen.[161] Wahrnehmung und Denken sind diesem Verständnis zufolge aktive Unter-

---

bei dem Ersterem dasjenige, was die Aktivität bewirkt, außerhalb liegt, das Sichtbare und das Hörbare, und ebenso auch bei den übrigen Wahrnehmungsobjekten. Ursache dafür ist, dass die aktive Wahrnehmung von den Einzeldingen ist, das Wissen aber vom Allgemeinen [...]."

156 Aristoteles, *De anima*, 417a6–9: δῆλον οὖν ὅτι τὸ αἰσθητικὸν οὐκ ἔστιν ἐνεργείᾳ, ἀλλὰ δυνάμει μόνον, διὸ οὐκ αἰσθάνεται, καθάπερ τὸ καυστὸν οὐ καίεται αὐτὸ καθ' αὑτὸ ἄνευ τοῦ καυστικοῦ· ἔκαιε γὰρ ἂν ἑαυτό, καὶ οὐθὲν ἐδεῖτο τοῦ ἐντελεχείᾳ πυρὸς ὄντος. „Es ist nun klar, dass das Wahrnehmungsvermögen nicht in Aktivität ist, sondern nur in Möglichkeit, weshalb es auch nicht wahrnimmt, so wie auch das Brennbare nicht von selbst brennt, ohne das, was fähig ist, den Brand auszulösen. Denn es würde sich selber in Brand setzen und bräuchte nicht das in Aktualität seiende Feuer." Siehe hierzu auch den Kommentar von Simplicius, *In Aristotelis libros de anima commentaria*, 11.119.3–10.
157 Aristoteles, *De anima*, 417b23–28; 429b4–9.
158 Aristoteles, *De anima*, 427a19–21: δοκεῖ δὲ καὶ τὸ νοεῖν καὶ τὸ φρονεῖν ὥσπερ αἰσθάνεσθαί τι εἶναι (ἐν ἀμφοτέροις γὰρ τούτοις κρίνει τι ἡ ψυχὴ καὶ γνωρίζει τῶν ὄντων).
159 Aristoteles, *De anima*, 426b16–19: ἀνάγκη γὰρ ἂν ἦν ἁπτόμενον αὐτὸ κρίνειν τὸ κρῖνον. οὔτε δὴ κεχωρισμένοις ἐνδέχεται κρίνειν ὅτι ἕτερον τὸ γλυκὺ τοῦ λευκοῦ, ἀλλὰ δεῖ ἑνί τινι ἄμφω δῆλα εἶναι [...]. „Denn es wäre notwendig, dass es dann, wenn es berührt werden würde, auch das Unterscheidende unterscheidet. Es ist daher auch nicht möglich, mit dem voneinander Getrennten das Süße vom Hellen zu unterscheiden, sondern beides muss einem Einzigen klar sein [...]."
160 Aristoteles, *De anima*, 426 b8–12; 422a20–21; 425b22–23: τῇ ὄψει κρίνομεν καὶ τὸ σκότος καὶ τὸ φῶς, ἀλλ' οὐχ ὡσαύτως. „Durch das Gesicht unterscheiden wir sowohl die Dunkelheit als auch das Licht, jedoch nicht auf dieselbe Weise."
161 Aristoteles, *De anima*, 426b8–14: ἑκάστη μὲν οὖν αἴσθησις τοῦ ὑποκειμένου αἰσθητοῦ ἐστιν, ὑπάρχουσα ἐν τῷ αἰσθητηρίῳ ᾗ αἰσθητήριον, καὶ κρίνει τὰς τοῦ ὑποκειμένου αἰσθητοῦ διαφοράς,

scheidungsleistungen. Überdies haben beide gemeinsam, dass sie in ihrer Aktualität mit ihren Objekten identisch sind (ἡ αὐτὴ μέν ἐστι καὶ μία).[162] Wie diese Behauptung zumindest im Fall der Wahrnehmung verstanden werden kann, werden wir gleich sehen.

Anders als bei der Anwendung des Wissens lässt sich für den Fall der Wahrnehmung also eine notwendige Bedingung feststellen, über die der Wahrnehmende selbst nicht verfügen kann: der äußere Anreiz oder die Affektion durch das Objekt der Wahrnehmung. Inwieweit ist damit ein rezeptiv-passives Moment eingeschlossen? Wie steht dieses zur Aktivität des Wahrnehmenden? Handelt es sich hierbei zugleich auch um die zureichende Bedingung für Wahr-

---

οἷον λευκὸν μὲν καὶ μέλαν ὄψις, γλυκὺ δὲ καὶ πικρὸν γεῦσις· ὁμοίως δ' ἔχει τοῦτο καὶ ἐπὶ τῶν ἄλλων. ἐπεὶ δὲ καὶ τὸ λευκὸν καὶ τὸ γλυκὺ καὶ ἕκαστον τῶν αἰσθητῶν πρὸς ἕκαστον κρίνομεν, τινὶ καὶ αἰσθανόμεθα ὅτι διαφέρει. „Nun bezieht sich jede Wahrnehmung auf den zugrunde liegenden Wahrnehmungsgegenstand, sie befindet sich im Wahrnehmungsorgan insofern es ein Wahrnehmungsorgan ist und unterscheidet die Unterschiede des zugrunde liegenden Wahrnehmungsgegenstands. Beispielsweise unterscheidet das Gesicht hell und dunkel, der Geschmackssinn süß und bitter und dies verhält sich ebenso bei den anderen Wahrnehmungen. Da wir aber sowohl das Helle als auch das Süße und jeden wahrnehmbaren Gegenstand von jedem anderen unterscheiden – womit nehmen wir auch wahr, dass sie sich unterscheiden?"

162 Aristoteles, *De anima*, 425b26–27: ἡ δὲ τοῦ αἰσθητοῦ ἐνέργεια καὶ τῆς αἰσθήσεως ἡ αὐτὴ μέν ἐστι καὶ μία, τὸ δ' εἶναι οὐ τὸ αὐτὸ αὐταῖς [...]. „Die Aktivität des Wahrgenommenen und die der Wahrnehmung ist eine und dieselbe, ihr bestimmtes Sein ist aber nicht beiden dasselbe." Siehe auch 426a9–11; 426a15–19. Für den Intellekt (νοῦς) siehe 431b17: ὅλως δὲ ὁ νοῦς ἐστιν, ὁ κατ' ἐνέργειαν, τὰ πράγματα. „Überhaupt ist aber der aktive *Nous* mit seinen Gegenständen identisch." Dass die Wahrnehmung (wie der Intellekt) aktiv unterscheidet, stellt die Interpreten, die die Wahrnehmung als einen rein passiven Vorgang verstehen wollen, vor große Probleme. Denn entweder müssen die zahlreichen Stellen, an denen Aristoteles im Zusammenhang von Wahrnehmung und Denken von aktiven Unterscheidungsleistungen spricht, übergangen werden oder man unterstellt Aristoteles (so wie Hamlyn 1959, 8) eine grundsätzliche Konfusion, da er nicht hinreichend zwischen ‚sensation' und ‚perception' unterschieden habe. Erstere soll rein passiv sein, wohingegen letztere eine Aktivität des Verstandes beinhalte. Daraus scheint aber zu folgen, dass Aristoteles in der Tat nicht die Wahrnehmung, sondern nur die Empfindung thematisiert. Diese als Wahrnehmung auszugeben, kann daher nur bedeuten, dass sich bei Aristoteles eine Vermischung der Begriffe findet oder, wie Hamlyn es ausdrückt, die Wahrnehmung für Aristoteles ein *totum pro parte* sei. Dieses Urteil scheint dadurch bekräftigt zu werden, dass Aristoteles an zahlreichen Stellen die Wahrnehmung als κρίσις umschreibt und das Wahrnehmen selbst als ein κρίνειν. Da man davon ausgeht, dass eine echte Wahrnehmung, d. h. die Wahrnehmung eines Sachverhalts, ein Urteil voraussetzt und κρίσις als Urteil übersetzt werden kann, liegt es natürlich nahe, dass auch Aristoteles der Ansicht ist, dass in der Wahrnehmung ein Urteil gefällt wird. Urteile sind aber spontane Verstandesakte. Da die Wahrnehmung jedoch als passiv qualifiziert wird, scheint daraus zu folgen, dass für Aristoteles das aktive Urteil auf die passive Aufnahme des Gegebenen folgt. Diese Einschätzung bekräftigt Bowin 2012, 87–91, der daraus einen Grund für die oben bereits als widersinnig herausgestellte Differenzierung zwischen Aktivierung und Aktivität des Sinnes ableitet.

nehmung? Oder muss noch mehr erfüllt sein, damit es zu einer Wahrnehmung kommt? Als erste Voraussetzung der Wahrnehmung kann nach dem bisher Ausgeführten gelten, dass das in Aktualität befindliche Wahrnehmungsobjekt die Wahrnehmung auf bestimmte Weise affizieren muss. Wir haben gesehen, dass Aristoteles die wahrnehmbaren Qualitäten der Körper als Einwirkungseigenschaften (παθητικαὶ ποιότητες) charakterisiert. Er nennt sie Einwirkungs- oder affektive Eigenschaften, da sie Bewegungen verursachen. In diesem Sinn wird etwa die Farbe definiert als Ursache der Bewegung in dem, was der Aktualität nach durchsichtig ist.[163] Ferner haben wir gesehen, dass es zwischen dem Wahrnehmungsorgan und dem wahrgenommenen Objekt einen Bewegungszusammenhang – garantiert durch ein materielles Kontinuum – geben muss.[164] Die Bewegung wird durch dieses Medium vom Objekt zum Organ weitergeleitet. Das Wahrnehmungsobjekt ist *in Aktualität*, der Wahrnehmungssinn ist indes nur *in Möglichkeit*. *Ganz allgemein* gesprochen ist das Ergebnis der Einwirkung, dass die Wahrnehmung von dem wahrnehmbaren Objekt eine Einwirkung erleidet und von diesem angeglichen wird.[165] Es hat sich aber gezeigt, dass die Aktualisierung des Vermögens nicht mit einem gewöhnlichen Einwirken und Erleiden oder Bewegtwerden identifiziert werden darf. Aus diesem Grund ist die Angleichung von Wahrnehmungsobjekt und Wahrnehmungssinn (ἡ δὲ τοῦ αἰσθητοῦ ἐνέργεια καὶ τῆς αἰσθήσεως[166] ἡ αὐτὴ μέν ἐστι) auch nicht so zu verstehen, dass das Auge tatsächlich die bestimmte Farbe annimmt.[167] Man wird vielmehr sagen

---

[163] Aristoteles, *De anima*, 418b31–a2.
[164] Siehe für die auditive Wahrnehmung, Aristoteles, *De anima*, 420a2–5.
[165] Aristoteles, *De anima*, 417a17–20: πάντα δὲ πάσχει καὶ κινεῖται ὑπὸ τοῦ ποιητικοῦ καὶ ἐνεργείᾳ ὄντος. διὸ ἔστι μὲν ὡς ὑπὸ τοῦ ὁμοίου πάσχει, ἔστι δὲ ὡς ὑπὸ τοῦ ἀνομοίου, καθάπερ εἴπομεν· πάσχει μὲν γὰρ τὸ ἀνόμοιον, πεπονθὸς δ' ὅμοιόν ἐστιν. „Alles erleidet aber und wird bewegt von dem Bewirkenden und in Aktivität Seienden. Deshalb gilt in einem Sinn, dass Gleiches von Gleichem erleidet und in einem anderen Sinn, dass Ungleiches von Ungleichem erleidet, gerade so wie wir gesagt haben. Denn das Ungleiche erleidet etwas, aber sobald es erlitten hat, ist es ein Gleiches." Ich sage „ganz allgemein gesprochen", da Aristoteles dies zum Ausgangspunkt seiner ersten Bestimmung von Wahrnehmung in *De anima*, II.5 macht. Diese Bestimmung ist aber erläuterungsbedürftig und wird daher auch im Laufe der Untersuchung immer weiter präzisiert. Siehe zur aristotelischen Methode und den vorgenommenen Präzisierungen Hahmann 2014.
[166] Ich möchte in diesem Kontext αἴσθησις als Wahrnehmungssinn übersetzen, um den Unterschied zum Organ hervorzuheben. Man muss aber wie gesagt bedenken, dass Aristoteles terminologisch nicht immer scharf zwischen Wahrnehmung, Wahrnehmungssinn und Organ differenziert.
[167] Wie etwa Sorabji behauptet und Burnyeat zurecht bestreitet.

müssen, dass sich die Wahrnehmung als eine Folge der Bewegung einstellt.[168] Die Übertragung der Bewegung, die an Körpern stattfindet, benötigt Zeit, da die Teile des Mediums nacheinander bewegt werden (das soll jedoch nicht für das Licht gelten[169]). Eben das unterscheidet diese Bewegung von der Aktualisierung des Vermögens selbst, welches, wie wir oben gesehen haben, instantan oder ἅμα (und zwar im zeitlichen Sinn) ist.[170] Dass das Organ der Wahrnehmung tatsächlich etwas von dem Medium erleidet, wird auch an zwei weiteren Punkten deutlich: erstens an den Verletzungen, die durch zu starke Bewegungen verursacht werden können (hierauf werden wir später zurückkommen) und zweitens daran, dass die vorausgegangene Bewegung noch im Organ vorhanden sein und daher auch die Aktivität des Sinnes beeinträchtigen kann.

Aristoteles verweist hier etwa auf das bekannte Phänomen, dass, wenn man vom Licht ins Dunkel blickt, die durch das Licht verursachte Bewegung noch im Auge gegenwärtig ist.[171] Die andauernde Gegenwart der Bewegung im Auge ist somit ein Grund dafür, dass der Sehsinn nicht alles auf Anhieb unterscheiden kann, nachdem das Auge einer starken Bewegung ausgesetzt worden ist. Das markiert nach Aristoteles eine wesentliche Differenz zum Intellekt (νοῦς), der, da seine Wirksamkeit nicht an Materie gebunden ist, nachdem er besonders

---

168 Aristoteles, *De sensu*, 446a21–23: […] αἱ κινήσεις αἱ ἀπὸ τῶν αἰσθητῶν (ὁποτέρως ποτὲ γίγνεται ἡ αἴσθησις), ὅταν ἐνεργῶσιν […]. „[…] die Bewegungen, die von den Wahrnehmungsobjekten ausgehen (auf solche Weise dann die Wahrnehmung entsteht), sobald die Sinne tätig werden […]."
169 Aristoteles, *De sensu*, 447a8–10.
170 Aristoteles, *De sensu*, 446a29–b6: τὸ γὰρ κινούμενον κινεῖταί ποθέν ποι, ὥστ' ἀνάγκη εἶναί τινα καὶ χρόνον ἐν ᾧ κινεῖται ἐκ θατέρου πρὸς θάτερον· ὁ δὲ χρόνος πᾶς διαιρετός, ὥστε ἦν ὅτε οὔ πω ἑωρᾶτο ἀλλ' ἔτ' ἐφέρετο ἡ ἀκτὶς ἐν τῷ μεταξύ. καὶ εἰ <καὶ> ἅπαν ἅμα ἀκούει καὶ ἀκήκοε, καὶ ὅλως αἰσθάνεται καὶ ᾔσθηται, καὶ μή ἐστι γένεσις αὐτῶν, ἀλλ' εἰσὶν ἄνευ τοῦ γίγνεσθαι, ὅμως οὐδὲν ἧττον, ὥσπερ ὁ ψόφος ἤδη γεγενημένης τῆς πληγῆς οὔ πω πρὸς τῇ ἀκοῇ […]. „Denn was bewegt wird, wird von irgendwoher bewegt und irgendwohin, sodass notwendig auch eine gewisse Zeit gegeben sein muss, in der es von einem zum anderen Punkt bewegt wird. Aber jede Zeit ist teilbar, sodass eine Zeitspanne gegeben sein muss, während der das Licht noch nicht gesehen wurde, aber der Strahl sich noch in dem dazwischenliegenden Raum bewegte. Auch wenn man annimmt, dass hören und gehört haben sowie allgemein wahrnehmen und wahrgenommen haben, zur selben Zeit geschehen und es bei ihnen keinen Prozess des Werdens gibt, sondern sie ohne ein solches Werden sind, um nichts weniger (gibt es doch diese Zeitspanne), eben so wie der Klang noch nicht das Gehör erreicht hat, obwohl der (verursachende) Schlag bereits geschehen ist."
171 Aristoteles, *De insomniis*, 459b10–11: συμβαίνει γὰρ μηδὲν ὁρᾶν διὰ τὴν ἔτι ὑποῦσαν κίνησιν ἐν τοῖς ὄμμασιν ὑπὸ τοῦ φωτός. „Das Ergebnis ist nämlich, dass man nichts sieht, weil die vom Licht ausgehende Bewegung in den Augen noch existiert." Eine andere Stelle, an der Aristoteles hervorhebt, dass das Auge etwas von dem Medium erleidet, ist *De anima*, 419a17–20. Dasselbe bestätigt Aristoteles kurz darauf für die anderen Sinne: *De anima*, 419a25–28.

intensive Objekte unterschieden hat, in seiner Unterscheidungskraft nicht gemindert, sondern sogar noch gestärkt wird.[172]

Die Abhängigkeit von der Bewegung geht Aristoteles für die einzelnen Sinne durch. Besonders deutlich wird der Umstand aber beim Gehör. Aristoteles unterstreicht, dass es ein Medium geben muss, welches bewegt wird, d. h., es muss eine kontinuierliche Materie zwischen der akustischen Quelle und dem Gehör existieren.[173] Man nimmt also *im Allgemeinen* wahr, weil ein Medium auf einen einwirkt.[174] Noch einmal, Aristoteles unterstellt, dass die wahrnehmbaren Qualitäten den Körper nicht als solche unmittelbar affizieren, sondern dies geschieht durch das Medium.[175] Dass deshalb die unterscheidende Aufnahme der wahrnehmbaren Formen nicht überflüssig ist,[176] wird klar, wenn man sich vor Augen hält, dass sich die Wahrnehmung natürlich nicht in der Bewegung des Mediums bzw. in der Affektion des Organs durch dieses Medium erschöpft, wie wir gleich sehen werden.

Die Bewegung des Mediums kann also als eine erste Voraussetzung der Wahrnehmung angesehen werden. Daneben gibt es aber noch weitere Bedin-

---

[172] Aristoteles, *De anima*, 429a31–b5: ὅτι δ' οὐχ ὁμοία ἡ ἀπάθεια τοῦ αἰσθητικοῦ καὶ τοῦ νοητικοῦ, φανερὸν ἐπὶ τῶν αἰσθητηρίων καὶ τῆς αἰσθήσεως. ἡ μὲν γὰρ αἴσθησις οὐ δύναται αἰσθάνεσθαι ἐκ τοῦ σφόδρα αἰσθητοῦ, οἷον ψόφου ἐκ τῶν μεγάλων ψόφων, οὐδ' ἐκ τῶν ἰσχυρῶν χρωμάτων καὶ ὀσμῶν οὔτε ὁρᾶν οὔτε ὀσμᾶσθαι· ἀλλ' ὁ νοῦς ὅταν τι νοήσῃ σφόδρα νοητόν, οὐχ ἧττον νοεῖ τὰ ὑποδεέστερα, ἀλλὰ καὶ μᾶλλον· τὸ μὲν γὰρ αἰσθητικὸν οὐκ ἄνευ σώματος, ὁ δὲ χωριστός. „Dass die Unaffizierbarkeit des Wahrnehmungsvermögens und des Denkvermögens nicht gleich sind, ist offensichtlich hinsichtlich der Wahrnehmungsorgane und der Wahrnehmung. Die Wahrnehmung kann nämlich unmittelbar nach einem starken Wahrnehmungsobjekt nicht wahrnehmen, beispielsweise einen Klang nach überlauten Klingen. Auch kann sie nicht nach starken Farb- oder Geruchseindrücken sehen oder riechen. Der Intellekt (νοῦς) hingegen, wenn er etwas in hohem Maße Einsehbares erfasst hat, erfasst die geringeren Gegenstände nicht in geringerem Maße, sondern noch intensiver. Denn das Wahrnehmungsvermögen ist nicht ohne Körper, der νοῦς hingegen getrennt."

[173] Aristoteles, *De anima*, 419b10–13; 420a3–5. Das bedeutet natürlich nicht, wie Burnyeat 1995, 430 richtig bemerkt, dass die Luft als Medium wie der Wind bewegt wird und von der Schallquelle bis zum Wahrnehmenden wandert. Doch sollte man daraus nicht den Schluss ziehen, dass überhaupt keine Bewegung stattfindet. Aristoteles hebt ja gerade hervor, dass das Medium als Kontinuum sukzessive bewegt wird.

[174] Der Tastsinn hat einen Sonderstatus, da man durch das Medium wahrnimmt und zugleich mit diesem. Aristoteles, *De anima*, 423b12–15.

[175] Aristoteles, *De anima*, 424b9–12: ἅμα δὲ δῆλον καὶ οὕτως· οὔτε γὰρ φῶς καὶ σκότος οὔτε ψόφος οὔτε ὀσμὴ οὐδὲν ποιεῖ τὰ σώματα, ἀλλ' ἐν οἷς ἐστίν, οἷον ἀὴρ ὁ μετὰ βροντῆς διίστησι τὸ ξύλον. „Dies wird zugleich mit dem Folgenden deutlich: Denn weder Licht noch Dunkelheit noch Klang oder Geruch bewirken irgendetwas an den Körpern, sondern die Dinge, in denen sie sich befinden (bewirken etwas am Körperlichen), beispielsweise spaltet die Luft in Verbindung mit dem Donner das Holz."

[176] Wie etwa Broadie 1993 vermutet.

gungen, die erfüllt sein müssen, damit es zu einer Wahrnehmung kommt. Eine zweite Voraussetzung ist ebenfalls schon angesprochen worden. So müssen die Einwirkungseigenschaften, die als solche sowohl an belebten wie unbelebten Gegenständen Bewegungen verursachen, in den Bereich eines Wahrnehmungssinns fallen.[177] Man kann die Sonne nicht sehen, wenn man den Kopf wegdreht, auch wenn man ihre Wärme noch spürt. Dasselbe gilt für die anderen Einwirkungseigenschaften, die ihre spezifische Wirkung als mögliche Wahrnehmungsgegenstände nur dann entfalten können, wenn sie an die entsprechenden Organe gelangen und den Wahrnehmungssinn auf diese Weise zur Aktivität anregen können. Aber selbst wenn etwa der Schall nicht an das Ohr gelangt, kann er an einem Körper eine Wirkung haben. Aristoteles nennt das Beispiel des durch einen lauten Knall geborstenen Holzes.[178] Hiervon wiederum zu unterscheiden wäre die Wirkung des Schalls (als eine auf bestimmte Weise bewegte Materie) an einem lebenden und somit grundsätzlich zur Wahrnehmung fähigen Körper. Man denke nur an das Gefühl, welches ein lauter Bass im Bauch bewirkt, und zwar auch dann, wenn man aufgrund verschlossener Ohren nichts hören kann. Dieselbe Einwirkung kann also ganz unterschiedliche Wirkungen haben, und zwar abhängig davon, ob eine belebte und wahrnehmungsfähige Oberfläche affiziert wird oder nicht.

Eine dritte Voraussetzung wird von Aristoteles in seiner Schrift *De sensu* benannt. Er weist darauf hin, dass man nicht immer wahrnehmen muss, wenn es zu einer Einwirkung im Bereich des jeweiligen Wahrnehmungssinns gekommen ist.[179] Wer nämlich laute Musik hört, wird das Telefon nicht hören. Aristoteles zufolge wird der stärkere Impuls den schwächeren Impuls überlagern. Man sollte das aber nicht so verstehen, als wäre hier ausschließlich die durch das Wahrnehmungsobjekt verursachte Bewegung gemeint, die sich über die schwächere hinwegsetzt. Hiergegen sprechen die von Aristoteles gegebenen Beispiele. Er verweist etwa darauf, dass man in Gedanken versunken, das Klopfen an der Tür nicht wahrnimmt. Ebenso kann große Angst einen direkten Einfluss auf die Wahrnehmung haben. Die *Aufmerksamkeit* ist in beiden Fällen von etwas anderem eingenommen. Man wird also davon ausgehen dürfen, dass Aristoteles innere Ablenkungen als gleichwertig in ihren Auswirkungen auf die Wahrneh-

---

177 Aristoteles, *Physica*, 245a1–2.
178 Aristoteles, *De anima*, 424b11–12.
179 Aristoteles, *De sensu*, 447a14–17: [...] εἰ δὴ ἀεὶ ἡ μείζων κίνησις τὴν ἐλάττω ἐκκρούει – διὸ ὑποφερομένων ὑπὸ τὰ ὄμματα οὐκ αἰσθάνονται, ἐὰν τύχωσι σφόδρα τι ἐννοοῦντες ἢ φοβούμενοι ἢ ἀκούοντες πολὺν ψόφον [...]. „[...] wenn wir annehmen, dass die größere immer die kleinere Bewegung verdrängt – deshalb werden die Dingen, die den Augen präsentiert werden, nicht wahrgenommen, wenn es sich zuträgt, dass wir in Gedanken sind oder uns fürchten oder einen lauten Klang hören."

mung mit äußeren Einwirkungen ansieht. In diesem Zusammenhang steht auch die Beobachtung, dass die Organe zwar im Schlaf affiziert werden, deshalb aber nicht notwendig eine Wahrnehmung folgen muss.[180] Der Schlafende und der Wachende unterscheiden sich offenkundig in einer wichtigen Hinsicht.

Das spricht für eine vierte Bedingung der Wahrnehmung, die von Aristoteles in *De sensu* angerissen wird, und zwar bemerkt er, dass es keine Wahrnehmung ohne Aktivität geben kann.[181] In diesem Sinn ließe sich auch eine Stelle in *De anima* deuten:

> Die Aktivität des Wahrgenommenen und die der Wahrnehmung ist eine und dieselbe, ihr bestimmtes Sein ist aber nicht beiden dasselbe. Ich meine z. B. den aktualen Klang und das aktuale Gehör. Denn es ist möglich, Gehör zu haben und nicht zu hören, und das, was Klang hat, klingt nicht immer. Aber wenn das, was zu hören vermag, tätig ist, und das, was klingen kann, klingt, dann kommt es zugleich zum aktiven Gehör und zum aktiven Klang, von denen man das eine als Hören, das andere als Klingen bezeichnen könnte. Wenn nun die Bewegung und das Tun und das Erleiden in dem sind, das bewegt wird, dann ist notwendig sowohl der aktive Klang, als auch das aktive Gehör in dem dem Vermögen nach (bestehenden Gehör). Denn die Aktivität des Wirkenden und Bewegenden entsteht im Leidenden.[182]

---

[180] Aristoteles, *De insomniis*, 459a1–5: ἆρ' οὖν τὸ μὲν μὴ ὁρᾶν μηδὲν ἀληθές, τὸ δὲ μηδὲν πάσχειν τὴν αἴσθησιν οὐκ ἀληθές, ἀλλ' ἐνδέχεται καὶ τὴν ὄψιν πάσχειν τι καὶ τὰς ἄλλας αἰσθήσεις, ἕκαστον δὲ τούτων ὥσπερ ἐγρηγορότος προσβάλλει μέν πως τῇ αἰσθήσει, οὐχ οὕτω δὲ ὥσπερ ἐγρηγορότος [...]. „Es ist nun vielleicht wahr, dass man nichts sieht. Dass aber der Wahrnehmungssinn nichts erleidet, ist nicht wahr. Vielmehr ist es möglich, dass sowohl das Gesicht als auch die anderen Wahrnehmungssinne etwas erleiden. Jedes von ihnen schlägt irgendwie den Wahrnehmungssinn an, als ob man wach wäre, wenn auch nicht auf dieselbe Weise wie beim Wachen [...]."

[181] Aristoteles, *De sensu*, 449a1–2: οὔτε γὰρ ἡ ἐνέργεια ἄνευ τῆς κατ' αὐτὴν ἔσται δυνάμεως, οὔτ' ἄνευ ταύτης αἴσθησις ἔσται. „Denn weder wird die Aktivität ohne ein entsprechendes Vermögen sein, noch wird es ohne diese Aktivität eine Wahrnehmung geben." Siehe auch *De anima*, 428a12–15: ἔπειτα οὐδὲ λέγομεν, ὅταν ἐνεργῶμεν ἀκριβῶς περὶ τὸ αἰσθητόν, ὅτι φαίνεται τοῦτο ἡμῖν ἄνθρωπος, ἀλλὰ μᾶλλον ὅταν μὴ ἐναργῶς αἰσθανώμεθα πότερον ἀληθὴς ἢ ψευδής. „Zudem sagen wir nicht, wenn wir die Wahrnehmungsaktivität genau auf den Wahrnehmungsgegenstand richten, dass uns dies ein Mensch zu sein scheint, sondern vielmehr dann, wenn wir nicht klar wahrnehmen, ob es wahr oder falsch ist." Dass die Wahrnehmung eine Aktivität ist, wird auch daraus ersichtlich, dass man nicht immer aktiv sein kann und deshalb Schlaf braucht, *De somno et vigilia*, 454b8–14: ἀδύνατον γὰρ ἀεὶ ἐνεργεῖν. [...] ἐνεργεῖν δὲ τῇ αἰσθήσει κυρίως καὶ ἁπλῶς ἀδύνατον καθεύδον ἅμα [...]. „Denn es kann nicht immer tätig sein. [...] und tätig sein im strengen und einfachen Sinn ist für den Wahrnehmungssinn unmöglich, während man schläft [...]." Die Gegenüberstellung von Aktivität und Schlaf findet sich auch in *De anima*, 417a11–12: [...] κἂν τύχῃ καθεύδων, καὶ τὸ ἤδη ἐνεργοῦν [...]. „[...] und zwar sowohl wenn es zufällig schläft als auch wenn es bereits (aktiv) tätig ist [...]."

[182] Aristoteles, *De anima*, 425b26–426a5: ἡ δὲ τοῦ αἰσθητοῦ ἐνέργεια καὶ τῆς αἰσθήσεως ἡ αὐτὴ μέν ἐστι καὶ μία, τὸ δ' εἶναι οὐ τὸ αὐτὸ αὐταῖς· λέγω δ' οἷον ὁ ψόφος ὁ κατ' ἐνέργειαν καὶ ἡ ἀκοὴ

Gewöhnlich versteht man diese Stelle so, dass Aristoteles hier die triviale Feststellung macht, dass derjenige, der hören kann, nur dann etwas hört, wenn es auch etwas zu hören gibt oder etwas nur dann klingt, wenn es zum Klingen gebracht worden ist.[183] Träfe das zu, so wäre damit lediglich die erste von uns oben angeführte Voraussetzung der Wahrnehmung angesprochen. Auf der Folie der in *De sensu* postulierten Aktivität als Voraussetzung für Wahrnehmung kann die Passage aber auch so verstanden werden, dass man nicht immer einen Ton wahrnimmt, wenn er gegeben ist.[184] Wer nämlich hören kann, hört nicht immer, sobald er von einem äußeren Reiz stimuliert wird, sondern nur dann, wenn sein Vermögen aktiviert wird, d. h., wenn es zu einer Aktivität kommt. Das wäre dann der Fall, wenn er seine Aufmerksamkeit entweder auf das Hörbare richtet oder wenn das Hörbare diese auf sich lenkt (z. B. durch seine Intensität oder seine Qualität).

Was damit gemeint sein könnte, lässt sich durch ein einfaches Beispiel verdeutlichen: Während ich Auto fahre, erleiden meine Wahrnehmungsorgane die unterschiedlichsten Einwirkungen: der ständige Druck am Rücken, der aufdringliche Geruch des Duftbaumes, die Werbung im Radio. All dies nehme ich in dem Moment, wenn ein Kind mit leuchtend roter Jacke plötzlich zwischen den Autos auf die Straße springt, nicht wahr. Ich nehme es nicht wahr, obwohl meine Organe, wie zu allen anderen Zeitpunkten auch, *mechanisch* stimuliert werden.

Dass zur *mechanischen Affektion* der Organe noch eine Aktivität hinzutreten muss, damit es zur Wahrnehmung kommt, wird dann, wie wir in den folgenden Kapiteln sehen werden, sowohl von den Epikureern, die laut Lukrez die aktive Auswahl der atomaren Bilder zur Bedingung der Wahrnehmung machen, als auch von den Stoikern mit ihrer Konzeption der Zustimmung vorausgesetzt. Unter dieser Perspektive ist es nicht sonderlich ungewöhnlich, dass auch Aristoteles eine Form von Aktivität zur Bedingung der Wahrnehmung macht. Hierbei handelt es sich um eine bemerkenswerte Kontinuität unter den antiken Philosophen.

Geht man davon aus, dass die Wahrnehmung eine Form von Aktivität ist, die in der Aktualisierung des Vermögens besteht und die Reizung des Organs durch Bewegung voraussetzt, sich darin aber nicht erschöpft, und vermutet man ferner,

---

ἡ κατ' ἐνέργειαν· ἔστι γὰρ ἀκοὴν ἔχοντα μὴ ἀκούειν, καὶ τὸ ἔχον ψόφον οὐκ ἀεὶ ψοφεῖ, ὅταν δ' ἐνεργῇ τὸ δυνάμενον ἀκούειν καὶ ψοφῇ τὸ δυνάμενον ψοφεῖν, τότε ἡ κατ' ἐνέργειαν ἀκοὴ ἅμα γίνεται καὶ ὁ κατ' ἐνέργειαν ψόφος, ὧν εἴπειεν ἄν τις τὸ μὲν εἶναι ἄκουσιν τὸ δὲ ψόφησιν. εἰ δή ἐστιν ἡ κίνησις (καὶ ἡ ποίησις καὶ τὸ πάθος) ἐν τῷ κινουμένῳ, ἀνάγκη καὶ τὸν ψόφον καὶ τὴν ἀκοὴν τὴν κατ' ἐνέργειαν ἐν τῇ κατὰ δύναμιν εἶναι· ἡ γὰρ τοῦ ποιητικοῦ καὶ κινητικοῦ ἐνέργεια ἐν τῷ πάσχοντι ἐγγίνεται [...].

183 So etwa Polansky 2007, 386; siehe auch Freytag 1905, 106; Lloyd 1979, 136.
184 Zum Folgenden siehe die ausgezeichnete Darstellung von Bernard 1988, 141.

dass diese Aktivität in einer Verbindung zu dem steht, was heute unter dem Phänomen der Aufmerksamkeit diskutiert wird, so stellt sich dem modernen Interpreten unmittelbar die Frage nach der Rolle des Bewusstseins. Enttäuscht wird man allerdings feststellen müssen, dass Aristoteles dem, was heute als Bewusstsein diskutiert wird, keine Bedeutung im Zusammenhang mit der Wahrnehmung beimisst. In *De anima* gibt es nicht einmal einen griechischen Begriff, der zur Umschreibung des Bewusstseinsphänomens verwendet werden könnte. Am Nächsten käme dem die kurze Diskussion des Problems der Wahrnehmung einer Wahrnehmung, die sich im Kontext des Gemeinsinns findet.[185] Dieser Punkt wird in der *Nikomachischen Ethik* erneut aufgegriffen.[186] Beiden Passagen ist allerdings gemeinsam, dass sie in keinem Zusammenhang zur hier dargelegten Aktivität der Wahrnehmung stehen. Bei der Wahrnehmung der Wahrnehmung handelt es sich nämlich um ein sekundäres Phänomen: Die Wahrnehmung der Wahrnehmung richtet sich auf dasjenige, was bereits wahrgenommen bzw. unterschieden worden ist. Insofern kann die Aktivität der Wahrnehmung selbst nicht mit einer Wahrnehmung der Wahrnehmung identifiziert werden.

Aber auch der Sache nach ist klar, warum zumindest in der von uns skizzierten Theorie die Aktivität der Wahrnehmung nicht mit dem Bewusstsein identifiziert werden darf. Geht man nämlich davon aus, dass die Wahrnehmungsinhalte das Ergebnis eines Unterscheidungsaktes sind, der auf mehreren Voraussetzungen beruht (wie etwa auf der Aufmerksamkeit des Wahrnehmenden), so würde das unter der Prämisse, dass man die Aufmerksamkeit mit dem Bewusstsein identifiziert, direkt zur Folge haben, dass ohne Bewusstsein nichts wahrgenommen wird. Das ist aber offensichtlich falsch und widerstreitet der alltäglichen Erfahrung. Es gibt nämlich sehr viele vor- oder unbewusste Wahrnehmungen, die erst im Nachhinein den Weg ins Bewusstsein finden. Daher sollte man die Aktivi-

---

185 So etwa in Aristoteles, *De somno et vigilia*, 455a15–20: ἔστι δέ τις καὶ κοινὴ δύναμις ἀκολουθοῦσα πάσαις, ᾗ καὶ ὅτι ὁρᾷ καὶ ἀκούει αἰσθάνεται (οὐ γὰρ δὴ τῇ γε ὄψει ὁρᾷ ὅτι ὁρᾷ, καὶ κρίνει δὴ καὶ δύναται κρίνειν ὅτι ἕτερα τὰ γλυκέα τῶν λευκῶν οὔτε γεύσει οὔτε ὄψει οὔτε ἀμφοῖν, ἀλλά τινι κοινῷ μορίῳ τῶν αἰσθητηρίων ἁπάντων […]. „Es gibt aber auch ein gemeinsames Vermögen, welches allen folgt und wodurch man wahrnimmt, dass man sieht oder hört (denn man sieht nicht mittels des Gesichts, dass man sieht und man unterscheidet oder vermag zu unterscheiden, dass das Süße vom Hellen verschieden ist. Das geschieht weder mittels des Geschmacks noch des Gesichts oder beider zusammen, sondern durch einen gewissen Teil der allen Wahrnehmungsorganen gemeinsam ist." Dass für die Wahrnehmung der Wahrnehmung die einzelnen Sinne selbst verantwortlich sind, behauptet Aristoteles dagegen in *De anima*, 425b12–25.
186 Aristoteles, *Ethica Nicomachea*, 1170a29–b1.

tät der Wahrnehmung zumindest bei Aristoteles keinesfalls mit dem Bewusstsein in Verbindung bringen.[187]

Die zweite Frage, die sich stellt, richtet sich auf ein weiteres systematisches Problem, wenn man die Aktivität in der Wahrnehmung allgemein mit Aufmerksamkeit identifizieren möchte. Offenbar gibt es verschiedene Grade an Aufmerksamkeit. So kann man sich einer bestimmten Sache besonders konzentriert zuwenden, sodass andere Wahrnehmungen oder Gedanken in den Hintergrund treten. Die Aufmerksamkeit kann also eine bestimmte Intensität haben: Manche Dinge liegen im Fokus der Aufmerksamkeit, andere hingegen stehen zeitweilig mehr in der Peripherie. Aristoteles spricht an einer Stelle, an der es ihm darauf ankommt, die Wahrnehmung von der Vorstellung (φαντασία) abzugrenzen, davon, dass man die Aktivität der Wahrnehmung auch besonders genau durchführen kann.[188] Seine Konzeption lässt also auch unterschiedliche Grade von Aktivität zu, zumindest kann vom Wahrnehmenden eine besondere Anstrengung unternommen werden.

Aber auch wenn sich bei Aristoteles keine differenzierte Behandlung der einzelnen Phänomene finden lässt, bedeutet das nicht, dass sich nicht ausge-

---

187 Dass Aufmerksamkeit aber nicht notwendig mit Bewusstsein verbunden ist, ja häufig sogar ohne ein Bewusstsein derselben Tätigkeit, auf die sich die Aufmerksamkeit richtet, stattfindet, ist bereits von Plotin herausgestellt und an zahlreichen Beispielen diskutiert worden. Vgl. Plotin, I, 4.10 (Über das Glück), 19–33. Siehe dazu ausführlich Schmitt 1994. So ist es für einen Lesenden zur richtigen Ausführung seiner Tätigkeit nicht notwendig, ein Bewusstsein derselben Tätigkeit zu haben. Manchmal kann die bewusste Konzentration auf eine Handlung sogar störend sein oder gar zum Scheitern derselben Handlung führen. Man denke hier an das in der aktuellen Debatte (siehe Dreyfus 2005; 2007 und McDowell 2007) häufig angeführte Beispiel des professionellen Baseballspielers, der seine Fähigkeit, Bälle zu schlagen, von dem Zeitpunkt an eingebüßt hat, als er damit anfing, sich den Ablauf der von ihm vollzogenen Bewegung bewusst zu machen. Man darf sich aber von der Einsicht, dass Aufmerksamkeit und Bewusstsein zwei voneinander zu differenzierende Phänomene sind, nicht dazu verleiten lassen, eine besondere Erkenntnis des Körpers zu behaupten (embodied cognition). Denn wie sich ebenfalls bereits bei Plotin findet, sind wir auch dann ganz bei der Sache und haben am wenigsten ein Bewusstsein der Operationen, wenn wir rational tätig sind, z. B. eine mathematische Gleichung lösen. Wir werden später sehen, dass die Aufmerksamkeit als ein bewusstes Sichverhalten gegenüber den passiv gegebenen Wahrnehmungsinhalten aber bereits bei Epikur eine Rolle spielt. Damit verbunden ist auch die Verlagerung der Aktivität in der Wahrnehmung, und zwar von einem aktiven Unterscheiden spezifischer Wahrnehmungsobjekte hin zu einem bewussten Sichverhalten zu gegebenen Wahrnehmungsinhalten.
188 Aristoteles, *De anima*, 428a12–15: ἔπειτα οὐδὲ λέγομεν, ὅταν ἐνεργῶμεν ἀκριβῶς περὶ τὸ αἰσθητόν, ὅτι φαίνεται τοῦτο ἡμῖν ἄνθρωπος, ἀλλὰ μᾶλλον ὅταν μὴ ἐναργῶς αἰσθανώμεθα πότερον ἀληθὴς ἢ ψευδής. „Zudem sagen wir nicht, wenn wir die Wahrnehmungsaktivität genau auf den Wahrnehmungsgegenstand richten, dass uns dies ein Mensch zu sein scheint, sondern vielmehr dann, wenn wir nicht klar wahrnehmen, ob es wahr oder falsch ist."

hend von seiner grundsätzlichen Voraussetzung – dass Wahrnehmung eine Form von Aktivität ist – zufriedenstellende Ansätze zur Beantwortung der einzelnen Fragen entwickeln lassen. Der Tatsache also, dass es sich bei der Wahrnehmung auch und vor allem um ein Aufmerksamkeitsphänomen handelt, kann Aristoteles dadurch gerecht werden, dass er die Wahrnehmung nur zum Teil als einen passiven Vorgang beschreibt, nämlich nur insofern, als das Wahrnehmungsorgan durch einen äußeren Reiz affiziert werden muss. Das kann aber nicht, wie Burnyeat in dieser Frage richtig gesehen hat, der zureichende Grund der Wahrnehmung sein. Dieser scheint offensichtlich in einer (aktiven) Aktualisierung des Wahrnehmungsvermögens zu bestehen, und zwar handelt es sich um eine Aktualisierung, die Aristoteles als Aufnahme der Form ohne die Materie charakterisiert. Dass aber auch die nachfolgenden hellenistischen Konzeptionen durchaus eine Form von Aktivität in die Wahrnehmung integriert haben, ja dass sie diese Aktivität sogar als wesentliche Voraussetzung der Wahrnehmung erachten, werden wir in den kommenden Kapiteln sehen.

Das führt uns nun zur aristotelischen Behauptung, dass die Form ohne die Materie wahrgenommen wird. Hierbei handelt es sich wie gesehen um den eigentlichen Stein des Anstoßes für die frühneuzeitlichen Philosophen und mithin um die grundlegende Differenz zwischen der aristotelischen und den hellenistischen Konzeptionen der Wahrnehmung. Aristoteles selbst wählt zur Illustration das leider missverständliche Beispiel des Wachseindrucks, den ein Siegelring hinterlässt. Denn genauso, wie das Wachs das Siegel des Ringes ohne dessen Materie aufnimmt, „erleidet auch die Wahrnehmung von jedem Einzelnen, das Farbe oder Geschmack oder Klang besitzt, aber nicht, insofern jedes Einzelne von ihnen bezeichnet wird, sondern insofern es ein Sobeschaffenes ist, und zwar gemäß der Proportion".[189]

---

[189] Aristoteles, *De anima*, 424a17–24: Καθόλου δὲ περὶ πάσης αἰσθήσεως δεῖ λαβεῖν ὅτι ἡ μὲν αἴσθησίς ἐστι τὸ δεκτικὸν τῶν αἰσθητῶν εἰδῶν ἄνευ τῆς ὕλης, οἷον ὁ κηρὸς τοῦ δακτυλίου ἄνευ τοῦ σιδήρου καὶ τοῦ χρυσοῦ δέχεται τὸ σημεῖον, λαμβάνει δὲ τὸ χρυσοῦν ἢ τὸ χαλκοῦν σημεῖον, ἀλλ' οὐχ ᾗ χρυσὸς ἢ χαλκός· ὁμοίως δὲ καὶ ἡ αἴσθησις ἑκάστου ὑπὸ τοῦ ἔχοντος χρῶμα ἢ χυμὸν ἢ ψόφον πάσχει, ἀλλ' οὐχ ᾗ ἕκαστον ἐκείνων λέγεται, ἀλλ' ᾗ τοιονδί, καὶ κατὰ τὸν λόγον. „Es muss allgemein für jede Wahrnehmung festgehalten werden, dass die Wahrnehmung dasjenige ist, was die wahrnehmbaren Formen ohne die Materie aufzunehmen vermag, wie das Wachs das Siegelzeichen des Ringes ohne das Eisen und das Gold aufnimmt, und das goldene bzw. eherne Siegelzeichen erfasst, aber nicht insofern es Gold oder Erz ist. Ebenso erleidet auch die Wahrnehmung von jedem Einzelnen, das Farbe oder Geschmack oder Klang besitzt, aber nicht, insofern jedes Einzelne von ihnen bezeichnet wird, sondern insofern es ein Sobeschaffenes ist, und zwar gemäß der Proportion".

Zunächst sei angemerkt, dass es verkehrt wäre, das Beispiel unter dem Aspekt von Aktivität und Passivität zu verstehen.[190] Worauf es in dem Beispiel ankommt, ist, dass nur die Form und nicht die Materie weitergegeben wird. Denn man nimmt die Form wahr, und zwar ohne das Gold.[191] Offensichtlich bedeutet eine Form wahrzunehmen nicht, zu der bestimmten Form zu werden. Das Wachs wird nicht zu einem Ring, wenn es die Form des Ringes aufnimmt. Genauso werden wir nicht zu Gold, wenn wir die goldene Farbe als wahrnehmbare Form aufnehmen. Der Ring als Ring ist ohnehin nicht wahrnehmbar, da dasjenige, was einen Ring zu einem Ring macht, Aristoteles zufolge nur intelligibel zu erfassen und, wie wir im folgenden Abschnitt sehen werden, der *eigentlichen* Wahrnehmung unzugänglich ist. Bereits hier will ich jedoch anmerken, dass die sehr restriktive Behandlung der Gegenstände der Wahrnehmung die aristotelische Position von ihren hellenistischen Nachfolgern unterscheidet. So wird Epikur dazu übergehen, die Unterscheidungsbereiche der einzelnen Sinne signifikant auszuweiten. Die Stoiker werden der Wahrnehmung schließlich sogar noch weitergehende Leistungen zusprechen.

Wie ist nun zu verstehen, dass nur die Form und nicht die Materie weitergegeben wird? Haben wir es dann nicht doch mit einer rein passiven Affektion zu tun? Wir erinnern uns: Nach Aristoteles soll die Wahrnehmung aktual identisch mit dem Wahrnehmungsobjekt werden, auch wenn sie ihrem Sein nach verschieden sind.[192] Wir wissen jetzt, dass in der Wahrnehmung nur die Form und nicht die Materie aufgenommen wird (ἄνευ τῆς ὕλης). Womit die Wahrnehmung also identisch wird, kann nur die Form sein, die Aristoteles in diesem Zusammenhang auch λόγος oder Proportion nennt (κατὰ τὸν λόγον). Anders ausgedrückt: Das Wahrnehmungsorgan wird zwar nicht zur Materie der wahrnehmbaren Form, aber durch die Aktualisierung des Wahrnehmungsvermögens (welches, wie wir gleich sehen werden, im Organ anwesend ist und dieses überhaupt erst zu einem Organ macht) nimmt die Aktivität der Wahrnehmung die Bestimmtheit der Form an, und zwar ohne, dass das Vermögen durch die Form als Materie qualifiziert worden wäre.

---

190 Hegel, *Vorlesungen zur Geschichte der Philosophie*, 208–209. Der Vergleich der Wahrnehmung mit dem Siegeleindruck in Wachs ist in der Antike recht beliebt und findet sich bereits bei Platon. Prominent ist aber vor allem die Verwendung des Beispiels bei den Stoikern (*SVF*, I.64; II.53; 56). Im Nachfolgenden werden wir ausführlich auf die stoische Verwendung eingehen. Siehe unten § 15. Zu Hegels Aristotelesinterpretation siehe Hahmann 2015c.
191 Siehe hierzu die sehr gute Darstellung bei Magee 2000, 326f.
192 Aristoteles, *De anima*, 425b26-27: ἡ δὲ τοῦ αἰσθητοῦ ἐνέργεια καὶ τῆς αἰσθήσεως ἡ αὐτὴ μέν ἐστι καὶ μία, τὸ δ' εἶναι οὐ τὸ αὐτὸ αὐταῖς […]. „Die Aktivität des Wahrgenommenen und die der Wahrnehmung ist eine und dieselbe, ihr bestimmtes Sein ist aber nicht beiden dasselbe."

Ich möchte dies an einem Beispiel verdeutlichen. Der wahrnehmbare Ton ist eine bestimmte Schall- oder Longitudinalwelle. Wellen sind wiederum zeitliche und örtliche periodische Veränderungen einer physikalischen Größe. Diese Veränderungen sind als rationale Verhältnisse (und somit Proportionen) zugleich die Form einer Zusammensetzung. In diesem Sinn sind sie auf ein bestimmtes Medium angewiesen. Die Proportion (oder eben λόγος), die die Welle zu eben dieser Welle macht, wird also von der Wahrnehmung als solche *unterschieden* (κρίνει τὰ αἰσθητά) und hierbei aus der Zusammensetzung, d. h. aus ihrer Verbindung mit einem materiellen Medium, herausgelöst. Die wahrnehmbare Form wird also im Akt des wahrnehmenden Unterscheidens ergriffen. Mit dieser Form wird die Wahrnehmung Aristoteles zufolge in ihrer Aktivität aktual identisch (ἡ δὲ τοῦ αἰσθητοῦ ἐνέργεια καὶ τῆς αἰσθήσεως ἡ αὐτὴ μέν ἐστι καὶ μία). Die Wahrnehmung wiederum (oder besser das Wahrnehmungsorgan) wird also nicht selbst, wie etwa Sorabji meint, die Materie für eine bestimmte Form werden. Vielmehr wird das im Organ anwesende Wahrnehmungsvermögen (αἰσθητήριον δὲ πρῶτον ἐν ᾧ ἡ τοιαύτη δύναμις[193]) durch seine Aktualisierung, d. h. durch die aktive Herauslösung der wahrnehmbaren Form, identisch mit dessen λόγος, d. h. der bestimmten Proportion eben dieser Materie.

Die Aktualisierung des Wahrnehmungsvermögens ist nun gleichbedeutend mit der oben zur Sprache gebrachten vollkommenen Aktivität, d. h. einer Aktivität, die jederzeit vollendet ist und keinen Raum für weitere Möglichkeiten lässt. Das Wahrnehmungsvermögen wird also zur reinen Form oder Aktualität und ist daher in ihrer Aktivität jederzeit vollendet. Aus diesem Grund behauptet Aristoteles, dass die *aktuale* Wahrnehmung der λόγος oder die Proportion des wahrgenommenen Objekts *ist*, wohingegen der Wahrnehmungssinn als Vermögen, d. h. als potenzielle Wahrnehmung, zu jedem λόγος werden kann, der als bestimmte Proportion einen materiellen Träger modifiziert und daher überhaupt nur die Wahrnehmungsorgane affizieren kann. Es handelt sich also bei der Aufnahme der Form ohne die Materie um keine weitere Zusammensetzung von Form und Materie, sondern die Wahrnehmung selbst wird zur Bestimmtheit des Wahrnehmbaren oder zur reinen Aktivität (die als solche keine Möglichkeit und mithin

---

[193] Aristoteles, De anima, 424a24–28: αἰσθητήριον δὲ πρῶτον ἐν ᾧ ἡ τοιαύτη δύναμις. ἔστι μὲν οὖν ταὐτόν, τὸ δ' εἶναι ἕτερον· μέγεθος μὲν γὰρ ἄν τι εἴη τὸ αἰσθανόμενον, οὐ μὴν τό γε αἰσθητικῷ εἶναι οὐδ' ἡ αἴσθησις μέγεθός ἐστιν, ἀλλὰ λόγος τις καὶ δύναμις ἐκείνου. „Das Wahrnehmungsorgan ist primär das, worin das derartige Vermögen (ἡ τοιαύτη δύναμις) ist. Es ist folglich dasselbe [wie das Vermögen], aber in Bezug auf die Seinsweise verschieden. Denn das Wahrnehmende ist doch wohl eine bestimmte Ausdehnung, aber keineswegs ist das, wodurch es wahrnehmungsfähig ist (das Wahrnehmungsvermögen: τό γε αἰσθητικῷ) oder die Wahrnehmung Ausdehnung, sondern Proportion und Vermögen des Organs."

§ 3 Wahrnehmung als vollkommene Aktivität — 77

keine Materie einschließt, auch wenn sie wie im Fall der Wahrnehmung auf ein materielles Vermögen sowie einen materiellen Anreiz angewiesen bleibt).

Da in der so verstandenen Aktualisierung des Vermögens keine weitere Zusammensetzung vorliegt und Aristoteles der Ansicht ist, Irrtum und Täuschung können nur bei einer Trennung von dem, was eigentlich zusammengehört bzw. bei einer Zusammensetzung von dem, was nicht zusammengehört, vorliegen,[194] kann sich das Wahrnehmungsvermögen in der Wahrnehmung der ihm eigentümlichen Objekte folglich auch nicht irren.[195] Auf diesen wichtigen Punkt werden wir im Folgenden noch genauer eingehen. Doch schauen wir uns zunächst an, wie Aristoteles sich das Zusammenspiel von Wahrnehmungsorgan und Wahrnehmungsvermögen in der Wahrnehmung denkt.

Was für eine Funktion nimmt das Organ (αἰσθητήριον) bei der Aufnahme der wahrnehmbaren Form ein, und in welchem Verhältnis steht das Organ zum Wahrnehmungsvermögen? Bei Aristoteles lesen wir:

> Das Wahrnehmungsorgan ist primär das, worin das derartige Vermögen (ἡ τοιαύτη δύναμις) ist. Es ist folglich dasselbe [wie das Vermögen], aber in Bezug auf die Seinsweise verschieden. Denn das Wahrnehmende ist doch wohl eine bestimmte Ausdehnung, aber keineswegs ist das, wodurch es wahrnehmungsfähig ist (das Wahrnehmungsvermögen: τό γε αἰσθητικῷ) oder die Wahrnehmung Ausdehnung, sondern Proportion und Vermögen des Organs. Daraus wird auch klar, warum eigentlich ein Übermaß im Wahrgenommenen die Wahrnehmungsorgane (τὰ αἰσθητήρια) verdirbt – denn wenn die Bewegung des Organs zu stark ist, löst sich die Proportion auf – das aber war doch die Wahrnehmung – wie sich auch der Zusammenklang und die Gespanntheit lösen, wenn die Saiten heftig angeschlagen werden – und warum eigentlich die Pflanzen nicht wahrnehmen, wo sie doch einen bestimmten Seelenteil haben und vom Tastbaren etwas erleiden. Denn sie werden sowohl kalt als auch warm. Der Grund ist, dass sie keine [maßhafte] Mitte (μὴ ἔχειν μεσότητα) haben und kein Prinzip, das in der Lage wäre, die Formen des Wahrnehmbaren aufzunehmen, sondern zusammen mit der Materie erleiden.[196]

---

194 Aristoteles, *Metaphysica*, 1051a34–1052b11; 1027b27–8, *De anima*, 418a17–25; 430a26–8; 430b1–3.
195 Aristoteles, *De anima*, 418a15–16; 427b11–12; 428b18–19; 430b29; *De sensu*, 442b8–10.
196 Aristoteles, *De anima*, 424a24–b2: αἰσθητήριον δὲ πρῶτον ἐν ᾧ ἡ τοιαύτη δύναμις. ἔστι μὲν οὖν ταὐτόν, τὸ δ' εἶναι ἕτερον· μέγεθος μὲν γὰρ ἄν τι εἴη τὸ αἰσθανόμενον, οὐ μὴν τό γε αἰσθητικῷ εἶναι οὐδ' ἡ αἴσθησις μέγεθός ἐστιν, ἀλλὰ λόγος τις καὶ δύναμις ἐκείνου. φανερὸν δ' ἐκ τούτων καὶ διὰ τί ποτε τῶν αἰσθητῶν αἱ ὑπερβολαὶ φθείρουσι τὰ αἰσθητήρια (ἐὰν γὰρ ᾖ ἰσχυροτέρα τοῦ αἰσθητηρίου ἡ κίνησις, λύεται ὁ λόγος – τοῦτο δ' ἦν ἡ αἴσθησις – ὥσπερ καὶ ἡ συμφωνία καὶ ὁ τόνος κρουομένων σφόδρα τῶν χορδῶν), καὶ διὰ τί ποτε τὰ φυτὰ οὐκ αἰσθάνεται, ἔχοντά τι μόριον ψυχικὸν καὶ πάσχοντά τι ὑπὸ τῶν ἁπτῶν (καὶ γὰρ ψύχεται καὶ θερμαίνεται)· αἴτιον γὰρ τὸ μὴ ἔχειν μεσότητα, μηδὲ τοιαύτην ἀρχὴν οἵαν τὰ εἴδη δέχεσθαι τῶν αἰσθητῶν, ἀλλὰ πάσχειν μετὰ τῆς ὕλης.

Das Vermögen der Wahrnehmung (τό γε αἰσθητικῷ) und ihr Organ (τὸ αἰσθητήριον) sind zwar ein Zusammengesetztes, insofern aber das Vermögen die Vollendung der zugrunde liegenden Materie ist, müssen sie als *eines* gelten; beide unterscheiden sich nur ihrer Seinsweise nach.

Wie ist das zu verstehen? Wir haben gesehen, wie Aristoteles in der *Physik* herausgestellt hat, dass Form und Materie in Relation zueinander bestimmt werden können.[197] Die Materie soll dasjenige sein, was eine bestimmte Form der Möglichkeit nach aufnehmen kann. Man wird Materie also stets mit Blick auf ihren Mangel an formaler Bestimmtheit bzw. die damit einhergehende Möglichkeit, bestimmte Formen anzunehmen, d. h., etwas anderes zu werden, charakterisieren. Die Form soll hingegen die formale Bestimmtheit einer zugrunde gelegten Materie sein. Wendet man diese Unterscheidung auf das Wahrnehmungsvermögen und das Wahrnehmungsorgan an, so folgt daraus, dass das Vermögen die Aktualität einer geeigneten Materie ist, die durch diese bestimmte Form als Organ zu ihrer Vollendung geführt wird. Wahrnehmungsvermögen und Wahrnehmungsorgan sind somit der Sache nach eines. Denn die Vollendung oder Aktualität unterscheidet sich in gewisser Hinsicht nicht von der Materie, deren Vollendung sie ist, oder anders ausgedrückt, die Vollendung findet sich nicht wie ein Attribut an einem Substrat.

Der Definition oder dem Begriff nach kann beides aber sehr wohl unterschieden werden, insofern man nämlich die zugrunde gelegte Materie von der Form trennen und andere Aspekte an dieser Materie hervorheben kann. So ist etwa eine Bronzestatue *eine* und kann als ein bestimmtes *Dieses-da* (τόδε τι) angesprochen werden. An ihr können aber verschiedene Aspekte differenziert und begrifflich voneinander abgegrenzt werden. Wenn die Bronze der Statue als Materie, d. h. als Substrat, betrachtet wird, lassen sich unterschiedliche Möglichkeiten an ihr herausstellen. So wird sie ihrer Möglichkeit nach auch eine Glocke, Waffe, Schmuck und vieles andere sein. An sich selbst betrachtet ist die Bronze sogar eine gewisse Aktualität, da es sich nicht um die erste, sondern eine auf gewisse Weise formal bestimmte Materie handelt. In Verbindung mit der bestimmten Form einer Statue wird diese Bronze zu einer Bronzestatue werden, die wiederum an sich *eine* ist und als solche daher auch von anderem unterschieden werden kann.[198]

---

[197] Aristoteles, *Physica*, 194b8–9: ἔτι τῶν πρός τι ἡ ὕλη· ἄλλῳ γὰρ εἴδει ἄλλη ὕλη. „Ferner ist die Materie relativ bestimmt. Denn es ist eine andere Materie für eine je andere Form."
[198] Die Verwendung von Artefakten zur Illustration der Unterscheidung zwischen Form und Materie ist problematisch und hat in der Literatur viel Verwirrung gestiftet (siehe etwa Ackrills sogenanntes Homonymie-Problem). Hiergegen wendet Burnyeat 1992, 25–26 zurecht ein, „that where living things are concerned, the artefact model breaks down". Denn Leben und Wahrnehmung sind nicht kontingent für ein Lebewesen.

§ 3 Wahrnehmung als vollkommene Aktivität — 79

In diesem Sinn ist auch das Organ etwas Ausgedehntes, da es sich nämlich um eine bestimmte (also bereits geformte) Materie handelt – Fleisch und Sehnen usw. –, die zu einem Organ, d. h. Werkzeug für die Seele geformt sind. In der bestimmten Zusammensetzung wird die Möglichkeit zur Realisierung des Vermögens bereitgestellt. Das Vermögen andererseits befindet sich zwar im Organ, doch ist es an sich nichts Ausgedehntes. Es handelt sich vielmehr um eine Art Proportion (λόγος).[199] Mit Blick auf die bestimmte Organisation oder Zusammensetzung spricht Aristoteles auch von der maßhaften Mitte (μεσότης). Diese μεσότης ist eine bestimmte Proportion, die das Organ überhaupt erst zu einem bestimmten Etwas und damit zu einem Organ für ein Vermögen werden lässt.[200]

Ist nun aufseiten des Wahrnehmbaren nicht ebenfalls eine maßhafte Mitte vorhanden, kann unter Umständen das Wahrnehmungsorgan selbst gefährdet sein.[201] Schmerzen können das Ergebnis sein, wenn das Wahrgenommene keine regelmäßige Struktur aufweist und die Bewegung daher zu unregelmäßig bzw. zu stark ist.[202] Daraus erhellt auch, wie und warum nach Aristoteles das Auge durch das Licht geschädigt werden kann.[203] Gleiches gilt für das Gehör, das einem lauten Knall ausgesetzt wird. In beiden Fällen ist es nämlich nicht das Vermögen als Vermögen, welches hier Schaden erleidet, sondern nur insofern das Vermögen die bestimmte Proportion, d. h. die formale Organisation der Materie, bedeutet. Im Fall eines lauten Knalls wäre es folglich das Übermaß an Bewegung, welches

---

[199] Aristoteles, *De anima*, 424a24–28: αἰσθητήριον δὲ πρῶτον ἐν ᾧ ἡ τοιαύτη δύναμις. ἔστι μὲν οὖν ταὐτόν, τὸ δ' εἶναι ἕτερον· μέγεθος μὲν γὰρ ἄν τι εἴη τὸ αἰσθανόμενον, οὐ μὴν τό γε αἰσθητικῷ εἶναι οὐδ' ἡ αἴσθησις μέγεθός ἐστιν, ἀλλὰ λόγος τις καὶ δύναμις ἐκείνου. „Das Wahrnehmungsorgan ist primär das, worin das derartige Vermögen (ἡ τοιαύτη δύναμις) ist. Es ist folglich dasselbe [wie das Vermögen], aber in Bezug auf die Seinsweise verschieden. Denn das Wahrnehmende ist doch wohl eine bestimmte Ausdehnung, aber keineswegs ist das, wodurch es wahrnehmungsfähig ist (das Wahrnehmungsvermögen: τό γε αἰσθητικῷ) oder die Wahrnehmung Ausdehnung, sondern Proportion und Vermögen des Organs." 426a30–b3; 426b7: ἡ δ' αἴσθησις ὁ λόγος· ὑπερβάλλοντα δὲ λύει ἢ φθείρει. „Die Wahrnehmung aber ist die Proportion und das Übermäßige schmerzt oder zerstört."
[200] Aristoteles, *De anima*, 424a4–6: [...] ὡς τῆς αἰσθήσεως οἷον μεσότητός τινος οὔσης τῆς ἐν τοῖς αἰσθητοῖς ἐναντιώσεως. καὶ διὰ τοῦτο κρίνει τὰ αἰσθητά. τὸ γὰρ μέσον κριτικόν [...]. „[...] da die Wahrnehmung wie eine bestimmte Mitte zwischen dem Gegensatz in den wahrnehmbaren Qualitäten ist. Und deswegen unterscheidet sie Wahrnehmungsobjekte. Denn die Mitte ist fähig zu unterscheiden [...]." Roberto Grasso vermutet in seiner Dissertation (Edinburgh), dass es sich bei der μεσότης um eine ausbalancierende Aktivität handelt.
[201] Aristoteles, *De anima*, 426 a27– b7.
[202] Ebenso erzeugen gut abgestimmte Mischungen ein angenehmes Gefühl. Aristoteles, *Ethica Nicomachea*, 1173b9ff.
[203] Bereits Platon, *Phaidon*, 99d4–e1 weist auf die Gefahr der Erblindung hin, wenn man ungeschützt und direkt in die Sonne sieht. Stattdessen empfiehlt er das Abbild der Sonne im Wasser zu betrachten. Siehe Radke 2002.

das Wahrnehmungsorgan als organisierte Materie verletzt und sogar zerstören kann. Aristoteles spricht davon, dass sich die Bestimmtheit des Organs durch ein Übermaß an Bewegung auflöst.[204] Noch einmal: Hier schadet nicht der Ton als Ton, d. h. als die bestimmte Proportion, die der Form nach die Schwingung der Luft ist, und erst recht kein Rot oder eingestrichenes C, die als solche durch die Lüfte wandern. Stattdessen ist es der Träger der Form, nämlich die Luft, insofern sie bewegt ist, die dem Organ schadet.

Wie kann unter dieser Voraussetzung aber die Dunkelheit, wie Aristoteles behauptet, das Auge oder die Struktur des Auges zerstören?[205] Denn anders als das zu grelle Licht zeichnet sich die Dunkelheit nicht durch ein Übermaß an Bewegung, sondern durch einen gänzlichen Mangel aus. Derselbe Einwand kann ebenso im Hinblick auf die anderen Wahrnehmungsgegenstände erhoben werden. Philoponus versteht Aristoteles daher so, dass der Überschuss an Bewegung das Organ unmittelbar zerstört, wohingegen der gänzliche Mangel sein zerstörerisches Werk über einen längeren Zeitraum hinweg tut. So erinnert Philoponus daran, dass Menschen, die längere Zeit in Höhlen gefangen gehalten werden, irgendwann ihr Augenlicht verlieren, da die Untätigkeit genauso schädlich ist wie ein Überschuss an Bewegung.[206]

Das Beispiel verdeutlicht, wie unsinnig es ist anzunehmen, der Wahrnehmung läge nach Aristoteles kein körperlicher Prozess zugrunde. Wenn dem nämlich so wäre und die Wahrnehmung tatsächlich nur eine Form von Gewahrwerden der wahrnehmbaren Qualitäten sein sollte, so bliebe die Schädigung des Wahrnehmungsorgans durch den materiellen Träger des Wahrnehmbaren unver-

---

204 Aristoteles, *De anima*, 424a28–32: φανερὸν δ' ἐκ τούτων καὶ διὰ τί ποτε τῶν αἰσθητῶν αἱ ὑπερβολαὶ φθείρουσι τὰ αἰσθητήρια (ἐὰν γὰρ ᾖ ἰσχυροτέρα τοῦ αἰσθητηρίου ἡ κίνησις, λύεται ὁ λόγος – τοῦτο δ' ἦν ἡ αἴσθησις – ὥσπερ καὶ ἡ συμφωνία καὶ ὁ τόνος κρουομένων σφόδρα τῶν χορδῶν) [...]. „Daraus wird auch klar, warum eigentlich ein Übermaß im Wahrgenommenen die Wahrnehmungsorgane (τὰ αἰσθητήρια) verdirbt – denn wenn die Bewegung des Organs zu stark ist, löst sich die Proportion auf – das aber war doch die Wahrnehmung – wie sich auch der Zusammenklang und die Gespanntheit lösen, wenn die Saiten heftig angeschlagen werden [...].";
424b9–12: ἅμα δὲ δῆλον καὶ οὕτως· οὔτε γὰρ φῶς καὶ σκότος οὔτε ψόφος οὔτε ὀσμὴ οὐδὲν ποιεῖ τὰ σώματα, ἀλλ' ἐν οἷς ἐστίν, οἷον ἀὴρ ὁ μετὰ βροντῆς διίστησι τὸ ξύλον. „Dies wird zugleich mit dem Folgenden deutlich: Denn weder Licht noch Dunkelheit noch Klang oder Geruch bewirken irgendetwas an den Körpern, sondern die Dinge, in denen sie sich befinden (bewirken etwas am Körperlichen), beispielsweise spaltet die Luft in Verbindung mit dem Donner das Holz." Die Zerstörung des Organs ist daher eine Folge der Bewegung. Siehe auch *De insomniis*, 459b10–11: συμβαίνει γὰρ μηδὲν ὁρᾶν διὰ τὴν ἔτι ὑποῦσαν κίνησιν ἐν τοῖς ὄμμασιν ὑπὸ τοῦ φωτός. „Das Ergebnis ist nämlich, dass man nichts sieht, weil die vom Licht ausgehende Bewegung in den Augen noch existiert." Sowie 459b20–23.
205 Aristoteles, *De anima*, 426b1–2.
206 Philoponus, *In Aristotelis libros de anima commentaria*, 15.472.16–19.

ständlich. All das macht klar, dass man vom Wahrnehmbaren unberührt bleibt, *insofern* es wahrnehmbar ist. Vielmehr ist hierfür ein Sinnesorgan notwendig. Wer nicht hören kann, der erleidet nichts vom Ton, insofern es ein Ton ist, und wer nicht sehen kann, erleidet nichts vom Licht, insofern es sichtbar ist. Doch kann auch, wer nicht über ein Hörvermögen verfügt, den Druck der Schallwellen auf der Haut spüren und wer nicht sehen kann, der kann die Wärme des Lichts empfinden. Neben dem Wahrnehmbaren, insofern es wahrnehmbar ist, haben wir es hier auch mit seinem materiellen Träger zu tun. Für den Ton gilt nämlich, dass er neben der auf bestimmte Weise proportionierten Bewegung, die die Form des Tons ausmacht, auch noch bewegte Luft ist. Das Wahrnehmungsorgan erleidet nur vom Träger der Form. Hier handelt es sich um ein echtes Erleiden. In diesem Sinn hat Aristoteles wie gesehen in seiner *Physik* die Wahrnehmung bestimmt als „eine Bewegung durch den Körper, wobei die Wahrnehmung etwas erleidet".[207] Damit steht auch fest, dass ohne das Einwirken der Materie, d. h. ohne die Affektion der Einwirkungseigenschaften, deren Bewegung bis zum Organ durch ein Medium reichen muss, nichts wahrgenommen werden kann. Daraus folgt aber nicht, dass man wahrnimmt, sobald eine solche Einwirkung stattfindet. Denn der eigentliche Akt der Wahrnehmung besteht nach Aristoteles, wie sich deutlich gezeigt hat, im aktiv herauslösenden Erfassen der wahrnehmbaren Form als Aktualisierung des Wahrnehmungsvermögens.

§ 4 Der Gehalt der Wahrnehmung

Nach Aristoteles bestimmt man ein Vermögen am besten mit Blick auf seine Aktivität. Das zeigt sich auch darin, dass die Aktivität in die Definition des Vermögens aufgenommen werden muss. Das Vermögen andererseits ist nicht Teil der Definition der Aktivität; daraus schließt Aristoteles, dass die Aktivität begrifflich (κατὰ τὸν λόγον) primär gegenüber dem Vermögen ist.[208]

Mit demselben Recht kann man nun sagen, dass das Objekt oder das Ziel der Aktivität in gewissem Sinn eine primäre Stellung gegenüber der Aktivität einnimmt. In der Bestimmung des Wahrnehmungsvermögens gilt es daher ent-

---

207 Aristoteles, *Physica*, 244b11–12: ἡ γὰρ αἴσθησις ἡ κατ' ἐνέργειαν κίνησίς ἐστι διὰ τοῦ σώματος, πασχούσης τι τῆς αἰσθήσεως.
208 Aristoteles, *De anima* 415a16–22. Das Argument hat sich uns schon in ähnlicher Form in der Diskussion der Bewegung gezeigt. Aristoteles hat dort darauf hingewiesen, dass eine Entwicklung ihren Namen im Hinblick auf das erstrebte Ziel erhält. Die Bestimmung einer Entwicklung vollzieht sich also im Hinblick auf ihre Vollendung. Die Priorität der Aktualität gegenüber der Möglichkeit wird von Aristoteles ausführlich in Buch IX der *Metaphysik* thematisiert. Dort stellt er heraus, dass die Aktualität auch der Substanz und der Zeit nach vorausgeht.

sprechend, neben der Aktivität der Wahrnehmung das Objekt derselben zu erfassen.[209] Denn die einzelnen Wahrnehmungsvermögen richten ihre Aktivitäten auf unterschiedliche Gegenstände oder Objekte. Mithin ist die Aktivität zwar primär relativ zum Vermögen, aber die Gegenstände sind primär gegenüber den Aktivitäten. Entsprechend wird auch die Definition der Aktivität die Bezugnahme auf ihren Gegenstand verlangen: Das Sehen ist die Aufnahme der Farbe, und zwar insofern sie sichtbar ist.[210] In diesem Sinn heißt es in den *Kategorien*, wenn es einen Wahrnehmungssinn gibt, dann gibt es auch ein Wahrnehmungsobjekt.[211] Ohne die Objekte kann es keine Wahrnehmung geben, aber ohne Wahrnehmung wird es noch immer die Objekte der Wahrnehmung geben, etwa die Farbe. Das Objekt ist also dasjenige, worauf sich die Wahrnehmung richtet und in dessen Erfassung sich das Wahrnehmungsvermögen aktualisiert.

Aristoteles unterscheidet nun drei Wahrnehmungsobjekte:

> Zuerst muss bei jeder Wahrnehmung über ihre Wahrnehmungsgegenstände gesprochen werden. Von dem Wahrnehmungsgegenstand spricht man aber auf drei Weisen, von denen wir zwei an sich wahrgenommen zu werden nennen und eine akzidentell. Von den Zweien ist die Eine den jeweiligen Wahrnehmungssinnen eigentümlich (τὸ μὲν ἴδιόν ἐστιν ἑκάστης αἰσθήσεως), die andere ihnen allen gemeinsam. Als eigentümlich bezeichne ich, was man nicht mit einem anderen Sinn wahrnehmen kann und worüber man sich nicht täuschen kann (περὶ ὃ μὴ ἐνδέχεται ἀπατηθῆναι), wie zum Beispiel das Gesicht der Farbe gilt, das Gehör dem Ton, der Geschmack dem Geschmack (γεῦσις χυμοῦ), der Tastsinn hingegen hat zwar mehrere Unterschiede, aber trotzdem trifft jeder [Wahrnehmungssinn] bei diesem [d. h. dem ihm zugehörigen Wahrgenommenen] Unterscheidungen und täuscht sich nicht, dass [er eine] Farbe [sieht], noch dass [er einen] Ton [hört], sondern darüber, was das Farbige ist, oder wo oder was das Tönende ist oder wo.[212]

---

209 Denn wenn für das Vermögen gilt, dass man das, was deutlicher ist und der Erkenntnis nach vorausgeht, zuerst bestimmen muss, nämlich die Aktivität, so wird man aufgrund derselben Logik auch das, was noch klarer als die Aktivität ist, vor dieser bestimmen müssen. Das wird nach Philoponus, *In Aristotelis libros de anima commentaria*, 15.264,6ff. dasjenige sein, was der Aktivität als Relatum gegenübersteht und worauf diese bezogen ist: ihr Objekt.
210 Aristoteles, *Metaphysica*, 1049b4–16. Zum Verhältnis von Farbe und Sichtbarkeit siehe auch *Physica*, 201b3–4; ausführlich hierzu Simplicius, *In Aristotelis physicorum libros commentaria*, 9.425.15–34 sowie Philoponus, *In Aristotelis physicorum libros commentaria*, 16.358.3–11.
211 Aristoteles, *Categoriae*, 7b35–8a12.
212 Aristoteles, *De anima*, 418a7–16: Λεκτέον δὲ καθ' ἑκάστην αἴσθησιν περὶ τῶν αἰσθητῶν πρῶτον. λέγεται δὲ τὸ αἰσθητὸν τριχῶς, ὧν δύο μὲν καθ' αὑτά φαμεν αἰσθάνεσθαι, τὸ δὲ ἓν κατὰ συμβεβηκός. τῶν δὲ δυοῖν τὸ μὲν ἴδιόν ἐστιν ἑκάστης αἰσθήσεως, τὸ δὲ κοινὸν πασῶν. λέγω δ' ἴδιον μὲν ὃ μὴ ἐνδέχεται ἑτέρᾳ αἰσθήσει αἰσθάνεσθαι, καὶ περὶ ὃ μὴ ἐνδέχεται ἀπατηθῆναι, οἷον ὄψις χρώματος καὶ ἀκοὴ ψόφου καὶ γεῦσις χυμοῦ, ἡ δ' ἁφὴ πλείους [μὲν] ἔχει διαφοράς, ἀλλ' ἑκάστη γε κρίνει περὶ τούτων, καὶ οὐκ ἀπατᾶται ὅτι χρῶμα οὐδ' ὅτι ψόφος, ἀλλὰ τί τὸ κεχρωσμένον ἢ ποῦ, ἢ τί τὸ ψοφοῦν ἢ ποῦ.

§ 4 Der Gehalt der Wahrnehmung — 83

Die eigentümlichen Objekte (ἴδια αἰσθητά) können also jeweils nur von einem spezifischen Sinn wahrgenommen werden. So ist die Farbe das eigentümliche Objekt des Gesichts (ὄψις). In ihrer Wahrnehmung kann sich nach Aristoteles der Sinn nicht täuschen. Man irrt sich nicht darin, eine Farbe zu sehen oder welche Farbe man sieht.[213] Sehr wohl irrt man sich indessen darin, was oder wo das Farbige ist. Der Irrtum stellt sich also ein, wenn man das Farbige mit einem bestimmten Gegenstand oder Ort *verbindet*. Wer also etwas Weißes wahrnimmt, der wird sich in der wahrgenommenen Qualität nicht irren. Wird diese allerdings mit etwas anderem *verbunden*, entsteht die Möglichkeit des Irrtums.

Dass sich der Irrtum in der Verbindung oder *Synthese* der wahrgenommenen Qualität mit einem Ort oder Gegenstand einstellt,[214] ist ein außerordentlich wichtiger Punkt, der bereits im vorausgehenden Abschnitt angeklungen ist. Mit Blick auf die weitere Untersuchung ist außerdem bedeutsam, dass sich die Irrtumsfreiheit lediglich auf die eigentümlichen Objekte erstreckt. Daraus ergeben sich zwei charakteristische Merkmale für eigentümliche Wahrnehmungsobjekte: Erstens werden sie nur von einem Sinn wahrgenommen. Zweitens irrt man sich nicht bei ihnen. Als drittes Merkmal, welches sie mit den gemeinsamen Objekten teilen, fügt Aristoteles wenig später hinzu, dass sie anders als die akzidentellen Objekte der Wahrnehmung auf einer Affektion beruhen.[215]

Wir haben bereits gesehen, dass in der Wahrnehmung nur die Form und nicht die Materie aufgenommen wird, d. h. die bestimmte Form der Bewegung, die von den Einwirkungseigenschaften ausgeht. In der Aufnahme dieser formalen Bestimmung können sich die jeweils auf spezifische Bestimmungen gerichteten Sinne deshalb nicht täuschen, da die Wahrnehmung und die Form des Wahrgenommenen ein und dasselbe werden (ἡ δὲ τοῦ αἰσθητοῦ ἐνέργεια καὶ τῆς αἰσθήσεως ἡ αὐτὴ μέν ἐστι καὶ μία), d. h., sie sind in einem gewissen Sinn identisch, auch wenn ihr Sein verschieden bleibt, wie Aristoteles versichert.[216] Das

---

213 Siehe auch Aristoteles, *De anima*, 427b12; 428a11; 430b29; *De sensu*, 442b8f; *Metaphysica*, 1010b15–26. An einer Stelle (*De anima*, 428b18f.) findet sich eine Einschränkung: So soll es eine minimale Täuschung geben können. Ursache für die Täuschung ist, dass der Wahrnehmungsvorgang an das übertragende Medium gebunden ist.
214 Aristoteles, *De anima*, 418a16–25; 430a26–8; 430b1–3; *Metaphysica*, 1027b27–8; 1051b17–1052a4. Dass das Einfache entsprechend immer wahr ist, betont Aristoteles in *Metaphysica*, 1051a34–1051b9.
215 Aristoteles, *De anima*, 418a23–24. Aristoteles greift diesen Punkt zu Beginn des dritten Buches erneut auf (425a13–b11). Wie genau jedoch in diesem Kontext die aristotelische Aussage zu verstehen ist, dass die gemeinsamen Objekte *durch Bewegung* (κινήσει) wahrgenommen werden, ist in der Literatur sehr umstritten. Wir werden unten ausführlicher auf diese Stelle eingehen.
216 Aristoteles, *De anima*, 425b26–27: ἡ δὲ τοῦ αἰσθητοῦ ἐνέργεια καὶ τῆς αἰσθήσεως ἡ αὐτὴ μέν ἐστι καὶ μία, τὸ δ' εἶναι οὐ τὸ αὐτὸ αὐταῖς […]. „Die Aktivität des Wahrgenommenen und die der

Verhältnis der Identität lässt indes keinen Irrtum zu, den es wie gesagt nur dort geben kann, wo es auch zu einer Verbindung oder Trennung kommt. Auch auf diesen Punkt werden wir im nächsten Kapitel in der Behandlung der epikureischen Theorie zurückkommen.

Neben den eigentümlichen Objekten der einzelnen Sinne gibt es auch gemeinsame Wahrnehmungsobjekte (κοινὰ αἰσθητά), so wie das, von dem gesagt werden muss, dass es überhaupt nur in akzidenteller Weise (αἰσθητὸν κατὰ συμβεβηκός) wahrgenommen werden kann:

> Solches also nennt man die eigentümlichen [Wahrnehmungsobjekte] jedes einzelnen [Wahrnehmungssinns], gemeinsam aber sind Bewegung, Ruhe, Zahl, Gestalt, Ausdehnung. Denn diese sind keinem [Wahrnehmungssinn] eigentümlich, sondern allen gemeinsam. Denn sowohl für den Tastsinn ist eine bestimmte Bewegung wahrnehmbar als auch für das Gesicht. Als akzidentell wahrnehmbar bezeichnet man es, wenn etwa das Weiße der Sohn des Diares ist. Denn man nimmt diesen nur akzidentell wahr, weil dies [sc. dass er der Sohn des Diares ist] dem Weißen nur akzidentell zukommt, welches man wahrnimmt. Deshalb erleidet [die Wahrnehmung] auch nichts von dem akzidentell Wahrgenommenen als solchem. Unter dem an sich Wahrgenommenen sind die eigentümlichen [Wahrnehmungsobjekte] im eigentlichen Sinn wahrnehmbar, und es ist das, worauf sich das Wesen eines jeden Einzelsinns seiner Natur nach richtet.²¹⁷

Genauso wie die eigentümlichen Objekte sind auch die gemeinsamen Wahrnehmungsobjekte an sich wahrnehmbar. Trotzdem soll man sich bei ihnen im Gegensatz zu den eigentümlichen Wahrnehmungsobjekten ganz besonders irren können. Warum? Irrtum bzw. Täuschung gibt es wie gesagt überall dort, wo es eine Zusammensetzung bzw. Trennung von dem gibt, was nicht getrennt oder verbunden werden darf. Sieht man grün und verbindet das Grüne mit einem bestimm-

---

Wahrnehmung ist eine und dieselbe, ihr bestimmtes Sein ist aber nicht beiden dasselbe." Siehe auch *De sensu*, 439a13–16.

217 Aristoteles, *De anima*, 418a16–25: τὰ μὲν οὖν τοιαῦτα λέγεται ἴδια ἑκάστης, κοινὰ δὲ κίνησις, ἠρεμία, ἀριθμός, σχῆμα, μέγεθος· τὰ γὰρ τοιαῦτα οὐδεμιᾶς ἐστιν ἴδια, ἀλλὰ κοινὰ πάσαις· καὶ γὰρ ἁφῇ κίνησίς τίς ἐστιν αἰσθητὴ καὶ ὄψει. κατὰ συμβεβηκὸς δὲ λέγεται αἰσθητόν, οἷον εἰ τὸ λευκὸν εἴη Διάρους υἱός· κατὰ συμβεβηκὸς γὰρ τούτου αἰσθάνεται, ὅτι τῷ λευκῷ συμβέβηκε τοῦτο, οὗ αἰσθάνεται· διὸ καὶ οὐδὲν πάσχει ᾗ τοιοῦτον ὑπὸ τοῦ αἰσθητοῦ. τῶν δὲ καθ' αὑτὰ αἰσθητῶν τὰ ἴδια κυρίως ἐστὶν αἰσθητά, καὶ πρὸς ἃ ἡ οὐσία πέφυκεν ἑκάστης αἰσθήσεως. Es ist bemerkenswert, dass Aristoteles zur Liste der gemeinsamen Objekte an dieser Stelle Bewegung, Ruhe, Zahl, Gestalt und Ausdehnung zählt. In *De sensu*, 442b5–7 fügt er diesen noch das Raue und Weiche sowie das Scharfe und Stumpfe hinzu, die in *De anima*, 422b25–27 als eigentümliche Objekte des Tastsinns ausgegeben werden. Sonderbar ist auch, dass Aristoteles hier behauptet, dass die gemeinsamen Objekte von allen Sinnen wahrgenommen werden, was er in *De sensu*, 437a5–9 zum Teil relativiert. Hier wird der Sehsinn vor allen anderen ausgezeichnet. Siehe auch *De insomniis*, 458b3–7 sowie *De memoria et reminiscentia*, 450a9–12.

ten Objekt oder einem bestimmten Ort, besteht die Möglichkeit des Irrtums. In der Wahrnehmung des Grünen selbst kann es hingegen keinen Irrtum geben.[218] Daraus scheint aber indirekt zu folgen, dass es bei den gemeinsamen Wahrnehmungsobjekten irgendeine Art von Zusammensetzung geben muss. Wir erinnern uns, dass die eigentümlichen Wahrnehmungsobjekte an sich wahrnehmbar und aktual identisch mit dem Wahrnehmenden sind. Da die gemeinsamen Wahrnehmungsobjekte ebenfalls an sich wahrnehmbar sein sollen, diese aber in irgendeiner Weise zusammengesetzt sind bzw. in keinem Identitätsverhältnis mit dem Wahrnehmenden stehen können (so soll man ja gerade bei ihnen besonders oft getäuscht werden), liegt die Vermutung nahe, dass es sich hier um eine Verbindung handelt, die auf eigentümlichen Wahrnehmungsobjekten beruht.

Wie genau das aussehen könnte, will ich am Beispiel der Bewegung demonstrieren: Wenn ich ein Fingerkino gestalte, in dem sich auf einer Folge von Blättern ein Fleck mit roter Farbe immer weiter ausbreitet und diese Blätter anschließend in einer raschen Folge vor meinem Auge ablaufen lasse, suggerieren die unterschiedlichen Einzelbilder, dass sich die rote Farbe über das Papier ausbreitet. Auch wenn ich weiß, dass ich es hier mit einer Folge von Einzelbildern zu tun habe, ist die Erscheinung der Bewegung nicht aufhebbar. Damit wäre ein anderer wichtiger Aspekt der gemeinsamen Wahrnehmungsobjekte angerissen: die ihnen zugrunde liegende Zusammensetzung ist nicht aufhebbar, d. h. im Falle des Irrtums auch nicht belehrbar. Man wird auch dann eine Bewegung sehen, wenn man weiß, dass es sich um einzelne Farbflecken handelt. Daraus folgt andererseits, dass eine Bewegung nicht unmittelbar wahrgenommen werden kann, sonst wäre sie auch nicht durch eine Folge von Einzelbildern vortäuschbar. Es spricht also sehr viel dafür, dass es sich um eine Zusammensetzung handelt.

> Es kann daher auch nicht so sein, dass es für die gemeinsamen Wahrnehmungsobjekte ein eigenes Wahrnehmungsorgan gibt, die wir mit jedem Einzelsinn (ἑκάστῃ αἰσθήσει) akzidentell wahrnehmen, nämlich Bewegung, Ruhe, Gestalt, Ausdehnung, Anzahl, Einheit. Denn alle diese nehmen wir durch Bewegung wahr, so zum Beispiel die Ausdehnung durch Bewegung (und also auch Gestalt; denn die Gestalt ist eine bestimmte Art der Ausdehnung), das Ruhende durch das Nicht-Bewegtwerden, die Zahl durch Verneinung des Kontinuierlichen und durch die eigentümlichen Wahrnehmungsgegenstände (τοῖς ἰδίοις). Denn jeder Wahrnehmungssinn nimmt eines wahr. Folglich ist klar, dass es unmöglich ist, dass es von einem Derartigen [gemeinsamen Wahrnehmungsgegenstand], wie zum Beispiel der Bewegung,

---

218 Aus heutiger Sicht ist man geneigt, hier nicht von Wahrnehmung, sondern von Empfindung zu sprechen. Manche Interpreten haben daher den Vorwurf an Aristoteles oder auch Epikur gerichtet, dass diese noch nicht adäquat zwischen Wahrnehmung und Empfindung unterschieden hätten (siehe etwa Striker 1977; Hamlyn 1958). Mit Blick auf Aristoteles übergeht dieser Vorwurf jedoch die aristotelische Trennung zwischen den unterschiedlichen Objekten der Wahrnehmung.

eine eigentümliche Wahrnehmung (ἰδίαν αἴσθησιν) gibt. Denn sonst wird es so sein, wie wir jetzt mit dem Sehen das Süße wahrnehmen. Dies [geschieht so], weil wir eben von beidem [Farbe und Geschmack] Wahrnehmung haben, durch die wir, wenn sie zusammenfallen, [beide] zugleich erkennen. Wenn nicht, dann würden wir nur auf akzidentelle Weise wahrnehmen, wie beispielsweise den Sohn des Kleon nicht, weil er der Sohn des Kleon ist, sondern, weil er weiß ist, und es kam diesem [Weißen] akzidentell zu, der Sohn des Kleon zu sein. Von den gemeinsamen Wahrnehmungsobjekten haben wir aber schon eine gemeinsame Wahrnehmung, nicht eine akzidentelle. Es ist also keine eigentümliche. Denn sonst würden wir überhaupt nichts anders wahrnehmen als auf die genannte Weise, [nämlich] wie wir den Sohn des Kleon wahrnehmen. Aber die eigentümlichen Wahrnehmungsobjekte der jeweils anderen [Wahrnehmungssinne] nehmen die [einzelnen] Wahrnehmungssinne akzidentell wahr, nicht insofern sie diese sind, sondern insofern sie eine [Wahrnehmung] sind, wenn zugleich die Wahrnehmung am selben Ding stattfindet, zum Beispiel von der Galle, dass sie bitter und gelb ist, denn es ist nicht die Sache einer anderen [Wahrnehmung] zu sagen, dass beide eines sind [d. h., ‚gelb' und ‚bitter' zum selben Gegenstand gehören]. Deswegen täuscht sie sich auch, und wenn [das Ding] gelb ist, glaubt sie, dass es Galle ist.[219]

Dieses Zitat wirft mehrere Schwierigkeiten auf, die vor allem zwei Punkte betreffen, und zwar zum einen das Verhältnis von eigentümlichen und gemeinsamen Wahrnehmungsobjekten und zum anderen das richtige Verständnis der aristotelischen Bemerkung, dass die gemeinsamen Wahrnehmungsobjekte durch Bewegung wahrgenommen werden. Beide Punkte sind eng miteinander verbunden und werden in der Literatur ausführlich diskutiert. Ich kann an dieser Stelle nicht auf alle Einwände eingehen,[220] vielmehr folge ich auch hier den antiken Kommentatoren, aber insbesondere Philoponus, dessen Vorschlag mir eine kohärente Interpretation der Stelle zu erlauben scheint.[221]

---

219 Aristoteles, *De anima*, 425a14–b3: ἀλλὰ μὴν οὐδὲ τῶν κοινῶν οἷόν τ' εἶναι αἰσθητήριόν τι ἴδιον, ὧν ἑκάστῃ αἰσθήσει αἰσθανόμεθα κατὰ συμβεβηκός, οἷον κινήσεως, στάσεως, σχήματος, μεγέθους, ἀριθμοῦ· ταῦτα γὰρ πάντα [κινήσει] αἰσθανόμεθα, οἷον μεγέθει κινήσει (ὥστε καὶ σχήματι· μέγεθος γάρ τι τὸ σχῆμα), τὸ δ' ἠρεμοῦν τῷ μὴ κινεῖσθαι, ὁ δ' ἀριθμὸς τῇ ἀποφάσει τοῦ συνεχοῦς, καὶ τοῖς ἰδίοις (ἑκάστη γὰρ ἓν αἰσθάνεται αἴσθησις)· ὥστε δῆλον ὅτι ἀδύνατον ὁτουοῦν ἰδίαν αἴσθησιν εἶναι τούτων, οἷον κινήσεως· οὕτω γὰρ ἔσται ὥσπερ νῦν τῇ ὄψει τὸ γλυκὺ αἰσθανόμεθα· τοῦτο δ' ὅτι ἀμφοῖν ἔχοντες τυγχάνομεν αἴσθησιν, ᾗ ὅταν συμπέσωσιν ἅμα γνωρίζομεν. εἰ δὲ μή, οὐδαμῶς ἂν ἀλλ' ἢ κατὰ συμβεβηκὸς ᾐσθανόμεθα (οἷον τὸν Κλέωνος υἱὸν οὐχ ὅτι Κλέωνος υἱός, ἀλλ' ὅτι λευκός, τούτῳ δὲ συμβέβηκεν υἱῷ Κλέωνος εἶναι)· τῶν δὲ κοινῶν ἤδη ἔχομεν αἴσθησιν κοινήν, οὐ κατὰ συμβεβηκός· οὐκ ἄρ' ἐστὶν ἰδία· οὐδαμῶς γὰρ ἂν ᾐσθανόμεθα ἀλλ' ἢ οὕτως ὥσπερ εἴρηται [τὸν Κλέωνος υἱὸν ἡμᾶς ὁρᾶν]. τὰ δ' ἀλλήλων ἴδια κατὰ συμβεβηκὸς αἰσθάνονται αἱ αἰσθήσεις, οὐχ ᾗ αὐταί, ἀλλ' ᾗ μία, ὅταν ἅμα γένηται ἡ αἴσθησις ἐπὶ τοῦ αὐτοῦ, οἷον χολῆς ὅτι πικρὰ καὶ ξανθή (οὐ γὰρ δὴ ἑτέρας γε τὸ εἰπεῖν ὅτι ἄμφω ἕν)·διὸ καὶ ἀπατᾶται, καὶ ἐὰν ᾖ ξανθόν, χολὴν οἴεται εἶναι.
220 Siehe die ausführliche Diskussion in Bernard 1988, 113–130.
221 Polansky 2007, 370f. notiert zwar, dass die antiken und mittelalterlichen Interpreten eine kohärente Interpretation anbieten, weist diese aber als „dull" zurück. Ich möchte jedoch daran

Zunächst ist es wichtig, eine grundsätzliche aristotelische Unterscheidung in den Blick zu nehmen, und zwar differenziert Aristoteles prinzipiell zwischen dem, was *bloß* auf akzidentelle Weise wahrgenommen werden kann, wie z. B. ‚Sohn des Kleon sein' (da es an sich nur deshalb wahrnehmbar ist, weil es mit etwas Wahrnehmbaren, wie etwa dem Weißen, verbunden ist) und dem, was für einen bestimmten Sinn nur akzidentell wahrnehmbar ist. So ist etwa die Süße für den Gesichtssinn nur akzidentell wahrnehmbar. Wendet man sich auf dieser Folie dem ersten Satz zu, so stellt sich die Frage, ob und wie Aristoteles der Ansicht sein könne, dass die gemeinsamen Wahrnehmungsobjekte per se für jeden einzelnen Wahrnehmungssinn nur akzidentell wahrnehmbar sind (ὧν ἑκάστῃ αἰσθήσει αἰσθανόμεθα κατὰ συμβεβηκός).²²² Philoponus schlägt daher vor, anstelle des Indikativs den Konjunktiv zu lesen. Es hieße somit nicht „die wir mit jedem Einzelsinn akzidentell wahrnehmen", sondern „dann nähmen wir sie mit jedem Einzelsinn akzidentell wahr".²²³ Auf diese Weise wird auch die anschließende Erklärung einsichtig („Denn alle diese nehmen wir durch Bewegung wahr"). Dass die gemeinsamen Wahrnehmungsobjekte gerade nicht auf eine bloß akzidentelle Weise durch die einzelnen Sinn wahrgenommen werden, folgt daraus, dass sie aufgrund von Bewegung wahrgenommen werden (was, wie wir oben gesehen haben, ein Zeichen dafür ist, dass sie an sich, d. h. aufgrund einer sinnlichen Affektion, wahrgenommen werden). Nur so macht das erklärende γάρ, womit Aristoteles den nachfolgenden Satz einleitet, überhaupt Sinn.

Was für eine Bewegung kann Aristoteles hier meinen? Der Hinweis auf die Bewegung ist zumindest prima facie problematisch und das richtige Verständnis hängt unmittelbar von der Deutung des vorausgehenden Satzes ab. Charlton und andere schlagen vor, dass es sich um Veränderungen bzw. Ruhezustände der wahrgenommenen Objekte selbst handeln muss. Auf diese Weise ließen sich etwa Figur und Größe voneinander unterscheiden, da sie sich verschieden

---

erinnern, dass es uns in erster Linie darauf ankommt, die aristotelische Tradition von der hellenistischen Philosophie zu differenzieren, weshalb wir uns auch zunächst auf die traditionelle Auslegung des aristotelischen Textes berufen.

222 So etwa Graeser 1978, 69–81; Ross 1961, 270; Hamlyn 1993, 177ff.
223 Philoponus, *In Aristotelis libros de anima commentaria*, 15.457.18–23: ὀφείλων γὰρ εἰπεῖν ‘ἐπεὶ κατὰ συμβεβηκὸς ἂν αἱ ἄλλαι αἰσθήσεις αὐτῶν ᾐσθάνοντο', φησὶν ὅτι <ὧν ἑκάστῃ αἰσθήσει αἰσθανόμεθα κατὰ συμβεβηκός>. εἰ γὰρ ἦν τῷ ὄντι αἰσθητήριον τῶν κοινῶν αἰσθητῶν, κατὰ συμβεβηκὸς ἂν αὐτῶν ᾐσθάνοντο αἱ πέντε αἰσθήσεις· ἀλλὰ μὴν κατὰ συμβεβηκὸς αὐτῶν οὐκ αἰσθάνονται, ὡς ἀπεδείξαμεν ἐν τῇ θεωρίᾳ· οὐκ ἄρα ἐστὶν αὐτῶν ἴδιον αἰσθητήριον. „Er hätte sagen müssen, ‚weil die anderen Sinne diese akzidentell wahrnehmen würden'. Er sagt (aber), dass ‚wir sie mit jedem Sinn akzidentell wahrnehmen'. Denn wenn es wirklich ein Sinnesorgan für die gemeinsamen Objekte geben würde, dann würden die fünf Sinne diese akzidentell wahrnehmen. Sie nehmen sie aber nicht akzidentell wahr, wie wir in der (vorausgehenden) Betrachtung gezeigt haben. Deshalb gibt es für sie auch kein eigentümliches Organ."

ändern.²²⁴ Gegen diesen Vorschlag hat aber bereits Hicks in seinem Kommentar in Anschlag gebracht, dass man dieser Ansicht zufolge *alle* gemeinsamen Wahrnehmungsobjekte durch Bewegung und mithin durch eines von ihnen abhängen lässt.²²⁵ Hinzufügen ließe sich noch, dass Aristoteles wenig später darauf hinweist, dass es unter der Voraussetzung, dass es nur einen Sinn gäbe, unmöglich wäre, die eigentümlichen von den gemeinsamen Objekten zu unterscheiden. Das wirft allerdings die Frage auf, warum diese ununterscheidbar sein sollten, wenn doch die Wahrnehmung der letzteren primär auf Bewegung beruhen würde. Man muss also davon ausgehen, dass die gemeinsamen Objekte in irgendeiner Hinsicht essentiell abhängig von der Wahrnehmung der eigentümlichen Objekte sind. Versteht man den ersten Satz aber im konditionalen Sinn, wird klar, dass es Aristoteles hier um den Unterschied zu den akzidentellen Objekten der Wahrnehmung geht, da auch die gemeinsamen Objekte der Wahrnehmung aufgrund einer Bewegung hervorgerufen werden, die wiederum von einer Einwirkungseigenschaft verursacht worden ist.²²⁶

Bedenken muss man allerdings, dass auch die eigentümlichen Wahrnehmungsobjekte zuweilen akzidentell wahrgenommen werden, so wie man etwa die Süße des Honigs zu schmecken meint, wenn man die goldene Farbe sieht. In diesem besonderen Fall wird die Süße nicht auf einer Bewegung beruhen, die durch eine Einwirkungseigenschaft hervorgerufen wurde; eben deshalb handelt es sich um eine akzidentelle Wahrnehmung. Dass die gemeinsamen wie eigentümlichen Wahrnehmungsobjekte also auf Bewegung beruhen, unterscheidet sie von den akzidentellen Wahrnehmungsobjekten.

Bevor wir genauer auf die akzidentelle Wahrnehmung zu sprechen kommen, gilt es, einen anderen Aspekt der Wahrnehmung gemeinsamer Objekte zu fokussieren. Aristoteles stellt heraus, dass es für diese keinen eigenen Sinn geben kann, der sie dann als eigentümliche Objekte wahrnehmen würde. Warum nicht? Es liegt doch nahe, den *Gemeinsinn* (*sensus communis*) für die Wahrnehmung der gemeinsamen Wahrnehmungsobjekte verantwortlich zu machen. Aristoteles hebt aber wie gesagt hervor, dass unter der Voraussetzung eines eigentümlichen Sinns für gemeinsame Objekte – Bewegung ließe sich etwa wie die Farbe von einem speziellen Sinn wahrnehmen – diese Objekte für die anderen Sinne nur akzidentell wahrnehmbar wären, d. h. eben so, wie wir Süßes durch den Gesichtssinn wahrnehmen, sobald sich der goldfarbene Honig zeigt. Das ist aber nach Aristoteles gerade nicht der Fall, vielmehr ist es charakteristisch für die

---

224 Charlton 2000, 154. Die unterschiedlichen Interpretationsmöglichkeiten fasst Polansky 2007, 371 zusammen.
225 Hicks 1907, 428.
226 Philoponus, *In Aristotelis libros de anima commentaria*, 15.457.27–458.36.

gemeinsamen Objekte, von den unterschiedlichen Sinnen *an sich selbst* wahrgenommen zu werden.[227]

Warum gibt es nicht nur eine Wahrnehmung für eigentümliche wie für gemeinsame Wahrnehmungsobjekte? Es wurde bereits angedeutet, dass Aristoteles der Ansicht ist, in diesem Fall die eigentümlichen nicht von den gemeinsamen Objekten *unterscheiden* zu können.[228] Angenommen, Ausdehnung wäre genauso wie Farbe nur mit dem Gesichtssinn wahrnehmbar, so folgt daraus, dass man beides voneinander nicht trennen kann, da man das Ausgedehnte jederzeit als farbig sieht oder so, wie Platon es im *Menon* formuliert, die Gestalt jederzeit der Farbe folgt.[229] Die unterschiedlichen Sinne erlauben es hingegen, die einzelnen Wahrnehmungsobjekte gegeneinander abzugrenzen. Die Gestalt kann nicht nur gesehen, sondern auch ertastet werden, d. h., *ohne Farbe* wahrgenommen werden (beispielsweise von einem Blinden), weshalb sie sich auch von der Farbe differenzieren lässt. Aus dem Beispiel wird zudem klar, dass grundsätzlich ein Sinn ausreicht, um gemeinsame Wahrnehmungsobjekte wahrzunehmen.[230] Auch wenn wir Ausdehnung nicht nur durch den Tastsinn wahrnehmen können, genügt die Wahrnehmung durch den Gesichtssinn, um *in den meisten Fällen* zutreffend zu unterscheiden.[231]

Die akzidentelle Wahrnehmung andererseits ist wie gesagt keine Wahrnehmung, die als solche auf Bewegung beruht, da sie es mit Objekten zu tun hat,

---

[227] Hieraus folgt aber auch, dass die gemeinsame Wahrnehmung nicht auf dem Gemeinsinn beruhen kann. Der Gemeinsinn, der also zwischen den unterschiedlichen Gehalten der einzelnen Sinne unterscheidet, ist nicht dasselbe wie die gemeinsame Wahrnehmung. Siehe zu diesem Punkt Bernard 1988, 122f.
[228] Aristoteles, *De anima*, 425b4–11.
[229] Platon, *Menon*, 75b9–11: ἔστω γὰρ δὴ ἡμῖν τοῦτο σχῆμα, ὃ μόνον τῶν ὄντων τυγχάνει χρώματι ἀεὶ ἑπόμενον. „So soll uns denn dies die Gestalt sein, was allein von den Dingen immer der Farbe folgt."
[230] Siehe die ausgezeichnete Darstellung von Bernard 1988, 129. Unter *sensus communis* ist das Wahrnehmungsvermögen in seiner Einheit vor der Aufspaltung in die einzelnen Wahrnehmungssinne zu verstehen. Die Bezeichnung *sensus communis* findet sich bei Aristoteles selbst nur an zwei Stellen: *De memoria et reminiscentia*, 450a10–14 und *De partibus animalium*, 686a30–32.
[231] Philoponus streicht noch einen weiteren Punkt heraus, den er bei Aristoteles nicht klar genug herausgearbeitet sieht. So soll man seiner Ansicht nach aus der Tatsache, dass die gemeinsamen Wahrnehmungsobjekte den eigentümlichen folgen, nicht schließen dürfen, dass die gemeinsamen Wahrnehmungsobjekte von geringerer Bedeutung seien als die eigentümlichen. Denn ganz im Gegenteil sollen sie viel vollkommener sein, da sie sehr viel deutlicher und einsichtiger sind, was sich unter anderem darin zeigt, dass die Objekte der gemeinsamen Wahrnehmung Objekte eigener Wissenschaften, wie etwa der Geometrie sind. Philoponus verweist in diesem Zusammenhang auf Platon, *Republica*, VI. und *Timaeus*. Philoponus, *In Aristotelis libros de anima commentaria*, 15.456.17f.; 15.461.18–32.

die an sich nicht wahrgenommen werden können.²³² Zur Illustration dient Aristoteles die Wahrnehmung von Kleons bzw. Diares' Sohn. Die von Aristoteles in diesem Zusammenhang gewählten Beispiele demonstrieren, dass es sich hier nicht ausschließlich um äußerlich wahrnehmbare Formen, sondern zudem um etwas, was nur intelligibel erfassbar ist, handeln muss. In diesen Fällen bleibt es der Wahrnehmung selbst verschlossen, ob es sich bei dem weißen Menschen, der sich nähert, um Kleons Sohn handelt. ‚Sohnsein' ist für die Wahrnehmung unerkennbar. Wir haben oben bereits gesehen, dass der Wahrnehmungsvorgang in einem unterscheidenden Erfassen der wahrnehmbaren Formen besteht, die von dem Medium abgetrennt und als solche aufgenommen werden können. Die am Medium stattfindende Bewegung wird durch die Einwirkungseigenschaften der Körper hervorgerufen. Daraus folgt aber andererseits, dass es die Wahrnehmung im strengen Sinn nur mit den Einwirkungseigenschaften zu tun hat, welche die Körper als solche bestimmen bzw. mit den gemeinsamen Wahrnehmungsobjekten, die auf einer Zusammensetzung der eigentümlichen Wahrnehmungsobjekte beruhen. Von der Wahrnehmung ausgehend kann daher nur gesagt werden, dass man ein so und so geformtes Weißes gesehen hat. Aus dem Blickwinkel der Wahrnehmung kommt es dem Weißen nämlich nur akzidentell zu, ein Lebewesen und Kleons Sohn zu sein. Genauso kommt es dem Sohn bloß akzidentell zu, weiß zu sein. Was das Sohnsein (oder das Kleonsein) ausmacht, ist der Unterscheidungsleistung der Wahrnehmung unzugänglich. Sie kann folglich nicht erfassen, dass es sich bei dem geformten Weißen um Kleons Sohn handelt, ja nicht einmal, dass es sich um einen Mann, einen Menschen oder gar ein Lebewesen handelt. ‚Sohnsein' ruft keine Affektion der Sinnesorgane hervor, daher *erleidet* die Wahrnehmung auch nichts von dem akzidentell Wahrgenommenen an sich, wie Aristoteles sagt. Würde es sich bei dem Weißen, was durch das Gesicht erkannt wird, nicht einmal um ein Lebewesen, sondern um eine Puppe handeln, so hätte sich nicht die Wahrnehmung geirrt. Der Irrtum läge dann allein auf der Seite des verbindenden und trennenden Denkens, welches den Sohn des Diares erkannt zu haben meint. Diese Art Irrtum beruht folglich auf dem Urteil, welches auf der Grundlage der Wahrnehmung gefällt wird, und ist von dem Irrtum der Wahrnehmung der gemeinsamen Objekte zu differenzieren. Allein bei dem Letzteren handelt es sich mithin um eine Wahrnehmungstäuschung im eigentlichen Sinn. Wir werden in der Diskussion der epikureischen Theorie der Wahrnehmung hierauf zurückkommen. Festhalten können wir jedoch, dass die aristotelische Analyse der Wahrnehmungsobjekte diese Differenzierung erlaubt.

---

232 Eine sehr gute Diskussion der akzidentellen Wahrnehmung bietet Alexander von Aphrodisias, *Quaestiones*, III.8.93.23–94.11.

Bei der Wahrnehmung des Akzidentellen wird also etwas Wahrnehmbares mit etwas Nichtwahrnehmbarem verbunden, wie z. B. das Weiße mit dem Sohnsein.²³³ Das Nichtwahrnehmbare ist nach Aristoteles etwas, was nur intelligibel erfassbar ist. Es handelt sich also um eine Verbindung zwischen einem Wahrnehmungsobjekt und einem intelligiblen Objekt.²³⁴ Im Fall der akzidentellen Wahrnehmung haben wir es mithin nicht mit *einer reinen Wahrnehmung* zu tun. Da man aber auch in diesen Fällen von Wahrnehmung spricht (folgt man der Einschätzung vieler zeitgenössischer Philosophen, dann handelt es sich sogar um die Kernbedeutung des Begriffs ‚Wahrnehmung'²³⁵), gehören auch die akzidentellen Wahrnehmungsobjekte in den Bereich der Wahrnehmung, aber eben nur in einem akzidentellen Sinn. Hier ließe sich ein Vorteil der aristotelischen Terminologie konstatieren, die es einerseits erlaubt, diese Fälle der Wahrnehmung zuzurechnen, die aber andererseits dem Umstand gerecht werden kann, dass die Wahrnehmung selber natürlich nicht begrifflich verfährt und mithin auch keine begrifflichen Unterscheidungen treffen kann. Auch Vorstellungen (φαντασίαι) werden hierbei relevant sein, immerhin muss man eine Vorstellung darüber besitzen, wie der Sohn des Diares aussieht, um diesen anhand von wahrnehmbaren Merkmalen erkennen zu können.

§ 5 Aristoteles über φαντασία

Obwohl bereits Platon in den beiden Dialogen *Theaitetos* und *Sophistes* die kognitive Rolle von φαντασία thematisiert hat, soll Aristoteles der Erste gewesen sein, der dem Vermögen eine systematische Diskussion gewidmet hat.²³⁶ Beachtlich ist jedoch, dass sich die platonische Auseinandersetzung im Kontext der Konfrontation mit Protagoras' Position findet. Ausgangspunkt ist bekanntlich die Wahrnehmung, dass derselbe Wind unterschiedlich erscheinen kann: dem einen warm und dem anderen kalt. Vorausgesetzt nun, dass φαντασία und Wahrnehmung dasselbe sind und dass die Wahrnehmung immer wahr ist, soll daraus der protagoreische Satz folgen, dass die Dinge genau so sind, wie sie einem jeden Ein-

---

233 Die Bemerkungen von Aristoteles zur akzidentellen Wahrnehmung sind leider sehr spärlich. Einen ausführlicheren Versuch zur Rekonstruktion der möglichen Verbindungsleistungen in der akzidentellen Wahrnehmung bietet Bernard 1988, 75–78.
234 Zur These, dass der *Nous* bereits in der Wahrnehmung tätig ist, siehe Lloyd 1979, 135–148; Seidl 1971 und Bröcker 1964.
235 Exemplarisch sei an dieser Stelle auf Strawsons Kritik an der Theorie der Sinnesdaten verwiesen, die noch immer auf breite Zustimmung stößt.
236 Platon, *Theaetetus*, 152a-c; *Sophista*, 264a–b. Siehe hierzu Schofield 1996, 249 und Barney 1992, 286–288.

zelnen *erscheinen*. Aristoteles diskutiert dieses Argument in seiner *Metaphysik*.[237] Dort weist er Protagoras' These zurück, dass alle φαντασίαι wahr sind. Aristoteles gesteht zwar zu, dass alle Wahrnehmungen wahr sind, das soll aber nur mit Blick auf die von ihm in *De anima* herausgestellten eigentümlichen Objekte der Wahrnehmung gelten. Protagoras' Irrtum ist folglich darin zu sehen, dass er aus der wahren Prämisse, dass alle Wahrnehmungen wahr sind, den falschen Schluss gezogen hat, dass alle φαντασίαι wahr sind, weil er nicht hinreichend zwischen Wahrnehmung, φαντασία und Denken unterschieden hat.[238]

Wie genau Aristoteles die Unterschiede begreift, ist in der Literatur freilich umstritten. Bereits die adäquate Übersetzung von φαντασία ist problematisch. Aristoteles zufolge soll sich die Bezeichnung vom Licht (φάος) ableiten,[239] ohne Licht kann aber auch nichts gesehen werden (ἄνευ φωτὸς οὐκ ἔστιν ἰδεῖν), was wiederum zu suggerieren scheint, dass φαντασία in irgendeinem Sinn essenziell für die Wahrnehmung ist. Die deutsche Übersetzung von φαντασία lautet nun zumeist Vorstellung bzw. Vorstellungsvermögen.[240] Der deutsche Begriff ‚Vorstellung' verschleiert allerdings zum Teil die Doppeldeutigkeit, die mit φαντασία verbunden ist. So wird φαντασία von Aristoteles sowohl zur Bezeichnung einer Erscheinung als auch einer Einbildung verwendet. Im Englischen wird daher φαντασία zumindest bei Aristoteles entweder mit *imagination* oder *appearance* übersetzt. Im Kontext der hellenistischen Philosophie lautet die Übersetzung von φαντασία allerdings oft *impression* oder *presentation*. Die Schwierigkeiten, die eine angemessene Übersetzung bereitet, spiegeln die systematischen Probleme wider, die im Zusammenhang mit φαντασία gesehen werden. Es wird auch bezweifelt, dass Aristoteles eine einheitliche Konzeption vorgelegt hat bzw. dass eine solche unter den aristotelischen Voraussetzungen überhaupt möglich ist.[241]

In Ansehung der übergeordneten Fragestellung können wir diese Frage hier allerdings unentschieden lassen. Es wird mithin auch nicht nötig sein, eine einheitliche Theorie, die mit allen in der Literatur gesehenen Problemen umgehen könnte, zu rekonstruieren. Wichtig ist jedoch, den problematischen Charakter der Übersetzung nicht aus den Augen zu verlieren, sodass auch dann, wenn im

---

237 Aristoteles, *Metaphysica*, 1009a38ff.
238 Bei Schofield 1996, 256–257 findet sich eine alternative Lesart des Arguments.
239 Aristoteles, *De anima* 429a2–3. Siehe Polansky 2007, 431. Zum Wortstamm von φαντασία siehe Schofield 1996, 251–252 sowie Dorothea Frede 1996, 279–280. Wir werden im Folgenden sehen, wie wichtig diese Eigenschaft der Vorstellung für die hellenistischen Positionen wird. Insbesondere die Stoiker betonen, dass die Vorstellung wie das Licht sich selbst und den Gegenstand sichtbar macht (*SVF*, II.54). Siehe unten § 15.
240 Dorothea Frede 1996, 279 weist darauf hin, dass φαντασία sowohl das Vermögen als auch die Aktualisierung des Vermögens und dessen Ergebnis bezeichnen kann.
241 Schofield 1996, 256 zufolge handelt es sich um „a loose-knit, family concept".

Folgenden einheitlich von Vorstellung die Rede sein sollte, die anderen Bedeutungsaspekte von φαντασία im Blick behalten werden, was sich, wie wir sehen werden, in der nachfolgenden Diskussion der hellenistischen Positionen als ungemein wichtig herausstellen wird. Bedeutsam für diese Untersuchung ist in erster Linie das Verhältnis von Vorstellung und Wahrnehmung. Wir werden später sehen, dass in der hellenistischen Philosophie die Bedeutung der Vorstellung für die Wahrnehmung immens hinzugewinnt. Überdies nehmen die hellenistischen Autoren die feinen Differenzierungen, die Aristoteles in der Wahrnehmung getroffen hat, größtenteils zurück, sodass die Wahrnehmung erneut mit der Vorstellung identifiziert wird. Die Gründe hierfür und die damit verbundenen Probleme werden Gegenstand der nachfolgenden Kapitel sein.

Aristoteles behandelt die Vorstellung im Anschluss an die Wahrnehmung. Die relevanten Passagen finden sich verstreut im dritten Buch von *De anima*. Einzelne wichtige Aspekte werden auch in den kleinen naturwissenschaftlichen Schriften, den sogenannten *Parva naturalia* thematisiert. Philoponus hat in seinem Kommentar zu *De anima* die in seinen Augen wichtigsten Bestimmungen der Vorstellung zusammengetragen. So identifiziert er sechs Argumente, auf denen die für die Bestimmung der Vorstellung wesentliche Unterscheidung zwischen Vorstellung und Wahrnehmung beruhen soll.[242] Dass Philoponus sich größtenteils zustimmend zur aristotelischen Analyse der Vorstellung äußert, scheint mir in Anbetracht der übergeordneten Fragestellung vielsagend zu sein. Demnach sind viele der von Aristoteles in der Wahrnehmung getroffenen Bestimmungen positiv in der neuplatonischen bzw. spätantiken Philosophie aufgenommen worden, was wiederum einen signifikanten Unterschied zur hellenistischen Epoche zu markieren scheint.[243] Sehen wir uns die von Philoponus isolierten Unterschiede etwas genauer an:

(i) Das erste Argument soll auf der Bestimmung der Wahrnehmung als einem Vermögen beruhen. Denn als ein Vermögen kann die Wahrnehmung sowohl in Möglichkeit (δυνάμει) als auch in Aktivität (ἐνεργείᾳ) sein. Wäre die Vorstellung aber dasselbe wie die Wahrnehmung, so wäre auch die Vorstellung immer dann bloß in Möglichkeit, wenn die Wahrnehmung in Möglichkeit ist. Ein Beispiel hierfür wäre aber laut Aristoteles der Schlaf. Da man im Schlaf träumt und Träume eine Art Vorstellung sind, ist die Vorstellung auch dann in Aktivität, wenn die Wahrnehmung bloß in Möglichkeit ist. Zugleich folgt daraus, dass die Vorstellung auch nicht dasselbe wie die aktuale Wahrnehmung sein kann, da

---

242 Philoponus, *In Aristotelis libros de anima commentaria*, 15.494.18–15.496.20.
243 Zu Plotins Philosophie der Wahrnehmung siehe Benz 1990, der diese ausgehend von der aristotelischen Konzeption unter Berücksichtigung der neuplatonischen Kommentare entwickelt.

man im Schlaf nicht wahrnimmt, das Wahrnehmungsvermögen folglich auch nicht aktualisiert wird. Somit kann die Vorstellung weder dasselbe sein wie die mögliche Wahrnehmung noch wie die aktuale.[244]

(ii) In der Bestimmung des zweiten Unterschieds verfährt Philoponus nicht einheitlich. Zunächst soll dieser darin bestehen, dass auch Neugeborene über Wahrnehmung verfügen, wohingegen es fraglich sein soll, ob sie auch Vorstellungen haben, denn sie handeln nicht so, als ob sie Vorstellungen hätten. Das soll man beispielsweise aus der Beobachtung schließen können, dass sie auch dann, wenn sie sich bereits am Feuer verbrannt haben, immer wieder die Nähe zum Feuer suchen. Das würde aber nicht geschehen, so Philoponus, wenn sie Vorstellungen hätten.[245] Dieser Punkt findet sich jedoch nicht im aristotelischen Text wieder, sodass Philoponus nur wenig später mit Berufung auf Aristoteles den zweiten Unterschied darin sieht, dass die Wahrnehmung immer an die Gegenwart gebunden ist, was jedoch nicht für die Vorstellung zutreffen soll.[246]

Simplicius betont hierbei einen anderen Punkt. Seiner Ansicht nach soll Aristoteles damit gezeigt haben, dass eine Wahrnehmung der Vorstellung vorausgehen muss, da die Wahrnehmung bei Lebewesen sogleich mit ihrer Geburt anhebt, wohingegen die Vorstellung darauf angewiesen ist, dass zuvor etwas wahrgenommen wurde. Hierin sieht Simplicius auch einen Grund dafür, dass die Vorstellung einen sekundären Rang gegenüber der Wahrnehmung einnimmt.[247] Diese Einschätzung scheint nun aber zumindest prima facie schlecht mit der zuvor von Aristoteles herausgestellten Abhängigkeit der Wahrnehmung von der Vorstellung vereinbar zu sein.[248] Wir werden später hierauf zurückkommen.

(iii) Der dritte Punkt macht darauf aufmerksam, dass unter der Voraussetzung, dass Vorstellung und Wahrnehmung in ihrer Aktualität dasselbe sind, auch alle Tiere, denen aufgrund ihrer Natur das Wahrnehmungsvermögen zukommt, Vorstellungen hätten. Das scheint aber nach Aristoteles bei bestimmten Arten

---

244 Aristoteles, *De anima*, 428a6–8: αἴσθησις μὲν γὰρ ἤτοι δύναμις ἢ ἐνέργεια, οἷον ὄψις καὶ ὅρασις, φαίνεται δέ τι καὶ μηδετέρου ὑπάρχοντος τούτων, οἷον τὰ ἐν τοῖς ὕπνοις. „Die Wahrnehmung ist nämlich entweder ein Vermögen oder eine Aktivität, beispielsweise das Gesicht und das Sehen, es wird aber etwas vorgestellt, auch wenn keines von diesen vorliegt, wie zum Beispiel im Schlaf." Siehe dazu Philoponus, *In Aristotelis libros de anima commentaria*, 15.498.13–21 sowie Simplicius, *In Aristotelis libros de anima commentaria*, 11.208.33–209.7.
245 Philoponus, *In Aristotelis libros de anima commentaria*, 15.494.25–495.4.
246 Aristoteles, *De anima*, 428a8–9: [...] αἴσθησις μὲν ἀεὶ πάρεστι, φαντασία δ' οὔ. „[...] die Wahrnehmung ist immer gegenwärtig, die Vorstellung jedoch nicht."
247 Simplicius, *In Aristotelis libros de anima commentaria*, 11.209.10–14.
248 Aristoteles, *De anima*, 429a2–4.

von Insekten nicht der Fall zu sein.²⁴⁹ Philoponus führt diesen Punkt weiter aus: So sollen die herumirrenden Bewegungen der Ameisen seiner Ansicht nach ein eindeutiges Indiz dafür sein, dass sie den Weg, den sie bereits gegangen sind, nicht wiedererkennen.²⁵⁰

(iv) Der vierte von Philoponus konstatierte Unterschied, der den Gegenstand der Vorstellung betrifft, ist direkt relevant für die oben angemerkte aristotelische Kritik an Protagoras. So betont Aristoteles an dieser Stelle, dass „die Wahrnehmungen immer wahr sind, von den Vorstellungen werden sich die meisten hingegen als falsch herausstellen".²⁵¹ Philoponus erklärt die Differenz so, dass die Wahrnehmung ihre Aktivität auf existierende Dinge richtet (περὶ ὄντα πράγματα ἐνεργεῖ), was nicht für die Vorstellung gelten soll. Während es nämlich bei der Wahrnehmung so ist, dass ihr Gegenstand als äußerer Stimulus (nämlich als Einwirkungseigenschaft) gegeben sein (d. h. also existieren) muss, kann sich die Vorstellung auch auf nicht existierende Gegenstände richten.²⁵² Die Wahrnehmung andererseits wird mit ihren *eigentümlichen* Wahrnehmungsgegenständen aktual identisch. Eine direkte Folge dieses Identitätsverhältnisses ist, dass man sich in der Wahrnehmung dieser besonderen Klasse von Wahrnehmungsgegenständen nicht irren kann. Ganz anders allerdings die Vorstellung: Sie zeigt sehr häufig an, was nicht der Fall ist, so etwa Gegenstände, die längst vergangen sind oder überhaupt nicht existieren. Hierunter fallen nicht nur die im ersten Punkt angesprochenen Objekte, die in Träumen erscheinen. Nach Aristoteles soll vielmehr

---

249 Aristoteles, *De anima*, 428a9–11: εἰ δὲ τῇ ἐνεργείᾳ τὸ αὐτό, πᾶσιν ἂν ἐνδέχοιτο τοῖς θηρίοις φαντασίαν ὑπάρχειν· δοκεῖ δ' οὔ, οἷον μύρμηκι ἢ μελίττῃ, σκώληκι δ' οὔ. „Wenn sie aber mit der Aktivität identisch wäre, so wäre es möglich, dass alle Tiere Vorstellung haben. Es scheint aber nicht so zu sein, so haben zwar Ameise oder Biene eine Vorstellung, aber nicht der Wurm." Die Texte sind nicht eindeutig bezüglich der Frage, ob alle Tiere Vorstellungen haben oder nicht. Der hier zugrunde liegende Text spricht auch Ameisen ein Vorstellungsvermögen zu, was gegen Philoponus' Deutung spricht. An anderen Stellen betont Aristoteles sogar, dass alles, was wahrnehmungsfähig ist, auch Vorstellungen hat. Die Entscheidung dieser Frage ist aber im Hinblick auf unsere übergeordnete Fragestellung irrelevant.
250 Philoponus, *In Aristotelis libros de anima commentaria*, 15.495.5–8; 15.498.25–499.3. Simplicius, *In Aristotelis libros de anima commentaria*, 11.209.19–26 macht hingegen geltend, dass sich bei manchen Tieren keine wohlbestimmten Vorstellungen finden. Dass sie hingegen überhaupt keine Vorstellungen haben könnten, weist er zurück.
251 Aristoteles, *De anima*, 428a11–12: εἶτα αἱ μὲν ἀληθεῖς ἀεί, αἱ δὲ φαντασίαι γίνονται αἱ πλείους ψευδεῖς.
252 Philoponus, *In Aristotelis libros de anima commentaria*, 15.495.30–33: ἡ γὰρ αἴσθησις περὶ ὄντα πράγματα ἐνεργεῖ, ἡ δὲ φαντασία καὶ περὶ μὴ ὄντα, καὶ διὰ τοῦτο συμβέβηκε τῇ μὲν αἰσθήσει κατὰ φύσιν ἐχούσῃ ἀεὶ ἀληθεύειν, τὴν δὲ φαντασίαν ποτὲ ψεύδεσθαι [...]. „Denn die Wahrnehmung ist tätig mit Bezug auf die existierenden Dinge, wohingegen die Vorstellung auch bezüglich der nichtseienden Dinge tätig ist. Aus diesem Grund gilt auch für die Wahrnehmung in ihrem natürlichen Zustand, dass sie immer wahr ist, wohingegen die Vorstellung manchmal falsch ist."

gelten, dass immer dann, wenn uns etwas so oder so *erscheint* (φαίνεσθαι), eine Vorstellung im Spiel ist. Wahrnehmung und Vorstellung unterscheiden sich also im Hinblick auf ihren Wahrheitsgehalt.[253] Über die Wahrheit der Vorstellung entscheidet indes häufig der Wahrnehmungsgegenstand, auf den sich die Vorstellung bezieht. Diejenige Vorstellung soll als besonders verlässlich gelten, die sich auf eigentümliche Wahrnehmungsgegenstände richtet. Andererseits entfernt sich die Vorstellung am meisten von der Wahrheit, die sich auf die akzidentelle Wahrnehmung oder die Wahrnehmung der gemeinsamen Gegenstände richtet.[254]

(v) Hieran schließt sich der fünfte Punkt an: Wenn die Aktivität der Wahrnehmung hinsichtlich ihrer Objekte besonders genau ausgeführt wird (ὅταν ἐνεργῶμεν ἀκριβῶς περὶ τὸ αἰσθητόν), hat man keine Vorstellung hiervon. Eine Vorstellung wäre mithin das bloß schwach Wahrgenommene.[255] Man kann hier etwa an sehr weit entfernte Gegenstände denken, von denen man sagt, dass sie einem so oder so *erscheinen*. Eine schwache Wahrnehmung kann also zuweilen eine Vorstellung im Sinn einer Erscheinung sein. Sichere Wahrnehmungen wird man hingegen niemals Erscheinungen (oder eben Vorstellungen) nennen.

(vi) Schließlich streicht Philoponus mit Aristoteles heraus, dass man mit geschlossenen Augen keine Farben sehen wird. Gleichwohl kann man sich Farben vorstellen, wenn man die Augen geschlossen hält. Auch hieraus scheint aber zu folgen, dass Wahrnehmung und Vorstellung nicht dasselbe sein können.[256]

Die wichtigsten Unterschiede zwischen Vorstellung und Wahrnehmung, die von Philoponus herausgestellt werden, hängen damit zusammen, dass die Vorstellung anders als die Wahrnehmung nicht unmittelbar auf einen äußeren

---

[253] Aristoteles, *De anima*, 428a11–12: [...] αἱ μὲν ἀληθεῖς ἀεί, αἱ δὲ φαντασίαι γίνονται αἱ πλείους ψευδεῖς. „[...] die Wahrnehmungen zwar immer wahr sind, von den Vorstellungen werden sich die meisten hingegen als falsch herausstellen." Sowie 428a16–18.
[254] Aristoteles, *De anima*, 428b10–429a2. Simplicius, *In Aristotelis libros de anima commentaria*, 11.209.30–32 macht die unzureichende Bestimmtheit mancher Vorstellungsgegenstände für den Irrtum verantwortlich.
[255] Aristoteles, *De anima*, 428a12–15: ἔπειτα οὐδὲ λέγομεν, ὅταν ἐνεργῶμεν ἀκριβῶς περὶ τὸ αἰσθητόν, ὅτι φαίνεται τοῦτο ἡμῖν ἄνθρωπος, ἀλλὰ μᾶλλον ὅταν μὴ ἐναργῶς αἰσθανώμεθα πότερον ἀληθὴς ἢ ψευδής. „Zudem sagen wir nicht, wenn wir die Wahrnehmungsaktivität genau auf den Wahrnehmungsgegenstand richten, dass uns dies ein Mensch zu sein scheint, sondern vielmehr dann, wenn wir nicht klar wahrnehmen, ob es wahr oder falsch ist." Simplicius, *In Aristotelis libros de anima commentaria*, 11.209.33–210.1 räumt hingegen ein, dass manche Vorstellungen (er nennt etwa die Vorstellungen mathematischer Gegenstände) genauer als Wahrnehmungen sein können (ἀκριβέστερα μὲν γὰρ τὰ φανταστὰ τῶν αἰσθητῶν). Die Wahrnehmung der eigentümlichen Objekte ist hingegen besonders präzise.
[256] Philoponus, *In Aristotelis libros de anima commentaria*, 15.496.12–15 sowie Aristoteles, *De anima*, 428a15–16: καὶ ὅπερ δὴ ἐλέγομεν πρότερον, φαίνεται καὶ μύουσιν ὁράματα. „Und wie wir bereits füher sagten, es erscheinen auch denen, die die Augen schließen, Vorstellungsbilder."

Stimulus angewiesen ist. Aus diesem Grund liegt es auch manchmal in unserer Macht, sich vorzustellen, was und wann man es will.[257] Das soll jedoch nicht bedeuten, dass jede Vorstellung freiwillig geschieht. Denn offensichtlich gibt es auch Vorstellungen, die sich gegen unseren Willen einstellen, wie etwa Wahnvorstellungen, die eine besondere Art Vorstellung zu sein scheinen.[258] Dasselbe gilt für Erscheinungen oder Trugbilder. Aber anders als Wahrnehmungen sind Vorstellungen aufgrund ihrer Unabhängigkeit von äußeren Reizen nicht an die Gegenwart gebunden. Man kann sich längst vergangene Dinge genauso gut wie gegenwärtige und künftige Dinge vorstellen.[259] Die Vorstellung kann nämlich bereits wahrgenommene Gegenstände wieder aufgreifen und diese auf eine neue Art miteinander in Verbindung bringen, sie umorganisieren und aus sich selbst heraus neu hervorbringen. Gleichwohl ist alles, was die Vorstellung umorganisiert und neu formt, grundsätzlich aus der Wahrnehmung entnommen. Es ist somit nichts in der Vorstellung, was nicht irgendwann einmal wahrgenommen wurde. Aristoteles betont diesen Umstand, indem er herausstreicht, dass es keine Vorstellung ohne Wahrnehmung geben kann.[260] Das ist ein sehr wichtiger Punkt. In einem gewissen Sinn scheint die Vorstellung damit entgegen der zu Beginn geäußerten Vermutung, dass die Vorstellung essenziell für die Wahrnehmung sein könnte, einen bloß sekundären Rang gegenüber der Wahrnehmung einzunehmen. Denn nur das kann vorgestellt werden, was irgendwann einmal in der Wahrnehmung war, oder was bereits durch die Wahrnehmung als solches *unterschieden* worden ist. Die Unterscheidungsleistung der Wahrnehmung geht somit der Aktualisierung des Vorstellungsvermögens notwendigerweise voraus.[261]

Trotz dieser Unterschiede ist jedoch nicht ausgeschlossen, dass man die weiteren Formen der Wahrnehmung (d. h. die Wahrnehmung der gemeinsa-

---

257 Aristoteles, *De anima*, 427b16–18.
258 Das hebt bereits Philoponus hervor, der daher auch die Einschränkung macht, dass „die Vorstellung manchmal in unserer Macht steht". Philoponus, *In Aristotelis libros de anima commentaria*, 15.488.29–30: ἡ δὲ φαντασία ἐστί ποτε ἐφ' ἡμῖν. Wir werden später sehen, dass die Stoiker dann in der Tat die verschiedenen Arten von Vorstellungen scharf gegeneinander abgrenzen.
259 Siehe hierzu auch Thomas von Aquin, *In Aristotelis de anima commentarium*, L. III, I.VI, N. 664–665, p. 162.
260 Aristoteles, *De anima*, 427b14–16; *De insomniis*, I.458b29–31: ἀλλ' εἴτε δὴ ταὐτὸν εἴθ' ἕτερον τὸ φανταστικὸν τῆς ψυχῆς καὶ τὸ αἰσθητικόν, οὐδὲν ἧττον οὐ γίνεται ἄνευ τοῦ ὁρᾶν καὶ αἰσθάνεσθαί τι [...]. „Sei das Vorstellungsvermögen der Seele nun dasselbe wie das Wahrnehmungsvermögen oder verschieden, so gilt doch gleichwohl, dass (die Vorstellung) nicht ohne einen Akt des Sehens oder Wahrnehmens entsteht."
261 Polansky 2007, 410 behauptet, dass es sich beim Vorstellungsvermögen anders als bei der Wahrnehmung und beim Denken nicht um ein Unterscheidungsvermögen handeln kann. Dass auch das Vorstellungsvermögen ein Unterscheidungsvermögen ist, betont hingegen Simplicius, *In Aristotelis libros de anima commentaria*, 11.208.12–18.

men Objekte oder die akzidentelle Wahrnehmung) manchmal nicht klar von der Vorstellung differenzieren kann.[262] Beide haben nämlich sehr viel mit der Vorstellung gemeinsam. Nach Aristoteles liegen diese daher sehr nah beisammen, sodass sie sich häufig in gewisser Weise *berühren*. Denn sowohl die Wahrnehmung der gemeinsamen Objekte als auch die Vorstellung sind auf einen einheitlichen Gegenstand *gerichtet* und beide übersteigen die Unterscheidungsleistung der Wahrnehmung der eigentümlichen Objekte. Hinzu kommt, dass beide als eine Art von Urteil interpretiert werden können. Was allerdings die Vorstellung von der Wahrnehmung der gemeinsamen Objekte unterscheidet, ist, dass die Wahrnehmung der gemeinsamen Objekte nur insofern als ein Urteil verstanden werden kann, als sie eine Zusammenstellung von eigentümlichen Objekten der Wahrnehmung ist. Die Vorstellung übernimmt jedoch sowohl eigentümliche als auch gemeinsame Objekte.

Eine noch größere Gemeinsamkeit als mit der Wahrnehmung der gemeinsamen Objekte hat die Vorstellung aber mit der akzidentellen Wahrnehmung. Denn genauso wie die akzidentelle Wahrnehmung kann auch die Vorstellung vergangene Objekte der Wahrnehmung aufgreifen und auf neue Weise zusammenfügen. Wir haben gesehen, dass in der akzidentellen Wahrnehmung bereits erfahrene Wahrnehmungen, d. h. also Wahrnehmungen, die in der Vergangenheit liegen, mit der gegenwärtigen Wahrnehmung verbunden werden: Die geschmeckte Süße des Honigs wird mit der goldgelben Farbe vereinigt, weshalb man den Honig beim Anblick der Farbe zu schmecken meint. Auf diese Weise reorganisiert die akzidentelle Wahrnehmung, was der Wahrnehmung der eigentümlichen und gemeinsamen Objekte nicht zugänglich ist. Ein Beispiel hierfür wäre etwa die scheinbare Wahrnehmung von Substanzen, die als solche überhaupt nicht wahrnehmbar sind. Wie oben bereits angeklungen ist, darf man davon ausgehen, dass die Vorstellung sogar in der akzidentellen Wahrnehmung involviert ist. Wie das genau aussehen könnte, lässt sich nicht eindeutig aus der aristotelischen Ausführung erschließen und soll hier ausgeklammert werden.

Es gibt aber auch bedeutsame Unterschiede zwischen akzidenteller Wahrnehmung und Vorstellung. Denn anders als im Fall der Vorstellung kann es nur dann zu einer akzidentellen Wahrnehmung kommen, wenn es wirklich eine Wahrnehmung gibt. D. h., es muss eine auf Bewegung beruhende Wahrnehmung geben, mithin muss ein eigentümliches Wahrnehmungsobjekt gegenwärtig sein. Im Fall der akzidentellen Wahrnehmung des Sohns des Diares wird etwas Weißes wahrgenommen und somit ein tatsächlich gegenwärtiges Objekt der eigentümlichen Wahrnehmung. Das Weiße wird mit dem Sohn des Diares verbunden, da er in der Vergangenheit in Verbindung mit dem Weißen wahrgenommen worden

---

[262] Zu diesem Punkt siehe die Analyse von Cessi 1987, 111.

ist. Die Gegenwart des Wahrnehmungsobjekts ist indes keine notwendige Voraussetzung für die Vorstellung. Diese ist wie gesagt nicht an einen gegenwärtigen Stimulus geknüpft und kann sich daher den Sohn des Diares jetzt ebenso wie zu jedem anderen Zeitpunkt vorstellen, und zwar nicht nur in weiß, sondern auch in jeder beliebigen Farbe.

Die Gemeinsamkeiten, welche die Vorstellung zur Wahrnehmung der gemeinsamen sowie der akzidentellen Wahrnehmungsobjekte aufweist, deuten auf eine weitere Besonderheit der Vorstellung hin, die neben der vermeintlichen Freiheit in ihrer Aktualisierung (was wiederum suggeriert, dass das Vorstellungsvermögen in unserer Macht (ἐφ' ἡμῖν) liegt) für die positive Aufnahme der Vorstellung in der hellenistischen Philosophie verantwortlich sein könnte. Denn die Vorstellung liefert ein einheitliches Bild einer Situation, wie Dorothea Frede betont, und versorgt das Subjekt mit so etwas wie einem „field of vision".[263] Aus diesem Grund scheint die Vorstellung auch „for the ‚wider picture of things'" (ebd.) verantwortlich zu sein. Wir werden im Folgenden sehen, dass und wie beide Punkte für die Aufnahme der Vorstellung in der hellenistischen Philosophie extrem bedeutungsvoll sein werden.

Bevor Aristoteles jedoch die Vorstellung positiv bestimmt, differenziert er diese noch von dem untersten der oberen Seelenvermögen: von der Meinung. Ich möchte an dieser Stelle nicht alle vermeintlichen Unterschiede, die von Aristoteles angeführt werden, wiedergeben. Wir konzentrieren uns nur auf einige wenige Punkte, die für die nachfolgende Untersuchung relevant sind: Wir haben gesehen, dass es nur dann eine Vorstellung geben kann, wenn zuvor etwas wahrgenommen worden ist. Hinsichtlich der Meinung verhält es sich genau umgekehrt. Eine Meinung kann nur gebildet werden, wenn zuvor etwas vorgestellt worden ist.[264] Hierauf beruht die bereits angeklungene Hierarchie unter den Seelenvermögen, wonach die unteren Vermögen für die oberen vorausgesetzt werden müssen. Demgemäß spricht Aristoteles unvernünftigen Tieren zwar Vorstellungen zu, bestreitet aber, dass sie Meinungen haben können. Denn dazu soll Vernunft vorausgesetzt werden, weshalb lediglich vernunftbegabte Lebewesen Meinungen bilden können.[265] Die antiken Kommentatoren sprechen der Vorstellung daher den höchsten Rang unter den nicht vernünftigen oder *alogischen* Seelenvermögen zu.[266] Die Meinung hingegen soll den niedrigsten Rang unter den

---

263 Dorothea Frede 1996, 286.
264 Aristoteles, *De anima*, 427b16: [...] καὶ ἄνευ ταύτης οὐκ ἔστιν ὑπόληψις. „[...] und ohne diese gibt es keine Annahme."
265 Aristoteles, *De anima*, 428a19–23.
266 Philoponus, *In Aristotelis libros de anima commentaria*, 15.500. 8–9; 15.488.10–11 sowie Thomas von Aquin, *In Aristotelis de anima commentarium*, L. III, I.IV, N. 632, p. 156.

vernünftigen oder logischen Vermögen haben. Genauso wie die Vorstellung in vielen Aspekten der Wahrnehmung nahekommt, ohne selbst eine Wahrnehmung zu sein, lassen sich mithin viele Berührungspunkte mit der Meinung konstatieren.

Bemerkenswert ist in diesem Kontext jedenfalls, dass das griechische δοκεῖ zwar mit „erscheint" oder „scheinbar" übersetzt werden kann, von Aristoteles an einer Stelle aber explizit φαίνεται gegenübergestellt wird, und zwar mit dem Hinweis, „dass Vorstellung (φαντασία) und Meinung (δόξα) nicht im selben Teil der Seele sind".[267] Diese Nähe der Vorstellung zur Meinung, die die Mittelstellung zwischen der vernunftlosen Wahrnehmung und der bereits an der Vernunft teilhaftigen und deshalb auch propositional strukturierten Meinung markiert, ist mithin kennzeichnend für die Vorstellung.

Aber auch hier – genauso wie hinsichtlich des Verhältnisses der Wahrnehmung zur Vorstellung – betont Aristoteles, dass man beide scharf voneinander trennen sollte. Den ersten Fehler sieht er wie gesagt bei Protagoras, der Wahrnehmung und Vorstellung nicht adäquat voneinander unterschieden hat. Diesmal ist die Kritik jedoch gegen Platon gerichtet, der die Vorstellung zu einer Mischung aus Wahrnehmung und Meinung erklärt hat.[268] Aus diesem Grund hat Aristoteles zuerst die Unterschiede aufgezeigt, die zwischen Vorstellung und Wahrnehmung bzw. Vorstellung und Meinung bestehen sollen, und schließt zusätzlich aus, dass die Vorstellung als eine Form von Zusammensetzung dieser beiden Vermögen (Wahrnehmung und Meinung) betrachtet werden könnte.[269]

Schließlich sei noch auf eine bedeutsame Gemeinsamkeit zwischen der Vorstellung und der Meinung hingewiesen: Denn unabhängig davon, dass die Vorstellung zum unvernünftigen und damit sprachlosen Teil der Seele gerechnet wird, soll diese genauso wie die Meinung wahr oder falsch sein können.[270]

---

[267] Aristoteles, *Ethica Eudemia*, 1235b28–29: οὐ γὰρ ἐν ταὐτῷ τῆς ψυχῆς ἡ φαντασία καὶ ἡ δόξα. Barney 1992, 291, die auf diese Stelle aufmerksam macht, weist wenig später (294) darauf hin, dass sich dieselbe Nähe auch bei Epikur findet.
[268] Platon, *Sophista*, 264b1-2: [...] "φαίνεται" δὲ ὃ λέγομεν σύμμειξις αἰσθήσεως καὶ δόξης [...]. „[...] ‚es erscheint' nennen wir die Vereinigung von Wahrnehmung und Meinung [...]." Simplicius zufolge soll der Unterschied zwischen Platon und Aristoteles in dieser Frage jedoch nur marginal sein. In dieser Einschätzung schlägt sich vermutlich auch das neuplatonische Interesse nieder, die Differenzen zwischen beiden antiken Denkern nach Möglichkeit zu nivellieren.
[269] Aristoteles, *De anima*, 428a24-26: φανερὸν τοίνυν ὅτι οὐδὲ δόξα μετ' αἰσθήσεως, οὐδὲ δι' αἰσθήσεως, οὐδὲ συμπλοκὴ δόξης καὶ αἰσθήσεως, φαντασία ἂν εἴη [...]. „Es ist also klar, dass die Vorstellung weder Meinung zusammen mit Wahrnehmung, noch Meinung durch Wahrnehmung erworben, noch eine Verknüpfung von Meinung und Wahrnehmung sein dürfte."
[270] Aristoteles, *De anima*, 428a16-19: ἀλλὰ μὴν οὐδὲ τῶν ἀεὶ ἀληθευουσῶν οὐδεμία ἔσται, οἷον ἐπιστήμη ἢ νοῦς· ἔστι γὰρ φαντασία καὶ ψευδής. λείπεται ἄρα ἰδεῖν εἰ δόξα· γίνεται γὰρ δόξα καὶ ἀληθὴς καὶ ψευδής [...]. „Sie wird jedoch auch nichts von den Dingen sein, die immer wahr sind,

Aristoteles zufolge soll es sogar möglich sein, dass jemand von derselben Sache eine wahre Meinung und eine falsche Vorstellung hat. Die Sonne zum Beispiel erscheint nur einen Fuß groß, dessen ungeachtet sind wir der Meinung, dass sie sehr viel größer sein muss, als sie erscheint.²⁷¹ Obwohl wir uns also die falsche Größe der Sonne vorstellen, haben wir aufgrund der Entfernung, welche die Sonne zur Erde hat, die Meinung, dass die Sonne sehr viel größer als die Erde sein muss. Das Beispiel ist vor allem mit Hinblick auf die hellenistische Diskussion aufschlussreich und wird dort bei Epikur eine besondere Rolle spielen. Da Epikur nämlich die scharfe Trennung zwischen Wahrnehmung und Vorstellung, die Aristoteles gegen Protagoras hervorhebt, zurücknimmt und auch darin Protagoras folgen wird, dass er so wie dieser davon ausgeht, dass alle Vorstellungen wahr sind, wird auch die Vorstellung der Größe der Sonne wahr sein. Der Irrtum liegt hingegen ausschließlich bei der Meinung. Wir werden im nächsten Kapitel sehen, wie genau das zu verstehen ist und wie Epikur die Nähe zwischen Meinung und Vorstellung für seine Theorie ausnutzt.

Nachdem Aristoteles nun die Vorstellung von den anderen Seelenvermögen, mit denen sie vermischt werden könnte, unterschieden hat und auch ausschließen konnte, dass die Vorstellung sich aus ihnen zusammensetzt, definiert er sie auf folgende Weise:

> Weil es ferner möglich ist, dass wenn etwas bewegt worden ist, ein anderes von diesem bewegt wird, die Vorstellung aber eine *Art von* Bewegung zu sein scheint und nicht ohne Wahrnehmung entsteht, sondern vielmehr beim Wahrnehmenden auftritt und von den Dingen ist, von denen es Wahrnehmung gibt, und weil es möglich ist, dass eine Bewegung durch die Aktivität der Wahrnehmung entsteht und diese notwendig der Wahrnehmung ähnlich ist, so dürfte diese Bewegung weder ohne Wahrnehmung möglich sein, noch bei nicht Wahrnehmenden existieren; und was eine Vorstellung hat, tut und leidet vieles, das ihr entspricht [...]. (Hervorhebung: A. H.)²⁷²

Die Vorstellung scheint also (δοκεῖ εἶναι) eine Art von Bewegung (κίνησίς τις) zu sein, die selbst durch die Aktivität der Wahrnehmung verursacht wird. Wir haben bereits gesehen, dass beim Vorgang der Wahrnehmung unterschiedliche Verän-

---

wie beispielsweise das Wissen und der *Nous*. Es gibt nämlich auch eine falsche Vorstellung. Es bleibt also zu sehen, ob sie eine Meinung ist; denn es gibt sowohl wahre als auch falsche Meinung.

271 Aristoteles, *De anima*, 428b2–4. Das Beispiel ist bereits für Heraklit bezeugt (*DK*, 22B3).
272 Aristoteles, *De anima*, 428b10–17: ἀλλ' ἐπειδὴ ἔστι κινηθέντος τουδὶ κινεῖσθαι ἕτερον ὑπὸ τούτου, ἡ δὲ φαντασία κίνησίς τις δοκεῖ εἶναι καὶ οὐκ ἄνευ αἰσθήσεως γίνεσθαι ἀλλ' αἰσθανομένοις καὶ ὧν αἴσθησις ἔστιν, ἔστι δὲ γίνεσθαι κίνησιν ὑπὸ τῆς ἐνεργείας τῆς αἰσθήσεως, καὶ ταύτην ὁμοίαν ἀνάγκη εἶναι τῇ αἰσθήσει, εἴη ἂν αὕτη ἡ κίνησις οὔτε ἄνευ αἰσθήσεως ἐνδεχομένη οὔτε μὴ αἰσθανομένοις ὑπάρχειν, καὶ πολλὰ κατ' αὐτὴν καὶ ποιεῖν καὶ πάσχειν τὸ ἔχον [...].

derungen bzw. Bewegungen involviert sind. Zunächst gibt es die Form von Veränderung, die im Sinnesorgan stattfindet, wenn es durch das Objekt der Wahrnehmung affiziert wird. Hierbei handelt es sich um eine *echte Bewegung*, die durch eine Einwirkungseigenschaft hervorgerufen wird, d. h. eine Bewegung, die mittels eines materiellen Mediums vom Wahrnehmungsobjekt bis zum Wahrnehmungsorgan reicht. Darüber hinaus gibt es aber auch eine ganz spezifische Art von Eigenschaftsveränderung, die wir als eine vollendete Form von Bewegung und damit als Aktivität im eigentlichen Sinn charakterisiert haben. Diese Aktivität (oder spezielle Eigenschaftsveränderung), die Aristoteles mit der Wahrnehmung als solcher identifiziert, kann wie gesehen nur in einem eingeschränkten Sinn als eine Form des Bewegtwerdens begriffen werden.[273] Bereits die antiken Kommentatoren werfen daher die Frage auf, welche Bewegung Aristoteles für die Vorstellung verantwortlich macht und um was für eine Art von Bewegung es sich bei der Vorstellung selbst handelt.[274]

Die Gemeinsamkeiten mit der Wahrnehmung sprechen dafür, dass die Bewegung, die hier infrage steht, die besondere Aktivität des Wahrnehmungsvermögens ist. Durch diese Aktivität werden wie gesehen die wahrnehmbaren Formen

---

[273] Siehe zu dieser Zusammenfassung der in der Wahrnehmung involvierten Formen von Bewegung Simplicius, *In Aristotelis libros de anima commentaria*, 11.213.25–34: κινεῖται μὲν οὖν προσεχῶς ὑπὸ τῶν αἰσθητῶν τὸ αἰσθητήριον, οὐ πάσχον μόνον ἀλλὰ καὶ ἐνεργοῦν διὰ τὸ ζωτικόν, ἐγειρομένης δὲ ἐπὶ τῷ ἐνεργητικῷ τούτῳ πάθει τῆς αἰσθητικῆς καθαρᾶς ἐνεργείας καὶ κρίσεως, κατὰ τὸ τοῦ αἰσθητοῦ ἑστώσης εἶδος, οὐκ ἔξωθεν οὐδὲ κατὰ πάθος, ἀλλ' ἔνδοθεν τῆς αἰσθητικῆς οὐσίας κατὰ τοὺς οἰκείους λόγους αὐτὸ προβαλλούσης συμφώνως τῇ ἐν τῷ αἰσθητηρίῳ ἐγγινομένῃ παθητικῇ ἐνεργείᾳ· ὡς κίνησιν μὲν εἶναι τὴν ἐν τῷ αἰσθητηρίῳ ὑπὸ τοῦ αἰσθητοῦ γεγονυῖαν πάθην, τὴν δὲ τοῦ λόγου προβολὴν καὶ τὴν καθαρὰν τῆς αἰσθητικῆς ζωῆς κρίσιν καὶ τὸν κατὰ τὸ εἶδος τοῦ αἰσθητοῦ ὅρον οὐ κίνησιν, ἀλλ' ἀμέριστον ἐνέργειαν. „Das Sinnesorgan wird also unmittelbar durch die Sinnesobjekte bewegt. Es erleidet aber nicht nur, sondern ist auch aktiv tätig aufgrund seines lebendigen Vermögens. Sobald das Wahrnehmungsvermögen aufgrund der stimulierenden Wirkung dieser Affektion erweckt wird, wird es zur reinen Aktivität und Unterscheidungsleistung. Es steht still hinsichtlich der Form des Sinnesobjekts. Es ist auch nicht von außen oder aufgrund der Affektion, sondern von innen, dass es diese Form aufgrund der eigenen vernünftigen Bestimmung hervorbringt. Dies vollzieht es in Übereinstimmung mit dem passiven Vermögen in dem Sinnesorgan. Also ist die Affektion in dem Sinnesorgan, die durch das Sinnesobjekt hervorgerufen wird, eine Bewegung, wohingegen das Hervorbringen der rationalen Bestimmung und die reine Unterscheidungsleistung des lebendigen Sinnesvermögens sowie die Bestimmung in Übereinstimmung mit der Form des Sinnesobjekts keine Bewegung ist, sondern eine ungeteilte Aktivität."

[274] Simplicius, *In Aristotelis libros de anima commentaria*, 11.214.37–40 beruft sich in seiner Beantwortung der Frage auf das von Aristoteles an dieser Stelle verwendete δοκεῖ, was Simplicius damit erklärt, dass – allgemein gesprochen – derjenige, der eine Einwirkung erleidet, diese erleidet, insofern er körperlich ist (ἐπειδὴ μετὰ σώματος τοῦτο ὃ πάσχει πως καὶ κινεῖται), das Vorstellungsvermögen aber insbesondere vom Vorstellbaren affiziert wird.

aus der Materie in einem unterscheidenden Akt herausgelöst. Hierfür spricht vor allem die Annahme, dass die Vorstellung mit den wahrgenommenen Objekten operiert bzw. in ihrer Aktivität auf diese angewiesen ist; das scheint zumindest ein starkes Indiz dafür zu sein, dass es die spezifische Aktivität der Wahrnehmung ist, die das Vorstellungsvermögen affiziert und zur Tätigkeit anregt. Überdies heißt es nur wenig später, dass „die Bewegung durch die Aktivität der Wahrnehmung entstanden ist" und nicht durch die Aktivität des Wahrgenommenen.[275] Die Vorstellung ist ein Verbleiben oder ein Übrigbleiben der Wahrnehmung in der Seele.[276] Aus diesem Grund ist sie auch dann noch präsent, wenn das Objekt selbst nicht mehr wahrgenommen wird. Das durch den Sinn Wahrgenommene sind aber die Formen der eigentümlichen Objekte ohne die Materie, folglich kann es auch keine auf Materie angewiesene Bewegung sein, die mit der Vorstellung identifiziert wird.

Dafür, dass es sich um eine Bewegung in den Organen handeln muss, sprechen allerdings die von Aristoteles in der Behandlung von Träumen und Erinnerungen angeführten Überlegungen. Aristoteles stellt dort eine unmittelbare Beziehung zwischen den Bewegungen bzw. Eindrücken, die sich im Wahrnehmungsorgan finden und der Vorstellung her. So sollen sich aufgrund bleibender Bewegungen im Organ Vorstellungen einstellen, die dann als Träume in der Abwesenheit der Aktivität der Wahrnehmung empfunden werden. Nachdem er auch dort versichert, dass die Vorstellung durch die Aktivität der Wahrnehmung produziert wird,[277] erläutert er seine Ansicht durch das Beispiel einer mechanischen Bewegung, die durch ein Medium weitergegeben wird.[278] Schließlich betont Aristoteles, dass die Bewegung im Wahrnehmungsorgan zu finden ist,

---

275 Aristoteles, *De anima*, 428b25–26: ἡ δὲ κίνησις ἡ ὑπὸ τῆς ἐνεργείας τῆς αἰσθήσεως γινομένη [...]. Siehe auch 429a1–2: ἡ φαντασία ἂν εἴη κίνησις ὑπὸ τῆς αἰσθήσεως τῆς κατ' ἐνέργειαν γιγνομένη. „Die Vorstellung wäre dann wohl eine Bewegung, die durch die Aktivität der Wahrnehmung entsteht."
276 Aristoteles, *De anima*, 429a4–5: καὶ διὰ τὸ ἐμμένειν καὶ ὁμοίας εἶναι ταῖς αἰσθήσεσι [...]. „Und weil sie bleiben und den Wahrnehmungen gleichen [...]."
277 Aristoteles, *De insomniis*, 459a17–18: [...] ἔστι δὲ φαντασία ἡ ὑπὸ τῆς κατ' ἐνέργειαν αἰσθήσεως γινομένη κίνησις [...]. „[...] es ist aber die Vorstellung eine Bewegung, die durch eine aktive Wahrnehmung entsteht."
278 Aristoteles, *De insomniis*, 459a28–b2: παραπλήσιον γὰρ τὸ πάθος ἐπί τε τούτων καὶ ἐπὶ τῶν φερομένων ἔοικεν εἶναι. καὶ γὰρ ἐπὶ τῶν φερομένων τοῦ κινήσαντος οὐκέτι θιγγάνοντος κινεῖται· τὸ γὰρ κινῆσαν ἐκίνησεν ἀέρα τινά, καὶ πάλιν οὗτος κινούμενος ἕτερον· καὶ τοῦτον δὴ τὸν τρόπον, ἕως ἂν στῇ, ποιεῖται τὴν κίνησιν καὶ ἐν ἀέρι καὶ ἐν τοῖς ὑγροῖς. ὁμοίως δὲ ὑπολαβεῖν τοῦτο δεῖ καὶ ἐπ' ἀλλοιώσεως [...]. „Das Erleiden in diesen Fällen ist nämlich scheinbar demjenigen ähnlich, was sich bei Geschossen [findet]. Denn bei Letzteren hält die Bewegung auch noch an, wenn der Bewegende sie nicht mehr berührt. Denn der Bewegende hat einen Teil der Luft bewegt, die wenn sie bewegt wird, einen anderen Teil bewegt. Das ist die Art wie sowohl in der

und zwar sowohl tief im Inneren des Organs als auch an der Oberfläche. Sie soll sogar noch andauern, wenn die Wahrnehmung selbst beendet ist.[279]

Wie ist das mit den Ausführungen in *De anima* zu vereinbaren? Zugestanden, dass Aristoteles in diesen Fällen in der Tat die Bewegungen im Organ als Auslöser für Träume behandelt, so wird man dies jedoch kaum für eine *hinreichende* Bestimmung der Vorstellung heranziehen können. Ich will in diesem Zusammenhang bloß an zwei Punkte erinnern, die sich als wesentlich für die Vorstellung herausgestellt haben. Zum einen soll sie nicht bloß auf das Gegenwärtige angewiesen sein und zum anderen nimmt sie eine Mittelstellung zwischen der unvernünftigen Wahrnehmung und den vernünftigen Seelenteilen ein. Aus dem ersten Punkt folgt allerdings, dass die Vorstellung auch das Künftige und das weit in der Vergangenheit Liegende zum Gegenstand haben muss. Es lässt sich daher kaum eine direkte Abhängigkeit der Vorstellung von einer Bewegung (im engeren Sinn) im Organ herstellen, und zwar auch dann nicht, wenn die Bewegung über einen Zeitraum hinweg nach dem Einwirken des Wahrnehmungsobjektes andauert.[280] Eng damit verbunden ist die zweite Bestimmung, wonach die Vorstellung anders als die Wahrnehmung in ihrer Aktivität nicht auf äußere Reize angewiesen ist.

Schließlich soll noch auf eine andere Passage im dritten Buch von *De anima* hingewiesen werden. Dort unterscheidet Aristoteles zwei grundsätzliche Formen von Vorstellung: eine αἰσθητικὴ φαντασία (434a5–6), also eine Vorstellung in der Form der Wahrnehmung und eine βουλευτικὴ φαντασία (434a7), d. h. eine überlegende oder deliberative Vorstellung.[281] In Anbetracht dieser doppelten Natur der Vorstellung spricht nicht nur nichts dagegen, sondern es liegt sogar nahe, dass bestimmte Ausprägungen der Vorstellung näher an der Aktivität des Vermögens der Wahrnehmung und damit auch näher an der Bewegung im Organ stehen als andere. Die Aktivität der Wahrnehmungen ist aber, wie wir gesehen haben, direkt abhängig von der Einwirkung auf die Organe, sodass nicht ausgeschlossen ist,

---

Luft als auch im Wasser Bewegung verursacht wird, bis es zum Stillstand kommt. Man muss aber annehmen, dass etwas Ähnliches auch bei der Eigenschaftsveränderung stattfindet."

279 Aristoteles, *De insomniis*, 459b5–8: διὸ τὸ πάθος ἐστὶν οὐ μόνον ἐν αἰσθανομένοις τοῖς αἰσθητηρίοις, ἀλλὰ καὶ ἐν πεπαυμένοις, καὶ ἐν βάθει καὶ ἐπιπολῆς. „Daher gibt es das Erleiden nicht nur in den Sinnesorganen, und zwar sowohl in der Tiefe als auch an der Oberfläche, während sie wahrnehmen, sondern auch wenn sie [damit] aufgehört haben."

280 Die „mechanischen" Probleme, die damit verbunden sind, Vorstellungen auf Bewegungen in einem materiellen Medium zu reduzieren und beispielsweise die Frage betreffen, wie ganz unterschiedliche Bewegungen über einen längeren Zeitraum hinweg „abgespeichert" werden können, finden sich, wie wir später sehen werden, bei Sextus Empiricus ausformuliert, der diese Fragen an die Stoiker richtet.

281 Aristoteles, *De anima*, 434a5–7. Siehe auch *De motu animalium*, 702a19: αὕτη [ergänze: φαντασία] δὲ γίνεται ἢ διὰ νοήσεως ἢ δι' αἰσθήσεως. „Diese [Vorstellung] entsteht entweder durch Denken oder durch Wahrnehmung."

dass zumindest die αἰσθητικὴ φαντασία in Abhängigkeit zur Bewegung im Organ verstanden werden kann. Eben diese Bewegung scheint Aristoteles in den *Parva naturalia* (den kleinen naturwissenschaftlichen Schriften) besonders thematisiert zu haben, wohingegen in den ethischen Schriften vor allem die zweite Art von Vorstellung relevant sein wird.[282] Und nur die Vorstellung, die nicht unmittelbar an die Wahrnehmung und mithin an die Bewegung im Organ gebunden ist, wird in der Verfügungsgewalt des Wahrnehmenden sein.

* * *

Bevor wir nach diesem Blick auf die für unsere Untersuchung bedeutungsvollen Aspekte der aristotelischen Konzeption der Vorstellung zur Diskussion der hellenistischen Positionen übergehen, sollen kurz die wesentlichen Punkte des ersten Kapitels in Erinnerung gerufen werden. Ausgehend von der frühneuzeitlichen Zurückweisung der aristotelischen Konzeption der Wahrnehmung nahm die Untersuchung ihren Anfang in der aristotelischen Diskussion der Bewegung. Als entscheidend hat sich die Unterscheidung zwischen Form und Materie herausgestellt. Vor diesem Hintergrund hat sich gezeigt, dass es sich bei der Wahr-

---

[282] Wir haben als ein Charakteristikum der Vorstellung herausgestellt, dass sie von uns abhängt, d. h., dass sie anders als die Wahrnehmung in unserer Macht steht (ἐφ' ἡμῖν). So kann man nach Belieben Vorstellungen bilden (*De anima*, 427b17–18). Hierauf gründet Aristoteles letztlich seine Ansicht, dass man für seine Vorstellungen verantwortlich ist, was er dadurch begründet, dass man nur unter dieser Voraussetzung auch für sein Handeln verantwortlich sein kann. Immerhin strebt jeder nach dem, was ihm als ein Gut erscheint; wäre aber bestimmt, was ihm erscheint, so wäre auch das Streben des Einzelnen bestimmt. Siehe Aristoteles, *Ethica Nicomachea*, 1114a31–b3: εἰ δέ τις λέγοι ὅτι πάντες ἐφίενται τοῦ φαινομένου ἀγαθοῦ, τῆς δὲ φαντασίας οὐ κύριοι, ἀλλ' ὁποῖός ποθ' ἕκαστός ἐστι, τοιοῦτο καὶ τὸ τέλος φαίνεται αὐτῷ· εἰ μὲν οὖν ἕκαστος ἑαυτῷ τῆς ἕξεώς ἐστί πως αἴτιος, καὶ τῆς φαντασίας ἔσται πως αὐτὸς αἴτιος […]. „Wenn nun jemand sagen würde, dass alle nach dem streben, was ihnen als Gut erscheint, dass sie aber darüber, wie etwas ihrer Vorstellung erscheint, nicht die Kontrolle haben, vielmehr einem jeden das Ziel so erscheint, wie er beschaffen ist [dann könnte man entgegnen:] Wenn jeder für sich selbst in gewisser Weise für seine Disposition verantwortlich ist, wird er auch in gewisser Weise selbst verantwortlich dafür sein, wie ihm die Dinge erscheinen." (Übersetzung: Ursula Wolf, modifiziert) Worauf es hier ankommt, ist die Differenz zwischen dem an sich Guten und dem nur scheinbar Guten (*Ethica Nicomachea*, 1152b26–27). Letzteres ist das, was dem Einzelnen aufgrund seiner Unkenntnis oder beschränkten Sicht als Gut erscheint. Da nach Aristoteles aber das scheinbar Gute zumindest für den Handelnden identisch mit dem Erstrebten ist, wird dieses schließlich den Ausschlag für eine Handlung geben. Auf diese Weise ist die Vorstellung ebenso wie die Wahrnehmung eng mit dem menschlichen Streben verbunden (*De anima*, 429a4–6), weshalb sie bei unvernünftigen Tieren auch die Funktion des Intellekts (oder Nous) zur Steuerung des Verhaltens übernehmen kann. Siehe zur praktischen Dimension der Vorstellung die Darstellung von Cessi 1987, 121–123.

nehmung um eine ganz besondere Art von Eigenschaftsveränderung handeln muss, die von Aristoteles als vollkommene Aktivität begriffen wird. Auf dieser Aktivität beruht die behauptete Identität des Wahrnehmenden mit der wahrgenommenen Form, die wiederum verantwortlich ist für die bemerkenswerte aristotelische Feststellung, dass die Wahrnehmung irrtumsfrei ist. Letzteres hat einen genaueren Blick auf die von Aristoteles geforderte Unterscheidung der einzelnen Wahrnehmungsobjekte sowie die Differenzierung der Wahrnehmung von der Vorstellung erforderlich gemacht. Die Vorstellung hat zwar sehr viel mit der Wahrnehmung gemeinsam, unterscheidet sich aber zuletzt in wesentlichen Punkten von ihr. Zwei Eigenschaften der Vorstellung sollen in Anbetracht der nachfolgenden Diskussion an dieser Stelle noch einmal herausgegriffen werden, da sie die Vorstellung für die hellenistischen Philosophen besonders interessant gemacht haben könnten. Erstens ist die Vorstellung anders als die Wahrnehmung auf keinen äußeren Stimulus zur Aktivierung angewiesen. Die Vorstellung soll in dieser Hinsicht (wie der Intellekt oder *Nous*) frei in ihrer Aktivität sein oder in Philoponus Terminologie ausgedrückt: Das Vorstellungsvermögen liegt (zumindest zum Teil) in unserer Hand (ἐφ' ἡμῖν).[283] Der zweite gewichtige Unterschied betrifft den ganzheitlichen Charakter der Vorstellung, die das, was Aristoteles in der Analyse der einzelnen Wahrnehmungsgegenstände voneinander getrennt hat,[284] in einem Bild präsentiert. Diese Eigentümlichkeit kann auch als ihr repräsentationaler Charakter beschrieben werden, der, wie wir im folgenden Kapitel sehen werden, für die nachfolgende Diskussion sehr bedeutsam wird.

---

[283] Philoponus, *In Aristotelis libros de anima commentaria*, 15.488.29–30.
[284] Vor allem hinsichtlich der eigentümlichen und der gemeinsamen Wahrnehmungsobjekte; das trifft nicht zu für die akzidentelle Wahrnehmung, die wiederum sehr viel mit der Vorstellung gemeinsam hat.

Kapitel II – Die Atome, das Leere und die atomaren Bilder

Die Behandlung der aristotelischen Theorie dient als Kontrastfolie und Ausgangspunkt für die weitere Untersuchung. Unter dieser Perspektive lassen sich die charakteristischen Eigenschaften der hellenistischen Philosophie besonders gut herauskristallisieren. Zunächst widmen wir uns Epikur. Wir werden sehen, dass es für das Verständnis der epikureischen Position ungemein bedeutsam ist, immer wieder auf Aristoteles zurückzukommen bzw. die Gemeinsamkeiten wie Unterschiede zur aristotelischen Theorie sorgfältig zu beachten. Ebenso wie für Aristoteles gilt auch für Epikur, dass seine Konzeption der Wahrnehmung tief in den naturphilosophischen Grundannahmen seines Systems verwurzelt ist, weshalb es auch hier sinnvoll ist, die Betrachtung der Wahrnehmung naturphilosophisch zu fundieren. Zudem wird eine Besonderheit der epikureischen Philosophie relevant. Denn Epikur nimmt nicht nur wie Aristoteles die Evidenz der durch die Wahrnehmung dargebotenen Phänomene als Ausgangspunkt für die Anwendung der Grundsätze seiner Philosophie, sondern er insistiert darüber hinaus, dass alles Wissen auf der Wahrnehmung beruht, was wiederum den Status der Grundsätze selber infrage stellt. Evident ist für Epikur wie für Aristoteles das Phänomen der Bewegung. Die Schlüsse, die er daraus zieht, unterscheiden sich jedoch grundsätzlich von den Ergebnissen der aristotelischen Analyse. Denn Epikur stützt sich in seiner Erklärung des Phänomens auf den von Aristoteles kritisierten und zurückgewiesenen Atomismus. In der Antike war man daher übereinstimmend der Ansicht, Epikur habe Demokrit die Naturphilosophie gestohlen bzw. ihr nichts Wesentliches hinzugefügt.[1] An diesem Urteil ändert auch nichts, dass Epikur selbst jede Abhängigkeit von Demokrit bestritten haben soll.[2] Mehr noch als die Gemeinsamkeiten sind aber die Unterschiede zwischen beiden Denkern vielsagend. So nimmt man an, dass sie eine direkte Folge der aristotelischen Kritik an den ersten Atomisten sind.[3] Die Kritik erstreckt sich auf ganz divergente Punkte, wie etwa die Möglichkeit von Bewegung, das Verhältnis von

---

[1] Cicero, *De natura deorum*, I.73; Plutarchus, *Adversus Colotem*, 1108e. Siehe Morel 2009, 69–81; 1996, 249–54; Warren 2002. Die Probleme der demokritischen Atomtheorie benennt Pyle 1997, 19–25.

[2] Das scheint nicht für den jungen Epikur zu gelten, der Demokrit dafür lobt, den richtigen Weg gefunden zu haben und sich selbst als einen Anhänger Demokrits bezeichnet. Siehe Plutarchus, *Adversus Colotem* 1108, e2-4.

[3] Im Rahmen dieser Arbeit kann nicht im Einzelnen darauf eingegangen werden. Eine umfassende Studie zur antiken Atomistik, zur Kritik des Aristoteles und den vermutlich darauf basierenden epikureischen Modifikationen bietet Pyle 1997.

räumlicher Ausdehnung zur Zeit, die Organisation der Materie sowie die Frage danach, wie aus einer Pluralität von Atomen eine wahre Einheit zu gewinnen ist. In der Literatur wurde gezeigt, dass viele der von Epikur an Demokrits Theorie vorgenommenen Modifikationen auf der Folie der aristotelischen Kritik verständlich werden;[4] vorausgesetzt natürlich, dass Epikur zumindest mit Teilen der aristotelischen *Physik* vertraut war.[5] Aber genau hier ‚liegt der Hase im Pfeffer'. Denn die Frage, welche der aristotelischen Schriften unter den hellenistischen Philosophen bekannt waren, ist sehr schwierig zu beantworten. Man geht gewöhnlich davon aus, dass den hellenistischen Autoren lediglich die sogenannten exoterischen Schriften zugänglich waren, d. h. die Schriften, die von Aristoteles selbst zur Publikation vorbereitet wurden und an ein breiteres Publikum adressiert waren.[6] Das genaue Schicksal der heute bekannten esoterischen Texte, die dann wahrscheinlich in der zweiten Hälfte des ersten vorchristlichen Jahrhunderts von Andronikos von Rhodos in einer Ausgabe zusammengeführt wurden, ist hingegen unklar. Aber auch wenn sich die Frage nach der Verbreitung bzw. der Kenntnis der esoterischen Schriften unter den hellenistischen Philosophen nicht mit absoluter Sicherheit wird beantworten lassen können, so scheinen doch die epikureischen Modifikationen an der Atomtheorie Demokrits zumindest eine Kenntnis der naturphilosophischen Diskussion unter den Nachfolgern des Aristoteles im Peripatos nahezulegen. Hierfür sprechen außerdem Zeugnisse, die sich bei Autoren finden, die Epikur feindlich gesinnt sind. Plutarch beispielsweise berichtet, dass Epikur sich verächtlich zu Theophrasts Schrift *Über die Musik* geäußert haben soll.[7] Cicero zufolge soll dieselbe Schrift auch zwei Widerlegungen von einer weiblichen Anhängerin Epikurs provoziert haben.[8]

Epikur scheint also zumindest mit aristotelischen Gedanken vertraut gewesen zu sein. Plausibel ist diese Vermutung auch deshalb, weil man davon ausgehen darf, dass Aristoteles nach seinem Fortgang aus dem Peripatos über

---

4 Siehe Morel 2009, 70–71; ausführlich Pyle 1997,1–141 sowie Furley 1967.
5 Eine andere mögliche Quelle wäre Theophrast, was vor allem mit Blick auf die epikureische Kosmologie und Meteorologie vermutet wird. Siehe Taub 2009, 111; 121.
6 Siehe zu dieser Frage Sandbach 1985, den allerdings primär die möglichen aristotelischen Einflüsse auf die Stoiker interessieren. Zu den wenigen bekannten ausdrücklichen Bezügen zu Aristoteles, die sich bei Epikur und späteren Epikureern finden, siehe insbesondere S. 4–7. Bemerkenswerte Parallelen in der Ethik, die nahelegen, dass Epikur zumindest Teile der *Nikomachischen Ethik* gekannt haben könnte, hat Rist 1974, 172–174 zusammengestellt. Rist stellt auch die Vermutung auf (S. 177), dass Epikur bei seiner Ankunft in Athen 323 v. Chr. zuerst Aristoteles gehört haben könnte (der ein Jahr später gestorben ist) und dann in die Akademie gewechselt hat. Es wäre also nicht ausgeschlossen, dass Epikurs Wissen der aristotelischen Ansichten sozusagen erster Hand war.
7 Plutarchus, *Non posse*, 1095c.
8 Cicero, *De natura deorum*, I.33; 93.

seine Nachfolger weiter gewirkt hat. Hierfür sprechen, wie wir in diesem Kapitel sehen werden, auch die Ähnlichkeiten, die die epikureische Philosophie der Wahrnehmung mit der aristotelischen aufweist. Natürlich soll das nicht bedeuten, dass es nicht wesentliche Unterschiede zwischen beiden Positionen gibt. Und wie sich in diesem und dem nächsten Kapitel herausstellen wird, sind vor allem diese Unterschiede für die weitere Entwicklung der Debatte unter den hellenistischen Autoren bedeutsam. So ist zwar auch für Epikur die Wahrnehmung im Wesentlichen eine Aufnahme wahrnehmbarer Formen, doch handelt es sich bei diesen Formen um eine merkwürdige Umdeutung der von Aristoteles angeführten wahrnehmbaren Formen. Denn aufgrund der epikureischen Zurückweisung des aristotelischen *Hylemorphismus* kann Epikur auch die von Aristoteles in der Wahrnehmung gesehene Aufnahme der Formen ohne die Materie nicht ohne weiteres übernehmen. Stattdessen greift er auf eine bestimmte Konzeption von Wahrnehmung zurück, die sich im Ansatz bereits bei Demokrit findet.[9] Danach handelt es sich bei den in der Wahrnehmung aufgenommenen Formen um materielle Bilder. Anders als bei Aristoteles ist somit auch ihre Aufnahme *buchstäblich*[10] zu verstehen. Ein weiterer wesentlicher Unterschied zu Aristoteles, der unmittelbar mit der Materialität der Bilder verbunden ist, besteht darin, dass die *Unterscheidungsleistung* der einzelnen Sinne von Epikur nicht so restriktiv bestimmt werden kann wie von Aristoteles. Das läuft schließlich auf die Zurückweisung der aristotelischen Unterscheidung zwischen eigentümlichen und gemeinsamen Objekten der Wahrnehmung hinaus. Vermutlich ist die von Epikur vollzogene Aufwertung der Vorstellung im Prozess der Wahrnehmung eine Folge hiervon.

In der epikureischen Hervorhebung der Vorstellung ist offenkundig ein folgenschwerer Unterschied zwischen der epikureischen und aristotelischen Position zu sehen; ein Unterschied, der sich in gewisser Weise direkt aus der Zurückweisung der Unterscheidung zwischen Form und Materie ergibt. Vor diesem Hintergrund erscheint es nur konsequent, dass Epikur die von Aristoteles nur für die Wahrnehmung der eigentümlichen Objekte geforderte Irrtumsfreiheit auf die Vorstellungen insgesamt ausdehnt. Diese bereits in der Antike als skandalös angesehene (und im Kern auf Protagoras' Konzeption zurückgehende) Forderung ermöglicht es Epikur wiederum, die Wahrnehmung zur sicheren und unerschütterlichen Grundlage für die Prinzipien seiner Philosophie zu machen.

In diesem Kapitel wird es daher darum gehen, ausgehend von den ersten Grundsätzen der epikureischen Philosophie die letztgenannte Forderung Epikurs

---

9 Die atomaren Bilder finden sich zwar bei Demokrit, doch werden ihm daneben noch weitere Wahrnehmungskonzeptionen zugeschrieben. Siehe Burkert 1977.
10 Zur „buchstäblichen (oder literal)"-Interpretation der aristotelischen Theorie siehe die zusammenfassende Darstellung von Caston 1996. Vgl. oben §3.

einsichtig zu machen. Hierbei soll der im Kontext der aristotelischen Analyse als ungemein bedeutsam herausgestellte Zusammenhang von Bewegung, Ontologie und Wahrnehmung nicht aus den Augen verloren werden. Die Diskussion hebt deshalb mit der Analyse des Phänomens der Bewegung an, um auf diese Weise die epikureische Epistemologie nicht nur in einem größeren Rahmen zu verorten, sondern überdies die Gemeinsamkeiten und Unterschiede zur aristotelischen Position freizulegen. Es wird sich herausstellen, dass sich hinsichtlich der Frage nach den fundamentalen Gemeinsamkeiten zwischen den hellenistischen Positionen vor allem die von Epikur in der Wahrnehmung vollzogene Aufwertung der Vorstellung als besonders relevant erweisen wird.

§ 6 Der naturphilosophische Rahmen für Epikurs Empirismus

In seiner *Kritik der reinen Vernunft* stellt Kant der träumerischen Schwärmerei Platons den radikalen Empirismus Epikurs entgegen. Beide nehmen laut Kant eine Seite in einem Wettkampf ein, der die Vernunft mit sich selbst entzweit, da sie sich nicht über die Grenzen ihres eigenen Erkenntnisanspruchs im Klaren ist. Das Interesse der Vernunft stellt Kant zwar auf die Seite Platons, doch uneingeschränkte Gültigkeit mit Blick auf den Erkenntnisanspruch der theoretischen Vernunft spricht er der epikureischen Position zu.[11] Ohne weiter auf die schwierige Konstruktion der Antinomien oder auf den Wert der von Kant unternommenen philosophiehistorischen Analyse einzugehen, ist doch diese Gegenüberstellung bereits bemerkenswert und wirft die Frage auf, worauf Kant in seinem Urteil über Epikur abzielt. Wesentlich scheint für Kant zu sein, dass Epikur die Erfahrung zum alleinigen Fundament seiner Philosophie macht: Nach Epikur beruhen alle philosophischen Grundsätze auf Erfahrung und müssen auch an ihr überprüft werden; mehr noch, die Vernunft selbst hat ihren Ursprung in der Erfahrung, da sie es nur mit Begriffen zu tun hat, die aus der Erfahrung gewonnen werden (πᾶς γὰρ λόγος ἀπὸ τῶν αἰσθήσεων ἤρτηται).[12] Daraus soll wiederum folgen, dass die Vernunft keine über diese hinausreichenden Erkenntnismöglichkeiten hat. Um der Erfahrung aber diese Bedeutung beizumessen, muss zuvor gesichert sein, dass sie diese Funktion auch übernehmen kann. Denn sicheres Wissen kann nur

---

[11] Kant, *KrV*, A468/B496ff. Insbesondere zum „Gegensatz des Epikureisms gegen den Platonisms" siehe A471–476/B499–504. Kant zufolge kann Epikur auch der „vornehmste Philosoph der Sinnlichkeit, Plato des Intellektuellen genannt werden" (A853/B881).

[12] Diogenes Laërtius, X.32.4: [...] πᾶς γὰρ λόγος ἀπὸ τῶν αἰσθήσεων ἤρτηται. „[...] denn die ganze Vernunft ist abhängig von den Wahrnehmungen." Siehe auch Lucretius, *De rerum natura*, IV.480–85.

dann aus der Erfahrung gewonnen werden, wenn die Grundlage der Erfahrung selber gewiss ist. Aus dieser Überlegung ergibt sich die enorme Bedeutung der Wahrnehmung, da die Wahrnehmung die Grundlage bzw. Quelle der Erfahrung ist,[13] weshalb auch die Skepsis an der Verlässlichkeit der Wahrnehmung von Epikur als besondere Bedrohung empfunden wird. Skepsis soll hier ganz allgemein verstanden werden,[14] da die grundsätzliche Skepsis am Erkenntniswert der Wahrnehmung älter als die antiken skeptischen Schulen ist. So folgt auch der heute noch bekannte Relativismus des Sophisten Protagoras, den Platon in seinem Dialog *Theaitetos* diskutiert, unmittelbar aus einem besonderen Wahrnehmungsphänomen: Derselbe Wind erscheint nämlich dem einen kalt und dem anderen warm.[15] Wie können die beiden widersprüchlichen Prädikate aber dasselbe Ding bestimmen? Diese Frage hat nicht nur Platon beschäftigt, der sich intensiv mit der protagoreischen Argumentation auseinandergesetzt hat, sondern auch Epikurs Vorgänger Demokrit. Seine Reaktion bestand freilich darin, den Erkenntniswert der Wahrnehmung grundsätzlich in Zweifel zu ziehen.[16]

Epikur widerspricht nun seinem Wegbereiter in dieser Frage vehement. Er ist nämlich der Ansicht, dass der Zweifel an der Verlässlichkeit der Wahrnehmung das Fundament jeglichen Wissens bedrohen würde. Wenn die Wahrnehmung nicht irrtumsfrei wäre, so gäbe es laut Epikur überhaupt kein sicheres Wissen, da es nichts gäbe, worauf man sich beziehen könnte, „um diejenigen von ihnen [d. h. den Wahrnehmungen: A. H.] zu beurteilen, von denen man sagt, sie seien falsch" (Übersetzung: Karlheinz Hülser).[17]

---

[13] Diese besondere Funktion der Wahrnehmung wird auch in modernen Untersuchungen zur Wahrnehmung immer wieder hervorgehoben. Siehe etwa Child 1992, 298f., der sich wiederum auf Evans und Strawson beruft.
[14] Auch wenn Epikur Pyrrhon gekannt und sogar über die Maßen verehrt haben soll, geht man nicht davon aus, dass Epikur seine Kritik an die pyrrhonische Skepsis adressiert hat bzw. mit dieser vertraut gewesen wäre. Seine Verehrung richtet sich vermutlich eher auf die von den Zeitgenossen vielfach bewunderte Lebensweise Pyrrhons. Siehe Diogenes Laërtius, IX.64.6–8.
[15] Platon, *Theaetetus*, 152b1–3: Εἰκὸς μέντοι σοφὸν ἄνδρα μὴ ληρεῖν· ἐπακολουθήσωμεν οὖν αὐτῷ. ἆρ' οὐκ ἐνίοτε πνέοντος ἀνέμου τοῦ αὐτοῦ ὁ μὲν ἡμῶν ῥιγῷ, ὁ δ' οὔ; „Wahrscheinlich doch wird ein so weiser Mann nicht Torheiten reden. Laß uns ihm also nachgehen. Wird nicht bisweilen, indem derselbe Wind weht, den einen von uns frieren, den anderen nicht?" (Übersetzung: nach Friedrich Schleiermacher) Siehe oben § 5.
[16] Seine skeptische Haltung gegenüber der Wahrnehmung wird von seinen Schülern sogar noch weiter ausgebaut. Man darf deshalb davon ausgehen, dass Epikur sich in seinen antiskeptischen Überlegungen direkt an die Nachfolger Demokrits wendet. Vander Waerdt 1989, 237 identifiziert als Adressaten der epikureischen Kritik daher Nausiphanes, Metrodorus und Anaxarchus.
[17] Epicurus, *Ratae sententiae*, 23: Εἰ μαχῇ πάσαις ταῖς αἰσθήσεσιν, οὐχ ἕξεις οὐδ' ἃς ἂν φῇς αὐτῶν διεψεῦσθαι πρὸς τί ποιούμενος τὴν ἀγωγὴν κρίνης. „Wenn du gegen alle Sinneswahrnehmungen ankämpfst, wirst du noch nicht einmal etwas haben, worauf du dich beziehen könntest, um

Auf dieser Überlegung scheint auch die prima facie absurde epikureische Behauptung zu beruhen, dass alles Wahrgenommene wahr sein müsse (πάντα τὰ αἰσθητὰ εἶναι ἀληθῆ),[18] was die Interpreten der epikureischen Philosophie vor einige Probleme stellt. Soll die Behauptung der Wahrheit der Wahrnehmungen etwa als eine direkte Folge aus der Notwendigkeit eines sicheren Fundaments des Wissens angesehen werden? Kann die epikureische Behauptung überhaupt auf einer solchen epistemologischen Überlegung gegründet sein?[19]

Neben dem naheliegenden Einwand, dass sich sehr wohl Alternativen zu dieser Behauptung denken lassen (wie wir sehen werden, haben die Stoiker eine solche Alternative vertreten, indem sie eine besondere Klasse von Vorstel-

---

diejenigen von ihnen zu beurteilen, von denen du sagst, sie seien falsch." (Übersetzung: Karlheinz Hülser) Siehe auch *Ratae sententiae*, 24: Εἴ τιν' ἐκβαλεῖς ἁπλῶς αἴσθησιν καὶ μὴ διαιρήσεις τὸ δοξαζόμενον καὶ τὸ προσμένον καὶ τὸ παρὸν ἤδη κατὰ τὴν αἴσθησιν καὶ τὰ πάθη καὶ πᾶσαν φανταστικὴν ἐπιβολὴν τῆς διανοίας, συνταράξεις καὶ τὰς λοιπὰς αἰσθήσεις τῇ ματαίῳ δόξῃ, ὥστε τὸ κριτήριον ἅπαν ἐκβαλεῖς· εἰ δὲ βεβαιώσεις καὶ τὸ προσμένον ἅπαν ἐν ταῖς δοξαστικαῖς ἐννοίαις καὶ τὸ μὴ τὴν ἐπιμαρτύρησιν <ἔχον>, οὐκ ἐκλείψεις τὸ διεψευσμένον, ὡς τετηρηκὼς ἔσῃ πᾶσαν ἀμφισβήτησιν κατὰ πᾶσαν κρίσιν τοῦ ὀρθῶς ἢ μὴ ὀρθῶς. „Wenn du irgendeine Sinneswahrnehmung schlechthin verwirfst und Meinungen, die sich auf erst noch erwartete Evidenz stützen, nicht von dem unterscheidest, was durch die Sinneswahrnehmung, durch die Gefühle und durch jede Fokussierung von Gedanken in einer Vorstellung schon gegenwärtig ist, dann wirst du auch alle deine anderen Sinneswahrnehmungen mit leerer Meinung vermengen, so daß du das Kriterium insgesamt verwirfst. Und wenn du jede erst noch erwartete Evidenz in deinen vermutungsweise gebildeten Begriffen und das, was keine Bestätigung (gefunden hat), als sicher behandelst, dann wirst du das Trügerische nicht ausschließen, so daß du jede Auseinandersetzung und jede Entscheidung über richtig und unrichtig beseitigt hast." (Übersetzung: Karlheinz Hülser) Lucretius, *De rerum natura*, IV.495–499; Cicero, *De finibus bonorum et malorum*, I.19; 64; *De natura deorum*, I.25; *Lucullus*, XXV.70. Die bei Lukrez vorgebrachten Argumente, die auf die Selbstwidersprüchlichkeit des Skeptizismus (sowohl in begrifflicher als auch in praktischer Hinsicht) abzielen, gehen nach Vander Waerdt 1989 vermutlich auf Kolotes zurück. Wie die unterstellte Selbstwidersprüchlichkeit zu verstehen ist, diskutiert ausführlich O'Keefe 2010, 87–95.
18 Sextus Empiricus, *Adversus mathematicos*, VIII.63.1-2: Ὁ δὲ Ἐπίκουρος ἔλεγε μὲν πάντα τὰ αἰσθητὰ εἶναι ἀληθῆ [...]. „Epikur sagt hingegen, dass alles Wahrgenommene wahr sei [...]." Die Formulierungen dieser Forderung weichen voneinander ab. Manchmal ist von dem Wahrgenommenen, dann wieder von Vorstellungen generell die Rede. Plutarchus, *Adversus Colotem* (*Moralia XIV*), 1109a8–b1 (Wahrnehmung und Vorstellung); Sextus Empiricus, *Adversus mathematicos*, VII.203–204 (nur Vorstellung). Striker 1977, 127 weist darauf hin, dass gerade die weitergehende Forderung der Wahrheit aller Vorstellungen das Besondere ist, da ansonsten kein Unterschied zur stoischen Annahme der Wahrheit der Wahrnehmung besteht (zur Stoa siehe *SVF*, II.78). Long & Sedley 2000, 98–99 weisen jedoch die Behauptung, dass alle Vorstellungen wahr sind, als epistemisch „uninteressant" zurück und ziehen stattdessen die Forderung der Wahrheit der Wahrnehmungen vor.
19 Siehe ausführlich hierzu Striker 1977.

lungen als erkenntnistauglich ausgezeichnet haben),[20] wäre Epikur auch dafür zu tadeln, dass er wichtige Prämissen des Arguments nicht expliziert hat. Vorausgesetzt wird etwa, dass alle Wahrnehmungen gleichwertig sind und dass es neben der Wahrnehmung keine andere Erkenntnisquelle geben kann. Die Begründung selbst wäre aber damit zirkulär: Die Sicherheit der Wahrnehmung als Grundlage der Erkenntnis würde in letzter Konsequenz dadurch begründet, dass die Erkenntnis eine zuverlässige Wahrnehmung braucht. Was Epikur aber hätte zeigen müssen ist, dass es neben der Wahrnehmung keine andere Erkenntnismöglichkeit gibt oder aber zumindest, dass es nicht plausibel ist, neben der Wahrnehmung eine andere Erkenntnisart anzunehmen.

Das Problem verschärft sich noch, wenn man einen weiteren Punkt hinzuzieht. Denn entgegen seiner eigenen Auskunft setzt Epikur in der Begründung und Ausführung dieser These erste Grundsätze oder Prinzipien voraus, die zwar einerseits durch die Wahrnehmung gestützt werden, andererseits aber nicht mit der geforderten Sicherheit bewiesen werden können. Hierbei geht es um eine begrenzte Anzahl von Sätzen, auf denen die meisten der epikureischen Lehrsätze beruhen.[21] Bemerkenswert ist nun, dass diese Grundsätze selber erfahrungstranszendent zu sein scheinen, und zwar in dem Sinn, dass sie durch keine mögliche Erfahrung begründet werden können. Da Epikur sie aber offenkundig zur Grundlage seiner Theorie gemacht hat, muss man davon ausgehen, dass er erstens entweder der Überzeugung gewesen ist, auch diese Grundsätze durch die Evidenz der Erfahrung begründen zu können,[22] oder dass es sich zweitens um apriorische Grundsätze handelt, die damit den engen Rahmen des epikureischen Empiris-

---

[20] Das streicht auch Everson 1990 heraus.

[21] Morel 2009, 65–66 hebt zwar hervor, dass Epikurs Naturphilosophie auf nur wenigen Grundsätzen beruht und dass diese wechselseitig voneinander abhängen, er sieht die einzelnen Sätze aber als gleichwertig an. Wir werden indes sehen, dass sich die einzelnen Annahmen aus zwei fundamentalen Grundsätzen ableiten lassen, vor allem aber, dass sich der Atomismus aus diesen ableiten lässt. Long 1974, 31 benennt in seiner Diskussion der epikureischen Theorie leicht unterschiedliche Grundsätze: „(A) Nothing can come out of nothing. (B) Nothing can be destroyed into nothing. (C) The Universe never was nor will be in a condition which differs from its present one." Long erwähnt in diesem Zusammenhang aber nicht die außerordentlich wichtige Voraussetzung, dass nur Körper wirken können.

[22] Davon gehen etwa Asmis 1984, 227ff. sowie Estelle und Phillip De Lacy 1977, 188–189 aus. Long & Sedley 2000, 30–31 unterscheiden in dieser Frage zwischen dem ersten und zweiten Grundsatz. Ihrer Ansicht nach wird lediglich der zweite Grundsatz (dass nichts zu nichts vergeht) „mit Gründen verteidigt, die in einem etwas direkteren Sinn empirisch sind" (31). Der erste Grundsatz (dass nichts aus nichts entsteht) soll hingegen indirekt auf dem Satz des zureichenden Grundes beruhen und wird in der Form eines *modus tollens* bewiesen.

mus sprengen,²³ oder die Lehrsätze selbst sind drittens nur *dem ersten Anschein nach* notwendig und unumstößlich; in der Tat handelt es sich aber nur um hypothetische Annahmen, die ebenso gut durch andere Annahmen ersetzt werden können, wenn diese besser mit der Wahrnehmung vereinbar sein sollten.²⁴

Schauen wir uns diese Grundsätze etwas genauer an. An erster Stelle steht die vermutlich auf Parmenides zurückgehende und bereits von Aristoteles als philosophisches Gemeingut gekennzeichnete Auffassung, dass nichts aus nichts werden kann und auch nichts zu nichts vergehen kann.²⁵ Lukrez setzt diesen Satz, dass nämlich „kein Ding aus nichts entsteht auf göttliche Weise"²⁶ oder anders formuliert, „dass aus nichts nichts entstehen kann"²⁷ an den Anfang seiner Ausführungen zur Kosmologie und Ontologie.²⁸ Der von ihm gemachte Zusatz „auf göttliche Weise" gibt dieser ersten und obersten Voraussetzung der Naturbetrachtung eine eigentümliche Richtung, die sich aus dem Anliegen des Textes ergibt, der Furcht vor den Göttern und dem Aberglauben unter den Menschen entgegen zu wirken. Lukrez zufolge ist dieser Grundsatz daher Vorbedingung dafür, dass es eine natürliche, nicht auf göttliches Eingreifen angewiesene Ordnung gibt. Er versichert zudem, dass diese Voraussetzung sowohl vernünftig, d. h. mit den Mitteln der Vernunft einsehbar, als auch durch die Erfahrung belegt ist.

Wie das? Man sieht, dass alle Dinge aus einem bestimmten Samen entstehen; aus dem Getreidekorn kann nicht Beliebiges werden. Auch aus einem Menschen

---

23 So etwa Natorp 1884, 234f., Cornford 1952, 26–28 und Bailey 1928, 427ff. Letzterer behauptet, dass die Grundsätze durch einen besonderen „act of mental apprehension" (428) erfasst werden.
24 Gegen diese Position, die *de facto* Gassendi in seiner Aufarbeitung der epikureischen Philosophie eingenommen hat, spricht allerdings, dass Epikur dies ausdrücklich in einem erhaltenen Brief (Epicurus, *Ad Pythoclem*, 86.1–8) bestreitet.
25 Epicurus, *Ad Herodotum*, 38.8–39.3: Πρῶτον μὲν ὅτι οὐδὲν γίνεται ἐκ τοῦ μὴ ὄντος· πᾶν γὰρ ἐκ παντὸς ἐγίνετ' ἂν σπερμάτων γε οὐθὲν προσδεόμενον. καὶ εἰ ἐφθείρετο δὲ τὸ ἀφανιζόμενον εἰς τὸ μὴ ὄν, πάντα ἂν ἀπωλώλει τὰ πράγματα, οὐκ ὄντων τῶν εἰς ἃ διελύετο. „Zuerst, daß nichts aus etwas Nicht-Seiendem entsteht. Andernfalls entstünde nämlich alles aus allem, ohne daß dabei Samen hinzukommen müßte. Ferner, wenn das, was verschwindet, zu Nicht-Seiendem vergehen würde, dann wären längst alle Dinge vergangen, da es nichts gäbe, in das sie sich auflösen könnten." (Übersetzung: Karlheinz Hülser, modifiziert) Zum parmenideischen Ursprung des Grundsatzes siehe auch O'Keefe 2010,19. Kant zufolge handelt es sich hierbei um einen Satz, der durch die Erfahrung niemals bewiesen oder widerlegt werden kann, der aber selbst als Bedingung der Erfahrung anzusehen ist und als solches daher ein Grundsatz des reinen Verstandes ist. Siehe Kant, *KrV*, A182ff./B224ff. Ausführlich dazu Hahmann 2009a.
26 Lucretius, *De rerum natura*, I.149–150: „[...] nullam rem e nihilo gigni divinitus umquam."
27 Lucretius, *De rerum natura*, I.155–156: „[...] nil posse creari / de nihilo [...]." Siehe auch I.159–173. Den zweiten Teil des Satzes, dass nämlich nichts zu nichts vergehen kann, diskutiert Lucretius in *De rerum natura*, II.225–237.
28 Zu den einzelnen Argumenten, die sich bei Lukrez finden, sowie zum Verhältnis Epikurs zu Parmenides siehe Asmis 1984, 228ff.

kann nur ein anderer Mensch entstehen. Die sichtbare Ordnung wäre aber zerstört, sobald man annähme, dass etwas aus nichts heraus entspringen könnte.[29] So gäbe es keine festen Gattungen der Dinge und die Natur würde ihren geregelten Gang verlieren, da sich keine *eindeutigen Ursachen* für die einzelnen Dinge bestimmen ließen. Aber nicht nur die Ordnung der natürlichen Gattungen und Arten beruht auf diesem Grundsatz und wäre durch dessen Aufhebung bedroht. Auch die zeitliche Ordnung ist in Gefahr. Sollte es nämlich geschehen, dass etwas aus nichts werden könnte, so ständen laut Lukrez plötzlich Männer dort, wo eben noch Knaben säßen.[30] Die Evidenz der Erfahrung belegt somit, dass dieser Grundsatz gelten muss. Oder anders gesprochen, die Nichtannahme des Grundsatzes würde dazu führen, dass evidente Phänomene aufgehoben würden.

Wir werden im Folgenden auf diese von Lukrez vorausgesetzte Methode noch genauer eingehen. Schauen wir uns aber zuvor die Folgen an, die sich aus der Anwendung des Grundsatzes ergeben. Denn diese führt nun zu den ersten Bausteinen oder Atomen der Wirklichkeit. So sieht man, wie die sichtbaren Körper mannigfaltige Veränderungen erfahren und immer wieder andere Gestalten annehmen können. Keines der sichtbaren Dinge ist offensichtlich absolut beharrlich. Der Baum wird zu Holz, welches wiederum zu einem Stuhl wird, der schließlich den Flammen zum Opfer fällt und Asche und Rauch zurücklässt. Trotz all dieser Übergänge der sichtbaren Körper ineinander erzwingt die Vernunft die Existenz eines absolut beharrlichen Stoffs.[31] Ohne einen solchen absolut beharrlichen Stoff könnten die Regelmäßigkeiten, die sich an den sichtbaren Körpern finden, nicht erklärt werden.[32] Hinzu kommt, dass die sichtbaren Körper, die – wie man unschwer feststellen kann – ihrer Natur nach Zusammensetzungen

---

29 Lucretius, *De rerum natura*, I.215–218: „Huc accedit uti quicque in sua corpora rursum / dissoluat natura neque ad nihilum interemat res. / nam siquid mortale e cunctis partibus esset, / ex oculis res quaeque repente erepta periret [...]." „Zu diesem kommt noch hinzu, dass die Natur alles wieder in die eigenen Stoffe zerlegt und dass sie nichts gänzlich vernichtet. Denn wäre ein Ding in jedem der Teile vergänglich, so würde es, sobald es den Augen entrissen wird, auch zugrunde gehen [...]."
30 Lucretius, *De rerum natura*, I.180–181. Beide Argumente sind uns bereits bei Aristoteles begegnet, der diese wiederum seinen Vorgängern zuschreibt. Vermutlich handelt es sich hierbei sogar um den Kern der Überlegungen der vorsokratischen Naturphilosophie.
31 Lucretius, *De rerum natura*, I.497–502.
32 Lucretius, *De rerum natura*, I.584–98; Epicurus, *Ad Herodotum*, 38.9–39.3 πᾶν γὰρ ἐκ παντὸς ἐγίνετ' ἂν σπερμάτων γε οὐθὲν προσδεόμενον. καὶ εἰ ἐφθείρετο δὲ τὸ ἀφανιζόμενον εἰς τὸ μὴ ὄν, πάντα ἂν ἀπωλώλει τὰ πράγματα, οὐκ ὄντων εἰς ἃ διελύετο. „Andernfalls entstünde nämlich alles aus allem, ohne daß dabei Samen hinzukommen müßte. Ferner, wenn das, was verschwindet, zu Nicht-Seiendem vergehen würde, dann wären längst alle Dinge vergangen, da es nichts gäbe, in das sie sich auflösen könnten." (Übersetzung: Karlheinz Hülser)

sind, unendlich und mithin bis ins Nichts teilbar wären, wenn es keine letzten Bestandteile der Teilung geben würde.[33]

Bei Lukrez finden sich noch zwei Variationen dieses Gedankens. So folgert er die Existenz von kleinsten unteilbaren Körpern durch eine *reductio ad absurdum* aus der unendlichen Teilung der Dinge. Gäbe es nämlich das Unteilbare nicht, so müssten selbst die kleinsten Dinge unendlich teilbar sein. Mithin ließe sich ein begrenzter Teil der Materie in unendlich viele Körper auflösen, weshalb auch der kleinste Teil aus unendlich vielen Teilen bestehen würde. Diesen Schluss weist Lukrez als absurd zurück, weshalb man seiner Meinung nach genötigt ist, erste unteilbare Körper oder Atome anzunehmen.[34] Ferner wären seiner Ansicht nach in Anbetracht der vergangenen Zeit die Teile der einzelnen Körper soweit abgenutzt, dass sie keine Verbindungen mehr eingehen könnten.[35] Der Stoff der Welt oder die Ursprungskörper müssen daher ewig und unvergänglich sein. Wären sie nicht ewig, dann würde der erste Grundsatz verletzt, da sie unter dieser Voraussetzung aus nichts hätten entstehen müssen. Wären sie andererseits vergänglich, so würden sie zu nichts vergehen. Beidem widerstreitet aber die Evidenz der Wahrnehmung.[36] Denn diese zeigt, dass es Körper gibt, die in Bewegung sind.

---

[33] Epicurus, *Ad Herodotum*, 40.7–41.5; Lucretius, *De rerum natura*, I.198; 540–47. Dass es erste Elemente geben muss, folgt natürlich auch daraus, dass aus nichts nichts entstehen kann, man also etwas vorher Bestehendes annehmen muss.

[34] Lucretius, *De rerum natura*, I.615–627; Epicurus, *Ad Herodotum*, 40.7–41.5. Long 1974, 32–33 macht darauf aufmerksam, dass die unendliche Teilbarkeit nicht notwendig zur Nichtexistenz führen muss, Epikur also einem Trugschluss aufgesessen ist. Ein anderes Argument bei Lukrez vermeidet diesen Fehler: Das Argument geht davon aus, dass der leere Raum eine notwendige Voraussetzung für Teilbarkeit ist. Lucretius, *De rerum natura*, I.503–535.

[35] Lucretius, *De rerum natura*, I.551–64. Ein weiterer Beweis für die Existenz von Atomen besteht darin, dass die Teilung irgendwann auf Dinge hinführen muss, die selber kein Leeres mehr in sich enthalten können. Das sind nun die Atome. Lucretius, *De rerum natura*, I.526–39.

[36] Lucretius, *De rerum natura*, I.540–547: „Praeterea nisi materies aeterna fuisset, / antehac ad nihilum penitus res quaeque redissent / de nihiloque renata forent quae cumque videmus. / at quoniam supra docui nil posse creari / de nihilo neque quod genitumst ad nil revocari, / esse inmortali primordia corpore debent, / dissolui quo quaeque supremo tempore possint, / materies ut subpeditet rebus reparandis." „Davon abgesehen, wenn die Materie nicht ewig gewesen wäre, dann wäre vor unserer Zeit alles völlig zu nichts vergangen und wäre dann alles, was wir heute sehen, aus nichts wiedererstanden. Aber da ich oben erklärt habe, daß nichts aus nichts geschaffen werden und daß von dem, was entstanden ist, nichts zu nichts reduziert werden kann, muß es Prinzipien von unvergänglicher Körperlichkeit geben, in die alles aufgelöst werden kann, wenn seine letzte Stunde kommt, und ebenso, damit Stoff für die Entstehung neuer Dinge zur Verfügung steht." (Übersetzung: Karlheinz Hülser) Siehe auch Lucretius, *De rerum natura*, II.67–75. Bei Lukrez findet sich noch ein weiteres Argument dafür, dass es unvergängliche, d. h. absolut beharrliche erste Körper, geben muss: Sollten die letzten Bestandteile der Welt nämlich zugrunde gehen können, so hätten alle Körper in Anbetracht der bereits vergangenen Zeit längst

Die Existenz der Körper genauso wie ihre Bewegung wird daher als sicher vorausgesetzt, da es durch die Wahrnehmung belegt wird.[37] Wenn es aber Körper gibt, so müssen sie aufgrund der Anwendung des ersten Grundsatzes in einfache und zusammengesetzte unterschieden werden.[38] Nur die einfachen Körper oder Atome haben einen absoluten Bestand, nicht aber die zusammengesetzten Körper.

Es ist nun zu beachten, dass auch dann, wenn Größe und Gewicht der *erscheinenden* Körper variieren können, daraus nicht folgen muss, dass dies ebenfalls für die ersten Bestandteile der Zusammensetzung gilt. Ganz im Gegenteil können sich nur zusammengesetzte Körper verändern, da die Atome ihrem Wesen nach unveränderlich und unvergänglich sind.[39] Veränderungen sind das Ergebnis von Umstellungen, Zuflüssen und Abflüssen von Atomen an den zusammengesetzten Körpern.[40] Die Veränderungen, die durch Zu- und Abflüsse der Atome entstehen, können die Auflösung des zusammengesetzten Körpers zur Folge haben. Für Lebewesen bedeutet das den Tod, der mithin nichts anderes als die Auflösung der Zusammensetzung ist.[41]

Epikur gesteht den Atomen folglich auch nicht dieselben *Eigenschaften* (ποιότητα)[42] wie den erscheinenden Körpern zu. Atome haben nur Gestalt, Gewicht und Größe sowie das, was notwendig mit der Gestalt verbunden sein

---

vernichtet sein müssen. Er insistiert jedoch darauf, dass es keine absolute Zerstörung geben kann. Man hat es vielmehr nur mit einer Auflösung und Trennung der Verbindungen zu tun, welche die ersten Körper eingegangen sind (Lucretius, *De rerum natura*, I.232–249).

37 Epicurus, *Ad Herodotum*, 39.9–40.4: σώματα μὲν γὰρ ὡς ἔστιν, αὐτὴ ἡ αἴσθησις ἐπὶ πάντων μαρτυρεῖ, καθ' ἥν ἀναγκαῖον τὸ ἄδηλον τῷ λογισμῷ τεκμαίρεσθαι, ὥσπερ προεῖπον τὸ πρόσθεν. εἰ <δὲ> μὴ ἦν ὃ κενὸν καὶ χώραν καὶ ἀναφῆ φύσιν ὀνομάζομεν, οὐκ ἂν εἶχε τὰ σώματα ὅπου ἦν οὐδὲ δι' οὗ ἐκινεῖτο, καθάπερ φαίνεται κινούμενα. „Denn daß es Körper gibt, bezeugt überall die Sinneswahrnehmung selbst, nach deren Maßgabe es, wie ich schon sagte, nötig ist, das Nicht-Offenkundige durch vernünftige Erwägung zu beurteilen. Wenn nun der Ort nicht existieren würde, den wir ‚Leeres', ‚Raum' und ‚nicht berührbare Substanz' nennen, dann hätten die Körper nichts, wo sie sein oder durch was hindurch sie sich in der Weise bewegen könnten, wie sie als bewegt erscheinen." (Übersetzung: Karlheinz Hülser, modifiziert) Siehe auch Lucretius, *De rerum natura*, I.329–97.
38 Lucretius, *De rerum natura*, I.483–484.
39 Epicurus, *Ad Herodotum*, 54.3–6.
40 Epicurus, *Ad Herodotum*, 54.6–8.
41 Lucretius, *De rerum natura*, I.790–793. Zu Epikurs Ansicht über den Tod siehe Warren 2004.
42 Long & Sedley 2000, 42–43 sprechen im Fall der grundlegenden Eigenschaften der Körper von permanenten oder nicht-abtrennbaren Attributen. Nicht-abtrennbare Attribute (ἀχώριστα συμβεβηκότα) sollen genauso wie Akzidenzien (συμπτώματα) Arten sein, die unter die Gattung ‚Attribut' (συμβεβηκότα) fallen. Siehe die Einteilung bei Sextus Empiricus, *Adversus mathematicos*, X.219–227.

soll.⁴³ Lukrez weist explizit die Auffassung zurück, dass sich die Farbe der erscheinenden Gegenstände aus farbigen Atomen ergeben könnte. Atome haben überhaupt keine Farbe,⁴⁴ was Lukrez mit mehreren Beweisen zu untermauern versucht. Er bemerkt etwa, dass auch Blindgeborene, die niemals eine Farbe gesehen haben, allein durch Berührung Körper als solche erkennen können. Daraus schließt er, dass Körper für den Geist erkennbar sind, ohne farbig sein zu müssen.⁴⁵ Ein anderer, viel wichtigerer Grund dafür, den Atomen Farbe abzusprechen, besteht aber darin, dass Farben sich ständig wandeln. Dieser beständige Wandel ist unvereinbar mit der vorausgesetzten beharrlichen Natur der Atome. Angenommen, so Lukrez, das Meer würde aus blauen Atomen bestehen, dann wäre nicht erklärbar, dass es zuweilen auch weiß schimmert, oder aber man denke an den im Kontext der Farbwahrnehmung häufig angeführten Hals der Taube, der in unzähligen Farben schimmert.⁴⁶ Die Vielzahl an Farben erklärt sich durch die Einwirkung des Lichts. Denn mit dem einfallenden Licht verändert sich auch die Färbung des Gefieders. Atome sind aber nicht auf Licht angewiesen, welches selbst wiederum aus Atomen bestehen soll.⁴⁷ Ferner lässt sich beobachten, dass auch gefärbte, zusammengesetzte Dinge, sobald sie aufgelöst oder zerrieben werden, ihre bestimmte Farbe verlieren. Das macht es in den Augen von Lukrez wiederum unwahrscheinlich, dass die Atome, die doch so klein sein sollen, dass man sie mit den Augen nicht wahrnehmen kann, gefärbt sein könnten.⁴⁸

Ebenso wie mit der Farbe wird es sich auch mit anderen wahrnehmbaren Qualitäten, wie etwa Duft, Wärme und Geschmack verhalten. Hierbei handelt es sich nicht um nicht-abtrennbare Attribute (ἀχώριστα συμβεβηκότα) der Atome selber, sondern lediglich um Akzidenzien (συμπτώματα) der aus den Atomen gebildeten Zusammensetzungen.⁴⁹

---

43 Epicurus, *Ad Herodotum*, 54.1–3: Καὶ μὴν καὶ τὰς ἀτόμους νομιστέον μηδεμίαν ποιότητα τῶν φαινομένων προσφέρεσθαι πλὴν σχήματος καὶ βάρους καὶ μεγέθους καὶ ὅσα ἐξ ἀνάγκης σχήματος συμφυῆ ἐστι. „Weiter ist anzunehmen, daß die Atome keine der Eigenschaften an sich tragen, die den Erscheinungen zukommen, außer Gestalt, Schwere, Größe und dem, was mit der Gestalt notwendig verbunden ist." (Übersetzung: Karlheinz Hülser, modifiziert) Long & Sedley 2000, 65 nennen als mögliche Qualität etwa die Eigenschaft, Teile zu haben.
44 Lucretius, *De rerum natura*, II.731–738.
45 Lucretius, *De rerum natura*, II.741–745.
46 Lucretius, *De rerum natura*, II.749–752; II.756–809.
47 Lucretius, *De rerum natura*, II.795–800.
48 Lucretius, *De rerum natura*, II.825–829.
49 Epicurus, *Ad Herodotum*, 68.6–70.7: Ἀλλὰ μὴν καὶ τὰ σχήματα καὶ τὰ χρώματα καὶ τὰ μεγέθη καὶ τὰ βάρη καὶ ὅσα ἄλλα κατηγορεῖται σώματος ὡς ἂν ἀεὶ συμβεβηκότα ἢ πᾶσιν ἢ τοῖς ὁρατοῖς καὶ κατὰ τὴν αἴσθησιν αὐτῶν γνωστοῖς, οὔθ' ὡς καθ' ἑαυτάς εἰσι φύσεις δοξαστέον [...] οὔτε ὅλως ὡς οὐκ εἰσίν, οὔθ' ὡς ἕτερ' ἄττα προσυπάρχοντα τούτῳ ἀσώματα, οὔθ' ὡς μόρια τούτου, ἀλλ' ὡς τὸ ὅλον σῶμα καθόλου ἐκ τούτων πάντων τὴν ἑαυτοῦ φύσιν ἔχον ἀίδιον, οὐχ οἷον δὲ

Auf den ontologischen Status dieser Verbindungen werden wir später eingehen. Vorerst gilt es, den Fokus auf ein anderes Problem zu legen: Geht man nämlich davon aus, dass die Wahrnehmung das Fundament der epikureischen Philosophie sein soll, liegt es nahe, gegen die Annahme der Atome als Voraussetzung der Ordnung der Dinge einzuwenden, dass ihre Existenz unbewiesen und hochproblematisch ist. Immerhin verfügen die Atome nicht über die meisten der wahrnehmbaren Qualitäten und sollen überdies grundsätzlich nicht wahrnehmbar sein. Auf diesen Einwand antwortet Lukrez, indem er einen weiteren für die hellenistische Philosophie insgesamt überaus bedeutsamen Grundsatz formuliert. Zunächst verweist er auf sichtbare Phänomene, wie etwa die Kraft des Windes, der selbst unsichtbar das Meer aufpeitscht.[50] Dann erinnert er daran, dass auch andere unsichtbare Körper deutliche Wirkungen haben, so etwa der Geruch, den jeder wahrnehmen, aber nicht sehen kann oder die Temperatur, die selbst unsichtbar sichtbare Wirkungen hervorrufen kann.[51] Wo es aber zu sichtbaren Wirkungen an Körpern kommt, muss es *andere Körper* geben, auf die sich diese Wirkungen zurückführen lassen. Denn Lukrez nimmt nicht nur an, dass

---

εἶναι συμπεφορημένον [...] – ἀλλὰ μόνον, ὡς λέγω, ἐκ τούτων ἁπάντων τὴν ἑαυτοῦ φύσιν ἔχον ἀίδιον. [...] Καὶ μὴν καὶ τοῖς σώμασι συμπίπτει πολλάκις καὶ οὐκ ἀίδιον παρακολουθεῖν οὔτ' ἐν τοῖς ἀοράτοις καὶ οὔτε ἀσώματα. ὥστε δὴ κατὰ τὴν πλείστην φορὰν τούτῳ τῷ ὀνόματι χρώμενοι φανερὰ ποιοῦμεν τὰ συμπτώματα οὔτε τὴν τοῦ ὅλου φύσιν ἔχειν, ὃ συλλαβόντες κατὰ τὸ ἀθρόον σῶμα προσαγορεύομεν, οὔτε τὴν τῶν ἀίδιον παρακολουθούντων, ὧν ἄνευ σῶμα οὐ δυνατὸν νοεῖσθαι. „Was weiter die Gestalten, die Farben, die Größen, die Gewichte und alles das angeht, was man von einem Körper sonst noch als ständige Eigenschaften aussagt – die entweder zu allen Körpern gehören oder zu den sichtbaren – und mittels der Sinneswahrnehmung von sich aus erkennbaren –, dürfen wir nicht meinen, daß sie *per se* Substanzen sind [...], auch nicht, daß es sie überhaupt nicht gibt, und nicht, daß es sich um irgendwelche unkörperlichen Gebilde handelt, die an dem Körper zusätzlich auftreten; endlich dürfen wir auch nicht meinen, daß sie Teile des Körpers sind; genauer: daß der ganze Körper sein eigenes permanentes Wesen in der Weise hat, daß es *insgesamt* aus ihrer Gesamtsumme besteht [...]. Vielmehr ist anzunehmen, daß der ganze Körper sein eigenes permanentes Wesen nur in der Weise aus ihrer Gesamtsumme hat, wie ich es sage. [...] Nun fällt den Körpern oft etwas akzidentell bei und begleitet sie nicht permanent, was weder zum Bereich des Unsichtbaren gehört noch unkörperlich ist. Indem wir diese Bezeichnung daher nach dem vorherrschenden Gebrauch verwenden, machen wir klar, daß ‚Akzidenzien' weder die Natur des Ganzen haben, das wir durch den Komplex [von Attributen] kollektiv verstehen und Körper nennen, noch die Natur der permanenten Begleiterscheinungen, ohne die ein Körper sich unmöglich denken läßt." (Übersetzung: Karlheinz Hülser) Die Akzidenzien begleiten den Körper zwar nicht permanent, trotzdem sollen sie nicht unsichtbar sein. Zum ontologischen Status dieser wahrnehmbaren Qualitäten siehe auch Sedley 1989. Zur Beschaffenheit der Atome vgl. Lucretius, *De rerum natura*, II.830–864.
50 Lucretius, *De rerum natura*, I.276–279.
51 Lucretius, *De rerum natura*, I.298–301.

nichts unverursacht geschieht, sondern darüber hinaus können sich nur Körper berühren („tangere enim et tangi, nisi corpus, nulla potest res").[52]

In dieser Erwiderung artikuliert sich ein Grundsatz, den alle hellenistischen Philosophen teilen werden. Denn sie alle nehmen an, dass nur Körper auf andere Körper einwirken können, da sich bloß Körperliches berühren kann. Berührung ist aber zur Übertragung von Bewegung unerlässlich.

Wir erinnern uns, dass auch für Aristoteles Berührung eine notwendige Bedingung für Bewegung ist. Aus diesem Grund muss es auch in der Wahrnehmung ein materielles Kontinuum geben, welches das wahrgenommene Objekt mit dem Organ der Wahrnehmung verbindet. Die Einwirkungseigenschaften als eigentlich wahrnehmbare Qualitäten verursachen Bewegungen an diesem Kontinuum, was wiederum die Reizung des Organs zur Folge hat. Als entscheidend für das Verständnis der Wahrnehmung bei Aristoteles hat sich aber die Differenzierung zwischen Bewegung und Aktivität herausgestellt. Bewegungen geschehen an Körpern, sind in der Zeit und ihrem Wesen nach unvollendet. Das gilt nicht für Aktivitäten, die jederzeit vollendet sein sollen.

Epikur bestreitet freilich, dass es ein solches materielles Kontinuum geben muss. Seiner Ansicht nach können Körper nur dann auf andere Körper einwirken bzw. andere Körper von ihrem Platz verdrängen, wenn es das *Leere*[53] (κενόν) gibt. Das Leere ist also eine Voraussetzung für Ortsbewegung und somit für körperliche Wirksamkeit. Ohne das Leere würde der körperliche Stoff unbeweglich in absoluter Ruhe verharren, da er aneinander gedrängt keinen Raum für Bewegung lassen würde.[54] Ferner steht für Epikur fest, dass sich alle sichtbaren Wirkungen auf Körper zurückführen lassen müssen, und zwar auch dann, wenn man durch

---

[52] Lucretius, *De rerum natura*, I.302–304: „quae tamen omnia corporea constare necessest / natura, quoniam sensus inpellere possunt; / tangere enim et tangi, nisi corpus, nulla potest res." „Alles dieses muss jedoch körperlicher Natur sein, weil nur diese die Sinne anstoßen können. Denn nur ein Körper kann berühren und berührt werden."

[53] Epicurus, *Ad Herodotum*, 39.9 spricht zwar vom Leeren, doch, was er nach Sextus Empiricus, *Adversus mathematicos*, X.2.1–3.1 meint, ist eine unberührbare Natur (ἀναφής φύσις), die, wenn sie frei von Körpern ist, als das Leere (κενόν) angesprochen wird. Wenn sie besetzt ist, dann heißt sie Ort (τόπος), und wenn Körper durch sie hindurchziehen, soll es sich um den Raum (χώρα) handeln. Zu den Einzelheiten dieser Differenzierung sowie den Problemen, auf die Epikur hiermit antwortet, siehe Long & Sedley 2000, 33–36. Ich werde im Folgenden einheitlich vom Leeren sprechen.

[54] Epicurus, *Ad Herodotum*, 40.1–3; Lucretius, *De rerum natura*, I.329–330; 334–390. Long & Sedley 2000, 37 betonen, dass zuerst die Existenz des Leeren bewiesen werden muss, bevor der Beweis für die Existenz der Atome geführt werden kann. Eine kritische Bewertung der einzelnen Argumente bietet O'Keefe 2010, 15–20.

die Wahrnehmung keine sichere Ursache ausmachen kann. Die Wahrnehmung selbst soll sogar ein verlässliches Zeugnis für ihre körperliche Ursache ablegen.[55]

Schließlich soll noch eine weitere Voraussetzung als Möglichkeitsbedingung für Bewegung erfüllt sein, und zwar muss sowohl das Leere, in dem sich die Körper befinden, d. h. das All, als auch die Anzahl der Körper unbegrenzt sein. Wäre nämlich das Leere begrenzt, die Anzahl der Atome aber unbegrenzt, so gäbe es einerseits nicht ausreichend Raum für die Körper zur Bewegung.[56] Andererseits wäre unter der Voraussetzung, dass die Atome aufgrund ihres eigenen Gewichts nach unten fallen, die begrenzte Menge an Materie in Anbetracht der vergangenen Zeit bereits vollständig zu Boden gesunken. Wäre hingegen das Leere unbegrenzt, aber nicht die Materie, so wäre die begrenzte Anzahl Atome im unendlichen All verstreut und es käme zu keiner Vereinigung.

Lukrez weist überdies darauf hin, dass sich die einzelnen Formen und Gestalten der zusammengesetzten Dinge nur dann erhalten können, wenn von allen Seiten der Druck neu heranströmender Körper aufrechterhalten wird und auf diese Weise das Aggregat von Atomen zusammengehalten wird.[57]

Aus dem Unbegrenzten (ἄπειρον) sollen nun alle Dinge entstehen, „indem sich daraus alle diese Dinge, die größeren ebenso wie die kleineren als Ergebnisse jeweils eigentümlicher Atomwirbel abgesondert haben" (Übersetzung: Karlheinz Hülser).[58] Es ist nämlich nicht unwahrscheinlich, dass es in diesem Unbegrenz-

---

55 Epicurus, *Ad Herodotum*, 39.9–40.4: σώματα μὲν γὰρ ὡς ἔστιν, αὐτὴ ἡ αἴσθησις ἐπὶ πάντων μαρτυρεῖ, καθ' ἣν ἀναγκαῖον τὸ ἄδηλον τῷ λογισμῷ τεκμαίρεσθαι, ὥσπερ προεῖπον τὸ πρόσθεν. εἰ <δὲ> μὴ ἦν ὃ κενὸν καὶ χώραν καὶ ἀναφῆ φύσιν ὀνομάζομεν, οὐκ ἂν εἶχε τὰ σώματα ὅπου ἦν οὐδὲ δι' οὗ ἐκινεῖτο, καθάπερ φαίνεται κινούμενα. „Denn daß es Körper gibt, bezeugt überall die Sinneswahrnehmung selbst, nach deren Maßgabe es, wie ich schon sagte, nötig ist, das Nicht-Offenkundige durch vernünftige Erwägung zu beurteilen. Wenn nun der Ort nicht existieren würde, den wir ‚Leeres', ‚Raum' und ‚nicht berührbare Substanz' nennen, dann hätten die Körper nichts, wo sie sein oder durch was hindurch sie sich in der Weise bewegen könnten, wie sie als bewegt erscheinen." (Übersetzung: Karlheinz Hülser, modifiziert)
56 Epicurus, *Ad Herodotum*, 41–42. Siehe auch Lucretius, *De rerum natura*, I.984–991.
57 Lucretius, *De rerum natura*, I.1049–51.
58 Epicurus, *Ad Herodotum*, 73.8–14: Ἐπί τε τοῖς προειρημένοις τοὺς κόσμους δεῖ καὶ πᾶσαν σύγκρισιν πεπερασμένην τὸ ὁμοειδὲς τοῖς θεωρουμένοις πυκνῶς ἔχουσαν νομίζειν γεγονέναι ἀπὸ τοῦ ἀπείρου, πάντων τούτων ἐκ συστροφῶν ἰδίων ἀποκεκριμένων καὶ μειζόνων καὶ ἐλαττόνων· καὶ πάλιν διαλύεσθαι πάντα, τὰ μὲν θᾶττον, τὰ δὲ βραδύτερον, καὶ τὰ μὲν ὑπὸ τῶν τοιῶνδε, τὰ δὲ ὑπὸ τῶν τοιῶνδε τοῦτο πάσχοντα. „Zusätzlich zu dem früher gesagten müssen wir annehmen, daß die Welten und jedes begrenzte Konglomerat, das eine hohe Ähnlichkeit zu den Dingen aufweist, die wir sehen, aus dem Unbegrenztem heraus entstanden ist, indem sich daraus alle diese Dinge, die größeren ebenso wie die kleineren, als Ergebnisse jeweils eigentümlicher Atomwirbel abgesondert haben. Und sie lösen sich auch alle wieder auf, die einen schneller, die anderen langsamer, und das widerfährt ihnen teils durch diese, teils durch jene Ursachen." (Übersetzung: Karlheinz Hülser)

ten bei der ebenfalls unbegrenzten Anzahl der Atome zur Bildung von unendlich vielen Welten gekommen ist. „Wenn du das gut erkannt hast und festhältst, so erscheint die Natur sogleich befreit von überheblichen Oberherren und stellt sich als diejenige dar, die ohne Beteiligung der Götter selber alles frei von sich aus spontan vollführt" (Übersetzung: Karlheinz Hülser).[59] Den Grund dafür führt Lukrez im direkten Anschluss an: „Wer vermag die Gesamtheit des Maßlosen zu lenken?"[60] Somit übernimmt die Unendlichkeit der Welt eine bedeutende Rolle sowohl in der Bildung dieser Welt, die nur eine von unendlich vielen ist, als auch in der epikureischen Zurückweisung der Lenkung der Welt durch die Götter. Eine solche Regierung soll es nicht beim Unbegrenzten geben können. Wenn aber dies eine Voraussetzung ist, die notwendig für den Atomismus ist, so scheint daraus zu folgen, dass der Atomismus als solcher nicht vereinbar mit der Lenkung der Welt durch die Götter ist, zumindest unter den oben ausgeführten naturphilosophischen Voraussetzungen. Wir werden in der nachfolgenden Behandlung der stoischen Position darlegen, dass genau hierin auch der Grund für die Zurückweisung des Atomismus durch die Stoiker zu sehen ist.

Für Epikur steht aufgrund der Wahrnehmung fest, dass es bewegte Körper gibt. Die Evidenz der Bewegung wäre aber aufgehoben, wenn es nicht das Leere geben würde. Außerdem ist eine gewisse Ordnung evident, was wiederum nicht möglich wäre, wenn die Körper aus nichts entstehen oder zu nichts vergehen könnten. Dieser Grundsatz führt wiederum auf die Atome als den letzten absolut beharrlichen Bestandteilen jeder Zusammensetzung. Die Wahrnehmung belegt mithin die Existenz von Bewegung, Körper und Leerem.

§ 7 Die Mechanik der Wahrnehmung

Die Existenz des Leeren erklärt für Epikur auch, dass die Atome in kontinuierlicher,[61] gleich schneller Bewegung durch das All ziehen.[62] Dabei sollen manche Atome große Entfernungen in kürzester Zeit zurücklegen, während andere sich nahezu auf der Stelle in schwingenden Bewegungen befinden, da sie aufgrund ihrer gegenseitigen Verflechtung daran gehindert werden, ihren Ort bzw. das gebildete Körperaggregat zu verlassen.[63] Eine mögliche Folge dieser internen

---

59 Lucretius, *De rerum natura*, II.1090–93: „Quae bene cognita si teneas, natura videtur / libera continuo, dominis privata superbis, / ipsa sua per se sponte omnia dis agere expers."
60 Lucretius, *De rerum natura*, II.1095: [...] quis regere immensi summam [...].
61 Epicurus, *Ad Herodotum*, 43.4.
62 Epicurus, *Ad Herodotum*, 61.1.
63 Epicurus, *Ad Herodotum*, 43.6–9.

atomaren Schwingungen der Körper ist ein kontinuierlicher Abfluss von Atomen, die sich auf der Oberfläche der Körper befinden. Sie werden in ungemein schneller Folge von den Körpern weggeschleudert.[64] Der Abfluss der Atome wird durch einen Zustrom kompensiert, weshalb der Körper insgesamt nicht an Masse verlieren muss; in dem Maße nämlich, wie Atome abfließen, treten andere hinzu.[65]

Von den Atomen, die sich kontinuierlich von der Oberfläche der Gegenstände ablösen, und in hoher Geschwindigkeit durch das All bewegen, behauptet Epikur nun, dass es *nicht unmöglich sei*, dass sich unter ihnen Bilder befinden, die von der Oberfläche der einzelnen Gegenstände herrühren.[66] Epikur nennt diese Bilder εἴδωλα und sie sind der *reale* Grund der Wahrnehmung.[67] Sie bestehen aus Atomen mit unterschiedlicher Größe und passieren ihrer Größe entsprechend die Öffnungen der einzelnen Sinnesorgane.[68] In den Sinnesorganen bewegen sie die dort anwesende Seele und führen auf diese Weise zur Herausbildung einer Vorstellung (φαντασία).[69] Wir werden gleich näher auf die Beschaffenheit der Seele und die Herausbildung der Vorstellung mit ihren charakteristischen Eigenschaften zu sprechen kommen. Zuvor soll ein genauer Blick auf die atomaren Bilder (εἴδωλα) und deren Beschaffenheit geworfen werden.

Von Bildern zu sprechen ist in gewisser Weise irreführend, da sie Epikur zufolge nicht nur für die visuelle Wahrnehmung verantwortlich sind, sondern auch für alle anderen Wahrnehmungen. Epikur selbst führt das am Beispiel der auditiven Wahrnehmung aus.[70] Man muss ferner beachten, dass Epikur hier lediglich davon spricht, dass es nicht unmöglich ist (ἀδυνατοῦσιν), dass unter den Atomen, die die Gegenstände verlassen, auch solche Bilder existieren. Von diesen Bildern heißt es nun, dass es nicht der Evidenz widerspricht, wenn sie

---

64 Epicurus, *Ad Herodotum*, 48.2–3; Lucretius, *De rerum natura*, 4.54–71; siehe zur Mechanik der Wahrnehmung Annas 1992, 158f.
65 Epicurus, *Ad Herodotum*, 48.3–4. Dass dies überhaupt möglich ist, wurde bereits in der Antike bezweifelt. Eine ausführliche Kritik an den physikalischen Voraussetzungen der atomistischen Philosophie der Wahrnehmung findet sich bei Alexander von Aphrodisias, *De anima mantissa*, 134.28–136.28 sowie *De sensu*, 56.6–8.22. Siehe ausführlich Avotins 1980.
66 Epicurus, *Ad Herodotum*, 46.2–6: οὔτε γὰρ ἀποστάσεις ἀδυνατοῦσιν ἐν τῷ περιέχοντι γίνεσθαι τοιαῦται οὔτ' ἐπιτηδειότητες τῆς κατεργασίας τῶν κοιλωμάτων καὶ λεπτοτήτων γίνεσθαι, οὔτε ἀπόρροιαι τὴν ἑξῆς θέσιν καὶ βάσιν διατηροῦσαι ἥνπερ καὶ ἐν τοῖς στερεμνίοις εἶχον […]. „Es ist nämlich weder unmöglich, daß derartige Emanationen in dem Raum um uns herum entstehen, noch daß sich Umstände einstellen, die für dir Hervorbringung von Vertiefungen und Feinem geeignet sind, noch daß es zu Abflüssen kommt, welche eben die Abfolge und Stellung einhalten, die sie schon in den festen Körpern hatten." (Übersetzung: Karlheinz Hülser)
67 Epicurus, *Ad Herodotum*, 46.6–7.
68 Epicurus, *Ad Herodotum*, 49.7. Siehe auch Lucretius, *De rerum natura*, IV.54–71.
69 Epicurus, *Ad Herodotum*, 50.1–5.
70 Epicurus, *Ad Herodotum*, 52.3f. Zur auditiven Wahrnehmung siehe Lee 1978.

über bestimmte Modifikationen, d. h. Vertiefungen und Erhöhungen verfügen, die die Gegenstände, von denen sie abfließen, genau repräsentieren.[71] Der von den Gegenständen ausgehende Fluss von Atomen lässt sich in gleich konstituierte Partikel auflösen, die zueinander eine bestimmte Stellung bewahren und somit eine für sie charakteristische Einheit aufweisen.[72] Im Fall des Gehörs reicht der Strom bis zur Schallquelle zurück. Das Gehör ist also in einem gewissen Sinn direkt mit der Ursache der Affektion verbunden. Aus diesem Grund kann Epikur auch behaupten, dass das Gehör „die Anwesenheit von etwas Äußerem zur Evidenz bringt" (Übersetzung Karlheinz Hülser).[73] Im Gegensatz zu Demokrit ist Epikur nämlich der Überzeugung, dass durch die Wahrnehmung immer auch die Anwesenheit von etwas Äußerem bezeugt wird. Gegen Aristoteles streicht er andererseits heraus, dass die Luft selbst durch die ausgesandte Stimme nicht modifiziert wird. Seiner Ansicht nach ist die Luft dazu nicht geeignet, die entsprechenden Formen anzunehmen, wenn die Stimme auf sie einwirkt. Vielmehr sollen sich beim Schlag der Zunge besonders feine Atome von ihr ablösen und in einem kontinuierlichen Strom bis zum Ohr wandern und in dieses eindringen.[74] Die auditive Wahrnehmung wird also durch die hauchartige Strömung selbst bewirkt. Ein Medium würde diesen Vorgang nur behindern.[75]

Der Vorgang der Ablösung der atomaren Bilder sowie ihr Übergang zum Wahrnehmenden vollziehen sich gewissermaßen *mechanisch* (insofern die gerade Bewegungsrichtung der Atome bloß durch gegenseitige Stöße bzw. äußere Hindernisse abgeändert wird) und ohne dass wir aktiv bzw. spontan Einfluss nehmen könnten. Aufgrund ihrer außerordentlichen Feinheit werden die atomaren Bilder auf ihrem Weg durch den Raum von fast nichts behindert, weshalb sie extrem schnell sind. Sie können daher selbst große Distanzen in unglaublich kurzer Zeit bewältigen.[76] Trotz ihrer außergewöhnlichen Feinheit und Zartheit sollen die Bilder nach Lukrez wie alle anderen Körper auch fähig sein, Einwir-

---

[71] Zur allgemeinen Beschaffenheit der Bilder siehe Epicurus, *Ad Herodotum*, 46.1–10 sowie Epicurus, *De rerum natura*, II (Arrighetti [24.48.5–12]).
[72] Epicurus, *Ad Herodotum*, 48.4–5: […] σῴζουσα τὴν ἐπὶ τοῦ στερεμνίου θέσιν καὶ τάξιν τῶν ἀτόμων ἐπὶ πολὺν χρόνον […]. „[…] dieser (Abfluss) bewahrt über eine Lange Zeit hinweg die am Festkörper vorhandene Stellung und Anordnung der Atome […]." Siehe auch Lucretius, *De rerum natura*, IV.63–71. Damit ist freilich ein besonderes Problem die Aufnahme der Bilder betreffend verbunden, worauf wir weiter unten ausführlich eingehen werden.
[73] Epicurus, *Ad Herodotum*, 52.10: […] τὸ ἔξωθεν μόνον ἔνδηλον παρασκευάζουσαν.
[74] Epicurus, *Ad Herodotum*, 53.2–7.
[75] Epicurus, *Ad Herodotum*, 49.2–50.1.
[76] Epicurus, *Ad Herodotum* 46.7–9; 46.9–48.2; *De rerum natura* II [Arr 24.50.17–51.8]; Lucretius, *De rerum natura*, IV.143–75. Die Entstehung der Bilder geschieht so schnell wie ein Gedanke: Epicurus, *Ad Herodotum*, 48.1–2: Πρός τε τούτοις, ὅτι ἡ γένεσις τῶν εἰδώλων ἅμα νοήματι συμβαίνει. „Hinzu kommt, dass die Entstehung der atomaren Bilder zugleich mit dem Gedanken erfolgt."

kungen an Körpern zu verursachen. Sie sind also die Ursache von Bewegungen.[77] Wir werden später sehen, in welchem Zusammenhang diese Eigenschaft zum Wahrheitsgehalt der durch die Bilder erzeugten Vorstellungen steht. Zuvor wird noch ein kurzer Blick auf die Struktur und Beschaffenheit der Seele nötig sein, da diese von den Bildern bewegt wird und als Folge dieser Bewegung eine Vorstellung bilden soll.

Anders als Platon und Aristoteles ist Epikur der Ansicht, dass die Seele körperlich sein muss. Die Stoiker werden Epikur in diesem Punkt folgen. Denn Stoiker und Epikureer gehen davon aus, dass das Unkörperliche nicht auf das Körperliche einwirken kann, d. h., weder eine Bewegung hervorrufen noch eine erleiden kann. Wäre die Seele also etwas Unkörperliches, dann könnte sie keine Ursache für etwas sein und auch nichts erleiden.[78] Lukrez führt daher Beobachtungen an, aus denen zu folgen scheint, dass es tatsächlich zu Wechselwirkungen zwischen Körper und Seele kommt, woraus dann die Körperlichkeit der Seele folgen würde.[79] Epikur betont aber, dass die Seele ein besonders feiner Stoff sein muss, der dem Körper beigestreut ist und Gemeinsamkeiten mit bekannten Elementen aufweist, wie etwa dem Wind oder dem Feuer.[80] An anderer Stelle heißt es, dass die Seele ein Gemisch aus vier Stoffen ist, von denen eines feuerartig, ein anderes luftartig, ein drittes windartig und das vierte schließlich keinen eigenen Namen hat. Aëtius zufolge sollen die einzelnen Stoffe für verschiedene Zustände des Körpers verantwortlich sein. So bewirkt der Wind Bewegung, die Luft Ruhe und auf der Wärme beruht die körpereigene Wärme. Als viertes wird ein namenloses Element angeführt und dieses namenlose Element soll neben anderen kog-

---

[77] Wie klein sie sind, streicht eindrucksvoll Lucretius, *De rerum natura*, 4.110–28 heraus. Dass die Bilder Bewegungen verursachen können, folgt aus Lucretius, *De rerum natura*, IV.230–238. Siehe auch Diogenes Laërtius, X.32.11–13 sowie Sextus Empiricus, *Adversus mathematicos*, VIII.63.1–64.1.
[78] Annas 1992, 124 zufolge sind die Argumente für die Körperlichkeit der Seele „part of shared Hellenistic philosophical currency".
[79] Lucretius, *De rerum natura*, III.161–76.
[80] Epicurus, *Ad Herodotum*, 63.

nitiven Zuständen, wie Plutarch berichtet,[81] auch für die Sinneswahrnehmung verantwortlich sein.[82]

Neben den Problemen, die sich in Ansehung der Zusammensetzung der Seele ergeben,[83] sind insbesondere die Funktion und der Rang des namenlosen Elements fragwürdig. Die Wahrnehmung soll in keinem der anderen Elemente zu finden sein, weshalb das namenlose Element über eine Eigenschaft verfügen muss, die eine Funktion ermöglicht, die nicht nur in keinem der in der Antike bekannten und anerkannten Elemente anzutreffen ist, sondern es muss sich um eine Funktion handeln, die eigentlich in oder an überhaupt keinem Körper gefunden werden kann. Vor dem Hintergrund, dass es sich bei den Elementen, aus denen sich die Seele zusammensetzt, wie Kerferd bemerkt, nicht um Atome handeln kann, da Epikur diesen bloß Größe, Gewicht und solche Eigenschaften, die aus der Ausdehnung hervorgehen, zubilligt, wäre zu vermuten, dass sich die Elemente selber aus Atomen zusammensetzen.[84] Mithin muss auch die besondere Eigenschaft des namenlosen Elements zuletzt auf die drei oben genannten Bestimmungen der Atome zurückgeführt werden. Das legt wiederum nahe, dass sich das namenlose Element vor allem durch seine besondere Bewegungsfähigkeit auszeichnet, da Ortsbewegung wie gesagt für den gesamten Wahrnehmungsprozess eine ausgezeichnete Rolle einnimmt.[85]

---

81 Plutarchus, *Adversus Colotem*, 1118d–f (314 Us. = 138 Arr). Siehe auch Lucretius, *De rerum natura*, III.231–248. Nach Lukrez gehen alle Bewegungen, die mit der Wahrnehmung verbunden sind, auf das namenlose Element zurück. Vgl. Kerferd 1971, 84. Annas 1992, 139 sieht ein besonderes Problem in Verbindung mit dem vierten, namenlosen Element. Von allen anderen Elementen haben wir eine auf Erfahrung gegründete Vorstellung, die es uns ermöglicht, eine Bezeichnung zu finden: „But in the case of the fourth kind of atom there is nothing in our experience capable of giving us any, even partial ideas of what it is like. Not only do we never encounter anything that stands to it the way fire in fireplaces stands to the firelike atoms in the soul. The nameless kind of atom is the only purely theoretical entity in Epicureanism."
82 Jürß 1991, 16 ist der Ansicht, dass Epikur diesen vierten namenlosen Seelenteil mit großer Wahrscheinlichkeit in Anlehnung an Aristoteles eingeführt habe. Ganz ähnlich auch Annas, siehe Anm. 85.
83 Siehe ausführlich Jürß 1991, 13–14. Problematisch an Jürß Darstellung ist jedoch, dass er von unterschiedlichen „Atomsorten" spricht. Die Bezeichnungen „Elemente" oder „Moleküle" ist hingegen vorzuziehen. Setzt man nämlich voraus, dass sich die Atome nur durch Größe, Gewicht und den Merkmalen, die mit der Gestalt verbunden sind, unterscheiden könne, so wird nicht ersichtlich, worauf die besonderen Funktionen des namenlosen Elements beruhen könnten. Siehe auch Anm. 81.
84 Kerferd 1971, 89.
85 Denn wie Kerferd 1971, 85 hervorhebt, setzt die Wahrnehmung eine ganze Reihe von Bewegungen voraus. Aber neben der besonderen Beweglichkeit spricht Lucretius, *De rerum natura*, III.285–287 dem namenlosen Element auch eine einheitsstiftende Kraft zu. Annas 1992, 142 kontrastiert das namenlose Element daher mit den aristotelischen Formen. „Thus the nameless atom

Für die Wahrnehmung bedeutsam ist ferner eine Differenzierung zwischen einem rationalen und einem irrationalen Seelenteil, die sich in späteren epikureischen Texten findet. Lukrez begründet diese Unterscheidung mit dem Hinweis auf die relative Selbstständigkeit beider Teile.[86] Den rationalen Seelenteil nennt er *animus* oder Geist, der irrationale Teil ist einfach *anima* oder Seele. Den Geist verortet Lukrez wie viele andere antike Philosophen im mittleren Bereich der Brust. Die rationale Seele ist ein Teil der ganzen Seele, wie das Auge und die Hand Teile des Körpers sind. Der irrationale Seelenteil verbreitet sich gleichmäßig über den ganzen Körper. Er gehorcht dem rationalen Seelenteil (animus) und bewegt sich seinem Willen gemäß. Lukrez berichtet, dass Geist (animus) und Seele (anima) fest miteinander verbunden sind und sogar eine einzige Natur konstituieren, auch wenn der Geist die Herrschaft ausübt. Die Wahrnehmungsfähigkeit sprechen die Epikureer dem irrationalen Seelenteil zu, die Wahrnehmung selbst ist folglich alogisch.

Werfen wir einen genaueren Blick auf die Wechselwirkung von Körper und irrationalem Seelenteil in der Wahrnehmung. Epikur zufolge gäbe es ohne den Körper, d. h. dem atomaren Aggregat, welches die Seele umschließt, keine Sinneswahrnehmung, weshalb es auch keine Sinneswahrnehmungen mehr gibt, sobald der Körper bzw. das entsprechende Organ des Körpers entfernt wird oder dieser sich beim Tod des Individuums vollständig auflöst. Was damit aber nicht gesagt sein soll, ist, dass das Auge bzw. das Ohr als Körper wahrnehmungsfähig wären.[87] Mit dieser Feststellung ist also nicht mehr gesagt, als dass der Körper maßgeblich an der Wahrnehmung beteiligt ist. Denn nur solange die Seele mit dem übrigen Körper verbunden ist, wird sie über Sinneswahrnehmung verfügen.

---

type, far from signaling a retreat from physicalism, reveals confidence in the adequacy of physicalism as a theory of the soul. There is a physical difference between souls and other kinds of things; so we do not need anything like forms to explain the way the soul functions." Auch wenn Annas selber direkt im Anschluss auf die Probleme aufmerksam macht, die mit dem Postulat einer namenlosen Substanz für einen strikten Empirismus einhergehen, spricht sie sich doch grundsätzlich für den epikureischen Ansatz aus. Ich kann ihre positive Einschätzung nicht teilen und vermute hier vielmehr eine grundsätzliche Inkohärenz im epikureischen System. Leider wird sich aber auch dieses Problem in Anbetracht der mangelhaften Textbasis nicht endgültig entscheiden lassen.

[86] Lucretius, *De rerum natura*, III.136–176 = *L&S*, 14b. Siehe auch Diogenes von Oinoanda, *Frg.* 37. Siehe ausführlich zu dieser Unterscheidung Kerferd 1971
[87] So ist beispielsweise bei Cicero und Lukrez zu lesen, dass es die Augen selbst sein sollen, die sehen bzw. das Ohr, welches hört (Lucretius, *De rerum natura*, III.359–69; Cicero, *Tusculanae disputationes*, I.46). Long & Sedley 2000, 83 insistieren darauf, dass es sich bei der Sinneswahrnehmung um eine gemeinschaftliche Tätigkeit von Seele und Körper handelt: „Es sind beispielsweise weder bloß die Augen, die sehen, noch bloß die Seele, die durch die Augen sieht." Denn in der Wahrnehmung kommt es zu einer Wechselwirkung (συμπάθεια) von Seele und Körper.

Sollte sie allerdings vom Rest des Körperaggregats entfernt werden, würde sie zusammen mit der Affektion auch die Wahrnehmung einbüßen. Epikur erklärt an einer Stelle, dass das körperliche Aggregat „der Seele die Rolle der Ursache für die Wahrnehmung verschafft" (Übersetzung: Karlheinz Hülser) hat.[88] Obwohl die Seele aber für die Wahrnehmung auf den Körper angewiesen ist, spricht er dem Körper nur einen gewissen Anteil an der Aktivität zu, da er nicht aufgrund seiner eigenen Beschaffenheit wahrnehmungsfähig ist. Dass es sich um einen Anteil handelt, wird auch dadurch deutlich, dass Epikur von einer Wechselwirkung (συμπάθεια) mit dem Körper spricht,[89] die in irgendeinem Sinn auch auf den Geist übergreifen soll, wie Lukrez ergänzt.[90] Die Einzelheiten dieser Wechselwirkung sind unklar und brauchen uns an dieser Stelle auch nicht weiter zu interessieren. Wichtig ist für uns vor allem festzuhalten, dass Epikur die Wahrnehmung explizit dem irrationalen Seelenteil zurechnet. Dass sie aber trotzdem nicht rein passiv sein kann, soll im Folgenden dargelegt werden. Denn hiergegen sprechen zwei Punkte, die in der Literatur kontrovers diskutiert werden.

Wir haben oben bereits angedeutet, dass die Bilder auf ihrem Weg zum Wahrnehmenden genau dieselbe Formation einhalten, die sie auch auf der Oberfläche des Gegenstands haben, von dem sie ausgehen. Das wirft allerdings die Frage auf, wie Gegenstände, die um ein Vielfaches größer als die Öffnungen der Sinnesorgane sind, diese kleinen Eingänge passieren können. Denn angenommen, von dem vor mir befindlichen Haus löst sich ein dünner Film von Atomen ab, die auf ihrem Weg zu meinem Auge denselben Abstand zueinander einhalten, weshalb sie die Gestalt des Hauses genau repräsentieren, so fragt sich, wie dieser Strom die Pupille des Auges passieren soll, die in ihrer Größe nur einen Bruchteil des Hauses ausmacht.

Dieses Problem, das alle atomistischen Theorien der Wahrnehmung betrifft, ist vermutlich zuerst von Theophrast gesehen worden.[91] Moderne Interpreten der

---

88 Epicurus, *Ad Herodotum*, 63.10–64.5: Καὶ μὴν καὶ ὅτι ἔχει ἡ ψυχὴ τῆς αἰσθήσεως τὴν πλείστην αἰτίαν δεῖ κατέχειν· οὐ μὴν εἰλήφει ἂν ταύτην, εἰ μὴ ὑπὸ τοῦ λοιποῦ ἀθροίσματος ἐστεγάζετό πως· τὸ δὲ λοιπὸν ἄθροισμα παρασκευάσαν ἐκείνῃ τὴν αἰτίαν ταύτην μετείληφε καὶ αὐτὸ τοιούτου συμπτώματος παρ' ἐκείνης, οὐ μέντοι πάντων ὧν ἐκείνη κέκτηται [...]. „Außerdem müssen wir auch daran festhalten, daß die Seele die Hauptverantwortung für die Sinneswahrnehmung hat; sie hätte sie allerdings nicht, wenn sie von dem übrigen Aggregat nicht irgendwie umschlossen würde. Das übrige Aggregat aber, das der Seele diese Rolle einer Ursache für die Sinneswahrnehmung verschafft hat, hat auch selbst von ihr Anteil an dieser Art Eigenschaft erhalten, wenn freilich auch nicht an allem, was die Seele besitzt." (Übersetzung: Karlheinz Hülser)
89 Epicurus, *Ad Herodotum*, 64.
90 Lucretius, *De rerum natura*, III.168–169.
91 Theophrastus, *De sensu et sensibilibus*, 36.

epikureischen Theorie diskutieren unterschiedliche mögliche Lösungen hierfür.[92] So schlägt beispielsweise Annas vor, dass die atomaren Zusammensetzungen auf ihrem Weg zum Auge zerstört bzw. verändert werden.[93] Auf diese Weise sollen sie einen beträchtlichen Teil ihrer Größe einbüßen und daher auf einen Rest zusammenschrumpfen. Für Annas' These spricht der Umgang Epikurs mit den bekannten Argumenten aus der Sinnestäuschung. So erscheint beispielsweise der eckige Turm aus der Entfernung rund, da das atomare Bild auf seinem langen Weg bis zum Sinnesorgan die Ecken verloren hat und nunmehr einen Turm mit abgerundeten Seiten zeigt.[94] Doch dieser Erklärungsansatz ist meiner Ansicht nach problematisch. Denn vor allem im Kontext der epikureischen Epistemologie ist es fragwürdig, den normalen Vorgang der Wahrnehmung im Hinblick auf solche Situationen zu erläutern, in denen die Wahrnehmung offensichtlich fehlgeht. Die zusätzlich von Annas und anderen gemachte Annahme, dass die Wahrheit der Sinneswahrnehmungen auch auf der Zuverlässigkeit ihrer Erzeugung beruhen soll, lässt diese Lösung noch problematischer erscheinen.[95] Hinzu käme, dass nicht ersichtlich wird, warum sich die Modifikationen bzw. Veränderungen nach einer allgemeinen Regel abspielen sollten. Epikur hätte in diesem Fall die Bedingungen für eine solche Kontinuität bzw. Stabilität ausweisen müssen. Aus neuzeitlicher Perspektive liegt es hier natürlich nahe, die Ausarbeitung eines Gesetzesbegriffs zu erwarten, was die erhaltenen antiken Quellen aber nicht hergeben.[96]

Ein ganz andersartiger Lösungsansatz zu diesem Problem findet sich in einem Referat des Alexander von Aphrodisias:

> Wie ist es ferner möglich, dass es zu einer Aufnahme von Gestalten und Größen durch die Bilder kommt [...], wenn sie das Auge jederzeit nur mit einem kleinen Abschnitt passieren? Denn die Größe der Pupille, durch die wir sehen, ist sicherlich nicht größer als das atomare Bild, das wir ihnen zufolge durch die Pupille empfangen. Auch wenn man ihnen zugestehen sollte, dass man aufgrund ihrer Geschwindigkeit sukzessive Partikel ohne Unterbrechung

---

92 Siehe Bailey 1928, 412–413; Bicknell 1968, 11; Burkert 1977, 100. Eine kritische Auseinandersetzung mit der Literatur bietet Avotins 1980, 441–445.
93 Annas 1992, 159.
94 Lucretius, *De rerum natura*, 4.353–63; Diogenes von Oinoanda, *New Fragment* 9; Sextus Empiricus, *Adversus mathematicos*, VII.209. Die Befürworter dieser Position stützen sich ferner auf Epicurus, *Ad Herodotum*, 49 sowie auf ein Fragment aus Epicurus, *De natura* II [24.43] 12. Arr., wo scheinbar von einem Zusammenfallen der Bilder die Rede (συνίζησις) ist. Die erste Passage ist meiner Meinung nach im Hinblick auf diese Fragestellung nichtssagend, und der zweite Text ist in Anbetracht des Kontextes, in dem sich die Auskunft findet sowie hinsichtlich des allgemeinen Zustands des Fragments hoch problematisch. Siehe hierzu ausführlich Avotins 1980, 448.
95 Annas 1992, 170; ebenso Everson 1990, 173–174 und Asmis 1999, 267.
96 Ansätze hierzu sehen einige Interpreten im epikureischen Begriff der φύσις (so Long 1977) oder der von Epikur behaupteten συμπάθεια (so Jürß 1991).

empfangen sollte, was bewirkt, dass das Auge die zusammenhängenden Teile des atomaren Bildes empfängt und nicht immer wieder dieselben oder einen anderen Teil desselben der weit von dem ersten [empfangenen Teil] entfernt ist, doch nachfolgend hinzugefügt, obwohl es am falschen Platz ist? Wie kann man den Körper der gesehenen Dinge erhalten? Wie die Größe, die einem jeden zu eigen ist? Denn es ist auch möglich, dass Bilder von anderen Dingen, den ersten hinzugefügt werden, sodass sie so weit mit ihnen vermischt werden, dass man beide nicht in ihrer spezifischen Struktur sehen kann und dass es kein [unterscheidendes] Merkmal gibt, wonach diese Bilder zu diesem Objekt gehören, die anderen aber nicht.[97]

Alexander schreibt diese Theorie zwar nicht explizit Epikur zu (er richtet sich ganz allgemein gegen atomistische Theorien der Wahrnehmung), doch spricht vieles dafür, dass auch Epikur eine solche Theorie vertreten hat. Zunächst findet sich bei Augustinus der Hinweis darauf, dass Epikur in seiner Theorie der Wahrnehmung die sukzessive Aufnahme von Bildfragmenten behauptet hat.[98] Überdies

---

[97] Alexander von Aphrodisias, *De anima libri mantissa*, 135.6–18: πῶς δὲ οἷόν τε καὶ τῶν σχημάτων καὶ τῶν μεγεθῶν ἀντίληψιν γίνεσθαι διὰ τῶν εἰδώλων [...], εἴ γε κατὰ βραχὺ ἡ ἔμπτωσις εἰς τὸν ὀφθαλμὸν αὐτῶν γίνεται; οὐ γὰρ δὴ μεῖζόν ἐστι τὸ τῆς κόρης, ἢ ὁρῶμεν, μέγεθος τοῦ εἰδώλου, ὃ δεχόμεθα κατ' αὐτοὺς εἰς τὴν κόρην. εἰ γὰρ καὶ συγχωρήσειέ τις αὐτοῖς διὰ τὸ τάχος συνεχῶς ἄλλο καὶ ἄλλο δέχεσθαι, ἀλλὰ πόθεν γε ὅτι τὸ ἐξῆς λήψεται τοῦ εἰδώλου, καὶ <οὐχὶ> πολλάκις τὸ αὐτὸ ἢ ἄλλο τι μόριον πόρρω τούτου κείμενον καὶ διεσπασμένον εἶτα συντιθέμενον; πῶς οἷόν τε τὸ σῶμα σωθῆναι τοῦ ὁρωμένου; πῶς δὲ τὸ μέγεθος τὸ οἰκεῖον ἑκάστου; δύναται γὰρ καὶ τὰ τῶν ἄλλων τοῖς πρώτοις προστίθεσθαί τε καὶ μίγνυσθαι καὶ μὴ κατ' οἰκείαν περιγραφὴν ἕκαστον αὐτῶν ὁρᾶσθαι, μηδὲ σημεῖον τοῦ ταῦτα μὲν τούτου τὰ εἴδωλα, ταῦτα δὲ μὴ τούτου εἶναι.

[98] Augustinus, *Epistulae* 118.29–30: „Miror non admonuisse Democritum vel hoc ipso falsa esse quae dicit, quia venientes tam magnae imagines in tam brevem animum nostrum, si corporeus, ut illi volunt, tam parvo corpore includitur, totae illum tangere non possunt. A magno enim corpore cum parvum corpus attingitur, a toto simul attingi nullo pacto potest: quomodo igitur totae simul cogitantur, si in tantum cogitantur, in quantum venientes atque intrantes animum attingunt, quae nec totae intrare possunt per tam parvum corpus, nec totae tam parvum animum attingere? Memento me secundum illos haec dicere; non enim ego talem animum sentio: aut si incorporeum Democritus animum existimat, Epicurus quidem solus ista ratione urgeri potest; sed etiam ille quare non vidit, non opus esse nec fieri posse ut incorporeus animus adventu atque contactu corporearum imaginum cogitet? De visu certe oculorum ambo pariter redarguuntur; tam enim breves oculos, tam grandia imaginum corpora tota attingere nullo modo possunt. Cum autem quaeritur ab eis quare una imago videatur corporis alicuius, a quo innumerabiliter imagines fluunt; respondent, eo ipso quo frequenter fluunt et transeunt imagines, quasi quadam earum constipatione et densitate fieri ut ex multis una videatur." „Ich frage mich, ob es Demokrit nicht selbst aufgefallen war, dass falsch ist, was er gesagt hat, und zwar bereits deshalb, weil unter der Voraussetzung, dass so große Bilder in unseren kleinen Verstand kommen, wenn dieser, so wie sie wollen, körperlich auf die Maße des Körpers eingeschränkt ist, so können sie ihn mit ihrer ganzen Größe nicht berühren. Wird nämlich ein kleiner Körper von einen großen berührt, kann dieser in keiner Weise zur selben Zeit vom ganzen Körper berührt werden. Wie

wiederholt Alexander diese These in zwei Texten.⁹⁹ In einem der beiden Texte wird Epikur kurz zuvor als Anhänger der demokritischen Theorie vorgestellt.¹⁰⁰ Die oben zitierte Passage findet sich hingegen unmittelbar nach der Behandlung der stoischen Theorie, die Alexander häufig zusammen mit Epikur abhandelt. Schließlich bestätigt dies indirekt auch Lukrez, indem er hervorhebt, dass einzelne Bilder das Sehen nicht verursachen können.¹⁰¹

Jedes einzelne Bild, welches das Auge erreicht, kann somit nur zu einem Teil die Pupille passieren. Es wird ein ganzer Strom von Bildern nötig sein, um einen vollständigen Eindruck zu gewinnen. Eine Folge hieraus ist, dass die Bildfragmente im Wahrnehmenden selber zu einem vollständigen Objekt zusammengesetzt bzw. rekonstruiert werden müssen.¹⁰²

Zugestanden, dass es sich hierbei tatsächlich um die epikureische Theorie handeln sollte, so wäre zwar eine Lösung für das Problem der Aufnahme der Bilder durch den sehr viel kleineren Zugang des Wahrnehmungsorgans geboten, doch spricht bereits Alexander die weiteren Schwierigkeiten an, die mit der Zusammensetzung der Bildfragmente zu einem einheitlichen Wahrnehmungsbild sowie der Frage nach der Wahrheit eben dieser rekonstruierten Sinneseindrücke zusammenhängen. Auch wenn der Umstand, dass sich die Bilder nur sukzessive abdrücken, nicht *per se* die zuverlässige Anzeige eines äußeren Gegenstands infrage stellt, so erscheint jedoch die Unterstellung, dass die Wahrheit der Wahrnehmung einzig auf ihrer Passivität beruht, problematisch. Denn unter der

---

werden diese dann aber zur selben Zeit ganz gedacht, wenn sie den Geist nur insofern berühren können, als sie in den Verstand kommen und eindringen, sie aber weder in solch einen kleinen Körper eindringen noch als Ganze von einem so kleinen Geist berührt werden können? Denke daran, dass ich dies nach ihrer Art spreche. Denn ich denke nicht, dass der Geist von dieser Beschaffenheit ist. Wenn aber auch Demokrit den Geist für immateriell hält, kann allein Epikur mit dieser Überlegung in Bedrängnis gebracht werden. Aber warum sieht er [Demokrit] nicht, dass es weder nötig noch möglich ist, dass ein unkörperlicher Geist durch Ankunft und Berührung körperliche Dinge denkt? Beide werden gleichermaßen durch den Gesichtssinn widerlegt; denn so kleine Augen können so große körperliche Bilder unmöglich ganz berühren. Wenn man sie aber fragt, wie ein Bild irgendeines Körpers gesehen wird, von dem unzählige Bilder abfließen, antworten sie, dass gerade deshalb, weil die Bilder so zahlreich abfließen und (durch das Auge) hindurchgehen, es wegen ihrer Zusammendrängung und Häufigkeit geschieht, dass aus vielen eines gesehen wird."

99 Neben dem oben zitierten Text siehe auch Alexander von Aphrodisias, *In librum de sensu commentarium* 60.3–12.
100 Alexander von Aphrodisias, *In librum de sensu commentarium*, 24.18–21; *De anima libri mantissa* 134.30.
101 Lucretius, *De rerum natura*, IV.89; IV.105; IV.256–258. Weitere Stellen bei anderen antiken Autoren, die diese Frage diskutieren, nennt Avotins 1980, 444–445 Anm. 69.
102 Siehe hierzu Avotins 1980, 434 sowie Jürß 1991, 69.

Voraussetzung, dass die einzelnen Bildfragmente im Wahrnehmenden zu einem einheitlichen Abbild *zusammengesetzt* werden müssen, ist es höchst fragwürdig, die reine Passivität und die daraus resultierende Zuverlässigkeit der Erzeugung als Garanten für die Wahrheit der Wahrnehmung heranzuziehen.[103] Genau das wird durch Alexanders Referat in Zweifel gezogen, da die Wahrnehmung des vollständigen Wahrnehmungsobjekts eine Tätigkeit auf der Seite des Wahrnehmenden zu erfordern scheint. Damit wäre allerdings nicht ausgeschlossen, wie Alexander sehr gut beobachtet, dass atomare Bilder, die von unterschiedlichen Gegenständen herrühren, im Wahrnehmenden falsch zusammengefügt werden.

Dass auch für Epikur die Aktivität in der Wahrnehmung weiter reicht, als einige Interpreten angenommen haben, wird noch durch einen zweiten Punkt der epikureischen Theorie der Erfahrung nahegelegt, und zwar die sogenannte *Epibole* (ἐπιβολή), d. h. Anstrengung oder Fokussierung des Geistes bzw. des Sinnesorgans (τῇ διανοίᾳ ἢ τοῖς αἰσθητηρίοις).[104] Für Epikur handelt es sich bei der *Epibole* gar um ein Wahrheitskriterium.[105] Was Epikur jedoch unter einer *Epibole* versteht, ist unklar und wird in der Literatur kontrovers diskutiert. So

---

103 Asmis 1984, 134–135 bestreitet hingegen die konstruktivistischen Konsequenzen, die sich daraus ergeben können und von Alexander von Aphrodisias benannt werden. Meiner Meinung nach liegt Alexander hier jedoch richtig mit seiner Kritik.
104 Epicurus, *Ad Herodotum*, 50.5–6: καὶ ἣν ἂν λάβωμεν φαντασίαν ἐπιβλητικῶς τῇ διανοίᾳ ἢ τοῖς αἰσθητηρίοις [...]. „Und welche Vorstellung wir durch eine Fokussierung des Verstandes oder der Sinnesorgane herausgreifen [...]." Ebenso *Ratae sententiae,* 24. Siehe auch Cicero, *De natura deorum,* I.105: „Sic enim dicebas, speciem dei percipi cogitatione non sensu, nec esse in ea ullam soliditatem, neque eandem ad numerum permanere, eamque esse eius visionem ut similitudine et transitione cernatur neque deficiat umquam ex infinitis corporibus similium accessio, ex eoque fieri ut in haec intenta mens nostra beatam illam naturam et sempiternam putet." „Du sagtest nämlich die Gestalt Gottes werde durch das Denken erfaßt, nicht durch die Wahrnehmung, es gebe an ihr keine Kompaktheit, und sie bleibe auch nicht zahlenmäßig dieselbe. Aus dem Vorüberziehen gleichartiger Atome entstehe die Vorstellung von ihr, und der Zustrom gleicher Bilder, die sich in der unendlichen Zahl von Atomen bilden, höre niemals auf; so geschehe es denn, daß unser auf diesen Vorgang achtende Geist den Eindruck erhält, jene Wesenheit sei glückselig und ewig." (Übersetzung: Olof Gigon) Das Abbild Gottes wird durch eine Anstrengung des Geistes aufgenommen. Zur Anstregnung bzw. Aufmerksamkeit als Bedingung der Aufnahme der Bilder siehe auch Lucretius, *De rerum natura*, IV.779–815. In einem anderen Kontext wird die *Epibole* des Geistes als Auswahl von Lehrsätzen verstanden. Epicurus, *Ad Herodotum*, 35.9–10 τῆς γὰρ ἀθρόας ἐπιβολῆς πυκνὸν δεόμεθα, τῆς δὲ κατὰ μέρος οὐχ ὁμοίως. „Denn des versammelten Zugriffs bedürfen wir oft, des ins Einzelne gehenden Zugriffs (jedoch) nicht auf dieselbe Weise." Etwas später meint *Epibole* den entscheidenden Zugriff auf die Gegenstandswelt: *Ad Herodotum*, 36.2–3: [...] ἥ τε κυριωτάτη ἐπιβολὴ ἐπὶ τὰ πράγματα [...]. „[...] der entscheidende Zugriff auf die Gegenstände [...]." Gemeinsam ist allen Verwendungskontexten, dass die *Epibole* als eine Form von Aktivität behandelt wird.
105 Diogenes Laërtius, X.31.3–5.

wurde vorgebracht, dass es sich um eine Art bewusste Aufmerksamkeit handelt.[106] Die Verbindung von *Epibole* und (bewusster) Aufmerksamkeit scheint jedoch zumindest fragwürdig zu sein, da eine *Epibole*, wie Furley betont, auch in Träumen stattfindet.[107] Daraus sollte man aber andererseits nicht schließen, dass die *Epibole* überhaupt keine Form von Aktivität ist und diese gegen die überlieferten Zeugnisse als einen rein passiven Vorgang interpretieren; der Sache nach ist nämlich klar, dass es etwas geben muss, was zwischen den unzähligen atomaren Bildern, die den Verstand und die Sinne überfallen, eine Vorauswahl trifft.[108] Andere Interpreten verstehen unter der *Epibole* daher eine unbewusste Form der Fokussierung oder Zuwendung oder das aktive Herausgreifen der atomaren Bilder oder einfach eine besondere Spontaneität auf der Seite des Wahrnehmenden.[109]

Wir haben im Kontext der aristotelischen Theorie der Wahrnehmung bereits auf die Möglichkeit hingewiesen, das Phänomen der Aufmerksamkeit im Zusammenhang mit der Aktivität der Wahrnehmung zu sehen. Dabei haben wir bereits die grundsätzlichen Schwierigkeiten angesprochen, die damit verbunden sind, die Aufmerksamkeit (bzw. Aktivität ganz allgemein) an das Bewusstsein zu knüpfen. Wie auch immer man nun die epikureische Konzeption der *Epibole* im Einzelnen verstehen sollte, so scheint jedenfalls daraus zu folgen, dass die Wahrnehmung zu einem beträchtlichen Teil aktiv ist. Das würde aber ein erhebliches Problem für all jene Interpretationen darstellen, die die epikureische Behauptung der Wahrheit aller Vorstellungen mit ihrer vermeintlich rein passiven Erzeugung begründen.

Bislang können also drei unterschiedliche Formen von Aktivität konstatiert werden, die in der Wahrnehmung scheinbar eine Rolle spielen: zuerst die Zusammensetzung der einzelnen Bildfragmente zu einem einheitlichen Wahrnehmungsbild; zweitens die gegenwärtige Aufmerksamkeit (oder *Epibole*), die sich auf das Wahrnehmungsbild richtet.[110] Erst an dritter Stelle kommt die für den Irrtum verantwortlich gemachte Meinung (oder Wahrnehmungsüberzeu-

---

106 So etwa Bailey 1928; mit ausführlicher Widerlegung von Furley 1989, 162–166.
107 Siehe Furley 1989, 166. Ebenso Jürß 1991, 74–75.
108 Die aktive Auswahl der zur Verfügung stehenden Bilder betont Lucretius, *De rerum natura*, IV.794–815, der davon spricht, dass man nur dann etwas sieht, wenn man seine Aufmerksamkeit darauf richtet (IV. 812: „[...] si non advertas animum [...].").
109 Avotins 1980, 434; 448 sowie Asmis 1999, 264–72.
110 Asmis spricht sich dafür aus, die erste und zweite Form von Aktivität zusammenzufassen. Diese Frage kann hier unentschieden bleiben. Wichtig ist vielmehr die bloße Feststellung, dass die Aufnahme der Bilder nicht rein passiv verlaufen kann.

gung) hinzu.¹¹¹ Also auch dann, wenn die Frage nach dem Grad der in der Wahrnehmung stattfindenden Aktivität aufgrund der schlechten Quellenlage nicht mit Gewissheit entschieden werden kann, wird man nur mit Einschränkungen die Passivität der Wahrnehmung als Garanten für ihre Wahrheit heranziehen dürfen.¹¹² Deshalb scheint es ratsam zu sein, nach zusätzlichen Erklärungsgründen Ausschau zu halten.

§ 8 Alle Vorstellungen sind wahr

Wir haben oben gesehen, dass Aristoteles eine ganz ähnliche Behauptung aufgestellt hat.¹¹³ In der Abgrenzung der Wahrnehmungsleistung der einzelnen Sinne besteht Aristoteles darauf, dass man in der Wahrnehmung der sogenannten eigentümlichen Wahrnehmungsobjekte nicht getäuscht werden kann bzw.¹¹⁴ dass ihre Wahrnehmung immer wahr sein soll.¹¹⁵ Bei Lukrez findet sich nun eine an Aristoteles erinnernde Feststellung: Jeder Wahrnehmungssinn (*sensus*) soll eine ihm eigentümliche Wahrnehmung haben, die von den anderen nicht korrigiert werden kann. So kann weder das Ohr die Augen noch der Tastsinn die Ohren widerlegen.¹¹⁶ Wie ist das im Einzelnen zu verstehen? Zeigt unsere Wahrneh-

---

111 Epicurus, *Ad Herodotum*, 50.8–9: Τὸ δὲ ψεῦδος καὶ τὸ διημαρτημένον ἐν τῷ προσδοξαζομένῳ ἀεί ἐστιν [...]; „Die Täuschung und der Irrtum liegen immer in dem Hinzuvermuteten [...]." Sextus Empiricus, *Adversus mathematicos*, VIII.9.10–10.1.
112 Ich sage mit Einschränkung, da der Übergang vom Wahrgenommenen bis zum Wahrnehmenden als rein mechanisch verstanden werden muss.
113 Die Gemeinsamkeiten streicht auch Lee 1978, 44ff. heraus: Er zieht hieraus jedoch andere Schlüsse.
114 Aristoteles, *De anima*, 418a15–16; *De sensu*, 442b8–10. Siehe oben § 4.
115 Aristoteles, *De anima*, 427b11–12: ἡ μὲν γὰρ αἴσθησις τῶν ἰδίων ἀεὶ ἀληθής [...]. „Denn die Wahrnehmung der eigentümlichen Objekte ist immer wahr [...]." Siehe auch 428b18–19; 430b29.
116 Lucretius, *De rerum natura*, IV.479–499: „invenies primis ab sensibus esse creatam / notitiem veri neque sensus posse refelli. / nam maiore fide debet reperirier illud, / sponte sua veris quod possit vincere falsa. / quid maiore fide porro quam sensus haberi / debet? an ab sensu falso ratio orta valebit / dicere eos contra, quae tota ab sensibus orta est? / qui nisi sunt veri, ratio quoque falsa fit omnis. / An poterunt oculos aures reprehendere, an aures / tactus? [...] non, ut opinor, ita est. nam seorsum cuique potestas / divisast, sua vis cuiquest, ideoque necesse est / et quod molle sit et gelidum fervensve videre / et seorsum varios rerum sentire colores / et quae cumque coloribus sint coniuncta necessest. / seorsus item sapor oris habet vim, seorsus odores / nascuntur, seorsum sonitus. ideoque necesse est / non possint alios alii convincere sensus. / nec porro poterunt ipsi reprehendere sese, / aequa fides quoniam debebit semper haberi. / proinde quod in quoquest his visum tempore, verumst." „Du wirst finden, daß der Vorbegriff des Wahren seinen Ursprung in den Sinnen hat und daß die Sinne nicht zurückgewiesen werden können. Denn es muß etwas mit größerer Verläßlichkeit gefunden werden, etwas, das aus eige-

mung nicht, dass die Gestalt des Stabs im Wasser fälschlicherweise als gekrümmt vom Auge und mit Recht als gerade vom Tastsinn *repräsentiert* wird? Ist damit nicht eindeutig erwiesen, dass sich die einzelnen Sinne sehr wohl gegenseitig korrigieren können? Wir werden sehen, dass Epikur mit seiner Konzeption nur dem ersten Anschein nach an Aristoteles erinnert, wenn er den einzelnen Sinnen Irrtumsfreiheit in ihren Unterscheidungsbereichen zuspricht. Zwar gilt auch für Epikur, dass beispielsweise das Gesicht den Tastsinn nicht widerlegen kann, da beide verschiedene Gegenstände *unterscheiden*. Zugleich betont er jedoch, dass sich die Gestaltwahrnehmung des Sehsinns kategorial von der Wahrnehmung der Gestalt durch den Tastsinn unterscheidet. Die Wahrnehmung der Gestalt durch das Gesicht bedeutet demnach nicht, dass die Gestalt des tastbaren Gegenstands wahrgenommen werden kann, sondern lediglich, dass durch das Gesicht der Umriss der Farbe erfasst wird. So heißt es an anderer Stelle sogar, dass die sichtbare Gestalt nichts weiter als die äußerste Platzierung der Farbe sei und „die sichtbare Größe nichts anderes als die Platzierung der Mehrzahl der Farbe auf das, was außerhalb liegt"[117] (Übersetzung: Karlheinz Hülser). Das Gesicht nimmt

---

nem Vermögen das Falsche mit Wahrem besiegen kann. Wovon also soll angenommen werden, daß es gegenüber den Sinnen von größerer Verläßlichkeit ist? Wird etwa das von einer falschen Sinneswahrnehmung herrührende Denken die Kraft haben, den Sinnen zu widersprechen, wenn es doch insgesamt von den Sinnen herrührt? Wenn diese nicht wahr sind, wird auch jedes Denken falsch. Oder können etwa die Ohren die Augen zurechtweisen? Oder der Tastsinn die Ohren? [...] So, meine ich, ist es nicht. Denn jeder Sinn hat sein eigenes Vermögen und seine eigene Kraft. Notwendigerweise ist es daher ein separater Vorgang wahrzunehmen, was weich und was kalt oder heiß ist, und ein anderer separater Vorgang, die verschiedenen Farben der Dinge wahrzunehmen und zu sehen, welche Eigenschaften mit den Farben einhergehen. Ebenso hat der Geschmackssinn eine separate Kraft und es ist ein jeweils separater Vorgang, mit dem Geruchssinn zu erkennen oder mit dem Gehör. Daraus folgt zwingend, daß die Sinne sich nicht gegenseitig widerlegen können. Ferner können sie sich auch nicht selber zurechtweisen, weil man immer annehmen muß, daß sie von gleicher Verläßlichkeit sind. Welchen Eindruck die Sinne zu welcher Zeit auch immer haben, er ist wahr." (Übersetzung: Karlheinz Hülser) Lukrez betont in diesem Zusammenhang auch, dass die Vernunft auf der Wahrnehmung beruht und somit indirekt von der Verlässlichkeit der Sinne abhängt. Siehe zu den verschiedenen Unterscheidungsbereichen auch Diogenes Laërtius, X.32.1–3: οὐδὲ ἔστι τὸ δυνάμενον αὐτὰς διελέγξαι. οὔτε γὰρ ἡ ὁμογένεια αἴσθησις τὴν ὁμογενῆ διὰ τὴν ἰσοσθένειαν, οὔθ' ἡ ἀνομογένεια τὴν ἀνομογένειαν, οὐ γὰρ τῶν αὐτῶν εἰσι κριτικαί [...]. „Auch gibt es nichts, was sie (die Wahrnehmungen) widerlegen kann. Denn weder können sich zwei gleichartige Wahrnehmungen aufgrund ihrer gleichen Kraft widerlegen noch zwei ungleichartige, sie unterscheiden nämlich nicht dieselben Objekte [...]." Sowie die *Anonyme epikureische Abhandlung über die Sinne* (P. Herc. 19/698), col. 17, 18, 22, 23, 25, 26, fr. 21 = *L&S*, 16 C. Ausgezeichnet ist die von Sedley 1989 gebotene Auswertung der Abhandlung.

117 *Anonyme epikureische Abhandlung über die Sinne* (P. Herc. 19/698), col. 17, 18, 22, 23, 25, 26, fr. 21 = *L&S*, 16 C.

also nicht die eigentliche Gestalt des realen äußeren Gegenstands wahr, sondern nur die Gestalt der Farbe.

Wo genau sind die Unterschiede zu Aristoteles zu sehen? Wir erinnern uns: Zwar gilt auch für Aristoteles, dass der Tastsinn den Sehsinn in der Unterscheidung des eigentümlichen Objekts des Sehsinns nicht korrigieren kann, doch gibt es für Aristoteles auch gemeinsame Wahrnehmungsobjekte, d. h. Objekte, die von mehreren Sinnen unterschieden werden können. Hierzu zählt er auch die Gestalt. Diese kann eben nicht nur vom Sehsinn, sondern auch durch den Tastsinn erkannt werden. Während die Wahrnehmung der eigentümlichen Objekte irrtumsfrei ist, gilt Aristoteles gerade die Wahrnehmung der gemeinsamen Objekte als beständige Quelle des Irrtums.[118]

Somit wird deutlich, dass Epikur sich mit seiner Position zwar einerseits an Aristoteles anlehnt, zugleich aber die feinen aristotelischen Differenzierungen zurückweist. So kommt es zu einer signifikanten Erweiterung der Erkenntnisleistung der einzelnen Sinne. Denn Epikur spricht ihnen nicht nur eine einzige Unterscheidungsleistung zu: Der Gesichtssinn unterscheidet nämlich nicht bloß Farben fehlerfrei, sondern auch die daraus sich zusammensetzende Gestalt sowie die Entfernung, die der Wahrnehmende zur Quelle der wahrnehmbaren Bilder einnimmt.[119] Andererseits bestreitet Epikur die Möglichkeit gemeinsamer Wahrnehmungsobjekte. Seiner Meinung nach sollen die Daten, die durch die unterschiedlichen Sinne gegeben werden, strikt inkommensurabel sein. Daraus folgt wiederum, dass es keinen gemeinsamen Unterscheidungsbereich der einzelnen Sinneswahrnehmungen geben kann. Denn auch wenn die Unterscheidungsbereiche einzelner Sinne auf den ersten Blick als dieselben erscheinen sollten (so soll etwa Gestalt und Größe sowohl durch den Sehsinn als auch durch den Tastsinn wahrgenommen werden können), so handelt es sich hierbei doch nicht um eine gemeinsame Erfassung derselben Qualitäten. Dass wir dennoch glauben, eine Gestalt könne sowohl ertastet als auch gesehen werden, beruht auf einem Fehlschluss. Stattdessen hat man es lediglich mit einer Art Erkenntnis *nach der Analogie* zu tun. Mit dem Gesicht nehmen wir nicht die Gestalt des Körpers wahr, die freilich nur ertastet werden kann, sondern einzig die Gestalt der Farbe, d. h. die äußerste Platzierung der einzelnen Farbwahrnehmungen.

Hieraus folgt nun eine Kuriosität: Die Gestaltwahrnehmung des Tastsinns kann zwar analog zu der des Gesichts begriffen werden, gleichwohl weichen sie in einem entscheidenden Punkt voneinander ab. Was das Gesicht erkennt, kann *per se* nur als eine Art phänomenaler Gegenstand bzw. phänomenale Gestalt

---

[118] Aristoteles, *De anima*, 428b24–25.
[119] *Anonyme epikureische Abhandlung über die Sinne* (P. Herc. 19/698), col. 17, 18, 22, 23, 25, 26, fr. 21 = *L&S*, 16 C.

gedeutet werden. Da das Gesicht nämlich bloß Farben erkennt, diese aber nur das Produkt der Wechselwirkung von Wahrnehmungssubjekt und Atomstruktur sind, wird der Sehsinn nichts anderes als Phänomene erfassen.[120] Erscheinung (oder Phänomen) ist wie gesagt nur eine mögliche Übersetzung von φαντασία. Eine andere deutsche Übersetzung lautet Vorstellung. Die Erweiterung der Unterscheidungsbereiche der Wahrnehmung könnte mithin als ein Grund für die von Epikur vollzogene Aufwertung der Vorstellung in der Wahrnehmung gelten.[121]

Erneut lohnt sich ein Blick zurück auf Aristoteles. Aristoteles trennt die Wahrnehmung scharf von der Vorstellung. Polansky zufolge zeichnet sich die Vorstellung bereits bei Aristoteles durch ihren repräsentationalen Charakter aus:[122] Man kann auch sagen, dass im Gegensatz zur Wahrnehmung die Vorstellung das eine als ein anderes erscheinen lässt oder aber sie zeigt etwas als ein anderes an. So wie beispielsweise der Tachometer sich selbst und die Geschwindigkeit des Autos zu erkennen gibt,[123] kann man auch sagen, dass die Vorstellung sich selbst und den Gegenstand gleichermaßen kundtut. Bereits Aristoteles stellt den Bezug zum Licht her, von dem die Vorstellung ihren Namen hat, denn wie das Licht enthüllt die Vorstellung sich selbst und den Gegenstand der Vorstellung.[124]

---

120 Der ontologische Status der Farbe für Epikur ist umstritten. Man geht davon aus, dass Farben sowohl relational als auch dispositional sind, d. h., sie haben eine spezifische Wirkung im Wahrnehmenden. Deshalb ist jedoch nicht ausgeschlossen, dass sie auch real sind, wie Plutarch (*Adversus Colotem* (*Moralia*, XIV), 1109e–1110d) bestreitet. Stattdessen verursachen spezifische atomare Zusammenstellungen unterschiedliche Farbwahrnehmungen (Epicurus, *Ad Herodotum*, 44.6–10). O'Keefe 2010, 39 unterscheidet einerseits zwischen relationalen und intrinsischen Eigenschaften und andererseits zwischen subjektiven und objektiven. Beides darf nicht miteinander verwechselt werden. Denn das Relationale kann gleichwohl objektiv sein. Zum besonderen Status des Tastsinns sowie den Problemen, die mit diesem verbunden sind, siehe Sedley 1989.
121 Ein weiterer Grund könnte darin erblickt werden, dass die Aktivität des Vorstellungsvermögens anders als diejenige der Wahrnehmung zumindest zum Teil in unserer Hand (ἐφ' ἡμῖν) zu liegen scheint. Der Gebrauch der Vorstellung suggeriert also eine bestimmte Freiheit. Dieser Aspekt spielt bei den Stoikern eine besondere Rolle, wie beispielsweise die erhaltenen Ausführungen von Epiktet eindrucksvoll verdeutlichen.
122 Polansky 2007, 410. Barnes 1981, 491 kristallisiert hingegen vier unterschiedliche Bedeutungen von φαντασία bei Aristoteles heraus. Für unsere Untersuchung ist jedoch vor allem der repräsentationale Charakter von Bedeutung.
123 Dieses Beispiel ist aus Dretske 1995, 2f.
124 Siehe auch die Chrysipp zugeschriebene Bestimmung der Vorstellung, die bei Aëtius überliefert ist (*SVF*, II.54): Εἴρηται δὲ ἡ φαντασία ἀπὸ τοῦ φωτός· καθάπερ γὰρ τὸ φῶς αὑτὸ δείκνυσι καὶ τὰ ἄλλα τὰ ἐν αὐτῷ περιεχόμενα, καὶ ἡ φαντασία δείκνυσιν ἑαυτὴν καὶ τὸ πεποιηκὸς αὐτήν. „Das Wort phantasia hat man von ‚phos/Licht' her gebildet; denn wie das Licht sich selbst und alles das zeigt, was in ihm liegt, so zeigt auch die Vorstellung sich selbst und das, was sie bewirkt hat." (Übersetzung: Karlheinz Hülser)

Nimmt man den Vergleich ernst, dann ließe sich die Vorstellung durch zwei Aspekte charakterisieren, und zwar zum einen dadurch, dass sie ein *doppeltes Objekt* hat – nämlich sich selbst und den vorgestellten Gegenstand – und zum anderen ist jede Vorstellung immer nur eine Vorstellung von etwas (anderem). Wir werden im Folgenden sehen, dass für Epikur vor allem der erste Punkt (das doppelte Objekt) relevant ist, wohingegen seine hellenistischen Nachfolger ihre Diskussion auf den zweiten Punkt konzentrieren.

Die jeweiligen Wahrnehmungssinne geben also gleich zuverlässig die ihrer bestimmten Beschaffenheit entsprechenden Bilder zu erkennen. Nichts kann daher die spezifische Wahrnehmung eines jeden Sinns zurückweisen. Die einzelnen Bilder haben dieselbe Geltung. Die Sinneswahrnehmungen können sich nicht gegenseitig korrigieren, weil sie nicht über dieselbe Sache entscheiden. Sieht man also einen gekrümmten Stab im Wasser, so kann der Tastsinn unmöglich den Gesichtssinn zurechtweisen. Beide Wahrnehmungen beruhen auf andersartigen Bildern.

Was sich *prima vista* absurd anhört, hat mit Blick auf die alltägliche Erfahrung einen entscheidenden Vorteil. Denn auf diese Weise kann Epikur der Erfahrung Rechnung tragen, dass auch dann, wenn der Tastsinn versichert, dass der Stab im Wasser nicht gekrümmt ist, das Auge noch immer den gekrümmten Stab zeigt. Dass beide denselben Gegenstand zu repräsentieren scheinen, beruht dieser Konzeption zufolge auf einem besonderen Trugschluss, der im Zusammenhang mit dem doppelten Objekt der Vorstellung steht, d. h. dem vorgestellten oder intentionalen Gegenstand und der materiellen Grundlage, mit der die Vorstellung unmittelbar verbunden ist. Letzteres sind die atomaren Bilder, die direkt über der Oberfläche des Gegenstands durch den Tastsinn erfasst werden und die feineren Bilder, die durch das Gesicht aufgenommen werden und die tatsächlich ihre Struktur auf dem Weg von der Oberfläche des Gegenstands bis zum Auge des Wahrnehmenden verändert haben.[125] Daraus folgt aber, dass Epikur einerseits der Behauptung zustimmen kann, dass der Stab tatsächlich gekrümmt ist. Denn das Gefühl kann nicht die durch die Augen vermittelte Vorstellung des im Wasser gekrümmten Stabs korrigieren. Andererseits wird Epikur sagen können, dass der Stab gerade ist, und zwar insofern dieser durch den Tastsinn erfühlt wird. Beide Sinneswahrnehmungen, Gefühl und Gesicht, sind gleichermaßen wahr. Denn egal, welchen Sinneseindruck wir nehmen, unter dieser Voraussetzung muss er wahr sein.

Dieser Wahrheit widersprechen auch nicht die gegen die Sinneswahrnehmung ins Feld geführten Sinnestäuschungen. Denn selbst dann, wenn die *Ver-*

---

[125] Zur Erklärung des Irrtums siehe Lucretius, *De rerum natura*, IV.353–63; Sextus Empiricus, *Adversus mathematicos*, VII.206.1–210.1.

nunft nicht in der Lage sein sollte *aufzuklären*,[126] warum der Stab im Wasser krumm gesehen, aber gerade ertastet wird, oder der Turm aus der Entfernung rund und aus der Nähe quadratisch erscheint, bedeutet dies doch nicht, dass die Sinneswahrnehmung uns täuscht. Die Wahrnehmung zeichnet sich hingegen dadurch aus, dass sie genau das erfasst, was gegenwärtig ist und von dem sie affiziert wird. Sie kann aber kein Urteil darüber fällen, ob es sich um denselben Gegenstand handelt und wenn ja, wie sich die Vorstellungsgehalte widerspruchsfrei miteinander vereinbaren lassen. Denn das, so Lukrez, „muss schließlich das Denken der Seele entscheiden und es vermag nicht das Auge, das Wesen der Dinge zu schauen; drum dichte nicht an des Geistes Mangel den Augen".[127] Wie Sextus Empiricus berichtet, soll Epikur vielmehr der Ansicht gewesen sein, dass jede *Vorstellung* mit gleichem Recht wahr (oder *evident*[128]) ist.[129] Lukrez zufolge ist es sogar besser, keine Gründe für die verkehrt erscheinende Gestalt angeben zu können, als die Sinneswahrnehmung insgesamt infrage zu stellen. Daraus würde nur folgen, dass die Quelle der Wahrheit und die Grundlage allen Wissens verloren gingen.[130] Wie aber niemand die Wahrheit oder Evidenz von Schmer-

---

126 Die Wahrnehmung selber kann diese Aufklärung nicht leisten, wie Sextus Empiricus, *Adversus mathematicos*, VII.210.1-4 bemerkt: αἰσθήσεως δὲ ἴδιον ὑπῆρχε ⟨τὸ⟩ τοῦ παρόντος μόνον καὶ κινοῦντος αὐτὴν ἀντιλαμβάνεσθαι, οἷον χρώματος, οὐχὶ δὲ τὸ διακρίνειν ὅτι ἄλλο μέν ἐστι τὸ ἐνθάδε ἄλλο δὲ τὸ ἐνθάδε ὑποκείμενον. „Das Spezifische der Sinneswahrnehmung besteht darin, nur das aufzufassen, was ihr gegenwärtig ist und sie bewegt, zum Beispiel eine Farbe, nicht aber darin, die Unterscheidung zu treffen, daß der Gegenstand hier ein anderer ist als der Gegenstand dort." (Übersetzung: Karlheinz Hülser) Hierin könnte folglich ein grundsätzliches Defizit der Wahrnehmung gesehen werden.
127 Lucretius, *De rerum natura*, IV.384–386: „[...] hoc animi demum ratio discernere debet, / nec possunt oculi naturam noscere rerum. / proinde animi vitium hoc oculis adfingere noli."
128 Sextus Empiricus, *Adversus mathematicos*, VII.203.2-3: [...] τὴν φαντασίαν, ἣν καὶ ἐνάργειαν καλεῖ [...]. „[...] die Vorstellung, die er auch Evidenz nennt [...]." Implizit bestätigt das auch Plutarchus, *Adversus Colotem* (Moralia XIV), 1121d2-3. Dessen ungeachtet unterscheidet Long 1971, 116–117 zwischen einem subjektiven und objektiven Wahrheitsanspruch der Vorstellung. Objektiv wahr soll eine Vorstellung nur dann sein, wenn sie klar und evident (ἐναργής) ist.
129 Sextus Empiricus, *Adversus mathematicos*, VII.203.1-4: Ἐπίκουρος δὲ δυεῖν ὄντων τῶν συζυγούντων ἀλλήλοις πραγμάτων, φαντασίας καὶ [τῆς] δόξης, τούτων τὴν φαντασίαν, ἣν καὶ ἐνάργειαν καλεῖ, διὰ παντὸς ἀληθῆ φησιν ὑπάρχειν. „Epikur sagt, dass es zwei Dinge gibt, die miteinander verbunden sind, Vorstellung und Meinung, von diesen ist die Vorstellung, die er auch Evidenz nennt, immer wahr." Plutarchus, *Adversus Colotem (Moralia XIV)*, 1109a8-b1: ὁ δ'οὖν δόξας τό 'μηδὲν μᾶλλον εἶναι τοῖον ἢ τοῖον' Ἐπικουρείῳ δόγματι κέχρηται, τῷ 'πάσας εἶναι τὰς δι' αἰσθήσεως φαντασίας ἀληθεῖς'. „Er [Colotes; A. H.], der die Meinung vertritt, dass nichts eher dies als das sei, benutzt Epikurs Lehrmeinung, dass alle auf Wahrnehmung beruhenden Vorstellungen wahr sind." Siehe auch Cicero, *Lucullus*, 25; *De finibus bonorum et malorum*, I.22; 64 und *De natura deorum* I.25.
130 Lucretius, *De rerum natura*, IV.500–510: „Et si non poterit ratio dissolvere causam, / cur ea quae fuerint iuxtim quadrata, procul sint / visa rutunda, tamen praestat rationis egentem /

zen bezweifelt, so soll dasselbe auch von den anderen Wahrnehmungen gelten. Was nicht offenkundig ist, muss andererseits vom Evidenten her erschlossen werden.[131] Die Einbildungen der Wahnsinnigen sowie Traumvorstellungen und solche Wahrnehmungen, die von gesunden Menschen unter normalen Umständen erfahren werden, gelten in dieser Frage gleichviel![132] Denn sie sind alle durch atomare Bilder verursacht, „während doch das, was nicht existiert, keine Bewegung auslöst".[133]

Was also vorgestellt wird, ist nicht der äußere Gegenstand an sich, sondern die Bilder, die von seiner Oberfläche ausgesandt werden. Diese Bilder regen die Aktivität der Wahrnehmungssinne bzw. der Wahrnehmungsorgane an, die sich ihnen zuwenden (ἐπιβάλλειν) und durch diese Hinwendung (oder ἐπιβολή) die Vorstellung aufnehmen.[134]

---

reddere mendose causas utriusque figurae, / quam manibus manifesta suis emittere quoquam / et violare fidem primam et convellere tota / fundamenta quibus nixatur vita salusque. / non modo enim ratio ruat omnis, vita quoque ipsa / concidat extemplo, nisi credere sensibus ausis / praecipitisque locos vitare et cetera quae sint / in genere hoc fugienda, sequi contraria quae sint." „Selbst wenn die Vernunft nicht in der Lage ist, den Grund aufzuklären, warum das, was aus der Nähe quadratisch war, aus der Ferne rund gesehen wurde, ist es trotzdem besser, in Ermanglung einer adäquaten Erklärung die Gründe für die beiden Gestalten fehlerhaft anzugeben, als das, was manifest ist, seinen Händen irgendwohin entgleiten zu lassen und so die ursprüngliche Verläßlichkeit zu verletzen und alle Grundlagen total zu erschüttern, auf die das Leben und das Wohlergehen aufbaut. Denn es würde nicht nur alle Vernunft einstürzen, auch das Leben selbst würde sofort zusammenfallen, wenn du es nicht wagst, deinen Sinnen zu glauben, es nicht wagst, Stellen, wo man abstürzen kann, ebenso zu vermeiden wie alles andere dieser Art, was man fliehen muß, und es nicht wagst, Dinge anzustreben, die dem entgegengesetzt sind." (Übersetzung: Karlheinz Hülser) Siehe auch Epicurus, *Ratae sententiae*, 23; 24; Cicero, *De finibus bonorum et malorum*, I.22; 64; *De natura deorum*, I.25. Striker 1977 vermutet bei Epikur aufgrund dieser Äußerungen eine rein epistemologische Strategie zur Begründung der Behauptung, dass alle Vorstellungen wahr sind; ähnlich Long & Sedley 2000, 97f. (1987, 83ff). Dagegen argumentiert Everson 1990, 169.

131 Diogenes Laërtius, X. 32.7–9: ὑφέστηκε δὲ τό τε ὁρᾶν ἡμᾶς καὶ ἀκούειν ὥσπερ τὸ ἀλγεῖν· ὅθεν καὶ περὶ τῶν ἀδήλων ἀπὸ τῶν φαινομένων χρὴ σημειοῦσθαι. „Und unser Sehen und Hören sind ebenso Tatsachen, wie daß wir Schmerzen haben. Zeichenschlüsse auf Nicht-Offenkundiges müssen daher von Ersichtlichem her gezogen werden." (Übersetzung: Karlheinz Hülser) Siehe Asmis 2009 (ausführlich 1984) zur hierfür verwandten Methode.

132 Epicurus, *Ad Herodotum*, 51.1.–5; Sextus Empiricus, *Adversus mathematicos*, VIII.63.1–64.6; Diogenes Laërtius, X.32.5–13.

133 Diogenes Laërtius, X.32.11–13: τά τε τῶν μαινομένων φαντάσματα καὶ <τὰ> κατ' ὄναρ ἀληθῆ, κινεῖ γάρ· τὸ δὲ μὴ ὂν οὐ κινεῖ. „Die Einbildungen der Wahnsinnigen und die Traumvorstellungen sind wahr. Denn sie verursachen Bewegung, während doch das, was nicht existiert, keine Bewegung auslöst." (Übersetzung: Karlheinz Hülser)

134 Die Produktion einer Vorstellung wird erregt durch die konzentrierte Aufeinanderfolge der Bilder, Epicurus, *Ad Herodotum*, 50.1–5: εἶτα διὰ ταύτην τὴν αἰτίαν τοῦ ἑνὸς καὶ συνεχοῦς τὴν

Nach dem Zeugnis sehr vieler Quellen ist hierin auch die Grundlage für Epikurs Behauptung zu sehen, dass alle Vorstellungen wahr sind.[135] Die Vorstellung ist nämlich nicht deshalb wahr, weil sie die Gestalt und Farbe des Gegenstands, von dem die Bilder ausgehen, akkurat wiedergeben würde, denn das tut sie ja gerade nicht. Ebenso wenig kann nach dem oben Ausgeführten die Passivität ihrer Erzeugung dem Wahrheitsanspruch Geltung verschaffen. Was die Vorstellung stattdessen wahr macht, ist der Umstand, dass ihr ein atomares Bild zugrunde liegt, mit dem die Vorstellung in einem unmittelbaren Kontakt steht oder anders gesagt, die Vorstellung ist der Ausdruck eines Bildes, der sich als

---

φαντασίαν ἀποδιδόντων καὶ τὴν συμπάθειαν ἀπὸ τοῦ ὑποκειμένου σῳζόντων κατὰ τὸν ἐκεῖθεν σύμμετρον ἐπερεισμὸν ἐκ τῆς κατὰ βάθος ἐν τῷ στερεμνίῳ τῶν ἀτόμων πάλσεως. „[...] und wenn aus eben diesem Grund die Einheitlichkeit und der Zusammenhang eines Abdrucks die Vorstellung hervorbringt und den ganzen Weg vom Ausgangsgegenstand her die Ko-Affektion bewahrt – entsprechend dem festen Halt, der aus der Schwingung der Atome in der Tiefe des festen Körpers resultiert." (Übersetzung: Karlheinz Hülser) Deshalb sind die Vorstellungen Affektionen, die von uns erzeugt werden, Sextus Empiricus, *Adversus mathematicos*, VII.203.10–204.01: οὕτω καὶ ἐπὶ τῶν φαντασιῶν, παθῶν περὶ ἡμᾶς οὐσῶν, τὸ ποιητικὸν ἑκάστης αὐτῶν πάντῃ τε καὶ πάντως φανταστόν ἐστιν, ὃ οὐκ ἐνδέχεται, ὂν φανταστόν, μὴ ὑπάρχειν κατ' ἀλήθειαν τοιοῦτον οἷον φαίνεται [...]. „So sind auch im Fall der Vorstellungen, die Eindrücke (Leidenschaften) in uns: was eine jede von ihnen erzeugt, wird in jeder Hinsicht und vollständig repräsentiert, und weil es vorgestellt wird, ist es nicht möglich, dass es nicht in Wahrheit so existiert, wie es erscheint [...]." Das Aufgreifen der Vorstellung erfolgt wiederum durch eine Hinwendung der Sinnesorgane (oder des Verstandes), Epicurus, *Ad Herodotum*, 50.5–6: καὶ ἣν ἂν λάβωμεν φαντασίαν ἐπιβλητικῶς τῇ διανοίᾳ ἢ τοῖς αἰσθητηρίοις [...]. „Und welche Vorstellung wir durch eine Fokussierung des Verstandes oder der Sinnesorgane herausgreifen [...]." Entsprechend unterscheidet Epikur zwei Arten von Vorstellungen (und zwar des Verstandes und der Sinnlichkeit).
135 Sextus Empiricus, *Adversus mathematicos*, VII.210.1–2: αἰσθήσεως δὲ ἴδιον ὑπῆρχε <τὸ> τοῦ παρόντος μόνον καὶ κινοῦντος αὐτὴν ἀντιλαμβάνεσθαι, οἷον χρώματος [...]. „Das Spezifische der Sinneswahrnehmung besteht darin, nur das aufzufassen, was ihr gegenwärtig ist und sie bewegt, zum Beispiel eine Farbe [...]." (Übersetzung: Karlheinz Hülser, modifiziert). VIII.63.1–6: Ὁ δὲ Ἐπίκουρος ἔλεγε μὲν πάντα τὰ αἰσθητὰ εἶναι ἀληθῆ, καὶ πᾶσαν φαντασίαν ἀπὸ ὑπάρχοντος εἶναι, καὶ τοιαύτην ὁποῖόν ἐστι τὸ κινοῦν τὴν αἴσθησιν, πλανᾶσθαι δὲ τοὺς τινὰς μὲν τῶν φαντασιῶν λέγοντας ἀληθεῖς, τινὰς δὲ ψευδεῖς παρὰ τὸ μὴ δύνασθαι χωρίζειν δόξαν ἀπὸ ἐναργείας. „Epikur sagt hingegen, dass alles Wahrgenommene wahr sei und dass jede Vorstellung von etwas Bestehendem sei und von derselben Beschaffenheit ist, wie das, was die Wahrnehmung bewegt, dass andererseits diejenigen im Irrtum sind, die sagen, dass die Vorstellungen zum Teil wahr und zum Teil falsch seien, weil sie die Meinung nicht von der Evidenz trennen können." Was aber den Sinn bewegt, ist das atomare Bild und nicht der intentionale Gegenstand. Siehe auch VIII.9.1–3: ὁ δὲ Ἐπίκουρος τὰ μὲν αἰσθητὰ πάντα ἔλεγεν ἀληθῆ καὶ ὄντα. οὐ διήνεγκε γὰρ ἀληθές εἶναί τι λέγειν ἢ ὑπάρχον [...]. „Epikur sagt hingegen, dass alles Wahrgenommene wahr und seiend ist. Es machte seiner Ansicht nach keinen Unterschied zu sagen, dass etwas wahr ist oder dass es existiert [...]." Diogenes Laërtius, X.32.11–13.

Ergebnis eines Eindrucks von Atomen in der Seele im Akt einer hinwendenden Erfassung einstellt.

Alle Vorstellungen haben somit eine real existierende kausale Grundlage: Die *direkten*[136] oder *unmittelbaren* Gegenstände der Vorstellungen sind die atomaren Bilder. Jede Vorstellung ist substanziell mit einem Bild verbunden. Auf dieser *ersten ontologischen Ebene* besteht also nicht bloß ein Korrespondenzverhältnis zwischen einer Vorstellung und einem atomaren Bild,[137] sondern eine Art *direkte Bekanntschaft*,[138] wobei Vorstellung und Vorgestelltes sich *unmittelbar* berühren. Zwischen ihnen findet sich buchstäblich kein Raum für Irrtum. Real ist die Vorstellung nun, da sie die andere oder mentale Seite eines atomaren Bilds ist.

In gewissem Sinn spiegelt Epikur damit auf seine Weise die aristotelische Behauptung der Identität des Wahrgenommenen und des Wahrnehmenden in der Wahrnehmung wider, wobei auch für Aristoteles das Sein der beiden verschieden bleibt.

In der Literatur hat man auch die Nähe zu modernen Sinnesdatentheorien gesehen. Der wesentliche Unterschied besteht jedoch darin, dass Epikur die Vorstellung unmittelbar mit ihrer materiellen Grundlage verbindet.[139] Gassendi verdeutlicht in seiner Diskussion der epikureischen Position das Verhältnis von Vorstellung und Bild dadurch, dass er eine Seite der Vorstellung als *species impressa* und die andere als *species expressa* bezeichnet.[140] In der Vorstellung erleidet die Seele nämlich einen materiellen Eindruck (eine Impression), der wiederum eine mentale Seite hat (die Expression).

---

136 In diesem Kontext macht es anders als etwa bei der Theorie der Sinnesdaten durchaus Sinn, von einem „direkten Wahrnehmungsobjekt" zu sprechen, da es zu einer materiellen Berührung kommt.

137 Wie Asmis 2009, 94 („what makes a perception true is a correspondence between the appearance and the influx of atoms"), Furley 1971, 616, Long 1971, 117 und Everson 1990, 172–80 behaupten.

138 Taylor 1980, 117 weist diese Begründung meiner Ansicht nach ungerechtfertigterweise zurück. Seine Zurückweisung beruht auf einem falschen Verständnis der epikureischen Kritik an der Position der Kyrenaiker. Wird allerdings die unten explizierte Unterscheidung zwischen den beiden Aspekten der Vorstellung in Rechnung gestellt, dann wird auch ersichtlich, in welchem Sinn Kolotes die kyrenaische Position verwirft, und zwar deshalb, weil sie das intentionale Objekt der Vorstellung nicht beachtet. Ferner unterscheidet sich Epikurs Position aufgrund seiner atomistischen Annahmen grundlegend von derjenigen seiner Vorgänger.

139 Entscheidend ist freilich, dass für Aristoteles nicht die Vorstellung, sondern die eigentümliche Wahrnehmung mit ihren Objekten identisch wird.

140 Gassendi, *Syntagma philosophica* (Opera omnia II), 405b: "Heic iam distinguendum ob duplicem speciem, quae in phantasiam agnoscitur, impressam nempe, & expressam." „Hier sind nun zwei Bilder zu unterscheiden, die durch eine Vorstellung erfasst werden, nämlich ein eingedrücktes (impressive) und ein ausgedrücktes (expressive)."

In Ansehung der Expression wird nun die oben herausgestellte Besonderheit der Vorstellung relevant. Denn die Expression richtet sich auf ein Objekt, ein intentionales Objekt, welches nicht die Vorstellung selber bzw. ihre unmittelbare Ursache (das atomare Bild) ist. Ich möchte dieses zweite Objekt der Vorstellung den *Vorstellungsgegenstand* nennen. Was darunter zu verstehen ist, soll anhand eines epikureischen Beispiels erläutert werden: Ich stelle mir einen Turm vor. Die Vorstellung ist als solche wahr, da sie unmittelbar mit ihrer realen Grundlage – dem atomaren Bild – verbunden ist. Oder anders ausgedrückt: Dem Empfindungsgehalt der Wahrnehmung entspricht eine reale Grundlage, weshalb die aus der Wahrnehmung hervorgehende Vorstellung in Ansehung dieser Grundlage wahr bzw. real ist. Als Vorstellung hat sie aber auch ein vorgestelltes oder intentionales Objekt. Und mit der Feststellung der Realität der Vorstellung ist noch nichts darüber gesagt, ob der Turm tatsächlich die vorgestellte Größe oder Form hat, ja noch nicht einmal, ob er überhaupt existiert. Als Besonderheit lässt sich also feststellen, dass die Vorstellung ein Urteil über ein Objekt zu sprechen scheint, was nicht die Vorstellung selbst bzw. ihre unmittelbare Ursache (das atomare Bild) ist. Dieses Urteil über das vorgestellte Objekt wird auf der Grundlage der Vorstellung gefällt: ‚Der Turm ist rund.' Mit dem Urteil entsteht auch die Möglichkeit des Irrtums,[141] und zwar dann, wenn der Turm die zugesprochene Eigenschaft nicht hat (sobald sich etwa das repräsentierte Objekt bei näherer Betrachtung als eckiger Turm herausstellt).

---

141 Epicurus, *Ad Herodotum*, 50.8–11: τὸ δὲ ψεῦδος καὶ τὸ διημαρτημένον ἐν τῷ προσδοξαζομένῳ ἀεί ἐστιν <ἐπὶ τοῦ προσμένοντος> ἐπιμαρτυρηθήσεσθαι ἢ μὴ ἀντιμαρτυρηθήσεσθαι, εἶτ' οὐκ ἐπιμαρτυρουμένου <ἢ ἀντιμαρτυρουμένου> „Die Täuschung und der Irrtum liegen jedoch immer in dem Hinzuvermuteten <hinsichtlich dessen, was darauf wartet>, bestätigt oder nicht widerlegt zu werden, dann nicht bestätigt <oder widerlegt wird>"; der Rest ist ein Zusatz von Diogenes Laërtius X.50.11–13: κατά τινα κίνησιν ἐν ἡμῖν αὐτοῖς συνημμένην τῇ φανταστικῇ ἐπιβολῇ, διάληψιν δὲ ἔχουσαν, καθ' ἣν τὸ ψεῦδος γίνεται. „[...] durch eine gewisse innere Bewegung, die zusammenhängt mit der Fokussierung der Vorstellung, aber eine Auffassung zur Folge hat, aus der sich der Irrtum ergibt." Die Augen darf man entsprechend nicht für die Irrtümer des Verstandes verantwortlich machen: Lucretius, *De rerum natura*, IV.379–86 sowie Sextus Empiricus, *Adversus mathematicos*, VIII.9.10–10.1: πάντων δὲ τῶν αἰσθητῶν ἀληθῶν ὄντων, τὰ δοξαστὰ διαφέρειν, καὶ τὰ μὲν αὐτῶν εἶναι ἀληθῆ τὰ δὲ ψευδῆ [...]. „Obgleich nun alles, was wahrgenommen wird, wahr ist, unterscheiden sich die Meinungen, die einen von ihnen sind wahr, die anderen falsch." Siehe auch Sextus Empiricus, *Adversus mathematicos*, VIII.63.6–64.1. Der Irrtum entsteht erst durch die vom Verstand gemachten Zusätze zur Vorstellung, Lucretius, *De rerum natura*, IV.465–468. Eine Erklärung dafür, dass der eckige Turm rund gesehen wird, bieten Lucretius, *De rerum natura*, IV.353–63 sowie Sextus Empiricus, *Adversus mathematicos*, VII.206–209.

Wieso ist der Vorstellungsgegenstand überhaupt durch ein Urteil vermittelt?[142] Wir erinnern uns, dass die durch das Gesicht wahrgenommene Gestalt nur die äußere Begrenzung einer phänomenalen Eigenschaft sein soll, die sich grundsätzlich von der Gestalt unterscheidet, die der Tastsinn wahrnimmt. Trotzdem wird der Vorstellungsgegenstand als ein einheitliches Ding repräsentiert, was es in der Realität in der Form offensichtlich nicht gibt: Es wird also ein zugrunde liegendes Ding als Subjekt unterstellt, dem unterschiedliche (zum Teil sinnliche) Prädikate zugesprochen werden. In der Wahrnehmung wird somit ein einheitlicher Gegenstand vorgetäuscht, der so nicht existiert. Dieser Gegenstand vereint nun die unterschiedlichen, durch die einzelnen Sinne gegebenen Gehalte. Die Vereinigung geschieht (vermutlich) durch einen Vorbegriff (πρόληψις), d. h., sie ist durch den Verstand vermittelt.[143]

---

[142] Diese Frage hat bereits Ebert 1983, 197f. im Hinblick auf die aristotelische Theorie aufgeworfen. Ebert macht darauf aufmerksam, dass die Alltagssprache fälschlicherweise die einzelnen Wahrnehmungsobjekte der aristotelischen Analyse zusammen mit rein intelligiblen Objekten in einem einheitlichen Ding vereint. Als mögliche Erklärung hierfür stellt Ebert den praktischen Umgang mit den Dingen heraus. Ich vermute aber, dass der Grund in der ganzheitlichen Struktur der Vorstellung liegt, die uns die Gegenstände als einheitliche Dinge präsentiert.

[143] Hierfür spicht der Bericht, den Diogenes Laërtius, X.33.1–34.1 gibt: Τὴν δὲ πρόληψιν λέγουσιν οἱονεὶ κατάληψιν ἢ δόξαν ὀρθὴν ἢ ἔννοιαν ἢ καθολικὴν νόησιν ἐναποκειμένην, τουτέστι μνήμην τοῦ πολλάκις ἔξωθεν φανέντος, οἷον τὸ Τοιοῦτόν ἐστιν ἄνθρωπος· ἅμα γὰρ τῷ ῥηθῆναι ἄνθρωπος εὐθὺς κατὰ πρόληψιν καὶ ὁ τύπος αὐτοῦ νοεῖται προηγουμένων τῶν αἰσθήσεων. παντὶ οὖν ὀνόματι τὸ πρώτως ὑποτεταγμένον ἐναργές ἐστι· καὶ οὐκ ἂν ἐζητήσαμεν τὸ ζητούμενον εἰ μὴ πρότερον ἐγνώκειμεν αὐτό· οἷον Τὸ πόρρω ἐστὼς ἵππος ἐστὶν ἢ βοῦς· δεῖ γὰρ κατὰ πρόληψιν ἐγνωκέναι ποτὲ ἵππου καὶ βοὸς μορφήν· οὐδ' ἂν ὠνομάσαμέν τι μὴ πρότερον αὐτοῦ κατὰ πρόληψιν τὸν τύπον μαθόντες. ἐναργεῖς οὖν εἰσιν αἱ προλήψεις· καὶ τὸ δοξαστὸν ἀπὸ προτέρου τινὸς ἐναργοῦς ἤρτηται, ἐφ' ὃ ἀναφέροντες λέγομεν, οἷον Πόθεν ἴσμεν εἰ τοῦτό ἐστιν ἄνθρωπος; „Der Vorbegriff ist, so sagen sie [die Epikureer], sozusagen ein Ergreifen oder eine richtige Meinung oder ein Begriff oder ein allgemeines ‚gespeichertes Begreifen' – d. h. eine Erinnerung – dessen, was uns häufig mit Evidenz von außen begegnet ist, wie z. B. ‚Diese und diese Art Gegenstand ist ein Mensch'. Denn sobald das Wort ‚Mensch' geäußert wird, kommt sofort mittels eines Vorbegriffs auch sein Umriß in unseren Geist, weil die Sinne die Führung haben. Was jeder Bezeichnung also ursprünglich zugrundeliegt, ist etwas Evidentes. Und wir würden über das, worüber wir Untersuchungen anstellen, keine Untersuchungen anstellen, wenn wir davon kein Vorwissen hätten, so z. B. im Fall der Frage: ‚Ist das, was da drüben steht, ein Pferd oder ein Rind?' Denn irgendwann vorher muß man mittels eines Vorbegriffs die Form eines Pferds und die eines Rinds kennengelernt haben. Auch hätten wir für nichts eine Bezeichnung entwickelt, wenn wir nicht zuvor mittels eines Vorbegriffs seinen Umriß gelernt hätten. Die Vorbegriffe sind also evident. Auch was wir bloß meinen, hängt von etwas vorgängigem Evidentem ab, auf das wir Bezug nehmen, wenn wir – zum Beispiel – sagen: ‚Woher wissen wir, ob dies ein Mensch ist?'" (Übersetzung: Karlheinz Hülser)

In der Literatur ist umstritten, was überhaupt unter einem Vorbegriff zu verstehen ist.[144] Ich kann an dieser Stelle nicht ausführlich auf diese Fragen eingehen. Nur so viel: Diogenes Laërtius zufolge sind Vorbegriffe eine Art „allgemeines ‚gespeichertes Begreifen' – d. h. eine Erinnerung – dessen, was uns häufig mit Evidenz von außen begegnet ist, wie z. B. ‚Diese und diese Art Gegenstand ist ein Mensch" (Übersetzung: Karlheinz Hülser).[145] Diese Bestimmung legt nahe, dass man mithilfe von Vorbegriffen darüber urteilt, um was für ein Objekt es sich bei dem durch die Vorstellung repräsentierten Gegenstand handelt.[146] Um diese Funktion aber erfüllen zu können, müssen Vorbegriffe ganz unterschiedliche Wahrnehmungsgehalte miteinander verbinden. Ich erkenne das näherkommende Objekt ja nicht nur deshalb als ein Auto, weil ich seine Umrisse identifiziere, sondern auch aufgrund der lauten Motorengeräusche.

Relevant für unsere Fragestellung ist vor allem, dass die unterschiedlichen Vorstellungsgehalte in Urteilen verbunden werden und dass dies durch den Verstand geschehen muss, da es sich bei der Wahrnehmung selbst für Epikur um ein *alogisches* Vermögen handelt (αἴσθησις ἄλογός ἐστι).[147] Aufgrund der durch den Verstand geleisteten Vereinigung würde sich die durch die Vorstellung vorgetäuschte Gegenständlichkeit entsprechend als unterstelltes Subjekt in Urteilen manifestieren, und zwar als ein Subjekt (oder Substrat), dem wechselnde Prädikate zugesprochen werden. Noch einmal: Dass es zu Urteilen in der Bestimmung des Gegenstands, der die unterschiedlichen Wahrnehmungsgehalte vereint, kommt, ist eine Folge daraus, dass die einzelnen Sinne selber keine verbindende Einheit der Wahrnehmungen leisten können. Wie sollte etwa die Nase darüber entscheiden, dass die gesehene Gestalt zum ertasteten Apfel gehört? Die Verbindung kann (anders als bei Aristoteles) auch nicht durch einen gemeinsamen Sinn geschehen, der die Gehalte der einzelnen Sinne unterscheidet, denn Epikur lässt einen gemeinsamen Unterscheidungsbereich explizit nicht zu. Vor diesem Hintergrund sprechen die überlieferten Zeugnisse dafür, dass diese Verbindung

---

144 Zur epikureischen Theorie der Vorbegriffe siehe Glidden 1985; Asmis 2009, 86–93; Morel 2007; Manuwald 1972.
145 Siehe insbesondere Diogenes Laërtius, X.33.1–3.
146 Epicurus, *Ad Herodotum*, 72.1–4. Das hebt Long 1971 hervor. Seiner Ansicht nach vermittelt der Vorbegriff zwischen Sprache und Verstand (Long 1971, 212). Glidden 1985, 209 bemerkt, dass Vorbegriff und Wahrnehmung eng verbunden sind und wahrscheinlich immer zusammenarbeiten.
147 Diogenes Laërtius, X.31.7–8: "πᾶσα γάρ," φησίν, "αἴσθησις ἄλογός ἐστι καὶ μνήμης οὐδεμιᾶς δεκτική [...]". „Denn jede Wahrnehmung, sagt er [Epikur], ist vernunftlos und nicht fähig, sich auf irgendeine Erinnerung einzustellen." Siehe auch Sextus Empiricus, *Adversus mathematicos*, VII.211.1. Die Vernunft beruht vielmehr auf der Sinnlichkeit. Siehe Epicurus, *Ratae sententiae*, 23; Lucretius, *De rerum natura*, IV.480–85.

durch den Verstand geschieht. Die Aktivität des Verstandes besteht wiederum im Urteilen, sodass die einzelnen Wahrnehmungsgehalte in der Form eines Urteils verbunden werden, wobei ein Subjekt unterstellt wird, welches die einzelnen sinnlichen Prädikate auf sich vereint. Und bei diesem unterstellten oder im Urteil vorausgesetzten Subjekt handelt es sich um das intentionale Objekt der Vorstellung (oder in Gassendis Terminologie die *species expressa*).

Bemerkenswert ist nun, dass auf dieser ontologischen Ebene ein klassischer korrespondenztheoretischer Wahrheitsbegriff zur Anwendung kommt.[148] Denn wahr ist nun nicht mehr die Vorstellung als solche, sondern die auf der Vorstellung beruhende Proposition, d. h. das Verhältnis von Prädikat und unterstelltem Subjekt. Da der Verstand das Verhältnis durch die Rekonstruktion und Deutung des Vorstellungsgehalts herstellt,[149] beruht auch der Irrtum auf der Aktivität des Verstandes. Denn der Verstand urteilt, ob (oder besser wie) der Vorstellungsgehalt mit dem unterstellten einheitlichen Ding vereinbar ist. So fällt etwa der Verstand auf der Grundlage des unmittelbar gegebenen und an sich auch wahren Gehalts der Vorstellung ein Urteil über den Turm, den man in 200 Meter Entfernung sieht. Die urteilende Aktivität des Verstandes bestimmt in der Meinung den durch die Wahrnehmung als einheitlichen Gegenstand unterstellten Turm als ‚rund'. Entsprechend berichtet Sextus Empiricus:

> Die Meinungen indes sind nicht alle wahr, sondern lassen einen Unterschied zu. Von ihnen sind nämlich die einen wahr und die anderen falsch, weil es sich dabei um Urteile handelt, die wir auf der Grundlage unserer Vorstellungen fällen; und wir beurteilen einiges korrekt, aber anderes unkorrekt, dies dadurch, dass wir entweder etwas zu unseren Vorstellungen hinzufügen und es ihnen anhängen oder etwas von ihnen wegnehmen, und ganz allgemein dadurch, dass wir die vernunftlose Sinneswahrnehmung falsch machen.[150] (Übersetzung: Karlheinz Hülser)

Falsch wird das Urteil dadurch, dass einige Bestimmungen weggelassen werden, andere auf eine solche Weise hinzugefügt werden, wie sie mit dem Ding nicht verbunden sind. Bei Plutarch heißt es erklärend, dass wir nur mit einem Ausschnitt

---

[148] Zu den unterschiedlichen Wahrheitsbegriffen, die Epikur verwendet, siehe Hahmann 2015a.
[149] Jürß 1991, 51 stellt diesbezüglich im kantisch anmutenden Sinn fest: „Die rationale Interpretation in ihrer einfachsten Form bringt die Wahrnehmung auf den Begriff."
[150] Sextus Empiricus, *Adversus mathematicos*, VII.210.5–211.1: <αἱ δὲ δόξαι οὐ πᾶσαι ἦσαν ἀληθεῖς>, ἀλλ' εἶχόν τινα διαφοράν. τούτων γὰρ αἱ μὲν ἦσαν ἀληθεῖς αἱ δὲ ψευδεῖς, ἐπείπερ κρίσεις καθεστᾶσιν ἡμῶν ἐπὶ ταῖς φαντασίαις, κρίνομεν δὲ τὰ μὲν ὀρθῶς, τὰ δὲ μοχθηρῶς ἤτοι παρὰ τὸ προστιθέναι τι καὶ προσνέμειν ταῖς φαντασίαις ἢ παρὰ τὸ ἀφαιρεῖν τι τούτων καὶ κοινῶς καταψεύδεσθαι τῆς ἀλόγου αἰσθήσεως. Siehe auch VIII.9.10–10.1; VIII.63.6–64.1; Epicurus, *Ad Herodotum*, 50.8–11; Diogenes Laërtius X.11–13; Lucretius, *De rerum natura*, IV.379–86; IV.465–468.

des Ganzen in physischem Kontakt stehen und daher auch kein Urteil über das Ganze fällen dürfen. Die Vorstellung greift nur auf einen Bruchteil der ganzen Wirklichkeit zu. Man sollte also nicht Behauptungen über das Ganze aufstellen, wenn immer nur Ausschnitte oder Bruchstücke aus diesem Ganzen zur Verfügung stehen.[151] Genauso wenig sollte man annehmen, dass unterschiedliche Menschen die gleiche Erfahrung haben, vielmehr haben sie differente Erfahrungen, und zwar den verschiedenen Qualitäten der Gegenstände und ihren Vermögen entsprechend.

> Das ist der Grund, warum man nicht im Allgemeinen sagen darf, dass der Wein eine erhitzende Eigenschaft hat, sondern dass eine bestimmte Menge eine erhitzende Wirkung auf eine sobeschaffene Natur hat, die sich in einem solchen Zustand befindet, oder dass eine andere Menge eine abkühlende Wirkung auf eine andere Natur hat. Denn in einer solchen Verbindung wie dem Wein gibt es auch Elemente, von denen Kühlung bewirkt wird oder die mit anderen Elementen verbunden entsprechend Abkühlung bewirken können. Daher werden einigen Menschen darin getäuscht, wenn sie sagen, dass der Wein im Allgemeinen eine abkühlende Eigenschaft hat, andere, wenn sie ihm eine erhitzende zusprechen.[152]

Der Irrtum entsteht also durch einen Mangel an Reflexion. Dem Wein an sich, d. h. dem einheitlichen Ding, welches wir in der Wahrnehmung unterstellen und auf das wir uns mit den sinnlichen Prädikaten beziehen, um es als Wein zu kennzeichnen, müssen in der Tat beide Eigenschaften zugesprochen werden. Die Wahrnehmung irrt sich nicht! Lediglich der *Zusammenhang*, in dem die sinnlichen Qualitäten einem zugrunde liegenden Subjekt widerspruchsfrei zugesprochen werden können, ist uns nicht bekannt. Der Zusammenhang muss ausgehend von den einzelnen realen Vorstellungen bestimmt werden. Voraussetzung ist jedoch, dass er *kohärent* ist.

Dasselbe Vorgehen bezeugt auch Epikurs Umgang mit den anderen bekannten Sinnestäuschungen, wie etwa dem Urteil, dass der eckige Turm, der aus der Entfernung wahrgenommen wird, rund sei. Denn falsch ist das Urteil nur, weil wichtige Bestimmungen ausgelassen worden sind. In Anbetracht des zugrunde liegenden atomaren Bilds ist die Vorstellung notwendig wahr.[153] Der Irrtum

---

151 Plutarchus, *Adversus Colotem (Moralia XIV)*, 1109d10–e1.
152 Plutarchus, *Adversus Colotem (Moralia XIV)*, 1110a3–10: 'διὸ δὴ καθόλου μὲν οὐ ῥητέον τὸν οἶνον εἶναι θερμαντικόν, τῆς δὲ τοιαύτης φύσεως καὶ τῆς οὕτω διακειμένης θερμαντικὸν τὸν τοσοῦτον ἢ τῇσδε τὸν τοσοῦτον εἶναι ψυκτικόν. ἔνεισι γὰρ καὶ τοιαῦται ἐν τῷ τοιούτῳ ἀθροίσματι φύσεις, ἐξ ὧν ἂν ψυχρὸν συσταίη, <ἢ αἳ> εἰς δέον γε ἑτέραις παραζυγεῖσαι ψυχρασίας φύσιν ἀποτελέσειαν· ὅθεν ἐξαπατώμενοι οἱ μὲν ψυκτικὸν τὸ καθόλου φασὶν εἶναι τὸν οἶνον οἱ δὲ θερμαντικόν.'
153 Lucretius, *De rerum natura*, IV.353–63, Sextus Empiricus, *Adversus mathematicos*, VII.206.1–210.1.

beruht nämlich nicht auf der Vorstellung selbst, da den zugrunde liegenden Bildern tatsächlich die Ecken fehlen, die ihnen auf ihrem Weg vom Turm bis zu unseren Augen abhandengekommen sind. Problematisch ist nur der Bezug der Vorstellung auf ein vermeintlich einheitliches Ding, dem scheinbar gegensätzliche Eigenschaften zukommen. Bedenkt man jedoch den doppelten Objektbezug der Vorstellung sowie den eigentlichen Gegenstandsbereich der einzelnen Sinne, so löst sich der scheinbare Widerspruch auf. Denn somit können denselben Dingen an sich *prima facie* widersprüchliche Eigenschaften zugesprochen werden. Man muss jedoch beachten, dass die Eigenschaften von unterschiedlicher Qualität sein können. Mit Qualität meine ich, dass man zwischen grundsätzlich wahrnehmbaren Eigenschaften und solchen, die nicht ohne weiteres der Wahrnehmung zugänglich sind, unterscheiden kann. Ob der Turm eckig oder rund ist, kann zwar aus der Entfernung nicht bestimmt werden, doch kann man sich dem Turm so weit nähern, dass sich ein zweifelsfreies Urteil über das Ding fällen lässt. In Ansehung dieser Eigenschaften gilt, dass man sein Urteil so lange zurückhalten muss, bis man mit Evidenz urteilen kann. Epikur zufolge warten die Urteile auf Bestätigung oder Nichtbestätigung.[154] Das gilt aber nur für die wahrnehmbaren Sachverhalte, über die man aus sicherer Entfernung ein nicht widerlegbares, d. h. unumstößliches Urteil fällen kann. Von derselben Art sind auch die anderen bekannten Sinnestäuschungen wie der gekrümmte Stab im Wasser.

Neben den zweifelsfrei wahrnehmbaren Eigenschaften gibt es aber auch solche, die nicht ohne weiteres erkannt werden können. Das kann beispielsweise aufgrund der Entfernung sein, die man zu ihnen einnimmt, sodass eine sichere Wahrnehmung unmöglich ist. Ein bekanntes Beispiel ist die Sonne, deren Gestalt zwar wahrnehmbar ist, ihre Größe aber nicht mit Evidenz bestimmt werden kann. Die Sonne erscheint uns nämlich als zwei Fuß groß und das atomare Bild hat genau diese Größe. Die Natur des vorausgesetzten Dinges, also das Ding an sich selbst betrachtet (κατὰ δὲ τὸ καθ' αὑτό), kann durch das Auge nicht erkannt werden. Epikur zufolge ist die Sonne an sich größer oder kleiner oder genauso groß, wie sie vorgestellt wird.[155]

Wie ist diese Offenheit in der Bestimmung des Gegenstands zu verstehen? Zur Beantwortung dieser Frage ist es hilfreich, sich erneut vor Augen zu führen,

---

154 Diogenes Laërtius, X.34.1–4; Sextus Empiricus, *Adversus mathematicos*, VII.211.1–212.3.
155 Epicurus, *Ad Pythoclem*, 91.1–6: Τὸ δὲ μέγεθος ἡλίου τε καὶ τῶν λοιπῶν ἄστρων κατὰ μὲν τὸ πρὸς ἡμᾶς τηλικοῦτόν ἐστιν ἡλίκον φαίνεται· [...] κατὰ δὲ τὸ καθ' αὑτὸ ἤτοι μεῖζον τοῦ ὁρωμένου ἢ μικρῷ ἔλαττον ἢ τηλικοῦτον οὐχ ἅμα. „Die Größe aber der Sonne und auch die der übrigen Sterne in ihrem Verhältnis zu uns ist genau so groß, wie sie erscheint [...] aber an sich und tatsächlich ist sie entweder größer als das Gesehene oder etwas kleiner oder genauso groß, wie man sie wahrnimmt." Dass die Dinge an sich nur mit dem Verstand erfasst werden können, bestätigt Lucretius, *De rerum natura*, IV.384–385.

dass der Irrtum nach dem bisher Dargelegten als eine *Art Mangel* zu verstehen ist, und zwar insofern als eine weitergehende Qualifizierung des Vorstellungsgehalts nötig gewesen wäre. Man täuscht sich nur dann über die Gestalt des wahrgenommenen Turms, wenn man die Entfernung sowie den Umstand, dass atomare Bilder über größere Distanzen ihre Ecken verlieren, in seinem Urteil missachtet. Durch diese weitergehende Qualifizierung wird die einzelne Vorstellung in ein ganzes Netz aus Vorstellungen eingespannt, die zusammen ein kohärentes System von Überzeugungen ausmachen werden.[156] Dieser übergeordnete Erklärungszusammenhang stellt sich nach Epikur durch die vergleichende Beobachtung ein, indem man immer dann, wenn sich ähnliche Fälle ereignen, auf mögliche Ursachen schließt.[157]

Es gilt also, nicht dogmatisch in der Erklärung der Natur zu verfahren, sondern immer wieder vergleichend neue Ursachen herauszustellen, die schließlich an der Sinneswahrnehmung überprüft werden müssen. Dass sie mit der Sinneswahrnehmung vereinbar sind, ist hierbei eine notwendige Bedingung, damit die Naturerklärung nicht auf grundlosen Forderungen oder Lehrsätzen beruht. Die Theorie muss an den *Erscheinungen*, d. h. Vorstellungen geprüft werden und diese müssen wiederum durch die Theorie in einen korrekten Zusammenhang gestellt werden. Denn auch die Folgen, die sich aus der Verbindung ergeben, dürfen der Sinneswahrnehmung oder dem, was durch diese bestätigt wird, nicht widersprechen.[158] Epikur insistiert darauf, dass die Evidenz der Wahrnehmung grundlegend ist. Die Wahrnehmung ist zugleich Fundament der Erkenntnis und Richtscheit, an dem alle Urteile kontinuierlich überprüft werden müssen. Selbst

---

[156] An anderer Stelle habe ich auf die Gemeinsamkeiten dieser Konzeption mit modernen kohärenztheoretischen Ansätzen hingewiesen. Siehe vor allem die folgende bei Sextus Empiricus, *Adversus mathematicos*, VII.211.1–212.1 überlieferte Bestimmung: οὐκοῦν τῶν δοξῶν κατὰ τὸν Ἐπίκουρον αἱ μὲν ἀληθεῖς εἰσιν αἱ δὲ ψευδεῖς, ἀληθεῖς μὲν αἵ τε ἐπιμαρτυρούμεναι καὶ οὐκ ἀντιμαρτυρούμεναι πρὸς τῆς ἐναργείας, ψευδεῖς δὲ αἵ τε ἀντιμαρτυρούμεναι καὶ οὐκ ἐπιμαρτυρούμεναι πρὸς τῆς ἐναργείας. „Von den Meinungen sind nach Epikur also die einen wahr und die anderen falsch. Wahr sind die, die durch die Evidenz bestätigt werden, und die, die durch sie ein Nicht-Gegenzeugnis erhalten. Falsch sind dagegen die Meinungen, die durch die Evidenz ein Gegenzeugnis, und die, die durch sie eine Nicht-Bestätigung erhalten." (Übersetzung: Karlheinz Hülser) Vgl. hierzu Neurath 1931, 403: „Die Wissenschaft als ein System von Aussagen steht jeweils zur Diskussion. [...] Jede neue Aussage wird mit der Gesamtheit der vorhandenen, bereits miteinander in Einklang gebrachten Aussagen konfrontiert. Richtig heißt eine Aussage dann, wenn man sie eingliedern kann. Was man nicht eingliedern kann, wird als unrichtig abgelehnt. Statt die neue Aussage abzulehnen, kann man auch, wozu man sich im allgemeinen schwer entschließt, das ganze bisherige Aussagensystem abändern, bis sich die neue Aussage eingliedern lässt [...]." Siehe ausführlich Hahmann 2015b.
[157] Epicurus, *Ad Herodotum*, 79.1–80.12 sowie *Ad Pythoclem*, 86–88.
[158] Epicurus, *Ad Pythoclem*, 88.1–3.

die anderen von Epikur in seinem Kanon angeführten Kriterien basieren zuletzt auf dieser Evidenz,[159] „damit wir Indizien haben, mit denen wir sowohl den mittelbar bestätigungsfähigen als auch den sinnlich unfassbaren Zusammenhang erschließen können; wenn wir diese Zusammenhänge unterschieden haben, ist es schließlich erforderlich, einen Überblick über die sinnlich unfassbaren Zusammenhänge zu gewinnen" (Übersetzung: Hans-Wolfgang Krautz).[160]

Wo man aber zu keiner eindeutigen Entscheidung kommen kann, dort muss man offenbleiben für verschiedenartige Erklärungsmöglichkeiten.[161] Das wird von Epikur immer wieder hervorgehoben, wie etwa in der Auseinandersetzung mit meteorologischen Phänomenen. Bemerkenswert ist in diesem Zusammenhang auch eine Überlegung, die sich bei Lukrez findet. So soll man beim Anblick einer Leiche alle möglichen Todesursachen in Erwägung ziehen. Eine mögliche Begründung ist jedoch hinreichend, um eine göttliche Einwirkung auszuschließen.[162] Für alle anderen Erklärungen gilt, dass sie in einer möglichen Welt wahr sein werden.[163]

Epikur spricht somit allen Aussagen, die keine unmittelbar auf der Wahrnehmung gegründete Evidenz haben, einen nur hypothetischen Charakter zu. Besonders bedeutsam ist es, den eigentlichen Sinn oder das letzte Ziel der naturphilosophischen Untersuchung nicht aus den Augen zu verlieren und der besteht, wie wir im folgenden Kapitel sehen werden, in der Beruhigung des Geistes, indem die Ängste vor natürlichen Phänomenen genommen werden. Denn die Naturphilosophie ist der Schlüssel zum Erreichen des ethischen Ziels: die Unerschütterlichkeit der Seele. Der durch die Anwendung der epikureischen Methode erreichte Grad an Sicherheit ist indes hinreichend, um das zu gewährleisten.[164] Eine zu detail-

---

159 Epicurus, *Ad Herodotum*, 38.6; 55.9–56.1; 63.1–2; *Ratae sententiae*, 24. Zu den Kriterien siehe Diogenes Laërtius, X.31.3–5: ἐν τοίνυν τῷ Κανόνι λέγων ἐστὶν ὁ Ἐπίκουρος (Frg. 35 Us.) κριτήρια τῆς ἀληθείας εἶναι τὰς αἰσθήσεις καὶ προλήψεις καὶ τὰ πάθη [...]. „Im Kanon [...] erklärt Epikur also, Kriterien der Wahrheit seien die Sinneswahrnehmungen, die Vorbegriffe und die Gefühle [...]." (Übersetzung: Karlheinz Hülser) Vorbegriffe sind gespeicherte Sinneseindrücke (Diogenes Laërtius, X.33.1–11), weshalb sie wie alle Begriffe aus den Sinnen entstehen (Diogenes Laërtius, X.32.9–11). Die Vernunft selbst beruht daher auf der Wahrnehmung, Diogenes Laërtius, X.32.4.
160 Epicurus, *Ad Herodotum*, 38.4–8: Ἔτι τε κατὰ τὰς αἰσθήσεις δεῖ πάντα τηρεῖν καὶ ἁπλῶς τὰς παρούσας ἐπιβολὰς εἴτε διανοίας εἴθ' ὅτου δήποτε τῶν κριτηρίων, ὁμοίως δὲ καὶ τὰ ὑπάρχοντα πάθη, ὅπως ἂν καὶ τὸ προσμένον καὶ τὸ ἄδηλον ἔχωμεν οἷς σημειωσόμεθα. Ταῦτα δεῖ διαλαβόντας συνορᾶν ἤδη περὶ τῶν ἀδήλων [...].
161 Epicurus, *Ad Pythoclem*, 93.8–12.
162 Lucretius, *De rerum natura*, VI.703–11; ebenso 712–737. Siehe auch Epicurus, *Ad Herodotum*, 79.1–80.12 und *Ad Pythoclem*, 86–88.
163 Lucretius, *De rerum natura*, V.526–33. Diese Überlegung beruht auf der epikureischen Voraussetzung, dass es unendlich viele Welten gibt. Siehe Taub 2009.
164 Epicurus, *Ad Herodotum*, 80.9–12.

lierte Kenntnis der Phänomene kann ganz im Gegenteil sogar schädlich für dieses übergeordnete Ziel sein, da auch dies wieder zu Beunruhigungen führen kann.[165] Für die Befreiung vom Aberglauben und von der Angst vor göttlicher Willkür ist ein grundsätzliches Wissen um kosmologische Phänomene zureichend. Man sollte wissen, dass die Entstehung und der Lauf der Welt natürlichen Gesetzen folgen. Wird man darüber hinaus jedoch damit konfrontiert, dass im Zentrum jeder Galaxie ein Schwarzes Loch liegt oder die Welt jederzeit durch einen Gammablitz als mögliche Folge einer Hypernova oder eines verschmelzenden Neutronensterns vernichtet werden könnte, so wird dies nur zu neuartigen Beunruhigungen führen, die unter Umständen noch heftiger ausfallen können als die ursprüngliche Angst vor den Göttern. Denn diese lassen sich zumindest durch Gebete und Opfer bestechen. Beides hat jedoch keinen Einfluss auf kosmische Energieausbrüche.[166]

Hält man also nicht am hypothetischen Charakter der Naturerklärung fest, läuft man Gefahr, in einen Dogmatismus zu verfallen, der seinerseits eine unbeschwerte Seelenhaltung unmöglich macht. Legt man sich nämlich auf eine einzige Erklärung fest, so wird man unter Umständen dazu gezwungen, nicht einsehbare Behauptungen aufzustellen, die in letzter Konsequenz sogar der Wahrnehmung widerstreiten.[167] Stattdessen sollte man laut Epikur andersgeartete Erklärungsmöglichkeiten für die natürlichen Phänomene nicht ausschließen. Das Erreichen der Unerschütterlichkeit der Seele verlangt, dass man eine grundsätzliche Offenheit für andere Erklärungsmöglichkeiten bewahrt.[168] Hierzu ist es aber erfoderlich, dass man die Möglichkeit unterschiedlicher Erklärungsansätze im Auge behält. Ferner sollte man die Hypothesen immer wieder mit Blick auf die Sinneswahrnehmung überprüfen, die Folgerungen, die aus diesen Hypothesen abgeleitet werden, mit denen anderer Hypothesen in Verbindung bringen und verknüpfen und sich zuletzt stets an der Evidenz der Wahrnehmung orientieren und nicht vorab auf eine mögliche Erklärung festlegen.

---

165 Epicurus, *Ad Herodotum*, 79.5–8. Siehe zu diesem Punkt Taub 2009, 109f.
166 In diesem Sinn wenden sich die Epikureer gegen das stoische Schicksal, welches ihrer Ansicht nach schlimmer als jeder Aberglaube ist.
167 Epicurus, *Ad Pythoclem*, 95.1–7.
168 Epicurus, *Ad Herodotum*, 79.9–81.1. Das ist nötig, um dem Dogmatismus zu entgehen, Epicurus, *Ad Pythoclem*, 92–115; Beispiele für die Methode, multiple Erklärungen zu bieten, liefert Lucretius, *De rerum natura*, V.592–770. Dass es sich ansonsten um bloße Mythen handeln würde, streicht Epicurus, *Ad Pythoclem*, 87.7–8 sowie 104.2–4 heraus. In solchen Fällen ist nämlich aufgrund der Erscheinungen nicht zu erkennen, welche Erklärung zutrifft. Siehe auch Epicurus, *Ad Pythoclem*, 98–99. Ähnlichkeiten mit der skeptischen Methode liegen zwar auf der Hand, Taub 2009, 111 vermutet hier aber einen Einfluss Theophrasts.

Damit kommen wir zurück zu der am Anfang dieses Kapitels aufgeworfenen Frage nach dem Status der einzelnen Grundsätze. Warum sollten diese nicht mit derselben Offenheit behandelt werden?[169] Weshalb sind die Voraussetzungen, die Epikur seiner Theorie zugrunde legt, als notwendig zu erachten? Offensichtlich transzendieren diese Grundsätze selbst jede mögliche Erfahrung. Man denke nur an die geforderte Existenz der Atome und des Leeren.[170] Über solche Gegenstände sollen wahre Aussagen gefällt werden können, obwohl sie grundsätzlich keine wahrnehmbaren Eigenschaften haben. Hierzu wird folglich eine spezielle Methodologie erfordert, deren Ausarbeitung von Epikur selbst so wie nachfolgenden Epikureern geleistet worden ist.[171]

Ein überliefertes Beispiel für die angewandte Methode zur Bestimmung nicht wahrnehmbarer Sachverhalte ist das epikureische Argument für den leeren Raum.[172] Die Wahrnehmung bestätigt mit Evidenz die Bewegung der Körper. Bewegung setzt aber als Möglichkeitsbedingung das Leere voraus. Stellt man also die Behauptung auf, dass es das Leere nicht gibt, so würde man einen evidenten Sachverhalt – die Bewegung – aufheben. Folglich muss es das Leere geben. Von ganz ähnlichem Aufbau sind auch die überlieferten Beweise für die Existenz der an sich nicht wahrnehmbaren Atome.

Wie sieht es nun mit der Rechtfertigung des Wahrheitsanspruchs der Wahrnehmung selber aus? Wir haben gesehen, dass das ontologische Fundament der

---

[169] Das versichert zumindest Epikur selbst, Epicurus, *Ad Pythoclem*, 86.1–8: μήτε τὸ ἀδύνατον καὶ παραβιάζεσθαι μήτε ὁμοίαν κατὰ πάντα τὴν θεωρίαν ἔχειν ἢ τοῖς περὶ βίων λόγοις ἢ τοῖς κατὰ τὴν τῶν ἄλλων φυσικῶν προβλημάτων κάθαρσιν, οἷον ὅτι τὸ πᾶν σώματα καὶ ἀναφὴς φύσις ἐστίν, ἢ ὅτι ἄτομα <τὰ> στοιχεῖα, καὶ πάντα τὰ τοιαῦτα [ἢ] ὅσα μοναχὴν ἔχει τοῖς φαινομένοις συμφωνίαν· ὅπερ ἐπὶ τῶν μετεώρων οὐχ ὑπάρχει, ἀλλὰ ταῦτά γε πλεοναχὴν ἔχει καὶ τῆς γενέσεως αἰτίαν καὶ τῆς οὐσίας ταῖς αἰσθήσεσι σύμφωνον κατηγορίαν. „Weiter soll man nicht das Unmögliche herbeizwingen. Und man soll auch nicht für alles die gleiche Betrachtungsweise wie für die Fragen der Lebensführung beibehalten oder wie für die Lösung der anderen naturphilosophischen Probleme wie z. B., daß das All ein Körper und eine nicht berührbare Substanz ist oder daß es unteilbare Elemente gibt, und alle solche Thesen, die mit den Phänomenen außerordentlich konsistent zusammenstimmen. Das trifft nicht zu im Fall der Himmelserscheinungen. Vielmehr lassen diese mehrerlei Ursachen für ihre Entstehung und mehrerlei Erklärungen ihres Wesens zu, die mit den Sinneswahrnehmungen alle konsistent sind." (Übersetzung: Karlheinz Hülser) Der Grund hierfür soll also die vermeintliche Tatsache sein, dass im Fall der Grundsätze nur eine Erklärung mit den Phänomenen verträglich ist. Dass dem aber nicht so ist, wird klar, wenn man die von Aristoteles und den Stoikern vorgebrachten Erklärungen betrachtet.
[170] Epikur ist der Ansicht, dass das Leere existiert, auch wenn es kein Ding im gewöhnlichen Sinn ist. Dass das Leere als Ding betrachtet wird, zeigen etwa die Argumente gegen die Immaterialität der Seele: Epikur hebt hervor, dass es nur zwei Dinge gibt: Körper und Leeres.
[171] Siehe Philodemus, *De signis* mit dem ausführlichen Kommentar von Phillip und Estelle De Lacy; allgemein zur epikureischen Methodologie siehe Asmis 1984.
[172] So etwa bei Sextus Empiricus, *Adversus mathematicos*, VII.213.2–214.2.

Wahrnehmung, die Atome und das Leere, selbst kein Gegenstand der Erfahrung sind. Sie können mithin nur durch das Denken ermittelt werden. Werden aber die Atome und das Leere vorausgesetzt, so ist es wiederum *nicht unmöglich* (οὔτε γὰρ [...] ἀδυνατοῦσιν),[173] dass es auch atomare Bilder gibt. Die Existenz dieser Bilder stellt offenkundig ein besonderes Problem dar. Denn weder können sie durch die Evidenz der Wahrnehmung bewiesen werden – da sie grundsätzlich nicht wahrnehmbar sind –, noch widerstreitet es unmittelbar einem evidenten Phänomen, ihre Existenz infrage zu stellen.[174] Dass man sie aber dennoch annehmen muss, wird klar, sobald man auf eine andere Frage zurückkommt: Wieso sollte man überhaupt die These akzeptieren, dass alle Wahrnehmungen wahr sind?

Wir haben gesehen, dass Epikur diese These vermutlich in Auseinandersetzung mit der nach-demokritischen Skepsis an der Sinneswahrnehmung aufgestellt hat. Die scheinbare Begründung hierfür, die von einigen Interpreten in den von Epikur angeführten epistemologischen Überlegungen vermutet wird,[175] ist jedoch nicht sonderlich überzeugend. So setzt Epikur bereits voraus, dass alle Erkenntnisse auf Erfahrung beruhen und dass es daher keine Erkenntnis unabhängig von der Sinnlichkeit geben könne. Epikurs strikter Empirismus kann aber nicht allein durch diese grundsätzliche Überlegung gegen die Skepsis gerechtfertigt werden, wenn nicht weitere unterstützende Überlegungen hinzutreten. Denn fragt man danach, wie dieser Empirismus selbst begründet ist, dann wird man erneut auf das übergeordnete Ziel der epikureischen Naturbetrachtung zurückkommen müssen. Das Ziel besteht aber, wie bereits angeklungen ist, in der Befreiung des Gemüts von Unruhe und Furcht, indem die abergläubischen Erklärungen der natürlichen Phänomene zurückgewiesen werden. In diesem Sinn kommt dem von Lukrez gemachten Zusatz zum obersten epikureischen

---

173 Epicurus, *Ad Herodotum*, 46.2–6: οὔτε γὰρ ἀποστάσεις ἀδυνατοῦσιν ἐν τῷ περιέχοντι γίνεσθαι τοιαῦται οὔτ' ἐπιτηδειότητες τῆς κατεργασίας τῶν κοιλωμάτων καὶ λεπτοτήτων γίνεσθαι, οὔτε ἀπόρροιαι τὴν ἑξῆς θέσιν καὶ βάσιν διατηροῦσαι ἥνπερ καὶ ἐν τοῖς στερεμνίοις εἶχον [...]. „Es ist nämlich weder unmöglich, daß derartige Emanationen in dem Raum um uns herum entstehen, noch daß sich Umstände einstellen, die für die Hervorbringung von Vertiefungen und Feinem geeignet sind, noch daß es zu Abflüssen kommt, welche eben die Abfolge und Stellung einhalten, die sie schon in den festen Körpern hatten." (Übersetzung: Karlheinz Hülser)
174 Nach Diogenes von Oinoanda soll die Reflexion im Spiegel bezeugen, dass es atomare Bilder gibt: Diogenes von Oinoanda, *Frg.* 9.I.4–II.4. (M.F.S.). Im epikureischen Sinn kann es sich dabei aber nicht um einen Beweis handeln. Von ähnlicher Art ist auch die Beobachtung des Staubs im einfallenden Sonnenlicht, was für die Existenz von Atomen sprechen soll. Meiner Ansicht nach besteht der eigentliche Beweis für die atomaren Bilder darin, dass sie mit den Phänomenen verträglich sind, sich kohärent in das epikureische System einfügen und somit eine Möglichkeitsbedingung des gelungenen Lebens sind. Siehe Epicurus, *Ad Herodotum*, 47.7–9 sowie 46.2–6; Epicurus, *De natura* II, col. 17.5–18.1 (Arrighetti 24.41–2).
175 Siehe ausführlich hierzu Hahmann 2015b.

naturphilosophischen Grundsatz, demzufolge „kein Ding aus nichts entsteht *auf göttliche Weise*" (Hervorhebung: A. H.),[176] eine ganz besondere Bedeutung zu. Denn die Erklärung soll gerade so weit gehen, dass sie den Einfluss göttlicher Wesen auszuschließen vermag. Die hierzu erforderliche adäquate Begründung der natürlichen Phänomene macht allerdings in gewisser Hinsicht den Aufstieg zum Übersinnlichen notwendig, indem der Mensch zur Erkenntnis der Dinge an sich genötigt wird. „Wenn wir nämlich nicht die Natur durchschaut haben, werden wir auch nicht in der Lage sein, das Urteil über die Sinnesorgane zu verteidigen."[177] Die Garantie für die Zuverlässigkeit der Sinneswahrnehmung erfordert somit eine Erkenntnis der Natur der Dinge, die, ich wiederhole, an sich nicht wahrnehmbar ist. Man kann sich also nur dann auf Erfahrung berufen bzw. der Empirismus wäre nur dann gerechtfertigt, wenn die Theorie selbst die *Wahrnehmungen rechtfertigt*, indem die *Natur der Dinge* herausgestellt wird und auf diese Weise das höchste Gut für die Menschen realisiert werden kann, d. h. ein Leben in gelassener Heiterkeit.[178] Andererseits wird das Erreichen des höchsten Gutes als indirekter Beweis für die Zuverlässigkeit der Theorie gelten dürfen, womit die Bestätigung an der Praxis zum eigentlichen Fundament der Theorie wird. In diesem Sinn steht dann die von Epikur entwickelte Philosophie in einer klaren Opposition zu Platon und Aristoteles, die beide den Wert der Theorie über die Praxis betonen. Epikur unterwirft hingegen nicht nur die Grundsätze seiner Philosophie dem Primat der Erfahrung, sondern stellt diese insgesamt auf das unbezweifelbare Fundament der Praxis, was ihn damit auch – wie schon Kant zurecht herausgestellt hat – zum wahren Gegenspieler Platons und zum konsequenten Empiristen macht.

* * *

Ausgehend von der Wahrnehmung fallen die Gemeinsamkeiten und auch Unterschiede zwischen Epikur und Aristoteles besonders deutlich ins Auge. Epikur grenzt wie Aristoteles den besonderen Gegenstandsbereich der einzelnen Sinne auf bestimmte Objekte ein, in deren Unterscheidung die Sinne sich nicht täuschen können. Zugleich weitet Epikur aber diesen Unterscheidungsbereich der einzelnen Wahrnehmungssinne signifikant aus und bestreitet die Existenz eines gemeinsamen Unterscheidungsbereichs. Wenn der Tastsinn daher beim

---

[176] Lucretius, *De rerum natura*, I.149–150: „principium cuius hinc nobis exordia sumet, / nullam rem e nihilo gigni divinitus umquam."
[177] Cicero, *De finibus*, I.64: „nisi autem rerum natura perspecta erit, nullo modo poterimus sensuum iudicia defendere."
[178] Epicurus, *Ad Menoeceum*, 128.1–4. Zum höchsten Gut siehe unten Kapitel III.

gebrochenen Ruder nicht so wie das Auge eine gekrümmte, sondern eine gerade Gestalt anzeigt, dann kann der eine Sinn den anderen nicht korrigieren. Zusammen mit der Zurückweisung des restriktiven Gegenstandsbereichs der einzelnen Wahrnehmungssinne, in dem diese irrtumsfrei unterscheiden, gewinnt die Vorstellung an Bedeutung. Mit ihrem ganzheitlichen Charakter nimmt die Vorstellung fortan eine entscheidende Stellung im Wahrnehmungsprozess ein. Allerdings sind mit der Verschiebung der Priorität auf die Vorstellung neue Probleme verbunden, die zumindest auf der Basis der überlieferten Texte kaum entschieden werden können. So haben wir zunächst nach der Aktivität in der Herausbildung der Vorstellung gefragt. Diese Frage ist eng an die epikureische Forderung geknüpft, dass alle Vorstellungen wahr sein sollen und dass der Irrtum lediglich in unseren Meinungen liegen soll. Ebenfalls unterbestimmt ist das Verhältnis von Wahrnehmung und den systematischen Grundsätzen der epikureischen Philosophie. Denn einerseits wird die Wahrnehmung zur Voraussetzung jeder Erkenntnis, ja zur Voraussetzung des vernünftigen Schließens überhaupt gemacht und zum obersten Prüfstein der Wahrheit erklärt, andererseits beruht die epikureische Naturphilosophie auf Bedingungen (die damit auch in einem gewissen Sinn das Fundament der Wahrnehmung abgeben), die selbst nicht wahrnehmbar sind bzw. grundsätzlich nicht wahrnehmbar sein können. Schließlich wird die alles entscheidende Voraussetzung, dass die Wahrnehmung irrtumsfrei ist, selbst durch die von Epikur vorgebrachten naturphilosophischen Grundannahmen bewiesen und das, obwohl die Wahrnehmung zur kontrollierenden Instanz eben dieser Annahmen erklärt wird. In diesem Zusammenhang steht auch die explanatorische Lücke im Netz der Vorstellungen. Denn bestimmte Sachverhalte können nicht aufgrund der Sinneswahrnehmung entschieden werden. Anders ausgedrückt, die zugrunde liegenden Dinge an sich (κατὰ δὲ τὸ καθ' αὑτό) bleiben unbekannt und die Kluft zwischen den erscheinenden Gegenständen der Umwelt und ihrer realen Beschaffenheit kann durch die Wahrnehmung nicht vollständig überbrückt werden. Die Wahrnehmung der Sinne ist in der Terminologie der neuzeitlichen Philosophie gesprochen verstümmelt und verworren. Sie ist somit in einem gewissen Sinn grundsätzlich irreführend. Denn sooft man zur Sonne blickt, wird man keine korrekte Vorstellung ihrer wirklichen Eigenschaften gewinnen können. Dasselbe gilt auch für die anderen Beispiele aus der Sinnestäuschung. So soll es sich ja streng genommen um gar keine Sinnestäuschungen handeln, da die Sinne korrekt ihren Gegenstand repräsentieren. Es sind vielmehr Irrtümer des Verstandes, indem die sinnlich erfassten Qualitäten nicht adäquat von dem bloß intelligibel erfassbaren Gegenstand an sich differenziert werden. Der Irrtum, der sich in den Meinungen ausspricht, ist mithin eine Folge aus der unvollständigen Verknüpfung einer gegebenen Vorstellung mit allen anderen Vorstellungen. Konkret bedeutet das, dass die Verbindung von Sonne, Entfernung und Größe defizitär ist. Der Sinneswahrnehmung haftet somit ein grundsätzlicher Mangel an, da sie selbst nicht zwischen den unterschiedlichen Gegenstandsbereichen unterscheiden kann. Sie muss durch den Verstand *entwirrt* werden, indem dieser die einzelnen Vorstellungen in einer übergeordneten Einheit zusammenführt. Bei Epikur findet sich also eine Kluft zwischen der Evidenz der Vorstellung und dem repräsentierten Gegenstand, die Epikur mit seinen Mitteln nicht vollständig überbrücken kann. Wir werden in den folgenden Kapiteln sehen, wie die in Konkurrenz zu Epikur entwickelte stoische Position mit dieser Kluft umgeht und diese durch die Einführung des Garanten einer übergeordneten systematischen Einheit zu überbrücken versucht. Damit drohen die Stoiker aber auch den eng gesteckten empiristischen Rahmen der epikureischen Philosophie zu verlassen. Vorausgreifend sei hier angemerkt, dass Epikur anders als die Skepsis nicht bei den bloßen Erscheinungen stehen bleiben kann, sondern der Zugriff auf die Natur der Dinge ist (unter den ausgeführten erkenntnistheoretischen Voraussetzungen) notwendig. Trotz vieler bedeutsamer Gemeinsamkeiten, die die Skepsis mit der epikureischen Philosophie hat, zeigt sich hierin ein signifikanter Unterschied. Gemeinsam ist ihnen jedoch der Primat der Praxis, welches sich bei Epikur darin gezeigt hat, dass die Bestätigung an der Praxis sozusagen zum Prüfstein des ganzen Systems wird. Denn nur dann, wenn es unter den ausgeführten epistemologischen und ontologischen Voraussetzungen möglich sein sollte, das in der Ethik formulierte Ziel zu erreichen, wäre zugleich ein gewichtiger Grund dafür gegeben, die Theorie als solche anzunehmen. Wir wenden uns daher im Folgenden der Bestimmung dieses *letzten Ziels der Handlungen* zu.

Kapitel III – Naturabsicht und Selbsterhaltung

Mehr noch als für seine Epistemologie ist Epikur für seine Ethik kritisiert und getadelt worden. Die lauteste Kritik ist in der Antike von der etwas später entstandenen und wahrscheinlich in direkter Auseinandersetzung mit Epikur entwickelten stoischen Philosophie vorgebracht worden.[1] Ausgangspunkt für ihre ethischen Erwägungen bildet für beide die bereits von Aristoteles thematisierte Frage des höchsten Gutes.[2] In der Beantwortung dieser Frage genauso wie in der angewandten Methode unterscheiden sie sich indes signifikant von Aristoteles.

Im ersten Buch der *Nikomachischen Ethik* stellt Aristoteles fest, dass die Menschen in allen ihren Tätigkeiten ein bestimmtes Gut (ἀγαθόν) erstreben.[3] Er ist der Überzeugung, dass es ein unbedingtes, letztes oder bestes Gut (ἄριστον) geben muss, damit das einzelne Streben nicht sinnlos ist. Nach einhelliger Meinung der antiken Philosophen muss dieses *letzte Gut*[4] so beschaffen sein, dass sich alles auf dieses bezieht, ohne dass es selbst auf irgendetwas anderes zu beziehen wäre.[5] Es muss also um seiner selbst willen erstrebt werden und darf folg-

---

[1] Hossenfelder 1986 (siehe insbesondere S. 262f.) zufolge soll die epikureische Ethik jedoch vor dem Hintergrund der stoischen Philosophie (aber auch der hellenistischen Ethik insgesamt) zu verstehen sein. Ausgehend von der durchaus richtigen Einschätzung der Nähe, die zwischen stoischer und epikureischer Ethik besteht, schließt Hossenfelder somit fälschlicherweise auf eine gewisse Priorität der stoischen Position. Meiner Ansicht nach verhält es sich aber genau umgekehrt, was auch der zeitlichen Ordnung der Entwicklung der jeweiligen Positionen mehr entspricht. Rist 1974 weist hingegen auf die Nähe der epikureischen Position zu Aristoteles hin (ebenso bereits Brochard 1904). Krämer 1980 unterstreicht einerseits den platonischen Ursprung einiger Überlegungen Epikurs (S. 298) und betont andererseits, dass die für Epikur wichtige Konzeption der „zuständlichen Lust" aus Demokrit entnommen sein könnte (S. 297).
[2] Nach Rist 1969, der sein Buch mit einer Diskussion des höchsten Gutes bei Aristoteles beginnt (1–21), darf die Frage nach dem höchsten Gut als eine Eigentümlichkeit der nacharistotelischen Philosophie gelten.
[3] Aristoteles, *Ethica Nicomachea*, 1094a1f.
[4] Was genau der von Cicero verwendeten Bezeichnung *summum bonum* (d. h. also höchstes Gut) im Griechischen entsprechen soll, ist jedoch fraglich. Aristoteles spricht jedenfalls von ἀγαθόν bzw. ἄριστον. In direktem Umfeld finden sich auch die beiden Begriffe σκοπός und τέλος. Letzterer wird auch von Epikur in diesem Kontext benutzt (*Ad Menoeceum*, 128.4). Alexander von Aphrodisias, *De anima libri mantissa*, 150.20–25 unterscheidet dann später explizit zwischen einem πρῶτον οἰκεῖον und einem ἔσχατόν τι ὀρεκτόν. Zur begrifflichen Bestimmung des höchsten Gutes bei Epikur siehe Steckel 1960, 19ff.; allgemein dazu Annas 1993, 34f.
[5] Aristoteles, *Ethica Nicomachea*, 1095a17–19; Cicero, *De finibus*, I. 29: „Primum igitur […] sic agam, ut ipsi auctori huius disciplinae placet: constituam, quid et quale sit id, de quo quaerimus […]. quaerimus igitur, quid sit extremum et ultimum bonorum, quod omnium philosophorum sententia tale debet esse, ut ad id omnia referri oporteat, ipsum autem nusquam." „Zunächst will ich so vorgehen, wie es der Schöpfer dieser Lehre selbst für richtig hält. Ich werde festlegen, was und von welcher Art das ist, nach dem wir fragen […]. Wir stellen also die Frage nach dem

lich selber kein Mittel für ein weiteres Gut sein. Es ist daher das letzte Ziel aller menschlichen Handlungen und Bestrebungen.

Nach Aristoteles kann es sich bei diesem Gut nur um die Glückseligkeit handeln.[6] Alles andere wird bloß um ihretwillen gesucht und getan. Zumindest in dieser ersten formalen Bestimmung des höchsten Gutes stimmen die meisten antiken Philosophen überein.[7] Der Dissens entsteht jedoch in der Frage, *was* zur Glückseligkeit führt und *wie* sie zu verstehen ist. In seiner Bestimmung geht Aristoteles zum einen von den allgemein akzeptierten Ansichten über das gelungene und glückliche Leben aus, „denn was alle glauben, das, behaupten wir, ist richtig".[8] Zum anderen orientiert sich Aristoteles (in Übereinstimmung mit dem uns bereits aus *De anima* bekannten Vorgehen) am spezifischen *Werk* (ἔργον) einer Sache, d. h. an der Frage nach der eigentümlichen Leistung, die etwas erbringt. Im Hinblick auf den Menschen wäre somit zu fragen, was den Menschen vor allen anderen Geschöpfen auszeichnet.[9] In seiner Untersuchung kommt Aristoteles zum Ergebnis, dass die Glückseligkeit in einer der (menschlichen) Tugend gemäßen Tätigkeit bestehen muss, die als Tätigkeit notwendig von Lust begleitet wird.[10]

An dieser Stelle kann nicht weiter auf die Details der aristotelischen Analyse eingegangen werden.[11] Wichtig ist für uns, dass damit der Rahmen vorgegeben

---

letzten und äußersten unter den Gütern. Dieses muß nach Meinung aller Philosophen so beschaffen sein, daß alles darauf bezogen werden muß, ohne daß dieses selber sich auf irgendein anderes bezöge." (Übersetzung: Olof Gigon); Epicurus, *Ad Menoeceum*, 128.4: [...] ἐπεὶ τοῦτο τοῦ μακαρίως ζῆν ἐστι τέλος. τούτου γὰρ χάριν πάντα πράττομεν [...]. „[...] weil dies das [letzte?] Ziel des glückseligen Lebens ist. Um dessentwillen nämlich tun wir alles [...]."

6 Aristoteles, *Ethica Nicomachea*, 1095a18ff.
7 Striker 1996, 201 betont, dass die Kyrenaiker die These, dass die Glückseligkeit das höchste Gut ist, aufgegeben haben.
8 Aristoteles, *Ethica Nicomachea*, 1172b34–1173a1: τί οὖν ἐστὶ τοιοῦτον, οὗ καὶ ἡμεῖς κοινωνοῦμεν; τοιοῦτον γὰρ ἐπιζητεῖται. οἱ δ' ἐνιστάμενοι ὡς οὐκ ἀγαθὸν οὗ πάντ' ἐφίεται, μὴ οὐθὲν λέγουσιν. ἃ γὰρ πᾶσι δοκεῖ, ταῦτ' εἶναί φαμεν [...]. „Was nun ist das Gut, das so beschaffen ist und woran auch wir teilhaben? Etwas solches wird ja gesucht. Diejenigen aber, die einwenden, das, wonach alles strebt, sei kein Gut, reden Unsinn. Denn was alle für ein Gut halten, das, sagen wir, ist wirklich ein Gut." (Übersetzung: Ursula Wolf)
9 Aristoteles, *Ethica Nicomachea*, 1097b24–25. Wie genau aus der Bestimmung der menschlichen Funktion eine Antwort auf die Frage des höchsten Gutes folgen soll, ist in der Literatur umstritten. So wird Aristoteles etwa vorgeworfen, dass aus der objektiven Bestimmung des Gutes keine Aussage über das subjektive Gut des Einzelnen folge. Zur Verwendung des ἔργον-Arguments bei Platon siehe Hahmann 2014.
10 Aristoteles, *Ethica Nicomachea*, 1102a5–6; 1177a12–16; 1177a22–25. Zur Lust bei Aristoteles siehe die detaillierte Darstellung von Krewet 2011; eine eher problematisierende Perspektive findet sich bei Rist 1974.
11 Siehe Cessi 1987 sowie Krewet 2011.

wird, in dem sich die hellenistische Debatte bewegt, und zwar die genaue inhaltliche Bestimmung des höchsten Gutes, d. h. die Art der Verbindung von Tugend, Lust und Tätigkeit.

Im Fokus sollen nun die stoische und die epikureische Position liegen. Wir werden sehen, dass obgleich es signifikante Gemeinsamkeiten in ihrer Beantwortung der Frage des höchsten Gutes gibt, beide in einem Punkt grundsätzlich voneinander abweichen, nämlich in ihrer Beurteilung der göttlichen Vorsehung. Vor dem Hintergrund der epikureischen Physik und Kosmologie ist klar, dass es für Epikur keine fürsorgende Vorsehung der Götter für die Menschen im stoischen Sinn geben kann. Das folgt aus seiner Zurückweisung der Teleologie in der Natur, weshalb er es auch nicht billigt, den Menschen als einen Empfänger göttlicher Wohltaten zu betrachten. Epikur lehnt somit eine Vorsehung, wie sie die Stoiker behaupten, entschieden ab.[12] Die Stoiker auf der anderen Seite räumen eben dieser Vorsehung eine ganz besondere Stellung ein. Die außerordentlich bedeutsame Stellung der Vorsehung im stoischen System zeichnet sich, wie ich in diesem Kapitel zeigen werde, deutlich in der Frage des höchsten Gutes ab. In den nachfolgenden Kapiteln wird dann die Konzeption der Vorsehung und ihre Bedeutung für die stoische Philosophie weiter erörtert. Dann sollen auch die weitreichenden Konsequenzen, die sich aus dieser Theorie für das gesamte stoische System ergeben, herauskristallisiert werden. Auf diese Weise wird ersichtlich, dass nicht nur die Konzeption der Vorsehung selber als ein grundlegender Unterschied zwischen der stoischen und epikureischen Philosophie gelten muss, sondern dass sich auch viele andere in der Literatur als bedeutsam erachtete Differenzen zwischen beiden Positionen aus der stoischen Theorie der Vorsehung ableiten lassen.

§ 9 Epikur über Wahrnehmung und Lust

Vor allem aus neuzeitlicher Perspektive nimmt Ciceros Darstellung sowohl der stoischen als auch der epikureischen Position in der Frage des höchsten Gutes eine außerordentliche Rolle ein. Nur in Cicero finden wir eine annähernd systematische Präsentation der beiden hellenistischen Ethiken. So diskutiert Cicero die epikureische Position im ersten Buch seines Werks *Über die Ziele des menschlichen Handelns* und die stoische anschließend im dritten Buch. Problematisch ist nun allerdings, dass sich die Darstellung vor allem der epikureischen Position,

---

12 Epicurus, *Ad Herodotum*, 76–7; Lucretius, *De rerum natura*, II.646–651, 1093–4; V.165–169. Dass die Stoiker in dieser Frage am heftigsten mit den Epikureern stritten, betont beispielsweise Plutarch (*SVF*, II.1115).

die wir bei Cicero finden, nicht oder nur schwer in Übereinstimmung bringen lässt mit den überlieferten Werken Epikurs und späterer Epikureer. Das betrifft vor allem die laut Cicero zentrale epikureische Einteilung zweier Arten von Lüsten. Man sollte diesen besonderen Aspekt der epikureischen Ethik daher nur unter Vorbehalt annehmen. Das berührt jedoch nicht unmittelbar die hier behandelte Frage der systematischen Voraussetzungen und tiefer liegenden Beziehungen der hellenistischen Ethik insgesamt. Aus diesem Grund möchte ich trotz meiner Bedenken gegen Ciceros Darstellung, diese zur Grundlage unserer Untersuchung machen. Eine weitergehende Diskussion, in der diese Aspekte der epikureischen Ethik thematisiert werden, soll stattdessen an anderer Stelle geschehen, da das unsere Frage hier, wie gesagt, nur indirekt betrifft.

Vor diesem Hintergrund und mit der gebotenen Vorsicht kommen wir jetzt zu Ciceros Präsentation der epikureischen Bestimmung des höchsten Gutes. So stellt Cicero knapp fest, dass dies für Epikur nur die Lust (voluptas) sein kann. Den Schmerz (dolor) soll Epikur entsprechend zum größten Übel erklärt haben. Einzig die Lust erfüllt nämlich das Kriterium, um ihrer selbst willen erstrebt zu werden. Das macht die Lust nun zum letzten Ziel und höchsten Gut aller Handlungen, d. h. also in der lateinischen Terminologie zum *summum bonum*.[13]

Zumindest in dieser groben Darstellung stimmt Ciceros Präsentation der Sache nach, soweit ich sehe, mit der von Epikur überlieferten Darstellung seiner Ethik im *Brief an Menoikeus* überein. Auch wenn man einschränkend hinzufügen muss, dass Epikur zunächst die Gesundheit des Körpers (ὑγίεια τοῦ σώματος) und die Unerschütterlichkeit der Seele (ἀταραξία τῆς ψυχῆς) zum Ziel erklärt.[14] Wenig später identifiziert er beide jedoch mit der Lust (ἡδονή). Er hebt aber sogleich hervor, dass es sich nicht um die Lust des Hemmungslosen handeln soll, sondern um eine Lust, die man in der Freude am gesunden Zustand des Körpers und der Unerschütterlichkeit des Geistes findet, d. h. aber letztlich eine Lust, die

---

13 Cicero, *De finibus bonorum et malorum*, I.29: „quaerimus igitur, quid sit extremum et ultimum bonorum, quod omnium philosophorum sententia tale debet esse, ut ad id omnia referri oporteat, ipsum autem nusquam. hoc Epicurus in voluptate ponit, quod summum bonum esse vult, summumque malum dolorem [...]." „Wir stellen also die Frage nach dem letzten und äußersten unter den Gütern. Dieses muß nach der Meinung aller Philosophen so beschaffen sein, daß alles darauf bezogen werden muß, ohne daß dieses selber sich auf irgendein anderes bezöge. Für Epikur ist dies die Lust. Sie ist nach seiner Überzeugung das höchste Gut, der Schmerz aber das schlimmste Übel [...]." (Übersetzung: Olof Gigon)

14 Epicurus, *Ad Menoeceum*, 128.1–4: τούτων γὰρ ἀπλανὴς θεωρία πᾶσαν αἵρεσιν καὶ φυγὴν ἐπανάγειν οἶδεν ἐπὶ τὴν τοῦ σώματος ὑγίειαν καὶ τὴν τῆς ψυχῆς ἀταραξίαν, ἐπεὶ τοῦτο τοῦ μακαρίως ζῆν ἐστι τέλος. „Denn eine unbeirrte Betrachtung dieser Dinge weiß eine jede Wahl und jedes Meiden auf die Gesundheit des Körpers und die Unerschütterlichkeit der Seele zurückzuführen, weil dies das [letzte?] Ziel des glückseligen Lebens ist." Siehe auch *Ad Menoeceum*, 131.8–132.1.

in der Abwesenheit körperlicher Schmerzen und geistiger Verwirrung besteht (τὸ μήτε ἀλγεῖν κατὰ σῶμα μήτε ταράττεσθαι κατὰ ψυχήν).[15]

Dass diese Bestimmung des höchsten Gutes zumindest *prima vista* überaus heikel ist, wird deutlich, sobald man sich die vermeintlichen Beweise ansieht, die Epikur laut Cicero hierfür vorgebracht haben soll. So führt Cicero in seiner Diskussion zwei unterschiedliche Beweise für diese These an, die beide wiederum direkt bzw. indirekt auf der Wahrnehmung beruhen: Erstens soll aufgrund der Wahrnehmung unmittelbar klar sein, dass es sich bei der Lust um ein Gut handelt.[16] Denn jedes Lebewesen soll die Richtigkeit dieser Behauptung spüren. Der bloße Hinweis hierauf ist folglich ausreichend. Torquatus, der in Ciceros Dialog die Position Epikurs vertritt, fügt hinzu, dass „die Natur selbst dies unverdorben und unverletzt so urteilt" (Übersetzung: Olof Gigon).[17] Das unverdorbene Urteil der Natur scheint also der eigentliche Grund dafür zu sein, warum Epikur die Erklärung für berechtigt hält, dass jede weitere Begründung und Argumentation für diesen Punkt unnötig sei. „Er meint man nehme dies wahr, und zwar in genau derselben Weise, wie man wahrnimmt, dass Feuer heiß, der Schnee weiß und der Honig süß seien. Nichts davon müsse ausführlich begründet werden; es genüge darauf aufmerksam zu machen."[18] (Übersetzung: Olof Gigon, modifiziert) Im vorausgehenden Kapitel wurde bereits bemerkt, dass Epikur die Affekte der Seele (πάθη) – und hierunter fallen auch Lust und Schmerz – als Wahrheitskriterien anführt.[19] Asmis hebt in ihrer Diskussion der Kriterien hervor, dass, so wie die

---

15 Epicurus, *Ad Menoeceum*, 131.8–132.1: Ὅταν οὖν λέγωμεν ἡδονὴν τέλος ὑπάρχειν, οὐ τὰς τῶν ἀσώτων ἡδονὰς καὶ τὰς ἐν ἀπολαύσει κειμένας λέγομεν […], ἀλλὰ τὸ μήτε ἀλγεῖν κατὰ σῶμα μήτε ταράττεσθαι κατὰ ψυχήν. „Wann immer wir also sagen, dass das [letzte?] Ziel in der Lust besteht, sagen wir nicht die Lüste der Verschwender und diejenigen, die im Genuß bestehen […], sondern weder körperliches Leiden noch seelische Erschütterung zu erfahren." Siehe auch Plutarchus, *Non posse*, 1089d: τὸ γὰρ εὐσταθὲς σαρκὸς κατάστημα καὶ τὸ περὶ ταύτης πιστὸν ἔλπισμα τὴν ἀκροτάτην χαρὰν καὶ βεβαιοτάτην ἔχειν τοῖς ἐπιλογίζεσθαι δυναμένοις. „Denn der gesunde Zustand des Fleisches und die zuversichtliche Hoffnung auf diesen enthalten die höchste und sicherste Freude für diejenigen, die [vernünftig] zu kalkulieren in der Lage sind." Bemerkenswert ist freilich, dass Plutarch von κατάστημα nicht in Ansehung der Lust, sondern des σαρκός, d. h. des Fleisches, spricht. Wir werden später hierauf zurückkommen.
16 Cicero, *De finibus bonorum et malorum*, I.30; II.36; III.3: „[…] quod sit positum iudicium eius in sensibus […]." „[…] da ja das Urteil über sie bei den Sinnesorganen liege […]." (Übersetzung: Olof Gigon)
17 Cicero, *De finibus bonorum et malorum*, I.30: „[…] ipsa natura incorrupte atque integre iudicante […]."
18 Cicero, *De finibus bonorum et malorum*, I.30: „itaque negat opus esse ratione neque disputatione, quam ob rem voluptas expetenda, fugiendusque dolor sit. Sentiri haec putat, ut calere ignem, nivem esse albam, dulce mel. Quorum nihil oportere exquisitis rationibus confirmare, tantum satis esse admonere."
19 Diogenes Laërtius, X.31.3–5.

Wahrnehmung irrtumsfrei über äußere Dinge berichtet, die Affekte irrtumsfrei den Zustand des eigenen Körpers anzeigen. Dass Wahrnehmung und Affekte sehr eng zusammengehören, macht Epikur an zahlreichen Stellen deutlich.[20] Aber wie auch die auf der Wahrnehmung beruhenden Vorstellungen nicht nur die atomaren Bilder anzeigen, sondern darüber hinaus auch als Grundlage für Urteile über die existierenden Gegenstände dienen (mithin auch eine Grundlage für eine Erkenntnis der Natur bereitstellen sollen), so wird auch das unmittelbare Gefühl der Lust und des Schmerzes von Epikur in einem gewissen Sinn transzendiert.[21]

Auf diesen Punkt kommen wir gleich zurück. Schauen wir uns zuvor den zweiten vermeintlichen Beweis für Epikurs These an:[22] Jedes Lebewesen – die Epikureer unterscheiden den Menschen in dieser Hinsicht nicht von den Tieren – soll vom Augenblick der Geburt an das Verlangen nach Lust und die Abneigung

---

20 Epicurus, *Ad Herodotum*, 38.6; 55.9–56.1; 63.1–2; 68.1–2; 82.3 sowie Sextus Empiricus, *Adversus mathematicos*, VII.203.4–14. Asmis betont, dass die Wahrnehmung in einem gewissen Sinn selbst ein Affekt ist, und zwar insofern man die Affekte in solche unterscheidet, die äußere Zustände anzeigen und solche, die dies für innere Zustände leisten. Versteht man Affekt als Empfindung, kann als Kriterium zum einen die äußere Empfindung (diese schließt die Wahrnehmung ein) gelten und zum anderen die Empfindung im engeren Sinn (also das Gefühl). Asmis 1984, 96ff. beruft sich auf Epicurus, *Ad Herodotum*, 52.6 sowie 53.9. An beiden Stellen behandelt Epikur die Wahrnehmung als Affekt (πάθος). Steckel 1960, 32 ist hingegen der Ansicht, dass Lust und Schmerz als eigenständige Empfindungen der Wahrnehmung sogar noch vorausgehen.
21 Siehe etwa Diogenes Laërtius, X.34.7: δι' ὧν κρίνεσθαι τὰς αἱρέσεις καὶ φυγάς. „Mittels dieser [der Lust- und Schmerzempfindungen; A. H.] entscheiden wir über Wählen und Meiden." Sowie Epicurus, *Ad Menoeceum* 128.11–129.3: καὶ διὰ τοῦτο τὴν ἡδονὴν ἀρχὴν καὶ τέλος λέγομεν εἶναι τοῦ μακαρίως ζῆν· ταύτην γὰρ ἀγαθὸν πρῶτον καὶ συγγενικὸν ἔγνωμεν, καὶ ἀπὸ ταύτης καταρχόμεθα πάσης αἱρέσεως καὶ φυγῆς καὶ ἐπὶ ταύτην καταντῶμεν ὡς κανόνι τῷ πάθει πᾶν ἀγαθὸν κρίνοντες. „Und deshalb sagen wir, dass die Lust der Ursprung und das Ziel des glückseligen Lebens sei. Denn diese haben wir als das erste und angeborene Gut erkannt und von ihr ausgehend beginnen wir mit jedem Wählen und Meiden und auf sie gehen wir zurück, indem wir wie mit einem Richtscheit [Kanon] mittels des Affekts jedes Gut beurteilen." Dass die Wahrnehmung genauso wie das unmittelbare Gefühl überlastet wird, stellt auch Annas 1992, 190–191 heraus. Steckel 1960, 69 betont, dass in dieser Überlastung der Wahrnehmung ein Grund des Irrtums liegt.
22 Hierbei handelt es sich um das sogenannte „cradle argument". Zur allgemeinen Struktur des Arguments und dessen Voraussetzungen siehe Brunschwig 1986. In der Literatur wird bestritten, dass Epikur diese Überlegung als Beweis gedacht haben könnte. So versteht etwa Erler 1994, 155 diese als zusätzliche Bestätigung. Siehe dagegen Sedley 1998, der detailliert die Beweisstruktur aufweist. Long und Sedley 1987, 115 vermuten, dass dieser Beweis erst unter späteren Epikureern in Anbetracht der stoischen Theorie an Einfluss gewonnen hat. In diesem Kontext steht wahrscheinlich auch ein weiterer, überlieferter Beweis, der auf natürlichen und eingeborenen Begriffen beruht (naturalem atque insitam…notionem, I.31).

gegen Schmerzen haben.²³ In diesem Verhalten offenbart sich nun laut Ciceros Sprecher Torquatus die Natur selbst, die noch unverfälscht und unverdorben durch die menschliche Kultur über das letzte und äußerste Ziel urteilt („natura incorrupte atque integre iudicante"²⁴). Auch dies zeigt uns die Wahrnehmung, wenn wir nur aufmerksam das Verhalten von Neugeborenen (τὰ ζῷα ἅμα τῷ γεννηθῆναι) beobachten.

Bemerkenswert an diesem Argument sind zwei Punkte. Epikur soll nach Cicero davon ausgehen, dass die Natur den Menschen über das Wesen des höchsten Gutes aufklärt und zum anderen muss die Art der Aufklärung unverfälscht, d. h. sicher, stattfinden. Dass es zum Wesen der Natur gehört, den Menschen ihr höchstes Gut zu offenbaren, wird hier nicht weiter begründet. Mit Blick auf Epikurs Kosmologie wäre eine weitergehende Begründung überdies fragwürdig; immerhin wenden sich die Epikureer ansonsten ausdrücklich gegen die Vorstellung, dass es eine weise Absicht oder Vorsehung der Natur geben könnte.²⁵ Die Einrichtung der Welt ist hingegen zufällig und nicht das Werk eines gütigen Urhebers. Gegen die Vorsehung Gottes sprechen nicht zuletzt die Übel, die, wie wir im letzten Kapitel ausführlich diskutieren werden, die Menschen treffen. Trotzdem soll zumindest in der Frage nach dem höchsten Gut die Natur selbst ein unumstößliches Zeugnis darüber ablegen, was ihr gemäß oder zuwider ist. Das geschieht nun nach Cicero mittels der Sinneswahrnehmung, die das Urteil der Natur unverfälscht weitergibt:

> Werden nämlich dem Menschen die Sinneswahrnehmungen genommen, so bleibt ihm nichts übrig, wovon sein Urteil ausgehen könnte. Und es steht fest, dass uns die Sinneswahrnehmungen selber von der Natur gegeben sind [...].²⁶

---

23 Cicero, *De finibus bonorum et malorum*, I.30: „Omne animal, simul atque natum sit, voluptatem appetere eaque gaudere ut summo bono, dolorem aspernari ut summum malum et, quantum possit, a se repellere, idque facere nondum depravatum ipsa natura incorrupte atque integre iudicante." „Jedes Lebewesen habe schon von Geburt an ein Verlangen nach Lust und freue sich daran als dem größten Gut und weise den Schmerz ab als das größte Übel und wehre ihn ab, soviel es könne; und so handle es bevor es noch in einem schlechten Sinne beeinflußt ist. Es sei die Natur selbst, die unverdorben und unverletzt so urteile." (Übersetzung: Olof Gigon) Siehe auch ebd. I.71; II.31 sowie Diogenes Laërtius, X.137.6–9. Bemerkenswert an der Stelle in Cicero ist, dass das Lebewesen sich an der Lust erfreuen soll (eaque gaudere). Purinton 1993 unterstreicht in seiner Untersuchung die Bedeutung der Unterscheidung zwischen Lust (voluptas) und Freude (gaudium), was Konstan 2006 jedoch mit guten Gründen relativiert.
24 Cicero, *De finibus*, I.30; siehe auch I.71.
25 Epicurus, *Ad Herodotum*, 76–7; Lucretius, *De rerum natura*, II.646–651, 1093–4; IV.823–57; V.165–169; Cicero, *De legibus*, I.vii.2. Dass die Stoiker in dieser Frage am heftigsten mit den Epikureern stritten, betont beispielsweise Plutarch (*SVF*, II.1115).
26 Cicero, *De finibus bonorum et malorum*, I.30: „Etenim quoniam detractis de homine sensibus reliqui nihil est, quo iudicare possimus, sensusque ipsos a natura datos esse constat [...]."

Aufgrund der Evidenz der Wahrnehmung, die Cicero an dieser Stelle als sichere Grundlage des menschlichen Urteils präsentiert, wird also geschlossen, dass die Lust das höchste Gut des Menschen ist.

Um welche Art von Lust handelt es sich hierbei? Und welche Rolle spielt das menschliche Schlussvermögen? Gesichert ist, dass für Epikur die höchste Lust in irgendeiner Weise mit dem gesunden, unbeschwerten Zustand des Körpers und der Unerschütterlichkeit des Geistes verbunden ist. Das erste Problem besteht jedoch darin, dass die unmittelbar als gut identifizierte Lust, die von allen Lebewesen erstrebt wird, nicht ohne weiteres mit dem von Epikur als dem höchsten Gut angesehenen Gleichmut der Seele identifiziert werden kann. Ganz im Gegenteil scheint diese erstrebte Lust ihrer Natur nach etwas Erregendes und heftig Bewegendes an sich zu haben. Folgt man nun Ciceros Darstellung, dann hat Epikur auf diese Schwierigkeit mit einer Differenzierung zwischen zwei Arten von Lüsten geantwortet:[27] eine bewegende und eine statische Lust.[28] Beim höchsten Gut soll es sich demnach nicht um eine Lust handeln, die durch eine gewisse Annehmlichkeit unmittelbar bewegt oder die von einem Wohlbehagen begleitet wird. Als höchstes Gut soll vielmehr die Lust gelten, die sich einstellt, sobald alle Schmerzen verschwunden sind. Entscheidend ist laut Cicero, dass Epikur die Annahme eines Mittleren zwischen Lust und Schmerz zurückgewiesen hat. Hieraus ergäbe sich nun, dass die Befreiung von Schmerz selber eine besondere Form von Lust

---

27 Die Differenzierung, von der vermutet wird, dass sie aus der Auseinandersetzung mit den Kyrenaikern hervorgegangen ist (Erler & Schofield 1999, 654), ist sowohl der Sache nach als auch aufgrund ihrer textlichen Grundlage problematisch und wird in der Literatur daher mit Recht infrage gestellt. Siehe Gosling & Taylor 1982 sowie Nikolsky 2001. Neben den systematischen Gründen, die mit dieser Einteilung verbunden sind, ist vor allem bedenklich, dass weder Lukrez noch Diogenes von Oinoanda diese verwenden und auch Epikur in den erhaltenen Texten nicht davon spricht. Hinzu kommt, wie bereits Brochard 1904 bemerkt hat, dass Cicero seine Diskussion mit dem Zugeständnis einleitet, die epikureische Theorie nicht verstanden zu haben. Wie dem auch sei, eine Zurückweisung der Unterscheidung hätte zur Folge, dass sowohl Cicero als auch Diogenes Laërtius, der ebenfalls hiervon zu berichten weiß, als Zeugen der epikureischen Philosophie herabgewürdigt werden (Diogens Laërtius, X.136.1–3: Διαφέρεται (fg. 1 Us.) δὲ πρὸς τοὺς Κυρηναϊκοὺς περὶ τῆς ἡδονῆς· οἱ μὲν γὰρ τὴν καταστηματικὴν οὐκ ἐγκρίνουσι, μόνην δὲ τὴν ἐν κινήσει· „Hinsichtlich der Lust unterscheidet er sich von den Kyrenaikern. Denn diese erkennen eine statische [bzw. systematische oder zuständliche] Lust nicht an, sondern nur eine solche, die in der Bewegung besteht."). Für die Frühe Neuzeit sind sowohl Ciceros als auch Diogenes' Darstellung der epikureischen Theorie entscheidend, weshalb ich an dieser Stelle zwar auf die Probleme hinweisen, diese aber nicht weiter verfolgen möchte.
28 Cicero, *De finibus bonorum et malorum*, I.37: „Non enim hanc solam sequimur, quae suavitate aliqua naturam ipsam movet et cum iucunditate quadam percipitur sensibus […]." „Wir suchen nämlich nicht nur jene Lust, die mit einer gewissen Süße die Natur selbst bewegt und mit einem gewissen Genuss von den Sinnen wahrgenommen wird […]."

wäre,²⁹ was Cicero zufolge dadurch begründet wird, dass „all das, woran wir uns erfreuen, eine Lust ist";³⁰ die Beseitigung von Schmerz und Beschwernis erfreut aber offenkundig den Menschen.

Demnach bestände das höchste Gut wesentlich in der Freude (die aber zumindest an dieser Stelle explizit mit der Lust identifiziert wird!³¹) an einem bestimmten Zustand des Körpers, und zwar der Abwesenheit von Schmerz. Hierin erkennt Cicero nun die statische Lust.³² Im Gegensatz zur bewegenden Lust, die aus sich heraus nicht anhaltend ist und daher eine andauernde Variation befiehlt, soll die statische Lust über das Ende der Schmerzen hinaus nicht vermehrt werden können. Das würde auch Epikurs Behauptung verständlich machen, dass die statische Lust die Grenze der Lusterfahrung überhaupt bildet.³³ Umgekehrt gilt aber auch, dass man in der Abwesenheit der statischen Lust Schmerz empfinden

---

29 Cicero, *De finibus bonorum et malorum*, I.37–38; I.39: „[...] quia, quod dolore caret, id in voluptate est." „[...] weil die Freiheit vom Schmerz selber schon Lust ist." (Übersetzung: Olof Gigon); II.10; II.17; II.75; Epicurus, *Ratae sententiae*, 3: Ὅρος τοῦ μεγέθους τῶν ἡδονῶν ἡ παντὸς τοῦ ἀλγοῦντος ὑπεξαίρεσις. ὅπου δ' ἂν τὸ ἡδόμενον ἐνῇ, καθ' ὃν ἂν χρόνον ᾖ, οὐκ ἔστι τὸ ἀλγοῦν ἢ τὸ λυπούμενον ἢ τὸ συναμφότερον. „Die Grenze der Größe der Lüste ist die Aufhebung alles Schmerzenden. Wo auch immer das Lustspendende anwesend ist, dort gibt es, solange es anwesend ist, weder das Schmerzbereitende noch das Leidverursachende oder beides zusammen."
30 Cicero, *De finibus bonorum et malorum*, I.37: „nam quoniam, cum privamur dolore, ipsa liberatione et vacuitate omnis molestiae gaudemus, omne autem id, quo gaudemus, voluptas est, ut omne, quo offendimur, dolor, doloris omnis privatio recte nominata est voluptas." „Denn da wir gerade in dem Augenblick, in dem wir vom Schmerze befreit werden, uns über diese Befreiung und das Ende aller Beschwerden freuen, und da weiterhin jeder Akt der Freude Lust ist, ebenso wie jeder Akt des Mißbehagens Schmerz, so folgt, daß die Befreiung von jedem Schmerz mit Recht Lust genannt wird." (Übersetzung: Olof Gigon)
31 Zur Unterscheidung zwischen Freude und Lust siehe oben Anm. 23.
32 Cicero, *De finibus bonorum et malorum*, II.9: „immo alio genere; restincta enim sitis stabilitatem voluptatis habet, inquit, illa autem voluptas ipsius restinctionis in motu est." „Nein, antwortete er, sie ist von einer anderen Art. Ist der Durst gelöscht, so entsteht eine ruhende Lust, während das Löschen des Durstes selber eine bewegte Lust erzeugt." (Übersetzung: Olof Gigon) Etwas später behauptet Cicero, dass die bewegende Lust nur eine Variation der statischen sei. Ebd. II.10: „ista varietas quae sit non satis perspicio, quod ais, cum dolore careamus, tum in summa voluptate nos esse, cum autem vescamur iis rebus, quae dulcem motum afferant sensibus, tum esse in motu voluptatem, qui faciat varietatem voluptatum, sed non augeri illam non dolendi voluptatem [...]." „Doch ich begreife nicht, was jene ‚varietas' bedeuten soll, die du meinst, wenn du sagst, wir seien in der höchsten Lust, wenn wir keinen Schmerz empfinden; wenn wir dagegen jene Dinge genießen, die in den Sinnesorganen eine angenehme Bewegung erzeugen, so sei dies eine bewegte Lust; sie erzeugt eine ‚variatio' in den Formen der Lust, doch so, daß die Lust der Schmerzlosigkeit nicht gemehrt werde." (Übersetzung: Olof Gigon) Siehe auch ebd. II.16.
33 Cicero, *De finibus bonorum et malorum*, II.9: „nam, ut paulo ante docui, augendae voluptatis finis est doloris omnis amotio." „Denn wie ich kurz zuvor dargelegt habe, ist die Grenze der

müsse, da es nämlich für Epikur kein Mittleres zwischen Lust und Schmerz geben kann. Vor allem auf diese letzte Annahme richtet Cicero dann seine Kritik.

Folgt man dieser Darstellung, würde das höchste Gut für Epikur bedeuten, keinen Mangel am Körper zu leiden, was dazu beiträgt, den Körper in einem schmerzlosen Zustand zu *erhalten*. Der Körper erfährt nämlich unmittelbar Schmerzen, wenn ihm lebensnotwendige Bedürfnisse versagt werden (wenn etwa der Hunger nicht gestillt werden sollte). Die Freude, die man aus diesem schmerzlosen Zustand gewinnt, bezeichnet Gill entsprechend als einfache Freude an der bloßen Existenz.[34] Diese Art von Freude (an der bloßen Schmerzlosigkeit des Körpers) kann man aber nur dann erfahren, wenn die Seele (die gleichwohl körperlich ist, auch wenn sie sich aufgrund ihrer besonderen Struktur vom Körper unterscheidet) in einem Zustand frei von geistiger Verwirrung ist.[35] Hierin bestände nun die oben bereits angesprochene Unerschütterlichkeit des Geistes.

Einen wichtigen Schritt zur dauerhaften Beseitigung der geistigen Verwirrung stellt die Befreiung von den Ängsten dar, die den Menschen plagen.[36] Wir haben gesehen, dass die Aufklärung über die wirkliche, an sich unsichtbare Natur der Welt wesentlich zur Befreiung von der Angst beiträgt, weshalb Epikur die Naturbetrachtung auch zur Aufgabe der Philosophie und zugleich zur Voraussetzung seiner Ethik macht. Eine besondere Furcht bereiten den Menschen freilich zwei Dinge: einerseits ihr Tod und andererseits eine vermeintliche Willkürherrschaft der Götter.[37] Aber auch die Furcht eines Ehebrechers, ertappt und

---

Steigerung der Lust die Beseitigung allen Schmerzes." (Übersetzung: Olof Gigon) Siehe auch Epicurus, *Ratae sententiae*, 3.

34 Gill 2009, 139–140. Siehe auch Gill 2006, 109–113.

35 Epikur hält die seelischen Schmerzen für schlimmer als die körperlichen, da diese sich auch auf die Zukunft und die Vergangenheit beziehen können. Diogenes Laërtius, X.37.3–6: τὴν γοῦν σάρκα τὸ παρὸν μόνον χειμάζειν, τὴν δὲ ψυχὴν καὶ τὸ παρελθὸν καὶ τὸ παρὸν καὶ τὸ μέλλον. οὕτως οὖν καὶ μείζονας ἡδονὰς εἶναι τῆς ψυχῆς. „Da das Fleisch bloß gegenwärtig durchgeschüttelt wird, die Seele aber sowohl in der Vergangenheit als auch in der Gegenwart und der Zukunft. Deshalb nun hält er auch die seelischen Lüste für größer [als die des Körpers]." Siehe auch Cicero, *Tusculanae disputationes*, V.96; *De finibus bonorum et malorum*, I.55; II.108. Zugleich soll aber gelten, dass die Lust der Seele aus der Lust des Körpers entsteht. Cicero, *De finibus bonorum et malorum*, I.55: „animi autem voluptas et dolores nasci fatemur e corporis voluptatibus et doloribus [...].“ „Wir behaupten, daß Lust und Schmerz der Seele von der Lust und dem Schmerz des Körpers her entstehen [...].“ (Übersetzung: Olof Gigon) So gilt zwar, dass alle Lüste in der Seele erfahren werden, doch beziehen sie sich letztlich auf den Körper oder haben ihren Ursprung im Körper. Cicero, *De finibus bonorum et malorum*, II.106 [107]: „illud autem ipsum qui optineri potest, quod dicitis, omnis animi et voluptates et dolores ad corporis voluptates ac dolores pertinere?" „Wie könnt ihr überhaupt beweisen, was ihr behauptet, nämlich daß jede Lust und jeder Schmerz der Seele sich auf Lust und Schmerz des Körpers beziehe?" (Übersetzung: Olof Gigon)

36 Epicurus, *Ratae sententiae*, 18; 30.

37 Zu Epikurs Ansicht über den Tod siehe Warren 2004.

bestraft zu werden, wird den Geist beunruhigen. Sowohl die Befreiung von der Angst als auch die Befreiung von den Leidenschaften, die den Ehebrecher erst in seine missliche Lage versetzt haben, bedingen einen klaren Verstand. Nur ein klarer Verstand wird in der Lage sein, Naturforschung zu betreiben und mit den hierdurch gewonnenen Erkenntnissen die Beunruhigungen der Seele zu beseitigen.

Den nüchternen Verstand identifiziert Epikur mit der Klugheit (φρόνησις), die bereits bei Aristoteles eine außerordentlich wichtige Funktion im Umgang mit dem Begehren der Seele eingenommen hat. Epikur hebt die Klugheit in ihrem Wert für den Menschen sogar noch über die Philosophie selbst. Denn die Klugheit erzeugt das erfüllte Leben durch die Aufspürung der Gründe für das Wählen und Meiden sowie durch das geschickte Abmessen von Lust und Unlust.[38] Hierin erkennt Epikur die Grundlage der Tugend selber, da die Klugheit die Verknüpfung von Lust und Tugend herstellt.[39] Wie das? Die Klugheit ist entscheidend für das Erreichen des höchsten Gutes. Zunächst kann nur eine nüchterne Überlegung das höchste Gut erkennen. Die Erkenntnis des höchsten Gutes ist erste Voraussetzung dafür, es überhaupt zu erreichen.[40] Die Überlegung zeigt die Unterschiede in den Begierden (ἐπιθυμίαι) des Menschen auf. Epikur setzt neben die Begierden, die der Mensch aufgrund seiner Natur und daher anlagebedingt hat, auch solche, die nicht natürlich und an sich ziellos sind. Letztere werden ganz zurückgewiesen. Die Ersteren unterscheidet er weiter in solche, die anlagebedingt und not-

---

38 Epicurus, *Ad Menoeceum*, 132.3–6: [...] ἀλλὰ νήφων λογισμὸς καὶ τὰς αἰτίας ἐξερευνῶν πάσης αἱρέσεως καὶ φυγῆς καὶ τὰς δόξας ἐξελαύνων ἐξ ὧν πλεῖστος τὰς ψυχὰς καταλαμβάνει θόρυβος. τούτων δὲ πάντων ἀρχὴ καὶ τὸ μέγιστον ἀγαθὸν φρόνησις [...]. „[...] sondern ein nüchterner Verstand, der die Ursachen für jedes Wählen und Meiden aufspürt und die Meinungen aufhebt, von denen ausgehend die meisten Erschütterungen die Seelen ergreifen. Aber Ursprung von all diesem und größtes Gut ist die Klugheit [...]." Die außerordentliche Bedeutung der Klugheit (φρόνησις) für die epikureische Ethik hebt auch Long 2006, 187ff. hervor und führt dies zusätzlich mit Blick auf die politische Theorie aus.
39 Epicurus, *Ad Menoeceum*, 132.6–10: διὸ καὶ φιλοσοφίας τιμιώτερον ὑπάρχει φρόνησις, ἐξ ἧς αἱ λοιπαὶ πᾶσαι πεφύκασιν ἀρεταί, διδάσκουσα ὡς οὐκ ἔστιν ἡδέως ζῆν ἄνευ τοῦ φρονίμως καὶ καλῶς καὶ δικαίως, <οὐδὲ φρονίμως καὶ καλῶς καὶ δικαίως> ἄνευ τοῦ ἡδέως [...]. „Deshalb ist die Klugheit, aus der die übrigen Tugenden auf natürliche Weise hervorgehen, würdiger als die Philosophie. Denn sie lehrt, dass man nicht lustvoll leben kann, ohne zugleich sowohl vernünftig als auch ehrwürdig und gerecht zu leben, noch dass man vernünftig, ehrwürdig und gerecht leben kann, ohne zugleich lustvoll zu leben [...]." Siehe auch Epicurus, *Ratae sententiae*, 5 sowie Cicero, *De finibus bonorum et malorum*, I.57.
40 Epicurus, *Ad Menoeceum*, 128.1–4: τούτων γὰρ ἀπλανὴς θεωρία πᾶσαν αἵρεσιν καὶ φυγὴν ἐπανάγειν οἶδεν ἐπὶ τὴν τοῦ σώματος ὑγίειαν καὶ τὴν τῆς ψυχῆς ἀταραξίαν, ἐπεὶ τοῦτο τοῦ μακαρίως ζῆν ἐστι τέλος. „Denn eine unbeirrte Betrachtung dieser Dinge weiß eine jede Wahl und jedes Meiden auf die Gesundheit des Körpers und die Unerschütterlichkeit der Seele zurückzuführen, weil dies das [letzte?] Ziel des glückseligen Lebens ist." Siehe noch einmal 132.3–6.

wendig sind, und solche, die nur anlagebedingt sind. Von den notwendigen sind die einen wiederum erforderlich zum Glück des Menschen und die anderen zum bloßen Überleben.[41] Von den natürlichen, anlagebedingten Begierden müssen selbstverständlich die zur Erhaltung notwendigen Begierden erfüllt werden, wenn man beabsichtigt, seinen Körper in einem gesunden Zustand zu bewahren. Die nur anlagebedingten Begierden (hierzu rechnet Epikur etwa auch den Geschlechtsverkehr) können hingegen erfüllt werden, wenn ihre Erfüllung keinen Schaden anrichtet.[42] Vor allem beim Geschlechtsverkehr ist das aber häufig der Fall, wie unser Beispiel des Ehebrechers sehr gut deutlich macht. Im Hinblick auf das höchste Gut hätte dieser seinen klaren Verstand bewahren müssen, der ihm deutlich die negativen Konsequenzen seiner Handlung aufgezeigt und ihn darüber aufgeklärt hätte, dass man nicht jede verfügbare Lust wählen darf, um alle seine Begierden zu erfüllen. Folgen nämlich Unbehagen der Seele und Schmerz am Körper aus der Erfüllung eines natürlichen Begehrens, dann muss auch diese Lust zurückgewiesen werden. Genauso kann die Klugheit empfehlen, bestimmte Schmerzen auf sich zu nehmen, wenn das der Unerschütterlichkeit des Geistes oder der Gesundheit des Körpers dienlich ist oder aber die Klarheit des Verstandes (damit auch die Klugheit selbst), die notwendig zur Bestimmung und Einsicht des höchsten Gutes erfordert wird, beeinträchtigt oder gefährdet sein sollte.[43] Man muss also ein Urteil darüber fällen, welche Lust zu meiden und was für ein Schmerz in Kauf zu nehmen ist, damit sich insgesamt die angestrebte Gemütsruhe einstellen kann.

Es ist nun wichtig festzuhalten, dass Epikur zufolge niemand die Lust als solche meidet oder verachtet, sondern nur insofern Schmerzen aus ihr resultieren können. Entsprechend wird von niemandem der Schmerz um seiner selbst willen gesucht. Verpflichtungen und gegenwärtige Unannehmlichkeiten nehmen wir nur mit Hinblick auf eine künftige Lust in Kauf.

Vor diesem Hintergrund wird auch die epikureische Behauptung einsichtig, dass Lust und Tugend notwendig miteinander verbunden sein müssen.[44] Denn im Gegensatz zu den Stoikern räumt Epikur der Klugheit oder generell der Vernunft einen bloß instrumentellen Wert ein. Er bestreitet indes, dass die Welt selbst vernünftig ist, d. h., von einer weisen Vorsehung regiert wird oder dass es uni-

---

[41] Epicurus, *Ad Menoeceum*, 127.7–128.1. Siehe auch Epicurus, *Ratae sententiae*, 29 sowie US Frg. 456.
[42] Epicurus, *Gnomologium Vaticanum Epicureum*, 21.
[43] Epicurus, *Ad Menoeceum*, 129.4–8; 130.1–4. Die Lüste jedoch, die Beschwerden erzeugen (das sind oft solche, die durch aufwendige Mittel erzeugt werden und daher auch auf überflüssige Begierden abzielen), werden zurückgewiesen. Us, *Frg.* 181.
[44] Epicurus, *Ad Menoeceum*, 132.8–12; Epicurus, *Ratae sententiae*, 5; Cicero, *De finibus bonorum et malorum*, I.57.

versale *Vernunftgesetze* geben könnte.[45] Für Epikur kann die bloße Vernunft den Menschen nicht zum Handeln motivieren, sondern nur die Erwartung einer künftigen Lust.[46] Folglich müssen auch die tugendhaften Handlungen in Ansehung des Lustgewinns, der sich aus ihnen ergeben soll, beurteilt werden oder anders ausgedrückt: Die Tugend ist an sich kraftlos,[47] weshalb Epikur auch versichert, dass man nur um des Glanzes der Tugend willen keine großen Taten verrichten wird. Stattdessen zielen sämtliche Tugenden in letzter Instanz auf die Lust ab.[48] Von dieser Einschätzung nimmt er auch (und vor allem) die Gerechtigkeit nicht aus. Ihren einzigen Vorzug sieht Epikur im Nutzen, den sie für die Menschen hat, und nur wegen ihrer Nützlichkeit wird man sagen dürfen, dass die Vernunft den Menschen auffordert, gerecht zu handeln. Dass es aber ein Recht von Natur aus geben könnte, weist Epikur entschieden zurück. Denn auch die Gerechtigkeit soll nur deshalb erstrebenswert sein, „weil sie ein Höchstmaß an Lust verschafft".[49]

Nimmt man nun die aufgezeigten Bezüge und Parallelen zur Wahrnehmung ernst, ergibt sich in der Frage des höchsten Gutes zusammengefasst das folgende Bild: Für Epikur ist jede Lust ein Gut, was nicht zuletzt durch die unmittelbare Wahrnehmung der Affekte, die an sich wahr sind, belegt wird. Trotzdem sind nicht alle Lüste zu wählen. Ebenso ist jeder Schmerz ein Übel, auch wenn nicht alle Schmerzen zu meiden sind.[50] Denn so, wie die Wahrnehmung in Ansehung ihres intentionalen Objekts durchaus täuschen kann, weshalb der Verstand die einzelnen Vorstellungen in einem größeren explanatorischen Rahmen kohärent anordnen muss, kann auch die Lust ihr *eigentümliches Ziel*, die gesunde, da wohlgeordnete Verfassung des Körpers und die Unerschütterlichkeit des Geistes verfehlen. In diesem Sinn betont Epikur, dass die Klugheit als Bedingung des vernünftigen Abmessens der Lüste durch Ausschweifung und Hingabe

---

45 Das bedeutet aber nicht, dass Epikur jede Form von Gesetzmäßigkeit bestreitet.
46 Cicero, *De finibus bonorum et malorum*, I.42: „praeterea et appetendi et refugiendi et omnino rerum gerendarum initia proficiscuntur aut a voluptate aut a dolore." „Außerdem nimmt alles Erstreben und Meiden und überhaupt alles Handeln seinen Anfang bei Lust oder Schmerz." (Übersetzung: Olof Gigon)
47 Cicero, *De finibus bonorum et malorum*, I.35.
48 Cicero, *De finibus bonorum et malorum*, I.37; II.42f. Der Dienst der Weisheit besteht darin, das Wesen der Begierden zu erkennen und zu unterscheiden, welche der Begierden notwendig sind, welche naturgemäß, aber nicht notwendig sind und welche naturwidrig sind. Cicero, *De finibus bonorum et malorum*, I.45.
49 Cicero, *De finibus bonorum et malorum*, I.53.
50 Epicurus, *Ad Menoeceum*, 129.9–130.1: πᾶσα οὖν ἡδονὴ διὰ τὸ φύσιν ἔχειν οἰκείαν ἀγαθόν, οὐ πᾶσα μέντοι αἱρετή· καθάπερ καὶ ἀλγηδὼν πᾶσα κακόν, οὐ πᾶσα δὲ ἀεὶ φευκτὴ πεφυκυῖα. „Jede Lust ist also ein Gut wegen ihrer uns verwandten Natur, aber nicht jede Lust ist zu wählen. Entsprechend ist jeder Schmerz ein Übel, aber nicht jeder ist seiner Natur nach immer zu fliehen." Siehe auch Epicurus, *Ratae sententiae*, 8; 10.

zu bestimmten Lüsten wegen der Vernebelung des Geistes selber unmöglich gemacht wird. Sozusagen als Bedingung ihrer eigenen Aktivität wird die Klugheit daher nur die Lüste wählen, die den Körper in einem unversehrten und den Geist in einem unerschütterlichen Zustand erhalten. So ist zu verstehen, dass für Epikur die Lust, die er mit dem höchsten Gut identifiziert, nicht die Lust der sinnlichen Ausschweifung sein kann, da eine solche Lust die Einsicht selbst unmöglich macht, „sondern wir meinen damit, körperlich keine Schmerzen zu haben und seelisch nicht in Unruhe zu sein" (Übersetzung: Karlheinz Hülser).[51] Auch dies kann schließlich in einem gewissen Sinn als eine kohärente Ordnung interpretiert werden, und zwar als eine Ordnung des Körpers selber, die letztlich das natürliche Ziel der Lust ist, die nichts weiter beabsichtigt, als sich selbst zu erhalten.[52] Denn die Erhaltung der größten Lust bedeutet zugleich die Erhaltung des Menschen als ein aus Körper und Geist zusammengesetztes Wesen. Das höchste Gut, d. h. die Freiheit von körperlichen Schmerzen und die Unerschütterlichkeit des Geistes, stellt sich ein, sobald man alle natürlichen Bedürfnisse des Körpers befriedigt und die Seele mit ihrer eigenen Natur versöhnt hat: „Die Stimme des Fleisches ruft: Nicht hungern, nicht dürsten, nicht frieren. Denn wer in diesen Zuständen ist und hofft, darin zu bleiben, könnte an Glückseligkeit sogar mit Zeus konkurrieren." (Übersetzung: Karlheinz Hülser)[53] In diesem Sinn heißt es auch bei Porphyrios im Referat der epikureischen Position:

---

51 Epicurus, *Ad Menoeceum*, 131.8–132.1: [...] ἀλλὰ τὸ μήτε ἀλγεῖν κατὰ σῶμα μήτε ταράττεσθαι κατὰ ψυχήν. Ebd. 128.1–4; Cicero, *De finibus bonorum et malorum*, I.41: „cui sententiae consentaneum est ultimum esse bonorum cum voluptate vivere." „Diesem Satz entspricht es, daß umgekehrt ein Leben in der Lust das höchste Gut ist." (Übersetzung: Olof Gigon) Siehe auch *De finibus bonorum et malorum*, I.54. Etwas später betont Cicero, dass das Leben in Eintracht mit sich selbst geführt wird. Cicero, *De finibus bonorum et malorum*, I.58: „neque enim civitas in seditione beata esse potest nec in discordia dominorum domus; quo minus animus a se ipse dissidens secumque discordans gustare partem ullam liquidae voluptatis et liberae potest. atqui pugnantibus et contrariis studiis consiliisque semper utens nihil quieti videre, nihil tranquilli potest." „Kein Staat kann im Bürgerkrieg glücklich sein, noch ein Haus, wenn die Herren sich streiten; um so weniger kann eine mit sich selbst uneinige und mit sich selbst streitende Seele irgendeinen Teil an reiner und freier Lust kosten. Wer es mit Absichten und Plänen zu tun hat, die einander ständig bekämpfen und widersprechen, der vermag keine Ruhe und keinen Frieden zu Gesicht zu bekommen." (Übersetzung: Olof Gigon)
52 Siehe auch die Definition von Metrodorus, die bei Cicero, *De finibus bonorum er malorum*, II.92 überliefert ist: „cum corpus bene constitutum sit et sit exploratum ita futurum." „Wenn der Körper in guter Verfassung ist und man gewiß sein kann, daß er auch in der Zukunft so sein werde." (Übersetzung: Olof Gigon)
53 Epicurus, *Gnomologium Vaticanum Epicureum*, 33 = L&S, 21G: Σαρκὸς φωνὴ τὸ μὴ πεινῆν, τὸ μὴ διψῆν, τὸ μὴ ῥιγοῦν· ταῦτα γὰρ ἔχων τις καὶ ἐλπίζων ἕξειν κἂν <Διὶ> ὑπὲρ εὐδαιμονίας μαχέσαιτο. „Die Stimme des Fleisches ruft: Nicht hungern, nicht dürsten, nicht frieren. Denn

Er [der Verzehr von Fleisch; A. H.] *trägt nämlich nicht zur Erhaltung des Lebens bei*, sondern zur Variation der Genüsse, gerade so wie Sex oder wie das Trinken exotischer Weine [...]. (Übersetzung: Karlheinz Hülser; Hervorhebung: A. H.)[54]

Notwendig ist nur das, was zur körperlichen Erhaltung beiträgt. Indem der Geist sein Streben hierauf beschränkt, setzt er seinem Begehren eine natürliche Grenze, die zugleich mit Leichtigkeit eingehalten werden kann und deren Forderungen ohne große Mühen erfüllt werden können. Die gelungene *Selbsterhaltung* wird mithin auch den Geist erfreuen und seine Konzentration auf das, was zur Erreichung derselben notwendig ist, befreit ihn von unnötigen Sorgen, denn die Natur will nur dies: „sich selbst erhalten".[55]

Unter dieser Perspektive würde die von Epikur geforderte Maximierung der Lust schließlich zu nichts anderem werden als der Forderung, sich selbst zu erhalten, und das höchste Gut entsprechend zur gelungenen Selbsterhaltung. Cicero selbst bemerkt freilich in seiner Kritik der epikureischen Position, dass

---

wer in diesen Zuständen ist und hofft darin zu bleiben, könnte an Glückseligkeit sogar mit Zeus konkurrieren." (Übersetzung: Karlheinz Hülser)

54 Prophyrius, *De abstinentia* I.51.28–31 = L&S, 21J: οὐ γὰρ πρὸς ζωῆς συμμονήν, πρὸς δὲ ποικιλίαν ἡδονῶν συνεβάλλετο, ἐοικὸς ἀφροδισίοις ἢ ξενικῶν οἴνων πόσεσιν, ὧν καὶ χωρὶς διαμένειν δύναται ἡ φύσις.

55 Cicero, *De finibus bonorum et malorum*, II.31: „summum enim bonum et malum vagiens puer utra voluptate diiudicabit, stante an movente? quoniam, si dis placet, ab Epicuro loqui discimus. si stante, hoc natura videlicet vult, salvam esse se, quod concedimus; si movente, quod tamen dicitis, nulla turpis voluptas erit, quae praetermittenda sit, et simul non proficiscitur animal illud modo natum a summa voluptate, quae est a te posita in non dolendo." „Nach welcher der beiden Arten von Lust, der ruhenden oder der bewegten, wird ein wimmernder Säugling über das höchste Gut oder Übel entscheiden? Wir müssen ja, so Gott will, bei Epikur sprechen lernen. Wenn nach der ruhenden, so will in der Tat die Natur gerade dies, nämlich sich selbst erhalten, womit wir einverstanden sind; wenn nach der bewegten, was ihr jedenfalls behauptet, dann gibt es keine noch so gemeine Lust, die ausgelassen werden dürfte; außerdem geht das soeben geborene Lebewesen gar nicht von jener höchsten Lust aus, die du in die Schmerzlosigkeit gelegt hast." (Übersetzung: Olof Gigon) Auf der Folie der Unterscheidung zwischen statischer und bewegter Lust stellt Cicero Epikur vor die Alternative, entweder die Selbsterhaltung der Stoiker als das höchste Gut anzunehmen oder doch nur die Lust der sinnlichen Ausschweifung im Blick zu haben. Nach Stokes 1995, 148 bewegt sich die epikureische Position folglich zwischen der Skylla und Charybdis, entweder Stoiker oder Lüstling zu sein. Krämer 1980, 295 zufolge „handelt es sich [...] um verschiedene Perspektiven auf einen gemeinsamen Phänomenbereich, der allerdings abweichend beleuchtet und ponderiert wird". Wir werden im Folgenden sehen, dass sich die Stoiker bereits in ihrer Forderung der Selbsterhaltung als dem *ersten* natürlichen Gut wesentlich von Epikur unterscheiden.

Epikur so verstanden sehr wohl in Übereinstimmung mit der stoischen Bestimmung des *ersten*[56] Gutes ist.[57]

§ 10 Das erste natürliche Gut der Stoiker

Bereits die Zeitgenossen Epikurs haben es als Anstoß erregend empfunden, die Lust zum höchsten Gut zu erklären und die Tugenden zu bloßen Dienerinnen der Lust herabzuwürdigen. Am heftigsten haben die Stoiker Epikur in dieser Frage widersprochen. Ihre Empörung über diese Ansicht hat die Entwicklung der stoischen Philosophie insgesamt gefördert und den Konflikt mit Epikur befeuert.[58] Schon in der Antike galten beide Parteien daher als erbitterte Feinde.[59] Der laute Widerspruch der Stoiker täuscht jedoch über die vielen Gemeinsamkeiten hinweg, die beide Positionen haben. In der Frage des höchsten Gutes ist es deshalb wichtig, die Unterschiede und Gemeinsamkeiten genau zu erwägen. Wie Epikur gehen nämlich auch die Stoiker davon aus, dass die Natur selbst das höchste Gut offenbart, und auch für die Stoiker spielt die Wahrnehmung in diesem Zusammenhang eine besondere Rolle. Seneca stellt seine Behandlung der Thematik in den *Moralischen Briefen an Lucilius* sogar unter die Frage, ob alle Lebewesen eine Wahrnehmung ihrer körperlichen Verfassung (sensus sui) haben.[60] Er bejaht

---

[56] Speziell zum πρῶτον οἰκεῖον und zum Begriff οἰκείωσις siehe Pembroke 1971, 116; 141 sowie SVF, III.183. Zur begrifflichen Herkunft siehe auch Kerferd 1972.

[57] Siehe hierzu noch einmal Cicero, *De finibus bonorum et malorum* II.31 (Anm. 55). Bemerkenswert ist, dass die Nähe zwischen der stoischen und epikureischen Position in der Diskussion des höchsten Gutes auch von epikureischer Seite gesehen und sogar als Argument gegen die stoische Position vorgebracht wurde, wie wir aufgrund eines neu entdeckten Fragments des späten Epikureers Diogenes von Oinoanda wissen (NF 192). Demzufolge soll es sich lediglich um eine sprachliche Unstimmigkeit handeln. Zu diesem Fragment siehe Hammerstaedt, Smith 2011 sowie B. Taylor 2014.

[58] Bereits Pohlenz 1959, 113 geht davon aus, dass die stoische οἰκείωσις-Theorie als Antwort auf das epikureische Vorgehen entwickelt worden ist. Wahrscheinlich hat die epikureische Theorie als Katalysator (wie Inwood 1999, 678 es ausdrückt) für die Entwicklung der stoischen Position gewirkt.

[59] Erler und Schofield 1999, 642 beginnen ihre Diskussion der epikureischen Ethik mit der Beschreibung eines antiken Pokals, der Zenon, den Gründer der stoischen Schule, und Epikur als Widersacher darstellt.

[60] Dieselbe Frage stellt auch Hierocles, *Elementa moralia*, I.1a an den Anfang seiner Untersuchung zur οἰκείωσις: Εἰ αἰσθάνεται τὸ ζῷιον ἑαυτοῦ. Zu Hierocles siehe ausführlich Long 1996, 250–263 sowie Ramelli 2009. Wie wir sehen werden, gehen Bastianini und Long 1992, 381–385 mit Recht (anders als etwa Inwood 1984) davon aus, dass Hierocles' Argument von ähnlichem Aufbau ist wie die anderen überlieferten Berichte zur οἰκείωσις. Siehe auch Cicero, *De finibus bonorum et malorum*, III.16: „fieri autem non posset ut appeterent aliquid, nisi sensum haberent

diese mit zwei Argumenten, aus denen hervorgehen soll, dass alle Lebewesen eine Selbstwahrnehmung haben müssen. Zunächst soll dies daraus erhellen,

> dass sie ihre Glieder geschickt und gewandt bewegen – nicht anders, als seien sie dazu ausgebildet: ein jedes besitzt Gelenkigkeit in seinen Gliedmaßen. Ein Künstler handhabt seine Werkzeuge leicht, ein Steuermann führt reaktionsschnell das Steuerruder [...]: so ist ein Tier insgesamt für seine Lebensform befähigt. Wir pflegen Menschen, die tanzen können, zu bewundern, weil ihre Hand zu jeder mimischen Darstellung von Sachverhalten und Gefühlen fähig ist und der Ausdruck die Schnelligkeit der Worte begleitet: das ermöglicht jenen die Kunst, ihnen die Veranlagung. Kein Tier bewegt mit Mühe seine Glieder, kein Tier hat Schwierigkeiten mit sich selbst. Das leisten sie, kaum geboren; mit dem Wissen kommen sie auf die Welt: ausgebildet werden sie geboren.[61] (Übersetzung: Manfred Rosenbach, modifiziert)

Seneca stützt sich also auf die Beobachtung, dass Tiere geschickt ihre Gliedmaßen bewegen können, was sie wiederum dazu befähigen soll, sich unversehrt zu erhalten. Der erste Beweis für die notwendige Voraussetzung einer Selbstwahrnehmung setzt sich mithin aus einem zweistufigen Argument zusammen:

---

sui eoque se diligerent." „Es wäre aber nicht möglich, dass sie etwas erstrebten, wenn sie keine Wahrnehmung ihrer selbst hätten und sich daher auch selbst liebten." Wie wichtig die Wahrnehmung für die οἰκείωσις ist, betonen auch Plutarch (*SVF*, II.724) und Porphyrius (*SVF*, I.197); siehe Ramelli 2009, 39f. sowie Kerferd 1972, 186ff. Wright 1991, 126 findet die stoische Forderung, dass die Selbstwahrnehmung zur Grundlage des Triebes gemacht werden müsse, problematisch. Aus Hierocles, *Elementa moralia*, I.39–42 wird ersichtlich, dass antike Kritiker ähnliche Bedenken hatten, weshalb Hierocles auch ausführlich den Primat der Wahrnehmung (sowohl zeitlich als auch sachlich) rechtfertigt.
61 Seneca, *Epistulae morales*, 121.5–6: „Quaerebamus, an esset omnibus animalibus constitutionis suae sensus? Esse autem ex eo maxime apparet, quod membra apte et expedite movent non aliter quam in hoc erudita. Nulli non partium suarum agilitas est. Artifex instrumenta sua tractat ex facili, rector navis scite gubernaculum flectit, pictor colores, quos ad reddendam similitudinem multos variosque ante se posuit, celerrime denotat et inter ceram opusque facili vultu ac manu commeat; sic animal in omnem usum sui mobilest. Mirari solemus saltandi peritos, quod in omnem significationem rerum et adfectuum parata illorum est manus, et verborum velocitatem gestus adsequitur. Quod illis ars praestat, his natura. Nemo aegre molitur artus suos, nemo in usu sui haesitat. Hoc edita protinus faciunt. Cum hac scientia prodeunt; instituta nascuntur." Ebd. 121.9: „Ergo omnibus constitutionis suae sensus est et inde membrorum tam expedita tractatio, nec ullum maius indicium habemus cum hac illa ad vivendum venire notitia, quam quod nullum animal ad usum sui rude est." „Also besitzen alle Tiere eine Wahrnehmung ihrer körperlichen Verfassung und deshalb einen freien Gebrauch ihrer Glieder, und keinen besseren Beweis haben wir, dass sie mit dieser Kenntnis ins Leben treten, als dass kein Tier unfähig zum Gebrauch seines Körpers ist." (Übersetzung: Manfred Rosenbach, modifiziert) Ganz ähnlich argumentiert auch Hierocles, *Elementa moralia*, I.51–II.3.

1. Ein Lebewesen, das keine Kenntnis seiner Fähigkeiten hat, kann seine Glieder nicht geschickt bewegen. Tiere können ihre Glieder aber geschickt bewegen, also haben sie auch eine Kenntnis ihrer Fähigkeiten.
2. Wer keine Wahrnehmung (oder kein Bewusstsein) seiner körperlichen Verfassung hat, der kann auch keine Kenntnis seiner Fähigkeiten haben. Tiere haben aber eine Kenntnis ihrer Fähigkeiten, also müssen sie auch eine Wahrnehmung ihrer körperlichen Verfassung haben.

Die Stoiker sind der Meinung, dass man sich zumindest über die Zugehörigkeit der eigenen Glieder sowie deren räumliche Lage im Klaren sein muss, um den Körper gezielt einsetzen zu können. Das setzt allerdings nach Seneca eine besondere Art von Wahrnehmung bzw. Empfindung der eigenen Verfassung voraus. Da diese Kenntnis den Lebewesen aber angeboren ist, werden sie auch von Geburt an eine Wahrnehmung ihrer selbst haben, wie Hierocles in seiner Abhandlung unterstreicht.[62]

Das erste Argument geht also von der Beobachtung aus, dass Lebewesen ihre eigenen Glieder zu gebrauchen *wissen*. Auf die besondere Art von Wissen, welches aus der Wahrnehmung des eigenen Körpers herrühren soll, komme ich im Folgenden zurück. Wichtig ist zunächst, dass sich die Wahrnehmung des eigenen Körpers nicht gleichgültig für den Wahrnehmenden ereignet; es ist dem Lebewesen nicht egal, was mit seinem Körper geschieht. Die Wahrnehmung geht vielmehr mit einer *unmittelbaren Zustimmung* (τούτωι συγκατατίθεται), d. h. einem Urteil einher.[63] Die Liebe sowie die Sorge um die eigene Konstitution folgen auf die mit der Selbstwahrnehmung verbundene Zustimmung (συγκατάθεσις). Aufgrund der Liebe zur eigenen Verfassung und der Sorge um diese streben die Lebewesen danach, sich und ihre Glieder in einem unversehrten Zustand zu erhalten. Auf die Selbstwahrnehmung folgt also die Selbstsorge. Die Selbstsorge ist für die Stoiker, wie wir sehen werden, Voraussetzung für eine Bezugnahme auf anderes.

---

62 Hierocles, *Elementa moralia*, I.37–39: Οὐκ ἀγνοητέον ὅτι τὸ ζῶιον εὐθὺς ἅμα τῶι γενέσθαι αἰσθάνεται ἑαυτοῦ [...]. „Man muss wissen, dass das Lebewesen unmittelbar sich selbst wahrnimmt, sobald es geboren wird [...]."
63 Hierocles, *Elementa moralia*, VI.24–27 zufolge handelt es sich um die erste Zustimmung (συγκατάθεσις) des Lebewesens: Μετὰ ταῦτ' οὖν δῆλον ἐστιν ὅτι φαντασίας τινὸς ἑαυτοῦ γενομένης αὐτῶι τὸ πιθανὸν ἴσχει (πῶς γὰρ ἂν ἄλλως δύναιτο;) περὶ τῆς φαντασίας καὶ τούτωι συγκατατίθεται. „Danach ist es nun offensichtlich, dass, sobald ihm irgendeine Vorstellung seiner selbst entsteht, das Lebewesen das Überzeugende bezüglich der Vorstellung festhält (denn wie könnte es das nicht?) und diesem zustimmt." Auf diese Zustimmung folgt sodann die Hinwendung zu sich selbst. Ebd. VI.43–49. Ebenso Seneca, *Epistulae morales*, 121.17; siehe unten Anm. 64.

Denn die Beziehung zu anderen Dingen setzt laut Seneca eine Selbstbeziehung voraus.[64]

Bevor wir die einzelnen Punkte des ersten Arguments etwas detaillierter besprechen, ist es nötig, einen kurzen Blick auf das zweite Argument zu werfen. Darin verfährt Seneca ganz ähnlich. Doch legt er diesmal den Schwerpunkt nicht auf den bewegten Körper, sondern die Wahrnehmung selbst, und zwar die äußere Wahrnehmung, die zur Bewegung im Raum notwendig ist:

> Wie wir in uns eine Wahrnehmung unserer Seele haben, obwohl wir ihr Wesen nicht kennen und ihren Sitz, so besteht bei allen Tieren eine Wahrnehmung ihrer körperlichen Verfassung. Notwendig nehmen sie das wahr, wodurch sie auch anderes wahrnehmen; notwendig haben sie eine Wahrnehmung dessen, dem sie gehorchen, von dem sie gelenkt werden.[65] (Übersetzung: Manfred Rosenbach)

Um zu wissen, dass man wahrnimmt, muss es laut Seneca eine Wahrnehmung des regierenden Organs („cui parent, a quo reguntur") geben und damit eine Wahrnehmung der Wahrnehmung.[66] Was soll die Wahrnehmung des regierenden

---

64 Seneca, *Epistulae morales*, 121.17: „Primum sibi ipsum conciliatur animal, debet enim aliquid esse, ad quod alia referantur, voluptatem peto, cui? Mihi. Ergo mei curam ago. Dolorem refugio, pro quo? Pro me. Ergo mei curam ago. Si omnia propter curam mei facio, ante omnia est mei cura. Haec animalibus inest cunctis nec inseritur, sed innascitur." „Zunächst ist mit sich selbst jedes Lebewesen vertraut; es muß nämlich etwas geben, worauf sich andere Dinge beziehen. Genuß suche ich, für wen? Für mich: also trage ich Sorge für mich. Schmerz vermeide ich, für wen? Für mich: also trage ich Sorge für mich. Wenn ich alles aus Sorge um mich tue, steht die Sorge für mich vor allem. Sie wohnt allen Lebewesen inne und wird ihnen nicht eingepflanzt, sondern eingeboren." (Übersetzung: Manfred Rosenbach)
65 Seneca, *Epistulae morales*, 121.12: „Qualis ad nos animi nostri sensus, quamvis naturam eius ignoremus ac sedem, talis ad omnia animalia constitutionis suae sensus est. Necesse est enim id sentiant, per quod alia quoque sentiunt, necesse est eius sensum habeant, cui parent, a quo reguntur." Dass die äußere Wahrnehmung eine innere voraussetzt, betont auch Hierocles, *Elementa moralia*, VI.3–11: μετὰ γὰρ τῆς τοῦ λευκοῦ φέρε εἰπεῖν αἰσθήσεως καὶ ἑαυτῶν αἰσθανόμεθα λευκαινομένων καὶ μετὰ <τῆς> τοῦ γλυκέος γλυκαζομένων καὶ μετὰ τῆς τοῦ θερμοῦ θερμαινομένων κἀπὶ τῶν ἄλλων τἀνάλογον· […] τοῖς δ' ὅλοις οὐκ ἀγνοητέον, ὡς ἡγεμονικὴ πᾶσα δύναμις ἀφ' ἑαυτῆς ἄρχεται […]. „Denn zusammen mit der Wahrnehmung des Weißen, so kann man sagen, nehmen wir auch uns selbst als weiß geworden wahr und mit dem Süßen als süß geworden und mit dem Warmen als warm geworden und bei allem anderen entsprechend. […] Im Allgemeinen darf man nicht übersehen, dass ein jedes Führungsvermögen mit sich selbst beginnt." Die Wahrnehmung der Wahrnehmung wird auch von Aristoteles diskutiert, hat aber einen ganz anderen Stellenwert, was sich bereits darin andeutet, dass diese für die Stoiker eine Wahrnehmung des Führungsvermögens sein soll. Siehe Aristoteles, *De anima*, 425b12–25; *Ethica Nicomachea*, 1170a29–b1. Long 1991, 106 hebt die bedeutsamen Unterschiede zwischen Aristoteles und den Stoikern hervor. Er vermutet sogar, dass sich Hierocles in seiner Schrift gegen die aristotelische Position richtet.
66 Seneca, *Epistulae morales*, 121.13: „Sic infantibus quoque animalibusque principalis partis suae sensus est non satis dilucidus nec expressus." „So haben auch Kinder und Tiere eine

Organs sein, von dem hier die Rede ist? Mit dem regierenden Organ ist das Führungsvermögen (ἡγεμονικόν) gemeint, welches für alle höheren kognitiven Funktionen verantwortlich sein soll. So wie die Tiere Sinne zur Wahrnehmung der Außendinge haben – was an ihrer Reaktion auf Sinnesreize abzulesen ist –, kann man auf ihren inneren Sinn Rückschlüsse ziehen, indem man beobachtet, dass sich alle Lebewesen ihrer Konstitution entsprechend verhalten. Daraus schließt Seneca, dass jedes Lebewesen eine innere Wahrnehmung, d. h. ein *Bewusstsein* des eigenen Körpers hat.[67]

Man darf die von den Stoikern behauptete Selbstwahrnehmung (sensus sui) natürlich nicht ohne Einschränkung Bewusstsein nennen. Vor allem ist es notwendig, die Unterschiede zum neuzeitlichen Bewusstseinsbegriff (d. h. zum nachcartesianischen Bewusstseinsbegriff) im Blick zu behalten. Denn Seneca spricht explizit auch Tieren (also unvernünftigen Lebewesen) ein Bewusstsein zu. Das ist bemerkenswert, weil die Stoiker ansonsten den besonderen Status der Rationalität hervorheben. Gill macht ferner darauf aufmerksam, dass das von den Stoikern angeführte Bewusstsein auch das Verhalten von schlafenden Lebewesen umfasst und aus einer materiellen Mischung der Seele mit dem Körper hervorgeht.[68] Die stoische Selbstwahrnehmung ist somit eine Bewusstseinsform, die nicht an Vernunft geknüpft ist und die bei allen Lebewesen aus der materiellen Mischung der Seele mit dem Körper herrührt. Schließlich soll mit dem Bewusstsein eine besondere Kenntnis verbunden sein, die notwendig zur Durchführung körperlicher Tätigkeiten ist.[69] Denn die Bewegungsfähigkeit des Körpers soll, wie wir gesehen haben, ein besonderes Wissen voraussetzen.

Wahrnehmung ihres zentralen Organs, doch ist es nicht klar und ausdrücklich." (Übersetzung: Manfred Rosenbach)

67 Von Bewusstsein spricht in diesem Zusammenhang etwa Pohlenz 1959, 57; 114f.
68 Siehe Gill 2006, 40. Hierocles, *Elementa moralia*, IV.38–V.30 zieht die absolute Mischung sowie die anhaltende Selbstwahrnehmung im Schlaf heran, um die besondere Form der Selbstwahrnehmung, die der Selbstliebe oder Selbstaneignung vorausgeht, zu verdeutlichen. Siehe detailliert zu Hierocles' Argumentation sowie zu parallelen stoischen Texten Ramelli 2009, 45ff.
69 Beide Punkte wurden bereits in der Antike bestritten. So bestreitet beispielsweise Alexander von Aphrodisias in seiner Schrift *De mixtione*, dass es eine absolute Mischung geben kann. Plotin wendet sich gegen die Ansicht, dass komplexe Bewegungsabläufe ein Bewusstsein erfordern. Seiner Meinung nach ist das Bewusstein nicht nur unnötig, sondern häufig sogar hinderlich. Denn konzentriert eine bestimmte Sache zu verfolgen oder Bewegungen auszuführen bedeutet nicht, sich diese Sache in einem besonderen Maße bewusst zu machen. In der aktuellen Debatte wird diese Diskussion unter dem Stichwort ‚embodied cognition' geführt. Siehe Merleau-Ponty 1945, McDowell 2007, Dreyfus 2005; 2007. Zu Plotins Kritik an der Verbindung von Bewusstein und Tätigkeit siehe Schmitt 1994.

Was für ein Wissen beruht auf der Selbstwahrnehmung? Mit Wissen meint Seneca hier eine bestimmte angeborene Fähigkeit.⁷⁰ So sollen Tiere wie Menschen eine Kenntnis der Bestimmung ihrer körperlichen Konstitution haben, d. h., sie wissen, ihren Körper zu gebrauchen. Das bedeutet aber nicht, dass sie die körperliche Verfassung selbst verstehen. Seneca unterscheidet vermutlich in Anlehnung an Aristoteles zwischen einem *Wissen-dass* und einem *Wissen-was*.⁷¹ Was unterscheidet beide Arten von Wissen? Die erste Art Wissen ist unmittelbar. Alle Tiere haben dieses Wissen, da es aus der unvermittelten inneren Wahrnehmung der eigenen Konstitution sowie der eigenen Seele hervorgeht. Denn leichter „kann man die Natur verstehen, als sie erläutern. Daher weiß das Kind nicht, was die körperliche Verfassung ist, doch es kennt seine eigene körperliche Verfassung: und *was* ein Lebewesen ist, weiß es nicht, *dass* es ein Lebewesen ist, spürt es" (Übersetzung: Manfred Rosenbach).⁷²

Das durch die innere Wahrnehmung bereitete Wissen wird von Seneca als „nur ungefähre", „in großen Zügen und dunkle" Kenntnis charakterisiert.⁷³ Seneca wählt zur Verdeutlichung das Beispiel der Seele. Die Wahrnehmung ver-

---

70 Seneca, *Epistulae morales*, 121.6: „Mirari solemus saltandi peritos, quod in omnem significationem rerum et adfectuum parata illorum est manus, et verborum velocitatem gestus adsequitur. Quod illis ars praestat, his natura. Nemo aegre molitur artus suos, nemo in usu sui haesitat. Hoc edita protinus faciunt. Cum hac scientia prodeunt; instituta nascuntur." „Wir pflegen Menschen, die tanzen können, zu bewundern, weil ihre Hand zu jeder mimischen Darstellung von Sachverhalten und Gefühlen fähig ist und der Ausdruck die Schnelligkeit der Worte begleitet: das ermöglicht jenen die Kunst, ihnen die Veranlagung. Kein Tier bewegt mit Mühe seine Glieder, kein Tier hat Schwierigkeiten mit sich selbst. Das leisten sie, kaum geboren; mit diesem Wissen kommen sie auf die Welt: ausgebildet werden sie geboren." (Übersetzung: Manfred Rosenbach) Seneca widerspricht also der Beobachtung, dass viele Neugeborene (Menschen wie Tiere) hilflos auf die Welt kommen. Für Menschen gilt aber, dass sie selbst einfachste Bewegungen erlernen müssen. Das lässt jedoch die stoische Behauptung, dass die Lebewesen ihre Bewegungsfähigkeit von Natur erhalten haben, recht fragwürdig erscheinen.
71 Siehe Aristoteles, *Metaphysica*, 981b10f; *De anima*, 402a10f; 413a11ff. Aristoteles versteht unter dem *Wissen-dass* ein erstes, durch die Wahrnehmung vermitteltes (oder nur allgemeines) Wissen, wohingegen das *Wissen-was* die Bestimmung des Wesens einer Sache betrifft. Die Stoiker scheinen das *Wissen-dass* hingegen auf eine Art körperliches Wissen angewandt und erweitert zu haben. In aktuellen Debatten gibt es eine ähnliche Differenzierung zwischen einem *Wissen-dass* und einem *Wissen-wie*. Zur stoischen Verwendung der Terminologie von Wissen im Zusammenhang mit der Wahrnehmung siehe Ramelli 2009, 42–43.
72 Seneca, *Epistulae morales*, 121, 11: „Facilius natura intellegitur quam enarratur; itaque infans ille quid sit constitutio non novit, constitutionem suam novit. Et quid sit animal, nescit, animal esse se sentit."
73 Seneca, *Epistulae morales*, 121.12: „Praeterea ipsam constitutionem suam crasse intellegit et summatim et obscure. Nos quoque animum habere nos scimus; quid sit animus, ubi sit, qualis sit aut unde, nescimus." „Außerdem erkennt es seine körperliche Verfassung selbst nur ungefähr, in großen Zügen und dunkel. Auch wir wissen, *daß* wir eine Seele haben: *was* die Seele ist,

mittelt eine *dunkle* und *ungefähre* Kenntnis darüber, dass man eine Seele hat. Was die Seele ist, wo sie sich befindet, von welcher Beschaffenheit sie ist und über welche Vermögen sie im Einzelnen verfügt, bleibt hingegen unerkannt. All das fällt nicht unter diese erste Form des Wissens. Gleichwohl vermittelt die Wahrnehmung einen *dunklen Vorbegriff* der Seele, der als Ausgangspunkt zu weiterführenden Untersuchungen geeignet ist.[74] Bei Cicero findet sich der Hinweis, dass der Mensch von der Natur nicht nur durch die „Gewandtheit des Geistes" ausgezeichnet ist, „sondern sie (die Natur; A. H.) gab ihm auch die Sinne sozusagen als Begleiter und Boten dazu und überließ ihm von den meisten Dingen dunkle und noch nicht hinreichend klare Vorstellungen" (Übersetzung: Rainer Nickel).[75] Wie wir später sehen werden, ist es die *natürliche Aufgabe* des Menschen, diese dunklen und ursprünglichen Vorstellungen *aufzuklären*.

Was Seneca der Wahrnehmung also attestiert, ist eine Form des faktischen Wissens, welches zwar weiter begründet werden kann, aber zumindest für praktische Belange zureichend ist. Das durch die Wahrnehmung vermittelte Wissen hat keine reflexive Instanz oder besondere Leistung eines über die Wahrnehmung hinausgehenden Vermögens nötig. Die nach innen gerichtete Wahrnehmung hingegen kann zuverlässig die Erkenntnisse vermitteln, die das Handeln, das auf die Erhaltung des Körpers abzielt, benötigt. Hierzu ist keine weitere Erkenntnis erforderlich. So weiß etwa ein Kind aufgrund seiner Wahrnehmung, dass es ein Lebewesen ist, auch wenn es nicht weiß, was genau unter einem Lebewesen zu verstehen ist. Durch die Wahrnehmung erkennt man, dass etwas der Fall ist. Seneca beruft sich also auf die *unmittelbare sinnliche Gewissheit*. Selbst wenn sich kein weiterreichendes Wissen des Sachverhalts aus der bloßen Wahrnehmung ableiten lässt – wie Seneca am Beispiel der Seele darlegt –, kann man sich gleichwohl auf dieses *faktische Bewusstsein* als letzte Instanz berufen.

Vorausgreifend sei bereits darauf hingewiesen, dass sich an dieser Stelle eine Gemeinsamkeit der stoischen Theorie mit der epikureischen Epistemologie andeutet. Denn die Nichthintergehbarkeit, welche die Selbstwahrnehmung zur Grundlage des Wissens macht, spiegelt in gewissem Sinn die epikureische Behauptung, dass alle Vorstellungen wahr sein sollen. Wir werden gleich hierauf zurückkommen. Schauen wir uns zuvor an, welche Reichweite Seneca diesem besonderen Wissen zubilligt.

---

wo sie sich befindet, wie sie beschaffen ist und woher sie stammt, wissen wir nicht." (Übersetzung: Manfred Rosenbach)

74 Zur stoischen Theorie der Vorbegriffe siehe Sandbach 1971.

75 Cicero, *De legibus*, I.26: „[...] sed ei et sensus tamquam satellites attribuit ac nuntios, et rerum plurimarum obscuras nec satis expressas intellegentias enodauit, quasi fundamenta quaedam scientiae, figuramque corporis habilem et aptam ingenio humano dedit."

Seneca zufolge weiß das Lebewesen nämlich nicht nur, dass es existiert und dass es sich bei diesem Körper um den Seinigen handelt, sondern es soll zudem über ein Wissen über all das zur Existenz Notwendige verfügen. Hierunter fällt nach Seneca nicht nur eine Kenntnis der eigenen Gliedmaßen, deren bewusster Gebrauch für das Überleben der Kreatur notwendig ist. Das durch die unmittelbare Wahrnehmung gestiftete *Wissen-dass* vermittelt darüber hinaus eine Einsicht in lebenserhaltende Umstände, wie etwa die Kenntnis der natürlichen Feinde eines Lebewesens.[76] Denn ohne eine solche Kenntnis wäre das Neugeborene den Räubern schutzlos ausgeliefert und dem Untergang geweiht. Das kann aber unmöglich in der *Absicht der Natur* gelegen haben, weshalb sie eine solche Unwissenheit auch nicht zugelassen hat. Stattdessen stößt die Natur ihren Nachwuchs nicht von sich, sondern wendet sich ihm zu und zieht ihn mit mütterlicher Fürsorge auf.[77] Aus diesem Grund hat sie das Neugeborene mit einer natürlichen Kenntnis des Todbringenden ausgestattet, welches das Tier dazu antreibt, das Furchtbare zu meiden und das Heilsame zu suchen.

Der Gedanke, dass es die Natur selbst ist, die den Tieren in ihrer Fürsorge ein solches Wissen vermittelt hat, ist nicht nur bei Seneca zu finden.[78] Dasselbe behaupten auch Hierocles und Cicero.[79] Letzterer führt den Umstand, dass die

---

[76] Seneca, *Epistulae morales*, 121.18: „Itaque [...] tenera quoque animalia et materno utero vel ovo modo effusa, quid sit infestum, ipsa protinus norunt et mortifera devitant. Umbram quoque transvolantium reformidant obnoxia avibus rapto viventibus." „Deshalb [...] kennen auch ganz junge Tiere, wenn sie eben aus dem Mutterleib oder aus dem Ei gekommen sind, selbst sofort das Feindliche und meiden todbringende Situationen: auch vor dem Schatten vorüberfliegender Vögel erschrecken Tiere, die Beute für von Raub lebenden Vögel sind." (Übersetzung: Manfred Rosenbach) Siehe auch Hierocles, *Elementa moralia*, III.19–23.
[77] Seneca, *Epistuale morales*, 121.18: „Producit fetus suos natura, non abicit." „Es zieht groß ihre Jungen die Natur, nicht stößt sie sie von sich." (Übersetzung: Manfred Rosenbach)
[78] Wie etwa Troels Engberg-Pedersen 1990 glaubt, der auf diese Weise die Bedeutung der Vorsehung herunterspielt. Siehe dagegen Long 1970 (1991); mit ausführlicher Widerlegung von Engberg-Pedersen in Long 1996, 155. Ähnlich wie Engberg-Pedersen verfährt auch Annas 1993, 175, die ebenfalls scharf unterscheidet zwischen frühen und späten Stoikern hinsichtlich des Einflusses der Vorsehung auf die Ethik. Annas hat jedoch in erster Linie Epiktet und Marcus Aurelius im Blick. Dass Seneca insgesamt als orthodoxer Stoiker gelten kann und dass die Punkte, die *prima facie* von der Schulmeinung der frühen Stoa abzuweichen scheinen, dadurch zu erklären sind, dass Seneca unterschiedliche Schwerpunke setzt, hat Wildberger 2006 überzeugend nachgewiesen. Ebenso bereits Grimal 1978.
[79] Hierocles, *Elementa moralia*, II.50–54: ἀλλ' ὅμως, κρείττονα τῆς ὄψεως διδάσκαλον τῶν καθ' ἑαυτὴν ἔχουσα τὴν φύσιν, τοῖς μέν, καίπερ οὖσι λεπτοῖς, πιστεύει καὶ οὔτε πρὸς ὑπερβολὰς τάχους οὔτε πρὸς μεγέθη πηδημάτων ἀπέγνωκεν αὐτῶν [...].; „Aber dennoch hat es in der Natur einen Lehrer über das ihm Angehörige größer als das durch das Auge Angezeigte und deshalb vertraut es seinen Beinen, auch wenn sie zart sind, und weist sie weder für außerordentlich schnelle Anläufe noch weite Sprünge zurück." Cicero, *De natura deorum*, II.122: „Dedit autem

Tiere ein natürliches Wissen ihrer Feinde haben, sogar explizit als Beweis für die Vorsehung an. Denn die Vorsehung hat den Tieren die Sinneswahrnehmung gegeben, damit sie das Schädliche vom Nützlichen unterscheiden können.[80] Im

---

eadem natura beluis et sensum et appetitum, ut altero conatum haberent ad naturales pastus capessendos, altero secernerent pestifera a salutaribus." „Dieselbe Natur hat den Tieren auch Wahrnehmung und Streben gegeben, damit sie auf der einen Seite den Trieb haben, die ihnen naturgemäße Nahrung aufzusuchen, andererseits aber fähig sind, das Schädliche vom Förderlichen zu unterscheiden." (Übersetzung: Olof Gigon) Denn die Natur selbst hat den Lebewesen den Instinkt zur Selbsterhaltung gegeben, weshalb sie ihnen die Mittel zur Erreichung überantwortet hat. Ebd. II.124: „tantam ingenuit animantibus conservandi sui natura custodiam." „Eine so große Sorgfalt hat die Natur darauf verwendet, den Tieren die Fürsorge für die eigene Erhaltung einzupflanzen." (Übersetzung: Olof Gigon) Sowie II.127: „Ut vero perpetuus mundi esset ornatus, magna **adhibita cura est a providentia deorum**, ut semper essent et bestiarum genera et arborum omniumque rerum quae a terra stirpibus continerentur [...]." „Damit nun die Welt für alle Zeiten vollkommen ausgestattet sei, hat die **Vorsehung der Götter** eine große **Sorgfalt darauf verwendet,** daß die verschiedenen Gattungen der wilden Tiere, der Bäume, der Pflanzen immerfort erhalten bliebe." (Übersetzung: Olog Gigon; Hervorhebungen: A. H.)

80 Cicero, De natura deorum, II.33–34 betont, dass die Natur für die Erhaltung der Pflanzen gesorgt und den Tieren die Sinne und den Antrieb zur Selbsterhaltung gegeben hat: „Primum enim animadvertimus a natura sustineri ea quae gignantur e terra, quibus natura nihil tribuit amplius quam ut ea alendo atque augendo tueretur. bestiis autem sensum et motum dedit et cum quodam adpetitu accessum ad res salutares, a pestiferis recessum." „Als die erste Stufe verstehen wir diejenigen Wesen, die aus der Erde emporsprießen und die die Natur soweit erhält, daß sie für sie nichts anderes leistet, als daß sie für ihre Ernährung und ihr Wachstum besorgt ist. Den Tieren dagegen hat sie die Wahrnehmung und die Bewegung dazugegeben zusammen mit einem Streben, das Erhaltende und Nützliche aufzusuchen und das Schädliche zu meiden." (Übersetzung: Olof Gigon) Siehe auch II.86: „omnium autem rerum quae natura administrantur seminator et sator et parens ut ita dicam atque educator et altor est mundus omniaque sicut membra et partes suas nutricatur et continet." „Für alle Dinge also, die durch die Natur verwaltet werden, ist der Kosmos der Sämann, der Erzeuger und Vater und, um es so zu sagen, der Erzieher und Ernährer, da er alles als seine eigenen Glieder und Teile mit Nahrung versieht und erhält." (Übersetzung: Olof Gigon) Der Fortbestand der Tiere soll durch ihre spezielle Konstitution und durch das Wissen über das ihnen Schädliche gesichert werden, siehe noch einmal II.121–122: „Animantium vero quanta varietas est, quanta ad eam rem vis ut in suo quaeque genere permaneat. Quarum aliae coriis tectae sunt aliae villis vestitae aliae spinis hirsutae; pluma alias, alias squama videmus obductas, alias esse cornibus armatas, alias habere effugia pinnarum. Pastum autem animantibus large et copiose natura eum qui cuique aptus erat comparavit. Enumerare possum ad eum pastum capessendum conficiendumque quae sit in figuris animantium et quam sollers subtilisque descriptio partium quamque admirabilis fabrica membrorum. omnia enim, quae quidem intus inclusa sunt, ita nata atque ita locata sunt, ut nihil eorum supervacuaneum sit, nihil ad vitam retinendam non necessarium. Dedit autem eadem natura beluis et sensum et appetitum, ut altero conatum haberent ad naturales pastus capessendos, altero secernerent pestifera a salutaribus." „Wie groß ist sodann die Vielfalt der Tiere und wie groß die Fähigkeit jedes einzelnen, sich je in seiner Gattung zu behaupten! Die einen sind mit Fellen bedeckt, die anderen mit Zotteln bekleidet, andere wiederum mit rauen Stacheln ausgestattet. Andere Tiere

unmittelbaren, dunklen *Wissen-dass* zeigt sich also bereits die Vorsehung der Natur, die für die Erhaltung des Neugeborenen sorgt, indem sie ihm Wissen über das, was direkt zur Selbsterhaltung relevant ist, schenkt. Im Hinblick auf das von der Vorsehung vermittelte Wissen streicht Seneca heraus, dass diese bloße Kenntnis nicht schlechter als ein Wissen spezifischer Sachverhalte ist. Letzterem entspräche in der oben angeführten Terminologie ein *Wissen-was*. Die bloße, wahrnehmungsvermittelte Kenntnis ist hingegen ein nicht-reflexives *Wissen-dass*. Zum erfolgreichen Handeln ist das *Wissen-dass* zureichend. Denn ein Lebewesen muss nicht wissen, was ein Räuber ist, zu welcher Gattung er gehört, usw. Die bloße, durch die Wahrnehmung vermittelte Kenntnis davon, dass es sich um einen gefährlichen Räuber handelt, der die Selbsterhaltung gefährdet, ist für das gelungene Handeln und damit das Überleben offensichtlich genug.

> Dass sie [die Tiere; A. H.] aber Einsicht haben, wird daraus deutlich: nichts Besseres werden sie, wenn sie tatsächlich einsichtig wären, auch tun. Was ist der Grund, dass vor einem Pfau, dass vor einer Gans das Huhn nicht flieht, aber vor einem so viel kleineren und ihm nicht einmal bekannten Habicht? [...] Offensichtlich besitzen sie ein Wissen des ihnen Schädlichen, das sie nicht aus der Erfahrung gewonnen haben: denn bevor sie die Erfahrung machen können, nehmen sie sich in Acht. Zweitens, damit du nicht meinst, das geschehe aus Zufall, fürchten sie sich weder vor anderem, als sie müssen, noch vergessen sie jemals diesen Schutz und diese Achtsamkeit, und gleich ist bei ihnen die Furcht vor Verderben bringenden Situationen. Außerdem werden sie im Laufe des Lebens nicht furchtsamer. Daraus wird deutlich, dass sie nicht durch praktische Erfahrung zu dieser Haltung kommen, sondern durch eine *naturgegebene Sorge* um ihr Wohlergehen. Nur langsam entwickelt sich und ist vielfältig, was die Erfahrung lehrt; was immer *die Natur weitergibt*, ist

---

wiederum sind mit Federn, andere mit Schuppen überzogen. Die einen sind mit Hörnern bewaffnet, die anderen retten sich mit ihren Flügeln. Was die Nahrung der Tiere angeht, so hat die Natur alles, was für jede Gattung geeignet war, in reicher Fülle zur Verfügung gestellt. Ich könnte auch aufzählen, wie an der Gestalt der Tiere geschickt und raffiniert die einzelnen Gliedmaßen angeordnet sind und wie wunderbar die Gliedmaßen selber konstruiert sind, um die Nahrung aufzunehmen und zu verarbeiten. Alles nämlich, was sich im Inneren eines Organismus befindet, hat seine bestimmte Form und seinen bestimmten Ort derart, daß nichts davon überflüssig ist und alles für die Bewahrung des Lebens unentbehrlich. Dieselbe Natur hat den Tieren auch Wahrnehmung und Streben geben, damit sie auf der einen Seite den Trieb haben, die Ihnen naturgemäße Nahrung aufzusuchen, andererseits aber fähig sind, das Schädliche vom Förderlichen zu unterscheiden." (Übersetzung: Olof Gigon) Etwas später führt Cicero aus, dass die Natur den Tieren bestimmte Fertigkeiten zur Selbsterhaltung gegeben hat, II.123. Auf die Natur selbst geht dabei das Streben nach Selbsterhaltung zurück, II.124: „tantam ingenuit animantibus conservandi sui natura custodiam." „Eine so große Sorgfalt hat die Natur darauf verwendet, den Tieren die Fürsorge für die eigene Erhaltung einzupflanzen." (Übersetzung: Olof Gigon) Denn die Natur erhält die einzelnen Gattungen auf ewig, damit die Schönheit der Welt erhalten bleibt, siehe oben Anm. 79 (II.127).

bei allen gleich und steht sofort zur Verfügung.⁸¹ (Übersetzung: Manfred Rosenbach, modifiziert; Hervorhebungen: A. H.)

Zwei Punkte sind besonders bemerkenswert: Zum einen hebt Seneca hervor, dass diese natürliche Einsicht dem erlernten Wissen nicht unterlegen ist. Das Handeln würde nicht anders ausfallen, wenn ein Wissen über bestimmte Sachverhalte hinzukommt. Mit Blick auf die methodischen Überlegungen, die die Stoiker wie Epikureer dahin geführt haben, zur Bestimmung des höchsten Gutes auf das Verhalten Neugeborener zu achten, wäre sogar zu vermuten, dass das natürliche Wissen dem erworbenen womöglich sogar überlegen ist. Immerhin soll das Verhalten der Menschen durch Erfahrung nur korrumpiert werden, weshalb die Erfahrung auch zur inhaltlichen Bestimmung des höchsten Gutes – anders als etwa Aristoteles annimmt – nichts taugen soll.

Zum anderen suggeriert die Stelle, dass es sich um ein angeborenes Wissen handelt, auf welches die Wahrnehmung aller Lebewesen einen unmittelbaren Zugriff hat. Seneca hebt nämlich hervor, dass diese Form von Wissen, die jedes Lebewesen (als eine zur Selbsterhaltung taugliche Kreatur) haben soll, nicht durch Erfahrung erworben sein kann, weil das Wissen bei allen Lebewesen gleichermaßen zu finden ist und unmittelbar zur Verfügung steht. Die Furcht vor Feinden nimmt im Leben weder zu noch ab. Wenn das allerdings bedeuten sollte, dass es sich um so etwas wie angeborene Begriffe oder Ideen handeln sollte, dann stände dies in klarem Widerspruch zu der gut bezeugten stoischen Ansicht, dass das Lebewesen von Geburt an wie ein weißes Blatt sein soll, welches erst durch die Erfahrung beschrieben wird. Die Stoiker betonen an vielen Stellen, dass sich nichts im Verstand finden lasse, was nicht zuvor in den Sinnen war.⁸² Hierbei handelt es sich bekanntlich um eine Hauptforderung aller empiristischen Positionen.

---

81 Seneca, *Epistulae morales*, 121.19–20: „Esse autem illis intellectum ex eo apparet, quod nihil amplius, si intellexerint, facient. Quid est, quare pavonem, quare anserem gallina non fugiat, at tanto minorem et ne notum quidem sibi accipitrem? [...] Apparet illis inesse nocituri scientiam non experimento collectam; nam antequam possint experisci, cavent. Deinde ne hoc casu existimes fieri, nec metuunt alia quam debent nec umquam obliviscuntur huius tutelae et diligentiae; aequalis est illis a pernicioso fuga. Praeterea non fiunt timidiora vivendo. Ex quo quidem apparet non usu illa in hoc pervenire, sed naturali amore salutis suae. Et tardum est et varium, quod usus docet; quicquid natura tradit, et aequale omnibus est et statim."
82 Sextus Empiricus, *Adversus mathematicos*, VIII.56 = *SVF*, II.88; Aëtius, *Placita*, IV.ii = *SVF*, II.83 hebt hervor, dass der Verstand wie ein weißes Blatt Papier sein soll. Plotin, *Enneades*, VI.i.28 = *SVF*, II.319 berichtet, dass auch die physikalischen Prinzipien aus der Wahrnehmung, die für die Prinzipienerkenntnis eine zuverlässige Grundlage abgeben soll, gewonnen werden.

Kann dieser Widerspruch aufgelöst werden? Mit den Stoikern ließe sich anführen, dass es zwar keine *konkreten* angeborenen Vorstellungen im Lebewesen gibt: Jede einzelne Vorstellung ist sinnlich vermittelt. In diesem Sinn heißt es auch, dass selbst das *Wissen-dass* durch die Wahrnehmung entdeckt oder vermittelt wird. Doch gibt es im Menschen so etwas wie Samen des Wissens und der Tugend, wie Seneca und Cicero berichten.[83] Diese Samen sind angeboren und daher natürlich. Die Erfahrung treibt die Entwicklung dieses natürlichen Wissens an. In diesem Sinn übermittelt die *Natur* ein erfahrungstranszendentes Wissen an die Lebewesen. Das alles geschieht aufgrund ihrer natürlichen Sorge um das Leben als solches.[84] Denn was die Natur vorschreibt, geschieht ohne bewusste Überlegung:

> Ungewiss und ungleich ist, was immer die erlernte Fähigkeit weitergibt; von gleicher Art ist, was die Natur zuteilt. Sie vermittelt nichts weiter als die Selbsterhaltung und die Fähigkeit dazu, und deshalb beginnen die Tiere auch zugleich, sowohl zu lernen als auch zu leben.[85]
> (Übersetzung: Manfred Rosenbach)

Durch das *unmittelbare Urteil*, das auf die Wahrnehmung des eigenen Körpers folgt, gibt die Natur ihre Zustimmung zur Erhaltung des Lebewesens.[86] So sorgt die Natur in ihrer weisen Güte letztlich dafür, dass die Lebewesen fähig sind, sich selbst zu erhalten. In der ersten Zustimmung der Wahrnehmung zeigt sich also die *Naturabsicht* als Sorge für die Erhaltung des Lebens. Denn alle Lebewesen werden mit der Veranlagung geboren, die sie zum Überleben brauchen.

---

83 Seneca, *Epistulae morales*, 120.4: „Hoc nos natura docere non potuit; semina nobis scientiae dedit, scientiam non dedit." „Das konnte uns die Natur nicht lehren: die Keime der Kenntnis hat sie uns gegeben, die Kenntnis selbst nicht." (Übersetzung: Manfred Rosenbach) Ebd. 108.8; Cicero, *Tusculanae disputationes*, III.2.
84 Seneca, *Epistulae morales*, 121.21: „Naturales ad utilia impetus, naturales a contrariis aspernationes sunt; sine ulla cogitatione, quae hoc dictet, sine consilio fit, quidquid natura praecepit." „Natürlich ist der Trieb zum Nützlichen, natürlich die Abwehr des Entgegengesetzten: ohne irgendein Nachdenken, das dieses Verhalten geböte, ohne Überlegung geschieht alles, was die Natur vorschreibt." (Übersetzung: Manfred Rosenbach)
85 Seneca, *Epistuale morales*, 121.23: „Incertum est et inaequabile, quidquid ars tradit; ex aequo venit, quod natura distribuit. Haec nihil magis quam tutelam sui et eius peritiam tradidit, ideoque etiam simul incipiunt et discere et vivere."
86 Hierocles, *Elementa moralia*, VI.24–27 (Μετὰ ταῦτ' οὖν δῆλον ἐστιν ὅτι φαντασίας τινὸς ἑαυτοῦ γενομένης αὐτῶι τὸ πιθανὸν ἴσχει (πῶς γὰρ ἂν ἄλλως δύναιτο;) περὶ τῆς φαντασίας καὶ τούτωι συγκατατίθεται) [...]. „Danach ist es nun offensichtlich, dass, sobald ihm irgendeine Vorstellung seiner selbst entsteht, das Lebewesen das Überzeugende bezüglich der Vorstellung festhält (denn wie könnte es das nicht?) und diesem zustimmt."

Aber nicht nur die natürliche Veranlagung ist der Selbsterhaltung dienlich, nützlicher als alles andere ist die Zuneigung und Liebe der Mutter, die sich ihrem Nachwuchs mit Wohlwollen zuwendet. Denn es ist naturgemäß,

> dass die Kinder von ihren Eltern geliebt werden; von diesem Ausgangspunkte an suchen wir die umfassende Gemeinschaft des Menschengeschlechtes. Zunächst zeigt sich dies an der Gestalt und den Gliedern des Körpers, die selber beweisen, dass die Natur die Fortpflanzung eingeplant hat. Es wäre fernerhin ein unannehmbarer Widerspruch, dass die Natur zwar die Fortpflanzung wollte, aber nicht sich darum kümmerte, dass die Kinder dann auch geliebt würden.[87] (Übersetzung: Olof Gigon)

Die Natur selbst hat die Liebe der Eltern zu ihren Kindern veranlasst. In der ersten natürlichen Beziehung, der zwischen Mutter und Kind, tut sich die Fürsorge der Natur für ihre Geschöpfe kund. Seneca betont, dass auch die wildesten und grausamsten Raubtiere den eigenen Nachwuchs lieben und sich um deren Erhaltung sorgen. Durch die Zuneigung der Mutter spricht also die göttliche Vorsehung. Denn im fürsorglichen Zuspruch der Mutter, die den Nachwuchs als ihr selbst zugehörig annimmt und folglich ihre bedürftigen Kinder nicht schutzlos den Räubern überlässt, wird die Stimme der Natur hörbar:[88] Hierin zeigt sich die Güte der natürlichen Vorsehung, die auf das Heil ihrer Kreaturen bedacht ist. Man sollte daher auch nicht wie Annas hinsichtlich der angeborenen Zuneigung zum Nachwuchs eine zweite, soziale Entwicklung des Individuums gegen eine persönliche abgrenzen.[89] Eleganter ist hingegen die von Kerferd vorgeschlagene

---

[87] Cicero, *De finibus bonorum et malorum*, III.62: „[...] ut liberi a parentibus amentur. a quo initio profectam communem humani generis societatem persequimur. quod primum intellegi debet figura membrisque corporum, quae ipsa declarant procreandi a natura habitam esse rationem. neque vero haec inter se congruere possent, ut natura et procreari vellet et diligi procreatos non curaret."

[88] Cicero, *De finibus bonorum et malorum*, III.62: „quarum in fetu et in educatione laborem cum cernimus, naturae ipsius vocem videmur audire. quare ut perspicuum est natura nos a dolore abhorrere, sic apparet a natura ipsa, ut eos, quos genuerimus, amemus, inpelli." „Wenn wir sehen, welche Mühe sie sich mit der Geburt und Aufzucht der Jungen machen, glauben wir die Stimme der Natur selber zu hören. Wie es schließlich evident ist, daß wir von Natur den Schmerz meiden, so zeigt sich, daß wir durch die Natur selber dazu angetrieben werden, die Kinder zu lieben, die wir hervorgebracht haben." (Übersetzung: Olof Gigon)

[89] Gegen Kerferd 1972, Engberg-Pedersen 1986, 1990 sowie Long und Sedley 1987 betont Annas 1993, 275f., dass es nicht eine, sondern zwei distinkte Formen von οἰκείωσις geben müsse. Würde nämlich die soziale Entwicklung des Menschen aus der persönlichen folgen, so wäre letztere als eigenständige Entwicklung überflüssig. Für sich genommen kann das freilich nicht als Argument gelten, da Annas bereits voraussetzt, was sie beweisen möchte. Als Textbeleg für ihre These führt sie (S. 265) Plutarch, *De stoicorum repugnantiis*, 1038b an: πῶς οὖν ἀποκναίει πάλιν ἐν παντὶ βιβλίῳ φυσικῷ, νὴ Δία, καὶ ἠθικῷ γράφων ὡς 'οἰκειούμεθα πρὸς αὐτοὺς εὐθὺς γενόμενοι

Differenzierung, demzufolge „Oikeiosis in Stoic doctrine has two faces, an inward looking one and an outward looking one" (Kerferd 1972, 179). Und beide Seiten liegen letztlich in der einen Vorsehung der Natur begründet, wie aus den obigen Ausführungen deutlich wird.

Derselbe Gedanke findet sich nun auch im Referat der stoischen Position bei Diogenes Laërtius:

> Der erste Antrieb, den ein Lebewesen hat, sagen die Stoiker, ist auf die Selbsterhaltung gerichtet, denn die Natur macht es von Beginn an mit sich selber vertraut (οἰκειούσης αὐτὸ τῆς φύσεως ἀπ' ἀρχῆς), wie Chrysipp im ersten Buch seines Werks Über das höchste Gut sagt. Er sagt, dass das erste eigentümliche Gut (πρῶτον οἰκεῖον) für jedes Lebewesen seine eigene Verfassung und dessen Bewusstsein ist. Denn es ist nicht wahrscheinlich, dass die Natur das Lebewesen von sich selbst entfremdet hat und auch nicht, dass sie, nachdem sie es hervorgebracht hat, es sich selbst weder entfremdet noch sich selbst zu eigen machte. Es bleibt folglich nur zu sagen, dass die Natur in ihrer Einrichtung der Lebewesen diese sich selbst zugetan erschaffen hat. Denn deshalb weist es das Schädliche zurück und gibt dem Zuträglichen (τὰ οἰκεῖα) nach.⁹⁰

καὶ τὰ μέρη καὶ τὰ ἔκγονα τὰ ἑαυτῶν'; „Warum wiederholt denn Chrysipp in jeder Schrift über die Natur und, beim Zeus, auch in jeder ethischen Schrift immer wieder, dass wir von Geburt an uns selbst, unseren Gliedern und unseren Nachkommen angetan sind?" Annas zufolge ist der Hinweis auf die Nachkommen an dieser Stelle merkwürdig. „But there is no problem if we take the point to be that at birth we have primitive forms of the instincts both for self-concern and for other-concern." Nimmt man hingegen die unmittelbar nachfolgenden Sätze hinzu, ist es sehr viel naheliegender, dass Plutarch lediglich verschiedene Aspekte der οἰκείωσις undifferenziert zusammengefasst hat (1038b–c): ἐν δὲ τῷ πρώτῳ περὶ Δικαιοσύνης καὶ τὰ θηρία φησὶ συμμέτρως τῇ χρείᾳ τῶν ἐκγόνων ᾠκειῶσθαι πρὸς αὐτά, πλὴν τῶν ἰχθύων· 'αὐτὰ γὰρ τὰ κυήματα τρέφεται δι' αὑτῶν'. ἀλλ' οὔτ' αἴσθησίς ἐστιν οἷς μηδὲν αἰσθητὸν οὔτ' οἰκείωσις οἷς μηδὲν οἰκεῖον· ἡ γὰρ οἰκείωσις αἴσθησις ἔοικε τοῦ οἰκείου καὶ ἀντίληψις εἶναι. „Im ersten Buch *Über die Gerechtigkeit* sagt er aber, dass auch die Tiere den Bedürfnissen entsprechend ihren Nachkommen zugetan sind, mit Ausnahme der Fische. Denn die Jungtiere ernähren sich selbst. Aber weder hat eine Wahrnehmung, wer nichts Wahrnehmbares hat noch eine οἰκείωσις, wer nichts Eigentümliches hat. Denn die οἰκείωσις scheint eine Wahrnehmung und Erfassung des Eigentümlichen zu sein." Vor allem die letzte Betrachtung zur Verbindung von Wahrnehmung und οἰκείωσις stellt die Ausführungen Plutarchs hingegen in eine Reihe mit denen Senecas, Ciceros und Diogenes Laërtius'. Siehe auch Aulus Gellius, *Noctes Atticae*, XII.5,7 *(SVF*, III.181).

90 Diogenes Laërtius, VII.85.1–85.8: Τὴν δὲ πρώτην ὁρμήν φασι τὸ ζῷον ἴσχειν ἐπὶ τὸ τηρεῖν ἑαυτό, οἰκειούσης αὐτὸ τῆς φύσεως ἀπ' ἀρχῆς, καθά φησιν ὁ Χρύσιππος ἐν τῷ πρώτῳ Περὶ τελῶν, πρῶτον οἰκεῖον λέγων εἶναι παντὶ ζῴῳ τὴν αὐτοῦ σύστασιν καὶ τὴν ταύτης συνείδησιν· οὔτε γὰρ ἀλλοτριῶσαι εἰκὸς ἦν αὐτὸ <αὑτῷ> τὸ ζῷον, οὔτε ποιήσασαν αὐτό, μήτ' ἀλλοτριῶσαι μήτ' [οὐκ] οἰκειῶσαι. ἀπολείπεται τοίνυν λέγειν συστησαμένην αὐτὸ οἰκειῶσαι πρὸς ἑαυτό· οὕτω γὰρ τά τε βλάπτοντα διωθεῖται καὶ τὰ οἰκεῖα προσίεται.

Die Natur macht das Lebewesen mit sich vertraut. Denn die Natur und kein *blinder Zufall*[91] hat es erschaffen. So hat ihm auch die Natur eine Wahrnehmung (oder Bewusstsein) der eigenen Verfassung gegeben, damit es diese geschickt im Dienst der eigenen Erhaltung einzusetzen versteht.[92]

Halten wir also fest: Die Beobachtung zeigt, dass das Lebewesen von Geburt an mit sich selbst vertraut ist, sich selbst liebt („sibi ipsi conciliari") und sich daher selbst zu erhalten sucht. Der Vertrautheit muss eine Selbstwahrnehmung vorausgehen, da man sich nach stoischer Meinung nur mit dem vertraut machen kann und nur damit umzugehen weiß, was man wahrnimmt. Mit der Wahrnehmung ist ein unmittelbares Urteil verknüpft, eine erste Zustimmung der Natur.[93] Die Natur hat das Lebewesen mit sich angefreundet. Die Alternative hierzu wäre für die Stoiker höchst befremdlich. Warum sollte die Natur ihren eigenen Nachwuchs von sich selbst entfremdet oder schutzlos zurücklassen? Vielmehr hat sie ihren Geschöpfen den Selbsterhaltungstrieb und die Eigenliebe als Rüstzeug zum Überleben gegeben. Denn kein Tier könnte fortbestehen, wenn es dies nicht selbst wünschen würde. Der Antrieb zur Erhaltung ist also primär. Seneca hebt zwar hervor, dass dieser Antrieb alleine nicht ausreicht, doch ist er die notwendige Bedingung zum Fortbestand. Ohne diesen Antrieb würde nichts von Nutzen sein. Die *Natur* hat das Lebewesen sich und seinem Nachwuchs in Zuneigung anvertraut und zugleich auch die notwendige Kenntnis zusammen mit den Werkzeugen bereitgestellt, um sich selbst zu erhalten, d. h., die Einsicht des Lebewesens in das zur Erhaltung Nützliche und Schädliche liegt in der *Absicht der Natur*. Diese Kenntnis ist ein *Wissen-dass*, was unmittelbar durch die Selbstwahrnehmung eingesehen wird. Anders ausgedrückt: Die Selbstwahrnehmung täuscht sich nicht über ihren Gegenstand oder ‚epikureisch gesprochen', diese Vorstellung ist immer wahr!

Wenn man an dieser Stelle die im vorigen Kapitel zur Verdeutlichung der epikureischen Position entwickelte Differenzierung zwischen den beiden Seiten der Vorstellung heranzieht, wird ersichtlich, dass auch die Stoiker die besondere Struktur der Vorstellung, die nämlich nicht nur ihre Ursache, sondern auch sich

---

91 Wir werden später ausführlicher auf die Alternative, die die Stoiker zwischen Vorsehung und blindem Zufall sehen, eingehen. Siehe § 12.
92 Diogenes zitiert Chrysipp, was beweist, wie nahe Seneca auch in diesem Punkt der frühen Stoa steht. Siehe noch einmal Wildberger 2006 sowie Grimal 1978.
93 Siehe noch einmal Hierocles, *Elementa moralia*, VI.24–27: (Μετὰ ταῦτ' οὖν δῆλον ἐστιν ὅτι φαντασίας τινὸς ἑαυτοῦ γενομένης αὐτῶι τὸ πιθανὸν ἴσχει (πῶς γὰρ ἂν ἄλλως δύναιτο;) περὶ τῆς φαντασίας καὶ τούτωι συγκατατίθεται) [...]. „Danach ist es nun offensichtlich, dass, sobald ihm irgendeine Vorstellung seiner selbst entsteht, das Lebewesen das Überzeugende bezüglich der Vorstellung festhält (denn wie könnte es das nicht?) und diesem zustimmt."

selbst offenbart,⁹⁴ zum Anlass genommen haben, zwischen den beiden Gegenständen der Vorstellung zu unterscheiden.⁹⁵ Sie haben die epikureische Behauptung, dass die Vorstellung wahr sein muss, damit es ein verlässliches Fundament für Wissen gibt, in gewissem Sinn in ihr System aufgenommen und dahin gehend modifiziert, dass es die Selbstwahrnehmung ist, die nicht täuscht und als eine (fundamentale) Bedingung selbst der äußeren Wahrnehmung gelten muss. Dass wir uns selbst nämlich in der Wahrnehmung des Weißen als in gewissem Sinn weiß werdend wahrnehmen bzw. in der Wahrnehmung des Süßen als süß werdend,⁹⁶ ist jedem Zweifel über die tatsächliche Beschaffenheit des äußeren Gegenstands und damit auch dem Zweifel am Wahrheitsgehalt der Vorstellung

---

94 So die klassische Definition von Vorstellung bei Aëtius (*SVF*, II.54): Εἴρηται δὲ ἡ φαντασία ἀπὸ τοῦ φωτός· καθάπερ γὰρ τὸ φῶς αὐτὸ δείκνυσι καὶ τὰ ἄλλα τὰ ἐν αὐτῷ περιεχόμενα, καὶ ἡ φαντασία δείκνυσιν ἑαυτὴν καὶ τὸ πεποιηκὸς αὐτήν. „Das Wort phantasia hat man von ‚phos/Licht' her gebildet; denn wie das Licht sich selbst und alles das zeigt, was in ihm liegt, so zeigt auch die Vorstellung sich selbst und das, was sie bewirkt hat." (Übersetzung: Karlheinz Hülser) Ebenso Sextus Empiricus, *Adversus mathematicos*, VII.162 = *SVF*, II.63: [...] <ὥσπερ οὖν τὸ φῶς ἑαυτό> τε <δείκνυσι καὶ πάντα τὰ ἐν αὐτῷ, οὕτω καὶ ἡ φαντασία> [...]. „Wie also das Licht sowohl sich selbst als auch alle Dinge in seinem Schein zeigt, so [...] auch die Vorstellung [...]." (Übersetzung: Karlheinz Hülser) Zum Lichtcharakter der Vorstellung siehe bereits Aristoteles, *De anima*, 429a3–4. Siehe auch *SVF*, II.54: φαντασίαν μὲν λέγοντες τὸ πάθος τῆς ψυχῆς τὸ ἐνδεικνύμενον ἐν ἑαυτῷ καὶ τὸ πεποιηκὸς φανταστόν. „Sie sagen, dass die Vorstellung ein Affekt der Seele sei, der sowohl auf sich selbst als auch auf das Vorgestellte hinweist, das ihn bewirkt hat."; *SVF*, II.63: καὶ φαντασίαν ῥητέον εἶναι πάθος τι περὶ τὸ ζῷον ἑαυτοῦ τε καὶ τοῦ ἑτέρου παραστατικόν. οἷον προσβλέψαντές τινι, <φησὶν ὁ Ἀντίοχος>, διατιθέμεθά πως τὴν ὄψιν, καὶ οὐχ οὕτως αὐτὴν διακειμένην ἴσχομεν ὡς πρὶν τοῦ βλέψαι διακειμένην εἴχομεν. Κατὰ μέντοι τὴν τοιαύτην ἀλλοίωσιν δυοῖν ἀντιλαμβανόμεθα, ἑνὸς μὲν αὐτῆς τῆς ἀλλοιώσεως, τουτέστι τῆς φαντασίας, δευτέρου δὲ τοῦ τὴν ἀλλοίωσιν ἐμποιήσαντος, τουτέστι τοῦ ὁρατοῦ· καὶ ἐπὶ τῶν ἄλλων αἰσθήσεων παραπλήσιον. „Man muß [...] auch von der Vorstellung sagen, sie sei ein bestimmter Affekt am Lebewesen, der sowohl sich selbst als auch den anderen Gegenstand zu präsentieren vermag. Wenn wir beispielsweise auf einen Gegenstand schauen, dann, so sagt Antiochos, bringen wir unseren Gesichtssinn in einen bestimmten Zustand und belassen ihn nicht in dem Zustand, in dem wir ihn hatten, bevor wir zu schauen begannen. Infolge dieser Veränderung erfassen wir freilich zweierlei, nämlich zum einen die Veränderung selbst, d. h. die Vorstellung, und zum anderen das, was die Veränderung hervorgerufen hat, also den sichtbaren Gegenstand. Ähnlich ist es auch bei den anderen Sinneswahrnehmungen." (Übersetzung: Karlheinz Hülser)
95 Die Ausführungen von Long 1991, 108f. scheinen mir in dieselbe Richtung zu weisen.
96 Hierocles, *Elementa moralia*, VI.3–6: μετὰ γὰρ τῆς τοῦ λευκοῦ φέρε εἰπεῖν αἰσθήσεως καὶ ἑαυτῶν αἰσθανόμεθα λευκαινομένων καὶ μετὰ <τῆς> τοῦ γλυκέως γλυκαζομένων καὶ μετὰ τῆς τοῦ θερμοῦ θερμαινομένων κἀπὶ τῶν ἄλλων τἀνάλογον. „Denn zusammen mit der Wahrnehmung des Weißen, so kann man sagen, nehmen wir auch uns selbst als weiß Gewordenen wahr und mit dem Süßen als süß Gewordenen und mit dem Warmen als warm Gewordenen und bei dem anderem entsprechend."

selbst enthoben. Die Selbstwahrnehmung vermittelt in diesem Sinn ein täuschungsfreies Wissen,[97] das als Grundlage dient, und zwar sowohl in praktischer als auch in theoretischer Hinsicht. Denn einerseits versichert die Selbstwahrnehmung dem Wahrnehmenden, dass er selbst es ist, der diese bestimmte Wahrnehmung hat und eben auch mit diesem Körper versehen ist.[98] Weil er den Körper als den Seinen annimmt, wird er ihn auch zum außerordentlichen Objekt der Sorge machen; andererseits *entdeckt* die Selbstwahrnehmung unmittelbar das besondere *Wissen-dass*, das für den Menschen zum unhintergehbaren Ausgangspunkt für seine theoretische Aktivität wird, da dieser Ausgangspunkt über jeden Irrtum erhaben ist.[99] Aber nicht nur für den Menschen, sondern für alle Lebewesen ist die Kenntnis der natürlichen Feinde sowie der eigenen Verteidigungsmöglichkeiten eine unerlässliche Bedingung für die erfolgreiche Erhaltung der Existenz. Das garantiert zuletzt die Vorsehung der Natur, die nichts anderes gewollt haben kann, als ihren Nachwuchs zu schützen und mit dem Wissen des Lebensnotwendigen zu versehen.[100]

Vor diesem Hintergrund wird deutlich, was Stoiker und Epikureer gemeinsam haben, aber auch, was beide in der Frage des ersten Naturgemäßen unterscheidet. Ebenso wird die stoische Kritik an der epikureischen Position auf dieser *ersten Ebene* des sogenannten οἰκείωσις-Arguments verständlich. Denn selbst wenn Epikur den Stoikern darin beipflichten würde, dass die Lebewesen von Geburt an die Selbsterhaltung erstreben und wenn er darauf aufmerksam machen sollte, dass die von ihm angeführte Freude am schmerzfreien Zustand des Körpers nur Ausdruck der gelungenen Selbsterhaltung ist, so gehen die Stoiker doch bereits in der Begründung dieser Erhaltung entschieden über Epikur hinaus, indem sie jedem Lebewesen eine naturvermittelte, angeborene Kenntnis zusprechen, die

---

[97] Die antiskeptische Tendenz wird auch von Ramelli 2009, 53 angesprochen. Sie sieht aber nicht die Nähe zur epikureischen Position in diesem Vorgehen. Kerferd 1972, 187 hebt hingegen einen anderen Punkt hervor: „It follows that our initial experience of the external world is in fact a direct experience of our own states of consciousness, and so of our own selves (col. 6.3–10). Indeed without perception of themselves it is not possible for creatures to have apprehension [...] of things external [...]." Kerferd streicht damit zwar ebenfalls den grundlegenden Charakter der Selbstwahrnehmung heraus, er weist aber implizit bereits auf ein unmittelbar mit diesem Ansatz verbundenes Problem hin: Denn wie kann man sicher sein, dass die im Bewusstsein repräsentierten Gegenstände (auch wenn das Bewusstsein von ihnen als solches über jeden Zweifel erhaben ist) mit den tatsächlichen Objekten (oder Dingen an sich) übereinstimmen? Siehe dazu unten § 15.
[98] Diesen Punkt streicht Long 1991, 107 heraus.
[99] Für diese Problematik wäre es sicherlich auch aufschlussreich, die Stellung der Vorbegriffe in der stoischen Epistemologie in Abgrenzung zur epikureischen (auch in diesem für die Ethik relevanten Kontext) auszuleuchten. Doch das kann an dieser Stelle leider nicht geleistet werden.
[100] Siehe noch einmal Cicero, *De natura deorum*, II.33–34; 121–124; 127.

die Natur für sie zur Erhaltung *vorgesehen* hat. Bereits beim ersten Naturgemäßen der Stoiker, der Selbsterhaltung, nimmt die Naturabsicht somit eine vorzügliche Rolle ein. Das zeigt sich wie gesagt an zwei Punkten: zum einen in der Wahl der Mittel, d. h. der direkt mit der Wahrnehmung verbundenen Zustimmung, welche die Natur selbst gibt, und zum anderen im Zweck, den die Natur für ihre Kreaturen hat, nämlich ihre Erhaltung.[101] Im natürlich zweckhaften Streben der Individuen genauso wie in ihren naturgegebenen Werkzeugen tritt die göttliche Vorsehung für alle Geschöpfe in Erscheinung. Auf dieser ersten Stufe ist die Vorsehung daher der tierische Trieb zur Selbsterhaltung.

Mit Hinblick auf diese grundsätzliche Differenz zwischen Stoikern und Epikureern kommen wir nun zu den Einwänden, die die Stoiker gegen die epikureische Behauptung, wonach jedes Lebewesen von Geburt an Lust erstrebt und Schmerzen meidet, vorbringen. Bei Seneca heißt es etwa, dass unter der epikureischen Voraussetzung die Lebewesen davon abgehalten werden müssten, Bewegungen auszuführen, die mit Schmerzen verbunden sind. Davon kann aber laut Seneca keine Rede sein. Denn Furcht vor Schmerzen treibt die Lebewesen weder an, noch hindern Schmerzen sie daran, irgendeine Bewegung auszuführen. Zur Untermauerung der stoischen Theorie führt Seneca Beispiele aus dem Tierreich genauso wie das Verhalten von Kindern an. Bei ihnen lässt sich beobachten, wie sie, obwohl sie immer wieder hinfallen, aufstehen und laufen wollen. Die Schmerzen können sie nicht davon abhalten, das von der *Natur Geforderte*, d. h. den Gebrauch des naturgegebenen Körpers, zu leisten.[102]

Dem würde zwar auch Epikur zustimmen, jedoch mit dem Hinweis, dass die Ausbildung der eigenen Fähigkeiten mehr Lust bereitet, indem sie eine gesteigerte Möglichkeit zur Erhaltung des eigenen Körpers verschafft. Der Mensch, der laufen kann, wird sich nicht nur besser schützen und die für das Überleben notwendigen Mittel besorgen können, sondern er wird auch mehr Lust erfahren. Zudem könnte Epikur darauf hinweisen, dass es fragwürdig ist, anzunehmen, dass die behauptete Ausbildung der Fähigkeiten in jedem Fall nur der Selbster-

---

101 Den letzten Punkt heben auch Long & Sedley 2000, 143 als wesentlichen Unterschied zu Epikur hervor.
102 Seneca, *Epistulae morales*, 121.8: „Sic infans, qui stare meditatur et ferre se adsuescit, simul temptare vires suas coepit, cadit et cum fletu totiens resurgit, donec se per dolorem ad id, quod natura poscit, exercuit. Animalia quaedam tergi durioris inversa tam diu se torquent ac pedes exerunt et obliquant, donec ad locum reponantur." „So ist das Kind, das stehen möchte und sich daran gewöhnt, sich zu bewegen – sobald es begonnen hat, seine Kräfte zu erproben, fällt es und steht unter Weinen so oft wieder auf, bis es unter Schmerzen das, was die Natur fordert, eingeübt hat. Manche Tiere mit hartem Rücken, wenn sie umgedreht liegen, quälen sich so lange ab und strecken die Füße aus und recken sie zur Seite, bis sie wieder in die richtige Lage kommen." (Übersetzung: Manfred Rosenbach)

haltung dient. Warum sollte ein Kind seine Anlagen entwickeln, wenn es dafür Schmerzen in Kauf nehmen muss? Das scheint freilich über das bloße Streben nach Selbsterhaltung hinauszugehen.

Die stoische Antwort liegt nach der obigen Analyse auf der Hand. Denn der ausgeführte Bezug zur Vorsehung macht klar, dass die Natur nicht nur die Erhaltung der Lebewesen bezweckt, sondern sie auch zur Entfaltung ihrer Vermögen antreibt. Darin zeigt sich also ein von der Vorsehung initiierter *natürlicher Perfektionismus*. Das Lebewesen folgt der Ordnung der Natur, wenn es selbst unter starken Schmerzen und mit großer Anstrengung seine von der Vorsehung gegebenen Anlagen ausbildet. Mithin ist auch dann, wenn überhaupt keine Lust, die das Verhalten des Individuums motivieren könnte, mit der Ausbildung der Vermögen verknüpft sein sollte, sondern diese Entfaltung vielmehr mit heftigen Schmerzen verbunden wäre, eine zusätzliche, das Individuum transzendierende Absicht anzunehmen. Hierin erkennen die Stoiker die *Absicht der Natur*. So berichtet etwa Diogenes Laërtius:

> Denn wenn es überhaupt eine Lust gibt, so sei sie, sagen sie, nur eine Folgeerscheinung, die dann eintritt, wenn die Natur nach Aufsuchen des ihr durchaus Gemäßen in den Besitz des für ihren Bestand Erwünschten gekommen sei; vergleichbar der heiteren Stimmung bei Tieren und dem Blühen der Pflanzen. Und die Natur, so sagen sie, unterscheidet nicht zwischen Pflanzen und Tieren; denn sie lässt jene gedeihen auch ohne Antrieb und Wahrnehmung, während sich bei uns einiges pflanzenartig ereignet.[103]

Die empfundene Lust ist also nur eine Zugabe, die sich manchmal bei der gelungenen Erhaltung einstellt, aber genauso gut ausbleiben kann, wie Seneca in seinen Beispielen veranschaulicht. Die Natur selbst treibt indes die Lebewesen dazu an, ihre Fähigkeiten zu entwickeln und alles dafür zu tun, sich und ihren Nachwuchs zu erhalten. Überdies steuert die Natur auch wesentlich zum Gelingen der Selbsterhaltung bei. Denn sie trägt Sorge für ihre Geschöpfe, indem sie ihnen die zur Erhaltung notwendigen Mittel bereitstellt.

An die letzte Beobachtung ist das zweite gegen Epikur gerichtete Argument geknüpft. Die Vorsehung unterscheidet nämlich nicht zwischen Pflanzen, Tieren und vernünftigen Lebewesen.[104] Indem die Stoiker in dieser Hinsicht die Differenz zwischen tierischem und pflanzlichem Leben leugnen, wird zugleich die

---

[103] Diogenes Laërtius, VII.86.1–86.6: ἐπιγέννημα γάρ φασιν, εἰ ἄρα ἔστιν, ἡδονὴν εἶναι ὅταν αὐτὴ καθ' αὑτὴν ἡ φύσις ἐπιζητήσασα τὰ ἐναρμόζοντα τῇ συστάσει ἀπολάβῃ· ὃν τρόπον ἀφιλαρύνεται τὰ ζῷα καὶ θάλλει τὰ φυτά. οὐδέν τε, φασί, διήλλαξεν ἡ φύσις ἐπὶ τῶν φυτῶν καὶ ἐπὶ τῶν ζῴων, ὅτι χωρὶς ὁρμῆς καὶ αἰσθήσεως κἀκεῖνα οἰκονομεῖ καὶ ἐφ' ἡμῶν τινα φυτοειδῶς γίνεται.

[104] Auch wenn es bei Planzen und einigen Tierarten keine οἰκείωσις geben sollte, da diese Wahrnehmung voraussetzt. Siehe noch einmal Plutarch, *De stoicorum repugnantiis*, 138b–c.

epikureische Behauptung zurückgewiesen, dass Lebewesen ihr Verhalten durch Lust motivieren. Denn Lust, so hat bereits Aristoteles herausgestellt, kann es nur dort geben, wo es auch Wahrnehmung gibt.[105] Das ist aber bei Pflanzen nicht der Fall. Gleichwohl wird auch an ihnen das Werk der Vorsehung sichtbar. Folglich zeigen sich im Streben nach Erhaltung die Absicht der Natur selbst sowie ihre Fürsorge für alles Leben in dieser Welt.

Bereits auf dieser ersten Ebene lassen sich also mehrere Argumente gegen Epikur herauskristallisieren, mit denen die Stoiker die epikureische Behauptung widerlegt zu haben glauben. Gleichwohl gehen die Stoiker noch einen entscheidenden Schritt weiter: Wie bereits angeklungen ist, erhebt das Vernunftvermögen den Menschen über alle anderen Lebewesen. Der Mensch hat also eine ganz besondere *Natur*, auf die sich seine Sorge richtet und um deren Entfaltung er bemüht sein wird. Diese besondere Natur und dessen Ausbildung macht das letzte und höchste Gut aus.

§ 11 Die göttliche Natur und die Natur des Menschen

Mit den Tieren hat der Mensch von Geburt an Wahrnehmung und Antrieb gemeinsam.[106] Die Stoiker sind der Ansicht, dass Kinder zwar unvernünftig geboren werden, aber als Menschen eine spezifische Veranlagung zur Vernunft haben, was sie über alle anderen Geschöpfe stellt. Diese Anlage muss entwickelt werden, was nur über einen längeren Zeitraum hinweg geschehen kann. Die spezielle Beschaffenheit der Anlage sowie die mit ihr verbundenen Fähigkeiten werfen jedoch ein besonderes Problem auf: Wir haben im Vorausgehenden gesehen, dass die Sorge des Individuums abhängig von der Selbstwahrnehmung immer der gegenwärtigen Konstitution gilt.[107] Dass es sich um den gegenwärtigen

---

105 Aristoteles, *De anima*, 426a27–b7. Die Wahrnehmung des reinen, unvermischten Wahrnehmungsgegenstands wird von Lust begleitet und der Wahrnehmungsgegenstand, der die maßhafte Mitte des Organs (d. h. das Wahrnehmungsvermögen) verletzt, verursacht Unlust. Siehe zur Lust bei Aristoteles ausführlich Krewet 2011.

106 Nach Aristoteles, *De anima*, 414b1–2 haben alle Lebewesen eine Wahrnehmung und ein begleitendes Strebevermögen (τὸ αἰσθητικόν καὶ τὸ ὀρεκτικόν). Für die Stoiker ist es hingegen Vorstellung (φαντασία) und Antrieb (ὁρμή). Siehe *SVF*, II.988. Die Unterschiede betont Long 1991, 105f.

107 Seneca, *Epistulae morales*, 121.15–16: „Unicuique aetati sua constitutio est, alia infanti, alia puero, alia seni; omnes ei constitutioni concilientur in qua sunt. Infans sine dentibus est: huic constitutioni suae conciliatur. Enati sunt dentes; huic constitutioni conciliatur. [...] Alia est aetas infantis, pueri, adulescentis, senis [...]." „Ein jedes Lebensalter hat seine eigene Verfassung, eine für das Kind, eine andere für den Jungen, eine andere für den alten Mann: alle richten sich nach der Verfassung, in der sie sich befinden. Das kleine Kind ist ohne Zähne: nach diesem seinen

Zustand handelt, folgt auch aus der grundsätzlichen Bindung der Wahrnehmung an gegenwärtige Reize. Als solche ist die Wahrnehmung mithin immer auf das Gegenwärtige gerichtet. Jedes Lebensalter hat nun seinen eigenen naturgemäßen Zustand, und jedes Lebewesen ist zuerst und unmittelbar mit sich und seinem aktuellen Zustand, d. h. seiner gegenwärtigen körperlichen Konstitution, vertraut. Auf eben diesen Zustand richtet es folglich seine Liebe und Sorge.

> Also ist das kleine Kind mit dem Zustand vertraut, den es als ein kleines Kind hat, nicht dem, den es als ein junger Mann haben wird. Denn durchaus ist, wenn ihm noch eine wichtigere Phase, in die es übergehen kann, bevorsteht, auch der Zustand naturgemäß, in dem es geboren wird.[108] (Übersetzung: Manfred Rosenbach)

Obwohl der Mensch also zu allen Zeiten seine Sorge auf eine je andere Konstitution richtet, soll gelten: „Ich bin dennoch derselbe Mensch gewesen – als kleines Kind, als Junge und als junger Mann."[109] (Übersetzung: Manfred Rosenbach) Auch wenn der Mensch jederzeit einen je eigentümlichen Zustand hat, den er als den seinen aufgrund der Selbstwahrnehmung *unmittelbar erkennt* und annimmt, bleibt er zu allen Zeiten dasselbe Lebewesen.

Die Stoiker werden durch ihre Konzeption vor das Problem der diachronen Identität der Person gestellt und, wenn man Seneca hier Glauben schenken darf, sie haben eine bemerkenswerte Konzeption entwickelt, um mit dieser Problematik umzugehen. Was sich nämlich als das Identische im Wandel erhält, ist die Vertrautheit oder die Sorge um den jeweils aktuellen Zustand. Die Stoiker sind also nicht der Ansicht, dass es so etwas wie einen substanziellen Kern geben könnte, der für die Identität verantwortlich wäre. Stattdessen scheinen sie eine Art operationalistische Konzeption entwickelt zu haben, der zufolge die Identität des Individuums ausgehend von der Selbstwahrnehmung durch eine integrierende Aktivität (und zwar die Sorge um sich) hergestellt bzw. erhalten wird.[110]

Mit dieser Entwicklung ist ein Problem verbunden, das für unsere Untersuchung relevant ist. Wie wir gesehen haben, ist bei neugeborenen Menschen die Vernunft nicht mehr als eine bloße Naturanlage, die wie andere Vermögen und

---

Zustand richtet es sich. [...] Jeweils anders ist das Lebensalter des kleinen Kindes, des Jungen, des jungen Mannes, des alten Mannes [...]." (Übersetzung: Manfred Rosenbach)

108 Seneca, *Epistulae morales*, 121.16: „Ergo infans ei constitutam suae conciliatur, quae tunc infanti est, non quae futura iuveni est. Neque enim, si aliquid illi maius in quod transeat, restat, non hoc quoque in quo nascitur, secundum naturam est."

109 Seneca, *Epistulae morales*, 121.16: „[...] ego tamen idem sum, qui et infans fui et puer et adulescens."

110 Ausführlich zur personalen Identität siehe Gill 2006. Hilfreich und lesenswert ist auch die kompakte und sehr gute Darstellung von Kerferd 1972, 186ff.

Anlagen entwickelt werden muss. Aus diesem Grund gibt es auch im Hinblick auf das erste Streben und die erste Sorge keine gravierenden Unterschiede zwischen Tieren und Menschen, und nur deshalb können Tiere überhaupt in die ethische Betrachtung miteinbezogen werden. Die Differenzen zeichnen sich erst mit dem Erwachen des Vernunftvermögens ab, was für die Stoiker zunächst die Aneignung der Sprachfähigkeit bedeutet. Durch die Vernunftfähigkeit verändern sich nämlich nicht nur die Mittel, sondern auch die natürlichen Ziele des Lebewesens grundlegend, sodass die Vernunft auch die ersten naturgemäßen Strebungen substanziell modifiziert.[111]

Es ist an diesem Punkt ungemein bedeutsam, dass man die Mehrdeutigkeit des verwendeten Vernunftbegriffs beachtet. Bei Philon von Alexandrien findet sich die stoisch inspirierte Einteilung: „Sie (die Vernunft) hat zwei Erscheinungsformen: durch die eine sind wir vernünftig, weil wir der Vernunft teilhaftig sind, durch die andere sprechen wir miteinander."[112] Zunächst bleibt unklar, was Philon damit meinen könnte, dass der Mensch an der Vernunft oder dem νοῦς Anteil hat.[113] Auf der Hand scheint aber die zweite Bedeutung zu liegen, und eben dieser Aspekt wird von Cicero, wie wir sehen werden, explizit aufgegriffen. Denn die Identifikation der Vernunft mit der Sprachfähigkeit erscheint unstrittig, weshalb sich die Sprachfähigkeit als Ausgangspunkt der Argumentation im besonderen Maß eignet.

Mit der Sprachfähigkeit ist für die Stoiker jedoch ein spezielles Erkenntnisvermögen oder *Schlussverfahren* verbunden, und zwar die Fähigkeit des logischen

---

[111] Diogenes Laërtius, VII.86.6–86.11: ἐκ περιττοῦ δὲ τῆς ὁρμῆς τοῖς ζῴοις ἐπιγενομένης, ᾗ συγχρώμενα πορεύεται πρὸς τὰ οἰκεῖα, τούτοις μὲν τὸ κατὰ φύσιν τῷ κατὰ τὴν ὁρμὴν διοικεῖσθαι· τοῦ δὲ λόγου τοῖς λογικοῖς κατὰ τελειοτέραν προστασίαν δεδομένου, τὸ κατὰ λόγον ζῆν ὀρθῶς γίνεσθαι <τοῦ> τοῖς κατὰ φύσιν· τεχνίτης γὰρ οὗτος ἐπιγίνεται τῆς ὁρμῆς. „Da jedoch darüber hinaus bei den Tieren die Antriebskraft hinzukommt, die sie dazu bringt, sich dem zuzuwenden, was ihnen gehört, besteht für sie das naturgemäße Streben darin, der Antriebskraft zu folgen. Aber wenn den Vernunftwesen die Vernunft zu einem höheren Zweck verliehen wurde, dann erweist sich das vernunftbestimmte Leben mit Recht als ein Leben in Übereinstimmung mit der Natur. Denn die Vernunft kommt als Gestalter der Antriebskraft hinzu." (Übersetzung: Rainer Nickel)

[112] Philon, *Legum allegoriae*, II.23.5–24.1 = *SVF*, II.458: αὕτη δὲ διττή, ἡ μὲν καθ' ἣν λογικοί ἐσμεν νοῦ μετέχοντες, ἡ δὲ καθ' ἣν διαλεγόμεθα. „Sie (ergänze: διανοητικὴ δύναμις) ist aber zweifach, aufgrund des einen Teils sind wir vernünftig, indem wir an der Vernunft teilhaben, dem anderen zufolge können wir miteinander sprechen."

[113] Dass die Stoiker von νοῦς oder λόγος sprechen, bestätigen auch andere Quellen. Ausgeschlossen ist jedoch auch nicht, dass Philon, der zwar einen exzessiven Gebrauch stoischen Materials macht, eine andere Terminologie einfließen lässt, die möglicherweise platonischen Ursprungs ist.

Schließens bzw. das Vermögen, Ursachen und Ähnlichkeiten einzusehen.[114] Sobald sich also die Sprachfähigkeit im Menschen regt, eröffnet sich damit auch eine über die bloße Sinnlichkeit hinausgehende Erkenntnismöglichkeit, was den Menschen unzweifelhaft über das Tier erhebt, da das Tier im besten Fall ein rudimentäres oder Vernunft ähnliches Schlussverfahren hat.[115]

Zuerst hat man es also mit einem recht *dünnen* Vernunftbegriff zu tun, der sich bloß auf die spezifischen Operationen bezieht, die die Menschen im Gegensatz zu den unvernünftigen Tieren auszuführen imstande sind.[116] Aus diesem

---

[114] Cicero, *De finibus bonorum et malorum*, II.45: „homines enim, etsi aliis multis, tamen hoc uno plurimum a bestiis differunt, quod rationem habent a natura datam mentemque acrem et vigentem celerrimeque multa simul agitantem […], quae et causas rerum et consecutiones videat et similitudines transferat et disiuncta coniungat et cum praesentibus futura copulet omnemque complectatur vitae consequentis statum." „Die Menschen nämlich unterscheiden sich in vielen Dingen von den Tieren, vor allem aber in dem einen Punkt, daß sie als Gabe der Natur die Vernunft besitzen, einen scharfen und wachsamen Geist, der in der größten Schnelligkeit viele Dinge gleichzeitig behandeln kann […]; er vermag die Ursachen und Folgen der Erscheinungen zu erkennen, Ähnlichkeiten herzustellen, Getrenntes zu verbinden, mit dem Gegenwärtigen das Künftige zu verknüpfen und schließlich den gesamten Aufbau eines in sich folgerichtigen Lebens zu entwerfen." (Übersetzung: Olof Gigon) Siehe auch Epictetus, *Dissertationes*, I. 6.10. Aëtius (= *SVF*, II.83) fügt hinzu, dass die Vernunft aus den Vorbegriffen, die selbst wiederum auf Erfahrung beruhen, besteht.

[115] Wir haben oben gesehen, dass die Stoiker den Tieren durchaus ein *faktisches Wissen* über Schädliches und Nützliches zusprechen. Dieses Wissen wird ihnen von der Natur zur erfolgreichen Selbsterhaltung gegeben.

[116] Siehe noch einmal Cicero, *De finibus bonorum et malorum*, II.45: „homines enim, etsi aliis multis, tamen hoc uno plurimum a bestiis differunt, quod rationem habent a natura datam mentemque acrem et vigentem celerrimeque multa simul agitantem et, ut ita dicam, sagacem, quae et causas rerum et consecutiones videat et similitudines transferat et disiuncta coniungat et cum praesentibus futura copulet omnemque complectatur vitae consequentis statum." „Die Menschen nämlich unterscheiden sich in vielen Dingen von den Tieren, vor allem aber in dem einen Punkt, daß sie als Gabe der Natur die Vernunft besitzen, einen scharfen und wachsamen Geist, der in der Schnelligkeit viele Dinge gleichzeitig behandeln kann und der gewissermaßen schlau ist; er vermag die Ursachen und Folgen der Erscheinungen zu erkennen, Ähnlichkeiten herzustellen, Getrenntes zu verbinden, mit dem Gegenwärtigen das Künftige zu verknüpfen und schließlich den gesamten Aufbau eines in sich folgerichtigen Lebens zu entwerfen." (Übersetzung: Olof Gigon) *De natura deorum*, II.148: „Iam vero domina rerum, ut vos soletis dicere, eloquendi vis quam est praeclara quamque divina. quae primum efficit ut ea quae ignoramus discere er ea quae scimus alios docere possimus […]." „Endlich die Herrin über alle Dinge, wie ihr zu sagen pflegt, die Redekunst, wie herrlich und wie göttlich ist sie. Sie bewirkt erstens, daß wir das, was wir nicht wissen, lernen, und was wir wissen, anderen durch Belehrung mitteilen können." (Übersetzung: Olof Gigon) Wenig später führt Cicero die Gemeinsamkeit des Rechts sogar ausdrücklich auf die Sprachfähigkeit zurück, ebd. II.148: „haec nos iuris legum urbium societate devinxit, haec a vita inmani et fera segregavit." „Sie hat die Gemeinschaft des Rechtes,

dünnen Vernunftbegriff lassen sich *prima facie* keine weitergehenden ethischen Forderungen ableiten.

Für die Stoiker ist diese Bestimmung aber aus zwei Gründen außerordentlich bedeutsam:

(i) Erstens ist beachtlich, dass durch die Einführung dieser ersten Dimension des Vernunftbegriffs der Übergang von den bloß bedingten Werten, die sich allesamt nur anhand ihres Beitrags zur Selbsterhaltung bemessen lassen, zum ersten unbedingten Wert vermittelt wird. Mit dem Bewusstsein (sensus sui) der speziellen Schlussfähigkeit wird nämlich auch eine besondere Sorge darum einsetzen. Auf die Annahme einer Liebe zur eigenen Verfassung, die die Stoiker als Ergebnis der Selbstwahrnehmung präsentieren, folgt somit unmittelbar eine Sorge um die Erhaltung eben dieser Verfassung. Mithin nimmt sich der Mensch dieser (der Vernunftfähigkeit) wie aller anderen Fähigkeiten an und wird sie entwickeln. Die Stoiker betonen aber, dass er seine Vernunftfähigkeit mehr als alle anderen Fähigkeiten lieben und schätzen wird. Sie bereitet ihm offenkundig einzigartige Vorteile und wird zum Gegenstand einer ganz besonderen Sorge. Auch das soll sich am Verhalten von Kindern zeigen, beispielsweise ihrer Freude, wenn sie etwas verstanden haben. Nun gehen die Stoiker aber davon aus, dass die vernünftige Einsicht nicht wegen ihrer Vorteile erstrebt wird. Cicero betont in seiner Darstellung, dass die Kinder diese Einsicht *um ihrer selbst willen* suchen.[117] Die Liebe zur Erkenntnis ist also keinem anderen Ziel untergeordnet, sondern stellt einen *Wert an sich* dar. Die Erkenntnis hat folglich einen absoluten Wert. Wird diese um ihrer selbst willen erstrebt, wäre damit zugleich der *erste Übergang* von den bloß bedingten Werten zum ersten unbedingten Wert vollzogen.

(ii) Zweitens rückt ein anderer Aspekt in den Vordergrund, und zwar die mit der Schlussfähigkeit verbundene Forderung der Kohärenz oder modern gespro-

---

der Gesetze, der Staatsordnungen geschaffen, in denen wir leben, und hat uns damit aus einem Leben der wilden Tiere herausgeführt." (Übersetzung: Olof Gigon)

117 Cicero, *De finibus bonorum et malorum*, III.17: „rerum autem cognitiones, quas vel comprehensiones vel perceptiones vel, si haec verba aut minus placent aut minus intelleguntur, καταλήψεις appellemus licet, eas igitur ipsas propter se adsciscendas arbitramur, quod habeant quiddam in se quasi complexum et continens veritatem. id autem in parvis intellegi potest, quos delectari videamus, etiamsi eorum nihil intersit, si quid ratione per se ipsi invenerint." „Was die Erkenntnis angeht, die wir ‚Begreifen' und ‚Erfassen' nennen können, oder wenn uns diese Worte nicht gefallen oder unverständlich sind, dann als καταλήψεις bezeichnen mögen, so sind wir der Meinung, daß gerade sie um ihrer selbst willen gesucht wird. Denn sie hat in sich selbst etwas in sich Geschlossenes, was die Wahrheit enthält. Dies kann schon an den Kindern beobachtet werden, an denen wir sehen, wie sie sich freuen, wenn sie durch eigene Überlegung etwas herausgefunden haben, auch wenn dieses ihnen keinen Nutzen bereitet." (Übersetzung: Olof Gigon)

chen die Systematizität der Vernunft. Schauen wir uns zur Verdeutlichung dieser Position das bei Cicero überlieferte Referat der stoischen Position etwas genauer an:

> Die erste Vertrautheit (prima conciliatio) des Menschen zielt nämlich nur auf das Naturgemäße (secundum naturam). Sobald der Mensch aber die Einsicht erworben hat oder eher den Begriff, den jene ἔννοια nennen, und sobald er die Ordnung der Aufgaben (der erforderten Handlungen) und sozusagen ihre Harmonie erblickt hat, dann wird er diese viel höher schätzen als alles, was er am Anfang geliebt hat. Erkenntnis und Überlegung werden ihn an den Punkt führen, an dem er feststellt, dass dort das höchste Gut des Menschen sei, das um seiner selbst willen gelobt und erstrebt werden müsse.[118] (Übersetzung: Olof Gigon, modifiziert)

Zuerst erinnert Cicero daran, dass die erste Vertrautheit oder Aneignung nur das „Naturgemäße" („quae sunt secundum naturam") betrifft, also bloß das erste, aber nicht das höchste oder letzte Gut (summum bonum). Eingeleitet wird der Übergang zum höchsten Gut durch die Ausbildung der menschlichen Fähigkeit zur begrifflichen Einsicht. Wir haben oben gesehen, dass hiermit primär die formale Fähigkeit des logischen Schließens gemeint ist. Wichtig ist der nachfolgende, den Inhalt betreffende Schritt, d. h. also das, was *durch* dieses Vermögen erkannt wird: Denn das mit der Sprache verbundene Erkenntnisvermögen führt zur Einsicht in die *Ordnung der Aufgaben*. In der Erkenntnis der Ordnung bzw. Harmonie muss der Schlüssel zum Verständnis des Übergangs zum letzten und höchsten Gut liegen. Denn Cicero zufolge ist diese Erkenntnis dem Menschen so wichtig, dass er sie nicht nur um ihrer selbst willen erstrebt, sondern auch alles andere, was er zuvor hoch geschätzt hat, zurückstellt.

Wie ist der Übergang zu verstehen? Warum soll die Einsicht in die Harmonie der aufgegebenen Handlungen den Menschen dahin bringen können, die Ordnung selbst höher als alles andere zu schätzen? Oder anders gefragt: Wie kann die rein formale Erkenntnis der Ordnung den materialen Rang des höchsten Gutes einnehmen? Und was motiviert den Menschen, die Ordnung höher als das erste Naturgemäße zu setzen? Zur Beantwortung dieser Fragen richten wir das Augenmerk auf die Bestimmung des Verhältnisses des ersten Naturgemäßen zum höchsten Gut. Die Stoiker heben hervor, dass das der Vernunft nach Gute und Edle nicht im ursprünglichen Streben nach Selbsterhaltung eingeschlossen ist.

---

118 Cicero, *De finibus bonorum et malorum*, III.21: „Prima est enim conciliatio hominis ad ea, quae sunt secundum naturam. simul autem cepit intellegentiam vel notionem potius, quam appellant ἔννοιαν illi, viditque rerum agendarum ordinem et, ut ita dicam, concordiam, multo eam pluris aestimavit quam omnia illa, quae prima dilexerat, atque ita cognitione et ratione collegit, ut statueret in eo collocatum summum illud hominis per se laudandum et expetendum bonum [...]."

„Es kommt erst hinterher und wird, wie ich sagte, erst später sichtbar. Dennoch ist auch dieses Spätere naturgemäß und fordert uns viel mehr dazu auf, es zu erstreben, als alles Frühere." (Übersetzung: Olof Gigon)[119] Cicero betont, dass das erste Naturgemäße keinen absoluten Wert hat. Die Selbsterhaltung erfordert aber bestimmte Handlungen und ein besonderes Wissen, etwa der eigenen Fähigkeiten und Stärken sowie die Kenntnis potenzieller Feinde. Diese Kenntnis ist dem Lebewesen zunächst von der Natur gegeben. Die Natur kann den Stoikern zufolge nämlich nicht gewollt haben, dass das von ihr Erzeugte schutzlos seinen Feinden ausgeliefert ist. Die Selbsterhaltung ist der Gegenstand des ersten natürlichen Strebens. In der Selbsterhaltung erkennen die Stoiker wie gesagt das ursprünglich oder erste Naturgemäße:

> Da nun jenes, was ich Aufgaben nannte, vom ursprünglich Naturgemäßen ausgeht, so muss dieses sich in solcher Weise darauf beziehen, daß man mit Recht sagen kann, alle Aufgaben bezögen sich darauf, daß wir das ursprünglich Naturgemäße erlangen; allerdings nicht in der Weise, daß dies das höchste Gut wäre; denn in dem, was uns ursprünglich und naturgemäß vertraut ist, ist das edle Handeln nicht eingeschlossen. (Übersetzung: Olof Gigon)[120]

Zwei Punkte sind hier beachtlich: Zuerst unterstreicht Cicero noch einmal, dass es sich bei dem ursprünglich Naturgemäßen nicht um das höchste Gut handelt. Etwas später betont er sogar, dass die Erhaltung nicht um ihrer selbst willen erstrebt wird. Wenn man Cicero in diesem Punkt Glauben schenken darf, dann ist das erste Naturgemäße kein objektives, an sich erstrebenswertes Gut. Damit es überhaupt zu einem Gut wird, setzt es das subjektive Streben und damit, wie wir im Vorausgehenden gesehen haben, eine *Zustimmung* voraus.[121]

Zweitens greift Cicero die Rede von den Aufgaben noch einmal auf. Wie gesagt soll Cicero zufolge die Erkenntnis der inneren Ordnung der Aufgaben

---

119 Cicero, *De finibus bonorum et malorum*, III.22: „[...] consequens enim est et post oritur, ut dixi. est tamen ea secundum naturam multoque nos ad se expetendam magis hortatur quam superiora omnia."
120 Cicero, *De finibus bonorum et malorum*, III.21–22: „[...] eorum autem, quae sunt prima naturae, propter se nihil est expetendum. cum vero illa, quae officia esse dixi, proficiscantur ab initiis naturae, necesse est ea ad haec referri, ut recte dici possit omnia officia eo referri, ut adipiscamur principia naturae, nec tamen ut hoc sit bonorum ultimum, propterea quod non inest in primis naturae conciliationibus honesta actio [...]."
121 Möglicherweise schießt Cicero hier etwas über das Ziel hinaus, indem er dem ersten Gut (der Selbsterhaltung) keinen intrinsischen Wert zuspricht (III.21–22: „propter se nihil est expetendum"); immerhin wenden die Stoiker, wie wir gesehen haben, gegen Epikur ein, dass die Selbsterhaltung der Lebewesen im Interesse der Vorsehung liegt, weshalb diese auch die Mittel für die Erhaltung bereitgestellt hat. Damit verschärft Cicero jedenfalls den Übergang zwischen dem ersten und höchsten Gut zusätzlich und unnötig, indem darin auch ein Übergang von einem subjektiv bedingten zu einem objektiv unbedingten Ziel enthalten sein soll.

bewirken, dass man diese Ordnung über alles andere, vor allem aber über das erste Naturgemäße schätzen wird. An der hier zitierten Stelle fügt Cicero hinzu, dass die Aufgaben vom ersten Naturgemäßen ausgehen. Die Aufgaben werden also durch das erste Streben gestellt. Die besondere Vernunftnatur des Menschen zeigt sich darin, dass es zu einer gewissen Ordnung in den Aufgaben kommt. In der Harmonie oder Übereinstimmung (ὁμολογία) der Aufgaben, „liegt jenes Gute, auf das alles bezogen werden muss, das tugendgemäße Handeln und die Tugend selbst" (Übersetzung: Olof Gigon, modifiziert).[122] Die Tugend gilt es fortan, um ihrer selbst willen zu erstreben. Das, was zuerst gesucht wurde, die bloße Selbsterhaltung, tritt vollständig in den Hintergrund. Der Mensch erkennt stattdessen seine spezielle, göttliche Vernunftnatur, und er sieht ein, dass es sich hierbei um seine eigentliche Natur handelt „und obschon es erst später entsteht, ist es doch das einzige, was seiner Bedeutung und seinem Rang nach erstrebenswert ist" (Übersetzung: Olof Gigon).[123] Die Stoiker sind somit nicht nur der Ansicht, dass man in der Bestimmung des höchsten Gutes vom ersten Naturgemäßen, d. h. dem Streben nach Selbsterhaltung, ausgehen muss (weshalb sich die ersten Güter an ihrem Beitrag zur Selbsterhaltung bemessen lassen), sondern die Ordnung der Aufgaben, die aus dem ersten Naturgemäßen folgen, gibt das höchste und einzige Gut des Menschen überhaupt erst zu erkennen.

Die Stoiker versuchen, ihre Position durch verschiedene Analogien zu vermitteln. Nach einem ihrer Beispiele kann man sich die gewonnene Hochachtung für die Weisheit in etwa so vorstellen, dass man von seinem Bekannten jemandem vorgestellt wird und sich herausstellen sollte, dass man diese Person über alle anderen Personen schätzen wird.[124] Einem anderen Beispiel zufolge ist das Verhältnis zwischen erstem und höchstem Gut einem Bogenschützen vergleichbar, der mit ganzer Konzentration und Kraft ein Ziel treffen möchte. Es kommt jedoch nicht darauf an, ob er das Ziel tatsächlich trifft oder nicht.[125] Was er anvisiert, ist

---

[122] Cicero, *De finibus bonorum et malorum*, III.21: „[...] in eo sit id bonum, quo omnia referenda sint, honeste facta ipsumque honestum [...]."
[123] Cicero, *De finibus bonorum et malorum*, III.21: „[...] quamquam post oritur, tamen id solum vi sua et dignitate expetendum est; eorum autem, quae sunt prima naturae, propter se nihil est expetendum."
[124] Cicero, *De finibus bonorum et malorum*, III.23.
[125] Cicero, *De finibus bonorum et malorum*, III.22: „Sed ex hoc primum error tollendus est, ne quis sequi existimet, ut duo sint ultima bonorum. etenim, si cui propositum sit conliniare hastam aliquo aut sagittam, sicut nos ultimum in bonis dicimus, sic illi facere omnia, quae possit, ut conliniet huic in eius modi similitudine omnia sint facienda, ut conliniet, et tamen, ut omnia faciat, quo propositum adsequatur, sit hoc quasi ultimum, quale nos summum in vita bonum dicimus, illud autem, ut feriat, quasi seligendum, non expetendum." „An dieser Stelle muß man einen ersten Irrtum beseitigen, als wären zwei höchste Güter zu erstreben. Es verhält sich so wie mit jemandem, der die Lanze oder einen Pfeil auf ein bestimmtes Ziel richtet; er wird

nicht das höchste Gut, sondern nur das erste Naturgemäße: die Selbsterhaltung. Das höchste Gut ist die Anstrengung, die in unserer Macht liegt. Ob die anvisierte Erhaltung erfolgreich sein wird, liegt hingegen nicht in unserer Macht. Es kann sehr viel passieren, was den Erfolg der Handlung vereiteln könnte. Der Ausgang ist aber nicht so wichtig, da es sich hierbei lediglich um das erste Gut handelt. Also auch dann, wenn das erste naturgemäße Ziel von allen Lebewesen als Ziel verfolgt wird, bedeutet das noch nicht, dass hierin auch das Ziel des Spiels zu sehen ist. Das Ziel besteht vielmehr im Erreichen des zweiten, höchsten Gutes, welches darin bestehen soll, die größtmögliche Anstrengung auf die Vervollkommnung der eigenen Vernunftanlage zu verwenden. Das erste Naturgemäße muss hingegen nicht unbedingt realisiert werden. Manchmal wird es für den guten Stoiker sogar geboten sein, die Selbsterhaltung aufzugeben und freiwillig den Tod zu wählen, um das letzte und höchste Gut zu erreichen.[126] In diesem Sinn kann auch ein Verlierer zuweilen als der strahlende Held den Platz verlassen, wenn er nämlich wirkliche Größe bewiesen hat.

Aber warum sollte man sich auf das Spiel einlassen? Wo ist der Witz bei einem Spiel, dessen Ziel nicht darin besteht, zu gewinnen? Was motiviert den Menschen sein Bestes zu geben, wenn es bloß auf die Motivation und nicht den Sieg ankommt? Zur Beantwortung dieser Fragen muss man sich einige grundsätzliche Punkte erneut vor Augen führen. Die Frage nach dem ersten oder höchsten Gut kann als Antwort auf die von Aristoteles aufgeworfene Frage nach der materialen Bestimmung der Glückseligkeit angesehen werden. Das erste Naturgemäße wurde von den Stoikern mit dem natürlichen Ziel der unvernünftigen Kreatur identifiziert, dessen Erreichen zugleich auch der glücklichste Zustand des Lebewesens sein soll. Dasselbe gilt aber auch für das höchste Gut. Wenn die Stoiker also das höchste Gut mit der bloßen Ordnung der Aufgaben identifizieren, gehen sie noch immer davon aus, dass das Erreichen dieser Ordnung oder vernünftigen Übereinstimmung zum Glück des Individuums beiträgt. Deshalb wird nach stoischer Meinung der Weise aufgrund der vollkommenen Entwicklung seiner Vernunftanlage im höchsten Grad glücklich sein.[127] Denn die Ordnung oder Harmonie der Aufgaben ist das größte Gut und bereitet als solches zugleich den größten Nutzen. In dieser Behauptung findet eine grundsätzliche stoische Überzeugung

---

alles tun, was er kann, um dieses Ziel anzuvisieren. Eben dies, daß er alles tut, was an ihm liegt, um das Ziel zu erreichen, ist das Höchste und entspricht dem, was wir im Leben das höchste Gut nennen; dieser Mensch muß entsprechend einem solchen Vergleich alles tun, um zu treffen: daß er das Ziel aber wirklich trifft, dies ist zwar vorzuziehen, aber nicht zu erstreben." (Übersetzung: Olof Gigon)
126 Siehe ausführlich zum Zusammenhang von Tod und Weisheit Hahmann 2008.
127 Zum Glück des stoischen Weisen siehe Hahmann 2008.

ihren Ausdruck: Die Stoiker sind nämlich überzeugt von der Einheit des Guten und Nützlichen oder anders ausgedrückt von Glückswürdigkeit und Glückseligkeit.[128] Aus diesem Grund versuchen auch die Kritiker der stoischen Position, wie etwa Karneades in Ciceros *Über das Gemeinwesen*, einen Keil zwischen Tugend und Nutzen zu treiben.[129]

Das lenkt nun den Blick auf zwei weitere Punkte, denen ich den Rest dieses Abschnitts widmen möchte. Zunächst soll eine besondere Ausprägung der Harmonie betrachtet werden, und zwar das Gesetz. Für die Stoiker gewährt das Gesetz nicht nur den größten Nutzen, sondern darüber hinaus fallen im Gesetz der Nutzen des Einzelnen und der Gemeinschaft zusammen. Zweitens rücken damit das besondere Verhältnis des Ganzen zu seinen Teilen und die spezielle Harmonie, die die Stoiker in der Realisierung dieses Verhältnisses im Weltbau erkennen, in den Vordergrund.

Schauen wir uns also zuerst den Status der Gesetze an. Die Stoiker gehen bekanntlich davon aus, dass die Menschen von Natur aus zur politischen Gemeinschaft befähigt sind. Mehr noch, sie nehmen an, dass die Menschen zum Zusammenleben und zur Staatenbildung geboren sind. Das Zusammenleben in einem Staat wird allerdings von Gesetzen geregelt. Mit Hinblick auf die Gesetze ist bemerkenswert, dass die Stoiker betonen, dass ihr Nutzen für die Gemeinschaft größer anzusetzen ist als alle privaten (und damit nur den Einzelnen betreffenden) Güter. Aufgrund ihres größeren Nutzens sollen die Gesetze auch von den Einzelnen höher als alle subjektiven Güter geschätzt werden. Die Gesetze sind der Garant der Gemeinschaft und stehen somit über dem Individuum.

Diese Ansicht wirft natürlich die Frage auf, ob die Stoiker keinen Unterschied zwischen den Gütern der Individuen und denen der Gemeinschaft sehen können. Dem ist aber nicht so. So ist ihnen nicht verborgen geblieben, dass die Menschen unterschiedliche Meinungen über einzelne Güter haben und folglich auch Unterschiedliches erstreben. Beispielsweise Marcus Aurelius hebt in seinen *Selbstermahnungen* die Differenzen im Streben der einzelnen Menschen ausdrücklich hervor. Dessen ungeachtet gibt es aber auch Dinge, die von allen gemeinsam verfolgt werden und nur diese sollen seiner Meinung nach zum Ziel der Handlung gemacht werden. Als ein von allen erstrebtes Gut identifiziert Marcus Aurelius

---

128 So wie es schließlich bei Kant, *KpV*, AA05: 110f. heißen wird. Siehe Diogenes Laërtius, VII.94.1–2: Ἀγαθὸν δὲ κοινῶς μὲν τὸ τὶ ὄφελος, ἰδίως δ' ἤτοι ταὐτὸν ἢ οὐχ ἕτερον ὠφελείας. „Gut im Allgemeinen ist etwas Nützliches, im Besonderen ist es das, was entweder identisch mit dem Nützlichen ist oder nicht verschieden."
129 Cicero, *De re publica*, III. Exemplarisch hierfür steht das sogenannte Brett des Karneades, überliefert in Lactantius, *Divinae institutiones*, 5.16,2,9f. sowie Cicero, *De officiis*, III.23.

den Staat. Eben deshalb macht es sich der Weise zum Zweck, dem Staat zu dienen und ihn zu erhalten.[130]

Auf den ersten Blick scheinen sich an dieser Stelle die stoische und die epikureische Position erneut anzunähern. Denn auch für Epikur gilt, dass die Gesetze den größten Nutzen für die Gemeinschaft haben.[131] Seiner Ansicht nach entspringen sie aber aus einem gemeinsamen Bedürfnis der Menschen. Eben das ist der entscheidende Unterschied zur stoischen Position. Denn die Gesetze – und die daraus abgeleiteten Rechte der Individuen[132] – sind für die Stoiker nicht das Ergebnis eines Vertrags, der zwischen den Menschen geschlossen wurde. Vielmehr sollen sie von *Natur aus* sein, und zwar insofern das Gesetz die göttliche Vernunft selbst ist, die das All aktiv gestaltet.[133] Ferner unterstreichen die Stoiker,

---

130 Marcus Aurelius, *Ad se ipsum*, XI.21.1.4–7: ὥσπερ γὰρ οὐχ ἡ πάντων τῶν ὁπωσοῦν τοῖς πλείοσι δοκούντων ἀγαθῶν ὑπόληψις ὁμοία ἐστίν, ἀλλ' ἡ τῶν τοιῶνδέ τινων, τουτέστι τῶν κοινῶν, οὕτω καὶ τὸν σκοπὸν δεῖ τὸν κοινωνικὸν καὶ πολιτικὸν ὑποστήσασθαι. „Denn wie die Auffassung über alle Dinge, die einer Mehrheit irgendwie als Güter erscheinen, nicht einheitlich ist, sondern nur die Auffassung über ganz bestimmte, d. h. allen gemeinsame Dinge, (einheitlich ist,) so muß man sich auch nur die Förderung der gemeinsamen Dinge, d. h. der Gemeinschaft und des Staates, als Ziel setzen." (Übersetzung: Rainer Nickel) Hier deutet sich eine Parallele zu Hobbes an: Wie Hobbes betont Marcus Aurelius, dass die Menschen nach unterschiedlichen Dingen streben, der Staat soll hingegen allen gemeinsam sein. Hobbes zufolge wünschen sich alle Menschen den Frieden und mithin den Staat.
131 Epicurus, *Ratae sententiae*, 31–37.
132 Cicero, *De legibus*, I.vi.19: „[…] a lege ducendum est iuris exordium. Ea est enim naturae uis, ea mens ratioque prudentis, ea iuris atque iniuriae regula […]. Constituendi vero iuris ab illa summa lege capiamus exordium, quae saeclis omnibus ante nata est quam scripta lex ulla aut quam omnino civitas constituta." „[…] dann ist der Ursprung des Rechts vom Gesetz herzuleiten. Dieses verkörpert nämlich das Wesen der Natur, dieses entspricht dem Geist und der Vernunft des Klugen, dieses ist die Richtschnur für Recht und Unrecht. […] Für die Grundlegung des Rechts wollen wir jedoch jenes höchste Gesetz zum Ausgangspunkt erklären, das vor ewiger Zeit entstand, noch bevor irgendein Gesetz aufgeschrieben oder überhaupt ein Staat gegründet wurde." (Übersetzung: Rainer Nickel)
133 Cicero, *De legibus*, I.vi.18: „[…] lex est ratio summa, insita in natura, quae iubet ea quae facienda sunt, prohibetque contraria. Eadem ratio, cum est in hominis mente confirmata et perfecta, lex est." „[…] das Gesetz ist die höchste Vernunft, die in der Natur liegt und das befiehlt, was getan werden muss und das Gegenteil verbietet. Dieselbe Vernunft ist das Gesetz, wenn sie im Geist des Menschen ihren festen Platz hat." (Übersetzung: Rainer Nickel, modifiziert) Hieraus soll folgen, dass die Klugheit das Gesetz ist (es zeigt sich also die enge Verbindung von Vorteil und Gerechtigkeit): *De legibus*, I.vi.19: „Itaque arbitrantur prudentiam esse legem, cuius ea uis sit, ut recte facere iubeat, uetet delinquere […]." „Daher glauben sie, dass die Klugheit das Gesetz sei, dessen Kraft darin besteht, das rechte Handeln zu befehlen und das Unrechttun zu verbieten […]." Plutarchus, *De Stoicorum repugnantiis*, 1035c = *SVF*, III.326; Marcus Aurelius, *Ad se ipsum*, XI.1.3.1–4: ἴδιον δὲ λογικῆς ψυχῆς καὶ τὸ φιλεῖν τοὺς πλησίον καὶ ἀλήθεια καὶ αἰδὼς καὶ τὸ μηδὲν ἑαυτῆς προτιμᾶν, ὅπερ ἴδιον καὶ νόμου· οὕτως ἄρ' οὐδὲν διήνεγκε λόγος ὀρθὸς καὶ λόγος

dass das Wohl der durch die Gesetze gestifteten Gemeinschaft dem Wohl des Einzelnen vorausgeht; aus diesem Grund zieht auch der Weise das Wohl der Gemeinschaft seinem eigenen Wohl vor.

Ich möchte die Behandlung des natürlichen Ursprungs der Gesetze erst einmal zurückstellen. Hieran sind ganz besondere Probleme geknüpft. So wäre etwa zu fragen, wie das Gesetz, welches den faktischen Ablauf der Ereignisse regelt, für die Stoiker zugleich eine normative Dimension haben kann. Fraglich ist auch das Verhältnis des Menschen zur Natur selbst. Konzentrieren wir uns aber zuerst auf die Identifikation von individuellem und gemeinschaftlichem Nutzen. Marcus Aurelius ergänzt seinen Gedanken mit dem Hinweis, dass es „das Ziel aller vernünftigen Lebewesen ist, der Vernunft und dem Gesetz des ältesten und ehrwürdigsten ‚Staats' zu folgen" (Übersetzung: Rainer Nickel, modifiziert).[134] Warum? Anders als bei Epikur hat die Gerechtigkeit für die Stoiker keinen bloß instrumentellen Wert, sondern sie wird zur Aufgabe und zum letzten unbedingten Zweck des vernunftgemäßen Handelns. Zugleich gilt aber auch, dass sich die Unterwerfung unter das Vernunftgesetz für den Einzelnen nicht zum Nachteil auswirken soll, sondern das Glück und der wahre Vorteil des Individuums sollen in der Gemeinschaft aller Vernunftwesen zu suchen sein, d. h. schließlich in dem einen vernünftigen und gerechten Weltstaat.

> Wie nämlich die Gesetze das Wohlergehen aller vor das Wohlergehen der Einzelnen stellen, so wird nun auch der Tugendhafte, der Weise, der den Gesetzen Gehorsame und der mit seiner politischen Pflicht wohl vertraute Mensch mehr für das Wohl aller als dasjenige eines Einzelnen oder gar nur das seinige sorgen. Darum ist auch der Vaterlandsverräter nicht verwerflicher als derjenige, der den Nutzen oder das Wohlergehen aller im Stich lässt wegen seines eigenen Nutzens und Wohlergehens. Umgekehrt muss derjenige gelobt werden, der für den Staat den Tod auf sich nimmt, da es sich schickt, dass uns das Vaterland teurer sei als wir selber. (Übersetzung: Olof Gigon, modifiziert)[135]

δικαιοσύνης. „Eine besondere Eigenschaft der vernunftbegabten Seele ist aber auch die Liebe zu den Mitmenschen, was gleichbedeutend ist mit der Wahrhaftigkeit und Achtung, und nichts höher zu schätzen als sich selbst, was ja auch eine Eigentümlichkeit des Gesetzes ist. So gibt es also keinen Unterschied zwischen der richtigen Vernunft und der Vernunft der Gerechtigkeit." (Übersetzung: Rainer Nickel) Dass sich das menschliche Gesetz aus der göttlichen Vernunft ableitet, bestätigen auch Cicero, *De legibus*, II.iv.8 und *De re publica*, III.33. Siehe auch Platon, *Leges*, IV.713e–714a, sowie Heraklit, *Fr.* 114.

134 Marcus Aurelius, *Ad se ipsum*, II.16.1.11–12: τέλος δὲ λογικῶν ζῴων τὸ ἕπεσθαι τῷ τῆς πόλεως καὶ πολιτείας τῆς πρεσβυτάτης λόγῳ καὶ θεσμῷ.

135 Cicero, *De finibus bonorum et malorum*, III.64: „ut enim leges omnium salutem singulorum saluti anteponunt sic vir bonus et sapiens et legibus parens et civilis officii non ignarus utilitati omnium plus quam unius alicuius aut suae consulit. nec magis est vituperandus proditor patriae quam communis utilitatis aut salutis desertor propter suam utilitatem aut salutem. ex quo fit, ut

§ 11 Die göttliche Natur und die Natur des Menschen — 203

Wenn es den Anschein haben sollte, dass der Nutzen der Gemeinschaft mit dem Nutzen des Individuums oder gar mit der Erhaltung des Individuums konfligiert, so erwidern die Stoiker, dass dem Einzelnen nicht schaden kann, was der Gemeinschaft nutzt.[136] Der Nutzen des Ganzen ist das, was das vernünftige Wesen im Blick hat. Sein ganzes Tun und Trachten gilt der Gemeinschaft, d. h., alle Taten des Einzelnen haben den Nutzen der Gemeinschaft und damit das allgemeine Gesetz zum Maßstab.[137]

Vor diesem Hintergrund kann es unter Umständen nicht nur geboten sein, die zunächst erstrebte Selbsterhaltung für die Gemeinschaft aufzugeben, sondern dies ist dann sogar im eigentlichen Interesse des vernünftigen Individuums.[138] Schließlich wird der Weise, wie Cicero hervorhebt, für die Tugend (und deshalb auch für die gesetzmäßige Ordnung) sogar seinen Tod wählen und damit das erste Gut oder Naturgemäße als solches nivellieren, nämlich dann, wenn das Wohl der Gemeinschaft dies verlangt. Hierin spiegelt sich eine Forderung des tugendgemäßen Lebens: die Angleichung des eigenen Strebens oder der eigenen Interessen an das Ziel der Gemeinschaft, d. h. die Unterwerfung der eigenen Selbsterhaltung unter die Erhaltung des Ganzen.

---

laudandus is sit, qui mortem oppetat pro re publica, quod deceat cariorem nobis esse patriam quam nosmet ipsos." Siehe auch Marcus Aurelius, *Ad se ipsum*, IV.4.1.1–7.

136 Marcus Aurelius, *Ad se ipsum*, X.6.1–6: Εἴτε ἄτομοι εἴτε φύσις, πρῶτον κείσθω ὅτι μέρος εἰμὶ τοῦ ὅλου ὑπὸ φύσεως διοικουμένου· ἔπειτα, ὅτι ἔχω πως οἰκείως πρὸς τὰ ὁμογενῆ μέρη. τούτων γὰρ μεμνημένος, καθότι μὲν μέρος εἰμί, οὐδενὶ δυσαρεστήσω τῶν ἐκ τοῦ ὅλου ἀπονεμομένων· οὐδὲν γὰρ βλαβερὸν τῷ μέρει ὃ τῷ ὅλῳ συμφέρει. οὐ γὰρ ἔχει τι τὸ ὅλον ὃ μὴ συμφέρει ἑαυτῷ, πασῶν μὲν φύσεων κοινὸν ἐχουσῶν τοῦτο [...]. „Ob Atome oder Natur, zuerst soll gelten, daß ich ein Teil des von der Natur durchwalteten Ganzen bin. Dann, daß ich eine innere Beziehung zu den verwandten Teilen habe. Denn wenn ich mich daran erinnere, werde ich, insofern ich ein Teil bin, nichts von dem, was mir aus dem Ganzen zugeteilt worden ist, ungern annehmen. Denn nichts ist dem Teil schädlich, was dem Ganzen nützt. Das Ganze hat nämlich nichts, was ihm selbst nicht nützlich ist; alle Naturen haben dies [...] gemeinsam [...]." (Übersetzung: Rainer Nickel)

137 Marcus Aurelius, *Ad se ipsum*, IX.23.1–6.

138 Marcus Aurelius, *Ad se ipsum*, XII.23.1–14: καλὸν δὲ ἀεὶ πᾶν καὶ ὡραῖον τὸ συμφέρον τῷ ὅλῳ. ἡ οὖν κατάπαυσις τοῦ βίου ἑκάστῳ οὐ κακὸν μὲν ὅτι οὐδὲ αἰσχρόν, εἴπερ καὶ ἀπροαίρετον καὶ οὐκ ἀκοινώνητον· ἀγαθὸν δὲ εἴπερ τῷ ὅλῳ καίριον καὶ συμφέρον καὶ συμφερόμενον. οὕτως γὰρ καὶ θεοφόρητος ὁ φερόμενος κατὰ ταὐτὰ θεῷ καὶ ἐπὶ ταὐτὰ τῇ γνώμῃ φερόμενος. „Was dem Ganzen nützlich ist, ist aber stets und in jeder Hinsicht schön und kommt zur rechten Zeit. Demnach ist das Aufhören des Lebens für niemanden etwas Schlimmes, weil es nichts Häßliches oder Schändliches ist, wenigstens wenn es ungewollt und nicht zum Schaden der Gemeinschaft ist. Es ist vielmehr etwas Gutes, wenn es zur rechten Zeit für das Ganze geschieht, ihm nützlich ist und in Übereinstimmung mit ihm erfolgt. So ist denn auch derjenige ‚gottbewegt', der sich auf denselben Bahnen wie Gott ‚bewegt' und sich in seinem Denken auf dasselbe Ziel hin ‚bewegt'." (Übersetzung: Rainer Nickel)

Zur Illustration dieses Verhaltens haben die Stoiker erneut Beispiele in der Natur gesucht. So kämpfen etwa Stiere zum Schutz ihres Nachwuchses einen aussichtslosen Kampf gegen Löwen. Wenn die Natur dies aber selbst bei vernunftlosen Tieren allein durch deren Trieb vermag, um wie viel mehr, so lässt Cicero seinen stoischen Sprecher Balbus fragen, wird das für die Menschen gelten müssen, die durch ihre Vernunfttätigkeit imstande sind, Einsicht in die Naturabsicht zu erreichen.[139]

Man kann den Gedanken auch mit einem anderen aus der Biologie entlehnten Beispiel verdeutlichen. Bekanntlich vergleichen die Stoiker den ganzen Kosmos (κόσμος[140]) mit einem Lebewesen.[141] In einem Lebewesen ist jeder Teil von Bedeutung für das Ganze. Das Lebewesen wird dadurch bestimmt, dass alle Teile funktional für die Einheit sind. Bei einem Baum tragen die Blätter wesentlich zur Ernährung des Ganzen bei. Gleichwohl werden sie im Winter abgestoßen, da ansonsten die Erhaltung des Ganzen gefährdet ist.[142] Mithin wird die Erhaltung der Teile der Erhaltung des Ganzen untergeordnet.

Was veranlasst den Menschen, seine Interessen der Erhaltung des Ganzen zu unterwerfen? Ausschlaggebend ist für die Stoiker die Einsicht in die *vorsehende Ordnung* der Welt. Denn die Erkenntnis der Harmonie und der natürlichen Ordnung soll beim Menschen dahin führen, dass er nicht zu einem Fremdkörper im *Kosmos* (d. h. dem geordneten Ganzen) werden möchte, sondern stattdessen seinen notwendigen Beitrag zur Erhaltung leistet.[143] Was den Menschen hingegen

---

[139] Cicero, *De finibus bonorum et malorum*, III.66.
[140] Zu den unterschiedlichen Bedeutungen, in denen die Stoiker von κόσμος sprechen, siehe SVF, II.526–529.
[141] *SVF*, II.528. Siehe unten ausführlich § 13.
[142] Der Vergleich der Gemeinschaft mit einem Baum findet sich auch bei Marcus Aurelius, *Ad se ipsum*, XI.8.1.1–7; VIII.7.1.5–11; VIII.34.1.1–11.
[143] Marcus Aurelius, *Ad se ipsum*, II.3.1.1–6: Τὰ τῶν θεῶν προνοίας μεστά. τὰ τῆς τύχης οὐκ ἄνευ φύσεως ἢ συγκλώσεως καὶ ἐπιπλοκῆς τῶν προνοίᾳ διοικουμένων. πάντα ἐκεῖθεν ῥεῖ· πρόσεστι δὲ τὸ ἀναγκαῖον καὶ τὸ τῷ ὅλῳ κόσμῳ συμφέρον, οὗ μέρος εἶ. παντὶ δὲ φύσεως μέρει ἀγαθόν, ὃ φέρει ἡ τοῦ ὅλου φύσις καὶ ὃ ἐκείνης ἐστὶ σωστικόν. σῴζουσι δὲ κόσμον, ὥσπερ αἱ τῶν στοιχείων, οὕτως καὶ αἱ τῶν συγκριμάτων μεταβολαί. „Was von den Göttern kommt, ist von der Vorsehung bestimmt; was dem Zufall unterliegt, ist nicht ohne Verbindung mit der Natur oder nicht ohne Verknüpfung und Verkettung mit allem, was von der Vorsehung bestimmt wird. Alles hat dort seinen Ausgangspunkt. Es kommt noch das Notwendige und das für den ganzen Kosmos Nützliche hinzu, von dem du ein Teil bist. Für jeden Teil der Natur aber ist alles gut, was die Natur des Ganzen mit sich bringt und was ihrer Erhaltung dient. Den Kosmos aber erhalten die Verwandlungen sowohl der kleinsten Bausteine wie auch der zusammengesetzten Körper." (Übersetzung: Rainer Nickel) Das wird schließlich zum guten Fluss des Lebens (τὸν βίον εὐροεῖν) führen, ebd. X.6.2.6: τούτων δὲ οὕτως περαινομένων ἀνάγκη τὸν βίον εὐροεῖν [...]. „Wenn dies aber verwirklicht wird, muss das Leben einen guten Verlauf nehmen [...]." (Übersetzung: Rainer Nickel) Ebd. VIII.7.1.5–11; siehe ganz ähnlich Spinoza, *Ethica*, LS 60.

aus dieser ursprünglichen Übereinstimmung mit der Welt herausnimmt, ist sein unkontrolliertes Begehren, d. h. seine Leidenschaften. Leidenschaften sind aber für die Stoiker letztlich nichts anderes als die verkehrte Vernunft selbst. Denn von Natur aus sind alle Lebewesen mit der Gesamtnatur in Übereinstimmung. Der natürliche Ausgangspunkt soll eben nicht pervertiert sein. Nur aus diesem Grund macht es für die Stoiker überhaupt Sinn, diesen natürlichen Ausgangspunkt zu fokussieren. Denn hier soll sich der unverdorbene Wille der Natur zeigen. Fassbar wird dieser Gedanke vor allem in den Ermahnungen der späteren Stoiker, wie etwa bei Marcus Aurelius, der die Seele des unvernünftigen Menschen mit einem Geschwür vergleicht:

> Die Seele des Menschen schädigt und misshandelt sich selbst am meisten dann, wenn sie zu einem Geschwür und zu einer Art Auswuchs des Kosmos wird, soweit sie dafür selbst verantwortlich ist. Denn sich über irgendein Ereignis ärgern, bedeutet Entfernung und Abkehr von der Natur, in die die Einzelnaturen aller übrigen Wesen eingebettet sind.[144]
> (Übersetzung: Rainer Nickel, modifiziert)

Der unvernünftige Mensch verstößt gegen die gesetzmäßige Ordnung der Welt. Indem er nicht länger zum Wohl des Ganzen beiträgt, wird er zu einer krankhaften Wucherung und Verkehrung der rechten von Gott vorgesehenen Ordnung.[145] Die Ordnung erschließt sich dem Menschen kraft seines besonderen logischen Schlussvermögens. Letzteres ist wiederum mit dem natürlichen Vernunftvermögen der Menschen notwendig verbunden.

Alle Individuen sind Teile eines von der Natur durchwalteten Ganzen. Zu diesem Ganzen gehören Tiere ebenso wie Menschen. Selbst Insekten tragen für die Stoiker zur Ordnung des Ganzen (d. h. zum Kosmos) bei.[146] Jedoch ausschließlich der Mensch kann aufgrund seiner Vernunftfähigkeit zur Erkenntnis der kosmischen Einheit mit allen anderen Lebewesen, mit denen er von Natur aus harmonisch verbunden ist, kommen.

Als Musterbeispiel einer harmonischen Einheit gilt den Stoikern die Stadt bzw. der Staat. In Analogie hierzu nehmen sie an, dass auch das Weltganze, an dem die Menschen Anteil haben und das sie mittels ihrer Erkenntnisfähigkeit gedanklich erfassen können, von einem Gesetz geordnet wird.[147] Die Ordnung

---

144 Marcus Aurelius, *Ad se ipsum*, II.16.1.1–4: Ὑβρίζει ἑαυτὴν ἡ τοῦ ἀνθρώπου ψυχὴ μάλιστα μέν, ὅταν ἀπόστημα καὶ οἷον φῦμα τοῦ κόσμου, ὅσον ἐφ' ἑαυτῇ, γένηται· τὸ γὰρ δυσχεραίνειν τινὶ τῶν γινομένων ἀπόστασίς ἐστι τῆς φύσεως, ‹ὑφ'› ἧς ἐν μέρει ἕκασται τῶν λοιπῶν φύσεις περιέχονται.
145 Eindringlich beschreibt dies Seneca in seiner Aufarbeitung des Schicksals von Ödipus.
146 Marcus Aurelius, *Ad se ipsum*, V.1.1.6–1.3.7.
147 Marcus Aurelius, *Ad se ipsum*, IX.22.1.1–3: Τρέχε ἐπὶ τὸ σεαυτοῦ ἡγεμονικὸν καὶ τὸ τοῦ ὅλου καὶ τὸ τούτου. τὸ μὲν σεαυτοῦ, ἵνα νοῦν δικαϊκὸν αὐτὸ ποιήσῃς· τὸ δὲ τοῦ ὅλου, ἵνα

und Harmonie dieser Gemeinschaft soll von den Göttern gestiftet sein und ist, wie wir noch sehen werden, das Ergebnis der spezifisch göttlichen Tätigkeit. Denn Götter und Menschen teilen dieselbe Vernunft. In diesem Sinn ist die Vernunft die erste Gemeinsamkeit zwischen Menschen und Gott bzw. den einzelnen Göttern.[148]

> Denen aber, die eine gemeinsame Vernunft haben, ist auch die richtige Vernunft gemeinsam: Da diese das Gesetz ist, muß man also davon ausgehen, daß wir Menschen auch durch das Gesetz mit den Göttern verbunden sind. Ferner besteht unter denjenigen, unter denen die Gemeinschaft des Gesetzes herrscht, auch die Gemeinschaft des Rechts. Diejenigen aber, denen diese Dinge gemeinsam sind, müssen auch als Bürger desselben Staates gelten.[149] (Übersetzung: Rainer Nickel)

Wirft man einen genaueren Blick auf das Gesetz, das die Stadt zusammenhält, wird ersichtlich, dass dieses Gesetz die göttliche Ordnung und als solche die *rechte Vernunft* (recta ratio) ist. Wir werden im nächsten Abschnitt sehen, wie genau die Ordnung mit der göttlichen Einsicht bzw. der daran anschließenden Tätigkeit verbunden ist. Zuvor sei darauf hingewiesen, dass aufgrund der von den Stoikern vorausgesetzten naturphilosophischen Grundannahmen alles, was sich ereignet, diesem Gesetz gemäß geschieht. Nimmt man nun überdies an, wie es die Stoiker tun, dass das Recht seinen Ursprung im Gesetz hat und auf diesem beruht, so scheint daraus zu folgen, dass alle Ereignisse auch rechtmäßig gesche-

---

συμμνημονεύσῃς τίνος μέρος εἶ. „Lauf hin zu dem leitenden Prinzip deiner Seele, zu dem des Weltganzen und zu dem dieses Menschen hier. Zu deinem eigenen, damit du es zu einem gerechten Geist werden läßt; zu dem des Weltganzen, damit du dir bewußt machst, wovon du ein Teil bist." (Übersetzung: Rainer Nickel) Ebd. IX.9.2.5–3.1.

148 Das Rechtsverhältnis ist jedoch für die Menschen und Götter reserviert. Ausgeschlossen sind Tiere, die keine Vernunft oder Sprachfähigkeit haben. Von ihnen können die Menschen einen beliebigen Gebrauch machen.

149 Cicero, *De legibus*, I.23: „Inter quos autem ratio, inter eosdem etiam recta ratio [et] communis est: quae cum sit lex, lege quoque consociati homines cum dis putandi sumus. Inter quos porro est communio legis, inter eos communio iuris est. Quibus autem haec sunt inter eos communia, ei ciuitatis eiusdem habendi sunt." Siehe auch Cicero, *De finibus bonorum et malorum*, III.64: „Mundum autem censent regi numine deorum, eumque esse quasi communem urbem et civitatem hominum et deorum, et unum quemque nostrum eius mundi esse partem; ex quo illud natura consequi, ut communem utilitatem nostrae anteponamus." „Von der Welt lehren sie, daß sie durch die Götter verwaltet wird und daß sie sozusagen die gemeinsame Stadt und den gemeinsamen Staat der Menschen und Götter darstellt; jeder von uns ist ein Teil dieser Welt; daraus folgt naturgemäß, daß wir den Nutzen aller unserem eigenen Nutzen voranstellen sollen." (Übersetzung: Olof Gigon) Marcus Aurelius, *Ad se ipsum*, X.15.1.1–2.

hen. Denn es passiert auf Veranlassung, d. h. *auf Befehl* eines höheren Wesens, der vernünftigen Natur selbst.[150]

Zugleich scheinen die Stoiker im Befehl des obersten Gesetzgebers, d. h. im Befehl Gottes, auch eine Quelle der Normativität des natürlichen Gesetzes zu verorten. Denn als Teil der gesetzmäßig geordneten Welt ist das Individuum dem Gesetzgeber unterworfen und steht folglich unter den Gesetzen der Gemeinschaft. Der Mensch muss dem Gesetz der Natur folgen, da ihm dies vom göttlichen Gesetzgeber als *Pflicht* auferlegt worden ist. Die Pflicht zum Gehorsam ergäbe sich somit aus dem Befehl des höchsten Gesetzgebers.[151] Denn das „wahre Gesetz ist die rechte Vernunft, die mit der Natur übereinstimmt, in allen liegt, feststehend, ewig, die durch ihren Befehl zu den Pflichten aufruft und durch ihr Verbot vom Übel abschreckt".[152]

Es besteht offenkundig ein Problem darin, dass die Stoiker einerseits die faktische Ordnung der Natur, d. h. den gesetzmäßigen Lauf der Ereignisse, mit dem Gesetz Gottes identifizieren und andererseits diesem Gesetz eine normative Kraft zusprechen. Ob die Stoiker das Problem letztlich in den Griff bekommen haben (bzw. ob dies überhaupt in den Griff zu bekommen ist), muss angezweifelt werden. Ihr Versuch soll im Folgenden jedoch weiter an Kontur gewinnen, da auch in diesem Kontext ihre Konzeption der göttlichen Vorsehung eine besondere Rolle einnimmt.

---

150 Marcus Aurelius, *Ad se ipsum*, IV.10.1.1–3: Ὅτι "πᾶν τὸ συμβαῖνον δικαίως συμβαίνει"· ὃ ἐὰν ἀκριβῶς παραφυλάσσῃς, εὑρήσεις· οὐ λέγω μόνον κατὰ τὸ ἑξῆς, ἀλλ' ὅτι κατὰ τὸ δίκαιον καὶ ὡς ἂν ὑπό τινος ἀπονέμοντος τὸ κατ' ἀξίαν. „Alles, was geschieht, geschieht zu Recht. Das wirst du bestätigt finden, wenn du genau aufpaßt. Ich sage nicht nur, daß es folgerichtig, sondern auch daß es rechtmäßig ist und so geschieht, als ob es auf Veranlassung eines höheren Wesens geschähe, das alles zuteilt, wie es sich gehört." (Übersetzung: Rainer Nickel) Ebd. XI.1.3.1–4; X.25.1.1–5: κύριος δὲ ὁ νόμος καὶ ὁ παρανομῶν <ἄρα> δραπέτης. ἅμα καὶ ὁ λυπούμενος ἢ ὀργιζόμενος ἢ φοβούμενος οὐ βούλεταί τι γεγονέναι ἢ γίνεσθαι ἢ γενήσεσθαι τῶν ὑπὸ τοῦ τὰ πάντα διοικοῦντος τεταγμένων, ὅς ἐστι νόμος, νέμων ὅσα ἑκάστῳ ἐπιβάλλει. „Das Gesetz ist der Herr, und der Gesetzesbrecher ist ein entlaufener Sklave. Auch derjenige, der sich kränken läßt, in Zorn gerät oder Angst hat, nimmt nicht hin, daß etwas von den Dingen geschehen ist, geschieht oder geschehen wird, die der Verwalter des Weltalls angeordnet hat, der das Gesetz ist, das zuteilt, was jedem einzelnen zukommt." (Übersetzung: Rainer Nickel)
151 In diesem Sinn wäre auch die Behauptung Chrysipps zu verstehen, dass Gott oder die vernünftige Natur der Ursprung der Gerechtigkeit sein soll. Siehe Plutarchus, *De Stoicorum repugnantiis*, 1035c = *SVF*, III.326; 1035c–d = *SVF*, III.68.
152 Cicero, *De re publica*, III.33: „Est quidem vera lex recta ratio naturae congruens, diffusa in omnes, constans, sempiterna, quae vocet ad officium iubendo, vetando a fraude deterreat [...]."

§ 12 Die stoische Vorsehung

Die Erkenntnis des göttlichen Gebots setzt voraus, dass man eine richtige Vorstellung von Gott hat. Hierfür muss zunächst sichergestellt sein, dass es überhaupt Götter gibt und es muss bekannt sein, welche Eigenschaften man ihnen zusprechen muss. Erst dann lässt sich ihr Verhältnis zu den Menschen bestimmen.[153] Die Stoiker nehmen wie die meisten anderen antiken Philosophen an, dass alle Menschen einen angeborenen Glauben an die Götter haben. Das sieht selbst Epikur so, der laut Ciceros Bericht aus dem einhelligen Konsens der Menschen in der Frage der Existenz der Götter von der Notwendigkeit der Annahme ihrer Existenz ausgeht.[154] Cicero spricht sogar davon, dass es sich um „eingepflanzte oder besser: angeborene Vorstellungen" handeln soll.[155] Dass diese Vorstellungen

---

153 Cicero, *De natura deorum*, II.3: „Omnino dividunt nostri totam istam de dis inmortalibus quaestionem in partis quattuor. primum docent esse deos, deinde quales sint, tum mundum ab his administrari, postremo consulere eos rebus humanis." „Im ganzen gesehen teilt unsere Schule das gesamte Problem der Götter in vier Abschnitte ein. Erstens wird nachgewiesen, daß es Götter gibt, zweitens, welcher Art sie sind, drittens, daß die Welt von ihnen verwaltet wird, und viertens schließlich, daß sie sich auch um die menschlichen Angelegenheiten kümmern." (Übersetzung: Olof Gigon) Ebd. II.75: „Quarum prima pars est quae ducitur ab ea ratione quae docet esse deos; quo concesso confitendum est eorum consilio mundum administrari. secunda est autem quae docet omnes res subiectas esse naturae sentienti ab eaque omnia pulcherrume geri; quo constituto sequitur ab animantibus principiis eam esse generatam. tertius est locus qui ducitur ex admiratione rerum caelestium atque terrestrium." „Der erste ist unmittelbar abgeleitet von dem Beweis, mit dem die Existenz der Götter begründet wird; hat man dies angenommen, so ergibt sich von selbst, daß durch ihr Planen die Welt verwaltet wird. Als zweites wird dargelegt, daß alle Dinge einer wahrnehmungsfähigen Natur unterworfen sind und von ihr auf das schönste gelenkt werden. Steht dies fest, so folgt daraus, daß jene Natur von beseelten Prinzipien hervorgebracht worden ist. Der dritte Punkt endlich besteht in der Bewunderung der Vollkommenheit der himmlischen und irdischen Dinge." (Übersetzung: Olof Gigon) Nach Dorothea Frede 2002, 96 soll es sich bei der von Cicero verfolgten Vierteilung der Frage nach dem Wesen der Götter um ein „standard procedure followed by the authorities of the Old Stoa" handeln. Siehe ausführlich zu den einzelnen Argumenten für die Existenz der Götter Dragona-Monachou 1976 sowie Schofield 1980.

154 Dieses Argument nennt Algra 2003, 161–162 *argumentum e consensu ommnium*. Das Argument ausgehend von der göttlichen Gestaltung der Welt heißt entsprechend *argumentum ex operibus dei* und die Annahme, dass die gegenteilige Behauptung zu nicht akzeptablen Konsequenzen führt, scheint eine Antizipation des *argumentum ex gradibus entium* darzustellen.

155 Cicero, *De natura deorum*, I.44–45: „cum enim non instituto aliquo aut more aut lege sit opinio constituta maneatque ad unum omnium firma consensio, intellegi necesse est esse deos, quoniam insitas eorum vel potius innatas cognitiones habemus; de quo autem omnium natura consentit, id verum esse necesse est; esse igitur deos confitendum est. Quod quoniam fere constat inter omnis non philosophos solum sed etiam indoctos, fatemur constare illud etiam, hanc nos habere sive anticipationem, ut ante dixi, sive praenotionem deorum (sunt enim rebus novis nova ponenda nomina, ut Epicurus ipse πρόληψιν appellavit, quam antea nemo eo verbo nomi-

tatsächlich angeboren sind, ist aufgrund der strengen empiristischen Voraussetzungen Epikurs freilich problematisch, weshalb Epikur hier in Übereinstimmung mit anderen Äußerungen so verstanden wird, dass diese Vorbegriffe auf natürliche Weise und aufgrund natürlicher Tendenzen gebildet werden.[156] Grundsätzlich stellen sich die Vorbegriffe als Folge eines kontinuierlichen Einflusses der Atome auf den menschlichen Geist ein. Aufgrund dieses Einflusses gewinnen die Menschen eine Vorstellung von den glückseligen Göttern, die ihnen als Beispiele einer vollkommenen und zurückgezogenen Lebensweise dienen.

Bei den Stoikern stößt sowohl die Begründung als auch der Gehalt der epikureischen Vorstellung Gottes auf entschiedenen Widerspruch. Kleanthes zufolge sollen die Menschen aus vier Gründen der Überzeugung sein, dass es Götter gibt:

> Als ersten nannte er den, [...] der sich aus der Vorahnung künftiger Geschehnisse ergebe. Der zweite Grund liege in der Größe der Vorteile, die uns durch das gemäßigte Klima, die Fruchtbarkeit der Erde und eine Fülle mehrerer anderer Annehmlichkeiten geboten würden. Der dritte Grund sei der Schrecken, den die Menschen bei Blitzen, Unwettern, Wolkenbrüchen, Schneestürmen, Hagelschlag, Verwüstungen, Seuchen, Erdbeben und oftmaligem unterirdischen Dröhnen, bei Steinregen und blutartigen Regenfällen empfänden [...]. Der vierte und bei weitem wichtigste Grund beruhe auf der gleichmäßigen Bewegung und Umdrehung des Himmels, der Sonne und des Mondes und auf den getrennten Bahnen, dem Nutzen, der Schönheit und Ordnung aller Gestirne; schon ein Blick darauf beweise zu Genüge, dass dies alles nicht zufällig sei [...].[157] (Übersetzung: Ursula Blank-Sangmeister)

---

narat)—hanc igitur habemus, ut deos beatos et inmortales putemus." „Da nämlich diese Überzeugung weder durch eine Institution noch durch eine Tradition noch durch ein Gesetz zustande gekommen ist und wir es mit einer festen Übereinstimmung aller Menschen ohne Ausnahme zu tun haben, so ist notwendigerweise zu folgern, daß die Götter existieren, da ja ihr Begriff in uns eingepflanzt, oder besser gesagt, eingeboren ist. Dasjenige aber, worin die Natur aller Menschen übereinstimmt, muß notwendigerweise wahr sein. Man muß also anerkennen, daß es Götter gibt. Da nun dies so ziemlich unter allen Menschen, nicht nur den Philosophen, sondern auch den Laien feststeht, so muß man auch zweitens annehmen, daß wir gerade diesen bestimmten Vorbegriff, wie ich vorhin sagte, oder das Vorwissen von den Göttern haben – wir müssen ja neue Gedanken auch in neuen Worten ausdrücken, wie Epikur selber den Begriff *prolepsis* geschaffen hat, den vor ihm niemand verwendet hatte –; nun, wir haben auch diesen Vorbegriff, daß wir die Götter für glückselig und unsterblich halten." (Übersetzung: Olof Gigon) Siehe auch *De natura deorum* I.46; Lucretius, *De rerum natura*, V.1169–71. Epikur (*Ad Menoeceum*,123.2–4) spricht auch von Allgemeinbegriffen: πρῶτον μὲν τὸν θεὸν ζῷον ἄφθαρτον καὶ μακάριον νομίζων, ὡς ἡ κοινὴ τοῦ θεοῦ νόησις ὑπεγράφη [...]. „Zunächst indem man Gott für ein unvergängliches und glückseliges Wesen hält, wie es der allgemeine Begriff Gottes vorschreibt [...]."

156 So etwa Long & Sedley 2000, 169. Ebd. werden auch weitere Probleme, die in der Literatur gesehen werden, diskutiert, die beispielsweise die Funktion der Theologie im Rahmen der epikureischen Theorie sowie die Art der Existenz der Götter betreffen.

157 Cicero, *De natura deorum*, II.13–15: „Cleanthes quidem noster quattuor de causis dixit in animis hominum informatas deorum esse notiones. primam posuit eam de qua modo dixi, quae

Kleanthes kann Epikur damit aber keineswegs überzeugen. Ganz im Gegenteil weist Epikur alle vier Punkte entschieden zurück.¹⁵⁸ Ganz besonders verspottet er aber die Wahrsagekunst (μαντική), die von den Stoikern als wichtig zur Bestätigung der Vorsehung sowie als gutes Beispiel einer Wissenschaft angeführt wird.¹⁵⁹

Auf die Wahrsagekunst werden wir im Nachfolgenden noch ausführlicher eingehen. Der kurze Blick auf Epikur verdeutlicht aber bereits, dass auch dann, wenn alle Menschen darin übereinstimmen sollten, dass es Götter gibt, noch keine Einigkeit in der Frage ihres Wesens bzw. ihrer eigentümlichen Tätigkeit erzielt wird. Diese Fragen können folglich nicht durch eine Bezugnahme auf gemeinsame Vorbegriffe beantwortet werden, sondern sie verlangen eine weiterreichende philosophische Begründung.¹⁶⁰ Epikurs Kritik am herkömmlichen Gottesbegriff (ebenso wie seine Motivation zur Naturuntersuchung insgesamt) rührt wie gesehen von dem Umstand her, dass die Menschen sich vor den Göttern fürchten und die Naturereignisse ihrer Willkür zuschreiben.¹⁶¹ Gegen diese vom Aberglauben geleitete Einstellung macht Epikur geltend, dass die Götter sich nicht für den Lauf der Natur interessieren und diesen daher auch nicht willentlich zum Vorteil oder Nachteil der Menschen einrichten. Wie Dorothea Frede betont, weisen die meisten Philosophen am Ende der klassischen Epoche die Ansicht zurück, dass die Götter sich in menschliche Angelegenheiten einmischen könnten.¹⁶² Epikurs Behauptung, dass die Götter sich weder um die natürlichen Abläufe kümmern, noch irgendein Interesse am menschlichen Geschick haben,

---

orta esset ex praesensione rerum futurarum; alteram quam ceperimus ex magnitudine commodorum, quae percipiuntur caeli temperatione fecunditate terrarum aliarumque commoditatum complurium copia; tertiam quae terreret animos fulminibus tempestatibus nimbis nivibus grandinibus vastitate pestilentia terrae motibus et saepe fremitibus lapideisque imbribus et guttis imbrium quasi cruentis[...]; quartam causam esse eamque vel maximam aequabilitatem motus constantissimamque conversionem caeli, solis lunae siderumque omnium distinctionem utilitatem pulchritudinem ordinem, quarum rerum aspectus ipse satis indicaret non esse ea fortuita [...]."

158 Wicke-Reuter 2000, 29 spricht sogar davon, dass die epikureische Gottesvorstellung der stoischen kontradiktorisch gegenüberstehe. Wir werden sehen, dass die Frage nach der Vorsehung Gottes tatsächlich entscheidend für die meisten Unterschiede zwischen dem epikureischen und stoischen System ist.

159 Cicero, *De natura deorum*, II.162. Siehe auch Diogenes Laërtius, VII.149.6–11 (= *SVF*, II.1191). Siehe ferner *SVF*, II.1192–1195. Panaitios soll sich als einziger der führenden Stoiker kritisch zur Wahrsagekunst geäußert haben. Siehe zur Wahrsagekunst unten § 17.

160 Cicero, *De natura deorum*, II.12.

161 Dörrie 1977, 65f. erinnert daran, dass ab Mitte des 4. vorchristlichen Jahrhunderts die Astrologie der Chaldäer in Griechenland immer mehr Anhänger gefunden hat. In der Folge setzte sich die Einstellung durch, dass das menschliche Geschick kosmischen Kräften ausgesetzt sei und dass die verantwortlichen Planetengötter unerreichbar für Opfer und Gebete seien.

162 Dorothea Frede 2002, 86. Sie verweist in diesem Zusammenhang auf Aristoteles' unbewegten Beweger, der von menschlichen Angelegenheiten unberührt bleibt.

hat also vermutlich nicht nur keinen Anstoß bei seinen philosophisch gebildeten Zeitgenossen hervorgerufen, sondern dürfte auch auf weite Zustimmung gestoßen sein. Epikur hebt stattdessen hervor, dass sich für alle vermeintlich von Gott gesandten Heimsuchungen natürliche Ursachen finden lassen, sodass die Angst der Menschen unbegründet ist. Auch dies steht keinesfalls im Widerspruch etwa zum Programm des nacharistotelischen Peripatos. Die bei Cicero überlieferte stoische Auffassung erscheint vor diesem Hintergrund vielmehr anachronistisch, wenn etwa Kleanthes die Angst und das Unbehagen der Menschen vor den Göttern für mehr als berechtigt ansieht. Er versteht beides, wie Cicero berichtet, sogar als Ausdruck einer gerechten Gottesfurcht. Seiner Meinung nach wird die göttliche Gewalt und Größe angesichts der Unwetter und Naturkatastrophen, von denen die Menschen heimgesucht werden und denen sie schutzlos ausgeliefert sind, auf ausgezeichnete Weise deutlich. Die menschliche Furcht ist folglich nicht nur gerechtfertigt, sondern auch geboten und darf seiner Meinung nach als Beweis für die Existenz der Götter herangezogen werden.

Man sollte jedoch nur mit Vorsicht die Hervorhebung der Gottesfurcht als ein generelles Merkmal der stoischen Theologie ansehen. Vermutlich handelt es sich hierbei um eine Besonderheit von Kleanthes' Philosophie. Hierfür spricht auch, dass Cicero ausdrücklich auf Kleanthes verweist, der nicht nur (wie auch in anderen Zusammenhängen) als außerordentlich fromm erwähnt wird, sondern zudem häufig eine andere Position als Chrysipp vertritt, dessen Ansichten sich aber oft als kanonisch durchgesetzt haben.[163] Insgesamt gilt daher, dass das Staunen über den Nutzen, den viele natürliche Objekte für den Menschen haben, mehr Gewicht für die Annahme *eines Gottes*[164] hat als die Furcht vor seiner Gewalt. Eine besondere Rolle spielt hierbei die harmonische Ordnung, die durch zahlreiche natürliche Abläufe bezeugt wird. So beweisen das ihrer Ansicht nach der Wechsel der Gezeiten oder die an den Jahreszeiten orientierte Ordnung der Pflanzenwelt. Alle Teile der Welt erscheinen miteinander abgestimmt und in Einklang zu stehen. Mehr als alles andere soll dies aber aus den festen Abläufen am gestirnten Himmel hervorgehen. Denn insbesondere am Lauf der Himmelskörper lässt sich ersehen, dass sich diese

---

163 Im nächsten Kapitel werden wir auf einige Differenzen in der Bestimmung der Vorstellung zu sprechen kommen. An dieser Stelle sei aber bereits auf einen für die Theologie relevanten und bei Chalcidius (*In Timaeum*, 144b = *SVF*, II.933) überlieferten Punkt aufmerksam gemacht: Kleanthes betont anders als Chrysipp die Unterschiede zwischen Vorsehung und Schicksal. So soll man Kleanthes zufolge zwar sagen können, dass all das, was nach der Vorsehung geschieht, auch schicksalsgemäß geschieht, aber nicht anders herum. Diesen Unterschied zwischen Vorsehung und Schicksal leugnet hingegen Chrysipp.
164 Die Stoiker identifizieren Gott grundsätzlich mit der Vernunft bzw. dem einen aktiven Prinzip. Trotzdem sprechen sie manchmal von vielen Göttern. Wir werden später auf die Frage, wie die vielen Götter mit dem einen Gott vereinbar sind, zurückkommen.

Welt durch eine vernünftige Ordnung auszeichnet.[165] Am Himmel folgt alles einer festen Ordnung, die die Stoiker auch – und zwar aus Gründen, die wir im nächsten Kapitel thematisieren werden – als Wahrheit schlechthin bezeichnen. Irrtum kann es in dieser Region der Welt nicht geben. Der Irrtum soll erst unterhalb der Region des Mondes anzutreffen sein. Der Mond nimmt für die Stoiker den niedrigsten Rang unter den göttlichen Gestirnen ein, weshalb er der Erde nahe steht. Die sichtbare Ordnung und Unwandelbarkeit am Firmament ist ihrer Ansicht nach die Ursache für die Bewahrung und Sicherheit aller Dinge und kann daher mit Vernunft nicht bestritten werden.[166] Ließe sich diese Ordnung nicht auf ein göttliches Walten zurückführen, so müsste es eine andere Macht geben, die noch größer und mächtiger als Gott wäre und die für die harmonische Bewegung verantwortlich wäre.

Zwei Punkte sind an diesem Gedanken bemerkenswert: Zuerst ist beachtlich, dass die Vernunft den Menschen offenkundig neben der Ordnung in seinen Aufgaben, die er, wie wir im Vorausgehenden gesehen haben, mehr als alles andere schätzen soll, auch zur Erkenntnis einer andersgearteten Ordnung führt, und zwar der harmonischen Bewegung der Gestirne. Dieselbe Vernunft lässt also einerseits die Ordnung in den aufgegebenen Handlungen erkennen und andererseits die Ordnung im Gefüge der Welt. Auf diesen Punkt werden wir gleich zurückkommen.

Zweitens ergeben sich in der Frage des Ursprungs der himmlischen Ordnung drei mögliche Optionen: zunächst die Position Epikurs, der den Zufall bzw. das zwecklose Zusammentreffen der Atome für die Entstehung der Welt verantwortlich macht. Daneben steht eine göttliche Lenkung der Welt, die diese zum Wohle der Menschen und Götter eingerichtet und vorgesehen hat, und an dritter Stelle nennen die Stoiker eine blinde Naturnotwendigkeit.[167] Kurzum, die Welt wird

---

165 Wicke-Reuter 2000, 30–31 weist in diesem Zusammenhang auf das von Zenons Schüler Aratus angefertige Lehrgedicht hin, das Cicero in *De natura deorum*, II.104–114 in Teilen reproduziert.
166 Cicero, *De natura deorum*, II.56.
167 Cicero, *De natura deorum*, II.88: „[...] hi autem dubitant de mundo, ex quo et oriuntur et fiunt omnia, casune ipse sit effectus aut necessitate aliqua an ratione ac mente divina [...].""Sie erheben aber Zweifel über die Welt, aus der alles entstanden und erzeugt wird, und fragen, ob sie selbst Produkt des Zufalls, irgendeiner Notwendigkeit oder göttlicher Vernuft und Einsicht sei." Ebd. II.43; II.44: „nec vero <Aristoteles> non laudandus in eo quod omnia quae moventur aut natura moveri censuit aut vi aut voluntate [...]." „Wir loben Aristoteles aber auch dafür, dass er meinte, dass alles Bewegte entweder durch Natur, Kraft oder Wille bewegt wird." In zahlreichen Variationen findet sich diese Alternative bei Marcus Aurelius, *Ad se ipsum*, IV.3.2. 6–8: ἀνανεωσάμενος τὸ διεζευγμένον τὸ ἤτοι πρόνοια ἢ ἄτομοι, καὶ ἐξ ὅσων ἀπεδείχθη ὅτι ὁ κόσμος ὡσανεὶ πόλις; „Besinne dich erneut auf die Alternative: entweder Vorsehung oder Atome und zieh in Betracht, an wie vielen Dingen sichtbar wird, dass der Kosmos einer Stadt gleicht."; IV.27.1.1–2; XI.18.1.4; XII.24.1.2–4; XII.14.1.1–7: Ἤτοι ἀνάγκη εἱμαρμένης καὶ ἀπαράβατος τάξις ἢ πρόνοια ἱλάσιμος ἢ φυρμὸς εἰκαιότητος ἀπροστάτητος. εἰ μὲν οὖν ἀπαράβατος ἀνάγκη, τί ἀντιτείνεις; εἰ δὲ πρόνοια ἐπιδεχομένη τὸ ἱλάσκεσθαι, ἄξιον ἑαυτὸν ποίησον τῆς ἐκ τοῦ θείου

entweder vom Zufall, einer Vorsehung oder der blinden Notwendigkeit, die die Stoiker manchmal schlicht Natur nennen,[168] regiert. Diese Unterscheidung (die im Hinblick auf die moderne Rezeption der hellenistischen Philosophie von besonderer Bedeutung ist)[169] geht auf Aristoteles zurück, den die Stoiker ausdrücklich dafür loben, dies erkannt zu haben.[170] Laut Aristoteles wird alles entweder von Natur aus oder durch eine äußere Kraft oder durch einen freien Willen in Bewegung gesetzt. Die Einwirkung der äußeren Kraft wird von den Stoikern als Zufall[171] gedeutet und ‚von Natur aus' soll ‚aufgrund einer festen beständigen Ordnung' meinen. Der freie Wille soll hingegen das sein, was die Stoiker mit einer vernünftigen Lenkung, d. h. einer Vorsehung Gottes, identifizieren. Wie genau der göttliche Wille mit seiner Vorsehung verbunden ist, werden wir später sehen. Die erste, epikureische Ansicht, dass die Welt das Produkt des Zufalls ist, weisen die Stoiker jedenfalls in Anbetracht der Ordnung und Schönheit der Welt als nicht

---

βοηθείας. εἰ δὲ φυρμὸς ἀνηγεμόνευτος, ἀσμένιζε ὅτι ἐν τοιούτῳ τῷ κλύδωνι αὐτὸς ἔχεις ἐν ἑαυτῷ τινα νοῦν ἡγεμονικόν [...]. „Entweder gibt es die Unausweichlichkeit der Schicksalsfügung und eine unverletzliche Ordnung oder eine gnädige Vorsehung oder die Unordnung des unbestimmten Zufalls. Wenn nur der unausweichliche Zwang herrscht – warum leistest du dann Widerstand? Wenn aber eine Vorsehung, die sich gnädig stimmen läßt, dann verhalte dich so, daß du die göttliche Hilfe verdienst. Wenn aber die regellose Unordnung herrscht, dann sei froh, daß du in einem solchen Durcheinander einen lenkenden Geist in dir hast." (Übersetzung: Rainer Nickel) Ebenso VI.10; IX.28.

168 Der Begriff ‚Natur' wird (wie viele andere Begriffe auch) von den Stoikern mehrdeutig verwendet. Neben der hier aufgeführten Bedeutung wird Natur auch mit dem göttlichen rationalen Prinzip gleichgesetzt (siehe etwa *SVF*, II.1024). Entscheidend ist der Kontext, was natürlich mit Hinblick auf die nur fragmentarische Überlieferung der stoischen Texte erhebliche Probleme aufwirft. Wir werden im nächsten Kapitel auf den Zusammenhang von Natur und Vorsehung zurückkommen. Wicke-Reuter 2000, 20 sieht die Wurzeln des stoischen Naturbegriffs bei philosophischen Vorgängern wie Heraklit oder Straton sowie in zeitgenössischen medizinischen und biologischen Theorien.

169 Brooke 2012, 135–136 zitiert Cudworth (*The True Intellectual System of the Universe*): „[A]s to that controversy so much agitated amongst the ancients, whether the world were made by chance, or by the necessity of material motion, or by mind, reason and understanding; they [the Stoics] avowedly maintained that it was neither by chance nor by material necessity, but *divina mente*, 'by a divine and eternal mind' every way perfect."

170 Aristoteles, *Fragmenta varia*, 1.1.24.1f. (*De Philosophia?*). Alexander von Aphrodisias wirft den Stoikern vor, dass sie mit ihrer Theorie letztlich den Unterschied zwischen Naturnotwendigkeit und Freiheit aufheben. Bereits Platon spricht von einer Alternative zwischen Naturmechanismus und göttlicher Vorsehung. Ferner hat er, wie ich am Ende dieses Abschnitts ausführen werde, letztere gegen die blinde Notwendigkeit verteidigt und zur Grundlage seiner natürlichen Theologie gemacht. Dorothea Frede 2002, 90 vermutet, dass sich Platon damit nicht nur gegen Anaxagoras, sondern auch gegen die Atomisten richtet. Bemerkenswert ist jedoch, dass Platon seinen Widersacher Demokrit an keiner Stelle seines Werks nennt.

171 In § 17 widmen wir uns der stoischen Konzeption des Zufalls.

ernsthaft zu erwägende Option zurück.¹⁷² Zu meinen, dass diese Ordnung aufgrund eines zufälligen Zusammentreffens von Atomen entstanden sein könnte, wäre ihrer Ansicht nach gleichbedeutend mit der Annahme, die *Annalen des Ennius* hätten sich spontan aus einem Haufen Buchstaben, die man vor sich auf den Boden wirft, zusammensetzen können.¹⁷³ Für die Stoiker sind Ordnung und Schönheit Hauptindizien für den göttlichen Ursprung des *Kosmos* (κόσμος).

Die Ordnung zeigt sich nun vor allem in der mehrstufigen Hierarchie des Seienden (scala naturae). Das Niedrigere existiert hierbei allein für das Höhere, wohingegen die höheren Geschöpfe füreinander da sein sollen.¹⁷⁴ Insgesamt erkennen die Stoiker vier Stufen. Auf der untersten Stufe stehen die anorganischen Dinge (ἄψυχον), über ihnen stehen die Pflanzen (φυτά), dann die unvernünftigen Tiere (τὰ ἄλογα) und schließlich die vernünftigen Lebewesen. Wir werden im nächsten Kapitel noch etwas ausführlicher auf diese Stufung und die physikalische Grundlage der Hierarchie eingehen. An dieser Stelle soll die Aufmerksamkeit auf einen anderen Aspekt gelenkt werden, und zwar die enge Verbindung von Schicksal und Vorsehung, die in der Ordnung sichtbar wird. Dass die Vorsehung von den Stoikern als eine ordnende Tätigkeit oder Kraft (προνοίᾳ θεῶν διοικεῖσθαι; δύναμις διοικητική) verstanden wird, belegen zahlreiche Fragmente, die Bergjan in ihrer Studie zusammengetragen hat.¹⁷⁵ *Garant der Ordnung* ist nach stoischer Ansicht jedoch die Schicksalsfügung (εἱμαρμένη¹⁷⁶ oder *fatum*), d. h. die Verkettung der einzelnen Ursachen, wie Alexander von Aphrodisias berichtet.¹⁷⁷ In diesem Sinn sind auch die der Vorsehung korrespondierenden Definitionen des Schicksals als ordnende Kraft (δύναμις διοικητική) oder als natürliche Ordnung (φυσικὴ σύνταξις), die angeblich auf Chrysipp zurückgehen, zu verstehen.¹⁷⁸ Die

---

172 Cicero, *De natura deorum*, II.76.
173 Cicero, *De natura deorum*, II.93.
174 *SVF*, II.458; Marcus Aurelius, *Ad se ipsum* XI.18.1.5: εἰ τοῦτο, τὰ χείρονα τῶν κρειττόνων ἕνεκεν, ταῦτα δὲ ἀλλήλων. „Wenn dies richtig ist, dann ist das Geringere wegen des Höheren da, das Höhere aber füreinander da." (Übersetzung: Rainer Nickel) Marcus Aurelius geht hier von der Wirklichkeit der Vorsehung aus. Zur *scala naturae* oder hierarchischen Ordnung des Kosmos siehe Forschner 1981, 55f.; Wicke-Reuter 2000, 24f. und sehr ausführlich mit weiteren Literaturangaben Wildberger 2006, 205–243.
175 So etwa Sextus Empiricus, *Pyrrhonicae hypotyposes*, I.151.4: [...] προνοίᾳ θεῶν διοικεῖσθαι τὰ καθ' ἡμᾶς [...]. „[...] durch die Vorsehung der Götter werden die irdischen Dinge geordnet [...]." Zu weiteren Belegen siehe Bergjan 2002, 47ff.
176 Die Stoiker sehen gar eine etymologische Beziehung zum Begriff Ursachenkette (εἱρμός τῶν αἰτιῶν), was aber Dörrie 1977, 70 mit Hinweisen auf weitere Literatur als falsch herausstellt. Siehe *SVF*, II.265; 266. Siehe auch *SVF*, I.175; *SVF*, III.921.
177 Alexander von Aphrodisias, *De fato*, 210 (= *SVF*, II.1005).
178 Stobaeus, *Eclogae*, I.79.1 W8 (= *SVF*, II.945): <Χρύσιππος> δύναμιν πνευματικὴν τὴν οὐσίαν τῆς εἱμαρμένης, τάξει τοῦ παντὸς διοικητικήν. „Chrysipp versteht unter dem Wesen des Schick-

Identifikation von Schicksal und Vorsehung ist im Licht der auf der Vorsehung beruhenden und durch das Schicksal gestifteten Ordnung daher weniger problematisch, als es zunächst den Anschein haben sollte.¹⁷⁹ Vorsehung, Schicksal und Notwendigkeit bezeichnen für die Stoiker nur unterschiedliche Aspekte, die an derselben Ordnung, dem einen Kosmos (κόσμος), sichtbar werden, und diese ewige Ordnung der Welt ist in *einer gewissen Hinsicht* eben nichts anderes als die unverbrüchliche Verkettung der Ursachen, die die göttliche Absicht von Anbeginn der Welt bis zu ihrem notwendigen Ende im Weltenbrand realisieren.¹⁸⁰ Weil

---

sals eine Lebenskraft, die die Vorgänge im All ordnungsgemäß anordnet." Gellius, *Noctes Atticae*, VII.2 (= *SVF*, II.1000): In <libro> <περὶ προνοίας> quarto εἱμαρμένην esse dicit <φυσικήν τινα σύνταξιν τῶν ὅλων ἐξ ἀϊδίου τῶν ἑτέρων τοῖς ἑτέροις ἐπακολουθούντων καὶ μεταπολουμένων ἀπαραβάτου οὔσης τῆς τοιαύτης ἐπιπλοκῆς>. „Im vierten Buch ‚Über die Vorsehung', sagt er (gemeint ist Chrysipp), dass das Schicksal eine natürliche Ordnung des Ganzen ist, wobei von Ewigkeit her das eine aus dem anderen aufgrund dieser unauflösbaren Verkettung folgt." Zum Zusammenhang von διοίκησις und Schicksal (εἱμαρμένη) siehe Bergjan 2002, 71ff.
179 Bergjan 2002 betont in ihrer Darstellung insbesondere den fürsorgenden Aspekt der Vorsehung und versucht, diesen gegen die in der Neuzeit vor allem in den Vordergrund tretende Bedeutung als Vorherbestimmung des Geschehens (Prädestination: zu den unterschiedlichen Bedeutungen von Vorsehung siehe ausführlich Bergjan 2002, 1–14) abzugrenzen. Vor diesem Hintergrund ist die enge Verbindung von Vorsehung und Schicksal, die die Stoiker behaupten, natürlich besonders problematisch.
180 *SVF*, II.913 sowie 1005. Besondere Beachtung verdient der Bericht von Chalcidius, *In Timaeum*, 144 (= *SVF*, II.933): „Itaque nonnulli putant praesumi differentiam providentiae fatique, cum reapse una sit. quippe providentiam dei fore voluntatem. <voluntatem porro eius seriem esse causarum. et ex eo quidem, quia voluntas providentia est, porro quia eadem series causarum est, fatum cognominatam>. Ex quo fieri, ut quae secundum fatum sunt etiam ex providentia sint. eodemque modo quae secundum providentiam ex fato, ut putat <Chrysippus>. alii vero, quae quidem ex providentiae auctoritate, fataliter quoque provenire, nec tamen quae fataliter ex providentia, ut <Cleanthes>." „Daher glauben einige, daß ein Unterschied zwischen Vorsehung und Fatum angenommen werde, wo sie doch in Wirklichkeit eins sind. Die Vorsehung wird nämlich der Wille Gottes sein, und des weiteren ist sein Wille die Abfolge von Ursachen. Dann ist er Vorsehung aufgrund des Umstands, daß er Wille ist. Und weil er die Abfolge von Ursachen ist, hat er den Beinamen ‚Fatum' erhalten. Infolgedessen geht alles, was in Übereinstimmung mit dem Fatum geschieht, auch auf die Vorsehung zurück; und ebenso ereignet sich alles, was in Übereinstimmung mit der Vorsehung geschieht, aufgrund des Fatums. Dies ist die Auffassung Chrysipps. Andere dagegen, z. B. Kleanthes, nehmen zwar an, daß die Verordnungen der Vorsehung auch durch das Fatum eintreten, erkennen aber nicht an, daß das, was aufgrund des Fatums geschieht, notwendig auch auf die Vorsehung zurückgeht." (Übersetzung: Karlheinz Hülser) Chrysipp weicht demzufolge von seinem Vorgänger Kleanthes darin ab, dass er die Vorsehung mit dem Schicksal identifiziert, wohingegen Kleanthes einen Unterschied zwischen beiden gesehen haben soll. Ein Grund dafür könnte vielleicht darin bestehen, dass Kleanthes die unbeabsichtigten Nebenfolgen von Handlungen nicht direkt auf Gottes Wille zurückführen wollte, um auf diese Weise für die Vereinbarkeit der Übel mit Gottes Güte zu argumentieren.

nun aber die durch die Vorsehung gestiftete Ordnung unverletzlich ist, wird sie auch grundsätzlich *voraussagbar* sein.

Wie die Vorsehung sich im Einzelnen vom Schicksal unterscheidet, werden wir später sehen. Dass der notwendige kausale Zusammenhang nicht mit der Vorsehung *in allen Hinsichten* übereinstimmen kann, wird auch dadurch deutlich, dass die Stoiker drei Optionen aufführen: Zufall, Vorsehung und Naturmechanismus. Letzteres, d. h. der *blinde* Naturmechanismus, wäre die notwendige zeitliche Aufeinanderfolge von Ursache und Wirkung ohne eine besondere teleologische Komponente. *Gnädige Vorsehung* und Schicksal können also durchaus auseinanderfallen, da nämlich die Notwendigkeit genauso gut unbarmherzig sein könnte. In diesem Fall würde es sich um ein blindes Schicksal handeln oder eben die bloße Naturnotwendigkeit. Gegen diese Option spricht für die Stoiker jedoch die Schönheit der Welt. Denn die Erkenntnis der Schönheit soll bei den Menschen den Gedanken hervorrufen, dass es sich bei dieser Welt um die bestmögliche Welt handeln muss, d. h. eine Welt, die in höchstem Maße vollkommen ist.[181] Die Vollkommenheit und Regelmäßigkeit ist das, was den Betrachter in Staunen versetzt. Die Schönheit selbst soll nach stoischer Ansicht nichts anderes als eine solche Regelmäßigkeit sein (wofür sie von Plotin heftig kritisiert werden).[182]

Die Entscheidung zwischen den drei Möglichkeiten hat nun eine direkte praktische Relevanz. Marcus Aurelius ermahnt in seinen *Selbstbetrachtungen* dazu, sich die drei Positionen, Zufall, Vorsehung oder blinde Notwendigkeit, bei allen Geschehnissen vor Augen zu halten.[183] Trost spendet einzig die Vorstellung einer *fürsorgenden* Natur. Er geht aber noch einen Schritt weiter. Denn auch

---

[181] *SVF*, II.1121 (= Seneca, *De beneficiis*, II.29); Cicero, *De natura deorum*, II.86. Ich kann an dieser Stelle nicht auf die offenkundige Nähe zu Leibniz' Ausführungen der *Theodizee* eingehen. Es ist aber zu vermuten, dass der von Leibniz auch in diesem Zusammenhang wichtige Begriff der Vollkommenheit eine über die ethische Dimension hinausgehende Bedeutung hat.
[182] Siehe ausführlich mit Belegen Schmitt 2009.
[183] Siehe noch einmal Marcus Aurelius, *Ad se ipsum*, IV.3.2. 6–8: ἀνανεωσάμενος τὸ διεζευγμένον τό ἤτοι πρόνοια ἢ ἄτομοι, καὶ ἐξ ὅσων ἀπεδείχθη ὅτι ὁ κόσμος ὡσανεὶ πόλις; „Besinne dich erneut auf die Alternative: entweder Vorsehung oder Atome und zieh in Betracht, an wie vielen Dingen sichtbar wird, dass der Kosmos einer Stadt gleicht."; IV.27.1.1–2; XI.18.1.4; XII.24.1.2–4; XII.14.1.1–7: Ἤτοι ἀνάγκη εἱμαρμένης καὶ ἀπαράβατος τάξις ἢ πρόνοια ἱλάσιμος ἢ φυρμὸς εἰκαιότητος ἀπροστάτητος. εἰ μὲν οὖν ἀπαράβατος ἀνάγκη, τί ἀντιτείνεις; εἰ δὲ πρόνοια ἐπιδεχομένη τὸ ἱλάσκεσθαι, ἄξιον ἑαυτὸν ποίησον τῆς ἐκ τοῦ θείου βοηθείας. εἰ δὲ φυρμὸς ἀνηγεμόνευτος, ἀσμένιζε ὅτι ἐν τοιούτῳ τῷ κλύδωνι αὐτὸς ἔχεις ἐν ἑαυτῷ τινα νοῦν ἡγεμονικόν [...]. „Entweder gibt es die Unausweichlichkeit der Schicksalsfügung und eine unverletzliche Ordnung oder eine gnädige Vorsehung oder die Unordnung des unbestimmten Zufalls. Wenn nur der unausweichliche Zwang herrscht – warum leistest du dann Widerstand? Wenn aber eine Vorsehung, die sich gnädig stimmen läßt, dann verhalte dich so, daß du die göttliche Hilfe verdienst. Wenn aber die regellose Unordnung herrscht, dann sei froh, daß du in einem solchen

wenn die Welt das Ergebnis eines blinden Zufalls wäre, so gäbe es seiner Ansicht nach zumindest einen lenkenden Geist im menschlichen Führungsvermögen (ἐν ἑαυτῷ τινα νοῦν ἡγεμονικόν).[184] Der Mensch kann also unter der Voraussetzung, dass es keinen übergeordneten Sinn für die Ereignisse geben sollte, aufgrund seiner eigenen Erkenntniskraft eine Ordnung und mit ihr einen Sinn stiften. Diesen bemerkenswerten Gedanken verfolgen die Stoiker jedoch – zumindest in den überlieferten Texten – nicht weiter. Und in Anbetracht der außerordentlichen Bedeutung, die die Annahme der weisen Vorsehung Gottes für das gesamte stoische System hat, ist es mehr als fraglich, ob ein solch subjektiv vermittelter Sinn die für die Vorsehung im stoischen System reservierte Position einnehmen könnte. Die Stoiker scheinen stattdessen in gewisser Weise den umgekehrten Weg gegangen zu sein. Sie sprechen der Natur selbst ein sinnstiftendes Führungsvermögen zu, sodass die Natur analog zu anderen Vernunftwesen über eine bestimmte Kunstfertigkeit verfügt.[185] Die Natur wird auf diese Weise zur Künstlerin, die eine Absicht in der Welt realisiert:[186]

> Doch wenn wir sagen, das Weltall bestehe durch die Natur und werde von ihr gelenkt, meinen wir damit nicht, die Welt sei wie ein Erdklumpen oder ein Felsbrocken oder etwas dieser Art, dem jeder organische Zusammenhang fehlt, sondern wir sehen sie wie einen Baum oder wie ein Lebewesen, bei denen keine Planlosigkeit, sondern Ordnung und eine gewisse Ähnlichkeit mit der Kunst zutage tritt.[187] (Übersetzung: Ursula Blank-Sangmeister, modifiziert)

Durcheinander einen lenkenden Geist in dir hast." (Übersetzung: Rainer Nickel) Ebenso VI.10; IX.28 sowie Cicero, *De natura deorum*, II.43; II.44; II.88.
184 Marcus Aurelius, *Ad se ipsum*, XII.14.1.1–7.
185 Hier zeigt sich aber ein Problem: Der griechische Begriff für Kunstfertigkeit ist τέχνη, was als *terminus technicus* von den Stoikern auch zur Bezeichnung der Wissenschaft verwendet wird. Die Stoiker bestreiten aber, dass die Natur wissenschaftlich vorgehe. Aus diesem Grund haben sie in ihrer Definition der Wissenschaft sogar den Zusatz gemacht, dass das wissenschaftliche Vorgehen unter Vorstellungen geschehen müsse, sodass sich eine charakteristische Differenz zum methodischen Vorgehen der Natur ergibt. Siehe Olympiodorus, *In Platonis Gorgiam*, 12.1 p. 69sq = *FDS*, 392: Κλεάνθης τοίνυν λέγει ὅτι 'τέχνη ἐστὶν ἕξις ὁδῷ πάντα ἀνύουσα'. ἀτελὲς δ' ἐστὶν οὗτος ὁ ὅρος, καὶ γὰρ ἡ φύσις ἕξις τίς ἐστιν ὁδῷ πάντα ποιοῦσα· ὅθεν ὁ Χρύσιππος προσθεὶς τὸ 'μετὰ φαντασιῶν' εἶπεν ὅτι 'τέχνη ἐστὶν ἕξις ὁδῷ προϊοῦσα μετὰ φαντασιῶν'. „Nun sagt Kleanthes: „Wissenschaft ist ein Habitus, der (eine Fähigkeit, die) alles mit Methode zustandebringt." Diese Definition ist allerdings unvollständig; denn auch die Natur ist ein bestimmter Habitus, der alles mit Methode schafft. Daher setzte Chrysipp „unter Vorstellungen" hinzu und sagte: „Wissenschaft ist ein Habitus, der (eine Fähigkeit, die) mit Methode unter Vorstellungen vorwärtsschreitet."" (Übersetzung: Karlheinz Hülser) Zum stoischen Verständnis der Wissenschaft siehe unten § 17.
186 Der Schluss von der Kunstfertigkeit auf die Welt findet sich zwar auch bei Aristoteles, doch viel wahrscheinlicher ist, dass die Stoiker hierin Platon folgen.
187 Cicero, *De natura deorum*, II.82: „Sed nos cum dicimus natura constare administrarique mundum, non ita dicimus ut glaebam aut fragmentum lapidis aut aliquid eius modi nulla co-

So verstanden umfasst die Natur alles; sie gestaltet und bildet die Welt einer festen Ordnung folgend zum Nutzen der Geschöpfe.[188] An ihrer Lenkung verdient nach stoischer Meinung nichts Tadel. Die von der Natur gestiftete Ordnung wird stattdessen als vollkommen angesehen, da „aus den vorhandenen Urstoffen das Bestmögliche geschaffen wurde".[189] Vorausgreifend kann bereits hier angemerkt werden, dass dieser Punkt im Kontext der Kritik an der stoischen Vorsehung von eminenter Bedeutung sein wird.

Zenon soll zum Beweis für die Existenz des göttlichen Führungsvermögens zahlreiche spitzfindige Argumente entwickelt haben, die in unterschiedlichen Quellen überliefert sind.[190] Der stoische Gedanke, der hinter den meisten Überlegungen steht, lautet zusammengefasst, dass nichts, was unbeseelt und ohne Empfindung ist, irgendeine Empfindung aus sich hervorbringen kann. Daraus soll nun folgen, dass das Weltall selbst beseelt und vernunftbegabt sein muss, da es das Beseelte und Vernunftbegabte aus sich hervorbringt.[191] Die Welt, die

---

haerendi natura, sed ut arborem ut animal, in quibus nulla temeritas sed ordo apparet et artis quaedam similitudo."
188 Cicero, *De natura deorum*, II.57; II.58: „Ipsius vero mundi, qui omnia conplexu suo coercet et continet, natura non artificiosa solum sed plane artifex ab eodem Zenone dicitur, consultrix et provida utilitatum oportunitatumque omnium." „Die Natur der Welt im ganzen, die alles umfaßt und zusammenhält, ist nun nicht bloß kunstfertig, sondern wird von demselben Zenon geradezu Künstlerin genannt als diejenige, die die Nützlichkeiten und Zweckmäßigkeiten für alle Wesen bedenkt und besorgt." (Übersetzung: Olof Gigon)
189 Cicero, *De natura deorum*, II.86: „quod si mundi partes natura administrantur, necesse est mundum ipsum natura administrari. Cuius quidem administratio nihil habet in se quod reprehendi possit; ex his enim naturis quae erant quod effici optimum potuit effectum est." „Wenn demnach die Teile des Kosmos durch die Natur verwaltet werden, so muß notwendigerweise auch der Kosmos als Ganzes durch die Natur verwaltet werden. An dieser Verwaltung gibt es nichts, was getadelt werden könnte. Denn aus den vorhandenen Urstoffen wurde das Bestmögliche geschaffen." (Übersetzung: Olof Gigon; modifiziert)
190 Cicero, *De natura deorum*, II.21: „Quod ratione utitur id melius est quam id quod ratione non utitur; nihil autem mundo melius; ratione igitur mundus utitur." „Was mit der Vernunft ausgestattet ist, ist besser als das, was nicht mit der Vernunft ausgestattet ist. Es gibt aber nichts Besseres als die Welt. Also ist die Welt mit der Vernunft ausgestattet." (Übersetzung: Olof Gigon) Dasselbe gilt dann natürlich auch, wie Cicero direkt im Anschluss ausführt (ebd. II.22), für Weisheit, Glückseligkeit, Tugend usw. All dies muss der Welt daher zugesprochen werden. Zu den einzelnen stoischen Beweisen siehe ausführlich Dragona-Monachou 1976.
191 Cicero, *De natura deorum*, II.22; II.30. Siehe auch Diogenes Laërtius, VII.142–143 = *SVF*, II.633: ὅτι δὲ καὶ ζῷον ὁ κόσμος καὶ λογικὸν καὶ ἔμψυχον καὶ νοερὸν καὶ <Χρύσιππός> φησιν <ἐν πρώτῳ περὶ Προνοίας> καὶ Ἀπολλόδωρός φησιν ἐν τῇ φυσικῇ καὶ Ποσειδώνιος· ζῷον μὲν οὕτως ὄντα, οὐσίαν ἔμψυχον αἰσθητικήν. τὸ γὰρ ζῷον τοῦ μὴ ζῴου κρεῖττον· οὐδὲν δὲ τοῦ κόσμου κρεῖττον. ζῷον ἄρα ὁ κόσμος. ἔμψυχον δέ, ὡς δῆλον ἐκ τῆς ἡμετέρας ψυχῆς ἐκεῖθεν οὔσης ἀποσπάσματος. „Dass die Welt ein Lebewesen, vernünftig, beseelt und denkfähig ist, sagen Chrysipp im ersten Buch ‚Über die Vorsehung', Apollodor in seiner ‚Physik' und Poseidonios. Ein Lebewesen ist sie

an Herrlichkeit nichts übertrifft, ist für die Stoiker im höchsten Maße vernünftig und weise. Sie ist die eine Natur und zugleich der eine Gott.[192] Wie in einem Lebewesen so ist auch in der Welt jeder Teil um des Ganzen willen vorhanden, weshalb sich die Göttlichkeit der Welt auch bzw. vor allem in ihrer zweckhaften Vollkommenheit zeigen soll.[193] In ihr ist nichts nutzlos erschaffen, alles soll einen bestimmten, auf das Wohl des Ganzen hin ausgerichteten Zweck haben. Die vollkommene Ordnung, die sich dem Menschen in der philosophischen Kontemplation offenbart, kann für die Stoiker mithin nur das Ergebnis einer göttlichen Tätigkeit sein.

Bemerkenswert ist nun, dass die Stoiker in diesem Zusammenhang zwischen dem einen Gott und seinen unterschiedlichen Erscheinungsweisen differenzieren.[194] So ist Gott die Weltseele und Weltvernunft. Er durchdringt die gesamte Welt und ordnet sie kraft seiner Vorsehung vernünftig (διὰ πάντων δὲ διήκειν τὴν πρόνοιαν αὐτοῦ).[195] Die gemeinsame, alles umfassende Natur der Dinge nennen sie auch Schicksal (εἱμαρμένη), aktives Prinzip (τὸ ποιοῦν) oder göttliche Kraft (*vis divina*), Vernunft (λόγος), kunstvoll gestaltendes Feuer (πῦρ τεχνικόν), Pneuma (πνεῦμα), Notwendigkeit (ἀνάγκη), Vorsehung (πρόνοια), Zeus (Δία bzw. Ζεύς) oder eben einfach Gott (θεός).[196] Den Kosmos erklären sie zur Substanz Gottes

---

in dem Sinne, dass sie eine beseelte und wahrnehmungsfähige Substanz ist. Ein Lebewesen ist nämlich besser als ein nicht lebendes Wesen. Nichts aber ist besser als die Welt. Also ist die Welt ein Lebewesen; dass sie aber beseelt ist, ergibt sich daraus, dass unsere Seele ein aus ihr herausgelöstes Stück ist." (Übersetzung: Rainer Nickel); Sextus Empiricus, *Adversus mathematicos*, IX.107 = *SVF*, I.110.
192 Cicero, *De natura deorum*, II.45; II.32; II.36. Siehe auch *SVF*, II.634–645.
193 Cicero, *De natura deorum*, II.37.
194 Eine ausführliche Diskussion dieses Punktes liefert Wildberger 2006, 21–48.
195 Hippolytus, *Refutatio omnium haeresium*, 1.21: Στωϊκοὶ καὶ αὐτοὶ μὲν ἐπὶ τὸ συλλογιστικώτερον τὴν φιλοσοφίαν ηὔξησαν καὶ σχεδὸν ὅροις περιέλαβον ὁμόδοξοι γενόμενοι ὅ τε Χρύσιππος καὶ Ζήνων, οἳ ὑπέθεντο καὶ αὐτοὶ ἀρχὴν μὲν θεὸν τῶν πάντων, σῶμα ὄντα τὸ καθαρώτατον, διὰ πάντων δὲ διήκειν τὴν πρόνοιαν αὐτοῦ. „Die Stoiker haben die Philosophie mit syllogistischer Argumentation erweitert und haben fast alles definiert. Chrysipp und Zenon waren soweit einer Meinung: Sie nahmen auch an, dass das erste Prinzip aller Dinge Gott sei, der der reinste Körper ist, und dass seine Vorsehung durch alle Dinge hindurchgeht."
196 Cicero, *De natura deorum*, I.39: „ait enim vim divinam in ratione esse positam et in universae naturae animo atque mente, ipsumque mundum deum dicit esse et eius animi fusionem universam, tum eius ipsius principatum qui in mente et ratione versetur, communemque rerum naturam universam atque omnia continentem, tum fatalem umbram et necessitatem rerum futurarum, ignem praeterea et eum quem ante dixi aethera, tum ea quae natura fluerent atque manarent, ut et aquam et terram et aera, solem lunam sidera universitatemque rerum qua omnia continerentur, atque etiam homines eos qui inmortalitatem essent consecuti." „Er sagt nämlich, die göttliche Kraft ruhe in der Vernunft und in der Seele der gesamten Natur und in ihrem Geist, und nennt die Welt selbst Gott und die umfassende Emanation seines Geistes. Göttlich sei aber

(οὐσία θεοῦ)[197] oder sie identifizieren ihn sogar mit ihm.[198] Außerdem soll Gott in unterschiedlicher Intensität in den verschiedenen Teilen des Universums präsent sein. Göttlich ist vor allem die Sonne, wie speziell Kleanthes behauptet,[199] oder das Führungsvermögen des Alls.[200]

Wir werden im nächsten Kapitel ausführlich auf die ontologischen Aspekte der stoischen Theologie eingehen. Die Stoiker greifen aber auch auf die traditionellen mythologischen Götternamen zurück. Sie erklären diese etymologisch, indem sie die Namen auf einzelne Eigenschaften der einen Gottheit beziehen. An anderer Stelle werden die einzelnen Götter angeführt, um natürliche Phänomene zu bezeichnen, in denen die göttlichen Wirkungen ihren Niederschlag finden.[201] Ein wesentlicher Unterschied zwischen den einzelnen Göttern und dem einen Gott kann darin gesehen werden, dass die einzelnen Götter im Weltenbrand vernichtet werden, wohingegen Gott selbst unvergänglich ist.[202]

Kommen wir zurück zur göttlichen Tätigkeit: Die Stoiker widersprechen den Epikureern in ihrer Auslegung der allgemeinen Vorbegriffe, die die Menschen von den Göttern haben sollen. Ihrer Ansicht nach zeigen diese nicht bloß an, dass es Götter gibt, sondern auch, dass ihre Tätigkeit in der Vorsehung für die Menschen, mit denen sie mittels ihres Vernunftvermögens gemeinschaftlich verbunden sind, bestehen muss.[203] Dass Epikur die Tätigkeit der Götter nicht richtig bestimmt habe, ist folglich einer der Hauptkritikpunkte der Stoiker an der epi-

---

auch das die Welt Lenkende, das sich im Geiste und in der Vernunft befinde, ebenso die allgemeine Natur, die (in ihrer Gesamtheit) alles umfaßt, dann aber auch der Schatten des Schicksals und die Notwendigkeit der künftig sich ereignenden Dinge, außerdem auch das Feuer und der Äther, den ich vorhin erwähnt habe, ferner das, was von Natur fließe und ströme wie Wasser, Erde, Luft, Sonne, Mond, Sterne und die Gesamtheit der Dinge, in der alles enthalten sei, endlich sogar die Menschen, die die Unsterblichkeit erreicht hätten." (Übersetzung: Olof Gigon) SVF, II.1027; Diogenes Laërtius, VII.135-136 = SVF, I.102: ἕν τε εἶναι θεὸν καὶ νοῦν καὶ εἱμαρμένην καὶ Δία πολλαῖς τε ἑτέραις ὀνομασίαις προσονομάζεσθαι.

197 Diogenes Laërtius, VII.148.1-2: Οὐσίαν δὲ θεοῦ Ζήνων μέν φησι τὸν ὅλον κόσμον καὶ τὸν οὐρανόν [...]. „Zenon sagt, dass die Substanz Gottes einerseits der ganze Kosmos sei, andererseits der Himmel [...]."
198 Cicero, De natura deorum, I.39; SVF, II.428; 527.
199 SVF, I.499
200 Diogenes Laërtius, VII.138. Diese Vorstellung findet sich bereits bei Platon, Timaeus, 41c6-d1. Zum Verhältnis der stoischen Theologie zur platonischen siehe Reydams-Schils 1999 sowie Mansfeld 1979, 139ff.
201 Cicero, De natura deorum, I.40. Zum Zusammenhang der unterschiedlichen Bezeichnungen Gottes mit der göttlichen Vorsehung siehe Algra 2003, 158 sowie Wildberger 2006, 46-47.
202 Plutarchus, De communibus notitiis adversus Stoicos, 1066a. Siehe ausführlich Algra 2003, 166.
203 Dass die Vorbegriffe auch auf die Vorsehung Gottes verweisen und deren Existenz belegen, ist bei Plutarchus, De Stoicorum repugnantiis, 1051e-f überliefert.

kureischen Theologie. Sie insistieren indes darauf, dass nur die Lenkung der Welt und die Vorsehung für die erschaffenen Kreaturen eine würdige Tätigkeit für die Götter sein kann.[204] So soll bereits der Nachweis der Existenz der Götter notwendig implizieren, dass es eine vorsehende Tätigkeit gibt. Denn hierin erblicken sie eine wesentliche Eigenschaft Gottes (vergleichbar der weißen Farbe des Schnees, wie Alexander von Aphrodisias berichtet[205]). Philon hebt hervor, dass es ein Gesetz der Natur ist, dass der Schöpfer sich um sein Erschaffenes kümmert.[206] Seine Geschöpfe können Gott also nicht gleichgültig sein.

Aber selbst unter der Voraussetzung, dass sich die Existenz einer göttlichen Vorsehung mithilfe der gemeinsamen Vorbegriffe der Menschen beweisen ließe, so stellt sich noch immer die Frage nach der Art dieser Vorsehung. Ein Blick auf die überlieferten Texte zeigt, dass zwei Punkte im Vordergrund stehen, die für die Stoiker eine göttliche Vorsehung auszeichnen sollen: zum einen die planende Voraussicht Gottes und zum anderen seine fürsorgende Tätigkeit für die Menschen.[207] Besonders deutlich treten beide Punkte bei Cicero hervor, der sich vermutlich in weiten Teilen seiner Behandlung der stoischen Theologie auf Chrysipps Werk *Über die Vorsehung* stützt[208] und nach eigener Aussage im folgenden Zitat Zenons Position wiedergibt:

---

204 Cicero, *De natura deorum*, II.76: „Primum igitur aut negandum est esse deos, quod et Democritus simulacra et Epicurus imagines inducens quodam pacto negat, aut qui deos esse concedant is fatendum est eos aliquid agere idque praeclarum; nihil est autem praeclarius mundi administratione [...]." „Als erstes haben wir nun die Wahl, entweder die Existenz der Götter zu bestreiten, wie dies sowohl Demokrit mit seinen Abbildern wie auch Epikur mit seinen Bildern auf gewisse Weise tun, oder aber die Existenz der Götter anzunehmen und dann zuzugestehen, daß sie irgendwie tätig sind, und zwar auf die vollkommenste Weise. Es gibt aber kein vollkommeneres Tun als die Verwaltung der Welt." (Übersetzung: Olof Gigon) Etwas früher (II.44) hat Cicero bereits darauf hingewiesen, dass sich die vorsehende Tätigkeit Gottes aus seinem Vorbegriff ergeben soll.
205 *SVF*, II.1118; siehe auch *SVF*, II.1117; 1120.
206 Philo, *De praemiis et poenis*, 42.4–5: καὶ ὅτι πρόνοιαν ἀναγκαῖον εἶναι· νόμος γὰρ φύσεως ἐπιμελεῖσθαι τὸ πεποιηκὸς τοῦ γεγονότος. „[...] auch ist es notwendig, dass es eine Vorsehung gibt, denn es ist ein Gesetz der Natur, dass ein Schöpfer sich um das Entstandene kümmert." Siehe hierzu Bergjan 2002, 39 mit weiteren Literaturverweisen.
207 Diese beiden Aspekte streichen auch Wicke-Reuter 2000, 26 sowie Long 2003, 24 heraus. Bergjan 2002, 14f. fügt als dritten Aspekt die oben bereits zur Sprache gekommene ordnende Kraft (δύναμις διοικητική) der Vorsehung hinzu. Wir werden im nächsten Kapitel sehen, wie sich die besondere Ordnung der Welt aus den ersten beiden Punkten ableiten lässt.
208 Siehe Dragona-Monachou 1976, 133f. Dorothea Frede 2002, 96f. vermutet vor allem mit Hinblick auf II.57–58 Poseidonius als Quelle von Cicero. Ihrer Ansicht nach soll die Unterscheidung zwischen Natur und göttlichem Willen unstoisch sein und stattdessen einen platonischen bzw. aristotelischen Einfluss verraten.

Zenon also definiert die Natur als ein schöpferisch wirkendes Feuer, das methodisch vorgeht, um etwas zu erschaffen.[209] [...] was bei den Werken unserer Künste die Hand bewirke, das bewirke noch viel kunstvoller die Natur, d. h. das künstlerisch gestaltende Feuer [...]. Unter diesem Aspekt jedenfalls ist die Natur als ganze künstlerisch wirksam, weil sie sozusagen einen bestimmten Weg und eine Richtung hat, der sie folgt. Aber die Natur der Welt selbst, die alles mit ihrem Band umschließt und zusammenhält, wird von demselben Zenon nicht nur als künstlerisch tätig, sondern auch schlichtweg als Künstlerin bezeichnet, die sich um den Nutzen und die Zweckmäßigkeit aller Dinge fürsorglich kümmert. Und wie auch alle übrigen Naturen aus ihrem eigenen Samen hervorgehen, wachsen und sich erhalten, so sind auch alle Bewegungen der Welt, ihre Absichten und Bestrebungen, die die Natur aufweist [...], willentlich bestimmt [voluntarios], und die damit übereinstimmenden Handlungen führt sie so durch, wie auch wir selbst, die wir durch unsere Seelen und unsere sinnliche Wahrnehmung angeregt werden. Weil also der Geist der Welt so beschaffen ist und aus diesem Grund zu Recht als vorausschauendes Denken und als Vorsehung bezeichnet wird – auf Griechisch heißt er nämlich πρόνοια –, sorgt er vor allem dafür und ist damit am meisten beschäftigt: erstens dass die Welt so zweckmäßig wie möglich angelegt ist, um von Dauer zu sein; zweitens dass ihr nichts fehlt und vor allem dass sie drittens über alles nur denkbar Schöne verfügt.[210] (Übersetzung: Rainer Nickel, modifiziert)

Das Zitat verdeutlicht sehr gut den Gedanken, der hinter der *doppelten Struktur der Vorsehung* steht. So sind das vorausschauende Denken der Gottheit und ihre fürsorgende Tätigkeit eng miteinander verknüpft. Nur deshalb, weil Gott selbst die Welt erschaffen hat und sie auch jederzeit nach seinem Willen gestaltet, weiß er um die künftigen Ereignisse, die er dem Menschen beispielsweise in Orakeln preisgeben kann. Er muss aber einen vernünftigen Plan haben, um die Welt so zweckmäßig wie möglich anordnen zu können. Dass er die Welt überhaupt zweckmäßig anordnet, ist wiederum der *Beschaffenheit seines Willens* geschul-

---

209 Auf die besondere Bedeutung des Feuers werden wir im nächsten Kapitel eingehen. Dort kommen wir auch auf die stoische Bestimmung der Wissenschaft zu sprechen. Wir werden sehen, dass die nachfolgenden Stoiker durch Zenons Bestimmung der Natur dazu veranlasst wurden, die Wissenschaft explizit von der Kunstfertigkeit der Natur abzugrenzen.
210 Cicero, *De natura deorum*, II.57–58: „Zeno igitur naturam ita definit, ut eam dicat ignem esse artificiosum ad gignendum progredientem via. [...] quodque in operibus nostrarum artium manus efficiat id multo artificiosius naturam efficere [...]. Atque hac quidem ratione omnis natura artificiosa est, quod habet quasi viam quandam et sectam quam sequatur. ipsius vero mundi, qui omnia conplexu suo coercet et continet, natura non artificiosa solum sed plane artifex ab eodem Zenone dicitur, consultrix et provida utilitatum oportunitatumque omnium. atque ut ceterae naturae suis seminibus quaeque gignuntur augescunt continentur, sic natura mundi omnis motus habet voluntarios, conatusque et adpetitiones [...] et is consentaneas actiones sic adhibet ut nosmet ipsi qui animis movemur et sensibus. Talis igitur mens mundi cum sit ob eamque causam vel prudentia vel providentia appellari recte possit (Graece enim πρόνοια dicitur), haec potissimum providet et in is maxime est occupata, primum ut mundus quam aptissimus sit ad permanendum, deinde ut nulla re egeat, maxime autem ut in eo eximia pulchritudo sit atque omnis ornatus."

det. Gott will nur das Beste für die Welt. In diesem Sinn charakterisiert Chalcidius die Vorsehung als Wille Gottes (voluntas dei).[211]

Es ist natürlich problematisch, im Kontext der stoischen Theologie von einem göttlichen Willen zu sprechen. Ohne sich jedoch auf die Diskussion, ob die Stoiker über einen Willensbegriff verfügt haben oder nicht, einzulassen,[212] ließe sich mit Hinweis auf eine in der Antike übliche Verwendungsweise des Begriffs πρόνοια (Vorsehung) auf den Aspekt der Vorsätzlichkeit hinweisen. Dieser Aspekt geht vor allem, wie Bergjan in ihrer materialreichen Untersuchung zur Bedeutung und Verwendung des Begriffs πρόνοια aufgezeigt hat, aus der juristischen Verwendungsweise des Terminus hervor, wonach ἐκ προνοίας den vorsätzlichen Charakter einer Handlung bezeichnet.[213] Entscheidend ist hierbei vor allem, dass es sich um eine absichtlich ausgeführte, willentliche (ἑκουσία) Tat handelt.

Mit Blick auf die im fünften Kapitel zu thematisierende Kritik an der stoischen Vorsehung ist insbesondere beachtlich, dass sich die stoische Konzeption der Vorsehung zum einen durch die Voraussicht Gottes und zum anderen durch seinen fürsorgenden Willen oder seine fürsorgende Absicht auszeichnet. Kurzum: Die göttliche Tätigkeit setzt somit *Einsicht* und *Wollen* voraus. Dass Gott als eine der Welt immanente und gestaltende Kraft beides hat, folgt wiederum aus der stoischen Bestimmung der Welt als ein vernünftiges Lebewesen. Eng mit den göttlichen Absichten ist auch sein Befehl verbunden, der, wie wir gesehen haben, für die Menschen Gesetz ist („vera lex recta ratio..., quae vocet ad officium iubendo"[214]) und worin wir die Quelle der Normativität der natürlichen Ordnung vermutet haben. Ferner deutet sich jetzt auch der Zusammenhang zwischen Vorsehung und höchstem Gut ab. Bevor wir allerdings die einzelnen Fäden zusam-

---

211 Chalcidius, *In Timaeum*, 144 = *SVF*, II.933. Speziell zum Verhältnis des späten Platonikers Chalcidius zur Stoa siehe Reydams-Schils 1999. Was die Gottheit erschafft und was sich auf ihren wohlwollenden Wille zurückführen lässt, setzt einen vernünftigen Plan voraus. Cicero, *De natura deorum* II.115: „[...] aut vero alia quae natura mentis et rationis expers haec efficere potuit quae non modo ut fierent ratione eguerunt sed intellegi qualia sint summa ratione non possunt?" [...] oder könnte irgendeine andere Natur, die keinen Geist und keine Vernunft besitzt, dies zu Stande bringen, was nicht nur auf Vernunft angewiesen war, um entstehen zu können, sondern auch ohne eine überlegene Vernunft in seinem Wesen nicht einmal begriffen zu werden vermag?" (Übersetzung: Olof Gigon; modifiziert) Die Natur ist also planvoll gestaltend und erschafft eine Welt mit vernünftiger Absicht, ebd. II.120: „[...] natura ratio intellegentis [...]." „[...] die Planung einer überlegenden Natur [...]." Ausführlich grenzt die beiden Aspekte der Vorsehung auch Galenus, *In Hippocratis prognosticum commentaria iii*, 18b7.13–18b9.4 gegeneinander ab.
212 Ich möchte ‚Willen' hier in einem unqualifizierten Sinn als Ursprung der Handlung verstehen. Zur Diskussion, ob die Antike einen Begriff des Willens hat, siehe Dihle 1985 und Horn 1996 sowie Hahmann 2007.
213 Bergjan 2002, 15–21 weist diesen Sinn unter anderem bei Platon, *Leges*, 874e6f. nach.
214 Cicero, *De Republica*, III.33.

menziehen können, muss noch eine letzte Frage geklärt werden, und zwar, ob es sich bei der Tätigkeit Gottes lediglich um eine *allgemeine Vorsehung* für die Welt handelt oder ob Gott darüber hinaus auch eine *spezielle Vorsehung* für die einzelnen Menschen ausübt.

Die Entscheidung dieser Frage hat für die Ethik außerordentlich weitreichende Konsequenzen: Nur unter der Voraussetzung, dass Gott jedem einzelnen Menschen seine besondere Fürsorge widmet, erscheint die von den Stoikern geforderte Unterwerfung unter das unverbrüchliche Gesetz des Schicksals Plausibilität beanspruchen zu können und nur dann lässt sich auch das Gottvertrauen, etwa eines Kleanthes, vernünftigerweise nachvollziehen. Allerdings spricht, wie Dorothea Frede herausgestellt hat,[215] ein wichtiger Punkt gegen die Existenz einer speziellen Vorsehung. Es fragt sich nämlich, wie der gesetzmäßige Verlauf der Welt mit der Vorstellung einer besonderen Wohlfahrt des Einzelnen vereinbar sein kann. Würde es nicht den Gesetzen widerstreiten, wenn Gott sich dem Schicksal Einzelner besonders zuwendet?[216]

Schauen wir uns zunächst die vorsehende Tätigkeit Gottes im Allgemeinen an und widmen uns anschließend der Frage, ob es eine spezielle Vorsehung gibt bzw. worin diese bestehen könnte. Wie gesagt ist die ganze Welt für die Stoiker teleologisch verfasst. Alles hat einen Zweck und eine Bestimmung, und zwar die Erhaltung des Ganzen. Auch in dieser Hinsicht gleicht die Welt einem Lebewesen, in dem jeder Teil auf spezifische Weise eine Funktion zur Erhaltung des Ganzen einnimmt.[217] So sollen die Sterne, die die Stoiker als göttlich verehren, ihre Bewe-

---

[215] Dorothea Frede 2002, 98 stellt das Problem folgendermaßen dar: „Such scepticism is due to the following reasons: If they firmly believed in a rational world-order, why should they – how could they – at the same time plead for personal providence? For an all pervasive divine logos that determines the cosmic development in strict regularity [...] seems to preclude individual care."

[216] Aus eben diesem Grund leugnen frühneuzeitliche Autoren, wie etwa Spinoza, die besondere Fügung und sprechen ihr den Charakter eines Wunders zu, das mit der allgemeinen, gesetzmäßigen Ordnung der Welt unvereinbar ist. Wir werden im Anhang auf dieses Problem zurückkommen und dort sehen, wie Kant das Problem einer bemerkenswerten Lösung zugeführt hat.

[217] Marcus Aurelius, *Ad se ipsum*, IV.40.1.1–4: Ὡς ἓν ζῷον τὸν κόσμον, μίαν οὐσίαν καὶ ψυχὴν μίαν ἐπέχον, συνεχῶς ἐπινοεῖν καὶ πῶς εἰς αἴσθησιν μίαν τὴν τούτου πάντα ἀναδίδοται καὶ πῶς ὁρμῇ μιᾷ πάντα πράσσει καὶ πῶς πάντα πάντων τῶν γινομένων συναίτια καὶ οἵα τις ἡ σύννησις καὶ συμμήρυσις. „Sich den Kosmos ununterbrochen als ein Lebewesen denken, dass nur eine Substanz und eine Seele besitzt, und wie alles in die eine Wahrnehmung des Kosmos aufgenommen wird und wie er alles durch einen einzigen Antrieb in Bewegung setzt und wie alles Mitursache ist von allem, was geschieht, und wie das Verwobensein und die Verflochtenheit aussieht – (das bedenke bei dir)." (Übersetzung: Rainer Nickel; modifiziert) Siehe auch VII.9.1.1–6; VII.13.1.1–8; Cicero, *De natura deorum*, II.29: „Natura est igitur quae contineat mundum omnem eumque tueatur, et ea quidem non sine sensu atque ratione." „So ist es also die Natur, die die

gung und ihre Anordnung nur zum Wohl und zur Erhaltung der Welt haben. Sie sollen als vernünftige Wesen darin übereingekommen sein, die Welt zu schützen und zu bewahren.[218] Auf diese Weise geben sie dem *Ganzen einen außerordentlichen Wert*, der selbst der göttlichen Tätigkeit im höchsten Maße würdig ist. Noch einmal: Weil die Götter die Erhaltung des Ganzen als eine ihrer Würde gemäße Tätigkeit erachten, kommt dem Ganzen auch ein besonderer Wert zu. Andererseits sehen die Stoiker in dem Umstand, dass die Natur das Ganze erhalten wird, einen schlagenden Beweis für die Vorsehung. Dass der Natur etwas an der Erhaltung liegt, soll durch die Erfahrung belegt werden, z. B. mit Hinblick auf die Erhaltung der Pflanzen. Worin sonst, so fragen die Stoiker, sollte die Vorsehung der Natur für die Pflanzen bestehen als in ihrer Erhaltung? Sie gedeihen selbst unter widrigen Umständen und stellen deshalb nur minimale Anforderungen. Den Pflanzen bereitet die Natur also nichts weiter, „als dass sie sie schützt, indem sie sie nährt und wachsen lässt".[219] Sehr viel mehr Fürsorge widmet sie hingegen dem Tierreich. Wir haben oben bereits gesehen, dass sie die Tiere mit allem, was sie zu ihrer Erhaltung benötigen, versieht. So stattet die Natur die einzelnen Tiere nicht nur mit unterschiedlichen Gliedmaßen aus, die sie als Werkzeuge für ihre Erhaltung einsetzen können, sondern sie hat die Tiere auch mit ihren Werkzeugen vertraut gemacht, sie hat ihnen die Kenntnis zum Gebrauch ihres Körpers vermittelt und ebenso das Wissen um ihre Feinde.[220] Warum sollte die Vorsehung

---

ganze Welt zusammenhält und bewahrt – und dies nicht, ohne mit Wahrnehmung und Vernunft begabt zu sein." (Übersetzung: Olof Gigon)

218 Cicero, *De natura deorum*, II.60: „Illi autem pulcherruma forma praediti purissimaque in regione caeli collocati ita feruntur moderanturque cursus, ut ad omnia conservanda et tuenda consensisse videantur." „Jene wahren Götter dagegen sind mit der schönsten Gestalt ausgestattet, wohnen in der reinsten Region des Himmels und bewegen sich so in ihren Bahnen, daß man annehmen darf, sie besorgten übereinstimmend die Erhaltung und den Schutz aller Wesen." (Übersetzung: Olof Gigon)

219 Cicero, *De natura deorum*, II.33: „Primum enim animadvertimus a natura sustineri ea quae gignantur e terra, quibus natura nihil tribuit amplius quam ut ea alendo atque augendo tueretur."

220 Neben den bereits in § 10 zitierten Belegen aus Seneca und Hierocles siehe vor allem Cicero, *De natura deorum*, II.121–122: „Enumerare possum ad eum pastum capessendum conficiendumque quae sit in figuris animantium et quam sollers subtilisque descriptio partium quamque admirabilis fabrica membrorum. omnia enim, quae quidem intus inclusa sunt, ita nata atque ita locata sunt, ut nihil eorum supervacuaneum sit, nihil ad vitam retinendam non necessarium. Dedit autem eadem natura beluis et sensum et appetitum, ut altero conatum haberent ad naturales pastus capessendos, altero secernerent pestifera a salutaribus." „Ich könnte auch aufzählen, wie an der Gestalt der Tiere geschickt und raffiniert die einzelnen Gliedmaßen angeordnet sind und wie wunderbar die Gliedmaßen selber konstruiert sind, um die Nahrung aufzunehmen und zu verarbeiten. Alles nämlich, was sich im Inneren eines Organismus befindet, hat seine bestimmte Form und seinen bestimmten Ort derart, daß nichts davon überflüssig ist und

dies tun, wenn ihr nicht an der Erhaltung der Kreaturen läge? Man sieht, dass die Natur weder Pflanzen noch Tiere schutzlos ihrem Schicksal überlässt. So schließen die Stoiker, dass die Vorsehung die Welt zur Erhaltung und zum Schutz allen Lebens bestens eingerichtet hat.[221]

Den letzten Zweck der Welt erblicken die Stoiker jedoch im Menschen. Denn bloß der Mensch kann die ordentlichen Abläufe am Himmel durch vernünftige Berechnungen erkennen. Nur er gewinnt Einblick in die Ordnung der Welt, sieht ihre Schönheit und kann sich an ihr erfreuen.[222]

Diese Gedanken fassen zwei Punkte zusammen, die uns bereits begegnet sind. Zum einen haben wir gesehen, dass für die Stoiker die Schönheit der Welt

---

alles für die Bewahrung des Lebens unentbehrlich. Dieselbe Natur hat den Tieren auch Wahrnehmung und Streben geben, damit sie auf der einen Seite den Trieb haben, die ihnen naturgemäße Nahrung aufzusuchen, andererseits aber fähig sind, das Schädliche vom Förderlichen zu unterscheiden." (Übersetzung: Olof Gigon) Das Ziel der Natur in der Erhaltung der Gattungen soll die Erhaltung der Schönheit der Welt sein. Siehe Cicero, *De natura deorum*, II.127: „Ut vero perpetuus mundi esset ornatus, magna adhibita cura est a providentia deorum, ut semper essent et bestiarum genera et arborum omniumque rerum quae a terra stirpibus continerentur […]." „Damit nun die Welt für alle Zeiten vollkommen ausgestattet sei, hat die Vorsehung der Götter eine große Sorgfalt darauf verwendet, daß die verschiedenen Gattungen der wilden Tiere, der Bäume, der Pflanzen immerfort erhalten bliebe." (Übersetzung: Olof Gigon); II.132: „Sic undique omni ratione concluditur mente consilioque divino omnia in hoc mundo ad salutem omnium conservationemque admirabiliter administrari." „So ergibt sich von allen Seiten her und auf jede Weise die zwingende Schlußfolgerung, daß alle Dinge in dieser Welt durch die Vernunft und das Planen der Gottheit auf das wunderbarste so eingerichtet sind, daß alle Lebewesen am Leben erhalten und bewahrt bleiben." (Übersetzung: Olof Gigon)

221 Cicero, *De natura deorum*, II.58: „Talis igitur mens mundi cum sit ob eamque causam vel prudentia vel providentia appellari recte possit (Graece enim πρόνοια dicitur), haec potissimum providet et in is maxime est occupata, primum ut mundus quam aptissimus sit ad permanendum, deinde ut nulla re egeat, maxume autem ut in eo eximia pulchritudo sit atque omnis ornatus." „Da nun der Geist der Welt ein solcher ist und aus eben diesem Grunde mit Recht entweder Klugheit oder Vorsehung genannt werden kann – auf griechisch heißt dies *pronoia* –, so kümmert er sich vor allem darum und ist damit beschäftigt, erstens, daß die Welt zum Dauern so zweckmäßig als möglich eingerichtet sei, zweitens, daß sie an nichts Mangel leide und endlich und vor allem, daß sie durch Schönheit und jeglichen Schmuck ausgezeichnet sei." (Übersetzung: Olof Gigon) Siehe auch II.127; *SVF*, II.1109.

222 Cicero, *De natura deorum*, II.153: „Quae contuens animus accedit ad cognitionem deorum, e qua oritur pietas, cui coniuncta iustitia est reliquaeque virtutes, e quibus vita beata existit par et similis deorum, nulla alia re nisi immortalitate, quae nihil ad bene vivendum pertinet, cedens caelestibus." „Wenn der Geist dies alles gesehen hat, schreitet er weiter zur Erkenntnis der Götter, aus der die Frömmigkeit entsteht, mit der die Gerechtigkeit und die übrigen Tugenden verknüpft sind; daraus endlich entsteht das glückselige Leben, das demjenigen der Götter ebenbürtig und ähnlich ist. Nur in der Unsterblichkeit, auf die für das vollkommene Leben nichts ankommt, bleibt es hinter den himmlischen Wesen zurück." (Übersetzung: Olof Gigon)

in ihrer harmonischen Ordnung besteht (was sie als Beweis für die Vorsehung nehmen). Zum anderen wurde in der Bestimmung des höchsten Gutes darauf hingewiesen, dass die Aneignung des Vernunftvermögens und dessen Hochschätzung zuerst nur einen bestimmten Aspekt der Vernunft betreffen, und zwar insofern die Vernunft als ein logisches Schlussvermögen begriffen wird. Aufgrund dieser Fähigkeit kann der Mensch eine Ordnung in den aufgegebenen Handlungen sehen und nur deshalb auch diese Ordnung schließlich um ihrer selbst willen schätzen lernen. Ähnlich argumentieren die Stoiker auch im Fall der kosmischen Ordnung. Denn vorausgesetzt, dass ausschließlich vernunftbegabte Wesen die Fähigkeit haben, komplizierte Rechnungen auszuführen, so wird man ihrer Ansicht nach davon ausgehen müssen, dass die Ordnung selber einzig für die mit dieser Fertigkeit begabten Menschen erschaffen worden ist.[223] Die Stoiker stützen sich in ihrem Schluss auf die Beobachtung, dass auch bei anderen Artefakten gilt, dass diese bloß für den produziert werden, der sie auch zu gebrauchen weiß. So bereiten Flöte und Lyra nur dem einen Nutzen, der sie spielen kann.[224] Ebenso wie es offensichtlich unsinnig wäre, solche Instrumente für Tiere zu machen, soll das Gleiche auch für die ganze Welt gelten.

Dieser Analogieschluss beruht letztlich jedoch auf zwei fragwürdigen stoischen Voraussetzungen. Bereits die antiken Kritiker haben bemerkt, wie problematisch es ist, alle Formen von Teleologie in Analogie zur menschlichen Zwecksetzung zu begreifen. Überdies setzen die Stoiker voraus, dass die Welt auf eine bestimmte Kunstfertigkeit zurückgeführt werden kann. So soll sie ein Kunstwerk Gottes sein, der sie nach seinen Absichten auf bestmögliche Weise erschaffen hat.[225]

Auf die genaue Art der Erschaffung bzw. die spezielle Verbindung von Gott und Welt werden wir im nächsten Kapitel eingehen. An dieser Stelle ist es wichtig, sich vor Augen zu halten, dass es eine Absicht und einen verwirklichen-

---

223 Cicero, *De natura deorum*, II.155: „Iam vero circumitus solis et lunae reliquorumque siderum, quamquam etiam ad mundi cohaerentiam pertinent, tamen et spectaculum hominibus praebent; nulla est enim insatiabilior species, nulla pulchrior et ad rationem sollertiamque praestantior; eorum enim cursus dimetati maturitates temporum et varietates mutationesque cognovimus. quae si hominibus solis nota sunt, hominum facta esse causa iudicandum est." „So sind zwar die Kreisbahnen der Sonne, des Mondes und der übrigen Gestirne in die Kontinuität der Welt eingefügt, aber auch dazu bestimmt, den Menschen ein Schauspiel zu bieten. Es gibt ja keine Erscheinung, an der der Mensch sich so wenig satt sehen kann, keine, die schöner wäre und in ihrer vernunftgemäßen Konstruktion eindrucksvoller. Denn wir haben ihre Bahnen ausgemessen und wissen nun, wann die Jahreszeiten reif sind, wie sie schwanken und einander ablösen. Wenn die Menschen die einzigen sind, denen dies bekannt ist, so darf man auch überzeugt sein, daß dies der Menschen wegen geschaffen wurde." (Übersetzung: Olof Gigon)
224 Cicero, *De natura deorum*, II.157.
225 Cicero, *De natura deorum*, II.86–87; Seneca, *De beneficiis*, II.29.

den Willen Gottes gibt und dass es in Ansehung der im höchsten Maße vernünftigen Absicht für die Stoiker absurd wäre anzunehmen, dass die Ordnung nicht für die erschaffen worden wäre, denen sie auffällig werden kann. Denn, so ließe sich im Sinn der Stoiker fragen, wäre es nicht unvernünftig, so viel Mühe und Anstrengung für jemanden (oder etwas) aufzubringen, der dem Resultat grundsätzlich keine Beachtung schenken wird? Tiere haben nämlich aufgrund ihres Mangels an Vernunft (verstanden als ein logisches Schlussvermögen) prinzipiell keine Einsicht in Vernunftordnungen, was die Welt als eine im höchsten Maße vernünftige Ordnung mit einschließt. Folglich können sie auch nicht die wahre Schönheit der Welt erkennen, die die Stoiker mit eben dieser Ordnung identifizieren. Die Schönheit soll sich hingegen nur dem Menschen erschließen, der sie betrachtend zu erkennen strebt.

Dass die Welt insgesamt nur für die Lebewesen geschaffen worden sein kann, die über Vernunft verfügen, d. h. nur für Menschen und Götter, wird nach stoischer Ansicht auch daran deutlich, dass unmöglich ein solcher Aufwand für die unvernünftigen Bestien aufgebracht worden sein dürfte. Es gibt nämlich nichts Besseres als die Vernunft, die selbst göttlichen Ursprungs ist. Folglich kann auch nur die Welt um der Vernunft willen, die selbst unbedingt ist, erschaffen worden sein und damit natürlich nur für die Lebewesen, die selbst vernünftig sind. Hieran kann es für die Stoiker, die ihrer Argumentation eine strikte *scala naturae* zugrunde legen, keinen Zweifel geben. Hat die Welt also einen vernünftigen Zweck, so kann dieser nur bei den Wesen gesucht werden, die selbst nach vernünftigen Zwecken verfahren.[226]

So findet sich auch nur bei den Menschen eine Tätigkeit, die um ihrer selbst willen ausgeführt wird, und zwar die spekulative Betrachtung der Welt. Der Mensch vollführt in seiner Tätigkeit als Betrachter der Welt und der göttlichen Schöpfung damit die Tätigkeit, die der gottgewollte Zweck der Schöpfung selbst ist. Und nur für den Menschen hat die Betrachtung der Welt folglich eine Bedeutung. Für die Stoiker erklärt sich selbst der aufrechte Gang des Menschen oder aber die Tatsache, dass sich seine Sinnesorgane am Kopf und nicht an einer beliebigen anderen Stelle des Körpers befinden, hieraus. Dies alles soll die Natur für

---

226 Cicero, *De natura deorum*, II.133: „Quorum igitur causa quis dixerit effectum esse mundum? eorum scilicet animantium quae ratione utuntur; hi sunt di et homines; quibus profecto nihil est melius, ratio est enim quae praestet omnibus. ita fit credibile deorum et hominum causa factum esse mundum quaeque in eo mundo sint omnia." „Wem zuliebe also soll man annehmen, daß die Welt geschaffen wurde? Doch offensichtlich für diejenigen Lebewesen, die Vernunft besitzen, also die Götter und die Menschen. Es ist evident, daß es nichts Vollkommeneres gibt als sie. Denn die Vernunft ist es, die alles überragt. So wird man also glauben dürfen, daß der Götter und Menschen wegen die ganze Welt geschaffen wurde und ebenso alles, was sich in dieser Welt befindet." (Übersetzung: Olof Gigon)

die Menschen besorgt haben, damit sie bestens dazu geeignet sind, die Schönheit der Schöpfung zu erkennen und zu preisen.[227]

In der Schönheit der Welt tritt die Vorsehung also deutlich für den Menschen als vernunftbegabtes Lebewesen hervor. Ist die Welt aber zur Betrachtung erschaffen worden, dann nimmt ihre Schönheit eine ausgezeichnete Rolle ein. So erklärt sich auch, dass für die Stoiker die Schönheit nicht der Zweckmäßigkeit untergeordnet ist. Vielmehr zeigt sich die Zweckmäßigkeit an der Schönheit. Manche Dinge und Lebewesen sollen sogar einzig wegen ihres gefälligen Äußeren erzeugt worden sein. Auf diese Weise übernimmt selbst das äußere Erscheinungsbild eine bestimmte Funktion in der Welt und es gibt nichts, was die Natur ganz und gar nutzlos erschaffen haben könnte. In besonderer Weise soll die Vorsehung aber alles zum Nutzen der Menschen hervorgebracht haben. Tiere wie Pflanzen und die gesamte Einrichtung des Alls sind zum Wohle der Menschen und der einzelnen Götter geschaffen worden. Die vernunftlosen Geschöpfe existieren daher nur für den Menschen.[228] So gibt es etwa das Schaf nur deshalb, damit die Menschen Gebrauch von der Wolle machen können.[229] Das Schwein hat eine Seele in der Funktion von Salz, sodass das Fleisch nicht verfault, und die große Fruchtbarkeit des Schweins lässt sich schließlich auf den Fleischhunger des Menschen zurückführen.[230] Dasselbe Schema kann auch bei allen anderen natürlichen Dingen und Lebewesen angewandt werden. Alles auf der Welt soll zum Wohl der Menschen von der göttlichen Vernunft erschaffen worden sein; genauso wie das gesamte Firmament und der Lauf der Gestirne am Himmel. Denn kein anderes Geschöpf außer dem Menschen kann diese einsehen und folglich gebrauchen, sodass all dies von der göttlichen Vorsehung dem Menschen zum Nutzen bestimmt sein soll.[231]

---

227 Cicero, *De natura deorum*, II.140: „Quae primum eos humo excitatos celsos et erectos constituit, ut deorum cognitionem caelum intuentes capere possent. sunt enim ex terra homines non ut incolae atque habitatores sed quasi spectatores superarum rerum atque caelestium, quarum spectaculum ad nullum aliud genus animantium pertinet." „Sie hat die Menschen als erstes so eingerichtet, daß sie vom Erdboden erhoben und mit einer hohen und aufrechten Statur ausgestattet sind, damit sie durch die Betrachtung des Himmels zur Erkenntnis der Götter gelangen könnten. Denn die Menschen sind aus der Erde hervorgegangen, nicht um sie zu bewohnen und auf ihr zu hausen, sondern sozusagen als Beobachter der höheren und himmlischen Wirklichkeiten, ein Anblick, der keinem anderen Lebewesen gewährt ist." (Übersetzung: Olof Gigon)
228 Cicero, *De natura deorum*, II.154.
229 Cicero, *De natura deorum*, II.158.
230 Cicero, *De natura deorum*, II.160.
231 Cicero, *De natura deorum*, I.4: „Sunt autem alii philosophi, et hi quidem magni atque nobiles, qui deorum mente atque ratione omnem mundum administrari et regi censeant, neque vero id solum, sed etiam ab isdem hominum vitae consuli et provideri; nam et fruges et reliqua quae terra pariat et tempestates ac temporum varietates caelique mutationes, quibus omnia quae

Aber auch, wenn man dies zugestehen sollte, muss man doch feststellen, dass die Erzeugnisse allen Menschen in gleicher Weise nützlich sind: Die Vorsehung scheint sich mit ihren Gütern also lediglich der menschlichen *Gattung* zuzuwenden. Wie sieht es nun aber mit den einzelnen Menschen aus? Dürfen diese auch auf eine besondere Zuwendung hoffen? Und wenn ja, wie ist das mit dem gesetzmäßigen Ablauf der Ereignisse vereinbar?[232]

Marcus Aurelius formuliert die Alternative, dass die Vorsehung sich entweder jedem Einzelnen zuwendet, oder sie wandte sich nur einmal, zu Beginn der Welt, den Dingen zu. Alles, was sich danach ereignete, geschieht als eine Folge dieser ersten Vorsehung für die Welt.[233] Im Licht des bisher Ausgeführten zieht die zweite Alternative jedoch den Verdacht auf sich, dass es sich nicht um eine wirkliche Vorsehung handelt, sondern dies scheint vielmehr ein Fall von Naturnotwendigkeit zu sein, die die Welt zwar durch ihre Ursache-Wirkungs-Zusammenhänge ordnet, deren Ordnung aber eine unbarmherzige und für das Schicksal der Einzelnen blinde Notwendigkeit wäre.[234]

Die Bedeutung der Entscheidung über das Wesen der Vorsehung wird ersichtlich, wenn man sich vor Augen führt, dass Cicero in seinem Dialog *Über die Natur der Götter* die Frage nach der Vorsehung als Kernproblem der philosophischen Götterlehre betrachtet. Denn gäbe es keine Vorsehung, so würde das nach Cicero, der hier Panaitios folgt, bedeuten, dass die Götter kein Interesse an

---

terra gignat maturata pubescant, a dis inmortalibus tribui generi humano putant [...]." „Es gibt jedoch andere Philosophen, und zwar bedeutende und hoch angesehene, welche glauben, daß durch den Geist und die Vernunft der Götter die ganze Welt verwaltet und regiert werde. Darüber hinaus sind sie überzeugt, daß diese selben Götter sich auch um das Leben der Menschen kümmern und für es sorgen. Sie meinen, daß das Korn und alles Übrige, was die Erde hervorbringt, auch das Wetter und der Wechsel der Jahreszeiten und die Veränderungen am Himmel, durch welche alles, was der Erde entsprießt, wächst und heranreift, dem Menschengeschlecht von den Göttern zur Verfügung gestellt werde [...]." (Übersetzung: Olof Gigon)

232 Diese Frage, die Dorothea Frede 2002, 98 im Fall der stoischen Vorsehung aufgeworfen hat, wurde in der Frühen Neuzeit beispielsweise von Spinoza (und Wolff) thematisiert. Siehe Hahmann 2013.

233 Marcus Aurelius, *Ad se ipsum*, VII.75.1.1–3: Ἡ τοῦ ὅλου φύσις ἐπὶ τὴν κοσμοποιίαν ὥρμησε· νῦν δὲ ἤτοι πᾶν τὸ γινόμενον κατ' ἐπακολούθησιν γίνεται ἢ ἀλόγιστα καὶ τὰ κυριώτατά ἐστιν ἐφ' ἃ ποιεῖται ἰδίαν ὁρμὴν τὸ τοῦ κόσμου ἡγεμονικόν. „Die Natur des Weltganzen hat die Erschaffung des Kosmos in Gang gesetzt. Jetzt aber geschieht alles, was geschieht, entweder als eine Begleiterscheinung (des Schöpfungsvorgangs) oder selbst die wichtigsten Dinge, auf die das leitende Prinzip des Kosmos sein eigenes Interesse richtet, sind sinnlos." (Übersetzung: Rainer Nickel)

234 Marcus Aurelis, *Ad se ipsum*, IX.28.1.1: καὶ ἤτοι ἐφ' ἕκαστον ὁρμᾷ ἡ τοῦ ὅλου διάνοια· ὅπερ εἰ ἔστιν, ἀποδέχου τὸ ἐκείνης ὁρμητόν· ἢ ἅπαξ ὥρμησε, τὰ δὲ λοιπὰ κατ' ἐπακολούθησιν [...]. „Und entweder wandte sich die Vernunft des Weltganzen jedem einzelnen Ding zu – wenn das der Fall ist, dann nimm ihre Zuwendung an – oder sie wandte sich nur einmal (den Dingen) zu, alles weitere aber läuft als Folgeerscheinung ab." (Übersetzung: Rainer Nickel)

den Menschen hätten und sich auch nicht um die menschlichen Angelegenheiten scheren würden. Unter dieser Voraussetzung wäre aber nicht einzusehen, warum die Götter Gegenstand der menschlichen Verehrung sein sollten. Hieraus erklärt sich der stoische Schluss, dass, wer die Vorsehung der Götter bestreitet, auch die Gottesverehrung und mit ihr jede Frömmigkeit und Schamhaftigkeit aufhebt.[235] Sollten die Götter sich nämlich nicht als hilfreich für die Menschen erweisen, sondern ihnen gleichgültig gegenüberstehen und sich nicht um die Belange der Menschen kümmern, „warum sollten wir dann für die unsterblichen Götter irgendwelche Kulte einrichten, ihnen Ehren erweisen und Gebete an sie richten" (Übersetzung: Ursula Blank-Sangmeister)?[236] Ähnlich heißt es bei Marcus Aurelius:

---

[235] Cicero, *De natura deorum*, II.44: „Quae qui videat non indocte solum verum etiam impie faciat si deos esse neget. nec sane multum interest utrum id neget an eos omni procuratione atque actione privet; mihi enim qui nihil agit esse omnino non videtur." „Wer dies einsieht, würde nicht nur ungebildet, sondern auch gottlos räsonnieren, wenn er leugnen wollte, daß es Götter gibt. Dabei macht es kaum einen Unterschied, ob man die Existenz der Götter bestreitet oder sie jeder Fürsorge für die Welt und jeder Tätigkeit beraubt. Ich jedenfalls meine, daß ein Wesen, das nicht tätig ist, überhaupt nicht existiert." (Übersetzung: Olof Gigon) Siehe auch Cicero, *De natura deorum*, I.2: „quod vero maxime rem causamque continet, utrum nihil agant nihil moliantur omni curatione et administratione rerum vacent, an contra ab iis et a principio omnia facta et constituta sint et ad infinitum tempus regantur atque moveantur, in primis [quae] magna dissensio est, eaque nisi diiudicatur in summo errore necesse est homines atque in maximarum rerum ignoratione versari." „Was schließlich den entscheidenden Punkt betrifft, ob nämlich die Götter nichts tun, nichts in Bewegung setzen, von jeder Besorgung und Verwaltung der Dinge frei sind, oder ob sie im Gegenteil von Anfang an alles hergestellt und eingerichtet haben und auch in die unendliche Zukunft hinein alles regieren und in Bewegung halten, gerade darüber herrscht die größte Meinungsverschiedenheit. Wenn es in diesem Punkt zu keiner Entscheidung kommt, befinden sich die Menschen gezwungenermaßen in der schlimmsten Unsicherheit und in der Unkenntnis über die wichtigsten Dinge." (Übersetzung: Olof Gigon) Sobald aber die Existenz der Götter eingeräumt wird, muss ihnen auch eine Tätigkeit zugestanden werden, die ihrer würdig ist. Unwürdig wäre es aber für einen Gott, sich untätig den Lüsten hinzugeben. Vielmehr wird man ihnen die beste Tätigkeit zusprechen dürfen. Das ist aber die Lenkung der Welt, die somit die Götter übernehmen. Cicero, *De natura deorum*, II.76: „Primum igitur aut negandum est esse deos, quod et Democritus simulacra et Epicurus imagines inducens quodam pacto negat, aut qui deos esse concedat is fatendum est eos aliquid agere idque praeclarum; nihil est autem praeclarius mundi administratione [...]."„Als erstes haben wir nun die Wahl, entweder die Existenz der Götter zu bestreiten, wie dies sowohl Demokrit mit seinen Abbildern wie auch Epikur mit seinen Bildern auf gewisse Weise tun, oder aber die Existenz der Götter anzunehmen und dann zuzugestehen, daß sie irgendwie tätig sind, und zwar auf die vollkommenste Weise. Es gibt aber kein vollkommeneres Tun als die Verwaltung der Welt." (Übersetzung: Olof Gigon)
[236] Cicero, *De natura deorum*, I.3: „quid est quod ullos deis inmortalibus cultus honores preces adhibeamus?"

Falls es aber keine Götter gibt oder sie sich um die menschlichen Dinge nicht kümmern, was für einen Sinn hat es dann für mich, in einer Welt ohne Götter oder ohne Vorsehung zu leben?[237] (Übersetzung: Rainer Nickel)

Bemerkenswert ist, dass diese Fürsorge sich explizit nicht nur auf die Gattung Mensch erstrecken soll. So hebt Cicero hervor, dass sich die Götter eben nicht bloß um die Menschheit als Ganze sorgen. Gerade einzelne Personen liegen ihnen besonders am Herzen. „Wir können ja die Gesamtheit des Menschengeschlechts schrittweise reduzieren auf immer weniger Menschen und schließlich auf die einzelnen Individuen."[238] (Übersetzung: Olof Gigon)

Hinter diesem Gedanken steht möglicherweise die Vorstellung, dass sich das Allgemeine aus dem Einzelnen zusammensetzen muss. Folglich wird sich auch die allgemeine Vorsehung, die der Gattung Mensch gilt, auf jeden einzelnen Menschen richten müssen. Das lässt aber offen, was der einzelne Mensch an Fürsorge erwarten darf und welche Wohltaten ihm bereitet werden. Rückschlüsse hierauf lassen sich aus den konkreten Beispielen gewinnen, die Cicero zur Illustration der besonderen Vorsehung anführt. Denn diese sollen anhand des besonderen Schicksals einzelner Männer einen Eindruck der speziellen Liebe Gottes für einzelne Menschen vermitteln.[239] So ist zu lesen, dass großartige Männer immer von einem göttlichen Hauch umgeben sein sollen und „für tüchtige Männer nimmt alles stets einen glücklichen Verlauf" (Übersetzung: Ursula Blank-Sangmeister; modifiziert).[240] Als ein besonderes Geschenk der Götter an die Menschen gilt den Stoikern das Vermögen, ein Urteil über Gut und Böse zu fällen. Somit hat die Natur die Menschen nicht so wie alle anderen Lebewesen bloß mit dem zu ihrer

---

237 Marcus Aurelius, *Ad se ipsum*, II.11.1.3.–2.1: εἰ δὲ ἤτοι οὐκ εἰσὶν ἢ οὐ μέλει αὐτοῖς τῶν ἀνθρωπείων, τί μοι ζῆν ἐν κόσμῳ κενῷ θεῶν ἢ προνοίας κενῷ;
238 Cicero, *De natura deorum*, II.164: „Nec vero universo generi hominum solum sed etiam singulis a dis inmortalibus consuli et providi solet. Licet enim contrahere universitatem generis humani eamque gradatim ad pauciores postremo deducere ad singulos." „Die unsterblichen Götter sorgen und planen aber nicht nur für das ganze Menschengeschlecht, sondern auch für die einzelnen Menschen. Wir können ja die Gesamtheit des Menschengeschlechts schrittweise reduzieren auf immer weniger Menschen und schließlich auf die einzelnen Individuen." (Übersetzung: Olof Gigon) Siehe auch die ausführliche Behandlung der stoischen Position sowie die nachfolgende Kritik, die Alexander von Aphrodisias in seiner Schrift *Über die Vorsehung* bietet. Zu Alexanders eigener Konzeption der Vorsehung siehe § 22.
239 Cicero, *De natura deorum*, II.165: „[...] multosque praeterea et nostra civitas et Graecia tulit singulares viros, quorum neminem nisi iuvante deo talem fuisse credendum est." „Noch viele andere ausgezeichnete Männer hat sowohl unser Staat wie auch Griechenland hervorgebracht; man muß überzeugt sein, daß jeder von ihnen nur durch den Beistand Gottes so bedeutend geworden ist." (Übersetzung: Olof Gigon)
240 Cicero, *De natura deorum*, II.167: „Magnis autem viris prosperae semper omnes res [...]."

Erhaltung Notwendigen ausgestattet. Überdies sollen sie die Freiheit haben, das Gute zu wählen und das Böse zu meiden. Die Götter haben mithin das Gute vollkommen in die Hand der Menschen gelegt. Die menschliche Freiheit gibt für die Stoiker einen hinreichenden Beweis für die besondere Vorsehung, die die Götter jedem einzelnen Menschen gewidmet haben. Die äußeren Güter hingegen sind weder gut noch hässlich, sie sind moralisch indifferent und damit wertlos.[241] Sein glückliches Schicksal wird der Einzelne bei den Weissagern erfragen können. Auch darin zeigt sich die Vorsehung der Götter für ihn: Sie verkünden ihm seine Zukunft, damit er Vorbereitungen treffen und alles zum Besten wenden kann.

Auf diesen besonderen Aspekt der Vorsehung werden wir wie gesagt in den folgenden beiden Kapiteln ausführlicher eingehen. Kommen wir nun aber zur Frage nach dem höchsten Gut zurück und vergegenwärtigen uns das stoische Argument auf der Folie ihrer Ausführungen zur Vorsehung. Wir haben gesehen, dass der Ausgangspunkt für den Übergang vom ersten Naturgemäßen zum höchsten Gut die Erkenntnis der vollkommenen Ordnung der dem Menschen aufgegebenen Handlungen ist. Die Ordnung hat ihre Erweiterung in der kosmischen Harmonie, die damit sozusagen der Spiegel der inneren Ordnung ist.[242] Beide Ordnungen sind abhängig von der Vernunft, von der sie sowohl gestiftet als auch erkannt werden, und zwar zum einen von der Vernunft des Handelnden, der durch das logische Schlussverfahren eine Kohärenz in der Ordnung der Aufgaben erkennen (und folglich auch in seine Handlungen bringen) kann und zum anderen von der einen göttlichen Vernunft, die die vollkommene Ordnung der Welt gestiftet hat. Diese Ordnung kann nur der Mensch aufgrund seiner Vernunftfähigkeit einsehen und sich an ihrer Schönheit erfreuen. Wie Diogenes Laërtius berichtet, ist die vollkommene Ordnung zugleich die organische *Bestform* des Alls.[243] Als Bestform wird die Ordnung von den Stoikern auch Tugend oder Weisheit genannt. Daraus ergibt sich die stoische Feststellung, dass die Welt selbst

---

241 Nach stoischer Ansicht gibt es überhaupt nur ein Übel, und zwar den schlechten Charakter, den ein guter Mensch notwendigerweise nicht mehr hat, ansonsten wäre er kein guter Mensch.
242 Oder kantisch formuliert: „Der bestirnte Himmel über mir, und das moralische Gesetz in mir" Kant, *KpV*, AA05: 161. Zum stoischen Ursprung dieser kantischen Formulierung siehe Santozki 2006.
243 Diogenes Laërtius, VII.143.3 = *SVF*, II.633: ὅτι δὲ καὶ ζῷον ὁ κόσμος καὶ λογικὸν καὶ ἔμψυχον καὶ νοερὸν καὶ <Χρύσιππός> φησιν <ἐν πρώτῳ περὶ Προνοίας> καὶ Ἀπολλόδωρός φησιν ἐν τῇ φυσικῇ καὶ Ποσειδώνιος· ζῷον μὲν οὕτως ὄντα, οὐσίαν ἔμψυχον αἰσθητικήν. τὸ γὰρ ζῷον τοῦ μὴ ζῴου κρεῖττον· οὐδὲν δὲ τοῦ κόσμου κρεῖττον. ζῷον ἄρα ὁ κόσμος. ἔμψυχον δέ, ὡς δῆλον ἐκ τῆς ἡμετέρας ψυχῆς ἐκεῖθεν οὔσης ἀποσπάσματος. „Dass die Welt ein Lebewesen, vernünftig, beseelt und denkfähig ist, sagen Chrysipp im ersten Buch ‚Über die Vorsehung', Apollodor in seiner ‚Physik' und Poseidonios. Ein Lebewesen ist sie in dem Sinne, dass sie eine beseelte und wahrnehmungsfähige Substanz ist. Ein Lebewesen ist nämlich besser als ein nicht lebendes Wesen. Nichts aber ist besser als die Welt. Also ist die Welt ein Lebewesen; dass sie aber beseelt

weise ist.²⁴⁴ Eine solche Ordnung kann selbstredend nicht Ergebnis eines blinden Zufalls sein. Vielmehr zeigt sich hier, wie Philon stoisch inspiriert hervorhebt, eine göttliche Tätigkeit, die die Welt nach ihrem Willen eingerichtet hat.²⁴⁵ Wille und Einsicht Gottes sind Bedingungen für seine Vorsehung als der einzigen Tätigkeit, die eines Gottes würdig ist. Im Umkehrschluss gilt sodann, dass sich aus der Ordnung der Welt auf die Vorsehung Gottes schließen lässt. Wer aber die Welt als ein Produkt der göttlichen Vorsehung begreift, der sieht, dass diese zu seinem wahren und größten Nutzen eingerichtet sein muss. Weil nun aber der größte Nutzen auch das von allen erstrebte höchste Gut ist, wird die Erkenntnis der Harmonie schließlich und notwendig zu einer Neubestimmung des höchsten Gutes führen müssen. Denn was zuerst als ein Gut erkannt wurde, die Selbsterhaltung, tritt hinter die vernünftige Erkenntnis zurück, die den *wahren und eigentlichen Nutzen* aufzeigt.²⁴⁶ Da aber die vollkommene Ordnung der Welt auf der Absicht

---

ist, ergibt sich daraus, dass unsere Seele ein aus ihr herausgelöstes Stück ist." (Übersetzung: Rainer Nickel)
244 Sextus Empiricus, *Adversus mathematicos*, IX.84.5–86.1 = *SVF*, II.1013: ἡ δέ γε τὰς πάντων περιέχουσα φύσεις καὶ τὰς λογικὰς περιέσχηκεν. ἀλλὰ καὶ ἡ τὰς λογικὰς περιέχουσα φύσεις πάντως ἐστὶ λογική· οὐ γὰρ οἷόν τε τὸ ὅλον τοῦ μέρους χεῖρον εἶναι. ἀλλ' εἰ ἀρίστη ἐστὶ φύσις ἡ τὸν κόσμον διοικοῦσα, νοερά τε ἔσται καὶ σπουδαία καὶ ἀθάνατος. τοιαύτη δὲ τυγχάνουσα θεός ἐστιν. „Die Natur, die die Naturen aller Dinge umgreift, hält auch die vernünftigen Naturen umgriffen. Dann aber ist auch die Natur, die die vernünftigen Naturen umgreift, in jeder Hinsicht vernünftig. Es wäre nämlich nicht möglich, dass das Ganze minderwertiger ist als der Teil, aber wenn es die beste Natur ist, die die Welt verwaltet, dann wird sie auch denkfähig, gut und unsterblich sein. Wenn sie so beschaffen ist, ist sie Gott." (Übersetzung: Rainer Nickel); *SVF*, I.111–114.
245 Philo, *De providentia*, II.56 = *SVF*, II.1143: „Figura autem mundi, sicut mundus ipse, per providentiam globi in formam facta fuit [...]." „Aber die äußere Gestalt der Welt bekam wie auch die Welt als solche durch die göttliche Vorsehung die Form einer Kugel [...]." (Übersetzung: Rainer Nickel) *SVF*, II.912; II.913; II.937.
246 Sextus Empiricus, *Adversus mathematicos*, XI.22–1–23.4 = *SVF*, III.75: οἱ μὲν οὖν Στωικοὶ τῶν κοινῶν ὡς εἰπεῖν ἐννοιῶν ἐχόμενοι ὁρίζονται τἀγαθὸν τρόπῳ τῷδε "ἀγαθόν ἐστιν ὠφέλεια ἢ οὐχ ἕτερον ὠφελείας", ὠφέλειαν μὲν λέγοντες τὴν ἀρετὴν καὶ τὴν σπουδαίαν πρᾶξιν, οὐχ ἕτερον δὲ ὠφελείας τὸν σπουδαῖον ἄνθρωπον καὶ τὸν φίλον. ἡ μὲν γὰρ ἀρετὴ πως ἔχον ἡγεμονικὸν καθεστηκυῖα, καὶ ἡ σπουδαία πρᾶξις, ἐνέργειά τις οὖσα κατ' ἀρετήν, ἀντικρὺς ἐστιν ὠφέλεια [...]. „Die Stoiker also klammern sich sozusagen an die allgemeinen Begriffe und definieren das Gute folgendermaßen: ‚Das Gute ist Nutzen oder nichts anderes als Nutzen', wobei sie mit ‚Nutzen' die Tugend und das tugendhafte Handeln meinen. Denn die Tugend – sie besteht in einer Disposition des Zentralorgans – und die tugendhafte Handlung – sie ist eine Tätigkeit in Übereinstimmung mit der Tugend – sind geradewegs Nutzen." (Übersetzung: Karlheinz Hülser); *SVF*, III.38; III.74. Gleichwohl soll der Lohn der Pflichterfüllung die Pflichterfüllung selbst sein, Cicero, *De finibus bonorum et malorum*, II.72: „Id enim volumus, id contendimus ut officii fructus sit ipsum officium." „Denn genau das wollen und erstreben wir, daß nämlich der Lohn der Pflicht gerade in ihrer Erfüllung liegt." (Übersetzung: Olof Gigon)

und dem Willen Gottes beruht, wird es zugleich zur einzigen und höchsten Pflicht des Menschen, seinem wahren Nutzen zu folgen und mit der vernünftigen Ordnung der Welt in Übereinstimmung zu sein. Denn dieselbe Ordnung ist gottgewollt und für die Menschen daher auch Befehl. Aus diesem Grund entfaltet die faktische Ordnung der Welt zugleich eine normative Kraft und in diesem Sinn ist das höchste Gut für die Stoiker die Übereinstimmung (ὁμολογία) mit der göttlichen Ordnung, was nichts anderes bedeutet, als mit seinem wahren Nutzen in Übereinstimmung zu sein bzw. seine Handlungen am größtmöglichen Nutzen auszurichten. Da die Welt als Kosmos, d. h. als harmonische Ordnung, die verkörperte vollkommene Vernunft ist, wird die Übereinstimmung nur durch eine Entwicklung der eigenen Vernunftanlagen erreicht werden können. Die vollkommene Entwicklung der Vernunftanlagen identifizieren die Stoiker, wie Diogenes Laërtius berichtet, mit der Tugendhaftigkeit bzw. Bestform der menschlichen Natur.[247] Die alles umfassende Tugend soll aber die Weisheit sein. Somit ist ein tugendhaftes Leben nichts anderes als ein Leben gemäß dem tatsächlichen Lauf der Natur, d. h. aber ein Leben, das selbst im guten Fluss ist, und das ist das Leben des Weisen.

Auf der Folie dieser systematischen Zusammenschau wird ersichtlich, weshalb die Stoiker das höchste Ziel als ein Leben in Übereinstimmung mit sich selbst oder in Übereinstimmung mit der Natur bestimmen.[248] Beides ist in

---

[247] Diogenes Laërtius, VII.90.1 = *SVF*, III.197: Ἀρετὴ δ' ἡ μέν τις κοινῶς παντὶ τελείωσις. „Die Tugend ist zunächst allgemein die jedem Ding zukommende Vollendung (Vollkommenheit)." Siehe auch *SVF*, III.198; III.247; III.260.

[248] Siehe den detaillierten Bericht von Diogenes Laërtius, VII.87.1–88.9: Διόπερ πρῶτος ὁ Ζήνων ἐν τῷ Περὶ ἀνθρώπου φύσεως τέλος εἶπε τὸ ὁμολογουμένως τῇ φύσει ζῆν, ὅπερ ἐστὶ κατ' ἀρετὴν ζῆν· ἄγει γὰρ πρὸς ταύτην ἡμᾶς ἡ φύσις. ὁμοίως δὲ καὶ Κλεάνθης ἐν τῷ Περὶ ἡδονῆς καὶ Ποσειδώνιος καὶ Ἑκάτων ἐν τοῖς Περὶ τελῶν· πάλιν δ' ἴσον ἐστὶ τὸ κατ' ἀρετὴν ζῆν τῷ κατ' ἐμπειρίαν τῶν φύσει συμβαινόντων ζῆν, ὥς φησι Χρύσιππος ἐν τῷ πρώτῳ Περὶ τελῶν· μέρη γάρ εἰσιν αἱ ἡμέτεραι φύσεις τῆς τοῦ ὅλου. διόπερ τέλος γίνεται τὸ ἀκολούθως τῇ φύσει ζῆν, ὅπερ ἐστὶ κατά τε τὴν αὐτοῦ καὶ κατὰ τὴν τῶν ὅλων, οὐδὲν ἐνεργοῦντας ὧν ἀπαγορεύειν εἴωθεν ὁ νόμος ὁ κοινός, ὅσπερ ἐστὶν ὁ ὀρθὸς λόγος, διὰ πάντων ἐρχόμενος, ὁ αὐτὸς ὢν τῷ Διί, καθηγεμόνι τούτῳ τῆς τῶν ὄντων διοικήσεως ὄντι· εἶναι δ' αὐτὸ τοῦτο τὴν τοῦ εὐδαίμονος ἀρετὴν καὶ εὔροιαν βίου, ὅταν πάντα πράττηται κατὰ τὴν συμφωνίαν τοῦ παρ' ἑκάστῳ δαίμονος πρὸς τὴν τοῦ τῶν ὅλων διοικητοῦ βούλησιν. „Daher erklärte Zenon in seinem Buch *Über die Natur des Menschen* als erster, das Endziel sei, in Übereinstimmung mit der Natur zu leben, was eben heißt, im Einklang mit der Tugend zu leben. Denn die Natur führt uns zur Tugend. Ebenso stellt es auch Kleanthes in dem Buch *Über die Lust* da, ferner Poseidonios und Hekaton in ihren Büchern *Über Ziele*. Hinwiederum ist, im Einklang mit der Tugend zu leben, dasselbe wie in Übereinstimmung mit der Erfahrung dessen zu leben, was durch die Natur geschieht, wie Chrysipp im ersten Buch *Über Ziele* sagt. Denn unsere eigenen Naturen sind Teile der Natur des Ganzen. In Übereinstimmung mit der Natur zu leben kommt deshalb als das Endziel heraus, nämlich sowohl in Übereinstimmung mit der Natur von einem selbst als auch in Übereinstimmung mit der Natur von allem

einem entscheidenden Sinn gleichbedeutend. Denn Ziel ist es, die eigene Verfassung mit der vernünftigen Ordnung der Natur in Übereinstimmung zu bringen. Deshalb bedeutet auch die Forderung, in Übereinstimmung zu leben, vernünftig zu leben, d. h. wiederum, die individuelle Tugend zu entwickeln und somit zu einer Harmonie zwischen der eigenen und der göttlichen Natur zu kommen. Dahin lenkt den Menschen die Natur, indem sie ihn von Geburt an dazu antreibt, seine Vermögen zu entwickeln. Denn die einzelne individuelle Natur ist ein Teil der Gesamtnatur und hat in der Ordnung der Gesamtnatur ihren notwendigen Platz, wie Marcus Aurelius an vielen Stellen betont.[249] Wer seinen Platz in dieser Gesamtnatur erkennt und die körperlichen Bedürfnisse und Begehren mit seinen Vermögen und Fähigkeiten *harmonisiert*, der wird auch sein Leben in einen guten Fluss bringen:[250] Denn es wird eine vollkommene Harmonie zwischen natürlicher Ordnung, d. h. dem Ablauf der Ereignisse, und dem Streben des Individuums bestehen. Folglich wird es nichts geben, was das menschliche Streben irgendwie behindern oder ihm im Weg stehen könnte. Stattdessen wird sich alles genau so ereignen, wie es die vollständig entwickelte Vernunft des Weisen aus sich selbst

---

insgesamt, ohne etwas von dem zu unternehmen, was das allgemeine Gesetz für gewöhnlich verbietet, welches Gesetz die richtige Vernunft ist, die alles durchdringt und identisch ist mit Zeus, dem Lenker der Verwaltung dessen, was ist. Und eben darin besteht die Tugend des glücklichen Menschen und der gute Fluß seines Lebens, wenn alle Handlungen im Einklang des Schutzgeists eines jeden Menschen mit dem Willen des Verwalters von allen insgesamt erfolgen." (Übersetzung: Karlheinz Hülser)

249 Marcus Aurelius, *Ad se ipsum*, II.9.1.1–4: Τούτων ἀεὶ μεμνῆσθαι, τίς ἡ τῶν ὅλων φύσις καὶ τίς ἡ ἐμὴ καὶ πῶς αὕτη πρὸς ἐκείνην ἔχουσα καὶ ὁποῖόν τι μέρος ὁποίου τοῦ ὅλου οὖσα καὶ ὅτι οὐδεὶς ὁ κωλύων τὰ ἀκόλουθα τῇ φύσει, ἧς μέρος εἶ, πράσσειν τε ἀεὶ καὶ λέγειν. „Dessen muß man sich immer bewußt sein, was die Natur des Ganzen und was meine eigene Natur ist und wie sich diese zu jener verhält und welcher Teil welches Ganzen sie ist und daß es niemanden gibt, der dich daran hindern könnte, stets das, was im Sinne der Natur ist, deren Teil du bist, zu tun und zu sagen." (Übersetzung: Rainer Nickel) Siehe auch ebd. III.2.3.7–10: καὶ πολλὰ τοιαῦτα οὐ παντὶ πιθανά, μόνῳ δὲ τῷ πρὸς τὴν φύσιν καὶ τὰ ταύτης ἔργα γνησίως ᾠκειωμένῳ προσπεσεῖται. „Vieles dieser Art wird nicht jedem zugänglich sein, sondern allein demjenigen, der mit der Natur und ihrem Wirken vollkommen eins ist." (Übersetzung: Rainer Nickel) Wichtig ist vor allem die Überzeugung, dass die Vorsehung Gutes für den Menschen bereithält. Ebd. III.4.3.10–4.1: μόνα γὰρ τὰ ἑαυτοῦ πρὸς ἐνέργειαν † ἔχει καὶ τὰ ἑαυτῷ ἐκ τῶν ὅλων συγκλωθόμενα διηνεκῶς ἐννοεῖ κἀκεῖνα μὲν καλὰ παρέχεται, ταῦτα δὲ ἀγαθὰ εἶναι πέπεισται· ἡ γὰρ ἑκάστῳ νεμομένη μοῖρα συνεμφέρεταί τε καὶ συνεμφέρει. „Denn er will nur seine eigenen Gedanken verwirklichen und er denkt ständig über das nach, was ihm selbst im Zusammenhang mit dem Weltganzen vorbestimmt ist; seine eigenen Gedanken läßt er zu schönen Taten werden und ist überzeugt, daß das Vorbestimmte gut ist. Denn das jedem einzelnen zugewiesene Schicksal ist in das Weltganze eingebettet und bettet ihn in dieses ein." (Übersetzung: Rainer Nickel) Der Mensch handelt im Vertrauen auf die gute Ordnung der Welt, von der er ein Teil ist.

250 Stobaeus, Ecl. II p. 77, 20–21 = *SVF*, I.184; Diogenes Laërtius, VII.88.6–9.

heraus will. Daher wird der stoische Weise aufrecht das All und die Werke Gottes betrachten und in dem Wissen um die Vollkommenheit des einen Kosmos voller Ehrfurcht Gott preisen. Denn nichts geschieht, was den Weisen beunruhigen oder den Fluss seines Lebens beeinträchtigen könnte.[251]

Zum Schluss möchte ich noch zwei Punkte aufgreifen, die für das Nachfolgende relevant sind. Zuerst ist klar, dass moderne Leser große Zweifel an der Vorstellung hegen, dass die Welt teleologisch geordnet ist. Diese Vorstellung ist jedoch bereits in der antiken Debatte bezweifelt worden, wie die Kritik im dritten Buch von Ciceros *Über die Natur der Götter* zeigt. Aber (wie bereits Dorothea Frede in diesem Zusammenhang ganz zurecht herausstellt) das ist allein noch kein Nachweis über die interne Inkohärenz der stoischen Position.[252] Wir werden uns der Kritik an der stoischen Vorsehung ausführlich im letzten Kapitel zuwenden. In diesem Kontext werden wir auch sehen, ob die stoische Theorie der Vorsehung kohärent ist oder nicht bzw. welche der von den antiken Kritikern vorgebrachten Argumente in Ansehung dieser internen Kohärenz als stichhaltig betrachtet werden können und welche Konsequenzen sich daraus ergeben.

---

[251] In diesem Sinn ermahnt Marcus Aurelius, *Ad se ipsum*, XII.26.1.1–6: Ὅταν δυσφορῇς ἐπί τινι, ἐπελάθου τοῦ, ὅτι πάντα κατὰ τὴν τῶν ὅλων φύσιν γίνεται, καὶ τοῦ, ὅτι τὸ ἁμαρτανόμενον ἀλλότριον, καὶ ἐπὶ τούτοις τοῦ, ὅτι πᾶν τὸ γινόμενον οὕτως ἀεὶ ἐγίνετο καὶ γενήσεται καὶ νῦν πανταχοῦ γίνεται· τοῦ, ὅση ἡ συγγένεια ἀνθρώπου πρὸς πᾶν τὸ ἀνθρώπειον γένος· οὐ γὰρ αἱματίου ἢ σπερματίου, ἀλλὰ νοῦ κοινωνία. „Wenn du an etwas Anstoß nimmst, hast du erstens vergessen, daß alles im Sinne der Natur des Weltganzen geschieht, und zweitens, daß das Fehlverhalten nicht deine Sache ist, und außerdem noch drittens, daß alles, was geschieht, schon immer so geschah und geschehen wird und im Augenblick überall geschieht, und viertens, wie eng die Verwandtschaft des einzelnen Menschen mit der gesamten Menschheit ist – denn sie ist keine Gemeinschaft des Blutes oder des Samens, sondern des Geistes." (Übersetzung: Rainer Nickel) Denn der Weise will nur das, was auf jeden Fall geschieht, und der Allgemeinheit dient. Ebd. XI.13.1.7–10: τί γάρ σοι κακόν, εἰ αὐτὸς νῦν ποιεῖς τὸ τῇ φύσει σου οἰκεῖον καὶ δέχῃ τὸ νῦν τῇ τῶν ὅλων φύσει εὔκαιρον, ἄνθρωπος τεταμένος πρὸς τὸ γίνεσθαι δι' ὅτου δὴ τὸ κοινῇ συμφέρον; „Was gibt es denn Schlimmes für dich, wenn du selbst jetzt tust, was deiner Natur entspricht, und hinnimmst, was der Natur des Weltganzen im Augenblick willkommen ist, als ein Mensch, der nur darauf aus ist, daß auf jeden Fall das geschieht, was der Allgemeinheit nützt?" (Übersetzung: Rainer Nickel) IV.23.1.1–5: Πᾶν μοι συναρμόζει ὃ σοὶ εὐάρμοστόν ἐστιν, ὦ κόσμε· οὐδέν μοι πρόωρον οὐδὲ ὄψιμον ὃ σοὶ εὔκαιρον. πᾶν μοι καρπὸς ὃ φέρουσιν αἱ σαὶ ὧραι, ὦ φύσις· ἐκ σοῦ πάντα, ἐν σοὶ πάντα, εἰς σὲ πάντα. ἐκεῖνος μέν φησιν· "<ὦ> πόλι φίλη Κέκροπος"· σὺ δὲ οὐκ ἐρεῖς· "ὦ πόλι φίλη Διός"; „Alles paßt mir, was dir gut paßt, mein Kosmos. Nichts ist mir zu früh oder zu spät, was für dich zum richtigen Zeitpunkt geschieht. Für mich ist alles eine gute Ernte, was deine Jahreszeiten bringen, gütige Natur. Von dir kommt alles, in dir ist alles, zu dir geht alles. Der Dichter sagt: Geliebte Stadt des Kekrops. Wirst du aber nicht sagen: Geliebte Stadt Gottes?" (Übersetzung: Rainer Nickel) Alles ist Bestandteil der einen Ordnung und das ist die eine Stadt Gottes.
[252] Dorothea Frede 2002, 114.

An zweiter Stelle möchte ich auf das besondere Verhältnis der Stoiker zu Platon in dieser Frage hinweisen. Hier fallen zahlreiche offenkundige Gemeinsamkeiten ins Auge, weshalb Dorothea Frede ihre Darstellung der stoischen Vorsehung auch mit der Vorstellung der platonischen Theorie beginnt.[253] Anders als Aristoteles (zumindest insofern wir das heute beurteilen können[254]) geht Platon ausführlich auf die Vorsehung ein. Einschlägig ist vor allem das zehnte Buch der *Gesetze*, von dem daher auch vermutet wird, dass es insgesamt besonders einflussreich für die Entwicklung der stoischen Philosophie gewesen sei. Platon unterstreicht an dieser Stelle die Bedeutung des Glaubens an die Vorsehung.[255] Ebenso wie die Stoiker will auch Platon zuerst den Nachweis erbringen, dass Gott existiert, bevor er Gottes Tätigkeit als Vorsehung für die Menschen charakterisiert.[256] Auch hier findet sich die Vorstellung, dass die Schönheit des Kosmos Beweis genug dafür ist, dass die Welt von einem Gott erschaffen sein muss.[257] Bereits Platon formuliert die Möglichkeit eines natürlichen Mechanismus und wendet sich dagegen, indem er darauf insistiert, dass eine solche Harmonie nur durch eine ordnende göttliche Kraft hervorgerufen worden sein könne. Aus dieser Ordnung zeigt er den Nutzen für die Menschen auf.[258] Er geht aber noch einen Schritt weiter: Denn im Fokus der göttlichen Fürsorge soll nicht nur die Gattung Mensch stehen. Selbst den Individuen wendet Gott sich zu, da es sich nicht schicken soll, anzunehmen, dass Gott die menschlichen Angelegenheiten vernachlässigt haben könne.[259] Letzteres wäre vielmehr unverträglich mit der göttlichen Allwissenheit und Güte. Platon unterstreicht wie die Stoiker, dass der Schöpfer das Erschaffene nicht vernachlässigen wird, sondern sich fürsorglich um dieses kümmern wird. Hierbei soll es sich nun laut Philon sogar um ein Gesetz der Natur handeln.[260] Wo aber der Nutzen des Individuums mit der Realität in Konflikt zu geraten scheint, ist daran zu erinnern, dass der Kosmos seine Ordnung nicht zum Nutzen des Individuums hat, sondern dass der Teil vielmehr dem Ganzen

---

253 Siehe Dorothea Frede 2002, 88–95.
254 In diesem Zusammenhang ist bemerkenswert, dass laut Alexander von Aphrodisias Aristoteles eine Schrift über die Vorsehung verfasst haben soll. Hierauf werden wir im letzten Abschnitt zurückkommen. Zu Ansätzen einer Theorie der Vorsehung bei Aristoteles in Abgrenzung zur stoischen und platonischen Konzeption siehe Santozki 2006.
255 Platon, *Leges*, 885b–907d.
256 Platon, *Leges*, 885b.
257 Platon, *Leges*, 885e–899e.
258 Platon, *Leges*, 899e–905d.
259 Platon, *Leges* 900c–902e.
260 Philon, *De praemiis et poenis*, 42.4–5: καὶ ὅτι πρόνοιαν ἀναγκαῖον εἶναι· νόμος γὰρ φύσεως ἐπιμελεῖσθαι τὸ πεποιηκὸς τοῦ γεγονότος. „[…] auch ist es notwendig, dass es eine Vorsehung gibt, denn es ist ein Gesetz der Natur, dass ein Schöpfer sich um das Entstandene kümmert."

zuträglich sein muss. Und auch Platon bringt dieses Ganze mit einem Weltstaat in Verbindung.

Diese evidenten Gemeinsamkeiten zwischen der stoischen und der platonischen Konzeption der Vorsehung legen schließlich nahe, dass die Stoiker die platonische Vorstellung nicht nur kannten, sondern ihre eigene Konzeption höchstwahrscheinlich in direkter Anlehnung hieran entwickelt haben. Im Licht der bisherigen Ausführungen wäre sogar zu vermuten, dass die Stoiker in ihrer Zurückweisung der epikureischen Philosophie unter Umständen ganz bewusst die Nähe zu Platon gesucht haben, und zwar deshalb, weil Epikur sich dezidiert gegen die von ihm so gehasste platonische Philosophie wendete. Diese Frage lässt sich jedoch auf der Folie der spärlichen Überlieferung kaum entscheiden. Umso wichtiger sind vor diesem Hintergrund jedoch die gravierenden Unterschiede zwischen der stoischen und platonischen Philosophie, die, wie Dorothea Frede bereits treffend formuliert hat, ontologischer Natur sind, da nämlich „the main distinction between their position [the Stoic] and Plato's consists in the fact that Stoic providence is an immanent principle in all of nature".[261] Die Stoiker teilen nämlich mit Epikur eine wesentliche Voraussetzung: Ihrer Ansicht nach können nur Körper etwas bewirken und nur das, was etwas bewirken oder erleiden kann, soll ihrer Ansicht nach existieren. Das führt uns wieder zurück zur Naturphilosophie. Denn so wie in der Philosophie der Wahrnehmung scheinen auch in dieser Frage die Physik und mithin die naturphilosophischen Unterschiede zwischen den einzelnen antiken Schulen wesentlich zu sein. Um also die Unterschiede und Gemeinsamkeiten zwischen den einzelnen Schulen richtig zu erfassen, müssen nun die Konsequenzen der stoischen Konzeption der Vorsehung für die Naturphilosophie ausbuchstabiert werden. Dann werden sich nicht nur die wichtigsten Unterschiede zwischen beiden hellenistischen Schulen erklären, sondern die bereits herausgestellten Gemeinsamkeiten werden überdies ihr besonderes Gewicht gewinnen.

***

Ich fasse noch einmal die Ergebnisse dieses Kapitels zusammen. Nach Epikur zeigt sich der klare *Wille der Natur* am unverfälschten und unverdorbenen Anfang des Lebens, weshalb es nötig sein soll, das Verhalten Neugeborener zu inspizieren, um daran das höchste zu erstrebende Gut abzulesen. Die Wahrnehmung unter-

---

[261] Dorothea Frede 2002, 104 weist auch darauf hin, dass die Stoiker den Anthropozentrismus noch weiter übertrieben haben (108): „For the Stoics the world is not just, as it is for Plato, a well-built house, ready for human inhabitants. Their 'house of nature' is also fully furnished and well stocked for daily use."

richtet nun mit Evidenz, dass es sich hierbei nur um die Lust handeln kann, und zwar zuletzt eine solche Lust, die sich einstellt, sobald der Geist zur Ruhe kommt und die Schmerzen des Körpers überwunden werden. Auch die Stoiker sind der Ansicht, dass man zur Bestimmung des höchsten Gutes an den unverfälschten und unverdorbenen Anfang des Lebens zurückgehen muss. Anders als Epikur glauben sie jedoch nicht, dass die Lust der primäre Antrieb der Lebewesen ist. An die Stelle der Lust setzen sie die Selbsterhaltung. Bedenkt man jedoch, dass auch für Epikur die höchste Lust in der Abwesenheit des Schmerzes besteht, die sich genau dann einstellt, wenn alles zur Erhaltung Notwendige befriedigt wird, scheinen die Unterschiede zwischen epikureischer und stoischer Position vorerst nur marginal zu sein. Allerdings verdienen zwei Punkte, die dieser ersten Einschätzung widersprechen, besondere Beachtung. Denn zunächst handelt es sich bei der von den Stoikern behaupteten Selbsterhaltung nur um das erste Naturgemäße, nicht aber um das letzte und höchste Gut. Weil der Mensch als charakteristisches Merkmal über Vernunft oder Sprache verfügt, wird er den Stoikern zufolge den primären, bei allen Tieren feststellbaren Trieb zur Selbsterhaltung nachhaltig überformen. Folglich wird nicht der Trieb als solcher, sondern der vernünftig überformte Trieb als grundlegend zur Bestimmung der Güter anzusehen sein. Zweitens tritt bereits in der Bestimmung des ersten Naturgemäßen ein weiterer Gedanke in den Vordergrund, und zwar die durch die Selbstwahrnehmung vermittelte erste *natürliche Zustimmung der Natur*, worin sich die Vorsehung der Natur in ihrer Sorge um ihre Geschöpfe kundtut. Was die Stoiker also von Epikur unterscheidet, ist schon in der Bestimmung des ersten Gutes ihre Annahme einer vernünftigen Vorsehung. Noch deutlicher als in der Frage nach dem ersten Gut tritt die Bedeutung der Vorsehung dann in der Bestimmung des höchsten Gutes in Erscheinung. Mit der Vorsehung und ihrer Bedeutung für das gesamte stoische System hat sich der wesentliche Unterschied zwischen der stoischen und epikureischen Philosophie angekündigt, was in den folgenden Kapiteln mit Blick auf die Naturphilosophie weiter herauskristallisiert und begründet werden soll.

Kapitel IV – Das Feuer der Wahrnehmung

Im vorausgehenden Kapitel wurde der Grund dafür aufgezeigt, dass es sich nach stoischer Meinung bei dieser Welt um die beste aller möglichen Welten handeln muss. In diesem Kapitel wird die ausgezeichnete Stellung der Vorsehung für das stoische System weiter untermauert. Dazu wird die Wirkung der Vorsehung auf die Materie fokussiert, was die grundlegenden Unterschiede zur epikureischen Naturphilosophie erklären soll. Auf diese Weise werden die wichtigsten der in der Literatur konstatierten Differenzen zwischen der stoischen und epikureischen Philosophie als direkte Folgen aus der stoischen Konzeption der Vorsehung herausgestellt. Mit dieser Ableitung wäre auch eine Aufklärung des zu Beginn bemerkten Umstands in Aussicht gestellt, dass sich bei den meisten der frühneuzeitlichen Autoren sowohl stoische als auch epikureische Theorieelemente finden lassen. Wird nämlich wie bei Spinoza die Vorstellung der Vorsehung als die immanente körperliche Ursache der Ordnung zurückgewiesen, dann spricht auch grundsätzlich nichts gegen die Existenz des Leeren in der Welt und folglich gegen den Atomismus. In diesem Sinn werden auch die stoischen Argumente gegen das Leere innerhalb des Kosmos oder für die Kugelgestalt der Welt selbst einsichtig.[1]

Die Naturphilosophie ist Teil der stoischen Physik. Wir werden sehen, dass auch im Zentrum der stoischen Naturlehre das Phänomen der Bewegung (Veränderung) steht. In Anlehnung an die aristotelische Diskussion ergeben sich drei Gegenstände: erstens die Ursache der Bewegung, zweitens die Materie, an der die Bewegung stattfindet, und drittens der Zweck bzw. das Ziel der Bewegung.[2]

---

1 Bereits White 2003, 127 hat in seiner Darstellung der stoischen Naturphilosophie darauf aufmerksam gemacht, dass „the Stoic themes of the unity and the cohesion of the cosmos and of an all-encompassing divine reason controlling that cosmos may be regarded as the principal controlling 'prior commitments' of Stoic physics [...]. These themes do much, in other words, to shape the types of issues and problems that Stoic physics takes to be important, as well as the substance of what the Stoics have to say about these issues and problems". Diese extrem wichtige Beobachtung soll im Folgenden noch weiter ausgedehnt und die Bedeutung, die in diesem Zusammenhang vor allem die stoische Konzeption der Vorsehung hat, fokussiert werden. Sedley 1999, 355 und Dienstbeck 2015, 91 betonen zwar ebenfalls die Bedeutung der Vorstellung des materiellen Kontinuums für die stoische Physik im Unterschied zu Epikur. Sie sehen jedoch nicht, dass die stoische Konzeption der Vorsehung grundlegend hierfür ist.
2 Die praktischen Konsequenzen dieser Einteilung betont Marcus Aurelius, *Ad se ipsum*, XII.29.1.1–2: Σωτηρία βίου ἕκαστον δι' ὅλου αὐτὸ τί ἐστιν ὁρᾶν, τί μὲν αὐτοῦ τὸ ὑλικόν, τί δὲ τὸ αἰτιῶδες. „Das Heil unseres Lebens beruht darauf, daß wir ganz durchschauen, was das Wesen jeder einzelnen Sache ist, worin ihr stofflicher Gehalt besteht und was sie verursacht hat." (Übersetzung: Rainer Nickel) Wie für Epikur ist somit auch für die Stoiker die Einsicht in die Natur der Dinge (δι' ὅλου αὐτὸ τί ἐστιν) bedeutsam für ihre Ethik. Die Zerlegung in die Einzelteile, aus

Wichtig ist den Stoikern die Erkenntnis der Verwandlungen der einzelnen Körper ineinander.³ Die zweckhafte Ordnung eben dieser Verwandlungen soll die Vorsehung sein. In diesem Gefüge von Materie, Ursache und Zweck kommt einem bestimmten Stoff eine ganz besondere Bedeutung zu: dem gestaltenden Feuer (πῦρ τεχνικὸν) oder Wärmestoff (πνεῦμα). Das Feuer ist das verbindende Glied zwischen den drei Komponenten. Es ist der Grund der stofflichen Bewegung, indem es die Dinge formt und Träger der göttlichen Absicht ist. Mit diesem Stoff sind grundlegende ontologische wie psychologische Annahmen verbunden. Dieses besondere Feuer ist integraler Bestandteil des stoischen Systems. Es steht für die aktive Präsenz der einen vorsehenden Vernunft in der Welt.

Nachdem wir bereits die Differenzen zwischen der stoischen und epikureischen Ethik durch die besondere Stellung der Vorsehung begreiflich machen konnten, soll in diesem Kapitel dasselbe für die Naturphilosophie geleistet werden. Auch hier lassen sich die wichtigsten Unterschiede zwischen beiden Schulen auf die materielle Präsenz der Vorsehung in Gestalt des Wärmestoffs zurückführen.⁴ Mit dem Feuer oder Wärmestoff wird aber zugleich klar, dass sich die Stoiker auf einen anderen vorsokratischen Philosophen als Ahnherren berufen: Heraklit.⁵

---

denen eine Sache besteht, hat folglich eine direkte praktische Relevanz. Ebenso XI.2; 16. XII. 3; 10; XII.18. Siehe ausführlich dazu Hadot 1991 sowie 1997.

3 Marcus Aurelius, *Ad se ipsum*, X.11.1.1: Πῶς εἰς ἄλληλα πάντα μεταβάλλει, θεωρητικὴν μέθοδον κτῆσαι [...]. „Eigne dir eine wissenschaftliche Methode an, um zu sehen, wie sich alles ineinander verwandelt [...]." (Übersetzung: Rainer Nickel) Siehe auch VII.32.

4 Vor dem Hintergrund der stoischen Zurückweisung des Leeren innerhalb der Welt und der damit verbundenen Ablehnung des Atomismus hat man die stoische Ontologie bislang häufig auf der Seite der platonischen und aristotelischen Philosophie gesehen und diese dann einer demokritisch-epikureischen Traditionslinie entgegengestellt. Das wird damit begründet, dass sich die Stoiker in ihrer Physik genauso wie Platon und Aristoteles gegen den Atomismus ausgesprochen und stattdessen die Theorie eines materiellen Kontinuums entwickelt haben (so etwa Furley 1967; Long 1983, 14f.; Gourinat 2009, 48ff.; Sedley 1999, 355. Dagegen aber von Staden 1978, 96). Auch wenn diese Einteilung *prima facie* naheliegt und dadurch gestützt wird, dass die Stoiker ganz offensichtlich platonische Elemente in ihre Philosophie integriert haben, so werden damit doch einerseits grundlegende Unterschiede zwischen der stoischen und platonisch-aristotelischen Theorie verdeckt und andererseits entscheidende Gemeinsamkeiten mit der epikureischen Philosophie übergangen.

5 Heraklit, *DK*, 22B30; zur Rolle des Feuers bei Heraklit siehe Reinhardt 1942; die Beziehung zwischen stoischer Feuer-Lehre und Heraklit thematisiert J. Schmidt 2008. Dass die Stoiker (wie auch Epikur) nicht bruchlos an vorsokratische Positionen angeknüpft haben, wie Graeser 1975, 97 betont, versteht sich von selbst. Die Frage ist bloß, wie sich der Einfluss der platonisch-aristotelischen Gedanken auf die Vermittlung ausgewirkt haben könnte.

§ 13 Die Welt ist ein feuriger Kosmos: Stoische Vorsehung und Naturphilosophie

Bei rein äußerer Betrachtung der stoischen Physik fällt auf, dass diese im Gegensatz zur aristotelischen Naturlehre, die das Phänomen der Bewegung fokussiert, viel mehr zu umfassen scheint.[6] So findet sich bei Diogenes Laërtius eine Einteilung der behandelten Gegenstände, die erstens Körper, zweitens Prinzipien, drittens Elemente, viertens Götter, fünftens Grenzen, sechstens Ort und siebtens das Leere nennt.[7] Selbst wenn die Stoiker damit auch das zur Naturlehre zählen, was klassisch der Metaphysik zugerechnet wird (was wiederum unter modernen Interpreten zur Diskussion darüber geführt hat, ob die Stoiker überhaupt eine Metaphysik im aristotelischen Sinn kennen[8]), steht doch bei genauerer Betrachtung hinter dieser Einteilung noch immer das Phänomen der Bewegung. Aus diesem Grund werden wir so vorgehen, dass wir die für unsere Untersuchung relevanten Punkte des stoischen Systems ausgehend von ihrer Diskussion der Bewegung erschließen. Denn zentral ist auch für die Stoiker der Zusammenhang von Bewegung und Wahrnehmung.

Zuvor soll jedoch in aller Kürze an die Grundsätze erinnert werden, die schon Aristoteles und ebenso Epikur in ihrer Diskussion vorausgesetzt haben und die zum Teil auf die vorsokratischen Denker zurückgehen. Vor allem zwei Voraussetzungen sind entscheidend, und zwar zum einen der Satz, dass nichts zu nichts vergehen bzw. nichts aus nichts entstehen kann und zum anderen die Annahme, dass nur Körper, die einander berühren, aufeinander einwirken und mithin bewegen können. Letzteres nimmt zwar auch bei Aristoteles im Zusammenhang der Wahrnehmung eine bedeutsame Stellung ein, insofern die Ortsbewegung für die Affektion des *Wahrnehmungsorgans* maßgebend ist, aber erst bei Epikur wird diese Voraussetzung durch die Elimination der anderen Formen der Bewegung zum zentralen Punkt. Ausschlaggebend ist nun, dass die Stoiker hierin Epikur folgen, auch wenn sie sich, wie in der Literatur ausführlich diskutiert wurde, mit Hinblick auf die genaue Aus-

---

6 Das hebt White 2003, 125 hervor.
7 Diogenes Laërtius, VII.132.1–3.
8 Siehe Vogt 2009, 144 sowie Brunschwig 2003 mit weiteren Literaturangaben. Dienstbeck 2015, 5 deutet die Abwesenheit der Metaphysik so: „Das Fehlen metaphysischer Prämissen im stoischen System verhindert zudem, allgemeine Leit- und Ziellinien, also gewissermaßen eine ‚Systemintention' zum Hermeneutikum für das Ganze etablieren zu können." Dagegen möchte ich zeigen, dass sich anhand der stoischen Diskussion der Bewegung und der in diesem Kontext vorausgesetzten Annahmen sehr wohl eine gewisse „Systemintention" etablieren lässt. Nimmt man dann die Konzeption der Vorsehung hinzu, so lässt sich auch eine Antwort auf die Frage geben, „woher das homogene System seine Homogeneität überhaupt zu beziehen vermag" (Dienstbeck 2015, 6).

gestaltung ihrer Ontologie eine Position zu eigen gemacht haben, die von Platon in seinem Dialog *Sophistes* dargelegt (und auch widerlegt) worden ist.⁹

Wir werden im Laufe der Untersuchung erneut auf die Rolle, die Platon für die stoische Physik gespielt haben könnte, zu sprechen kommen. Richten wir aber zuerst unsere Aufmerksamkeit auf die Funktion der Wahrnehmung in der Ermittlung und Anwendung der naturphilosophischen Lehrsätze; denn genauso wie für Epikur nimmt diese auch für die Stoiker in der Applikation der oben genannten Grundsätze sowie in der Bestimmung ihrer Prinzipien eine außerordentliche Rolle ein. So berichtet Plotin, dass die Grundlage der stoischen Überlegung die Wahrnehmung sein soll, „die für die Stoiker eine leitende Instanz ist und für die Setzung der Prinzipien und der übrigen Aussagen eine zuverlässige Grundlage bildet" (Übersetzung: Rainer Nickel, modifiziert).¹⁰ Wie genau muss man sich diese leitende Funktion denken? Zunächst ist zu beachten, dass für die Stoiker die Wahrnehmung eine Form des Erleidens ist (dasselbe gilt freilich mit Einschränkungen auch für Aristoteles und Epikur). Nur deshalb kann der Wahrnehmende durch die Wahrnehmung über äußere Gegenstände unterrichtet werden. Weil aber bloß Körper aufeinander einwirken und Bewegungen übertragen können, muss der Wahrnehmende, damit es zu einer Wahrnehmung kommen kann, von einem Körper affiziert werden. Entsprechend referiert Aëtius:

> Die Stoiker behaupten, dass der Laut ein Körper ist. Denn alles, was etwas tut oder auch bewirkt, ist körperlich. Der Laut aber tut und bewirkt etwas. Wir hören ihn nämlich und nehmen es wahr, wenn er auf das Gehör stößt und einen Abdruck hinterlässt, wie ein Siegelring im Wachs.¹¹

An dieser Stelle interessiert uns weniger die stoische Erklärung der Wahrnehmung (hierauf werden wir im nächsten Abschnitt ausführlich zu sprechen kommen) als vielmehr die von Aëtius gebotene Bestimmung des Körpers. Ein Körper soll

---

9 Tatsächlich scheinen die Stoiker zwei von Platon angeführte Positionen miteinander vereinigt zu haben, um auf diese Weise den platonischen Einwänden zu entgehen. Siehe zu diesem Punkt ausführlich Vogt 2009 sowie Gourinat 2009 und Cooper 2009, 96f. Mit dieser indirekten Anlehnung an die platonische Argumentation wird eine bemerkenswerte Parallele zu Epikur sichtbar. Michael Erler hat mich darauf aufmerksam gemacht, dass Epikur in seiner Ethik ebenfalls platonische Argumente aufgreift, die im Rahmen einer dialektischen Widerlegung entwickelt worden sind.

10 Plotinus, *Enneades*, VI.1.28 = *SVF*, II.319: αἴτιον δὲ ἡ αἴσθησις αὐτοῖς ἡγεμὼν γενομένη καὶ πιστὴ εἰς ἀρχῶν καὶ τῶν ἄλλων θέσιν. Wir werden später sehen, wie die Stoiker die Zuverlässigkeit der Wahrnehmung begründen und welche Rolle hierbei die Vorsehung einnimmt.

11 Aëtius, *Placita*, IV.20.2 = *SVF*, II.387: <Οἱ δὲ Στωϊκοὶ> σῶμα τὴν <φωνήν>· πᾶν γὰρ τὸ δρῶν ἢ καὶ ποιοῦν σῶμα· ἡ δὲ φωνὴ ποιεῖ καὶ δρᾷ· ἀκούομεν γὰρ αὐτῆς καὶ αἰσθανόμεθα προσπιπτούσης τῇ ἀκοῇ καὶ ἐκτυπούσης καθάπερ δακτυλίου εἰς κηρόν. ἔτι πᾶν τὸ κινοῦν καὶ ἐνοχλοῦν σῶμά ἐστι.

nämlich dasjenige sein, „was etwas tut oder auch bewirkt". Diese Definition des Körpers bestätigen auch die Referate des Stobaeus sowie des Aristocles, die überdies die Fähigkeit des Erleidens hinzufügen.¹² Bei Seneca wird die auf der Wirkmacht beruhende Definition des Körpers zur entscheidenden Grundlage seiner Argumentation, dass es sich auch bei dem Guten um einen Körper handeln muss. Denn nur deshalb, weil das Gute ein Körper ist, soll es überhaupt etwas bewirken und folglich auch von Nutzen sein können.¹³ Clemens von Alexandrien wird sogar noch deutlicher, indem er in seinem Referat der stoischen Position betont,

---

12 *SVF*, I.89 sowie Aristocles (ἀπὸ τοῦ ζ′ περὶ φιλοσοφίας) *apud Eusebium praep. evang.* XV p. 816d. (Περὶ τῆς τῶν Στωϊκῶν φιλοσοφίας ὅπως τε ὁ <Ζήνων> τὸν περὶ ἀρχῶν ἀπεδίδου λόγον) = *SVF*, I.98: Στοιχεῖον εἶναί φασι τῶν ὄντων τὸ πῦρ, καθάπερ Ἡράκλειτος, τούτου δ' ἀρχὰς ὕλην καὶ θεόν, ὡς Πλάτων. ἀλλ' οὗτος ἄμφω σώματά φησιν εἶναι, καὶ τὸ ποιοῦν καὶ τὸ πάσχον, ἐκείνου τὸ πρῶτον ποιοῦν αἴτιον ἀσώματον εἶναι λέγοντος. ἔπειτα δὲ καὶ <κατά τινας εἱμαρμένους χρόνους ἐκπυροῦσθαι τὸν σύμπαντα κόσμον, εἶτ' αὖθις πάλιν διακοσμεῖσθαι>. τὸ μέντοι πρῶτον πῦρ εἶναι καθαπερεί τι σπέρμα, τῶν ἁπάντων ἔχον τοὺς λόγους καὶ τὰς αἰτίας τῶν γεγονότων καὶ τῶν γιγνομένων καὶ τῶν ἐσομένων· τὴν δὲ τούτων ἐπιπλοκὴν καὶ ἀκολουθίαν εἱμαρμένην καὶ ἐπιστήμην καὶ ἀλήθειαν καὶ νόμον εἶναι τῶν ὄντων ἀδιάδραστόν τινα καὶ ἄφυκτον. <ταύτῃ δὲ πάντα διοικεῖσθαι τὰ κατὰ τὸν κόσμον ὑπέρευ, καθάπερ ἐν εὐνομωτάτῃ τινὶ πολιτείᾳ>. „Er [Zenon] sagt, daß ein Element dessen, was existiert, das Feuer ist, wie Heraklit, und daß das Feuer als Prinzipien Gott und die Materie hat, wie Platon. Jedoch sagt Zenon, daß sie beide Körper sind, sowohl das, was handelt, als auch das, worauf eingewirkt wird, während Platon erklärt, die erste aktive Ursache sei unkörperlich. Ferner verbrennt nach bestimmten, vom Schicksal (εἱμαρμένη) festgelegten Zeiten der gesamte Kosmos, wird danach jedoch wieder neu durchgeordnet. Das ursprüngliche Feuer indes ist sozusagen ein Same, der die Prinzipien für überhaupt alles und die Gründe dessen enthält, was war, was ist, und was sein wird. Deren Verknüpfung und Abfolge ist das Fatum (εἱμαρμένη), das Wissen, die Wahrheit und ein Gesetz alles Seienden, das unvermeidlich und dem nicht zu entrinnen ist. Auf diese Weise ist in der Welt (κόσμος) alles ganz vortrefflich eingerichtet, wie in einem mit allerbesten Gesetzen ausgestatteten Staat." (Übersetzung: Karlheinz Hülser) In seinem Bericht spricht Aristocles nicht nur die Abhängigkeit von Heraklit sowie den Unterschied zu Platon an (letzterer soll darin bestehen, dass auch das aktive, wirkende Prinzip körperlich ist; die Beziehung zu Platon diskutieren Vogt 2009; Sedley 2002 sowie Gourinat 2009, 51ff. Siehe auch Anm. 9). Darüber hinaus klingt bereits die Sonderstellung der Vorsehung für die stoische Naturphilosophie sowie die enge Verbindung zwischen Vorsehung, gestaltendes bzw. ordnendes Feuer und Schicksal an.
13 Seneca, *Epistulae morales ad Lucilium*, 106.3–5 (= *SVF*, III.84): „<bonum an corpus sit>? Bonum facit: prodest enim. Quod facit, corpus est. Bonum agitat animum et quodammodo format et continet, quae propria sunt corporis. Quae corporis bona sunt, corpora sunt: ergo et quae animi sunt. Nam et hoc corpus est. Bonum hominis necesse est corpus sit, cum ipse sit corporalis." „Ein Gut – ist es ein Körper? Ein Gut wirkt; es nützt nämlich. Was wirkt, ist ein Körper. Ein Gut setzt die Seele in Bewegung, gibt ihr in gewisser Weise Form und hält sie zusammen: das sind Wesenszüge eines Körpers. Was Güter eines Körpers sind, sind selbst Körper: also sind es auch die der Seele, denn auch sie ist ein Körper. Das Gute eines Menschen ist notwendig ein Körper, weil er selbst ein Körper ist." (Übersetzung: Manfred Rosenbach) Nur wenig später erinnert Seneca mit Verweis auf Lukrez daran, dass auch die Epikureer diese Auffassung teilen (106.8):

dass nur das, was anstoßen und folglich auch bewegen kann, existiert, weshalb bloß Körper existieren, da nur diese miteinander in Berührung stehen können.[14]

Zwei Punkte sind an diesem Schluss bemerkenswert. Zunächst hat es den Anschein, als würden die Stoiker mit der Gleichsetzung von seiend und Körper die Gegenstände der epikureischen Ontologie noch weiter reduzieren, indem sie auch dem Leeren die Existenz absprechen und allein die Körper als existierend begreifen. Bedenkt man aber, dass die Stoiker eine zusätzliche Unterscheidung zwischen Existenz und Subsistenz eingeführt haben und das Leere zu den subsistierenden Dingen rechnen, wird dieser Eindruck etwas abgemildert. Zweitens hat die Gleichsetzung von seiend und Körper vermutlich auch zur besonderen Gestalt der stoischen Kategorienlehre beigetragen, die an oberste Stelle das Etwas setzt und diesem die Körper sowie das Unkörperliche unterordnet.[15]

Dass nur Körper etwas bewirken bzw. erleiden können, ist auch für die Charakterisierung der obersten Prinzipien entscheidend. Aus diesem Grund ist es bemerkenswert, dass einige Quellen von einer weiteren Bestimmung des Körpers berichten, die von Sextus Empiricus sogar als eigenständige Definition behandelt wird und beispielsweise von Diogenes Laërtius als die stoische Standardbestimmung des Körpers angeführt wird. Demnach soll es sich beim Körper um das dreidimensional Ausgedehnte handeln. Andere Quellen fügen dem noch die Fähigkeit, Widerstand zu leisten, hinzu, vermutlich um die physischen Körper von den geometrischen abzugrenzen.[16] Ob es sich aber wirklich um zwei unterschiedliche

---

„Tangere enim et tangi nisi corpus nulla potest res, ut ait Lucretius." „Berühren und berührt werden kann ausschließlich ein Körper, wie Lukrez sagt."

14 Clemens Alexandrinus, *Stromateis*, II p. 436 Pott (= *SVF*, II.359): διϊσχυρίζονται τοῦτ᾽ εἶναι μόνον ὅπερ ἔχει προσβολὴν καὶ ἐπαφήν τινα, ταὐτὸν σῶμα καὶ οὐσίαν ὁριζόμενοι [...]. „Sie bestehen darauf, dass nur das existiere, was etwas anstoßen und berühren kann, und sie erklären, dass Substanz und Körper dasselbe seien [...]." Auf die problematische Identifikation von Substanz (οὐσία) und Körper (σῶμα) gehen wir später ein.

15 Neben dem Körper und dem Unkörperlichen haben die Stoiker wahrscheinlich als drittes noch „keins von beiden" gestellt. Siehe hierzu und zu den Gründen der stoischen Einteilung die sehr gute Darstellung mit den zugehörigen Pirmärquellen von Long & Sedley 2000, 188–193. Noch nicht einmal etwas sollen hingegen die Universalbegriffe sein, die eine Gattung bezeichnen, d. h., weder *existiert* die Gattung Mensch, da es sich nicht um einen Körper handelt, noch *subsistiert* sie, da sie keinen Einzelgegenstand bezeichnet. Siehe Galenus, *Methodi med.*, II 7. Vol. X p. 155 K = *SVF*, II.322.

16 Stobaeus, *Eclogae*, I p. 143, 24–144,10 = *SVF*, II.357: σῶμά ἐστι τὸ τριχῇ διαστατόν, πλάτει, βάθει, μήκει [...]. „Körper ist das dreidimensional Ausgedehnte: Breite, Tiefe, Höhe [...]." Ebenso Diogenes Laërtius, VII.135.1–2. Dass zusätzlich Widerstand hinzukommt, bezeugt Philo, *De mundi opificio*, § 36 = *SVF*, II.358. Siehe auch Galen, *Quod qualitates incorporeae sint*, 10 Vol. XIX p. 483 K = *SVF*, II.381. Cooper 2009, 97f. vermutet, dass es sich um Modifikationen handelt, mit denen auf Einwände reagiert wurde.

Bestimmungen gehandelt hat bzw. die eine von der anderen abgelöst oder ergänzt worden ist, lässt sich aufgrund der schlechten Quellensituation leider nicht entscheiden und ist für diese Untersuchung auch nicht relevant.[17] Vor allem ist für uns (mit Hinblick auf die stoische Prinzipienlehre) wichtig, die stoische Bestimmung des Körpers festzuhalten und zu bemerken, dass (wie bei Epikur) die Wahrnehmung die Existenz bewegter Körper belegt. Denn auf der Wahrnehmung beruht, wie Plotin anmerkt, auch die Ermittlung der ersten Prinzipien. Plotin zufolge rührt das stoische Argument aus der Beobachtung her, dass alle erfahrbaren Körper kontinuierlich ihre Gestalt verändern, zugrunde gehen und neu entstehen oder anders ausgedrückt, alle Körper befinden sich in einem ständigen Fluss. An dieser Stelle wird der auf Parmenides zurückgehende *Substanzerhaltungssatz* relevant. Denn vorausgesetzt, dass nichts zu nichts vergehen kann und auch nichts aus nichts entstehen kann, muss es etwas geben, was beharrlich all diesen wahrnehmbaren Veränderungen zugrunde liegt.[18] Und das ist laut Zenon die Substanz (οὐσία) oder das *passive Prinzip* (πάσχον) als Ur- oder erste Materie (πρώτη ὕλη). Ihrer Natur nach soll diese Materie absolut beharrlich sein, weshalb sie ewig und unvergänglich ist. Bei ihr kann es kein Entstehen und auch kein Vergehen geben, da sie weder vermehrt noch vermindert werden kann.[19]

Gourinat stellt fest, dass die Stoiker sowohl den Begriff als auch die charakteristischen Eigenschaften dieser Materie von Aristoteles (und auch von Platon) übernommen haben.[20] Für die Stoiker ist diese erste Materie aber im Gegensatz zu

---

17 Wie White 2003, 132 im Anschluss an Hahm 1977 feststellt, scheint jedoch die Bestimmung, dass das Körper ist, was etwas bewirken und auch erleiden kann, „the most important Stoic account of body" zu sein.
18 Aëtius, *Placita*, IV.20.2 = *SVF*, II.387. Bereits Plotin kritisiert die Stoiker dafür, dass sie das, was grundsätzlich der Wahrnehmung verborgen bleibt, zur Grundlage aller Wahrnehmungen machen, zugleich aber behaupten, dass ihre Grundlagen von der Wahrnehmung bestätigt werden: *SVF*, II.319: πάντων τε θαυμαστότατον τὸ τῇ αἰσθήσει πιστουμένους ἕκαστα, τὸ μὴ τῇ αἰσθήσει ἁλωτὸν τίθεσθαι ὄν. „Das Erstaunlichste von allem ist die Tatsache, dass diejenigen, die alles und jedes der sinnlichen Wahrnehmung überlassen, das, was der sinnlichen Wahrnehmung nicht erreichbar ist, als Seiendes bestimmen." (Übersetzung: Rainer Nickel)
19 Stobaeus, *Eclogae*, I.11.5a, p. 132,26 W = *SVF*, I.87: Ζήνωνος· οὐσίαν δὲ εἶναι τὴν τῶν ὄντων πάντων πρώτην ὕλην, ταύτην δὲ πᾶσαν ἀΐδιον καὶ οὔτε πλείω γιγνομένην οὔτε ἐλάττω· τὰ δὲ μέρη ταύτης οὐκ ἀεὶ ταὐτὰ διαμένειν ἀλλὰ διαιρεῖσθαι καὶ συγχεῖσθαι. διὰ ταύτης δὲ διαθεῖν τὸν τοῦ παντὸς λόγον, ὃν ἔνιοι εἱμαρμένην καλοῦσιν [...]. „Zenon sagt: Substanz ist die erste Materie aller Dinge, diese ist aber als ganze ewig und wird weder mehr noch weniger. Ihre Teile bleiben aber nicht immer dieselben, sondern sie lösen sich auf und vermischen sich. Durch sie erstreckt sich die Vernunft des Alls, die von einigen Schicksal genannt wird [...]."
20 Gourinat 2009, 49 betont, dass zwar der Begriff selber von Aristoteles entnommen ist, „however, it is clear that Aristotle himself built his theory inside a conceptual framework belonging to the Academy, especially when he interprets the doctrine of Plato's Timaeus. As is well known, in the Timaeus, it is the 'receptacle' (ὑποδοχή, 49a) that plays the role of matter: it is a 'space'

Aristoteles keine *bloße Möglichkeit*. Wie Chalcidius in einem Referat der stoischen Position bemerkt, soll sie zwar auch kein bestimmter Gegenstand sein und als das allen konkreten Dingen zugrunde liegende Material (silva) auch keine konkreten Eigenschaften haben, gleichwohl muss diese Materie doch immer irgendeine Beschaffenheit haben.[21] Ihre *Formlosigkeit*[22] mit Hinblick auf eine bestimmte Form kann auch ein Grund dafür sein, warum die Stoiker betonen, dass es nur die eine einzige Materie oder Substanz gibt, die das Substrat der unterschiedli-

---

(χώρα, 52a) that receives being. Plato never used the word 'matter' to describe his receptacle but, according to Calcidius, 'Plato's auditors' used the word." Siehe auch Graeser 1975, 99f.

21 Chalcidius, *In Timaeum*, 292 = *SVF*, I.88: „Deinde Zeno hanc ipsam essentiam finitam esse dicit unamque eam communem omnium quae sunt esse substantiam, dividuam quoque et usque quaque mutabilem: partes quippe eius verti, sed non interire, ita ut de existentibus consumantur in nihilum. Sed ut innumerabilium diversarum, etiam cerearum figurarum, sic neque formam neque figuram nec ullam omnino qualitatem propriam fore censet fundamenti rerum omnium silvae, coniunctam tamen esse semper et inseparabiliter cohaerere alicui qualitati. Cumque tam sine ortu sit quam sine interitu, quia neque de non existente subsistit neque consumetur in nihilum [...]." „Darauf sagte Zenon, dass diese Ursubstanz als solche begrenzt und die einheitliche Substanz aller seienden Dinge sei; sie sei auch teilbar und durch und durch veränderlich; denn die Teile der Substanz veränderten sich, gingen aber nicht in dem Sinne zugrunde, dass sie aus dem Seienden in das Nichts vergingen. Wie es vielmehr bei den unzählig vielen und verschiedenen aus Wachs gekneteten Figuren der Fall ist, so besitze auch, meint Zenon, die Materie die Grundlage, das Substrat aller Dinge, keine Form und Gestalt und überhaupt keine spezielle Eigenschaft, doch sei sie (in ihrer konkreten Erscheinung) immer und untrennbar mit irgendeiner Eigenschaft verbunden. Und während sie ebenso ohne Entstehung wie ohne Untergang ist, weil sie weder aus einem Nichtseienden entsteht noch in das Nichts vergeht [...]." (Übersetzung: Rainer Nickel) Siehe auch *SVF*, II.318.

22 Diogenes Laërtius, VII.134.11–12 [SUDA]: [...] ἀλλὰ καὶ ἀσωμάτους εἶναι τὰς ἀρχὰς καὶ ἀμόρφους [...]. „Aber auch unkörperlich sind die Prinzipien und formlos [...]." Die Formlosigkeit scheint auch die hier zitierte Lesart der stoischen Prinzipienlehre zu unterstützen, wonach die Prinzipien selber körperlos sein sollen. Bonhöffer 1894, 244 geht daher davon aus, dass das aktive und passive Prinzip nur zwei Aspekte von ein und derselben Sache sind. Long & Sedley 2000, 266 sprechen sich dagegen für die Lesart σωμάτους εἶναι τὰς ἀρχὰς aus. Die meisten anderen Quellen, wie etwa Alexander von Aphrodisias, *De mixtione*, 224.32–225.5 unterstreichen nämlich, dass beide Prinzipien körperlich sind und weisen zugleich auf die Konsequenzen hin, die sich daraus für die stoische Forderung einer vollständigen Vermischung beider Prinzipien ergeben. In der neueren Literatur findet sich als Variante der von Bonhöffer vorgestellten Interpretation, dass passives und aktives Prinzip als Vorstufen oder Aspekte eines universalen Körpers zu verstehen sind. Siehe Graeser 1975, 94–124; Sandbach 1989, 74f.; Michael Frede 1999, 51. Eine detaillierte Diskussion und weitere Angaben zur Literatur bietet Wildberger 2006, Bd. II, 458–460. Gegen diese Deutung spricht aber, wie wir oben dargelegt haben, dass nur Körper, die in einem direkten Kontakt miteinander stehen, etwas bewirken und erleiden können. Dazu noch einmal Cicero, *Academica*, 1.39 sowie Sextus Empiricus, *Adversus mathematicos*, VIII.263.1–2: τὸ γὰρ ἀσώματον κατ' αὐτοὺς οὔτε ποιεῖν τι πέφυκεν οὔτε πάσχειν [...]. „Denn das Unkörperliche kann von Natur aus an sich sich weder etwas bewirken noch erleiden [...]."

chen Körper bildet.²³ Diese Materie kann verschiedenartige Formen annehmen. In ihrer Kategorienlehre machen die Stoiker die so verstandene Substanz zur ersten Gattung des Seienden.²⁴ Zur Illustration verweisen sie auf das Beispiel von Wachsfiguren, die immer wieder anders geknetet werden können, die also mannigfaltige Eigenschaften haben können, auch wenn der Wachs selbst als Grundlage der spezifischen Merkmale der Figuren bei allen Veränderungen derselbe bleibt. Die Grundlage oder das Substrat hat also außer den für einen Körper wesentlichen Eigenschaften (Ausdehnung, Widerstand und, das ist vor allem mit Hinblick auf die Gegenüberstellung der beiden Prinzipien relevant: die Fähigkeit etwas zu erleiden) keine speziellen Qualitäten, d. h., die Substanz hat zwar keine bestimmte Eigenschaft, kann aber zahlreiche Erscheinungsformen oder Attribute annehmen. In der konkreten Erscheinung ist die Substanz jedoch immer mit spezifischen Eigenschaften verbunden. In diesem Kontext steht auch die bei Plutarch überlieferte Warnung, dass man aus der Eigenschaftslosigkeit der Substanz nicht den Schluss ziehen sollte, dass die Substanz keine bestimmte Eigenschaft hat, vielmehr soll gelten, dass sie jede mögliche Eigenschaft *in sich enthält*.²⁵

Von der ersten Materie oder Substanz scheinen die meisten Stoiker nach Auskunft von Chalcidius die Materie unterschieden zu haben, die den konkreten Gegenständen zugrunde liegt.²⁶ Aber auch hinsichtlich der Feinheiten der

---

23 *SVF*, I.87–88; *SVF*, II.318; Seneca, *Epistuale morales ad Lucilium*, 65.2. Eindrucksvoll ist auch eine Stelle aus Marcus Aurelius, *Ad se ipsum*, XII.30.1.1–5, die zur Illustration des Gedankens einerseits auf das Sonnenlicht verweist, welches überall dasselbe ist und dennoch unterschieden, und andererseits den Bezug zu einer alles umfassenden Weltseele herstellt: Ἔν φῶς ἡλίου, κἂν διείργηται τοίχοις, ὄρεσιν, ἄλλοις μυρίοις. μία οὐσία κοινή, κἂν διείργηται ἰδίως ποιοῖς σώμασι μυρίοις, μία ψυχή, κἂν φύσεσι διείργηται μυρίαις καὶ ἰδίαις περιγραφαῖς. μία νοερὰ ψυχή, κἂν διακεκρίσθαι δοκῇ. „Es gibt nur ein Sonnenlicht, auch wenn es durch Mauern, Berge und tausend andere Dinge getrennt sein kann. Es gibt nur eine gemeinsame Materie, auch wenn sie durch unzählige unterschiedliche Körper auseinandergehalten wird. Es gibt nur eine Seele, auch wenn sie auf zahllose Wesen und Individuen verteilt ist. Es gibt nur eine denkende Seele, auch wenn sie (in Einzelseelen) getrennt zu sein scheint." (Übersetzung: Rainer Nickel)
24 Zur stoischen Kategorienlehre Long & Sedley 2000, 188–193 sowie Forschner 1981, 43–53.
25 Plutarchus, *De communibus notitiis adversus Stoicos*, cp. 50 p. 1086a = *SVF*, II.380: ὃν δέ <τινες αὐτῶν> προβάλλονται λόγον, ὡς ἄποιον τὴν οὐσίαν ὀνομάζοντες, οὐχ ὅτι πάσης ἐστέρηται ποιότητος ἀλλ' ὅτι πάσας ἔχει τὰς ποιότητας, μάλιστα παρὰ τὴν ἔννοιάν ἐστιν. „Die Auffassung, die einige von ihnen vertreten, indem sie die Substanz als eigenschaftslos bezeichnen, nicht weil sie jeder Qualität beraubt sei, sondern weil sie jede Qualität beinhaltet, widerspricht am meisten der allgemeinen Annahme." Plotin (*SVF*, II.443) kritisiert die Stoiker dafür, dass aus ihrer Position folgt, dass in letzter Konsequenz nichts anderes außer der einen Substanz existiert. Alle bestimmten Dinge werden zu bloßen Namen für die Art und Weise, wie dieses zugrunde liegende Substrat existiert.
26 Chalcidius, *In Timaeum*, 290 = *SVF*, I.86: „Plerique tamen silvam separant ab essentia, ut Zeno et Chrysippus. Silvam quippe dicunt esse id quod subest his omnibus quae habent quali-

stoischen Unterscheidungen sowie der Frage nach der genauen Verwendung der Begrifflichkeiten sind die Überlieferungen leider nicht eindeutig.[27] Diogenes Laërtius zufolge sollen die Begriffe ‚Substanz' und ‚Materie' in zwei unterschiedlichen Bedeutungen verwandt worden sein, und zwar einmal in Hinblick auf die erste allumfassende Materie bzw. Substanz und dann hinsichtlich der Materie oder Substanz der Einzeldinge.[28] Stobaeus andererseits berichtet, dass die meisten Stoiker nur die erste Materie Substanz genannt haben, nicht aber die konkrete Materie der Einzeldinge, wohingegen Poseidonios der Ansicht gewesen sein soll, dass Materie und Substanz in Wirklichkeit dasselbe sind und nur in Gedanken unterschieden werden können.[29]

Bevor wir uns nun den ersten Körpern zuwenden, die über bestimmte Eigenschaften verfügen (d. h. den Elementen), werfen wir noch einen Blick auf das Argument für das zweite, dem passiven Prinzip gegenübergestellte, aktive Prinzip. Wir haben bereits in der Diskussion der aristotelischen Ontologie gesehen, dass die Vorstellung, es müsse zwei konträre Prinzipien geben, in der griechischen Philosophie weit verbreitet war und auch von Aristoteles, der im Anschluss an diese Überlegungen seine eigene Differenzierung zwischen Form und Materie entwickelt hat, nicht weiter hinterfragt wurde. Der stoische Prinzipiendualismus ist als solcher mithin keinesfalls sonderbar. Gourinat bemerkt sogar, dass sich die

---

tates, essentiam vero primam rerum omnium silvam vel antiquissimum fundamentum earum, suapte natura sine vultu et informe: ut puta aes, aurum, ferrum, et caetera huius modi silva est eorum, quae ex iisdem fabrefiunt, non tamen essentia. At vero quod tam his quam ceteris ut sint causa est, ipsum esse substantiam." „Doch die meisten trennen die Materie von der Substanz, wie Zenon und Chrysipp. Sie sagen nämlich, die Materie sei das, was all dem zugrundeliegt, was Eigenschaften hat, die Substanz aber sei die erste Materie aller Dinge oder ihr ursprünglichstes Fundament und ihrer eigenen Natur nach ohne Gestalt und nicht eigenschaftsmäßig bestimmt; so sind etwa Erz, Gold, Eisen und alles andere von dieser Art die Materie der Dinge, die aus ihnen hergestellt werden, aber nicht deren Substanz. Was aber für diese Dinge ebenso wie für alle anderen die Ursache dafür ist, daß sie existieren, das ist die Substanz." (Übersetzung: Karlheinz Hülser)

27 Eine auf Kohärenz abzielende Interpretation der stoischen Position legt Gourinat 2009, 48ff. vor. Sehr weit von den überlieferten Texten entfernt sich dezidiert Dienstbeck 2015, 49ff. in seiner Interpretation der stoischen Prinzipienlehre.

28 Diogenes Laërtius, VII.150.1–4: Οὐσίαν δέ φασι τῶν ὄντων ἁπάντων τὴν πρώτην ὕλην, ὡς καὶ Χρύσιππος ἐν τῇ πρώτῃ τῶν Φυσικῶν καὶ Ζήνων. ὕλη δέ ἐστιν ἐξ ἧς ὁτιδηποτοῦν γίνεται. καλεῖται δὲ διχῶς, οὐσία τε καὶ ὕλη, ἥ τε τῶν πάντων καὶ ἡ τῶν ἐπὶ μέρους. „Als die Substanz alles Seienden erklären sie die erste Materie, so Chrysipp in der ersten seiner ‚Physikalischen Abhandlungen' und Zenon. Materie aber ist das, woraus alles und jedes entsteht. Von Substanz und Materie wird aber in zweierlei Sinn gesprochen, nämlich zum einen in bezug auf das All und zum anderen in bezug auf die Einzeldinge." (Übersetzung: Karlheinz Hülser) Ebenso Chalcidius, *In Timaeum*, 289.

29 Stobaeus, *Eclogae*, 1.11.5a2–c7.

Unterscheidung zwischen Materie und Vernunft auch bei Aristoteles finden lässt, die Stoiker sich also durchaus auf Vorgänger berufen bzw. diese Unterscheidung von dort übernommen haben könnten.[30] Bemerkenswert sind aber auch hier der besondere Status der Wahrnehmung sowie die von Epikur übernommene Reduzierung der verschiedenen Arten von Veränderung auf die Ortsbewegung. Denn aus der Wahrnehmung der Bewegung schließen die Stoiker (anders als Epikur, der hieraus auf die Existenz des Leeren als einer notwendigen Bedingung für Bewegung geschlossen hat und auch anders als Aristoteles, der ausgehend von diesem Phänomen seine Unterscheidung von Form und Materie etabliert hat) auf die Existenz einer bewirkenden Ursache (causa bzw. ratio faciens[31]), die sie schließlich mit dem aktiven Prinzip (ποιοῦν) identifizieren.

Die Herausstellung der Art der Abweichung von Epikur ist für unsere Fragestellung besonders erhellend. Schauen wir uns daher den stoischen Schluss etwas genauer an und inspizieren vor allem die impliziten Voraussetzungen, auf denen dieser beruht. Nicht sonderlich kontrovers ist, dass die Stoiker wie Aristoteles voraussetzen, dass es eine erste Ursache der Bewegung geben muss. Dass es sich hierbei aber nicht um eine reine Aktivität, die als solche vollkommen oder vollendet und daher nicht in Bewegung sein kann, handelt, folgt aus der zweiten Voraussetzung. Denn sie insistieren mit Epikur darauf, dass ausschließlich Körper Ursache für Bewegung sein können. Bei Seneca ist sogar eine explizite Zurückweisung der aristotelischen Ursachenlehre überliefert.[32] Seneca greift in seiner Diskussion das aristotelische Beispiel des Standbildes auf. Gegen Aristoteles betont er, dass es nach stoischer Meinung letztlich nur *eine* Ursache geben kann, und zwar das, was etwas bewirkt, oder dasjenige, aufgrund dessen etwas ist.[33] Wie wir im letzten Kapitel im Kontext unserer Behandlung der stoischen *Theodizee* noch sehen werden, unterscheiden die Stoiker an dieser einen Ursache gleichwohl ver-

---

30 Gourinat 2009, 49 verweist auf *Metaphysica*, 1042a26–30. Weitere Stellen auch aus Platon führt Graeser 1975, 99–101 an. Siehe dagegen Dienstbeck 2015, 53 der beide Prinzipien den „monistischen Grundbedingungen stoischen Denkens" zufolge lieber als Momente *eines* Prinzips sehen möchte. Dienstbeck kann diese Vermutung jedoch nicht anhand der überlieferten Texte belegen.
31 Seneca, *Epistulae morales ad Lucilium*, 65.12.
32 Wildberger 2006, 40–42 bezweifelt, dass Seneca hier systematisch eine orthodoxe stoische Position entfaltet. Einen Anhaltspunkt für ihre These sieht Wildberger darin, dass Seneca die Unterscheidungen an einem konkreten Beispiel entwickelt und keine abstrakte Systematik ausführt. Hinzu kommt, dass einige der von Seneca verwendeten Begriffe nur für Seneca belegt sind und nicht aus der stoischen Tradition zu stammen scheinen (z. B. „superveniens"). Wildberger vermutet vielmehr im Anschluss an Bobzien, dass es überhaupt keine klare Klassifikation verschiedener Ursachen gegeben haben könnte. Stattdessen soll Chryispp die Ursachen je nach Fragestellung unter einem bestimmten Gesichtspunkt eingeteilt haben.
33 *SVF*, I.89.

schiedene Aspekte, vor allem mit dem Ziel, die kausale Urheberschaft einer Handlung zu sichern, womit ihrer Meinung nach ein ausreichendes Kriterium für die moralische Zurechnung bereitgestellt wird.[34] Was die Stoiker laut Seneca an der aristotelischen Differenzierung auszusetzen haben, ist, dass Aristoteles entweder zu wenige Ursachen benennt, und zwar dann, wenn all das in Betracht gezogen werden soll, ohne dessen Anwesenheit ein Ereignis nicht stattgefunden hätte, oder aber zu viele.[35] Denn was die Stoiker suchen, ist die erste und grundlegende Ursache, die nach Seneca einfach sein muss, „denn auch die Materie ist einfach"[36]. Die Beschaffenheit der Ursache folgt mithin aus der Qualität der Materie und bei dieser einfachen Ursache soll es sich nun um Gott handeln.[37] Hinzu kommt aber noch eine weitere, dritte Voraussetzung. Streng genommen folgt nämlich aus den ersten beiden Prämissen lediglich, dass es eine erste und einfache Ursache geben muss, die die wahrnehmbare Bewegung bewirkt hat. Da eine unkörperliche Ursache ausgeschlossen ist, muss sich die beobachtbare Realität der Bewegung abhängig von einem körperlichen Prinzip begreifen lassen. Noch nicht erwiesen wäre jedoch, dass diese Ursache auch immanent ist. Das folgt hingegen aus der dritten stoischen Voraussetzung: Denn außerhalb der Welt soll es *nichts* geben. Die Welt ist mit Wittgenstein gesprochen alles, was der Fall ist. Sie ist ein Kosmos

---

[34] Siehe Forschner 1995, 90–97.
[35] Seneca, *Epistulae morales ad Lucilium*, 65.6–11.
[36] Seneca, *Epistulae morales ad Lucilium*, 65.12: „Sed nos nunc primam et generalem quaerimus causam. Haec simplex esse debet; nam et materia simplex est. Quaerimus, quid sit causa? Ratio scilicet faciens, id est deus. Ista enim, quaecumque rettulisti, non sunt multae et singulae causae, sed ex una pendent, ex ea, quae faciet." „Aber wir fragen nach der ersten und allgemeinen Ursache. Diese muss einfach sein; denn auch die Materie ist einfach. Wir fragen, was diese Ursache sei? Offensichtlich die wirkende Vernunft, das ist Gott. Denn diese, von denen du berichtet hast, sind nicht viele einzelne Ursachen, sondern sie hängen von einer Ursache ab, von derjenigen die wirkt." Die verschiedenen aristotelischen Ursachen sollen nach stoischer Ansicht von einer einzigen, wirkenden Ursache abhängen, und zwar von Gott. Gegen die beiden in seinen Augen überflüssigen aristotelischen Ursachen (die Form- und Zielursache) führt Seneca an, dass die Formursache nur ein Teil der Ursache ist und nicht die Ursache selbst. Sie hat den Status eines notwendigen Werkzeugs, so wie der Meißel für den Künstler. Auch wenn der Künstler ohne sein Werkzeug die Statue nicht hätte erschaffen können, muss die Ursache für die Statue selbst nicht im Werkzeug, sondern im Künstler gesehen werden. Der bestimmte Zweck indes, den der Künstler verfolgt (also die aristotelische Zielursache), kann zwar als Ursache gelten, aber für Seneca ist der Zweck lediglich eine hinzukommende Ursache und davon gibt es für ihn unzählbar viele. Die einzige und zugleich erste Ursache, die die Stoiker zulassen, ist die *wirkende*.
[37] Dass die gestaltende, aktive Ursache, wie Seneca behauptet, Gott sein muss, begründet auch Sextus Empiricus, *Adversus mathematicos*, IX.75–6 damit, dass Gott der erste Beweger ist und die erste Bewegung auf das aktive Prinzip zurückgeführt werden muss. Zum platonischen Urspung des Gedankens siehe *Leges*, 895b–899d *Phaedrus*, 245c–246e. Probleme, die in diesem Zusammenhang die Theorie des ersten Bewegers betreffen, diskutiert White 2003, 131.

(κόσμος³⁸), der alles umfasst, was existiert. So betont etwa Marcus Aurelius, dass es außerhalb der Materie und der gestaltenden Ursache nichts gibt, was existieren würde.³⁹ Beide Prinzipien sind also gleichursprünglich und ewig.⁴⁰

Die Bedeutung dieser Voraussetzung kann gar nicht hoch genug angesetzt werden. Schauen wir uns daher die stoische Bestimmung des Kosmos etwas genauer an. Im vorausgehenden Kapitel ist bereits das Verständnis der Welt als Kosmos angeklungen. Vor dem Hintergrund der stoischen Prinzipienlehre werden nun auch die stoischen Differenzierungen einsichtig. Zunächst ist es wichtig zu sehen, dass die Stoiker das Ganze (ὅλον) und das All (πᾶν) unterscheiden. Nur das Ganze bezieht sich auf das eine körperhafte Kontinuum, wohingegen das

---

38 Die Stoiker verwenden nach Diogenes Laërtius, VII.137.9–138.6 den Begriff ‚Kosmos', um drei Dinge zu bezeichnen: Erstens ist der Kosmos das Produkt der Zusammensetzung von aktivem und passivem Prinzip. Zweitens soll auch bloß das aktive Prinzip, welches die Materie gestaltet, Kosmos sein. Drittens soll die Ordnung der Himmelskörper ein Kosmos sein: Λέγουσι δὲ κόσμον τριχῶς· αὐτόν τε τὸν θεὸν τὸν ἐκ τῆς ἁπάσης οὐσίας ἰδίως ποιόν, ὃς δὴ ἄφθαρτός ἐστι καὶ ἀγένητος, δημιουργὸς ὢν τῆς διακοσμήσεως, κατὰ χρόνων ποιὰς περιόδους ἀναλίσκων εἰς ἑαυτὸν τὴν ἅπασαν οὐσίαν καὶ πάλιν ἐξ ἑαυτοῦ γεννῶν· καὶ αὐτὴν δὲ τὴν διακόσμησιν τῶν ἀστέρων κόσμον εἶναι λέγουσι· καὶ τρίτον τὸ συνεστηκὸς ἐξ ἀμφοῖν. „Sie sprechen aber auf dreifache Weise vom Kosmos: erstens ist er der Gott, der aus der gesamten Substanz als ein eigenschaftsmäßig Bestimmtes besteht, als solches ist er unvergänglich und ungeworden, ein Schöpfer (Gestalter) der eingerichteten Ordnung, der nach einer bestimmten Zeitperiode die gesamte Substanz in sich aufnimmt und sie auch wieder aus sich selbst heraus erzeugt. Zweitens sagen sie, der Kosmos sei die eingerichtete himmlische Ordnung. Drittens soll er die Anordnung aus beidem sein." Die Einrichtung des Kosmos ist nicht nur der Vernunft und der Vorsehung gemäß, wie Diogenes Laërtius, VII.138.8 (Τὸν δὴ κόσμον διοικεῖσθαι κατὰ νοῦν καὶ πρόνοιαν [...]) referiert, sondern der Kosmos selbst ist nach stoischer Ansicht ein Lebewesen (Diogenes Laërtius, VII.139.3–4: οὕτω δὴ καὶ τὸν ὅλον κόσμον ζῷον ὄντα καὶ ἔμψυχον καὶ λογικόν, ἔχειν ἡγεμονικὸν μὲν τὸν αἰθέρα [...]. „So habe nun auch der gesamte Kosmos als beseeltes und vernünftiges Lebewesen den Äther als Führungsvermögen [...]."), weshalb ihm so wie allen anderen Lebewesen auch eine Sinneswahrnehmung zukommt.
39 Marcus Aurelius, Ad se ipsum, IX.37.1.2–3: τὸ αἴτιον; ἴδε αὐτό. ἀλλ' ἡ ὕλη; ἴδε αὐτήν. ἔξω δὲ τούτων οὐδέν ἐστιν [...]. „Die Ursache? Sieh sie dir an. Die Materie? Sieh sie dir an. Außerhalb von Ursache und Materie gibt es nichts." (Übersetzung: Rainer Nickel, modifiziert)
40 Das unterscheidet die beiden Prinzipien von den Elementen, die, wie wir sehen werden, unmittelbar aus ihrer Vereinigung hervorgehen. Überdies werden die Elemente am Ende eines jeden Zeitdurchlaufs im Weltenbrand zugrunde gehen. Diogenes Laërtius, VII.134.8–10: διαφέρειν δέ φασιν ἀρχὰς καὶ στοιχεῖα· τὰς μὲν γὰρ εἶναι ἀγενήτους <καὶ> ἀφθάρτους, τὰ δὲ στοιχεῖα κατὰ τὴν ἐκπύρωσιν φθείρεσθαι. „Sie sagen aber, dass sich die Prinzipien und Elemente unterscheiden. Erstere sind nämlich ungeworden und unvergänglich, die Elemente hingegen werden im Weltenbrand verzehrt." In der Literatur wird die stoische Differenzierung zwischen Prinzipien und Elementen als Besonderheit der stoischen Philosophie hervorgehoben, da Aristoteles (wie die Vorsokratiker) offenbar nicht so genau zwischen beiden unterschieden haben soll. Siehe White 2005, 125f.

All neben dem Ganzen auch noch das Leere (κενόν) umfasst, in dem sich das Kontinuum befindet.⁴¹ Dass es das Leere (anders als bei Epikur) nicht innerhalb, sondern nur außerhalb der Welt geben kann, ist extrem bedeutsam und hängt damit zusammen, was die Stoiker unter einem Kosmos verstehen. Fest steht, dass die beiden Prinzipien (ποιοῦν und πάσχον) in diesem körperhaften Kontinuum wirksam und in solcher Weise miteinander verbunden sind, dass sie immer nur zusammen existieren.⁴² Gott (oder das aktive Prinzip) wirkt auf das passive Prinzip, die Materie, ein. Aber keines der beiden Prinzipien soll eine abgetrennte Existenz haben, was bereits in der Antike zu einigen Konfusionen geführt hat.⁴³

Seneca beschreibt den Vorgang der Einwirkung Gottes auf die Materie in einem Referat der stoischen Ontologie.⁴⁴ Danach soll das aktive Prinzip als Ursache die untätig und regungslos zugrunde liegende Materie ergreifen („Materia iacet iners, res ad omnia parata, cessatura, si nemo moveat. Causa autem, id est ratio, materiam format et quocumque vult versat, ex illa varia opera producit [...].") und ihr, wie ein Bildhauer seinen Werkstoff formt („artificem, qui materiae daret faciem"), eine bestimmte Gestalt geben. Gott und Materie sind dabei vollständig miteinander vermischt.⁴⁵ Aus diesem Grund berührt das aktive Prinzip oder Gott die Materie überall in der Welt und erzeugt die geformten Gegenstände. Allerdings haben die Produkte der Einwirkung keine feste oder dauerhafte Form, sondern sind in ständiger Bewegung. Die Welt selber ist in einem kontinuierlichen Fluss,

---

41 Das Ganze ist begrenzt, das All hingegen unbegrenzt. Sextus Empiricus, *Adversus mathematicos*, IX.332.1–333.1: καὶ δὴ οἱ μὲν ἀπὸ τῆς Στοᾶς φιλόσοφοι διαφέρειν ὑπολαμβάνουσι τὸ ὅλον καὶ τὸ πᾶν· ὅλον μὲν γὰρ εἶναι λέγουσι τὸν κόσμον, πᾶν δὲ τὸ σὺν τῷ κόσμῳ ἔξωθεν κενόν, καὶ διὰ τοῦτο τὸ μὲν ὅλον πεπερασμένον εἶναι (πεπέρασται γὰρ ὁ κόσμος), τὸ δὲ πᾶν ἄπειρον (τοιοῦτον γὰρ τὸ ἐκτὸς τοῦ κόσμου κενόν). „Ferner nehmen die stoischen Philosophen an, dass sich das Ganze und das All unterscheiden. Das Ganze nennen sie nämlich einerseits Kosmos, wohingegen das All auch das außerhalb des Kosmos befindliche Leere umfasst. Deswegen soll zwar das Ganze begrenzt sein (denn der Kosmos ist begrenzt), doch das All unbegrenzt (denn so beschaffen ist das Leere außerhalb des Kosmos)."
42 Siehe zu diesem Punkt White 2003, 130 und Sedley 1999, 384. Gourinat 2009 geht ausführlich auf die einzelnen Textzeugnisse ein und diskutiert diese vor dem Hintergrund der Frage nach den unterschiedlichen Formen, die das Verhältnis von aktivem und passivem Prinzip auf den einzelnen ontologischen Ebenen einnehmen kann.
43 So formuliert etwa Plutarchus, *De communibus notitiis adversus Stoicos*, 1085b–c das Dilemma, dass unter der Voraussetzung, dass die Materie immer mit der Form verbunden ist, die Materie entweder nicht irrational ist (weil die Stoiker ja die Form mit der Vernunft identifizieren) oder aber Gott (weil dieser im Weltenbrand allein existiert) nicht einfach sein kann, sondern aus beiden zusammengesetzt ist. Siehe White 2003, 129ff.
44 Seneca, *Ad Lucilium epistulae morales*, 65.2f.
45 Zur vollständigen Mischung siehe § 14.

indem Gott alle einzelnen Körper und Dinge aus sich heraus hervorbringt und wieder in sich verschlingt.

Die Stoiker gehen also davon aus, dass Gott kontinuierlich und immanent die Welt gestaltet und bewegt. Die Schöpfung ist mithin unvollendet und in andauernder Bewegung. In diesem zusammenhängenden Ganzen leidet jeder Teil mit allen anderen Teilen, d. h., jede einzelne Bewegung oder Veränderung betrifft zugleich die gesamte Welt. Es gibt mithin eine *vollkommene Sympathie* (συμπάθεια) oder Wechselwirkung zwischen allen ihren Teilen.[46] Genau das macht nach stoischer Ansicht die Welt zu einem Kosmos. Denn alle Teile sind sowohl synchron als auch diachron zu einer *Einheit* verbunden. Nichts geschieht in der Welt ohne eine bestimmte Ursache und damit grundlos und entgegen der göttlichen Ordnung. Aufschlussreich ist ein längeres Referat des Alexander von Aphrodisias:

> Sie sagen nun, dass dieser Kosmos ein einziger ist und die seienden Dinge in sich umfasst und von einer lebendigen, vernünftigen und einsichtigen Natur eingerichtet wird, eine ewige Einrichtung der Dinge nach einer bestimmten vorhergehenden Reihe und Ordnung hat, wobei die ersten für die, die nach ihnen werden, zur Ursache werden und auf diese Weise wird alles miteinander verbunden, und weder wird etwas in ihm auf solche Weise, dass ihm nicht gänzlich etwas anderes nachfolgt und sich an es als Ursache schließt, noch kann irgendetwas von dem später Entstandenen von den zuvor gewordenen Dingen abgelöst werden, sodass es nicht einem von ihnen, gleichsam wie verbunden, nachfolgt, sondern allem Gewordenen folgt etwas anderes nach, das notwendig von ihm als Ursache abhängt und alles Werdende hat etwas vor sich, mit dem es als Ursache verbunden ist. Denn im Kosmos ist nichts ursachelos oder entsteht ohne Ursache, weil nichts in ihm von allem zuvor Gewordenen abgelöst und getrennt wird. Denn der Kosmos würde auseinandergerissen und geteilt und bliebe nicht mehr immerwährend ein einziger, nach einer Ordnung und Organisation eingerichtet, wenn irgendeine unverursachte Bewegung eingeführt würde; diese würde eingeführt, wenn nicht alles Seiende und Werdende vorhergehende Ursachen hätte, denen es mit Notwendigkeit nachfolgen würde.[47]

---

46 Alexander von Aphrodisias, *De mixtione*, 216.14ff. = *SVF*, II.473.
47 Alexander von Aphrodisias, *De fato*, 191.30–192.14: φασὶν δὴ τὸν κόσμον τόνδε, ἕνα ὄντα καὶ πάντα τὰ ὄντα ἐν αὐτῷ περιέχοντα, καὶ ὑπὸ φύσεως διοικούμενον ζωτικῆς τε καὶ λογικῆς καὶ νοερᾶς, ἔχειν τὴν τῶν ὄντων διοίκησιν ἀΐδιον κατὰ εἱρμόν τινα καὶ τάξιν προιοῦσαν, τῶν πρώτων τοῖς μετὰ ταῦτα γινομένοις αἰτίων γινομένων καὶ τούτῳ τῷ τρόπῳ συνδεομένων ἀλλήλοις ἁπάντων, καὶ μήτε οὕτως τινὸς ἐν αὐτῷ γινομένου, ὡς μὴ πάντως ἐπακολουθεῖν αὐτῷ καὶ συνῆφθαι ὡς αἰτίῳ ἕτερόν τι, μήτ' αὖ τῶν ἐπιγινομένων τινὸς ἀπολελύσθαι δυναμένου τῶν προγεγονότων, ὡς μὴ τινι ἐξ αὐτῶν ἀκολουθεῖν ὥσπερ συνδεόμενον, ἀλλὰ παντί τε τῷ γενομένῳ ἕτερόν τι ἐπακολουθεῖν, ἠρτημένον <ἐξ> αὐτοῦ ἐξ ἀνάγκης ὡς αἰτίου, καὶ πᾶν τὸ γινόμενον ἔχειν τι πρὸ αὑτοῦ, ᾧ ὡς αἰτίῳ συνήρτηται. μηδὲν γὰρ ἀναιτίως μήτε εἶναι μήτε γίνεσθαι τῶν ἐν τῷ κόσμῳ διὰ τὸ μηδὲν εἶναι τῶν ἐν αὐτῷ ἀπολελυμένον τε καὶ κεχωρισμένον τῶν προγεγονότων ἁπάντων. διασπᾶσθαι γὰρ καὶ διαιρεῖσθαι καὶ μηκέτι τὸν κόσμον ἕνα μένειν αἰεί, κατὰ μίαν τάξιν

Was macht somit das Resultat der Einwirkung des aktiven auf das passive Prinzip zu einem Kosmos? Nach Alexander ist es vor allem der Umstand, dass die Welt nur *Eine* und ein *Ganzes* ist, die alles in sich umfasst, dass sie eine Ordnung hat, die auf einer göttlichen Vorsehung beruht und sich in der lückenlosen Bestimmung alles Geschehens zeigt. Aus diesem kausalen Zusammenhang, der vorgesehen und zum Besten des Ganzen ist, soll nichts herausgelöst werden können. Andernfalls gäbe es keinen Kosmos und die Einheit der Welt wäre zerstört. Die Welt wäre in Splitter zerschlagen und auseinandergerissen. Ebenso soll nichts folgenlos bleiben, da alles einen Unterschied für das Ganze macht und somit nichts isoliert für sich stehen kann. Denn wie bei einem Lebewesen ist alles miteinander verbunden.

Das Referat macht mehrere Punkte deutlich und wirft natürlich viele Fragen auf. Wichtig ist für unsere Untersuchung zunächst einmal festzustellen, wie weitreichend die stoische Vorstellung des Kosmos als eine organische Einheit geht. In der Literatur wird diesbezüglich von einer organologischen oder biologistischen Auffassung gesprochen, die zwar Anleihen beim platonischen *Timaeus* genommen haben könnte, im Ergebnis aber weit über diesen hinausgeht.[48] In diesem Biologismus wird ferner eine signifikante Differenz zum eher mechanistisch verstandenen Atomismus Epikurs gesehen. Wir werden im Nachfolgenden einen genaueren Blick auf die Vorstellung des Kosmos als ein Lebewesen werfen und dartun, dass sich auch hierhinter die stoische Konzeption der Vorsehung verbirgt.

Kommen wir zuvor aber noch einmal zurück zum aktiven Prinzip. Denn vor dem Hintergrund der oben dargelegten Charakterisierung des Kosmos werden auch die anderen Bezeichnungen des aktiven Prinzips, welches die Stoiker als erste und einzige Ursache (αἰτία) mit Gott (θεός) identifizieren, einsichtig. Fokussiert man nämlich den Charakter der Verbindung der einzelnen Glieder, dann ist es die Notwendigkeit (ἀνάγκη), die wiederum als aufeinanderfolgende Reihe der Ursachen Schicksal (εἱμαρμένη) heißt. Als Vernunft (λόγος) oder vernünftige Ursache in der Welt wird das Prinzip Weltgeist oder *Nous* (νοῦς) genannt, der mit Blick auf seine wohltätige und voraussehende Wirkung Vorsehung (πρόνοια) heißt.[49] In Ansehung der lebensspendenden und zusammenhaltenden Kraft wird

---

τε καὶ οἰκονομίαν διοικούμενον, εἰ ἀναίτιός τις εἰσάγοιτο κίνησις· ἣν εἰσάγεσθαι, εἰ μὴ πάντα τὰ ὄντα τε καὶ γινόμενα ἔχοι τινὰ αἴτια προγεγονότα, οἷς ἐξ ἀνάγκης ἕπεται [...].
48 Long 1983, 15 sieht ebenfalls, dass es vor allem die Konzeption der Vorsehung ist, die die stoische Theorie zu einer „cosmo-biology" macht.
49 Diogenes Laërtius, VII.134.2–4: τὸ μὲν οὖν πάσχον εἶναι τὴν ἄποιον οὐσίαν τὴν ὕλην, τὸ δὲ ποιοῦν τὸν ἐν αὐτῇ λόγον τὸν θεόν· τοῦτον γὰρ ἀΐδιον ὄντα διὰ πάσης αὐτῆς δημιουργεῖν ἕκαστα. „Dasjenige, worauf eingewirkt wird, sei die nicht eigenschaftsmäßig bestimmte Substanz, d. h. die Materie; das Tätige dagegen sei die Vernunft in ihr, d. h. Gott. Da sie nämlich ewig sei, schaffe sie jeden einzelnen Gegenstand im gesamten Bereich der Materie." (Übersetzung: Karlheinz Hül-

§ 13 Die Welt ist ein feuriger Kosmos: Stoische Vorsehung und Naturphilosophie — 257

Gott schließlich als Natur (φύσις) bezeichnet, dessen lebensspendende Wärme in ihrer reinen Form (zumindest für Zenon) ein *kunstvoll gestaltendes Feuer* („ignem esse artificiosum"; πῦρ τεχνικὸν) sein soll,⁵⁰ welches, selbst mithin göttlich,⁵¹ die Vernunft wie einen Keim (σπερματικὸς λόγος) in sich trägt.⁵²
   Gott wäre demzufolge als aktives Prinzip und erste Ursache ein schöpferisches Feuer, welches in der Gestaltung der Welt methodisch vorgeht und alle vernünftigen Keimkräfte in sich enthält. Durch dieses *erste*⁵³ Feuer entstehen die einzelnen Dinge nach einer unüberwindlichen und unumstößlichen Schick-

---

ser) 135.9–136.1: Ἕν τ' εἶναι θεὸν καὶ νοῦν καὶ εἱμαρμένην καὶ Δία· πολλαῖς τ' ἑτέραις ὀνομασίαις προσονομάζεσθαι. „Gott, Vernunft, Schicksal und Zeus sind alle eines und sie werden noch mit vielen anderen Namen bezeichnet." Siehe auch *SVF*, II.913.
50 Cicero, *De natura deorum*, II.57 = *SVF*, I.171: „Zeno igitur naturam ita definit, ut eam dicat ignem esse artificiosum ad gignendum progredientem via. Censet enim artis maxime proprium esse creare et gignere, quodque in operibus nostrarum artium manus efficiat, id multo artificiosius naturam efficere, id est, ut dixi, ignem artificiosum, magistrum artium reliquarum." „Es ist Zenon, der die Natur so definiert, sie sei ‚ein kunstfertiges Feuer, das methodisch zum Hervorbringen voranschreitet'. Er ist nämlich der Überzeugung, daß es der Kunst im höchsten Grade eigentümlich sei, zu schaffen und hervorzubringen; und was an Leistungen unserer Künste die Hand zustande bringt, das bewirkt die Natur auf eine noch viel kunstvollere Weise, nämlich, wie ich sagte, das kunstfertige Feuer, das der Lehrer in allen übrigen Künsten ist." (Übersetzung: Olof Gigon) Siehe auch die übrigen unter *SVF*, I.171 zusammengefassten Fragmente: *Academica post.*, I.39: „Zeno statuebat ignem esse ipsam naturam [...]." „Zeno glaubte, dass die Natur selbst ein Feuer sei." – Tertullian, *Ad nationes*, II.2: „cuius (ignis) instar vult esse naturam Zeno." Diogenes Laërtius, VII.156: τὴν μὲν φύσιν εἶναι πῦρ τεχνικὸν ὁδῷ βαδίζον εἰς γένεσιν. „Die Natur ist ein künstlerisch gestaltendes Feuer, welches planvoll zur Erzeugung schreitet."
51 Aëtius, *Placita*, I.7.23 (DDG p. 303, 11) = *SVF*, I.157: Ζήνων ὁ Στωικὸς νοῦν κόσμου πύρινον (scil. θεὸν ἀπεφήνατο). „Zenon der Stoiker bestimmte Gott als feurige Vernunft des Kosmos." Augustinus, *Adversus Academicos*, III.17.38: „nam et deum ipsum ignem putavit (Zeno)." „Er (Zenon) glaubte nämlich auch, dass Gott selbst Feuer sei."
52 Diogenes Laërtius, VII.135–136 = *SVF*, I.102. ἕν τε εἶναι θεὸν καὶ νοῦν καὶ εἱμαρμένην καὶ Δία πολλαῖς τε ἑτέραις ὀνομασίαις προσονομάζεσθαι. κατ' ἀρχὰς μὲν οὖν καθ' αὑτὸν ὄντα τρέπειν τὴν πᾶσαν οὐσίαν δι' ἀέρος εἰς ὕδωρ· καὶ ὥσπερ ἐν τῇ γονῇ τὸ σπέρμα περιέχεται, οὕτω καὶ τοῦτον σπερματικὸν λόγον ὄντα τοῦ κόσμου, τοιόνδε ὑπολείπεσθαι ἐν τῷ ὑγρῷ, εὐεργὸν αὑτῷ ποιοῦντα τὴν ὕλην πρὸς τὴν τῶν ἑξῆς γένεσιν· εἶτα ἀπογεννᾶν πρῶτον τὰ τέσσαρα στοιχεῖα πῦρ, ὕδωρ, ἀέρα, γῆν. „Gott, Vernunft, Schicksal und Zeus sind alle eines und sie werden noch mit vielen anderen Namen bezeichnet. Am Anfang war er ganz für sich selbst und verwandelte die ganze Substanz durch Luft in Wasser. Und so wie in der Samenflüssigkeit der Samen enthalten ist, so steht dieser (Gott) als ein solcher Vernunftsamen der Welt in der Feuchtigkeit und macht sich die Materie dienstbar – mit Blick auf die Entstehung der nachfolgenden Dinge. Dann schafft er als erstes die vier Elemente: Feuer, Wasser, Luft und Erde."
53 Aristocles (*SVF*, I.98) berichtet vom πρῶτον πῦρ. Zu den Problemen, die sich im Zusammenhang mit der Bestimmung der Elemente ergeben, siehe Cooper 2009 sowie Gourinat 2009, 59ff. Cooper 2009, 107 spricht in seiner Untersuchung von einem „proto-fire", aus dem die anderen Elemente hervorgehen sollen.

salsfügung, da es den Bauplan und die Gründe für alles enthält, d. h. für alles, was sein wird, ist und war.[54] Aus diesem Grund kann man, wenn man so will, im Feuer die Vereinigung von Wirk- und Zweckursache erkennen, Letzteres wäre die Vorsehung oder reine Seele Gottes, die aufgrund ihrer spezifischen Tätigkeit und durch den feurigen Stoff die besondere Gestaltung der Welt bewirkt.[55] Und nur hierauf beruht letztlich, dass alles im Kosmos vorzüglich geordnet wird, ja dass es sich bei dieser Welt als Zusammensetzung von aktivem und passivem Prinzip überhaupt um einen Kosmos handelt. Denn „Kosmos ist ein System aus Himmel, Erde und den Dingen darin. Er umfasst alle Körper; denn es gibt überhaupt nichts außerhalb des Kosmos [...]. Nicht unendlich, sondern begrenzt ist der Kosmos; das geht daraus hervor, dass er *von der Natur verwaltet wird*" (Übersetzung: Rainer Nickel; Hervorhebung: A. H.).[56]

---

54 Aëtius, *Placita*, I.7.33 = *SVF*, II.1027: <Οἱ Στωϊκοὶ> νοερὸν θεὸν ἀποφαίνονται, πῦρ τεχνικόν, ὁδῷ βαδίζον ἐπὶ γένεσιν κόσμου, ἐμπεριειληφὸς πάντας τοὺς σπερματικοὺς λόγους, καθ' οὓς ἕκαστα καθ' εἱμαρμένην γίνεται. „Die Stoiker nehmen einen Gott mit Denkkraft an, ein wie ein Künstler schaffendes Feuer, das bei der Erschaffung der Welt methodisch vorgeht, alle vernünftigen Keimkräfte umfasst, durch die alles Einzelne nach einer unumstößlichen Schicksalsfügung entsteht." (Übersetzung: Rainer Nickel) Ebenso Aristocles, (ἀπὸ τοῦ ζ' περὶ φιλοσοφίας) *Apud Eusebium praep. evang.*, XV p. 816d. = *SVF*, I.98: τὸ μέντοι πρῶτον πῦρ εἶναι καθαπερεί τι σπέρμα, τῶν ἁπάντων ἔχον τοὺς λόγους καὶ τὰς αἰτίας τῶν γεγονότων καὶ τῶν γιγνομένων καὶ τῶν ἐσομένων· τὴν δὲ τούτων ἐπιπλοκὴν καὶ ἀκολουθίαν εἱμαρμένην καὶ ἐπιστήμην καὶ ἀλήθειαν καὶ νόμον εἶναι τῶν ὄντων ἀδιάδραστόν τινα καὶ ἄφυκτον. <ταύτῃ δὲ πάντα διοικεῖσθαι τὰ κατὰ τὸν κόσμον ὑπέρευ, καθάπερ ἐν εὐνομωτάτῃ τινὶ πολιτείᾳ>. „Das erste Feuer sei allerdings wie ein Same, der die Gründe für alles und die Ursachen für das enthält, was war, was ist und was sein wird. Diese Verknüpfung und Abfolge sei das Schicksal, das Wissen, die Wahrheit und das Gesetz des Seienden, dem man nicht entgegenwirken und nicht entkommen könne. Auf diese Weise werde alles im Kosmos vorzüglich geordnet wie in einem über die besten Gesetze verfügenden Staat." (Übersetzung: Rainer Nickel, modifiziert)
55 Cicero, *De natura deorum*, III.92: „[...] materiam enim rerum, ex qua et in qua omnia sint, totam esse flexibilem et commutabilem, ut nihil sit quod non ex ea quamvis subito fingi convertique possit, eius autem universae fictricem et moderatricem divinam esse providentiam [...]." „[Ihr lehrt nämlich], daß die Materie der Dinge, aus der alles besteht und in der sich alles befindet, durch und durch formbar und veränderbar ist derart, daß es nichts gibt, was nicht aus ihr in einem einzigen Augenblick gestaltet und umgeformt werden könne; die Bildnerin und Lenkerin der gesamten Materie sei aber die göttliche Vorsehung." (Übersetzung: Olof Gigon)
56 Cleomedes, *De motu circulari corporum caelestium*, 2.9–4.4: Κόσμος ἐστὶ σύστημα ἐξ οὐρανοῦ καὶ γῆς καὶ τῶν ἐν τούτοις φύσεων. Οὗτος δὲ πάντα μὲν τὰ σώματα ἐμπεριέχει, οὐδενὸς ἁπλῶς ἐκτὸς αὐτοῦ ὑπάρχοντος [...] οὐ μὴν ἄπειρός γε, ἀλλὰ πεπερασμένος ἐστίν, ὡς τοῦτο δῆλον ἐκ τοῦ ὑπὸ φύσεως αὐτὸν διοικεῖσθαι. Ἀπείρου μὲν γὰρ οὐδενὸς φύσιν εἶναι δυνατόν· δεῖ γὰρ κατακρατεῖν τὴν φύσιν, οὗτινός ἐστιν· ὅτι δὲ φύσιν ἔχει τὴν διοικοῦσαν αὐτόν, γνώριμον πρῶτον μὲν ἐκ τῆς τάξεως τῶν ἐν αὐτῷ μερῶν, ἔπειτα ἐκ τῆς τῶν γινομένων τάξεως, τρίτον ἐκ τῆς συμπαθείας τῶν ἐν αὐτῷ μερῶν πρὸς ἄλληλα, τέταρτον ἐκ τοῦ ἕκαστα πρός τι πεποιῆσθαι, καὶ λοιπὸν ἐκ τοῦ πάντα μεγαλωφελεστάτας παρέχεσθαι τὰς χρείας· ἅπερ ἴδια καὶ τῶν ἐπὶ μέρους φύσεών ἐστιν.

Im Kontext von Kosmos und Vorsehung scheint vor allem das Feuer (πῦρ) oder die elementare Wärme (θερμότης)[57] eine basale Rolle einzunehmen. Das soll im Folgenden mit Blick auf den Weltenbrand (ἐκπύρωσις) und die besondere Gestalt des Kosmos weiter erhärtet werden. Mit diesem für die stoische Position zentralen Aspekt wird der bereits angeklungene Anknüpfungspunkt an die Philosophie Heraklits deutlich, aber auch naturwissenschaftliche und vor allem medizinische Betrachtungen könnten hier relevant gewesen sein.[58] Zeigt doch auch die Wahrnehmung, wie Ciceros stoischer Sprecher Balbus betont, dass alles, was sich ernährt und wächst, dies aufgrund einer bestimmten Wärme tut.[59] Wahrscheinlich

---

„Kosmos ist ein System aus Himmel, Erde und den Dingen darin. Er umfasst alle Körper; denn es gibt überhaupt nichts außerhalb des Kosmos [...]. Nicht unendlich, sondern begrenzt ist der Kosmos; das geht daraus hervor, dass er von der Natur verwaltet wird. Denn es wäre unmöglich, dass es eine Natur eines Unendlichen gäbe, denn die Natur muss über etwas Bestimmtes herrschen. Dass der Kosmos eine Natur hat, die ihn verwaltet, ist bekannt: erstens aufgrund der Ordnung seiner Teile; zweitens aufgrund der Ordnung des Entstehenden; drittens aufgrund der ‚Sympathie' (Wechselwirkung) seiner Teile untereinander; viertens aufgrund der Tatsache, dass alles zweckbestimmt ist; und schließlich weil alles größten Nutzen bringt, was auch jeweils für die einzelnen Naturen gilt." (Übersetzung: Rainer Nickel) Wir haben bereits im vorausgehenden Kapitel gesehen, dass die von Cleomedes hier aufgeführte Ordnung und Zweckhaftigkeit der Welt von den Stoikern als sichere Zeichen einer vorsehenden Verwaltung betrachtet werden. Siehe auch die Bestimmungen des Kosmos bei Diogenes Laërtius, VII.142–143 = SVF, II.633: ὅτι δὲ καὶ ζῷον ὁ κόσμος καὶ λογικὸν καὶ ἔμψυχον καὶ νοερόν καὶ <Χρύσιππός> φησιν <ἐν πρώτῳ περὶ Προνοίας> καὶ Ἀπολλόδωρος φησὶν ἐν τῇ φυσικῇ καὶ Ποσειδώνιος· ζῷον μὲν οὕτως ὄντα, οὐσίαν ἔμψυχον αἰσθητικήν. τὸ γὰρ ζῷον τοῦ μὴ ζῴου κρεῖττον· οὐδὲν δὲ τοῦ κόσμου κρεῖττον. ζῷον ἄρα ὁ κόσμος. ἔμψυχον δέ, ὡς δῆλον ἐκ τῆς ἡμετέρας ψυχῆς ἐκεῖθεν οὔσης ἀποσπάσματος. „Dass die Welt ein Lebewesen, vernünftig, beseelt und denkfähig ist, sagen Chrysipp im ersten Buch ‚Über die Vorsehung', Apollodor in seiner ‚Physik' und Poseidonios. Ein Lebewesen ist sie in dem Sinne, dass sie eine beseelte und wahrnehmungsfähige Substanz ist. Ein Lebewesen ist nämlich besser als ein nicht lebendes Wesen. Nichts aber ist besser als die Welt. Also ist die Welt ein Lebewesen; dass sie aber beseelt ist, ergibt sich daraus, dass unsere Seele ein aus ihr herausgelöstes Stück ist." (Übersetzung: Rainer Nickel)

57 Grundsätzlich unterscheidet man die Qualität (ποιότης) von ihrer Instanziierung in einem Element (στοιχεῖον). Da die Stoiker den Elementen aber jeweils nur eine Qualität zusprechen (auch wenn diese wiederum ein „breites Spektrum von Phänomenen umfaßt", Long & Sedley 2000, 341), ist die Unterscheidung aufgrund der schwierigen Quellenlage nicht immer eindeutig. Zu den „primae qualitates" siehe SVF, II.405–411. Die Fragmente zu den Elementen fasst von Arnim unter SVF, II.412–438 zusammen.

58 Siehe Long & Sedley 2000, 342. Sedley 1999, 388 hebt hervor, dass es zu Lebzeiten Chrysipps zu erheblichen Fortschritten in der Medizin gekommen ist, worauf sich auch die Einführung des Pneumas (πνεῦμα) zurückführen ließe. Sedley vermutet in dieser Frage vor allem den Einfluss von Praxagoras von Kos.

59 Cicero, De natura deorum, II.23. Aufgrund dieser Beobachtung wird der Wärme als Qualität eine ausgezeichnete Rolle und Bedeutung für das Leben eingeräumt. Was sich aber bei einzelnen Lebewesen ersehen lässt, soll nach stoischer Meinung auch für das Ganze gelten. Ciceros

hat die Anlehnung an die Medizin auch zu einigen Modifikationen der stoischen Theorie geführt, die eine einheitliche Interpretation zusätzlich erschweren (und womöglich sogar unmöglich machen). So sind die Auskünfte unserer Quellen hinsichtlich des Status des Feuers sowie des Verhältnisses zu den ersten Prinzipien bzw. dem Seelenstoff (πνεῦμα) uneinheitlich, was wiederum nahelegt, dass es hier zu signifikanten Neuerungen gekommen sein könnte.[60] Das verdeutlicht erneut, wie schwierig es ist, vor allem in der stoischen Naturlehre und Kosmologie eine kohärente stoische Position vorzustellen, und zwar nicht nur, weil die Überlieferungssituation noch schlechter als bei Epikur ist, von dem zumindest die Briefe und das Lehrgedicht des Lukrez überliefert sind. Hinzu kommt, dass die stoischen Schuloberhäupter nicht so treu an den Ansichten ihres Gründers festgehalten haben wie die Epikureer. Innerhalb der stoischen Schule ist es immer wieder zu (zum Teil auch bedeutsamen) Revisionen gekommen, womit die Stoiker etwa auf Einwände von Gegnern reagiert bzw. neue Strömungen und Erkenntnisse der Wissenschaften aufgenommen haben. Aber auch das macht deutlich, wie flexibel das argumentative Grundgerüst der stoischen Philosophie ist. Trotz dieser grundsätzlichen Schwierigkeiten und unabhängig von den Modifikationen im Detail werden prinzipielle Voraussetzungen beibehalten, was schließlich erlaubt, von einer Schule zu sprechen. Eine entscheidende Voraussetzung für die stoische Naturlehre ist, wie hier darzulegen sein wird, die von den Stoikern zugrunde gelegte Konzeption der Vorsehung. In der fundamentalen Bedeutung, die der Vorsehung beigemessen wird, weichen die einzelnen Vertreter der Schule kaum voneinander ab, auch wenn unterschiedliche Schwerpunkte gesetzt werden bzw. die Vorsehung bei einigen mehr in den Hintergrund tritt als bei anderen (wie etwa bei dem als besonders fromm geltenden Stoiker Kleanthes).

Bevor wir zu den weiteren Konsequenzen der stoischen Konzeption der Vorsehung für die besondere Gestalt des Kosmos übergehen, soll in aller Kürze die für die stoische Kosmologie und Kosmogonie bedeutsame Lehre der Elemente in Augenschein genommen werden. Wir haben bereits bemerkt, dass die Stoiker anders

---

Dialogpartner Balbus, dessen Referat (zumindest an dieser Stelle) vermutlich auf Kleanthes zurückgeht, macht die Wärme deshalb auch für die Erhaltung des Ganzen verantwortlich. Cicero, *De natura deorum*, II.25: „Omnes igitur partes mundi [...] calore fultae sustinentur." „Denn alle Teile der Welt [...] stützen und erhalten sich durch die Wärme."

60 Die Probleme, die sich in Ansehung der Sonderstellung, welche die Stoiker dem Feuer einräumen und die die Vereinbarkeit mit anderen Theoriestücken, wie etwa der Prinzipienlehre oder der Konzeption der Elemente, betreffen, sind in der Literatur ausführlich diskutiert worden. An dieser Stelle sei nur auf einige neuere Arbeiten verwiesen. Siehe etwa White 2003, 133ff.; Sedley 1999, 388–389; Forschner 1981, 54; Gourinat 2009, 59ff.; besonders zum Verhältnis der Elemente zur Kosmogonie siehe Cooper 2009. Eine alternative Deutung bietet Salles 2009; sehr ausführlich mit weiteren Literaturangaben Wildberger 2006, 60ff.

als Aristoteles und manche vorsokratische Philosophen die Prinzipien strikt von den Elementen differenziert haben. Kennzeichnend ist vor allem, dass die Prinzipien ungeworden und unzerstörbar sind, was, wie wir gleich sehen werden, nicht in demselben Sinn für die Elemente zu gelten scheint. Mithin kommt den Prinzipien eine grundlegendere Bedeutung zu. Ferner haben wir gesehen, dass die beiden ersten Prinzipien zwar körperlich, jedoch an sich formlos sein sollen. Die bestimmte Form erhält die Materie erst durch die Einwirkung des aktiven Prinzips. Das erste Produkt der göttlichen Einwirkung sollen nun nach Diogenes Laërtius die vier Elemente sein – Erde, Wasser, Luft und Feuer –,[61] die folglich (als Zusammensetzungen von Form gebender Ursache und Form aufnehmender Materie) über eine bestimmte Form verfügen und die daher auch als unmittelbare Grundlage oder Bausteine der sinnlichen Körper fungieren können.[62] Trotz dieser Gemeinsamkeit mit den epikureischen Atomen darf man die Elemente keinesfalls mit ihnen verwechseln, auch deshalb nicht, weil für die Stoiker alle Körper unendlich teilbar sind.[63] Es kann ihrer Ansicht nach keine letzten unteilbaren Körper (oder Atome) geben, wie sie Epikur zur Grundlage seiner Ontologie gemacht hat.[64]

Bemerkenswert ist nun, dass die Stoiker nicht nur auf der Ebene der Prinzipien, sondern auch bei den Elementen zwischen aktiven und passiven Elementen unterschieden haben.[65] Aktiv sollen Luft und Feuer sein, passiv hingegen

---

[61] Diogenes Laërtius, VII.136.6–7: [...] εἶτ' ἀπογεννᾶν πρῶτον τὰ τέσσαρα στοιχεῖα, πῦρ, ὕδωρ, ἀέρα, γῆν. „Dann schafft er als erstes die vier Elemente: Feuer, Wasser, Luft und Erde."

[62] Stobaeus, *Eclogae*, I p. 129, 1 W. <Χρυσίππου> = *SVF*, II.413. Nach Diogenes sollen die vier Elemente zusammengenommen die eigenschaftslose Substanz (oder der Stoff) sein, die allen differenzierten Dingen zugrunde liegt (Diogenes Laërtius, VII.136–137 = *SVF*, II.580).

[63] *SVF*, II.381.

[64] In Ansehung der unendlichen Teilbarkeit der Körper ist fragwürdig, was diese vom Raum unterscheidet. Hiergegen wäre vor dem Hintergrund der oben dargelegten Bestimmung des Körpers zu sagen, dass die Körper einerseits (im Gegensatz zum Raum, der für die Stoiker nicht nur unendlich teilbar, sondern auch unendlich ausgedehnt ist) eine *bestimmte* Ausdehnung haben. Es gibt also keine unbegrenzten Körper, wohingegen der Raum nicht nur jeden einzelnen Körper, sondern auch das Körperliche insgesamt (und damit auch das an sich Seiende) umfasst, weshalb auch das außerhalb des Kosmos befindliche Leere Teil des Raums ist (das Leere definieren die Stoiker entsprechend als die Abwesenheit des Körpers *SVF*, II.504). Andererseits kann der Raum als solcher weder wirken noch etwas erleiden, was, wie wir gesehen haben, eine basale Bestimmung des Körpers ist.

[65] Diese Gemeinsamkeit hat zu einer zusätzlichen Konfusion unter den Interpreten geführt, da auf diese Weise die Differenz zwischen den beiden Prinzipien und den Elementen verwischt zu werden droht, bzw. es wird fragwürdig, ob die Stoiker diese überhaupt klar unterschieden haben. Besonders heftig wurden die Stoiker auf der Grundlage der aristotelischen Philosophie von Alexander von Aphrodisias, *De mixtione*, p. 224, 14–26 = *SVF*, II.442 sowie p. 224 = *SVF*, II.310 kritisiert, der an dieser Stelle eine grundsätzliche Konfusion vermutet hat bzw. die einfache Natur Gottes infrage gestellt sieht, da die Elemente einerseits aus der Einwirkung des aktiven

Erde und Wasser.⁶⁶ Nach Alexander von Aphrodisias, der diese Ansicht Chrysipp zuschreibt, zeichnen sich Feuer und Luft durch ihre besondere Feinheit und Beweglichkeit aus. Zudem sollen diese beiden Elemente über eine natürliche innere Spannkraft (εὔτονα ὄντα) verfügen, wohingegen Erde und Wasser als sehr viel gröber und schwerer angesehen werden. Außerdem sollen sie nach dem Zeugnis von Alexander keine innere Spannkraft haben.⁶⁷ Aus diesem Grund können sie weder sich selbst noch etwas anderes zusammenhalten. Nur Luft und Feuer wären demnach aufgrund ihrer Spannkraft in der Lage, sich und anderes zu erhalten und zu formen, indem sie ihre Spannkraft an die beiden passiven Elemente weitergeben. Das wird auch von Plutarch bezeugt, der sich mit hoher Wahrscheinlichkeit direkt auf Chrysipp bezieht.⁶⁸ Auffällig ist, dass sich laut Alexander aus der Zusammensetzung von Feuer und Luft der besonders feinteilige Seelenstoff, das *Pneuma*, ergeben soll.⁶⁹ Da Feuer seinem Wesen nach heiß und Luft kalt ist (beide Elemente sind ja Instanziierungen eben dieser Qualitäten), steht die Mischung aus beiden als heiße Luft (oder eben Pneuma) in einem besonderen Spannungsverhältnis: Feuer dehnt sich aus und Luft zieht sich zusammen. Auf diese Weise soll sich ein dynamisches Kontinuum oder eine Art Spannungsbewegung einstellen, „die sich zugleich nach innen und nach außen richtet".⁷⁰ Diogenes Laërtius zufolge hat schon Zenon die Seele als Pneuma charakterisiert und dieses nicht nur mit der besonderen Wärme, die sich bei allen Lebewesen

---

Prinzips hervorgehen sollen, Gott als Feuer bzw. Pneuma andererseits mit einem der Elemente identifiziert wird. In der einschlägigen Literatur wurden indes ganz unterschiedliche Strategien und Lösungsansätze zur Bewältigung dieser Problematik entwickelt.

66 Nemesius, *De natura hominis*, cp. 5 p. 126 = *SVF*, II.418.
67 Alexander von Aphrodisias, *De mixtione*, p. 216.14 ff. Bruns. = *SVF*, II.473.
68 Plutarchus, *De communibus notitiis adversus Stoicos*, cp. 49 p. 1085c = *SVF*, II.444.
69 Alexander von Aphrodisias, *De mixtione*, p. 224, 14 Bruns = *SVF*, II.442: πρὸς δὲ τούτοις εἰ <τὸ πνεῦμα γεγονὸς ἐκ πυρός τε καὶ ἀέρος διὰ πάντων πεφοίτηκε τῶν σωμάτων <τῷ> πᾶσιν αὐτοῖς κεκρᾶσθαι καὶ ἑκάστῳ αὐτῶν ἐκ τούτου ἠρτῆσθαι τὸ εἶναι> [...]. „Wenn aber außerdem noch der Lebensstrom (Pneuma) aus Feuer und Luft besteht und alle Körper durchdringt, indem er mit ihnen allen vermischt ist und von ihm das Sein jedes einzelnen Körpers abhängt [...]." (Übersetzung: Rainer Nickel) Ebenso *SVF*, II.310; 389; 786.
70 Nemesius, *De natura hominis*, cp. 2 p. 42 = *SVF*, II.451: εἰ δὲ λέγοιεν, καθάπερ <οἱ Στωϊκοί>, τονικήν τινα εἶναι κίνησιν περὶ τὰ σώματα εἰς τὸ εἴσω ἅμα κινουμένην καὶ εἰς τὸ ἔξω [...]. „Wenn man aber sagt, wie das die Stoiker tun, es gebe im Bereich der Körper eine Art Spannungsbewegung, die sich zugleich nach innen und nach außen richtet [...]." (Übersetzung: Karlheinz Hülser) Durch die gleichzeitig nach innen und nach außen gerichtete Spannungsbewegung ist das Pneuma direkt für die Form der Einzelwesen verantwortlich. Es handelt sich somit um das stoische Analogon zur aristotelischen Formursache. Siehe Michael Frede, 1985, 243, der sich auf Galen, *De causis continentibus* beruft.

§ 13 Die Welt ist ein feuriger Kosmos: Stoische Vorsehung und Naturphilosophie — 263

zeigt, sondern auch mit dem Hauchartigen der Luft in Verbindung gebracht.⁷¹ Das Hauchartige der Seele soll sich nach Chalcidius vor allem daran zeigen, dass sich der Tod des Lebewesens beim Ausbleiben der Atmung einstellt.

Bereits die antiken Kritiker weisen auf die Schwierigkeiten hin, die unterschiedlichen stoischen Ausführungen zur Natur und zur Zusammensetzung der Seele mit anderen ontologischen Annahmen der Stoiker zu vereinbaren.⁷² Das braucht uns an dieser Stelle jedoch nicht weiter zu interessieren. Mit Blick auf die übergeordnete Fragestellung ist vor allem die besondere Stellung des Feuers bedeutsam, da die Stoiker dieses explizit mit der Vorsehung in Verbindung bringen. Schauen wir uns daher die stoische Charakterisierung des elementaren Feuers etwas genauer an. Nach Auskunft von Stobaeus kann bloß das Feuer als ein wirklich eigenständiges Element gelten, „weil aus ihm als dem ersten Element alles Übrige durch eine Verwandlung zusammengesetzt werde und alles in dieses als das letzte Element ausgegossen und aufgelöst werde und es selbst aber keine Ausgießung und Auflösung in etwas anderes zulasse" (Übersetzung: Rainer Nickel).⁷³ Die Stoiker haben also nicht nur wie Aristoteles eine Transformation

---

71 Diogenes Laërtius, VII.157 = *SVF*, I.135: Ζήνων δὲ ὁ Κιτιεύς ... πνεῦμα ἔνθερμον εἶναι τὴν ψυχήν. τούτῳ γὰρ ἡμᾶς εἶναι ἐμπνόους καὶ ὑπὸ τούτου κινεῖσθαι. „Zenon von Kition [...] erklär[t], die Seele sei ein warmer Hauch; durch diesen nämlich seien wir belebt (hätten wir Atem), und dank seiner könnten wir uns bewegen." (Übersetzung: Karlheinz Hülser) Siehe auch *SVF*, I.137; I.138.
72 So macht etwa Alexander von Aphrodisias, *De mixtione*, p. 224, 14–26 = *SVF*, II.442 sowie p. 224 = *SVF*, II.310 auf das problematische Verhältnis von Pneuma und Elementen sowie Pneuma und aktivem Prinzip aufmerksam: εἰ γὰρ θεὸς κατ' αὐτοὺς σῶμα, πνεῦμα ὢν νοερόν τε καὶ ἀΐδιον, καὶ ἡ ὕλη δὲ σῶμα, πρῶτον μὲν ἔσται πάλιν διῆκον σῶμα διὰ σώματος, ἔπειτα τὸ πνεῦμα τοῦτο ἤτοι τι τῶν τεσσάρων τῶν ἁπλῶν ἔσται σωμάτων, ἃ καὶ στοιχεῖα φασιν, ἢ ἐκ τούτων σύγκριμα, ὥς που καὶ αὐτοὶ λέγουσιν (καὶ γὰρ <ἀέρος καὶ πυρὸς ὑφίστανται τὴν οὐσίαν ἔχειν τὸ πνεῦμα>) ἢ <εἰ> ἄλλο τι εἴη, ἔσται τὸ θεῖον αὐτοῖς σῶμα πέμπτη τις οὐσία [...]. „Wenn nämlich Gott nach Auffassung der Stoiker als vernünftiger und ewiger Lebensstrom ein Körper und der Stoff ein Körper ist, dann ergibt sich daraus, dass erstens ein Körper wiederum einen Körper durchdringt und zweitens dieser Lebensstrom entweder einer der vier einfachen Körper, die die Stoiker auch als Elemente bezeichnen, oder eine Mischung aus diesen Elementen sein wird, wie sie es doch wohl auch selbst behaupten (denn sie unterstellen, dass der Lebensstrom aus Luft und Feuer bestehe), oder wenn der Lebensstrom noch etwas anderes wäre, dann wird für sie das Göttliche nur ein ‚fünftes Element' sein [...]." (Übersetzung: Rainer Nickel) Zenon soll nach Cicero, *De finibus bonorum et malorum*, IV.12 = *SVF*, I.134 das Feuer der Seele tatsächlich als ein fünftes Element behandelt haben, wie Alexander hier als Lösung zu dem von ihm gestellten Problem andeutet.
73 Stobaeus, *Eclogae*, I p. 129, 1 W. <Χρυσίππου> = *SVF*, II.413: τὸ δὲ <πῦρ καὶ> κατ' ἐξοχὴν στοιχεῖον λέγεσθαι διὰ τὸ ἐξ αὐτοῦ πρώτου τὰ λοιπὰ συνίστασθαι κατὰ μεταβολὴν καὶ εἰς αὐτὸ ἔσχατον πάντα χεόμενα διαλύεσθαι, τοῦτο δὲ μὴ ἐπιδέχεσθαι τὴν εἰς ἄλλο χύσιν ἢ ἀνάλυσιν [...]. Hiervon weichen die Charakterisierungen des Feuers, die sich bei Cicero, *De natura deorum*, II.23–8 sowie Stobaeus, *Eclogae*, I.153.7–22 (= *SVF*, I.497) finden lassen und die Kleanthes zugeschrieben werden, ab. Stobaeus setzt sogar ausdrücklich Kleanthes' Position von derjenigen anderer Stoiker ab (zu Zenon siehe Stobaeus, *Eclogae*, I.152.19–153. 6 = *SVF*, I.102). Salles 2009

der einzelnen Elemente ineinander zugelassen,[74] sondern die Entstehung und der Übergang der Elemente sollen in gewisser Weise vom Feuer geleitet werden. Nach Stobaeus wird das Feuer die übrigen Elemente aus sich heraus hervorbringen, indem es auf sich selbst einwirkt und unterschiedliche Spannungsgrade einnimmt.[75] Aufgrund dieser besonderen Eigenschaften (weil nämlich alle anderen Elemente aus dem Feuer entstehen und zuletzt auch wieder im Feuer vergehen) erklären die Stoiker das Feuer zum Hauptelement.[76] Entsprechend reden sie nach Stobaeus von Elementen in drei unterschiedlichen Bedeutungen. Zunächst bezeichnet *Element* nur das Feuer, da es sich ausschließlich bei diesem um ein eigenständiges Element handelt. Zweitens steht *Element* für alle vier Elemente, aus denen sich die makrophysischen Körper größtenteils zusammensetzen. Drittens soll *Element* dasjenige sein, „was vor allem so beschaffen ist, dass es durch sich selbst methodisch auf ein Ziel hin entwerfend Entstehung ermöglicht und von jenem Ziel aus in gleicher Weise methodisch in sich selbst aufgelöst wird" (Übersetzung: Rainer Nickel; modifiziert).[77] Die dritte Charakterisierung wird, wie wir gleich sehen werden, mit Hinblick auf die stoische Kosmogonie verständlich.[78] Dass die von Stobaeus beschriebene Transformation der Elemente auf Chrysipp zurückgeht, wird von Plutarch bestätigt:

> Chrysipp hält die Sonne für beseelt, weil sie aus Feuer ist und aus der Verdampfung entstand, die sich in Feuer verwandelte. Im ersten Buch ‚Über die Natur' sagt er nämlich: „Die Verwandlung des Feuers geschieht auf folgende Weise: Durch Luft verwandelt es sich in Wasser, und aus diesem verdunstet Luft, wenn Erde nach unten sinkt; und wenn die Luft sich weiter verdünnt, bildet sich rings herum der Äther; die Sterne werden zusammen mit der Sonne aus dem Meer heraus angezündet." (Übersetzung: Rainer Nickel)[79]

---

betont in seiner Analyse die Differenzen zwischen Kleanthes' und Chrysipps Theorie der Elemente und der elementaren Veränderungen. Siehe insbesondere Salles 2009, 129f. Eine detaillierte Diskussion des oben angeführten Exzerpts aus Stobaeus bietet Cooper 2009, der zu dem Schluss kommt, dass es eine prinzipielle Differenz zwischen dem Element Feuer und dem göttlichen „proto-fire" geben müsse.

74 *SVF*, I.106; I.497; *SVF*, II.405; II.579.
75 Stobaeus, *Eclogae*, I.129.1 W. <Χρυσίππου> = *SVF*, II.413.
76 Mit der Sonderstellung des Feuers folgen die Stoiker neben Heraklit (*DK*, 22A5) auch Anaximenes (*DK*, 13A5–7).
77 Stobaeus, *Eclogae*, I.129.1 W. <Χρυσίππου> = *SVF*, II.413: κατὰ τρίτον λόγον λέγεται στοιχεῖον ** εἶναι ὃ πρῶτον συνέστηκεν οὕτως, ὥστε γένεσιν διδόναι ἀφ' αὑτοῦ ὁδῷ μέχρι τέλους καὶ ἐξ ἐκείνου τὴν ἀνάλυσιν δέχεσθαι εἰς ἑαυτὸ τῇ ὁμοίᾳ ὁδῷ.
78 Zu Stobaeus' Darstellung der Kosmogonie Zenons siehe *SVF*, I.102.
79 Plutarchus, *De Stoicorum repugnantiis*, cp. 41 p. 1053a.8 = *SVF*, II.579: ἔμψυχον ἡγεῖται τὸν ἥλιον, πύρινον ὄντα καὶ γεγενημένον ἐκ τῆς ἀναθυμιάσεως εἰς πῦρ μεταβαλούσης. Λέγει γὰρ <ἐν τῷ πρώτῳ περὶ Φύσεως "Η δὲ πυρὸς μεταβολή ἐστι τοιαύτη· δι' ἀέρος εἰς ὕδωρ τρέπεται· κἀκ τούτου γῆς ὑφισταμένης ἀὴρ ἀναθυμιᾶται· λεπτυνομένου δὲ τοῦ ἀέρος, ὁ αἰθὴρ περιχεῖται

§ 13 Die Welt ist ein feuriger Kosmos: Stoische Vorsehung und Naturphilosophie — 265

Ich möchte die Aufmerksamkeit auf zwei Punkte richten, die Plutarch in diesem Referat anspricht. Zuerst ist bemerkenswert, dass die Sonne selbst beseelt sein soll und dass sich das daraus ergeben soll, dass sie wie das Pneuma aus Feuer und Verdampfung entstanden ist. Für uns ist aber vor allem der zweite Punkt wichtig: Nach Plutarch soll die Sonne aus dem Meer angezündet werden. Das ist nun insofern aufschlussreich, als andere Quellen davon berichten, dass es sich bei dem himmlischen Feuer, das auch als Substanz der Gestirne betrachtet wird, um eine andere Art Feuer handeln soll, welches nicht wie das gewöhnliche Feuer seine Nahrung aufzehrt. Das gewöhnliche Feuer zeichnet sich nämlich dadurch aus, dass es alles, mit dem es in Berührung kommt, ebenfalls zu Feuer werden lässt, d. h. also in sich aufnimmt, wohingegen das himmlische Feuer seiner Natur nach göttlich ist, weshalb es Wachstum und Erhaltung bei den irdischen Dingen bewirkt.[80] Dem göttlichen Feuer wird an anderer Stelle sogar nachgesagt, dass es die Welt mit Bewusstsein (sensus) erfüllt, weshalb Zenon die zweite Art Feuer sogar für die Denkfähigkeit insgesamt verantwortlich gemacht haben soll.[81] Beweis dafür, dass es sich bei der Sonne um diese zweite Art Feuer handeln muss, soll sein, dass auch aufgrund der Sonne alles blüht, in seiner Art erhalten und zur Reife gebracht wird.[82] Stobaeus berichtet, dass deshalb laut Zenon auch Sonne, Mond und alle anderen Sterne aus einem kunstvoll wirkenden Feuer bestehen und folglich Denkfähigkeit und Vernunft besitzen.[83] Kleanthes hat laut Cicero als Beweis hierfür einerseits auf die besondere Nahrung der Gestirne hingewiesen, die sich von der

---

κύκλῳ· οἱ δ' ἀστέρες ἐκ θαλάσσης μετὰ τοῦ ἡλίου ἀνάπτονται>." Die Reihenfolge, die hier und an anderen Stellen bezeugt ist, wäre zuerst Feuer, dann Luft und Wasser, schließlich soll die Erde erzeugt werden. Nach Diogenes Laërtius, VII.136 = *SVF*, II.580 verweilt Gott im Feuchten (ἐν τῷ ὑγρῷ) und befähigt auf diese Weise die Materie (ὕλη), andere Lebewesen zu zeugen. Siehe auch Diogenes Laërtius, VII.142.

80 Stobaeus, *Eclogae*, I.25.5 p. 213.15 W. (Arii Didymi fr. phys. 33 Diels) = *SVF*, I.120: δύο γὰρ γένη πυρός, τὸ μὲν ἄτεχνον καὶ μεταβάλλον εἰς ἑαυτὸ τὴν τροφήν, τὸ δὲ τεχνικόν, αὐξητικόν τε καὶ τηρητικόν, οἷον ἐν τοῖς φυτοῖς ἐστι καὶ ζῴοις, ὃ δὴ φύσις ἐστὶ καὶ ψυχή· τοιούτου δὴ πυρὸς εἶναι τὴν τῶν ἄστρων οὐσίαν. „Es gibt zwei Arten von Feuer; das eine ist nicht schöpferisch und verwandelt seine Nahrung in sich selbst, das andere ist schöpferisch, erzeugt Wachstum und Erhaltung, z. B. bei den Pflanzen und Tieren, was Natur und Seele bedeutet; aus solchem Feuer ist auch die Substanz der Gestirne." Das bestätigt auch Achilles, *Tat isag. in Arat* = *SVF*, II.682 sowie Cicero, *De natura deorum*, II.40–41. Porphyrius, *De anima apud Eusebium praep. evang.*, XV p. 818c = *SVF*, II.1050 berichtet hingegen, dass die Stoiker bestritten haben, dass es ein anderes Feuer als das bekannte geben könnte (ἀλλοῖον μὲν πῦρ οὐ λέγουσιν εἶναι). Salles 2009, 125f. versucht, den Widerspruch dadurch aufzulösen, dass dasselbe Feuer unterschiedliche Formen annehmen kann: zum einen die lebensspendende Kraft der Wärme, aber auch die zerstörerische der Flamme.

81 Cicero, *Academica posteriora*, I.39 sowie *De finibus bonorum et malorum*, IV.12 = *SVF*, I.134.

82 Cicero, *De natura deorum*, II.40–41.

83 Noch einmal Stobaeus, *Eclogae*, I.25.5 p. 213.15 W. (Arii Didymi fr. phys. 33 Diels) = *SVF*, I.120.

aufsteigenden Feuchtigkeit ernähren sollen, und andererseits betont, dass nur das Denk- und Wahrnehmungsfähige sich auch geordnet bewegen kann. Weil sich aber am Himmel offenkundig alles in geordneten Bahnen vollzieht (weshalb dort der epikureische *Zufall* keinen Platz hat), mithin eine vernünftige Ordnung sichtbar wird, wird es dort auch nach stoischer Ansicht Bewusstsein und Denkvermögen geben.[84] Kleanthes zufolge leistet die Sonne als das größte Gestirn am Firmament auch den größten Beitrag zur Gestaltung der Welt, was man unter anderem daran erkennen kann, dass die Sonne für die Jahreszeiten, Tag und Nacht usw. verantwortlich ist. Für Kleanthes folgt hieraus, dass die Sonne der leitende Teil oder das Führungsvermögen des Kosmos sein muss.[85]

Ob die Stoiker tatsächlich zwei Arten von Feuer gekannt haben oder ob es sich nur um unterschiedliche Formen bzw. Instanziierungen desselben Feuers gehandelt haben könnte,[86] kann aufgrund der spärlichen und teils widersprüchlichen Überlieferungen nicht zweifelsfrei geklärt werden. Fest steht jedoch die oben bereits angeklungene und eng hiermit verwandte (und für alle Stoiker bezeugte) Annahme, dass es sich bei dem Kosmos um ein vernünftiges und wahrnehmungsfähiges Lebewesen handeln muss, welches selber über ein Führungsvermögen verfügt, wie Chrysipp im ersten Buch *Über die Vorsehung* sagt.[87] Dieser Kosmos wird, wie Diogenes Laërtius weiter berichtet, vom *Nous* (νοῦς) gemeinsam mit der Vorsehung eingerichtet, wobei sich der *Nous* wie die Seele eines Lebewesens auf alle seine Teile erstreckt (εἰς ἅπαν αὐτοῦ μέρος διήκοντος τοῦ νοῦ).[88] Es ist in

---

84 Cicero, *De natura deorum*, II.43.
85 Eusebius, *Praeparatio evangelica*, XV.15.7 = *SVF*, I.499. Diese Ansicht ist jedoch nicht unumstritten unter den Stoikern. So behaupten etwa Chrysipp im 1. Buch *Über die Vorsehung* und Poseidonios in seinem Buch *Über die Götter*, dass dies nicht die Sonne, sondern der Himmel sei (*SVF*, II.644).
86 Ausführlich diskutiert wird dies von Salles 2009, Cooper 2009 und Gourinat 2009.
87 Diogenes Laërtius, VII.142–143 = *SVF*, II.633: ὅτι δὲ καὶ ζῷον ὁ κόσμος καὶ λογικὸν καὶ ἔμψυχον καὶ νοερὸν καὶ <Χρύσιππός> φησιν <ἐν πρώτῳ περὶ Προνοίας> καὶ Ἀπολλόδωρός φησιν ἐν τῇ φυσικῇ καὶ Ποσειδώνιος. ζῷον μὲν οὕτως ὄντα, οὐσίαν ἔμψυχον αἰσθητικήν. τὸ γὰρ ζῷον τοῦ μὴ ζῴου κρεῖττον· οὐδὲν δὲ τοῦ κόσμου κρεῖττον. ζῷον ἄρα ὁ κόσμος. ἔμψυχον δέ, ὡς δῆλον ἐκ τῆς ἡμετέρας ψυχῆς ἐκεῖθεν οὔσης ἀποσπάσματος. „Dass die Welt ein Lebewesen, vernünftig, beseelt und denkfähig ist, sagen Chrysipp im ersten Buch ‚Über die Vorsehung', Apollodor in seiner ‚Physik' und Poseidonios. Ein Lebewesen ist sie in dem Sinne, dass sie eine beseelte und wahrnehmungsfähige Substanz ist. Ein Lebewesen ist nämlich besser als ein nicht lebendes Wesen. Nichts aber ist besser als die Welt. Also ist die Welt ein Lebewesen; dass sie aber beseelt ist, ergibt sich daraus, dass unsere Seele ein aus ihr herausgelöstes Stück ist." (Übersetzung: Rainer Nickel) Auf die hier angeführten Beweise für diese Vorstellung sind wir bereits im vorausgehenden Kapitel eingegangen. Siehe auch die aufschlussreiche Zusammenfassung, die bei Sextus Empiricus, *Adversus mathematicos*, IX.78 = *SVF*, II.1013 überliefert ist.
88 Diogenes Laërtius, VII.138 = *SVF*, II.634: τὸν δὴ κόσμον διοικεῖσθαι κατὰ νοῦν καὶ πρόνοιαν, καθά φησι <Χρύσιππος> ἐν τοῖς <περὶ προνοίας> καὶ Ποσειδώνιος ἐν τῇ ιγ' περὶ θεῶν, εἰς ἅπαν

§ 13 Die Welt ist ein feuriger Kosmos: Stoische Vorsehung und Naturphilosophie — 267

diesem Kontext bezeichnend, dass Chrysipp die Natur des Kosmos als Lebewesen in seinem Buch *Über die Vorsehung* diskutiert hat. Auch das macht deutlich, wie eng die Stoiker das Verhältnis von Vorsehung und beseeltem Kosmos begriffen haben. Der in der Literatur als besonderes Kennzeichen der stoischen Naturphilosophie herausgestellte Biologismus erscheint unter dieser Perspektive in einem anderen Licht. Denn vorausgesetzt, dass die Ansicht, dass es sich bei dem Kosmos um ein Lebewesen handeln muss, eng mit der stoischen Konzeption der Vorsehung verbunden ist, ja sogar von dieser Konzeption abhängen sollte, dann ließe sich diese entscheidende Differenz zur epikureischen Kosmologie letztlich als eine Konsequenz der fundamentaleren Konzeption der Vorsehung begreifen.

Der enge Zusammenhang zwischen dem stoischen Biologismus und der Vorsehung wird nun auch durch einen weiteren Aspekt der stoischen Kosmologie untermauert, und zwar ihrer Theorie des Weltenbrands. Denn nachdem ein Weltenzyklus vollendet wird und der Kosmos aufs Neue eingerichtet wird, soll der *Nous* als reine Seele des Kosmos vollkommen für sich sein und sich dabei in seine Vorsehung zurückziehen (ἀναχωρεῖν ἐπὶ τὴν πρόνοιαν) und genauso wie Zeus und der Kosmos dem Menschen gleichen sollen, so soll seine Seele der Vorsehung gleichen.[89] Das hat Chrysipp nach Laktanz ebenfalls im ersten Buch *Über die Vorsehung* geschrieben.[90]

Eine mögliche Erklärung für den Weltenbrand beruht darauf, dass die Sonne wie gesagt ihre Nahrung aus dem Meer bezieht, da sie wie alle anderen Lebe-

---

αὐτοῦ μέρος διήκοντος τοῦ νοῦ, καθάπερ ἐφ' ἡμῶν τῆς ψυχῆς· ἀλλ' ἤδη δι' ὧν μὲν μᾶλλον δι' ὧν δὲ ἧττον. δι' ὧν μὲν γὰρ ὡς ἕξις κεχώρηκεν, ὡς διὰ τῶν ὀστῶν καὶ τῶν νεύρων, δι' ὧν δὲ ὡς νοῦς, ὡς διὰ τοῦ ἡγεμονικοῦ. οὕτω δὴ καὶ τὸν ὅλον κόσμον, ζῷον ὄντα καὶ ἔμψυχον καὶ λογικόν, ἔχειν ἡγεμονικὸν μὲν τὸν αἰθέρα [...]. „Der Kosmos wird geordnet durch *Nous* und Vorsehung, wie Chrysipp im fünften Buch ‚Über die Vorsehung' und Poseidonios im ersten Buch ‚Über die Götter' sagen, da die Vernunft jeden Teil des Kosmos durchdringt, wie es die Seele bei uns tut. Aber es gibt Teile, die sie mehr, und andere, die sie weniger stark durchdringt. Denn manche Teile durchdringt sie in Form einer dauernden Eigenschaft wie die Knochen und Sehnen, manche in Form der Vernunft wie den leitenden Seelenteil. So hat auch der gesamte Kosmos als beseeltes und vernünftiges Lebewesen ein feuriges Führungsvermögen." (Übersetzung: Rainer Nickel, modifiziert)
89 Plutarchus, *De communibus notitiis adversus Stoicos*, cp. 36 p. 1077e. = *SVF*, II.1064: Λέγει γοῦν Χρύσιππος "ἐοικέναι τῷ μὲν ἀνθρώπῳ τὸν Δία καὶ τὸν κόσμον, τῇ δὲ ψυχῇ τὴν πρόνοιαν· ὅταν οὖν ἐκπύρωσις γένηται, μόνον ἄφθαρτον ὄντα τὸν Δία τῶν θεῶν, ἀναχωρεῖν ἐπὶ τὴν πρόνοιαν, εἶτα ὁμοῦ γενομένους ἐπὶ μιᾶς τῆς τοῦ αἰθέρος οὐσίας διατελεῖν ἀμφοτέρους." „Jedenfalls sagt Chrysipp, daß Zeus und die Welt dem Menschen und daß die Vorsehung seiner Seele gleicht. Wenn es also zum Weltbrand kommt, ziehe Zeus, der als einziger von den Göttern unvergänglich sei, sich in die Vorsehung zurück, woraufhin beide, nunmehr zusammengekommen, fortfahren, die eine Substanz des Äthers zu besetzen." (Übersetzung: Karlheinz Hülser)
90 Lactantius, *Divinae institutiones*, VII.23. = *SVF*, II.623.

wesen auch auf Nahrung angewiesen ist.[91] Anderen Quellen zufolge soll sich die Sonne von Ausdünstungen ernähren, die aus der Erde entstammen. Diese Ansicht geht nach Aëtius auf Heraklit zurück.[92] An einem gewissen Punkt ist die Nahrung jedoch aufgebraucht. Wenn dieser Zustand erreicht ist, d. h., wenn es nichts mehr zu verzehren gibt, soll die Welt nach Kleanthes in Flammen aufgehen und „es bleibt nichts übrig außer dem Feuer".[93] Andere Stoiker weichen zwar sowohl im Detail als auch in der Bewertung dieses Vorgangs von Kleanthes' Beschreibung ab,[94] Einigkeit besteht aber darin, dass der Kosmos dann in einem von Feuer erfüllten Zustand sein soll,[95] womit zugleich auch der größte räumliche Umfang des Kosmos (der, obwohl er nur noch feurig ist, immer noch ein Kosmos ist[96]) erreicht wäre. Das erklärt Philon damit, dass alle Körper, die in Feuer aufgehen, sich ausweiten, weshalb auch der Kosmos insgesamt an Größe gewinnt,

---

91 Diogenes Laërtius, VII.145 = *SVF*, II.650: <τρέφεσθαι> δὲ τὰ ἔμπυρα ταῦτα καὶ τὰ ἄλλα ἄστρα, τὸν μὲν ἥλιον ἐκ τῆς μεγάλης θαλάττης νοερὸν ὄντα ἄναμμα· τὴν δὲ σελήνην ἐκ ποτίμων ὑδάτων, ἀερομιγῆ τυγχάνουσαν καὶ πρόσγειον οὖσαν, (Posidonius) τὰ δ' ἄλλα ἀπὸ τῆς γῆς. „Diese feurigen Körper und auch die übrigen Sterne seien auf Nahrung angewiesen; die Sonne, ein mit Vernunft begabtes Gebilde, ernähre sich wie eine Fackel aus dem großen Meer, der Mond aus trinkbarem Wasser, weil er mit Luft vermischt und erdnah sei, wie Poseidonios im sechsten Buch seiner ‚Physik' sagt. Die Übrigen ernährten sich aus Erde." (Übersetzung: Rainer Nickel) Siehe auch *SVF*, I.121; 501; 690; Cicero, *De natura deorum*, II.40–41.
92 Aëtius, *Placita*, II.17.4 = *SVF*, II.690: Ἡράκλειτος καὶ <οἱ Στωϊκοὶ> τρέφεσθαι τοὺς ἀστέρας ἐκ τῆς ἐπιγείου ἀναθυμιάσεως. „Heraklit und die Stoiker behaupten, dass sich die Sterne aus den von der Erde aufsteigenden Ausdünstungen ernährten." (Übersetzung: Rainer Nickel)
93 Cicero, *De natura deorum*, II.118: „[...] relinqui nihil praeter ignem [...]." Siehe auch *SVF*, I.497 Die Frage, ob es sich hierbei um den Tod oder nur einen weiteren Zustand des Kosmos handelt, soll von Kleanthes und Chrysipp unterschiedlich beantwortet worden sein, siehe Salles 2009. Salles (ebd. 130) vermutet, dass Chrysipp die ursprüngliche Theorie des Weltenbrands zu etwas Positivem umformuliert hat. So soll nicht mehr von einer Zerstörung, sondern einer Umwandlung die Rede sein. Chrysipps Modifikation soll auf einer Neuerung in der Theorie der Elemente beruhen.
94 So soll etwa Chrysipp nach Plutarchus, *De Stoicorum repugnantiis*, 39 p. 1052c.8 = *SVF*, II.604 in seinem Buch *Über die Vorsehung* das Wachstum von Zeus als Grund für den Weltenbrand benannt haben, da das Wachstum so lange währt, bis er alles in sich aufgenommen hat. Eusebius interpretiert diesen Vorgang als ein Austrocknen der Welt (*SVF*, II.599 = *L&S*, 52d). Die Austrocknung der Welt macht auch Alexander von Aphrodisias, *In Aristotelis meteorologicorum libros commentaria*, 61.34–62.11 = *SVF*, II.594 für den Weltenbrand verantwortlich. Eine andere Ursache für die Vernichtung der Welt wird darin gesehen, dass die Sterne erneut ihre ursprüngliche Konstellation erreicht haben und der Kosmos von Neuem gebildet wird. Siehe *SVF*, II.625 = *L&S*, 52c.
95 Plutarchus, *De Stoicorum repugnantiis*, 1053B = *SVF*, II.605 (= *L&S*, 46F).
96 Das folgt aus der oben bereits zitierten stoischen Definition des Kosmos. Siehe noch einmal Diogenes Laërtius, VII.137.9–138.6.

§ 13 Die Welt ist ein feuriger Kosmos: Stoische Vorsehung und Naturphilosophie — 269

wenn er zu Feuer wird.[97] Und genau dann ist der *Nous* allein und nur für sich.[98] Der Kosmos ist jetzt eine reine Seele, die Plutarch zufolge die bloße Vorsehung Gottes ist. Denn, „wenn es zum Weltenbrand kommt, zieht Zeus, der als einziger von den Göttern unvergänglich sei, sich auf die Vorsehung zurück [...]".[99] Was man sich darunter vorstellen muss, dass Gott sich auf seine Vorsehung zurückgezogen hat, macht ein Zitat aus Seneca deutlich:

„Von welcher Art wird das Leben des Weisen sein, wenn er ohne Freunde zurückgelassen wird [...] oder an eine öde Küste geworfen wird?" – Wie es Juppiters Existenz ist, wenn er – da sich auflöst die Welt und die Götter in eins verschmelzen, während die Natur ein wenig stehen bleibt – in sich selbst zur Ruhe kommt, seinen Gedanken hingegeben. Etwas derartiges tut der Weise: er birgt sich in sich selbst, ist mit sich allein.[100] (Übersetzung: Manfred Rosenbach, modifiziert)

In seiner Vorsehung kommt Gott zur Ruhe; er besinnt sich und ist allein für sich. Man kann auch sagen, dass Gott auf sein Wesentliches zurückgekommen ist und sich hierauf besinnt. Und als wesentlich für Gott erkennen die Stoiker, wie jetzt noch einmal besonders klar hervortritt, seine Vorsehung. Nimmt man das Referat von Eusebius hinzu,[101] dann ist die Vorsehung schließlich sogar die *erste Vernunft* selbst. Als Vorsehung schaut Gott voraus und entwirft die Welt, die er dann selber auf ein Neues erschaffen wird. Da dies nicht nur einmal geschehen wird, sondern ein unendlich oft wiederkehrender Vorgang sein soll, der sich immer wieder auf dieselbe Weise ereignen muss, erklärt sich nach Nemesius auch das Vorherwissen Gottes, da die Zukunft für ihn, der diese und unendlich viele andere Welten,

---

97 SVF, II.619; siehe auch SVF, II.599.
98 Dio Chrysostomus, *Orationes*, XXXVI.55.1–5: λειφθεὶς γὰρ δὴ μόνος ὁ νοῦς καὶ τόπον ἀμήχανον ἐμπλήσας αὑτοῦ ἅτ' ἐπ' ἴσης πανταχῇ κεχυμένος [...]. „Denn nun war der *Nous* allein für sich und erfüllte nur mit sich selbst den unermesslichen Raum, hatte er sich doch gleichmäßig überallhin verteilt [...]." (Übersetzung: Rainer Nickel, modifiziert)
99 Plutarchus, *De communibus notitiis adversus Stoicos*, cp. 36 p. 1077e. = SVF, II.1064: ὅταν οὖν ἐκπύρωσις γένηται, μόνον ἄφθαρτον ὄντα τὸν Δία τῶν θεῶν, ἀναχωρεῖν ἐπὶ τὴν πρόνοιαν [...].
100 Seneca, *Epistulae morales*, 9.16 = SVF, II.1065: „Qualis tamen futura est vita sapientis, si sine amicis relinquatur [...] in desertum litus eiectus? qualis et Iovis, <cum resoluto mundo et dis in unum confusis paulisper cessante natura adquiescit sibi cogitationibus suis traditus>. tale quiddam sapiens facit, in se reconditur, secum est." Long 1983, 24 verweist in diesem Kontext auch auf eine Stelle in Epictetus, *Dissertationes*, III.13.4.
101 Arius Didymus, *Epit. phys.*, fr. 37 Diels (DG. p. 469, 12. Eusebius, *Praep. evang.*, XV.19.1) = SVF, II.599 = L&S, 52d: [...] ἐπανελθοῦσα εἰς τὸν πρῶτον ῥηθέντα λόγον [...]. „Sie kehrt zu der sogenannten ersten Vernunft zurück [...]."

die mit ihr entweder identisch sind oder nur in akzidentellen Punkten abweichen, bereits Vergangenheit ist.¹⁰²

Wenn aber nun die Vorsehung im Weltenbrand realisiert wird, besteht das eigentliche Problem nach Mansfeld nicht darin, weshalb Gott die Welt, die er als die beste aller Welten erschaffen hat, zerstört hat, sondern wieso er sie überhaupt immer wieder erschafft. Mansfeld hebt ferner hervor, dass aufgrund der stoischen Voraussetzungen keine Ursache für die Zerstörung außerhalb der Welt gefunden werden kann, denn außerhalb gibt es nur das Leere, das an sich nicht als Ursache fungieren kann, weshalb Mansfeld in der Folge auch nach immanenten Ursachen Ausschau hält.¹⁰³ Für Long, der Mansfelds Analyse grundsätzlich zustimmt, tritt zudem der Aspekt der Erhaltung der Welt in den Vordergrund.¹⁰⁴ Denn Gott erhält die Welt durch seine kontinuierliche Erschaffung. Das erinnert freilich an eine aristotelische Bemerkung aus der Schrift *De anima*. Aristoteles erklärt dort, dass alle Lebewesen sich reproduzieren, „um, soviel sie vermögen, Anteil am Unsterblichen [...] zu haben",¹⁰⁵ was ihnen, die prinzipiell unvollkommen sind, wiederum nur durch ihre Reproduktion gewährt wird. Die Erhaltung der Welt wäre demzufolge nur durch ihre kontinuierliche Wiedererschaffung möglich.

Unter diesem Blickwinkel macht das Zitat aber noch einen anderen Punkt sehr gut deutlich. Denn aus aristotelischer Perspektive wird der stoische Gott prinzipiell unvollkommen erscheinen, was ihn dem aristotelischen unbewegten Beweger unterlegen macht, da Letzterer in sich ruhend durch seine Vollkommenheit zur Zielursache der Bewegung wird. Für Aristoteles ist die Unvollkommenheit, wie wir im ersten Kapitel gesehen haben, sogar kennzeichnend für die Bewegung überhaupt.

Alexander wird diesen Punkt in seiner Kritik an der stoischen Vorsehung noch weiter ausbauen. Er macht dann auch darauf aufmerksam, dass die stoische Konzeption der Vorsehung Gott zu einem Bedürftigen macht, weil Gott seine Geschöpfe als Gegenstand seiner Fürsorge bedarf. Dass diese Charakterisierung

---

102 Nemesius, *De natura hominis*, 309.5–311.2 = *SVF*, II.625 = *L&S*, 52c. Die Frage, ob sich alles bis ins Detail genau auf dieselbe Weise ereignen wird, beantworten die einzelnen Schulhäupter zum Teil unterschiedlich. Man geht aber davon aus, dass es sich hierbei um die orthodoxe Position gehandelt haben muss. Alexander von Aphrodisias (*SVF*, II.264) berichtet aber auch davon, dass es zu akzidentellen Abweichungen kommen kann. Einige Stoiker sollen die Theorie der ewigen Wiederkehr ganz bestritten haben, so etwa Zenon von Tarsus, Diogenes von Babylon, Panaetius und Boethus. Cicero, *De natura deorum*, II.118; *SVF*, III. Zeno Tarsensis 5; *SVF*, III. Diogenes Babylonius 27. Siehe Salles 2009, 118.
103 Mansfeld 1979, 144ff.
104 Long 1983, 24.
105 Aristoteles, *De anima*, 415a29–b2: [...] ἵνα τοῦ ἀεὶ [καὶ τοῦ θείου] μετέχωσιν ᾗ δύνανται· [πάντα γὰρ ἐκείνου ὀρέγεται, καὶ ἐκείνου ἕνεκα πράττει ὅσα πράττει κατὰ φύσιν [...].

nicht nur auf den stoischen Gott zutrifft, sondern überdies auch als eine weitere Antwort auf die von Mansfeld aufgeworfene Frage nach dem Grund der erneuten Schöpfung der Welt gelten kann, macht ein Zitat aus Dio Chrysostomus deutlich:

> Als er [Zeus[106]] nun die reinste Natur eines unverfälschten Glanzes gewonnen hatte, überfiel ihn sofort die Sehnsucht nach seinem anfänglichen Leben. Weil ihn heißes Verlangen ergriff, wieder jenen Wagen zu lenken, die Herrschaft zu haben und sich nicht nur mit den drei Naturen der Sonne, des Mondes und der anderen Sterne, sondern auch einfach mit allen Lebewesen und Pflanzen zu verstehen, schickte er sich an zu zeugen und alles an seinen Platz zu stellen und die jetzt vorhandene Welt von Anfang an neu zu gestalten [...].[107]
> (Übersetzung: Rainer Nickel)

Im letzten Kapitel werden wir auf die Kritikpunkte und Probleme, die sich von aristotelischer Seite hinsichtlich einer solchen Vorstellung Gottes und der damit verbundenen Auffassung der Vorsehung stellen, zurückkommen. Jetzt soll der Fokus aber auf die für unsere Untersuchung wesentlichen Differenzen zwischen der stoischen und epikureischen Naturlehre gelegt werden. Wir erinnern uns, dass Dufour die wichtigsten Unterschiede in seiner Sammlung der Fragmente Chrysipps aufzählt. In der Naturlehre sollen dies in erster Linie der Atomismus, die Existenz des Leeren in der Welt, die Natur der Himmelskörper, die Einheit und Vielheit der Welt sein.[108] Ergänzen ließe sich noch die Auffassung über die Gestalt des Kosmos. Dass und warum die Welt nur eine einzige sein kann, dürfte bereits aus der oben angeführten Bestimmung des Kosmos als organische Einheit klar geworden sein. Ebenfalls deutlich geworden ist, dass diese Auffassung eng mit der stoischen Konzeption der Vorsehung verknüpft ist. Wir haben sogar gesehen, dass Chrysipp die Seele der Welt in gewisser Weise mit der Vorsehung identifiziert. Bemerkenswert ist an dieser Stelle eine kuriose Parallele der stoischen zur epikureischen Kosmologie. Die Stoiker sind zwar notwendig der Auffassung, dass es nur einen einzigen Kosmos geben darf (da es sich hierbei um den von der Vorsehung zum Besten der Geschöpfe eingerichteten Gesamtorganismus handelt), weshalb sie auch die epikureische Vorstellung einer unendlichen Vielzahl von Welten zurückweisen, doch wird dieser eine Kosmos unendlich oft aufs Neue erschaffen. Die Stoiker scheinen also wie Epikur eine unendliche Vielzahl von

---

106 Nach Macrobius (*SVF*, I.501) verbirgt sich hinter Juppiter (lat. für Zeus) die Sonne.
107 Dio Chrysostomus, *Orationes*, XXXVI.55: τὴν καθαρωτάτην λαβὼν αὐγῆς ἀκηράτου φύσιν, εὐθὺς ἐπόθησε τὸν ἐξ ἀρχῆς βίον. ἔρωτα δὴ λαβὼν τῆς ἡνιοχήσεως ἐκείνης καὶ ἀρχῆς καὶ ὁμονοίας τῆς τε τῶν τριῶν φύσεων καὶ ἡλίου καὶ σελήνης καὶ τῶν ἄλλων ἄστρων, ἁπάντων τε ἁπλῶς ζῴων καὶ φυτῶν, ὥρμησεν ἐπὶ τὸ γεννᾶν καὶ διανέμειν ἕκαστα καὶ δημιουργεῖν τὸν ὄντα νῦν κόσμον ἐξ ἀρχῆς [...].
108 Dufour 2004, XXVIII–XXIX.

Welten anzunehmen, nur sind die Welten nicht räumlich, sondern zeitlich voneinander getrennt. Long weist darauf hin, dass die zyklische Zeitauffassung als eine Folge aus der Annahme, dass es sich bei diesem Kosmos um ein vollkommen vernünftiges Lebewesen handeln muss, begriffen werden kann, da in der Antike die Kreisbewegung als Kennzeichen der rationalen Ordnung verstanden wurde.[109]

Dieser Gedanke gewinnt noch mehr an Gewicht, wenn man einen anderen Punkt hinzuzieht, und zwar die äußere Gestalt des Kosmos. Auch hierfür ist unmittelbar die Vorsehung verantwortlich. Denn die Vorsehung soll der Welt eine vollkommene Form geben. In Analogie zur Kreisbewegung wird in der Antike die Kugelform als die perfekte und zweckmäßigste Form betrachtet.[110] Aufgrund ihrer Vollkommenheit gilt die Kugel als die schönste Gestalt. Da es sich bei diesem Kosmos um ein perfektes Lebewesen handeln soll, wird ihm auch eine ausgezeichnete Form zukommen, weshalb die Vorsehung dem Kosmos eine begrenzte, kugelförmige Gestalt gibt. Somit ist die Kugelform des Kosmos unmittelbar abhängig von der Vorsehung Gottes, wie Philon bestätigt:

> Aber die äußere Gestalt der Welt bekam wie auch die Welt als solche durch die göttliche Vorsehung die Form einer Kugel; erstens weil sie sich schneller bewegt als jede andere Gestalt, und zweitens weil die Kugelgestalt besonders notwendig ist, damit die Welt nicht bei nachlassender Bewegung nach unten stürzt in die unendliche Leere, und alle ihre Teile streben zu ihrer Mitte hin. Nur so war sie in der Lage ihre Festigkeit zu behalten, indem sie sich in sich dreht und in gleichmäßiger Kreisbewegung zur Mitte hin strebt.[111] (Übersetzung: Rainer Nickel)

Die enge Verbindung zwischen Kugelgestalt und göttlicher Vorsehung unterstreicht auch Cicero, der in seiner Abhandlung *Über die Natur der Götter* die Welt als vollkommenes Wesen und vollendeten Körper darstellt.[112] Bemerkenswert

---

109 Long 1983, 19.
110 Auch diesen Gedanken findet man bereits in Platons *Timaeus* (33b), dessen außerordentliche Bedeutung für die stoische Kosmologie auf der Hand zu liegen scheint.
111 Philo, *De providentia*, II. § 56 (p. 84 Aucher) = *SVF*, II.1143: „<Figura autem mundi>, sicut et mundus ipse, – <per providentiam globi in formam facta fuit>; primum quia omni figura velocius mobilis est et deinde magis necessaria, ne forte remissus (mundus) deorsum ferretur ad immensam vacuitatem, cunctis partibus in suum medium inclinantibus. Sic enim solummodo consistentiam habiturus erat, erga se invicem ad medium tendente aequali orbe." Siehe auch Cicero, *De natura deorum*, II.47; Diogenes Laërtius, VII.140.1–2.
112 Cicero, *De natura deorum*, II.115 = *SVF*, II.549: „[...] ita stabilis est mundus atque ita cohaeret ad permanendum, ut nihil ne excogitari quidem possit aptius. Omnes enim partes eius undique medium locum capessentes nituntur aequaliter. Maxime autem corpora inter se iuncta permanent, cum quasi quodam vinculo circumdato colligantur; quod facit ea natura, quae per omnem mundum, omnia mente et ratione conficiens, funditur et ad medium rapit et convertit extrema."

ist ferner, dass in der Gestalt des Kosmos die zeitliche Aufeinanderfolge der vier Elemente reproduziert wird, die ebenfalls kugelförmig in Schichten angeordnet sind. Die Erde belegt die innerste Kugel, die umschlossen wird von einer wässrigen Kugel. Es folgt eine Kugel mit Luft. Alle drei Schichten werden vom himmlischen Feuer umschlossen.[113] Insgesamt übertrifft die Kugelform also alle anderen Gestalten. „Nur diese Form ist sich selbst in allen ihren Teilen gleich: Sie ist ringsum rund, und alle ihre Teile sind rund; deshalb nämlich befindet sich nach Platon das Erhabenste, der *Nous*, im Kopf."[114]

Bedenkt man nun, dass vor allem die kosmologischen Differenzen zwischen Stoa und Epikur als wesentlich erachtet werden, so ist aufschlussreich, dass diese sich als unmittelbare Folgen aus der stoischen Konzeption der Vorsehung erklären lassen. Anders ausgedrückt: In einem gewissen Sinn ist die Kugelgestalt der Welt nicht nur auf die besondere, von der Vorsehung für die Welt bereitete Schönheit zurückzuführen, sondern erst diese spezifische Gestalt macht die Welt zu einem Lebewesen. Wie genau das gemeint ist, werden wir im Nachfolgenden sehen. Schauen wir uns daher als Nächstes an, wie die vorsehende Tätigkeit Gottes die spezifische Gestalt bewirkt bzw. aufrechterhält. Auf diese Weise wird ein weiterer wesentlicher Unterschied zwischen den beiden hellenistischen Schulen einsichtig, und zwar die stoische Zurückweisung des Atomismus.[115]

Dazu wird es nötig sein, sich den genauen Mechanismus zu vergegenwärtigen, der hinter der stoischen Annahme der Kugelgestalt steht und auf dem diese beruht. Wir haben gesehen, dass das Feuer in der Mischung mit der Luft eine besondere Spannkraft entfaltet. Diese Spannkraft bewirkt eine gleichzeitige Bewegung nach innen und nach außen. Gäbe es nur eine Bewegung nach außen,

---

„[...] daß der Kosmos so unveränderlich besteht und so sehr auf Dauerhaftigkeit hin zusammen geordnet ist, daß man sich eine vollkommenere Konstruktion gar nicht ausdenken kann. Denn alle seine Teile streben von allen Seiten her gleichmäßig auf die Mitte zu. Vor allem aber verharren die Körper miteinander verbunden, da sie gewissermaßen durch eine um sie alle herumgelegte Fessel zusammengeschnürt werden. Dies bewirkt eben jene Natur, die den ganzen Kosmos durchdringt und alles mit Geist und Vernunft gestaltet; sie wendet die Dinge an der Peripherie zur Mitte hin und läßt sie zur Mitte streben." (Übersetzung: Olof Gigon)
113 Diogenes Laërtius, VII.155 = *SVF*, II.558.
114 Aëtius, *Placita*, I.6 = *SVF*, II.1009: [...] μόνον γὰρ τοῦτο τοῖς ἑαυτοῦ μέρεσιν ὁμοιοῦται· περιφερὴς δὲ ὢν ἔχει τὰ μέρη περιφερῆ· διὰ τοῦτο γὰρ κατὰ τὸν Πλάτωνα ἐν τῇ κεφαλῇ τὸ ἱερώτατον συνέστηκε, νοῦς. Kurz zuvor hebt Aëtius die Schönheit der Kugelgestalt hervor; wir erinnern uns, dass vor allem die Schönheit des Kosmos als ein Kennzeichen für die durch eine Vorsehung bereitete Ordnung gilt.
115 Dass die Zurückweisung des Atomismus eine Folge aus der stoischen Annahme ist, dass es sich bei dem Kosmos um ein Lebewesen mit besonderer zusammenhaltender Spannkraft handelt, hat bereits White 2003, 127; 146; 150ff. gesehen. White deutet zwar die Verbindung zur stoischen Konzeption der Vorsehung an, verfolgt den Zusammenhang jedoch nicht weiter.

würde es zur Zerstreuung der Welt kommen, da die Teile die Einheit verlassen und vom Kosmos abgetrennt werden. Die umgekehrte Bewegung würde hingegen die Ausdehnung unmöglich machen. Der Körper beruht folglich als solcher darauf, dass es zu einer gleichzeitigen Bewegung nach innen und nach außen kommt.[116] Die Spannkraft und die daran geknüpfte Bewegung des Ganzen hat eine besondere Richtung.[117] So streben alle Teile der Welt gleichmäßig von allen Seiten zur Mitte hin. Alle Körper sind auf diese Weise miteinander verknüpft. In der gemeinsamen Bewegung der Teile zur Mitte hin und der umgekehrten Bewegung (von der Mitte ausgehend bis zum Rand des kugelförmigen Kosmos) sieht Zenon nach Stobaeus den Grund für die relative Stabilität der Welt.[118] Es soll eine perfekte Harmonie zwischen den Teilen und dem Ganzen bestehen; alles ist durch ein festes Band miteinander verknüpft. Dieses gemeinsame Band ist die *Natur* des Ganzen, die wie die Natur der einzelnen Lebewesen auch für Wachstum, Ernährung und Gestalt der Welt verantwortlich ist. Die Natur bewegt und zieht somit alle Teile von der Peripherie zur Mitte hin.[119] Plutarch zitiert Chrysipp, der die Bewegung zur Mitte hin zur ersten natürlichen Bewegung der Körper erklärt und sogar als eine notwendige Folge aus der Natur des Köpers betrachtet haben soll.[120]

Diese Auskunft ließe sich nun so verstehen, als gehöre ihr Bewegtsein zur Natur der Körper. Weil aber nur Einzelkörper existieren, wäre mit der Existenz der Körper zugleich auch der letzte Grund der Bewegung gefunden. Die Parallelen dieser Erklärung zum Atomismus Epikurs sind offenkundig, da auch für Epikur die Bewegung eine Folge aus dem natürlichen Gewicht der Atome als den letzten Bestandteilen der Körper sein soll. Das stände aber in Konflikt mit dem oben ausgeführten Beweis für das aktive Prinzip, auf das für die Stoiker die Bewegung in der Welt zurückgeführt wird. Ihrer Ansicht nach soll die Materie an sich bewe-

---

116 Auf dieselbe Weise wird auch Kant (*MAN*, AA04: 498.17–33) die besondere Beschaffenheit der *Materie* erklären. Für ihn sind Attraktion (Anziehungskraft) und Repulsion (Zurückstoßungskraft) wesentliche Kennzeichen der Materie.
117 Plutarchus, *De Stoicorum repugnantiis*, cp. 44 p. 1054e.8 = *SVF*, II.550.
118 Stobaeus, *Eclogae*, I.19.4 p. 166, 4 W. (Arii Didymi fr. phys. 23 Diels) = *SVF*, I.99.
119 Cicero, *De natura deorum*, II.115 = *SVF*, II.549.
120 Plutarchus, *De Stoicorum repugnantiis*, cp. 44 p. 1054e.8 = *SVF*, II.550: ταῦτ' εἴρηκεν· <Οὕτω δὲ τοῦ ὅλου τεινομένου εἰς ταὐτὸ καὶ κινουμένου, καὶ τῶν μορίων ταύτην τὴν κίνησιν ἐχόντων ἐκ τῆς τοῦ σώματος φύσεως, πιθανὸν πᾶσι τοῖς σώμασιν εἶναι τὴν πρώτην κατὰ φύσιν κίνησιν πρὸς τὸ τοῦ κόσμου μέσον, τῷ μὲν κόσμῳ οὑτωσὶ κινουμένῳ πρὸς αὑτόν, τοῖς δὲ μέρεσιν ὡς ἂν μέρεσιν οὖσιν>. „Dies hat er gesagt: ‚Da aber die Spannkraft und die Bewegung des Ganzen auf diese Weise dieselbe Richtung haben und ihre Teile aufgrund der Natur des Körpers diese Bewegung besitzen, ist es glaubwürdig, dass alle Körper die erste natürliche Bewegung zur Mitte des Kosmos hin haben, wobei die Welt sich auf diese Weise zu sich selbst hin bewegt und (mit ihr) ihre Teile, da sie ihre Teile sind.'"

gungslos auf die Einwirkung des göttlichen Prinzips angewiesen sein. Auflösen ließe sich diese Schwierigkeit mit dem Hinweis darauf, dass das aktive Prinzip im Ganzen betrachtet der Grund der Bewegung ist, die Bewegung der einzelnen Körper natürlich von der Bewegung des Ganzen abhängt. Damit ist zwar auch für die Stoiker kein extramundaner Beweger nötig, der selbst unbewegt für die Bewegung insgesamt verantwortlich wäre, gleichwohl soll die Bewegung auf eine göttliche Aktivität zurückgeführt werden und nicht auf das Wesen an sich lebloser Atome. In diesem Sinn ist es auch zu verstehen, wenn Plutarch kurz zuvor ausführt, dass Chrysipp betont haben soll, dass die Teile des Kosmos keine eigene Existenz haben und die Bewegung des Ganzen auf die Erhaltung der Existenz des Kosmos abzielt und nicht auf dessen Auflösung und Zerteilung.[121] Die Erhaltung beruht somit auf der gleichförmigen Bewegung von der Peripherie zur Mitte hin. Daraus erhellt aber auch die natürliche Bewegung der Teile des Kosmos, d. h. der einzelnen Körper, da diese sich aus der Bewegung des Ganzen ableitet. Die Erhaltung der Bewegung ist mithin in einem besonderen Maß von der Kugelgestalt der Welt abhängig. Denn, wie Poseidonios bemerkt, soll die kugelförmige Gestalt die passendste Gestalt für Bewegung sein.[122]

Hieraus folgt nun auch unmittelbar die Zurückweisung der epikureischen Ansicht, dass es in der Welt das Leere geben müsse bzw. dass das Leere eine Voraussetzung für Bewegung ist. Das Leere kann es hingegen für die Stoiker nur außerhalb des Kosmos geben.[123] Es umfasst den einen kugelförmigen Kosmos.

---

121 Plutarchus, *De Stoicorum repugnantiis*, cp. 44 p. 1054e.8 = SVF, II.550: Ἀρκεῖ δ' εἰς τοῦτο παραθέσθαι λέξιν ἐκ <τοῦ δευτέρου περὶ Κινήσεως>. Ὑπειπὼν γὰρ ὅτι "τέλεον μὲν ὁ κόσμος σῶμά ἐστιν, οὐ τέλεα δὲ τὰ τοῦ κόσμου μέρη, τῷ πρὸς τὸ ὅλον πως ἔχειν, καὶ μὴ καθ' αὑτὰ εἶναι," καὶ περὶ τῆς κινήσεως αὐτοῦ διελθὼν ὡς "ἐπὶ τὴν συμμονὴν καὶ τὴν συνοχὴν τὴν ἑαυτοῦ κινεῖσθαι διὰ τῶν μερῶν πάντων πεφυκότος, οὐκ ἐπὶ τὴν διάλυσιν καὶ τὴν θρύψιν" [...] „Es genügt aber, dafür einen Beleg aus dem zweiten Buch ‚Über die Bewegung' vorzulegen. Hier deutet er nämlich Folgendes an: ‚Die Welt ist ein vollendeter Körper, nicht vollendet aber sind die Teile der Welt, da sie ein bestimmtes ‚Sich-Verhalten' zum Ganzen haben / sich in einem bestimmten Verhältnis zum Ganzen befinden und nicht selbstständig sind.' [...] nachdem er über die Bewegung der Welt gesagt hatte, dass sie ihrer Natur entsprechend in allen ihren Teilen für ihre Erhaltung und ihren Zusammenhalt, nicht aber für ihre Auflösung und Zerstreuung sorge [...]." (Übersetzung: Rainer Nickel)
122 Diogenes Laërtius, VII.140.1–3: Ἕνα τὸν κόσμον εἶναι καὶ τοῦτον πεπερασμένον, σχῆμ' ἔχοντα σφαιροειδές· πρὸς γὰρ τὴν κίνησιν ἁρμοδιώτατον τὸ τοιοῦτον, καθά φησι Ποσειδώνιος ἐν τῷ πέμπτῳ τοῦ Φυσικοῦ λόγου [...]. „Es gibt nur einen Kosmos und dieser ist begrenzt und hat eine kugelförmige Gestalt. Denn hinsichtlich der Bewegung ist dies die passendste Form, wie Poseidonios in fünften Buch seiner Physik (behauptet) [...]." (Übersetzung: Rainer Nickel, modifiziert)
123 Diogenes Laërtius, VII.140.4–5: [...] ἔξωθεν δ' αὐτοῦ περικεχυμένον εἶναι τὸ κενὸν ἄπειρον [...]. „Außerhalb befindet sich um ihn herum der unbegrenzte leere Raum [...]." (Übersetzung: Rainer Nickel, modifiziert)

Die Unmöglichkeit des Leeren in der Welt ist indes eine direkte Folge aus der vorsehenden Gestaltung der Welt durch Gott. Denn das Leere würde die vollständige und enge Einheit der Welt auflösen. Die Einheit macht die Welt aber zu einem Kosmos, d. h. zu einer göttlichen Ordnung.

Wieso zerteilt das Leere die Welt und löst den natürlichen Zusammenhalt auf? Die Auflösung des Zusammenhalts der Welt wäre eine direkte Folge aus der Aufhebung der kontinuierlichen Spannungsbewegung, die von der Peripherie ins Zentrum drängt. Durch das Leere wäre diese Bewegung unterbrochen, was den zusammenhaltenden Lebensstrom des Ganzen aufheben würde. Folglich könnte es auch keine Sympathie (συμπάθεια) der Teile untereinander geben. Die Welt wäre auseinandergerissen.[124]

Könnte die Einheit des Weltkörpers nicht auf andere Weise erhalten bleiben? Sextus Empiricus fasst die stoischen Überlegungen zusammen, die dies ausschließen sollen. Danach unterscheiden die Stoiker grundsätzlich drei Arten, wie Körper miteinander in Verbindung treten können.[125] So soll es erstens in sich geschlossene und zusammengewachsene Einheiten geben, zweitens Zusammensetzungen aus verbundenen Einzelteilen und drittens schließlich voneinander getrennte Einzelwesen. Geschlossene und zusammengewachsene Einheiten werden durch ihre innere Beschaffenheit zusammengehalten. Aus verbundenen Einzelteilen bestehen Gebilde, die im Hinblick auf einen bestimmten Zweck zusammengefügt worden sind. Hierunter fallen menschliche Artefakte. Getrennte Einzelwesen sind Zusammenschlüsse von Individuen, wie man sie etwa bei einem Heer von Soldaten oder einer Tierherde findet. Vor diesem Hintergrund wird gefragt, unter welche der drei Arten der Weltkörper fällt. Entweder ist die Welt ein Körper, bei dem die Teile zu einer Einheit zusammengewachsen sind, oder die Welt ist ein Körper, der sich aus Einzelteilen zusammensetzt oder aber ein Körper, der aus getrennten Einzelwesen besteht. Die Stoiker schließen die letzten beiden Optionen aufgrund der Beobachtung einer Wechselwirkung (συμπάθεια) zwischen den Teilen aus. Die Wechselwirkung zeigt sich etwa im Einfluss des Mondes auf Ebbe und Flut. Hieraus schließen sie, dass es eine kosmische Sympathie geben muss. Denn nur in einer organischen Einheit, die über einen inneren Zusammenhang verfügt, sind alle Teile miteinander verbunden

---

[124] Diogenes Laërtius, VII.140.6–9: ἐν δὲ τῷ κόσμῳ μηδὲν εἶναι κενόν, ἀλλ' ἡνῶσθαι αὐτόν· τοῦτο γὰρ ἀναγκάζειν τὴν τῶν οὐρανίων πρὸς τὰ ἐπίγεια σύμπνοιαν καὶ συντονίαν. „Aber innerhalb des Kosmos gibt es nichts Leeres, sondern er ist eine geschlossene Einheit. Das nämlich erzwingt der Lebensstrom und die Spannkraft, die die Dinge am Himmel und auf der Erde miteinander verbinden." (Übersetzung: Rainer Nickel, modifiziert) Zur συμπάθεια siehe *SVF*, II.1013. Zu dem dahinter stehenden Argument siehe das oben bereits zitierte Referat aus Alexander von Aphrodisias, *De fato*, 191.30–192.14.

[125] Sextus Empiricus, *Adversus mathematicos*, IX.78–85 = *SVF*, II.1013.

und leiden auf natürliche Weise miteinander. Dass es aber ein kontinuierliches Wechselwirkungsverhältnis bei nicht organischen Körpern geben könnte, schließen die Stoiker aus.

Organische Körper werden nun auf unterschiedliche Weise zusammengehalten. Bei manchen rührt ihre Einheit nur von ihrem Habitus (Hexis) her. Das gilt für die leblosen Körper. Bei anderen stiftet die Natur den Zusammenhalt, so etwa bei den Pflanzen. Nur die Lebewesen besitzen jedoch eine Seele im engeren Sinn.

Der Zusammenhalt der Welt als Körper muss also auf eine der drei Arten geschehen. Würde die Welt aber bloß aufgrund ihrer Beschaffenheit zusammengehalten, bliebe unerklärlich, wie es in der Welt zu so mannigfaltigen Arten von Veränderungen kommen kann. Denn all die Dinge, die nur durch ihre innere Beschaffenheit zusammengehalten werden, wie etwa Gesteine oder Hölzer, können nicht zum Subjekt mannigfaltiger Veränderungen werden. Aus diesem Grund soll die Welt zumindest von der Natur zusammengehalten werden. Denn auch das tierische und vernünftige Leben wird vor seiner Geburt durch die Natur organisiert und verbunden. Daraus schließen die Stoiker, dass die Welt eine Natur hat und dass diese Natur der Grund für ihren inneren Zusammenhalt ist.

Die Natur (oder Allnatur) umfasst somit die Naturen der Einzeldinge, d. h. auch die vernünftiger Wesen. Überdies *erhält* die Allnatur diese auch. Da das Ganze aber nicht weniger als seine Teile sein kann, folgt auch durch diese Überlegungen, dass die Welt insgesamt vernünftig sein muss. „Es wäre nämlich nicht möglich, dass das Ganze schlechter ist als der Teil, wenn es aber die beste Natur ist, die die Welt verwaltet, dann wird sie auch denkfähig, gut und unsterblich sein."[126]

Dieser (auf prinzipiellen Überlegungen beruhende) Gedanke, auf dem die Zurückweisung des epikureischen Atomismus basiert, wird von weiteren Argumenten flankiert, die teils auf Beobachtung und teils auf den Möglichkeitsbedingungen von Erfahrung basieren. So weisen die Stoiker etwa auf natürliche Phänomene hin, die die Möglichkeit des Leeren in der Welt zumindest unplausibel erscheinen lassen. Wer beispielsweise ein Gefäß umgedreht ins Wasser taucht, wird sehen, dass das Wasser den eingeschlossenen Raum nicht vollständig einnehmen kann, da es vom Eindringen durch die Luft abgehalten wird. Auch das scheint zu belegen, dass alles vollständig mit Materie erfüllt sein muss.[127] Die

---

126 Sextus Empiricus, *Adversus mathematicos*, IX.85 = *SVF*, II.1013: οὐ γὰρ οἷόν τε τὸ ὅλον τοῦ μέρους χεῖρον εἶναι, ἀλλ' εἰ ἀρίστη ἐστὶ φύσις ἡ τὸν κόσμον διοικοῦσα, νοερά τε ἔσται καὶ σπουδαία καὶ ἀθάνατος.
127 Cleomedes, *De motu circulari corporum caelestium*, I cp. 1 p. 5 Bake = *SVF*, II.546: Τοιοῦτον δὲ ὑπάρχον τὸ κενόν, ἐν μὲν τῷ κόσμῳ οὐδὲ ὅλως ἐστί. Δῆλον δὲ ἐκ τῶν φαινομένων. Εἰ γὰρ μὴ δι' ὅλου συμφυὴς ὑπῆρχεν ἡ τῶν ὅλων οὐσία, οὔτ' ἂν ὑπὸ φύσεως οἷόντ' ἦν συνέχεσθαι καὶ

Erfahrung berechtigt mithin zum Schluss, dass es das Leere nicht geben kann, sondern umgekehrt alles stofflich erfüllt sein muss.

So erklärt sich auch, dass die Stoiker, die wie Epikur die Wahrnehmung zum Ausgangspunkt ihrer Philosophie machen, das Leere in der Welt, mithin den Atomismus ausschließen und wie sie die Wahrnehmung selbst, ganz so wie Epikur, als Zeugen für diese Ansicht aufrufen können. Die Stoiker gehen aber noch weiter. Denn ihrer Ansicht nach steht die Möglichkeit der Erfahrung selbst durch die Annahme des epikureischen Atomismus in Gefahr: Gäbe es innerhalb der Welt das Leere, so wäre die Möglichkeit der Wahrnehmung aufgehoben, da auch die Wahrnehmung, wie wir im nächsten Abschnitt sehen werden, auf einer Spannungsbewegung beruht, die von der göttlichen Tätigkeit des feurigen Pneumas abhängt. In diesem Sinn heißt es bei Kleanthes, dass es sich bei der Sonne (als dem Führungsvermögen der Welt) um eine Art Schlagholz handelt, da sie die ganze Welt wie ein Seiteninstrument anschlägt und in eine harmonische Bewegung versetzt.[128] Durch das Anschlagen der Welt sowie dem Austrocknen der Luft sollen die grundsätzlichen Möglichkeiten zur Wahrnehmung geschaffen werden. Auf diese Weise passt die Natur das Wahrnehmbare den Wahrnehmungsmöglichkeiten des Gehörs sowie insgesamt der Sinneswahrnehmung an.[129] Die natürliche durch die Vorsehung bereitete Anpassung der Wahrnehmung an ihre Gegen-

---

διοικεῖσθαι τὸν κόσμον, οὔτε τῶν μερῶν αὐτοῦ συμπάθειά τις ἂν ἦν πρὸς ἄλληλα· οὔτε μὴ ὑφ' ἑνὸς τόνου συνεχομένου αὐτοῦ καὶ τοῦ πνεύματος μὴ δι' ὅλου ὄντος συμφυοῦς, οἷόντ' ἂν ἦν ἡμῖν ὁρᾶν ἢ ἀκούειν. Μεταξὺ γὰρ ὄντων κενωμάτων ἐνεποδίζοντο ἂν ὑπ' αὐτῶν αἱ αἰσθήσεις. „Auch wenn das Leere so beschaffen ist – innerhalb des Kosmos gibt es überhaupt kein Leeres. Das ist evident. Wenn nämlich das Wesen des Alls keine vollständige Einheit bildete, dann wäre es weder möglich, dass die Welt von der Natur zusammengehalten und gestaltet würde, noch gäbe es eine ‚Sympathie' ihrer Teile untereinander, und wenn sie nicht von einer Spannkraft und einem mit allem fest verbundenen Lebensstrom zusammengehalten würde, könnten wir weder sehen noch hören. Wenn es nämlich dazwischen leere Räume gäbe, würden die Sinneswahrnehmungen von ihnen unmöglich gemacht." (Übersetzung: Rainer Nickel)

128 Clemens Alexandrinus, *Stromateis*, V.8.48 p. 674 P = *SVF*, I.502.
129 Cornutus, *De natura deorum*, cp. 32 (de Apolline i. e. de Sole locutus) = *SVF*, I.503: μουσικὸς δὲ καὶ κιθαριστὴς παρεισῆκται τῷ κρούειν ἐναρμονίως πᾶν μέρος τοῦ κόσμου καὶ συνῳδὸν αὐτῷ πᾶσι τοῖς [ἄλλοις] μέρεσι ποιεῖν, μηδεμιᾶς αὐτῶν ἐκμελείας ἐν τοῖς οὖσι θεωρουμένης, ἀλλὰ καὶ τὴν τῶν χρόνων πρὸς ἀλλήλους συμμετρίαν ἐπ' ἄκρον ὡς ἐν ῥυθμοῖς τηροῦντος αὐτοῦ καὶ τὰς τῶν ζῴων φωνάς, ὡς αὖ τοὺς τῶν ἄλλων σωμάτων ψόφους, ἰδίᾳ <διὰ> τὸ ξηραίνεσθαι χρησίμως ὑπ' <αὐτοῦ> τὸν ἀέρα ἀποδιδόντος καὶ δαιμονίως ἡρμόσθαι πρὸς τὰς ἀκοὰς ποιοῦντος. „Apollon, d. h. die Sonne, erweist sich nebenbei als Musiker und Kitharist, indem er jeden Teil der Welt (wie ein Seiteninstrument) melodisch anschlägt und einen Gleichklang aller Teile hervorruft, wobei bei ihnen kein Missklang in den Ohren wahrgenommen wird. Vielmehr achtet er dabei auch streng auf das richtige Verhältnis der musikalischen Intervalle zueinander wie bei bei der rhythmischen Tanzbewegung und auf die Stimmen der Lebewesen wie auch auf die Geräusche der übrigen Körper, besonders dadurch, dass er die Luft zu diesem Zweck trocken werden lässt,

stände wird somit zur Grundlage der stoischen Epistemologie. Daraus folgt aber andererseits, dass die Annahme des Leeren innerhalb der Welt die Wahrnehmung selbst, die ja auf der Spannungsbewegung beruht, unmöglich machen würde. Die Wahrnehmung ist jedoch für die Stoiker wie für die Epikureer der absolute Ausgangspunkt ihrer Philosophie.[130] Folglich beweist ihrer Ansicht nach die Realität der Wahrnehmung, dass es zumindest *in* der Welt kein Leeres geben kann.[131]

§ 14 Die Spannungsbewegung der Wahrnehmung

Eng mit der Zurückweisung des Leeren ist eine Kuriosität der stoischen Physik verbunden. So gehen die Stoiker davon aus, dass es zu einer vollständigen Mischung von Körpern kommen kann. Diese sollen sich vollkommen durchdringen können, d. h., jeder beliebige Teil eines Körpers hat Anteil an allen Körpern des Gemischs.[132] Das gilt insbesondere für die beiden körperlichen Prinzipien. Im Kosmos insgesamt sind daher überall sowohl Gott als auch Materie in vollständiger Durchdringung anzutreffen. Das körperliche Gemisch erfüllt dabei den Raum vollständig, sodass es keine Zwischenräume und mithin keinen leeren Raum geben kann.[133] Auch in diesem Zusammenhang nimmt laut Plutarch das Feuer eine besondere Rolle ein, da die Durchmischung nur so lange anhält, wie die Spannkraft des feurigen Lebensstroms im Körper präsent ist.[134] Zur Illustration

---

während er den Schall zurückwirft und durch seine göttliche Macht bewirkt, dass sie den Wahrnehmungsmöglichkeiten des Gehörs angepasst sind." (Übersetzung: Rainer Nickel)

130 Dass auch für die Stoiker alles Denken von der Wahrnehmung ausgeht, berichtet etwa Sextus Empiricus, *Adversus mathematicos*, VIII.56 = *SVF*, II.88. Nach Aëtius, *Placita*, IV.ii = *SVF*, II.83 ist das Führungsvermögen (ἡγεμονικόν) wie ein Blatt Papier, das zum Schreiben vorbereitet ist (χάρτην εὔεργον εἰς ἀπογραφήν). Dass auch die Prinzipien der Naturlehre auf der Wahrnehmung beruhen, wird von Plotinus, *Enneades*, VI.i.28 = *SVF*, II.319 bestätigt.

131 Außerhalb der Welt ist das Leere hingegen notwendig, damit sich die Welt ausdehnen und den nicht besetzten Raum erfüllen kann. Dieser Umstand ist wie gesagt vor allem am Ende und zu Beginn von jedem Weltzyklus von Bedeutung. Denn das göttliche Feuer dehnt sich bei der Zerstörung der Welt aus, bevor es sich erneut zusammenzieht und eine neue Welt aus sich heraus schafft. *SVF*, II.596; 600; 604; 619.

132 Zur vollständigen Mischung siehe Alexander von Aphrodisias, *De mixtione*, 11 = *SVF*, II.310; sowie 216.14–218.6 = *SVF*, II.473; Diogenes Laërtius, VII.151 = *SVF*, II.479. Insgesamt *SVF*, II.463–481. Für Zenon *SVF*, I.145. Siehe auch Long & Sedley 2000, 345–350.

133 Wie man sich das im Einzelnen vorstellen könnte, hat Wildberger 2006, 11ff. illustriert.

134 Plutarchus, *De communibus notitiis adversus Stoicos*, cp. 49 p. 1085c = *SVF*, II.444: τά γε μὴν τέσσαρα σώματα, γῆν καὶ ὕδωρ ἀέρα τε καὶ πῦρ, πρῶτα στοιχεῖα προσαγορεύοντες, οὐκ οἶδ' ὅπως τὰ μὲν ἁπλᾶ καὶ καθαρά, τὰ δὲ σύνθετα καὶ μεμιγμένα ποιοῦσι. ‹γῆν μὲν γάρ φασι καὶ ὕδωρ οὔθ' ἑαυτὰ συνέχειν οὔθ' ἕτερα, πνευματικῆς δὲ μετοχῇ καὶ πυρώδους δυνάμεως τὴν ἑνότητα διαφυλάττειν· ἀέρα δὲ καὶ πῦρ αὐτῶν τ' εἶναι δι' εὐτονίαν ἐκτικά, καὶ τοῖς δυσὶν ἐκείνοις

und auch als Beleg für die grundsätzliche Existenz von Spannungsbewegungen verweisen die Stoiker auf das Beispiel eines fliegenden Vogels, der den Anschein erweckt, in der Luft zu stehen, weil ihn die Spannung seines Körpers trägt. Nimmt man ihm aber die Spannung seiner Muskeln, wird er sogleich zu Boden stürzen.[135]

Da nun selbst die unbelebten Gegenstände durch den feurigen Lebensstrom und dessen Aktivität erzeugt, gestaltet und erhalten werden, ergibt sich, dass alles mit Lebensstrom bzw. Seele erfüllt ist.[136] Die Stoiker vertreten also eine Form von *Panpsychismus*. Die Spannkraft des Lebensstroms liegt jedoch, wie oben bereits angeklungen ist, in unterschiedlicher Intensität vor, weshalb die Stoiker drei Stufen unterscheiden. Auf der untersten Stufe steht der *Habitus* oder die Beschaffenheit (ἕξις). Seine Spannungsbewegung ist verantwortlich für die konkrete Form der Gegenstände, indem die zusammenhaltende kontinuierliche Bewegung des Lebensstroms eine gleichzeitige Bewegung vom Mittelpunkt hin zur Peripherie (εἰς τὸ εἴσω ἅμα κινουμένην καὶ εἰς τὸ ἔξω) vollzieht.[137] Die nach außen wirkende Spannung bringt Größen und Eigenschaften hervor, wie etwa die Härte des Eisens oder die Festigkeit des Steins.[138] Die nach innen gerichtete Spannung erzeugt hingegen laut Nemesius die Einheit und Substanz (οὐσία).[139] Mit der Zeit lässt die Spannkraft in den einzelnen Dingen jedoch nach, weshalb auch die härtesten Gegenstände morsch und brüchig werden und schließlich vollständig zu Staub zerfallen.

Auf die zweite Stufe stellen die Stoiker das vegetative *Pneuma* oder die Natur der Pflanzen und ungeborenen Lebewesen.[140] Die Natur gestaltet und erhält die Lebewesen, indem sie für Ernährung und Wachstum sorgt. Die Erhaltung der

---

ἐγκεκραμένα τόνον παρέχειν καὶ τὸ μόνιμον καὶ οὐσιῶδες> [...]. „Jedenfalls machen die Stoiker, die die vier Körper – Erde, Wasser, Luft und Feuer – zu ersten Elementen erklären – ohne dass ich weiß, wie das möglich ist –, zwei von ihnen zu einfachen und reinen, die beiden anderen zu zusammengesetzten und gemischten Elementen. Denn sie behaupten, Erde und Wasser halte weder sich selbst noch anderes zusammen, wobei diese Elemente aber durch Teilhabe an einer pneumatischen oder feurigen Kraft ihre Einheit wahren. Luft und Feuer dagegen seien aufgrund ihrer inneren Spannkraft in der Lage, sich selbst zusammenzuhalten, und verschaffen jenen beiden anderen Elementen Spannkraft, Dauer und Substanz, indem sie sich mit ihnen vermischen." (Übersetzung: Rainer Nickel) Siehe auch *SVF*, II.473.

135 Galenus, *De musculorum motu*, I. cp. 7 et 8 (K. vol. IV p. 400) = *SVF*, II.450.
136 Long 1974, 171 erklärt den Umstand, dass trotz der Durchdringung der Welt durch den Lebensstrom nicht alles lebendig ist, damit, dass das Leben erst bei einem bestimmten Spannungsgrad einsetzen soll.
137 Nemesius, *De natura hominis*, cp. 2 p. 42. = *SVF*, II.451; Sextus Empiricus, *Adversus mathematicos*, IX.149 = *SVF*, II.454; Philo, *Legum allegoriae*, II § 22 Vol. I p. 95, 8 Wendl = *SVF*, II.458. Siehe auch *SVF*, II.439–462.
138 Plutarchus, *De Stoicorum repugnantiis*, cp. 43 p. 1053f = *SVF*, II.449.
139 Nemesius *De natura hominis*, cp. 2 p. 42 = *SVF*, II.451.
140 *SVF*, II.708–713.

Lebewesen durch die Natur beinhaltet auch ihre eigentümliche Lebensweise. So sind die Vögel etwa von Natur aus zum Fliegen bestimmt, die Wassertiere zum Schwimmen und die Landtiere zum Laufen. Im vorausgehenden Kapitel haben wir gesehen, dass die Natur hierzu auch besondere Kenntnisse vermittelt. Philon spricht in diesem Zusammenhang davon, dass es sich um Erfindungen der Natur handle, die den Tieren durch eine unsichtbare Kraft eingeprägt wurden („inventiones innatae animalibus invisibili virtute").[141]

Diese unsichtbare Hand der Natur haben wir oben bereits mit der Vorsehung Gottes für seine Geschöpfe identifiziert. So hat es der Vogel nicht nötig, das Fliegen zu studieren, denn keine Wissenschaft, sondern seine spezifische Natur wird ihn lehren, seine Flügel angemessen zu verwenden. Die Natur soll auf diese Weise auch für komplexere Verhaltensweisen oder Tätigkeiten verantwortlich sein, etwa für das Staatswesen der Bienen oder für die kunstvollen Netze der Spinnen. Denn diese Tätigkeiten sollen von der Natur angeleitet werden.[142] Das Gleiche gilt aber auch für die Pflanzen, d. h. für das Wachstum der Bäume und Sträucher. All das geschieht, ohne dass es von Pflanzen oder Tieren erlernt werden müsste. Es handelt sich vielmehr um Prozesse, die durch die Natur oder Vorsehung instanziiert werden, sodass alle Lebewesen – ja selbst Insekten – sich von Natur aus und ohne Überlegung gegen Eindringlinge und Feinde verteidigen, ihren natürlichen Bedürfnissen nachkommen und hinreichend um ihren Nachwuchs kümmern. Denn die Erhaltung der Welt sowie ihrer Teile gilt den Stoikern wie gesagt als vorzügliche Aktivität Gottes und macht sogar das Wesen der Vorsehung für die Welt aus. Nur aufgrund dieser besonderen Beschaffenheit handelt es sich bei dieser Welt um einen einheitlichen Kosmos. Die Vorsehung ist das Wesen Gottes und mithin die Natur der Welt, weshalb auch die Natur alles, was zur Erhaltung der Lebewesen erforderlich ist, für diese übernimmt.[143]

Lediglich unter einer anderen Perspektive ist nun die Vorsehung (als Natur) die besondere Spannkraft, auf der die Form und Erhaltung der Welt als Ganze beruht. In dieser besonderen Funktion bezeichnen die Stoiker die Natur auch mit dem Götternamen Herakles.[144] Im Nachlassen der Spannkraft kann ebenfalls ein Grund für die Vergänglichkeit der Welt erblickt werden, da die Spannkraft der Welt genauso wie die jedes anderen Gegenstands aufgrund *rein mechanischer*

---

141 Philo, *De animalibus adv. Alexandrum*, p. 163 Aucher = *SVF*, II.732.
142 *SVF*, II.732–733.
143 Cicero, *De natura deorum*, II.58; 121; 124; 132. Siehe oben §§ 11–12.
144 Cornutus, *De natura deorum*, cp. 31 = *SVF*, I.514: Ἡρακλῆς δ' ἐστὶν ὁ ἐν τοῖς ὅλοις τόνος, καθ' ὃν ἡ φύσις ἰσχυρὰ καὶ κραταιά ἐστιν, ἀνίκητος καὶ ἀπεριγένητος οὖσα, μεταδοτικὸς ἰσχύος καὶ τοῖς κατὰ μέρος καὶ ἀλκῆς ὑπάρχων. „Herakles ist die Spannkraft im All, durch die die Natur stark und kräftig, unbesiegbar und unüberwindbar ist und auch den einzelnen Stärke und Tapferkeit verleiht." (Übersetzung: Rainer Nickel)

Ursachen nachlassen muss,¹⁴⁵ weshalb die Stoiker darauf insistieren, dass die Welt insgesamt vergänglich ist bzw. am Ende eines jeden Weltzyklus durch das göttliche Feuer verzehrt wird.¹⁴⁶

Eng hiermit verbunden ist eine weitere Bedeutungsdimension des stoischen Naturbegriffs. Denn alles, was sich ereignet, wird gemäß der Allnatur und ihrer Vernunft geschehen, d. h., es geschieht nach einer bestimmten Ordnung. Es kann nichts geben, was der Natur entgegensteht. Kein Teil verhält und bewegt sich anders, als es seiner besonderen Natur und der Allnatur gemäß ist.¹⁴⁷

Wir sind oben bereits auf die Implikationen, die sich hieraus für die stoische Konzeption des Kosmos ergeben und auf den Einfluss, den die Vorsehung hierauf hat, eingegangen. Ich möchte an dieser Stelle aber noch einmal besonders auf die unterschiedlichen Bedeutungen des stoischen Naturbegriffs hinweisen, sodass sich die meisten der oben angeführten Charakterisierungen auch mit Hinblick auf die Natur bzw. die besondere Spannungsbewegung, die die Stoiker mit ihr identifizieren, anbringen lassen. Besonders deutlich tritt die Verbindung von Natur und Vorsehung (neben den Ausführungen im zweiten Buch von Ciceros *Über die Natur der Götter*¹⁴⁸) in einem Referat Strabos, als dessen Quelle Poseidonios gilt, hervor:

> Aber jetzt muss es unter dem Aspekt wieder erwähnt werden, dass wir das Wirken von Natur und Vorsehung in ihrem Zusammenhang betrachten. Das Wirken der Natur zeigt sich darin, dass, weil alles zu einem Punkt, der Mitte des Alls, hinstrebt und sich kugelförmig um diesen herumlegt, das Dichteste und am weitesten in der Mitte Liegende die Erde ist und das Wasser, das weniger diese Beschaffenheit hat, sich daran anschließt, beides aber eine Kugel darstellt, die Erde ein fester Körper, das Wasser eine Hohlkugel, die die Erde umschließt. Das Wirken der Vorsehung zeigt sich darin, dass sie den Willen hat – und sie erschafft aufgrund ihrer Freude an bunter Vielfalt unzählige Dinge –, vor allem Lebewesen zu erzeugen, die allem anderen weit überlegen sind, und unter ihnen die besten, Götter und Menschen, um derentwillen alles andere da ist. Den Göttern wies sie den Himmel, den Menschen die Erde zu, die beiden am weitesten voneinander entfernten Punkte des Kosmos. (Übersetzung: Rainer Nickel)¹⁴⁹

---

145 Ausführlich zu den einzelnen Gründen des Weltenbrands siehe Long 1985 sowie Mansfeld 1979.
146 *SVF*, I.106.
147 Plutarchus, *De Stoicorum repugnantiis*, cp. 34 p. 1049f.8 = *SVF*, II.937.
148 Siehe vor allem Cicero, *De natura deorum*, II.29: „natura est igitur quae contineat mundum omnem eumque tueatur [...]." „Es ist daher die Natur, die die ganze Welt zusammenhält und bewahrt [...]."
149 Strabo, *Geographica*, XVII.1.36.2–16: [...] καὶ νῦν δ' ἐπὶ τοσοῦτον ὑπομνηστέον [τὸ] τῆς φύσεως ἅμα καὶ τὸ τῆς προνοίας ἔργον εἰς ἓν συμφέροντας· τὸ μὲν τῆς φύσεως, ὅτι τῶν πάντων ὑφ' ἓν συννευόντων τὸ τοῦ ὅλου μέσον καὶ σφαιρουμένων περὶ τοῦτο, τὸ μὲν πυκνότατον καὶ μεσαίτατόν ἐστιν ἡ γῆ, τὸ δ' ἧττον τοιοῦτον καὶ ἐφεξῆς τὸ ὕδωρ, ἑκάτερον δὲ σφαῖρα, ἡ μὲν

Die Natur verbindet und beherrscht nicht nur die Welt, sondern ist auch unmittelbar verantwortlich für ihre Gestalt, wobei mit Natur insbesondere die physikalischen Ursachen dieser Formung betont werden. Diese sind aber nicht losgelöst von ihren wohltuenden Wirkungen zu begreifen. Bemerkenswert ist, dass Strabo den Aspekt des Wollens (βεβούληται) mit der Vorsehung in Verbindung bringt, was sich mit unseren Ausführungen zur ethischen Bedeutung der Vorsehung im vorausgehenden Kapitel deckt. Ebenfalls angesprochen wurde bereits, dass, sobald man die ursächliche Verbindung der Teile fokussiert,[150] die Natur zum unausweichlichen, alles durchdringenden Schicksal der Welt wird, weshalb Chrysipp das Schicksal auch als eine alles durchdringende Lebenskraft definiert, der gemäß alle Vorgänge im All geregelt erfolgen.[151] Mithin wird die Natur zum eigentlichen Träger des Vernunftgesetzes. Mit Schicksal wird folglich vor allem der Vernunftaspekt (εἱμαρμένη ἐστὶν ὁ τοῦ κόσμου λόγος) eben dieser Einrichtung betont. Die zusammenhaltende Ursache der Gegenstände, die für die elementaren Abläufe des Lebens und Überlebens verantwortlich ist, ist hingegen die Natur der einzelnen Lebewesen. Unter dem Aspekt der kontinuierlichen Einheit, der Sympathie (συμπάθεια) oder übergreifenden Wechselwirkung des Ganzen, welche sich notwendig aus der stoischen Konzeption der Vorsehung ergibt, wird sich dieselbe Natur auch als unausweichliches Schicksal zeigen. Denn die Ver-

---

στερεά, ἡ δὲ κοίλη ἐντὸς ἔχουσα τὴν γῆν· τὸ δὲ τῆς προνοίας, ὅτι βεβούληται καὶ αὐτὴ ποικίλτριά τις οὖσα καὶ μυρίων ἔργων δημιουργὸς ἐν τοῖς πρώτοις ζῷα γεννᾶν ὡς πολὺ διαφέροντα τῶν ἄλλων καὶ τούτων τὰ κράτιστα θεούς τε καὶ ἀνθρώπους, ὧν ἕνεκεν καὶ τὰ ἄλλα συνέστηκε. τοῖς μὲν οὖν θεοῖς ἀπέδειξε τὸν οὐρανὸν τοῖς δ' ἀνθρώποις τὴν γῆν, τὰ ἄκρα τῶν τοῦ κόσμου μερῶν.
150 Ps.-[Plutarchus], *De fato*, cp. 11 p. 574d. capita Chrysippeae de fato disputationis enumerat = *SVF*, II.912.
151 Stobaeus, *Eclogae*, I.79.1 W8 = *SVF*, II.913: <Χρύσιππος> δύναμιν πνευματικὴν τὴν οὐσίαν τῆς εἱμαρμένης, τάξει τοῦ παντὸς διοικητικήν. Τοῦτο μὲν οὖν <ἐν τῷ δευτέρῳ Περὶ Κόσμου. Ἐν δὲ τῷ δευτέρῳ Περὶ Ὅρων καὶ ἐν τοῖς Περὶ Τῆς Εἱμαρμένης> καὶ ἐν ἄλλοις σποράδην πολυτρόπως ἀποφαίνεται λέγων· "<Εἱμαρμένη ἐστὶν ὁ τοῦ κόσμου λόγος> ἢ "λόγος τῶν ἐν τῷ κόσμῳ προνοίᾳ διοικουμένων" ἢ "λόγος καθ' ὃν τὰ μὲν γεγονότα γέγονε, τὰ δὲ γινόμενα γίνεται, τὰ δὲ γενησόμενα γενήσεται>." Μεταλαμβάνει δ' ἀντὶ τοῦ λόγου τὴν ἀλήθειαν, τὴν αἰτίαν, τὴν φύσιν, τὴν ἀνάγκην, προστιθεὶς καὶ ἑτέρας ὀνομασίας, ὡς ἐπὶ τῆς αὐτῆς οὐσίας τασσομένας καθ' ἑτέρας καὶ ἑτέρας ἐπιβολάς. „Chrysipp versteht unter dem Wesen der Heimarmene eine alles durchdringende Lebenskraft, die die Vorgänge im All ordnungsgemäß regelt. Das führt er im zweiten Buch ‚Über die Welt' aus. Im zweiten Buch ‚Über die Definitionen' und in den Büchern ‚Über die Heimarmene' und anderen Schriften an verschiedenen Stellen erklärt er auf vielfältige Weise: ‚Die Heimarmene ist das Vernunftgesetz der Welt' oder ‚das Vernunftgesetz aller Prozesse, die in der Natur durch Vorsehung geregelt werden' oder ‚das Vernunftgesetz, nach dem das Gewordene geworden ist, das Entstehende entsteht und das Zukünftige sein wird.' Anstelle von ‚Vernunft' spricht er auch von ‚Wahrheit', ‚Grund', ‚Natur', ‚Notwendigkeit' und fügt auch noch weitere Bezeichnungen hinzu, da sie nach jeweils anderen Gesichtspunkten für dieselbe Substanz verwendet würden." (Übersetzung: Rainer Nickel, modifiziert)

waltung der Welt, d. h. die Vorsehung der Götter, setzt einen lückenlosen Kausalzusammenhang voraus.¹⁵² Überdies wird klar, dass kein Lebewesen seinem Schicksal entkommen kann, da die Natur das Lebewesen konstituiert und für dessen natürliche Eigenschaften verantwortlich ist.

Das psychische Pneuma oder die Seele, über die die Lebewesen vom Zeitpunkt ihrer Geburt an verfügen sollen, steht schließlich auf der dritten Stufe.¹⁵³ Die Stoiker definieren die Seele als einen „eingepflanzten Hauch und das zur Sinneswahrnehmung befähigte Aufdampfen, welches aus den feuchten Regionen des Körpers hervorquillt" (Übersetzung: Karlheinz Hülser).¹⁵⁴ Wie Epikur sind sie der Ansicht, dass die Seele körperlich ist. Von Epikur unterscheiden sie sich hingegen in der Bestimmung der Seele als Hauch (oder Pneuma). Chalcidius zufolge beruht die Überlegung auf der Beobachtung, dass Menschen, so lange sie leben, atmen, weshalb das Leben am Atemhauch zu hängen scheint, sodass

---

152 Alexander von Aphrodisias, *De fato*, cp. 37 p. 210, 14 Bruns. 8 = *SVF*, II.1005: ‹Οὐ πάντα μὲν ἔστι καθ' εἱμαρμένην, οὐκ ἔστι δὲ ἀκώλυτος καὶ ἀπαρεμπόδιστος ἡ τοῦ κόσμου διοίκησις· οὐδὲ ἔστι μὲν τοῦτο, οὐκ ἔστι δὲ κόσμος· οὐδὲ ἔστι μὲν κόσμος, οὐκ εἰσὶν δὲ θεοί. εἰ δέ εἰσι θεοί, εἰσὶν ἀγαθοὶ οἱ θεοί. ἀλλ' εἰ τοῦτο, ἔστιν ἀρετή. ἀλλ' εἰ ἔστιν ἀρετή, ἔστι φρόνησις. ἀλλ' εἰ τοῦτο, ἔστιν [ἡ] ἐπιστήμη ποιητέων τε καὶ οὐ ποιητέων. ἀλλὰ ποιητέα μέν ἐστι τὰ κατορθώματα, οὐ ποιητέα δὲ τὰ ἁμαρτήματα. οὐκ ἄρα πᾶν μὲν γίνεται καθ' εἱμαρμένην, οὐκ ἔστι δὲ ἁμάρτημα καὶ κατόρθωμα. ἀλλὰ τὰ μὲν κατορθώματα καλά, τὰ δὲ ἁμαρτήματα αἰσχρά· καὶ τὰ μὲν καλὰ ἐπαινετά, τὰ δὲ αἰσχρὰ ψεκτά. οὐκ ἄρα πάντα μὲν ἔστι καθ' εἱμαρμένην, οὐκ ἔστι δὲ ἐπαινετὰ καὶ ψεκτά. ἀλλ' εἰ τοῦτο, εἰσὶν ἔπαινοι καὶ ψόγοι. ἀλλ' ἃ μὲν ἐπαινοῦμεν, τιμῶμεν, ἃ δὲ ψέγομεν, κολάζομεν· καὶ ὁ μὲν τιμῶν γεραίρει, ὁ δὲ κολάζων ἐπανορθοῖ. οὐκ ἄρα πάντα μὲν γίνεται καθ' εἱμαρμένην, οὐκ ἔστι δὲ γεραίρειν καὶ ἐπανορθοῦν›. „Es ist nicht alles dem Schicksal gemäß, ohne dass die Einrichtung des Kosmos ungehindert und ungestört ist. Und dies ist nicht der Fall, ohne dass es einen Kosmos gibt; es gibt keinen Kosmos, ohne dass es Götter gibt. Wenn es aber Götter gibt, sind die Götter gut. Wenn dies aber der Fall ist, gibt es die Tugend. Wenn es jedoch die Tugend gibt, gibt es praktische Weisheit. Wenn es diese aber gibt, dann gibt es ein Wissen davon, was zu tun und nicht zu tun sei. Aber zu tun sind die richtigen Handlungen, nicht zu tun sind die Verfehlungen. Also geschieht nicht alles dem Schicksal gemäß, ohne dass es Verfehlungen und und richtige Handlungen gibt. Richtige Handlungen sind aber schön, Verfehlungen hässlich, und das Schöne ist lobenswert, das Hässliche tadelnswert. Also ist nicht alles dem Schicksal gemäß, ohne dass es lobens- und tadelnswerte Handlungen gibt. Wenn es aber dies gibt, dann gibt es Lob und Tadel. Wir loben aber, was wir verehren, wir tadeln, was wir strafen und wer ehrt, zeichnet aus, wer straft, maßregelt. Also geschieht nicht alles dem Schicksal gemäß, ohne dass es Auszeichnungen und Maßregelungen gibt."

153 Zur stoischen Konzeption der Seele siehe den Kommentar von Long & Sedley 2000, 380–385. Die relevanten Fragmente sind unter *L&S*, 53a–y zusammengefasst.

154 *Scholia in Hom. Iliad.* II 857 = *SVF*, II.778 = *FDS*, 422: ἐκ τούτου καὶ οἱ ‹Στωϊκοὶ› ὁρίζονται τὴν ψυχήν· ψυχή ἐστι πνεῦμα συμφυὲς καὶ ἀναθυμίασις αἰσθητικὴ ἐκ τῶν τοῦ σώματος ὑγρῶν ἀναδιδομένη. „Von daher definieren auch die Stoiker die Seele: ‚Die Seele ist der eingepflanzte Hauch und das zur Sinneswahrnehmung befähigte Aufdampfen, welches aus den feuchten [Regionen] des Körpers hervorquillt.'" (Übersetzung: Karlheinz Hülser)

die Seele, die gemeinhin als Grund des Lebens angesehen wird, selbst ein Hauch sein muss.[155]

Existieren Habitus, Natur und Seele nebeneinander in einem Lebewesen? Die Quellen beantworten diese Frage unterschiedlich. Unstrittig ist, dass der Habitus für die äußere, körperliche Form von unbelebten Gegenständen, wie beispielsweise Steinen oder auch Artefakten, verantwortlich ist. Unterschiedliche Auskünfte finden sich allerdings bezüglich der Frage, ob auch die Form von belebten Dingen, wie Pflanzen, Tieren oder Menschen, vom Habitus gestiftet wird, ob also Habitus, Natur und vernünftige Seele zugleich im Menschen gegenwärtig sind oder ob die niederen durch die höheren Spannkräfte abgelöst werden: Für die letztere Ansicht spricht zum Beispiel ein Bericht Philons von Alexandrien. Danach soll der Zusammenhalt bei manchen Dingen durch den Habitus bewirkt werden, bei anderen hingegen durch ihre Natur bzw. die Seele.[156] Sicher ist, dass

---

[155] Chalcidius, *Ad Timaeum*, cp. 220 = *SVF*, II.879 = *FDS*, 424: „<Stoici> vero cor quidem sedem esse principalis animae partis consentiunt, nec tamen sanguinem, qui cum corpore nascitur. Spiritum quippe animam esse <Zenon> quaerit hactenus: quo recedente a corpore moritur animal, hoc certe anima est. naturali porro spiritu recedente moritur animal: naturalis igitur spiritus anima est. Item Chrysippus: una et eadem, inquit, certe respiramus et vivimus. spiramus autem naturali spiritu: ergo etiam vivimus eodem spiritu. vivimus autem anima: naturalis igitur spiritus anima esse invenitur." „Die Stoiker aber vertreten einmütig die Auffassung, daß der Sitz des leitenden Seelenteils (des Zentralorgans) das Herz ist und keineswegs das Blut, welches zusammen mit dem Körper entsteht. Dafür nun, daß [die Seele] ein Hauch [ist], argumentiert Zenon folgendermaßen: ‚Dasjenige, durch dessen Entweichen aus dem Körper das Lebewesen stirbt, ist sicherlich die Seele; zudem ist es der natürliche Hauch, durch dessen Entweichen das Lebewesen stirbt; also ist der natürliche Hauch die Seele.' Ebenso erklärt Chrysipp: ‚Sicherlich ist das ein und dasselbe, wodurch wir atmen und leben; nun atmen wir aber durch den natürlichen Hauch; also leben wir auch durch eben diesen Hauch; nun leben wir aber durch die Seele; also ergibt sich, daß der natürliche Hauch die Seele ist.'" (Übersetzung: Karlheinz Hülser)
[156] Philo, *Quod deus sit immut.*, § 35 Vol. II p. 64, 1 Wendl. = *SVF*, II.458: Τῶν γὰρ σωμάτων τὰ μὲν ἐνεδήσατο ἕξει, τὰ δὲ φύσει, τὰ δὲ ψυχῇ, τὰ δὲ καὶ λογικῇ ψυχῇ. Λίθων μὲν οὖν καὶ ξύλων, ἃ δὴ τῆς συμφυΐας ἀπέσπασται, <δεσμὸν κραταιότατον ἕξιν εἰργάζετο. ἡ δέ ἐστι πνεῦμα ἀναστρέφον ἐφ' ἑαυτό>. „Einigen Körpern gab Gott ihren Zusammenhalt durch ihre Beschaffenheit, einigen durch ihre Natur, einigen auch durch ihre vernünftige Seele. Den Steinen und Hölzern, die von ihrer natürlichen Umgebung abgetrennt sind, verlieh er als stärkste Fessel des Zusammenhalts ihre spezifische Beschaffenheit. Das ist der Lebensstrom, der zu sich selbst zurückkehrt." (Übersetzung: Rainer Nickel) Woanders (ebenfalls *SVF*, II.458) heißt es, dass der Geist viele Erscheinungsweisen hat. So ist der Geist Beschaffenheit, Natur, Seele, Vernunft, Denkfähigkeit und auch andere Fähigkeiten spezieller und allgemeiner Art. Habitus (ἕξις) besitzen danach in erster Linie die unbeseelten Dinge wie Steine und Erz. Natur bezieht sich auch auf die Pflanzen. Aber auch in den Menschen gibt es etwas, was den Pflanzen entspricht, wie etwa Nägel und Haare. Bei der Natur handelt es sich um einen Habitus, der mit Eigenbewegung verbunden ist. Der Hauptunterschied zur Seele besteht darin, dass die Seele Wahrnehmung, Phantasie und Antrieb hat. Denkfähigkeit und Vernunft hat ausschließlich der Geist, d. h. der Mensch und die Götter.

die Stoiker der Ansicht sind, dass alle Tiere und auch Menschen vor ihrer Geburt keine Seele, sondern nur eine Natur haben. Das ändert sich mit dem Zeitpunkt der Geburt. Von da an verfügen sie über eine tierische Seele (und mithin Seele im eigentlichen Sinn). Vor ihrer Geburt werden sie folglich von der Natur erhalten, die sie wie eine Pflanze im Mutterleib ernährt. Embryonen haben für die Stoiker also einen pflanzlichen Status.[157] Bei der Geburt soll sich das pflanzliche Pneuma dann abkühlen und das Lebewesen erlangt auf diese Weise eine tierische Seele, mit der sich auch Wahrnehmung und Antrieb einstellen.[158] Einen Hinweis auf diesen Vorgang gibt nach stoischer Ansicht die Etymologie des Worts Seele, welches sich von Abkühlung herleiten soll.[159]

Wir konzentrieren uns im Folgenden auf die menschliche Seele und ihre Fähigkeiten. In diesem Zusammenhang ist zu beachten, dass die Stoiker mit ‚Seele' nicht nur den Lebensstrom des Lebewesens bezeichnen, sondern den Begriff auch zur spezifischen Kennzeichnung des menschlichen Zentralorgans verwenden.[160] Die Stoiker sprechen also von Seele in zwei Bedeutungen. Die erste Bedeutung bezieht sich auf den im Körper anwesenden Lebens- oder Atemstrom. So verstanden setzt sich die Seele aus acht Teilen zusammen.[161] Jedem Teil kommt eine eigentümliche Funktion zu. Fünf Teile sind den fünf Sinnesorganen

---

157 Plutarchus, *De Stoicorum repugnantiis*, cp. 41 p. 1052f.= *SVF*, II.806. Long & Sedley 2000, 381 weisen auf die Parallelen zu Aristoteles, *De generatione animalium*, 778b35 hin.

158 Galenus, *Adversus Iulianum*, 5. Vol. XVIII A p. 266 K. = *SVF*, II.718. Siehe auch *SVF*, II.806. Das Belebte insgesamt wird bewegt. Die Stoiker unterscheiden indes zwei Arten der Bewegung: einerseits das, was von innen bewegt wird, und andererseits das, was von außen bewegt werden kann. Das, was aufgrund eines Habitus existiert, wie Holz, Steine usw., wird nur von der Materie zusammengehalten und kann nur von außen bewegt werden. Aus sich heraus bewegen können sich Lebewesen, Pflanzen, also alles, was über eine Natur oder eine Seele verfügt. Ferner wird unterschieden zwischen der Bewegung der Pflanzen, die über keine Ortsbewegung verfügen, sondern nur Wachstum haben, und den Tieren, die über Wahrnehmung verfügen, weshalb ihnen auch ein Antrieb zugesprochen wird. Das Beseelte bewegt sich durch Antrieb und Vorstellung. Aëtius (Placita, V. 26.3 = *SVF*, II.708) bemerkt, dass die Pflanzen zwar keine selbstverursachte Ortsbewegung haben, doch gibt es auch bei ihnen eine Art Bewegung (bzw. Veränderung), und zwar Wachstum und Vermehrung.

159 *SVF*, II.806.

160 Sextus Empiricus, *Adversus mathematicos*, VII.227–241 = *FDS*, 259.

161 Mit den acht Teilen sind keine distinkten Elemente gemeint, die zusammenwirken, sondern vielmehr eine Art Aufteilung von der Art, wie ein menschlicher Körper in Rumpf, Glieder und Haupt eingeteilt werden kann und trotzdem eine organische Einheit bildet. Von dieser Aufteilung unberührt ist die handlungsrelevante Aufteilung in vier Seelenvermögen. *SVF*, II.827; 879; 885; Nemesius, *De natura hominis*, p. 96 = *SVF*, I.143 = *FDS*, 433: Ζήνων δὲ ὁ Στωικὸς ὀκταμερῆ φησιν εἶναι τὴν ψυχήν, διαιρῶν αὐτὴν εἴς τε τὸ ἡγεμονικὸν καὶ εἰς τὰς πέντε αἰσθήσεις καὶ εἰς τὸ φωνητικὸν καὶ τὸ σπερματικόν. „Der Stoiker Zenon erklärt, die Seele habe acht Teile; dabei teilt er sie ein in das Zentralorgan (den ‚leitenden' Seelenteil), in die fünf Sinne(swahrnehmungen),

zugeordnet: Gehörsinn, Geschmackssinn, Sehsinn, Tastsinn und Geruchssinn. Einen weiteren Teil der Seele nennen sie Samen, das ist der Atemstrom, der sich bis zu den Genitalien erstreckt. Hinzu kommt der Teil, den sie Stimme oder Laut nennen. Über alles andere stellen sie das Führungsvermögen (ἡγεμονικόν) als den wichtigsten Teil der Seele oder eben Seele im zweiten, eigentlichen Sinn. Die Stoiker lokalisieren das Führungsvermögen nahezu einhellig im Bereich des Herzens.[162] Übereinstimmend wird das Führungsvermögen für die Zustimmung, die Koordination der Sinneswahrnehmungen sowie den Antrieb verantwortlich gemacht.[163] Denn im Führungsvermögen werden die einzelnen Seelenteile vereint.[164] Die Form der Vereinigung wird von den Stoikern mit mehreren plastischen Beispielen erläutert. So soll es sich beim Führungsvermögen um einen Polypen handeln, der seine Arme in unterschiedliche Richtungen ausstreckt,[165] oder eine Spinne, die in der Mitte ihres Netzes sitzt und auch die empfindlichsten Erschütterungen sofort bemerkt.[166] Die Bilder verdeutlichen einen wichtigen Punkt für die Wahrnehmung. Denn im eigentlichen Sinn ist es das Führungsvermögen, welches sieht, hört usw., auch wenn dies nur durch Mitwirkung der Organe geschehen kann.[167] Darin kann bereits ein erster Unterschied zu Epikur erblickt werden, da für Epikur die Organe selbst wahrnehmen können, weshalb die Wahrnehmung zunächst auch irrational sein soll. Für die Stoiker hingegen werden alle höheren kognitiven Funktionen vom Führungsvermögen ausgeführt, wohingegen die unteren Seelenteile dem Führungsvermögen lediglich zuarbeiten.[168] Seine grundsätzlichste Kraft besteht aber darin, Vorstellungen auszubilden. Alle anderen psychologischen Zustände und Aktivitäten (z. B. Zustimmung,

---

in das Sprachvermögen und in das Zeugungsvermögen." (Übersetzung: Karlheinz Hülser). Siehe auch Jamblichus, *De anima*, ap. Stob. Ecl. I 49, 34 p. 369, 6 W = *SVF*, I.143.
162 Die meisten Quellen verorten das Führungsvermögen in der Brust (*FDS*, 450–455), einige jedoch im Kopf (*FDS*, 441; 456).
163 Galenus, *De Hipp. et Plat. plac.*, III 5 (124) p. 295 Mü.8 = *SVF*, II.896.
164 Galenus, *De Hipp. et Plat. plac.*, III 1 (112) p. 251 Mü.8 = *SVF*, II.885.
165 Aëtius, *Placita*, IV.4, 4 = *SVF*, II.827.
166 Chalcidius, *Ad Timaeum*, cp. 220. = *SVF*, II.879.
167 *SVF*, II.857; 858; 862.
168 Diogenes Laërtius, VII.159 = *SVF*, II.837: <ἡγεμονικὸν> δὲ εἶναι τὸ κυριώτατον τῆς ψυχῆς, ἐν ᾧ αἱ φαντασίαι καὶ αἱ ὁρμαὶ γίνονται καὶ ὅθεν ὁ λόγος ἀναπέμπεται· ὅπερ εἶναι ἐν καρδίᾳ. „Das Führungsvermögen ist aber der leitende Seelenteil, in dem die Vorstellungen und die Antriebe entstehen und von dem die Vernunft ausgeht. Das ist im Herzen." Siehe auch *SVF*, II.836; 841–849. Nach einem anderen Bild handelt es sich um einen König, der Boten aussendet. Long 1996, 259 erkennt in dem Vergleich mit einem Spinnennetz eine Antizipation des menschlichen neuronalen Netzes.

Antrieb, Einbildung, Wissen usw.) begreifen sie als Erweiterungen oder Reaktionen auf Vorstellungen.[169]

Das ist ein überaus wichtiger Punkt. Die Stoiker räumen also wie Epikur der Vorstellung einen besonderen Status ein, was schließlich zu einer systematischen Aufwertung der Vorstellung mit Blick auf alle kognitiven Leistungen geführt hat. Wir kommen später auf die stoische Konzeption der Vorstellung zurück. Voraussetzung zur Ausbildung einer Vorstellung ist die Wahrnehmung. Denn die Stoiker weisen die Ansicht zurück, dass es angeborene Vorstellungen geben könne. Wie Epikur heben sie hervor, dass alles Denken von der Wahrnehmung ausgeht. Folglich wird jede Vorstellung des Menschen auf der Wahrnehmung beruhen. Im Verstand soll es nichts geben, was nicht zuvor in den Sinnen war. Der Verstand ist bei der Geburt des Menschen wie ein weißes Blatt Papier oder eine unbeschriebene Wachstafel, auf der die kontinuierlichen Eindrücke der Wahrnehmung ihre Spuren hinterlassen.[170]

Man muss zunächst beachten, dass auch der Begriff ‚Sinneswahrnehmung' von den Stoikern nicht eindeutig verwendet wird. Erstens nennen sie so den Pneumastrom, der vom Zentralorgan zu den einzelnen Sinnesorganen reicht. Zweitens ist darunter die durch die Wahrnehmung vermittelte Sinneserkenntnis (κατάληψις) zu verstehen. Drittens bezeichnen die Stoiker die Konstitution der Sinnesorgane als ‚Sinneswahrnehmung'. Zu diesen drei Bedeutungen tritt in manchen Fragmenten eine vierte hinzu, und zwar der Akt der Wahrnehmung selbst.[171] Wie wir sehen werden, ist vor allem die Identifikation von Erkenntnis (κατάληψις) und Sinneswahrnehmung erläuterungsbedürftig.

Leider ist nicht bekannt, wie die Stoiker sich den Aufbau der einzelnen Organe vorgestellt haben. Sicher ist jedoch, dass es sich um eine Mischung von Seele und Körper handeln muss, die vom Seelenstoff regiert wird. Die Spannungsbewegung, die abhängig vom Seelenstoff ist, hat für die Wahrnehmung insgesamt

---

[169] Siehe Long & Sedley 2000, 383–384 (mit den zugehörigen Textbelegen), die die Stoiker dafür loben, im Gegensatz zu Aristoteles „einen Begriff von der Einheit des Bewußtseins gefasst zu haben; aus den verwickelten aristotelischen Beziehungen zwischen Sinneswahrnehmung, phantasia und Intellekt ist eine solche Einheit schwerlich zu fassen" (384).

[170] Sextus Empiricus, *Adversus mathematicos*, VIII.56 = *SVF*, II.88; Aëtius, *Placita*, IV.ii = *SVF*, II.83.

[171] Diogenes Laërtius, VII.52.1–4 = *SVF*, II.87: Αἴσθησις δὲ λέγεται κατὰ τοὺς Στωικοὺς τό τ' ἀφ' ἡγεμονικοῦ πνεῦμα ἐπὶ τὰς αἰσθήσεις διῆκον καὶ ἡ δι' αὐτῶν κατάληψις καὶ ἡ περὶ τὰ αἰσθητήρια κατασκευή, καθ' ἥν τινες πηροὶ γίνονται. καὶ ἡ ἐνέργεια δὲ αἴσθησις καλεῖται. „Wahrnehmung nennen die Stoiker aber zunächst das Pneuma, welches sich vom Führungsvermögen bis in die Wahrnehmungsorgane erstreckt, zweitens die Wahrnehmungserkenntnis (κατάληψις), drittens die Ausstattung bezüglich der Sinnesorgane, an der es manchen mangelt. Ferner wird auch die Aktivität Wahrnehmung genannt." Siehe auch Ps.-Plutarchus, *Placita*, IV.8.1; Nemesius, *De natura hominis*, VI. pp. 56.24–57.5.

eine eminente Bedeutung. Der Wahrnehmungsprozess selber lässt sich in drei Stufen unterscheiden. An erster Stelle steht die Affektion des Wahrnehmungsorgans. Damit zusammen fällt die Reizung des Seelenstoffs (oder Pneumas), welches in den Organen präsent ist. Auf der zweiten Stufe steht der Eindruck im Führungsvermögen, der sich als Folge der Affektion einstellt und der zur Herausbildung einer Vorstellung führt. Zur Wahrnehmungserkenntnis (κατάληψις) oder Wahrnehmung im eigentlichen Sinn kommt es aber erst durch die dritte Stufe, der Zustimmung (συγκατάθεσις) des Führungsvermögens, weshalb die Stoiker die Wahrnehmung insgesamt zu einer Zustimmungshandlung erklärt haben. Dass es sich um verschiedene Stufen oder Aspekte der Wahrnehmung handelt, wird daraus ersichtlich, dass die Sinne affiziert werden können, ohne dass eine Vorstellung gebildet wird, oder dass eine Vorstellung gebildet wird, der dann die Zustimmung verweigert wird.[172]

Die Fragmente zur eigentlichen Affektion des Organs bzw. der ersten Stufe der Wahrnehmung sind ebenfalls recht spärlich und zeichnen darüber hinaus ein widersprüchliches Bild. Fest steht, dass die Wahrnehmung auf einer direkten materiellen Verbindung zwischen dem Wahrnehmungsgegenstand und der Seele beruht. Die meisten Quellen berichten, dass es im Fall des Sehens zu einer kegelförmigen Verbindung zwischen dem Auge und dem wahrgenommenen Gegenstand kommt.[173] Bei Diogenes Laërtius heißt es etwa, dass sich die Luft kegelförmig vom wahrgenommenen Gegenstand zum Auge erstrecken soll, wobei die Spitze das Sinnesorgan berührt. Die Grundfläche des Kegels steht in Kontakt mit dem wahrzunehmenden Objekt. Wie ein Blinder mithilfe eines Stabs wahrnimmt, so soll das wahrnehmbare Objekt durch die zu einem Kegel geformte Luft übermittelt werden.[174]

---

[172] Sextus Empiricus, *Adversus mathematicos*, VII.232. Siehe zu diesem Punkt Løkke 2008, 35–36.
[173] *SVF*, II.863–871. Enstprechende Aussagen finden sich für die akkustische Wahrnehmung. Auch hier ist die Luft das Medium zwischen Sprecher und Ohr. „Die Luft wird durch den Sprechakt in Wellen geschlagen, so wie das Wasser in einem Brunnen, wenn ein Stein eingeworfen wird." (Diogenes Laërtius, VII.158 = *SVF*, II.872: [...] ἀέρος πληττομένου σφαιροειδῶς, εἶτα κυματουμένου καὶ ταῖς ἀκοαῖς προσπίπτοντος, ὡς κυματοῦται τὸ ἐν τῇ δεξαμενῇ ὕδωρ κατὰ κύκλους ὑπὸ τοῦ ἐμβληθέντος λίθου.) Die Bewegungen geraten dann zum Gehörgang und dringen in diesen ein.
[174] Diogenes Laërtius VII.157 = *SVF*, II.867: ὁρᾶν δὲ τοῦ μεταξὺ τῆς ὁράσεως καὶ τοῦ ὑποκειμένου φωτὸς ἐντεινομένου κωνοειδῶς, καθά φησι <Χρύσιππος> ἐν <δευτέρᾳ τῶν φυσικῶν> καὶ Ἀπολλόδωρος. γίνεσθαι μέντοι τὸ κωνοειδὲς τοῦ ἀέρος πρὸς τῇ ὄψει, τὴν δὲ βάσιν πρὸς τῷ ὁρωμένῳ· ὡς διὰ βακτηρίας οὖν τοῦ ταθέντος ἀέρος τὸ βλεπόμενον ἀναγγέλλεσθαι. „Wir sehen, indem sich das zwischen dem Sehvermögen und den Gegenstand befindliche Licht zu einem Kegel formt, wie Chrysipp im zweiten Buch seiner ‚Physik' und Apollodor sagen. Die Spitze des Luftkegels befinde sich unmittelbar am Auge, die Basis am gesehenen Gegenstand. Wie mit

Vermutlich gehen die Stoiker davon aus, dass der in den Organen vorhandene Seelenstoff aus den Pupillen heraustreten kann und die Luft dazu bewegt, eine Kegelform anzunehmen.[175] Wie gesagt ist die Spannungsbewegung als Habitus für die Form und Gestaltung der unbelebten Gegenstände verantwortlich, als Natur oder Seele entsprechend für die belebten Gegenstände. Möglicherweise kann die im Organ anwesende Spannungsbewegung mit dem Pneuma, das die Gegenstände konstituiert, in einen unmittelbaren Kontakt treten. Hierfür spräche ein Referat von Chalcidius, der hervorhebt, dass das Pneuma, welches die Form eines Kegels annimmt, aus der Pupille austritt und sich auf die Dinge erstreckt.[176] Da dieser Bericht jedoch in wesentlichen Punkten von den anderen, zugegebenermaßen spärlichen Zeugnissen abweicht, vermutet Hahm, dass es sich um eine platonisierende Rekonstruktion handelt oder aber, dass Chalcidius seinem Bericht die Position eines späteren Stoikers zugrunde legt.[177] Gesichert scheint hingegen zu sein, dass sich das Wahrnehmungsorgan in irgendeinem Sinn zu den Gegenständen hinwendet oder ausstreckt, was dann zur Anspannung des Mediums führt. So hebt etwa Cicero die Fähigkeit des Sinns hervor, sich zu den Dingen auszustrecken, die bewegen:

> Man könnte noch detaillierter diskutieren, wie viel Mühe die *Natur* zuerst auf die Erzeugung aller Tiere und dann vor allem auf den Menschen verwandt hat, welche Kraft in den Sinnen liegt, die Art und Weise, wie die Bilder [„visa" auch das Gesehene oder Erscheinungen] uns zuerst berühren, wie als nächstes das Begehren (adpetitio) folgt, veranlasst durch ihren Aufprall und wie wir dann die Sinne danach ausrichten [„intenderemus" auch anspannen],

---

einem Stab werde das Gesehene also durch die zu einem Kegel geformte Luft übermittelt." (Übersetzung: Rainer Nickel) Siehe auch Alexander von Aphrodisias, *De anima mantissa*, 130.14–17. Im Anschluss wird diese Position ausführlich von Alexander kritisiert.
175 Siehe auch Aëtius, *Placita*, IV.15.3 = *SVF*, II.866; *SVF*, II.869; 871.
176 Chalcidius, *Ad Timaeum*, cp. 237. = *SVF*, II.863: „<Stoici> vero videndi causam in nativi spiritus intentione constituunt, cuius effigiem coni similem volunt. Hoc quippe progresso ex oculorum penetrali, quod appellatur pupula, et ab exordio tenui, quo magis porrigitur, in soliditatem opimato exordio, penes id quod videtur locatam fundi omnifariam dilatarique visus inlustrationem." „Die Stoiker aber vertreten die Auffassung, dass die Ursache des Sehens in der Spannung des natürlichen Pneumas liege, das ihrer Meinung nach die Form eines Kegels hat. Denn dieser tritt aus dem Inneren des Auges (das Pupille genannt wird) aus und wird von dem feinen Anfang umso fester, je weiter er sich erstreckt. Nachdem der Anfang fest geworden ist, soll die Erleuchtung der Anschauung in dem Gebiet, welches gesehen wird, ausgeschüttet und in alle Richtungen verbreitet werden."
177 Hahm 1977, 65. Eine andere Interpretation legt Løkke 2008, 39 vor. Dass das Sehen auf dem Aussenden von Strahlen beruhen soll, ist eine Position, die in der hellenistischen Epoche vor allem von den sogenannten *Mathematikern* vertreten wurde. Nach unserem Kenntnisstand sind vor den Stoikern nur Theophrast und Platon (*Timaeus*, 45b–d) der Meinung gewesen, dass diese Strahlen feurig sein könnten.

die Objekte wahrzunehmen. Denn der Verstand selber, der die Quelle der Sinneswahrnehmung ist und sogar selber eine Wahrnehmung ist, hat eine *natürliche* Kraft, die er auf die Dinge ausrichtet (intendit), von denen er *bewegt* wird.[178] (Hervorhebungen: A. H.)

Mehrere Punkte sind an diesem Referat bemerkenswert. Zunächst möchte ich auf den einleitenden Kontext hinweisen: Die Wahrnehmung wird als besondere Leistung der Natur für ihre Geschöpfe gepriesen. Die Bedeutung der Vorsehung für die Erkenntnisleistung der Wahrnehmung wird uns im Folgenden noch weiter interessieren. Zweitens ist die hier verwendete Terminologie beachtlich. So spricht Cicero von einer Berührung durch Bilder (lateinisch *visa*, was vermutlich eine Übersetzung für das griechische εἴδωλα ist, da *visa* in diesem Zusammenhang nicht sinnvoll als Vorstellung übersetzt werden kann; denn die Vorstellung soll nach stoischer Ansicht das Ergebnis des Eindrucks sein), was eine gewisse Nähe zu den epikureischen Bildern suggeriert. Die Nähe zu Epikur wird noch weiter unterstrichen, wenn man hinzunimmt, dass Aëtius in seinem Referat der stoischen Position anstelle von *intenderent* den Terminus ἐπιβολή verwendet,[179] was, wie wir gesehen haben, bei Epikur den Prozess der aufmerksamen Auswahl der Sichtbilder bezeichnet.

Geht man von Ciceros Bericht aus, ergäbe sich folgender systematischer Ablauf der Wahrnehmung. Cicero spricht davon, dass es zuerst eine Bewegung gibt, d. h. eine erste Affektion des Sinns durch den Gegenstand der Wahrnehmung. Als eine Folge der Affektion *richtet sich die Aufmerksamkeit* des Wahrnehmenden auf den Gegenstand. Plutarch, der Chrysipp zitiert, nennt die Hinwendung oder Aufmerksamkeit (ἐπιβολή) eine Art Antrieb vor dem eigentlichen Antrieb (ὁρμὴ πρὸ ὁρμῆς).[180] Es kommt mithin zu einer Fokussierung oder einem Ausstrecken des Geistes. Auf diese Weise wird der angespannte Kegel der Luft zu einem Transportmittel des Augenlichts, d. h., die Spannungsbewegung des Seelenstoffs erfüllt die Luft und versetzt sie somit in den angespannten Zustand. Nach Chalcidius wird der Seelenstoff sogar fester, je näher er dem Objekt kommt, sodass das bei Diogenes überlieferte Bild des Stocks fast wörtlich zu verstehen ist.

---

[178] Cicero, *Academica* II. [Lucullus], X.30: „[...] sed disputari poterat subtiliter quanto quasi artificio natura fabricata esset primum animal omne deinde hominem maxime, quae vis esset in sensibus, quem ad modum prima visa nos pellerent, deinde adpetitio ab his pulsa sequeretur, tum ut sensus ad res percipiendas intenderemus. Mens enim ipsa, quae sensuum fons est atque etiam ipsa sensus est, naturalem vim habet, quam intendit ad ea quibus movetur."
[179] Aëtius, *Placita*, IV.15.3 (DDG p. 406, 4) = *SVF*, II.866: [...] κατὰ δὲ τὴν πρὸς τὸν περικείμενον ἀέρα ἐπιβολὴν [...]. „[...] durch das Ausstrecken auf die umliegende Luft [...]."
[180] Plutarchus, *De sollertia animalium*, 961c5-6: [...] τὴν δ' 'ἐπιβολὴν' 'ὁρμὴν πρὸ ὁρμῆς' [...]. „Die *Epibole* aber als Antrieb vor dem Antrieb [...]."

Diese Rekonstruktion entspräche zumindest unter systematischen Gesichtspunkten in etwa der aristotelischen Vorstellung des Wahrnehmungsprozesses. Zuerst gibt es eine Affektion durch eine Bewegung, was unmittelbar die Aktivierung der Wahrnehmung zur Folge hat, d. h., die Aufmerksamkeit wird durch die Bewegung auf das Objekt gelenkt. Problematisch sind an dem Bild aber mehrere Punkte. Zunächst wird nicht ersichtlich, von welcher Art die Affektion sein kann. Es sieht so aus, dass die Anspannung der Luft der Affektion vorausgehen muss. Nur dann, wenn die Luft wie ein Kegel angespannt ist, kann es zu einer Wahrnehmung kommen, da nur dann wie bei einem Stab der Boden des Kegels ertastet wird. Nach Aëtius, Alexander von Aphrodisias und Diogenes Laërtius wirkt das Pneuma, welches im Auge präsent ist, auf die Luft ein! Hierin kann also eine erste Form von Aktivität erblickt werden.[181] Ein zweites Problem betrifft die Stellung der Zustimmung, die bei Cicero im unmittelbaren Anschluss an das obige Referat angeführt wird. Es ist also unklar, an welcher Stelle die Stoiker die Aktivität im Prozess der Wahrnehmung verorten oder ob es zu unterschiedlichen Formen von Aktivität kommt. Folgt die Aktivität auf die Affektion und ist somit von der Zustimmung abhängig oder geht sie der Affektion bereits voraus? Denkbar wäre etwa, dass die Augen wie Scheinwerfer die Umwelt absuchen und dann gegebenenfalls aufgrund eines Reizes (z. B. außerordentliche Geräusche oder Farben) bestimmte Gegenstände fokussieren.

Wie auch immer sich die Stoiker den Vorgang im Einzelnen vorgestellt haben, jedenfalls scheint bei ihnen wie bei Aristoteles und auch Epikur die Aktivität in der Wahrnehmung weiter zu reichen, als man zuerst vermuten sollte, und die strikte Dichotomie, die manche Autoren zwischen einer passiven Aufnahme durch die Sinnlichkeit und der spontanen Reaktion des Verstandes sehen, greift offenkundig zu kurz.[182]

Entscheidend für unsere Fragestellung ist nun, dass es zu keiner Unterbrechung der Spannungsbewegung kommen darf. Denn dies hat wiederum direkte Konsequenzen für das materielle Medium der Wahrnehmung. Im Gegensatz zu Epikur sind die Stoiker nämlich der Ansicht, dass ein materielles Medium für die Wahrnehmung unerlässlich ist. Nur mittels dieses materiellen Mediums kann der Wahrnehmungsgegenstand auf das Wahrnehmungsorgan einwirken. Für Epikur hingegen ist das Leere die fundamentale Voraussetzung für Bewegung und damit auch für die Wahrnehmung. Epikur schließt sogar aus dem Phänomen der Wahrnehmung auf die Existenz des Leeren als vermeintliche Bedingung der Möglichkeit von Bewegung. Aus dem Obigen wird deutlich, dass für die Stoiker die Existenz des Leeren in der Welt die Wahrnehmung unmöglich machen würde,

---

181 Hahm 1977, 66.
182 So etwa Long 1974, 125f.

da ihrer Konzeption zufolge das Leere zwischen den materiellen Gegenständen (zwischen den epikureischen Atomen) die kontinuierliche Spannungsbewegung aufheben würde. Daher gilt das Phänomen der Wahrnehmung den Stoikern als Beweis dafür, dass es das Leere zumindest innerhalb des einen Kosmos nicht gibt. Aus ihren Voraussetzungen folgt nämlich ganz im Gegenteil, dass es nur dann zu einer Wahrnehmung kommen kann, wenn der Raum vollkommen mit Materie erfüllt ist. Die Erfüllung des Raums soll gerade die ununterbrochene Spannungsbewegung garantieren, auf der zuletzt auch die Wahrnehmung beruht.

Werfen wir zum Schluss dieses Abschnitts noch einen Blick auf den Gehalt der Wahrnehmung, bevor wir uns dann im nächsten Abschnitt die Herausbildung der Vorstellung etwas detaillierter anschauen. Auf den ersten Blick scheint es, als würden die Stoiker wie Aristoteles den Gehalt der Wahrnehmung auf die sogenannten eigentümlichen Wahrnehmungsobjekte (ἴδια αἰσθητά) einschränken. So heißt es etwa bei Diogenes Laërtius, dass die Erkenntnis (κατάληψις) von der Wahrnehmung von weißen, schwarzen, rauen oder glatten Dingen ausgeht.[183] Sextus Empiricus spricht davon, dass man einen „Weiß-Affekt" oder einen „Süß-Affekt" erlebt, wenn sich weiße Farbe dem Gesicht bzw. etwas Süßes dem Geschmackssinn nähert.[184] In diesen Fällen steht das Führungsvermögen (ἡγεμονικόν) in einem quasi körperlichen Kontakt zu den Gegenständen, von denen es berührt wird.[185] Es gibt aber zwei bedeutsame Unterschiede zu Aristoteles. Denn bereits auf dieser basalen Stufe der Wahrnehmung gehen die Stoiker

---

183 Diogenes Laërtius, VII.52 = *FDS*, 255: ἡ δὲ κατάληψις γίνεται κατ' αὐτοὺς αἰσθήσει μὲν λευκῶν καὶ μελάνων καὶ τραχέων καὶ λείων [...]. „Die Erkenntnis aber kommt nach ihnen einerseits durch Sinneswahrnehmung zustande [als Erkenntnis] von weißen und schwarzen, rauen und glatten Dingen [...]." (Übersetzung: Karlheinz Hülser)
184 Sextus Empiricus, *Adversus mathematicos*, VIII.397.5–9 = *FDS*, 257: τὸ μὲν γὰρ φαντασιωθῆναι ἀβούλητον ἦν, καὶ οὐκ ἐπὶ τῷ πάσχοντι ἔκειτο ἀλλ' ἐπὶ τῷ φαντασιοῦντι τὸ οὑτωσὶ διατεθῆναι, οἷον λευκαντικῶς λευκοῦ ὑποπεσόντος χρώματος ἢ γλυκαντικῶς γλυκέος τῇ γεύσει προσαχθέντος [...]. „Denn von Vorstellungen überkommen zu werden, ist ungewollt und steht nicht in der Macht dessen, dem es widerfährt; sondern von dem, was die Vorstellung erzeugt, hängt es ab, daß der Betroffene in bestimmter Weise affiziert worden ist, daß er z. B. einen Weiß-Affekt erlebt, wenn sich weiße Farbe zeigt, und einen Süß-Affekt, wenn sich etwas Süßes dem Geschmackssinn anbietet." (Übersetzung: Karlheinz Hülser) Siehe auch Nemesius, *De natura hominis*, VI., p.172–173 = *FDS*, 270; Sextus Empiricus, *Adversus mathematicos*, VIII.409 = *FDS*, 272.
185 Sextus Empiricus, *Adversus mathematicos*, VIII.409.6–9 = *FDS*, 272: [...] οὕτω καὶ τῶν φανταστῶν ἔνια μὲν οἱονεὶ ψαύοντα καὶ θιγγάνοντα τοῦ ἡγεμονικοῦ ποιεῖται τὴν ἐν τούτῳ τύπωσιν, ὁποῖόν ἐστι τὸ λευκὸν καὶ μέλαν καὶ κοινῶς τὸ σῶμα [...]. „[...] so erzeugen auch einige der vorgestellten Dinge ihren Eindruck im Zentralorgan dadurch, daß sie es sozusagen berühren und in Kontakt zu ihm stehen – von dieser Art Vorstellungen sind das Weiße und Schwarze und überhaupt das Körperliche [...]." (Übersetzung: Karlheinz Hülser)

über die von Aristoteles getroffene Einschränkung des eigentümlichen Wahrnehmungsgegenstands hinaus:

> Wenn wir beispielsweise durch den Gesichtssinn etwas Weißes betrachten, ist der Affekt (πάθος) dasjenige, was durch das Sehen in der Seele zustande gekommen ist; aufgrund dieses Affektes sind wir außerdem in der Lage zu sagen, daß ihm etwas Weißes in der Realität zugrunde liegt (ὑπόκειται), was uns bewegt. (Übersetzung: Karlheinz Hülser)[186]

Aufgrund der kausalen Abhängigkeit des Affektes von seinem Ursprung lässt sich nach stoischer Meinung mit Sicherheit schließen, dass es tatsächlich etwas Weißes geben muss, wenn es wahrgenommen worden ist. Eben diesen Schluss wollte Aristoteles wie gesehen vermeiden. Denn auch wenn Aristoteles behauptet, dass wir uns in der Wahrnehmung der eigentümlichen Objekte (ἴδια αἰσθητά) nicht täuschen können, so irren wir uns besonders häufig in der Bestimmung dessen, wo oder was das wahrgenommene Weiße ist. Diese Bestimmung fällt Aristoteles zufolge nicht in den Unterscheidungsbereich der eigentümlichen Wahrnehmungssinne, sondern kommt der gemeinsamen Wahrnehmung zu. Die Stoiker weisen also wie Epikur die aristotelische Differenzierung zwischen eigentümlichen und gemeinsamen Wahrnehmungsobjekten zurück. Der eigentliche Wahrnehmungsgegenstand des Gesichts ist nicht nur die Farbe, sondern auch das Objekt, welches über eine farbige Oberfläche verfügt.

Die Stoiker gehen aber noch einen entscheidenden Schritt weiter. Sie unterscheiden nämlich zwischen einer *naturbedingten* Wahrnehmung (αὐτοφυής αἴσθησις) und einer *wissenschaftlichen* Wahrnehmung (ἐπιστημονικὴ αἴσθησις). Unter die Erstere fallen sowohl die von Aristoteles behaupteten eigentümlichen Wahrnehmungsobjekte als auch die gemeinsamen Wahrnehmungsobjekte, d. h. also das Warme und Kalte so wie Gestalten und Bewegungen. Die wissenschaftlich geschulte Wahrnehmung erkennt darüber hinaus aber auch das Harmonische sowie das Nicht-Harmonische in der wahrgenommenen Gestalt. Einen deutlichen Hinweis, dass man zwischen beiden Formen der Wahrnehmung differenzieren muss, sehen sie darin, dass derselbe schrille Ton in einer Aufführung bei einem geschulten Musikkenner ein angenehmes Gefühl hervorrufen kann, wohingegen der ungeschulte Wahrnehmende ein Unlustgefühl oder sogar Abscheu empfindet.[187] Cicero, dem eine Schrift von Panaitios vorliegt, hebt hervor, dass der

---

186 Aëtius, *Placita*, IV.12 = *FDS*, 268: οἷον, ἐπειδὰν δι' ὄψεως θεωρῶμέν τι λευκόν, ἔστι πάθος τὸ ἐγγεγενημένον διὰ τῆς ὁράσεως ἐν τῇ ψυχῇ· καὶ <κατὰ> τοῦτο τὸ πάθος εἰπεῖν ἔχομεν, ὅτι ὑπόκειται λευκὸν κινοῦν ἡμᾶς. Siehe auch Nemesius, *De natura hominis*, 6. p.172–173 = *FDS*, 270.
187 Philodemus, *De musica*, p.11 Kemke = *SVF*, III. Diogenes Babylonius, 61: συ(νωμολογ)ηκέναι δ' αὐτῷ, τὰ μὲ(ν αὐτο)φυοῦς αἰσθήσεως δε(ῖσ)θαι, τὰ δ' ἐπιστημονικῆς, τὰ (θ)ερμὰ μὲν καὶ τὰ (ψ)υχρὰ τ(ῆς αὐ)τοφυοῦς, τὸ δ' ἡρμοσμέν(ον) καὶ ἀνάρμοστον τῆς ἐπ(ιστη)μονικῆς. (ἑ)τέραν

Mensch unter der geschulten Leitung der Vernunft Ordnung und Schönheit sehen kann, was Cicero der Natur anrechnet und zum Ausgangspunkt der moralischen Entwicklung des Menschen erklärt.[188] Chrysipp hat nach Plutarch sogar darauf bestanden, dass auch das Gute und Schlechte wahrnehmbar sein sollen so wie alle Affekte und Tugenden in ihren spezifischen Erscheinungsformen, d. h. Diebstahl, Ehebruch, Dummheit, Feigheit, Besonnenheit, Weisheit usw.[189] Das macht deutlich, dass die Stoiker nicht nur die Unterscheidung zwischen eigentümlichen und gemeinsamen Wahrnehmungsobjekten zurückweisen, sondern darüber hinaus auch das, was für Aristoteles nur akzidentell wahrnehmbar ist, zu unmittelbaren Gegenständen der Wahrnehmung machen. Denn Diebstahl oder Ehebruch genauso wie der Sohn des Diares können nach Aristoteles überhaupt nicht wahrgenommen, sondern nur intelligibel erfasst werden.

Die Erweiterung der Wahrnehmungsleistung geht nun auch bei den Stoikern einher mit der Nivellierung des Unterschieds zwischen Wahrnehmung und

---

δὲ τῇ (τοι)αύτῃ συ(νε)ζευγμένη(ν κα)ὶ παρακολουθοῦσαν ὡς (ἐπὶ τ)ὸ πολύ, δι᾽ ἧς δεχόμεθα (τὴν π)αρεπομένην [ἡδον(ὴν)] ἑκ)άστῳ τῶν αἰσθητῶν (ἡδον)ήν τε (καὶ λύ)πην, οὖσαν (οὐ πᾶσι) τὴν αὐτήν. οὐ γὰρ ἂν (ἀνα)μειχθῶσιν δύο αἰσθήσεις, (περὶ) μὲν τὸ ὑπο(κ)εί(μ)ενον συμ(φ)ωνεῖ(ν), οἷον πικρὸν ἢ α(ὐστ)ηρόν, περὶ δὲ τὴν (π)αρεπ(ομέν)ην ἡδονὴν (τ)ε καὶ λ(ύπ)ην διαφωνεῖν (ἐν) α(ργῶς). „Er stimmte aber darin mit ihm überein, dass die Dinge teils auf eine ‚naturbedingte Wahrnehmung', teils auf eine ‚wissenschaftlich geschulte Wahrnehmung' angewiesen sind: das Warme und das Kalte auf die naturbedingte, das Harmonische und das Unharmonische auf die wissenschaftlich geschulte Wahrnehmung. Die mit einer solchen (wissenschaftlich geschulten) Wahrnehmung meistens verknüpften und verbundenen Lust- und Unlustgefühle, mit denen wir jedes Wahrnehmungsobjekt aufnehmen, seien anders (als bei der naturbedingten Wahrnehmung) und nicht für alle Lebewesen dieselben. Denn wo beide Wahrnehmungsformen gemeinsam zur Geltung kämen, stimmten sie zwar in Bezug auf das Objekt überein, wie z. B. in Bezug auf das Scharfe und das Schrille, aber hinsichtlich der begleitenden Lust- und Unlustgefühle unterscheiden sie sich deutlich." (Übersetzung: Rainer Nickel)

188 Cicero, *De officiis*, I.14: „Nec vero illa parva vis naturae est rationisque. quod unum hoc animal sentit, quid sit ordo, quid sit, quod deceat, in factis dictisque qui modus. Itaque eorum ipsorum, quae aspectu sentiuntur, nullum aliud animal pulchritudinem, venustatem, convenientiam partium sentit; quam similitudinem natura ratioque ab oculis ad animum transferens [p. 16] multo etiam magis pulchritudinem, constantiam, ordinem in consiliis factisque conservandam putat [...]. Quibus ex rebus conflatur et efficitur id, quod quaerimus, honestum [...]." „Aber auch das ist keine unwesentliche Wirkung der Natur und der Vernunft, dass der Mensch als einziges Lebewesen empfindet, was Ordnung ist, was angemessen und was in Worten und Taten das Maß ist. Schon deshalb empfindet kein anderes Lebewesen bei allem, was mit dem Gesichtssinn wahrgenommen wird, Schönheit, Anmut und Harmonie der Teile. Die Vernunftnatur des Menschen leitet diese sinnliche Wahrnehmung von den Augen an die Seele und nimmt an, man müsse in viel höherem Maße Schönheit, Verlässlichkeit und Ordnung auch in Gedanken und Taten bewahren [....]. Aus diesen naturgegebenen Voraussetzungen erwächst und bildet sich das, was wir suchen: das Moralische [...]."
189 Plutarchus, *De Stoicorum repugnantiis*, 19 p.1042e–f = *SVF*, III.85.

Vorstellung. Bereits für Epikur nimmt die Vorstellung eine zentrale Stellung in der Wahrnehmung ein. Die Stoiker folgen also Epikur hierin, sodass auch für sie die Vorstellung immens an Bedeutung gewinnt. Sie erklären die Wahrnehmung insgesamt zu einer Teilklasse der Vorstellung. Weil sie aber anders als Epikur nicht mehr darauf insistieren, dass die Wahrnehmung an sich irrational sei (da sie nicht, so wie Epikur annimmt, in den nicht rationalen Organen stattfindet, sondern im eigentlichen Sinn das Führungsvermögen selber wahrnimmt), können sie in der Bestimmung der Wahrnehmungsleistung noch über Epikur hinausgehen und deshalb das, was Aristoteles zufolge an sich überhaupt nicht wahrnehmbar ist, zu einem privilegierten Gegenstand der Wahrnehmung erklären. Allerdings machen sie an dieser Stelle die bedeutsame Einschränkung, dass nicht jeder das Wahrgenommene auch richtig zu deuten weiß, denn hierzu ist, wie wir im nachfolgenden Abschnitt sehen werden, eine besondere charakterliche Beschaffenheit oder Spannkraft der Seele erforderlich.

§ 15 Skepsis an der Erscheinung

Michael Frede weist in seiner Behandlung der stoischen Epistemologie darauf hin, dass man sich dieser am besten nähert, wenn man sie als eine Antwort auf eine doppelte Herausforderung versteht, gestellt zum einen durch Epikur und zum anderen durch die Skepsis.[190] Das passt sehr gut zur Zielsetzung dieser Arbeit, die nicht nur dartun möchte, dass und wie die Stoiker fundamental auf epikureischen Voraussetzungen aufbauen, sondern überdies die Abhängigkeit der Skepsis von denselben Voraussetzungen aufzeigen will.[191]

Frede benennt in seiner Untersuchung auch die seiner Ansicht nach wichtigen Gemeinsamkeiten mit Epikur. Zunächst sollen Stoiker wie Epikureer betonen, dass Wissen auf Tatsachen beruht. Außerdem nehmen beide an, dass einige unserer Vorstellungen ihrer Natur nach unfehlbar sind und deshalb als sichere Grundlage für Wissen fungieren können. Schließlich berufen sich beide auf die Vorbegriffe, die natürlich erzeugt sein sollen und mithin zuletzt auf Erfahrung basieren.

---

190 Michael Frede 1999, 295f.
191 Woanders hebt Michael Frede hervor (1983, 65), dass die Debatte zwischen Skeptikern und Stoikern in erster Linie die Epistemologie betrifft. Seiner Einschätzung nach soll sogar gelten, dass „[t]he history of Hellenistic philosophy is dominated by the rivalry between Stoics and skeptics, first Academic skeptics and later Pyrrhonian skeptics". Michael Frede 1983, 92–93 sieht gleichwohl, wie nahe sich Stoiker und Skeptiker (für Frede vor allem die akademische Skepsis) nicht nur in ihren grundsätzlichen sokratischen Annahmen, sondern auch in ihrer „epistemic practice" (93) stehen.

Die Vorbegriffe und ihre Erzeugung möchte ich hier ausklammern. Für die ersten beiden Gemeinsamkeiten gilt, dass Frede bereits voraussetzt, dass die Stoiker nicht nur die Erfahrung zur Grundlage des Wissens machen, sondern darüber hinaus auch die Wahrnehmung ebenso wie Epikur mit der Vorstellung identifizieren. Im Hintergrund stehen mithin die weiteren oben angeführten naturphilosophischen Grundannahmen, auf die an dieser Stelle nicht noch einmal eingegangen werden muss. Erinnern will ich stattdessen an die von uns konstatierten vermeintlichen Gründe für die von den hellenistischen Philosophen vollzogene Aufwertung der Vorstellung. Die Aufwertung dürfte auf mehreren Eigenschaften der Vorstellung beruhen, die zum Teil bereits Aristoteles als Charakteristika der Vorstellung herausgestellt hat.[192] Es wurde schon vermutet, dass für Epikur vor allem der ganzheitliche Charakter der Vorstellung relevant gewesen sein dürfte. So vereint die Vorstellung die einzelnen Momente der unterschiedlichen Wahrnehmungsgegenstände und präsentiert diese gleichsam *in einem Bild*. Eng mit dem repräsentationalen Charakter der Vorstellung hängt aber auch zusammen, dass die Vorstellung ein doppeltes Objekt zu haben scheint. So zeigt die Vorstellung neben ihrem Gegenstand auch immer sich selber mit an.[193] Das ist ein Grund, warum einige der Auffassung waren, dass die Vorstellung ihren Namen vom Licht habe. Denn wie das Licht sich selber und andere Dinge erhellt, so gibt auch die Vorstellung sich selbst und ihre Ursache, das vorgestellte Objekt, zu erkennen. Es dürfte daher kein Zufall sein, dass diese Charakterisierung in

---

[192] Einen anderen Ansatz verfolgt im Zusammenhang der stoischen Konzeption der Vorstellung Graeser 1975, 30–32.
[193] Nemesius, *De natura hominis*, VI.10–12 = *SVF*, II.54: φαντασίαν μὲν λέγοντες τὸ πάθος τῆς ψυχῆς τὸ ἐνδεικνύμενον ἐν ἑαυτῷ καὶ τὸ πεποιηκὸς φανταστόν. „Sie sagen, dass die Vorstellung ein Affekt der Seele sei, der sowohl auf sich selbst als auch auf das Vorgestellte hinweist, das ihn bewirkt hat." Siehe auch *SVF*, II.63: καὶ φαντασίαν ῥητέον εἶναι πάθος τι περὶ τὸ ζῷον ἑαυτοῦ τε καὶ τοῦ ἑτέρου παραστατικόν. οἷον προσβλέψαντές τινι, <φησὶν ὁ Ἀντίοχος>, διατιθέμεθά πως τὴν ὄψιν, καὶ οὐχ οὕτως αὐτὴν διακειμένην ἴσχομεν ὡς πρὶν τοῦ βλέψαι διακειμένην εἴχομεν. κατὰ μέντοι τὴν τοιαύτην ἀλλοίωσιν δυοῖν ἀντιλαμβανόμεθα, ἑνὸς μὲν αὐτῆς τῆς ἀλλοιώσεως, τουτέστι τῆς φαντασίας, δευτέρου δὲ τοῦ τὴν ἀλλοίωσιν ἐμποιήσαντος, τουτέστι τοῦ ὁρατοῦ· καὶ ἐπὶ τῶν ἄλλων αἰσθήσεων παραπλήσιον. „Man muß [...] auch von der Vorstellung sagen, sie sei ein bestimmter Affekt am Lebewesen, der sowohl sich selbst als auch den anderen Gegenstand zu präsentieren vermag. Wenn wir beispielsweise auf einen Gegenstand schauen, dann, so sagt Antiochos, bringen wir unseren Gesichtssinn in einen bestimmten Zustand und belassen ihn nicht in dem Zustand, in dem wir ihn hatten, bevor wir zu schauen begannen. Infolge dieser Veränderung erfassen wir freilich zweierlei, nämlich zum einen die Veränderung selbst, d. h. die Vorstellung, und zum anderen das, was die Veränderung hervorgerufen hat, also den sichtbaren Gegenstand. Ähnlich ist es auch bei den anderen Sinneswahrnehmungen." (Übersetzung: Karlheinz Hülser)

der stoischen Bestimmung der Vorstellung explizit aufgegriffen und sogar betont wird.[194]

In diesem Zusammenhang muss auch an die Schwierigkeiten erinnert werden, die uns die Übersetzung von φαντασία bei Aristoteles bereitet hat. Der deutsche Begriff ‚Vorstellung' verdeckt wie gesagt die ebenfalls im griechischen Begriff präsente Bedeutung von *Erscheinung*. Aristoteles unterscheidet entsprechend die Vorstellung von der Wahrnehmung mit dem Hinweis, dass nur die nicht sicheren Wahrnehmungen als Vorstellungen gelten dürfen. Die Wahrnehmungen, die sich als Täuschungen herausstellen können, werden von ihm zu den Erscheinungen gerechnet.

Die Diskussion der epikureischen Position hat nahegelegt, dass Epikur sich in seiner Forderung der Wahrheit aller Vorstellungen diese Ambiguitäten zunutze gemacht haben könnte, was sich, wie wir vermutet haben, in der Formulierung unterschiedlicher Wahrheitsbegriffe niedergeschlagen haben könnte. Aufgrund der schlechten Quellensituation liegt die genaue Ausarbeitung, vor allem in Ansehung der nur ansatzweise überlieferten kohärenztheoretischen Gedanken, allerdings zum großen Teil im Dunkeln. Möglicherweise kann aber auch durch die Rekonstruktion der stoischen Konzeption ein Licht zurück auf Epikur geworfen werden. Als ungemein wichtig hat sich jedenfalls die unmittelbar auf der besonderen Natur der Vorstellung beruhende Feststellung gezeigt, dass die Vorstellung sich selber mit absoluter Sicherheit anzeigt und auf diese Weise ein unerschütterliches Fundament des Wissens bereitstellt. Im vorausgehenden Kapitel sind die Parallelen, die diese Konzeption zur stoischen Theorie des *sensus sui* aufweist, angeklungen. Für die Stoiker handelt es sich beim *sensus sui* um das erste, unfehlbare Bewusstsein, was den Lebewesen ein natürliches Wissen vermittelt. Wie für Epikur so hat die Selbstwahrnehmung mithin auch für die Stoiker eine direkte praktische Relevanz, wie ausführlich im vorausgehenden Kapitel dargetan wurde.

Neben diesen Gemeinsamkeiten sollen in dem nun folgenden Abschnitt noch weitere wichtige Aspekte der stoischen Epistemologie in Anbetracht der

---

[194] *SVF*, II.54: Εἴρηται δὲ ἡ φαντασία ἀπὸ τοῦ φωτός· καθάπερ γὰρ τὸ φῶς αὐτὸ δείκνυσι καὶ τὰ ἄλλα τὰ ἐν αὐτῷ περιεχόμενα, καὶ ἡ φαντασία δείκνυσιν ἑαυτὴν καὶ τὸ πεποιηκὸς αὐτήν. „Das Wort phantasia hat man von ‚phos/Licht' her gebildet; denn wie das Licht sich selbst und alles das zeigt, was in ihm liegt, so zeigt auch die Vorstellung sich selbst und das, was sie bewirkt hat." (Übersetzung: Karlheinz Hülser) Ebenso Sextus Empiricus, *Adversus mathematicos*, VII.162 = *SVF*, II.63: [...] <ὥσπερ οὖν τὸ φῶς ἑαυτό> τε <δείκνυσι καὶ πάντα τὰ ἐν αὐτῷ, οὕτω καὶ ἡ φαντασία> [...]. „Wie also das Licht sowohl sich selbst als auch alle Dinge in seinem Schein zeigt, so [...] auch die Vorstellung [...]." (Übersetzung: Karlheinz Hülser) Zum Lichtcharakter der Vorstellung siehe bereits Aristoteles, *De anima*, 429a3–4, der jedoch einen anderen Schwerpunkt setzt.

von Epikur (wenn man so mit Frede sagen will) gestellten Herausforderung aufgezeigt werden. Wir werden sehen, dass die Stoiker mit ihren Ausführungen eine Antwort auf die Schwierigkeiten zu geben scheinen, mit denen die epikureische Position belastet ist. Deshalb möchte ich noch einmal kurz an die Hauptprobleme erinnern, die wir bei Epikur festgestellt haben. Als besonders problematisch schätze ich vor allem die Schwierigkeit ein, die sich aus der Frage nach dem Verhältnis von Verstand und Sinnlichkeit ergibt bzw. in der Anwendung der Vorbegriffe auf die Wahrnehmung besteht. Aus demselben Kontext erwächst auch das Problem der Bestimmung des Verhältnisses von intentionalem Gegenstand und den übergeordneten naturphilosophischen Voraussetzungen. Die Ansätze zu einer kohärenztheoretischen Theorie, die hier sichtbar geworden sind, bleiben erläuterungsbedürftig. Ebenfalls eng hiermit verbunden ist die Frage nach dem Verhältnis von Vorstellung (Erscheinung) und dem zugrunde gelegten Ding (dem Gegenstand an sich).

Es ist nun bezeichnend, dass sich auf diesen letzten Punkt auch die Einwände der Skepsis konzentrieren. Durch ihre Kritik hat die Skepsis vermutlich maßgeblich zur Entwicklung der stoischen Position beigetragen. Und nicht zufällig zielen die bei Sextus Empiricus überlieferten Tropen der Skepsis darauf ab, die Relativität der Wahrnehmung verstanden als Vorstellung (bzw. Erscheinung) herauszustellen, um auf diese Weise das Verhältnis von Erscheinung und Gegenstand an sich in Zweifel zu ziehen.[195] Die Skeptiker stellen das Verhältnis infrage, indem sie die bekannten Beispiele aus der Sinnestäuschung in Anschlag bringen oder auf die bereits von Protagoras für seine Zwecke genutzte Relativität der Wahrnehmung hinweisen.[196]

Insofern Epikur nur hypothetische Aussagen über die Gegenstände an sich zulässt und lediglich die Wahrheit der Erscheinungen behauptet, umgeht er in gewissem Sinn die skeptische Herausforderung. Eine besondere Problematik ent-

---

[195] Siehe zum Gegenstand und zur Methode der Skepsis Annas & Barnes 1985, zum Aufweis der Widersprüchlichkeit der Erscheinungen insbesondere 22f. Sextus Empiricus, *Pyrrhoniae hypotyposes*, I.9.2–7 erklärt das zum konstitutiven Moment der Skepsis selbst.: 'φαινόμενα' δὲ λαμβάνομεν νῦν τὰ αἰσθητά, διόπερ ἀντιδιαστέλλομεν αὐτοῖς τὰ νοητά. τὸ δὲ 'καθ' οἱονδήποτε τρόπον' δύναται προσαρμόζεσθαι καὶ τῇ δυνάμει, ἵνα ἁπλῶς τὸ τῆς δυνάμεως ὄνομα, ὡς εἰρήκαμεν, παραλαμβάνωμεν, καὶ τῷ 'ἀντιθετικὴ φαινομένων τε καὶ νοουμένων' [...]. „Unter ‚Erscheinungen' verstehen wir hier die Wahrnehmungsgegenstände, weshalb wir ihnen die geistigen [Gegenstände] gegenüberstellen. Das ‚auf alle mögliche Weise' kann sowohl auf das Vermögen bezogen werden, um auszudrücken, dass wir das Wort ‚Vermögen', wie wir gesagt haben, in einem einfachen Sinn auffassen, als auch auf die ‚Entgegensetzung der erscheinenden und gedachten Dinge' [...]."
[196] Eine Zusammenstellung der von der pyrrhonischen Skepsis verwandten Tropen mit ausführlichem Kommentar bieten Annas & Barnes 1985.

falten die skeptischen Argumente aber für die stoische Position. Denn die Stoiker halten zwar an den beiden epikureischen Behauptungen fest, dass die Wahrnehmung als solche keinen Irrtum aufweist (weshalb sie als unbezweifelbare und mithin sichere Grundlage der wissenschaftlichen Untersuchung gelten dürfe) und dass es sich bei der Wahrnehmung um eine Vorstellung handelt. Sie wollen aber die *prima facie* unplausible Konsequenz vermeiden, dass alle Vorstellungen wahr sind.[197] Daher schränken sie die Wahrnehmung im eigentlichen Sinn auf eine bestimmte Klasse von Vorstellung ein, und zwar die *erkenntnistaugliche* oder *erfassende Vorstellung*[198] (καταληπτικὴ φαντασία), die sie auch zum *Kriterium der Wahrheit* erklären.[199]

Vor allem in Ansehung der erfassenden Vorstellung sei an dieser Stelle noch einmal auf den zuvor bereits angeklungenen weiteren Grund für die vermeintliche Attraktivität der Vorstellung hingewiesen. Denn was die Vorstellung für die Stoiker interessant gemacht haben könnte, ist die ebenfalls schon von Aristoteles konstatierte Eigenschaft, dass man sich vorstellen kann, was immer man will. Wenn Michael Frede betont, wie ungemein wichtig es für die stoische Theorie sein soll, dass es in unserer Macht liegt, zu entscheiden, was wir glauben oder nicht[200] und wenn man ferner die Bedeutung der Zustimmung für die Wahrnehmung berücksichtigt, was zusammen mit der grundsätzlichen Möglichkeit von

---

[197] Zum besonderen Verhältnis der stoischen zur skeptischen Argumentation (auch in Abgrenzung zur epikureischen Position) sowie zur Entwicklung der einzelnen argumentativen Schritte der Debatte siehe die detaillierte Darstellung von Hankinson 2003.
[198] Die Übersetzung wirft genauso wie die von φαντασία selber einige Probleme auf. Striker 1974, 83 übersetzt beispielsweise mit „erfassender Sinneseindruck". Wir haben uns im Fall von φαντασία bereits gegen eine Übersetzung mit Sinneseindruck ausgesprochen. Eine philologische Analyse von καταληπτικός bietet von Staden 1978, 98–99. Sandbach 1971, 10 hebt besonders hervor, dass das zugehörige Adjektiv καταληπτικός sowohl einen aktiven als auch passiven Sinn haben kann.
[199] Nach Diogenes Laërtius, VII.54 besteht Uneinigkeit zwischen einzelnen Stoikern über die Anzahl und Art der Kriterien. Neben der erfassenden oder *kataleptischen* Vorstellung kommen auch *Nous* (νοῦς), richtige Vernunft (ὀρθὸς λόγος), Wahrnehmung (αἴσθησις), Begehren (ὄρεξις), [wissenschaftliches] Wissen (ἐπιστήμη) und Vorbegriff (πρόληψις) infrage. Rist 1969, 133 bemerkt, dass die überwiegende Mehrzahl der Quellen lediglich die *kataleptische Vorstellung* sowie die *Katalepsis* selber als Kriterium benennen. Hierin vermutet er ein Indiz für die von Pohlenz vorgebrachte These, dass es bei den frühen Stoikern eine Entwicklung in der Frage des Kriteriums gegeben habe. Diese These wird jedoch sowohl von Rist als auch von Sandbach 1971 zurückgewiesen. Michael Frede 1983, 81f. erklärt die Ambiguität der Aussagen bezüglich des Kriteriums durch die grundlegende Rolle, die die Wahrnehmung und mithin die durch Wahrnehmung vermittelte kataleptische Vorstellung für die Stoiker einnimmt. Zur Frage des Kriteriums der Wahrheit siehe die Studie von Striker 1974, die auch auf das Verhältnis der epikureischen, stoischen und skeptischen Konzeptionen eingeht. Siehe auch Striker 1990.
[200] Michael Frede 1999, 301.

Wissen als Bedingung des Voranschreitens zu diesem Zustand wesentlich für die stoische Philosophie und für das durch sie gegebene Heilsversprechen ist, dann gewinnt dieser Aspekt der Vorstellung (dass sie nämlich zumindest zum Teil in unserer Verfügungsgewalt zu stehen scheint) zusätzlich an Gewicht. Für das Heilsversprechen der stoischen Philosophie und damit für ihre praktische Relevanz (die man, wie wir bereits im Kontext unserer Behandlung der epikureischen Epistemologie gesehen haben, nicht aus den Augen verlieren darf) sind mithin drei Punkte essenziell, und zwar erstens die erfassende Vorstellung, zweitens unsere Zustimmung zu dieser Vorstellung und drittens die Sicherheit, dass unsere Erkenntnisfähigkeit so weit reicht, dass wir die Vorstellung, der wir zustimmen sollen,[201] auch als eine solche wahrnehmen.[202]

Was verstehen die Stoiker unter einer erfassenden oder erkenntnistauglichen Vorstellung (καταληπτική φαντασία)? Sextus Empiricus versichert, dass man am besten sehen kann, was damit gemeint ist, wenn man die spezifischen Differenzierungen betrachtet, die die Stoiker an der Vorstellung vorgenommen haben.[203] Aus diesem Grund wollen auch wir im Folgenden einen etwas detaillierteren Eindruck davon gewinnen, wie die Stoiker sich die Herausbildung der Vorstellung gedacht haben.

Mit dem Aufweis der Entwicklung der stoischen Konzeption in Auseinandersetzung mit den skeptischen Einwänden wird zugleich auch die bereits angedeutete Abhängigkeit der Skepsis von den stoischen Annahmen deutlich.[204] Mit Skepsis meine ich (im Einklang mit anderen Arbeiten zur hellenistischen Epistemologie) sowohl die akademische als auch die pyrrhonische Skepsis.[205] Die Differenzen sind in Ansehung der leitenden Fragestellung dieser Untersuchung unerheblich. Hinzu kommt, dass sich viele der im Kontext der Frage nach dem

---

[201] Was der eigentliche Gegenstand der Zustimmung ist, ist freilich fragwürdig, wie bereits Sandbach 1971, 12 bemerkt. Sandbach zufolge kommen entweder die Vorstellung selber oder eine Proposition infrage. Wir werden später sehen, dass die Stoiker der Ansicht sind, dass die Vorstellungen vernünftiger Wesen grundsätzlich einen propositionalen Charakter haben.
[202] Dass die letzte Garantie durch die Vorsehung erbracht wird, hat ebenfalls Michael Frede 1983, 72; 78 und 1999, 296; 311 gesehen.
[203] Sextus Empiricus, *Adversus mathematicos*, VII.227.7–228.1 = *FDS*, 259.
[204] Damit soll freilich nicht der sokratische Ursprung der Skepsis (den diese jedoch mit den Stoikern teilt) herabgewürdigt werden. Letzterer betrifft aber vor allem die Methode, wohingegen diese Untersuchung in erster Linie am Gegenstand der Skepsis interessiert ist. Alle Fragen, die die Methode betreffen (so etwa, ob diese auch praktisch umsetzbar sei usw.), können daher zunächst ausgeklammert werden.
[205] Siehe etwa Annas 1990, Hankinson 2003 sowie Striker 1974. Annas & Barnes 1980, 14 (siehe zu den Gemeinsamkeiten und der Entwicklung der skeptischen Gedanken 10–18) heben sogar hervor, dass für nicht Eingeweihte die Unterschiede zwischen der akademischen und der pyrrhonischen Skepsis kaum sichtbar werden.

Kriterium entwickelten skeptischen Argumente sowohl bei Cicero (der nach eigenem Bekunden die akademische Skepsis in seiner Darstellung wiedergibt) als auch bei Sextus Empiricus (der sich auf spätere skeptische Zeugnisse stützt) finden. Aus diesem Grund werden in der Literatur auch häufig beide Positionen zur gegenseitigen Erläuterung herangezogen.

Entscheidend für das Vorhaben dieser Arbeit ist somit, einerseits die grundsätzlich mit dem epikureischen Ansatz verbundenen Schwierigkeiten im Blick zu behalten, was es wiederum möglich machen wird, viele der stoischen Innovationen in direkter Abhängigkeit von den epikureischen Problemen und Fragestellungen zu begreifen. Andererseits ist es wichtig zu sehen, wie die Weiterentwicklung der stoischen Position wesentlich von den skeptischen Einwänden abhängt. Die Abhängigkeit der Skepsis von dem Ansatz ihrer Gegner ergibt sich nicht zuletzt aus dem vermutlich auf Arkesilaos zurückgehenden Vorgehen der Skeptiker, ihre Argumentation direkt auf die Prämissen des Gegners zu gründen.[206] Das hat für uns den Vorteil, dass mit der Darlegung der Gemeinsamkeiten und der Begründung der Differenzen der stoischen und epikureischen Schule unmittelbar auch eine Bestimmung der Skepsis als der dritten (zumindest aus frühneuzeitlicher Perspektive) bedeutenden *Schule*[207] des Hellenismus geliefert wird.

Im vorausgehenden Abschnitt wurde gezeigt, dass die Sinnesorgane einen Eindruck aufgrund einer kausalen Einwirkung des Wahrnehmungsobjekts erfahren. Die Herausbildung der Vorstellung ist das Ergebnis dieser kausalen Einwirkung auf die materielle Seele, weshalb die Stoiker die Vorstellung auch als einen „Eindruck in der Seele" (τύπωσις ἐν ψυχῇ) charakterisieren.[208] Kleanthes greift zur Verdeutlichung des Vorgangs auf das uns bereits mehrmals begegnete Beispiel des Siegelrings zurück, der in eine Wachstafel eingedrückt wird.[209] Dieser

---

[206] Annas 1990, 192 verweist auf Cicero, *De oratore*, III.67; 80; *De finibus bonorum et malorum*, II.2; V.10; *De natura deorum*, I.11. In diesem Sinn ist vermutlich auch die bei Diogenes Laërtius, IV.62.5 überlieferte Aussage von Karneades zu verstehen: εἰ μὴ γὰρ ἦν Χρύσιππος, οὐκ ἂν ἦν ἐγώ. „Wenn es Chrysipp nicht gegeben hätte, dann würde es auch mich nicht geben."

[207] Annas & Barnes 1980, 10 merken an, dass die Skepsis keine institutionalisierte Schule im Sinn der anderen antiken Schulen war. „They were marked by characteristic doctrines and distinctive ideologies. [...] The history of scepticism, one episode excepted [gemeint ist die akademische Skepsis], is not like that. [...] Sceptical attitudes and arguments were transmitted from one generation to the next. But by its very nature scepticism could profess no school doctrines [...]. Greek scepticism has a history, but it is informal and discontinuous." Hinzu kommt, dass die Skepsis nach heutigen Kenntnissen in der Antike keine solche Bedeutung genossen hat, wie es aus der Perspektive der Neuzeit erscheint.

[208] Sextus Empiricus, *Adversus mathematicos*, VII.228.1–2 = *FDS*, 259: φαντασία οὖν ἐστι κατ' αὐτοὺς τύπωσις ἐν ψυχῇ. Siehe auch *SVF*, I.55; 58; *FDS*, 256.

[209] Diogenes Laërtius, VII.46 = *SVF*, II.53: <τὴν δὲ φαντασίαν εἶναι τύπωσιν ἐν ψυχῇ>, τοῦ ὀνόματος οἰκείως μετενηνεγμένου ἀπὸ τῶν τύπων <τῶν> ἐν τῷ κηρῷ ὑπὸ τοῦ δακτυλίου

Eindruck kann nur durch einen unmittelbaren Kontakt zwischen der Seele und dem Wahrgenommenen stattfinden. Der metaphorische Siegelring entspricht in gewisser Weise den atomaren epikureischen Bildern (εἴδωλα). Denn wie die Bilder, die die Oberfläche des Objekts, von dem sie herrühren, genau repräsentieren, so gibt auch das Siegel sein Bild an das Wachs durch seinen Eindruck wieder.

Die Unterschiede zur aristotelischen Verwendung desselben Beispiels sollten jedoch unbedingt beachtet werden.[210] Denn anders als Aristoteles kommt es den Stoikern natürlich nicht darauf an, herauszustellen, dass in der Wahrnehmung nur die Form, nicht aber die Materie weitergegeben wird. Im Vordergrund scheint vielmehr zu stehen, dass das Eindrücken des Wahrnehmungsgegenstands als kausal bedingter Vorgang begriffen werden sollte, der gerade aufgrund seines mechanischen Charakters eine besondere Glaubwürdigkeit verdient.[211]

Bezeichnend ist daher auch, dass die innerhalb der stoischen Schule geführte Diskussion im Zusammenhang mit diesem Bild vor allem auf die mechanischen Momente des Eindrucks abzielt.[212] So weist Sextus Empiricus darauf hin, dass die Frage nach der Art des Eindrucks von einzelnen Schuloberhäuptern unterschiedlich beantwortet worden ist. Für Kleanthes ist ein wörtliches Verständnis überliefert, wonach der Eindruck als Absenkung bzw. Erhebung begriffen wird.[213] Chrysipp wendet sich gegen die Auffassung seines Vorgängers, da auf diese Weise unmöglich zu erklären sein soll, wie an demselben Körper viele verschiedene

---

γινομένων. „Die Vorstellung ist nach ihnen ein Eindruck in der Seele; diese Bezeichnung ist eine passende Metapher, die von den Eindrücken her genommen wurde, welche der Siegelring im Wachs erzeugt." (Übersetzung: Karlheinz Hülser) Das Bild des Siegelrings findet sich wie gesagt bereits bei Platon und Aristoteles. Platon, *Theaetetus*, 191c–195a sowie Aristoteles, *De anima*, 424a17-22; *De memoria et reminiscentia*, 450a30-32.
210 Dieselbe Warnung spricht bereits Alexander von Aphrodisias, *De anima*, 72 aus.
211 In der Literatur wird in diesem Kontext häufig auf die absolute Passivität der Wahrnehmung hingewiesen, da durch das Eindrücken in der Seele ein Vorstellungsbild erzeugt wird (Striker 1974, 93; Long 1974, 126). Aktiv oder spontan soll dann erst die Reaktion des Verstandes auf diesen Eindruck sein (Michael Frede 1983, 68). Wir haben aber oben gesehen, dass man auch im Kontext der stoischen Theorie (ebenso wie bei Aristoteles und Epikur) vorsichtig sein sollte mit der Zuschreibung von Aktivität und Passivität im Prozess der Wahrnehmung.
212 Annas 1990, 186 hebt in ihrer Analyse hervor, dass der Eindruck ins Führungsvermögen sowohl ein physikalischer Vorgang als auch ein mentales Ereignis ist. Als mentales Ereignis hat der Eindruck einen bestimmten Gehalt, der nicht so wie die Aufnahme eines nicht begrifflichen Sinnesdatums verstanden werden darf, sondern immer schon begrifflich strukturiert ist. Auf die begriffliche Komponente der Vorstellung werden wir später zurückkommen.
213 Graeser 1975, 33 weist mit Bezug auf Fritz, Pohlenz, Verbecke u. a. auf die vorherrschende Vermutung hin, dass Kleanthes nur die Auffassung Zenons wiedergebe, wohingegen Chrysipp diese modifiziert haben soll.

Eindrücke zur gleichen Zeit auftreten können.²¹⁴ Er bemerkt, dass unter dieser Voraussetzung gelten würde, dass – wenn der Verstand sich etwa ein Dreieck und ein Viereck gleichzeitig vorstellt – der Verstand zur selben Zeit (κατὰ τὸν αὐτὸν χρόνον) unterschiedliche Figuren formen müsse. Treten nämlich zum selben Zeitpunkt viele unterschiedliche Vorstellungen im Wahrnehmenden auf, so wird das Führungsvermögen all diese Figuren selbst annehmen müssen. Denn sollte die Seele so affiziert werden, dass sie buchstäblich wie Wachs eingedrückt wird und die einzelnen Erhöhungen und Vertiefungen des Gegenstands der Vorstellung übernimmt, dann würde der letzte Eindruck den jeweils vorhergehenden in seinem Resultat überschatten, ebenso wie der Eindruck des zweiten Siegels den des vorhergehenden im Wachs auslöscht. Das macht es wiederum unmöglich, an mehrere Figuren gleichzeitig zu denken. Problematisch wäre ferner auch das Gedächtnis, da die vorausgehenden Eindrücke durch die nachfolgenden immer wieder aufs Neue getilgt würden. Mit dem Gedächtnis wäre aber zugleich die *Wis-*

---

214 Sextus Empiricus, *Adversus mathematicos*, VII.227–241 = *FDS*, 259 : [...] Χρύσιππος δὲ ἄτοπον ἡγεῖτο τὸ τοιοῦτον. πρῶτον μὲν γάρ, φησί, δεήσει τῆς διανοίας ὑφ' ἕν ποτε τρίγωνόν τι καὶ τετράγωνον φαντασιουμένης τὸ αὐτὸ σῶμα κατὰ τὸν αὐτὸν χρόνον διαφέροντα ἔχειν περὶ αὑτῷ σχήματα ἅμα τε τρίγωνον καὶ τετράγωνον γίνεσθαι ἢ καὶ περιφερές, ὅπερ ἐστὶν ἄτοπον· εἶτα, πολλῶν ἅμα φαντασιῶν ὑφισταμένων ἐν ἡμῖν, παμπληθεῖς καὶ τοὺς σχηματισμοὺς ἕξειν τὴν ψυχήν, ὃ τοῦ προτέρου χεῖρόν ἐστιν. αὐτὸς οὖν τὴν τύπωσιν εἰρῆσθαι ὑπὸ τοῦ Ζήνωνος ὑπενόει ἀντὶ τῆς ἑτεροιώσεως, ὥστ' εἶναι τοιοῦτον τὸν λόγον "φαντασία ἐστὶν ἑτεροίωσις ψυχῆς", μηκέτι ἀτόπου ὄντος <τοῦ> τὸ αὐτὸ σῶμα, ὑφ' ἕν [κατὰ τὸν αὐτὸν χρόνον] πολλῶν περὶ ἡμᾶς συνισταμένων φαντασιῶν, παμπληθεῖς ἀναδέχεσθαι ἑτεροιώσεις [...]. „[...] während Chrysipp das für unsinnig hielt. Denn erstens, so sagt er: wenn der Verstand sich etwa ein Dreieck und ein Viereck gleichzeitig vorstellt, dann muß ein und derselbe Körper [scil. der Verstand] unvermeidlich selber unterschiedliche Figurenformen zu ein und derselben Zeit annehmen und zugleich ein Dreieck und ein Viereck oder auch noch ein Kreis werden; und das ist absurd. Wenn zweitens viele Vorstellungen zugleich in uns auftreten, wird die Seele auch alle deren unzählige Figuren besitzen; und das ist noch schlimmer als das vorige. Er selbst vermutete also, daß Zenon den Terminus ‚Eindruck' anstelle von ‚Veränderung' benutzt habe, so daß die Erklärung eigentlich laute: ‚Die Vorstellung ist eine Veränderung der Seele'; daraufhin sei es nämlich nicht mehr absurd, daß dann, wenn bei uns viele Vorstellungen zusammentreffen, derselbe Körper gleichzeitig alle die unzähligen Veränderungen annimmt [...]." (Übersetzung: Karlheinz Hülser) Es ist unklar, wie genau die Kritik zu verstehen ist. Meint Chrysipp etwa die unterschiedlichen Gegenstände eines Sichtfeldes, die sich zugleich im Führungsvermögen abdrücken sollen? Oder geht er tatsächlich davon aus, dass man sich gleichzeitig (κατὰ τὸν αὐτὸν χρόνον) ein Dreieck und ein Viereck vorstellen kann? Das Problem ließe sich mit Aristoteles sogar noch weiter zuspitzen und fragen, wie die Eindrücke der unterschiedlichen Sinne in einem Vorstellungsgehalt verbunden werden können, wenn es sich um unterschiedliche, räumlich ausgedehnte Abdrücke handeln soll. Siehe Aristoteles, *De anima*, 426b15–427a14. Man darf freilich bezweifeln, dass die von Chrysipp in diesem Kontext gebotene Lösung auf alle Fragen eine befriedigende Antwort bietet.

*senschaft*²¹⁵ (ἀναιρεῖται δὲ πᾶσα τέχνη), die, wie wir im nächsten Abschnitt sehen werden, für die Stoiker ein System von erfahrenen Erkenntnissen (σύστημα καὶ ἄθροισμα καταλήψεων) voraussetzt, aufgehoben.²¹⁶

Mehr als alles andere soll jedoch die materielle Beschaffenheit der Seele selber dagegen sprechen, die Rede vom Eindruck so zu verstehen, dass die Erhöhungen und Vertiefungen des eingedrückten Gegenstands tatsächlich aufgenommen und bewahrt werden. Denn die Stoiker sind der Ansicht, dass die Seele sich aus einem sehr viel feineren Stoff als alle anderen bekannten stofflichen Verbindungen zusammensetzt. Mit Blick auf andere feine Stoffarten, wie etwa Flüssigkeiten, fragt Sextus Empiricus, wie der Seelenstoff überhaupt einen Eindruck festhalten kann. Wenn nicht einmal Stoffe, die bei Weitem nicht so fein sind, einen Eindruck festzuhalten vermögen (Sextus verweist etwa auf Wasser, auf dessen Oberfläche kein Eindruck beharrlich zurückbleibt), so wird laut Sextus das feinstoffliche *Pneuma* noch sehr viel schlechter Eindrücke bewahren können.²¹⁷

Aufgrund der genannten Probleme soll nun Chrysipp ein wörtliches Verständnis der von Zenon bestimmten Charakterisierung der Herausbildung einer Vorstellung als absurd zurückgewiesen haben. Stattdessen will Chrysipp seinen Vorgänger Zenon so verstehen, dass dieser den Begriff ‚Eindruck' (τύπωσις) anstelle von ‚Eigenschaftsveränderung' (ἀλλοίωσις) benutzt hat, sodass die Bestimmung der Vorstellung richtig verstanden so lauten sollte: ‚Die Vorstellung ist eine Eigenschaftsveränderung der Seele.'²¹⁸ Der Vorteil der Definition liegt auf der Hand, da man in diesem Fall nicht zur Behauptung gezwungen wird, dass das Führungsvermögen zugleich unzählige Figuren annimmt. Stattdessen wird das Führungsvermögen nur von Veränderungen *bewegt*. Denn derselbe Körper kann zur selben Zeit mühelos unterschiedliche Veränderungen, verstanden als Bewegungen, erfahren. Als ein von Chrysipp angeführtes Beispiel nennt Sextus Empiricus die Luft, die durch die Stimmen vieler Menschen in die unterschiedlichsten

---

215 Die Übersetzung von τέχνη mit Wissenschaft ist zwar nicht unproblematisch, erscheint mir aber in diesem Kontext aufgrund der Definition als σύστημα καὶ ἄθροισμα καταλήψεων gerechtfertigt zu sein.
216 Sextus Empiricus, *Adversus mathematicos*, VII.372–376 = *FDS*, 260.
217 Sextus Empiricus, *Adversus mathematicos*, VII.372–376 = *FDS*, 260.
218 Diogenes Laërtius, VII.50.2–6: [...] φαντασία δέ ἐστι τύπωσις ἐν ψυχῇ, τουτέστιν ἀλλοίωσις, ὡς ὁ Χρύσιππος ἐν τῷ δευτέρῳ Περὶ ψυχῆς ὑφίσταται. οὐ γὰρ δεκτέον τὴν τύπωσιν οἱονεὶ τύπον σφραγιστῆρος, ἐπεὶ ἀνένδεκτόν ἐστι πολλοὺς τύπους κατὰ τὸ αὐτὸ περὶ τὸ αὐτὸ γίνεσθαι. „Die Vorstellung dagegen ist ein Eindruck in der Seele, das heißt: eine Veränderung, wie Chrysipp im zweiten Buch *Über die Seele* anmerkt; denn Eindruck sollte man nämlich nicht wie den Abdruck eines Siegelrings auffassen, weil es unmöglich ist, daß an demselben Gegenstand zur selben Zeit viele solche Abdrücke entstehen." (Übersetzung: Karlheinz Hülser) Sextus Empiricus, *Adversus mathematicos*, VIII.396–400 = *FDS*, 257.

Schwingungen versetzt werden kann.²¹⁹ Darüber hinaus gilt in Ansehung der Luft auch, dass diese die einzelnen Erschütterungen festhalten kann,²²⁰ was bei tatsächlichen Eindrücken (wie z. B. auf dem Wasser) nicht der Fall sein wird.

Graeser zufolge lässt sich hier eine Parallele zu Aristoteles entdecken. Denn die von Chrysipp vorgenommene Neubestimmung der Herausbildung der Vorstellung als Eigenschaftsveränderung erinnert prima vista an die aristotelische Charakterisierung des Übergangs von der möglichen zur aktualen Wahrnehmung als ἀλλοίωσίς τις²²¹ (eine Art von Eigenschaftsveränderung). Das von Chrysipp verwendete Beispiel der Luft macht jedoch klar, dass die Stoiker gerade darauf bestehen, dass es sich um eine Eigenschaftsveränderung im konventionellen Sinn handeln muss, was Aristoteles wiederum bestreitet. Die Stoiker hätten auch wie die Epikureer aufgrund ihrer naturphilosophischen Voraussetzungen nicht die Mittel, zwischen einer *vollkommenen Aktivität* (ἁπλῶς ἐνέργεια), die jederzeit vollendet ist, und einer *Bewegung* (κίνησις) im aristotelischen Sinn zu unterscheiden.

Ferner fügt Sextus Empiricus in seinem Bericht hinzu, dass den Stoikern eine Ungenauigkeit in der Lokalisierung der Vorstellung zum Vorwurf gemacht worden ist. Er verweist in diesem Zusammenhang auf die Mehrdeutigkeit des stoischen Seelenbegriffs.²²² So soll nicht auf jeden einzelnen Eindruck, der in der ganzen Seele erfolgt, notwendig eine Vorstellung folgen.²²³ Tritt beispielsweise ein Juckreiz an der Hand auf, führt das zwar zu einer Veränderung in der Seele, die aber nicht unbedingt eine Vorstellung zur Folge haben muss.²²⁴ Vorstellungen werden vielmehr ausschließlich im Verstand, d. h. für die Stoiker im Führungsvermögen (ἡγεμονικόν), gebildet. Der Bestimmung ‚Eindruck in der Seele' fügen sie daher die Erläuterung hinzu ‚insoweit er in der Seele erfolgt'; die vollständige Bestimmung der Vorstellung lautet damit: „die Vorstellung ist ein Eindruck in der Seele, insoweit er in der Seele erfolgt",²²⁵ was so zu verstehen sein soll, dass der

---

219 Sextus Empiricus, *Adversus mathematicos*, VII.231.
220 Sextus Empiricus, *Adversus mathematicos*, VII.227–241 = FDS, 259.
221 Graeser 1975, 36 übergeht in seiner kurzen Anmerkung, dass es sich bei Aristoteles um eine Art von Veränderung (ἀλλοίωσίς τις) handelt, die Aristoteles (genauso wie die antiken Kommentatoren) entgegen Graesers Bemerkung, wie wir gesehen haben, sehr wohl recht ausführlich diskutiert und gegen die in der *Physik* thematisierten Formen von Veränderung abgrenzt.
222 Denn für die Stoiker bezeichnet Seele zum einen den Stoff, der dem Körper insgesamt seine Form verleiht und das *Lebendigsein* bewirkt und zum anderen das Führungsvermögen (ἡγεμονικόν).
223 Sextus Empiricus, *Adversus mathematicos*, VII.227–241 = FDS, 259.
224 Wir haben gesehen, dass auch bei Aristoteles nicht jede Reizung der Sinnlichkeit zur Aktivierung der Wahrnehmung führen muss. Die Stoiker hingegen machen die Zustimmung des Führungsvermögens zur notwendigen Voraussetzung der Wahrnehmung.
225 Sextus Empiricus, *Adversus mathematicos*, VII.233.3–4: [...] φαντασία ἐστὶ τύπωσις ἐν ψυχῇ ὡς ἂν ἐν ψυχῇ [...].

Eindruck in einem bestimmten Teil der Seele entsteht, und zwar im Führungsvermögen.[226]

An dieser Bestimmung wird allerdings kritisiert, dass nicht nur der Eindruck ins Führungsvermögen eine Veränderung darstellt, sondern auch alle anderen Aktivitäten desselben, wie Zustimmungen erteilen, Erkenntnisse erlangen usw. Diesem Einwand begegnen die Stoiker nach Sextus Empiricus mit einer gewichtigen Unterscheidung. So handelt es sich in diesen Fällen zwar auch um Eigenschaftsveränderungen, jedoch weichen sie in einem wesentlichen Punkt von der wahrnehmungsabhängigen Bildung einer Vorstellung ab. Die Stoiker betonen nämlich, dass die Vorstellung „aufgrund eines Widerfahrnisses" herausgebildet werden soll.[227] Der Widerfahrnischarakter geht mit dem rezeptiven Moment der Wahrnehmung einher. Demgegenüber geschehen die anderen Aktivitäten des Führungsvermögens spontan und stehen daher in unserer Macht.[228]

Was bedeuten die Modifikationen, die Chrysipp an der traditionellen Bestimmung vornimmt, für das Verständnis der Wahrnehmung? Offensichtlich steht die von Kleanthes vertretene Interpretation der zenonischen Charakterisierung der Vorstellung näher an der epikureischen Theorie der atomaren Bilder als diejenige Chrysipps. Ähnlich wie bei Epikur wird dadurch das Abbildungsverhältnis von Vorstellung und Wirklichkeit unterstrichen. Chrysipps Modifikationen lassen hingegen einen anderen Punkt deutlicher hervortreten, und zwar, dass die Vorstellung niemals einen direkten Zugriff auf die Wirklichkeit ermöglicht. Der Wahrnehmende hat es stattdessen immer nur mit den Eigenschaftsveränderungen der eigenen Seele zu tun, die zwar in einer kausalen Abhängigkeit zu einem äußeren Stimulus stehen, doch die Natur des Stimulus (oder der zugrunde liegende *Gegenstand an sich*[229]) bleibt unerkennbar und ist daher zunächst fragwürdig.

---

226 Sextus Empiricus, *Adversus mathematicos*, VII.227–241 = FDS, 259.
227 Sextus Empiricus, *Adversus mathematicos*, VII.227–241 = FDS, 259: οἱ Στωικοὶ [...] λέγοντες τῷ ὅρῳ δεῖν τῆς φαντασίας συνακούειν τὸ κατὰ πεῖσιν [...]. „[...] die Stoiker [...] sagen, man müsse in der Definition der Vorstellung die Worte ‚aufgrund eines Widerfahrnisses' mitverstehen [...]."
228 Sextus Empiricus, *Adversus mathematicos*, VII.237.2–6 = FDS, 259: καὶ γὰρ ἡ ὁρμὴ καὶ ἡ συγκατάθεσις καὶ ἡ κατάληψις ἑτεροιώσεις μέν εἰσι τοῦ ἡγεμονικοῦ, διαφέρουσι δὲ τῆς φαντασίας· ἡ μὲν γὰρ πεῖσίς τις ἦν ἡμετέρα καὶ διάθεσις, αὗται δὲ πολὺ μᾶλλον [ἢ ὁρμαὶ] ἐνέργειαί τινες ἡμῶν ὑπῆρχον. „Denn auch der innere Impuls, die Zustimmung und die Erkenntnis sind zwar Veränderungen des Zentralorgans, unterscheiden sich aber von der Vorstellung. Denn diese ist ein Widerfahrnis unsererseits und eine Disposition, während jene viel eher bestimmte Aktivitäten von uns sind." (Übersetzung: Karlheinz Hülser) Sextus Empiricus wendet freilich ein, dass auch diese Definition nicht vollständig ist, da bedacht werden muss, dass das Widerfahrnis entweder durch äußere Umstände hervorgerufen werden kann oder aufgrund einer inneren Affektion.
229 Bezeichnend ist, dass die Stoiker nach dem Zeugnis von Simplicius die Substanz, die sie unter die erste Kategorie fassen, neben ὑποκείμενον auch als τὸ καθ' αὑτό bezeichnet haben.

An diesem Punkt setzen auch die Skeptiker mit ihren Argumenten ein. Ihnen ist daran gelegen, die kausale Verbindung so wie die Umstände der Herausbildung der Vorstellung in Zweifel zu ziehen. Fast alle Differenzierungen, die die Stoiker hinsichtlich der Natur der Vorstellung gemacht haben, versuchen hierauf zu antworten. So unterscheiden die Stoiker verschiedene Arten von Vorstellungen abhängig von dem verursachenden Objekt und dem Zustand des Wahrnehmenden. Sextus Empiricus geht in seinem Bericht der stoischen Position ausführlich auf die vorgenommenen Distinktionen ein.[230] Ich möchte an dieser Stelle nur die wichtigsten Unterscheidungen umreißen, bevor wir uns etwas eingehender den erkenntnistauglichen Vorstellungen zuwenden werden.

Im Hinblick auf den Ursprung der Vorstellungen differenzieren die Stoiker zwischen sinnlichen (αἰσθητικαί) und nicht-sinnlichen (οὐκ αἰσθητικαί) Vorstellungen.[231] Ferner soll es vernünftige (λογικαί) und unvernünftige (ἄλογοι) Vorstellungen geben, und zwar abhängig von ihrem Träger, d. h., vernünftige Wesen haben vernünftige Vorstellungen, die die Stoiker *Gedanken* (νοήσεις) nennen. Eine besondere Art Vorstellung sind Begriffe (ἔννοιαι). Bei ihnen handelt es sich um gespeicherte *Gedanken*.[232] Eine wissenschaftliche, d. h. systematische Erkenntnis, geschieht nur auf der Grundlage von *Gedanken*. Aber nicht alle vernünftigen Vorstellungen sind wissenschaftlich bzw. kunstgerecht (τεχνικαί). Wissenschaftlich werden sie erst durch eine spezifische Einordnung in einen Erfahrungshorizont. Wir haben gesehen, dass die Wahrnehmung abhängig vom Vorwissen des

---

Siehe Forschner 1981, 52 mit weiteren Literaturangaben. Zu τὸ καθ' αὑτό im Kontext von Erscheinung und Gegenstand an sich siehe auch Epicurus, *Ad Pythoclem*, 91.1–6.

230 Sextus Empiricus, *Adversus mathematicos*, VII.241–247 = *FDS*, 259.

231 Diogenes Laërtius, VII.48–54 = *FDS*, 255. Siehe die ausführliche Zusammenstellung in *FDS*, 267–275: Von den sinnlichen Vorstellungen bilden sich einige von bestehenden Dingen nach Maßgabe des Bestehenden ab, andere nicht. Ersteren kommt in der stoischen Behandlung der erfassenden Vorstellung ein besonderes Gewicht zu, da sie die Zustimmung des Verstandes erzwingen, wohingegen den Vorstellungen, die sich von nicht bestehenden Dingen her abbilden, keine Zustimmung gegeben werden darf. Hierunter fallen Illusionen oder Wahnvorstellungen. Die Wahnvorstellung ist eine Einbildung des Verstandes, so wie sie uns etwa schlafend im Traum zuteil wird. Nicht-sinnliche Vorstellungen haben ihren Ursprung im Führungsvermögen. Nicht-sinnlich sind die Vorstellungen von unkörperlichen Dingen oder Gegenständen, die nur durch Vernunft erfasst werden können. Bemerkenswert ist die bei Diogenes Laërtius überlieferte Differenzierung vor allem deshalb, weil sie die genuin neuzeitliche Unterscheidung zwischen *ideas of sensation* und *ideas of reflection*, wie sie sich etwa bei Locke findet, zu antizipieren scheint.

232 Pseudo-Galenus, *Definitiones medicae*, 126. Jeder Gedanke ist letztlich auf die Sinneswahrnehmung rückführbar, d. h., er ist entweder unmittelbar oder mittelbar von der Wahrnehmung abhängig. Sextus Empiricus, *Adversus mathematicos*, VIII.56–58 verweist hier etwa auf Gedanken, die im Traum oder Wahn auftauchen und sich mittelbar auf Wahrgenommenes zurückführen lassen. Die Stoiker gehen also davon aus, dass Menschen über keinerlei Gedanken verfügen, die nicht zuletzt auf der Sinneswahrnehmung beruhen.

Wahrnehmenden sein soll.²³³ Denn das Vorwissen (wie etwa eine spezifische Ausbildung) greift modifizierend in die Struktur der Vorstellung selbst ein. Dieser Punkt wird für die erkenntnistaugliche Vorstellung (καταληπτικὴ φαντασία) von immenser Bedeutung sein.

Sextus Empiricus zufolge soll eine erkenntnistaugliche oder erfassende Vorstellung von etwas Bestehendem ausgehen und sich in unserem Verstand nach Maßgabe dieses Bestehenden abdrücken, und zwar so, wie sie von etwas nicht Bestehendem her nicht hätte entstehen können. Mit der ersten Bedingung ist verbunden, dass sie den repräsentierten Gegenstand in artistischer Präzision wiedergibt.²³⁴ Chrysipp spricht auch davon, dass die Vorstellung, die von etwas

---

233 Wir haben bereits im Kontext der Wahrnehmung gesehen, dass die Stoiker den Umstand ernst nehmen, dass ein Künstler ein Standbild anders betrachten wird als ein Laie. Diogenes Laërtius, VII.51.11–12 = *FDS*, 255: ἄλλως γοῦν θεωρεῖται ὑπὸ τεχνίτου εἰκὼν καὶ ἄλλως ὑπὸ ἀτέχνου. „[...] ein Standbild wird ja von einem Künstler anders betrachtet als von jemandem ohne Kunstverstand." (Übersetzung: Karlheinz Hülser) Siehe auch *SVF*, III. Diogenes Babylonius 61; Cicero, *De officiis*, I.14.
234 Sextus Empiricus, *Adversus mathematicos*, VII. 248.1–249.1 = *FDS*, 333: καταληπτικὴ δέ ἐστιν ἡ ἀπὸ ὑπάρχοντος καὶ κατ' αὐτὸ τὸ ὑπάρχον ἐναπομεμαγμένη καὶ ἐναπεσφραγισμένη, ὁποία οὐκ ἂν γένοιτο ἀπὸ μὴ ὑπάρχοντος. ἄκρως γὰρ πιστούμενοι ἀντιληπτικὴν εἶναι τῶν ὑποκειμένων τήνδε τὴν φαντασίαν καὶ πάντα τεχνικῶς τὰ περὶ αὐτοῖς ἰδιώματα ἀναμεμαγμένην, ἕκαστον τούτων φασὶν ἔχειν συμβεβηκός. „Erkennend ist hingegen die Vorstellung, die von etwas Bestehendem her und nach Maßgabe des Bestehenden selbst sich [in unserem Geist] abgedrückt hat und [ihm] eingesiegelt ist, wie sie von etwas nicht Bestehendem her nicht entstehen könnte. Sie verbürgen sich nämlich dafür, daß diese Vorstellung die realen Gegenstände scharf erfassen kann und deren Charakteristika allesamt mit artistischer Präzision wiedergibt, und erklären, daß sie jedes dieser Charakteristika als Merkmal besitzt." (Übersetzung: Karlheinz Hülser) Cicero, *Academica posteriora*, 42 = *SVF*, I.60 zufolge soll Zenon der Ansicht gewesen sein, dass nicht alle Eigenschaften des Gegenstands durch die erfassende Vorstellung reproduziert werden, sondern es soll lediglich nichts ausgelassen werden, was relevant ist: „E quo sensibus etiam fidem tribuebat, quod, ut supra dixi, comprehensio facta sensibus et vera esse illi et fidelis videbatur, non quod omnia, quae essent in re, comprehenderet, sed quia nihil, quod cadere in eam posset, relinqueret, quodque natura quasi <normam scientiae> et principium sui dedisset, unde postea <notiones rerum> in animis imprimerentur, e quibus non principia solum, sed latiores quaedam ad rationem inveniendam viae aperirentur." „Von daher schrieb er auch den Sinneswahrnehmungen Glaubwürdigkeit zu; denn die Erkenntnis kommt, wie ich oben gesagt habe, durch Sinneswahrnehmungen zustande, und dementsprechend hielt er sie sowohl für wahr als auch für glaubwürdig, – dies nicht deshalb, weil sie alles erkennen würde, was die Sache an sich hat, sondern deshalb, weil sie nichts von dem übergeht, was zu ihrem Gegenstand werden kann, und weil die Natur gewissermaßen eine Richtschnur des Wissens und einen Anfang ihrer selbst gewährt hat, von wo aus später die Begriffe der Dinge in den Geist eingeprägt werden; und aufgrund der Begriffe lassen sich nicht nur die Anfänge, sondern auch bestimmte breitere Wege zur Auffindung vernünftiger Einsicht ausfindig machen." (Übersetzung: Karlheinz Hülser) Bemerkenswert ist an dieser Stelle auch, dass Zenon auf die durch die Natur (Vorsehung) garantierte Zuverlässigkeit hinweist. Zu den Modifikationen, die vermutlich von Chrysipp als Reaktion

Bestehendem herrührt, ein Affekt (oder Affektion: πάθος) ist, der in der Seele entsteht und der durch sich selbst auf das hinweist, was ihn bewirkt hat. Betrachten wir zum Beispiel etwas Weißes, so ist der Affekt dasjenige, was durch den Akt des Sehens im Führungsvermögen zustande gekommen ist; dass es sich um einen Affekt handelt, ist daraus zu erschließen, dass ihm in der Realität etwas zugrunde liegt, was den Wahrnehmenden tatsächlich affiziert hat (und d. h. für die Stoiker auch bewegt hat).[235] Bestimmte wahrnehmbare Qualitäten, wie beispielsweise Farben, werden durch die Affektion in unserem Führungsvermögen in eben dem Maß erzeugt, wie unsere Sinnesorgane durch die äußeren Gegenstände als dem kausalen Ursprung bewegt werden. Mit der Betonung der kausalen Abhängigkeit von ihrem Objekt wird nach Michael Frede ein externalistisches

---

auf skeptische Einwände an der ursprünglichen Bestimmung der erfassenden Vorstellung vorgenommen worden sind, siehe ausführlich Annas 1990 sowie Hankinson 2003.

235 Aëtius, *Placita*, IV.12 = *FDS*, 268: Χρύσιππος διαφέρειν ἀλλήλων φησὶ τέτταρα ταῦτα. φαντασία μὲν οὖν ἐστι πάθος ἐν τῇ ψυχῇ γινόμενον, ἐνδεικνύμενον ἐν αὑτῷ καὶ τὸ πεποιηκός· οἷον, ἐπειδὰν δι' ὄψεως θεωρῶμέν τι λευκόν, ἔστι πάθος τὸ ἐγγεγενημένον διὰ τῆς ὁράσεως ἐν τῇ ψυχῇ· καὶ <κατὰ> τοῦτο τὸ πάθος εἰπεῖν ἔχομεν, ὅτι ὑπόκειται λευκὸν κινοῦν ἡμᾶς. ὁμοίως καὶ διὰ τῆς ἁφῆς καὶ τῆς ὀσφρήσεως. εἴρηται δ' ἡ φαντασία ἀπὸ τοῦ φωτός· καθάπερ γὰρ τὸ φῶς αὐτὸ δείκνυσι καὶ τὰ ἄλλα τὰ ἐν αὐτῷ περιεχόμενα, καὶ ἡ φαντασία δείκνυσιν ἑαυτὴν καὶ τὸ πεποιηκὸς αὐτήν. φανταστὸν δὲ τὸ ποιοῦν τὴν φαντασίαν· οἷον τὸ λευκὸν καὶ τὸ ψυχρὸν καὶ πᾶν ὅ τι ἂν δύνηται κινεῖν τὴν ψυχήν, τοῦτ' ἔστι φανταστόν. φανταστικὸν δ' ἐστὶ διάκενος ἑλκυσμός, πάθος ἐν τῇ ψυχῇ ἀπ' οὐδενὸς φανταστοῦ γινόμενον, καθάπερ ἐπὶ τοῦ σκιαμαχοῦντος καὶ κενοῖς ἐπιφέροντος τὰς χεῖρας· τῇ γὰρ φαντασίᾳ ὑπόκειταί τι φανταστόν, τῷ δὲ φανταστικῷ οὐδέν. φάντασμα δ' ἐστίν, ἐφ' ὃ ἑλκόμεθα κατὰ τὸν φανταστικὸν διάκενον ἑλκυσμόν· ταῦτα δὲ γίνεται ἐπὶ τῶν μελαγχολώντων καὶ μεμηνότων. „Chrysipp sagt, daß diese vier sich unterscheiden. Und zwar ist die Vorstellung (phantasia) ein Affekt, der in der Seele entsteht und der in sich selbst auch auf das hinweist, was ihn bewirkt hat. Wenn wir beispielsweise durch den Gesichtssinn etwas Weißes betrachten, ist der Affekt dasjenige, was durch das Sehen in der Seele zustandegekommen ist; aufgrund dieses Affektes sind wir außerdem in der Lage zu sagen, daß ihm etwas Weißes in der Realität zugrundeliegt, was uns bewegt. Ähnlich ist es bei Wahrnehmungen durch den Tast- und den Geruchssinn. Das Wort phantasia hat man von ‚phos/Licht' her gebildet; denn wie das Licht sich selbst und alles das zeigt, was in ihm liegt, so zeigt auch die Vorstellung sich selbst und das, was sie bewirkt hat. Das Vorgestellte (phantaston) hingegen ist dasjenige, was die Vorstellung (phantasia) bewirkt. Beispielsweise das Weiße, das Kalte und alles, was die Seele bewegen kann, – das ist das Vorgestellte. Die Wahnvorstellung (phantastikon) hinwiederum ist eine völlig leere Attraktion, ein Affekt in der Seele, der von keinerlei Vorgestelltem (phantaston) her entstanden ist, vergleichbar jemandem, der mit einem Schatten kämpft und seine Hände gegen leere Gestalten erhebt. Es liegt nämlich der Vorstellung etwas Vorgestelltes in der Realität zugrunde; hingegen liegt der Wahnvorstellung nichts Vorgestelltes in der Realität zugrunde. Das Wahnvorstellungsbild (phantasma) schließlich ist dasjenige, wohin es uns infolge der wahnvorstellungsmäßigen völlig leeren Attraktion zieht. Das geschieht bei den Melancholikern und bei Leuten im Wahn." (Übersetzung: Karlheinz Hülser)

Moment in die Bestimmung aufgenommen, um auf diese Weise der zweiten in der Definition gefassten Anforderung gerecht zu werden.[236]

Den kausalen Ursprung, auf dem der Inhalt der Vorstellung beruht, nennen die Stoiker das Vorgestellte oder den Vorstellungsgegenstand (φανταστὸν δὲ τὸ ποιοῦν τὴν φαντασίαν).[237] Entsprechend gilt für die Wahnvorstellung (φανταστικόν) als einer leeren Affektion der Seele, dass sie von keinem wirklich vorhandenen Gegenstand erzeugt wurde, also keinen realen äußeren Ursprung hat (πάθος ἐν τῇ ψυχῇ ἀπ' οὐδενὸς φανταστοῦ γινόμενον). Ihr intentionaler Gegenstand ist indes das Wahnvorstellungsbild (φάντασμα), verstanden in Analogie zum Vorgestellten. Zur Illustration verwenden die Stoiker die tragische Gestalt des Orest, der von Wahnvorstellungen gepeinigt wird und sich in seinem Handeln irrtümlich auf diese Wahnvorstellungsbilder bezieht.[238] Wahnvorstellungsbilder stellen sich bei den Menschen also ein, wenn diese körperlich oder geistig krank sind.[239] Wer mithin von einem Fieber oder einem Tobsuchtsanfall heimgesucht wird, kann zwar eine erkenntnistaugliche Vorstellung haben, doch muss sie noch lange nicht erkennend sein. Wie ist das zu verstehen? In einem solchen Fall wird man nach stoischer Ansicht zwar von einem tatsächlich vorhandenen Gegenstand affiziert, woraufhin sich auch eine wahre Vorstellung bildet, doch wird man dieser Vorstellung keine Zustimmung geben. Und erst die Zustimmung macht die Vorstellung zur Wahrnehmung.[240]

Mit der Zustimmung tritt eine wichtige aktive Komponente der Wahrnehmung in den Vordergrund, da sie im Gegensatz zur Aufnahme des Eindrucks *spontan* und *freiwillig* geschehen soll.[241] Aufgrund ihres spontanen Charakters stellen die

---

236 Michael Frede 1989, 159ff. Siehe auch Annas 1990, 195, die eine systematische Erwiderung auf Frede bietet.
237 Aëtius, *Placita*, IV.12 = FDS 268.
238 Sextus Empiricus, *Adversus mathematicos*, VII.244–245. Siehe noch einmal *FDS*, 268.
239 Sextus Empiricus, *Adversus mathematicos*, VII.247. Die Stoiker formulieren als Reaktion verschiedene Bedingungen, die erfüllt sein müssen, damit die erfassende Vorstellung ihre Kraft voll entfalten kann. Siehe die ausführliche Darstellung von Annas 1999, 191, die die stoische Position in direkter Konfrontation mit den skeptischen Einwänden entwickelt.
240 Sextus Empiricus, *Adversus mathematicos*, VII.227–241 = *FDS*, 259.
241 Cicero, *Academica posteriora*, I. 40 = SVF, I.61: „Zeno ad haec quae visa sunt et quasi accepta sensibus assensionem adiungit animorum: quam esse vult in nobis positam et voluntariam." „ Aber mit diesen Bildern, die wir durch die Sinne gleichsam entgegengenommen haben, verband Zenon außerdem die Zustimmung des Geistes, die – so will er es – in unserer Macht liegt und freiwillig erfolgt." (Übersetzung: Karlheinz Hülser, modifiziert) Inwood 1985, 81 hebt hervor, dass die Zustimmungen sowohl bewusst als auch unbewusst erfolgen können. Die unbewussten Zustimmungen erschließen wir uns dadurch, dass sich in den meisten Fällen eine rationale Begründung für unsere Handlungen finden lässt, dass diese also im Nachhinein gerechtfertigt werden können. Also auch wenn die Zustimmungen unbewusst erfolgen, soll dem

Stoiker die Zustimmung auch in die Verfügungsgewalt des Wahrnehmenden. Mit der Unterscheidung zwischen rezeptiver Aufnahme und spontaner Zustimmung erklären die Stoiker auch, dass man häufig trotz geöffneter Augen und gesunder Ohren nicht sieht bzw. hört, nämlich dann, wenn das Führungsvermögen durch Nachdenken abgelenkt und anderen Dingen zugewandt ist oder durch Krankheit gehindert wird.

In der Diskussion der aristotelischen Position haben wir auf ganz ähnliche Überlegungen hingewiesen. Aristoteles benennt in *De sensu* als eine Voraussetzung für die Aktivierung der Wahrnehmung, dass der Stimulus stark genug sein muss. So kann es durchaus geschehen, dass man in Gedanken versunken etwas überhört. Wir haben diese Voraussetzung im Kontext der aristotelischen Diskussion in die Nähe des Phänomens der Aufmerksamkeit gestellt, welches aber zuletzt fragwürdig geblieben ist, da sich zumindest bei Aristoteles keine weitere Ausarbeitung findet. Aus moderner Perspektive kommt als eine zusätzliche Schwierigkeit hinzu, dass die Form von Spontaneität, die Aristoteles im Auge haben muss, explizit nicht mit der Aktivität der oberen Seelenvermögen in Verbindung gebracht werden kann und deshalb auch nicht begrifflicher Natur sein darf.

Mit einer aktiven Auswahl unterschiedlicher Wahrnehmungsgehalte hat Epikur seine Konzeption der *Epibole* eingeführt, wodurch laut Lukrez bestimmte atomare Bilder aus dem Fluss der hereinströmenden Bilder herausgegriffen werden.[242] Bei Epikur ist jedoch vor allem die Verbindung von Verstand und irrationaler Wahrnehmung unklar geblieben. Denn einerseits insistiert Epikur darauf, dass die Wahrnehmung unvernünftig ist (da er diese explizit in den Organen, in denen kein rationaler Seelenteil anwesend ist, verortet), andererseits gilt doch zumindest in Ansehung des vorgestellten Objekts, dass es zu irgendeiner Form von begrifflicher Vereinigung der einzelnen Wahrnehmungsgehalte kommen muss. Aus einem bei Diogenes Laërtius überlieferten Referat wird deutlich, dass in diesem Kontext die Vorbegriffe eine wichtige Rolle gespielt haben müssen.[243]

Die Stoiker scheinen nun mit ihrer Konzeption in verschiedener Hinsicht auf diese Probleme zu antworten. Die grundsätzliche Form von Aktivität, die schon

---

Menschen trotzdem nicht die Möglichkeit genommen sein, über sie zu reflektieren und sie einer kritischen Bewertung zu unterziehen. Aufgrund dieser Möglichkeit trägt der Mensch auch die Verantwortung hierfür. Man hat in der Literatur ein Problem darin gesehen, dass die Stoiker einerseits behaupten, dass die Zustimmung freiwillig geschieht und andererseits betonen, dass die erkenntnistaugliche Vorstellung die Zustimmung des Wahrnehmenden erzwingen wird (so etwa Rist 1969, 142). Michael Frede 1983, 84 wendet hiergegen ein, dass Freiwilligkeit und mithin Verantwortlichkeit für die Stoiker nicht die Fähigkeit voraussetzt, anders handeln zu können.
242 Lucretius, *De rerum natura*, IV.779–815.
243 Diogenes Laërtius, X.33.1–11.

bei Aristoteles, wie wir gesehen haben, eine Voraussetzung der Wahrnehmung darstellt, hat auch in die stoische Konzeption Eingang gefunden. Möglicherweise ist aber auch hier der epikureische Einfluss entscheidend. Hierfür spräche jedenfalls auch die stoische Verwendung des Terminus *Epibole* (ἐπιβολή) im Kontext der Wahrnehmung.[244] Sicher ist jedoch, dass die Stoiker die in der epikureischen *Epibole* vorausgesetzte Form von Aktivität durch ihre Theorie der Zustimmung weiter ausbuchstabiert und (indem sie die Zustimmung zu einer begrifflichen Verstandeshandlung gemacht haben) mit der Spontaneität des Verstandes in Verbindung gebracht haben. So ist für die Stoiker die Zustimmung nicht nur wesentlich für das Zustandekommen der Wahrnehmung, nach manchen Quellen wird diese sogar mit der Wahrnehmung selber identifiziert,[245] weshalb man auch sagen kann, dass für die Stoiker die Wahrnehmung insgesamt begrifflicher Natur ist.[246] In diesem Sinn ist auch die stoische Behauptung zu verstehen, dass ohne Zustimmung zwar die Organe affiziert werden, es aber nicht zur Wahrnehmung kommt.[247]

Wenden wir uns der stoischen Konzeption der Zustimmung zu. Wie soll die Handlung der Zustimmung im Einzelnen aussehen? Im Hinblick auf den vorgestellten Gegenstand basiert die Zustimmung auf einer besonderen erkenntnistheoretischen bzw. ontologischen Annahme der Stoiker, welche das leibnizsche *principium identitatis indiscernibilium* antizipiert.[248] Demnach wird es keine zwei

---

[244] Aëtius, *Placita*, IV.15.3 (DDG p. 406, 4) = *SVF*, II.866.
[245] Aëtius, *Placita*, IV.8.12 = *SVF*, II.72: <οἱ Στωϊκοὶ> πᾶσαν αἴσθησιν εἶναι συγκατάθεσιν καὶ κατάληψιν. „Die Stoiker sagen, jede Sinneswahrnehmung sei Zustimmung und Erkenntnis." (Übersetzung: Karlheinz Hülser). Siehe auch Porphyrius, *De anima apud Stobaeum ed*, II.349.23 W = *SVF*, II.74.
[246] Siehe zu diesem Punkt auch die ausgezeichnete Darstellung von Michael Frede 1983, 68f., der sich auch der in der Literatur diskutierten Frage des Gegenstands der Zustimmung widmet.
[247] Ich möchte die Aufmerksamkeit auf eine andere höchst bemerkenswerte Neuerung der stoischen Theorie lenken. Diese steht in direktem Zusammenhang mit dem bei Epikur feststellbaren Problem des Verhältnisses von intentionalem Objekt und dessen zugrunde liegender materieller Zusammensetzung aus Atomen. Das Problem zeigt sich darin, dass beide unterschiedliche Identitätsbedingungen haben (woraus wiederum folgt, dass das intentionale Objekt nicht dasselbe sein kann wie die zugrunde liegende atomare Zusammensetzung). Hierauf wird von den Stoikern mit ihrer Kategorienlehre geantwortet. Denn, wie Forschner 1981, 48ff. bemerkt, ist das zugrunde liegende Ding für die Stoiker die Substanz, das eigenschaftsmäßig bestimmte Einzelding hingegen die zweite Gattung, die durch Adjektive, individuierende gattungs- und artbildende Eigenschaften des Dinges bestimmt wird. Die dritte und vierte Kategorie erläutern hingegen, wie sich ein bestimmter, durch den Subjektausdruck qualifizierter Gegenstand zu einem bestimmten Zeitpunkt verhält bzw. in welcher Beziehung die Eigenschaften zu anderen Dingen stehen. Die Kategorien wären demnach Explikationen des zweiten Objekts der Wahrnehmung.
[248] Plutarchus, *De communibus notitiis*, cp. 36 p. 1077c = *SVF*, II.112: ἀκοῦσαι τοίνυν ἔστιν αὐτῶν καὶ γράμμασιν ἐντυχεῖν πολλοῖς πρὸς τοὺς Ἀκαδημαϊκοὺς διαφερομένων καὶ βοώντων, ὡς

identischen Gegenstände geben. Alle Dinge sind an sich nicht nur vollständig bestimmt, sondern sie weisen auch eine feststellbare (und darauf kommt es in der Auseinandersetzung mit den Skeptikern an: potenziell vorstellbare und mithin erkennbare) Differenz auf, die sie als *einzelne Dinge* auszeichnen und von allen anderen Dingen unterscheiden. Kommt es nun zu einer Gegenstandswahrnehmung, so werden die vorgestellten Merkmale des Gegenstands mit anderen, bekannten Merkmalen verglichen. Hierzu wird die Vorstellung in einen bestehenden Rahmen aus bekannten (begrifflichen) Vorstellungen eingeordnet. Die Einordnung erfolgt nach Vernunftregeln, d. h., die Unterschiede zwischen den Vorstellungen und mithin zwischen den repräsentierten Gegenständen werden durch die semantische Struktur der Vorstellungen selbst angezeigt. Denn wie gesagt verfügen die Vorstellungen vernünftiger Geschöpfe über eine rationale, d. h. semantische Struktur. Aufgrund dieser rationalen Struktur können sie etwas über etwas anderes aussagen. Dieser logischen Struktur der Vorstellung, die die Stoiker Lekton (λεκτόν) nennen, wird keine Existenz, sondern nur Subsistenz zugesprochen. Die Vorstellungen vernünftiger Lebewesen sind immer schon vernünftig, d. h., sie verfügen *per se* über diese rationale Struktur.[249] Vernünftige Vorstellungen sind also „begrifflich" präformiert. Diese Propositionen (oder Lekta) haben als Aussagen einen Wahrheitswert. Auf eben diesen Wahrheitswert richtet sich nun die Zustimmung des Vorstellenden. Denn wird das subsistierende Lekton als falsch erkannt, so wird dadurch das Subjekt aufgefordert, die Zustimmung zu verweigern. Die Lekta oder Propositionen haben somit eine auffordernde oder normative Kraft, und zwar insofern die Zustimmung sich an ihrem Wahrheitswert orientiert.

Der Überzeugungskraft der Lekta entsprechend kann die normative Kraft der Propositionen unterschiedliche Grade haben. Eine schwache oder falsche Zustimmung wird Meinung (δόξα) genannt, eine starke hingegen Erkenntnis

---

πάντα πράγματα συγχέουσι ταῖς <ἀπαραλλαξίαις>, ἐπὶ δυεῖν οὐσιῶν ἕνα ποιὸν εἶναι βιαζόμενοι· καίτοι τοῦτο μὲν οὐκ ἔστιν ὅστις ἀνθρώπων οὐ διανοεῖται καὶ τοὐναντίον οἴεται θαυμαστὸν εἶναι καὶ παράδοξον, εἰ μήτε φάττα φάττῃ μήτε μελίττῃ μέλιττα μήτε πυρῷ πυρός ἢ σύκῳ τὸ τοῦ λόγου σῦκον ἐν τῷ παντὶ χρόνῳ γέγονεν ἀπαράλλακτον. „Weiter kann man sie [die Stoiker] hören und in vielen Schriften dabei antreffen, wie sie sich gegen die Akademiker absetzen und lauthals verkünden, daß letztere mit ihren ununterscheidbaren Ähnlichkeiten alle Sachen vermischen, indem sie ein einzelnes eigenschaftsmäßig bestimmtes Ding zwingen wollen, daß es zwei Substanzen besetzt. Und dennoch gibt es unter den Menschen niemanden, der das nicht denkt und der nicht meint, daß das Gegenteil ungewöhnlich und paradox ist, wenn im Verlauf der ganzen Zeit weder eine Taube von der Taube zu unterscheiden war noch eine Biene von der Biene noch ein Weizenkorn von einem Weizenkorn noch eine Feige von der sprichwörtlichen Feige." (Übersetzung: Karlheinz Hülser)

249 Siehe auch Michael Frede 1983, 68.

(κατάληψις). Die unterschiedlichen Grade der Zustimmung verdeutlicht Cicero durch ein vielsagendes Bild, das auf Zenon zurückgehen soll:

> Und eben dies pflegte Zenon mit einer Geste zu unterstreichen. Denn er hielt einem die Hand mit ausgestreckten Fingern entgegen und sagte: „Von dieser Art ist die Vorstellung"; anschließend zog er die Finger ein wenig zusammen und erklärte: „Von dieser Art ist die Zustimmung"; wenn er sie dann fest zusammengepresst und eine Faust gemacht hatte, sagte er, dies sei die Erkenntnis (‚Erfassung') (*comprensio*), von welcher Illustration her er die Sache auch mit dem Namen κατάληψις betitelte, den es vorher nicht gab; schließlich nahm er die linke Hand dazu, umfasste damit eng und kräftig die Faust und erklärte, solcherart sei das Wissen, über das niemand anderes als der Weise verfüge. (Übersetzung: Karlheinz Hülser)[250]

Die Grade der Zustimmung sind aber nicht nur abhängig vom vorgestellten Gegenstand, sondern richten sich wie der Gehalt der Vorstellung nach der körperlichen und seelischen Konstitution des Vorstellenden. So sehen die Stoiker es als notwendige Bedingung für eine feste Zustimmung an, dass der Vorstellende geistig gesund und alt genug sein muss, d. h., er muss in einem Alter sein, in dem er Gebrauch von seiner Vernunftfähigkeit machen kann.[251]

Cicero zufolge hat Zenon die Erkenntnis oder κατάληψις zwischen Wissen und Nichtwissen („inter scientiam et inscientiam") gestellt.[252] Sextus Empiricus weicht in seinem Bericht hiervon ab, indem er die Erkenntnis zwischen Wissen

---

[250] Cicero, *Academica priora*, 47.144sq. = *FDS*, 369: „Nam cum extensis digitis adversam manum ostenderat, ‚visum' inquiebat ‚huius modi est'; dein cum paulum digitos contraxerat, ‚adsensus huius modi'; tum cum plane conpresserat pugnumque fecerat, conprensionem illam esse dicebat, qua ex similitudine etiam nomen ei rei, quod ante non fuerat, κατάληψιν imposuit; Cum autem laevam manum admoverat et illum pugnum arte vehementerque compresserat, scientiam talem esse dicebat, cuius compotem nisi sapientem esse neminem." „Denn er hielt einem die Hand mit ausgestreckten Fingern entgegen und sagte: „Von dieser Art ist die Vorstellung"; anschließend zog er die Finger ein wenig zusammen und erklärte: „Von dieser Art ist die Zustimmung"; wenn er sie dann fest zusammengepreßt und eine Faust gemacht hatte, sagte er, dies sei die Erkenntnis (‚Erfassung') (conprensio), von welcher Illustration her er die Sache auch mit dem Namen katalepsis betitelte, den es vorher nicht gab; schließlich nahm er die linke Hand dazu, umfaßte damit eng und kräftig die Faust und erklärte, solcherart sei das Wissen (die Wissenschaft), über das (die) niemand anderes als allein der Weise verfüge." (Übersetzung: Karlheinz Hülser)
[251] Siehe zur Vernunftentwicklung *SVF*, I.149; *SVF*, II.83. Annas 1990, 191 fasst die Bedingungen, die den Normalzustand der Wahrnehmung und mithin die Bedingung für das Zustandekommen der Erkenntnis ausmachen, unter fünf Überschriften zusammen: „the condition of the sense-organ, that of the object, its placing, the way the object is sensed and the agent's state of mind".
[252] Cicero, *Academica posteriora (Lucullus)*, I.11.40–42 = *FDS*, 256.

und Meinung verortet.²⁵³ Die erfassende oder erkenntnistaugliche Vorstellung (καταληπτικὴ φαντασία) ist nun die Basis der Erkenntnis (κατάληψις). Die Stoiker unterscheiden sich von Epikur grundsätzlich darin, dass sie nur solche Vorstellungen als Wahrnehmungen akzeptieren, die erkennend sind. Das hat im Ergebnis wiederum die oberflächliche Gemeinsamkeit zur Folge, dass die Stoiker wie Epikur davon ausgehen, dass alle Wahrnehmungen wahr sind.²⁵⁴ Bei genauerem Hinsehen wird hingegen deutlich, dass die von den Stoikern auf der Ebene der Vorstellungen selber getroffenen Unterscheidungen ausschlaggebend sind, sodass der Sinneswahrnehmung nur auf der Grundlage der erfassenden Vorstellung Glaubwürdigkeit zugesprochen werden darf.

Oben ist bereits angeklungen, dass nach stoischer Ansicht die Natur selbst den Menschen mit der erfassenden Vorstellung ein Kriterium für festes und unumstößliches Wissen gewährt hat.²⁵⁵ Die Zuverlässigkeit der erfassenden Vorstellung beruht also zuletzt auf der fürsorgenden Einrichtung der Welt für die

---

253 Sextus Empiricus, *Adversus mathematicos*, VII.151. Siehe die Diskussion von Annas 1990, 188.

254 Stobaeus, *Eclogae*, I.50.20, p. 475 = *FDS*, 296. Eine bemerkenswerte, hiervon abweichende Interpretation bietet Rist 1969, 135f. Seiner Ansicht nach soll sich die stoische Behauptung der Wahrheit der Wahrnehmung auf die Empfindungen als solche beziehen. Unter dieser Voraussetzung kämen die Stoiker tatsächlich sehr nahe an die von uns oben Epikur zugeschriebene Theorie. Auch für sie wäre die Wahrnehmung dann wahr, insofern sie sich selber korrekt anzeigt, aber nicht unbedingt ihren Gegenstand. Hierfür spräche auch, dass die von den Stoikern angeführten Beispiele zur Erläuterung der erfassenden Vorstellung sehr oft Fälle beschreiben, in denen der vorgestellte Sachverhalt nicht existiert. Die von den Stoikern genannten Bedingungen für die Erzeugung einer erfassenden Vorstellung wären in diesem Licht so zu verstehen, dass sie lediglich auf die *Klarheit* und *Deutlichkeit* der Vorstellungen abzwecken (wir werden später sehen, was die Stoiker mit ‚klar' und ‚deutlich' meinen). Die Quellen sind in dieser Frage leider nicht eindeutig. So soll es nach Aëtius wahre und falsche Vorstellungen geben (*SVF*, II.78): <Οἱ Στωϊκοὶ> τὰς μὲν αἰσθήσεις ἀληθεῖς, τῶν δὲ φαντασιῶν τὰς μὲν ἀληθεῖς, τὰς δὲ ψευδεῖς. „Die Stoiker sagen, daß die Sinneswahrnehmungen wahr, die Vorstellungen hingegen teils wahr und teils falsch sind." (Übersetzung: Karlheinz Hülser) Galen hebt hingegen (in Übereinstimmung mit der oben angebotenen Interpretation) den doppelten Charakter der Wahrnehmung hervor (*SVF*, II.79): πρῶτα γάρ ἐστιν αἰσθητὰ ἐν τοῖς ἡμετέροις σώμασι τὰ παθήματα, δεύτερα δὲ τὰ τούτων ποιητικὰ ἐκτὸς ὑποκείμενα. „Denn das erste, was sinnlich wahrgenommen wird, sind die Affekte in unserem Körper, und das zweite sind die extern subsistierenden Gegenstände, welche diese Affekte hervorrufen." (Übersetzung: Karlheinz Hülser) Aber wie auch immer das Verhältnis zwischen Stoikern und Epikureern in dieser Frage im Einzelnen aussehen sollte, so dürfte doch bereits deutlich geworden sein, dass beide einander sehr viel näher stehen als in der Literatur bislang gesehen wurde.

255 Cicero, *Academica posteriora*, I.42 = *SVF*, I.60: „[...] natura quasi <normam scientiae> et principium sui dedisset [...]." „[...] weil die Natur gewissermaßen eine Richtschnur des Wissens und einen Anfang ihrer selbst gewährt hat [...]." (Übersetzung: Karlheinz Hülser) Siehe auch Michael Frede 1983, 72; 78.

Menschen. Dass es sich bei der Erkenntnistauglichkeit der Wahrnehmung um eine Garantie der Natur handeln muss, erscheint auf der Folie der engen Verknüpfung und besonderen Rolle der Vorsehung nicht verwunderlich, vor allem dann nicht, wenn man die besondere Rolle des durch die Selbstwahrnehmung vermittelten Wissens in Betracht zieht. Aber Ansätze für diese Naturgarantie lassen sich selbst bei Epikur feststellen, so etwa in der Diskussion des höchsten Gutes. Cicero berichtet in seinem Referat der epikureischen Position von einer naturgegebenen und gewollten Zuverlässigkeit der Wahrnehmung. Auf diese Weise wird der von Stoikern wie Epikureern gleichermaßen vertretene Empirismus zuletzt auf einem kruden Naturalismus gegründet, den die Stoiker möglicherweise sogar ursprünglich von Epikur übernommen haben. Fest steht jedenfalls, dass dieser Naturalismus bei ihnen eine starke theologische Komponente erhält. Bemerkenswert ist daher auch, dass sowohl Stoiker als auch Epikureer eine Einsicht in die Natur der Dinge als notwendige Bedingung zum Erreichen ihrer ethischen Ziele angenommen haben, auch wenn dieser Anspruch bei den Epikureern nicht mit derselben Vehemenz wie bei den Stoikern vorgetragen wird. Letztere haben die Natureinsicht sogar zur höchsten ethischen Forderung erklärt und somit ins Zentrum ihrer Philosophie gestellt. Also auch wenn die Stoiker von den Epikureern im Detail ihrer epistemologischen Ausführungen abweichen, ist es doch bezeichnend, dass *zumindest* ihr *grundsätzlicher Erkenntnisanspruch* (der sich auf das Innere der Natur oder eben die Tatsachen erstreckt[256]) und das damit verknüpfte Vorgehen (die Natur der Dinge durch Auswertung von Zeichen und die Ausarbeitung eines kohärenten Vernunftsystems zu erkennen) bei den Epikureern auf Zustimmung stoßen dürfte.[257] Dieselbe Akzeptanz ist ihnen hingegen nicht von der Skepsis entgegengebracht worden, die in ihren Angriffen den Fokus auf zwei Punkte gelegt hat, die mit der erfassenden Vorstellung zusammenhängen.

Wir haben gesehen, dass die erfassende Vorstellung zumindest laut Chrysipp alle Charakteristika des vorgestellten Gegenstands in artistischer Präzision wiedergeben soll. Sie zeichnet sich also durch eine reichhaltige Fülle an Merkmalen aus, die den vorgestellten Gegenstand genau so repräsentieren, wie sie ihm tatsächlich angehören. Einmal angenommen, dass es solche Vorstellungen gibt und dass sie sich tatsächlich von bestehenden Gegenständen herkommend

---

256 In der Literatur werden zwei Bedeutungen von ὑπάρχειν unterschieden: Erstens steht die Existenz im Vordergrund und zweitens, dass etwas der Fall ist. Michael Frede 1999, 303f. spekuliert, dass diese Ambiguität von den Stoikern mit Hinblick auf die universale Geltung ihrer Theorie, die deshalb auch nicht-rationale Geschöpfe oder solche, die noch nicht in vollem Ausmaß über Vernunft verfügen, einschließt, durchaus gewollt ist.
257 Gemeint sind hier die *prinzipiellen* Erkenntnismöglichkeiten des Menschen; bedenken muss man natürlich, wie Michael Frede 1983, 86 zurecht betont, dass nach Ansicht der Stoiker nur der Weise über ein tatsächliches Wissen verfügt.

im Geist eindrücken, so muss darüber hinaus gelten, dass es keine leeren Vorstellungen (d. h. Vorstellungen ohne realen Gegenstand, von dem sie ausgehen) gibt, die diesen absolut gleichen, und dass tatsächlich ein kognitiver Zugriff auf die durch die Vorstellung repräsentierten Unterschiede besteht. Denn nur unter diesen beiden Voraussetzungen kann der Wahrnehmende die wahren von den falschen Vorstellungen im Akt der Wahrnehmung eindeutig unterscheiden. Dass dies möglich sein könnte, bestreiten die Skeptiker, wozu sie zwei Typen von Argumenten benutzen. Beide Typen finden sich sowohl bei Sextus Empiricus als auch bei Cicero, was nahelegt, dass es sich um ein skeptisches Standardverfahren gehandelt haben könnte.[258]

Die Argumente der ersten Art weisen darauf hin, dass unter abnormalen Zuständen die falschen Vorstellungen keinen Unterschied zu erfassenden Vorstellungen aufweisen, woraus die Skeptiker schließen, dass es keine qualitative Differenz zwischen beiden geben kann.

Derselbe Schluss soll auch durch den zweiten Typ erreicht werden, und zwar diesmal, indem die Skeptiker auf Fälle verweisen, wo zwar die Umstände normal sind, die Gegenstände selber aber keine Differenzierung zu erlauben scheinen, wie etwa im Fall von Zwillingen usw.[259]

Schauen wir uns ein Argument des ersten Typs, das bei Sextus Empiricus überliefert ist, etwas genauer an.

> Sie wollen nämlich, daß es sowohl bei den sinnlich wahrnehmbaren als auch bei den intelligiblen Dingen einen Unterschied gibt, aufgrund dessen von diesen Dingen die einen wahr und die anderen falsch sind. Sie vermögen aber nicht, dies schlüssig zu begründen. Sie haben nämlich zugestanden, daß einige Vorstellungen völlig leer sind, wie z. B. die Vorstellungen, die den Orest von den Erinnyen her überkamen, und daß andere Vorstellungen verdreht [...] sind, die zwar von realen Gegenständen her stammen, aber nicht nach Maßgabe der realen Gegenstände selbst gestaltet sind, wie z. B. die Vorstellung, die den Herakles in seinem Wahn von seinen eigenen Kindern als von denen des Eurystheus überkam. Sie stammte nämlich von den Kindern her, die wirklich existierten, fiel aber nicht nach Maßgabe der realen Gegenstände selbst aus; denn er sah die Kinder nicht als seine eigenen [...]. Da es sich so verhält, sind die Vorstellungen ununterscheidbar, und sind die Vertreter der Stoa nicht in der Lage zu sagen, welche Vorstellungen in Wahrheit erkennend sind, von realen Gegenständen her stammen und nach Maßgabe der realen Gegenstände selbst gestaltet sind und welche Vorstellungen nicht von dieser Art sind [...].[260] (Übersetzung: Karlheinz Hülser)

---

258 Siehe die Darstellung von Annas 1990, 192ff.
259 Sextus Empiricus, *Adversus mathematicos*, VII.408–11; Cicero, *Academica posteriora (Lucullus)*, II. 33–34; 54–58; 85–86.
260 Sextus Empiricus, *Adversus mathematicos*, VIII.67 sq. = *FDS*, 275: θέλουσι μὲν γὰρ τῶν τε αἰσθητῶν καὶ νοητῶν εἶναι διαφοράν, καθ' ἣν τὰ μέν ἐστιν ἀληθῆ τὰ δὲ ψευδῆ, οὐκ ἰσχύουσι δὲ τὸ τοιοῦτον συνάγειν. διακένους γὰρ εἶναί τινας φαντασίας ὡμολογήκασιν, ὁποῖαι προσέπιπτον

Ist das Argument schlüssig und kann man folglich nicht zureichend zwischen erkenntnistauglichen (und mithin wahrheitsfähigen) und nicht wahrheitsfähigen Vorstellungen unterscheiden – wie Sextus hier geltend macht –, dann wird die von den Stoikern geforderte Zustimmung problematisch, und zwar deshalb, weil sie nicht die für Wissen notwendige Sicherheit, die auf der eindeutigen Referenz beruht, aufweist. Somit sind auch die den Vorstellungen subsistierenden Lekta, die Aussagen über die den Vorstellungen zugrunde liegenden Objekte fällen, problematisch. Wie soll das Führungsvermögen aber entscheiden können, ob die äußeren bestehenden Objekte richtig repräsentiert werden oder nicht, wenn alles, worauf das Führungsvermögen zurückgreifen kann, die von den Objekten herrührenden Vorstellungen sind? Denn, wie wir oben in der Bestimmung der Vorstellung gesehen haben, dem Wahrnehmenden sind unmittelbar bloß die Modifikationen der Sinnesorgane bekannt, weshalb er auch keinen direkten Zugriff auf die äußeren Gegenstände hat.

Sextus Empiricus weist deshalb in diesem Kontext auf zwei Probleme hin, die sich für die stoische Position stellen. Das erste Problem kann als eine grundsätzliche Folge aus dem von den Stoikern vertretenen Repräsentationalismus angesehen werden. Dieses Problem tritt lediglich besonders deutlich unter den besonderen Bedingungen, die die Skepsis hier geltend macht, hervor. Unter den stoischen Voraussetzungen besteht nämlich kein unmittelbarer Zugang zu den äußeren Gegenständen (τὰ μὲν ἐκτὸς ὑποκείμενα), die die Vorstellungen verursacht haben. Nicht der Gegenstand selber wird wahrgenommen, sondern seine Affektion (τὸ πάθος τοῦ ἐκτὸς ὑποκειμένου[261]) auf die Seele. Anders gesagt, der Honig an sich ist nicht identisch mit dem süßen Geschmack, der durch die Affektion des Gaumens erzeugt wird. Wenn überdies derselbe Honig auch bitter schmecken kann, dann wird die Vorstellung auch nicht das äußere Objekt, sondern etwas anderes zur Grundlage haben müssen, wie Sextus Empiricus bemerkt.[262]

τῷ Ὀρέστῃ ἀπὸ τῶν Ἐρινύων, καὶ ἄλλας παρατυπωτικὰς τὰς ἀπὸ ὑποκειμένων μέν, οὐ κατ' αὐτὰ δὲ τὰ ὑποκείμενα, ὁποία ἦν ἡ κατὰ μανίαν τῷ Ἡρακλεῖ ἀπὸ τῶν ἰδίων παίδων <ὡς> Εὐρυσθέως ὑποπεσοῦσα. ἀπὸ ὑποκειμένων γὰρ ἐγίνετο τῶν παίδων, οὐ κατ' αὐτὰ δὲ τὰ ὑποκείμενα· οὐ γὰρ ὡς ἰδίους ἔβλεπε <τοὺς> παῖδας [...] τούτου δὲ οὕτως ἔχοντος ἀδιάκριτοι γίνονται <αἱ> φαντασίαι, καὶ οὐκ ἔχουσι λέγειν οἱ ἀπὸ τῆς Στοᾶς, τίνες τε ταῖς ἀληθείαις καταληπτικαί εἰσι καὶ ἀπὸ ὑποκειμένων καὶ κατ' αὐτὰ τὰ ὑποκείμενα γίγνονται, καὶ τίνες οὐκ εἰσὶ τοιαῦται [...]. Siehe auch Cicero, *Academica posteriora (Lucullus)*, II. 51–53.
261 Sextus Empiricus, *Pyrrhoniae hypotyposes*, II.72.1–76.1; Galenus, *De dign. pulsibus*, I.5, Vol. VIII p. Kühn = *FDS*, 331. Siehe auch *FDS*, 330.
262 Sextus Empiricus, *Pyrrhoniae hypotyposes*, II.72.1–76.1: εἶτα εἰ καὶ δοίημεν, ὅτι καταλαμβάνεται ἡ φαντασία, οὐ δύναται κρίνεσθαι [καὶ] κατ' αὐτὴν τὰ πράγματα· οὐ γὰρ δι' ἑαυτῆς ἐπιβάλλει τοῖς ἐκτὸς καὶ <δι' αὐτῆς> φαντασιοῦται ἡ διάνοια, ὥς φασιν, ἀλλὰ διὰ τῶν αἰσθήσεων, αἱ δὲ αἰσθήσεις τὰ μὲν ἐκτὸς ὑποκείμενα οὐ καταλαμβάνουσιν, μόνα δέ, εἰ ἄρα, τὰ ἑαυτῶν πάθη. καὶ ἡ φαντασία οὖν τοῦ πάθους τῆς αἰσθήσεως ἔσται, ὅπερ διαφέρει τοῦ ἐκτὸς

Aber auch wenn man zugestehen sollte, dass gewisse Vorstellungen von wirklich bestehenden Dingen ausgehen, folgt nicht unbedingt, wie das Beispiel des Herakles zeigt, dass die zugrunde liegenden Objekte auch richtig beurteilt werden müssen. In den oben beschriebenen Fällen kann nämlich die Vorstellung nicht aus sich selber heraus deutlich machen, was sie mit artistischer Präzision, so wie es nur von einem realen Objekt ausgehen könnte, repräsentiert. Zur Entscheidung wird, wie Sextus betont, ein weiteres Kriterium, in diesem Fall eine weitere Vorstellung, benötigt. Nur mit Hinblick auf dieses zusätzliche Kriterium

---

ὑποκειμένου· οὐ γὰρ τὸ αὐτό ἐστι τὸ μέλι τῷ γλυκάζεσθαί με καὶ τὸ ἀψίνθιον τῷ πικράζεσθαι, ἀλλὰ διαφέρει. εἰ δὲ διαφέρει τοῦτο τὸ πάθος τοῦ ἐκτὸς ὑποκειμένου, ἡ φαντασία ἔσται οὐχὶ τοῦ ἐκτὸς ὑποκειμένου, ἀλλ' ἑτέρου τινὸς διαφέροντος αὐτοῦ. εἰ οὖν κατὰ ταύτην κρίνει ἡ διάνοια, φαύλως κρίνει καὶ οὐ κατὰ τὸ ὑποκείμενον. διόπερ ἄτοπόν ἐστι τὸ κατὰ τὴν φαντασίαν τὰ ἐκτὸς κρίνεσθαι λέγειν. ἀλλ' οὐδὲ τοῦτο ἔστιν εἰπεῖν, ὅτι ἡ ψυχὴ καταλαμβάνει διὰ τῶν αἰσθητικῶν παθῶν τὰ ἐκτὸς ὑποκείμενα, διὰ τὸ ὅμοια τὰ πάθη τῶν αἰσθήσεων εἶναι τοῖς ἐκτὸς ὑποκειμένοις. πόθεν γὰρ εἴσεται ἡ διάνοια, εἰ ὅμοιά ἐστι τὰ πάθη τῶν αἰσθήσεων τοῖς αἰσθητοῖς, μήτε αὐτὴ τοῖς ἐκτὸς ἐντυγχάνουσα, μήτε τῶν αἰσθήσεων αὐτῇ τὴν φύσιν αὐτῶν δηλουσῶν ἀλλὰ τὰ ἑαυτῶν πάθη, καθάπερ ἐκ τῶν τρόπων τῆς ἐποχῆς ἐπελογισάμην; ὥσπερ γὰρ ὁ ἀγνοῶν μὲν Σωκράτην, εἰκόνα δὲ τούτου θεασάμενος οὐκ οἶδεν, εἰ ὁμοία ἐστὶν ἡ εἰκὼν τῷ Σωκράτει, οὕτω καὶ ἡ διάνοια τὰ μὲν πάθη τῶν αἰσθήσεων ἐποπτεύουσα, τὰ δὲ ἐκτὸς μὴ θεωροῦσα, οὐδὲ εἰ ὁμοιά ἐστι τὰ τῶν αἰσθήσεων πάθη τοῖς ἐκτὸς ὑποκειμένοις εἴσεται. οὐδὲ καθ' ὁμοίωσιν ἄρα δυνήσεται ταῦτα κρίνειν κατὰ τὴν φαντασίαν. „Wenn wir ferner auch zugäben, daß man die Vorstellung erkenne, so können die Dinge dennoch nicht nach ihr beurteilt werden. Denn nicht durch sich selbst sucht der Verstand die Außendinge auf und stellt sie vor, wie sie sagen, sondern durch die Sinne. Die Sinne aber erkennen die äußeren Gegenstände nicht, sondern nur, wenn überhaupt, ihre eigenen Erlebnisse. Auch die Vorstellung also kann nur Vorstellung vom Erlebnis des Sinnes sein, das vom äußeren Gegenstand verschieden ist. Denn der Honig ist nicht dasselbe wie meine süße Empfindung und der Wermut nicht dasselbe wie meine bittere Empfindung, sondern davon verschieden. Wenn aber dieses Erlebnis vom äußeren Gegenstand verschieden ist, dann ist die Vorstellung nicht Vorstellung vom äußeren Gegenstand, sondern von etwas anderem, von ihm Verschiedenen. Wenn also der Verstand nach ihr urteilt, dann urteilt er schlecht und nicht dem Gegenstand gemäß, weshalb es unsinnig ist zu behaupten, die Außendinge würden nach der Vorstellung beurteilt. Aber auch das kann man nicht sagen, daß die Seele die äußeren Gegenstände deshalb durch die sinnlichen Erlebnisse erkennt, weil die Erlebnisse der Sinne den äußeren Gegenständen gleichen. Denn woher soll der Verstand wissen, ob die Erlebnisse der Sinne den Sinnesgegenständen gleichen, da er den Außendingen nicht selbst begegnet und auch die Sinne ihm nicht deren Natur offenbaren, sondern nur ihre eigenen Erlebnisse, wie ich aus den Tropen der Zurückhaltung gefolgert habe. Wie derjenige, der Sokrates nicht kennt, aber ein Bild von ihm gesehen hat, nicht weiß, ob das Bild dem Sokrates gleicht, so kann auch der Verstand, wenn er die Erlebnisse der Sinne betrachtet, die Außendinge aber nicht erblickt, nicht wissen, ob die Erlebnisse der Sinne den äußeren Gegenständen gleichen. Auch aufgrund der Ähnlichkeit also kann er diese nicht nach der Vorstellung beurteilen." (Übersetzung: Malte Hossenfelder) Entgegen der Einschätzung Burnyeats scheint Sextus Empiricus hier, wie Gabriel 2009 meiner Ansicht nach zurecht herausstellt, eine Form des Außenweltproblems zu formulieren. Siehe auch meine Rezension: Hahmann 2010.

würde sich entscheiden lassen, ob die Vorstellung wahrheitsgemäß ist oder nicht. Es droht mithin, wie man leicht ersehen kann, ein infiniter Regress in der Entscheidung, welche Vorstellung als Kriterium der Wahrheit dienen kann.[263] Denn jede neue Bestimmung würde ein weiteres Kriterium erforderlich machen, dessen Auswahl wiederum eines Kriteriums bedürfte usw.

Bemerkenswert ist nun, dass unter dieser Voraussetzung (d. h., es ist keine sichere Zustimmung und mithin kein Wissen möglich, da die erfassende Vorstellung als solche nicht erkannt werden kann) auch der stoische Weise seine Zustimmung zurückhalten würde. Er wird also ἐποχή, d. h. Zurückhaltung ausüben und genau das ist, was die Skepsis einfordert.

In Ansehung sowohl der argumentativen Voraussetzungen als auch der von den Skeptikern geforderten Konsequenz wird deutlich, dass und wie die Skepsis ganz auf den Voraussetzungen ihrer Gegner beruhen kann. Denn ihre Argumente basieren erstens auf der stoischen bzw. epikureischen Annahme, dass die Wahrnehmung keinen direkten Zugriff auf die Welt erlaubt, sodass wir es in Wirklichkeit nur mit Erscheinungen zu tun haben (der Repräsentationalismus ist also notwendig, damit die skeptischen Argumente überhaupt erst in Fahrt kommen). Zweitens akzeptieren sie die stoische Ansicht, dass das Wissen nur auf Fakten beruhen kann, die sich mittels der Vorstellungen von den ihnen zugrunde liegenden Gegenständen ermitteln lassen und dass man nicht bei den bloßen Erscheinungen stehen bleiben darf, was wie gesagt eine Forderung ist, die ethisch motiviert ist und die von Stoikern und Epikureern geteilt wird. Hierauf kommen wir gleich noch einmal zurück. Drittens setzen sie mit den Stoikern voraus, dass das Wissen auf einer sicheren Zustimmung beruht. Denn der stoische Weise weiß in erster Linie, was er nicht weiß, weshalb er auch keine Meinungen hat. Hieraus folgt aber nun, dass der skeptische Weise, auch wenn es paradox klingen mag, der stoische Weise ist, der sich seiner prinzipiellen Unfähigkeit, zweifelsfrei über die den Erscheinungen zugrunde liegenden Dinge an sich zu urteilen, bewusst geworden ist.

---

263 Sextus Empiricus, *Pyrrhoniae hypotyposes*, II.78.1–78.5: ἢ πάλιν αὐτοῖς ἄλλης φαντασίας δεήσει πρὸς τὴν κρίσιν τῆς ἑτέρας φαντασίας, καὶ εἰς τὴν ἐκείνης κρίσιν ἄλλης, καὶ εἰς ἄπειρον. ἀδύνατον δὲ ἄπειρα ἐπικρῖναι· ἀδύνατον ἄρα εὑρεῖν, ποίαις μὲν φαντασίαις ὡς κριτηρίοις δεῖ χρῆσθαι, ποίαις δὲ οὐδαμῶς. „Oder sie brauchen noch eine andere Vorstellung zur Beurteilung dieser Vorstellung und für deren Beurteilung wieder eine andere und so ins Unendliche. Es ist jedoch unmöglich, Unendliches zu beurteilen. Also ist es unmöglich herauszufinden, welche Vorstellungen man als Kriterien gebrauchen solle und welche nicht." (Übersetzung: Malte Hossenfelder)

§ 16 Die Stoiker über Wahrheit und Wissen

Das Verständnis der stoischen Erwiderung auf die skeptischen Einwände erfordert, einen weiteren Aspekt der stoischen Theorie in Augenschein zu nehmen, der eng mit der zuletzt angeklungenen Annahme verbunden ist, dass nur dem Weisen ein Wissen (ἐπιστήμη) zugesprochen wird. So machen Long und Sedley in ihrem Kommentar darauf aufmerksam, dass es „so aussehen [könnte], als sollten die Stoiker die Erkenntnis mit Wissen identifizieren [...]. In Wirklichkeit ist die Lehre der Stoiker aber interessanter und komplexer".²⁶⁴ Sie haben feine Differenzierungen zwischen Wissen, Erkenntnis und Meinung (bzw. Nicht-Wissen) getroffen, die sich wiederum direkt auf ihr Verständnis von Wahrheit und mithin des Kriteriums der Wahrheit niederschlagen.

Aufgrund der zugestandenen Komplexität der stoischen Lehre,²⁶⁵ wird die genaue Rekonstruktion vor kaum lösbare Schwierigkeiten gestellt, sodass sehr viel Vermutung bleiben muss. Wir werden jedoch sehen, dass es auch hier hilfreich sein wird, die stoische Position auf der Folie der epikureischen Konzeption zu betrachten. Wir erinnern uns, dass sich bei Epikur unterschiedliche Bestimmungen von Wahrheit feststellen ließen. Neben einer ontologischen und einer korrespondenztheoretischen Bestimmung von Wahrheit konnten auch Ansätze eines kohärenztheoretischen Verständnisses nachgewiesen werden. Wie wir im Folgenden sehen werden, hat es den Anschein, dass die Stoiker diesen Gedanken aufgegriffen und weiterentwickelt haben.²⁶⁶

Schauen wir uns dazu zunächst das von den Stoikern benutzte Beispiel des Herakles etwas genauer an. Die Vorstellung, die Herakles hat, enthält sowohl wahre als auch falsche Merkmale, die undifferenziert vorliegen. Wahr ist sie, insofern seine Kinder wirklich existieren. Falsch ist sie unter dem Gesichtspunkt, dass die wirklich existierenden Kinder nicht als die eigenen, sondern die des Eurystheus repräsentiert werden. Die Analyse der Vorstellung hätte dazu führen müssen, dass

---

264 Long & Sedley 2000, 305. Rist soll laut Annas 1980, 92 die Differenzen nicht zureichend beachtet haben.
265 Sandbach 1971, 19 unterstellt den Stoikern hingegen, in epistemologischen Fragen die Position des *Common sense* einzunehmen. Das ist aber, wie Annas 1980, 97 meiner Ansicht nach zurecht bemerkt, mit Blick auf das revisionistische Programm der Stoiker beispielsweise in ihrer Ethik, aber auch in ihrer Physik nicht sonderlich plausibel.
266 In der Literatur haben sich in der Frage nach dem Kriterium der Wahrheit entsprechend zwei unterschiedliche Ansätze etabliert. Von der einen Interpretationslinie wird der Status der Zustimmung besonders betont und eine kohärenztheoretische Interpretation bevorzugt (siehe vor allem Rist und Watson). Auf der anderen Seite stehen diejenigen, die eine korrespondenztheoretische Version bevorzugen (Sandbach). Eine kritische Bewertung beider Ansätze bietet Annas 1980.

Herakles zwar der erfassenden Vorstellung der Existenz seiner Kinder zustimmt, die Repräsentation als Kinder des Eurystheus jedoch zurückweist.

Wieso ist es nicht zu dieser Analyse gekommen? Verhindert wurde sie von Herakles' spezieller mentaler Beschaffenheit. Denn aufgrund seines zeitweiligen Wahnsinns war es ihm unmöglich, die einzelnen Momente der Vorstellung adäquat zu differenzieren. Das macht wiederum deutlich, wie die Skeptiker meiner Ansicht nach richtig bemerken, dass eine erfassende Vorstellung an sich (zumindest von einem internen Standpunkt aus betrachtet) kein hinreichendes Kriterium der Wahrheit (κριτήριον τῆς ἀληθείας) sein kann. Darüber hinaus müssen weitere Bedingungen erfüllt werden. Fraglich ist jedoch, ob und wenn ja, inwieweit diese weiteren Bedingungen dem Wahrnehmenden äußerlich sind.

In der Literatur schenkt man in dieser Frage vor allem zwei Punkten Beachtung: zum einen der stoischen Forderung der Zuverlässigkeit der kausalen Erzeugung der Vorstellung und zum anderen dem von späteren Stoikern gemachten Zusatz „wenn sie kein Hindernis hat".[267] Hierdurch wird aber (wie bereits Sextus Empiricus bemerkt hat) der rein interne Rahmen verlassen und externe Bedingungen hinzugefügt, die dem Wahrnehmenden zum Zeitpunkt der Wahrnehmung nicht zugänglich sind. Träfe das in dieser (unqualifizierten) Form zu, wäre aber zugleich, wie Annas zurecht kritisiert, keine wirkliche Erwiderung auf die skeptischen Einwände geliefert, da die Skepsis nach einem Kriterium verlangt, um von einem *internen Standpunkt* aus betrachtet zwischen den Vorstellungen zu unterscheiden.[268] Um also den Einwänden gerecht zu werden, muss vor allem sicher gestellt werden, dass die beiden einschränkenden Bedingungen dem Wahrnehmenden selber in irgendeiner Weise zugänglich sind, sodass die von den Skeptikern beschriebenen Szenarien in der Tat ausgeschlossen werden können bzw. keine Gefahr für die zuverlässige Zustimmung des Weisen bedeuten.

Schauen wir uns an, wie die interne und externe Komponente aufeinander bezogen sein könnten. Wir haben gesehen, dass sich für die Stoiker in der Erkenntnis (κατάληψις) zwei Momente der Sache nach isolieren lassen.[269] Die Erkenntnis setzt sich zusammen aus der erkenntnistauglichen oder erfassenden Vorstel-

---

267 Sextus Empiricus, *Adversus mathematicos*, VII.253.1–254.2: Ἀλλὰ γὰρ οἱ μὲν ἀρχαιότεροι τῶν Στωικῶν κριτήριόν φασιν εἶναι τῆς ἀληθείας τὴν καταληπτικὴν ταύτην φαντασίαν, οἱ δὲ νεώτεροι προσετίθεσαν καὶ τὸ μηδὲν ἔχουσαν ἔνστημα. ἔσθ' ὅτε γὰρ καταληπτικὴ μὲν προσπίπτει φαντασία, ἄπιστος δὲ διὰ τὴν ἔξωθεν περίστασιν. „Aber während die älteren Stoiker erklären, eben diese erkennende Vorstellung sei das Kriterium der Wahrheit, machten die jüngeren Stoiker dazu auch den Zusatz: ‚wenn sie kein Hindernis hat'. Es gibt nämlich Fälle, in denen uns zwar eine erkennende Vorstellung ankommt, wo sie aber wegen der äußeren Umstände nicht glaubwürdig ist." (Übersetzung: Karlheinz Hülser)
268 Annas 1990, 194–198.
269 Sextus Empiricus, *Pyrrhoniae hypotyposes*, III.241 = FDS, 378.

lung (καταληπτικὴ φαντασία) und der Zustimmung des Führungsvermögens (συγκατάθεσις). Die Herausbildung der Vorstellung soll unfreiwillig geschehen; also auch dann, wenn der Prozess der Wahrnehmung wie gezeigt nicht unbedingt rein passiv verläuft, überwiegt der rezeptive Charakter des Eindrucks. Die Zustimmung liegt allerdings in der Macht des Wahrnehmenden und ist freiwillig.[270]

Konkret bedeutet das, dass der Wahrnehmende einen Weiß-Affekt hat, sobald ihm weiße Farbe gezeigt wird, oder einen Süß-Affekt, wenn dem Geschmackssinn etwas Süßes angeboten wird (und der in den Wahrnehmungsorganen anwesende Seelenstoff sich diesem zuwendet). Dem Reiz stattzugeben, d. h., ihm eine Zustimmung zu erteilen, liegt indes in der Macht des Vorstellenden. Erst nachdem die Zustimmung gegeben wurde, kommt es zur Wahrnehmungserkenntnis und mithin zur eigentlichen Wahrnehmung. Die Wahrnehmung als solche setzt somit eine erkenntnistaugliche Vorstellung und eine Zustimmung voraus.[271] Diogenes Laërtius, der sich auf Diokles von Magnesia beruft, fasst das folgendermaßen zusammen:

> Denn zuerst kommt die Vorstellung, und dann äußert der Verstand, der eine Disposition zum Aussprechen hat, in einer Rede (aktiv) eben das, was er durch die Vorstellung passiv erfahren hat.[272] (Übersetzung: Karlheinz Hülser)

Das Zitat macht neben der doppelten Struktur der Erkenntnis zwei Dinge deutlich: zum einen, dass die Aktivität auf der Seite des Wahrnehmenden eng an seine sprachliche Fähigkeit geknüpft ist. Aktiv ist die Rede oder Artikulation des Inhalts der sinnlich erfahrenen Vorstellung. Zum anderen wird eine Disposition oder Fähigkeit zur sprachlichen Artikulation des Vorstellenden in den Vordergrund gerückt. Damit wird wiederum eine wichtige Bedingung auf die Seite des Erkennenden gelegt, die sich schließlich als wesentlich für die Erteilung der Zustimmung auszeichnen wird.

Die Stoiker gehen also einerseits von den inneren Strukturmomenten der rationalen Vorstellung selbst aus (denn nur weil es sich um eine Vorstellung handelt, die den Gegenstand, von dem sie herrührt, in artistischer Präzision repräsentiert, handelt es sich überhaupt um eine erfassende Vorstellung). Und diese Beschaffenheit schlägt sich unmittelbar auf das der Vorstellung subsistierende Lekton (λεκτόν) nieder. Andererseits wird die aktuale Zustimmung vom Kontext, d. h. von den Vorbedingungen, die der Wahrnehmende mitbringt, abhängig gemacht.

---

[270] Cicero, *Academica posteriora*, I.11.40–42 = *FDS*, 256. Oben wurde bereits darauf hingewiesen, dass 'freiwillig' für die Stoiker nicht bedeuten muss, dass man die Zustimmung auch verweigern könnte. Siehe noch einmal Michael Frede 1983, 84.
[271] Sextus Empiricus, *Adversus mathematicos*, VIII.396–400 = *FDS*, 257; Clemens Alexandrinus, *Stromateis*, VI.16 § 136,5, p. 501 Fr. = *FDS*, 384.
[272] Diogenes Laërtius, VII.49 = *FDS*, 255: προηγεῖται γὰρ ἡ φαντασία, εἶθ' ἡ διάνοια ἐκλαλητικὴ ὑπάρχουσα, ὃ πάσχει ὑπὸ τῆς φαντασίας, τοῦτο ἐκφέρει λόγῳ.

Das folgt zum einen aus der Annahme, dass die Vorstellungen durch das Vorwissen des Wahrnehmenden bedingt sind, wie die Stoiker anhand der kunstgerechten Vorstellungen des Fachmanns behaupten. Zum anderen wird das auch daraus ersichtlich, dass der Weise nur erfassende Vorstellungen haben wird, sodass er immer die richtige Zustimmung fällen kann.[273]

Verfügt das Subjekt also über ein erforderliches *Vorwissen* (d. h., bereits vorhandene Erkenntnisse sind auf eine bestimmte Weise strukturiert), so wird der Wahrnehmende notwendig seine Zustimmung erteilen. Damit die erfassende Vorstellung also tatsächlich wirksam werden kann, d. h., den Wahrnehmenden zur Zustimmung nötigt, muss sie auf einen in bestimmter Weise disponierten Wahrnehmenden treffen. Unter dieser Perspektive wird das von den Stoikern zur Illustration der erfassenden Vorstellung verwendete Bild, wonach die erfassende Vorstellung den Wahrnehmenden an den Haaren zur Zustimmung ziehen wird, mit der Einschränkung zu versehen sein, dass dies nur dann gilt, wenn sie sozusagen auf einen geeigneten Boden fällt.

Das ist nun aber aus mehreren Gründen problematisch, und zwar nicht nur deshalb, weil dann, wie in der Literatur bemerkt wird, ein externalistisches Moment die Entscheidung über die epistemologische Kraft der erfassenden Vorstellung zu fällen scheint; die erfassende Vorstellung allein mithin kein Kriterium abgeben wird, wie aber zumindest einige Stoiker (vor allem Chrysipp) nach den oben überlieferten Zeugnissen behauptet haben. Hinzu kommen nämlich noch zwei weitere Probleme, die zum einen den Einfluss der Vorerfahrungen betreffen und zum anderen die Vereinbarkeit mit dem grundsätzlich passiven Charakter der Wahrnehmung.

Ich will das an einem Beispiel deutlich machen. Nehmen wir an, eine Künstlerin besucht eine Ausstellung, um sich vor Ort über die Arbeiten eines Rivalen zu informieren. Diogenes Laërtius versichert, dass sich ihre Vorstellungen fundamental von denen der ebenfalls gegenwärtigen Laien mit bloßem Kunstinteresse unterscheiden.[274] Denn im Gegensatz zu den Laien sprechen die Stoiker dem Künstler kunstgerechte Vorstellungen (τεχνικαὶ φαντασίαι) zu. Da man zunächst nicht davon ausgehen sollte, dass sich die Vorstellungen des Fachmanns von denen des Laien unterscheiden, insofern sie sich im Wahrnehmenden abdrücken,[275] d. h.

---

[273] Zum Wissen des Weisen siehe Kerferd 1978, Horn 2006 sowie Hahmann 2008 mit weiteren Literaturangaben.
[274] Diogenes Laërtius, VII.51.11–12 = *FDS*, 255: [...] ἄλλως γοῦν θεωρεῖται ὑπὸ τεχνίτου εἰκὼν καὶ ἄλλως ὑπὸ ἀτέχνου. „[...] ein Standbild wird ja von einem Künstler anders betrachtet als von jemandem ohne Kunstverstand." (Übersetzung: Karlheinz Hülser) Siehe auch *SVF*, III. Diogenes Babylonius 61; Cicero, *De officiis*, I.14.
[275] Oder wie Annas 1980, 93 sich ausdrückt: „Being wise and good may improve your judgement about many things, but it can't do anything for your eyesight." Wir werden unten sehen, dass diese Annahme möglicherweise nicht ganz so absurd ist, wie Annas vermutet.

also, insofern sie ein Widerfahrnis darstellen (da es prima facie unplausibel wäre anzunehmen, dass der Grund für die Differenz von den sich im Führungsvermögen eindrückenden Gegenständen ausgeht), wird man vorerst davon ausgehen, dass der Unterschied sich in irgendeiner Weise auf den propositionalen Gehalt der Vorstellung zurückführen lässt. Das bedeutet, die Binnenstruktur der Vorstellung müsste abhängig von den Vorerfahrungen des Subjekts sein, und zwar so, dass der rezeptive Charakter der Vorstellung selber unangetastet bleibt.

An dieser Stelle sind immer noch unterschiedliche Szenarien denkbar. Zum einen wäre möglich, dass die erfassende Vorstellung aus sich selbst heraus zwar über eine eindeutige semantische Struktur verfügt, die allerdings nicht von jedermann lesbar ist; ihre Lesbarkeit bliebe dann abhängig von der übergeordneten *Sprache*, d. h. vom Kontext des Wahrnehmenden. Gegen dieses Modell spricht allerdings, dass die Eindrücke, die wir von den Gegenständen erfahren, an sich nicht-begrifflich sein sollen und ihren begrifflichen Gehalt erst als Vorstellungen eines rationalen Lebewesens erhalten. Wieso sollten die Stoiker sonst zwischen den unterschiedlichen Arten von Vorstellungen differenziert haben, wenn sowohl vernünftige als auch unvernünftige Wesen dieselben Vorstellungen haben, die ihnen jedoch nicht auf dieselbe Weise deutlich werden können?

Das scheint wiederum für eine weitere, eher kantische Lesart zu sprechen. Demzufolge läge die begriffliche Struktur und damit die durch die Vorstellung erreichbare Erkennbarkeit ganz auf der Seite des Wahrnehmenden. Im Laufe der Herausbildung der Vorstellung erhält die Vorstellung mithin einen differenzierten propositionalen Gehalt,[276] und zwar abhängig vom Wahrnehmenden und dessen Vorerfahrungen. Mit Kant gesprochen: Die Wahrnehmung liefert das rohe Mannigfaltige der Sinnlichkeit, welches dann vom Wahrnehmenden selbst begrifflich strukturiert und auf diese Weise überhaupt nur verstehbar wird. Der begriffliche Apparat wäre nach diesem Modell abhängig vom Erfahrungskontext des Wahrnehmenden.[277] Für diese Interpretation spricht auch, dass nach Diogenes Laërtius Epikur die Vorbegriffe explizit für die Strukturierung der Wahrnehmung verantwortlich gemacht hat.[278] Dass die Stoiker sich auf die epikureischen Vor-

---

276 Striker 1977, 134 zufolge könnten die Stoiker der Ansicht gewesen sein, dass „sense impressions are transformed into propositions by a kind of automatic translation". Siehe dazu Diogenes Laërtius, VII.49.5–7: προηγεῖται γὰρ ἡ φαντασία, εἶθ' ἡ διάνοια ἐκλαλητικὴ ὑπάρχουσα, ὃ πάσχει ὑπὸ τῆς φαντασίας, τοῦτο ἐκφέρει λόγῳ. „Denn zuerst kommt die Vorstellung, und dann äußert der Verstand, der eine Disposition zum Aussprechen hat, in einer Rede aktiv eben das, was er durch die Vorstellung passiv erfahren hat." (Übersetzung: Karlheinz Hülser)
277 Die hier vorausgesetzte Bedeutung der Vorerfahrungen für die begriffliche Strukturierung ist freilich ganz *unkantisch*.
278 Diogenes Laërtius, X.33.1–34.2: Τὴν δὲ πρόληψιν λέγουσιν οἱονεὶ κατάληψιν ἢ δόξαν ὀρθὴν ἢ ἔννοιαν ἢ καθολικὴν νόησιν ἐναποκειμένην, τουτέστι μνήμην τοῦ πολλάκις ἔξωθεν φανέντος, οἷον

begriffe gestützt haben bzw. Chrysipp „die Verwirrung über die Vorbegriffe und Begriffe völlig beseitigte", bestätigt zum Beispiel Plutarch.²⁷⁹ Es ist daher nicht nur nicht ausgeschlossen, sondern sogar recht wahrscheinlich, dass die Stoiker auch die systematische Funktion der Vorbegriffe von Epikur übernommen haben.

Ohne aber an dieser Stelle weiter auf das problematische Verhältnis von Sinnlichkeit und Vorbegriffen einzugehen, wird deutlich, dass auch diese Lesart einige Schwierigkeiten aufwirft. So bliebe unklar, wie die Vorstellung einen bestimmten propositionalen Gehalt durch einen Wahrnehmenden bekommen könnte (was ja offensichtlich für den Kunstverständigen gelten soll), wenn dieser Gehalt zugleich dem Wahrnehmenden (wie im Fall des Orest und des Herakles) nicht zugänglich ist. Oder anders gefragt: Wie kann der Wahrnehmende zuerst den propositionalen Gehalt erzeugen, dem er *dann* seine Zustimmung erteilt?²⁸⁰ Würde die ganze Theorie der Zustimmung (die sich ja gerade auf den propositionalen Gehalt der Vorstellung richtet) auf diese Weise nicht ad absurdum geführt, da man immer nur den selbst erzeugten Propositionen zustimmt?

τὸ Τοιοῦτόν ἐστιν ἄνθρωπος· ἅμα γὰρ τῷ ῥηθῆναι ἄνθρωπος εὐθὺς κατὰ πρόληψιν καὶ ὁ τύπος αὐτοῦ νοεῖται προηγουμένων τῶν αἰσθήσεων. παντὶ οὖν ὀνόματι τὸ πρώτως ὑποτεταγμένον ἐναργές ἐστι· καὶ οὐκ ἂν ἐζητήσαμεν τὸ ζητούμενον εἰ μὴ πρότερον ἐγνώκειμεν αὐτό· οἷον Τὸ πόρρω ἑστὼς ἵππος ἐστιν ἢ βοῦς· δεῖ γὰρ κατὰ πρόληψιν ἐγνωκέναι ποτὲ ἵππου καὶ βοὸς μορφήν· οὐδ' ἂν ὠνομάσαμέν τι μὴ πρότερον αὐτοῦ κατὰ πρόληψιν τὸν τύπον μαθόντες. ἐναργεῖς οὖν εἰσιν αἱ προλήψεις· καὶ τὸ δοξαστὸν ἀπὸ προτέρου τινὸς ἐναργοῦς ἤρτηται, ἐφ' ὃ ἀναφέροντες λέγομεν, οἷον Πόθεν ἴσμεν εἰ τοῦτό ἐστιν ἄνθρωπος [...]. „Der Vorbegriff ist, so sagen sie [die Epikureer], sozusagen ein Ergreifen oder eine richtige Meinung oder ein Begriff oder ein allgemeines ,gespeichertes Begreifen' – d. h. eine Erinnerung – dessen, was uns häufig mit Evidenz von außen begegnet ist, wie z. B. ,Dieses und diese Art Gegenstand ist ein Mensch'. Denn sobald das Wort ,Mensch' geäußert wird, kommt sofort mittels eines Vorbegriffs auch sein Umriß in unseren Geist, weil die Sinne die Führung haben. Was jeder Bezeichnung also ursprünglich zugrundeliegt, ist etwas Evidentes. Und wir würden über das, worüber wir Untersuchungen anstellen, keine Untersuchungen anstellen, wenn wir davon kein Vorwissen hätten, so z. B. im Fall der Frage: ,Ist das, was da drüben steht, ein Pferd oder ein Rind?' Denn irgendwann vorher muß man mittels eines Vorbegriffs die Form eines Pferds und die eines Rinds kennengelernt haben. Auch hätten wir für nichts eine Bezeichnung entwickelt, wenn wir nicht zuvor mittels eines Vorbegriffs seinen Umriß gelernt hätten. Die Vorbegriffe sind also evident. Auch was wir bloß meinen, hängt von etwas vorgängigem Evidentem ab, auf das wir Bezug nehmen, wenn wir – zum Beispiel – sagen: ,Woher wissen wir, ob dies ein Mensch ist?'" (Übersetzung: Karlheinz Hülser)

279 Plutarchus, *De communibus notitiis adversus Stoicos*, I.1059b-c = *FDS*, 301: [...] τὸν δὲ περὶ τὰς προλήψεις καὶ τὰς ἐννοίας τάραχον ἀφελὼν παντάπασι [καὶ] διαρθρώσας ἑκάστην καὶ θέμενος εἰς τὸ οἰκεῖον [...]. „[...] und er beseitigte völlig die Verwirrung über die Vorbegriffe und die Begriffe, indem er jeden von ihnen deutlich darstellte und ihn an den ihm eigenen Platz stellte." (Übersetzung: Karlheinz Hülser)

280 Dass die Zustimmung sich aber auf den propositionalen Gehalt und nicht die Vorstellung selber richten muss, betont Frede 1983, 68f. und 75f.

Es ist nicht klar, ob das wirklich so absurd wäre, wie es zunächst den Anschein hat. Schließlich würde auf diese Weise auch das Gewicht erneut vom Kontext der Rezeption der Vorstellung auf den Vorstellenden verlegt, womit indirekt auch eine Erwiderung auf das von den Skeptikern angekreidete Defizit im internen Zugang zur Bestimmung des Wahrheitsgehalts der Vorstellung geboten wäre. Und dass die Stoiker in der Tat das Gewicht auf die Seite des Wahrnehmenden gelegt haben, scheint auch durch einen weiteren Punkt gestützt zu werden. Die Stoiker unterscheiden nämlich zwischen dem Wahren (τὸ ἀληθές) und der Wahrheit (ἡ ἀλήθεια).[281] Ihrer Ansicht nach ist das Wahre nicht immer mit der Wahrheit verknüpft. So kann auch ein Tor manchmal Wahres sagen und trotzdem wird man ihm kein Wissen (ἐπιστήμη) zusprechen. Die Wahrheit hingegen setzt das Wahre voraus, wenn man Sextus Empiricus in diesem Punkt Glauben schenken darf. Das folgt daraus, dass Wissen für die Stoiker notwendig Wahrheit zugrunde legt (und Wahrheit immer mit Wissen verbunden sein soll),[282] das Wissen selber soll aber „ein System der Kenntnis des Wahren sein", weshalb Sextus es auch als ausreichend ansieht, die Existenz des Wahren zu bestreiten, um das Wissen insgesamt in Zweifel zu ziehen.[283] Den Besitz der Wahrheit sprechen die Stoiker daher auch analog zum Wissen ausschließlich dem Weisen zu. Die „Wahrheit ist nämlich körperlich (da sie ein alles Wahre aussagendes Wissen ist; das Wissen ist aber das Zentralorgan in einem bestimmten Zustand".[284] Allein der Weise verfügt also über

---

[281] Annas 1980, 102 merkt an, dass die stoische Unterscheidung zwischen der Wahrheit und dem Wahren in den überlieferten Quellen im Kontext der Frage nach dem Kriterium der Wahrheit keine Rolle zu spielen scheint und das, obwohl diese Differenzierung durchaus relevant für die Frage wäre. In Anbetracht der dürftigen Überlieferungssituation kann ich ihre erste Einschätzung jedoch nicht teilen. Meiner Ansicht nach erweist sich diese Differenzierung vielmehr als entscheidend, wie Annas selbst in ihrer Diskussion andeutet. Es wäre hingegen durchaus denkbar, dass diese extrem technische Differenzierung von den feindlich gesinnten Interpreten der stoischen Philosophie in ihrer Bedeutung missverstanden und deshalb auch unterschlagen wurde, möglicherweise auch deshalb, weil diese Differenzierung auf zu vielen Vorannahmen beruht, die wiederum von skeptischer, aber auch peripatetischer Seite nicht akzeptiert werden.
[282] Sextus Empiricus, *Pyrrhoniae hypotyposes*, II.83.1–2: [...] ἐπεὶ ἡ μὲν ἀλήθεια ἐπιστήμης ἔχεται [...]. „[....] weil die Wahrheit mit Wissen verbunden ist [...]."
[283] Sextus Empiricus, *Pyrrhoniae hypotyposes*, II.84.2–5: [...] ἡμεῖς δὲ πάλιν τῆς κατὰ τὴν συγγραφὴν προαιρέσεως στοχαζόμενοι πρὸς μόνον τὸ ἀληθὲς νῦν τοὺς λόγους ποιησόμεθα, ἐπεὶ συμπεριγράφεται τούτῳ καὶ ἡ ἀλήθεια, σύστημα τῆς τῶν ἀληθῶν γνώσεως εἶναι λεγομένη. „Wir aber orientieren uns wieder an der Absicht dieser Schrift und werden unsere Argumentationen jetzt nur gegen das Wahre richten, weil mit diesem einschlußweise auch die Wahrheit getroffen wird, von der ja erklärt wird, sie sei ein System der Kenntnis von mehrerlei Wahrem." (Übersetzung: Karlheinz Hülser)
[284] Sextus Empiricus, *Pyrrhoniae hypotyposes*, II.81.3–6 = *FDS*, 322: [...] ἡ δὲ ἀλήθεια σῶμα (ἔστι γὰρ ἐπιστήμη πάντων ἀληθῶν ἀποφαντική, ἡ δὲ ἐπιστήμη πῶς ἔχον ἡγεμονικόν [...].

Wissen, da sein Führungsvermögen in einer besonderen Verfassung ist.[285] Sein Pneuma hat eine außerordentliche Spannkraft, weil es in besonderem Maß mit dem Wärmestoff in einer höchst reinen Form angereichert ist und sich damit dem göttlichen Führungsvermögen (bereits in materieller Hinsicht) angeglichen hat.

Was unterscheidet das Wahre von der Wahrheit? Und was ergibt sich hieraus für unsere Frage nach dem Verhältnis von inneren und äußeren Bedingungen für die Erkenntnis? Den Stoikern zufolge soll sich das Wahre von der Wahrheit auf drei Weisen unterscheiden: „in der Substanz, in der Zusammensetzung und im Vermögen (δυνάμει)".[286] In der Substanz oder in ihrem Sein weichen sie voneinander ab, weil das Wahre nach stoischer Ansicht eine Proposition (λεκτόν) ist und folglich *subsistiert*, wohingegen die Wahrheit körperlich sein soll. Als Körper *existiert* die Wahrheit. Ihre Existenzform ist das Führungsvermögen selber in einem bestimmten Zustand (ἕξις), der sich wie gesagt durch seine besondere Spannkraft auszeichnet. Wahrheit geht also nicht nur mit einer bestimmten körperlichen Disposition des Führungsvermögens einher, sondern sie soll ihrer Natur oder ihrer Substanz nach diese körperliche Verfassung sein. Man beachte, dass für die Stoiker auch alle anderen Dispositionen des Führungsvermögens körperlich sind, wie etwa Tugend und Laster.

Der Blick auf Tugend und Laster macht auch deutlich, was die Stoiker damit meinen, wenn sie sagen, dass sich die Wahrheit in ihrem Vermögen vom Wahren unterscheidet. Denn so wie sich der Tugendhafte durch seine tugendhaften Handlungen auszeichnet, wird die Wahrheit als ein Vermögen des Führungsvermögens beschrieben, welches konstant zu Wissen führt. Das gilt jedoch nicht für das unkörperliche Wahre, weshalb Sextus auch betont, dass das Wahre im Gegensatz zur Wahrheit nicht immer mit Wissen verbunden ist.[287]

---

285 Sextus Empiricus, *Adversus mathematicos*, VII.42.
286 Sextus Empiricus, *Adversus mathematicos*, VII.38.1–3 = FDS, 324: Τὴν δὲ ἀλήθειαν οἴονταί τινες, καὶ μάλιστα οἱ ἀπὸ τῆς Στοᾶς, διαφέρειν τἀληθοῦς κατὰ τρεῖς τρόπους, οὐσίᾳ τε καὶ συστάσει καὶ δυνάμει […]. „Die Wahrheit aber, so glauben einige und am meisten die Stoiker, unterscheide sich vom Wahren auf drei Weisen: in der Substanz, in der Zusammensetzung und im Vermögen […]."
287 Sextus Empiricus, *Adversus mathematicos*, VII.42.1–7 = FDS, 324: δυνάμει δὲ ταῦτα ἀλλήλων κεχώρισται, ἐπεὶ τὸ μὲν ἀληθὲς οὐ πάντως ἐπιστήμης εἴχετο (καὶ γὰρ ὁ φαῦλος καὶ ὁ νήπιος καὶ ὁ μεμηνὼς λέγει μέν ποτέ τι ἀληθές, οὐκ ἔχει δὲ ἐπιστήμην ἀληθοῦς), ἡ δὲ ἀλήθεια κατ' ἐπιστήμην θεωρεῖται. ὅθεν καὶ ὁ ἔχων ταύτην σοφός ἐστιν (ἐπιστήμην γὰρ εἶχεν ἀληθῶν) καὶ οὔποτε ψεύδεται […]. „Schließlich sind sie der Macht (Möglichkeit des Vorkommens) nach voneinander getrennt, weil das Wahre nicht immer mit Wissen verbunden ist (denn auch der Dummkopf, das Kleinkind und der Verrückte sagen zuweilen etwas Wahres, haben aber kein Wissen des Wahren); hingegen wird die Wahrheit in Abhängigkeit vom Wissen gesehen. Daher ist dann auch derjenige, der sie besitzt, ein Weiser (er besitzt nämlich Wissen von mehrerlei Wahrem), und er redet niemals falsch […]." (Übersetzung: Karlheinz Hülser) Sextus Empiricus deutet hier auch

Daraus erhellt auch, weshalb die Stoiker glauben, dass das Wahre einfach ist, wohingegen die Wahrheit zusammengesetzt sein soll. Denn Letztere besteht aus vielen wahren Erkenntnissen.[288] Die Wahrheit setzt also einen größeren systematischen Rahmen voraus, der sich körperlich in der bestimmten Struktur des Führungsvermögens niederschlägt, wohingegen das Wahre ausschließlich auf der einzelnen erfassenden Vorstellung beruht.

Damit entspricht die Bestimmung der Wahrheit derjenigen des Wissens. So soll es sich für Zenon genau dann um Wissen handeln, wenn die durch die Vorstellung vermittelte Auffassung so fest steht, dass sie im Weiteren nicht durch Argumente erschüttert werden kann. Das Wissen wäre eine sichere und durch Überlegung nicht zu erschütternde Erkenntnis. Fest steht das Wissen vor allem deshalb, weil es sich um ein System aus Erkenntnissen handelt. Bei Stobaeus heißt es auch, dass das Wissen ein spezifischer Charakter ist, der *in der Aufnahme von Vorstellungen* durch nichts (bzw. durch keine Überlegung) erschüttert werden kann (ἕξιν φαντασιῶν δεκτικὴν ἀμετάπτωτον ὑπὸ λόγου) und dieser sichere Charakter beruht auf der besonderen Spannungsbewegung der Seele.[289] Aus diesem Grund wird Wissen von den Stoikern auch als ein unerschütterlicher Habitus (ἕξις) definiert, der auf verlässliche Weise aufgrund von Vorstellungen eine Ansicht zustande bringt.[290]

---

den Zusammenhang von Wahrheit (die immer mit Wissen verbunden ist) und der Unfehlbarkeit des Weisen an, der über Wissen verfügt und folglich nicht irren kann.

288 Sextus Empiricus, *Pyrrhoniae hypotyposes*, II.82.2–83.1 = *FDS*, 322: [...] ἐπεὶ τὸ μὲν ἀληθές ἁπλοῦν τί ἐστιν, οἷον 'ἐγὼ διαλέγομαι', ἡ δὲ ἀλήθεια ἀπὸ πολλῶν ἀληθῶν γνώσεων συνίσταται [...]. „[...] weil das Wahre etwas Einfaches ist wie z. B. die Aussage ‚Ich unterhalte mich', während sich die Wahrheit aus einer Kenntnis von vielem Wahren zusammensetzt." (Übersetzung: Karlheinz Hülser)

289 Stobaeus, *Eclogae*, II.7.5. p. 73 sq. = *FDS*, 385: Εἶναι δὲ τὴν ἐπιστήμην κατάληψιν ἀσφαλῆ καὶ ἀμετάπτωτον ὑπὸ λόγου· ἑτέραν δὲ ἐπιστήμην σύστημα ἐξ ἐπιστημῶν τοιούτων, οἷον ἡ τῶν κατὰ μέρος λογικὴ ἐν τῷ σπουδαίῳ ὑπάρχουσα· ἄλλην δὲ σύστημα ἐξ ἐπιστημῶν τεχνικῶν ἐξ αὑτοῦ ἔχον τὸ βέβαιον, ὡς ἔχουσιν αἱ ἀρεταί· ἄλλην δὲ ἕξιν φαντασιῶν δεκτικὴν ἀμετάπτωτον ὑπὸ λόγου, ἥν τινά φασιν ἐν τόνῳ καὶ δυνάμει κεῖσθαι. „Das Wissen sei eine sichere und durch Raisonnement nicht zu erschütternde Erkenntnis. In einem anderen Verständnis sei Wissen ein System aus vielerlei Einzelwissen von der Art, wie es das vernünftige Wissen von den Einzeltatbeständen ist, welches im Gebildeten existiert. In wieder anderem Verständnis sei es ein System aus vielerlei kunstgerechtem (wissenschaftlichem) Einzelwissen, welches aus sich selbst heraus das Sichere besitzt, wie es die Tugenden haben. Und in nochmals anderem Verständnis sei es der durch Raisonnement nicht zu erschütternde Habitus in der Aufnahme von Vorstellungen, von dem sie sagen, er beruhe auf der pneumatischen Spannung und Kraft." (Übersetzung: Karlheinz Hülser)

290 [Galenus], *Definitiones medicae*, 7, Vol. XIX p. 350 Kühn = *FDS* 386; Diogenes Laërtius, VII.165 = *FDS*, 387; Clemens Alexandrinus, *Stromateis*, II.2 § 9,4, p. 117 Fr. = *FDS*, 389.

Nimmt man ein weiteres Kennzeichen von Wissen hinzu, wonach dieses sich neben der Unerschütterlichkeit und der besonderen Aufnahme der Vorstellungen auch durch eine Kenntnis der Ursachen auszeichnet, wird deutlich, wie es gemeint sein könnte,[291] dass sich die Vorstellungen des Fachmanns von denen des Laien unterscheiden und wie das mit der Herausbildung einer erfassenden Vorstellung verknüpft ist. Wer nämlich über Wissen verfügt, dessen Führungsvermögen besitzt eine derartige Spannkraft, dass es die Vorstellungen auf solche Weise aufnimmt, dass eine Kenntnis der Ursache der Vorstellung mit eingeschlossen ist. Bedenkt man nun, dass die Aufnahme der Vorstellung nur bedeuten kann, dass die Vorstellung aufgrund einer äußeren Affektion (wie Chrysipp in seiner Kritik an Kleanthes eindringlich dargelegt hat), die zu einer Eigenschaftsveränderung des Führungsvermögens führt, durch das Führungsvermögen (welches gerade durch seine Fähigkeit, Vorstellungen zu bilden, charakterisiert wird) herausgebildet wird, dann erscheint es sehr viel weniger unplausibel als zunächst angenommen, dass sich die Vorstellungen des Weisen und der Toren selber auf eine solche Weise unterscheiden, dass es dem Weisen durchaus möglich sein kann, von einem internen Standpunkt aus betrachtet, eine erfassende von einer nicht erfassenden Vorstellung zu differenzieren. Noch einmal: Nicht nur das Lekton, welches den Vorstellungen subsistiert, wäre demnach verschieden, sondern die Vorstellung als solche hätte eine andere Gestalt,[292] und zwar derart, dass sie sich bereits durch ihre besondere Klarheit und Deutlichkeit (als Bedingung einer erfassenden Vorstellung)[293] auszeichnet. Bedenkt man erneut die Ambiguität von φαντασία, dann kann man das auch so verstehen, dass derselbe Gegenstand verschiedenen Personen unterschiedlich erscheint. Diese Annahme ist aber nicht nur alles andere als ungewöhnlich, sondern gibt überdies genau die skeptische Voraussetzung bzw. den Ausgangspunkt des skeptischen Arguments wieder, sodass Stoiker und Skeptiker mitnichten aneinander vorbei reden, wie in der Literatur vermutet wird. Der Unterschied besteht vielmehr darin, dass beide mit ihren Argumenten am *je anderen Ende* ansetzen: Die Skepsis richtet sich gegen die Möglichkeit des Wissens, indem sie bei den einzelnen Erkenntnissen ansetzt, da sie, wie Sextus Empiricus verkündet, davon ausgeht, dass die Zurückweisung der Erkenntnis (κατάληψις) auch das Wissen (ἐπιστήμη) unmöglich macht (das ist deshalb so, weil die Stoiker das Wissen als

---

291 Clemens Alexandrinus, *Stromateis*, VI.18 § 162,4, p. 515 Fr. = *FDS* 391.
292 Dass die Bedingungen der Erzeugung der Vorstellung einen Einfluss auf deren Gestalt haben, hat bereits Michael Frede 1983, 78 herausgestellt. Ein naheliegendes Beispiel hierfür wäre die durch die Einnahme von Drogen manipulierte Wahrnehmung. Dass die Stoiker ähnliches im Blick hatten, verdeutlichen die von ihnen angeführten Bedingungen für die erkenntnistaugliche Vorstellung.
293 Wie ‚klar' und ‚deutlich' in diesem Kontext zu verstehen sind, erläutert ausgezeichnet Michael Frede 1983, 75–81 (mit Literaturbelegen).

ein System von Erkenntnissen bestimmt haben), wohingegen die Stoiker die Realität des Wissens voraussetzen, auf dem ihrer Ansicht nach auch die Herausbildung und Erfassung einer erkennenden Vorstellung beruhen wird.[294]

In einer gewissen Hinsicht wäre das stoische Vorgehen damit analog zum epikureischen. Zwar ist es so, dass für die Stoiker die erfassende Vorstellung ein Kriterium der Wahrheit darstellt, sie also durchaus den einzelnen Vorstellungen einen unterschiedlichen Wahrheitsanspruch zubilligen und nicht die Vorstellung als solche zum Kriterium erheben, aber genauso wie für Epikur aufgrund einer einzelnen Vorstellung nicht begründet werden kann, dass der eckige Turm aus der Nähe rund erscheint, wenn diese nicht in ein ganzes Netz aus Vorstellungen gestellt wird, ebenso entfaltet auch die erfassende Vorstellung der Stoiker nur im Weisen ihre ganze epistemologische Kraft, da die erfassende Vorstellung nur im Kontext seiner besonderen Spannkraft *jederzeit* (d. h. unter *allen Umständen*) mit Klarheit und Deutlichkeit herausgebildet werden kann, und zwar in der Art, dass sie das Wissen ihrer Ursache mit einschließt und mithin auch nur in diesem Kontext vollständig lesbar wird. Hieraus erhellt auch, warum nur der Weise ein Wissen hat, denn bloß sein Führungsvermögen kann erfassende, d. h. deutliche und klare Vorstellungen, ausbilden, weil es die besondere Disposition hierzu hat. Nur deshalb wird der Weise *immer* die richtige Zustimmung geben, da bloß er über einen geeigneten Hintergrund (die Wahrheit) verfügt, d. h., nur er wissend ist und somit sein Führungsvermögen in einem Zustand ist, der es erlaubt, auf *jeden* erfolgten Eindruck, eine Vorstellung zu bilden, die nicht nur ihre Ursache beinhaltet, sondern auch aus der Innenperspektive alle Merkmale einer erfassenden Vorstellung aufweist. Der von den Epikureern zur Erklärung und Absicherung ihres Wahrheitsanspruchs vorausgesetzte Erfahrungsrahmen wird von den Stoikern sozusagen internalisiert, indem sie auch die Wahrheit körperlich sein lassen und zur inneren Strukturierung der Erkenntnisse und Disposition der Seele erklären.

Aber wie bei Epikur die Wahrheit seiner Konzeption auf ihrer Praxistauglichkeit und der Fähigkeit, tatsächlich die erstrebte Seelenruhe zu bereiten, beruht, Epikur seiner Philosophie damit also ein praktisches Fundament verliehen hat, so

---

[294] Damit ist natürlich nicht gesagt, dass nur derjenige eine erkennende Vorstellung haben kann, der bereits über Wissen verfügt (d. h. letztlich der Weise). Wie Annas 1980, 92 (vor allem gegen Rist) betont, würde das die Erkenntnis zu nahe an das Wissen bringen und wäre mit den zahlreichen überlieferten Äußerungen nicht vereinbar, denen zufolge auch der Nicht-Weise Erkenntnisse haben kann, jedoch niemals Wissen. In den meisten Wahrnehmungssituationen werden sowohl Weise als auch Nicht-Weise Wahrnehmungserkenntnisse haben. Relevant und letztlich entscheidend ist jedoch, dass in den von der Skepsis in Anschlag gebrachten Spezialfällen der Wahrnehmung einzig derjenige eine richtige Zustimmung erteilt, dessen Pneuma die erforderliche Spannkraft hat und mithin eine erkennende Vorstellung produziert, die ebenso zustimmungstauglich ist wie in den nicht problematischen Wahrnehmungssituationen.

haben auch die Stoiker eine Letztbegründung nötig, die garantiert, dass es *grundsätzlich* Wissen gibt. Denn der einzige, dem sie Wissen zubilligen (ihr Weiser) ist nicht nur so selten wie ein Phönix, wie Alexander von Aphrodisias spitz bemerkt, sondern findet sich nicht einmal unter den Stoikern selber. Aber wie oben bereits angeklungen ist, vertrauen die Stoiker auch in der Frage, warum man überhaupt die Existenz des Wissens voraussetzen sollte, auf die Vorsehung: Die Natur hat die Sinnlichkeit eben so eingerichtet, dass sie die Außenwelt zuverlässig repräsentiert.

Zuletzt ist für die Stoiker also die göttliche Vorsehung der Garant für die Wahrheit der Sinneswahrnehmung.[295] Denn Gott hat in seiner weisen Fürsorge für seine Geschöpfe ihre Sinnesorgane zu größtenteils zuverlässigen Boten gemacht, sodass sie den Menschen das Wahre vermitteln und somit auch als sicherer Anfangsgrund ihrer Bemühungen um die Wahrheit dienen können. In einem gewissen Sinn beruht die Funktion der erfassenden Vorstellung also auf einer göttlichen Garantie. Das erklärte Ziel der stoischen Philosophie, die Gottähnlichkeit des Weisen, der das wahre Innere der Natur erblickt hat und sein Leben dem Plan der Vorsehung angeglichen hat, erfordert hingegen eine besondere Anstrengung und das Bemühen um eine sichere Kenntnis dessen, was die Welt in ihrem Inneren zusammenhält und das ist für die Stoiker die Wahrheit.

In Ansehung der ethischen Bedeutung dieser universalen Wahrheit erklärt sich auch die Mühe, die die Stoiker auf die Absicherung der grundsätzlichen Möglichkeit, diese aufzudecken, verwandt haben. Eine Wissenschaft, die zu diesem Ziel außerordentlich nützlich ist, und zwar die Wahrsagekunst der Zukunft, soll uns zum Schluss dieses Kapitels beschäftigen.

§ 17 Eine Wissenschaft der Zukunft

Aus moderner Perspektive ist es erstaunlich, mit wie viel Mühe und mit welcher Ernsthaftigkeit die Stoiker sich der Wahrsagekunst gewidmet haben. Aufschluss über die Zukunft sollen beispielsweise der Vogelflug und die Inspektion der Eingeweide von Opfertieren geben. Nahezu alle antiken Philosophen sind sich darin einig, dass es die Wahrsagekunst oder *Mantik* (μαντική) gibt.[296] Uneinigkeit besteht lediglich darin, ob einzelne Techniken mehr oder weniger erfolgversprechend sind bzw. hinsichtlich der angewandten Methoden.[297] Die wichtigste Ausnahme ist Epikur mit seiner Schule, da er zusammen mit der Vorsehung

---

295 Das betont wie gesagt bereits Michael Frede 1983, 72 und 78; 1999, 296 sowie 311.
296 Allgemein zur Wahrsagung in der Antike siehe Hankinson 1988, 126ff.
297 Die Methoden wurden auch von einigen Stoikern kritisch diskutiert. Cicero macht etwa auf die skeptische Haltung des Panaitios aufmerksam. Cicero, *De divinatione*, I.6; II.88.

auch jedes Eingreifen der Götter in die menschlichen Angelegenheiten zurückweist.[298] Bei den Stoikern hingegen ist die Verbindung zwischen Mantik und Vorsehung der Götter besonders eng geknüpft.[299] Und keine andere Schule plädiert mit einem solchem Eifer für die Wissenschaftlichkeit der Wahrsagekunst.[300] Die Stoiker betrachten die Wahrsagekunst geradezu als Paradebeispiel einer Wissenschaft (τέχνη). Die Wahrsagekunst ist aber auch deshalb für unser Vorhaben relevant, weil hier die unterschiedlichen, oben herausgesponnenen Fäden zusammenlaufen. Denn es soll nicht nur gelten, dass die Vorsehung letztlich garantiert, dass die Menschen von Natur aus veranlagt sind, die Wahrheit zu erkennen, es ist auch so, dass sie aus den natürlichen Wirkungen auf die Absichten der Götter schließen können, weshalb man die Mantik auch als eine Wissenschaft der Vorsehung begreifen könnte. Schauen wir uns daher an, was die Wahrsagekunst in den stoischen Augen als Wissenschaft qualifiziert und wie gemeint sein kann, dass sie die Vorsehung zum Gegenstand hat.

Oben ist bereits angeklungen, dass sich die Wissenschaft genauso wie das Wissen aus einzelnen Erkenntnissen zusammensetzen soll, weshalb die Stoiker nach Sextus Empiricus die Wissenschaft auch als ein System von Erkenntnissen definieren (σύστημα ἐκ καταλήψεων).[301] Diese Erkenntnisse sollen das Allgemeine zum Gegenstand haben, was sie von den Wahrnehmungserkenntnissen, die sich auf das Einzelne richten, unterscheidet. Wie die Wahrheit bzw. das Wissen so wird auch die Wissenschaft als eine besondere Spannkraft des Führungsvermögens begriffen.[302] Was die Wissenschaft als solche auszeichnet, soll nach Kleanthes die Fähigkeit sein, alles mit Methode zustande zu bringen. Da für die Stoiker aber auch die Natur eine Spannungsbewegung ist, die alles mit Methode zustande bringt, hat Chrysipp den Zusatz gemacht, dass es mit Vorstellungen (μετὰ φαντασιῶν) geschehen soll. „Wissenschaft ist folglich ein Habitus, der mit Methode unter Vorstellungen voranschreitet."[303] Diese letzte Differenzierung ist mit Blick auf die stoische

---

298 Zur epikureischen Zurückweisung der Vorsehung siehe Epicurus, *Ad Herodotum*, 76–7; Lucretius, *De rerum natura*, II.646–651, 1093–4; V.165–169.
299 Deshalb schließen sie sowohl von der Existenz der Wahrsagung auf die Vorsehung (Cicero, *De natura deorum*, II.6–7;II.12) als auch von der Vorsehung auf die Wahrsagung (Cicero, *De divinatione*, I.82–83.).
300 Hankinson 1988, 135 zufolge soll das nur die künstliche Wahrsagung betreffen, hiervon hat bereits Platon die natürliche Wahrsagung differenziert (Platon, *Apologia*, 22b–c; *Menon*, 99b–d; *Phaidros*, 243c–d). Laut Cicero, *De divinatione*, I.11 handelt es sich um eine sehr alte Meinung („antiquissimam sententiam"). Ausführlich diskutiere ich das Problem in *Das stoische Verständnis der Wahrsagung bei Cicero* (im Erscheinen).
301 Sextus Empiricus, *Pyrrhoniae hypotyposes*, III.241 = FDS, 378.
302 Sextus Empiricus, *Pyrrhoniae hypotyposes*, III.188 = FDS, 379.
303 Olympiodorus, *In Platonis Gorgiam*, 12.1 p. 69sq = FDS, 392: Κλεάνθης τοίνυν λέγει ὅτι 'τέχνη ἐστὶν ἕξις ὁδῷ πάντα ἀνύουσα'. ἀτελὴς δ' ἐστὶν οὗτος ὁ ὅρος, καὶ γὰρ ἡ φύσις ἕξις τίς ἐστιν ὁδῷ

Kosmologie im Detail freilich problematisch. So ließe sich fragen, ob nicht auch die Natur Vorstellungen haben muss, wenn auch sie über ein Führungsvermögen verfügen soll und ihr auch andere Eigenschaften eines Lebewesens zugesprochen werden. Möglicherweise weicht aber Chrysipp auch hierin von Kleanthes ab. Leider lassen sich die Einzelheiten aufgrund der spärlichen Quellensituation nicht mehr eindeutig rekonstruieren. Wichtig ist jedoch die Ergänzung, dass dieses System von Erkenntnissen (welches die Wissenschaft ausmacht) Ziele verfolgt, die für die Menschen im alltäglichen Leben förderlich sind und dass diese durch Erfahrung gemeinsam eingeübt werden. Der erste Punkt, dass die Ziele für das menschliche Leben förderlich sein müssen, ist in Ansehung der Wissenschaftlichkeit der Wahrsagekunst, wie wir gleich sehen werden, besonders bedeutsam und bietet zugleich auch eine Angriffsfläche für die Kritiker der stoischen Theorie. Angeführt haben die Stoiker diesen Punkt, um die Wissenschaft von den schlechten und schädlichen Kunstfertigkeiten zu unterscheiden.[304] Der weitere Zusatz, wonach es in der Erfahrung gemeinsam eingeübt werden muss, kann so verstanden werden, dass dieses System in vielfältiger Erfahrung erprobt worden ist.[305]

Dieser kurze Überblick des stoischen Verständnisses von Wissenschaft muss an dieser Stelle genügen. Schauen wir uns jetzt an, was die Stoiker unter der Wahrsagekunst verstehen und wie sie den dargestellten Kriterien für Wissenschaftlichkeit gerecht wird.

Chrysipp definiert die Wahrsagekunst laut Cicero auf folgende Weise:

> Sie ist die Kraft, welche die Zeichen erkennt, versteht und erklärt, die den Menschen von den Göttern als Vorankündigungen gegeben werden. Sie hat die Aufgabe vorher zu wissen, welche Einstellungen die Götter gegenüber den Menschen einnehmen, was die Art der Zeichen davon besagt, auf welche Weise die Götter besänftigt und ihre angekündigten Maßnahmen abgewendet werden können.[306] (Übersetzung: Karlheinz Hülser)

πάντα ποιοῦσα· ὅθεν ὁ Χρύσιππος προσθεὶς τὸ 'μετὰ φαντασιῶν' εἶπεν ὅτι 'τέχνη ἐστὶν ἕξις ὁδῷ προϊοῦσα μετὰ φαντασιῶν'. „Kleanthes sagt nun, dass ‚Wissenschaft ein Habitus ist, der alles mit Methode zustandebringt'. Diese Definition ist allerdings unvollständig; denn auch die Natur ist ein bestimmter Habitus, der alles mit Methode zustandebringt. Daher setzte Chrysipp ‚unter Vorstellungen' hinzu und sagte: ‚Wissenschaft ist folglich ein Habitus, der methodisch mit Vorstellungen voranschreitet.'"
304 David, *Prolegomena philosophiae*, 14 p. 43.30–44,17 = FDS, 393 A.
305 David, *Prolegomena philosophiae*, 14 p. 43,30–44,17 = FDS, 393 A; Olympiodorus, *In Platonis Gorgiam*, 2,2, p.17 = FDS, 393.
306 Cicero, *De divinatione*, II.63.130 = FDS, 464: „vim cognoscentem et videntem et explicantem signa, quae a dis hominibus portendantur; officium autem esse eius praenoscere, dei erga homines mente qua sint quidque significent, quem ad modumque ea procurentur atque expientur."

Der Wahrsagekunst geht es also darum, die Einstellung der Götter gegenüber den Menschen vorher zu wissen. Die Mantik steht somit in Analogie zum göttlichen Vorherwissen der Zukunft, welches wie gesagt zum einen daraus folgt, dass für Gott die Zukunft zugleich Vergangenheit ist, weil er bereits unendlich oft dieselbe Welt gesehen hat. Zum anderen sieht Gott als Schöpfer der Welt sein Werk im Geist voraus, bevor er daran geht, seinen wohlwollenden Willen in die Tat umzusetzen.[307]

Die Wahrsagekunst richtet sich nun darauf, genau diese Absichten zu entdecken. Chalcidius zufolge soll das grundsätzlich möglich sein, weil „unsere Vernunft mit der göttlichen, welche die Geschicke der Welt regiert und lenkt, verknüpft ist: Wenn unsere Vernunft sich dank der untrennbaren Gesellschaft einer vernünftigen Fügung bewusst geworden sei, dann melde sie den Gemütern im Ruhezustand durch die Tätigkeit der Sinne zukünftige Ereignisse" (Übersetzung: Karlheinz Hülser).[308] Chalcidius spielt hier auf tranceartige Zustände an, in denen die Seele in äußerster Erregung wie außer sich zu sein scheint.

Ein ausgezeichnetes Mittel zur Bestimmung der göttlichen Einstellung gegenüber den Menschen ist für die Stoiker aber die Deutung der Träume. Laut Cicero wird die Wahrsagekunst vor allem versuchen, zu erklären und zu beurteilen, was sich den Menschen in ihren Träumen zeigt.[309] Viele antike Philosophen haben den Träumen eine besondere Macht zugeschrieben. Selbst Aristoteles hat den Träumen eine eigene Abhandlung gewidmet. Gleichwohl kommt Aristoteles in seiner Studie zu einem negativen Ergebnis. So bestreitet er die wahrsagende Kraft der Träume und sucht stattdessen nach natürlichen Erklärungen.

Das sehen die Stoiker nicht nur anders, sie machen die (unter anderem) auf die Traumdeutung gestützte Wahrsagekunst zum integralen Bestandteil ihrer Theologie, weshalb sie auch eng mit dem Wissen der Existenz der Götter verbunden ist. Dass es nämlich eine Wahrsagekunst der Zukunft geben muss, sobald es Götter gibt, wird von den Stoikern auf subtile Weise bewiesen.

Bei Cicero ist etwa der folgende Schluss überliefert:

---

307 Alexander von Aphrodisias, *De providentia*, (nur in arabischer Übersetzung erhalten) 6: „Denn sie behaupten, nichts entstehe ohne *Vorsehung*, alles sei von *Gott* erfüllt und er *durchdringe* alles Existierende. Deshalb hänge die Entstehung aller Dinge von dem *Entschluß* der Götter ab, insofern sie für die Dinge sorgten und ein *jedes* von ihnen leiteten." (Übersetzung: Hans-Jochen Ruland)
308 Chalcidius, *In Platonis Timaeum*, c. 251 sg. = *FDS*, 471: „<Heraclitus> vero consentientibus <Stoicis> rationem nostram cum divina ratione connectit regente ac moderante mundana: propter inseparabilem comitatum consciam decreti rationabilis factam quiescentibus animis ope sensuum futura denuntiare [...]."
309 Cicero, *De divinatione*, II.63.130 = *FDS*, 464.

Wenn es Götter gibt und wenn es nicht zutrifft, daß sie den Menschen vorher bekannt machen, was in Zukunft sein wird, dann gilt: (i) entweder lieben sie die Menschen nicht; oder (ii) sie wissen nicht, was sich ereignen wird; oder (iii) sie sind der Meinung, es sei für die Menschen nicht von Interesse zu wissen, was in Zukunft sei; oder (iv) sie denken, es sei mit ihrer Würde nicht vereinbar, den Menschen im voraus zu bezeichnen, was in Zukunft ist; (v) oder die Götter sind selbst unfähig, es zu bezeichnen.[310] (Übersetzung: Karlheinz Hülser)

Die Möglichkeiten (ii) und (v) werden aufgrund der göttlichen Macht zurückgewiesen; (iii) widerspricht der Erfahrung: Immerhin gibt es nichts, was den Menschen nützlicher sein könnte als ein Vorherwissen der Zukunft. Die Prämissen (i) und (iv) sind direkt mit der Vorsehung der Götter für die Menschen verbunden. So soll es laut Cicero keine größere Wohltat für die Menschen geben, als ihnen ihre Zukunft vorauszusagen, sodass sie sich vor Gefahren in Acht nehmen können.

Daraus schließen die Stoiker, dass es unmöglich Götter geben kann, deren Tätigkeit in der Vorsehung für die Menschen besteht, die Götter aber keine Vorzeichen der Zukunft geben. Genauso unmöglich soll sein, dass sie die Zukunft in Zeichen andeuten, Menschen diese Zeichen aber nicht erkennen können. Denn unter dieser Voraussetzung wäre die göttliche Tätigkeit vergeblich. Wenn die Götter aber den Menschen auch die Mittel überlassen, ihre Zeichen zu verstehen, dann wäre damit die Grundlage für die Wahrsagekunst geschaffen. Denn unter der Wahrsagekunst verstehen die Stoiker die Wissenschaft dieser Zeichen.

---

310 Cicero, *De divinatione*, I.38.82–39.84 = *FDS*, 466: „Si sunt di neque ante declarant hominibus, quae futura sint, aut non diligunt homines aut, quid eventurum sit, ignorant aut existumant nihil interesse hominum scire, quid sit futurum, aut non censent esse suae maiestatis praesignificare hominibus, quae sunt futura, aut ea ne ipsi quidem di significare possunt; at neque non diligunt nos (sunt enim benefici generique hominum amici) neque ignorant ea, quae ab ipsis constituta et designata sunt, neque nostra nihil interest scire ea, quae eventura sunt, (erimus enim cautiores, si sciemus) neque hoc alienum ducunt maiestate sua (nihil est enim beneficentia praestantius) neque non possunt futura praenoscere." „Wenn es Götter gibt und wenn es nicht zutrifft, daß sie den Menschen vorher bekannt machen, was in Zukunft sein wird, dann gilt: entweder lieben sie die Menschen nicht; oder sie wissen nicht, was sich ereignen wird; oder sie sind der Meinung, es sei für die Menschen nicht von Interesse zu wissen, was in Zukunft sei; oder sie denken, es sei mit ihrer Würde nicht vereinbar, den Menschen im voraus zu bezeichnen, was in Zukunft ist; oder die Götter sind selbst unfähig, es zu bezeichnen. Nun aber trifft es weder zu, daß sie uns nicht lieben (denn sie sind Wohltäter und Freunde des Menschengeschlechts) noch trifft es zu, daß sie das nicht kennen, was von ihnen selbst beschlossen und bestimmt ist; auch trifft es nicht zu, daß wir kein Interesse daran haben zu wissen, was sich ereignen wird (denn wir könnten uns vorsichtiger verhalten, wenn wir es wüßten); weiterhin trifft es nicht zu, daß sie es als unter ihrer Würde erachten, [uns die Zukunft anzuzeigen] (denn es gibt keine größere Wohltat); endlich trifft es auch nicht zu, daß sie unfähig sind, die Zukunft im voraus zu erkennen." (Übersetzung: Karlheinz Hülser) Dasselbe Argument in etwas verkürzter Form findet sich auch in *FDS*, 467 und 468.

Nach Cicero findet sich dieses Argument sowohl bei Chrysipp als auch bei Diogenes von Babylon und Antipater.[311]

Dass es also die Wahrsagekunst geben muss, ist unmittelbar mit der stoischen Annahme der Vorsehung verbunden. Setzt man nämlich die Existenz der Götter voraus sowie ihre Regierung der Welt und ihre Fürsorge für die Menschen, ferner ihre grundsätzliche Fähigkeit, Zeichen für zukünftige Ereignisse zu geben, dann wird man nach stoischer Ansicht auch davon ausgehen müssen, dass die Wahrsagekunst möglich ist.[312]

Nachdem die grundsätzliche Möglichkeit der Wahrsagekunst gesichert wäre, stellt sich die Frage nach ihrer Wissenschaftlichkeit. Das begründen die Stoiker erstens mit dem Hinweis auf das systematische Vorgehen in der Zeichendeutung. Grundlegend ist hierbei erneut die stoische Annahme, dass es sich bei der Welt um eine organische Einheit, in der alles in einem durchgängigen Wechselwirkungsverhältnis (συμπάθεια) steht, handelt, was es wiederum erlaubt, aus unterschiedlichen Wirkungen auf die Ursachen zu schließen oder andere, benachbarte Wirkungen daraus zu ersehen. Wie oben im Referat des Chalcidius schon angeklungen ist, beruht hierauf auch die angenommene Verbindung des Menschen mit dem Göttlichen. Nur unter dieser Voraussetzung soll es dem Menschen grundsätzlich möglich sein, einen Einblick in sein Geschick zu gewinnen. Hat man es aber in der Wahrsagekunst mit der Vorsehung Gottes selber zu tun und ist die Vorsehung zugleich auch die Lenkung und Regierung der Welt, die an sich vernünftig ist, mithin eine vernünftige Vereinigung darstellt, dann wird auch die Mantik dem Gegenstand entsprechend auf einem vernünftigen System von Erkenntnissen beruhen.

Dass dies zweitens zum Wohle der Menschen geschieht, wird nach stoischer Ansicht niemand bestreiten wollen, lassen sich doch die größten Wohltaten für die Menschen gewinnen, wenn man ein Wissen der Zukunft hat.[313]

Damit sind aber auch die von den Stoikern angeführten Kriterien für die Wissenschaftlichkeit einer Kunst erfüllt: Die Wahrsagekunst besteht in einem von Vorstellungen geleiteten methodischen Vorgehen, das gemeinsam in der Erfah-

---

311 Cicero, *De divinatione*, I.38.82–39.84 = *FDS*, 466.
312 Cicero, *De legibus*, II.13.32sq = *FDS*, 467. Die Mantik fördert die Verehrung der Götter durch die Menschen. Den Göttern jedoch wird nichts größere Freude als die Verehrung durch die Menschen bereiten. Cicero, *De divinatione*, II.17.41 = *FDS*, 468. Im Umkehrschluss verweisen die Stoiker auf die Mantik als Beweis für die göttliche Vorsehung, die die Welt gesetzmäßig ordnet.
313 Zum Nutzen der Mantik siehe Cicero, *De divinatione*, I.38.82–39.84 = *FDS*, 466: „neque nostra nihil interest scire ea quae eventura sint: erimus enim cautiores si sciemus […]." „[…] auch trifft es nicht zu, daß wir kein Interesse daran haben zu wissen, was sich ereignen wird (denn wir könnten uns vorsichtiger verhalten, wenn wir es wüßten) […]." (Übersetzung: Karlheinz Hülser) Zur Wissenschaftlichkeit der Mantik siehe Diogenes Laërtius, VII. 149 = *FDS*, 463.

rung eingeübt wird und sie geschieht zum Wohle der Menschen. Ob sich aber tatsächlich unter den stoischen Voraussetzungen irgendwelche Wohltaten aus der Mantik für die Menschen ergeben können und ob das Vorherwissen der Götter überhaupt möglich sein kann und mithin die für die Wahrsagekunst essenzielle Annahme Bestand hat, dass die Götter den Menschen ein Wissen des Künftigen vermitteln können, ist fraglich und wird von den Gegnern der stoischen Philosophie, allen voran Alexander von Aphrodisias, mit machtvollen Gründen bestritten. Sollten die Prophezeiungen der Mantik aber weder nützlich noch ihr Gegenstand in der geforderten Art und Weise möglich sein, so stände auch ihr wissenschaftlicher Charakter infrage.

***

Fassen wir die Ergebnisse des Kapitels zusammen, bevor wir uns der Kritik an der Vorsehung im Einzelnen zuwenden und damit auch die Konsequenzen aus der Zurückweisung dieser Konzeption in den Blick rücken. Wir haben die Prinzipien und Elemente der stoischen Naturphilosophie im Ausgang von der Wahrnehmung bestimmt und die gewichtigen Parallelen zu Epikur aufgezeigt, womit zugleich der Unterschied zur aristotelischen Position deutlich geworden sein dürfte. Entscheidend ist hierbei vor allem die Auffassung, dass nur Körper wirken können. Eine Folge hieraus ist, dass für die Stoiker auch bloß Körper existieren. Damit haben die Stoiker die epikureische Ontologie sogar noch weiter reduziert, da für Epikur auch das Leere als Voraussetzung für Bewegung und die Wirksamkeit der Körper existieren soll. Als wesentliche Differenz zwischen den beiden hellenistischen Konzeptionen kann vor allem die stoische Vorstellung des Kosmos als einer organischen Einheit gelten. Dieser Gedanke ist fundamental mit der stoischen Konzeption der Vorsehung verbunden. Nur durch die Regierung und Lenkung der Vorsehung kommt überhaupt erst ein Kosmos, d. h. eine von Gott gestaltete Ordnung, zustande. In der Folge haben wir auf die physikalischen Voraussetzungen der Vorsehung die wesentlichen naturphilosophischen Unterschiede zur epikureischen Ontologie zurückführen können, allen voran die stoische Zurückweisung des Atomismus und der epikureischen Ansicht, dass es mehr als eine Welt geben könne. Auch in Ansehung der stoischen Epistemologie hat sich der Ausgang von Epikur bewährt. Die Stoiker folgen Epikur darin, die aristotelischen Differenzierungen zwischen eigentümlichen und gemeinsamen Wahrnehmungsgegenständen zurückzuweisen; auch für die Stoiker gewinnt die Vorstellung an Bedeutung, wahrscheinlich aus denselben Gründen wie für Epikur, aber vor allem deshalb, weil nur Körper (d. h. für Aristoteles das aus Form und Materie Zusammengesetzte) wahrhaft seiend sein sollen. Zunächst sind daher auch die Parallelen zwischen dem stoischen und epikureischen Verständnis der Wahrnehmung augenfällig. So unterstreicht das für Kleanthes bezeugte wörtliche Verständnis der Wahrnehmung als Eindruck ins Führungsvermögen den abbildhaften Charakter der Wahrnehmung, der wiederum eng mit der ganzheitlichen Verfassung der Vorstellung verbunden ist. Auch wenn sich die Stoiker in ihrer Entwicklung davon getrennt haben sollten, bleiben doch andere wichtige Punkte bestehen. Die Stoiker heben insbesondere die charakteristische Eigenschaft der Vorstellung hervor, dass sie sich selbst in gleichem Maße wie ihren Gegenstand aufzeigt, was bereits Epikur zur Grundlage seiner Konzeption gemacht hat. Diese spezifische Bestimmung der Vorstellung wird von den Stoikern expliziert und ihrer Bestimmung der erfassenden Vorstellung zugrunde gelegt. Nachdem bereits im vorausgehenden Kapitel auf die Parallelen zwischen der epikureischen Behauptung der Wahrheit aller Vorstellungen und der stoischen Annahme der Untäuschbarkeit des sensus sui (was die Selbstwahrnehmung für die Stoiker als absolutes Fundament auszeichnet und was wir so erklärt haben, dass sich beides auf das erste Objekt der Vorstellung bezieht, d. h. die Vorstellung, insofern sie sich selbst zum Gegenstand hat) aufmerksam gemacht wurde, wird jetzt die andere Seite der Vorstellung fokussiert. Auch hier zeigen sich bei oberflächlicher Betrachtung Gemeinsamkeiten zu Epikur. Denn wie die Epikureer gehen auch die Stoiker von der Wahrheit aller Wahrnehmungen aus, nur gelten für die Stoiker nicht alle Vorstellungen als Wahrnehmungen. Erst durch die Zustimmung werden die Vorstellungen zur Wahrnehmung. Die Zustimmung wiederum richtet sich auf den sprachlichen oder propositionalen Gehalt der Wahrnehmung, und weil für die Stoiker nicht alle Vorstellungen wahr sind, gewinnt die Frage nach dem Kriterium der Wahrheit an Brisanz. Auch in diesem Kontext sind jedoch die Parallelen zum epikureischen Vorgehen bemerkenswert, die wir vor allem am grundsätzlichen kohärenztheoretischen Ansatz festmachen konnten. Schwierig ist es in diesem Zusammenhang, streng zwischen internen und externen Bedingungen zu unterscheiden, da für die Stoiker als Physikalisten die Seelenzustände mit körperlichen Verhältnissen identisch sind, weshalb sie die spezielle Kapazität des Weisen, eine feste Zustimmung zu erteilen, seiner besonderen seelischen Spannkraft zuschreiben können. Nur diese hat die geforderte Intensität und nur sein Führungsvermögen ist im Zustand des Wissenden, was die fehlerlose Einordnung der erfassenden Vorstellung erlaubt. Die besondere Spannkraft der Seele des Weisen ist Zeichen für seine Erfüllung mit göttlichem Pneuma. Daher sind seine Entscheidungen der Maßstab für das naturgemäße Handeln, d. h. einem Handeln, welches in Übereinstimmung mit der gottgelenkten Ordnung der Welt steht. Diese gottgelenkte Ordnung der Welt machen die Stoiker zudem zur besonderen Garantie der Natur für die Zuverlässigkeit der erfassenden Vorstellung: Der Sinneswahrnehmung kommt nämlich nach stoischer Ansicht vor allem deshalb eine besondere Glaubwürdigkeit zu, „weil die Natur gewissermaßen eine Richtschnur des Wissens und einen Anfang ihrer selbst gewährt hat, von wo aus später die Begriffe der Dinge ihren Geist eingeprägt werden [...]" (Übersetzung: Karlheinz Hülser).[314] Die Vorsehung ist also in letzter Konsequenz nicht nur für die besondere Gestalt und Beschaffenheit der Welt verantwortlich. Darüber hinaus garantiert die Vorsehung auch die natürliche Erkenntnisfähigkeit des Menschen.

---

[314] Cicero, *Academica posteriora*, I.42 = *FDS*, 256: „[...] quodque natura quasi normam scientiae et principium sui dedisset unde postea notiones rerum in animis imprimerentur [...]."

Kapitel V – Vorsehung, Zufall und Theodizee

Im Vorausgehenden wurde die doppelte Struktur der stoischen Vorsehung aufgezeigt: zum einen die Voraussicht der Götter und zum anderen die besondere Fürsorge für die Menschen.[1] Aufgrund der göttlichen Voraussicht nehmen die Stoiker die Existenz der Wahrsagekunst als Beweis für die Vorsehung in Anspruch. Und wegen ihrer Güte gewähren die Götter den Menschen Einsicht in ihren Ratschluss, wodurch sie ihnen zugleich den größten Nutzen bereiten. Epikur hingegen leugnet zusammen mit der Vorsehung auch die Wahrsagekunst. Seiner Ansicht nach scheren sich die Götter weder um die menschlichen Angelegenheiten noch ist ihnen an der Verwaltung der Welt gelegen, welche vielmehr neben unendlich vielen anderen Welten das Ergebnis eines *blinden Zufalls* sein soll. Aus diesen Gründen können und wollen die Götter den Menschen laut Epikur keine Einsicht in den künftigen Verlauf der Welt geben.

Aber auch unter den Zeitgenossen der Stoiker, die den *blinden Zufall* als Erklärungsgrund der Welt ablehnen und eine weise Lenkung der Welt durch Gott akzeptieren, ist die stoische Konzeption der Vorsehung auf heftige Kritik gestoßen. Die Kritik richtet sich, wie wir im Folgenden sehen werden, gegen beide Seiten der Vorsehung. So wird unter anderem gefragt, wie es eine Vorsehung geben kann, wenn fast alle Menschen schlecht sind und dies auch notwendig der Fall ist. Wieso gibt es überhaupt das Böse, wenn es sich bei dieser Welt um die bestmögliche handelt? Warum geschieht ausgerechnet den guten Menschen so viel Schlechtes? Wie kann Gott die freien Handlungen der Menschen vorauswissen? Oder anders gefragt: Ist die Zukunft unbestimmt oder determiniert? Wenn sie aber nicht bestimmt ist, welches Schicksal können die Seher dann voraussagen? Wenn sie determiniert ist, welchen Nutzen hat dann die Seherkunst, da alles einem festen Plan folgt?

Wir werden in diesem Kapitel zuerst die Probleme adressieren, die mit der Behauptung des göttlichen Vorherwissens verbunden sind. Wichtig ist vor allem die Frage, was vorhergewusst werden kann und was nicht. Diese Frage betrifft unter anderem die Natur des Möglichen sowie des Zufalls. Letzterer scheint dem Vorherwissen der Ereignisse aufgrund seiner unvorhersehbaren Natur entgegen zu stehen. Wir werden die stoische mit der aristotelischen Konzeption kontrastieren, um auf diese Weise grundsätzliche Differenzen aufzuzeigen. Als nächstes wenden wir uns der zweiten herausgestellten Seite der Vorsehung zu. In diesem Kontext werden die Probleme diskutiert, die sich aus der Behauptung der göttlichen Fürsorge für die Menschen ergeben. Mit Blick auf die systemtragende

---

1 Auf die enge Verbindung von Vorherwissen und Vorsehung weist auch Algra 2003, 106 in seiner Behandlung der stoischen Theologie hin. Siehe Cicero, *De natura deorum*, II.12; 162–163.

Bedeutung, die der Vorsehung in der stoischen Philosophie zukommt, werden die Anstrengungen begreiflich, die die Stoiker unternommen haben, hierauf plausible Antworten zu finden. So haben sie zahlreiche Ansätze entwickelt, um das Problem der Vereinbarkeit des Bösen bzw. Schlechten mit der göttlichen Fürsorge für die Menschen in den Griff zu bekommen. Viele der detailliert ausgearbeiteten Argumente wurden bis in die Neuzeit immer wieder im Rahmen der sogenannten Theodizee-Problematik vorgebracht.

Trotzdem kann die stoische Antwort letztlich nicht überzeugen. Denn ihre Theorie der Vorsehung ist mit grundsätzlichen Problemen belastet, die bereits von den antiken Kritikern erkannt worden sind. Wenn man bedenkt, welche Bedeutung die Konzeption der Vorsehung für die stoische Philosophie insgesamt hat, führen diese Probleme zu fatalen Konsequenzen.

Zum Schluss wenden wir uns einem alternativen Verständnis von Vorsehung zu, wie es von Alexander von Aphrodisias mit Rückgriff auf die aristotelische Philosophie und in direkter Auseinandersetzung mit der stoischen und epikureischen Position entwickelt worden ist.

§ 18 Über die Unmöglichkeit göttlichen Vorherwissens

Alexander von Aphrodisias ist wie die meisten anderen antiken Kritiker weit davon entfernt, die Wahrsagekunst als Beweis für die stoische Vorsehung zu akzeptieren. Seine Kritik konzentriert sich vornehmlich auf zwei Punkte. Zum einen bestreitet Alexander, dass die Götter das Künftige vorherwissen können, da die Zukunft seiner Ansicht nach ihrem Wesen nach nicht vorhersehbar ist. Zum anderen wirft er den Stoikern vor, dass sie mit ihrer Theorie die Götter zur Mitursache des Übels machen. Der erste Vorwurf richtet sich somit auf das Wesen der Wahrsagekunst und der zweite Vorwurf zielt ab auf ihren Nutzen. Das Wesen der Wahrsagekunst kann laut Alexander nicht darin bestehen, das Unmögliche zu behaupten. Ihr Nutzen wird aber aufgehoben, wenn sich das Vorausgesagte mit Notwendigkeit ereignet. Daher muss nach Alexander zuerst geklärt werden, was feststeht und was seiner Natur nach nicht vorhergesagt werden kann.[2]

Dass die Götter die Zukunft vorherwissen, folgt nach stoischer Ansicht unmittelbar aus ihrer Vorsehung, da diese den göttlichen Ratschluss über den notwendigen Ablauf der Ereignisse beinhaltet. Für die Stoiker hängt somit die Fürsorge der Götter an ihrer Güte *und* ihrem Vorherwissen. Denn nur deshalb, weil den Göttern Zukunft wie Gegenwart und Vergangenheit offen vor Augen

---

[2] Alexander von Aphrodisias, *De fato*, 200.11ff.

liegen, werden sie die Welt auf bestmögliche Weise für alle vernünftigen Wesen einrichten können.³

Dass aber das Vorherwissen der Ereignisse unmittelbar aus der Vorsehung der Götter für die Menschen folgt bzw. überhaupt mit dieser verbunden ist, bestreitet Alexander von Aphrodisias. Denn seiner Ansicht nach kann es ein sicheres Wissen künftiger Ereignisse nicht geben. Das ist grundsätzlich unmöglich. Wenn es aber prinzipiell unmöglich sein sollte, die Zukunft vorher zu wissen, da es der Natur der Dinge widerspräche, so darf man diese Fähigkeit auch den Göttern nicht zusprechen. Ferner soll die Behauptung, dass die Götter das Künftige wissen, dem, „was evidentermaßen geschieht" (τοῖς γινομένοις τε καὶ ἐναργέσιν) widersprechen.⁴

Entscheidend für Alexanders Argumentation sind zwei Voraussetzungen. Zum einen geht er davon aus, dass es Dinge gibt, die von Natur aus kontingent sind. Zum anderen differenziert er verschiedene Arten von Notwendigkeit. Für die Stoiker ist ‚Schicksal' (εἱμαρμένη) hingegen nur ein anderer Name für Notwendigkeit,⁵ was suggeriert, dass sich alles gleichermaßen notwendig ereignet. Zunächst geht Alexander daher in seiner Widerlegung der stoischen Position so vor, zu bestimmen, was unter Schicksal zu verstehen ist. Ließe sich nämlich zeigen, dass Schicksal und Notwendigkeit nicht dasselbe sind, wäre ein erster Schritt zur Widerlegung des stoischen Schicksalsbegriffs getan. Denn auch Alexander weist das Schicksal als solches unter Berufung auf die allgemeinen Vorbegriffe der Menschen überraschenderweise nicht gänzlich zurück, weil nämlich die allgemeinen Vorbegriffe nicht leer sein sollen. Alle Menschen stimmen seiner Ansicht nach darin überein, dass das Schicksal unter irgendeine Art von Ursache des Geschehenden zu rechnen ist. Alexander stellt sich daher die Frage, unter welche Art von Ursache das Schicksal fällt.⁶

Aristoteles unterscheidet die Ursachen bekanntlich in vier Arten, und zwar Material-, Form-, Zweck- und Wirkursachen.⁷ Alexander beruft sich dabei auf das von Aristoteles angeführte Beispiel einer Statue:⁸ Wirkursache ist nach Alexander der Künstler, Materialursache ist der bearbeitete Stoff, Formursache ist die Gestalt des Kunstwerks und Zweckursache ist schließlich die Absicht, die hinter

---

3 Dass Gott das Künftige weiß, liegt auch daran, dass diese Welt nur eine von unendlich vielen Welten ist, die nacheinander auf immer dieselbe, und zwar bestmögliche Weise entstehen und schließlich in einem Weltenbrand zugrunde gehen. Siehe § 13.
4 Alexander von Aphrodisias, *De fato*, 201.6.
5 *SVF*, II.913.
6 Alexander von Aphrodisias, *De fato*, 165.14ff.
7 Zur aristotelischen Ursachenlehre (auch im Vergleich zu anderen Kausalitätsvorstellungen) siehe umfassend: Hankinson 1998, mit Blick auf das Verhältnis zu Platon: Annas 1982 und mit Hervorhebung der explanatorischen Rolle: Hocutt 1974.
8 Das Beispiel findet sich bei Aristoteles an mehreren Stellen, so etwa *Physica*, 194b23–6; *Metaphysica*, 1013a24–6.

der Erschaffung der Statue steht. Alexander zufolge wird sich alles, was überhaupt als Ursache des Geschehenden gelten kann, unter diesen vier Arten finden müssen.[9] Geht man nun davon aus, dass das Schicksal eine Ursache ist, so wird folglich auch das Schicksal unter eine dieser vier Arten fallen. Für Alexander kommt davon nur die bewirkende Ursache infrage,[10] da vom Schicksal gesprochen wird, wie von einem Künstler, der die Dinge ihm gemäß gestaltet.[11]

Der Bereich der Wirkursachen erstreckt sich laut Alexander auf alle werdenden Dinge. Im Anschluss an Aristoteles unterscheidet er diese in solche, die um einer bestimmten Sache willen werden und somit einen Zweck verfolgen, sowie solche, die keinen eindeutig feststellbaren Zweck haben.[12] Zwecklos ereignet sich etwa das Berühren der Haare oder das Halten von Strohhalmen usw. Diese Geschehnisse können vernünftigerweise nicht weiter verfolgt werden, wohingegen sich das, was wegen eines bestimmten Zwecks geschieht, weiter differenzieren lässt in das, was von Natur aus geschieht, und in das von Vernunft aus Geschehende. Ersteres, also das von Natur aus Geschehende, trägt das Ziel seines Werdens in sich und realisiert dieses nach einer festgelegten und gewissen Ordnung. Als entscheidenden Unterschied zwischen den von Natur aus und den aus Vernunft geschehenden Dingen benennt Alexander den Ort, in dem der Anfang der Bewegung zu lokalisieren ist. Das von Natur aus Werdende trägt den Anfang der Bewegung in sich, wohingegen das aus Vernunftgründen Geschehende den Anfang der Bewegung nicht in sich, sondern in etwas anderem hat.[13]

---

9 Alexander von Aphrodisias, *De fato*, 166.27–29.
10 Die Identifikation von Schicksal mit *causa efficiens* wird als stoischer Einfluss gedeutet. Siehe White 1985, 167; 172; Michael Frede 1982, 277–9.
11 Alexander von Aphrodisias, *De fato*, 167,12–16: ὄντων τοίνυν τοσούτων τῶν αἰτίων καὶ τὴν πρὸς ἄλληλα διαφορὰν ἐχόντων γνώριμον τὴν εἱμαρμένην ἐν τοῖς ποιητικοῖς αἰτίοις δικαίως ἂν καταριθμοῖμεν ἀναλογίαν σώζουσαν πρὸς τὰ γινόμενα κατ' αὐτὴν τῷ τοῦ ἀνδριάντος δημιουργῷ τεχνίτῃ. „Da dies also die Zahl der Ursachen ist und sie sich in einsehbarer Weise voneinander unterscheiden, dürfen wir das Schicksal mit Recht unter die bewirkenden Ursachen rechnen; denn es entspricht in seinem Verhältnis zu den Dingen, die ihm gemäß zustande kommen, dem Künstler, der das Standbild schafft." (Übersetzung: Andreas Zierl) Das Bild des Künstlers findet sich, wie wir in § 13 gesehen haben, etwa bei Seneca. Die von Alexander von Aphrodisias vorgenommene Fokussierung der Wirkursache im Hinblick auf die Frage nach dem Schicksal ist in der Literatur nicht unumstritten. Michael Frede 1982 weist z. B. darauf hin, dass das stoische Schicksal auch analog zur aristotelischen Formursache verstanden werden kann. Nach unseren Ausführungen böte sich ebenso die Zweckursache an. Man kann Alexander aber insofern zustimmen, als die Stoiker alle Ursachenarten auf die Wirkursache zu reduzieren versuchen. Das wird sehr gut deutlich aus Seneca, *Epistulae morales*, 65.
12 Aristoteles, *Physica*, 199a10f.; *Metaphysica*, 1032a12ff.; *Ethica Nicomachea*, 1112a31–3.
13 Alexander von Aphrodisias, *De fato*, 168.12–14. Aristoteles (*Physica*, 192b13–34) unterscheidet die natürliche innere Ursache von der technischen äußeren.

Mit dieser Einteilung vor Augen fragt Alexander nun, worunter das Schicksal zu rechnen ist. Seiner Meinung nach ist ausgeschlossen, dass das Schicksal zu den Dingen gezählt wird, die überhaupt keinen bestimmten Zweck haben. Immerhin sagt man, dass dieses oder jenes aus Schicksalsgründen geschieht und nicht, dass es gar keinen vernünftigen Grund hat. Folglich müsste auch das Schicksal zu den Dingen gehören, die um eines bestimmten Zwecks willen geschehen, und zwar entweder aufgrund eines natürlichen oder eines auf Vernunft beruhenden oder aber eines auf beiden Arten von Wirkursachen beruhenden Zwecks. „Was nun aber gemäß der Vernunft zustande kommt, scheint deshalb gemäß der Vernunft zustande zu kommen, weil derjenige, der es bewirkt, die Macht (ἐξουσία) hat, es auch nicht zu bewirken."[14] Vernunft impliziert nach Alexander immer auch die Möglichkeit, dass der Handelnde als vernunftbegabtes Wesen zugleich die Macht zur Unterlassung derselben Handlung hat. Es wäre seiner Ansicht nach unsinnig zu behaupten, dass sich ein Hausbau schicksalhaft ereignet, da dies offensichtlich geschehen oder nicht geschehen kann. Niemand würde folglich das Schicksal für den Hausbau verantwortlich machen. Ebenso scheint alles, was Gegenstand menschlicher Wahl ist, wie etwa Tugend und Schlechtigkeit, nicht aufgrund des Schicksals zu geschehen. Geht man nämlich davon aus, dass nur das in unserer Macht liegt, was wir auch unterlassen können, so ist es nicht möglich, das Schicksal als die bestimmende Ursache für Tugend und Schlechtigkeit anzuführen.[15] Warum nicht? Unter dieser Voraussetzung wäre dem Menschen sowohl die tugendhafte als auch die lasterhafte Handlung nicht zurechenbar, da nicht sie, sondern das Schicksal tugendhaft bzw. lasterhaft handeln würde. Die menschliche Praxis der Zurechnung sieht aber anders aus: Man lobt das tugendhafte Handeln und tadelt die Missetaten.

Vorausgesetzt, dass das Schicksal als wirkende Ursache nur unter die Dinge fallen kann, die aufgrund von vernünftiger Überlegung oder von Natur aus geschehen, ergibt sich somit, dass das Schicksal zu den von Natur aus geschehenden Dingen (ἐν τοῖς φύσει γινομένοις) gehört. Denkbar wäre nun, dass Schicksal und Natur dasselbe sind, sodass der Unterschied zwischen einem naturbestimmten Geschehen und dem durch das Schicksal Bewirkten nur den Namen betrifft.[16] Als

---

14 Alexander von Aphrodisias, *De fato*, 169.6–7: ἀλλὰ τὰ μὲν κατὰ λόγον γινόμενα τούτῳ δοκεῖ γίνεσθαι κατὰ λόγον τῷ τὸν ποιοῦντα αὐτὰ καὶ τοῦ μὴ ποιεῖν ἔχειν ἐξουσίαν.
15 Die auf Vernunft beruhende Kunst impliziert das Vermögen zu entgegengesetztem Handeln. Daraus folgt für Alexander von Aphrodisias, dass das Schicksal nur unter die von Natur her werdenden Dinge gerechnet werden kann. Siehe auch Aristoteles, *Metaphysica*, 1046b4–7.
16 Alexander von Aphrodisias, *De fato*, 169.18–20: [...] λείπεται δὴ λοιπὸν τὴν εἱμαρμένην ἐν τοῖς φύσει γινομένοις εἶναι λέγειν, ὡς εἶναι ταὐτὸν εἱμαρμένην τε καὶ φύσιν. τό τε γὰρ εἱμαρμένον κατὰ φύσιν καὶ τὸ κατὰ φύσιν εἱμαρμένον. „Bleibt also übrig zu sagen, dass das Schicksal in dem von Natur aus Geschehenden besteht, sodass Schicksal und Natur dasselbe sind. Denn das, was

vorläufiges Ergebnis identifiziert Alexander das Schicksal daher mit der Natur,[17] sodass das naturgemäß Geschehende, wie beispielsweise, dass ein Pferd ein Pferd zeugt, in Übereinstimmung mit dem Schicksal geschieht. Als Beweis für diese These kann seiner Ansicht nach gelten, dass man die Stellung der Sterne gerne als den ersten Anfang alles Geschehenden betrachtet und zugleich auch als schicksalhafte Ursache.

Aristoteles hat im zweiten Buch seiner *Physik* den Zusammenhang von Natur und Notwendigkeit thematisiert. Seiner Ansicht nach setzt jedermann voraus, dass das Natürliche notwendig ist. So ist das, was von Natur aus heiß ist, notwendigerweise heiß. Kennzeichen des natürlichen Geschehens ist folglich, dass es sich immer oder zumindest meistens auf dieselbe Weise ereignet. Damit ist ausgeschlossen, dass das, was sich von Natur aus ereignet, auch aus Zufall geschieht. Zufällig geschieht nämlich dasjenige, was, wie wir noch sehen werden, sich nicht immer auf dieselbe Weise ereignet. Ein Ding entsteht aber auf natürliche Weise, wenn es einen kontinuierlichen Prozess der Veränderung bzw. des Entstehens durchlaufen hat. Weiteres Kennzeichen des natürlichen Geschehens ist, dass dieses von einem Prinzip oder einem Urgrund ausgeht. Diese Prinzipien initiieren eine Veränderung auf ein bestimmtes Ziel hin. Das Ziel muss aber nicht unter allen Umständen erreicht werden. Denn es kann etwas dazwischen treten, was die Entwicklung auf dieses Ziel hin verhindert,[18] worauf Alexander in seiner Kritik der stoischen Position hinweist. Denn selbst wenn das Schicksal dasselbe wie die Natur sein sollte, so folgt daraus noch nicht, dass das Schicksal seine Wirkung mit Notwendigkeit hervorbringt. Die Ordnung ist nämlich keinesfalls in *einem strengen Sinn* notwendig. So kann die Verwirklichung des von Natur aus Geschehenden durchaus misslingen, etwa wenn es in seiner Realisierung behindert werden sollte.[19] Das wird durch die Erfahrung zu genüge belegt. Denn nicht aus jedem Samen wird ein Baum. Gleichwohl steht fest, dass jeder tatsächlich existierende Baum aus einem Samen entstanden sein muss. Nach Alexander hat man es also bei den natürlichen Geschehnissen mit Ereignissen zu tun, die sich zwar notwendig *so* ereignet haben, wenn sie geschehen sind, aber nicht notwendig geschehen müssen. Daraus zieht Alexander den Schluss, dass auch unter

---

gemäß dem Schicksal geschieht, geschieht auch naturgemäß und das gemäß der Natur Geschehende ereignet sich schicksalsgemäß."

17 Wir haben oben gesehen (§ 13), dass auch für die Stoiker das Schicksal die Natur ist. Siehe etwa Aëtius I 27,5 (DDG p. 322b 9) (et alias) = *SVF*, I.176 sowie *SVF*, II.937; Seneca, *De beneficiis*, IV.7 = *SVF*, II.1024.
18 Aristoteles, *Physica*, 199b15f.
19 Alexander von Aphrodisias, *De fato*, 168.3–11. Dass es an der Realisierung seiner Natur auch gehindert werden kann, ist Alexander sehr wichtig. Das macht deutlich, dass für ihn selbst die Natur kein unüberwindbares und unüberschreitbares Schicksal im stoischen Sinn sein kann.

der Bedingung, dass Natur und Schicksal dasselbe sind, nicht ausgeschlossen werden kann, dass sich Dinge gegen das Schicksal ereignen. Zur Illustration verweist er auf die Entwicklung der natürlichen Anlagen des Menschen, die zwar ein großes Gewicht haben, sich jedoch nicht immer durchsetzen müssen.[20]

Entscheidend für Alexanders Kritik ist die mit den natürlichen Vorgängen verbundene Kontingenz (ἐνδεχόμενον). Kontingent soll aber all das sein, was auch nicht oder anders hätte eintreten können.[21] Notwendig ist entsprechend dasjenige, dessen Gegenteil unmöglich eintreten kann. Dass aber nicht alles in diesem Sinn notwendig sein kann, lässt sich laut Alexander ausgehend vom Phänomen der Veränderung bzw. Bewegung belegen.[22]

Wir haben gesehen, dass auch Aristoteles dieses Phänomen an den Anfang seiner *Physik* gestellt hat und dass sowohl Epikur als auch die Stoiker ihrerseits diese Annahme zum Ausgangspunkt ihrer naturphilosophischen Betrachtungen gemacht haben. Aristoteles zufolge ist Bewegung ein Übergang in einen anderen Zustand, der sich an einem zugrunde liegenden Subjekt vollzieht.[23] Wenn aber etwas in einen gegenteiligen Zustand übergehen kann, dann kann es nicht in einem strengen Sinn notwendig sein.

Mit Aristoteles setzt Alexander voraus, dass sich alle natürlichen Dinge aus Form und Materie zusammensetzen, d. h., sie sind sowohl *in Möglichkeit* (δυνάμει) als auch *in Aktualität* (ἐντελεχείᾳ). *In Aktualität* sind sie, insofern sie eine bestimmte Form haben und aufgrund dieser bestimmten Form selber Ursache

---

20 So wäre auch die Behauptung Heraklits zu verstehen, wonach der Charakter der Gott oder *Dämon* des Menschen sein soll. Alexander von Aphrodisias, *De fato*, 170.18–19: ἦθος γὰρ ἀνθρώπων δαίμων κατὰ τὸν Ἡράκλειτον, τουτέστι φύσις. „Denn der Charakter ist laut Heraklit der Dämon der Menschen, das ist ihre Natur."
21 Alexander von Aphrodisias, *De fato*, 174.30–175.5: ὅτι δὲ καὶ τὸ ἐνδεχόμενόν τε καὶ τὸ ὁπότερ' ἔτυχεν γίνεσθαί τινα ὑπὸ τῶν πάντα ἐξ ἀνάγκης γίνεσθαι λεγόντων ἀναιρεῖται, αὐτόθεν πρόδηλον, εἴ γε ταῦτα μὲν κυρίως ἐνδεχομένως γίνεσθαι λέγεται, ἐφ' ὧν καὶ τὸ ἐνδέχεσθαι μὴ γενέσθαι χώραν ἔχει, ὡς καὶ αὐτὸ τὸ ὁπότερ' ἔτυχεν λεγόμενον ποιεῖ γνώριμον, τὰ δ' ἐξ ἀνάγκης γινόμενα οὐκ ἐνδέχεται μὴ γενέσθαι. „[...] daß aber das Kontingente und daß manches so oder so geschehen kann, von denen, die sagen, alles geschehe aus Notwendigkeit, aufgehoben wird, leuchtet von selbst ein, jedenfalls wenn man sagt, daß kontingent recht eigentlich das geschehe, bei welchem auch die Möglichkeit, nicht zu geschehen, Raum hat, wie es auch eben der Ausdruck ‚so oder so' erkennen läßt, wohingegen das aus Notwendigkeit Geschehende nicht die Möglichkeit hat, nicht zu geschehen." (Übersetzung: Andreas Zierl) Siehe auch Aristoteles, *Categoriae*, 12b38ff.; *De interpretatione*, 19a7–22.
22 Alexander von Aphrodisias, *De fato*, 175.16–18: ὁρῶμεν γοῦν τῶν ὄντων τὰ μέν τινα οὐδεμίαν ἔχοντα δύναμιν τῆς εἰς τὸ ἀντικείμενον τοῦ ἐν ᾧ ἐστι μεταβολῆς, τὰ δ' οὐδὲν μᾶλλον αὐτῶν ἐν τῷ ἀντικειμένῳ ἢ ἐν ᾧ ἐστιν εἶναι δυνάμενα. „Wir sehen jedoch, dass manche Dinge kein Vermögen haben, in das Gegenteil ihres aktuellen Zustandes umzuschlagen, manche aber genauso gut in einem gegenteiligen Zustand zu sein vermögen."
23 Aristoteles, *Physica*, 224b35–225b5.

der Veränderung an einer anderen Materie sein können. *In Möglichkeit* sind aber dieselben natürlichen Dinge, insofern sie eine andere Form annehmen können. Wir erinnern uns an die von Aristoteles zur Illustration angeführte Bronze, die als bestimmtes Material, d. h. als eine geformte Materie *in Aktualität* ist. Insofern die Bronze aber zur Statue werden kann, ist sie *in Möglichkeit*.[24] Entsprechendes gilt laut Alexander auch für natürliche Dinge, die ebenfalls gegenteilige Zustände annehmen können:

> Dementsprechend ist es möglich, dass der Sitzende steht, dass der sich Bewegende ruht, und dass ein Redender schweigt und bei unendlich vielen anderen Dingen könnte man finden, dass ihnen eine Möglichkeit beiwohnt, Gegensätze anzunehmen; wenn die aus Notwendigkeit in einem von diesen zwei Zuständen befindlichen Dinge nicht die Möglichkeit haben, den Zustand anzunehmen, der dem, worin sie sich befinden, entgegengesetzt ist, werden die Dinge, welche auch das Gegenteil des Zustandes, in welchem sie sind, annehmen können, nicht aus Notwendigkeit (οὐκ ἐξ ἀνάγκης) in diesem sein. Wenn aber nicht aus Notwendigkeit, dann kontingentermaßen (ἐνδεχομένως).[25]

---

24 Wir haben gesehen, dass und wie Aristoteles die Unterscheidung anhand seiner Diskussion der Bewegung motiviert hat. Die Notwendigkeit der Unterscheidung zwischen Möglichkeit und Wirklichkeit wird von Aristoteles in der *Metaphysik* in Auseinandersetzung mit der megarischen Philosophie herausgestellt. Die Megariker sollen der Ansicht sein, dass etwas nur dann ein Vermögen hat, wenn es auch wirklich tätig ist. Siehe Aristoteles, *Metaphysica*, 1046b29–1047a14. Ein derartiger Begriff von Möglichkeit würde laut Aristoteles den fundamentalen Unterschied von Möglichkeit und Wirklichkeit aufheben, was wiederum viele unhaltbare Konsequenzen nach sich zöge. So hätte jeder nur die gerade ausgeführte Fähigkeit oder wahrnehmbar wäre bloß, was gerade wahrgenommen wird. Ferner würden Veränderung und Bewegung auf diese Weise unmöglich gemacht. Die Vermeidung dieser Konsequenzen erfordert laut Aristoteles die Unterscheidung zwischen Aktualität und Möglichkeit. Möglich soll demzufolge dasjenige sein, was bei seiner Aktualisierung nichts Unmögliches hervorruft (siehe *Metaphysica*, 1047a24–26). Diese Definition ist zugleich eine Erwiderung auf die den Megarikern entgegengesetzte Extremposition, wonach alles möglich sein soll, auch wenn es nicht eintritt. Ihnen hält Aristoteles entgegen, dass sich Umstände denken lassen müssen, in denen das, was als möglich bezeichnet wird, keine unmöglichen Sachverhalte bei seiner Realisierung mit sich führt. Somit kann man von einer Handlung sagen, dass sie auch dann möglich ist, wenn sie nicht gerade ausgeführt wird. So wird der Baumeister die besondere Möglichkeit haben, ein Haus zu bauen, auch wenn er gerade keins baut. Andererseits bestreitet Aristoteles, dass auch das möglich ist, was sich unmöglich realisieren lässt, da es beispielsweise gegen die Sätze der Logik verstößt, indem es etwa das Prinzip vom Nichtwiderspruch verletzt. Hierhin gehört auch das von Alexander verwendete Beispiel der Kommensurabilität der Diagonalen im Quadrat.

25 Alexander von Aphrodisias, *De fato*, 175.22–27: ὁμοίως δὲ καὶ τούτῳ δυνατὸν καὶ τὸν καθεζόμενον στῆναι καὶ τὸν κινούμενον ἠρεμῆσαι καὶ τὸν λαλοῦντα σιγῆσαι καὶ ἐπὶ μυρίοις εὕροι τις ἂν δύναμίν τινα ἐνυπάρχουσαν τῶν ἐναντίων δεκτικήν, ὧν, εἰ τὰ ἐξ ἀνάγκης ὄντα ἐν θατέρῳ οὐκ ἔχει δύναμιν τοῦ δέξασθαι τοῦ ἐν ᾧ ἐστι τὸ ἐναντίον, οὐκ ἐξ ἀνάγκης ἂν εἴη ἐν οἷς ἐστι τὰ καὶ τοῦ ἐναντίου αὐτοῖς δεκτικά. εἰ δὲ μὴ ἐξ ἀνάγκης, ἐνδεχομένως. Siehe auch Aristoteles, *De interpretatione*, 19a7–17.

Besonders deutlich tritt die Möglichkeit, gegenteilige Zustände anzunehmen, bei Lebewesen und insbesondere rationalen Akteuren zutage. Sie haben nämlich Fähigkeiten (d. h. also spezifische Möglichkeiten), die sie gezielt realisieren können. Die Realisierung kann jedoch ebenso gut unterlassen werden. Dasselbe gilt indessen nicht für die Natur lebloser Dinge. So kann etwa das Feuer nicht kalt werden.[26] Das Feuer kann zwar größer oder kleiner werden, aber die Hitze gehört notwendig zur Aktualität des Feuers. Was sich notwendig in einem Zustand befindet, kann unmöglich in einem gegenteiligen Zustand sein. Im Umkehrschluss bedeutet das nach Alexander, dass alles, was in einem gegenteiligen Zustand sein kann, nicht aus Notwendigkeit in seiner Verfassung ist. Was aber nicht notwendig in einer bestimmten Verfassung ist, muss dieselbe kontingentermaßen (ἐνδεχομένως) angenommen haben.

Wer nun allerdings wie die Stoiker behauptet, dass sich alles aus Notwendigkeit ereignet, der widerspricht nach Alexander den evidenten Tatsachen.[27] Alexanders Argumentation beruht folglich darauf, dass die Stoiker seiner Ansicht nach nicht zwischen verschiedenen Formen von Notwendigkeit unterscheiden können und stattdessen alles für gleichermaßen notwendig durch zeitlich vorausgehende Ursachen bewirkt halten müssen. Seiner Ansicht nach kann jedoch das Aufschlagen eines Augenlids nicht in demselben Maße notwendig sein wie die Hitze des Feuers oder der Tod eines Lebewesens.[28]

Gegen die Annahme, dass sich alles gleichermaßen notwendig ereignet, spricht nach Alexander auch die Existenz des Zufalls. Was er unter Zufall versteht, entspricht im Großen und Ganzen der aristotelischen Konzeption des Zufalls. Ohne an dieser Stelle auf die Details der aristotelischen Analyse einzugehen, soll das Augenmerk insbesondere auf zwei Punkte gelegt werden.[29] So erinnert Alexander zunächst daran, dass der Zufall im Bereich des prinzipiell zweckhaften Geschehens anzutreffen ist. Zweitens ist auch für das Verständnis des Zufalls die Unterscheidung zwischen akzidentellen,[30] d. h. nebenbei zutref-

---

26 Alexander von Aphrodisias, *De fato*, 175.18–21. Siehe auch Aristoteles, *Categoriae*, 12b37–41; *De Interpretatione*, 22b38–23a3; *De generatione et corruptione*, 330b3–5.
27 Alexander von Aphrodisias, *De fato*, 175.7–13.
28 Sorabji 1980, 222–224 sieht bei Aristoteles sogar zehn unterschiedliche Begriffe von Notwendigkeit. Zierl 1995, 168 konstatiert hingegen drei Arten von Notwendigkeit.
29 Alexander von Aphrodisias, *De fato*, 172.17ff. Zur aristotelischen Konzeption des Zufalls mit weiteren Literaturangaben siehe Hahmann 2007.
30 Zur akzidentellen Verursachung siehe Aristoteles, *Physica*, 196b27–29; *Metaphysica* 1025a24–30. In *Metaphysica*, VI.2–3 stellt Aristoteles als Besonderheit akzidenteller Verursachung die Intersektion zweier Kausalketten heraus, d. h., dass sich zwei voneinander getrennte Kausalketten aufgrund eines bestimmten Ereignisses kreuzen. Siehe hierzu Jedan 2000, 25f. sowie Kirwan 1993.

fenden Ursachen, und solchen, die *an sich* ein Ereignis herbeiführen, entscheidend. Die beiden Beispiele, die Alexander zur Illustration verwendet, sind aus Aristoteles bekannt: So sagt man etwa, dass jemand zufällig einen Schatz findet, der wegen einer anderen Sache seinen Garten umgräbt (bspw. weil er einen Teich anlegen wollte), oder man erhält zufällig sein Geld zurück, wenn man den Schuldner während eines Einkaufs auf dem Markt trifft. Wichtig ist vor allem, dass es nicht beabsichtigt war, einen Schatz zu finden bzw. das Geld einzutreiben und beides nicht regelmäßig auf die ausgeführten Tätigkeiten folgt. Es sollte also nicht so sein, dass zu erwarten war, den Schuldner dort anzutreffen, weil ihm etwa ein Verkaufsstand gehört. Gleichwohl hätte man es sich durchaus zum Zweck machen können, einen Schatz zu finden bzw. sein Geld einzutreiben. Der Zufall liegt also nicht nur im Bereich des kontingenten Geschehens, d. h. also im Bereich dessen, was sich nicht immer auf dieselbe Weise ereignet, sondern gehört auch dem prinzipiell zweckhaften Geschehen an. Wir werden gleich sehen, dass die Stoiker zwar aufgrund ihrer naturphilosophischen Annahmen der ersten Voraussetzung widersprechen müssen; ihrer Ansicht nach kann es wie gesagt das Kontingente in einem durch ein übergeordnetes Gesetz bestimmten Kosmos nicht geben. Die zweite Voraussetzung, die den Zufall zum Bereich des potentiell zweckhaften Geschehens rechnet, wird sich hingegen als besonders wichtig erweisen.

Alexander erhebt nun den Vorwurf, dass die stoische Bestimmung des Zufalls von der allgemein angenommenen Bedeutung des Wortes abweicht und demselben Wort stattdessen eine andere Bedeutung beilegt, die besser mit ihrer Theorie des Schicksals kompatibel ist.[31] Bei dem Vorwurf, die herkömmliche Bedeutung von Begriffen zu verändern, handelt es sich um einen Vorwurf, der den Stoikern von vielen Seiten entgegengebracht worden ist. Wir werden jedoch sehen, dass, zumindest was die allgemein angenommene Bedeutung des Wortes ‚Zufall' betrifft, der Vorwurf nur zum Teil gerechtfertigt ist.

Problematisch ist für Alexander in erster Linie, dass die stoische Konzeption des Schicksals wie gesagt kontingentes Geschehen ausschließt. Da Aristoteles den Zufall im Bereich des kontingenten Geschehens verortet, folgt aber daraus, dass es den Zufall zumindest im aristotelischen Sinn für die Stoiker nicht geben

---

[31] Alexander von Aphrodisias, *De fato*, 172.12–16: οὐ γὰρ σώζεται τὸ γίνεσθαί τινα ἀπὸ τύχης, <ἂν> ἀνελών τις τὴν τῶν οὕτως γινομένων φύσιν ὄνομα θῆται τοῖς γινομένοις ἐξ ἀνάγκης τὴν τύχην, ἀλλ' αὐτὰ δεῖξαι δυνάμενα σώζεσθαι, ἐφ' ὧν τὸ τῆς τύχης ὄνομα κατηγορεῖσθαι πεπίστευται. „Es wird [aber] nicht bewahrt, dass manches aus Zufall geschieht, wenn man die Natur des so Werdenden aufhebt und dem, was aus Notwendigkeit geschieht, den Namen des Zufalls gibt, aber wenn man zeigt, dass festgehalten werden kann, wovon nach allgemeinem Glauben der Name des Zufalls ausgesagt wird."

kann. Hinzu kommt, dass die Stoiker laut Alexander nicht nur behaupten, dass es den Zufall als Ursache auch in einer schicksalhaft bestimmten Ordnung gibt, sondern sie gehen letztlich sogar soweit, dass sie den Zufall mit dem Schicksal selbst identifizieren.³² Entscheidend ist die von mehreren Quellen überlieferte stoische Bestimmung des Zufalls: So soll es sich um eine „dem menschlichen Verstand verborgene Ursache" (ἄδηλον αἰτίαν ἀνθρωπίνῳ λογισμῷ) handeln.³³ Den Hinweis auf den menschlichen Verstand deuten die meisten modernen Interpreten ebenso wie Alexander als Indiz für eine rein epistemische Bestimmung des Zufalls.³⁴ Alexander verdeutlicht das anhand eines Beispiels: So soll etwa ein Kranker, der nicht weiß, warum er krank geworden ist, behaupten, dass er zufällig krank geworden sei.³⁵ Der Kranke kennt also nicht die Ursache seiner Krankheit, diese ist „seinem Verstand verborgen" (ἄδηλος δὲ ἀνθρωπίνῃ διανοίᾳ oder ἀνθρωπίνῳ λογισμῷ). Das bedeutet aber offenkundig weder, dass er ursachelos krank geworden ist, noch, dass dieselbe Unkenntnis der Ursache auch für einen Fachmann zuträfe (wie bereits Alexander bemerkt). Die Frage wäre also, ob es auch für einen guten Arzt Zufall ist, dass der Patient krank wurde, d. h., ob auch seinem Verstand die Ursache der Krankheit verborgen bleibt. Angenommen, es ließe sich zeigen, dass die Krankheit ihren Anfang in einer nicht kurierten Erkältung genommen hat und dass dies dem Arzt aufgrund seiner technischen Möglichkeiten bekannt werden könne. Dann wäre dasselbe Ereignis, das sich für den Kranken als zufällig darstellt, für den Arzt eine notwendige Folge einer erkennbaren Ursache. Die Wissenschaft dieser Ursache wäre in diesem Fall die Medizin. Analoges ließe sich für die anderen vermeintlich zufälligen Ereignisse und deren Ursachen aufzeigen. Diesem Verständnis zufolge könnte man den Zufall prinzipiell ausschalten, da er durch eine wissenschaftlich erkennbare Ursachen ersetzbar wäre.³⁶

---

32 Alexander von Aphrodisias, *De fato*, 173.13f. = *SVF*, II.968: οὕτως μὲν γὰρ οὐδὲν κωλύσει λέγειν ταὐτὸν εἱμαρμένην τε εἶναι καὶ τύχην καὶ τοσοῦτον ἀποδεῖν τοῦ τὴν τύχην ἀναιρεῖν, ὡς καὶ πάντα τὰ γινόμενα γίνεσθαι λέγειν [οὐκ] ἀπὸ τύχης. (173.23–26) „[...] so wird nämlich nichts daran hindern zu sagen, dass das Schicksal und der Zufall dasselbe seien und er sei so weit davon entfernt, den Zufall aufzuheben, dass er auch sage, alles Geschehende werde aus Zufall."
33 *SVF*, II.965–968; 970–973. Philoponus wendet gegen die Bestimmung des Zufalls als verborgene Ursache ein, dass damit nicht gesagt ist, was der Zufall sei, sondern lediglich, was der Zufall nicht ist. Philoponus, *In Aristotelis physicorum libros commentaria*, 16.266.8–15. Philoponus bezieht sich auf Aristoteles, *Physica*, 196b5.
34 Siehe Bobzien 1998, 175; Brouwer 2011, 113ff.; Hankinson 1988, 154ff.; Dufour 2004, 427; Krewet 2017.
35 Alexander von Aphrodisias, *De fato*, 174.3–7.
36 Hankinson 1988, 154: „Furthermore, if science gradually improves so that events which were previously unpredictable on the basis of causal laws become predictable, as those laws are discovered or refined, will not the possible sphere for activity of the divinator decline to vanish-

§ 18 Über die Unmöglichkeit göttlichen Vorherwissens — 353

Eine andere Möglichkeit wäre jedoch, dass sich die Definition des Zufalls nicht auf eine *einzelne* vorausgehende Ursache bezieht, sondern auf einen *Komplex* von verschiedenartigen Ursachen, die wegen ihrer Vielfältigkeit nicht von einer einzelnen Wissenschaft erfasst werden können. Fraglich wäre, ob damit so etwas wie eine grundsätzliche Vagheit eingeführt wird, die Zukunft also wegen dieser Unbestimmtheit für Menschen prinzipiell nicht vorhersehbar wäre. Für diese zweite Alternative argumentiert Susanne Bobzien. Sie verweist auf die Komplexität der involvierten Ursachenketten und unterstreicht, dass es aufgrund der Anzahl der Ursachen *unmöglich* sei, alle aufzudecken.[37] Als Illustration einer solch komplexen Ursachenreihe wird von Hankinson das häufig in diesem Kontext bemühte Beispiel des Würfelwurfs angeführt.[38] Auch wenn damit sicherlich ein treffendes Beispiel für ein unvorhersehbares Ereignis (zumindest was den heute denkbaren Stand der Wissenschaft betrifft) gegeben ist, muss damit doch nicht die für die Stoiker primäre Bedeutung des Zufalls erschöpfend erfasst sein. Hiergegen sprechen, wie ich im Folgenden darlegen werde, drei Gründe:

Zuerst muss man beachten, dass die Stoiker explizit erklären, dass der Zufall Gegenstand der Wahrsagung sein soll.[39] Die Bestimmung des Gegenstands ist, wie wir gesehen haben, für die Erfassung des wissenschaftlichen Charakters der Wahrsagung wesentlich. Entscheidend ist nämlich, dass die Wahrsagung ihren *eigentümlichen* Gegenstand hat, weil auch die anderen Wissenschaften Aussagen

---

ing-point?" Voraussetzung ist hier, dass die Wahrsagung den Zufall zum Gegenstand hat. Siehe dazu oben § 17.
37 Bobzien 1998, 175: „[...] it seems that the impossibility of detecting all causes is a fundamental point. The occurrents the diviners predict are among those which are considered as 'unpredictable' by way of causal connections, because they involve too many possible influences, including human decisions and actions, and do not follow a regular pattern we could understand."
38 Hankinson 1988, 155.
39 Cicero, *De divinatione*, I.9: „[...] quae est earum rerum, quae fortuitae putantur [...]." „[...] die sich auf solche Dinge richtet, die man als zufällig erachtet [...]." Sowie II.13: „[...] quae essent fortuitae." Neben *fortuna* spricht Cicero auch von *fors, casus* und *eventus*. Siehe II.15. Pease 1920, 68 bemerkt, dass es im Lat. „putantur" heißt. Das soll dafür sprechen, dass sich Quintus von der Bestimmung distanziert. Weil das nun aber mit späteren Stellen im zweiten Buch konfligiert, sieht Pease hierin einen Beleg für eine Entwicklung der stoischen Position. Dass nämlich der Zufall Gegenstand der Wahrsagung sei, soll nur Chrysipp bzw. Antipater behauptet haben, wohingegen Poseidonios aufgrund der skeptischen Einwände bemerkt haben könnte, dass dies mit der Auffassung eines kausalen Determinismus in Konflikt gerät. Die meisten Kommentatoren haben sich dieser spekulativen These angeschlossen. Siehe Repici 1995, 179, Timpanaro 1988 and Wardle 2006, 122. Ich kann mir jedoch kaum vorstellen, dass Chrysipp die Probleme nicht selbst gesehen hat. Hinzu kommt, dass die Textbasis für diese weitreichende Annahme recht dürftig ist.

über künftige Ereignisse treffen.⁴⁰ Aus diesem Grund haben die Stoiker die möglichen Objekte der Wahrsagekunst von solchen Gegenständen abgegrenzt, die bereits von anderen Wissenschaften bzw. der Philosophie behandelt werden oder aber unter gar keine bekannte Wissenschaft fallen.⁴¹ Vor diesem Hintergrund ist es bemerkenswert, dass auch andere Wissenschaften Voraussagen über Gegenstände treffen, die im obigen Sinn (d. h. also wegen ihrer komplexen Verursachung) zufällig sind. Ein Beispiel hierfür wäre das Wetter, welches laut Cicero der Steuermann voraussieht und damit nicht der Wahrsager.⁴² Denn für die Stoiker qualifizieren sich Wetterphänomene nicht ohne weiteres als Objekte der Wahrsagung. Diese Zurückweisung ist jedoch sonderbar, weil sich Wetterphänomene dadurch auszeichnen, dass sie von einer Vielzahl von Faktoren verursacht worden sind, wobei der Komplexitätsgrad ihrer Verschränkung dazu führt, dass sie *dem menschlichen Verstand* größtenteils *verborgen bleiben*. Vorausgesetzt, dass der Zufall Gegenstand der Wahrsagung sein soll, würde das bedeuten, dass die Stoiker den Zufall gerade nicht (oder zumindest nicht ausschließlich) so verstehen wollen, dass es sich um eine Vielzahl von unterschiedlichen wirksamen Ursachen handelt. Oder anders ausgedrückt, die dem „menschlichen Verstand verborgene Ursache",⁴³ die die Stoiker der Überlieferung zufolge mit dem Zufall identifizieren, wäre nicht nur einfach die Summe von zahlreichen kleinen, teils verdeckten Einflüssen. Was macht ein Ereignis dann aber zum Gegenstand der Wahrsagung? Cicero zitiert an einer Stelle Chrysipps Definition des Wahrsagevermögens: Demnach handelt es sich um „die Kraft, welche die Zeichen erkennt, versteht und erklärt, die den Menschen von den Göttern als Vorankündigungen gegeben werden. Sie hat die Aufgabe vorher zu wissen, welche Einstellungen die Götter gegenüber den Menschen einnehmen, was die Art der Zeichen davon besagt, auf welche Weise die Götter besänftigt und ihre angekündigten Maßnahmen abgewendet werden können".⁴⁴ (Übersetzung: Karlheinz Hülser) Zuvor hat Cicero bereits erwähnt, dass die Stoiker der Ansicht sind, der Zufall

---

40 Selbst Ärzte, Bauern oder Steuermänner sehen nicht nur sehr vieles voraus, sondern sind darin wahrscheinlich auch besser als Wahrsager: So kann den Ausgang einer Krankheit am besten der Arzt bestimmen und die Entwicklung des Wetters sieht am sichersten der Steuermann voraus. Cicero, *De divinatione*, I.112; II.12.
41 Cicero, *De divinatione*, II.12.
42 Cicero, *De divinatione*, II.14.
43 *SVF*, II.966: „[...] ἄδηλον αἰτίαν ἀνθρωπίνῳ λογισμῷ [...]." Siehe auch *SVF*, II.965; 970–973.
44 Cicero, *De divinatione*, II.130 (= *FDS*, 464): „vim cognoscentem et videntem et explicantem signa, quae a dis hominibus portendantur; officium autem esse eius praenoscere, dei erga homines mente qua sint quidque significent, quem ad modumque ea procurentur atque expientur." Siehe oben § 17.

stehe mit dem „Willen der Götter in Verbindung".⁴⁵ Nimmt man nun noch die oben angeklungene Bemerkung Alexanders hinzu, demzufolge die Stoiker den Zufall mit dem Schicksal identifiziert haben sollen,⁴⁶ das Schicksal wiederum mit der Vorsehung gleichgesetzt wird,⁴⁷ so bietet sich eine andere Interpretation der stoischen Bestimmung des Zufalls (als einer dem „menschlichen Verstand verborgenen Ursache") an: Verborgen wäre demzufolge in erster Linie nicht die vorausgehende zeitliche Ursache bzw. der Ursachenkomplex (den es sicherlich auch geben muss), sondern der göttliche Wille bzw. der übergeordnete (teleologische) Plan des Geschehens.⁴⁸ Wir erinnern uns daran, dass Aristoteles die Existenz eines solchen Plans durch seine Konzeption des Zufalls bestreitet. Von einer aristotelischen Perspektive aus betrachtet wäre die stoische Konzeption des Zufalls tatsächlich völlig unverständlich, da für die Stoiker der Zufall eben nicht das bloß potentiell Zweckhafte ist – was also an sich ohne Ursache eintritt, auch wenn es eine akzidentelle Ursache aufweist – sondern die dem Menschen verborgene Ursache hat das Zusammentreffen der einzelnen Kausalketten *angeordnet* und muss in letzter Konsequenz mit der Verkettung der einzelnen Kausalketten (als Schicksal) sogar identisch sein. Denn in der zielgerichteten Zusammenführung der einzelnen Kausalketten (die deshalb auch einen Kosmos ausmachen) äußert sich die teleologische Ordnung bzw. der vorsehende Plan Gottes. Dazu passt auch, dass Cicero spitz bemerkt, dass: „frage ich Chrysipp selbst nach den Ursachen aller dieser Erscheinungen, so wird er selbst doch ein Vorkämpfer der Wahrsager niemals behaupten, sie hätten sich zufällig eingestellt; vielmehr wird er für alle eine natürliche Erklärung geben: nichts kann nämlich ohne Ursache entstehen".⁴⁹ (Übersetzung: Christoph Schäublin) Gemeint ist damit nämlich,

---

45 Cicero, *De divinatione*, II.39: „[...] cum deorum voluntate coniunctam [...]." Andere Stellen, in denen die enge Verbindung zwischen göttlichem Willen und Vorsehung anklingt, sind: II.47; 67; 131.
46 Alexander von Aphrodisias, *De fato*, 173.23–26 (in: SVF, II.968): οὕτως μὲν γὰρ οὐδὲν κωλύσει λέγειν ταὐτὸν εἱμαρμένην τε εἶναι καὶ τύχην καὶ τοσοῦτον ἀποδεῖν τοῦ τὴν τύχην ἀναιρεῖν, ὡς καὶ πάντα τὰ γινόμενα γίνεσθαι λέγειν [οὐκ] ἀπὸ τύχης. „[...] so wird nämlich nichts daran hindern zu sagen, dass das Schicksal und der Zufall dasselbe seien und er sei so weit davon entfernt, den Zufall aufzuheben, dass er auch sage, alles Geschehende werde aus Zufall."
47 SVF, II.913.
48 So betont Quintus, dass „omnia [...] divina mente notata" (*De divinatione*, I.17). Ausgeführt wird der Plan durch das Schicksal („[...] haec fixa gravi fato ac fundata [...]." *De divinatione*, I.20). Die theologische Komponente des stoischen Begriffs des Zufalls betont auch Simplicius in SVF, II.965. Bereits Hirzel 1882, 867ff. hat auf die Parallelen zwischen Zufall und Vorsehung hingewiesen.
49 Cicero, *De divinatione*, II.61: „Quorum omnium causas si a Chrysippo quaeram, ipse ille divinationis auctor numquam illa dicet facta fortuito naturalemque rationem omnium reddet: ' Nihil enim fieri sine causa potest [...]."

dass auch für Chrysipp jedes Ereignis eine vorausgehende, natürliche Ursache haben muss oder in aristotelischer Darstellung: Es gibt sowohl eine zeitlich vorausgehende Wirkursache dafür, dass der Schuldner morgens auf den Markt geht als auch dafür, dass sich sein Gläubiger dort aufhält. Für beide Ereignisse ließe sich also eine natürliche Erklärung finden, was Chrysipp freilich nicht bestreiten würde. Das Zusammentreffen beider Kausalketten ist für Aristoteles jedoch an sich ohne *anführende Ursache*; es sei denn, man würde einen übergeordneten Plan voraussetzen. Und genau darin liegt wie gesagt der entscheidende Unterschied zwischen Aristoteles und den Stoikern. Denn während Aristoteles dies bestreitet, gibt es für Letztere neben den natürlichen Ursachen auch diese übernatürliche (oder besser eine die gesamte Natur umfassende und zugleich teleologisch ordnende) Ursache und das ist die göttliche Vorsehung bzw. Absicht: Diese Ursache ist den Menschen jedoch dunkel, wie Cicero im Kontext der Behandlung der natürlichen Wahrsagung, etwa im Fall von Träumen ausführt. So sollen die Träume nicht nur selbst dunkel sein, sondern gerade durch ihre Dunkelheit einen Einblick in die Gesinnung der Götter vermitteln.[50]

Das bringt uns zum zweiten Grund dafür, dass sich das stoische Verständnis des Zufalls nicht in der bloßen Komplexität des Ursachengefüges erschöpfen kann. Denn vor dem Hintergrund der stoischen Bestimmung des Gegenstands der Wahrsagung fällt eine Stelle aus Simplicius' Kommentar zur aristotelischen *Physik* in die Augen. So kommt Simplicius in seiner Diskussion der aristotelischen Konzeption des Zufalls auch auf die stoische Position zu sprechen. Er wiederholt nicht nur die bereits bekannte Bestimmung, dass es sich beim Zufall um eine dem menschlichen Verstand verborgene Ursache handle (ἄδηλον αὐτὴν ἀνθρωπίνῃ διανοίᾳ). Er fügt hinzu, dass der Zufall nach stoischer Ansicht „etwas Göttliches und Numinoses sei, weshalb er auch die menschliche Erkenntnis übersteigt".[51] Simplicius ergänzt, dass aus diesem Grund die Menschen den Zufall verehren und ihm Kultstätten einrichten. Diese Deutung des Zufalls entspräche auch dem traditionellen, archaischen Verständnis des Zufalls, wie es sich bei anderen griechischen Autoren und Dichtern finden lässt. Die Stoiker würden demzufolge das archaische Verständnis des Zufalls nicht nur nicht zurückweisen (wie Aristoteles es tut), sondern sogar in ihre Konzeption aufnehmen. Der Zufall wäre somit in gewisser Weise die Personifikation der göttlichen Vorsehung, und zwar insofern diese dem Menschen als unbekanntes Geschick widerfährt. In diese Richtung scheinen auch die Ausführungen des späteren Stoikers Cornutus zu weisen, der

---

50 Cicero, *De divinatione*, II.131–132.
51 Simplicius, *In Aristotelis physicorum libros commentaria*, 333.3–5 = *SVF*, II.965: [...] ὡς θεῖόν τι οὖσαν καὶ δαιμόνιον καὶ διὰ τοῦτο τὴν ἀνθρωπίνην γνῶσιν ὑπερβαῖνον, ὥσπερ οἱ Στωικοὶ δοκοῦσι λέγειν.

§ 18 Über die Unmöglichkeit göttlichen Vorherwissens

in seiner *Einführung in die griechische Götterlehre* den Zusammenhang zwischen Schicksal und Vorsehung anhand der traditionell mit Zeus verknüpften Begrifflichkeiten darlegt und in das stoische System integriert:

> Zeus ist also auch die Moira („Schicksalsgöttin"), weil die Zuteilung dessen, was jeden befällt, nicht gesehen wird (nicht sichtbar ist: μὴ ὁρωμένη), weil aber von den anderen Teilen bereits Moira benannt wurde. Aisa (Αἶσα: das Geschick) ist jedoch die nicht gesehene und *unbekannte Ursache der Ereignisse* (ἄιστος καὶ ἄγνωστος αἰτία τῶν γινομένων) – hier wird nun die Verborgenheit der Stück für Stück zugeteilten Anteile betont [...]. Das Schicksal (Εἱμαρμένη) ist das, gemäß dem alles, was geschieht, zugeteilt und ergriffen wird in einer Ordnung und Reihung, die kein Ende hat. [...] Nemesis ist nach dem Zuteilen (ἀπὸ τῆς νεμήσεως) benannt – sie verteilt nämlich, was jedem zukommt. Der Zufall (Τύχη) ist aber danach benannt, dass er uns die Umstände bereitet (ἀπὸ τοῦ τεύχειν ἡμῖν τὰς περιστάσεις) und weil er Urheber ist der Dinge, die den Menschen widerfahren (τῶν συμπιπτόντων τοῖς ἀνθρώποις δημιουργὸς εἶναι).[52] (Hervorhebungen: A. H.)

Cornutus bestätigt in seiner Diskussion der Namen, die derselben Sache beigelegt werden, dass Zufall tatsächlich ein anderer Name für Schicksal oder Vorsehung ist. Betont wird hierbei lediglich die besondere menschliche Perspektive auf dasselbe Ereignis. Denn was nicht gesehen wird, ist der göttliche Plan oder das *Geschick*, welches die für den Menschen „unbekannte Ursache der Ereignisse" (ἄγνωστος αἰτία τῶν γινομένων) darstellt.

Drittens spricht Alexander ebenfalls in *De fato* davon, dass die Stoiker auch die Vorsehung zuweilen als eine dunkle oder unbekannte Ursache anführen. Bezeichnend ist an dieser Stelle jedoch, dass die Vorsehung direkt mit solchen Ereignissen in Verbindung gebracht wird, die sich aus aristotelischer Perspektive aus bloß akzidentellen Ursachen ergeben, wie etwa Fehlgeburten oder körperliche Verunstaltungen.[53] Gemeint ist auch hier damit, dass die hinter diesen Ereig-

---

[52] Cornutus, *De natura deorum*, 12.11–13.20: Ὁ Ζεὺς δέ ἐστι καὶ ἡ <Μοῖρα> διὰ τὸ μὴ ὁρωμένη διανέμησις εἶναι τῶν ἐπιβαλλόντων ἑκάστῳ, ἐντεῦθεν ἤδη τῶν ἄλλων μερίδων μοιρῶν ὠνομασμένων. Αἶσα δέ ἐστιν ἡ ἄιστος καὶ ἄγνωστος αἰτία τῶν γινομένων – ἐμφαίνεται δὲ νῦν ἡ τῶν κατὰ μέρος ἀδηλότης – ἤ, ὡς οἱ πρεσβύτεροι, ἡ ἀεὶ οὖσα. Εἱμαρμένη δέ ἐστι καθ' ἣν μέμαρπται καὶ συνείληπται πάντα ἐν τάξει καὶ στοίχῳ μὴ ἔχοντι πέρας τὰ γινόμενα [...] Νέμεσις δὲ ἀπὸ τῆς νεμήσεως προσηγόρευται – διαιρεῖ γὰρ τὸ ἐπιβάλλον ἑκάστῳ –, Τύχη δὲ ἀπὸ τοῦ τεύχειν ἡμῖν τὰς περιστάσεις καὶ τῶν συμπιπτόντων τοῖς ἀνθρώποις δημιουργὸς εἶναι [...].

[53] Alexander von Aphrodisias, *De fato*, 193.25–30: τὸ δ' ὁμόσε χωροῦντας μὲν λέγειν καὶ ταῦτα, καταφεύγειν δὲ ἐπὶ τὸ ἄδηλον εἶναί τινος αἴτια (ὥσπερ ἀμέλει καὶ ἐπὶ τῆς προνοίας τῆς κατ' αὐτοὺς ἀναγκάζονται ποιεῖν πολλάκις) εὐπορίαν ἐστὶ τοῖς ἀπόροις μηχανωμένων. τούτῳ γὰρ χρωμένους ἐνέσται περὶ πάντων τῶν ἀτοπωτάτων λέγειν ὡς καὶ ὄντων καὶ εὐλόγους ἐχόντων τινὰς αἰτίας, ἡμῖν δὲ ἀδήλους ἔτι. „Einerseits dahin zu kommen, auch diese Dinge Ursachen zu nennen, andererseits sich in die Aussage zu flüchten, es sei dunkel, wessen Ursachen sie seien (wie sie es freilich auch bei ihrer Lehre von der Vorsehung oft zu tun gezwungen sind), ist das

nissen stehende zweckhafte Ordnung den meisten Menschen nicht ersichtlich ist. Das gilt jedoch nicht für den stoischen Weisen, von dem es daher auch heißt, das ihm der Zufall nichts anhaben kann.[54] Denn der stoische Weise hat seine Absichten mit den göttlichen in Übereinstimmung gebracht. Er muss also auch keine Kenntnis des ganzen zeitlich vorausgehenden Ursachenkomplexes erlangen, um den Zufall auszuschalten. Es ist zureichend, wenn er mit der göttlichen Vorsehung vertraut und einverstanden ist, d. h., wenn er mit seinem Platz in der Welt zufrieden ist und sich dem Schicksal fügt.

Für Alexander macht das die Sache freilich nicht besser. Denn neben den grundsätzlichen Problemen, die er mit dem göttlichen Vorauswissen der Ereignisse verbindet,[55] wird auch nicht ersichtlich, welche Hilfe von den Göttern gegen das geweissagte Unglück zu erwarten ist. Da nach stoischer Ansicht der Charakter der Wissenschaft wesentlich am möglichen Nutzen hängt, der dadurch bereitet wird, wird durch diesen Einwand auch der Anspruch der Stoiker infrage gestellt, mit ihrer Konzeption den wissenschaftlichen Charakter der Wahrsagekunst begründet zu haben. So richtet Alexander die Frage an seine Gegner, welchen Nutzen die Wahrsagekunst den Menschen bereiten sollte, wenn ihnen alle Dinge vorherbestimmt und noch vor ihrer Geburt zugeteilt worden sind. Wie können die Stoiker davon ausgehen, die Wahrsagekunst und mit ihr die Vorsehung der Götter aufrechterhalten zu können, wenn sie zugleich behaupten, dass alles aufgrund einer zwingenden Notwendigkeit geschieht?

> Denn wozu sollte einer von den Sehern lernen oder sich hüten, nachdem er von ihnen gelernt, wenn allein die Dinge uns zu lernen und jenen zu offenbaren möglich wären, von denen jedes einzelne zu lernen und zu tun oder zu lassen uns noch vor unserer Geburt mit zwingender Notwendigkeit bestimmt wäre, und wir darin, die Voraussagen der Götter einzuhalten, nicht Herren wären, weil die Gründe unserer künftigen Taten im Voraus festgelegt wären?[56] (Übersetzung: Alexander Zierl)

Vorgehen von Leuten, die einen leichten Ausweg für ihre Auswegslosigkeiten suchen. Denn mit dieser Argumentation wird es möglich sein, über alle noch so ungereimten Dinge zu reden, als ob es sie gäbe und sie einsehbare Ursachen hätten, die uns nur noch dunkel seien." (Übersetzung: Andreas Zierl)

54 SVF, I.449.

55 Alexander von Aphrodisias, *De fato*, 201.16–18: ὥστε καὶ οἱ θεοὶ τὰ ἐνδεχόμενα ἂν ὡς ἐνδεχόμενα προγιγνώσκοιεν, ᾧ οὐ πάντως ἀκολουθήσει τὸ ἀναγκαῖον διὰ τὴν τοιαύτην πρόγνωσιν. „Daher werden auch die Götter das Kontingente als Kontingentes vorherwissen, woraus keineswegs wegen eines solchen Vorherwissens Notwendigkeit folgen wird."

56 Alexander von Aphrodisias, *De fato*, 188.12–17: τί γὰρ ἂν ἢ μαθεῖν ἢ διὰ τὸ μαθεῖν παρὰ τῶν μάντεων φυλάξαιτ' ἄν τις, εἰ μόνα ταῦτα ἡμῖν τε μαθεῖν ἐκείνοις τε μηνῦσαι δυνατόν, ὧν τοῦ μαθεῖν ἡμᾶς καὶ ποιῆσαι ἢ μὴ ποιῆσαί τι ἕκαστον ἦν καὶ πρὸ τῆς ἡμετέρας γενέσεως κατηναγκασμένον, τοῦ τε ἐμμένειν τοῖς ὑπὸ τῶν θεῶν προαγορευομένοις οὐχ ἡμεῖς κύριοι τῷ τῶν ἐσομένων ὑφ' ἡμῶν προκαταβεβλῆσθαι τὰς αἰτίας;

Auf diese Weise würden die Stoiker nach Alexander aber nicht nur den Nutzen der Wahrsagekunst aufheben, sondern zudem gegen die gemeinsamen Vorbegriffe der Menschen über die Götter, auf die sie sich selbst zur Begründung ihrer Ansicht berufen, verstoßen. Stattdessen machen sie die Weissagung selber zum Bestandteil des notwendigen Ablaufs des Geschehens. Der Orakelspruch etwa, der dem Laios zuteilgeworden ist, wird zur Ursache der prophezeiten Ereignisse. Wäre dem König nicht geweissagt worden, dass er keine Kinder zeugen darf, weil diese ihn sonst töten, so wäre Ödipus nicht ausgesetzt worden und hätte versehentlich seinen Vater erschlagen und seine Mutter geheiratet. Der von den Göttern ergehende Orakelspruch wird somit zur Mitursache der Tragödie. „Wie rettet einer, der das sagt, danach noch die Wahrsagekunst oder lehrt fromme Grundbegriffe über die Götter oder zeigt, dass die Wahrsagekunst einen Nutzen habe?"[57] (Übersetzung: Alexander Zierl, modifiziert) Denn Gott hat durch seine Weissagung in den Lauf der Dinge eingegriffen und auf diese Weise erst das beschämende Ereignis herbeigeführt.

Vor diesem Hintergrund stellt sich also umso dringlicher die Frage, wie eine Vorsehung der Götter mit dem offensichtlichen Übel, welches nicht nur aus den im Voraus festgelegten Ursachen folgt, sondern sogar aktiv von ihnen herbeigeführt wird, vereinbar sein könnte.

§ 19 Stoische Theodizee I: Moralische Zurechnung

Die Beantwortung dieser Fragen führt auf das Hauptproblem jeder Theorie, die behauptet, dass es eine göttliche Vorsehung für die Menschen gibt, die sich den Menschen mit Güte zuwendet und alles zu ihrem Besten eingerichtet hat. So fragt sich nämlich, wie eine solche Güte bzw. Allmacht und Gerechtigkeit Gottes mit dem Übel in der Welt vereinbar sein kann. Denn entweder will Gott die Übel beseitigen, kann es aber nicht. Dann wäre Gott schwach. Das soll er aber nicht sein. Oder Gott kann die Übel beseitigen, will es aber nicht. Dann müsste er als missgünstig gelten. Missgunst ist dem Wesen Gottes allerdings fremd, da es seine Allgüte infrage stellt. Wenn Gott das Übel aber verhindern kann und dies auch will, woher kommt es dann?

Das Problem hat in dieser Form nach Auskunft von Laktanz zum ersten Mal Epikur aufgeworfen.[58] Epikur stellt damit die Existenz der Vorsehung prinzipiell

---

[57] Alexander von Aphrodisias, *De fato*, 202.25–27: εἶτά τις ταῦτα λέγων πῶς ἢ σώζει μαντικήν, ἢ περὶ θεῶν εὐσεβεῖς διδάσκει προλήψεις, ἢ χρήσιμόν τι δείκνυσιν ἔχουσαν τὴν μαντικήν;
[58] Lactantius, *De ira dei*, 13.19 = *Us.* 374. Die Urheberschaft Epikurs wird mittlerweile bestritten. Man nimmt stattdessen an, dass der Urheber ein Skeptiker gewesen sei. Fest steht allerdings,

infrage. Verschärft wird das Problem noch durch die stoische Behauptung, dass die Vorsehung Gottes (wenn man einen anderen Aspekt hervorhebt) zugleich auch das Schicksal ist, welches alle Abläufe in der Welt determiniert oder wie Alexander im vorhergehenden Abschnitt ausführt, Gott zur Mitursache des Übels macht.

Prinzipiell kann man zwischen einem moralischen Übel und einem kosmischen Übel unterscheiden.[59] Das moralische Übel ist die *Existenz* des Bösen, wohingegen das kosmische Übel die Frage nach den Widrigkeiten betrifft, die das menschliche Leben erschweren. Nimmt man die oben von Alexander geäußerte Kritik ernst, müssen die Stoiker in ihrer Erwiderung zeigen, dass das moralische Übel in der Hand des Menschen liegt und dass sowohl das moralische als auch das kosmische Übel mit der Vorsehung vereinbar sind. Die letztere Aufgabe zerfällt wiederum in zwei Teilfragen: Zuerst die Frage danach, warum es überhaupt die Schlechtigkeit oder das Böse gibt und zweitens die Frage, warum gerade den guten Menschen so viel Leid widerfährt.[60] Die erste Frage zielt auf die von den Stoikern behauptete Vollkommenheit der Schöpfung ab. Die zweite Frage hat die gerechte Ordnung der Welt zum Gegenstand.

Wir widmen uns im Folgenden zunächst dem Problem der Zurechnung des moralischen Übels. Dieses Problem ist in der Literatur umfangreich behandelt worden und kann an dieser Stelle unmöglich in der gebotenen Vollständigkeit diskutiert werden.[61] Aus diesem Grund soll lediglich die stoische Hauptstrategie in ihren Grundzügen skizziert werden. Vor diesem Hintergrund diskutieren wir dann das zweite Problem. Die beiden zugehörigen Teilfragen (*Warum gibt es Schlechtigkeit?* und *Warum geschieht guten Menschen so viel Leid?*) werden in den folgenden beiden Kapiteln im Einzelnen erläutert.

Die Stoiker gründen die moralische Zurechnung grundsätzlich auf zwei Punkten: zum einen die freie Zustimmung (συγκατάθεσις) des Handelnden,

---

dass Epikur die Vorsehung leugnet und sich an vielen Stellen gegen diese ausgesprochen hat (*Us.* 367–383).

59 So etwa Algra 2003, 171.

60 Wildberger 2006, Bd. I, 301 zufolge soll die Existenz der Schlechtigkeit bzw. des Bösen der Realität der Vorsehung noch viel mehr widersprechen als das Leid, das die guten Menschen heimsucht. Sie sieht überdies kein Problem darin, die Schlechtigkeit mit der Vorsehung zu vereinbaren. Auch wenn beide Fragestellungen voneinander zu differenzieren sind, sehe ich nicht, warum besonders die Existenz der Schlechtigkeit ein Problem für die Vorsehung darstellt, da das Leid der Guten der Gerechtigkeit Gottes widerspricht. Hinzu kommt, dass die stoischen Versuche, das Leid zu erklären, entgegen Wildbergers Einschätzung höchst fragwürdig sind. Siehe auch Algra 2003, 170, der moralische Übel von kosmischen Übeln unterscheidet.

61 Siehe die einschlägige Arbeit von Bobzien 1998 sowie Hahmann 2005 mit weiteren Literaturangaben.

die wie gesehen auch in der Epistemologie eine entscheidende Rolle einnimmt, und zum anderen die innere Verursachung der Handlung. Ihre Strategie lässt sich anhand ihrer Erwiderung auf eine (in der Antike als ἀργὸς λόγος bezeichnete) Schwierigkeit sehr gut verdeutlichen: Denn angenommen, alles wäre vom Schicksal bestimmt, hätte dann nicht jeder eine leichte Entschuldigung für seine Vergehen und bräuchte keine Mühen und Anstrengungen auf sich zu nehmen, da der Ausgang der Handlung notwendig bestimmt wäre?[62] Sind Lob und Tadel unter dieser Voraussetzung nicht bedeutungslos?[63] Chrysipp entgegnet diesem Einwand laut Cicero mit einer Unterscheidung zwischen einfachen und verknüpften Geschehnissen.[64] Seiner Ansicht nach sind einige Dinge eindeutig festgelegt, wie etwa: „Sokrates wird an jenem Tag sterben."[65] Andere Dinge sind hingegen nur *unter Vorsatz* bestimmt. Ciceros Beispiel hierfür wäre: „Es wird dem Laios ein Sohn Ödipus geboren werden [...]." Man darf nämlich nicht sagen, er wird einen Sohn haben, „ob er nun Geschlechtsverkehr hat oder nicht".[66] Bei Letzterem soll es sich um ein Geschehnis handeln, das sich aus mehreren Schicksalsbezügen zusammensetzt. Ähnlich verhält es sich im folgenden Fall, der ebenfalls bei Cicero überliefert ist:

> 'Ob du einen Arzt beiziehst oder nicht: du wirst genesen', ist ein solcher Trugschluss: Es ist ja das Beiziehen eines Arztes nicht minder vom Fatum bestimmt als die Wiedergenesung. Dies also bezeichnet er (Chrysipp), wie ich sagte, als Abhängigkeit von mehreren Schicksalszusammenhängen.[67] (Übersetzung: Karl Bayer, modifiziert)

Chrysipp unterscheidet also zwischen *Fatalismus* und kausalem Determinismus.[68] Die Entscheidung der Frage nach der Wahrheit eines so verstandenen Fatalismus ist tatsächlich unabhängig von der Wahrheit des Determinismus. Wäre es etwa

---

62 Alexander von Aphrodisias, *De fato*, 186.30–187.1.
63 Alexander von Aphrodisias, *De fato*, 187.8–16. Siehe auch Cicero, *De fato*, XII.28–29.
64 Cicero, *De fato*, 30 = *SVF*, II.956; siehe auch II.957–958.
65 Cicero, *De fato*, 30 = *SVF*, II.956: „Morietur illo die Socrates [...]."
66 Cicero, *De fato*, 30 = *SVF*, II.956: „Nascetur Oedipus Laio [...]."
67 Cicero, *De fato*, 30 = *SVF*, II.956: „'Sive tu adhibueris medicum sive non adhibueris, convalesces' captiosum; tam enim est fatale medicum adhibere quam convalescere. Haec, ut dixi, ‚confatalia' ille appellat."
68 Wenn hier von Fatalismus gesprochen wird, dann soll Schicksal im Sinn des arabischen *Kismet* verstanden werden, welches über vorausgehende Ursachen hinweggeht und somit gerade nicht mit einem kausalen Determinismus kompatibel sein kann. Eine andere populäre Form von Fatalismus ist der sogenannte logische Determinismus, wonach eine jede Proposition über ein zukünftiges Ereignis entweder notwendig wahr oder notwendig falsch ist. Es lassen sich aber auch Formen von Fatalismus denken, die einen kausalen Determinismus einschließen. Zu den Formen des Fatalismus siehe Bernstein 2002.

ein Schicksalsspruch der Götter, dass Ödipus als Sohn des Laios geboren wird, so träte dies auch dann ein, wenn Laios keinen Geschlechtsverkehr hat. Ein solcher Fatalismus setzt sich über alle Naturgesetze hinweg und träfe mithin auch ohne eine zureichend bestimmte Ursache ein. Wie wir aber gesehen haben, ist es für das stoische Verständnis des Kosmos als einer vernunftgeordneten Einheit unerlässlich, dass alles eine zureichende und zeitlich vorausgehende Ursache hat und selber wiederum einen kausalen Einfluss auf die Zukunft ausübt. Ihre Position ist also nicht mit einem solchen Fatalismus kompatibel.

Werfen wir zur Erläuterung der stoischen Konzeption einen kurzen Blick auf ihr Verständnis von Ursache. Eine bekannte Definition lautet, dass Ursache dasjenige ist, wodurch etwas wird (δι' ὅ).[69] Was von ihr bewirkt wird, nennen sie Akzidenz (συμβεβηκός). Zenon zufolge kann unmöglich die Ursache vorhanden sein, die Wirkung aber nicht eintreten.[70] Relevant für die hier thematisierte Fragestellung ist aber vor allem die von den Stoikern vorgenommene Einteilung der

---

69 Stobaeus, *Eclogae*, I p. 138.14 W. (Ar. Did. Fr. 18 p. 457, Diels) = *SVF*, I.89: αἴτιον δ' ὁ Ζήνων φησὶν εἶναι δι' ὅ· οὗ δὲ αἴτιον συμβεβηκός· καὶ τὸ μὲν αἴτιον σῶμα, οὗ δὲ αἴτιον κατηγόρημα· ἀδύνατον δ' εἶναι τὸ μὲν αἴτιον παρεῖναι, οὗ δέ ἐστιν αἴτιον μὴ ὑπάρχειν. τὸ δὲ λεγόμενον τοιαύτην ἔχει δύναμιν· αἴτιόν ἐστι δι' ὅ γίγνεταί τι, οἷον διὰ τὴν φρόνησιν γίνεται τὸ φρονεῖν καὶ διὰ τὴν ψυχὴν γίνεται τὸ ζῆν καὶ διὰ τὴν σωφροσύνην γίνεται τὸ σωφρονεῖν. ἀδύνατον γὰρ εἶναι σωφροσύνης περί τινα οὔσης μὴ σωφρονεῖν ἢ ψυχῆς μὴ ζῆν ἢ φρονήσεως μὴ φρονεῖν. „Zenon sagt, die Ursache sei ‚das, aufgrund dessen', während das, wovon sie die Ursache ist, ein Akzidenz sei; und die Ursache sei ein Körper, während das, wovon sie die Ursache ist, ein Prädikat sei. Es sei unmöglich, dass zwar die Ursache vorliege, aber das, wovon sie die Ursache ist, nicht existiere. Diese These hat folgende Bedeutung: Eine Ursache ist das, aufgrund dessen etwas geschieht; beispielsweise geht aufgrund der Einsicht das ‚einsichtig sein' vor sich, und aufgrund der Seele findet die Aktivität ‚leben' statt, schließlich geschieht aufgrund der Besonnenheit das ‚besonnen sein'. Es ist nämlich unmöglich, dass bei jemandem zwar Besonnenheit vorliegt, aber nicht besonnen ist und dass er eine Seele hat, aber nicht die Aktivität ‚leben' ausübt und dass er zwar Einsicht hat, aber nicht einsichtig ist." (Übersetzung: Karlheinz Hülser, modifiziert)
70 Bemerkenswert ist ferner die bislang nicht vollständig geklärte Behauptung, dass die Ursache ein Körper ist, wohingegen das durch sie Bewirkte ein Prädikat (κατηγόρημα) und damit etwas Unkörperliches sein soll. In dem von Stobaeus referierten Beispiel ist der Körper ‚Seele' die Ursache für das Prädikat *leben*, das wahrheitsgemäß über ein beseeltes Lebewesen ausgesagt werden kann. Bei Sextus Empiricus *Adversus mathematicos*, IX.211.2–212.1 = *SVF*, II.341 heißt es entsprechend: [...] εἴγε <οἱ> Στωικοὶ μὲν πᾶν αἴτιον σῶμά φασι σώματι ἀσωμάτου τινὸς αἴτιον γίνεσθαι, οἷον σῶμα μὲν τὸ σμιλίον, σώματι δὲ τῇ σαρκί, ἀσωμάτου δὲ τοῦ τέμνεσθαι κατηγορήματος, καὶ πάλιν σῶμα μὲν τὸ πῦρ, σώματι δὲ τῷ ξύλῳ, ἀσωμάτου δὲ τοῦ καίεσθαι κατηγορήματος. „[...] wenn anders auf der einen Seite die Stoiker sagen, jede Ursache sei ein Körper, der für einen Körper die Ursache von etwas Unkörperlichem wird; zum Beispiel werde das Messer, ein Körper, für das Fleisch, einen Körper [zur Ursache] des unkörperlichen Prädikats ‚geschnitten werden', und weiter werde das Feuer, ein Körper, für das Holz, einen Körper, [zur Ursache] des unkörperlichen Prädikats ‚verbrennen'." (Übersetzung: Karlheinz Hülser) Zu den Feinheiten der stoischen Bestimmung siehe Michael Frede 1980 sowie Forschner 1981, 87.

Ursachen. Wir haben oben gesehen, dass Seneca zwar in polemischer Auseinandersetzung mit Aristoteles behauptet, dass es für die Stoiker nur eine Ursache gibt, nämlich das, was wirkt.[71] Die *Wirkursache* differenzieren sie aber in mehrere Arten. Alexander spricht sogar von einem ganzen Schwarm von Ursachen, den die Stoiker erfunden haben sollen. Auch wenn die orthodoxe Einteilung der Ursachen wie die Bezeichnung der unterschiedlichen Ursachen nicht eindeutig bestimmt werden kann – vorausgesetzt es hätte eine solche Einteilung gegeben, da die einzelnen Quellen hierzu unterschiedliche Auskünfte geben,[72] so lässt sich doch zusammenfassend feststellen, dass vor allem die Differenzierungen zwischen innen und außen sowie vorhergehend und andauernd bedeutsam sind.[73]

Diese Unterscheidungen lassen sich anhand eines in der Antike bekannten Beispiels illustrieren, das ebenfalls bei Cicero überliefert ist und Chrysipp zugeschrieben wird:

---

[71] Seneca, *Epistulae morales ad Lucilium*, 65.4: „Stoicis placet unam causam esse, id quod facit. Aristoteles putat causam tribus modis dici: 'Prima, inquit, causa est ipsa materia, sine qua nihil potest effici: secunda opifex: tertia est forma, quae unicuique operi inponitur tamquam statuae': nam hanc Aristoteles eidos vocat. Quarta quoque, inquit, his accedit, propositum totius operis." „Die Stoiker sind der Meinung, dass es nur eine Ursache gibt: das, was wirkt. Aristoteles glaubt, man spreche auf dreifache Weise von Ursache: Zuerst, sagt er, ist die Ursache die Materie selbst, ohne die nichts bewirkt werden kann: die zweite Ursache ist der Handwerker: die dritte Ursache ist die Form, die jedem Werk, wie einer Statue, gegeben wird. Denn diese Ursache nennt Aristoteles Eidos. Noch kommt eine vierte Ursache hinzu, so sagt er, das ist der verfolgte Zweck der ganzen Arbeit." Wir haben oben bereits gesehen, dass zumindest aus der Darstellung Senecas zu folgen scheint, dass die stoische Ursachenlehre in Abgrenzung zur aristotelischen entwickelt wurde. Ursache ist für die Stoiker das, was einen Effekt hervorbringt (die aristotelische *causa efficiens*), zudem können nur Körper auf andere Körper einwirken und von diesen etwas erleiden. Zu den Verbindungen zur aristotelischen Ursachenlehre siehe Forschner 1981, 92.

[72] Alexander von Aphrodisias, *De fato*, 192.17-19: [...] οὔσης δέ τινος διαφορᾶς ἐν τοῖς αἰτίοις, ἣν ἐκτιθέντες (σμῆνος γὰρ αἰτίων καταλέγουσιν, τὰ μὲν προκαταρκτικά, τὰ δὲ συναίτια, τὰ δὲ ἑκτικά, τὰ δὲ συνεκτικά, τὰ δὲ ἄλλο τι [...]. „Obwohl es unter den Ursachen gewisse Unterschiede gebe, die sie darlegen (sie zählen nämlich einen Schwarm von Ursachen auf: anfängliche, mitursächliche, tragende, konstitutive und andere [...]." Siehe dagegen die Einteilung bei Clemens Alexandrinus, *Stromateis*, VIII.9 (Vol. II p. 933 Pott.) = *SVF*, II.351: καὶ τὰ μὲν προκαταρκτικά, τὰ δὲ συνεκτικά, τὰ δὲ συναίτια, τὰ δὲ συνεργά. „Und zwar zum einen die vorausgehende Ursache, dann die zusammenhaltende Urache sowie die Mitursache und noch die helfende Ursache." Cicero fügt die *causa perfecta* und *principalis* hinzu. Letztere könnte die Übersetzung von συνεκτικὸν αἴτιον sein.

[73] Michael Frede 1980, 234 spricht sich für eine Dreigliederung aus. Meiner Ansicht nach gibt die Zweiteilung aber besser die grundsätzlichen Dichotomien von innerlich und äußerlich sowie zeitlich vorausgehend und andauernd wieder und korreliert zusätzlich mit dem grundsätzlichen Dualismus von Passivität und Aktivität. Hinzu kommt, dass eine Zweiteilung genauso gut zum gewünschten Ergebnis führt, d. h. zur eindeutigen *Zuschreibung* von Verantwortung.

> [...] doch hier kehrt er [Chrysipp] wieder zu seiner Walze und zu seinem Kreisel zurück, die keine Bewegung beginnen können, wenn sie nicht zuvor einen Impuls (von außen) erhalten haben. Wenn aber diese Voraussetzung erfüllt ist, dreht sich seiner Ansicht nach die Walze und rotiert der Kreisel fürs weitere aufgrund seiner eigenen Natur.[74] (Übersetzung: Karl Bayer, modifiziert)

Die leitende oder Hauptursache für die Bewegung der Walze ist ihre spezifische Natur, was zumindest im Fall der Walze zugleich die äußere Gestalt darstellt. Cicero nennt die Hauptursache die *causa principalis*. Die veranlassende Ursache ist der Stoß, der der Walze versetzt wird. Hinzu kommt die abschüssige Gestalt des Berges, die dazu beiträgt, dass die Walze weiterrollt. Dem oben angedeuteten Schema folgend handelt es sich bei der Gestalt um die innere und andauernde Ursache für das Herabrollen der Walze. Der Stoß wäre die äußere, vorausgehende Ursache, wohingegen der Abhang eine äußere andauernde Ursache darstellt.

Reicht eine solche Unterscheidung der Ursachen zur Gewährleistung von moralischer Zurechnung aus? Offenkundig kann die Gestalt einer Walze nicht mit einem rational handelnden Akteur verglichen werden, ohne dabei grundsätzliche Merkmale einer Handlung zu unterschlagen. Auf diesen Punkt richtet sich folglich auch die Kritik Alexanders, der als wesentliches Merkmal des Menschen die Fähigkeit zur Überlegung anführt, die einer Walze offensichtlich fehlt. Das findet in der menschlichen Praxis seinen Niederschlag. Wer unter Zwang handelt, wird unter normalen Umständen nicht oder nur eingeschränkt für sein Handeln verantwortlich gemacht.[75]

> Warum sollen indessen weniger als die aus Unwissenheit oder Zwang Fehlenden diejenigen der Verzeihung würdig sein, welche zwar wissen, was sie tun, aber unter Umständen, die sie durchaus und aus Notwendigkeit umgeben müssen, in sich nicht die Macht haben, etwas anderes zu tun als das, was sie tun, da ihre Natur so beschaffen ist und es ihrer eigenen Natur gemäß ist, alles, was sie tun, schicksalsgemäß zu tun, wie es der Natur schwerer Körper gemäß ist, hinunterzufallen, wenn sie von oben losgelassen werden, und der runder, von selbst einen Abhang hinabzurollen, wenn sie losgelassen werden?[76] (Übersetzung: Alexander Zierl; modifiziert)

---

74 Cicero, *De fato*, 42: „[...] sed revertitur ad cylindrum et ad turbinem suum, quae moveri incipere nisi pulsa non possunt. Id autem cum accidit, suapte natura, quod superest, et cylindrum volvi et versari turbinem putat."
75 Aristoteles, *Ethica Nicomachea*, 1109b35–1110a1; 1110b1–1111a21 sieht unfreiwilliges Handeln als verzeihlich an, wenn es aus Zwang oder Unwissen geschieht.
76 Alexander von Aphrodisias, *De fato*, 189.16–23: καίτοι τί τῶν δι' ἄγνοιαν [πραττομένων] ἁμαρτανόντων ἢ βίᾳ ἧττον ἂν εἶεν συγγνώμης ἄξιοι <οἳ> εἰδότες μὲν ἃ πράττουσιν, οὐκ ἔχοντες δὲ ἐν αὑτοῖς τὴν ἐξουσίαν τοῦ, τούτων αὐτοῖς περιεστώτων, ἃ πάντως αὐτοῖς καὶ ἐξ ἀνάγκης περιεστάναι δεῖ, ἄλλο τι παρ' ἃ πράττουσιν <πράττειν> τῷ τὴν φύσιν αὐτῶν εἶναι τοιαύτην, καὶ εἶναι τὸ κατὰ τὴν οἰκείαν αὐτοῖς φύσιν ἕκαστα πράττειν ὧν πράττουσιν καθ' εἱμαρμένην, ὡς

Dass es in der Natur der Walze liegt, zu rollen, ist für die moralische Zurechnung nicht hinreichend. Denn genauso wenig kann man ein Pferd dafür bestrafen, dass es ein Pferd und kein Mensch ist.[77] Strafen sind laut Alexander nur dann vernünftig, wenn den Handlungen eine Wahl vorausgegangen ist, sodass der Handelnde sich gegen das Bessere entschieden hat, das er aber ebenso gut hätte wählen können. Handelt man aufgrund eines äußeren Zwangs, so kann man nicht für die Tat verantwortlich gemacht werden. Als äußerer Zwang kann aber nach Alexander auch die von den Stoikern als Hauptursache des Ereignisses angeführte Beschaffenheit des eigenen Charakters gelten, und zwar wenn es dem Handelnden nicht frei gestanden haben sollte, sich gegen die Handlung zu entscheiden.[78]

Auf diesen Einwand reagieren die Stoiker mit einer doppelten Strategie. Zunächst sehen sie die Berechtigung der Strafe einzig in ihrer pädagogischen Funktion. Seneca etwa führt aus, dass dem Gezüchtigten durch die Strafe geholfen wird, den richtigen Weg wiederzufinden.[79] Der Delinquent wird also durch die Strafe von seinen seelischen Makeln befreit. Folglich handelt es sich bei der Strafe um eine Heilung, die die kausale Abhängigkeit der Handlungen vom Charakter dazu benutzt, berichtigend auf die Handlungen einzuwirken, indem der Charakter therapiert wird. Seneca beruft sich hierbei auf Platon, der ebenfalls den künftigen Nutzen und nicht die Wiedergutmachung des Geschehenen als Rechtfertigung für Strafe betont.[80]

τοῖς βαρέσιν ἀφεθεῖσιν ἄνωθεν τὸ φέρεσθαι κάτω, καὶ τοῖς περιφερέσι τὸ κατὰ τοῦ πρανοῦς, εἰ ἀφεθεῖεν, ἀφ' αὑτοῦ κινεῖσθαι;
77 Alexander von Aphrodisias, *De fato*, 189.23–25.
78 Alexander kann sich auf Aristoteles, *Ethica Nicomachea*, 1109b35–11101a1; 1110b1–1111a21; 1136a5–9; 1113b23–25 berufen.
79 Seneca, *De ira*, I.6.1: „Quemadmodum quaedam hastilia detorta ut corrigamus adurimus et adactis cuneis non ut frangamus sed ut explicemus elidimus, sic ingenia vitio prava dolore corporis animique corrigimus." „Wie wir manche krummen Pfähle, um sie geradezubiegen, anbrennen und mit Keilen, nicht um sie zu brechen, sondern sie zu strecken, hart behandeln, so richten wir von Fehlern verbogene Charaktere mit körperlichem und seelischem Schmerz wieder gerade." (Übersetzung: Manfred Rosenbach) *De ira*, I.19.7: „Nemo prudens punit, quia peccatum est, sed ne peccetur; revocari enim praeterita non possunt, futura prohibentur, et quos volet nequitiae male cedentis exempla fieri palam occidet, non tantum ut pereant ipsi, sed ut alios pereundo deterreant." „Kein kluger Mensch straft, weil gefehlt worden ist, sondern damit nicht gefehlt werde; ungeschehen machen nämlich kann man Vergangenes nicht, Zukünftiges wird verhindert. Und Menschen, die er als Beispiel unverbesserlicher Schlechtigkeit dienen lassen will, tötet er in aller Öffentlichkeit, nicht nur damit sie selbst sterben, sondern damit sie andere durch ihren Tod abschrecken." (Übersetzung: Manfred Rosenbach) Seneca beruft sich hier ausdrücklich auf Platon!
80 Platon, *Leges*, 934a.

Darüber hinaus heben die Stoiker die eigentümliche Beschaffenheit der menschlichen Seele hervor, die sich durch ihre Rationalität auszeichnet. In diesem Kontext nimmt nun die Zustimmung eine besondere Rolle ein. Die Zustimmung erstreckt sich nämlich nicht nur auf theoretische Vorstellungen, sondern spielt auch in der stoischen Handlungstheorie eine wichtige Rolle. Wie das im Detail aussieht, kann hier leider nicht weiter verfolgt werden.[81] Wichtig ist jedoch der oben bereits angeklungene Umstand, dass die Zustimmung in der Macht des Subjekts liegt.[82] Analog zu ihrem Vorgehen in der Wahrnehmung erklären die Stoiker auch den Antrieb (ὁρμή) selber zur Zustimmung.[83] Denn wie die Wahrnehmung soll auch der Antrieb abhängig von der Zustimmung, d. h. vom Urteil des Führungsvermögens, sein.[84] Eine Folge hieraus ist, dass der Antrieb kein irrationaler Trieb wäre, der neben einem Vernunftvermögen steht, „sondern [es ist] die Vernunft selbst in einer bestimmten Weise ihres Verhaltens".[85] Die Spontaneität der Vernunft, d. h. ihr Vermögen, Urteile zu bilden und ihnen zuzustimmen oder die Zustimmung zu verweigern, würde somit für die Stoiker in Verbindung mit ihrer Ursachenteilung einen zureichenden Grund für moralische Zurechnung abgeben. Dessen ungeachtet betonen sie aber, dass in der Welt nichts unverursacht geschieht. Zuletzt folgt alles dem notwendigen Ratschluss der göttlichen Vernunft, die als Vorsehung für den Menschen den bestmöglichen Ablauf der Ereignisse mit Notwendigkeit hervorbringt.

---

81 Siehe Hahmann, 2005; 2007 sowie Inwood 1985.
82 Cicero, *Academica posteriora*, I.11.40–42 = *FDS*, 256: „Sed ad haec quae visa sunt et quasi accepta sensibus assensionem adiungit animorum, quam esse vult in nobis positam et voluntariam." „Aber mit diesen Vorstellungen, die wir durch die Sinne gleichsam entgegengenommen haben, verband Zenon außerdem die Zustimmung des Geistes, die – so will er es – in unserer Macht liegt und freiwillig erfolgt." (Übersetzung: Karlheinz Hülser)
83 Stobaeus, *Eclogae*, II.88. 1 W. = *SVF*, III.171: Πάσας δὲ τὰς ὁρμὰς συγκαταθέσεις εἶναι, τὰς δὲ πρακτικὰς καὶ τὸ κινητικὸν περιέχειν. Ἤδη δὲ ἄλλων μὲν εἶναι συγκαταθέσεις, ἐπ' ἄλλο δὲ ὁρμάς· καὶ συγκαταθέσεις μὲν ἀξιώμασί τισιν, ὁρμὰς δὲ ἐπὶ κατηγορήματα, τὰ περιεχόμενά πως ἐν τοῖς ἀξιώμασιν, οἷς συγκαταθέσεις. „Sie [die Stoiker] sagen, daß alle Antriebe Zustimmungshandlungen sind und daß die praktischen Antriebe auch motivierende Kraft einschließen. Allerdings richten Zustimmungshandlungen und Antriebe sich auf verschiedene Objekte: Zustimmungshandlungen beziehen sich nämlich auf Aussagen, während Antriebe sich auf Prädikate richten, die in den Aussagen in gewissem Sinne enthalten sind." (Übersetzung: Karlheinz Hülser)
84 Diogenes Laërtius, VII.159. Siehe Forschner 1981, 134.
85 Forschner 1981, 120 mit weiteren Belegen.

§ 20 Stoische Theodizee II: Die Erhaltung der Bewegung

Aulus Gellius stellt fest, dass nichts der Vorstellung einer Vorsehung so gefährlich ist und so sehr widerspricht wie die nicht zu leugnende Existenz des Bösen in der Welt. In der Verteidigung der von ihnen behaupteten Vorsehung haben die Stoiker sich dieser Problematik daher ausführlich gewidmet. Das stoische Hauptargument hat bereits Chrysipp formuliert. Im vierten Buch seiner Schrift *Über die Vorsehung* schreibt er, dass es das Gute nur deshalb geben könne, weil es auch das Schlechte oder das Böse gibt. Denn beim Guten und Bösen soll es sich um konträre Gegensätze handeln, weshalb beide einander bedingen.[86] Ganz analog soll man auch keinen Sinn mit der Gerechtigkeit verbinden, wenn es nicht auch die Ungerechtigkeit gäbe. Denn Gerechtigkeit soll nichts anderes als die Abwesenheit der Ungerechtigkeit sein. Dasselbe gilt auch für die übrigen Tugenden. Sie alle können nur in Gegenüberstellung zu ihrem Gegenteil begriffen werden. Nimmt man eine der beiden Seiten weg, so werden beide Seiten aufgehoben. Das Gute und das Böse setzen mithin in ihrer Existenz einander wechselseitig voraus.[87]

---

86 Simplicius führt in seinem Kommentar zur aristotelischen *Kategorienschrift* aus, was die Stoiker unter konträr verstehen (Simplicius, *In Aristotelis categorias commentarium*, 387.17–27 = *SVF*, II.172). Konträr soll demnach dasjenige sein, was in derselben Gattung im größten Unterschied zueinandersteht. Weitergehende stoische Differenzierungen rekonstruiert Wildberger 2006, Bd. I, 308.

87 Aulus Gellius, *Noctes Atticae*, VII.1, 2–4 = *SVF*, II.1169 (siehe auch *SVF*, II.1170): „Adversus ea Chrysippus cum in libro περὶ προνοίας quarto dissereret, "Nihil est prorsus istis," inquit, "insubidius, qui opinantur bona esse potuisse, si non essent ibidem mala. Nam cum bona malis contraria sint, utraque necessum est opposita inter sese et quasi mutuo adversoque fulta nisu consistere; nullum adeo contrarium est sine contrario altero. Quo enim pacto iustitiae sensus esse posset, nisi essent iniuriae? aut quid aliud iustitia est quam iniustitiae privatio? Quid item fortitudo intellegi posset, nisi ex ignaviae adpositione?" „Dagegen erhob Chrysipp im vierten Buch ‚Über die Vorsehung' folgenden Einwand: ‚Es gibt wirklich nichts Einfältigeres als die Leute, die meinen, es hätte Gutes geben können, wenn es nicht ebenso auch Böses gäbe. Denn da das Gute das Gegenteil des Bösen ist (der konträre Gegensatz zum Bösen), stehen sie sich beide notwendigerweise gegenüber und existieren dadurch, dass sie sich sozusagen gegenseitig stützen; nichts kann in einem Gegensatz stehen, wenn es nichts Entgegengesetztes gibt. Denn wie könnte es einen Sinn für Gerechtigkeit geben, wenn es kein Unrecht gäbe? Oder was ist Gerechtigkeit anderes als die Abwesenheit von Unrecht? Wie könnte ferner Tapferkeit wahrgenommen werden außer durch die Gegenüberstellung der Feigheit?" (Übersetzung: Rainer Nickel) Siehe auch Plutarchus, *De communibus notitiis adversus Stoicos*, 1065b8–b9: [...] ἀρετὴ δ' ἄνευ κακίας οὐκ ἔχει γένεσιν [...]. „[...] die Tugend kann ohne das Laster nicht entstehen [...]." Plutarchus, *De Stoicorum repugnantiis*, cp. 35 p. 1050f.; Epictetus, *Dissertationes*, I.12.16; III.24.7f. Der Gedanke findet sich im Hinblick auf Lust und Schmerz bereits bei Platon, *Phaidon*, 60b3–c7. Wildberger 2006, Bd. II, 900 meint, dass Platon anders als Chrysipp nicht behauptet, dass Lust und Schmerz

Aus diesem Grund nimmt für die Stoiker auch das Böse im Werk der Vorsehung einen notwendigen Platz ein, da man nur unter Voraussetzung des Bösen vom Guten sprechen kann. Infolgedessen ist die Entstehung des Bösen nicht ohne Nutzen für das Ganze.[88] Plutarch preist deshalb in seiner Kritik der stoischen Position in ironischer Weise das Übel, da es ohne dieses für die Stoiker keine Tugend geben könne; die Stoiker sollen gar der Ansicht gewesen sein, dass das Böse deshalb besser als die mittleren Güter (die indifferenten Güter) ist.[89] Weiter heißt es entsprechend, dass es ohne die Existenz des Bösen unmöglich für die Menschen wäre, sich einen Begriff der Vollkommenheit zu machen.[90] Chrysipp soll die Gerechtigkeit auch als das Fehlen von Ungerechtigkeit definiert haben. Da der Begriff der Gerechtigkeit aber als eine notwendige Voraussetzung zur Erreichung der Vollkommenheit gelten muss, folgt daraus, dass das Böse

---

einander entgegengesetzt sind, sondern, dass beide notwendig miteinander verbunden sind (siehe auch Platon, *Theaetetus*, 176a5–8). Das sehen Aristoteles und die antiken Kommentatoren jedoch anders. Zum Verhältnis von Platon zur Stoa siehe Mansfeld 1999, 467.

[88] Plutarchus, *De stoicorum repugnantiis*, 1050f1–f5 = *SVF*, II.1181.1: ἡ δὲ κακία πρὸς τὰ δεινὰ συμπτώματα ἴδιόν τιν' ἔχει λόγον· γίνεται μὲν γὰρ καὶ αὐτή πως κατὰ τὸν τῆς φύσεως λόγον καί, ἵν' οὕτως εἴπω, οὐκ ἀχρήστως γίνεται πρὸς τὰ ὅλα· οὐδὲ γὰρ ἂν τἀγαθὸν ἦν. „Das Böse hat im Vergleich mit schrecklichen Ereignissen einen ganz besonderen Sinn. Es steht nämlich als solches irgendwie in Übereinstimmung mit der Vernunft der Natur und geschieht, um es so auszudrücken, nicht ohne Nutzen für das Ganze, da es sonst das Gute nicht gäbe." (Übersetzung: Rainer Nickel)

[89] Plutarchus, *De communibus notitiis adversus Stoicos*, 1064e6–e10: εἰπὼν οὖν ἐν τῷ τρίτῳ περὶ Φύσεως ὅτι 'λυσιτελεῖ ζῆν ἄφρονα ἢ <μὴ> βιοῦν, κἂν μηδέποτε μέλλῃ φρονήσειν' ἐπιφέρει κατὰ λέξιν· 'τοιαῦτα γὰρ τὰ ἀγαθά ἐστι τοῖς ἀνθρώποις, ὥστε τρόπον τινὰ καὶ τὰ κακὰ τῶν [ἄλλων] ἀνὰ μέσον προτερεῖν [...]. „Nachdem er daher im dritten Buch *Über die Natur* sagte, dass es sich für unvernünftige Narren eher lohnt zu leben als nicht, auch wenn er niemals weise sein wird, fügt er die folgenden Worte hinzu: ‚Denn von dieser Beschaffenheit sind die guten Dinge für die Menschen, dass selbst das Schlechte in einer gewissen Weise den anderen Dingen, die sich im Mittleren befinden vorausgeht [...]."

[90] Plutarchus, *De communibus notitiis adversus Stoicos*, 1066d4–13: ἐπιθυμῶ γὰρ πυθέσθαι, τίνα δὴ τρόπον οἱ ἄνδρες τὰ κακὰ τῶν ἀγαθῶν καὶ τὴν κακίαν τῆς ἀρετῆς προεισάγουσιν. [...] πολὺς μὲν ὁ ψελλισμὸς αὐτῶν, τέλος δὲ τὴν μὲν φρόνησιν ἐπιστήμην ἀγαθῶν καὶ κακῶν οὖσαν <ἀναιρεθέντων τῶν κακῶν> καὶ παντάπασιν ἀναιρεῖσθαι λέγουσιν· ὡς δ' ἀληθῶν ὄντων ἀδύνατον μὴ καὶ ψευδῆ τιν' εἶναι, παραπλησίως οἴονται προσήκειν ἀγαθῶν ὑπαρχόντων καὶ κακὰ ὑπάρχειν. „Ich möchte nämlich gern erfahren, aus welchem Grund die Herren (die Stoiker) das Schlechte zu einer Voraussetzung des Guten und die Schlechtigkeit zu einer Voraussetzung der Tugend erklären. [...] Ihr hilfloses Gestammel ist beeindruckend. Am Ende aber sagen sie, dass die Klugheit ein Wissen um das Gute und das Schlechte sei; wenn man aber das Schlechte beseitige, hebe man auch die Klugheit vollständig auf. Und sie denken, da es das Wahre gibt und es deshalb auch das Falsche geben muss, folgerichtig auch zutrifft, dass es auch das Schlechte gibt, da es das Gute gibt." (Übersetzung: Rainer Nickel) Siehe auch 1066e11ff. sowie das oben zitierte Chrysippzitat bei Aulus Gellius, *Noctes Atticae*, VII.1, 2–4 = *SVF*, II.1169.

eine Bedingung für Vollkommenheit ist.⁹¹ Nach Seneca ist es sogar ein Privileg des Menschen, schlecht und unglücklich zu sein, da er nur deshalb wahrhaft glücklich werden kann. Denn die Vollkommenheit setzt seiner Ansicht nach die Unvollkommenheit als vorhergehenden Zustand voraus.⁹²

Plutarch formuliert eine bemerkenswerte Konsequenz aus dieser Konzeption: Weil es bei den Göttern aufgrund ihres perfekten Wesens keine Schlechtigkeit gibt, kann es bei ihnen auch kein wirkliches Gut geben. Reicht es aber nicht aus, dass es unter den Menschen das Böse gibt? Nein, weil Zeus durch die Zerstörung der Welt im Weltenbrand mit den bösen Menschen auch das Böse vernichtet. Auf diese Weise hebt er aber nun zugleich das Gute bei den Göttern auf.⁹³

---

91 Zur Rekonstruktion dieser Position mit weiteren Literaturangaben (auch zur römischen Stoa) siehe Wildberger 2006, Bd. I, 305f. Wildberger unterscheidet aber zwischen ontologischen, logischen und epistemologischen Dimensionen der Behauptung, dass das Vollkommene die Unvollkommenheit voraussetzen soll. Sie ist in ihren sehr luziden Ausführungen darum bemüht, die stoische Position gegen Plutarch zu verteidigen. Die Textgrundlage ihrer Argumentation ist aber so dürftig, dass sie letztlich nur Spekulation bleibt. Hinzu kommt, dass auch ihre mühsam rekonstruierten stoischen Unterscheidungen den grundsätzlichen Einwand Plutarchs nicht entkräften können: Warum sollte die Vollkommenheit die Unvollkommenheit voraussetzen und nicht anders herum? Eine Vermischung zwischen epistemologischer und ontologischer Ebene erkennen auch Long & Sedley 2000, 332.
92 Seneca, *Epistulae morales ad Lucilium*, 124.19: „nulli vitium est nisi cui virtus potest esse." „Niemand hat einen Fehler, wenn er nicht auch einen Vorzug haben kann." (Übersetzung: Manfred Rosenbach)
93 Plutarchus, *De communibus notitiis adversus Stoicos*, 13, 1065b3–b6: οὐκοῦν ἐν θεοῖς ἀγαθὸν οὐδὲν ἔστιν, ἐπεὶ μηδὲ κακόν· οὐδέ, ὅταν ὁ Ζεὺς εἰς ἑαυτὸν ἀναλύσας τὴν ὕλην ἅπασαν εἰς γένηται καὶ τὰς ἄλλας ἀνέλῃ διαφοράς, οὐθέν ἐστιν ἀγαθὸν τηνικαῦτα, μηδενός γε κακοῦ παρόντος [...]. „So gibt es nun bei den Göttern nichts Gutes, weil es auch kein Übel gibt; und, sobald Zeus, wenn er alle Materie in sich aufgelöst hat, eines wird und alle anderen Unterschiede auflöst, so gibt es kein Gutes, weil auch kein Übel existiert [...]." Dem widerspricht freilich eine andere Behauptung Chrysipps, die sich ebenfalls bei Plutarch findet, wonach es nicht möglich und auch nicht schön sein soll, die Schlechtigkeit ganz zu beseitigen. Plutarchus, *De stoicorum repugnantiis*, 1051a10–1051b2 = *SVF*, II.1182: Πάλιν ἐν τῷ πρώτῳ περὶ Δικαιοσύνης εἰπὼν περὶ τῶν θεῶν ὡς ἐνισταμένων ἐνίοις ἀδικήμασι 'κακίαν δέ' φησί 'καθόλου ἆραι οὔτε δυνατόν ἐστιν οὔτ' ἔχει καλῶς ἀρθῆναι'. „Er sagt wiederum im ersten Buch ‚Über die Gerechtigkeit' von den Göttern, dass sie manchen Untaten entgegentreten. ‚Aber', so erklärt er, ‚das Böse vollständig zu beseitigen, ist unmöglich, und es ist nicht richtig, dass es beseitigt wird.'" Wildberger bestreitet, dass die Stoiker diese in ihren Augen absurde Position wirklich vertreten haben. Sie schlägt daher die Einschränkung vor, dass die Schlechtigkeit bei den Menschen Voraussetzung für das Gute bei den Menschen sei (Wildberger 2006, Bd. I, 304–305). Abgesehen davon, dass ihrer Einschränkung das überlieferte Zitat Chrysipps bei Plutarch widerspricht, sehe ich nicht, dass dies die stoische Position plausibler werden lässt. Warum sollte es ohne die Schlechtigkeit der Menschen keine Güter für die Menschen geben können? Ein anderes Problem, welches ebenfalls hiermit verbunden ist und auch von Chrysipp eigens thematisiert wird, ist die Frage, wie Gott Ursache für die Zerstörung der Welt sein kann. Seine Antwort lautet in etwa so, dass die Welt als Lebewesen gar nicht stirbt,

Denn das Gute der Götter ist angewiesen auf das Böse in der Welt. Folglich sind die Stoiker gezwungen, den Göttern ihre Güte abzusprechen, was für Plutarch aber offenkundig widersinnig ist und den allgemeinen Vorbegriffen der Menschen widerstreitet, denen die Stoiker mit ihrer Theorie doch Genüge tun wollen.

Lassen sich die stoischen Überlegungen plausibel machen? Ich möchte zunächst einige Bestimmungen in Erinnerung rufen, die in den vorausgehenden Kapiteln ausgearbeitet worden sind. Es fragt sich nämlich, was für die Stoiker überhaupt als böse gelten kann.[94] Für die Stoiker ist nur die Tugend ein Gut. Die Tugend identifizieren sie mit der vollkommenen Vernunft, die in Übereinstimmung mit der Vernunft des Ganzen ist. Das Ganze ist ein Kosmos, d. h. eine von der göttlichen Vernunft auf bestmögliche Weise regierte Ordnung. Die Tugend wäre unter dieser Voraussetzung die Angleichung an Gott. Der Tugendhafte oder Weise wird seinem vernünftigen Wesen nach gottgleich. Das Böse oder die Schlechtigkeit definieren die Stoiker hingegen als Abwesenheit der Tugend, d. h. alles, was nicht vollkommen vernünftig ist, muss als schlecht betrachtet werden. Der Mensch bleibt mithin solange böse, bis seine Handlungen vollkommen dem universalen Logos gemäß sind.[95]

Wieso gibt es unter diesen Voraussetzungen das Böse? Kurz gesagt, weil es die einzelnen Dinge neben dem Ganzen gibt. Das Ganze ist gut und vollkommen, das Einzelne ist jedoch mit Hinblick auf das Ganze immer nur unvollkommen und schlecht. Es ist in seiner Existenz abhängig und unselbstständig. Lasterhaftigkeit und Bosheit sind somit nichts anderes als die natürliche Abhängigkeit des Einzelnen, der sich zum Sklaven seiner Umwelt gemacht hat. Das Böse ist für die Stoiker die Versklavung und Abhängigkeit, die mit der schlechten charakterlichen Verfassung einhergeht.[96] Der Lasterhafte ist ganz in der Hand der Notwendigkeit. Oder anders ausgedrückt: Die vollkommene Vernunft führt zum guten Fluss des Lebens. Wer also sein Wesen dem Wesen Gottes angeglichen hat, d. h., das Vernunftgesetz als faktische Ordnung verinnerlicht hat, wird seine Handlungen in Übereinstimmung mit dem tatsächlichen Lauf der Welt bringen. Dieser Lauf ist an sich gut, da er die vernünftige Ordnung selbst ist. Schlecht erscheinen hingegen jedem Einzelnen die Behinderungen, die seinem *eigenen Lauf* entgegenstehen. Das (nicht moralische) Übel kann daher als Behinderung der Bewegung verstanden werden. Die Bewegungen des Einzelkörpers stehen nämlich unter dem Ein-

---

da der Tod die Trennung von Seele und Körper bedeutet, Gott aber als Seele im Weltenbrand den Körper verzehrt (*SVF*, II.604; 605; 623; 1049; siehe auch Algra 2003, 173).
94 Ausführlich beantwortet diese Frage Long 1968.
95 *SVF*, III.539; 516. Vgl. Long 1968, 342f.
96 *SVF*, II.355; 356. Siehe auch die Definition des Lasters bei Cicero, *Tusculanae disputationes*, IV.29–30.

fluss anderer Körper, mit denen er *sympathetisch* zu einer kosmischen Einheit verbunden ist.[97] Seine Bewegungen sind allerdings im Gegensatz zur Bewegung des Ganzen eingeschränkt. Für das Ganze gilt andererseits, dass es keine Bewegung geben kann, die der Ordnung des Ganzen nicht entspricht. Sie umfasst alle Teilbewegungen. Es handelt sich bei diesem Ganzen wie gesagt um eine einheitliche Lebensform. Der Einzelne trägt als Teil dieser Lebensform zur Vollkommenheit und Güte des Ganzen bei.

Verdeutlichen wir uns den stoischen Gedanken am Beispiel eines Lebewesens. In einem Lebewesen führen die Teile ganz unterschiedliche Bewegungen aus, so etwa rote und weiße Blutkörperchen, die sich manchmal behindern und manchmal in ihrem Fluss unterstützen. Beide sind notwendig zur Erhaltung und vollkommenen Bewegung des Ganzen.[98] Das funktioniert in einem Organismus

---

[97] Sextus Empiricus, *Adversus mathematicos*, IX.80.1–81.1 = *SVF*, II.1030: ἐπὶ μὲν γὰρ τῶν ἐκ συναπτομένων ἢ διεστώτων οὐ συμπάσχει τὰ μέρη ἀλλήλοις, εἴγε ἐν στρατιᾷ πάντων, εἰ τύχοι, διαφθαρέντων τῶν στρατιωτῶν οὐδὲν κατὰ διάδοσιν πάσχειν φαίνεται ὁ περισωθείς· ἐπὶ δὲ τῶν ἡνωμένων συμπάθειά τις ἔστιν, εἴγε δακτύλου τεμνομένου τὸ ὅλον συνδιατίθεται σῶμα. ἡνωμένον τοίνυν ἐστὶ σῶμα καὶ ὁ κόσμος. „Bei den aus voneinander getrennten Einzelwesen oder aus miteinander verbundenen Einzelteilen bestehenden Einheiten stehen die Teile nämlich nicht in einem Verhältnis der Wechselwirkung zueinander; das ist der Fall, wenn in einem Heer nach der Vernichtung aller Soldaten, falls man dies für möglich hält, der einzige Überlebende nicht betroffen zu sein scheint, soweit es ihn persönlich betrifft. Bei den organischen Einheiten aber besteht eine Wechselwirkung (συμπάθεια), wenn z. B. der ganze Körper mit betroffen ist, sobald ein Finger abgetrennt wird. In diesem Sinn ist auch die Welt ein organisch einheitlicher Körper." (Übersetzung: Rainer Nickel) Siehe auch Cleomedes, *De motu circulari corporum caelestium*, I.3.69–71 = *SVF*, II.546.

[98] Plutarchus, *De stoicorum repugnantiis*, 1050a9–b2 = *SVF*, II.937: 'οὐθὲν γὰρ ἔστιν ἄλλως τῶν κατὰ μέρος γενέσθαι οὐδὲ τοὐλάχιστον ἢ κατὰ τὴν κοινὴν φύσιν καὶ κατὰ τὸν ἐκείνης λόγον.' ὅτι δ' ἡ κοινὴ φύσις καὶ ὁ κοινὸς τῆς φύσεως λόγος εἱμαρμένη καὶ πρόνοια καὶ Ζεύς ἐστιν, οὐδὲ τοὺς ἀντίποδας λέληθε [...]. „Denn kein einzelner Teil, nicht einmal der kleinste, hätte anders entstehen können als in Übereinstimmung mit der gemeinsamen Natur und ihrer Vernunft. Dass aber die gemeinsame Vernunft und die gemeinsame Vernunft der Natur das Schicksal, die Vorsehung und Zeus ist, ist noch nicht einmal den Antipoden verborgen geblieben [...]." Siehe auch 1050c7–d2 = *SVF*, II.937: 'τῆς γὰρ κοινῆς φύσεως εἰς πάντα διατεινούσης δεήσει πᾶν τὸ ὁπωσοῦν γινόμενον ἐν τῷ ὅλῳ καὶ τῶν μορίων ὁτῳοῦν κατ' ἐκείνην γενέσθαι καὶ τὸν ἐκείνης λόγον κατὰ τὸ ἑξῆς ἀκωλύτως διὰ τὸ μήτ' ἔξωθεν εἶναι τὸ ἐνστησόμενον τῇ οἰκονομίᾳ μήτε τῶν μερῶν μηδὲν ἔχειν ὅπως κινηθήσεται ἢ σχήσει ἄλλως <ἢ> κατὰ τὴν κοινὴν φύσιν.' „Da nämlich die alles umgreifende Natur alles durchdringt, wird es notwendig sein, dass alles, was irgendwie im Ganzen und in einem seiner Teile geschieht, im Sinne jener Natur und im Sinne der ihr innewohnenden Vernunft nach fester Ordnung und ungehindert geschieht. Denn es gibt nichts, was sich von Außen dem Walten der Natur entgegenstellt, und keiner der Teile ist in der Lage, sich von der Stelle zu bewegen oder sich anders zu verhalten, als es der alles umgreifenden Natur gefällt." (Übersetzung: Rainer Nickel) Cicero, *De natura deorum*, II.35: „etenim ceteris naturis multa externa quo minus perficiantur possunt obsistere, universam autem naturam nulla res po-

so lange gut, wie alles einer Ordnung folgt. Es kommt aber auch vor, dass einzelne Organe oder Teile zügellos sind und sich gegen die Bewegung des Ganzen stellen. Der unvollkommene menschliche Organismus wird an solchen Krebsgeschwüren zugrunde gehen. Der perfekte göttliche Organismus hingegen kann durch nichts beeinträchtigt werden. Denn zuletzt ist jede einzelne Bewegung in Übereinstimmung mit der universalen oder allgemeinen Natur. Behindert werden können nur die Bewegungen der Einzelkörper.[99]

Bobzien hebt in diesem Kontext den Unterschied zwischen Innen- und Außenperspektive hervor.[100] Die Perspektive der Allnatur ist diejenige der Immanenz. Nichts Inneres behindert die Bewegung, da die Allnatur die Naturen der einzelnen Dinge in sich begreift. Es würde daher zumindest *prima facie* keinen Sinn ergeben, zu behaupten, dass die Natur der Einzeldinge dem göttlichen Ablauf der Allnatur widerstrebt. Die einzelnen Naturen sind aber einander äußerlich. Das Äußere ist nicht in der Gewalt der jeweiligen Individuen und kann daher auch ihren Bewegungen entgegenstehen.

---

test impedire propterea quod omnis naturas ipsa cohibet et continet." „Tatsächlich gibt es viele äußere Dinge, die den einzelnen Naturen entgegenstehen, weshalb sie sich nicht vervollkommnen können, aber die Allnatur kann durch nichts gehindert werden, weil sie selbst alle Naturen umfasst und enthält." Eine Auswertung der Plutarch-Stelle und Verortung im stoischen System bietet Bobzien 1998, 28–32.

99 Alexander von Aphrodisias, *De anima*, 131.8–10 = *SVF*, II.448: ἔπειτα, εἴπερ ἕν τι συνέχει τόν τε σύνολον κόσμον ἅμα τοῖς ἐν αὐτῷ, καὶ καθ' ἕκαστον τῶν ἐπὶ μέρους σωμάτων ἐστί τι ὃ συνέχει, πῶς οὐκ ἀναγκαῖον ταὐτὸν ἅμα τὰς ἐναντίας κινεῖσθαι κινήσεις; „Sodann wenn ein einziges Ding den ganzen Kosmos zugleich mit den darin enthaltenen Dingen zusammenhält und wenn es in jedem einzelnen Körper etwas gibt, das ihn zusammenhält, wie kann es nicht notwendig sein, dass dasselbe Ding auch in gegenteilige Bewegungen bewegt wird?" Siehe auch Marcus Aurelius, *Ad se ipsum*, X.33.1.7–3.1: ἀπόλαυσιν γὰρ δεῖ ὑπολαμβάνειν πᾶν ὃ ἔξεστι κατὰ τὴν ἰδίαν φύσιν ἐνεργεῖν. πανταχοῦ δὲ ἔξεστι. τῷ μὲν οὖν κυλίνδρῳ οὐ πανταχοῦ δίδοται φέρεσθαι τὴν ἰδίαν κίνησιν οὐδὲ τῷ ὕδατι οὐδὲ πυρὶ οὐδὲ τοῖς ἄλλοις ὅσα ὑπὸ φύσεως ἢ ψυχῆς ἀλόγου διοικεῖται· τὰ γὰρ διείργοντα καὶ ἐνιστάμενα πολλά· νοῦς δὲ καὶ λόγος διὰ παντὸς τοῦ ἀντιπίπτοντος οὕτως πορεύεσθαι δύναται ὡς πέφυκε καὶ ὡς θέλει. „Denn du mußt alles als einen Genuß ansehen, was dir in Übereinstimmung mit deiner spezifischen Natur zu tun erlaubt ist. Der Rolle ist es nicht überall möglich, die ihr eigene Bewegung auszuführen. Dasselbe gilt für das Wasser, das Feuer und die übrigen Dinge, die von der Natur oder von einer nicht-vernünftigen Seele geleitet werden. Denn vieles hält sie davon ab und steht ihnen im Wege. Aber Geist und Vernunft können durch jedes Hindernis so hindurchgehen, wie es ihrem Wesen entspricht und wie sie es wollen." (Übersetzung: Rainer Nickel) Bei Marcus Aurelius wird sehr gut deutlich, wie aus der bloßen Feststellung, dass die Einzelnaturen in ihrer Bewegung behindert werden können, die Forderung entspringt, sich der Bewegung der Allnatur anzugleichen, um sein Leben in einen guten Fluss zu bringen.

100 Bobzien 1998, 29.

Warum gibt es überhaupt Bewegung oder Veränderung in der Welt? Wir haben gesehen, dass die Stoiker wie Epikur Bewegung zunächst als Faktum voraussetzen. Jetzt wissen wir aber, dass die Bewegung zum göttlichen Wesen gehört. Sie beruht auf dem aktiven Prinzip, welches die Stoiker mit Gott identifizieren. Bewegung setzt aber auch für die Stoiker einen Übergang zwischen dem Gegensätzlichen oder Konträren voraus. In diesem Sinn behauptet Seneca, dass der beständige und beobachtbare Wandel der Welt den Übergang zwischen Gegensätzen bedingt.[101] Die kontinuierliche Angleichung zwischen dem Gegensätzlichen soll notwendig zur Erhaltung der Welt sein. Damit gehört schließlich auch der Übergang zwischen den Gegensätzen zum Wesen Gottes, weshalb die in Gegensätzen angeordnete Struktur der Welt auf göttlichem Ratschluss und folglich auf seiner Vorsehung beruht. Insofern Bewegung also zum Wesen Gottes gehört, muss es auch das Gegensätzliche und mithin das Böse geben. Denn nur unter dieser Voraussetzung kann es in der Welt eine kontinuierliche Bewegung geben und alles in einem beständigen Fluss sein.

Der Bereich, in dem sich die Bewegungen in besonderem Gleichmaß und ohne Hindernisse vollziehen, ist der himmlische Bereich des Äthers.[102] Auf der Erde stören die unterschiedlichen Einzelkörper sich im Ablauf der ihnen eigentümlichen Bewegungen. Dass sich die Einzelnen aber in ihren Bewegungen stören, kann nicht der göttlichen Vorsehung angekreidet werden. Denn Gott widmet sich in erster Linie der Erhaltung des Ganzen, dann der Menschheit als Ganzer und schließlich dem einzelnen Menschen.

---

101 Seneca, *Ad Helviam*, VI.8: „Omnia volvuntur semper et in transitu sunt ; ut lex et naturae necessitas ordinavit, aliunde alio deferuntur ; eum per certa annorum spatia orbes suos explicuerint, iterum ibunt per quae venerant. I nunc et humanum animum ex isdem, quibus divina constant, seminibus compositum moleste ferre transitum ae migrationem puta, cum dei natura adsidua et citatissima commutatione vel delectet se vel conservet." „Alle wälzen sich und sind stets im Vorübergehen, und wie es das Gesetz und die Nothwendigkeit der Natur angeordnet hat, werden sie von einer Stelle zur andern fortgetragen. Haben sie in einem Zeitraum bestimmter Jahre ihre Kreisbahn vollendet, so durchlaufen sie aufs Neue den Raum, durch den sie gekommen. Nun gehe hin und glaube, der menschliche Geist, der aus denselben Urstoffen, woraus die göttlichen Wesen entstehen, zusammengesetzt ist, sei unwillig über einen Übergang und eine Wanderung, während die Natur der Gottheit sich einer beständigen und überaus raschen Veränderung erfreut oder sich durch sie *erhält*." (Hervorhebung: A. H.) Siehe auch *Epistulae morales ad Lucilium*, 107.8: „Natura autem hoc quod vides regnum mutationibus temperat [...] contrariis rerum aeternitas constat." „Die Natur aber mäßigt diese Herrschaft, die du siehst [...]. In den Gegensätzen der Dinge besteht die Ewigkeit." (Übersetzung: Manfred Rosenbach) Wildberger 2006, Bd. I, 277–280 weist darauf hin, dass dieser Gedanke nicht für die ältere Stoa bezeugt ist. Sie unternimmt aber den Versuch, die Theorie aus orthodoxen stoischen Grundannahmen abzuleiten.
102 Seneca preist daher die Schönheit der himmlischen Abläufe, siehe etwa *Epistulae morales ad Lucilium*, 90.42; *Ad Helviam*, 20.2 und *Naturales quaestiones*, 7.1.2.

Bedeutet das aber, dass es doch keine *spezielle Vorsehung* Gottes für die Menschen gibt? Die Beantwortung der Frage ist abhängig von der Bestimmung dessen, worauf Gott seinen Schwerpunkt im Interesse richtet. Nach Dorothea Frede beinhaltet die Sorge für die Gemeinschaft den Einzelnen.[103] Wildberger hält dagegen, dass Gott das Ganze nicht hätte aufteilen müssen, d. h., es wäre nicht nötig gewesen, das Ganze zu differenzieren. Auch ohne die Zerteilung wäre das Ganze vollkommen. Die Erschaffung der differenzierten Welt muss daher im Interesse der Teile gelegen haben, damit diese zumindest über einen Zeitraum hinweg existieren.[104]

Die stoische Auskunft hierzu ist widersprüchlich. Einerseits soll nichts ohne den Beschluss der Götter geschehen. Bei Plutarch findet sich etwa die bereits zitierte Stelle, dass sich Gottes Wille bis zu den kleinsten Dingen und unbedeutendsten Angelegenheiten erstreckt. Andererseits wird eine Reihenfolge in der göttlichen Fürsorge deutlich. An erster Stelle steht die Sorge um die Erhaltung des Ganzen, dann kommt die Gattung Mensch als Vernunftwesen und erst an dritter Stelle stehen die einzelnen Menschen.[105] Gottes Fürsorge richtet sich demnach nur mittelbar auf die einzelnen Menschen, und zwar nur insofern, als diese Teil des Ganzen sind. Seneca führt dagegen aus, dass die Götter nur manchmal den

---

103 Dorothea Frede 2002, 101.
104 Wildberger 2006, Bd. II, 880.
105 Seneca, *De beneficiis*, VI.23.3–4: „In prima autem illa constitutione, cum universa disponerent, etiam nostra viderunt rationemque hominis habuerunt; itaque non possunt videri sua tantum causa decurrere et explicare opus suum, quia pars operis et nos sumus. Debemus ergo et soli et lunae et ceteris caelestibus beneficium, quia, etiam si potiora illis sunt, in quae oriuntur, nos tamen in maiora ituri iuvant. Adice, quod ex destinato iuvant, ideoque obligati sumus, quia non in beneficium ignorantium incidimus, sed haec, quae accipimus, accepturos scierunt; et quamquam maius illis propositum sit maiorque actus sui fructus, quam servare mortalia, tamen in nostras quoque utilitates a principio rerum praemissa mens est et is ordo mundo datus, ut appareat curam nostri non inter ultima habitam." „Aber zur Zeit jener ersten Einrichtung, als sie das Weltall anordneten, blickten sie auch auf unsere Angelegenheiten und überlegten für die Menschen; deshalb können sie nicht so erscheinen, als ob sie ihre Wege und ihr Werk nur für ihr eigenes Wohl vollbringen. Denn wir sind ebenfalls Teil dieses Werkes. Deshalb schulden wir der Sonne, dem Mond und den übrigen Gestirnen die Wohltat, weil auch dann, wenn die Absichten, für die sie sich erheben in ihren Augen wichtiger sind, stehen sie uns dennoch in ihrem Weg zu diesen größeren Dingen bei. Nimm hinzu, dass sie uns aus einem bestimmten Zweck beistehen, deshalb sind wir ihnen auch verpflichtet, weil wir nicht auf eine Wohltat stoßen, von der sie nichts wüssten. Sie wussten hingegen, dass wir diese Wohltat empfangen würden und auch wenn sie einen größeren Zweck verfolgen sollten und einen größeren Gewinn für ihre Anstrengung als die bloße Erhaltung der sterblichen Geschöpfe, so ist ihr Sinn von Anbeginn der Dinge auch auf unsere Interessen gerichtet und von jener Ordnung, die der Welt auferlegt worden ist, wird deutlich, dass sie ihre Sorge für uns nicht als eine nur geringe Sache betrachtet haben." Siehe auch Seneca, *Naturales Quaestiones*, VII.30.3.

Einzelnen nicht beachten, ansonsten aber ihre Vorsehung auch auf diesen richten.[106]

Fest steht, dass Gott gütig und sozial sein soll. Denn er liebt die Gesellschaft. Wie wir gesehen haben, gleichen ihm die vernünftigen Menschen darin. Die Vergöttlichung des Weisen (und mithin des vollkommen vernünftigen Wesens), die sich als direkte Folge der Vernunftentwicklung einstellt, lässt auch ihn zum Bürger eines Weltstaates werden. Sein privates Wohl ist das des Staates, sein wahrer Nutzen geht im Nutzen der Gemeinschaft auf. Wendet Gott sich also der Gemeinschaft aller Menschen in seiner Vorsehung zu, so stiftet er damit zugleich auch den wahren Nutzen des Individuums. Und die Gesetze der Stadt sind der Garant für den geordneten Bewegungsablauf der Gemeinschaft. Hierauf beruht der besondere Stellenwert, den die Stoiker den Gesetzen zubilligen. So regeln die Gesetze die Bewegungen der Bürger eines Staates. Sie sorgen dafür, dass es so wenig wie möglich Behinderungen dieser Bewegungen gibt. Der Philosoph erkennt, dass die Gesetze des Staates daher in seinem eigenen Interesse liegen. Kommt es zu einem Interessenkonflikt zwischen dem Einzelnen und dem Staat, dann wird das Wohl der Gemeinschaft das des Einzelnen überwiegen.[107] Aus

---

[106] Seneca, *Epistulae morales ad Lucilium*, 95.50: „[...] scire illos esse qui praesident mundo, qui universa vi sua temperant, qui humani generis tutelam gerunt interdum curiosi singulorum. Hi nec dant malum nec habent." „[...] zu wissen, sie sind es, die die Welt lenken, die das All mit ihrer Macht ordnen, die des Menschengeschlechtes Erhaltung gewährleisten, manchmal unbekümmert um den einzelnen. Sie muten weder Böses zu, noch haben sie es im Besitz." (Übersetzung: Manfred Rosenbach) Die Götter sind weder böse noch fügen sie irgendeinem Böses zu. Das Böse ist ihrer Natur fremd.

[107] Das Wohl des Einzelnen beruht nämlich auf dem Wohl der Gemeinschaft. Die Philosophie muss also dahin führen, dass der Mensch einsieht, was sein wahrer Nutzen und sein wahrer Vorteil ist. Besonders deutlich tritt dieser Gedanke bei Marcus Aurelius hervor (*Ad se ipsum*, II.16.1.11–12): τέλος δὲ λογικῶν ζῴων τὸ ἕπεσθαι τῷ τῆς πόλεως καὶ πολιτείας τῆς πρεσβυτάτης λόγῳ καὶ θεσμῷ. „Das Ziel aber aller vernünftigen Lebewesen ist es, der Vernunft und dem Gesetz des ältesten und ehrwürdigsten ‚Staates' zu folgen." (Übersetzung: Rainer Nickel) IV.29.1.1–8: Εἰ ξένος κόσμου ὁ μὴ γνωρίζων τὰ ἐν αὐτῷ ὄντα, οὐχ ἧττον ξένος καὶ ὁ μὴ γνωρίζων τὰ γινόμενα. φυγὰς ὁ φεύγων τὸν πολιτικὸν λόγον· τυφλὸς ὁ καταμύων τῷ νοερῷ ὄμματι· πτωχὸς ὁ ἐνδεὴς ἑτέρου καὶ μὴ πάντα ἔχων παρ' ἑαυτοῦ τὰ εἰς τὸν βίον χρήσιμα· ἀπόστημα κόσμου ὁ ἀφιστάμενος καὶ χωρίζων ἑαυτὸν τοῦ τῆς κοινῆς φύσεως λόγου διὰ τοῦ δυσαρεστεῖν τοῖς συμβαίνουσιν· ἐκείνη γὰρ φέρει τοῦτο, ἣ καὶ σὲ ἤνεγκεν· ἀπόσχισμα πόλεως ὁ τὴν ἰδίαν ψυχὴν τῆς τῶν λογικῶν ἀποσχίζων, μιᾶς οὔσης. „Wenn derjenige ein Fremdling im Kosmos ist, der die Dinge, die in diesem sind, nicht erkennt, dann ist der andere nicht weniger ein Fremdling, der die Vorgänge, die in diesem geschehen, nicht erkennt. Ein Flüchtling ist, wer sich der staatlichen Vernunft entzieht, ein Blinder, wer das Auge der Vernunft schließt, ein Bettler, wer auf einen anderen angewiesen ist und nicht alles, was für das Leben nützlich ist, aus sich selbst zur Verfügung hat. Ein Abgesonderter des Kosmos ist, wer sich entfernt und trennt von der Vernunft der gemeinsamen Natur, indem er sich nicht mit dem, was geschieht, zufrieden gibt. Denn die Natur, die auch

diesem Grund soll der Weise das Leid und selbst den Tod als Soldat mit Freuden auf sich nehmen, wenn es seinem Vaterland dient.

§ 21 Stoische Theodizee III: Guten Menschen widerfährt kein Übel

Chrysipp betont in seiner Verteidigung der Vorsehung, dass es nicht in der Absicht der Natur gelegen haben könne, dass die Menschen den Krankheiten ausgeliefert sind. Stattdessen soll die Natur zusammen mit all dem Großartigen und Nützlichen, was sie den Menschen bereitet hat, zugleich all das erschaffen haben, was dem Großen notwendig anhaftet. Letzteres hat sie zwar nicht beabsichtigt, aber es ist eine notwendige Konsequenz oder Folgeerscheinung (κατὰ παρακολούθησιν) der Schöpfung.

Nach Aulus Gellius soll Chrysipp diesen Gedanken am Beispiel des menschlichen Kopfes illustriert haben. Demzufolge ist der Kopf nicht nur besonders nützlich, sondern auch außerordentlich schön. Zusammengesetzt ist er aus kleinen und feinen Knochen, was seiner Funktionalität dient. Damit ist er aber zugleich auch recht anfällig und verletzlich, was den Menschen wiederum zahlreiche Nachteile bereitet. Ebenso soll es sich mit vielen anderen erschaffenen Dingen verhalten.[108] Folglich hätte auch die Vorsehung das Schädliche nicht um seiner

---

dich hervorgebracht hat, bringt dies hervor. Ein von der menschlichen Gemeinschaft Abgetrennter ist, wer seine eigene Seele von der einen Seele alles Vernünftigen abtrennt." (Übersetzung: Rainer Nickel) Siehe auch III.11.2; VI.45.1; X.6. Was aber dem Staat keinen Schaden bereitet, das kann auch den einzelnen Bürgern nicht schaden: V. 22.1; X.33.8.

108 Aulus Gellius, *Noctes atticae*, VII.1.9–12 sowie VII.1.7 = *SVF*, II.1170: „'Sed cum multa,' inquit, 'atque magna gigneret pareretque aptissima et utilissima, alia quoque simul adgnata sunt incommoda his ipsis quae faciebat cohaerentia'; eaque non per naturam, sed per sequellas quasdam necessarias facta dicit, quod ipse appellat κατὰ παρακολούθησιν. 'Sicut,' inquit, 'cum corpora hominum natura fingeret, ratio subtilior et utilitas ipsa operis postulavit ut tenuissimis minutisque ossiculis caput compingeret. Sed hanc utilitatem rei maiorem alia quaedam incommoditas extrinsecus consecuta est, ut fieret caput tenuiter munitum et ictibus offensionibusque parvis fragile. Proinde morbi quoque et aegritudines partae sunt [...]." „'Aber', so führt Chrysipp weiter aus, 'als die Natur vieles Großes erzeugte und erschuf, was äußerst angemessen und nützlich war, entstand zugleich auch manches Nachteilige, was mit dem Erzeugten zusammenhing.' Und er weist darauf hin, dass dies zwar auch auf natürlichem Weg entstanden sei, aber im Sinne unumgänglicher Begleitumstände; diesen Vorgang bezeichnet er selbst mit dem Begriff ‚Folgeerscheinung'. ‚Als die Natur zum Beispiel', sagt Chrysipp, ‚die Körper der Menschen gestaltete, machten der besondere Zweck und der Nutzen des Werkes es erforderlich, den Kopf aus sehr feinen und kleinen Knochen zusammenzufügen. Aber mit diesem höheren Nutzen des Gegenstandes ist auf der anderen Seite offensichtlich ein Nachteil verbunden, der darin besteht, dass der Kopf nur wenig geschützt und schon durch kleine Stöße und äußere Einwirkungen verletz-

selbst willen hervorgebracht. Vielmehr handelt es sich um eine Art von Begleiterscheinung, eine unbeabsichtigte Folge, die mit der Schöpfung der Welt verbunden ist.[109] Der Fehler würde somit nicht bei der schöpferischen Kraft Gottes liegen, sondern in der Materie, auf die das aktive Prinzip einwirkt. So heißt es etwa bei Seneca:

> Aber nicht kann der Schöpfer ändern die Materie. Das ist ausgemacht, manches kann von manchem nicht getrennt werden, es hängt in sich zusammen, ist unteilbar.[110] *(Übersetzung: Manfred Rosenbach, modifiziert)*

---

bar ist. Genauso sind bei der Entstehung der Gesundheit auch Krankheiten und Unpässlichkeit entstanden." (Übersetzung: Rainer Nickel) Siehe auch Seneca, *De beneficiis*, II.29.2. Danach ist es unmöglich, bestimmte Eigenschaften, wie etwa Stärke und Geschwindigkeit, miteinander zu verbinden. Die Klage hierüber wäre folglich vergebens und unerhört. Dass es sich um eine Begleiterscheinung handelt, ist vermutlich platonischen Ursprungs. Siehe Platon, *Timaios*, 75a4–c7. Zum Einfluss Platons auf den stoischen Begriff der Vorsehung siehe oben § 12 sowie Reydams-Schils 1999.
109 Marcus Aurelius, *Ad se ipsum*, VII.75.1.1: Ἡ τοῦ ὅλου φύσις ἐπὶ τὴν κοσμοποιίαν ὥρμησε· νῦν δὲ ἤτοι πᾶν τὸ γινόμενον κατ' ἐπακολούθησιν γίνεται ἢ ἀλόγιστα καὶ τὰ κυριώτατά ἐστιν ἐφ' ἃ ποιεῖται ἰδίαν ὁρμὴν τὸ τοῦ κόσμου ἡγεμονικόν. „Die Natur des Weltganzen hat die Erschaffung des Kosmos in Gang gesetzt. Jetzt aber geschieht alles, was geschieht, entweder als eine Begleiterscheinung (des Schöpfungsvorgangs), oder selbst die wichtigsten Dinge, auf die das leitende Prinzip des Kosmos sein eigenes Interesse richtet, sind sinnlos." (Übersetzung: Rainer Nickel). Siehe auch IX.28.1.1: καὶ ἤτοι ἐφ' ἕκαστον ὁρμᾷ ἡ τοῦ ὅλου διάνοια· ὅπερ εἰ ἔστιν, ἀποδέχου τὸ ἐκείνης ὁρμητόν· ἢ ἅπαξ ὥρμησε, τὰ δὲ λοιπὰ κατ' ἐπακολούθησιν [...]. „Und entweder wandte sich die Vernunft des Weltganzen jedem einzelnen Ding zu – wenn das der Fall ist, dann nimm ihre Zuwendung an – oder sie wandte sich nur einmal (den Dingen) zu, alles weitere aber läuft als Folgeerscheinung ab." (Übersetzung: Rainer Nickel) Marcus Aurelius führt die Alternative an, dass die Natur sich entweder den einzelnen Dingen kontinuierlich zuwendet oder dies nur einmal zu Beginn getan hat und alles Weitere geschieht als eine Folge dieser erste Hinwendung (ähnlich: III.2.5; VI.36.2–4; VI.44.3). Wildberger 2006, Bd. II, 876–877 hebt den Unterschied zwischen Marcus Aurelius und Chrysipp hervor. Bei Ersterem soll möglich sein, dass Gott die Folgeerscheinungen nicht gewollt hat, wohingegen sich nach Chrysipp alles genau so ereignet, wie Gott es gewollt hat. Siehe das Chrysipp-Zitat bei Plutarchus, *De Stoicorum repugnantiis*, 1050a–b = *SVF*, II.937: 'οὐθὲν γὰρ ἔστιν ἄλλως τῶν κατὰ μέρος γενέσθαι οὐδὲ τοὐλάχιστον ἢ κατὰ τὴν κοινὴν φύσιν καὶ κατὰ τὸν ἐκείνης λόγον.' „Denn kein einzelner Teil, nicht einmal der kleinste, hätte anders entstehen können als in Übereinstimmung mit der gemeinsamen Natur und ihrer Vernunft." Long 1968, 333 behauptet indes, dass Chrysipp eine ähnliche Position wie die hier Marcus Aurelius zugeschriebene vertreten hat.
110 Seneca, *De providentia*, V.9: „Non potest artifex mutare materiam; hoc passa est. Quaedam separari a quibusdam non possunt, cohaerent, individua sunt." Mansfeld 1979, 158 verweist in diesem Kontext auf Senecas Zustimmung zu Platons *Timaios* in *Epistulae morales ad Lucilium*, 65.10 und vermutet, dass es sich auch hier um einen platonischen Einfluss handelt.

Diese Erklärung mutet zwar aristotelisch an und wir werden im Folgenden sehen, dass spätere Aristoteliker wie Alexander von Aphrodisias tatsächlich so argumentiert haben, der entscheidende Unterschied besteht jedoch darin, dass die Stoiker den Schwerpunkt auf die begrenzte Macht des Schöpfers legen, wohingegen Alexander den natürlichen Mangel der Materie betont.[111] Die schaffende Kraft Gottes bleibt jedoch nicht nur für ihre Verwirklichung auf die Materie angewiesen, sondern sie wird zudem durch diese eingeschränkt, denn ob die beabsichtigten Formen und Gestalten tatsächlich realisiert werden, hängt von der Materie ab. Chrysipp soll in diesem Sinn zugestanden haben, dass es Gott schlichtweg nicht möglich war, die Übel vollkommen abzuschaffen. Damit bestätigt er aber, dass Gott nicht allmächtig sein kann, da er andernfalls die Existenz der Übel verhindert hätte. Die Existenz der Übel ist für die Stoiker somit eine notwendige Folge (oder eben Begleiterscheinung) der Schöpfung.

Eng hiermit ist auch die Antwort auf eine andere Frage, die die antiken Kritiker an die Stoiker adressieren, verbunden. So fragt etwa Plutarch, warum die Vorsehung fast alle Menschen im Zustand der Schlechtigkeit leben lässt und ihnen die Weisheit nicht direkt verliehen hat oder sie zumindest mehr zur Vollkommenheit begabt gemacht hat?[112] Denn auch hierfür trägt nicht Gott, sondern sein Werkstoff, die Materie die Schuld. Auf diese bleibt Gott nämlich wie gesagt in der Erschaffung der Welt angewiesen.

Aus demselben Grund sind die Stoiker auch der Ansicht, dass man Gott nicht dafür verantwortlich machen kann, dass es so viele Toren gibt, die sich

---

111 Dass die Stoiker die Allmacht Gottes bestreiten, behauptet beispielsweise Philodem (= *SVF*, II. 1183); siehe auch Seneca, *De providentia*, VI.6: „At multa incidunt tristia, horrenda, dura toleratu. – Quia non poteram vos istis subducere […]." „Aber viel ereignet sich Trauriges, Schreckliches, schwer zu Tragendes.' Weil ich euch vor diesem nicht in Schutz nehmen konnte." (Übersetzung: Manfred Rosenbach); Epictetus, *Dissertationes*, 1.1.10–12: Ἀλλὰ τί λέγει ὁ Ζεύς; Ἐπίκτητε, εἰ οἷόν τε ἦν, καὶ τὸ σωμάτιον ἄν σου καὶ τὸ κτησίδιον ἐποίησα ἐλεύθερον καὶ ἀπαραπόδιστον. νῦν δέ, μή σε λανθανέτω, τοῦτο οὐκ ἔστιν σόν, ἀλλὰ πηλὸς κομψῶς πεφυραμένος. ἐπεὶ δὲ τοῦτο οὐκ ἠδυνάμην, ἐδώκαμέν σοι μέρος τι ἡμέτερον, τὴν δύναμιν ταύτην τὴν ὁρμητικήν τε καὶ ἀφορμητικὴν καὶ ὀρεκτικήν τε καὶ ἐκκλιτικὴν καὶ ἁπλῶς τὴν χρηστικὴν ταῖς φαντασίαις […]. „Aber was sagt Zeus? Epiktet, wäre es möglich gewesen, sowohl deinen Körper als auch deinen kleinen Besitz frei und ungehindert zu machen. Nun aber, und das darfst du nicht übersehen, dieser Körper ist nicht deiner, sondern nur Erde raffiniert zusammengemischt. Weil ich dir dies nun nicht geben konnte, habe ich dir einen Teil unserer selbst gegeben, das Vermögen des Antriebs und des Meidens und der Begierde und der Abneigung oder, mit einem Wort, ein Vermögen, das einen Gebrauch der Vorstellungen macht […]." Long 2002, 162 vermutet, dass Epiktet sich von den Vorstellungen der frühen Stoa (unter Umständen aufgrund eines platonischen Einflusses) entfernt hat. Ebenso Dobbin 1998, 70–71. Das bestreiten indes Algra 2003, 172 sowie Wildberger 2006, Bd. II, 875–876.

112 Plutarchus, *De stoicorum repugnantiis*, 1048e–1049a = *SVF*, III.668.

dem Laster ergeben und dass nur wenige den Zustand der Weisheit und damit eine andauernde Glückseligkeit erreichen. So sollen die Menschen ihrer Meinung nach schlecht sein, weil sie selbst es so wollen. Wir haben oben gesehen, dass die Stoiker glauben, mittels ihrer Ursachenlehre moralische Zurechnung trotz kausalem Determinismus aufrechterhalten zu können. Die Schuld am moralischen Versagen liegt folglich auch nicht bei der göttlichen Vorsehung. Für die Stoiker „ist es nicht vernünftig, das Göttliche als Mitursache des Schändlichen zu bezeichnen; wie nämlich das Gesetz nicht zur Mitursache der Gesetzesübertretung wird, so auch nicht die Götter zur Mitursache der Gotteslästerung".[113] Die Stoiker erwidern, dass die Schlechtigkeit, die Plutarch als Strafe bezeichnet, immer noch besser ist, als überhaupt nicht zu existieren oder aber zu existieren und keine Sprache zu haben.[114] Seneca fügt hinzu, dass das Beste an der Weisheit ist, dass man sie sich selbst gibt und nur sich selbst verdankt.[115] In dieser einen Hinsicht sollen die Menschen sogar Gott übertreffen, da Gott von Natur aus weise ist, wohingegen die Menschen Weisheit nur durch Anstrengung und Leistung erreichen können.[116] Das Unglück erhebt die Menschen somit über Gott:

> Das ist es, worin ihr dem Gott überlegen seid: er steht außerhalb des Erleidens von Unglück, ihr über dem Erleiden.[117] (Übersetzung: Manfred Rosenbach)

Im vorausgehenden Abschnitt haben wir gesehen, dass das Böse für die Stoiker eine notwendige Folge aus der Existenz der differenzierten Dinge (d. h. auch des Menschen) ist, da die Bewegung, die dem Kosmos eigentümlich ist, das Gegensätzliche voraussetzt und somit das Böse zur Voraussetzung des Guten macht. Von einem göttlichen Standpunkt aus betrachtet soll es ihrer Ansicht nach sogar

---

113 Plutarchus, *De Stoicorum repugnantiis*, 1049e. = *SVF*, II.1125: „[...] τῶν αἰσχρῶν τὸ θεῖον παραίτιον γίνεσθαι οὐκ εὔλογόν ἐστιν· ὃν τρόπον γὰρ οὔτε νόμος τοῦ παρανομεῖν παραίτιος γένοιτο ἄν, οὔτε οἱ θεοὶ τοῦ ἀσεβεῖν [...]."
114 Plutarchus, *De stoicorum repugnantiis*, 1042c–d; 1042a–b; *De communibus notitiis adversus Stoicos*, 1063c–d. Ganz ähnlich wird später auch Augustinus argumentieren.
115 Seneca, *Epistulae morales ad Lucilium*, 90.1–2: „Quis dubitare, mi Lucili, potest quin deorum inmortalium munus sit quod vivimus, philosophiae quod bene vivimus? Itaque tanto plus huic nos debere quam dis [...] quod illam sibi quisque debet, quod non ab alio petitur." „Wer kann bezweifeln, mein Lucilius: Der unsterblichen Götter Geschenk ist es, daß wir leben, der Philosophie, daß wir sittlich leben? Daß wir daher so viel mehr ihr verdanken als den Göttern [...] daß sie ein jeder sich selbst verdankt, daß sie nicht von einem anderen verlangt wird." (Übersetzung: Manfred Rosenbach) Wir werden sehen, dass Alexander von Aphrodisias diesen Punkt als Argument gegen die stoische Konzeption der Vorsehung anführt. Siehe unten § 22.
116 Seneca, *Epistulae morales ad Lucilium*, 53.11.
117 Seneca, *De providentia*, VI.6: „Hoc est quo deum antecedatis; ille extra patientiam malorum est, vos supra patientiam."

gut sein, dass es das Böse gibt.[118] Aus diesem Blickwinkel fallen die Gegensätze in eins und die Harmonie des Ganzen tritt in den Vordergrund. Das Böse fügt sich den Stoikern zufolge in das harmonische Ganze des Kosmos wie schlechte Verse in eine Komödie, die zwar an sich unvollkommen sind, dem Ganzen aber einen besonderen Reiz verleihen. Für sich allein genommen mag das Böse daher hässlich sein, doch aus der Perspektive des Ganzen betrachtet trägt es zur Schönheit des Kosmos bei.[119]

Dieser Kosmos soll nun auf bestmögliche Weise eingerichtet und zum Wohle aller, auch der bösen und minderwertigen Toren geordnet sein.[120] Diese Ansicht drückt sich so etwa im *Zeus-Hymnus* des Kleanthes aus, der in seinem Gebet Gott dafür lobt, dass er alles zu eins verbunden hat, „das Gute mit dem Bösen, sodass alles an ein und derselben ewig währenden Vernunft Anteil hat".[121] *Für vieles andere,* was den Menschen schädlich oder unnütz erscheint, wie etwa wilde Tiere zu Land und zu Wasser, gilt, dass ihr wahrer Nutzen noch nicht gefunden wurde. Es spricht für die Stoiker aber nichts dagegen, dass es einen solchen Nutzen gibt, der nur bislang verborgen geblieben ist.[122] Der künftige Nutzen rechtfertigt für sie also das gegenwärtige Leid.

Hierin haben wir *einen* wesentlichen Teil ihrer Konzeption der göttlichen Vorsehung gesehen: Die unvernünftigen Kreaturen dienen dem Nutzen der vernünftigen Wesen.[123] Der zweite Teil besteht hingegen in dem übergeordneten Plan,

---

118 Plutarchus, *De stoicorum repugnantiis*, 1051a10–b2: Πάλιν ἐν τῷ πρώτῳ περὶ Δικαιοσύνης εἰπὼν περὶ τῶν θεῶν ὡς ἐνισταμένων ἐνίοις ἀδικήμασι 'κακίαν δέ' φησί 'καθόλου ἆραι οὔτε δυνατόν ἐστιν οὔτ' ἔχει καλῶς ἀρθῆναι'. „Er sagt wiederum im ersten Buch 'Über die Gerechtigkeit' von den Göttern, dass sie manchen Untaten entgegentreten. ‚Aber', so erklärt er, ‚das Böse vollständig zu beseitigen, ist unmöglich, und es ist nicht richtig, dass es beseitigt wird.'" (Übersetzung: Rainer Nickel)
119 Plutarchus, *De communibus notitiis adversus Stoicos*, 1065d6–d10 = *SVF*, II.1181: 'ὥσπερ γὰρ αἱ κωμῳδίαι' φησίν 'ἐπιγράμματα γελοῖα φέρουσιν, ἃ καθ' αὑτὰ μέν ἐστι φαῦλα τῷ δ' ὅλῳ ποιήματι χάριν τινὰ προστίθησιν, οὕτω ψέξειας ἂν αὐτὴν ἐφ' ἑαυτῆς τὴν κακίαν, τοῖς δ' ὅλοις οὐκ ἄχρηστός ἐστι.' „Wie mämlich die Komödien, so sagt er, lächerliche Verse bieten, die für sich allein schlecht sind, dem ganzen Stück aber einen gewissen Reiz verleihen, so könnte man die Schlechtigkeit, wenn man sie für sich allein betrachtet, tadeln; für das Ganze ist sie aber nicht nutzlos." (Übersetzung: Rainer Nickel)
120 Plutarchus, *De stoicorum repugnantiis*, 1051 b9–b11 = *SVF*, II.1178: Ἔτι περὶ τοῦ μηδὲν ἐγκλητὸν εἶναι μηδὲ μεμπτὸν <ἐν τῷ> κόσμῳ, κατὰ τὴν ἀρίστην φύσιν ἁπάντων περαινομένων „[...]. Ferner hat man der Welt nichts vorzuwerfen und an ihr nichts zu tadeln, da sich alles im Sinn der vollkommenen Natur abspiele [...]."
121 Stobaeus, *Eclogae*, I.1.12 p. 25.3 = *SVF*, I.537: ὧδε γὰρ εἰς ἓν πάντα συνήρμοκας ἐσθλὰ κακοῖσιν, ὥσθ' ἕνα γίγνεσθαι πάντων λόγον αἰὲν ἐόντα [...]. Zur Funktion des Gebets in der Stoa siehe Algra 2003, 174–176.
122 Lactancius, *De ira*, 13 = *SVF*, II.1172.
123 *SVF*, II.1152–1167. Siehe oben §§ 11–12.

der auf einem göttlichem Ratschluss beruhen soll. In diesem Sinn heißt es bei Plutarch, dass Gott durch Zerstörungen die Gelegenheit für einen Neuanfang gibt oder durch Kriege die Überbevölkerung zum Wohle der Allgemeinheit dezimiert.[124] Fest steht jedenfalls, dass für die Stoiker alle Dinge auf bestmögliche Weise zum Nutzen und zur Erhaltung des Ganzen dienen. In diesem Ganzen sind aber nicht alle Dinge gleich bedeutsam, sodass ihnen auch nicht dieselbe Aufmerksamkeit gebührt. Chrysipp vergleicht die Welt in diesem Kontext mit einem wohlgeordneten Haus, wo nicht alles mit derselben Sorgfalt ausgeführt werden kann. Das hat aber keine Auswirkungen auf das Ganze. Denn auch die besten Könige werden sich nicht jeder Angelegenheit mit derselben Umsicht widmen können.[125] Außerdem kann nicht ausgeschlossen werden, dass böse Menschen oder Toren unverdient Positionen erreicht haben, in denen sie Unruhe stiften.[126] Das steht aber, wie Plutarch direkt im Anschluss feststellt, im Widerspruch zur Auffassung, dass sich alles aus Notwendigkeit ereignet und dass diese Welt zugleich die beste aller möglichen Welten ist.[127] Wie kann Gott es zulassen, dass häufig die besten und tugendhaftesten Männer den Toren ausgeliefert sind?[128]

---

124 Plutarchus, *De stoicorum repugnantiis*, 32, 1049b1–3 = *SVF*, II.1177.
125 Cicero, *De natura deorum*, III.86: „At enim minora di neglegunt, neque agellos singulorum nec viticulas persequuntur, nec, si uredo aut grando cuipiam nocuit, id Iovi animadvertendum fuit; ne in regnis quidem reges omnia minima curant [...]." „Aber die Götter vernachlässigen die unwichtigen Dinge und sie beachten nicht die kleinen Besitztümer und auch nicht die Weinstöckchen der Einzelnen. Wenn also ein Getreidebrand oder irgendein Hagel Schaden angerichtet hat, so waren das nicht Jupiters Angelegenheiten; selbst Könige sorgen sich in ihren Reichen nicht um jede Kleinigkeit [...]." Siehe auch Plutarchus, *De stoicorum repugnantiis*, 1051c2–4 = *SVF*, II.1178: 'πότερον' φησίν ἀμελουμένων τινῶν, καθάπερ ἐν οἰκίαις μείζοσι παραπίπτει τινὰ πίτυρα καὶ ποσοὶ πυροί, τῶν ὅλων εὖ οἰκονομουμένων [...]. „Er stellt auch die Frage, ob gewisse Dinge einfach nur aus Unachtsamkeit geschehen, wie in größeren Haushalten einige Getreidekörner und ein paar Weizenkörner auf den Boden fallen können, während das Ganze gut und ordentlich verwaltet wird [...]." (Übersetzung: Rainer Nickel)
126 Plutarchus, *De stoicorum repugnantiis*, 1051b11–c6 = *SVF*, II.1178.
127 Plutarchus, *De stoicorum repugnantiis*, 1051d8–10: καὶ μὴν εἰ πολὺ τὸ τῆς ἀνάγκης μέμικται τοῖς πράγμασιν, οὔτε κρατεῖ πάντων ὁ θεὸς οὔτε πάντα κατὰ τὸν ἐκείνου λόγον διοικεῖται. „Wenn ferner in den Dingen in einem hohem Maße Notwendigkeit enthalten ist, dann wird Gott nicht über alles herrschen und es ist auch nicht gemäß seiner Vernunft angeordnet."
128 So wurde etwa Sokrates, der gemeinhin als der weiseste unter den Griechen angesehen wurde, zum Tode verurteilt worden oder Pythagoras bei lebendigem Leib verbrannt. Plutarchus, *De stoicorum repugnantiis*, 1051c7–d3. Ob Pythagoras selbst oder seine Jünger verbrannt wurden, ist jedoch umstritten. Wildberger 2006, Bd. I, 284 stellt ferner infrage, ob Chrysipp das Leid der Gerechten tatsächlich zu „Betriebsunfällen" einer ansonsten gerechten und lobenswerten Ordnung macht oder ob es sich um eine polemische Zuspitzung bzw. Verkehrung durch Plutarch handelt. Auch wenn sich dies aufgrund der Quellenlage nicht mit Sicherheit beantworten lässt, deutet doch Senecas *De providentia* in dieselbe Richtung, ja spitzt den Gedanken noch weiter zu.

Seneca hat der Beantwortung dieser Frage eine eigene Schrift gewidmet.[129] Aufschlussreich ist, dass Seneca zur Erklärung der Übel, denen der Mensch ausgesetzt ist, die Existenz der Vorsehung voraussetzt. So soll feststehen, dass die Welt von einem Gott regiert wird, der am Schicksal der Menschen Anteil nimmt.[130] Es soll daher genügen, die enge Verbindung, die zwischen den gesetzmäßigen Abläufen in der Welt und der Vorsehung besteht, in Erinnerung zu rufen, da ihre Regelhaftigkeit nur auf einer göttlichen Lenkung beruhen kann. Selbst das plötzlich und unvermutet Eintretende geschieht nicht ohne Ordnung. Denn alles in der Welt folgt einem festen Gesetz (dem Befehl Gottes), das den Zusammenhang (συμπάθεια) des Alls stiftet. Die Alternative hierzu wäre, so Seneca, dass die Welt das Ergebnis eines blinden Zufalls sei, und zwar im aristotelischen Sinn verstanden als ein an sich zweckloses Ereignis.[131] Das macht jedoch die Frage selbst sinnlos, da es keine übergeordnete Ordnung gibt, die es zu bewahren gilt.[132]

Der Weise auf der Folter wird zum göttlichen Schauspiel und zum guten Beispiel für die Philosophen instrumentalisiert.

129 Seneca, *De providentia*, I: „Quare aliqua incommoda bonis viris accidant cum providentia sit." „Warum manches Unglück Männern von Wert zustößt, obwohl es eine Vorsehung gibt." (Übersetzung: Manfred Rosenbach) Eine ausführliche Interpretation der Schrift mit weiteren Literaturangaben sowie einer Diskussion philologischer Probleme bietet Wildberger 2006, Bd. I, 284–294.

130 Das ist verwunderlich, da die Tatsache, dass die guten Menschen leiden müssen, von den Gegnern der Vorsehung gegen diese ins Feld geführt worden ist. So etwa Epicurus, *Frg.* 370 (*Usener*) = Lactantius, *Divinae institutiones*, 3.17,8. Siehe auch die Rede von Cotta in Cicero, *De natura deorum*, III.79–81. Vgl. Wildberger 2006, Bd. I, 284–285. Seneca gesteht aber sofort ein, dass die behandelte Frage nur Teil einer größeren Untersuchung sein kann, in der zunächst die Existenz der Götter bewiesen wird. Maurach 1991, 140 erkennt darin einen Bezug zu den *Naturales quaestiones*, die seiner Vermutung nach dieses größere Werk darstellen. Dieselbe Struktur haben wir auch bei Cicero gefunden: Zunächst muss gezeigt werden, dass es Götter gibt, dann, wie sie beschaffen sind und schließlich muss ihre Vorsehung für die Menschen bestimmt werden (siehe oben § 12), Cicero, *De natura deorum*, II.3; sowie II, 75.

131 Seneca, *De providentia*, I.2: „Supervacuum est in praesentia ostendere non sine aliquo custode tantum opus stare nec hunc siderum coetum discursumque fortuiti impetus esse, et quae casus incitat saepe turbari et cito arietare, hanc inoffensam velocitatem procedere aeternae legis imperio […]." „Überflüssig ist es für den Augenblick, zu zeigen: nicht ohne eine Art von Wächter könne solch ein Werk bestehen, und diese Begegnung der Sterne und ihr Auseinanderstieben sei nicht Ergebnis eines zufälligen Anstoßes; was Zufall in Bewegung setzt, werde häufig gestört und stoße rasch an, dieser rasche Lauf vollziehe sich nach eines ewigen Gesetzes Befehl […]." (Übersetzung: Manfred Rosenbach) Zur Diskussion der stoischen Konzeption des Zufalls siehe oben § 18.

132 Wildberger 2006, Bd. I, 285 merkt an, dass neben den Stoikern höchstens ein Epikureer diese Darstellung als hinreichende Beschreibung aller Möglichkeiten angesehen hätte. Bei Cicero wie Marcus Aurelius ist überdies eine blinde Naturnotwendigkeit als dritte Möglichkeit benannt. Bei Alexander von Aphrodisias findet sich ferner ein aristotelisch motivierter Mittelweg, der zwischen der stoischen und der epikureischen Konzeption der Vorsehung steht. Siehe unten § 22.

Diese vorausgeschickte Bemerkung Senecas ist deshalb außerordentlich bedeutsam, da sie klar macht, dass die Stoiker (vorausgesetzt Seneca vertritt hier eine orthodox stoische Position) die Vorsehung selbst als einen Grund dafür anführen, dass guten Menschen kein wirkliches Übel widerfährt. Da nämlich die Welt in bestmöglicher Weise angeordnet ist, trifft auch die Gerechten nichts Böses. Die Vorsehung garantiert die Ordnung der Welt, die zum Wohle der Menschen eingerichtet ist. Die göttliche Natur duldet somit nicht, „dass je Gutes Guten schade".[133] Weil es also ein Schicksal gibt und weil dieses Schicksal die gütige Vorsehung Gottes ist, muss für Seneca auch das zugeteilte Los aufrecht und tugendhaft ertragen werden.[134] Seneca kehrt mithin den ursprünglichen Vorwurf, wonach es eine Vorsehung nicht geben könne, wenn alles vom Schicksal bestimmt ist, um. Nun beweist gerade die schicksalhafte Bestimmung der Welt, dass das Widrige nicht wirklich schlecht ist und dass der Weise sich im Vertrauen auf die gottgegebene Ordnung seinem Schicksal beugen muss. Eben hierin soll sich nämlich die wahre Tugend des Stoikers zeigen. Denn unumstößlich ist das Gesetz, welches einmal verkündet selbst die Götter bindet.[135] Was nämlich geschieht, geschieht dem Schicksal, d. h. dem vorsehenden Ratschluss der Götter, gemäß. Dasselbe Gesetz, was die guten Menschen gut werden lässt, ordnet also auch an, dass ihnen das Widrige widerfährt. Da es sich aber beim Gesetz um die weise Vorsehung handelt, das Gesetz also gut ist, kann ihnen auch nichts Schlechtes zustoßen, immerhin verdanken sie demselben Gesetz auch ihre Tugendhaftigkeit.[136]

---

[133] Seneca, *De providentia*, I.5: „[...] ut numquam bona bonis noceant."
[134] Seneca, *De providentia*, V.7–8: „Fata nos ducunt et quantum cuique temporis restat prima nascentium hora disposuit. Causa pendet ex causa, privata ac publica longus ordo rerum trahit. Ideo fortiter omne patiendum est, quia non, ut putamus, incidunt cuncta sed veniunt. Olim constitutum est quid gaudeas, quid fleas [...]. Quid est boni viri? Praebere se fato." „Entscheidungen des Schicksals leiten uns, und wieviel einem jeden Zeit bleibt – die erste Stunde, da man zur Welt kommt, hat es festgelegt. Ursache hängt von Ursache ab; private und öffentliche Verhältnisse reißt die dauernde Weltordnung mit sich. Deswegen muss tapfer alles getragen werden, weil nichts, wie wir meinen, zufällt, sondern sich (geordnet) ereignet. Vor Zeiten ist eingerichtet worden, woran du dich erfreuen sollst, worüber weinen [...]. Was ist die Aufgabe eines guten Mannes? Sich dem Schicksal darzubieten." (Übersetzung: Manfred Rosenbach; modifiziert)
[135] Seneca, *De providentia*, V.8: „quicquid est quod nos sic vivere, sic mori iussit, eadem necessitate et deos alligat. Irrevocabilis humana pariter ac divina cursus vehit. Ille ipse omnium conditor et rector scripsit quidem fata, sed sequitur; semper paret, semel iussit." „[...] was immer es ist, das uns so zu leben, so zu sterben geheißen hat, mit derselben Unausweichlichkeit bindet es auch die Götter; unwiderrufliche Bahn führt Menschliches gleicher Weise und Göttliches. Er selber, des Alls Gründer und Lenker, hat gewiß geschrieben die Schicksalsbeschlüsse, aber er befolgt sie; stets gehorcht er, einmal hat er befohlen." (Übersetzung: Manfred Rosenbach)
[136] Seneca, *De providentia*, III.1: „His adiciam fato ista sic et recte eadem lege bonis evenire qua sunt boni." „Dem werde ich hinzufügen, daß dies, dem Schicksal unterworfen, nach demselben Gesetz den Guten zustoße, nach dem sie gut sind." (Übersetzung: Manfred Rosenbach) Das darf

Seneca weist ferner zurück, dass den guten Menschen überhaupt ein wirkliches Übel zustoßen kann, und zwar aus zwei Gründen: Zunächst lassen sich Gegensätze nicht miteinander vereinigen.[137] Im vorausgehenden Abschnitt wurde gezeigt, dass das Böse (als Gegenteil des Guten) eine Voraussetzung des Guten selber ist. Eben deshalb wird das Gute auch das Böse nicht annehmen können, sondern immer nur dort sein, wo das Böse nicht ist. So wird auch der wahrhaft tugendhafte Mensch nicht vom Bösen überwältigt werden können, solange er tugendhaft ist. Notwendig wird er das Böse besiegen, denn „er verharrt in seiner Haltung, und was immer geschieht, passt er seinem persönlichen Wesen an".[138]

Zweitens ist nur die Tugend ein wirkliches Gut und die Torheit oder moralische Verkommenheit ein wahrhaftes Übel. Was wirklich böse ist, hält Gott laut Seneca von guten Menschen fern: „Verbrechen, entehrende Taten, unreine Gedanken, begehrliche Pläne, blinde Gier, nach fremdem Eigentum greifende Habsucht."[139] *Für die Stoiker* gibt es stattdessen nur ein Übel und das ist ein schlechter Charakter, den ein gerechter Mensch notwendigerweise nicht mehr hat, denn sonst wäre er kein gerechter Mensch. Was von dem Großteil der Menschen als Übel betrachtet wird, ist in Wirklichkeit nicht schlecht.[140] Es erscheint ihnen nur so, d. h., es ist nur in ihrer Vorstellung schlecht. Da die Menschen aber den Vorstellungen ihre Zustimmung frei erteilen können, schließen die Stoiker folgerichtig, dass den Betroffenen jegliches Unglück nach eigenem Willen widerfährt. Die Tugend soll aber nicht nur in der Hand des Menschen liegen, sondern sie kann nach orthodox stoischer Ansicht auch nicht wieder verloren werden, sobald der Charakter sie einmal angenommen hat.[141] Also auch unter dem größten Ansturm äußerer *Widrigkeiten* wird der Weise sich der Tugend gemäß verhalten, sobald er den gottähnlichen Zustand der Weisheit erreicht hat. Daraus folgt freilich nicht, dass der Weise die Widrigkeiten nicht empfinden würde. Er ist also nicht vollkommen empfindungslos und wird deshalb von den Widrigkeiten nicht berührt.

---

man freilich nicht so verstehen, dass die Guten aufgrund der schicksalhaften Bestimmung des Geschehens gut geworden wären. Unter dieser Voraussetzung wäre ihnen freilich ihre Güte nicht als Verdienst zuzurechnen. Außerdem betont Seneca an anderer Stelle (*Epistulae morales ad Lucilium*, 90.1f.) sogar, dass das beste an der Tugend sein soll, dass man sie sich selbst verschafft habe.

137 Seneca, *De providentia*, II.1: „non miscentur contraria." „Gegensätze lassen sich nicht verschmelzen." (Übersetzung: Manfred Rosenbach)
138 Seneca, *De providentia*, II.1: „manet in statu et quicquid evenit in suum colorem trahit [...]."
139 Seneca, *De providentia*, VI.1: „'Quare tamen bonis viris patitur aliquid mali deus fieri?' Ille vero non patitur. Omnia mala ab illis removit, scelera et flagitia et cogitationes improbas et avida consilia et libidinem caecam et alieno imminentem avaritiam [...]."
140 Marcus Aurelius, *Ad se ipsum*, II.11.
141 Zum stoischen Weisen siehe ausführlich Hahmann 2008 (mit weiteren Literaturangaben) sowie Horn 2006.

Worauf es Seneca ankommt, ist vielmehr, dass er sie überwindet. Er begreift sie daher (unter der Voraussetzung einer weisen Vorsehung) als Übungen, die ihm von seinem göttlichen Vater zur Probe gesandt worden sind, und überwindet sie aufgrund seiner gottgleichen Weisheit.[142] Entsprechend verkündet Seneca, dass „nicht von Belang ist, was ertragen wird, sondern wie dies geschieht".[143]

Senecas Argument beruht also darauf, zu zeigen, dass es sich erstens gar nicht um *wirkliche* Übel handelt, die den Menschen widerfahren, sondern nur um *scheinbare* Übel. Dass es keine wirklichen Übel sein können, folgt aus der Annahme der Existenz der Vorsehung. Zweitens soll das scheinbare Übel den Menschen, denen es widerfährt, sogar nützlich sein. Den *wirklichen* Nutzen der Übel versucht Seneca dann anhand zahlreicher Überlegungen und Beispiele, die größtenteils der römischen Erfahrung entnommen sind, darzulegen. Ich will hier nur einige Punkte aufgreifen, um einen Eindruck von Senecas weiterer Strategie zu vermitteln. So betont Seneca etwa, dass die Übel notwendig für den Weisen sind, um sich in seiner sittlichen Haltung einzuüben. Zuletzt bliebe gar verborgen, dass es sich überhaupt um einen Weisen handelt oder der Zustand der Weisheit wird überhaupt nicht erreicht. Denn wie sollte Tapferkeit, die eine beharrliche Haltung in Angesicht der Gefahr ist, erwiesen werden, wenn es keine Gefahren gäbe? Die schlechten Menschen sollen hingegen mit Luxus und Ausschweifung bestraft werden. Seneca kehrt also die gewöhnlich angenommene Ordnung der Güter um und rechnet das Übermaß an Glück unter die schädlichsten Dinge.[144] Mehr noch als dem Einzelnen dienen die Widrigkeiten aber der Allgemeinheit. Denn auch die Vorsehung der Götter gilt mehr der Gesamtheit als den Einzelnen.[145] Die Allgemeinheit wird durch das Beispiel des Weisen zur Tugend erzogen.[146] Überhaupt spielt der Gedanke der Erziehung eine bedeutsame Rolle in Senecas Ausführungen. Gott ist wie ein Vater, auf dessen Güte die Menschen trotz

---

142 Seneca, *De providentia*, II.2: „Omnia adversa exercitationes putat." „Alle Widerwärtigkeiten sind in seinen Augen Übungen." (Übersetzung: Manfred Rosenbach)
143 Seneca, *De providentia*, II.4: „Non quid, sed quemadmodum feras interest."
144 Seneca, *De providentia*, IV.10. Dahinter steht freilich die stoische Vorstellung, dass nur die inneren Güter, d. h. die Tugenden, wahrhafte Güter sind, alles andere aber in der Hand des Zufalls liegt. Die vermeintlichen Güter des Glücks, wie Reichtum und Besitümer, finden sich hingegen auch bei den unwürdigsten Kreaturen. So etwa *De providentia*, IV.1; *De providentia*, VI.5
145 Seneca, *De providentia*, III.1: „Sed iam procedente oratione ostendam, quam non sint quae videntur mala. Nunc illud dico, ista quae tu vocas aspera, quae adversa et abominanda, primum pro ipsis esse quibus accidunt, deinde pro universis, quorum maior diis cura quam singulorum est [...]." „Doch ich will nun im weiteren Verlauf meiner Abhandlung zeigen, wie nicht schlecht ist, was schlecht scheint. Jetzt behaupte ich folgendes: das, was du hart nennst, widrig und verabscheuenswert, diene erstens denen, die es erleben, zweitens allen, um die sich die Götter mehr Sorge machen als um jeden einzelnen [...]." (Übersetzung: Manfred Rosenbach)
146 Seneca, *De providentia*, VI.3.

aller Widerfahrnisse vertrauen können, da ihm das Wohl seiner Schöpfung am Herzen liegt. Ein guter römischer Vater muss laut Seneca aber verhindern, dass seine Kinder verweichlichen, weshalb eine harte Erziehung für sie notwendig ist. In seiner Sorge um die Tugend des Menschen zeigt sich also, dass Gott als wohlwollender aber zugleich energischer Vater nur ihr eigentliches Wohl im Blick hat.[147] Und Charakterstärke ist nichts, was sich ohne Anstrengungen einstellen könnte. Der göttliche Vater meint es also nur gut mit den Menschen, die das Schicksal mit vermeintlichen Übeln, wie etwa Verlust und Tod von geliebten Angehörigen, trifft. Nur so kann Gott die Menschen stark und tugendhaft nach seinem Abbilde gestalten.[148] Der Erziehungsgedanke wird sogar soweit ausgedehnt, dass es geradezu als großes Unglück erscheint, nicht vom Schicksal heimgesucht und auf die Probe gestellt zu werden.[149] Seine Liebe zeigt Gott also in der Härte, mit denen er denen begegnet, die er dieser Schläge würdig erachtet.[150] Es ist somit ein Privileg des Guten, für besonders harte Aufgaben erwählt zu werden.[151]

Das scheinbare Unglück, das den Menschen widerfährt, ist daher vergleichbar mit den Torturen, die einem Patienten von seinem Arzt auferlegt werden. Sie sind zwar schmerzhaft, aber dienen zugleich der Genesung. Die Übel sind folglich heilsam für die Menschen.[152] Trifft es hingegen diejenigen, die nicht mehr unter ihren seelischen Krankheiten leiden, dann deswegen, weil sie allein mit dem Übel umgehen können. So freut Gott sich daran, einen starken Menschen mit dem Schicksal ringen zu sehen. Das alleine ist ein Schauspiel, das der Götter würdig ist.[153] In diesem Kontext erinnert Seneca gerne an Cato, der charakterstark die Schläge des Schicksals einsteckt und zu guter Letzt seine Freiheit dadurch beweist, dass er seinem Leben mit eigener Hand ein Ende setzt.[154]

Die absolute Freiheit liegt in der Hand des Menschen, d. h. das, was er meint nicht länger ertragen zu können, kann er zurücklassen und seinem Leben ein Ende setzen. Dies ist das größte Geschenk Gottes, der Selbstmord. Niemand muss

---

147 Seneca, *De providentia*, I.5. Dasselbe Motiv findet sich auch bei Epictetus, *Dissertationes*, I.24.1.2–3.2.
148 Seneca, *De providentia*, I.6.
149 Seneca, *De providentia*, III.3.
150 Seneca, *De providentia*, IV.5; 7.
151 Seneca, *De providentia*, IV.8; V, 4. Seneca verweist auf die alltägliche römische Erfahrung, etwa beim Militär, die dies untermauert. Denn auch dort wählt man nur die besten Soldaten für besonders heikle Aufgaben aus. Von ihnen erwartet man, dass sie den härtesten Aufträgen gewachsen sind.
152 Seneca, *De providentia*, III.2.
153 Seneca, *De providentia*, II.9.
154 Seneca, *De providentia*, II.9; 11–12.

also laut Seneca ertragen, was er nicht ertragen will.¹⁵⁵ Das ist die letzte und äußerste Freiheit. Die Freiheit zum Selbstmord wird somit zur Rechtfertigung der erfahrenen Übel: Denn nichts muss der Mensch gegen seinen Willen ertragen, da der Weg zur Freiheit kurz ist. Somit geschehen die Widrigkeiten zuletzt sogar nach dem Willen der Menschen. Wer sie aber nicht willentlich empfängt, der hat die Schläge des Schicksals auch verdient, da es sich um einen wahren Toren handelt, der die alles umfassende Notwendigkeit nicht einsehen kann.¹⁵⁶

Einen Schatten auf Senecas Lobpreisung der stoischen Tugend wirft jedoch der Verdacht, dass die Stoiker selbst nicht von ihrer Strategie, die hinter dem Problem stehende Ungerechtigkeit in der Zuteilung der Übel zu leugnen, überzeugt gewesen sein könnten. Denn neben dem Lob der Vorsehung und dem Dank für die Möglichkeiten der Erprobung der eigenen Charakterstärke findet sich auch bei ihnen der Gedanke, dass es zu einem Ausgleich zwischen lasterhaften Taten und Bestrafung kommen muss. So soll auch der, der lange vom Schicksal verschont geblieben ist und in Schwelgereien das Leben verbracht hat, schließlich heimgesucht werden. Dann trifft es die schändlichen Tore aber umso schlimmer. Da sie ihr Leben lang keine Gelegenheit hatten, sich zu erproben und Charakterstärke auszubilden, sind sie dem Unheil hilflos ausgeliefert.¹⁵⁷ Plutarch hebt hervor, dass nach Chrysipp die Lasterhaften von Gott gezüchtigt und bestraft werden, wenn sie vom Unglück getroffen werden. Werden aber die Tugendhaften von denselben Schlägen getroffen, so handelt es sich nicht um eine Bestrafung, sondern dies ereignet sich als Folge von anderen Dingen, so wie etwa in einer Stadt das Gemeinwohl auch Opfer der Einzelnen verlangt.¹⁵⁸

Dahinter steht der Gedanke einer gerechten Zuteilung von Lohn und Strafe. Eben das ist der Kern, der hinter dem Problem der göttlichen Gerechtigkeit steht. Unverträglich ist die Vorstellung einer gerechten Ordnung mit dem Umstand, dass der Schlechte für seine Vergehen belohnt und der Gute für sein Handeln bestraft werden könnte. Jedem muss nach Verdienst Lohn und Strafe zugeteilt werden. Für die Stoiker kann dies prinzipiell nur in diesem Leben geschehen, da sie nämlich davon ausgehen, dass die Seele des Einzelnen aufgrund ihrer materiellen Beschaffenheit mit dem Körper zugrunde geht.¹⁵⁹ Sollte aber jemand der gerechten Strafe durch seinen Tod entgehen, so berichtet Cicero, dann wird es

---

155 Seneca, *De providentia*, VI.7.
156 Seneca, *De providentia*, III.1.
157 Seneca, *De providentia*, IV.7.
158 Plutarchus, *De Stoicorum repugnantiis*, 1050e1–9.
159 Eine Ausnahme ist wie gesagt nur die Seele des Weisen, die aufgrund ihrer besonderen Spannkraft auch nach dem Tod über einen gewissen Zeitraum hinweg existieren soll.

anstelle von ihm seine Nachkommen treffen.¹⁶⁰ Schließlich wird jedermann nach Verdienst entlohnt. Wer daher die Ungerechtigkeit Gottes beklagt, der sieht die Strafe nicht, die unter Umständen aufgeschoben, aber niemals aufgehoben ist.

§ 22 Eine aristotelische Vorsehung?

Aus nachvollziehbaren Gründen hat diese mit Inkohärenzen belastete Verteidigung der göttlichen Vorsehung die Kritiker der stoischen Position kaum überzeugen können. Aber gerade in den fragwürdigen Strategien zur Rechtfertigung des Übels werden die Härten der stoischen Konzeption unverhüllt sichtbar. Ich werde in diesem Abschnitt anhand der Kritik des Alexander von Aphrodisias darüber hinaus auch den systematischen Schwächen der stoischen Theorie der Vorsehung nachgehen. Denn sollte sich herausstellen, dass die Konzeption auch aus ihr inhärenten Gründen widersprüchlich ist, so hätte das nicht nur fatale Konsequenzen für das stoische System, welches dann in seinen Grundfesten erschüttert wäre, sondern böte ferner einen Anhaltspunkt, um Divergenzen zwischen der orthodoxen stoischen Konzeption und den neostoischen Ansätzen in der Frühen Neuzeit zu erklären.

Alexander von Aphrodisias entwickelt in Konfrontation mit der stoischen und epikureischen Philosophie eine aristotelisch motivierte Konzeption der Vorsehung, die in einigen kurzen (zum Teil in ihrer Echtheit bezweifelten) Traktaten sowie in einer arabischen Übersetzung seiner Schrift *Über die Vorsehung*¹⁶¹ enthalten ist.¹⁶² Gemeinsam ist den einzelnen Texten die Abgrenzung der dargelegten Position von den hellenistischen Konzeptionen. Vor allem die Kritik, die Alexander an diesen Konzeptionen ausübt, ist wertvoll für unsere Untersuchung. Darüber hinaus wird es aber auch aufschlussreich sein zu sehen, wie Alexander in unterschiedlichen Ansätzen versucht, systematisch eine eigene Position zu entwickeln, die sowohl auf die Probleme seiner Vorgänger antwortet, als auch

---

160 Cicero, *De Natura deorum*, III.90.
161 Der Text ist in zwei unterschiedlichen Versionen (D 18 und 15) überliefert. Ruland zufolge handelt es sich um zwei verschiedene Übersetzungen. Fazzo und Wiesner 1993 haben jedoch nachgewiesen, dass D 15 eine Zusammenfassung des Originals darstellt, die im al-Kindī Kreis kursierte und darüber hinaus auch wesentliche Ansichten dieser Gruppe übernommen hat. Meine Kenntnis des arabischen Textes beruht ausschließlich auf den beiden Übersetzung von Ruland und Thillet.
162 Für die in diesem Abschnitt gebotene Darstellung der in Anlehnung an Aristoteles von Alexander entwickelten Theorie der Vorsehung siehe ausführlich seine Schrift *Über die Vorsehung* sowie die folgenden kurzen Traktate zur Vorsehung, die in den *Quaestiones* enthalten sind: I.14; I.25; II.21. Siehe Sharples 1982, 200 mit weiteren Literaturangaben zur Frage der Authentizität der in den *Quaestiones* gelieferten Diskussion der Vorsehung.

an aristotelische Gedanken anschließt.¹⁶³ Die Beziehung zu Aristoteles ist jedoch problematisch, da sich Aristoteles selber an keiner Stelle (zumindest der heute bekannten Schriften¹⁶⁴) explizit zur Vorsehung geäußert hat.¹⁶⁵ Mit Blick auf die aristotelische Lehre des unbewegten Bewegers ergeben sich vielmehr besondere Schwierigkeiten, die in der Literatur diskutiert werden.¹⁶⁶ Unklar ist auch das Verhältnis der einzelnen, unter Alexanders Namen überlieferten Schriften zueinander. Es wird deshalb auch bezweifelt, dass es Alexander gelungen sei, eine systematisch kohärente Position darzulegen.¹⁶⁷ Wir können die Probleme größtenteils ignorieren, da es uns vor allem um die Kritik an der stoischen Position geht.¹⁶⁸ An zweiter Stelle interessiert uns Alexanders Lösungsansatz in der Theodizee-Problematik. Wichtig ist es insbesondere zu sehen, dass auch in dieser Frage die aristotelische Form-Materie-Unterscheidung ausschlaggebend ist.

In seinem Buch *Über die Vorsehung* widmet sich Alexander zunächst dem epikureischen Verständnis. So soll für Epikur der Begriff ‚Vorsehung', verstanden als „göttliches Sprechen und Nachdenken [...], auf das alle Naturvorgänge in der Welt zurückzuführen seien" (Übersetzung: Hans-Jochen Ruland), leer sein.¹⁶⁹

---

163 Sharples 1982, 198 zufolge markiert Alexanders Ansatz, „an attempt to find a *via media* between the Epicurean denial of any divine concern for the world, on the one hand, and the Stoic view that divine providence governs it in every detail, on the other". Man könnte das noch etwas zuspitzen und sagen, dass Alexander nicht nur den Mittelweg wählt, sondern seine aristotelisch inspirierte Version in direkter Auseinandersetzung mit den beiden hellenistischen Konzeptionen entwickelt.
164 Laut D 15 gibt Alexander nur die aristotelische Schrift *Über die Vorsehung* wieder. Es ist jedoch fragwürdig, ob Alexander selbst dies behauptet, oder ob es sich, wie Fazzo und Wiesner 1993, 136 vermuten, um einen Zusatz desjenigen handelt, der die Zusammenfassung von Alexanders Buch vorgenommen hat und Alexanders Position für Aristoteles' Position hält.
165 Der einzige explizite Hinweis auf die Vorsehung in den überlieferten Schriften des Aristoteles findet sich in, *De caelo*, II.9, 291a24–26. Simplicius in seinem Kommentar zu dieser Stelle (*In Aristotelis quattuor libros de caelo commentaria*, 7.467,13–28; insbesondere 19–28) versteht dies als einen Beweis dafür, dass Aristoteles tatsächlich eine Theorie der Vorsehung entwickelt hat. Dagegen wurde Aristoteles bereits in der Antike etwa von platonischer Seite (so beispielsweise Atticus) der Vorwurf gemacht, keine wirkliche Theorie einer Vorsehung gehabt zu haben. So wirft Atticus Aristoteles vor, die Vorsehung Gottes beseitigt zu haben und er stellt diesen damit auf eine Stufe mit Epikur. Atticus, Fr. 3, 56 ff., 69 ff, des Places (Paris, Budé, 1977).
166 Siehe Sharples 1982; 2002, 30ff. sowie die Einleitung von Thillet 2003, 18.
167 Sharples 1982, 199 diskutiert zwei Probleme, mit denen Alexanders Position belastet sein soll: Erstens die Frage wie die göttliche Fürsorge für das Sublunare zu verstehen sei, wenn diese weder an sich noch in einem akzidentellen Sinn stattfinden soll. Das zweite Problem betrifft die Frage nach dem Objekt bzw. Subjekt dieser Fürsorge.
168 So bemerkt etwa Sharples 2002, 36 kritisch, dass Alexander letztlich nur den Begriff der Vorsehung beibehält, der Sache aber mit seinem Ansatz nicht gerecht werden kann.
169 Alexander von Aphrodisias, *Über die Vorsehung*, 2 (D 18).

Wir haben gesehen, dass Epikur der Ansicht ist, dass die Welt kein Produkt einer weisen Vorsehung sein kann. Ihm zufolge gibt es zwar Götter, nur nehmen diese keinerlei Anteil am Geschehen der Sterblichen. Die epikureischen Götter bleiben in ihren Zwischenwelten völlig unberührt von den menschlichen Angelegenheiten.[170] Daraus soll für die Menschen folgen, dass sie ohne Furcht vor den Göttern diesen nacheifernd ein glückseliges Leben führen können. Auf diese Weise dienen die Götter in ihrer lustvollen, unbekümmerten Lebensweise den Menschen als gutes Beispiel für ein gelungenes Leben.

Alexander betont an dieser Stelle, dass die Lehrmeinung der Epikureer (sowie anderer Atomisten) damit der stoischen Position diametral entgegengesetzt ist. „Denn sie behaupten, nichts entstehe ohne *Vorsehung*, alles sei von *Gott* erfüllt und er *durchdringe* alles Existierende. Deshalb hänge die Entstehung aller Dinge von dem *Entschluss* der Götter ab [...]." (Übersetzung: Hans-Jochen Ruland)[171] Bemerkenswert ist an dem Zitat, dass Alexander hier noch einmal unterstreicht, dass es für die Stoiker zu einem Entschluss gekommen ist, die Vorsehung also neben dem fürsorgenden Willen auf der einsichtigen Vorausschau der Götter oder des einen Gottes beruht.

Die Auseinandersetzung zwischen Stoikern und Epikureern suggeriert, es gäbe nur die Wahl zwischen der Alternative, dass die Welt entweder das Ergebnis eines blinden Zufalls ist oder die geplante Einrichtung eines vorausschauenden Gottes. Nach der ersten Option kann es keine Vorsehung für die Menschen geben oder wenn doch, dann hat sie nur einen zufälligen Status, da die scheinbar zweckhafte Einrichtung als nicht beabsichtigte Folge des Zusammenstoßes der Atome im unendlichen Raum gelten müsse. Diese Welt wäre demnach nur eine von unzählbar vielen Welten, die die Atome im grenzenlosen Raum erschaffen haben. Nach der zweiten Option ist die Welt das Werk eines weisen Gottes, der sie zum Wohle der Menschen und mithin als Kosmos eingerichtet hat.[172] Bei ihr handelt es sich um die beste aller möglichen Welten, in der sich ein göttlicher Plan manifestiert, wo selbst das Böse eine notwendige Funktion einnimmt.[173]

---

170 Zur Darstellung der epikureischen Theologie siehe das erste Buch von Ciceros *De natura deorum*; L&S, 23a–l sowie den Kommentar von Long & Sedley 2000, 169–174. Ausführlich zu Epikurs Götterlehre Schmid 1951; Festugière 1968; Mansfeld 1993.
171 Alexander von Aphrodisias, *Über die Vorsehung*, 6 (D 18).
172 *SVF*, II.1107–1167.
173 Bereits Epikur und die Stoiker kannten jedoch noch eine dritte Möglichkeit: die blinde Notwendigkeit der Natur. Denn sollte es weder die Freiheit des *Zufalls* noch die Güte der Vorsehung geben, dann bliebe nichts als die unerbittliche Notwendigkeit einer blinden Natur. Cicero, *De natura deorum*, II.88: „[...] hi autem dubitant de mundo, ex quo et oriuntur et fiunt omnia, casune ipse sit effectus aut necessitate aliqua an ratione ac mente divina [...]." „Sie erheben aber Zweifel über die Welt, aus der alles entstanden und erzeugt wird, und fragen, ob sie selbst

§ 22 Eine aristotelische Vorsehung? — 391

Ein kurzer Dialog, der unter dem Namen des Alexander von Aphrodisias überliefert ist, widmet sich vor allem der Opposition der beiden hellenistischen Konzeptionen.[174] Alexander bringt in seiner Diskussion die von Aristoteles entwickelte Terminologie zur Anwendung und versteht entsprechend die Differenz zwischen beiden Positionen als eine notwendige Alternative zwischen einer Vorsehung, die an sich (*per se*) ausgeführt wird, und einer, die nur in einem akzidentellen Sinn geschehen kann.[175] Dagegen wendet er jedoch ein, dass diese Dichotomie nicht hinreichend ist.[176] Sein eigener positiver Entwurf soll später thematisiert werden. Schauen wir uns aber zunächst die kritische Zurückweisung der beiden hellenistischen Positionen an.

Alexander hebt hervor, dass Epikur die Existenz der Vorsehung dadurch infrage stellt, dass er ihr nur einen akzidentellen Charakter zubilligt. Denn alles, von dem gesagt wird, es sei nur in einem akzidentellen Sinn, dem wird zugleich abgesprochen, dass es in einem eigentlichen Sinn, d. h. an sich, existiert. Hiermit verhält es sich analog zur akzidentellen Verursachung, die ebenfalls nicht als Ursache im eigentlichen Sinn gelten kann. Sollte es also nur eine Vorsehung in

---

Produkt des Zufalls, irgendeiner Notwendigkeit oder göttlicher Vernuft und Einsicht sei." Siehe auch Marcus Aurelius, *Ad se ipsum*, IV.3.2.6–8: ἀνανεωσάμενος τὸ διεζευγμένον τό ἤτοι πρόνοια ἢ ἄτομοι, καὶ ἐξ ὅσων ἀπεδείχθη ὅτι ὁ κόσμος ὡσανεὶ πόλις; „Besinne dich erneut auf die Alternative: entweder Vorsehung oder Atome und zieh in Betracht, an wie vielen Dingen sichtbar wird, dass der Kosmos einer Stadt gleicht." (Übersetzung: Rainer Nickel); IV.27.1.1–2; XI.18.1.4; XII.24.1.2–4; XII.14.1.1–7: Ἤτοι ἀνάγκη εἱμαρμένης καὶ ἀπαράβατος τάξις ἢ πρόνοια ἱλάσιμος ἢ φυρμὸς εἰκαιότητος ἀπροστάτητος. εἰ μὲν οὖν ἀπαράβατος ἀνάγκη, τί ἀντιτείνεις; εἰ δὲ πρόνοια ἐπιδεχομένη τὸ ἱλάσκεσθαι, ἄξιον ἑαυτὸν ποίησον τῆς ἐκ τοῦ θείου βοηθείας. εἰ δὲ φυρμὸς ἀνηγεμόνευτος, ἀσμένιζε ὅτι ἐν τοιούτῳ τῷ κλύδωνι αὐτὸς ἔχεις ἐν ἑαυτῷ τινα νοῦν ἡγεμονικόν [...]. (Übersetzung: Rainer Nickel) „Entweder gibt es die Unausweichlichkeit der Schicksalsfügung und eine unverletzliche Ordnung oder eine gnädige Vorsehung oder die Unordnung des unbestimmten Zufalls. Wenn nur der unausweichliche Zwang herrscht – warum leistest du dann Widerstand? Wenn aber eine Vorsehung, die sich gnädig stimmen läßt, dann verhalte dich so, daß du die göttliche Hilfe verdienst. Wenn aber die regellose Unordnung herrscht, dann sei froh, daß du in einem solchen Durcheinander einen lenkenden Geist in dir hast." Ebenso VI.10; IX.28. Die Stoiker führen die Einteilung selber auf Aristoteles zurück, *Fragmenta varia*, 1.1.24.1–3 (*De Philosophia?*) = Cicero, *De natura deorum*, II.44: „nec vero <Aristoteles> non laudandus in eo quod omnia quae moventur aut natura moveri censuit aut vi aut voluntate [...]." „Wir loben Aristoteles aber auch dafür, dass er meinte, dass alles Bewegte entweder durch Natur, Kraft oder Wille bewegt wird."

174 Alexander von Aphrodisias, *Quaestiones*, II.21.
175 Vermutlich kann Alexander hierbei auf ein aristotelisches Vorbild zurückgreifen, auch wenn er selbst von sich behauptet, als erster diese Frage im Sinn des Aristoteles zu behandeln (*Quaestiones*, II.21.70.25ff.). Infrage kommen neben Aspasius auch Hermeius. Siehe ausführlich dazu Hahmann, „Providence ‚transferred'?" (im Erscheinen).
176 Alexander von Aphrodisias, *Quaestiones*, II.21.67.6–9.

einem akzidentellen Sinn geben, so wird es sich wohl kaum um eine wirkliche Vorsehung handeln, da diese hinsichtlich ihres eigenen Wesens als Vorsehung unbestimmt bliebe.

> Von etwas wird gesagt, dass es in akzidenteller Weise für etwas vorsieht, wenn die Person, von der gesagt wird, dass sie vorsieht, nichts um des Wohls desjenigen, für den vorgesehen wird, macht, sondern es ereignet sich als Ergebnis von den Ausführungen, dass er Nutzen erfährt [und] derjenige, der in dieser Art vorsieht, sich zu Beginn noch nicht bewusst ist über die Ergebnisse der Vorsorge.[177]

Das Wissen des Ergebnisses einer Handlung hebt hingegen deren akzidentellen Charakter auf, weil das akzidentelle Geschehen im Gegensatz zur rationalen Erwartung steht.[178] In seinem positiven Gegenentwurf wird vor allem diese Feststellung eine besondere Bedeutung einnehmen. Halten wir hier also fest: Vorausgesetzt, es wird ein wirklicher Beitrag von der Vorsehung hinsichtlich der Sorge um die sterblichen Wesen geleistet, so würde es sich gleichwohl nicht um eine Vorsehung im eigentlichen Sinn des Wortes handeln. Alexander vergleicht eine solche Vorsehung mit einem gefälschten Geldstück, das seiner Natur als Geldstück, d. h. seiner spezifischen Funktion als Zahlungsmittel, nicht gerecht werden kann und deshalb überhaupt nicht als Geldstück gelten darf. Wer also sagt, eine Vorsehung geschehe nur in einem akzidentellen Sinn, der hebt die Vorsehung insgesamt auf. Mit der Aufhebung der Vorsehung wird aber zugleich Gott selbst aufgehoben, denn, wie Poseidonios anmerkt: „Was bliebe vom Schnee, wenn man die Kälte und die weiße Färbung wegnähme? Was vom Feuer ohne seine Hitze [...] oder von Gott, wenn man die Ausübung der Vorsehung fortnähme?"[179] Für Poseidonios und die übrigen Stoiker ist daher klar, dass es eine Vorsehung *per se* geben muss.

Die stoische Position macht Alexander zum Ziel einer elaborierten Kritik. In dem kurzen Traktat kritisiert er vor allem die stoische Behauptung, dass die Götter das Wohl der Sterblichen zum eigentlichen Ziel ihrer Handlungen haben.[180] Denn mit Aristoteles ist er der Meinung, dass dasjenige, um dessentwillen etwas anderes geschieht, besser ist als das, was um seinetwillen getan

---

[177] Alexander von Aphrodisias, *Quaestiones*, II.21.66.25–28: κατὰ συμβεβηκὸς δὲ προνοεῖν λέγεταί τί τινος, ὅταν, μηδὲν τοῦ προνοεῖν οὕτως λεγομένου πράττοντος ὑπὲρ ὠφελίας τοῦ προνοουμένου, ἔκ τινων ὑπ' ἐκείνου γινομένων ὠφελεῖσθαί τι συμβαίνῃ, μηδὲ τὴν ἀρχὴν γνωρίζοντος τὸ συμβαῖνον τοῦ τοῦτον προνοοῦντος τὸν τρόπον.
[178] Alexander von Aphrodisias, *Quaestiones*, II.21.66.33– 67.1.
[179] Alexander von Aphrodisias, *Quaestiones*, II.21.68.19ff. = *SVF*, II.1118: ‹Ἐπεὶ τί τὸ καταλειπόμενον ἢ τῆς χιόνος, ἂν ἀφέλῃ τὸ λευκὸν καὶ ψυχρόν; τί δὲ πυρός, ἂν τὸ θερμὸν σβέσῃς, μέλιτος δὲ τὸ γλυκὺ καὶ ψυχῆς τὸ κινεῖσθαι καὶ τοῦ θεοῦ τὸ προνοεῖν›;
[180] Alexander von Aphrodisias, *Quaestiones*, II.21.66.21–25. In seinem Buch betont Alexander (*Über die Vorsehung*, 54): „Diese Irrlehre ist den Göttern völlig *unangemessen*, weil auch die *Men-*

wird. Oder anders ausgedrückt, das Ziel ist ehrenwerter als die Mittel bzw. das ihm Vorangehende. Was also zu einem bestimmten Ziel beiträgt, ist weniger vollkommen als das Ziel selbst.[181] Indem das göttliche Walten ganz in der Vorsehung aufgeht, erniedrigen die Vertreter einer solchen Annahme somit die Götter, da sie die Sterblichen zur Zielursache göttlichen Wirkens machen. Zuletzt wäre damit das Göttliche nur noch zum Wohle der Sterblichen da; Götter würden also um der Menschen willen existieren. Das Sterbliche wird auf diese Weise sogar edler und vornehmer als das Unsterbliche sein. Dieser Gedanke klingt z. B. in der Behauptung Senecas an, dass Götter und Weise sich nur durch ihre Sterblichkeit unterscheiden bzw. dass die Menschen die Götter darin übertreffen, dass sie sich ihre Tugendhaftigkeit selbst geben können, wohingegen den Göttern diese von Natur aus zukommt. Solche Behauptungen widersprechen aber nach Alexander der Hierarchie des Seienden und heben den Unterschied zwischen dem Göttlichen und dem Irdischen auf, womit zugleich die Differenz zwischen dem Bedürftigen und dem Umsorgenden nivelliert wird. Unter diesen Voraussetzungen würde es gar keinen Sinn mehr machen, von einer Vorsehung zu sprechen.

An mehreren Stellen kritisiert Alexander zudem die stoische Annahme, dass die Vorsehung mit dem aktiven Prinzip identisch sei und daher auch für jeden Gegenstand der differenzierten Welt verantwortlich sein müsse, da alles auf gleiche Weise einen Unterschied mache und zur Erhaltung der Vollkommenheit des Ganzen beitrage. Dagegen betont er, dass nicht von allen Dingen auf gleiche Weise gelten kann, dass sie durch die Vorsehung hervorgebracht werden. Vieles verdient es schlichtweg nicht, dass man es zu einem Gegenstand göttlichen Handelns macht; überhaupt sollen die Einzeldinge einer göttlichen Lenkung nicht würdig sein.[182]

In seinem Buch *Über die Vorsehung* fügt Alexander eine logische Schwierigkeit hinzu, die sich daraus ergeben soll: Denn wie könnte sich ein Gott ununterbrochen zu allen Zeiten um alles kümmern? Dass das unmöglich ist und allgemein aner-

---

schen ihre vornehmsten und höchsten Aufgaben lieber für sich *selbst* als für andere erfüllen!" (Übersetzung: Hans-Jochen Ruland) Siehe auch ebd. S. 22; 26.

[181] Alexander von Aphrodisias, *Quaestiones*, II.21.68.25–38: εἰ γὰρ ἐν πᾶσι τιμιώτερον τοῦ ἄλλου χάριν ὄντος τὸ οὗ χάριν ἐστίν τι, εἴ γε τιμιώτερον τὸ τέλος τῶν πρὸ αὐτοῦ, ἔσται κατὰ τοὺς οὕτω λέγοντας ὁ μὲν οἰκέτης τε καὶ δοῦλος τιμιώτερος τοῦ δεσπότου, τῶν δὲ θείων τὰ θνητά. [...]. „Wenn nämlich in allen Fällen das, um dessentwillen etwas getan wird, ehrbarer ist als das, was um eines anderen willen ist, wenn das Ziel ehrbarer ist, als die Dinge, die ihm vorausgehen; so wird nach denen, die solches sagen, der Sklave ehrbarer als der Herr sein und Sterbliches ehrbarer als Göttliches."

[182] Alexander von Aphrodisias, *Quaestiones*, II.21.69.1ff.; I.25.41.4ff. Hierin deutet sich bereits die von Alexander vorgeschlagene Lösung an. Dieser ist nämlich der Ansicht, dass sich die Vorsehung nur auf die Gattung und nicht auf die Individuen richtet. Zu den Problemen, mit denen diese Konzeption verbunden ist, siehe Sharples 2002.

kannten Axiomen, allen voran dem Satz des ausgeschlossenen Widerspruchs, entgegensteht, wird hinreichend deutlich, wenn man sich, so Alexander, vor Augen führt, was darunter zu verstehen ist, für etwas Sorge zu tragen und über dessen Wohl zu überlegen. Unseren allgemeinen Vorbegriffen gemäß soll es sich hierbei laut Alexander um eine Art Selbstgespräch handeln, das lautlos und ohne Stimme geschieht. „Wer aber Voraussetzung für die Einzeldinge ist und deshalb für sie die Vorsehung *gleichzeitig* ausübt, der müßte notwendigerweise auch über jedes einzelne *getrennt* gleichzeitig *nachdenken* (und das ist eben unmöglich)." (Übersetzung: Hans-Jochen Ruland)[183] Überdies ist es Alexander zufolge auch schlichtweg unsinnig, derartiges zu behaupten, da sich kein vernünftiges Wesen um alles gleichermaßen sorgen würde. Niemand würde beispielsweise die Sorge um ein Haus auf jeden einzelnen Teil desselben ausdehnen, andernfalls müsste er auch den Ameisen und allen anderen noch so kleinen Bewohnern und Einrichtungsstücken des Hauses dieselbe Aufmerksamkeit schenken. Stattdessen ist nur die Beschäftigung mit dem, was im Haus von Rang und Bedeutung ist, eine würdige und schöne Aufgabe für einen freien Mann.[184] Er fragt folglich, um wie viel mehr eine solche Beschäftigung unter der Würde Gottes sein müsste.

In der Schrift *Über die Vorsehung* greift Alexander auch ein prinzipielles Problem auf, das er mit der stoischen Naturphilosophie verbindet und dem er ebenfalls eine eigene systematische Abhandlung gewidmet hat.[185] So geht es um die Frage der vollständigen Durchdringung der passiven Materie durch das aktive göttliche Prinzip. An dieser Stelle legt Alexander den Fokus jedoch auf einen anderen Aspekt dieser Theorie. So kann er die Annahme nicht nachvollziehen, dass man mittels einer Durchdringung der Dinge für diese vorsehen könnte.[186] Dagegen betont er, dass man für etwas nicht sorgen kann, indem man mit der Sache wirklich verbunden ist. Seiner Ansicht nach muss das Umsorgte vom Umsorgenden getrennt und entfernt sein: Der Umsorgende bedarf nämlich keines anderen, während das Umsorgte zweifelsohne die Hilfe des Umsorgenden nötig hat.[187]

---

183 Alexander von Aphrodisias, *Über die Vorsehung*, 18 (D 18). Daraus soll aber nicht folgen, dass ein gleichzeitiges Wissen mehrerer Dinge ausgeschlossen wäre, denn Alexander unterscheidet mit Aristoteles zwischen dem potenziell verfügbaren Wissen und dem aktualen Nachdenken.
184 Für Aristoteles' Konzeption der guten und vollkommenen Aktivität des Weisen siehe *Ethica Nicomachea*, X.6–8.
185 Alexander von Aphrodisias, *De mixtione*.
186 Alexander von Aphrodisias, *Über die Vorsehung*, 28 (D 18): „Am absurdesten ist aber die Behauptung, Gott als der Schöpfer aller Dinge dringe in sie ein und *durchdringe* sie, und dadurch komme seine Vorsehung für sie zustande." Siehe auch Alexander Aphrodisias, *De mixtione*, 225.1ff.
187 Nimmt man nun hinzu, dass Gott nicht nur die immanente, sondern auch notwendige Ursache von allem ist, stellt sich noch ein weiteres Problem, auf das Alexander in *De fato*, XIff.

Schließlich möchte ich noch zwei Probleme herausgreifen, die besonders schwerwiegend sind: Zunächst stellt Alexander fest, dass wenn „die Vorsehung bis zu *allen* Dingen gleichermaßen reiche, [kann] ihre offensichtliche Wohlgeordnetheit leicht widerlegt werden [...]. Denn den (wohlgeordneten) Einzeldingen stehe, unter dem Einfluß des *Zufalls*, Erfolg der *schlechten* und Mißerfolg der *guten* Menschen entgegen, etwas, wofür anerkanntermaßen *Gott* nicht verantwortlich sein könne! Damit sei der, der an eine solche Vorsehung (stoischer Prägung) glaube, hinreichend widerlegt."[188] (Übersetzung: Hans-Jochen Ruland) Hierbei handelt es sich um eine Variante der sogenannten Theodizee-Problematik und wir haben im Vorausgehenden gesehen, dass die Stoiker mit einer ganzen Batterie an Argumenten versucht haben, diesem Einwand entgegenzutreten. Die meisten Argumente beruhen aber zuletzt auf der stoischen Annahme, dass nur die Tugend als einziges Gut gelten darf und diese in unserer Macht liegt.

Hieraus folgt nun die zweite, noch größere Schwierigkeit, die von Alexander an mehreren Stellen thematisiert wird und der er sogar eine kurze Abhandlung gewidmet hat.[189] Wer sich nämlich vormacht, dass es sich bei Viehseuchen, Hungersnöten und dergleichen nicht um wirkliche Übel handelt, der wird deren Gegenteile auch nicht als Güter bezeichnen dürfen. Somit muss man sich fragen, was für eine Vorsehung die Stoiker überhaupt meinen können. Üben die Götter

---

aufmerksam macht. So fragt er nämlich, wie die Tugend in der Macht des Handelnden stehen könne, wenn alles notwendig auf vorausgehende Ursachen folgt, die jedes Ereignis mit Notwendigkeit herbeiführen, und es sich hierbei um eine Notwendigkeit handelt, die so weit reicht, dass das menschliche Handeln bestimmt ist, noch bevor eine Zustimmung erteilt werden konnte, ja letztlich sogar lange bevor der Mensch geboren worden ist.

188 Alexander von Aphrodisias, *Über die Vorsehung*, 12 (D 18).

189 Alexander von Aphrodisias, *Quaestiones*, I.14; insbesondere 26.16–25: Εἰ οἱ θεοὶ προνοοῦσι τῶν ἀνθρώπων, ἀγαθόν τι αὐτοῖς παρέχουσιν. πᾶν γὰρ τὸ προνοοῦν τινος ἀγαθόν τι τῷ προνοουμένῳ περιποιεῖ, ὡς τὸ μὴ ἀγαθόν τι περιποιοῦν τινι τοῦτο οὐδ' ἂν προνοοῖ αὐτοῦ. ἀλλὰ μὴν καθ' οὓς μόνον τὸ καλὸν ἀγαθόν, οὐδὲν οἱ θεοὶ τοῖς ἀνθρώποις περιποιοῦσιν, ὡς δείξω. [...] τὸ καλὸν ἐφ' ἡμῖν, ὃ ἐφ' ἡμῖν ἐστι, τοῦτο δι' ἑαυτῶν κτώμεθα, ὃ δι' ἑαυτῶν κτώμεθα, τοῦθ' ὑπ' οὐδενὸς ἄλλου περιγίνεται. τὸ καλὸν ὑπ' οὐδενὸς ἡμῖν ἄλλου περιγίνεται. εἰ ὑπὸ μηδενός, οὐδ' ὑπὸ τῶν θεῶν. „Wenn die Götter eine Vorsehung über die Menschen ausüben, dann bereiten sie ihnen irgendein Gut. Denn alles, was über etwas vorsieht, bereitet dem Objekt der Vorsehung, ein Gut, sodass dasjenige, was dem Objekt der Vorsehung kein Gut bereitet, auch nicht über dieses vorsieht. Aber denen zufolge, die nur das moralisch Gute als Gut akzeptieren, bereiten die Götter nichts für die Menschen, wie ich zeigen werde. [...] Das moralisch Gute liegt aber in unserer Verfügungsgewalt, was in unserer Verfügungsgewalt liegt, das erwerben wird durch uns selbst, was wir durch uns selbst erwerben, das wird durch niemand anderes erzeugt. Wenn aber durch niemand anderes, dann auch nicht durch die Götter." Siehe auch *Quaestiones*, II.21.70.2–6. Eine andere Version des Arguments findet sich auch bei Plutarchus, *De Stoicorum repugnantiis*, 1048d (*SVF*, III.215). Dass es sich um ein besonders schlagkräftiges Argument handelt, betont auch Sharples 1994, 120.

nämlich eine Vorsehung für die Menschen aus, dann sollten sie ihnen auch irgendetwas Gutes bereiten. Denn alles, was für etwas anderes vorsieht, bringt etwas Gutes für den Gegenstand der Vorsehung hervor.[190] Für den aber nur die Tugend ein Gut ist, die Tugend selbst jedoch von den Menschen abhängen soll,[191] gilt, dass die Vorsehung nichts Gutes bewirken kann. Denn was man durch eigene Macht hervorbringt, von dem kann nicht behauptet werden, dass es von einem anderen besorgt worden wäre.

Aufgrund ihrer eigenen Voraussetzungen müssten die Stoiker daher zugestehen, dass es gar keine Vorsehung als göttliche Fürsorge geben kann. Vielmehr stellen sie die Vorsehung auf dieselbe Stufe mit einer blinden Naturnotwendigkeit, sodass das Lob der Vorsehung in letzter Konsequenz (wie später bei Spinoza) mit dem Lob des notwendigen Ablaufs der Natur in eins fällt. Fiele die göttliche Vorsehung aber mit der Naturnotwendigkeit zusammen und wäre unser Handeln noch vor unserer Geburt mit zwingender Notwendigkeit bestimmt, dann wären die Stoiker nach Alexander gezwungen zuzugestehen, dass Gott selbst nicht das Gute bezweckt, sondern ganz im Gegenteil eine negative Wirkung hervorbringt.

Mit Blick auf das Schicksal des Ödipus wirft Alexander in *De fato* die Frage auf, wie von einer Ordnung gesprochen werden kann, wenn der Vater von dem Sohn getötet wird und dieser dann die Mutter zu seiner Frau nimmt? Anders gefragt: Wie ist in einer Welt, die durch die Vorsehung der Götter und dem Schicksal als einer unüberschreitbaren Verkettung von Ursache und Wirkung bestmöglich eingerichtet sein soll, die offensichtliche Verkehrung genau dieser göttlichen Ordnung zu erklären?[192]

Daraus schließt Alexander in einem überlieferten Dialog (*Quaestio 21*),[193] dass eine Vorsehung *per se* genauso unhaltbar ist wie eine im akzidentellen Sinn. Dass die Dichotomie jedoch wie gesagt nicht vollständig ist, wird für ihn ersichtlich, wenn man genauer in den Blick nimmt, was ‚per se' und ‚akzidentell' bedeuten.[194] So stellt er heraus, dass man es nicht mit einer Vorsehung *per se* zu tun haben wird, sobald diese nicht allein aufgrund des Wohls des Gegenstands geschieht, sich gleichwohl jedoch mit dem Wissen und der rationalen Erwartung der positiven Wirkung ereignet. Gegen die akzidentelle Vorsehung Epikurs betont Alexander hingegen, dass der nicht-akzidentelle Charakter nochmals verstärkt wird, wenn man davon ausgeht, dass sogar der Wunsch vorliegt, dass die Ausübung der Vorsehung zum Wohl der Sterblichen geschieht, und zwar auch dann,

---

190 Das hat bereits Platon, *Euthyphron*, 13aff. herausgestellt.
191 Siehe zu dieser stoischen Ansicht *SVF*, III.29–116.
192 Alexander von Aphrodisias, *De fato*, XXXI.
193 Alexander von Aphrodisias, *Quaestiones*, II.21.
194 Alexander von Aphrodisias, *Quaestiones*, II.21.66.16ff.

wenn sie letztlich um eines anderen willen geschähe. Alexander hebt hervor, dass die endlichen Geschöpfe göttlichen Beistand und Hilfe nötig haben. Als Vorbild dient ihm an dieser Stelle die Tätigkeit des Hirten, der für seine Tiere sorgt, ohne diese zum Zweck seiner Tätigkeit zu machen. Die Wohltaten erfolgen somit in Übereinstimmung mit den eigenen Zwecken. Derselbe Gedanke wird von Alexander auch in anderen Kontexten erläutert. Wichtig ist aber vor allem der anschließende Bezug auf das in der Vorsehung vorliegende Verhältnis zwischen dem Allgemeinen und Einzelnen. Nach Alexander ist es nämlich durchaus möglich, eine Vorsehung in erster Linie auf das Allgemeine zu richten und nur akzidentell auf das Einzelne, und zwar insofern als „das Allgemeine nicht verschieden von den Einzeldingen ist (denn in diesen hat es sein Sein)".[195]

Damit ist freilich nur in ersten Umrissen die Möglichkeit einer aristotelischen Position zur Vorsehung gegeben, indem nämlich festgestellt wird, dass die vermeintliche Alternative zwischen der epikureischen Zurückweisung der Vorsehung und der stoischen Konzeption der Sache unvollständig sein muss. Die genaue Beschaffenheit dieser aristotelischen Vorsehung wird von Alexander dann in seiner Schrift *Über die Vorsehung* ausgeführt. Ich möchte aber nicht weiter darauf eingehen. Stattdessen soll lediglich Alexanders Behandlung der sogenannten Theodizee-Problematik thematisiert werden, da auch diese von den aristotelischen Überlegungen zu Form und Materie bestimmt wird, was wiederum die Unterschiede zu den hellenistischen Konzeptionen unterstreicht.

Wir haben gesehen, dass nicht ausgeschlossen ist, dass Gott in bestimmter Hinsicht seine Vorsehung primär für das Allgemeine ausübt (etwa in dem Sinn, dass er für die natürliche Ordnung, die das Leben überhaupt erst ermöglicht, verantwortlich ist), in einem akzidentellen Sinn hingegen für das Einzelne. Für Alexander ist das Einzelne jedoch wie gesagt in gewisser Weise nicht vom Allgemeinen verschieden, nämlich insofern sich dieses im Einzelnen realisiert („in diesen nämlich hat es sein Sein").[196] Die Übel, die nun die einzelnen (und häufig auch besten) Menschen treffen, können Gott nicht zugeschrieben werden, sondern erklären sich für Alexander aus dem akzidentellen Geschehen, das für die differenzierte Welt maßgeblich ist. Es steht also keine höhere Absicht hinter den Übeln, die die guten wie schlechten Menschen befallen, auch wenn es den Anschein haben sollte, dass sich hierfür ein Zweck finden ließe, vor allem, wenn es tatsächlich die Lasterhaften treffen sollte. Denn die potenzielle Zweckhaftigkeit zeichnet nach Aristoteles das zufällige Geschehen aus. Dass also die guten

---

195 Alexander von Aphrodisias, *Quaestiones*, II.21.30ff. Dass sich die Vorsehung nur auf die Gattung und nicht die Individuen richten könnte, hat bereits Epictetus, *Dissertationes*, I.12 in Betracht gezogen. Siehe dazu Sharples 2002, 36.
196 Alexander von Aphrodisias, *Quaestiones*, II.21.67.15–26.

wie die schlechten Menschen von Übeln getroffen werden können, lässt sich durch den Hinweis auf das zufällige Geschehen, welches das menschliche Leben zu regieren scheint, leicht erklären.

Wie wir gesehen haben, steht die aristotelische Konzeption des Zufalls jedoch ganz unter seiner Form-Materie-Unterscheidung, und zwar insofern, als die für das Verständnis des Zufalls wichtige akzidentelle Verursachung die Differenzierung zwischen wesentlichen und nur akzidentellen Eigenschaften bedingt. Die Form-Materie-Unterscheidung ist aber auch grundlegend für Alexanders Antwort auf die Frage, warum es überhaupt das Übel in der Welt geben muss. Für Alexander, der Gott nicht als konstitutiven Teil der differenzierten Welt betrachtet, ist klar, dass die Ursache für das Übel nicht bei der Leitung der Welt zu suchen ist, sondern er sieht den Grund in der Potenzialität und der damit einhergehenden Schwäche der Materie, die Form vollkommen anzunehmen. Wir haben auch gesehen, dass die Stoiker diese auf Platon zurückgehende Auffassung ebenfalls übernommen haben. Der ausschlaggebende Unterschied ist jedoch, dass die Materie für die Stoiker ein Körper ist, weshalb sie auch selbstständig existiert. Für Alexander hingegen ist die Materie als solche nicht aktual, sondern nur in Möglichkeit, und es kann manchmal geschehen, dass sie die Leitung durch die Form nicht annimmt. Wenn sie aber bestimmte Formen nicht fähig ist aufzunehmen, dann nicht aufgrund der göttlichen Lenkung, sondern wegen ihrer *eigenen* Schwäche. Die Materie bleibt also oft hinter den Formabsichten des Schöpfers zurück. Daraus erklärt sich für Alexander auch die Existenz schlechter Menschen, womit er im Ergebnis erneut an die stoische Position anschließt. Denn wäre es möglich, dass alles gleichermaßen vernunftbegabt und beseelt sein könnte, dann hätte die Natur es auch so gemacht. Das ist für ihn aber nicht deshalb unmöglich, weil es Gott an Kraft fehlen könnte, sondern wegen der Schwäche der Materie, die Formkraft aufzunehmen. Aus diesem Grund kann auch nicht alles aus jeder beliebigen Materie entstehen.

> [D]ie Materie ist nichts Aktuelles, sondern sie ist nur potentiell. Und deshalb nimmt sie manchmal die Wirkung des Wirkenden wegen ihrer Schwäche nicht an, da alles Potentielle mangelhaft und unvollständig ist, und die Materie ist alles Potentielle. Und deshalb ist sie schwach und mangelhaft, befällt sie der Fehler und nimmt sie nicht alle Formen auf, die der Bildner in ihr bilden (will), sondern sie ist manchmal unfähig dazu, nicht um des Schaffenden, sondern um ihrer selbst willen [...]. Und wir sagen auch: Sie ist empfänglich für die Privation und empfänglich für die Form. Und da sie für die Form empfänglich ist, strebt sie nach der vortrefflichen Natur, d. h. nach der Kraft des Himmelskörpers, lässt sich von ihr formen und sehnt sich nach Fortdauer und Bestand. Und da sie empfänglich ist für die Privation, d. h. daß sie nichts Aktuelles ist, strebt sie nicht nach der Kraft des Himmelskörpers, läßt sich nicht von ihr beeinflussen und formen und sehnt sich nicht nach Fortdauer und Bestand, sondern nach Vergehen und Vernichtung.

Und aus diesem Grund tritt manchmal der Fehler in die irdische Welt, nicht um der Himmelskörper, sondern um der Materie willen [...].[197] (Übersetzung: Hans-Jochen Ruland)

Das Zitat macht nicht nur sehr gut deutlich, inwiefern Alexanders Beantwortung der Theodizeefrage von der aristotelischen Unterscheidung zwischen Form und Materie, d. h. Aktualität und Möglichkeit, abhängt. Darüber hinaus wird auch eine weitere grundsätzliche Differenz zur stoischen Theorie der Vorsehung illustriert. Wir haben oben gesehen, dass und wieso für die Stoiker die Vorsehung zuletzt in nichts weiter als der Erhaltung der Bewegung bestehen kann.[198] Für Alexander ist zwar auch die Erhaltung der Gattungen ein wichtiger Aspekt der vorsehenden Lenkung Gottes, diese Erhaltung soll aber in einem kontinuierlichen Werden bestehen. Das Werden ist nun aber die spezifische Veränderung in der Gattung der Substanz, die nach der oben ausgeführten Bestimmung keine Bewegung (κίνησις) im herkömmlichen Sinn (d. h. keine gewöhnliche Eigenschaftsveränderung bzw. Ortsbewegung) sein kann. Hierin deutet sich ein weiterer signifikanter Unterschied zur stoischen Konzeption an, der abermals unmittelbar mit der aristotelischen Differenzierung unterschiedlicher Formen von Aktivität verbunden ist. Für Alexander besteht die Vorsehung eben nicht nur in einer bloßen Erhaltung der Bewegung, sondern ermöglicht die „Verwirklichung des vollkommensten Lebens, an dem wir doch teilhaben" (Übersetzung: Hans-Jochen Ruland).[199] Denn die Möglichkeit zur Vervollkommnung, und mithin zum Erreichen der dem Menschen eigentümlichen Glückseligkeit, beruht auf dem von der Natur dem Menschen überantworteten Geschenk der Vernunft. Durch dieses Geschenk wird dem Menschen die „Kenntnis des Göttlichen" (ebd. 100, D 18) zuteil und damit auch sein *höchstes Gut*, wie Alexander kurz darauf versichert.

***

Ich fasse noch einmal die Ergebnisse dieses Kapitels zusammen. Der stoische Vorsehungsbegriff umfasst zwei Aspekte: zum einen die göttliche Voraussicht und zum anderen die göttliche Sorge um die erschaffenen Kreaturen sowie die Erhaltung der Welt insgesamt. Der vernunftbegabte Mensch ist das ausgezeich-

---

[197] Alexander von Aphrodisias, *Über die Vorsehung*, 102–106 (D 15)
[198] Dass bereits Alexander diesen Schluss gezogen hat, illustriert eine gegen die Stoiker gewandte Bemerkung (*Über die Vorsehung*, 96, D 18): „Denn daß die *wirkliche* Ursache für Veränderung und Umgestaltung des Irdischen die ununterbrochene ewige *Bewegung* der *göttlichen* Himmelskörper ist [d. h. ihre Vorsehung: A. H.], ist unbedingt zwingend. (Im Gegensatz) zur Behauptung, die *Materie* und ihre *Veränderungen* seien kontinuierlich und *ewig*." (Übersetzung: Hans-Jochen Ruland)
[199] Alexander von Aphrodisias, *Über die Vorsehung*, 98–100 (D 18).

nete Objekt dieser Fürsorge. Die planende Voraussicht ist die notwendige Voraussetzung für die Sorge. Die von den Stoikern begründete Wissenschaft, die die Voraussicht zum Gegenstand hat, ist die Wahrsagekunst. Die erfolgreiche Voraussage künftiger Ereignisse wird wiederum als ein Beweis für die Vorsehung angeführt. Die Kritiker der stoischen Theorie richten ihre Kritik an der Vorsehung entsprechend auf beide Teile. In diesem Kapitel haben wir die aus aristotelischer Perspektive abgefasste Kritik Alexanders detailliert behandelt. Im Rückgriff auf Aristoteles' Begriff des zufälligen und kontingenten Geschehens hat Alexander dargelegt, dass die Voraussage der Zukunft grundsätzlich nicht möglich ist. Wenn es jedoch prinzipiell ausgeschlossen sein sollte, die Zukunft vorauszuwissen, wird das auch den Göttern unmöglich sein. Folglich werden sie den Menschen die Zukunft auch nicht offenlegen können. Denn gegen beides spricht die kontingente Natur der Zukunft sowie das Wesen des Zufalls, der zur Erklärung der Ereignisse im zwischenmenschlichen Umgang herangezogen wird. Die Stoiker andererseits definieren den Zufall als eine dem menschlichen Verstand verborgene Ursache. Wir haben vor allem die teleologische Komponente des stoischen Zufallsbegriffs hervorgehoben. Vor diesem Hintergrund sind wir auf das Verhältnis zwischen Zufall, Schicksal und Vorsehung eingegangen. Entscheidend ist jedoch, dass die Stoiker aufgrund ihrer naturphilosophischen Voraussetzungen Gott zur Mitursache des Übels machen. Die weitergehende Kritik richtet sich daher gegen die Vereinbarkeit des Übels in der Welt mit der göttlichen Vorsehung. Diese Kritik betrifft wiederum unterschiedliche Punkte: zum einen die Frage nach der moralischen Zurechnung und deren Vereinbarkeit mit einem kausalen Determinismus. Hierunter fällt die Freiheit, das Böse zu wählen oder nicht. An zweiter Stelle steht in unserer Behandlung die Frage nach dem Grund für die Existenz des Bösen. Drittens haben wir uns dem Problem gewidmet, dass die Übel vor allem die guten Menschen zu treffen scheinen. Alle drei Probleme sind von den Stoikern ausführlich diskutiert worden. Ihr Versuch, moralische Verantwortung trotz eines kausalen Determinismus aufrechtzuerhalten, beruht auf der Aufteilung der Ursachen in innere und äußere. Dieser Lösungsansatz hat zwar bis heute viele Anhänger gefunden, seine Überzeugungskraft ist jedoch umstritten.[200] Die Existenz des Bösen scheinen die Stoiker als eine notwendige Folge der Erschaffung der Welt begriffen zu haben. Damit ist jedoch indirekt auch eine Einschränkung der göttlichen Allmacht verbunden, was die Stoiker explizit zugestehen. Das Böse geht ihrer Ansicht nach notwendig mit der Erschaffung der differenzierten Welt einher, mehr noch, die Existenz des Guten soll zuletzt sogar abhängig von der Existenz des Bösen sein. Gut ist das vollkommene Ganze, und zwar genauer die perfekte Bewegung des Ganzen (die sich aus den unvollkommenen Bewegungen der Teile

---

[200] Kant (*KpV*, AA05: 97) z. B. verspottet eine solche Freiheit als die *Freiheit des Bratenwenders*.

zusammensetzt). Die Vorsehung wäre unter dieser Perspektive wiederum nichts anderes als die Erhaltung dieser vollkommenen Bewegung. Die Bewegungserhaltung des Ganzen wäre mithin der primäre Gegenstand der göttlichen Fürsorge. Diese Perspektive macht zum einen verständlich, wie das Böse nichts weiter als die Einschränkung der Bewegung sein kann; eine Einschränkung, die dem Einzelnen aufgrund seiner Natur notwendigerweise widerfährt, da ihm bedingt durch die Natur der anderen Individuen viele Widerstände entgegentreten. Zum anderen wird deutlich, wieso das Gute von den Stoikern auch als ‚guter Fluss' definiert wird, der sich bei einem Leben gemäß der Gesamtbewegung einstellt und wie die Umdeutung der Übel zu Widrigkeiten zu verstehen ist. Diese Widrigkeiten sind die Bewegungswiderstände, die der Einzelne schon deshalb erfährt, weil er mit anderen Individuen in Berührung kommt. Zugleich wird damit die stoische Hochachtung der Gesetze deutlich. Denn diese regeln in gewisser Weise die Bewegungen der einzelnen Menschen, sodass es zu keinen Reibungen kommt. Dass diese Verklärung der Übel aber nicht zur Bewahrung der Rede von göttlicher Gerechtigkeit ausreicht, gestehen die Stoiker letztlich ein, indem sie den Gedanken des göttlichen Ausgleichs zwischen Taten und den entsprechenden Verdiensten und Strafen erneut aufgreifen. Darüber kann auch nicht das von Seneca angestimmte Lob des Mühsals hinwegtäuschen. Die Kritik Alexanders hat aber noch weitere schwerwiegende Defizite der stoischen Position offengelegt. Am schwersten wiegt meiner Einschätzung nach die Frage, welches Gut die Vorsehung den Menschen bereiten kann. Für die Stoiker gilt nämlich, dass das, was gemeinhin als Übel betrachtet wird, kein Übel sein soll (Hungersnöte, Folter usw.). Mit den Übeln heben sie aber auch die gewöhnlichen Güter auf. Das einzige Gut, das die Stoiker zulassen, ist die Tugend. Diese soll der Mensch sich aber selbst verschaffen. Folglich kann ihnen auch die Vorsehung kein (wirkliches) Gut bereiten, was über das Geschenk der bloßen Existenz hinausgehen würde. Vor dem Hintergrund der oben herausgestellten Wahl zwischen Vorsehung, Zufall und bloßer Naturnotwendigkeit, wird das Lob der Vorsehung damit zum Preisgesang auf die natürliche Notwendigkeit, und die Tugend der Stoiker wäre nichts weiter als die bloße Erhaltung der Bewegung! Damit wird aber nun letztendlich die zu Beginn konstatierte Nähe Spinozas zur stoischen Philosophie offenkundig.[201]

---

201 Siehe auch Brooke 2012, 137: „For Spinoza to assert that 'God's decree, command, edict and word are nothing other than the action and order of Nature' was to proclaim the truth about Stoic determinism that Lipsius had endeavoured to deny, or at least to shuffle under the carpet. And the controversy surrounding Spinoza's philosophy gave those who might have been unsure just how to categorise the Stoics an incentive to adjust the criteria as to what was to count as theism, until they could be presented as not just atheists but as Spinozist atheists."

Ergebnis

Ich möchte diesen Bezug zu Spinoza aufgreifen und zum Schluss noch einmal auf die spezielle Perspektive dieser Untersuchung, die sich der Antike ausgehend vom Blickwinkel der frühneuzeitlichen Autoren genähert hat, zurückkommen. Als Ausgangspunkt haben wir einerseits die in der Literatur konstatierte Nähe der neuzeitlichen Autoren zu ihren hellenistischen Vorgängern und andererseits die gemeinschaftliche Zurückweisung der aristotelischen Konzeption der Wahrnehmung durch die meisten der heute als klassisch erachteten Philosophen der Frühen Neuzeit gewählt. Dabei sind wir dem Verdacht nachgegangen, dass hinter der Zurückweisung der aristotelischen Konzeption tiefer liegende naturphilosophische Differenzen stehen müssen. Dies haben wir zum Anlass genommen, die Vorbedingungen der aristotelischen Konzeption der Wahrnehmung, die in der Naturphilosophie liegen, zu inspizieren. Als entscheidend hat sich die aus der aristotelischen Analyse der Bewegung gewonnene Differenzierung von Form und Materie sowie die damit einhergehende Unterscheidung verschiedener Arten von Veränderung herausgestellt. Für die Wahrnehmung ist vor allem die vollkommene Aktivität, die Aristoteles von den gewöhnlichen Formen der Veränderung einschließlich der Bewegung im eigentlichen Sinn abhebt, bedeutsam. Auf dieser Folie wurde sodann deutlich, dass die von den hellenistischen Philosophen unternommene Analyse des Phänomens der Bewegung grundsätzlich von der aristotelischen Analyse abweicht. Wie Aristoteles setzen sie zwar die Bewegung als Phänomen voraus, was sie aber nicht leisten, ist eine weitergehende Erklärung dieses Phänomens. Epikur ebenso wie die Stoiker bleiben auf der Ebene der bewegten Körper stehen und reduzieren sogar letztlich alle Formen der Veränderung auf Ortsbewegung. Damit einher geht sowohl bei Epikur als auch bei den Stoikern ein weitreichender Empirismus, weshalb sie die durch die Erfahrung belegten Körper zur Grundlage ihrer Ontologie erheben. Dass Epikur daneben auch das Leere als existierend ansetzt, was die Stoiker bestreiten und aufgrund ihrer speziellen Auffassung des Kosmos als einer organischen Einheit sogar notwendig zurückweisen müssen, kann mit Blick auf diese fundamentale Gemeinsamkeit als ein bloß marginaler Unterschied gelten.

Da nun Aristoteles die Wahrnehmung als eine vollkommene Aktivität begreift, die letztlich in der Aufnahme der Form ohne die Materie resultiert, wird unter den explizierten Voraussetzungen den hellenistischen Philosophen die Annahme der aristotelischen Konzeption der Wahrnehmung prinzipiell unmöglich sein. Wir haben zwar gesehen, dass vor allem Epikur in vielen Punkten an die aristotelische Analyse anzuschließen scheint, was wiederum die Bekanntschaft mit der aristotelischen Position nahelegt, doch kann er die feinen Differenzierungen, die Aristoteles bezüglich der einzelnen Gegenstände der Wahrnehmung getroffen hat und die für die aristotelische Konzeption ausschlaggebend sind, mit seiner auf dem Körper basierenden Ontologie unmöglich akzeptieren. Stattdessen tritt sowohl bei Epikur als auch bei den Stoikern die *Vorstellung* in den Vordergrund. Dies kann einerseits als ein Rückfall auf voraristotelische Positionen gedeutet werden (da die Vorstellung bereits für Demokrit sowie für die Sophisten im Kontext der Wahrnehmung eine außerordentliche Stellung innehatte) oder aber andererseits als eine systematische Konsequenz aus der Zurückweisung der Form-Materie-Unterscheidung begriffen werden. Entscheidend ist jedenfalls, dass Stoiker, Epikureer und Skeptiker darin miteinander übereinstimmen.

Mit der Vorstellung rücken aber zugleich spezifische Fragestellungen in den Fokus der Debatte, die mit der Natur der Vorstellung selber verbunden zu sein scheinen. Nicht zuletzt aufgrund des fundamentalen Empirismus der beiden großen hellenistischen Schulen wird die Frage nach der Zuverlässigkeit der Wahrnehmung und mithin der Vorstellung in den Mittelpunkt gestellt. Die besondere Struktur der Vorstellung, d. h. ihr repräsentationaler Charakter, den die antiken Autoren als ihre Lichtnatur fassen (womit gemeint ist, dass die Vorstellung zugleich mit ihrem Gegenstand immer auch sich selber anzeigt), lenkt zudem die Aufmerksamkeit auf die Selbstwahrnehmung, die die Stoiker dann explizit als *sensus sui* oder eben Bewusstsein begriffen haben. Vor allem in der Bestimmung des höchsten Gutes nimmt die Selbstwahrnehmung eine besondere Funktion ein, da sie von den Stoikern zum nicht hintergehbaren Ausgangspunkt und systematischen Fundament erhoben wird. Bemerkenswert ist freilich, dass sich die später von Descartes mit dem Bewusstsein verknüpften Attribute der Klarheit und Deutlichkeit bereits in der stoischen Analyse abzeichnen und dann im Kontext der erkenntnistauglichen Vorstellung tatsächlich eine prominente Rolle einnehmen.

Vor dem Hintergrund dieser grundsätzlichen Differenzen zu Aristoteles werden nun auch die Parallelen zur neuzeitlichen Debatte augenfällig. Bereits Heidegger hat in seiner Diskussion des kantischen Grundsatzkapitels auf den fundamentalen Wandel hingewiesen, der sich im Verständnis der Bewegung zwischen dem aristotelischen Mittelalter und der Neuzeit vollzogen hat. In diesem Kontext betont Heidegger insbesondere die Bedeutung des Gesetzes der Beharrung oder des später sogenannten Trägheitsgesetzes. Heidegger sieht auch, dass das Beharrungsgesetz seine Vorläufer in der Antike hat, und zwar vor allem bei Demokrit und seinem hellenistischen Nachfolger Epikur.[1] Vor dem Hintergrund

---

[1] Heidegger 1962, 61: „Demokrit (5./4. Jahrhundert) bewegt sich in gewissen Grundzügen nach dieser Richtung. Inzwischen hat man auch festgestellt, daß das Zeitalter Galileis und dieser selbst teils mittelbar, teils unmittelbar von den Gedanken des Demokrit wußte. Aber wie es so geht mit dem früher Gedachten und bei älteren Philosophen schon Vorliegenden: Man sieht es erst dann, wenn man es selbst zuvor neu gedacht hat." Wenig später schreibt Heidegger 1962, 62:

unserer Untersuchung, insbesondere aber in Anbetracht der beträchtlichen Bedeutung, die wir den von Epikur geprägten Voraussetzungen im Hinblick auf die Entwicklung der hellenistischen Philosophie beimessen konnten, dürfte auch ein gewichtiger Grund für die in der Frühen Neuzeit stattfindende massive Hinwendung zur hellenistischen Philosophie deutlich geworden sein. Denn genau in dem Maße, wie das Unverständnis der aristotelischen Konzeption zugenommen hat (wie wir in der Einleitung anhand von Hobbes' und Descartes' Kritik an der aristotelischen Philosophie der Wahrnehmung gesehen haben), werden die hellenistischen Konzeptionen (die, wie wir nun wissen, in einem sehr viel weiter reichenden und fundamentaleren Sinn von Epikur und mithin von Demokrit abhängen, als bisher in der Forschung anerkannt worden ist), nicht nur, wie schon Heidegger bemerkt hat, wieder verständlich, sondern zugleich auch hochinteressant. Denn auch wenn Heidegger mit seiner Analyse eine prinzipielle Erklärung für die Frage anbieten kann, wieso es zur erneuten Lektüre der antiken Atomisten gekommen ist, so wäre damit noch nicht das Interesse an den anderen beiden hellenistischen Schulen erklärt. Weil die Stoiker aber mit Epikur fundamentale Voraussetzungen in der Naturphilosophie gemeinsam haben und diese Gemeinsamkeiten, wie unsere Untersuchung gezeigt hat, grundlegender sind als die von beiden Positionen hervorgehobenen Differenzen bzw. weil die Differenzen zwischen den hellenistischen Autoren einerseits und der aristotelischen Tradition andererseits schwerwiegender sind als die oberflächlichen Gemeinsamkeiten, die Stoa und Aristoteles aufweisen, wäre zugleich auch eine Erklärung dafür geboten, wieso die neuzeitlichen Autoren sich nicht nur an Epikur, sondern auch an die Skepsis und die Stoa gewandt haben oder aber, warum einige ihrer Positionen im Ergebnis so stoisch aussehen können. Denn hier muss man bedenken, dass sich die stoische Position selber als Resultat eines *platonisierenden Epikureismus* präsentiert, d. h., die wichtigsten Unterschiede zu Epikur lassen sich sehr gut dadurch erklären, dass die Stoiker auf der Grundlage der epikureischen Voraussetzungen platonische Elemente in ihr System integriert haben, insbesondere aber, wie in der Literatur lange bekannt ist, die von Platon im *Timaeus* und im 10.

„So war es auch zu Zeiten Galileis: Nachdem die neuen Fragestellungen ergriffen waren, konnte man hinterher auch wieder den Demokrit lesen; nachdem man Demokrit mit Hilfe von Galilei verstand, konnte man diesem vorrechnen, daß er eigentlich nichts Neues berichte. Alle großen Einsichten und Entdeckungen werden nicht nur meistens von mehreren gleichzeitig gedacht, sie müssen auch immer *wieder* gedacht werden [...]." Heidegger betont, dass nicht ausgeschlossen ist, dass „große Denker" dasselbe ohne Kenntnis von anderen entdecken. Ein berühmtes Beispiel hierfür in der Neuzeit wäre die gleichzeitige Entdeckung der Differentialrechung von Leibniz und Newton.

Buch der *Gesetze* vorgestellte Theorie der Vorsehung.² Dasselbe ließe sich auch mit Hinblick auf die Frühe Neuzeit vermuten. Denn auch hier ist es wahrscheinlich, dass platonische Elemente oder aber direkte christliche Anliegen mit epikureischen Voraussetzungen verbunden werden (da die aristotelische Konzeption aufgrund der prinzipiellen Zurückweisung der aristotelischen Analyse der Bewegung und mithin der Form-Materie-Unterscheidung zum einen unverständlich werden musste und zum anderen auch grundsätzlich unzumutbar geworden ist), was dann im Ergebnis wiederum sehr stoisch scheint.

Das beste und bekannteste Beispiel hierfür wäre die Philosophie Gassendis, der die christliche Religion mit Epikur versöhnen will und deshalb auf der Grundlage der epikureischen Philosophie eine Konzeption der Vorsehung präsentiert, die dann recht stoisch aussieht. Es müssen also nicht immer direkte Anleihen bei der stoischen Philosophie sein, die sich bei den einzelnen frühneuzeitlichen Autoren feststellen lassen. Anders ausgedrückt: Ausgehend von den epikureischen Voraussetzungen erzwingen nur wenige Modifikationen stoisch anmutende Schlussfolgerungen.³

Aus Gassendi kann man aber noch mehr lernen: Denn im Hinblick auf Gassendis Philosophie ließe sich auch eine augenfällige Differenz zwischen frühneuzeitlichen und hellenistischen Autoren erklären. Anders als die meisten Philosophen der Frühen Neuzeit vertreten die hellenistischen Philosophen bekanntlich einen strikten Monismus (bzw. Materialismus) in der Psychologie. Zwar finden sich vereinzelte Vertreter einer solchen Theorie auch unter den Autoren der Frühen Neuzeit, doch ist insgesamt eine Abwendung von dieser Position zu konstatieren, die dann bis zur strikten Trennung und einem daraus resultierenden Dualismus reicht, wie man ihn etwa bei Descartes findet. Eine naheliegende Ursache für die Abwendung könnte auch hier mit Blick auf den besonderen christlichen Hintergrund festgemacht werden. So wurde oben bereits darauf aufmerksam gemacht, dass aus der Materialität der Seele eine Gefahr für ihre Unsterblichkeit droht, was wiederum mit grundlegenden christlichen Annahmen konfligiert. Schaut man sich aber etwas genauer an, mit welchen Gründen Gassendi, der sich in dieser Frage direkt mit Epikur auseinandersetzt, die epikureische Psychologie zurückweist, bietet sich noch eine weitere Erklärung für die Zurückweisung des strikten

---

2 Bemerkenswert ist in diesem Kontext, dass auch Alexander von Aphrodisias in seiner Diskussion der Vorsehung (*Über die Vorsehung*, 10) die Anhänger dieser spezifischen Konzeption der Vorsehung in zwei Gruppen einteilt: eine stoische und eine platonische.
3 So würde sich auch der zu Beginn angemerkte Umstand erklären, dass Spinozas Philosophie in Teilen so nahe an erst heute bekannte Fragmente der stoischen Philosophie kommt, dass sich vermuten ließe, Spinoza hätte diese direkt übertragen, obwohl er die Texte unmöglich gekannt haben konnte.

Monismus an. Denn Gassendi reagiert mit seiner Konzeption direkt auf solche Schwierigkeiten, die bereits die antiken und mittelalterlichen Kommentatoren der aristotelischen Seelenlehre als grundlegende Probleme für die Vertreter eines Materialismus herausgestellt haben. Zwei Probleme stehen in diesem Kontext für Gassendi im Vordergrund. Erstens soll es nach Gassendi unter den epikureischen naturphilosophischen Voraussetzungen nicht möglich sein, das Problem der Universalbegriffe in den Griff zu bekommen und zweitens macht Gassendi darauf aufmerksam, dass eine körperliche Seele sich nicht auf sich selbst zurückwenden kann. Aufgrund dieser beiden Schwierigkeiten sieht Gassendi sich dazu veranlasst, neben einem materiellen Seelenteil zumindest *einen* nicht-materiellen Seelenteil anzunehmen.

Long und Sedley weisen im Kontext des Problems des Willensfreiheit darauf hin, dass sich bereits bei Epikur dualistische Ansätze feststellen lassen,[4] vermutlich auch deshalb, weil die Frage nach dem freien Willen unter den epikureischen Voraussetzungen anders kaum in den Griff zu bekommen ist. Das Problem stellt sich für die Stoiker schließlich sogar noch in verschärfter Form aufgrund der engen Verzahnung von Kosmologie und Theologie. Hinzu kommt für sie vor allem die Theodizee-Problematik, die eine besondere Gefahr für ihr System darstellt. Das alles macht es natürlich unwahrscheinlich, dass die neuzeitlichen Autoren die hellenistischen Positionen übernommen hätten, ohne in irgendeiner Weise auf die längst bekannten Defizite zu reagieren. Die von Descartes und anderen unternommene strikte Trennung zwischen Körper und Seele kann vor diesem Hintergrund als ein Versuch gedeutet werden, mit diesen Problemen umzugehen.

Geht man aber davon aus, wie diese Untersuchung herausgestellt hat, dass die stoische Konzeption der Vorsehung für die wichtigsten Differenzen zwischen der epikureischen und der stoischen Naturphilosophie verantwortlich ist, dann würde eine Trennung zwischen körperlicher und geistiger Welt (mundus sensibilis und mundus intelligibilis) auch unmittelbare Konsequenzen für die Vereinbarkeit stoischer und epikureischer Theorieelemente haben. Vorausgesetzt nämlich, dass die spezielle göttliche Fürsorge nur der Seele gilt, wohingegen in der Natur alles nach festen Bewegungsgesetzen abläuft – man unterscheidet also strikt zwischen Seele und Körper und bestreitet die Immanenz Gottes in der Welt – so spräche nichts dagegen, zugleich einen epikureischen Atomismus für die körperliche Welt zu behaupten und diesen mit einer stoischen Theologie zu kombinieren. Skeptische Methoden ließen sich hingegen ganz nach Belieben und in unterschiedlicher Dosierung gegen ungeliebte Feinde, wie etwa den scholastisch überformten Aristotelismus anwenden. Ich spiele hiermit natürlich auf Gassendis Philosophie an, da sich bei ihm die einzelnen Elemente besonders klar aufzei-

---

4 Long & Sedley 2000, 129.

gen lassen und dieser auch kein Geheimnis aus seinen skeptischen oder epikureischen Anleihen macht. Dass diese Feststellung oder Möglichkeit aber nicht nur für Gassendi gilt, möchte ich im Anhang zu dieser Arbeit anhand der kantischen Konzeption der Vorsehung darlegen und damit zum einen andeuten, welche Formen die Ausgestaltung prinzipiell annehmen kann und zum anderen einen indirekten Beweis für die hier dargelegte These erbringen. Denn angenommen, die kantische Position könnte tatsächlich besser mit den Problemen umgehen, die sich aus der stoischen Konzeption der Vorsehung ergeben, müsste Kant dann vor dem Hintergrund der Bedeutung, die der Vorsehung für das stoische System insgesamt zukommt, nicht der *bessere Stoiker* sein?

Anhang: Ist Kant der bessere Stoiker?

In seiner *Kritik der Urteilskraft* gibt Kant mit einem Gedankenexperiment Folgendes zu bedenken:

> Wir können also einen rechtschaffenen Mann (wie etwa den Spinoza) annehmen, der sich fest überredet hält: es sei kein Gott und (weil es in Ansehung des Objects der Moralität auf einerlei Folge hinausläuft) auch kein künftiges Leben; wie wird er seine eigene innere Zweckbestimmung durch das moralische Gesetz, welches er thätig verehrt, beurtheilen? Er verlangt von Befolgung desselben für sich keinen Vortheil, weder in dieser noch in einer andern Welt; uneigennützig will er vielmehr nur das Gute stiften, wozu jenes heilige Gesetz allen seinen Kräften die Richtung giebt.[1]

Obwohl dieser Mann rechtschaffen in seiner Gesinnung ist, wird er auf keine Belohnung hoffen dürfen oder kantisch gesprochen: Er wird keine gesetzmäßige Zusammenstimmung zwischen dem Zweck erwarten können, den er sich selbst in all seinem Tun vorsetzt (seine eigene Glückseligkeit zu befördern) und der Moralität, die trotzdem als alleinige Triebfeder seiner Handlung hat gelten können; „und die Rechtschaffenen, die er außer sich noch antrifft, werden unangesehen aller ihrer Würdigkeit glücklich zu sein dennoch durch die Natur, die darauf nicht achtet, allen Übeln des Mangels, der Krankheiten und des unzeitigen Todes gleich den übrigen Thieren der Erde unterworfen sein und es auch immer bleiben, bis ein weites Grab sie insgesammt (redlich oder unredlich, das gilt hier gleichviel) verschlingt und sie, die da glauben konnten, Endzweck der Schöpfung zu sein, in den Schlund des zwecklosen Chaos der Materie zurück wirft, aus dem sie gezogen waren".[2]

Der Umstand also, dass es gerade den besten und gerechtesten unter den Menschen schlecht und dreckig ergeht, führt den gebotenen Endzweck des menschlichen Handelns *ad absurdum* und macht seine Befolgung schließlich sogar unmöglich. Wer aber wie der stoische Weise auf der Streckbank trotz alledem an der Sittlichkeit festhält, wird zwar als tugendhaft in der Gesinnung, in seinem Handeln aber als töricht gelten müssen!

An dieser kantischen Kritik sind mehrere Punkte bemerkenswert. Zunächst muss man festhalten, dass Kant Spinoza so versteht, dass er die Vorsehung Gottes der Sache nach leugnet und dass diese Leugnung im Ergebnis dann dem stoischen Weisen nahe kommen muss. Das wirft natürlich auch ein Schlaglicht auf die stoische Theorie. Wie wir gesehen haben, ergibt sich als eine Konsequenz aus ihrer Konzeption, dass das von der Vorsehung besorgte Gut nur in der Erhal-

---

[1] *KU*, AA05: 452.
[2] *KU*, AA05: 452.

tung der Existenz bzw. der Beharrung in der Bewegung bestehen kann. Unter dieser Perspektive erscheint es nur konsequent, wenn Spinoza wie die meisten anderen neuzeitlichen Autoren die Finalursächlichkeit ganz aus dem Reich der Natur zu verbannen sucht. Im *Reich der Natur* geschieht alles mit unerbittlicher Notwendigkeit, aber ohne natürliche Zwecke, die zur Erklärung der Phänomene heranzuziehen wären. Das ist die Naturnotwendigkeit, die Stoiker und Epikureer als dritte Option bereits benannt und auch als Gefahr für ihre Konzeptionen, vor allem aber für ihre Ethik, erkannt haben, weshalb sie von beiden gemeinschaftlich zurückgewiesen wurde.

Die Konstrukteure dieser Notwendigkeit sind für Kant und seine Zeitgenossen die Gesetze der newtonischen Mechanik. Das erste Gesetz ist das Gesetz der Trägheit, demzufolge jeder Körper seine Bewegung in Geschwindigkeit und Richtung so lange beibehält, bis er durch eine äußere Kraft zur Änderung des Bewegungszustands gezwungen wird.[3] Kant selbst hat in der ersten Analogie der Erfahrung den Grundstein für eine transzendentalphilosophische Begründung dieses Gesetzes gelegt.[4] Mit der zweiten Analogie der Erfahrung wird hingegen die Grundlage für die These der kausalen Geschlossenheit der Natur geboten, wohingegen die dritte Analogie die allgemeine Wechselwirkung zur notwendigen Bedingung der Einheit der Welt erklärt. Auch hier ist trotz des Anklangs an die stoische συμπάθεια zu beachten, dass dies unter konsequentem Ausschluss von Finalursächlichkeit geschehen soll.

Für die kantische Konzeption ist es indes ungemein bedeutsam, dass es sich bei den durch die Kategorie der Kausalität bestimmten Naturvorgängen lediglich um *Erscheinungen* handelt, denen als solche *Dinge an sich* zugrunde liegen müssen. In seiner *Kritik der reinen Vernunft* ist Kant ebenso wie seine skeptischen Vorgänger der Überzeugung, dass es neben den Erscheinungen auch Dinge an sich geben müsse.[5] Wir können hier selbstredend nicht auf die Einzelheiten sowie die Begründung dieser Unterscheidung eingehen.[6] Wichtig ist für unser Vorha-

---

[3] Nach Heidegger 1962, 60 sollte es besser Beharrungsgesetz als Gesetz der Trägheit heißen. Heidegger 1962, 61–108 hebt die außerordentliche Stellung des Gesetzes für die Entwicklung der neuzeitlichen Philosophie sowie den Wandel der Naturwissenschaft insgesamt hervor. Einen kurzen Überblick der Geschichte des Gesetzes von Galilei bis Newton bietet Heidegger 1962, 60–61.
[4] Die weitere Ausarbeitung erfolgt unter Hinzuziehung des empirischen Prädikates der Bewegung in den *Metaphysischen Anfangsgründen der Naturwissenschaft*. Zur ersten Analogie der Erfahrung siehe Hahmann 2009a.
[5] Zum Verhältnis von Kant zur antiken Skepsis siehe Forster 2008. Bereits den Zeitgenossen Kants ist die Parallele zur antiken Skepsis in dieser Problematik auffällig geworden. Siehe Feder 1787, XXIVff.
[6] Siehe ausführlich Hahmann 2012a und 2012b.

ben lediglich festzuhalten, dass der Anwendungsbereich der Analogien bloß die Erscheinungen betrifft, weshalb sich auch die durch die Applikation der Verstandesbegriffe unter ihren sinnlichen Schemata gestiftete Notwendigkeit nur auf eben diesen Bereich erstrecken kann. Da der Mensch aber nicht nur Erscheinung ist, sondern als ein spontanes Vernunftwesen auch den Standpunkt eines intelligiblen Reichs annehmen kann, *erhebt* er sich über die Gesetzmäßigkeit dieser Erscheinungswelt und ist mithin den Gesetzen eines *mundus intelligibilis* unterworfen, d. h. den Gesetzen der Freiheit oder dem Sittengesetz.

Das führt uns wiederum direkt zurück zur Vorsehung. Denn soll nun das pflichtgemäße Handeln, d. h. das Handeln gemäß und aufgrund des Sittengesetzes, nicht vergeblich sein, muss es ein ihm angemessenes Objekt verwirklichen, welches für Kant die Einheit von Glückseligkeit und Glückswürdigkeit umfasst. In dieser Einheit erkennt Kant das *höchste Gut*, und das kann wiederum nur durch einen *moralischen ersten Welturheber* mittels eines göttlichen Verstandes gestiftet werden, der diese Einheit in einer weisen und *gütigen Vorsehung* für die Menschen bereitet hat.[7] Für Kant steht nämlich fest, dass das höchste Gut nur durch *göttlichen Beistand* realisiert werden kann,[8] sodass das pflichtgemäße Handeln nicht vergeblich sein wird.

Wer aber wie Spinoza die Vorsehung Gottes *de facto* leugnet, indem er diese mit der natürlichen Ordnung der Natur identifiziert und deshalb auch den besonderen Beistand Gottes zurückweist, kann zwar pflichtgemäß handeln, ist aber dennoch töricht, da er einem moralischen Sisyphos gleicht, der um die Aussichtslosigkeit seines Handelns wissen sollte.[9]

Diese Einheit (von Glückswürdigkeit und Glückseligkeit) kann laut der *Kritik der praktischen Vernunft* nur unter den beiden Prämissen realisiert werden, dass erstens die Seele unsterblich sei und dass zweitens „ein moralisches Wesen als

---

[7] Siehe *RGV*, AA06: 6; sowie *Refl* 6176, AA18: 480; *Refl* 6175, AA18: 479; *Refl*, AA19: 619 (Erläuterungen zu Achenwall) siehe Wood 1992, 403.

[8] Wir werden später sehen, dass der göttliche Beistand in zweifacher Hinsicht zu verstehen ist. Denn einerseits kann nur ein „gesetzgebendes Oberhaupt in einem moralischen Reiche der Zwecke" (*KU*, § 66, AA05: 444) das „höchste unter seiner Herrschaft allein mögliche Gut, nämlich die Existenz vernünftiger Wesen unter moralischen Gesetzen" (ebd.) verwirklichen und zum anderen ist der Beistand als göttlicher „concursus", der darin besteht, „daß Gott den Mangel unserer eigenen Gerechtigkeit, wenn nur unsere Gesinnung ächt war, auch durch uns unbegreifliche Mittel ergänzen werde" (*ZeF*, AA08: 361; siehe auch *RGV*, AA06: 6; *V–Th/Volckmann*, AA28: 1213) zu verstehen.

[9] Den Vergleich zur tragischen Figur des Sisyphos zieht auch Beiser 2006, 616–617. Dörflinger 2012, 67 betont natürlich mit Recht, dass von Kant nicht prinzipiell ausgeschlossen wird, dass der Mensch sich tatsächlich in dieser Situation befindet. Eine spekulative Erkenntnis ist in dieser Frage nicht möglich.

Weltherrscher angenommen werde, unter dessen Vorsorge dieses geschieht".[10] Die Erkenntnis dieser Vorsehung wird Kant, wie wir sehen werden, der reflektierenden Urteilskraft anheimstellen. Doch bevor wir näher auf die kantische Position eingehen, werfen wir noch einen kurzen Blick auf Spinoza und dessen Leugnung der Vorsehung.

A. Spinozas Leugnung der Vorsehung

In einem Brief an Spinoza möchte sich Oldenburg versichern, dass es Spinoza wohl fernliege, etwas gegen die Existenz und die Vorsehung Gottes vorzubringen. „Bleiben aber diese beiden Stützen unangetastet, so ruht die Religion auf festem Grunde und es können leicht alle möglichen philosophischen Betrachtungen verteidigt oder entschuldigt werden."[11] Wie das Beispiel Epikurs gezeigt hat, reicht es nicht aus, die Existenz Gottes einzuräumen, entscheidend ist vielmehr die besondere Beziehung Gottes zu den Menschen, d. h. seine Vorsehung. Die Stoiker andererseits haben grundsätzlich zwei Aspekte an der Vorsehung differenziert: einerseits die göttliche Voraussicht, die sie mit dem göttlichen Verstand in Verbindung gebracht haben, und andererseits die Sorge Gottes um seine Kreaturen. Letzteres führten sie auf Gottes *Willen* zurück.[12] Ein Gott, der sich nicht um die menschlichen Angelegenheiten kümmern sollte, kann jedoch kaum Gegenstand einer religiösen Verehrung werden. Auf der Leugnung der göttlichen Vorsehung beruht mithin auch der Grund für den Atheismusvorwurf, der gegen die Epikureer erhoben wurde, und das, obwohl Epikur wie gesagt die Existenz der Götter mit Nachdruck behauptet hat, ja ihnen sogar eine bedeutende Funktion in seiner Philosophie zugewiesen hat.[13]

Bereits zurzeit des oben angeführten Briefs von Oldenburg erwägt Spinoza tatsächlich diese Thematik in seiner *Kurzen Abhandlung*, die die reife Position der *Ethik* in vielen Punkten vorwegnimmt. Er erklärt dort die Vorsehung Gottes zu einem Streben, „das wir in der ganzen Natur und in den besonderen Dingen

---

10 Kant, *Rel.* AA06: 8.
11 Spinoza, 31. *Brief: Von Oldenburg, 12. Oktober 1665*, SpWe, 6.144.
12 Siehe Cicero, *De natura deorum*, II.57–58.
13 Siehe zur hellenistischen Theologie Mansfeld 1999. Neben der Liebe Gottes, die sich in seiner besonderen Sorge um die Geschöpfe äußert, wäre grundsätzlich auch die Furcht vor der Gewalt Gottes ein potentielles Motiv für religiöse Anbetung. Man denke hier etwa an Kali, die Göttin des Todes und der Zerstörung. Ein genauer Blick zeigt aber, dass selbst in diesem Fall die positiven Seiten (Erneuerung; Erlösung usw.), die sich aus ihrer Gewalt für die Menschen ergeben, Grund zur Verehrung sind.

zur Erhaltung und Bewahrung ihres Seins finden".[14] Wenn es hier heißt, dass jedes Ding danach strebt, in seinem Sein zu verharren, dann sind damit ausdrücklich auch unbelebte Dinge, selbst Teile von anderen, zusammengesetzten Dingen gemeint. Entsprechend unterscheidet Spinoza zwischen einer allgemeinen und einer besonderen Vorsehung, wobei erstere diejenige Vorsehung ist, durch die ein jedes Ding hervorgebracht und erhalten wird, und zwar insofern es zur ganzen Natur gehörig angesehen werden muss und letztere das Streben jedes besonderen Dinges ist, insofern es nicht als Teil der Natur, sondern selbst als ein Ganzes betrachtet wird.[15] Das Streben nach Selbsterhaltung wird Spinoza später in seiner *Ethik* zum Wesen und zur eigentlichen Natur eines jeden Dinges erheben und mit der Macht Gottes selber identifizieren.

Im Hinblick auf den Gliederbau des menschlichen Körpers versucht Spinoza, seine Unterscheidung zwischen spezieller und allgemeiner Vorsehung zu illustrieren:

> [...] alle Glieder des Menschen sind vorgesehen und angelegt, sofern sie Teile des Menschen sind, und das ist die allgemeine Vorsehung; die besondere Vorsehung ist das Streben, das jedes besondere Glied (als ein Ganzes, und nicht als ein Teil des Menschen) hat, sein eigenes Glück zu bewahren und zu erhalten.[16]

Im Vorausgriff auf die kantische Position sind zwei Punkte bemerkenswert. Zunächst ist beachtlich, dass Spinoza die Vorsehung überhaupt anhand eines Naturkörpers diskutiert und die spezielle Vorsehung zum Glied des Körpers erklärt, wohingegen die allgemeine mit dem Aufbau des ganzen Körpers identifiziert wird. Zweitens ist davon auszugehen, dass Spinoza sich mit seiner Körpertheorie implizit gegen jene wendet, die Finalursächlichkeit als notwendige Voraussetzung zur Erklärung lebendiger Körper ansehen und ausgehend von der zweckhaften Anordnung der Körper auf eine letzte finale Ursächlichkeit der Welt schließen.[17] Kant wird dieses Vorgehen in der *Kritik der Urteilskraft* tadeln und Spinoza eines sehr viel schwerwiegenderen Fehlers für schuldig erklären. Indem Spinoza es nämlich vermeidet, für die nach Kant „objektiv zweckmäßigen Formen der Materie" einen höchsten Grund der Möglichkeit zu suchen, den er nur in einem planenden Verstand hätte finden können, macht er „das Welt-

---

14 Spinoza, *Kurze Abhandlung von Gott, dem Menschen und dessen Glück*, SpWe, 1.43.
15 Die Unterscheidung zwischen einer allgemeinen und einer besonderen Vorsehung findet sich, wie wir gesehen haben, der Sache nach ebenfalls bei den Stoikern.
16 Spinoza, *Kurze Abhandlung von Gott, dem Menschen und dessen Glück*, SpWe, 1.44.
17 Das sind die von Kant zurückgewiesenen physikotheologischen Gottesbeweise. Zur kantischen Kritik an den verschiedenen Gottesbeweisen siehe Wood 1992. Nach Wood 1992, 399f. soll die Kritik lediglich auf Kants Zurückweisung des ontologischen Gottesbeweises beruhen.

ganze doch gern zu einer einigen, allbefassenden Substanz (Pantheism)".[18] Wie man diesen Fehler vermeiden kann, ohne eine spekulativ erkennbare Realität der Vorsehung für die Naturphänomene zu behaupten, soll uns später beschäftigen. Schauen wir uns zuvor die reife Position Spinozas zur Vorsehung an.

Wenige Jahre nach Abfassung der *Kurzen Abhandlung* erscheint anonym der *Theologisch-politische Traktat* (1670), in dem Spinoza sich im Rahmen seiner kritischen Auslegung der Heiligen Schrift ausführlich mit der Vorsehung auseinandersetzt. Im Fokus steht unter anderem die Auffassung derer, die in den durch die Heilige Schrift bezeugten gottgewirkten Wundern Belege für die göttliche Vorsehung sehen. Spinoza tadelt die Menschen dafür, dass sie Gottes Macht vor allem dort vermuten, wo etwas der Ordnung der Natur zu widersprechen scheint, weil sie glauben, seine Macht bestände darin, dem natürlichen Ablauf der Dinge Einhalt gebieten zu können. „Man nimmt nämlich an, Gott sei so lange nicht tätig, wie die Natur in gewohnter Ordnung tätig ist, und umgekehrt, die Macht der Natur und die natürlichen Ursachen seien so lange außer Wirksamkeit, wie Gott tätig ist."[19] Gott und Natur fallen dieser Ansicht nach auseinander. Mehr noch, die Verehrung Gottes beruht auf seiner Macht, die Natur zu unterjochen. In diesem Punkt artikuliert sich Spinoza zufolge die Unfähigkeit der Menge, *natürliche Ursachen* anzugeben (die – und das versteht sich für Spinoza von selbst – als solche eben nicht auf göttliche Zwecke rekurrieren). Der verkehrte Begriff, den sich die Menschen von Gott und seinem Verhältnis zur Natur gemacht haben, lässt sie glauben, dass sie selber der vornehmste Teil der Natur sind. Sie betrachten sich völlig unbegründet als Endzweck der Natur und übersehen dabei, dass der Mensch überall dasselbe Schicksal erleidet wie jede andere Kreatur.

Spinoza betont, dass Wille und Einsicht Gottes dasselbe sind. Er weist damit implizit die stoische Unterscheidung zwischen Vorsorge und Voraussehung als zwei Elemente der Vorsehung zurück. Wenn Gott die Ordnung der Natur einsieht, dann will er sie mit derselben Notwendigkeit. Seine Kraft ist identisch mit dem natürlichen Streben der Dinge, in ihrem Sein zu verharren, weil nämlich „die Kraft und Macht der Natur die Kraft und Macht Gottes selber ist, [sind] die Gesetze und Regeln der Natur […] die Ratschlüsse Gottes selbst".[20] Spinoza zieht folglich den bereits bei den Stoikern implizit angelegten Schluss und erklärt, dass die Vorsehung nichts anderes als eben diese vernünftige Ordnung der Natur selber ist, und zwar so, wie sie aus ewigen Gesetzen notwendig folgt.[21] Würde sich aber die Vorsehung Gottes nicht in der notwendigen Ordnung der Natur, sondern durch

---

18 Kant, *KU*, § 81, AA05: 421.
19 Spinoza, *Theologisch-politischer Traktat*, SpWe, 3.93.
20 Spinoza, *Theologisch-politischer Traktat*, SpWe, 3.96.
21 Spinoza, *Theologisch-politischer Traktat*, SpWe, 3.93–95.

gottgewirkte Wunder zu erkennen geben, wie es von den Propheten behauptet wird, so bliebe unverständlich, wie die feste Ordnung der Natur mit der Vorsehung Gottes in Einklang gebracht werden könnte. Dieses Problem stellt sich freilich bereits, wie Dorothea Frede bemerkt hat, für die Stoiker und betrifft dort die Vereinbarkeit von spezieller und allgemeiner Vorsehung. Wir werden später sehen, dass Kant auch hierfür eine originelle Lösung anbietet.

Halten wir vorerst fest, dass Spinoza also keineswegs die göttliche Vorsehung als solche leugnet. Was er lediglich zurückweist, ist die besondere Vorsorge Gottes für den Menschen, die sich beispielsweise in einer zweckhaften Ordnung der Welt oder dem außerordentlichen Beistand Gottes zeigen würde. Dieses Vorgehen bedeutet jedoch in den Augen der meisten seiner Zeitgenossen und späteren Interpreten die Leugnung der Vorsehung schlechthin. Rückhalt für seine Position sucht Spinoza 1670 daher bei all den Philosophen, die die Dinge nicht aus Wundern, sondern aus klaren Begriffen zu erkennen streben und die das wahre Glück allein in der Tugend und „Ruhe des Gemüts erblicken und nicht wollen, daß die Natur ihnen, sondern umgekehrt, daß sie der Natur gehorchen".[22]

Die Identifikation von Vorsehung und Naturordnung verschärft sogar noch die Frage danach, wieso die (gemeinhin Gott unterstellte) moralische Ordnung der menschlichen entgegenzustehen scheint.[23] Denn eben das bestätigt die menschliche Erfahrung, da es sich immer wieder zeigt, dass das gleiche Schicksal die gerechten wie ungerechten Menschen trifft, was seit der Antike viele dazu gebracht hat, „an Gottes Vorsehung zu zweifeln, weil sie meinten, daß Gott unmittelbar über die Menschen regiere und die ganze Natur zu ihrem Nutzen leite".[24] In einem Brief an Blyenbergh aus dem Jahr 1765 schreibt Spinoza:

> Um nun die gegenwärtige Gelegenheit zu ergreifen, will ich zur Sache kommen und auf Ihre Frage antworten. Diese dreht sich darum, daß sowohl aus Gottes Vorsehung, die von seinem Willen nicht verschieden ist, als aus Gottes Mitwirkung und der beständigen Erschaffung der Dinge klar sich zu ergeben scheint, daß es entweder keine Sünden und kein Böses gibt, oder daß Gott die Sünden und das Böse bewirkt.[25]

Spinoza bringt mithin die beiden bereits von der stoischen Diskussion bekannten (unterschiedlichen) Probleme zur Sprache: Erstens liefern die offenkundigen

---

22 Spinoza, *Theologisch-politischer Traktat*, SpWe, 3.101.
23 Spinozas Lösung des Problems (die viele als unbefriedigend empfunden haben) besteht freilich darin, dass er Gottes Ordnung für moralisch indifferent erklärt. Somit kann es auch zu keinem Widerspruch zwischen dem moralisch gebotenen und dem tatsächlichen Verlauf der Ereignisse kommen.
24 Spinoza, *Theologisch-politischer Traktat*, SpWe, 3.289.
25 Spinoza, *19. Brief: An Blyenbergh*, 16. Januar 1665, SpWe, 6.79.

Übel, die alle Menschen gleichermaßen heimsuchen, einen gewichtigen Grund zum Zweifel an Gottes Gerechtigkeit. Wieso lässt Gott es zu, dass vor allem die guten Menschen so viel Leid erfahren müssen? Zweitens fragt er weiter in seinem Brief an Blyenbergh, wieso Gott als Schöpfer und beständiger Erhalter der Dinge überhaupt das Böse und die Sünden zulässt. Will man Gott keine üblen Absichten unterstellen, die aufgrund seiner Güte ausgeschlossen sind, wird man zugestehen müssen, dass er nicht allmächtig ist.[26] Spinozas Antwort auf diese Fragen besteht bekanntlich in der *de facto*-Leugnung der Vorsehung, indem er diese mit der natürlichen Notwendigkeit identifiziert. Eine andere, vor dem hier verhandelten Hintergrund beachtliche Antwort gibt hingegen Kant.

B. Die Vereinigung von Mechanismus und Teleologie

Den engen Zusammenhang zwischen Vorsehung und Naturordnung, den Spinoza noch explizit herausgestellt hat, übernimmt Kant sehr früh aus der rationalistischen Schulphilosophie.[27] So findet sich die Vorstellung, dass sich die Vorsehung vor allem in einer durch Gesetze gestifteten Ordnung der Welt zeigt, bereits in der *Allgemeinen Naturgeschichte und Theorie des Himmels* (1755). Schon hier legt Kant den Fokus auf die Frage nach der Vereinbarkeit von Mechanismus und Teleologie.[28] Das problematische Verhältnis von natürlicher Ordnung und göttlicher Zwecksetzung tritt für Kant in den Vordergrund und wird als das eigentliche Problem der Vorsehung angesehen.[29] Denn Kant bestreitet zwar wie Spinoza die objektive Zweckmäßigkeit der Natur selbst (in der kritischen Philosophie wird die wichtige Einschränkung hinzukommen: insofern unter Natur der Inbegriff

---

[26] Kant differenziert beide Fragen in seiner Schrift *Über das Mißlingen aller philosophischen Versuche in der Theodicee*. Kant zufolge ist das moralisch Böse das schlechthin Zweckwidrige, wohingegen die Übel nur als bedingt zweckwidrig anzusehen sind (*MpVT*, AA08: 256). Zum Verhältnis der kantischen Unterscheidung zu der von Leibniz in der *Theodizee* gemachten Differenzierung zwischen malum morale, malum metaphysicum und malum physicum siehe Cavallar 1993, 92f.
[27] Siehe etwa Wolff, *Theologia naturalis*, I.2, §§ 924, 925, 926 etc.
[28] *NTH*, AA01: 363: „Muß nicht die Mechanik aller natürlichen Bewegungen einen wesentlichen Hang zu lauter solchen Folgen haben, die mit dem Project der höchsten Vernunft in dem ganzen Umfange der Verbindungen wohl zusammenstimmt?" Siehe auch *Refl* (Achenwall), AA19: 622. An anderer Stelle betont Kant, dass die Vorsehung die Stiftung der Gesetze betrifft und daher auf die Welteinrichtung geht. *Refl* 5632, AA18: 263–264. Zum Zusammenhang zwischen Vorsehung und natürlicher Ordnung siehe auch *V-Met/Pölitz*, AA28: 348; sowie 344–346.
[29] *Refl* 6172, AA18: 476; *Refl* 6176, AA18: 480. Siehe ausführlich hierzu und zur Entwicklung des kantischen Vorsehungsbegriffs die Studie von Lehner 2007.

der Gegenstände der Sinne zu verstehen ist),[30] gleichwohl sieht er, dass es in der Natur Zwecke zu geben scheint. Kants kritische Lösung des Problems findet sich in der *Kritik der Urteilskraft*. Er gesteht dort einerseits ein, dass es notwendig eine teleologische Beurteilung der Natur geben muss, die zur Naturforschung herangezogen wird, doch ist diese andererseits in einem näher zu erläuternden Sinn problematisch. Kant macht sogar die von Spinoza verpönte und von den Stoikern ins Zentrum ihrer Konzeption gestellte Vorstellung, dass die Natur den Menschen als ihren Endzweck habe, zum Teil seiner Konzeption der Vorsehung.[31] Schlüssel zum Verständnis der kantischen Lösung ist, dass Kant diese Tätigkeit lediglich der reflektierenden und nicht der bestimmenden Urteilskraft zuspricht.[32]

Wie ist das zu verstehen? Was führt die Urteilskraft überhaupt auf den Begriff der Zweckmäßigkeit? Und was versteht Kant unter Zweckmäßigkeit? In Anbetracht der natürlichen Dinge unterscheidet Kant zwischen einer inneren und einer äußeren Zweckmäßigkeit. Die äußere Zweckmäßigkeit zeigt sich in Zweck-Mittel-Relationen. Das Gras dient etwa dem Vieh als Futter. Das Vieh ist somit ein äußerer Zweck für das Gras. Die innere Zweckmäßigkeit gibt sich hingegen in einer bestimmten Organisation des Dinges zu erkennen: Die Materie des Grashalms ist auf spezifische Weise angeordnet, was sich nach Kant in der Terminologie von Ursache und Wirkung so ausdrücken lässt, dass das Naturding für sich selbst Ursache und Wirkung ist.[33] Der Baum ist eine Ursache seiner selbst, wenn er an Quantität hinzugewinnt, d. h., wenn er wächst. Man stellt auch fest, dass Teile des Baumes zur Erhaltung des Ganzen beitragen, wie sie auch selbst vom Ganzen abhängen. Kant verweist auf die Blätter des Baumes, die einerseits notwendig zu seiner Erhaltung sind und andererseits nur an ihm existieren können. Ferner pflanzt der Baum sich in seiner Gattung fort. Er ist also Ursache für ein gattungsgleiches Wesen.[34] All das lässt nach Kant auf eine innere Zweckmäßigkeit schließen, die den Baum als organisiertes Wesen zum Naturprodukt macht. Als Naturprodukt ist er *wechselseitig* Ursache und Wirkung seiner selbst.[35]

---

[30] *KU*, § 61, AA05: 359–361.
[31] Zu Kants Kenntnissen der stoischen Philosophie siehe Horn 2008, 1081; zur Teleologie mit Blick auf die kantische Moralphilosophie ebd. 1083ff.
[32] Ebd.
[33] *KU*, § 64, AA05: 370.
[34] Ebd. 371–372.
[35] Diese wechselseitige Form von Kausalität macht Kant zum auszeichnenden Kriterium gegenüber der durch die Kategorie der Kausalität bestimmten Wirkursächlichkeit. Letztere kann als eine zeitliche Kausalität nur eine Richtung haben. Diese Bestimmung trifft jedoch auch für die Wechselwirkung zu, die Kant in der dritten Analogie thematisiert. Bei der Finalursächlichkeit soll es sich zusätzlich um eine ideale Form von Kausalität handeln. *KU*, § 65, AA05: 372ff.

Bei den Dingen als Naturzwecke setzt man folglich voraus, dass die Teile nur in Beziehung auf das Ganze möglich sind. Der Zweck bestimmt seine Mittel oder anders ausgedrückt, die untergeordneten Teile sind Werkzeuge oder eben Organe, die für und um des Ganzen willen existieren.[36] Das haben die Naturprodukte mit den Kunstprodukten gemeinsam. Auch hier gilt, dass ein Teil der Maschine einen Beitrag zur Erfüllung des Zwecks der ganzen Maschine leistet. Kant erinnert an das Beispiel einer Uhr, das auch von Wolff zur Verdeutlichung einer zweckhaften Anordnung verwendet wird.[37] Kant betont aber zugleich den signifikanten Unterschied zwischen Naturprodukten und Kunstprodukten. Bei Kunstprodukten ist die Ursache der Erzeugung des Teils nicht in der Natur der Materie selbst zu suchen, sondern liegt außerhalb von ihr, so etwa in einem sachverständigen Uhrmacher. Eine Uhr kann weder wachsen noch eine zweite Uhr erzeugen. Die innere Zweckmäßigkeit bleibt ihr also in einem gewissen Sinn äußerlich. Ganz anders verhält es sich bei Naturprodukten: Sie verfügen über eine bildende Kraft, d. h., sie sind im oben beschriebenen Sinn Ursache ihrer selbst.

Wichtig ist es, an dieser Stelle festzuhalten, dass laut Kant die innere Zweckmäßigkeit nicht durch einen konstitutiven Begriff des Verstandes (d. h. eine Kategorie) erkannt werden kann. Es handelt sich vielmehr um einen regulativen Begriff für die Urteilskraft, der bloß subjektiv notwendig ist. Wir verstehen die Zweckmäßigkeit nur in Analogie zur menschlichen Kausalität, nach Zwecken bzw. Begriffen zu verfahren. Kant dreht damit den aristotelischen Gedanken, wonach die Kunst die Natur imitiert,[38] gewissermaßen um. Die Aktivität der Urteilskraft zielt darauf ab, die Nachforschungen über Gegenstände von dieser Beschaffenheit anzuleiten. Man kann zwar organisierte Wesen nur als Zwecke denken, jedoch nicht erkennen.[39]

Ich möchte an dieser Stelle nicht weiter auf den Status des Prinzips sowie die Konsequenzen, die sich daraus ergeben, eingehen. Stattdessen interessiert uns besonders die kantische Feststellung, dass dieser Begriff die Vernunft in eine ganz andere Ordnung der Dinge führt, die sich wesentlich von derjenigen unterscheidet, die auf dem „Naturmechanism" beruht, und zwar führt der Begriff ins Übersinnliche. Diese Behauptung wird am besten deutlich, wenn man sich erneut der zweiten, äußeren Form von Zweckmäßigkeit zuwendet. Hier lässt sich Folgendes feststellen: Auch wenn die natürlichen Dinge Naturzwecke sein sollten,

---

[36] KU, § 65, AA05: 373. Hierin deutet sich eine Gemeinsamkeit zum Verhältnis von allgemeiner und besonderer Vorsehung an, das Kant in Reflexionen der 1770er und 1780er Jahre diskutiert. Siehe Refl 6176, AA18: 480; Refl 6172, AA18: 476; Refl 5632, AA18: 263–264.
[37] Wolff, Metaphysik §556; §557; §578; siehe auch die Anmerkungen zur Metaphysik §174.
[38] Aristoteles, Physica, 194a21-22: [...] ἡ τέχνη μιμεῖται τὴν φύσιν [...].; 199a15-17.
[39] KU, § 65, AA05: 375ff.

d. h. organisierte Wesen, so ist damit noch keine Berechtigung dafür gegeben, die Dinge zugleich als Zwecke der Natur zu begreifen und auf diese Weise ihr Dasein im Hinblick auf eine äußere Ordnung von Zwecken zu verstehen.[40] Denn jeder vermeintliche Zweck scheint selbst wiederum durch einen anderen Zweck bedingt zu sein. So dient das Gras wie gesagt dem Vieh zur Nahrung. Das Vieh wiederum ernährt den Menschen. Man kann aber auch sagen, dass der Mensch durch den Verzehr des Viehs verhindert, dass zu viele Tiere die Pflanzen restlos verzehren. Man hat es also mit zwei verwandten Problemen zu tun. Zum einen ist die Ordnung der Zwecke selbst nicht festgelegt und zum anderen scheint jeder Zweck durch einen weitergehenden Zweck bedingt zu sein, für den er wiederum nur Mittel ist. Man findet nach Kant in der Natur bloß relative Zwecke, aber keinen unbedingten Zweck. Ein Grund hierfür ist, dass die Natur für uns nur Erscheinung ist und das Unbedingte nicht zur Welt der Erscheinungen gehören kann. Als Erscheinung ist die Natur abhängig von den Erkenntnisbedingungen des Subjekts und den ihr *zugrunde liegenden* Dingen an sich.[41] Das Unbedingte – und somit auch den unbedingten Zweck – kann es nur im Nicht- oder Übersinnlichen (d. h. also für Kant in dem, was nicht durch die subjektiven Formen der Sinnlichkeit bestimmt ist) geben, was aber zugleich unsere (spekulativen) Erkenntnismöglichkeiten übersteigt. Die innere Zweckmäßigkeit ist jedoch, wie Kant herausstellt, Realität: Es gibt eine organisierte Materie in den Naturdingen. Folglich ist der Begriff des Naturzwecks notwendig (wenn auch nur subjektiv für die reflektierende Urteilskraft).

Wichtig ist nun eine zweite kantische Überlegung. Kant ist der Ansicht, dass „dieser Begriff [...] notwendig auf die Idee der gesamten Natur als eines Systems nach der Regel der Zwecke" hinleitet.[42] Damit die Natur aber als ein solches

---

40 Siehe zum Folgenden *KU*, § 67, AA05: 377ff.
41 Wie wichtig es Kant ist, dass es sich um eine Grundlegungsfunktion handelt, streicht er immer wieder heraus: *KU*, § 26, AA05: 255: „[...] den Begriff der Natur auf ein übersinnliches Substrat (*welches ihr und zugleich unserm Vermögen zu denken zum Grunde liegt*) führen [...]." Siehe auch *KU*, AA05: 196; 344; 345; 422; Über eine Entdeckung, AA08: 207; *GMS*, AA04: 453: „Weil aber die Verstandeswelt *den Grund der Sinnenwelt*, mithin auch der Gesetze derselben enthält, also in Ansehung meines Willens (der ganz zur Verstandeswelt gehört) unmittelbar gesetzgebend ist [...].„; *Prol*, AA04: 345–346; *KrV*, A538–539/B566–567; *KrV*, A545/B573 (Hervorhebungen: A. H.); siehe Watkins, 2005, 333ff. sowie die ausführliche Behandlung dieses Grundlegungsverhältnisses in Hahmann 2012b.
42 Kant, *KU*, § 67, AA05: 378–379. Siehe auch *KU*, § 67, AA05: 380–381 „Wir wollen in diesem Paragraphen nichts anderes sagen, als daß, wenn wir einmal an der Natur ein Vermögen entdeckt haben, Produkte hervorzubringen, die nur nach dem Begriffe der Endursachen von uns gedacht werden können, wir weiter gehen und auch die, welche (oder ihr, obgleich zweckmäßiges, Verhältnis) es eben nicht notwendig machen, über den Mechanism der blind wirkenden Ursachen hinaus ein ander Prinzip für ihre Möglichkeit aufzusuchen, dennoch als zu einem System der

„System nach der Regel der Zwecke" begriffen werden kann, muss man laut Kant davon ausgehen, dass in der Natur alles für irgendetwas gut ist, da nichts in ihr umsonst erschaffen sein soll.[43] Ferner muss es zu einer Vereinigung der beiden Kausalitätsformen (Finalursächlichkeit und Wirkursächlichkeit) kommen, was wiederum nur im Übersinnlichen geschehen können soll.[44]

Einen Hinweis auf dieses übersinnliche Substrat der Erscheinungen *in uns* ist dem Menschen durch seine Kausalität als Vernunftwesen gegeben.[45] Denn der Mensch als Noumenon betrachtet ist das einzige Wesen in der Welt, dessen Kausalität nach Ideen verfährt, d. h. auf Zwecke gerichtet ist und zugleich so beschaffen ist, dass das Gesetz von Naturbedingungen unabhängig, d. h. frei ist. Als moralisches Wesen betrachtet darf man nicht weiter fragen, wozu der Mensch gut ist. Er ist an sich selbst Zweck, d. h., sein Dasein hat einen unbedingten Wert.[46] In der *Kritik der Urteilskraft* spricht Kant davon, dass der Mensch daher auch Zweck der Schöpfung ist und nichts in der Welt irgendeinen Wert hätte, wenn es nicht den Menschen geben würde.[47] In dieser Hinsicht ist der Mensch der unbedingte „Endzweck der Schöpfung",[48] der selbst niemals ein bloßes Mittel ist. Der gesuchte Endzweck der Natur, der notwendig ist, um eine systematische Ordnung im äußeren Zweckverhältnis herzustellen, ist hiervon unterschieden, da die Natur lediglich die äußere Erscheinung betrifft.[49] Geht man aber erstens

---

Zwecke gehörig beurteilen dürfen; weil uns die erstere Idee schon, was ihren Grund betrifft, über die Sinnenwelt hinausführt, da denn die Einheit des übersinnlichen Prinzips nicht bloß für gewisse Spezies der Naturwesen, sondern für das Naturganze als System auf dieselbe Art gültig betrachtet werden muß." Dörflinger 2010, 76 stellt heraus, dass der Systembegriff, den Kant auch hier unterstellt, ein „organologischer Begriff" sei und verweist auch auf die Bestimmung des Vernunftbegriffs in der *KrV*, A832/B860.

43 *KU*, § 66, AA05: 376. Das ist jedoch nur ein Prinzip für die reflektierende Urteilskraft, welche auf diese Weise „eine unterhaltende, bisweilen auch belehrende Aussicht in eine teleologische Ordnung der Dinge" (*KU*, § 67, AA05: 379) gibt. So kann man etwa den Nutzen des Ungeziefers in Anbetracht der geforderten Reinlichkeit herausstellen. Ganz ähnliche Erklärungen der Stoiker finden sich in Cicero, *De natura deorum*, II.37; 122ff. Siehe unten § 12.
44 *KU*, § 66, AA05: 377; siehe auch die §§ 71; 77; 78.
45 Kant unterscheidet zwischen einem übersinnlichen Substrat in uns und einem außer aus. Diese Unterscheidung ist wichtig, da man zur *Erkenntnis* der Möglichkeit der Vereinigung von Natur und Teleologie ein Wissen um das übersinnliche Substrat außer uns bräuchte. Das Sittengesetz gibt aber lediglich einen Hinweis auf das übersinnliche Substrat in uns.
46 Zum Zusammenhang von Wert und moralischer Verpflichtung siehe Dörflinger 2010, 82.
47 Kant, *KU*, § 84, AA05: 434ff.
48 Kant, *KU*, § 86, AA05: 443)
49 Die reflektierende Urteilskraft unterstellt ein System der äußeren Zweckmäßigkeit, auch wenn die bestimmende Urteilskraft keinen letzten Zweck der Natur herausstellen kann, „der doch zu der Möglichkeit eines solchen Systems erforderlich ist, und den wir nirgend anders als im Menschen setzen können" (*KU*, § 82, AA05: 427). Man beachte, dass Kant hier vom letzten

davon aus, dass die Natur (die als Erscheinung zum einen keinen unbedingten Zweck haben kann[50] und zum anderen eines an sich existierenden Substrats bedarf) dem Menschen als einem moralischen Wesen, d. h. einem unbedingten Zweck an sich, untergeordnet ist,[51] und wird man zweitens (aufgrund der Natur unserer Vernunft) die äußere Natur notwendig als ein System von Zwecken begreifen müssen, ein System drittens jedoch eine notwendige Ordnung im äußeren Verhältnisse der Zwecke fordert, welches selber wiederum einen Überschritt ins Übersinnliche verlangt, dann wird diese Ordnung nur im Hinblick auf einen Endzweck möglich sein, der außerhalb der Natur selbst liegt. Oder anders gesagt, der letzte Zweck der Natur als äußere Erscheinung ist nur ein Mittel für einen an sich unbedingten Zweck, d. h. für den Menschen als moralisches Wesen. Der Mensch ist also als Vernunftwesen Endzweck der Schöpfung und als Naturwesen, d. h. als Erscheinung, letzter Zweck der Natur, wobei die letztere Annahme nur als regulatives Prinzip der reflektierenden Urteilskraft dient, um dem der Vernunft durch die Natur aufgegebenen Anspruch der systematischen Einheit unter Gesetzen Rechnung zu tragen.[52]

Fokussiert man den Menschen als Zweck der Natur, d. h. als äußere Erscheinung, dann fallen hierunter solche Zwecke, die der Mensch sich als Erscheinung setzt und zu deren Verwirklichung er einer besonderen Tauglichkeit bedarf.[53] Er

---

Zweck der Natur, nicht aber vom Endzweck der Schöpfung spricht. Kurz zuvor erinnert er daran, „daß dasjenige, was etwa noch für die Natur ein *letzter Zweck* sein könnte [...], doch als Naturding niemals ein *Endzweck* sein könne" (*KU*, § 82, AA05: 426). Siehe zu diesem Punkt die ausgezeichnete Darstellung von Geismann 2006.
50 Dörflinger 2010, 77–78 streicht als eine Konsequenz, die sich daraus ergibt, dass es in der Natur keinen Endzweck geben kann, heraus, dass auch die Naturwissenschaften in der Natur keinen letzten Zweck finden können. Man kann den Gedanken noch weiter zuspitzen, indem man mit Kant behauptet, dass es sich sogar um einen Kategorienfehler handeln würde, wenn die Wissenschaften, die die Natur als den Inbegriff der äußeren Erscheinungen zum Gegenstand haben, überhaupt einen solchen Zweck suchen würden.
51 *KU*, § 84, AA05: 435f.
52 Dass der Mensch als moralisches Subjekt jedoch unbedingter Zweck ist, wird dem Menschen durch das Faktum des Bewusstseins des Sittengesetzes bekannt gemacht, weshalb es sich um eine praktische Vernunfterkenntnis handelt.
53 Als Naturzwecke kommen nach Kant zwei Tätigkeiten infrage: zum einen die vollkomme Befriedigung der menschlichen Bedürfnisse, d. h. Glückseligkeit und zum anderen die rein formale Tauglichkeit zu beliebigen Zwecken, d. h. Kultur. Die erste Möglichkeit schließt Kant als offenkundig widersinnigen Kandidaten aus. Dem steht die grundsätzliche Beschaffenheit der menschlichen Natur entgegen, die ihrer Art nach keine Letztbefriedigung zulässt sowie die offensichtliche Erfahrung: Das Leben des Menschen ist mühselig, und er selbst ist wie alle anderen Geschöpfe einem oft harten Schicksal ausgesetzt. Es bleibt also als letzter Zweck der Natur nur die formale Bedingung, sich selbst mannigfaltige Zwecke setzen zu können, d. h. die durch die Kultur bereitete Tauglichkeit (*KU*, § 83, AA05: 429–434).

B. Die Vereinigung von Mechanismus und Teleologie — 421

hat diese Tauglichkeit nicht von Natur aus, sondern er muss sie erst hervorbringen. Das macht nach Kant die Kultur aus, was die Kultur wiederum zum letzten Zweck der Natur macht, dem alle anderen Zwecke in einem System untergeordnet sind. Die Kultur ist somit Bestimmung des Menschen als Naturwesen und wie alle natürlichen Wesen unterliegt auch der Mensch (insofern er Teil der Natur ist) einem Mechanismus, der die naturgesetzliche Geschichte der menschlichen Handlungen bestimmt und in einem gewissen Sinn zu einem Naturprodukt macht. Das ist Gegenstand der Geschichtsdeutung oder eben der Geschichtsphilosophie, die es folglich mit dem letzten Zweck der Natur, d. h. der Kultur, zu tun hat. Hiervon muss man aber scharf den herausgestellten Endzweck unterscheiden, der nicht zu *dieser Welt* gehört und dem selbst die Kultur als letzter Zweck der Natur unterstellt ist. Denn der Endzweck der Schöpfung ist das sittliche Wesen und dessen letzter Zweck ist das höchste Gut.

Bevor wir im nächsten Abschnitt einen genaueren Blick auf das höchste Gut werfen, möchte ich noch einmal an Spinoza erinnern. Wir haben gesehen, dass Spinoza die Ansicht zurückweist, man könne die Vorsehung Gottes aus Wundern, die gegen die natürliche Ordnung geschehen sind, erkennen. Kant stimmt mit Spinoza darin überein, keine besondere oder spezielle Vorsehungstätigkeit Gottes als Bruch mit der gesetzmäßigen Ordnung der Welt zuzulassen.[54] Wunder kann es in einer nach Gesetzen bestimmten Natur nicht geben.[55] Beachtlich ist aber, dass Kant den besonderen Beistand Gottes (oder seine spezielle Vorsehung) gleichwohl als möglich einräumt, insofern „Gott ein moralischer Urheber ist" (*Refl* 6178, AA18: 481). Seine spezielle Vorsehung gibt es somit nicht in dieser, aber doch in einer jenseitigen Welt.[56]

---

[54] *Refl* 5632, AA18: 263–264: „Die providentia specialis ist jederzeit ein Wunder (miraculum praestabilitum) und kan nur als ein solches eingeräumt werden."
[55] *Refl* 6185, AA18: 482; V-Met/Pölitz, AA28: 344.
[56] Kant, *Refl* (Achenwall) AA19: 619: „Man hoft die wirkungen der besonderen Vorsehung in der andern Welt. Weil der göttliche Zwek, nemlich das Heil der creatur, bekant ist, so ist es einerley, ob es durch die ordentliche oder außerordentliche direction geschehe." *Br* (an Johann Caspar Lavater, 1775), AA10: 176: „Wenn wir das Geheimnis, von dem was Gott seiner seits thut, auch gar nicht wüsten, sondern nur überzeugt wären: daß bey der Heiligkeit seines Gesetzes und dem unüberwindlichen Bösen unseres Herzens, Gott nothwendig irgend eine Ergänzung unsrer Mangelhaftigkeit in den Tiefen seiner Rathschlüsse verborgen haben müsse, worauf wir demüthig vertrauen können, wenn wir nur so viel thun als in unsern Kräften ist um derselben nicht unwürdig zu seyn; so sind wir in demjenigen was uns angeht hinreichend belehrt, die Art wie die göttliche Gütigkeit uns Beyhülfe wiederfahren läßt, mag seyn welche sie wolle. Und eben darin: daß unser desfals auf Gott gesetztes Vertrauen unbedingt ist, d. i. ohne einen Vorwitz die Art wissen zu wollen, wie er dieses Werk ausführen wolle […]." Die Idee einer göttlichen Ergänzung des Menschen findet sich auch in *V-Met/Pölitz*, AA28: 347. Siehe zur Ausarbeitung und zum Zusammenhang zum höchsten Gut auch *RGV*, AA06: 6; 139 sowie *Refl* 6176, AA18: 480; *Refl* 6185,

> Aber in *moralisch=praktischer* Absicht (die also ganz aufs Übersinnliche gerichtet ist), z. B. in dem Glauben, daß Gott den Mangel unserer eigenen Gerechtigkeit, wenn nur unsere Gesinnung ächt war, auch durch uns unbegreifliche Mittel ergänzen werde, wir also in der Bestrebung zum Guten nichts nachlassen sollen, ist der Begriff des göttlichen concursus ganz schicklich und sogar nothwendig [...].[57]

Kant weicht also von Spinoza grundsätzlich darin ab, dass er den außerordentlichen göttlichen Beistand in einer anderen, und zwar moralisch praktischen Absicht nicht nur zulässt, sondern sogar postuliert, und zwar insofern Gott den Mangel an Gerechtigkeit zur Erreichung des höchsten Gutes, der den endlichen Wesen natürlicher Weise zukommt, durch einen übernatürlichen Beistand ausgleicht.[58] Die strikte Trennung zwischen mundus sensibilis und mundus intelligibilis, d. h. zwischen Erscheinung und Ding an sich, bietet mithin eine Lösung für das Problem der Vereinigung der allgemeinen, die gesetzmäßige Ordnung des Ganzen betreffenden Vorsehung Gottes und seiner speziellen Fürsorge für die Individuen. Im Folgenden werden wir sehen, wie Kant auch die anderen Probleme, die die stoische Konzeption der Vorsehung belasten, mit seinem Ansatz einer neuen Lösung zuführt.

AA18: 482: „Die ausserordentliche Gottliche direction ist nicht nöthig in Ansehung der Zweke der Natur, auch nicht in ansehung der Zweke Gottes in ansehung unserer Freyheit (denn durch jene würde diesen kein moralische Werth zuwachsen); nun scheint sie blos um der Harmonie der Freyheit mit der Natur, zu Belohnungen und Strafen, nöthig zu seyn, weil, wie es scheint, Freyheit eine art von Gesetzlosigkeit ist, welche die Gottliche Absicht verrükt. Würde alles in der Welt Tugend belohnen und Laster bestrafen, so würde der Moralische Werth wegfallen und Gottes zwek nicht erreicht werden. Nur in der Ewigkeit kan es geschehen, d.i. im Unendlichen." Siehe auch *Refl* 6643, AA19: 120; *Refl* 6835, AA19: 175. Zur Frage danach, ob das höchste Gut dieser oder einer jenseiten Welt angehört, siehe Beiser 2006, 599 mit weiteren Literaturangaben.
57 *ZeF*, AA08: 362
58 Neben der Unfähigkeit des Menschen, sich des Bösen aufgrund der eigenen Schwäche dauerhaft zu entziehen, wird das Eingreifen Gottes auch verlangt, um ein sittliches Reich zu errichten, welches nötig ist, um das individuelle höchste Gut zu erreichen. Siehe *RGV*, AA06: 97. Siehe hierzu Wood 1992, 407–8; Düsing 1971, 18.

C. Kant über das höchste Gut[59]

Bereits die ersten Interpreten der kantischen Philosophie haben am höchsten Gut Anstoß genommen.[60] Exemplarisch sei an dieser Stelle auf Schopenhauer verwiesen, der Kant den Vorwurf macht, mit dem höchsten Gut die zuvor durchgeführte Trennung zwischen Sittlichkeit und Glückseligkeit ad absurdum zu führen.[61] Dieselbe Richtung haben auch spätere Kritiker Kants eingeschlagen, die etwa wie Cohen das höchste Gut am liebsten aus der kantischen Philosophie verbannt hätten.[62] Die von ihnen gesehene Schwierigkeit besteht darin, dass Kant, obwohl er zuvor die Glückseligkeit als mögliche Triebfeder zur Bestimmung des Willens zurückgewiesen hat, durch die im höchsten Gut vorgenommene Vereinigung von Glückseligkeit[63] und Sittlichkeit die Glückseligkeit als vermeintlich materiale Bestimmung des Willens sozusagen durch die Hintertür wieder einführt. Das Problem wird noch dadurch verschärft, dass sich die kantische Einstellung in dieser Frage offensichtlich gewandelt hat. Zumindest in der *Kritik der reinen Vernunft* heißt es, dass dem sittlichen Gesetz erst durch das höchste Gut eine verbindende Kraft zugesprochen werden darf.[64] Auch wenn Kant diese Ansicht in späteren Schriften explizit zurückweist und ausdrücklich das moralische Gesetz zum alleinigen Bestimmungsgrund des Willens erklärt,[65] betont er doch noch immer, dass ohne das höchste Gut die Sittlichkeit in einem gewissen Sinn selbst unmöglich sein soll, wie die oben dargestellte Kritik an Spinoza illustriert. Um diesen

---

59 Dass Kant das höchste Gut in Anlehnung an die in der Antike zwischen Stoikern und Epikureern geführte Auseinandersetzung eingeführt hat, ist in der Forschung herausgestellt worden. So hat Düsing 1971, 7ff. anhand einer Auswertung der kantischen Reflexionen aus den 1760er und 1770er Jahren gezeigt, dass Kant diese beiden antiken Schulen nicht zufällig für seine Diskussion ausgesucht hat. Die antike Debatte selbst ist in der Neuzeit vor allem durch die Schrift Ciceros, *De finibus bonorum et malorum* bekannt. Beiser 2006, 590ff. betont hingegen den christlichen bzw. protestantischen Hintergrund der Frage nach dem höchsten Gut sowie dessen Behandlung. Seiner Ansicht nach ist es beachtlich, dass Kant die von der Aufklärung bevorzugten Stoiker und Epikureer zurückweist und stattdessen zu Augustinus zurückgeht (2006, 594).
60 Zu den Problemen, die im Zusammenhang mit dem höchsten Gut gesehen werden, sowie deren vermeintlichen Lösungen siehe Zobrist 2008, 286–292.
61 Schopenhauer, *Preisschrift über die Grundlage der Moral* (1840), § 4, 649f.
62 Cohen 1877.
63 Die Bestimmung dessen, was Kant unter Glückseligkeit versteht, ist schwierig und kann hier nicht ausführlich thematisiert werden. Siehe zu den unterschiedlichen Bestimmungen Himmelmann 2003; Forschner 1988; Beiser 2006.
64 Kant, *KrV*, A815/B843; *Refl* 7097 (1776–1778), AA19: 248; *Refl* 6110, AA18: 458. Zur Entwicklung der kantischen Position siehe Düsing 1971 sowie Forschner 1988.
65 Kant, *KpV*, AA05: 71ff; 109. *KU*, § 87, AA05: 450.

Gedanken nachzuvollziehen, ist es nötig, einen genaueren Blick auf das höchste Gut bei Kant und dessen Verhältnis zur Triebfederlehre zu werfen.

Kant unterstellt, dass die praktische Vernunft ebenso wie die theoretische ihre natürliche Dialektik hat,[66] da diese zu einem „praktisch Bedingten (was auf Neigungen und Naturbedürfniß beruht) ebenfalls das Unbedingte" – jedoch nicht als Bestimmungsgrund des Willens – sucht.[67] Diese unbedingte Totalität des Gegenstands der reinen praktischen Vernunft begreift Kant nun als das höchste Gut.

Was muss man sich unter einem Gegenstand der praktischen Vernunft vorstellen, wenn das moralische Gesetz der alleinige Bestimmungsgrund des reinen Willens ist? Kant zufolge kann das kategorisch gebietende Gesetz nur formal sein, d. h., es sieht als Bestimmungsgrund von aller Materie und somit auch von jedem Objekt des Willens ab. Auch wenn das höchste Gut daher der vollkommene Gegenstand der praktischen Vernunft ist, kann es nicht als ihr Bestimmungsgrund gelten. Andernfalls wäre der Wille nicht durch das formale Gesetz, sondern durch dessen Materie bestimmt, weshalb es sich nicht um Autonomie, sondern um Heteronomie handeln würde. Der Bestimmungsgrund des Willens liegt allein im moralischen Gesetz, auch wenn der Wille sich die Beförderung des höchsten Gutes zum Objekt machen soll.[68]

Warum enthält das höchste Gut überhaupt die Glückseligkeit? Kant setzt aus der Analytik der praktischen Vernunft als bewiesen voraus, dass die Tugend als Würdigkeit, glücklich zu sein, zumindest einen Teil des höchsten Gutes ausmacht, auch wenn damit noch nicht das vollendete Gut gegeben sein kann.[69] Zur Vollendung fordert die Natur unseres Begehrens zugleich die Glückseligkeit, da wir jederzeit als ihrer bedürftig anzusehen sind.[70] Der „Glückseligkeit bedürftig, ihrer auch würdig, dennoch aber derselben nicht theilhaftig zu sein, kann mit

---

[66] Das sieht Kant in der *KrV*, A 424/B 452 noch anders.
[67] Kant, *KpV*, AA05: 108.
[68] Kant, *KpV*, AA05: 109–110.
[69] Ich will an dieser Stelle nicht auf die Frage eingehen, wie die Verbindung beider Seiten zu einer Einheit aussehen kann. Es sei aber darauf hingewiesen, dass Kant einerseits behauptet, dass es sich um das vollkommene und keiner weiteren Steigerung mehr mögliche Gut handeln soll (siehe Beiser 2006, 595 mit Textbelegen) und andererseits soll die Glückseligkeit proportioniert zum sittlichen Verdienst im höchsten Gut enthalten sein (ausführlich dazu O'Connell 2012). Es liegt daher nahe, mit Rawls 2000 eine Entwicklung in der kantischen Position zum höchsten Gut zu vermuten. Dagegen spricht aber, dass bereits in Vorlesungsmitschriften aus den frühen 1780er Jahren (*V-Th/Volckmann*, AA28: 1213) zu finden ist, dass Kant einen außerordentlichen göttlichen Beistand zum Ausgleich des natürlichen menschlichen Mangels an Sittlichkeit (als Teil des vollkommenen höchsten Gutes) für möglich befindet, also nicht erst seit der *Religionsschrift* behauptet.
[70] Kant, *KpV*, AA05: 110.

dem vollkommenen Wollen eines vernünftigen Wesens, welches zugleich alle Gewalt hätte, wenn wir uns auch nur ein solches zum Versuche denken, gar nicht zusammen bestehen".[71] Die Glückseligkeit ist also das notwendige Objekt des Begehrens eines endlichen Wesens.[72] Aus diesem Grund wird das vollkommene Wollen eines wahrhaft vernünftigen Wesens die Einheit von Glückswürdigkeit und Glückseligkeit zum Gegenstand haben müssen. Oder anders gesagt, für den Menschen als Vernunftwesen, d. h. dem Gesetz der Freiheit unterstellten Wesen, ist die dem Gesetz gemäße Glückseligkeit „das höchste durch Freiheit mögliche Gut in der Welt".[73]

Da wir es also mit einer notwendigen Verknüpfung von zwei Bestimmungen, der Glückswürdigkeit und der Glückseligkeit, in einem Begriff (dem des höchsten Gutes) zu tun haben, kann die Notwendigkeit dieser Verknüpfung nach Kant entweder aufgrund einer analytischen oder einer synthetischen Verbindung a priori statthaben. Das Erstere wird von ihm mit Blick auf die Auseinandersetzung zwischen Stoikern und Epikureern unmittelbar verworfen. Denn so wie auf Seiten der Epikureer das eigennützige Streben jede tugendhafte Gesinnung zunichte macht, wird die Absurdität der stoischen Position,[74] der zufolge Glückseligkeit der tugendhaften Gesinnung notwendig folgt, durch die Behauptung evident, dass der Weise selbst auf der Folterbank glücklich sei.[75] Die Zurückweisung der

---

71 Kant, *KpV*, AA05: 110.
72 Kant, *KpV*, AA05: 25.
73 Kant, *KU*, § 87, AA05:450. Kant verdeutlich das anhand eines Gedankenexperiments: Man solle sich zwei Welten vorstellen, in einer ist jeder vollkommen glücklich, aber niemand ist tugendhaft und in der zweiten ist jeder vollkommen tugendhaft, aber niemand ist glücklich. Keine der beiden Welten wäre das höchste Gut, verstanden als vollkommene Welt (*V-Mo/Mron*, AA27: 1400). Der Gedanke, dass es sich beim höchsten Gut um eine intellektuelle Welt handelt, findet sich bereits in Reflexionen der 1770er Jahre. Siehe *Refl* AA19: 6828: „Die andere (intellectuale) Welt ist eigentlich die, wo die Glückseeligkeit genau mit der Sittlichkeit zusammenstimt [...]." In der *KrV* (A808/B836) wird das höchste Gut zur moralischen Welt, wobei Gott selbst das höchste ursprüngliche Gut ist und die moralische Welt als ein abgeleitetes höchstes Gut betrachtet wird (siehe auch *KrV* A810f/B838f; *KpV*, AA05: 226; sowie *V-Met/Pölitz*, AA28: 335). Die Identifikation des Reichs Gottes mit dem höchsten Gut findet sich auch in der *KpV* 230; 231f., 235. Düsing 1971,17 erklärt daher das höchste Gut zum ethischen Weltbegriff.
74 Die vermeintliche Absurdität hängt natürlich von dem unterstellten Verständnis von Glückseligkeit ab.
75 Die epikureische Behauptung ist laut Kant ohne Einschränkung falsch; die stoische Ansicht indessen, wonach eine tugendhafte Gesinnung „nothwendig Glückseligkeit hervorbringe, ist *nicht schlechterdings*, sondern nur so fern sie als die Form der Causalität in der Sinnenwelt betrachtet wird, und mithin, wenn ich das Dasein in derselben für die einzige Art der Existenz des vernünftigen Wesens annehme, also nur *bedingter Weise* falsch" *KpV*, AA05: 114). Der transzendentale Idealismus ermöglicht es aber, sich nicht nur als Erscheinung, sondern auch als Ding an sich zu denken, was dieser Erscheinung zugrunde liegt.

stoischen sowie der epikureischen Position ist somit ein Ergebnis der Analytik der *Kritik der praktischen Vernunft*. Man darf nicht die Antinomie selbst in der Gegenüberstellung der beiden hellenistischen Schulen erblicken. Beide begehen nach Kant nämlich gleichermaßen den Fehler, die Verbindung von Tugend und Glückseligkeit analytisch aus dem Begriff des höchsten Gutes ziehen zu wollen. Mit der Feststellung, dass es eine synthetische Verbindung sein muss, hat Kant seine antiken Vorgänger bereits überwunden.[76]

Handelt es sich allerdings um eine synthetische Verbindung, so kann es nach Kant nur eine „Verknüpfung der Ursache mit der Wirkung" sein, „weil sie ein praktisches Gut, d.i. was durch Handlung möglich ist, betrifft".[77] Beide Verbindungen sind jedoch nicht möglich. Dass nämlich die Glückseligkeit die Tugend hervorbringt, ist unter den kantischen Voraussetzungen grundsätzlich ausgeschlossen, da die Glückseligkeit nicht zum Bestimmungsgrund des Willens gemacht werden darf. Die zweite Verknüpfung weist Kant ebenfalls zurück, da sich der erfolgreiche Ausgang einer Handlung „nicht nach moralischen Gesinnungen des Willens, sondern der Kenntniß der Naturgesetze und dem physischen Vermögen, sie zu seinen Absichten zu gebrauchen, richtet".[78]

Der gesuchte Widerstreit ist nun darin zu sehen, dass diese Verbindung zwar als Objekt der praktischen Vernunft notwendig ist, zugleich jedoch in Anbetracht der tatsächlich erkennbaren Verhältnisse unmöglich zu sein scheint.[79] Denn diese lehren uns, dass sich Schlechtigkeit auszahlt. So muss der Rechtschaffene mitansehen, wie sich Lasterhaftigkeit lohnt und der Lasterhafte glücklich seine Tage in Reichtum und Genuss verbringt, wohingegen er selbst keinen Lohn für seine Tugend in dieser Welt erwarten darf. Jeder Versuch, diesen Missstand wegzuerklären, ist kläglich gescheitert.[80] Es ist zu offensichtlich, dass die Menschen nicht in der besten und erst recht nicht in einer gerechten Welt leben, weshalb auch jede Theodizee vergebens sein musste. Der transzendentale Idealismus weist

---

[76] Ausführlich hierzu siehe Milz 2002, 110ff.
[77] Kant, *KpV*, AA05: 113.
[78] Kant, *KpV*, AA05: 113; siehe auch *KrV*, A810/B838.
[79] Kant, *V-Met/Pölitz*, AA28: 1072: „[W]enn [...] auf Wohlverhalten kein Wohlbefinden folgen sollte; so wäre ein Widerspruch zwischen dem Laufe der Natur und der Moralität."; *KU*, § 87, AA05: 450: „Diese zwei Erfordernisse des uns durch das moralische Gesetz aufgegebenen Endzwecks können wir aber nach allen unsern Vernunftvermögen als durch bloße Naturursachen *verknüpft* und der Idee des gedachten Endzwecks angemessen unmöglich uns vorstellen. Also stimmt der Begriff von der *praktischen Nothwendigkeit* eines solchen Zwecks durch die Anwendung unserer Kräfte nicht mit dem theoretischen Begriffe von der *physischen Möglichkeit* der Bewirkung desselben zusammen, wenn wir mit unserer Freiheit keine andere Causalität (eines Mittels), als die der Natur verknüpfen."
[80] Zumindest was die spekulative Vernunft betrifft, wie Kant in seiner kurzen Abhandlung *Über das Mißlingen aller philosophischen Versuche in der Theodizee* herausstellt.

auch hier den Weg zur Lösung des Problems: Die von Kant in der *Kritik der reinen Vernunft* etablierte Unterscheidung zwischen Ding an sich und Erscheinung verspricht Glück für die Tugendhaften. Unter dieser Voraussetzung wird es nämlich möglich sein, sich nicht nur als Erscheinung, sondern auch als Ding an sich, was dieser Erscheinung zugrunde liegt, zu denken. Auf diese Weise wird eine Trennung zwischen zwei Welten gewonnen.[81] Der Verstand fungiert als Gesetzgeber der Erscheinungen, wohingegen die Vernunft als ein ursprünglich gesetzgebendes Glied im Reich der Dinge an sich anzusehen ist. Hiervon unterrichtet den Menschen das Bewusstsein des Sittengesetzes, welches das einzige Faktum der Vernunft ist. Denn durch das Faktum des Bewusstseins des moralischen Gesetzes offenbart sich ein rein intellektueller Bestimmungsgrund (in der Sinnenwelt), der zumindest in praktischer Hinsicht einen hinreichenden Grund gibt, sich einer Verstandeswelt (oder dem Reich der Zwecke) zugehörig zu denken. Das lässt wiederum darauf hoffen, dass die diesseitige Entzweiung zwischen Moralität und Sittlichkeit im Jenseits überwunden wird. Da nämlich der begrenzte menschliche Wille keine zureichende Ursache zur Erlangung des höchsten Gutes sein kann, wird die tugendhafte Gesinnung nur mittels eines weisen und gerechten Welturhebers notwendig mit der „Glückseligkeit als Wirkung eben dieser Gesinnung in der Sinnenwelt" zusammengebracht werden können.[82] In einer bloß als Erscheinung gegebenen Natur könnte dies jedoch nur kontingentermaßen statthaben.

Die praktische Realität der moralischen Teleologie und des damit notwendig verknüpften höchsten Gutes fungiert somit als Fundament einer moralischen Theologie, auf der eine Reihe von Postulaten beruhen.[83] So lassen sich unter der Voraussetzung der Möglichkeit des höchsten und letzten Zwecks eines vernünftigen Willens über den weisen Welturheber als Gegenstand eben dieser moralischen Theologie folgende Schlüsse ziehen:

> In Beziehung auf das *höchste* unter seiner Herrschaft allein mögliche *Gut* [...] werden wir uns dieses Urwesen als *allwissend* denken: damit selbst das Innerste der Gesinnungen (welches den eigentlichen moralischen Werth der Handlungen vernünftiger Weltwesen ausmacht) ihm nicht verborgen sei; als *allmächtig*: damit es die ganze Natur diesem höchsten Zwecke angemessen machen könne; als *allgütig* und zugleich *gerecht*: weil diese beiden Eigenschaften (vereinigt die *Weisheit*) die Bedingungen der Causalität einer obersten Ursache der Welt als höchsten Guts unter moralischen Gesetzen ausmachen [...].[84]

---

81 Ich möchte an dieser Stellen offen lassen, wie die Rede von zwei Welten zu verstehen ist. Siehe hierzu Hahmann 2012b.
82 Kant, *KpV*, AA05: 115; 124–5.
83 Dörflinger 2010, 84 hebt hervor, dass die Vernunft überhaupt nur vermittels moralischer Prinzipien den Begriff von Gott hervorbringen und so der Theologie zuarbeiten kann.
84 Kant, *KU*, § 83, AA05: 444.

In praktischer Absicht können wir also sagen: Gott ist allwissend, allmächtig und gütig bzw. gerecht. Diese Feststellung provoziert natürlich die oben dargelegte Theodizeefrage. Bevor wir uns im nächsten Abschnitt dieser Frage zuwenden, gilt es zunächst einige Punkte der bisherigen Diskussion erneut vor Augen zu führen: Wir haben es nun mit einer radikal unterschiedenen Ausgangslage zu tun. Die Verbindung von Glückseligkeit und Sittlichkeit liegt im Bereich des Intelligiblen und ist daher nur einer praktischen Erkenntnisart zugänglich. Gottes weise Vorsehung garantiert als „ausserordentliche Göttliche direction" unter dieser Perspektive die Glückseligkeit für den,[85] der sich ihrer als würdig erwiesen hat. Insofern der Mensch also Endzweck der Schöpfung ist und seine Freiheit dazu gebraucht, seinem Dasein einen sittlichen Wert zu geben, wird er auch die versprochene Seligkeit in einem anderen Reich erfahren und überdies durch sein Handeln dazu beitragen, dass das höchste Gut Wirklichkeit werde. Die Übel erfährt der Mensch aber nicht als sittliches Wesen. Kant wird in dieser Hinsicht mit ganzem Herzen die stoische Doktrin unterschreiben, dass Gott das Böse von guten Menschen fernhält.[86] Denn nichts ist ganz und gar gut als ein guter Wille und nichts wird ebenso böse sein außer ein böser Wille. Dieser liegt aber ebenfalls in unserer Macht. Die Existenz des Bösen ist somit eine Folge der menschlichen Freiheit und die menschlichen Verfehlungen werden der göttlichen Gerechtigkeit nicht verborgen bleiben. Damit sind aber auch all die Übel, die den Menschen als Folge von bösen Handlungen heimsuchen, nicht weiter rechtfertigungsbedürftig. Somit wird eine wirkliche Theodizee unter dieser durch die praktische Vernunft gelenkten Perspektive überflüssig.[87] Was dem Menschen andererseits widerfährt und was man gegen Gottes Gerechtigkeit anzuführen pflegt, sind solche Übel,[88]

---

85 Kant, *Refl*, AA18: 482.
86 Seneca, *De providentia*, VI.1.
87 Der Fokus der Theodizee verschiebt sich damit von Gott auf den *freien* Menschen. Siehe ausführlich hierzu sowie zur kantischen Unterscheidung zwischen dogmatischer und authentischer Theodizee Cavallar 1993.
88 Der Status dieser Übel ist ambivalent. So muss es sich um wirkliche *subjektive* Übel handeln, was daraus ersichtlich wird, dass Kant die stoische Position als widersinnig ablehnt, wenn die Stoiker das Glück des Weisen betonen, der auf der Folterbank gestreckt wird. Handelt es sich aber auch um objektive Übel? Ja und nein! Nein, da es in der Natur als einem Inbegriff der Erscheinungen keine objektiven Übel geben kann, die an sich schlecht wären. Ja, weil wir die Natur so denken müssen, als ob sie einen objektiven Zweck hat, und zwar die Entwicklung der menschlichen Vernunftanlage, d. h. Kultur. Unter dieser Perspektive wird nun auch eine Erklärung für die Übel gefragt sein, die wir im folgenden Abschnitt behandeln werden. Vorausgreifend soll bereits hier angedeutet werden, dass die Unterstellung der Tätigkeit einer Vorsehung in der Geschichte der menschlichen Handlungen zu dem widersprüchlichen Ergebnis führen wird, dass die subjektiv wirklichen Übel zu objektiv vermeintlichen Übeln verklärt werden, da sie den Charakter von Werkzeugen zur Realisierung eines höheren Gutes in der Geschichte haben. Aber

die ihn treffen, insofern er als Teil der Natur auch ein Sinnenwesen, d. h. aber Erscheinung, ist. Als Erscheinung untersteht er der Natur, die, wie wir gesehen haben, ihre eigene Absicht verfolgt. Geismann bemerkt hierzu, dass es durchaus zu einer „Konkurrenz zwischen Moralgesetzlichkeit und Naturgesetzlichkeit, also zwischen dem, was der Mensch aus Freiheit tut oder jedenfalls tun soll, und was die Natur für ihn tut, ob er es will oder nicht",[89] kommen kann. Bei diesen Übeln kann es sich folglich um keine wirklichen Einwürfe gegen die Gerechtigkeit Gottes handeln, die sich wie gezeigt in dem durch göttliche Vorsehung bereiteten höchsten Gut erfüllt. Gleichwohl bedürfen sie einer Erklärung, da auch die Naturgesetzlichkeit, wie wir gesehen haben, in letzter Konsequenz dem Moralgesetz unterstellt ist, weshalb man auch in der Geschichte der freien Handlungen die lenkende Hand einer weisen Vorsehung vermuten darf.[90] Kant betont daher, dass eine „solche *Rechtfertigung* der Natur – oder besser *der Vorsehung*[91] [...] kein unwichtiger Bewegungsgrund [ist], einen besonderen Gesichtspunkt der Weltbetrachtung zu wählen. Denn was hilfts, die Herrlichkeit und Weisheit der Schöpfung im vernunftlosen Naturreiche zu preisen und der Betrachtung zu empfehlen, wenn der Theil des großen Schauplatzes der obersten Weisheit, der von allem diesem den Zweck enthält, – die Geschichte des menschlichen Geschlechts – ein unaufhörlicher Einwurf dagegen bleiben soll, dessen Anblick uns nöthigt unsere Augen von ihm mit Unwillen wegzuwenden und, indem wir verzweifeln jemals darin eine vollendete vernünftige Absicht anzutreffen, uns dahin bringt, sie nur in einer andern Welt zu hoffen?"[92]

---

auch über diesen Widerspruch hilft der transzendentale Idealismus hinweg, da es sich nur um den subjektiven Zwang der Urteilskraft handelt, die Natur (und damit auch die Geschichte der menschlichen Handlungen) als ein nach Zwecken organisiertes System zu begreifen.

89 Geismann 2006, 35.

90 In diesem Sinn sind auch die Bemerkungen Kants zu verstehen, die sich als notwendige Forderung einer Theodizee deuten lassen. Eine andere Überlegung zur Notwendigkeit einer Erklärung bietet Dörflinger 2012, 58f., indem er darauf aufmerksam macht, dass die zweckwidrige Einrichtung der Welt die Pflicht zur Beförderung der Glückseligkeit in der Welt unterminiert.

91 Kleingeld 2001 stellt sich die Frage, worin sich Natur und Vorsehung unterscheiden. Ihrer Ansicht nach wechselt Kant von Natur zur Vorsehung, sobald die Frage von der Ordnung der Geschichte zu deren moralischer Bewertung kommt. Siehe zur Absicht der Natur auch Wood 1999, 215–25.

92 Kant, *IaG*, AA08: 30; siehe auch *MAM*, AA08: 120–121: „Der denkende Mensch fühlt einen Kummer, der wohl gar Sittenverderbnis werden kann, von welchem der Gedankenlose nichts weiß: nämlich Unzufriedenheit mit der Vorsehung, die den Weltlauf im Ganzen regiert, wenn er die Übel überschlägt, die das menschliche Geschlecht so sehr und (wie es scheint) ohne Hoffnung eines Bessern drücken. Es ist aber von der größten Wichtigkeit: *mit der Vorsehung zufrieden zu sein* (ob sie uns gleich auf unserer Erdenwelt eine so mühsame Bahn vorgezeichnet hat): theils um unter den Mühseligkeiten immer noch Muth zu fassen, theils um, indem wir die Schuld

D. Eine Theodizee der Geschichte?

Kant übernimmt die bereits von den Stoikern formulierte Ansicht, dass alle Anlagen eines Geschöpfs dazu bestimmt sind, sich vollständig und zweckmäßig zu entwickeln.[93] Ein funktionsloses Organ würde der teleologischen Naturlehre widersprechen, der zufolge die Natur nichts vergeblich schafft und auch nicht verschwenderisch im Gebrauch ihrer Mittel verfährt.[94] Die Vernunftfähigkeit des Menschen nimmt hierbei eine Sonderstellung ein, denn, wie wir gesehen haben, lässt sie den Menschen begreifen, dass er der eigentliche Zweck der Natur ist und ihm alles andere von der Natur als ein bloßes Mittel zu seinem beliebigen Gebrauch überantwortet worden ist.[95] Die Vernunft kann bei den Menschen aber nur langsam und durch intensive Übung herausgebildet werden, weshalb der Mensch bloß allmählich von einer Stufe der Einsicht zur nächsten gelangt. In Anbetracht dieser Schwierigkeit ist Kant der Auffassung, dass ein und derselbe Mensch übermäßig lange leben müsste, um die Fähigkeit zu erlangen, von all seinen Anlagen einen vernünftigen Gebrauch zu machen und so die Vernunftanlage vollständig zu entwickeln (und damit den letzten Zweck der Natur als Inbegriff äußerer Erscheinungen zu erreichen).[96] Da die Lebenszeit des Menschen jedoch kurz bemessen ist, kann die vollständige Entwicklung nicht beim einzelnen Menschen, sondern nur in der *Gattung Mensch* stattfinden. Hierzu bedarf es „einer vielleicht unabsehlichen Reihe von Zeugungen, deren eine der andern ihre Aufklärung überliefert, um endlich ihre Keime in unserer Gattung zu derjenigen Stufe der Entwickelung zu treiben, welche ihrer Absicht vollständig angemessen ist".[97] Zumindest in der Idee muss es jedoch einen Zeitpunkt geben, an dem die Entwicklung zum Abschluss kommen kann, sodass dieser Zeitpunkt als Ziel der menschlichen Bestrebungen dienen kann.

---

davon aufs Schicksal schieben, nicht unsere eigene, die möglicherweise die einzige Ursache aller dieser Übel sein mag, darüber aus dem Auge zu setzen und in der Selbstbesserung die Hülfe dagegen zu versäumen."

93 Kant, *IaG*, AA08: 18.
94 Kant, *IaG*, AA08: 19. Darin erkennt Kant die Technik der Natur. Zur antiken Wurzel des Gedankens siehe Santozki 2004; ebenso Lloyd 2009; speziell zur Technik der Natur Santozki 2005. Dass die dahinterstehende Vorstellung eines schaffenden Kunstverstandes moralisch indifferent ist und daher auch keinen Raum für den freien und selbstbestimmten Menschen lässt, betont Dörflinger 2010, 80. Hierin ist auch ein Grund für den bizarren stoischen Gedanken zu sehen, dass das Ringen der tugendhaften Menschen mit ihrem harten Schicksal ein schönes Schauspiel für die Götter sei.
95 Kant, *MAM*, AA08: 114.
96 Kant, *IaG*, AA08: 19.
97 Kant, *IaG*, AA08: 19.

D. Eine Theodizee der Geschichte? — 431

Kant betont, dass es der Mensch selbst sein soll, der seine Anlagen entwickelt, niemand sonst kann ihm diese Aufgabe abnehmen. Denn die Natur hat gewollt, dass die Menschen dies aus eigenem Antrieb bewerkstelligen. Hierin vermutet Kant den Grund, warum die Natur so sparsam mit der tierischen Ausstattung des Menschen umgegangen ist, gleichsam als beabsichtige sie, „der Mensch sollte, wenn er sich aus der größten Rohigkeit dereinst zur größten Geschicklichkeit, innerer Vollkommenheit der Denkungsart und (so viel es auf Erden möglich ist) dadurch zur Glückseligkeit empor gearbeitet haben würde, hievon das Verdienst ganz allein haben und es sich selbst nur verdanken dürfen".[98] Denn mehr als sein Wohlbefinden lag die vernünftige Selbstschätzung des Menschen in der Absicht der Natur.

Wie wir gesehen haben, kann sich der Mensch der Glückseligkeit zu Lebzeiten nicht sicher sein. Er kann sich ihrer nur würdig erweisen, indem er danach strebt, sein Leben in Übereinstimmung mit den Geboten der Vernunft, die an den Menschen als ein kategorisch gebietender Imperativ adressiert sind, zu führen. Eine andauernde Glückseligkeit wird ihm – zumindest in diesem Leben – nicht zuteil werden. Vielmehr plagen sich die älteren Generationen nur um der Nachgeborenen willen und um diese einen Schritt im Plan der Natur voranzubringen. Sie selbst haben keinen oder doch zumindest keinen unvermittelten Anteil an ihrem Glück.[99] Der einzelne Mensch hat stattdessen mit einer ganzen Reihe an Mühseligkeiten zu kämpfen, die die kurze Lebensspanne, die er auf Erden verweilt, strapaziös und leidvoll gestalten.

In welchem Zusammenhang stehen die Leiden des einzelnen Menschen zur Vernunftentwicklung der Gattung Mensch? Zur Beantwortung dieser Frage möchte ich den Blick auf die Mittel richten, derer sich die Natur zur Verwirklichung ihrer Absicht bedient.[100] Um alle menschlichen Anlagen, zwar nicht im kurzen Leben der Individuen, dafür aber in der Gattung Mensch, die selbst

---

[98] Kant, *IaG*, AA08: 20.
[99] Kant, *MAM*, AA08: 113–114. Das Postulat des ewigen Lebens der *KpV* wird von Kant zu einer Hoffnung auf das Glück nachfolgender Generationen verklärt.
[100] In der elf Jahre später erschienenen *Friedensschrift* zeigt sich die Vorsehung in der Garantie eines ewigen Friedens. Erkennbar (nicht für die bestimmende, sondern für die reflektierende Urteilskraft!) wird die Vorsehung dort u. a. an der Beschaffenheit der Erde, die es dem Menschen ermöglicht, überall auf ihr leben zu können. Alles hat seinen Zweck zur Erhaltung des Ganzen und das Ganze ist für den Menschen als dem ausgezeichneten Produkt der göttlichen Schöpfung bereitet. Das Kamel z. B. existiert nur, damit der Mensch die ansonsten so lebensfeindliche Wüste bereisen und so zu den entlegensten Winkeln dieser Erde vordringen kann. Gleiches lässt sich für die anderen Tiere, wie Robben, Walrosse usw. feststellen (Kant, *ZeF*, AA08: 363). Der stoische Ursprung des Gedankens wird auch in der *Friedensschrift* mehr als deutlich. Vgl. dazu insbesondere die Rede des Balbus in Cicero, *De natura deorum*, II.

unsterblich sein soll, zur Vollendung zu bringen, bedient sich die Natur des folgenden in ihr angelegten Widerspruchs: Der Mensch hat zwar einerseits den Hang, sich zu vergesellschaften, andererseits aber auch das gegenteilige Verlangen, sich zu vereinzeln. Das führt wiederum zu allseitigem Widerstand, der den Einsatz aller gebotenen Kräfte für den Menschen erfordert. Zusätzlich wird er in seiner Entwicklung durch seine „Ehrsucht, Herrschsucht oder Habsucht [dahin getrieben], sich einen Rang unter seinen Mitgenossen zu verschaffen, die er nicht wohl *leiden*, von denen er aber auch nicht *lassen* kann".[101] Diesen „Antagonism" nennt Kant „die ungesellige Geselligkeit der Menschen".[102]

In diesem „Antagonism" offenbart sich die weise Vorsehung selbst. Denn mittels des „Antagonism" treibt die Vorsehung den Menschen an, das arkadische Schäferleben zu verlassen, zu welchem er andernfalls verdammt wäre. Denn ohne eine solche Vorsehung würde das Menschengeschlecht zwar in Eintracht und Genügsamkeit leben, aber zugleich nur wie die Schafe auf der Weide und daher auch ohne einen höheren Wert als die unvernünftige Kreatur. Der „Antagonism" der Vorsehung gibt Kant hingegen Anlass zur Danksagung an die Natur „für die Unvertragsamkeit, für die mißgünstig wetteifernde Eitelkeit, für die nicht zu befriedigende Begierde zum Haben oder auch zum Herrschen!"[103] Schließlich wird Kant sogar zu dem irritierenden Schluss geführt, dass die Übel in der Welt „die Anordnung eines weisen Schöpfers; und nicht etwa die Hand eines bösartigen Geistes" verraten.[104] Kant ist also weit davon entfernt, die Übel als Einwurf gegen die Vorsehung gelten zu lassen. Ganz im Gegenteil bezeugen diese eine höhere Lenkung. Er versucht nicht wie seine stoischen Vorgänger, die erfahrenen Übel als nur scheinbare Übel zu entlarven, die keinen Einfluss auf das wahre Glück der Menschen hätten. Diese Strategie ist kaum erfolgreich angesichts des allzu offensichtlichen Leids und der unverdienten Grausamkeiten, die Menschen einander antun.[105] Kant stellt hingegen den notwendigen Charakter dieser Übel für ein übergeordnetes Ziel heraus: die vollständige Entfaltung der menschlichen Naturanlage.

Die Vorsehung bezweckt in der Natur, wie wir gesehen haben, nicht die Glückseligkeit des Menschen, sondern nur die Herausbildung der Kultur, d. h. die Form, in der die Menschen ihre äußere Freiheit gebrauchen. Der „Inbegriff der Bedingungen, unter denen die Willkür des einen mit der Willkür des andern nach einem allgemeinen Gesetze der Freiheit zusammen vereinigt werden kann" ist

---

101 Kant, *IaG*, AA08: 21.
102 Kant, *IaG*, AA08: 20.
103 Kant, *IaG*, AA08: 21.
104 Kant, *IaG*, AA08: 22.
105 Seneca, *De providentia*. Siehe oben §§ 20–21.

das Recht.[106] In diesem Sinn ist Kant der Ansicht, dass der Mensch zur Gerechtigkeit geboren sei, die nur in einer allgemeinen, „das Recht verwaltenden bürgerlichen Gesellschaft" möglich ist.[107] Erst dann kann die Absicht der Natur, d. h. die vollständige Entwicklung der Vernunftanlagen in der Gattung, als verwirklicht angesehen werden. Auf diese Weise wird die gerechte bürgerliche Verfassung zur höchsten, durch die Natur selbst gestellten Aufgabe für das Menschengeschlecht, zu deren Erreichen die Natur den Menschen durch die pure Not zwingt, die sich Menschen selbst wiederum in ihrer Freiheit zufügen. Jede Kunst und Kultur genauso wie die schönste gesellschaftliche Ordnung müssen nach Kant als Früchte dieses „Antagonism" gelten und können damit letztlich nur durch den Krieg erreicht werden.[108] Denn durch den Krieg als dem größten aller Übel treibt die Natur die Menschen dahin, „was ihnen die Vernunft auch ohne so viel traurige Erfahrung hätte sagen können".[109]

***

Vor die Frage gestellt, „ob es wohl vernünftig sei, *Zweckmäßigkeit* der Naturanstalt in Theilen und doch *Zwecklosigkeit* im Ganzen anzunehmen"[110], entscheidet auch Kant sich wider den epikureischen Zufall dafür, der Geschichte der freien menschlichen Handlungen in *praktischer Absicht* eine Vorsehung der Natur zu unterstellen. Wie die Stoiker steht er damit vor dem Problem, die Vorsehung bzw. Naturabsicht in Anbetracht des Übels in der Welt zu rechtfertigen. Von den Stoikern unterscheidet sich die kantische Strategie jedoch in zwei wesentlichen und letztlich auch entscheidenden Punkten: Denn zunächst ist Kant nicht der Meinung, dass es in der Macht jedes einzelnen Menschen liegen müsse, seine Vernunftanlage vollständig zu entwickeln. Stattdessen spricht er diese Möglichkeit ausschließlich der *Gattung Mensch* zu.[111] Durch diesen geschickten Schachzug

---

106 Kant, RL, AA06: 230.
107 Kant, *IaG*, AA08: 22; siehe auch Kant, *ZeF*, AA08: 349 Anm. Vgl. hierzu Cicero, *De legibus*, I.28: „[...] nihil est profecto praestabilius, quam plane intellegi, nos ad iustitiam esse natos, neque opinione sed natura constitutum esse ius." „[...] nichts ist wirklich bedeutsamer, als einfach zu begreifen, dass wir Menschen zur Gerechtigkeit geboren sind und dass die Grundlage des Rechts nicht in einer subjektiven Meinung, sondern in der Natur liegt." (Übersetzung: Rainer Nickel)
108 Kant, *IaG*, AA08: 22.
109 Kant, *IaG*, AA08: 24.
110 Kant, *IaG*, AA08: 25.
111 Zugleich spricht Kant anders als die Stoiker den Einzelnen die Möglichkeit ab, zeit ihres Lebens wahrhaft glückselig zu werden. Ihnen bleibt stattdessen nur die *Würdigkeit zur Glückseligkeit* als das im Leben zu erreichende Gut. Damit umgeht Kant zugleich viele der absurden

steht es ihm frei, eine neuartige Rechtfertigung der Vorsehung zu geben. Denn auf die Frage, wie eine weise Vorsehung mit all dem Leid zu vereinbaren ist, gibt Kant eine überraschende Antwort: Die Übel sind notwendig, um die moralische Vervollkommnung des Menschen voranzubringen und all das, was den Einzelnen trifft und auch *tatsächlich* schlecht ist, wird im Ganzen zum Besten führen, sodass aus einem eigennützigen Streben der größte Nutzen für das Gemeinwohl entsteht.[112] Anders als die Stoiker ist Kant somit nicht gezwungen, die wenig überzeugende Behauptung aufzustellen, das Übel erscheine dem Einzelnen nur als ein solches und sei stattdessen zum Wohle des Einzelnen, indem es diesen in seinen sittlichen Grundsätzen prüfe.[113] Für Kant sind die Übel tatsächliche Übel, aber zugleich, und zwar aus einer anderen Perspektive, nämlich derjenigen der ganzen *Gattung Mensch* betrachtet, ein notwendiges Mittel, die Naturabsicht zu erfüllen, die in der vollständigen Entwicklung der menschlichen Vernunftanlagen zu sehen ist.[114] Desgleichen gesteht er aber mit den Epikureern ein, dass alle Menschen nur danach streben, ihr eigenes Glück, dass sie in einem Lustgewinn suchen, zu maximieren. Wir alle sind mithin Epikureer, insofern wir sinnliche Wesen und somit Teil der Natur sind. Hiermit verbunden ist der zweite wesentliche Unterschied zur stoischen Position. Bereits in der *Kritik der praktischen Vernunft* stellt Kant den synthetischen Charakter des höchsten Gutes heraus. Bei dem einen Teil handelt es sich um die Glückseligkeit, der andere umfasst die Würdigkeit zur Glückseligkeit. Spinoza ist bei der Bestimmung des höchsten Gutes derselbe Fehler unterlaufen wie den Stoikern und Epikureern, da Spinoza so wie seine antiken Vorgänger beide Seiten nicht zu unterscheiden wusste. Das gelingt erst Kant, und mit den Mitteln des transzendentalen Idealismus kann er darüber hinaus auch den Weg zur Lösung der Vereinbarkeit beider Seiten ebnen. Denn der Mensch ist nicht nur Erscheinung und somit Epikureer, auch wenn alle seine

---

Konsequenzen, denen sich die Stoiker konfrontiert sahen, wie z. B., dass der Weise selbst auf der Folterbank glücklich sei.
112 Zu diesem im 18. Jahrhundert weit verbreiteten Gedanken siehe z. B. Bernard Mandeville, *The Fable of the Bees: Private Vices, Public Benefits*; siehe Reinhard Brandt, der auf den stoischen Ursprung aufmerksam macht (1997, 229f.); zu einer Kritik dieses Gedankens vgl. Schmitt 2003, 460–463.
113 Seneca, *De providentia*.
114 In der *Friedensschrift* nötigt die Vorsehung mittels des Krieges den Menschen dazu, sich über die Welt zu zerstreuen und auf allen Erdteilen in Gemeinschaft zu treten. Eine besondere Rolle nehmen die unterschiedlichen Sprach-, Religions- und Kulturräume ein, da diese es einem Alleinherrscher unmöglich machen, alle Menschen auf Dauer zu unterdrücken (vgl. Kant, ZeF, AA08: 367). Aber genauso wie die Vorsehung die Völker durch die Unterschiede in Sprache und Lebensweise trennt, treibt sie die Menschen aufgrund ihres eigennützigen Strebens dahin, sich zu vereinigen: Kant, *Zef*, AA08: 368: „Auf die Art garantiert die Natur durch den Mechanismus der menschlichen Neigungen selbst den ewigen Frieden."

Erfahrungen sinnlicher Natur sind. Kant schließt hierbei explizit die inneren Erfahrungen nicht aus, da auch diese in der Zeit sind, d. h. aber, durch die innere Form der Anschauung bestimmt sind. Kant radikalisiert damit in einem gewissen Sinn die skeptische Problematisierung des Verhältnisses von Erscheinung und Gegenstand an sich, indem er *alle* möglichen Anschauungen, innere wie äußere, zu Erscheinungen erklärt. Aber wie die Skeptiker hebt auch Kant hervor, dass es das Ding an sich geben müsse, was der Erscheinung zugrunde liegt. Als ein weiteres Zugeständnis an die Skepsis ließe sich deuten, dass die theoretische Erkenntnis dieser Dinge an sich grundsätzlich ausgeschlossen wird.[115] Gleichwohl glaubt Kant, dass er die Lösung des Problems gefunden hat, indem er nämlich neben der theoretischen auch eine praktische Erkenntnisart zulässt. Letztere ermöglicht es nun, sich selbst in einem Reich der Zwecke, d. h. einer Welt der Dinge an sich in praktischer Hinsicht zu erkennen. Oder anders gesagt: Als transzendentaler Idealist muss Epikur sich nicht länger entscheiden, er darf in theoretischer Hinsicht skeptisch bleiben, als Teil dieser Welt der Lust des Gartens frönen und ist zugleich intelligibler Bürger einer nach stoischen Gesetzen geordneten civitas gentium.

---

[115] Die kantische Nähe zur Skepsis in dieser Frage wurde bereits von den ersten Kritikern der *kritischen* Philosophie angemerkt, die so wie Feder 1787, XXV–XXIX auf die Gemeinsamkeiten mit der antiken Skepsis aufmerksam gemacht haben (XXVIII): „[...] thäte man Herrn Kanten Unrecht, wenn man *viele Theile* seiner kritischen Philosophie eines solchen Skepticismus beschuldigte? Streitet er nicht allzu skeptisch gegen das Daseyn der Körper außer der Vorstellung? (Sextus lib. I. c. 7. 9.) Ist es nicht – der Sache und dem Ausdruck nach – Skepticismus, wenn er unserem Verstande, in Ansehung der unsichtbaren Wesen und der Weltursache, schlechterdings alle Erkenntniß und alle Merkmahle der Wahrheit abspricht, und nur um des praktischen Interesse willen das Glauben für nöthig erklärt?"

Verzeichnis der verwendeten Siglen

Zur Antike

DK: *Die Fragmente der Vorsokratiker*, Griechisch und Deutsch, von Hermann Diels, hrsg. von Walther Kranz, 3 Bd. Hildesheim 1951–52.
SVF: *Stoicorum Veterum Fragmenta*, hrsg. von H. v. Arnim, Leipzig 1903–1905.
FDS: *Die Fragmente zur Dialektik der Stoiker*, hrsg. und übersetzt von Karlheinz Hülser, Stuttgart-Bad Cannstatt 1987.
L&S: *The Hellenistic philosophers*, ed. by. A. A. Long & D. N. Sedley, Vol. 2 Greek and Latin Texts with Notes and Bibliography, Cambridge 1987.
US: *Epicurea*, edidit Hermannus Usener, Leipzig 1887.

Wenn nicht anders angegeben, sind die Übersetzungen der antiken Texte von mir.

Zur Neuzeit

Kants Schriften werden zitiert nach: Immanuel Kant, *Gesammelte Schriften*, hrsg. von der Preußischen [später: Deutschen] Akademie der Wissenschaften, Berlin 1900 ff. (abgekürzt „AA"). Die Angabe von Stellen aus der *Kritik der reinen Vernunft* folgt dabei der Paginierung der Originalausgaben der ersten („A") und zweiten Auflage („B").

Spinoza wird zitiert nach *Spinoza Opera*, hrsg. von Carl Gebhardt, Bd. I–IV. Heidelberg 1925 und *Spinoza, Benedictus de (Baruch de Spinoza), Sämtliche Werke*, hrsg. von Wolfgang Bartuschat, Hamburg 2005 (die Übersetzungen sind der Meiner Ausgabe entnommen).

Glossar

Affektion, Affekte	πάθος; τὰ πάθη
Aktivität	ἐνέργεια
– vollendete	ἁπλῶς ἐνέργεια
– unvollständige	ἀτελὴς ἐνέργεια
– *in Aktivität sein*	ἐνεργεῖν; ἐνεργείᾳ
Aktualität; in Aktualität	ἐντελέχεια; ἐντελεχείᾳ
Akzidenz	
– epik.	σύμπτωμα
– arist.	κατὰ συμβεβηκός; συμβεβηκός
All	πᾶν
Allgemeine	τὸ καθόλου
Annahme	ὑπόληψις
Anordnung, Ordnung	τάξις
Antrieb	ὁρμή
Atemstrom (Pneuma)	πνεῦμα
Begierde	ἐπιθυμία
Begriff	ἔννοια
Bewegung	κίνησις
– eine unbestimmte Art Bewegung	κίνησίς τις
– bewegtwerden	κινεῖσθαι
Bilder, atomare	εἴδωλα
Denken	διάνοιᾰ
Dieses-da	τόδε τι
Ding (oder Gegenstand) an sich	τὸ καθ' αὑτὸ
Eigenschaft	ποιότης; ποιότητα
Eigenschaftsveränderung	ἀλλοίωσις
– eine Art von Eigenschaftsveränderung	ἀλλοίωσίς τις
Einwirkungseigenschaften (affektive Eig.)	παθητικὰς καλουμένας ποιότητας παθητικαὶ ποιότητες
Element	στοιχεῖον, Pl. στοιχεῖα
Erkenntnis, sinnliche	κατάληψις
Erleiden	πάσχειν
Epibole	ἐπιβολή
Epoche	ἐποχή
Feuer, kunstvoll gestaltendes	πῦρ τεχνικόν
Form	εἶδος
Führungsvermögen	ἡγεμονικόν
Ganze	ὅλον
Gattung der Substanz	γένος τῆς οὐσίας
Gedanke	νόησις
das Gegensätzliche	ἐναντία; τἀναντία
– das erste Gegensätzliche	ἡ πρωτίστη ἐναντίωσις
Gesetz	νόμος
Gesundheit des Körpers	ὑγίεια τοῦ σώματος

Gott	θεός
Habitus (Hexis)	ἕξις
Intellekt (*Nous*)	νοῦς
instantan	ἅμα
in unserer Macht	ἐφ' ἡμῖν
Klugheit (Phronesis)	φρόνησις
Kriterium der Wahrheit	κριτήριον τῆς ἀληθείας
Kontingente	τὸ ἐνδεχόμενον
– kontingentermaßen	ἐνδεχομένως
Kosmos, Ordnung	κόσμος
Leere	κενόν
Lekton / Proposition	λεκτόν
(letztes) Ziel	τέλος
Lust	ἡδονή
Materie, erste	πρώτη ὕλη
Meinung	δόξα
Mitte, maßhafte Mitte	μεσότης
Möglichkeit; in Möglichkeit	δύναμις; δυνάμει
Natur	φύσις
Notwendigkeit	ἀνάγκη
– aus Notwendigkeit	ἐξ ἀνάγκης
Oikeiosis	οἰκείωσις
Privation	στέρησις
Prinzip	ἀρχή (Pl. ἀρχαί)
– aktives Prinzip	τὸ ποιοῦν
– passives Prinzip	τὸ πάσχον
Proportion	λόγος
– gemäß der Proportion	κατὰ τὸν λόγον
Qualität	ποιότης
Schicksal	εἱμαρμένη
Spannkraft	εὐτονία ἑκτικά
– Spannungslosigkeit	ἀτονία
Substanz	οὐσία
– Substanz Gottes	οὐσία θεοῦ
– qualitätslose Substanz	ἄποιος οὐσία
Substrat	ὑποκείμενον
– das erste Substrat = die Materie	τὸ πρῶτον ὑποκείμενον
Unbegrenzte	ἄπειρον
Unerschütterlichkeit der Seele	ἀταραξία τῆς ψυχῆς
Unterscheidungsvermögen	κριτικόν
Ursache	αἰτία
– die (dem Verstand) verborgene Ursache	ἄδηλα δὲ τὰ αἴτια ἀνθρωπίνῳ λογισμῷ bzw. ἄδηλος δὲ ἀνθρωπίνη διανοία
– unverursacht	ἀναιτίως
Veränderung	μεταβολή
Vernunft	λόγος; νοῦς;

Vernunftkeim	σπερματικὸς λόγος
von selbst	αὐτομάτως
– das von selbst Geschehende	τὸ αὐτόματον
Vorbegriff	πρόληψις
Vorsehung	πρόνοια
Vorstellung	φαντασία
– erfassende Vorstellung	καταληπτικὴ φαντασία
– sinnliche Vorstellungen	αἰσθητικαί φαντασίαι
– nichtsinnliche Vorstellungen	οὐκ αἰσθητικαὶ φαντασίαι
– kunstgerechte Vorstellungen	τεχνικαὶ φαντασίαι
Vorgestelltes	φανταστόν
Wahnvorstellungsbild	φάντασμα
das Wahre	τὸ ἀληθές
Wahrheit	ἀλήθεια
Wahrnehmung	αἴσθησις
Wahrnehmungsorgan	αἰσθητήριον
Wahrnehmungsobjekt	αἰσθητόν
– eigentümliches Wahrnehmungsobjekt	ἴδιον αἰσθητόν; (Pl.) ἴδια αἰσθητά
– gemeinsames Wahrnehmungsobjekt	κοινὸν αἰσθητόν; (Pl.) κοινὰ αἰσθητά
– akzidentelles Objekt der Wahrnehmung	αἰσθητὸν κατὰ συμβεβηκός
Wahrnehmungssinn	[αἰσθητικός] τὴν αἰσθητικὴν ζωήν
Wahrnehmungsvermögen	αἰσθητικόν
Wärme	θερμότης
Wahrsagekunst	μαντική
Wechselwirkung (Sympathie)	συμπάθεια
Weltenbrand	ἐκπύρωσις
Willentliche Taten	τὰ ἑκούσια
Wissen	ἐπιστήμη
Wissenschaft	τέχνη
Zeus	Ζεύς
Zufall	τύχη
– aus Zufall	ἀπὸ τύχης
Zurückhaltung	ἐποχή
Zustimmung	συγκατάθεσις

Literaturverzeichnis

Antike Texte werden nach den in jeder Ausgabe angegebenen Standardpaginierungen bzw. -kapiteln zitiert. Bei mehrbändigen Ausgaben und Werken wird der Band jeweils mit römischen Zahlen angegeben.

Primärliteratur

Alberti Magni, B., *Opera omnia, Volumen quintum: Mineralium, De Anima, Philosophia Pauperum*, Liber de Apprehensione, Paris 1890.
Alexandri Aphrodisiensis, *Praeter commentaria scripta minora Quaestiones, De Fato, De Mixtione*, hrsg. von Ivo Bruns, Berlin 1892.
Alexandri Aphrodisiensis, *Praeter commentaria scripta minora: De anima liber cum mantissa*, hrsg. von Ivo Bruns, Berlin 1887.
Alexandri Aphrodisiensis, *In librum de sensu commentarium*, hrsg. von Paul Wendland, Berlin 1901.
Alexander of Aphrodisias, *On Fate*, Text, Translation and Commentary by R. W. Sharples, London 1983.
Alexandre d'Aphrodise, *Traité du destin*, Texte établi et traduit par P. Thillet, Paris 1984.
Alexandre d'Aphrodise, *Traité De la providence*, introduction, édition et traduction de Pierre Thillet, Lagrasse 2003.
Alexander von Aphrodisias, *Über die Vorsehung*, aus dem arab. übersetzt und hrsg. von H. J. Ruland, Diss. Saarbrücken 1976.
Alexander von Aphrodisias, *Über das Schicksal*, übersetzt und kommentiert von Andreas Zierl, Berlin 1995.
Alexander of Aphrodisias, *On Aristotle, On Sense Perception*, translated by Alan Towey, London 2000.
Alexander of Aphrodisias, *Supplement to On the Soul*, translated by R. W. Sharples, Ithaca, New York 2004.
Alexander of Aphrodisias, *Quaestiones 1.1–2.15*, translated by R. W. Sharples, Ithaca, New York 1992.
Alexander of Aphrodidias, *Quaestiones 2.16–3.15*, translated by R. W. Sharples, Ithaca, New York 1994.
Aquinatis, Sancti Thomae, *In Librum De Anima Commentarium*, hrsg. von Angeli M. Pirotta, Turin 1936.
Aristoteles, *Opera*, hrsg. von I. Bekker, Berlin 1831–1836.
Aristoteles, *Physikvorlesung*, übersetzt von Hans Wagner, Berlin 1967.
Aristotle, *Physics*, a revised text with introduction and commentary by W. D. Ross, Oxford 1936.
Aristotle, *Physics, Books I and II*, translated with Introduction and Notes by W. Charlton, Oxford 1970.
Aristotle, *Physics, Books III and IV*, translated with Notes by Edward Hussey, Oxford 1983.
Aristotle, *The Physics, Books I–IV*, with an English translation by P. H. Wicksteed and F. M. Cornford, Cambridge Mass., London 1929.
Aristotelis, *Ethica Nicomachea*, recognovit brevique adnotatione critica instruxit I. Bywater, Oxford 1894.

Primärliteratur

Aristoteles, *Nikomachische Ethik*, übersetzt und hrsg. von Ursula Wolf, Hamburg 2006.
Aristotle, *De anima*, with translation, introduction and notes by R. D. Hicks, London 1907.
Aristotle, *De anima*, ed. with Introduction and Commentary by W. D. Ross, Oxford 1961.
Aristotle, *De anima Books II and III (with Passages from Book I)*, ed. by Hamlyn, D.W., Oxford 1993.
Aristotle, *On the Soul, Parva Naturalia, On Breath*, with an English translation by W. S. Hett, Cambridge Mass., London 1936.
Aristotle, *De anima*, translated with an introduction and commentary by Christopher Shields, Oxford 2016.
Aristotle, *Metaphysics*, a revised text with introduction and commentary by W. D. Ross, 2 vols., Oxford 1924.
Aristotle, *The Metaphysics*, Books I–IX, with an English Translation by Hugh Tredennick, New York, London 1933.
Aristotle, *Metaphysics: Books Gamma, Delta, and Epsilon*, translated with notes by Christopher Kirwan, Oxford 1993.
Aristotle, *The Complete Works of Aristotle. The Revised Oxford Translation*, edited by Jonathan Barnes, II Vols., Princeton 1985.
Aristoteles, *Poetik*, übersetzt und erläutert von Arbogast Schmitt, Berlin 2008.
Aurel, Marc, *Wege zu sich selbst*, Griechisch-deutsch, hrsg. und übersetzt von R. Nickel, Düsseldorf 1998.
Cicero, Marcus Tullius, *On Stoic Good and Evil. De Finibus 3 and Paradoxa Stoicorum*, edited with Introduction, Translation & Commentary by M. R. Wright, Warminster 1991.
Cicero, Marcus Tullius, *Über die Ziele des menschlichen Handelns (De finibus bonorum et malorum)*, hrsg., übersetzt und kommentiert von Olof Gigon und Laila Straume-Zimmermann, Düsseldorf, Zürich 2002 (2. Auflage).
Cicero, Marcus Tullius, *De natura deorum. Über das Wesen der Götter*, hrsg. und übersetzt von Ursula Blank-Sangmeister, Nachwort von Klaus Thraede, Stuttgart 1995.
Cicero, Marcus Tullius, *Über das Schicksal = De fato*, Lateinisch / Deutsch, hrsg. und übersetzt von Karl Bayer, 4., überarb. Aufl., Düsseldorf, Zürich 2000.
Cicero, Marcus Tullius, *De re publica = Vom Gemeinwesen*, Lateinisch / Deutsch, übersetzt und hrsg. von K. Büchner, Stuttgart 1979.
Cicero, Marcus Tullius, *De officiis = Vom pflichtgemäßen Handeln*, Lateinisch / Deutsch, übersetzt, kommentiert und hrsg. von H. Gunermann, durchges. und bibliogr. erg. Ausg., [Nachdr.], Stuttgart: 1992.
Cicero, Marcus Tullius, *Tusculanae disputationes = Gespräche in Tusculum*, Lateinisch / Deutsch, übersetzt und hrsg. von Ernst Alfred Kirfel, Stuttgart 1997.
Cicero, Marcus Tullius, *De natura deorum, Academica*, with an English translation by H. Rackham, Cambridge Ma., London, 1933.
Cicero, Marcus Tullius, *Paradoxa Stoicorum, Academica, Timaeus, de natura deorum, de divinatione*, hrsg. von O. Plasberg, Leipzig 1908–1911.
Cicero, Marcus Tullius, *Über die Gesetze. Stoische Paradoxien / De legibus. Paradoxa Stoicorum*, Lateinisch / Deutsch, hrsg. und übersetzt von Rainer Nickel, München, Zürich 1994.
Cicero, Marcus Tullius, *Über die Wahrsagung / De divinatione*, hrsg., übersetzt und erläutert von C. Schäublin, München, Zürich 1991.
Cicero, Marcus Tullius, *On Divination / De Divinatione*. Book I. Translated with Introduction and Historical Commentary by D. Wardle, Oxford 2006.

Chrysippe, *Œuvre Philosophique*, Tome I et II, Textes traduits et commentés par Richard Dufour, Paris 2004.
Cornutus, Lucius Annaeus, *Die Griechischen Götter: ein Überblick über Namen, Bilder und Deutungen*, hrsg. von Heinz-Günther Nesselrath, eingel., übers. und mit interpretierenden Essays vers. von Fabio Berdozzo, Tübingen 2009.
Cornutus, L. Annaeus, *Einführung in die griechische Götterlehre*, hrsg., eingeleitet und übersetzt von Peter Busch und Jürgen K. Zangenberg, Darmstadt 2010.
Descartes, René, *Oeuvres complètes: Tome 3, Discours de la Méthode suivi de La Dioptrique, Les Météores et la Géométrie*, Paris 2009.
Die Fragmente der Vorsokratiker, Griechisch und Deutsch, von Hermann Diels, hrsg. von Walther Kranz, Hildesheim, Bd. 1. Mit Nachtrag von Walther Kranz. Unveränderte Neuauflage 2004. (= 6. Aufl. 1951), Bd. 2. Mit Nachtrag von Walther Kranz. Unveränderte Neuauflage 2005. (= 6. Aufl. 1952). Bd. 3. Wortindex von Walther Kranz, Namen- und Stellenregister von Hermann Diels, ergänzt von Walther Kranz. Unveränderte Neuauflage 2005. (= 6. Aufl. 1952).
Die Fragmente zur Dialektik der Stoiker, hrsg. und übersetzt von Karlheinz Hülser, Stuttgart-Bad Canstatt 1987.
Die hellenistischen Philosophen, Texte und Kommentare, A. A. Long und D. N. Sedley, übersetzt von Karlheinz Hülser, Stuttgart, Weimar 2000.
Die Stoa. Kommentierte Werkausgabe, hrsg. von W. Weinkauf, Augsburg 1994.
Die Philosophie der Stoa. Ausgewählte Texte, übersetzt und hrsg. von W. Weinkauf, Stuttgart 2001.
Diogenes Laertius, *Leben und Meinungen berühmter Philosophen*, Übersetzung von Otto Apelt unter Mitarbeit von Hans Günter Zekl, Einleitung und neuen Anmerkungen versehen von Klaus Reich, 3. Auflage, mit neuem Vorwort von Hans Günter Zekl, Hamburg 1990.
Epictetus, *The Discourses as reported by Arrian, Books I–II*, with an English translation by W. A. Oldfather, Cambridge Mass., London 1925.
Epictetus, *Discourses, book 1*, translated with an introduction and commentary by Robert Dobbin, Oxford 1998.
Epicurea, edidit Hermannus Usener, Leipzig 1887.
Epikur, *Briefe, Sprüche, Werkfragmente*, übersetzt und hrsg. von Hans-Wolfgang Krautz, Stuttgart 2000 (bibliographisch erneuerte Ausgabe).
Gassendi, Petrus, *Opera omnia*, Faksimile-Neudruck der Ausgabe von Lyon 1658 in 6 Bänden mit einer Einleitung von Tullio Gregory, Stuttgart-Bad Cannstatt 1964.
Hegel, G. W. F., *Vorlesungen zur Geschichte der Philosophie*, Jubiläumsausgabe ed. H. Glockner, Bd. 17–19, Stuttgart-Bad Cannstadt 1965.
Hierocles the Stoic, *Elements of Ethics, Fragments, and Excerpts*, ed. by Ilaria Ramelli (translated by David Konstan), Atlanta 2009.
Hobbes, Thomas, *The Elements of Law Natural and Politic*, ed. Ferdinand Tönnies, London 1969.
Hobbes, Thomas, *Leviathan, or The Matter, Forme and Power of a Common Wealth Ecclesiasticall and Civil*, ed. Richard Tuck, Cambridge 1996.
Kant, Immanuel, *Kritik der reinen Vernunft*, nach der 1. und 2. Originalausgabe hrsg. von Jens Timmermann, Hamburg 1998.
Kant, Immanuel, *Gesammelte Schriften* (Akademie Ausgabe), Berlin 1902ff.
Leibniz, G. W., *Specimen dynamicum I/II*, hrsg. von H. G. Dosch et al., Hamburg 1982.
Lucretius Carus, Titus, *De rerum natura = Welt aus Atomen*, Lateinisch / Deutsch, übersetzt und mit einem Nachwort hrsg. von K. Büchner, Stuttgart 1973.

Philodemus, *On Methods of Inference*, edited with translation and commentary by Philip Howard De Lacy and Estelle Allen De Lacy, revised edition, Napoli 1978.
Philodemus, *On death*, translated with an Introduction an Notes by W. Benjamin Henry, Atlanta 2009.
Philoponus, John, *On Aristotle's Physics 1.1–3*, translated by Catherine Osborne, Ithaca, New York 2006.
Philoponus, John, *On Aristotle Physics 2*, translated by A. R. Lacey, London 1993.
Philoponus, John, *On Aristotle's On the Soul 1.1–2*, translated by Philip J. von der Eijk, Ithaca, New York 2005.
Philoponus, John, *On Aristotle's On the Soul 2.1–6*, translated by William Charlton, Ithaca, New York 2005.
Philoponus, John, *On Aristotle's On the Soul 2.7–12*, translated by William Charlton, Ithaca, New York 2005.
Philoponus, John, *On Aristotle's On the Soul 3.1–8*, translated by William Charlton, Ithaca, New York 2000.
Priscian, *On Theophrastus on Sense-Perception with Simplicius, On Aristotle's On the Soul 2.5–12*, translated by Carlos Steel, in collaboration with J. O. Urmson, notes by Peter Lautner, Ithaca, New York 1997.
Plato, *Complete Works*, ed. by J. Cooper, M. Hutchinson, Indianapolis 1997.
Platonis, *Opera*, hrsg. von J. Burnet, Oxford 1953.
Plutarchus, *Moralia, Vol. XIII Part I*, with an English translation by Harold Cherniss, Cambridge Mass., London 1976.
Plutarchus, *Moralia, Vol. XIV*, with an English translation by Benedict Einarson and Philip H. Lacy, Cambridge, Mass., London 1967.
Poseidonios, *Die Fragmente, Bd. I Texte und Bd. II Erläuterungen*, hrsg. von W. Theiler, Berlin, New York 1982.
Schopenhauer, Arthur, *Preisschrift über die Grundlage der Moral* (1840), in: Sämtliche Werke, Bd. III, Frankfurt am Main 1968.
Seneca, Lucius Annaeus, *Oedipus*, Lateinisch / Deutsch, übersetzt und hrsg. von Konrad Heldmann, Stuttgart 1974.
Seneca, *Philosophische Schriften*, Lateinisch / Deutsch, hrsg. und übersetzt von Manfred Rosenbach, Darmstadt 1999 (nach der 4. unveränderten Auflage von 1995).
Sextus Empiricus, *Outlines of Pyrrhonism*, with an English translation by R. G. Bury, Cambridge Mass., London 1933.
Sextus Empiricus, *Grundriß der pyrrhonischen Skepsis*, eingeleitet und übersetzt von Malte Hossenfelder, Frankfurt am Main 1985.
Sextus Empiricus, *Against the Logicians*, with an English translation by H. G. Bury, Cambridge Mass., London 1935.
Simplicius, *On Aristotle Physics 1.3–4*, translated by P. Huby & C. C. W. Taylor, London 2011.
Simplicius, *On Aristotle Physics 2*, translated by Barrie Fleet, Ithaca, New York 1997.
Simplicius, *On Aristotle's Physics 3*, translated by J. O. Urmson, Ithaca, New York 2002.
Simplicius, *On Aristotle Physics 4.1–5, 10–14*, translated by J. O. Urmson, London 1992.
Simplicius, *On Aristotle Physics 5*, translated by J. O. Urmson, London 1997.
Simplicius, *On Aristotle Physics 7*, translated by Charles Hagen, London 1994.
Simplicius, *On Aristotle Physics 8.6–10*, translated by Richard McKirahan, Ithaca, New York 2001.
Spinoza, *Opera*, hrsg. von Carl Gebhard, Bd. I–IV. Heidelberg 1925.

Spinoza, Benedictus de (Baruch de Spinoza), *Sämtliche Werke*, hrsg. von Wolfgang Bartuschat, Hamburg 2005
Stoa und Stoiker, Die Gründer, Panaitios, Poseidonios, eingeleitet und übertragen von Max Pohlenz, Zürich, Stuttgart 1964 (zweite vom Übersetzer durchgesehene Auflage).
Stoa und Stoiker, I–II, Auswahl der Fragmente und Zeugnisse, Übersetzung und Erläuterungen von Rainer Nickel, Düsseldorf 2008.
Stoici Antichi, Tutti i Frammenti, seconda la raccolta di Hans von Arnim, a cura di Roberto Radice, Testo greco e latino a fronte, Milano 2002.
Stoicorum Veterum Fragmenta, hrsg. von H. v. Arnim, Leipzig 1903–1905.
The Stoics Reader. Selected Writings and Testimonia, ed. and translated by B. Inwood, L. P. Gerson, Indianapolis 2008.
The Hellenistic philosophers, ed. by. A. A. Long & D. N. Sedley, Vol. 2 Greek and Latin Texts with Notes and Bibliography, Cambridge 1987.

Sekundärliteratur

Abel, Günter, *Stoizismus und Frühe Neuzeit: Zur Entstehungsgeschichte modernen Denkens im Felde von Ethik und Politik*, Berlin, New York 1978.
Algra, Keimpe / Barnes, Jonathan / Mansfeld, Jaap / Schofield, Malcolm (edd.), *The Cambridge History of Hellenistic Philosophy*, Cambridge 1999.
Algra, Keimpe, "Stoic Theology", in: *The Cambridge Companion to the Stoics*, ed. by Brad Inwood, Cambridge 2003, 153–179.
Annas, Julia / Barnes, Jonathan, *The Modes of Scepticism*, Cambridge 1985.
Annas, Julia, "Truth and Knowledge", in: *Doubt and Dogmatism: Studies in Hellenistic epistemology*, ed. by M. Schofield, M. Burnyeat, J. Barnes, New York 1980, 84–103.
Annas, Julia, "Aristotle on Inefficient Causes", in: *The Philosophical Quarterly* 32, No. 129 (Oct., 1982), 311–326.
Annas, Julia, "Stoic Epistemology", in: *Companions to Ancient Thought 1 – Epistemology*, ed. by. Stephen Everson, Cambridge 1990, 184–203.
Annas, Julia, *Hellenistic Philosophy of Mind*, Berkeley, Los Angeles, London 1992.
Annas, Julia, *The Morality of Happiness*, Oxford 1993.
Anagnostopoulos, Andreas, "Change in Aristotle's Physics 3", in: *Oxford Studies in Ancient Philosophy*, 39 (2010), 33–79.
Asmis, Elizabeth, *Epicurus' scientific method*, Ithaca, London 1984.
Asmis, Elizabeth, "Epicurean epistemology", in: *The Cambridge History of Hellenistic Philosophy*, ed. by K. Algra, J. Barnes, J. Mansfeld, M. Schofield, Cambridge 1999, 260–294.
Asmis, Elizabeth, "Epicurean empiricism", in: *The Cambridge Companion to Epicureanism*, ed. by James Warren, Cambridge 2009, 84–104.
Avotins, I., "Alexander von Aphrodisias on Vision in the Atomists", in: *Classical Quaterly* 30 (1980), 429–54.
Bailey, C., *The Greek atomists and Epicurus*, Oxford 1928.
Barnes, Jonathan, "Aristotle and the Methods of Ethics", *Revue Internationale de Philosophie* 34 (1981), 490–511.

Barnes, Jonathan / Brunschwig, Jacques / Burnyeat, Myles / Schofield, Malcolm (edd.), *Science and Speculation. Studies in Hellenistic theory and practice*, Bath 1982.
Barney, Rachel, "Appearances and Impressions", in: *Phronesis* 37.3 (1992), 283–313.
Barth, Paul / Goedeckemeyer, Albert, *Die Stoa*, fünfte, völlig neu bearbeitete Auflage, Stuttgart 1941.
Bastianini, Guido / Long, Anthony A., "Ierocle: Elementi di Etica", in: *Corpus dei papiri filosofici greci e latini: Testi e lessico nei papiri di cultura greca e latina*, vol. 1.1.2, Florenz 1992, 296–362.
Bailey, Cyril, *The Greek Atomists and Epicurus*, Oxford 1928.
Beard, Mary, "Cicero and Divination: The Formation of a Latin Discourse", in: *The Journal of Roman Studies*, 76 (1986), 33–36.
Bees, Robert, *Die Oikeiosislehre der Stoa, Bd. I: Rekonstruktion ihres Inhalts*, Würzburg 2004.
Beiser, Frederick C., "Moral faith and the highest good", in: *The Cambridge Companion to Kant and Modern Philosophy*, ed. by Paul Guyer, Cambridge 2006, 588–629.
Benz, Hubert, *Materie und Wahrnehmung in der Philosophie Plotins*, Würzburg 1990.
Bergjan, Silke-Petra, *Der fürsorgende Gott. Der Begriff der Pronoia Gottes in der apologetischen Literatur der Alten Kirche*, Berlin, New York 2002.
Bernard, Wolfgang, *Rezeptivität und Spontaneität der Wahrnehmung bei Aristoteles. Versuch einer Bestimmung der spontanen Erkenntnisleistung der Wahrnehmung bei Aristoteles in Abgrenzung gegen die rezeptive Auslegung der Sinnlichkeit bei Descartes und Kant*, Baden-Baden 1988.
Bernstein, Mark, "Fatalism", in: *The Oxford Handbook of Free Will*, ed. by Robert Kane, Oxford 2002, 65–81.
Bicknell, Peter, "The Seat of the Mind in Democritus", in: *Eranos* 66 (1968), 10–23.
Bignone, Ettore, *L'Aristotele Perduto e la Formazione Filosofica di Epicuro*, 2 Bd., Firenze 1936 (2. Auflage 1973).
Blumenthal, H. J., "Neoplatonic Elements in the 'De Anima' Commentaries", in: *Phronesis* 21 (1976), 64–87.
Bobzien, Susanne, *Determinism and Freedom in Stoic Philosophy*, Oxford 1998.
Bodnár, István M., "Alexander of Aphrodisias on Celestial Motions", in: *Phronesis* 42.2 (1997), 190–205.
Bonhöffer, Adolf, *Epictet und die Stoa*, Stuttgart 1890.
Bonhöffer, Adolf, *Die Ethik des Stoikers Epictet*, Stuttgart 1894.
Boros, Gábor (Hg.): *Der Einfluß des Hellenismus auf die Philosophie der Frühen Neuzeit*, Wiesbaden 2005.
Bossier F., and Steel, C., "Priscianus Lydus en de 'in de Anima' van pseudo (?) – Simplicius", in: *Tijdschrift voor Philosophie* 34 (1972), 761–882.
Bostock, David, *Space, Time, Matter, and Form. Essays on Aristotle's Physics*, Oxford 2006.
Bowin, John, "De anima ii 5 on the Activation of the Senses", in: *Ancient Philosophy* 32 (2012), 87–104.
Brandhorst, Mario / Hahmann, Andree / Ludwig, Bernd (Hg.), *Sind wir Bürger zweier Welten? Freiheit und moralische Verantwortung im transzendentalen Idealismus – Kant-Forschungen*, Hamburg 2012.
Brandt, Reinhard, "Antwort auf Bernd Ludwig: Will die Natur unwiderstehlich die Republik?", in: *Kant-Studien* 88 (1997), 229–237.
Brandt, Reinhard, "Selbstbewußtsein und Selbstsorge – Zur Tradition der „oikeiosis" in der Neuzeit", in: *Archiv für Geschichte der Philosophie* 85, 2003, 179–197.

Brandt, Reinhard, *Die Bestimmung des Menschen bei Kant*, Hamburg 2007.
Brennan, Tad, *The stoic life. Emotions, duties, and fate*, Oxford 2007.
Broadie, Sarah, "Aristotle's Perceptual Realism", in: *Southern Journal of Philosophy*, 31 (1993), Supplementum, 137–159.
Brochard, Victor, "La théorie du plaisir d'après Épicure", in: *Journal des Savants* Vol. 2 (1904), 156–170, 205–213, 284–290.
Brouwer, René, "Polybius and Stoic Tyche", in: *Greek, Roman, and Byzantine Studies* 51 (2011) 111–132.
Brooke, Christopher, *Philosophic Pride. Stoicism and Political Thought from Lipsius to Rousseau*, Princeton, Oxford 2012.
Bruns, Ivo, "Studien zu Alexander von Aphrodisias. III. Lehre von der Vorsehung", in: *Rheinisches Museum* 45 (1890), 223–235.
Brunschwig, Jacques, "The cradle argument in Epicureanism and Stoicism", in: *The Norms of Nature. Studies in Hellenistic ethics*, ed. by M. Schofield, G. Striker, Cambridge 1986, 113–144.
Brunschwig, Jacques, *Études sur les philosophies hellénistiques : épicurisme, stoïcisme, scepticisme*, Paris 1995.
Brunschwig, Jacques, "Stoic Metaphysics", in: *The Cambridge Companion to the Stoics*, ed. by Brad Inwood, Cambridge 2003, 206–232.
Bröcker, W., *Aristoteles*, Frankfurt am Main 1964.
Burkert, Walter, "Air-Imprints or Eidola: Democritus' Aetiology of Vision", in: *Illinois Classical Studies* 2 (1977), 97–109.
Burnyeat, Myles F. (ed.), *The Skeptical Tradition*, Berkeley, Los Angeles, London 1983.
Burnyeat, Myles F., "Is an Aristotelian Philosophy of Mind Still Credible? A Draft", in: *Essays on Aristotle's De Anima*, ed. by M. Nussbaum, A. Oksenberg Rorty, Oxford 1995, 15–26.
Burnyeat, Myles F., "How Much Happens When Aristotle Sees Red and Hears Middle C? Remarks on De Anima 2.7–8", in: *Essays on Aristotle's De Anima*, ed. by M. Nussbaum, A. Oksenberg Rorty, Oxford 1995, 421–434.
Burnyeat, Myles F., "Aquinas on 'Spiritual Change' in Perception", in: *Ancient and Medieval Theories of Intentionality*, ed. by D. Perler, Leiden 2001, 129–153.
Burnyeat, Myles F., "De Anima II 5", in: *Phronesis* 47 (2002), 28–90.
Cashdollar, Stanford, "Aristotle's Account of Incidental Perception", in: *Phronesis*, 18 (1973), 156–175.
Caston, Victor, "The Spirit and the Letter: Aristotle on Perception", in: *Metaphysics, Soul and Ethics in Ancient Thought: Themes from the work of Richard Sorabji*, ed. by R. Salles, Oxford 2005, 245–320.
Cavallar, Georg, "Kants Weg von der Theodizee zur Anthropodizee und retour. Verspätete Kritik an Odo Marquard", in: *Kant-Studien* 84.1 (1993), 90–102.
Cessi, Vivianna, *Erkennen und Handeln in der Theorie des Tragischen bei Aristoteles*, Frankfurt am Main, 1987.
Cherniss, Harold, *Aristotle's Criticism of Presocratic Philosophy*, New York 1964.
Child, William, "Vision and Experience: The Causal theory and the Disjunctive Conception", in: *The Philosophical Quarterly*, Vol. 42. No. 168 (1992), 297–316.
Cohen, Hermann, *Kant's Begründung der Ethik*, Berlin 1877.
Cooper, John M., *Reason and Emotion: Essays on Ancient Moral Psycholgy and Ethical Theory*, Princeton 1999.

Cooper, John M., "Chrysippus on Physical Elements", in: *God and Cosmos in Stoicism*, ed. by R. Salles, Oxford 2009, 93–117.
Cornford, F. M., *Principium Sapientiae. The Origins of Greek Philosophical Thought*, Cambridge 1952.
Crivelli, Paolo, *Aristotle on Truth*, Cambridge 2004.
DeBrabander, Firmin, *Spinoza and the Stoics*, London 2007.
Denyer, Nicholas, "The case against divination: an examination of Cicero's De Divinatione", in: *Proceedings of the Cambridge Philological Society* 211 (New Series, No 31) 1985, 1–10.
Dienstbeck, Stefan, *Die Theologie der Stoa*, Berlin, Boston 2015.
Dihle, Albrecht, *Die Vorstellung vom Willen in der Antike*, Göttingen 1985.
Dilthey, Wilhelm, *Gesammelte Schriften Band 2. Weltanschauung und Analyse des Menschen seit Renaissance und Reformation*, hrsg. von Georg Misch, Stuttgart 1957.
Dörflinger, Bernd, "Kant über das Defizit der Physikotheologie und die Notwendigkeit der Idee einer Ethikotheologie", in: *Die Gottesfrage in der Philosophie Immanuel Kants*, hrsg. von Norbert Fischer, Maximilian Forschner, Freiburg im Breisgau 2010, 72–84.
Dörflinger, Bernd, "Kants Ethikotheologie und die Pflicht zur Beförderung des höchsten Guts", in: *Theologie und Glaube* 2012, H. 1, 45–68.
Dörrie, Heinrich, "Der Begriff ‚Pronoia' in Stoa und Platonismus", in: *Freiburger Zeitschrift für Philosophie und Theologie* 24 (1977), 60–87.
Dragona-Monachou, M., *Stoic Arguments for the Existence and Providence of the Gods*, Athen 1976.
Dragona-Monachou, M., "Divine Providence in the Philosophy of the Empire", in: *Aufstieg und Niedergang der römischen Welt (ANRW). Geschichte und Kultur Roms im Spiegel der neueren Forschung. Teil II: Principat. Bd. 36: Philosophie, Wissenschaften, Technik. 7. Teilband: Philosophie (systematische Themen; indirekte Überlieferungen; Allgemeines; Nachträge)*, hrsg. von W. Haase, Berlin, New York 1994, 4417–4490.
Dretske, Fred, *Die Naturalisierung des Geistes*, Paderborn 1998 (Fred Dretske, *Naturalizing the Mind*, Cambridge Mass. 1995)
Dreyfus, Hubert L., "Overcoming the Myth of the Mental: How Philosophers Can Profit from the Phenomenology of Everyday Experience", in: *Proceedings and Addresses of the American Philosophical Association*, 79.2 (2005), 47–65.
Dreyfus, Hubert L., "The Return of the Myth of the Mental", in: *Inquiry* 50.4 (2007), 352–365.
Düring, Ingemar, *Aristoteles. Darstellung und Interpretation seines Denkens*, Heidelberg 1966.
Düsing, Klaus, "Das Problem des höchsten Gutes in Kants praktischer Philosophie", in: *Kant-Studien* 62.1 (1971), 5–42.
Eberle, Stephan, *Wahrnehmung und Bewegung bei Aristoteles. Grundlegung einer Untersuchung der Zeitstruktur kognitiver Prozesse*, Essen 1997.
Ebert, Theobert, "Aristotle on what is done in perceiving", in: *Zeitschrift für philosophische Forschung* 37 (1983),181–198.
Erler, Michael, "Epikur", in: *Grundriss der Geschichte der Philosophie, begründet von Friedrich Überweg, Band 4. Die hellenistische Philosophie*, von Michael Erler, Hellmut Flashar, Günter Gawlick, Woldemar Görler, Peter Steinmetz, hrsg. von Hellmut Flashar, Basel 1994.
Erler, Michael / Schofield, Malcolm, "Epicurean Ethics", in: *The Cambridge History of Hellenistic Philosophy*, ed. by K. Algra, J. Barnes, J. Mansfeld, M. Schofield, Cambridge 1999, 642–74.
Erler, Michael, "Epicurus as deus mortalis. Homoiosis theoi and Epicurean self", in: *Traditions of Theology. Studies in Hellenistic Theology, its Background and Aftermath*, ed. by D. Frede, A. Laks, Leiden, Boston, Köln 2002, 159–181.

Engberg-Pedersen, Troels, "Discovering the good: oikeiosis and kathekonta in Stoic ethics", in: *The Norms of Nature. Studies in Hellenistic Ethics*, ed. by M. Schofield, G. Striker, Cambridge 1986, 145–84.

Engberg-Pedersen, Troels, *The Stoic Theory of Oikeiosis. Moral Development and Social Interaction in Early Stoic Philosophy*, Aarhus 1990.

Everson, Stephen, "Epicurus on the truth of the senses", in: *Epistemology. Companions to ancient thought 3*, ed. by S. Everson, Cambridge 1990, 161–183.

Everson, Stephen (ed.), *Epistemology. Companions to ancient thought 3*, Cambridge 1990.

Everson, Stephen, *Aristotle on Perception*, Oxford 1997.

Everson, Stephen, "Epicurus' Philosophy of Mind", in: *The Cambridge History of Hellenistic Philosophy*, ed. by K. Algra, J. Barnes, J. Mansfeld, M. Schofield, Cambridge 1999.

Fazzo, S., , "Alexandros d'Aphrodisias. Supplément", in: *Dictionnaire des philosophes antiques*, Suppl. CNRS 2003, 64–70.

Fazzo, S., Wiesner, H., "Alexander of Aphrodisias in the Kindi circle and in al-Kindi's cosmology", in: *Arabic Sciences and Philosophy* 3 (1993), 119–53.

Fazzo, S., "La versione araba del ΠΕΡΙ ΠΡΟΝΟΙΑΣ di Alessandro di Afrodisia e i Frammenti Greci nel Trattato contra Iulianum di Cirillo Alessandrino", in: *Aevum* 74. 2 (2000), 399–419.

Feder, Johann Georg Heinrich, *Ueber Raum und Causalität. Zur Prüfung der kantischen Philosophie*, Göttingen 1787.

Festiguère, H. J., *Epicure et ses dieux*, Paris 1968.

Forschner, Maximilian, *Die stoische Ethik. Über den Zusammenhang von Natur-, Sprach- und Moralphilosophie im altstoischen System*, Darmstadt 1981 (2. Auflage Darmstadt 1995).

Forschner, Maximilian, "Oikeiosis. Die stoische Theorie der Selbstaneignung", in: *Stoizismus in der europäischen Philosophie, Literatur, Kunst und Politik*, hrsg. von B. Neumeyr, J. Schmidt, B. Zimmermann, Berlin, New York 2008, Bd. 1, 169–192.

Forschner, Maximilian, "Moralität und Glückseligkeit in Kants Reflexionen", in: *Zeitschrift für philosophische Forschung* 42 (1988), 351–370.

Forster, Michael N., *Kant and Skepticism*, Princeton, Oxford 2008.

Fortenbaugh, W. W., Steinmetz P. (Hg.), *Cicero's Knowledge of the Peripatos*, New Brunswick, London 1989.

Frede, Dorothea, "The dramatization of determinism: Alexander of Aphrodisias' De Fato", in: *Phronesis* 27 (1982), 276–298.

Frede, Dorothea, "The cognitive Role of Phantasia in Aristotle", in: *Essays on Aristotle's De Anima*, ed. by M. Nussbaum, A. Oksenberg Rorty, Oxford 1995, 279–295.

Frede, Dorothea / Laks, André (ed.), *Traditions of Theology. Studies in Hellenistic Theology, its Background and Aftermath*, Leiden, Boston, Köln 2002.

Frede Michael, "The original notion of cause", in: *Doubt and Dogmatism: Studies in Hellenistic epistemology*, ed. by M. Schofield, M. Burnyeat, J. Barnes, New York 1980, 217–249.

Frede, Michael, "Stoics and Skeptics on Clear and Distinct Impressions", in: *The Skeptical Tradition*, ed. by M. Burnyeat, Berkeley, Los Angeles, London 1983, 65–93.

Frede, Michael, *Essays in Ancient Philosophy*, Oxford, Minneapolis, 1989.

Frede, Michael, "Stoic Epistemology", in: *The Cambridge History of Hellenistic Philosophy*, ed. by K. Algra, J. Barnes, J. Mansfeld, M. Schofield Cambridge 1999, 295–322.

Frede, Michael, "Monotheism and pagan philosophy in later antiquity", in: *Pagan monotheism in late antiquity*, ed. by P. Athanassiadi, M. Frede, Oxford 1999, 41–67.

Freibert, Beatrix Maria, *Die aristotelische Logik – Organon oder Teil der Philosophie?* (Dissertation, Marburg 2016).

Freytag, Willy, *Die Entwicklung der griechischen Erkenntnistheorie bis Aristoteles*, Halle 1905.
Furley, David, *Two Studies in the Greek Atomists*, Princeton 1967
Furley, David, "Knowledge of atoms and void in Epicureanism", [in: *Essays in Ancient Greek Philosophy*, ed. by J. P. Anton and G. L. Kustas, Albany 1971, 607–619] reprinted in: *Cosmic problems. Essays on Greek and Roman Philosophy of Nature*, Cambridge 1989, 161–171.
Gabriel, Markus, *Skeptizismus und Idealismus in der Antike*, Frankfurt am Main 2009.
Geismann, Georg, „„Höchstes politisches Gut" – „Höchstes Gut in einer Welt". Zum Verhältnis von Moralphilosophie, Geschichtsphilosophie und Religionsphilosophie bei Kant", in: *Tijdschrift voor Filosofie*, 68 (2006) 23–41.
Gill, Christopher, *The Structured Self in Hellenistic and Roman Thought*, Oxford 2006.
Gill, Christopher, "Psychology", in: *The Cambridge Companion to Epicureanism*, ed. by J. Warren, Cambridge 2009, 125–141.
Glidden, David, "Epicurean prolepsis", in: *Oxford Studies in Ancient Philosophy* 3 (1985), 175–217.
Goedeckemeyer, Albert, *Epikurs Verhältnis zu Demokrit in der Naturphilosophie*, Strassburg 1897.
Gosling, J. C. B / Taylor, C. W., *The Greeks On Pleasure*, Oxford 1982.
Gourinat, Jean-Baptiste, "The Stoics on Matter and Prime Matter", in: *God and Cosmos in Stoicism*, ed. by R. Salles, Oxford 2009, 46–70.
Gould, Josiah B., *The Philosophy of Chrysippus*, Leiden 1971.
Graeser, Andreas, *Zenon von Kition. Positionen und Probleme*, Berlin, New York 1975.
Graeser, Andreas, "On Aristotle's Framework of Sensibilia", in: *Aristotle on Mind and the Senses*, ed. by G. E. R. Loyd and G. E. L. Owen, Cambridge 1978, 69–97.
Grimal, Pierre, *Seneca. Macht und Ohnmacht des Geistes*, Darmstadt 1978.
Guckes, Barbara (Hg.), *Zur Ethik der älteren Stoa*, Göttingen 2004.
Hadot, Pierre, *Philosophie als Lebensform. Geistige Übungen in der Antike*, Berlin 1991.
Hadot, Pierre, *Die Innere Burg. Anleitung zu einer Lektüre Marc Aurels*, Frankfurt am Main 1997.
Hadot, Pierre, *Wege zur Weisheit oder was lehrt uns die antike Philosophie?*, Berlin 1999.
Hahm, David E., *The Origins of Stoic Cosmology*, Ohio 1977.
Hahmann, Andree, *Was ist Willensfreiheit? Alexander von Aphrodisias über das Schicksal*, Marburg 2005.
Hahmann, Andree, "Mit Aristoteles gegen die Stoiker? Zufall und akzidentelle Verursachung in der Schrift 'De fato' des Alexander von Aphrodisias", in: *Zeitschrift für philosophische Forschung* 61.3 (2007), 361–377 = 2007a.
Hahmann, Andree, "Was bedeutet Willensfreiheit für die Stoiker? Alexander von Aphrodisias und der Willensbegriff in der Antike", in: *Existentia* 17.1–2 (2007), 137–156 = 2007b.
Hahmann, Andree, "Der glückliche Tod des Stoikers – Weisheit und Endlichkeit in der stoischen Philosophie", in: *Bochumer philosophisches Jahrbuch für Antike und Mittelalter* 13 (2008), 87–106 = 2008a.
Hahmann, Andree, "Eine prästabilierte Harmonie in der Kritik der reinen Vernunft?", in: *Philosophisches Jahrbuch* 115.2 (2008), 243–258 = 2008b.
Hahmann, Andree, *Kritische Metaphysik der Substanz. Kant im Widerspruch zu Leibniz*, Berlin, New York 2009 = 2009a.
Hahmann, Andree, "Jula Wildberger, Seneca und die Stoa: Der Platz des Menschen in der Welt, Berlin, New York: De Gruyter 2006", in: *Philosophisches Jahrbuch* 116.2 (2009), 423–425 = 2009b.

Hahmann, Andree, "Michael N. Forster, Kant and Skepticism, Princeton, Oxford: Princeton Univ. Press, 2008", in: *Internationales Jahrbuch des deutschen Idealismus*, 7 (2009), 289–292 = 2009c.

Hahmann, Andree, "Markus Gabriel, Skeptizismus und Idealismus in der Antike, Frankfurt am Main: Suhrkamp 2009", in: *Zeitschrift für philosophische Forschung* 64.4 (2010). 602–605 = 2010a.

Hahmann, Andree, "Kant und die Dinge an sich – Was leistet die ontologische Version der Zwei-Aspekte-Theorie?", in: *Allgemeine Zeitschrift für Philosophie* 35.2 (2010), 123–144 = 2010b.

Hahmann, Andree, "Freiheit und Ding an sich: die kosmologischen Antinomien als Probe des transzendentalen Idealismus (§§ 50–56)", in: *Kommentar zu Kants Prolegomena*, hrsg. von Holger Lyre, Oliver Schliemann, Frankfurt am Main 2012, 215–234 = 2012a.

Hahmann, Andree, "Ist Freiheit die „Wahrheit der Notwendigkeit?" Zur Auflösung der Dritten Antinomie", in: *Sind wir Bürger zweier Welten? Freiheit und moralische Verantwortung im transzendentalen Idealismus – Kant-Forschungen*, hrsg. von Mario Brandhorst, Andree Hahmann, Bernd Ludwig, Hamburg 2012, 135–154 = 2012b.

Hahmann, Andree, "Pflichtgemäß, aber töricht! Kant über Spinozas Leugnung der Vorsehung", in: *Das Leben der Vernunft. Beiträge zur Philosophie Kants*, hrsg. von D. Hüning, S. Klingner, C. Olk, Berlin, Boston 2013, 477–505.

Hahmann, Andree, "Kann man Aristoteles' Philosophie der Wahrnehmung noch für wahr nehmen?", in: *Philosophisches Jahrbuch* 121.1 (2014), 3–32.

Hahmann, Andree, "Epicurus on Truth and Phantasia", in: *Ancient Philosophy* 35 (2015), 155–182 = 2015a.

Hahmann, Andree, "Epikur über den Gegenstand der Wahrnehmung", in: *Archiv für Geschichte der Philosophie* 97.3 (2015), 217–307 = 2015b.

Hahmann, Andree, "Hegel on Aristotle's notion of perception – a critical assessment in the light of a contemporary debate", in: *Hegel-Jahrbuch* 1 (2015), 111–116 = 2015c.

Hahmann, Andree, "Das stoische Verständnis der Wahrsagung bei Cicero" (im Erscheinen).

Hahmann, Andree, "Providence ‚transferred'? Alexander of Aphrodisias on Divine Care", in: *Aristotle Transferred. The Ancient Greek Commentaries on Aristotle and the Transfer of Knowledge*, hrsg. von G. Uhlmann (im Erscheinen).

Hamlyn, D. W., "Aristotle's Account of Aesthesis in the De Anima", in: *The Classical Quarterly* 9.1 (1959), 6–16.

Hammerstaedt, J. und Smith, M. F, "Diogenes of Oinoanda: The Discoveries of 2011 (NF 191–205, and additions to NF 127 and 130)", in: *Epigraphica Anatolica* 44 (2011), 79–114.

Hankinson, R. J., "Stoicism, Science and Divination", in: *Method, Medicine and Metaphysics. Studies in the Philosophy of Ancient Science*, ed. by R. J. Hankinson, *Apeiron* 31.2 (1988), 123–160.

Hankinson, R. J., *The Sceptics*, London 1995.

Hankinson, R. J., *Cause and Explanation in Ancient Greek Thought*, Oxford 1998.

Hankinson, R. J., "Stoic Epistemology", in: *The Cambridge Companion to the Stoics*, ed. by Brad Inwood, Cambridge 2003, 59–84.

Happ, Heinz, "Weltbild und Seinslehre bei Aristoteles", in: *Antike und Abendland* 16 (1968), 72–90.

Happ, Heinz, *Hyle. Studien zum aristotelischen Materie-Begriff*, Berlin, New York 1971.

Heidegger, Martin, *Die Frage nach dem Ding. Zu Kants Lehre von den transzendentalen Grundsätzen*, Tübingen 1962.

Heinaman, Robert "Aristotle and the Mind-Body Problem", in: *Phronesis* 35.1 (1990), 83–102.
Heinaman, Robert, "Actuality, Potentiality and De Anima II.2", in: *Phronesis* 53 (2007), 139–187.
Herzberg, Stephan, "De Anima II 5 und Aristoteles' Wahrnehmungstheorie", in: *Zeitschrift für philosophische Forschung* 61/1 (2007), 98–120.
Herzberg, Stephan, *Wahrnehmung und Wissen bei Aristoteles. Zur epistemologischen Funktion der Wahrnehmung*, Berlin 2011.
Hicks, Robert D., *Stoic and Epicurean (Epochs of Philosophy)*, London 1910.
Himmelmann, Beatrix, *Kants Begriff des Glücks*, Berlin, New York 2003.
Hirzel, Rudolf, *Untersuchungen zu Cicero's philosophischen Schriften*, Leipzig 1882.
Hocutt, Max, "Aristotle's Four Becauses", in: *Philosophy*, Volume 49 Issue 190 (1974), 385–399.
Horn, Christoph, "Augustinus und die Entstehung des philosophischen Willensbegriffs", in: *Zeitschrift für philosophische Forschung* 50 (1996), 113–132.
Horn, Christoph, "Die stoische oikeiôsis als Konzeption der gelingenden Lebensführung und als Moraltheorie", in: *Denkformen – Lebensformen*, hrsg. von T. Borsche, Hildesheim 2003, 95–114.
Horn, Christoph, "Was weiß der stoische Weise? Zur Epistemologie der stoischen Ethik", in: *Wissen und Bildung in der antiken Philosophie*, hrsg. von Christof Rapp, Tim Wagner, Stuttgart 2006, 341–357.
Horn, Christoph, "Hellenismus und frühe Kaiserzeit: Der Peripatos", in: *Politischer Aristotelismus von der Antike bis zum 19. Jahrhundert*, hrsg. von Ch. Horn, A. Neschke-Hentschke, Stuttgart, Weimar 2008, 20–41.
Horn, Christoph, "Kant und die Stoiker", in: *Stoizismus in der europäischen Philosophie, Literatur, Kunst und Politik*, hrsg. von B. Neymeyr, J. Schmidt, B. Zimmermann, Bd. 2, Berlin 2008, 1081–1103.
Horstschäfer, Titus Maria, ‚Über Prinzipien'. *Eine Untersuchung zur methodischen und inhaltlichen Geschlossenheit des ersten Buches der* Physik *des Aristoteles*, Berlin, New York 1998.
Hossenfelder, Malte, "Epicurus – hedonist malgré lui", in: The Norms of Nature. Studies in Hellenistic Ethics, ed. by Malcolm Schofield and Gisela Striker, Cambridge 1986, 245–263.
Howard, Jones, *The Epicurean Tradition*, London, New York 1989.
Inwood, Brad, *Ethics and Human Action in Early Stoicism*, Oxford 1985.
Inwood, Brad / Donini, Pierluigi, "Stoic Ethics", in: *The Cambridge History of Hellenistic Philosophy*, ed. by Keimpe Algra, Jonathan Barnes, Jaap Mansfield and Malcolm Schofield, Cambridge 1999, 675–738.
Inwood, Brad, "Hierocles: Theory and Argument in the 2nd Century A.D.", in: *Oxford Studies in Ancient Philosophy* 2 (1984), 151–84.
Inwood, Brad (ed.), *The Cambridge companion to the Stoics*, Cambridge 2003
Jedan, Christoph, *Willensfreiheit bei Aristoteles?*, Göttingen 2000.
Jedan, Christoph, "Zur Aktualität des stoischen Kompatibilismus", in: *Zeitschrift für philosophische Forschung* 55 (2001), 375–386.
Jedan, Christoph, *Stoic Virtues. Chrysippus and the Religious Character of Stoic Ethics*, London, New York 2009.
Johansen, Thomas K., *Aristotle on the sense-organs*, Cambridge 2007.
Judson, Lindsay, *Aristotle's Physics: A Collection of Essays*, Oxford 1991.
Jürß, Fritz, *Die epikureische Erkenntnistheorie*, Berlin 1991.
Kerferd, G. B., "Epicurus' Doctrine of the Soul", in: *Phronesis* 16.1 (1971), 80–96.

Kerferd G. B., "The Search for Personal Identity in Stoic Thought", in: *Bulletin of the John Rylands Library of Manchester* 55 (1972), 177–96.
Kerferd, G. B., "What does the wise man know", in: *The Stoics*, ed. by John M. Rist, Berkeley, Los Angeles, London 1978, 125–136.
Kleingeld, Pauline, "Nature or Providence? On the Theoretical and Moral Importance of Kant's Philosophy of History", in: *American Catholic Philosophical Quarterly* 75.2 (2001), 201–219.
Konstan, David, "Epicurean ‚passions' and the good life", in: *The virtuous Life in Greek Ethics*, ed. by B. Reis, Cambridge 2006, 194–2005.
Krämer, Hans Joachim, "Epikur und die hedonistische Tradition", in: *Gymnasium* 87 (1980), 294–326.
Krewet, Michael, *Die Theorie des Gefühls bei Aristoteles*, Heidelberg 2011.
Krewet, Michael, "Polybios' Geschichtsbild", in: Wiener Studien 130 (2017), 89–125.
Kullmann, Wolfgang, *Naturgesetze in der Vorstellung der Antike, besonders der Stoa. Eine Begriffsuntersuchung*, Stuttgart 2010.
Lee, Edward N., "The Sense of an Object: Epicurus on Seeing and Hearing", in: *Studies in Perception: Interrelations in the History of Philosophy and Science*, ed. by Peter K. Machamer, Robert G. Turnbull, Ohio 1978.
Lehner, Ulrich L., *Kants Vorsehungskonzept auf dem Hintergrund der deutschen Schulphilosophie und -theologie*, Leiden, Boston 2007.
Leijenhorst, Cees, "Sense and Nonsense about Sense. Hobbes and the Aristotelians on Sense Perception and Imagination", in: *The Cambridge Companion to Hobbes's Leviathan*, ed. by P. Springborg, Cambridge 2007, 82–108.
Leijenhorst, Cees, "Attention Please! Theories of Selective Attention in Late Aristotelian and Early Modern Philosophy", in: *Mind, Cognition and Representation. The Tradition of the Commentaries on Aristotle's De Anima*, ed. by P. Bakker, J. Thijssen, Aldershot 2004, 205–230.
Lloyd, A. C., "Was Aristotle's Theory of Perception Lockean?", in: Ratio 21 (1979), 135–148.
Lloyd, Genevieve, "Providence as progress: Kant's variations on a tale of origins", in: *Kant's Idea for a Universal History with a Cosmopolitan Aim*, ed. by A. Oksenberg Rorty, Cambridge 2009, 200–215.
Løkke, Håvard, "The Stoics on Sense Perception", in: *Theories of Perception in Medieval and Early Modern Philosophy*, ed. by Simo Knuuttila, Pekka Kärkkäinen, Dordrecht 2008, 35–46.
LoLordo, Antonia, *Pierre Gassendi and the Birth of Early Modern Philosophy*, Cambridge, New York 2007.
Long, A. A., "The Stoic concept of evil", in: *Philosophical Quarterly* 18 (1968), 329–43.
Long, A. A., "Stoic determinism and Alexander of Aphrodisias De fato (i–xiv)'", in: *Archiv für Geschichte der Philosophie* 52 (1970), 246–66.
Long, A.A., "Aisthesis, prolepsis and linguistic theory in Epicurus", in: *Bulletin of the Institute of Classical Studies* 18 (1971), 114–133.
Long, A. A. (ed.), *Problems in Stoicism*, London 1971.
Long, A. A., *Hellenistic Philosophy, Stoics, Epicureans, Sceptics*, London 1974.
Long, A. A., "The Stoics on world-conflagration and everlasting recurrence", in: *The Southern Journal of Philosophy*, Suppl. 23 (1983), 13–37.
Long, A. A.,"Representation and the self in Stoicism", in: *Psychology*, ed. by Stephen Everson, Cambridge 1991, 102–120.

Long, A. A., *Stoic Studies*, New York, Cambridge 1996.
Long, A. A., "Stoicism in the Philosophical Tradition: Spinoza, Lipsius, Butler", in: *Hellenistic and Early Modern Philosophy*, ed. by Jon Miller, Brad Inwood, Cambridge 2003, 7–29.
Long, A. A., *Epictetus. A stoic and socratic guide to life,* Oxford 2002.
Long, A. A., *From Epicurus to Epictetus: Studies in Hellenistic and Roman Philosophy*, Oxford 2006.
Lorenz, Hendrik, "The Assimilation of Sense to Sense-Object in Aristotle", in: *Oxford Studies in Ancient Philosophy* 33 (2007), 179–180.
Lorenz, Hendrik, "Posidonius on the nature and treatment of the emotions," in: *Oxford Studies in Ancient Philosophy* 40 (2011), 189–211.
Ludwig, Bernd, "Will die Natur unwiderstehlich die Republik? Einige Reflexionen anläßlich einer rätselhaften Textpassage in Kants Friedensschrift", in: *Kant Studien* 88 (1997), 218–228 und 89 (1998), 80–83.
Ludwig, Bernd, *Die Wiederentdeckung Des Epikureischen Naturrechts: Zu Thomas Hobbes' Philosophischer Entwicklung von De Cive zum Leviathan im Pariser Exil, 1640–1651*, Frankfurt am Main 1998.
Machamer, Peter K., Turnbull, Robert G. (edd.), *Studies in Perception. Interrelations in the History of Philosophy and Science*, Columbus 1978.
Magee, J. M., "Sense Organs and the Activity of Sensation in Aristotle", in: *Phronesis* 45.4 (2000), 306–330.
Manuwald, Anke, *Die Prolepsislehre Epikurs*, Bonn 1972.
Mansfeld, Jaap, "Providence and the Destruction of the Universe in Early Stoic Thought", in: *Studies in Hellenistic Religions*, ed. by M. J. Vermaseren, Leiden 1979, 129–188.
Mansfeld, Jaap, "Aspects of Epicurean Theology", in: *Mnemosyne* 46 (1993), 172–210.
Mansfeld, Jaap, "Theology", in: *The Cambridge History of Hellenistic Philosophy*, ed. by K. Algra, J. Barnes, J. Mansfeld and M. Schofield, Cambridge 1999, 452–478.
Maurach, Gregor, *Seneca. Leben und Werk*, Darmstadt 1991.
McDowell, John, "Response to Dreyfus", in: *Inquiry* 50. 4 (2007), 366–370
McDowell, John, "What Myth?", in: *Inquiry*, 50.4 (2007), 338–351.
Meijer, P. A., *Stoic Theology. Proofs for the Existence of the Cosmic God and of the traditional Gods. Including a commentary on Cleanthes' Hymn on Zeus*, Delft 2007.
Merlan, Philip, "Zwei Untersuchungen zu Alexander von Aphrodisias. Mit einem Anhang: Zur sog. Diktiertheorie", in: *Philologus* 113.1–2 (1969), 85–91.
Merleau-Ponty, Maurice, *Phénoménologie de la perception*, Paris 1945.
Miller, Jon / Inwood, Brad (edd), *Hellenistic and Early Modern Philosophy*, Cambridge 2003.
Miller, Jon, "Spinoza and the stoics on substance monism", in: *The Cambridge Companion to Spinoza's Ethics*, ed. by Olli Koistinen, Cambridge University Press (2009), 99–117.
Milz, Bernhard, *Der gesuchte Widerstreit*, Berlin, New York 2002.
Moraux, P., *Alexandre d'Aphrodise: Exégète de la noétique d'Aristote*, Liège/Paris 1942.
Moraux, Paul, "Alexander von Aphrodisias Quaest. 2,3", in: *Hermes* 95.2 (1967), 159–169.
Moraux, Paul, *Der Aristotelismus bei den Griechen. Von Andronikos bis Alexander von Aphrodisias. Erster Band. Die Rennaissance des Aristotelismus im 1. Jh. v. Chr.* Berlin, New York 1973.
Morel, Pierre Marie "Method and evidence: On the Epicurean preconception", in: *Proceedings of the Boston Area Colloquium in Ancient Philosophy* 23 (2007), 25–48.
Morel, Pierre Marie, "Epicurean Atomism", in: *The Cambridge Companion to Epicureanism*, ed. by James Warren, Cambridge 2009, 65–83.

Natorp, Paul, *Forschungen zur Geschichte des Erkenntnisproblems im Alterthum*, Berlin 1884.
Neymeyr, Barbara / Schmidt, Jochen / Zimmermann, Bernhard (Hg.), *Stoizismus in der europäischen Philosophie, Literatur, Kunst und Politik*, 2 Bände, Berlin, New York 2008.
Neurath, Otto, "Soziologie im Physikalismus", in: *Erkenntnis* 2.1 (1931), 393–431.
Nikolsky, Boris, "Epicurus On Pleasure", in: *Phronesis* 46.4 (2001), 440–465.
O'Keefe, Tim, *Epicureanism*, Durham 2010.
O'Connell, Eoin, "Happiness Proportioned to Virtue: Kant and the Highest Good", in: *Kantian Review* 17.2 (2012), 257–279.
Osler, Margaret, "Early Modern Uses of Hellenistic Philosophy: Gassendi's Epicurean Project", in: *Hellenistic and Early Modern Philosophy*, ed. by J. Miller, B. Inwood, Cambridge 2003, 30–44.
Owen, G. E. L., "Tithenai ta phainomena", in: *Articles on Aristotle, Vol. 1 Science*, ed. by J. Barnes, M. Schofield, R. Sorabji, London 1975, 113–126.
Paganini, Gianni, "Hobbes, Gassendi and the tradition of political Epicureanism", in: *Hobbes Studies* 14:1 (2001), 3–24.
Pasnau, Robert, *Theories of Cognition in the Later Middle Ages*, Philadelphia 1997.
Pease, Arthur Stanley, "M. Tulli Ciceronis de divinatione. Liber Primus. Part I. With Commentary", in: *University of Illionois Studies in Language and Literature*, Volume VI (1920), 159–326.
Pease, Arthur Stanley, "M. Tulli Ciceronis de divinatione. Liber Primus. Part II. With Commentary", in: *University of Illionois Studies in Language and Literature*, Volume VI (1920), 327–500.
Pembroke, S. G., "Oikeiosis", in: *Problems in Stoicism*, ed. by A. A. Long, London 1971, 114–149.
Pohlenz, Max, *Die Stoa. Geschichte einer geistigen Bewegung*, Göttingen 1959.
Pohlenz, Max, *Die Stoa. Geschichte einer geistigen Bewegung. 2. Band Erläuterungen*, 4. Auflage mit Zitatkorrekturen, bibliographische Nachträge und ein Stellenregister von Horst-Theodor Johann, Göttingen 1972.
Polansky, Roland, *Aristotle's De Anima*, Cambridge 2007.
Popkin, Richard, *The History of Scepticism from Savonarola to Bayle*, Oxford 2003.
Purinton, Jeffrey S., "Epicurus on the telos", in: *Phronesis* 38.3 (1993), 281–320.
Pyle, Andrew, *Atomism and Its Critics: From Democritus to Newton*, Bristol 1997.
Radke, Gyburg, "Platons Ideenlehre", in: *Klassische Fragen der Philosophiegeschichte I: Antike bis Renaissance*, hrsg. von F. Gniffke, N. Herold, Münster 2002, 17–64.
Rawls, John, *Lectures on the History of Moral Philosophy*, Cambridge 2000.
Reale, Giovanni, *A History of Ancient Philosophy, III. The Systems of the Hellenistic Age*, edited and translated from the third Italian Edition by J. C. Catan, Albany, N.Y. 1985.
Reinhardt, Karl, *Poseidonios*, München 1921.
Reinhard, Karl, "Heraklits Lehre vom Feuer", in: *Hermes* 77.1 (1942), 1–27.
Repici, L., "Gli Stoici e la divinazione secondo Cicerone", in: *Hermes* 123 (1995), 175–92.
Reydams-Schils, Gretchen, *Demiurge and Providence: Stoic and Platonist Readings of Plato's Timaeus*, Turnhout 1999.
Reydams-Schils, Gretchen, *The Roman Stoics. Self, responsibility, and affection*, Chicago 2005.
Rist, John Michael, *Stoic Philosophy*, Cambridge 1969.
Rist, John Michael, *Epicurus. An Introduction*, Cambridge 1972.
Rist, John Michael, "Pleasure: 360–300 B. C.", in: *Phoenix* 28.2 (1974), 167–179.
Rist, John Michael (ed.), *The Stoics*, Berkeley etc. 1978.

Salles, Ricardo, "Chrysippus on Conflagration and the Indestructibility of the Cosmos", in: *God and Cosmos in Stoicism*, ed. by. Ricardo Salles, Oxford 2009, 118– 134.
Salles, Ricardo (ed.), *Metaphysics, soul, and ethics in ancient thought. Themes from the work of Richard Sorabji*, Oxford 2005.
Sandbach, F. H., "Phantasia Kataleptike", in: *Problems in Stoicism*, ed. by A. A. Long, London 1971, 9–21.
Sandbach, F. H., "Ennoia and Prolepsis in the Stoic Theory of Knowledge", in: *Problems in Stoicism*, ed. by A. A. Long, London 1971, 22–37.
Sandbach, F. H., *Aristotle and the Stoics*, Cambridge 1985.
Sandbach, F. H., *The Stoics*, 2. Auflage Bristol 1989 (erste Auflage Bristol 1975).
Santozki, Ulrike, *Die Bedeutung antiker Theorien für die Genese und Systematik von Kants Philosophie. Eine Analyse der drei Kritiken*, Inauguraldissertation Marburg 2004.
Santozki, Ulrike, "Kants Technik der Natur in der Kritik der Urteilskraft", in: *Archiv für Begriffsgeschichte* 47 (2005), 89–121.
Schäublin, Christoph, "Cicero, ‚De divinatione' und Poseidonios", in: *Museum Helveticum* 42 (1985), 157–167.
Schmid, W., "Götter und Menschen in der Theologie Epikurs", in: *Rheinisches Museum* 94 (1951), 97–156.
Schmitt, Arbogast, "Das Bewußte und das Unbewußte in der Deutung durch die griechische Philosophie (Platon, Aristoteles, Plotin)", in: *Antike und Abendland* 40 (1994), 59–85.
Schmitt, Arbogast, *Der Einzelne und die Gemeinschaft in der Dichtung Homers und in der Staatstheorie bei Platon*, Stuttgart 2000.
Schmitt, Arbogast, "Parmenides und der Ursprung der Philosophie", in: Emil Angehrn (Hg.), *Anfang und Ursprung. Die Frage nach dem Ersten in der Philosophie und Kulturwissenschaft*, Berlin, New York 2007, 109–139.
Schmitt, Arbogast, "Symmetrie und Schönheit. Plotins Kritik an hellenistischen Proportionslehren. Ihre unterschiedliche Wirkungsgeschichte in Mittelalter und Früher Neuzeit", in: *Neuplatonismus und Ästhetik. Zur Transformationsgeschichte des Schönen*, hrsg. von Verena Lobsien, Claudia Olk, Berlin 2007, 59–84.
Schmitt, Arbogast, *Die Moderne und Platon. Zwei Grundformen europäischer Rationalität*, 2. überarb. Aufl, Stuttgart 2008.
Schmitt, Arbogast, "Schönheit: Gegenstand der Sinne oder des Denkens? Zur Theorie des Schönen im 18. Jahrhundert und bei Platon", in: A. Bauereisen, S. Pabst, A. Vesper (Hgg.), *Kunst und Wissen. Beziehungen zwischen Ästhetik und Erkenntnistheorie im 18. und 19. Jahrhundert*, Würzburg 2009, 49–69.
Schmitt, Arbogast, *Denken und Sein bei Platon und Descartes. Kritische Anmerkungen zur ‚Überwindung' der antiken Seinsphilosophie durch die moderne Philosophie des Subjekts*, Heidelberg 2011.
Schmidt, Jochen, "Stoische Naturphilosophie und ihre Psychologisierung", in: *Stoizismus in der europäischen Philosophie, Literatur, Kunst und Politik*, hrsg. von B. Neymeyr, J. Schmidt, B. Zimmermann, 2. Bd., Berlin, New York 2008, 215–227.
Schmitz, Markus, "Stoische Erkenntnistheorie bei René Descartes und ihre Funktion für die Wissenschaftstheorie", in: *Der Einfluß des Hellenismus auf die Philosophie der Frühen Neuzeit*, hrsg. von G. Boros, Wiesbaden 2005, 81–95.

Schnädelbach, Herbert, "Der auferstandene Epikur – Erfahrungen mit akademischer Jugend", in: ders., *Vernunft und Geschichte. Vorträge und Abhandlungen*, Frankfurt am Main 1987, 285–289.

Schofield, Malcom, "Preconception, Argument and God", in: *Doubt and Dogmatism: Studies in Hellenistic epistemology*, ed. by M. Schofield, M. Burnyeat and J. Barnes Oxford 1980, 283–308.

Schofield, Malcolm, "Cicero for and against Divination", in: *The Journal of Roman Studies*, 76 (1986), 47–65.

Schofield, Malcolm, "Aristotle on the imagination", in: *Essays on Aristotle's De Anima*, Amélie Oksenberg Rorty & Martha C. Nussbaum, Oxford 1995, 249–277.

Schultz, Celia E., *Commentary on Cicero De Divinatione I*, Ann Arbor 2014.

Sedley, David, "Epicurus on the Common Sensibles", in: *The Criterion of Truth. Essays written in honour of George Kerferd together with a text and translation (with annotations) of Ptolemy's On the Kriterion and Hegemonikon*, ed. by Pamela Huby, Gordon Neal, Liverpool 1989, 123–136.

Sedley, David, "The Inferential Foundations of Epicurean Ethics", in: *Ethics*, ed. by S. Everson, Cambridge 1998, 129–150.

Sedley, David, "The Origins of Stoic God", in: *Traditions of Theology. Studies in Hellenistic Theology, its Background and Aftermath*, ed. by Dorothea Frede, Leiden, Boston, Köln 2002, 41–83.

Sedley, David, "Hellenistic physics and metaphysics", in: *The Cambridge History of Hellenistic Philosophy*, ed. by. Keimpe Algra, Jonathan Barnes, Jaap Mansfeld and Malcolm Schofield, Cambridge 1999, 355–411.

Seidl, H., *Der Begriff des Intellekts bei Aristoteles im philosophischen Zusammenhang seiner Hauptschriften*, Meisenheim am Glan 1971.

Sharples, R. W., "Alexander of Aphrodisias on Divine Providence: Two Problems", in: *The Classical Quarterly*, 32.1 (1982), 198–211.

Sharples, R. W., "Alexander of Aphrodisias: scholasticism and innovation", in: *Aufstieg und Niedergang der römischen Welt*, XXXVI.2 (1987), 1176–243.

Sharples, R. W., "Aristotelian Theology after Aristotle", in: *Traditions of Theology. Studies in Hellenistic Theology, its Background and Aftermath*, ed. by D. Frede, A. Laks, Leiden, Boston, Köln 2002, 1–40.

Sharples, R. W., "Threefold Providence: The History and Background of a Doctrine", in: *Bulletin of the Institute of Classical Studies, Special Issue: Bulletin of the Institute of Classical Studies Supplement 78: Ancient Approaches to Plato's Timaeus*, Volume 46, Issue S 78 (2003), 107–127.

Shields, Christopher, "The Truth Evaluability of Stoic Phantasiai: Adversus Mathematicos VII 242–46", in: *Journal of the History of Philosophy* 31 (1993), 325–347.

Shields, Christopher, "The Stoic Lekton," in: *Hellenistic Philosophy*, ed. by K. Boudouris, Athens 1994, 137–148.

Shields, Christopher, "Intentionality and Isomorphism in Aristotle", in: *Proceedings of the Boston Area Colloquium in Ancient Philosophy* 11 (1995), 307–330.

Shields, Christopher, "The Peculiar Motion of Aristotelian Souls," in: *Proceedings of the Aristotelian Society*, Supplementary Volume LXXXI (2007), 139–161.

Shields, Christopher, "An Approach to Aristotelian Actuality," in *Mind, Method and Morality: Essays in Honour of Anthony Kenny*, edd. P. Hacker and J. Cottingham, Oxford 2009, 68–93

Shields, Christopher, "The Phainomenological Method in Aristotle's Metaphysics", in: *Aristotle on Method and Metaphysics*, ed. E. Feser, Basingstoke 2013, 7–27.

Shields, Christopher, "Aristotle, Psychology", in: *Stanford Encyclopedia of Philosophy*, ed. by E. Zalta.

Sisko, John E., "Material Alteration and Cognitive Activity in Aristotle's De Anima", in: *Phronesis* 1996, 144–145.

Sorabji, Richard, *Necessity, Cause, and Blame: Perspectives on Aristotle's Theory*, Ithaca, New York 1980.

Sorabji, Richard, "Intentionality and Physiological Process: Aristotle's Theory of Sense Perception", in: *Essays on Aristotle's De Anima*, ed. by Martha Nussbaum, Amélie Oksenberg Rorty, Oxford 1995, 195–225.

Spanneut, Michel, *Permanence du Stoïcisme. De Zénon à Malraux*, Gembloux 1973.

von Staden, Heinrich, "The Stoic Theory of Perception and its Platonic Critics", in: *Studies in Perception. Interrelations in the History of Philosophy and Science*, ed. by Peter K. Machamer, Robert Turnbull, Columbus 1978, 96–136.

Steckel, Horst, *Epikurs Prinzip der Einheit von Schmerzlosigkeit und Lust*, Dissertation Göttingen 1960.

Stokes, Michael C., "Cicero ond Epicurean Pleasures", in: *Cicero the Philosopher. Twelve papers*, ed. by J. G. W. Powell, Oxford 1995, 145–170.

Striker, Gisela, *[Kritērion tēs alētheias (romanized form)]*, Göttingen 1974.

Striker, Gisela, "Epicurus on the truth of sense impressions", in: *Archiv für Geschichte der Philosophie* 59 (1977), 125–42.

Striker, Gisela, "Sceptical Strategies", in: *Doubt and Dogmatism: Studies in Hellenistic Epistemology*, ed. by M. Schofield, M. Burnyeat and J. Barnes, Oxford 1980, 54–83.

Striker, Gisela, "The problem of the criterion", in: *Companions to Ancient Thought 1 – Epistemology*, ed. by. Stephen Everson, Cambridge 1990, 143–160.

Striker, Gisela, "Epicurean hedonism", in: Gisela Striker, *Essays on Hellenistic Epistemology and Ethics*, Cambridge 1996, 196–208

Striker, Gisela, "Following Nature: A Study in Stoic Ethics", in: *Oxford Studies in Ancient Philosophy* 9 (1991), 1–73.

Striker, Gisela, *Essays on Hellenistic Epistemology and Ethics*, Cambridge 1996.

Tack, Reiner, *Untersuchungen zum Philosophie- und Wissenschaftsbegriff bei Pierre Gassendi (1592–1655)*, Meisenheim am Glan 1974.

Taylor, Barnaby, "Diogenes of Oinoanda on the meanings of 'pleasure' (NF 192), in: *Zeitschrift für Papyrologie und Epigraphik* 191 (2014), 84–89.

Taylor, C. C. W., "All perceptions are true", in: *Doubt and Dogmatism: Studies in Hellenistic Epistemology*, ed. by M. Schofield, M. Burnyeat and J. Barnes Oxford 1980, 105–124.

Todd, Robert B., *Alexander of Aphrodisias on Stoic Physics. A Study of the "De Mixtione" with Preliminary Essays, Text, Translation and Commentary*, Leiden 1976.

Tuominen, Miira, *The ancient commentators on Plato and Aristotle*, Berkeley 2009.

Vander Waerdt, Paul, "Colotes and the Epicurean Refutation of Skepticism," in: *Greek, Roman and Byzantine Studies* 30 (1989), 225–267.

Van der Eijk, Philip, "Aristotelian Elements in Cicero's ,De divinatione'", in: *Philologus* 137 (1993), 223–31.

Vogt, Katja Maria, *Law, reason, and the cosmic city. Political philosophy in the early Stoa*, Oxford, New York 2008.

Vogt, Katja Maria, "Sons of the Earth: Are the Stoics Metaphysical Brutes?", in: *Phronesis* 54 (2009), 136–154.
Voigt, Uwe, "Wahrnehmung auf den Punkt gebracht. Die aristotelische Wahrnehmungslehre im Lichte eines geometrischen Modells (De anima III 2, 427a9–14)", in: *Antike Naturwissenschaft und ihre Rezeption*, Bd. XV, hrsg. von J. Althoff, B. Herzhoff, G. Wöhrle, Trier 2005, 25–41.
Voigt, Uwe, "Von Seelen, Figuren und Seeleuten. Zur Einheit und Vielfalt des Begriffs des Lebens bei Aristoteles", in: *Was ist ‚Leben'? Aristoteles' Anschauungen zur Entstehung und Funktionsweise von Leben*, hrsg. von Sabine Föllinger, Stuttgart 2010, 17–33.
Warren, James, *Facing Death: Epicurus and his Critics*, Oxford 2004.
Warren, James (ed.), *The Cambridge companion to epicureanism*, Cambridge 2009.
Waterlow, Sarah, *Nature, Change, and Agency in Aristotle's Physics. A Philosophical Study*, Oxford 1982.
Watkins, Eric, *Kant and the Metaphysics of Causality*, Cambridge 2005.
Watson, Gerard, *The Stoic Theory of Knowledge*, Belfast 1966.
Welsh, Wolfgang, *Aisthesis. Grundzüge und Perspektiven der Aristotelischen Sinneslehre*, Stuttgart 1987.
White, Michael J., *Agency and Integrality. Philosophical Themes in the Ancient Discussions of Determinism and Responsibility*, Dordrecht 1985.
White, Michael J., "Stoic Natural Philosophy (Physics and Cosmology)", in: *The Cambridge Companion to the Stoics*, ed. by Brad Inwood, Cambridge 2003, 124–152
Wicke-Reuter, Ursel, *Göttliche Providenz und menschliche Verantwortung bei Ben Sira und in der frühen Stoa*, Berlin, New York 2000.
Wieland, Wolfgang, *Die aristotelische Physik. Untersuchung über die Grundlegung der Naturwissenschaft und die sprachlichen Bedingungen der Prinzipienforschung bei Aristoteles*, Göttingen 1962.
Wildberger, Jula, *Seneca und die Stoa. Der Platz des Menschen in der Welt*, 2 Bände, Berlin, New York 2006.
Wilson, Catherine, *Epicureanism at the Origins of Modernity*, Oxford 2008.
Wolfsdorf, David, *Pleasure in Ancient Greek Philosophy*, Cambridge 2013.
Wood, Allen W., "Rational theology, moral faith, and religion", in: *Cambridge Companion to Kant*, ed. by Paul Guyer, Cambridge 1992, 394–416
Wood, Allen W., *Kant's Ethical Thought*, Cambridge 1999.
Woolf, Raphael, "Pleasure and Desire", in: *The Cambridge Companion to Epicureanism*, ed. by James Warren, Cambridge 2009, 158–178.
Zeller, Eduard, *Die Philosophie der Griechen in ihrer geschichtlichen Entwicklung. Teil 3 Sektion 1: Die nacharistotelische Philosophie*, Leipzig 1923.
Zobrist, Marc, "Kants Lehre vom höchsten Gut und die Frage moralischer Motivation", in: *Kant-Studien* 99 (2008), 285–311.

Sachregister

Aberglauben 114, 151, 210
Affektion, Affekte 13, 45, 52–53, 65, 68, 71, 75, 81, 83, 87, 90, 102, 124, 128, 141, 161–162, 169, 243, 289, 291–292, 294–295, 307, 310–311, 316, 319, 331
Aktivität 37, 39, 42–45, 48–49, 55–58, 61–83, 93, 103, 120, 128, 132–133, 137, 146, 155, 170, 188, 192, 292, 313, 362–363, 399
– der Urteilskraft 417
– des Verstandes (bzw. des Führungsvermögens) 146, 287, 307
– göttliche 275, 280–281
– in der Wahrnehmung 13, 19–20, 54, 56, 57, 54–81, 94–96, 101–104, 106, 132–133, 140, 288, 292, 303, 312, 324
– vollendete oder vollkommene Aktivität 12–14, 36, 43, 54, 57, 60, 62, 63, 76, 102, 106, 120, 251, 306, 394, 402
– unvollendete oder unvollständige 43, 57, 58, 60, 61, 62
Aktualität 20, 33, 36–48, 57–60, 62, 64–66, 76, 78, 81, 94, 348–350, 399
– erste Aktualität 12, 40, 43, 57, 59–60
– zweite Aktualität 40, 43, 57, 60, 62
Akzidenz 42–43, 50, 117–119, 362
All 16, 121–123, 152, 201, 220, 229, 233, 237, 247, 250, 253, 254, 278, 282, 375, 382, 383
Allgemeine 27, 63–64, 232, 334, 397
Allmacht (Gottes) 359, 378, 400, 415, 427
Allnatur und Einzelnatur 205, 277, 282, 372, 205
Antinomie 110, 426
Antrieb, Antriebskraft 15, 180, 185–186, 190 191, 193, 224, 240, 286–288, 291, 366, 378, 431
Argos Logos (ἀργὸς λόγος: fauler Beweis) 361
Artefakt 34, 78, 227, 276, 285
Astrologie 210
Atemstrom (Pneuma) 219, 259, 262–263, 265, 278, 280, 284, 286–290, 292, 305, 329, 332, 340

Atom 8, 14, 71, 107–156, 162, 203, 209, 212, 214, 216, 261, 274–275, 293, 303, 307, 312, 313, 390–391, 437, 442, 449
Atomismus / Atomisten VII, 2, 5, 7, 13–14, 17, 54, 107, 113, 122–123, 128, 130, 142, 213, 241, 242, 256, 271, 273–274, 277–278, 290, 339, 390, 404, 406, 444, 445, 449, 453–454
Attribut 41, 78, 117–119, 249, 403
Aufmerksamkeit 69, 71–74, 132–133, 291–292, 312, 381, 394
Ausdehnung, räumliche 108, 268
Außenweltproblem 320
Begierde 15, 167–169, 378, 432
Begleiterscheinung 119, 230, 377–378
Beobachtung 94, 125, 149, 153, 173–174, 177, 186, 227, 247, 259, 276, 277, 284
Bestätigung, Nichtbestätigung 112, 148–150, 154, 156
Bewegung VII–VIII, 2, 7–8, 12–14, 16–18, 20–63, 66–70, 73, 77, 79–81, 83–90, 95, 98, 101–105, 107, 110, 116–117, 120–122, 125–126, 140, 143, 152, 164–165, 175–177, 180, 189, 209, 212–213, 222, 224, 231, 241–245, 251–252, 254–255, 270, 272–276, 278, 280, 286, 289, 291–292, 294, 305–306, 339, 345, 348–349, 364, 367–375, 379, 382, 399–403, 405, 409, 415
– Ortsbewegung VIII, 14, 39, 51–52, 120, 126, 243, 251, 286, 399, 402
– Objekt der Bewegung 44, 50
– Ursache der Bewegung 16, 44–45, 47–49, 52, 66, 241, 251, 270
Bewegende 37, 44–45, 49, 51–52, 70, 103, 164
Bewusstsein 72–73, 133, 174, 176, 178, 185–186, 188, 195, 265, 266, 298, 403, 420, 427
Bilder 1, 71, 107–156, 162, 221, 231, 287, 290–291, 303, 307, 311–312
– atomare oder materielle 71, 107–156, 162, 307, 312

Böse 18, 232–233, 342–343, 360, 367–370, 373, 375, 379–381, 383–384, 390, 400–401, 414–415, 421–422, 428
Denken 64–65, 90, 92, 97, 104, 132, 135, 139, 153, 203, 222, 251, 279, 288
Denkfähigkeit / Denkvermögen 68, 265–266, 285, 286
Determinismus 18, 353, 361, 379, 400
Dieses-da 32–33, 50, 78
Ding (oder Gegenstand) an sich 140, 148, 154–155, 299, 307–308, 321, 409, 422, 425, 427, 435
Disposition 57–60, 62–63, 105, 234, 307, 324, 326, 329, 332
Dogmatismus 151
Durchsichtige 41–42, 45
Eigenschaft 13, 27, 31, 46, 50, 52–53, 56, 66, 117–119, 126, 128, 135, 137, 143, 147–148, 152, 155, 208, 220–221, 247–250, 264, 267, 280, 284, 309, 313, 335, 340, 377, 398
– phänomenale 144
Eigenschaftsveränderung 12, 19, 52–62, 102, 104, 106, 305–307, 331, 399
– eine Art von Eigenschaftsveränderung 19, 55–56, 306
Einbildung 92, 140, 288, 308
Eindruck ins Führungsvermögen 289, 303.304, 307, 326, 340
Einheit 32, 35, 52, 85, 89, 108, 124, 145, 156, 200, 204–205, 255–256, 271, 274, 276–278, 280, 283, 286, 288, 338–339, 362, 371, 402, 409–410, 419–420, 424–425
Einwirkungseigenschaften (affektive Eig.) 13, 52, 55–56, 61, 64, 66, 69, 81, 83, 90, 120
Einzelding 32, 64, 250, 277, 313, 372, 393–395, 397
Element 5, 16, 20–21, 30, 116, 125–126, 147, 152, 242–243, 245, 250, 253, 257, 259–264, 268, 273, 280, 286, 339, 404–406, 413
– namenloses Element 125
Empfindungsgehalt 143
Erde 26, 101, 180, 209, 212, 229–230, 265, 268, 273, 282373, 408, 431
Erinnerung 103, 144–145, 327

Erkenntnis 16, 21, 26, 31, 51, 73, 82, 113, 149, 153–156, 162, 167, 178, 195–197, 204–205, 208, 212, 216, 226, 229, 233–234, 242, 260, 288, 293, 305, 307–309, 313–316, 322–325, 329–332, 334–335, 338, 356, 410–411, 419, 435
– sinnliche Erkenntnis (Sinneserkenntnis) 288
– Erkenntnis nach der Analogie 136
Erkenntnisanspruch 110, 317
Erkenntnisfähigkeit 17, 205, 301, 341
Erkenntnismöglichkeit 110, 113, 194, 317, 418
Erkenntnisquelle 113
Erkenntnisvermögen 193, 196
Erklärungszusammenhang 149
Erleiden 13, 19, 49, 52–56, 62, 66, 70, 81, 103–104, 244–245, 379
Epibole 132–133, 291, 312–313
Epistemologie 5, 8, 110, 129, 157, 178, 188, 279, 296, 298, 301, 339, 361
Epoche (ἐποχή) 320–321
Erste Naturgemäße 196–199, 240
Evidenz 35, 107, 112–113, 115–116, 122–124, 139, 141, 144–145, 148–153, 156, 164
Existenz der Götter 211–212, 231, 336, 338, 382, 411
Fähigkeit 46, 59–60, 62, 73, 174, 177, 180, 183, 189–191, 193, 195–197, 217, 227, 236, 286, 312, 324, 331–332, 334, 338, 344, 350, 364
Farbe 19, 27–28, 41–43, 45–46, 50, 66, 74, 82–83, 85–86, 88–89, 96, 98–99, 118–119, 135–137, 139, 141, 221, 292–294, 310, 324
Fatalismus 361–362
Feuer 16–17, 21, 26, 30, 64, 94, 125, 161, 219–220, 222, 241–242, 245, 257–258, 260–266, 268–269, 273, 279–280, 282, 350, 362, 372, 392
– kunstvoll gestaltendes Feuer 219, 257
Feuchte 265
Fokussierung des Geistes (siehe Epibole) 123
Form 1–2, 7, 12, 14, 19–54, 68, 74–83, 90, 102–103, 105–106, 109, 124, 126, 143–144, 181, 225, 224, 245, 248–251, 254, 257, 261–262, 265–266, 272–273, 275, 280–281, 285, 290, 303, 306, 327,

329, 339, 348–349, 363, 378, 389, 397–399, 402–403, 405, 412, 432, 435
Form-Materie-Unterscheidung (siehe auch Hylemorphismus) 1–2, 7, 14, 109, 289, 398, 403, 405
Freiheit 99, 137, 165, 170, 213, 233, 286–287, 390, 400, 410, 425–426, 428–429, 432–433
Freude 58, 160–161, 163–164, 166, 188, 195, 282, 338, 376
Fügung 224, 336
Führungsvermögen 17, 175–176, 217–218, 220, 253, 266–267, 278–279, 287–289, 293, 296, 303–308, 310, 312, 319, 324, 326, 329–332, 334–335, 340, 366
Ganze 147, 203–204, 225, 234, 243, 253–254, 256, 259, 277, 370–371, 374, 380–381, 417, 431
Gattung 22, 28–29, 38, 58–59, 61–62, 115, 117, 180–181, 226, 230, 232, 238, 246, 249, 313, 367, 374, 393, 397, 399, 416, 430–431, 433–434
– Gattung der Substanz 28–29, 62, 399
Gedanke VII, 3, 6, 10, 22, 24, 48, 69, 73, 108, 112, 116, 124, 179, 185, 202, 204–205, 209, 212, 216–218, 222, 226, 232, 236, 240, 242, 249–250, 252, 269, 272, 277, 295, 298, 301, 308, 322, 339, 367, 371, 373, 375–376, 381, 384–385, 387, 389, 393, 397, 401, 403, 417, 420, 424–425, 429–431, 434
Gefühl 69, 79, 112, 138, 150, 162, 177, 294
Gegensätzliches 21, 26–30, 33–34, 39, 45, 373, 379
– erstes Gegensätzliche 21
Gegensatzpaar 27–30, 37, 39
– allgemeinstes Gegensatzpaar 28
Gegenstand 13–14, 17, 19, 27–28, 30, 39, 46–47, 50, 63–65, 68–69, 73, 75, 80, 82–83, 85–86, 92, 95–98, 104, 118, 123–124, 128, 131–132, 135–148, 152–153, 155–156, 162, 186–188, 244, 246, 248–249, 254, 256, 280, 282–283, 285, 289–299, 304–305, 307–321, 324, 326–327, 331, 340, 354, 356, 393, 396, 401–403, 416–417, 420, 435

– äußerer Gegenstand 14, 17, 131, 136, 140, 187, 244, 310, 319–320
– phänomenaler Gegenstand 136
Geist 15, 118, 127–128, 131–139, 144, 150, 160, 164, 166–171, 178, 194, 201, 206, 209, 213, 217, 219–220, 222–223, 226, 230, 237, 240, 273, 285–286, 291, 309, 311
– Beruhigung des Geistes 150
– Unerschütterlichkeit des Geistes 160, 164, 166, 168–170
Gerechtigkeit 169, 185, 201–202, 207, 226, 359–360, 367–369, 380, 387, 401, 410, 415, 422, 428–429, 433
Geruchssinn 135, 287, 310
Geschmackssinn 52, 65, 135, 287, 293, 324
Gesetz 195, 200–203, 205–207, 209, 223–224, 233, 236, 245, 258, 351, 373, 375, 379, 382–383, 401, 403, 408–410, 413, 415, 418–421, 423–427, 432, 435
– Gesetz der Natur 27, 151, 207, 221, 238, 362, 421, 426, 429
Gesetzesbegriff 129
Gesichtssinn, Gesicht 42, 64–65, 70, 82–84, 87–90, 94, 131, 135–138, 144, 170, 187, 293–295, 297, 310
Gestalt 17, 32, 39, 84–85, 89, 115, 117–119, 121, 126, 128–129, 132, 135–136, 139–141, 144–145, 149, 155, 181, 184, 193, 208, 225, 234, 241–242, 247–248, 250, 254, 259–260, 271–276, 283, 290, 294, 311, 331, 341, 344, 364, 378
Gesundheit des Körpers 160, 167–168
Glückseligkeit 158, 170–171, 199–200, 218, 379, 399, 408, 410, 420, 423–429, 431–434
Gut, höchstes oder letztes 9, 11, 15–16, 154, 157–164, 167–170, 172, 182, 196–199, 227, 233–234, 240, 317, 399, 403, 421–427, 429, 434
Güte 16, 183–184, 216, 238, 342–343, 359, 370–371, 384–385
Gott 5, 16, 18, 36, 132, 163, 171, 203, 205–213, 215–217, 219–224, 227–228, 231–232, 234–235, 237–238, 245, 252–258, 261–263, 265, 269–273, 276, 279, 281, 285, 333, 336, 338–339, 342,

344, 348, 355, 359–360, 369–370,
  373–375, 377–390, 392–400, 406, 408,
  410–415, 421–422, 425, 427–429
Göttliche Absicht 215, 422
Göttliches Eingreifen 114
Göttliche Willkür 151, 166, 210
Habitus (Hexis) 59, 217, 277, 280, 285–286,
  290, 330, 334–335
Harmonie 16, 196, 198, 200, 204, 206,
  233–234, 236, 238, 274, 295, 380, 422
Hellenistische Philosophie VII, 2–4, 6, 8–11,
  20, 87, 92–93, 99, 107, 119, 213, 404
Himmel 209, 211–212, 220, 225–226,
  229–230, 233, 258–259, 266, 276, 282,
  415
Himmelskörper 211, 253, 271, 398–399
Hinwendung (siehe Epibole) 291, 377, 404,
  140–141, 174
Hylemorphismus 14, 109
Hypothese 25, 151
Individuum 127, 184, 190–192, 199–200,
  202–203, 207, 236, 238, 375
Indiz 34, 95, 103, 150, 214, 300, 352
Intellekt (Nous / νοῦς) 25, 64–65, 68, 91, 101,
  105–106, 256, 266–267, 269, 273, 288,
  300
in unserer Macht (Verfügungsgewalt / ἐφ'
  ἡμῖν) 97, 99, 105, 199, 300–301, 307,
  311–312, 346, 366, 395, 428
Irrtum 13, 77, 83–85, 90, 92, 96, 101,
  133–134, 136, 139, 141–143, 146–147,
  149, 155, 162, 188, 198, 212, 300
Irrtumsfreiheit 13, 14, 83, 106, 109, 111,
  135–136, 155, 162
Kanon 5, 150, 162
Kategorie 29–30, 37–39, 47, 50–51, 82, 307,
  313, 409, 416–417
Kategorienlehre 246, 249, 313
Klugheit (φρόνησις) 15, 167–170, 201, 226,
  368
Kriterium der Wahrheit 300, 321–323, 328,
  332, 340
Kontingente 348, 351, 358
Kontinuum, materielles 66, 120
Körper 8, 12–14, 20, 32, 34, 36–37, 45–47,
  51–54, 63–64, 66–69, 73, 80–81, 90,
  113, 115–131, 136, 141, 152–153, 160, 162,
  164–184, 188–189, 204, 211, 219, 225,
  228, 239–240, 242–264, 268, 271–288,
  303–306, 316, 329, 339, 362–364,
  370–373, 376–378, 387, 398–399,
  402–403, 406, 409, 412, 435
– natürlicher Körper 20, 34
– himmlischer Körper 36–37, 47
– einfacher Körper 117, 263
– zusammengesetzter Körper 117, 204
– erscheinender Körper 117
Korrespondenzverhältnis 142
Kosmos 180, 204–205, 212, 214–216,
  218–220, 224, 230, 235, 237–238, 241,
  243, 245, 252–261, 266–269, 271–276,
  278–279. 281–282, 284, 293, 339, 351,
  355, 362, 370, 372, 375, 377, 379–380,
  390–391, 402
– Kugelform oder Kugelgestalt des Kosmos 17,
  241, 272–273, 275
Kosmogonie 260, 264
Kosmologie 260, 267, 271–272, 335, 406
Kreisbewegung 272
Kunstfertigkeit 217, 222, 227, 335
Laster 28, 329, 367, 370, 379, 422
Leere 17, 26 (Leeres 116–117), 120–122,
  152–153, 241–242, 246, 251, 254, 261,
  270–272, 275–279, 292–293, 339, 402
Leben 15–16, 78, 140, 153–154, 158, 160, 162,
  167, 170, 173, 181–183, 190–191, 193–
  195, 199, 203–204, 226, 230, 235–237,
  239–240, 259, 269, 272, 277, 280, 283,
  285, 333, 335, 360, 370, 372, 375, 386,
  387, 390, 397–399, 401, 408, 420, 431,
  433
Lebewesen 15, 25, 55, 63, 78, 90, 94, 117,
  161–162, 171–183, 185–193, 197, 199,
  202, 204–205, 214, 217–219, 223–224,
  226, 228–229, 232–233, 240, 253,
  256, 259, 262–263, 265–267, 270–274,
  277–278, 280–286, 295, 297–298, 314,
  326, 335, 350, 362, 369, 371, 375
Leidendes 37, 49, 70
Lekton / Proposition (λεκτόν) 146, 301, 314,
  324, 327, 329, 331, 361 (propositional
  100, 326, 340)
Lenkung der Welt 122, 212, 221, 231, 342
Lob und Tadel 284, 361

Luft 30, 53, 61–62, 68, 80–81, 103–104, 124–125, 220, 257, 261–265, 268, 273, 277–278, 280, 289–292, 305–306
Lust 15, 157–172, 189–191, 231, 235, 240, 367, 435
– statische Lust 164–165
– bewegte oder bewegende Lust 165
Mangel 15, 31, 37, 78, 80, 139, 147, 149, 156, 166, 226, 228, 378, 408, 410, 422, 424
Materie 1, 12–14, 16, 20–37, 41, 45–48, 50, 54, 57–59, 63, 67–69, 74–81, 83, 103, 105, 108–109, 116, 121, 241–242, 245, 247–254, 256–258, 261, 265, 274, 277, 279, 286, 293, 303, 339, 348–349, 363, 369, 377–378, 397–399, 402, 408, 412, 416–418, 424
– erste Materie 32, 36, 50, 247, 250
Medizin 259–260, 352
Meinung 25, 59, 99, 100–101, 112, 133, 139, 141, 143–144, 146, 149, 155, 167, 200, 314, 316, 321–322, 327
Mischung, vollständige / absolute Vermischung 176, 248, 254, 279
Mitte, maßhafte 77, 79, 191
Möglichkeit (siehe auch Potenzialität) 12, 30, 33–34, 36–37, 40–43, 45–46, 48, 50, 54, 58–66, 76, 78–79, 81, 93, 248, 292, 312, 346, 348–350, 398–399, 412, 426
Mond 209, 212, 220, 227, 165, 268, 271, 276, 374
Natur des Menschen 34, 191, 198, 235, 295
Natur, fürsorgende 184, 216
Naturbetrachtung 47, 114, 153, 166
Naturdinge 34, 418
Naturerklärung 149, 151
Naturmechanismus 213, 216
Naturnotwendigkeit 212–213, 216, 230, 382, 396, 401, 409
Naturgemäße, das erste 196–199, 240
Naturphilosophie 2–3, 5, 7, 9, 11, 14–16, 7, 107, 113, 115, 150, 155, 239–242, 245, 267, 339, 394, 402, 404, 406
Naturforschung 167, 416
Nichtseiendes 33
Normativität 207, 223,
Notwendigkeit 16, 18, 23, 37, 112, 208, 212–213, 215–216, 219–220, 230, 255–256, 283, 343–344, 347–351, 358, 364, 366, 370, 381, 387, 390–391, 395–396, 401, 409–410, 413, 415, 425, 429
Objekt, intentionales 143, 169
Oikeiosis (οἰκείωσις) 15, 172–173, 176, 184–185, 188, 190
Ontologie 110, 114, 242, 244, 246, 250, 254, 261, 339, 402–403
Ordnung 24–25, 115, 212
– kausale Ordnung 24
– zeitliche Ordnung 115
– Ordnung des Werdens 25
– sichtbare Ordnung 115, 212
Ort 38, 83, 117, 121
Ortsbewegung VIII, 14, 39, 51–52, 120, 126, 243, 251, 286, 399, 402
Panpsychismus 280
Passivität, 19, 45, 49, 75, 131–132, 134, 141, 303
Peripatos, peripatetisch 108, 211, 328
Pflicht 202, 207, 234, 429
Potenz, Potenzialität 20, 30, 37–41, 43–47, 57, 62, 398
Prädikat 111, 144–147, 362, 366, 409
Privation 21, 23, 28–31, 33, 39, 44, 51, 398
Prinzip 2, 7–8, 11, 16, 20–23, 26–35, 45, 77, 109, 113, 116, 182–206, 208, 211, 213, 219, 230, 243–263, 270, 274–275, 279, 339, 347, 349, 373, 393, 394, 417–420, 427
– aktives Prinzip 211, 219, 248, 251, 256–257, 261, 373, 393
– passives Prinzip 16, 250, 253–254, 258

– körperliches Prinzip 8, 252, 279
Prinzipienlehre 247–248, 250, 253, 260
Proportion 19, 74–77, 79–80
Qualität 32, 38–39, 43, 46, 51–52, 56, 60–61, 66, 68, 71, 79–80, 83, 118–120, 136, 147–148, 155, 249, 252, 259, 262, 310
Quantität 29, 38–39, 51–52, 416
Raum 67, 116–117, 120–121, 123–124, 152–153, 175, 261, 269, 275, 278–279, 293, 390
Recht 169, 194, 201, 206, 433
Regelmäßigkeit 115, 216

Relationale 37, 42–43, 137
Richtscheit 149, 162
Samen 25, 114–115, 183, 222, 237, 257, 287, 347
Satz des zureichenden Grundes 113
Scala naturae 214, 228
Schicksal (εἱμαρμένη / fatum) 108, 151, 205, 211, 214–216, 219–220, 224, 226, 230, 232–233, 236, 245, 247, 256–258, 283–284, 342, 344–348, 351–352, 355, 357–358, 360–361, 371, 382–383, 386–387, 396, 400, 413–414, 420, 430
– Schicksalsfügung 213–214, 216, 258, 391
– Schicksalsspruch 362
Schönheit 16, 181, 209, 213–214, 216, 226, 228–229, 233, 238, 273, 295, 374, 380
Schöpfer 157, 221, 238, 253, 336, 377–378, 394, 398, 415, 432
Sehsinn (siehe auch Gesichtssinn) 67, 84, 87–89, 131, 135–138, 187, 287, 294–295, 297, 310
Seele 5, 17, 36, 47, 61, 64, 79, 97, 100, 103, 123, 125–128, 139, 142, 150–152, 160–161, 164, 166–168, 170, 175–178, 187, 202, 205–206, 219, 222, 224, 229, 234, 245, 249, 258–259, 262–263, 265–267, 269, 271, 277, 280, 284–286, 288–290, 294–297, 302–307, 310–311, 319–320, 330, 332, 336, 340, 362, 366, 370, 372, 376, 287, 405–406, 410
Seelenteile 77, 104, 126–128, 267, 285–287, 312, 406
– rationaler Seelenteil 127, 312
– irrationaler Seelenteil 127–128
Seiende 12, 21, 23, 25, 29, 32–33, 37, 40–41, 43, 64, 245, 247–250, 255, 258, 261, 393
– in Aktualität/Potenzialität Seiendes 39, 45, 56–57, 62, 66
Selbstbeziehung 175
Selbsterhaltung 15, 171, 180–186, 188–190, 195–199, 203, 234, 240, 412
Selbstsorge 174
Selbstständigkeit 32, 35, 127
Selbstwahrnehmung 15, 173–174, 176–178, 186–188, 191–192, 195, 240, 298, 317, 340, 403

Sichtbare 41–43, 45–46, 64
Sinn, innerer 176
Sinnesdaten 91, 142
Sinnesdatentheorie 142
Sinneseindruck 131, 138, 150, 300
Sinnestäuschung 129, 138, 147–148, 155, 299
Sinnlichkeit 110, 141, 145, 153, 194, 292, 299, 306, 326–327, 333, 418
Skepsis, skeptisch VIII, 2–3, 5–6, 8, 17, 111, 151, 153, 156, 296, 299–302, 310–311, 317–319, 321–323, 328, 331–333, 404, 406–407, 409, 435
Sonne 69, 79, 101, 148, 155–156, 209, 220, 227, 264–268, 271, 278, 374
Spannkraft 17, 262, 273–274, 276, 278–281, 285, 296, 329, 331–332, 334, 340, 387
– Spannungsbewegung 17, 262, 276, 278–280, 282, 288, 290–293, 330, 334
– Spannungsverhältnis 262
Sprachfähigkeit 193–194, 206
Staat 170, 200–202, 205–206, 232, 245, 258, 275–276
Statue 31–33, 37, 40–41, 43, 78, 252, 344–345, 349, 363
Sterne 148, 220, 224, 264–265, 268, 271, 347, 382
Stimulus 95, 97, 99, 106, 307, 312
Stoa 4, 8–9, 17, 112, 179, 186, 208, 223, 273, 318, 368–369, 373, 378, 380, 404
Stoff 115–116, 120, 125, 242, 258, 261, 263, 305–306, 344
Streben 15, 105, 157, 171, 180–181, 189–191, 193, 196–198, 200, 203, 226, 236, 411–413, 425, 434
Subjekt 46, 50–51, 99, 144–147, 277, 314, 325–326, 348, 366, 389, 418, 429
Subsistenz 32, 246, 314
Substanz 23, 25, 28–30, 33–39, 48, 50, 62, 81, 98, 117, 119, 121, 127, 152, 219–220, 224, 233, 246–250, 253, 256–257, 261, 265–267, 280, 283, 307, 313–314, 329, 413
– Substanz Gottes 219–220
Substrat 30–32, 34–35, 41–51, 59, 78, 145, 248–249, 418–420
– das erste Substrat / die Materie 12, 19, 26, 30–36, 46–47, 54, 58, 74–76, 78, 83,

103, 109, 116, 121, 241, 245, 248–250, 252–254, 256–258, 261, 265, 274, 303, 363, 377–378, 398–399, 402, 416
System 9, 107, 127, 149, 153, 156, 159, 187, 210, 213, 217, 240–243. 258–259, 305, 328, 330, 332, 334–335, 338, 257, 372, 388, 404, 406–407, 418–421, 429
Sympathie (siehe auch Wechselwirkung) 47, 125, 127–129, 137, 255, 259, 276, 278, 283, 388, 371, 382, 409
Tastsinn 52, 68, 82, 84, 89, 134–138, 144, 154, 287
Teleologie 159, 227, 415–422, 427
Theodizee 216, 251, 243–401, 406, 426, 428–435
Theologie 9, 209, 211, 213, 220–221, 223, 336, 342, 390, 406, 411, 427
– natürliche Theologie 213
Tod 2, 117, 127, 166, 199, 202–203, 263, 268, 350, 365, 370, 376, 381, 386–387, 408, 411
Traum, Traumvorstellungen 93, 95, 103–104, 140, 133, 308, 336, 356
Trugbild 97
Trugschluss 116, 138, 361
Tugend 15, 18, 28, 158–159, 167, 169, 172, 183, 198, 200, 203, 218, 226, 233–236, 284, 295, 329–330, 346, 367–368, 370, 383–387, 395–396, 401, 414, 422, 424, 426
Übel 18, 160, 163, 169, 171, 207, 216, 233, 343, 359–360, 368–370, 376–388, 395, 297–298, 400–401, 408, 415, 428–430, 432–434
Übergang 15–16, 27–28, 49–51, 56, 59–64, 115, 124, 134, 195–197, 233, 264, 306, 348, 373
Überschuss 37, 80
Unbegrenzte 121–122
Unbewegter Beweger 210, 270, 389
Unerschütterlichkeit 15, 331
– der Seele 150–151, 160, 167
– des Geistes 160, 164, 166, 168–170
– des Verstandes 168
Universalbegriffe 246, 406
Unkörperliches 125, 362
Unrecht 201, 367, 435

Unsterblichkeit 5, 220, 226, 405
Unteilbares 116
Unterscheidungsbereich (der einzelnen Wahrnehmungssinne) 14, 75, 135–137, 145, 154, 294
Unterscheidungsleistung (der Wahrnehmung/ Seele/Sinne) 64, 65, 90, 97, 102, 109, 136 Unterscheidungsvermögen 55, 97
Unvernünftige Tiere 99, 105, 194, 214
Unwissenheit 28, 59, 179, 364
Ursache 1, 2, 16, 20–21, 27, 36, 44–45, 47–49, 64, 66, 83, 115, 121, 124–125, 128, 143, 149, 152, 167, 186, 194, 211, 212, 214–126, 241–242, 245, 250–258, 261, 268, 270, 283, 290, 297, 331–332, 338, 344–348, 350–359, 361–364, 369, 383, 391, 394–396, 398–400, 405, 413, 416–418, 426–427, 430
– die (dem Verstand) verborgene Ursache 352, 354–356, 400
– grundlegende Ursache 252
– einfache Ursache 252
– unverursacht 20, 255, 366
– Formursache 252, 262, 344–345
– Materialursache 344
– Wirkursache 21, 52, 344–346, 356, 363
– Zweckursache 52, 258, 344–345
– Hauptursache 364–365
– innere (andauernde) Ursache 345, 364
– vorausgehende Ursache 350, 353, 361–364, 395
– Mitursache 224, 343, 359–360, 363, 379, 400
Ursachenkomplex 355, 358
Ursprungskörper 116
Veränderung VIII, 21–22, 27–28, 30, 32, 36–39, 42–43, 45–47, 49–52, 54, 56–62, 76, 87, 102, 115, 117, 129, 187, 230, 241, 247, 249, 251, 255, 264, 277, 286, 297, 304–307, 347–349, 373, 399, 402
Verfügungsgewalt 105, 301, 312, 395
Vermögen 42, 48, 58–59, 61, 66–67, 70–72, 75, 79, 81–82, 91–94, 99–102, 104, 135, 145, 147, 178, 190, 192, 194, 196, 232, 236, 299, 329, 346, 348–349, 366, 378, 418, 426

Vernunft 16, 27, 99–100, 110, 114–115, 135, 140, 145, 150, 168–169, 176, 191–194, 196, 201–202, 205–207, 211–212, 218–220, 223, 225–230, 233, 235–236, 240, 242, 247, 251–254, 256, 257, 265, 267–269, 273, 282–283, 285–287, 295, 300, 308, 317, 336, 345–346, 366, 368, 370–372, 375, 377, 380–381, 399, 415, 417, 420, 424, 426–428, 430–431, 433
Vernunftgesetz 169, 202, 283, 370
Vernunftkeim 16, 23, 27, 99–100, 110
Vernunftfähigkeit / Vernunftvermögen 191, 193, 195, 205, 220, 227, 233, 315, 366, 426, 430
Vertrag 201
Vielheit 31, 271
Vollkommenheit 208, 216, 219, 235, 237, 270, 272, 360–369, 371, 378, 393, 431
Voraussicht Gottes 221, 223
Vorbegriff 134, 144–145, 150, 178, 188, 194, 209–210, 220–221, 296–297, 299–300, 312, 326–327, 344, 359, 370, 394
Vorherwissen 269, 336–337, 339, 342–359
Vorsätzlichkeit 223
Vorsehung (πρόνοια / providentia) 5, 8–11, 16–18, 159, 163, 179–181, 184–186, 188–191, 197, 204, 207–278, 281–284, 291, 301, 309, 317, 333–334, 336–339, 341–401, 405–408, 410–417, 421–422, 428–429, 431–434
– allgemeine Vorsehung 224, 232, 412
– spezielle Vorsehung 224, 374, 412, 421
Vorstellung 13–14, 17, 73, 91–106, 109–110, 112, 122–156, 162, 169, 178, 183, 186–187, 191, 208, 211, 217, 286–340, 366, 378, 384, 403
– erfassende Vorstellung (καταληπτική φαντασία) 300–301, 309, 311, 317, 321, 323–326, 332
– sinnliche Vorstellungen 308
– nicht-sinnliche Vorstellungen 308
– kunstgerechte Vorstellungen 325
– vernünftige Vorstellung 308, 314
– erkenntnistaugliche Vorstellung 309, 311–312, 316, 324, 331
– Gegenstand der / Vorstellungsgegenstand 95–96, 137, 143–144, 311

– Gehalt der / Vorstellungsgehalt 139, 145–146, 149, 187, 304, 315, 326–327
– Traumvorstellung 140
Vorstellungsvermögen 92, 95, 97, 99, 102–103, 106, 137
Vorgestelltes 142–143, 310
Wahnvorstellung 97, 308, 310–311
Wahnvorstellungsbild 310–311
Wahre 17, 134–135, 328–330, 333, 368
Wahrheit 9, 14, 17, 26, 96, 112, 129, 131–134, 138–139, 141, 150, 155, 195, 212, 245, 258, 283, 298–300, 316, 318, 321–334, 340, 361, 435
Wahrheitsbegriff 298
– korrespondenztheoretischer 146
– kohärenztheoretischer 149, 195, 298–299, 322, 340
Wahrheitsanspruch 139, 141, 152, 332
Wahrheitsgehalt 96, 125, 187, 328
Wahrheitskriterium/ Kriterium der Wahrheit 132 300, 321–323, 328, 332, 340
Wahrnehmung 54–106, 122–156, 159–171, 279–321
– visuelle Wahrnehmung 123
– auditive Wahrnehmung 66, 124
– Mechanik der Wahrnehmung 122–134
Wahrnehmungsbild 131, 133
Wahrnehmungsgehalt 145–146, 312
Wahrnehmungsorgan 45, 55, 65–66, 68, 71–72, 74–81, 85, 102–103, 131, 140, 243, 288–290, 292, 324
Wahrnehmungsobjekt 61, 64, 66–69, 73, 75, 79, 82, 89–91, 99, 102, 104, 106, 132, 142, 144, 295, 302
– eigentümliches Wahrnehmungsobjekt 13, 55, 83–86, 88, 90, 98, 134, 293–294
– gemeinsames Wahrnehmungsobjekt 84–90, 106, 136, 294–295
– akzidentelles Objekt der Wahrnehmung 91, 99
Wahrnehmungsprozess 126, 155, 289, 292
Wahrnehmungssinn 53, 55–56, 66, 69–70, 76, 82, 84–87, 89, 134, 138, 140, 154–155, 294
Wahrnehmungsvermögen 13, 61, 63–64, 68, 74–79, 81–82, 89, 94, 97, 102, 191

Wahrsagekunst 210, 333–339, 342–343, 354, 358–359, 400
Wärme 52, 69, 81, 118, 125, 257, 259–260, 262, 265
Wärmestoff 16, 242, 329
Wasser 30, 46, 61–62, 79, 104, 135, 138–139, 148, 220, 257, 261–262, 264–265, 268, 277, 280, 282, 289, 305– 306, 372, 380
Wechselwirkung (siehe auch Sympathie) 47, 125, 127–129, 137, 255, 259, 276, 278, 283, 388, 371, 382, 409
– Wechselwirkung zwischen Körper und Seele 125
Wechselwirkungsverhältnis 46, 277, 338
Weise 199, 201–203, 237, 269, 315, 317, 325, 328, 332, 370, 376, 382–284, 425, 434
Weisheit 18, 21, 169, 198–199, 218, 233, 235, 284, 295, 378–378, 384–385, 427, 429
Welt 16–18, 116, 121–122, 150–151, 163, 166, 168, 173, 177, 180–181, 191, 204–208, 211–213, 215–238, 241.284, 292, 316, 321, 333, 336, 338–342, 344, 358–360, 366–367, 369–371, 373–375, 377–378, 380–383, 389–390, 393, 396–400, 406, 408–409, 412, 414–415, 418–419, 421–422, 425–427, 429, 432–435
– Einheit der Welt / des Weltkörpers 256, 276, 409
– Innerer Zusammenhang der Welt 176
– Organische Einheit 256, 271, 286, 338
– Mögliche Welten 150, 241, 381, 390
– Lenkung der Welt 122, 212, 221, 231, 342
– Schöpfung der Welt 271, 372
– Verwaltung der Welt 221, 231, 284, 342
– Kugelgestalt der Welt 241, 273, 275
Weltzyklus 279, 282
Weltseele 219, 249
Weltstaat 202, 239, 375

Weltvernunft 219
Weltenbrand 215, 220, 253–254, 259, 267–270, 282, 344, 369–370
Widerspruch 18, 148, 172, 182–184, 209, 211, 265, 381, 394, 414, 426, 429, 432
Wille 16–17, 97, 127, 205, 212–213, 215–216, 221–223, 228, 234–236, 239, 282, 336, 355, 374, 384, 387, 390–391, 406, 411, 413–414, 418, 423–424, 426–428
Wirkendes 222
Wirksamkeit 30, 67, 120, 339, 413
Wissen VII, 16, 21, 28, 31, 55, 58–60, 63–65, 101, 107, 110–112, 139, 151, 173–174, 176–183, 187–188, 194, 197, 225, 237, 245, 258, 284, 288, 296–298, 300–301, 309, 315–317, 319, 321–336, 338–339, 341, 368, 392, 394, 396, 419
Wissen-dass / faktisches Wissen 177, 179, 181, 183, 186, 188, 194
Wissen-was 177, 181
Wissenschaft 2, 17, 89, 149, 210, 217, 222, 260, 281, 305, 315, 333–342, 352–354, 400, 420
Zeus 170–171, 185, 219, 236, 257, 267–269, 271, 357, 369, 371, 378, 380
Zufall 181, 186, 204, 212–213, 216–217, 234, 266, 297, 342–401, 433
Zukunft 17–18, 166, 170, 231, 233, 269, 333–344, 353, 362, 400
Zurückhaltung (siehe auch Epoche, ἐποχή) 320–321
Zusammenhang, kohärenter 147
Zustand, schmerzloser 166
Zustimmung 16, 17, 71, 174, 183, 186, 189, 197, 240, 287, 289, 292, 300, 301, 306–308, 311–315, 319, 321–325, 327, 332, 340, 360, 366, 384, 395

Personenregister

Aëtius 125, 137, 182, 187, 194, 244, 247, 257–258, 268, 270, 273, 279, 286–288, 290–292, 294, 310–311, 313, 316, 347
Achilles 265
Abel, Günter 3–4
Alexander von Aphrodisias 11, 18, 29, 56, 60–61, 63, 90, 123, 130–132, 157, 176, 213–214, 221, 232, 238, 248, 255, 261–263, 268, 270, 276, 279, 284, 290, 292, 303, 333, 336, 339, 343–352, 355, 357–359, 361, 363–365, 372, 378–379, 382, 388, 389, 390, 391–397, 399, 405
Algra, Keimpe 208, 220, 342, 360, 370, 378, 380
Annas, Julia 123, 125–127, 129, 157, 162, 179, 184–185, 299, 301–303, 310–311, 315–316, 318, 322–323, 325, 328, 332, 344
Anagnostopoulos, Andreas 40
Anaxarchus 111
Anaxagoras 23, 213
Anaximenes 264
Antiochos von Askalon 187, 297
Antipater 338, 353
Apollodor 218, 233, 259, 266
Aratus 212
Arius Didymus 269
Aristocles 245, 257–258
Aristoteles VII, VIII, 1–3, 5–8, 12–41, 43–109, 114–115, 120, 124–126, 134–137, 142, 145, 152, 154, 157–158, 167, 175, 177, 182, 187, 191, 199, 210, 212–213, 217, 242–244, 247–248, 250–253, 261, 263, 270, 286, 288, 292–298, 300, 303–304, 306, 312–313, 336, 339, 344–352, 355–356, 363–365, 368, 388–389, 391–392, 394, 397, 400, 402–404, 417
Arkesilaos 302
Asmis, Elizabeth 113–114, 129, 132–133, 140, 142, 145, 152, 162
Aspasius 391
Atticus 389
Aulus Gellius 185, 215, 367–368, 376

Aurelius, Marcus 179, 200–207, 212, 214, 216–217, 224, 230–232, 236–237, 241–242, 249, 253, 372, 375, 377, 382, 384, 391
Avotins, Ivar 123, 129, 131, 133

Bailey, Cyril 114, 129, 133
Barnes, Jonathan 137, (299, 301, 302 Annas&Barnes)
Barney, Rachel 91, 100
Beiser, Frederick C. 410, 422–423, 424
Benz, Hubert 93
Bergjan, Silke-Petra 214–215, 221, 223
Bernard, Wolfgang 71, 86, 89, 91
Bernstein, Mark 361
Bicknell, Peter 129
Blank-Sangmeister, Ursula 209, 217, 231–232
Bobzien, Susanne 251, 352–353, 360, 372
Boethus 270
Bonhöffer, Adolf 248
Boros, Gábor 4
Bossier F. 55
Bowin, John 65
Brandt, Reinhard 434
Broadie, Sarah 68
Brochard, Victor 157, 164
Brouwer, René 352
Brooke, Christopher 18, 213, 401
Bruns, Ivo 262, 284
Brunschwig, Jacques 162, 243
Bröcker, Walter 91
Burkert, Walter 109, 129
Burnyeat, Myles F. 54–55, 59–60, 63, 66, 68, 74, 78, 320

Caston, Victor 56, 109
Cavallar, Georg 415, 428
Cessi, Viviana 98, 105, 158
Chalcidius 211, 215, 223, 248–250, 263, 284–285, 287, 290–291, 336, 338
Cherniss, Harold 23
Child, William 111
Chrysipp 3, 9, 137, 185–186, 207, 211, 214–215, 217–219, 221, 233, 235,

249–250, 259, 262, 264, 266–268, 271, 274–275, 283, 285, 289, 291, 295, 302–307, 309, 310, 317, 325, 327, 331, 334–335, 338, 353–356, 361, 363–364, 367–369, 376–378, 381, 387
Cicero, Marcus Tullius 15, 107–108, 112, 127, 132, 139–140, 154, 157, 159–161, 163–172, 178–181, 183–185, 188, 193–198, 200–204, 206–212, 214, 216–232, 234, 237, 248, 257–260, 263, 265, 266, 268, 270, 272, 274, 281, 282, 290, 291, 292, 294, 295, 302, 309, 311, 315–319, 324, 325, 333–338, 341, 342, 353–356, 361, 363–364, 366, 370–371, 381–382, 387–388, 390–391, 411, 419, 423, 431, 433
Cleomedes 258–259, 277, 371
Clemens von Alexandrien 245–246, 278, 324, 330, 331, 363
Cohen, Hermann 423
Cooper, John M. 244, 246, 257, 260, 264, 266
Cornford, Francis Macdonald 114
Cornutus, Lucius Annaeus 278, 281, 356, 357
Cudworth, Ralph 213

DeBrabander, Firmin 4
Demokrit 2, 26, 107–109, 111, 124, 130, 131, 153, 157, 213, 221, 231, 242, 403–404
Descartes, René 1, 5, 19, 403–406
Dienstbeck, Stefan 9, 241, 243, 250–251
Dihle, Albrecht 223
Dilthey, Wilhelm 3
Dio Chrysostomus 269, 271
Diogenes Laertius 5, 110–111, 125, 132, 135, 140–141, 143, 146, 148, 150, 162, 163–164, 166, 185–186, 190, 193, 200, 210, 218, 220, 233, 235–236, 243, 246, 248, 250, 253, 256–257, 259, 261–263, 265–266, 268, 272–273, 275–276, 279, 287–289, 292, 292–293, 300, 302, 305, 308–309, 312, 324–326, 330, 338, 366
Diogenes von Babylon 270, 294, 309, 325, 338
Diogenes von Oinoanda 127, 129, 153, 164, 172
Dörflinger, Bernd 410, 419–420, 427, 429–430

Dörrie, Heinrich 210, 214
Dragona-Monachou, Myrto 208, 218, 221
Dretske, Fred 137
Dreyfus, Hubert L. 73, 176
Dufour, Richard 9, 271, 352
Düring, Ingemar 20
Düsing, Klaus 422–423, 425

Eberle, Stephan 55
Ebert, Theobert 144
Erler, Michael VIII, 162, 164, 172, 244
Engberg-Pedersen, Troels 9, 179, 184
Epiktet (Epictetus) 137, 179, 194, 269, 367, 386, 397
Epikur, Epicurus VIII, 1–9, 11, 13–17, 26, 54, 71, 73, 75, 84–85, 90, 100–101, 107–172, 178, 182, 186–191, 197, 201–202, 208–213, 220–221, 231, 239–247, 251, 254, 256, 260–261, 266–267, 271, 273–275, 277–279, 284, 287–288, 291–294, 296–303, 306–308, 312–313, 316–317, 321–322, 326–327, 332–334, 339–340, 342–343, 348, 359–360, 373, 382, 388–391, 396–397, 402–407, 409, 411, 423, 425–426, 433–435
Eusebius 266, 268, 269
Evans 111
Everson, Stephen 63, 113, 129, 140, 142

Fazzo, Silvia 388, 389
Feder, Johann Georg Heinrich 409, 435
Forschner, Maximilian 9, 214, 249, 252, 260, 308, 313, 362, 363, 366, 423
Forster, Michael N. 409
Frede, Dorothea 92, 99, 208, 210, 213, 221, 224, 230, 237–239, 374, 414
Frede, Michael 248, 262, 296–297, 299–301, 303, 310–314, 316–317, 324, 327, 331, 333, 345, 362–363
Freytag, Willy 71
Furley, David 108, 133, 142, 242

Galen, Galenus 223, 246, 262, 280, 286–287, 316, 319, 330
Gassendi, Petrus (Pierre) 1–2, 5–6, 114, 142, 146, 405–407
Gabriel, Markus 320

Geismann, Georg 420, 429
Gigon, Olof 132, 158, 160–161, 163, 165–166, 169–171, 180–181, 184, 194–199, 202, 206, 208–209, 218, 220–221, 223, 225–229, 231–232, 234, 257–258, 273
Gill, Christopher 166, 176, 192
Glidden, David 145
Gosling, J. C. B. 164
Gourinat, Jean-Baptiste 242, 244–245, 247, 250–251, 254, 257, 260, 266
Graeser, Andreas 4, 87, 242, 248, 251, 297, 303, 306
Grimal, Pierre 179, 186

Hadot, Pierre 242
Hahm, David E. 247, 290, 292
Hahmann, Andree 3, 19, 56, 63, 66, 75, 114, 146, 149, 153, 158, 199, 223, 230, 320, 325, 350, 360, 366, 384, 391, 409, 418, 427
Hamlyn, David W. 54, 65, 85, 87
Hankinson, Robert J. 4, 300–301, 310, 333–334, 344, 352–353
Happ, Heinz 21
Hegel, G. W. F. 19, 75
Heidegger, Martin VII, VIII, 403–404, 409
Heinaman, Robert 59–62
Hekaton 235
Herakles 281, 318, 320, 322–323, 327
Heraklit 14, 101, 202, 213, 242, 245, 259, 264, 268, 348
Hermeius 391
Herzberg, Stephan 60
Hicks, Robert D. 88
Hierocles 172–176, 179, 183, 186–187, 225
Himmelmann, Beatrix 423
Hippolytus 219
Hirzel, Rudolf 355
Hobbes, Thomas 1, 4, 6, 19, 201, 404
Hocutt, Max 344
Horn, Christoph 223, 325, 384, 416
Horstschäfer, Titus Maria 21–23
Hossenfelder, Malte 157, 320–321
Hülser, Karlheinz 111–112, 114–119, 121–124, 128, 135, 137, 139–141, 144–146, 149–150, 152–153, 170–171, 187, 215, 217, 234, 236, 245, 250, 262–263, 267, 284–285, 287, 293–294, 297–298, 303–305, 307, 309–311, 313–316, 318, 323–330, 335–338, 341, 354, 362, 366, 436

Inwood, Brad 4, 172, 311, 366

Jamblich 287
Jedan, Christoph 9, 350
Jones, Howard 4
Jürß, Fritz 126, 129, 131, 133, 146

Kant, Immanuel 10–11, 23, 110, 114, 146, 154, 200, 224, 233, 274, 326, 400, 403, 407–435
Kerferd, George B. 126–127, 172–173, 184–185, 188, 192, 325
Kleanthes 209–211, 215–217, 220, 224, 235, 260, 263–266, 268, 278, 302–303, 307, 331, 334–335, 340, 380
Kleingeld, Pauline 429
Kolotes 112, 142
Konstan, David 163
Krämer, Hans Joachim 4, 6, 157, 171
Krewet, Michael 158, 191, 352

Laktanz (Lactantius) 200, 267, 359, 382
Leibniz, G. W. 216, 313, 404, 414–415
Locke, John 308
Lukrez (Lucretius) 7, 14, 71, 110, 112, 114–129, 131–135, 138–139, 143, 145–148, 150–151, 153–154, 163–164, 209, 245–246, 260, 312, 334

Macrobius 271
Magee, J. M. 63, 75
Manuwald, Anke 145
Mansfeld, Jaap 220, 270–271, 282, 368, 377, 390, 411
Maurach, Gregor 382
McDowell, John 73, 176
MoMerleau-Ponty, Maurice 176
Metrodorus 111, 170
Miller, Jon 4
Milz, Bernhard 426
Morel, Pierre Marie 107–108, 113, 145

Natorp, Paul 114
Nausiphanes 111
Nemesius 262, 269–270, 280, 286, 288, 293–294, 297
Neurath, Otto 149
Nickel, Rainer 175, 193, 201–207, 213–214, 217, 219, 222, 224, 230, 232, 234, 236, 237, 241–242, 244, 247–249, 253, 258–259, 262–264, 266–269, 271–272, 275–276, 278–283, 285, 290, 295, 367–368, 371–372, 375–377, 380–281, 391, 433

Nikolsky, Boris 164

O'Connell, Eoin 424
O'Keefe, Tim 112, 114, 120, 137
Olympiodor P 217, 334–335
Osler, Margaret 5
Owen, G. E. L. 22

Paganini, Gianni 4
Panaitios 210, 230, 294, 333
Parmenides 14, 22–26, 114, 247
Pease, Arthur Stanley 353
Pembroke, S. G. 172
Philodem 152, 294, 378
Philo(n) von Alexandrien 193, 285
Philoponus, Johnannes 21–22, 24–29, 31–33, 35–36, 39–40, 42, 44, 46–47, 49, 55–57, 59, 62, 80, 82, 86–89, 93–97, 99, 106, 352
Platon, Platonis 2–3, 19, 26–27, 31, 37, 44, 75, 79, 89, 91, 100, 110–111, 125, 154, 157–158, 193, 202, 213, 217, 220–221, 223, 238–239, 242, 244–245, 247, 251–252, 256, 272–273, 290, 303, (334–336 In Platonis Gorgiam), 344, 365, 367–368, 389, 396, 398, 404–405
Plotin, Plotinus 2, 73, 93, 176, 182, 216, 244, 247, 249, 279
Plutarch, Plutarchus 107–108, 112, 126, 137, 139, 146–147, 159, 161, 163, 173, 184–185, 190, 201, 207, 220, 249, 254, 262, 264–265, 267–269, 274–275, 279–280, 282–283, 286, 288, 291, 295, 313, 327, 367–372, 374, 377–381, 387, 395
Pohlenz, Max 172, 176, 300, 303
Polansky, Roland 54, 59–60, 71, 86, 88, 92, 97, 137
Popkin, Richard 3–5
Porphyrius 29, 40, 173, 265, 313
Poseidonios 221
Praxagoras von Kos 259
Protagoras 91–92, 95, 100–101, 109, 111, 299
Pseudo-Galenus 308
Purinton, Jeffrey S. 163
Pyle, Andrew 107–108
Pyrrhon 3, 5, 111, 214, 296, 299, 301
Pythagoras 381

Radke, Gyburg 79
Rawls, John 424
Reinhardt, Karl 242
Repici, L. 353
Reydams-Schils, Gretchen 220, 222, 377
Rist, John Michael 108, 157–158, 300, 312, 316

Salles, Ricardo 260, 263–266, 268, 270
Sandbach, F. H. 108, 178, 248, 300–301, 322
Santozki, Ulrike 233, 238, 430
Schäublin, Christoph 355
Schmid, W. 390
Schmitt, Arbogast VIII, 4, 73, 76, 216, 434
Schmidt, Jochen 242
Schofield, Malcom 91–92, 164, 172, 208
Schopenhauer, Arthur 423
Sedley, David 112–113, 117–120, 127, 135–136, 140, 162, 184, 189, 209, 241–242, 245–246, 248–249, 254, 259–260, 279, 284–285, 288, 322, 369, 390, 406
Seidl, H. 9
Seneca, Lucius Annaeus 3, 172–179, 181–186, 189–192, 205, 216, 225, 227, 245, 249, 251–252, 254, 269, 345, 347, 362, 265, 369, 373–375, 377–379, 381–387, 393, 401, 428, 432, 434
Sextus Empiricus 4, 104, 112, 117, 120, 125, 129, 134, 138–140, 142–143, 145–149, 152, 162, 182, 186, 214, 219, 234, 246, 248, 252, 254, 266, 276–277, 279–280,

286, 288–289, 293, 298–299, 301–309,
  311, 315–316, 318–321, 323–324,
  328–331, 334, 362, 371, 435
Sharples, R. W. 388–389, 393, 395, 397
Shields, Christopher VIII, 21–22
Simplicius 23–26, 29, 35–38, 41–44, 51–53,
  55–56, 64, 82, 94–97, 100, 102, 307,
  355–356, 367, 389
Sisko, John E.
Sokrates 31, 320, 361, 381
Sorabji, Richard 56, 66, 76, 350
Spanneut, Michel 4
Spinoza, Benedictus de (Baruch de Spinoza)
  4, 6, 10, 18, 204, 224, 230, 242, 396,
  401–402, 405, 408–416, 421–423, 434
Steckel, Horst 157, 161–162
Steel, Carlos 55
Stobaeus 215, 236, 245–247, 250, 261,
  263–265, 274, 283, 316, 330, 362, 366,
  380
Stokes, Michael C. 171
Strabo(n) 282–283
Straton 213
Strawson, Peter 91, 111
Striker, Gisela 85, 112, 140, 158, 300–301,
  303, 326

Tack, Reiner 5
Taylor, Barnaby 172
Taylor, C. C. W. 138, 164
Theophrast 290

Vander Waerdt, Paul 111–112
Vogt, Katja Maria 243–245
von Staden, Heinrich 242, 300

Warren, James 107, 117, 166
Watkins, Eric 418
Watson, Gerard 322
White, Michael J. 9, 241, 243, 247, 252–254,
  260, 273, 345
Wicke-Reuter, Ursel 210, 212–214, 221
Wieland, Wolfgang 20
Wildberger, Jula 3, 179, 186, 214, 219–220,
  248–251, 260, 279, 360, 367, 373–374,
  377–378, 381–382
Wilson, Catherine 4–5
Wood, Allen W. 410, 412, 422, 429

Zenon 172, 212, 218–222, 235, 2455,
  247–248, 250, 257, 262–265, 274, 279,
  285–286, 303–305, 307, 309, 311, 315,
  330, 362, 366
Zenon von Tarsus 270
Zobrist, Marc 423

www.ingramcontent.com/pod-product-compliance
Lightning Source LLC
Chambersburg PA
CBHW051240300426
44114CB00011B/816